AF664248

8 वां संस्करण

नीतिशास्त्र, सत्यनिष्ठा एवं अभिवृत्ति

(सिविल सेवा परीक्षाओं हेतु)

जी. सुब्बाराव
आईएएस (1965)

पी. एन. राय चौधरी
आईएएस (1977)

पी. सी. सेन
(हिन्दी अनुवादक)

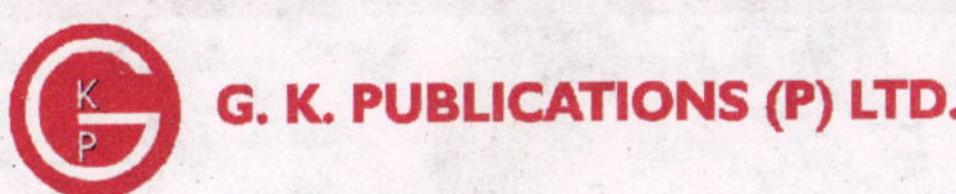

Title : Neetishastra, Satyanishtha Evam Abhivriti for Civil Seva Pariksha 8ed

Language : Hindi

Author's Name : G Subba Rao, P N Roy Chaudhary, P C Sen

Copyright © : 2022 G Subba Rao, P N Roy Chaudhary, P C Sen

No part of this book may be reproduced in a retrieval system or transmitted, in any form or by any means, electronics, mechanical, photocopying, recording, scanning and or without the written permission of the Author/Publisher.

Typeset & Published by :

Career Launcher Infrastructure (P) Ltd.

A-45, Mohan Cooperative Industrial Area, Near Mohan Estate Metro Station, New Delhi - 110044

Marketed by :

G.K. Publications (P) Ltd.

Plot No. 9A, Sector-27A, Mathura Road, Faridabad, Haryana-121003

ISBN : **978-93-5681-103-4**

Printer's Details: Printed in India, New Delhi.

For product information :

Visit ***www.gkpublications.com*** or email to ***gkp@gkpublications.com***

लेखकों के विषय में

श्री जी. सुब्बाराव 1965 बैच के सेवानिवृत्त आइएएस अधिकारी हैं तथा इन्हें अभिशासन और लोक प्रशासन का चार दशकों से अधिक का अनुभव है। केन्द्र तथा गुजरात राज्य में नीति निर्धारण एवं कार्यान्वयन, विकास एवं विनियमन प्रशासन के विविध क्षेत्रों में कार्य किया है। ये जून 2001 से अप्रैल 2003 तक गुजरात सरकार के मुख्य सचिव रहे हैं और बाद में मई 2003 से जनवरी 2008 तक गुजरात विद्युत नियामक आयोग के अध्यक्ष रहे है। ये जुलाई 2013 से जुलाई 2017 तक गुजरात राज्य पुलिस परिवाद प्राधिकरण के अध्यक्ष के पद पर कार्यरत हैं।

श्री सुब्बाराव आंध्र विश्वविद्यालय से अर्थशास्त्र में एम.ए., ईस्ट एंजलिया विश्वविद्यालय (यू. के.), से ग्रामीण विकास में एम. ए. तथा भारतीय लोक प्रशासन संस्था (आईआईपीए), नई दिल्ली से लोक प्रशासन में स्नातकोत्तर डिप्लोमा प्राप्त हैं। पश्चिमी दर्शन-शास्त्र में इनकी गहरी रुचि है।

श्री पी. एन. रॉय चौधरी को शिक्षण, लोक सेवा तथा कार्पोरेट प्रबन्धन के सर्वोच्च स्तरों पर कार्य करने का चालीस वर्षों का अनुभव है। वे कलकत्ता विश्वविद्यालय से एप्लाइड मैथमैटिक्स में मास्टर्स की शिक्षा प्राप्त हैं। उन्होंने स्नातक-पूर्व आनर्स पाठ्यक्रमों का शिक्षण कार्य किया तथा 1977 में आईएएस चयनित हुए। अपने कैरियर के बीच में उन्होंने स्ट्राथक्लाइड (strathclyde) विश्वविद्यालय, ग्लासगो (यू. के.) से वित्त विषय में एमएससी किया तथा रोचेस्टर विश्वविद्यालय, न्यूयार्क अमरीका से एम.बी.ए. भी किया।

आईएएस से अपनी सेवानिवृत्ति के समय वे गुजरात सरकार के अपर मुख्य सचिव थे। सेवानिवृत्ति के बाद उन्होंने अडानी ग्रुप में कार्य किया तथा इस समय वे ग्रुप में सलाहकार, नीतिकौशल प्रबन्धन के तौर पर कार्य कर रहे हैं। उन्होंने अनेक पुस्तकें लिखी हैं जिनमें से चार पुस्तकें गुजराती में हैं। इन पुस्तकों में राज्य की लोक सेवा परीक्षा की अपेक्षाओं को आवृत किया गया है। वे 'गुड गवर्नेन्स : थ्योरीज, चैलिन्जेस एण्ड केस स्टडीज' नामक पुस्तक के श्री सुब्बाराव, आईएएस (सेवानिवृत्त) के साथ सह-लेखक हैं। यह पुस्तक अप्रतिम, नव प्रवर्तक एवं हमारे समय से सरोकार रखने वाली है।

आठवें संस्करण की भूमिका

हम अपनी लोकप्रिय पुस्तक 'नीति शास्त्र, सत्यनिष्ठा एवं अभिवृत्ति' का आठवाँ संस्करण अपने भावी प्रशासकों को सौंपते हुए अपार हर्ष की अनुभूति कर रहे हैं। विद्यार्थियों एवं शिक्षकों के अप्रतिम सहयोग के बल पर ही हम अपने प्रयासों में निरन्तर सफल हो पाए हैं। हम इसके लिए आप सभी के प्रति कृतज्ञता ज्ञापित करते हैं।

पुस्तक के इस नए संस्करण की पाठ्य-सामग्री में बहुत से महत्वपूर्ण व सामयिक परिवर्तन किए गए हैं। समय के साथ अनावश्यक हो गई सामग्री को हटा दिया गया है तथा पुनरावृत्ति से बचने के लिए समान पाठ्य-सामग्री को मिला कर अद्यतनित किया गया है। जिन विषयों पर यूपीएससी की मुख्य परीक्षा में प्रश्न नहीं पूछे जा रहे हैं, उन्हें छोड़ दिया गया है। 'भ्रष्टाचार के विरुद्ध संघर्ष' वाले अध्याय को हटा कर उसकी पाठ्य-सामग्री को भ्रष्टाचार सम्बन्धी दो अन्य अध्यायों में समायोजित कर विषय को अद्यतनित कर दिया गया है। इस विषय पर सरकार द्वारा निर्धारित नए नियमों, कानूनों को इसमें सम्मिलित किया गया है।

सरकारी धन के उपयोग को विद्यार्थी गण 'भारतीय नीति व भारतीय अर्थ व्यवस्था' से समझ सकते हैं, अतः इस विषय वाले अध्याय को हटा दिया गया है। वैसे इस विषय को बाह्य-रूप में छूते हुए एक प्रश्न यूपीएससी के नीतिशास्त्र के प्रश्न-पत्र में दिया गया था। विज्ञ और परिश्रमी विद्यार्थियों के लिए यह कोई समस्या नहीं होगी।

इस पुस्तक के प्रकाशक का एक और भी योगदान सराहनीय है। वे हर वर्ष सिविल सेवा की मुख्य परीक्षा के सभी प्रश्न-पत्रों के उत्तरों को सायास प्रकाशित करते रहे हैं। हम अपनी इस पुस्तक में उन्हें शामिल कर दोहराना नहीं चाहते थे, अतः 'हल प्रश्न-पत्र' विषयक अध्याय को भी इस पुस्तक से हटा दिया गया है।

अनावश्यक सामग्री को हटा कर पुस्तक का आकार जरूर कम किया गया है, किन्तु आवश्यक और अद्यतनित जानकारी जोड़ कर इसे और उपयोगी बना दिया गया है। पुस्तक में जो भी परिवर्तन, परिवर्द्धन किए गए हैं, वे इसे और अधिक पठनीय व रुचिकर बनाते हैं।

हमें आशा और पूर्ण विश्वास है कि पुस्तक की पाठ्य-सामग्री और विद्यार्थियों के परिश्रम का संयोजन उन्हें प्रत्येक परीक्षा में सफलता प्रदान करेगा।

शुभकामनाएँ।

जी. सुब्बाराव

पी. एन. राय चौधरी

विषय–सूची

अध्याय 1

नीतिशास्त्र का परिचय (Introduction to Ethics)

नीतिशास्त्र की परिभाषाएँ (Definitions of Ethics)

नीतिशास्त्र की परिभाषा अनेक प्रकार से की गई है। परिभाषा का प्रयोजन इसके विषय को संक्षेप में किन्तु पूर्णत: वर्णित करना है। यद्यपि नीतिशास्त्र की अनेक परिभाषाएँ हैं किन्तु उन सभी में एक समान धारा प्रवाहित है। वे वास्तव में नीतिशास्त्र को समझने के विभिन्न मार्ग हैं। हम अपना विवेचन नीतिशास्त्र की कुछ सामान्य परिभाषाओं से आरंभ करेंगे। इन परिभाषाओं में हमें नीतिशास्त्र की व्यापक जानकारी मिलेगी जिससे हम नैतिक प्रश्नों और मुद्दों को उचित परिप्रेक्ष्य में (समझ) पाएँगे।

हम लोग अक्सर ही अनेक विभिन्न स्थितियों में नैतिक निर्णयन करते हैं। एक सरल उदाहरण के तौर पर हम देखते हैं कि 'एक्स' अपने पड़ोसी 'वाई' को अपना पर्स भूल से छोड़ कर जाते हुए देख लेता है। 'एक्स' को पर्स और धन अपने पास रख लेने का बहुत लालच आता है किन्तु वह इस लालच का मुकाबला करता है। ऐसा करने में वह नीतिशास्त्रीय निर्णय करता है, अर्थात् जो हमारा अपना नहीं है, उसे लेना गलत (अनुचित) है। यह उदाहरण एक सरल-सी नैतिक (नीतिशास्त्रीय) समस्या को प्रस्तुत करता है। इस परिदृश्य से नीतिशास्त्र को मानव के सामने आने वाली नैतिक समस्याओं का अध्ययन भी माना जा सकता है।

दूसरा विचार यह है कि नीतिशास्त्र ऐसे कार्यों (आचरणों) को सही या गलत देखने का काम करता है। आचरण (कार्य) को नीतिशास्त्र में 'नैतिक जीवन' बताया गया है। इस विचार पर हम यह कह सकते हैं कि 'नैतिक आचरण' नीतिशास्त्र सही या गलत, बुरे या अच्छे के दृष्टिकोण से देखे गए आचरण के विषय में हमारे निर्णयों का व्यवस्थित ब्यौरा देता है। ये निर्णय दो रूप ले लेते हैं। निर्णय का एक प्रकार अलग-अलग घटनाओं या कार्यों में या केवल अलग-अलग या विशिष्ट कार्यों में यथा प्रदर्शित आचरण के बारे में है। निर्णय का दूसरा प्रकार किसी विशिष्ट प्रकार के कार्यों के लिए नहीं है अपितु यह मानव उत्प्रेरकों, उद्देश्यों और कर्मों (कार्यों) को नैतिक दृष्टि से मूल्यांकित करने के लिए उपयुक्त मानकों या मानदण्डों के चयन के सम्बन्ध में है। नीतिशास्त्र मूलत: इन मानकों से सम्बन्धित है जो सही और गलत के हमारे निर्णयों को विनियमित करते हैं।

विषय-वस्तु के आधार पर नैतिक निर्णयन (Moral Judgements based on Content)

नैतिकताओं की विषय-वस्तु पर आधारित नैतिक निर्णय दो दृष्टिकोणों, (1) मानव के अपने मन के 'उच्चतर' (Higher) और 'निम्नतर' (lower); तथा (2) उसके दूसरों के प्रति व्यवहार पर आधारित है। पहला परिदृश्य भावना के जीवन तथा हाड़-माँस (शरीर) के जीवन, सूक्ष्मता से स्थूलतर तथा उदात्त से अधमतर के बीच तुलना का है। ये दो परस्पर विरोधी प्रवृत्तियाँ मानव प्रकृति का हिस्सा हैं। आक्रमण (आक्रामकता), आत्म-परिरक्षण एवं प्रजनन हेतु नैसर्गिक प्रवृत्ति के बिना मानव जाति समाप्त ही हो जाती। किन्तु अपनी पूरी सामर्थ्य को अनुभव करने के लिए मानव को इन मनोभावों तथा आवेगों को अन्य प्रेरकों से नियन्त्रित करना है। मानसिक व नैतिक अनुशासन की प्रक्रिया के माध्यम से उच्चतर या आदर्श रुचियों का अनुसरण कर मानव अपनी (वैचारिक) जिन्दगी को सर्वोत्तम बना सकता है।

नैतिक निर्णय करने के लिए दूसरा दृष्टिकोण अन्यों के प्रति व्यवहार से सम्बन्धित नैतिकताओं की विषय-वस्तु पर आधारित है। इस संकल्पना में न्याय, उदारता तथा ईसाइयत का सुनहरी नियम (दूसरों के साथ वैसा ही व्यवहार करो जैसा कि तुम चाहते हो कि तुम्हारे साथ हो) सही और उत्तम हैं। अन्याय, क्रूरता, स्वार्थ गलत और बुरे हैं। एक-दूसरे के विपरीत ये गुण सद्‌गुण एवं अवगुण कहलाते हैं।

अभिप्राय का विश्लेषण: सही और उत्तम (Analysis of Intention: the Right and the Good)

सही और उत्तम सामान्यत: अदल-बदल कर प्रयोग किए जाते हैं। किन्तु सही और उत्तम उपागम दो भिन्न कोणों से कार्य करता है। जब हम किसी आचरण को सही कहते हैं तो हम उसका निर्णय करते हैं। हम उसे एक मानक के संदर्भ में देखते हैं और उसका मूल्यांकन करते हैं। हम इस मानक को 'नैतिक नियम' (Moral law) मान लेते हैं जिसका हमें पालन करना चाहिए। हम इसके प्राधिकार को सम्मान देते हैं। हम मानक को अपने मनोवेगों और इच्छाओं पर नियन्त्रण (रखने वाला) मानते हैं। शुद्ध अन्त:करण वाले लोग वे हैं जो ऐसे नियमों को मानते और अपना कर्तव्य पालन करते हैं।

जब हम किसी आचरण को **अच्छा** मानते हैं तो हम इसे मूल्य के दृष्टिकोण (आधार-बिन्दु) से देखते हैं। हम यह सोच रहे होते हैं कि अपेक्षित क्या है। यह एक मानक भी है; लेकिन यह मानक (पालन किए जाने वाले) कानून की अपेक्षा एक अनुसरित लक्ष्य माना गया है। नैतिक कर्त्ताओं को इसे 'चुनना' होगा और इसको ' आदर्श' मानना होगा। इस दृष्टिकोण से देखने पर शुद्ध अन्त:करण वाला व्यक्ति, मनोवेग का अनुसरण करने या उन पर ध्यान दिए बिना किसी शुभ दीखने वाले को स्वीकार करने की बजाय वास्तविक शुभ (अच्छा) को पाने का प्रयास करेगा। चूँकि वह आदर्शों से दिशा-निर्देशित होता है, भला व्यक्ति निष्कपट होगा और ईमानदार होगा: इसका तात्पर्य यह है कि वह दण्ड के डर से या रिश्वत लेकर अच्छाई (सत्कार्य) करने के लिए तैयार नहीं होगा बल्कि एक सच्चे आदमी होने के नाते **सिद्धान्तों के प्रति आदर**, **कर्त्तव्य के बोध** से संचालित होगा। इस प्रकार 'सही' का प्रयोग 'कर्तव्य' के संदर्भ में किया गया है। 'उत्तम' शब्द का प्रयोग लक्ष्यों या प्रयोजनों के संदर्भ में किया गया है, और भी, 'सही' सामान्यत: निर्णयों और कार्यों को बताता है; 'उत्तम' से लक्ष्य, प्रयोजन और ध्येयों और ध्येय से हैं।

मानव जीवन के लक्ष्य

अनेक लक्ष्य हैं जिन्हें मानव जिन्दगी में पाना चाहता है। कुछ धन-दौलत, आजादी, शक्ति, प्रसिद्धि, ज्ञान, प्रेम, उत्तेजना (नयापन) या शांति चाह सकते हैं। अन्य कला तथा विज्ञान; या दूसरों को प्रेम करने या उनकी सेवा करने में; या सामाजिक और राजनैतिक संस्थाओं की स्थापना में रुचि ले सकते हैं। कुछ अन्य लोग अपनी महत्त्वकांक्षाएँ मुत्यु के बाद जीवन पर टिका देते हैं। लोगों द्वारा जीवन का कोई सर्वोच्च लक्ष्य है या निर्णय का कोई ऐसा मानक है जिससे कोई कह सके कि आचरण का यह प्रकार इसके दूसरे प्रकार से बेहतर है? इस दृष्टि से, नैतिक-शास्त्र को मानव जीवन के आदर्शों के अध्ययन के रूप में देखा जाता है।

नीतिशास्त्र का कुछ सम्बन्ध मानव-विज्ञान, समाजशास्त्र, अर्थशास्त्र, राजनीति, इतिहास तथा जैव-विज्ञान जैसे विषयों से भी है। तथापि, नीतिशास्त्र उनसे भिन्न है क्योंकि उनके समान यह तथ्यपरक ज्ञान का मामला नहीं है। यह आदर्शक सिद्धांतों की प्रकृति की तथा व्यवहारिक नैतिक समस्याओं पर उनके लागू करने की जाँच करता है।

नीतिशास्त्र का सम्बन्ध व्यावहारिक जीवन से है और यह केवल सिद्धान्त ही नहीं है। यह आदर्शक है (नियामक है) तथा आदर्श आचरण को तय करने के लिए नियम या विधि निर्धारित करता है। नीतिशास्त्र केवल नैतिक जीवन के तथ्यों से ही सम्बन्धित नहीं है अपितु यह नैतिक जीवन के नियमों से भी सरोकार रखता है। परवर्ती अध्ययन, समाजशास्त्र का भाग है जो समाजों के सामान्य ढाँचों (संरचनाओं) से सम्बन्ध रखता है। बाद वाला अध्ययन नीतिशास्त्र है। समाजशास्त्र एक सकारात्मक (या विवरणात्मक) विज्ञान है; नीतिशास्त्र एक नियामक (या निर्धारक) विज्ञान है, किन्तु इतना जरूर है कि नीतिशास्त्र की बात करते हुए हम उन नैतिकताओं को अनदेखा नहीं कर सकते जिनका पालन समाज वास्तव में करता है। प्रशासनिक संदर्भों में नीतिशास्त्र के प्रति सोच व्यवहारिक होनी चाहिए। यह वास्तविक जीवन में प्रशासन का कार्य करते हुए नियामक या नियमों पर आधारित होना चाहिए तथा नैतिक क्रीड़ाओं, पहेलियों या दुर्बोध सैद्धान्तिक प्रणालियों पर नहीं।

मानव कार्यों (क्रियाकलापों) को समझने में प्रयुक्त अवधारणाएँ (Common concepts used in explaining human actions)

बुभुक्षाएं एवं आवेग (Appetites and Impulses)

बुभुक्षाएँ (माँग) विशेष लक्ष्यों के प्रति अन्ध प्रबल-प्रेरणाएँ हैं। बुभुक्षा की शान्ति अक्सर सुख-भोग (pleasures) कहलाती है। शांत न हुई बुभुक्षा, पीड़ा (pains) कहलाती है। सुख-भोग को तलाशने वाला वह है जो अपनी पाशविक क्षुधा को संतुष्ट करना चाहता है। दर्शन के कुछ सम्प्रदाय जैसे प्राचीन यूनान में भोगवाद एवं प्राचीन भारत में चार्वाक ने सुखभोग की तलाश को मानव क्रियाकलापों का वैध लक्ष्य माना है। तथापि, नीतिशास्त्र में यथा प्रकल्पित आचरण को बौद्धिक (तार्किक) विचारों से दिशा-निर्देशित होना चाहिए। अतः बुभुक्षाओं एवं जरूरतों को बौद्धिक नियन्त्रण के अंतर्गत लाने की आवश्यकता है।

शुभ (Good)

'शुभ' (Good) नीतिशास्त्र में एक मूलभूत विचार है। शुभ ऐसा कुछ है जिसे लोग सचेतनता से पाना चाहते हैं। कोई भी वस्तु (पदार्थ/विषय) चाहने के योग्य नहीं हो सकती जब तक कि यह सचेतनापूर्वक शुभ न मानी जाए। वास्तविक (सच्ची) इच्छा कुछ ऐसी वस्तु है जो शुभ मानी गई है तथा जिसे सचेतनापूर्वक लक्ष्य के तौर पर चुना गया है। हाँ, ऐसा हो सकता है कि लोग ऐसे लक्ष्य उद्देश्यों (वस्तुओं) को चुन सकते हैं जो वास्तव में शुभ (अच्छे) न हों पर दीखते अच्छे हैं। 'क्या शुभ (अच्छा) है' विषय पर दर्शन-शास्त्र में काफी चर्चा हुई है।

इच्छा (Wish)

लोगों की इच्छाएँ अक्सर ऐसी होती हैं जो अनियमित या परस्पर विरोधी होती हैं। इस प्रक्रिया में कुछ इच्छाएँ अन्य इच्छाओं से प्रबल हो जाती हैं। यहाँ 'इच्छा' शब्द से तात्पर्य उन इच्छाओं से है जो बनी रहती हैं और प्रभावी हैं। नीतिशास्त्र में, इच्छा को, इच्छा के विनिश्चित कार्य से भिन्न रखा गया है। इच्छा के हावी हो जाने पर भी हम उसके लिए क्रिया (कर्म) नहीं भी कर सकते हैं। 'इच्छा की शक्ति' ही वह ताकत है जो संकल्पों को क्रिया रूप देती है। इच्छा का अर्थ है कि हम किसी वस्तु के लिए केवल इच्छा ही नहीं कर सकते बल्कि उसको पाने के लिए क्रियात्मक कदम उठाते हैं इसमें एक अर्जित करने का तत्व होगा। इच्छा की क्रिया में, हम लक्ष्य को शुभ की प्राप्ति की दृष्टि से नही देखते, हम इसे अपने द्वारा स्वयं अर्जित लक्ष्य मानते हैं।

उद्देश्य, अभिप्राय तथा अभिप्रेरक (Purpose, Intention and Motive)

मानव के क्रिया-कलापों को समझाने में बार-बार 'प्रयोजन' (purpose) अभिप्राय (intention) तथा अभिप्रेरक (motive) शब्दों का प्रयोग किया जाता है। अभिप्राय (intention) का अर्थ कोई ऐसा लक्ष्य है जिसे इच्छा की वस्तु के रूप में निश्चित तौर पर अपनाया गया है। अभिप्रेरक (motive) का अर्थ वह भाव है जो मानव को एक विशिष्ट ढंग से क्रिया करने को संचालित करता है या उसका कारण बनता है। कभी-कभी मानव को भावना या मनोभाव संचालित करते हैं। किन्तु नैतिक निर्णय उन सुविचारित कार्यों या कार्यों पर पारित किए जा सकते हैं जो सचेतनता के साथ जाँचे गए उद्देश्यों पर लक्षित हों। नैतिक गतिविधि या आचरण, प्रयोजन मूलक कार्य है तथा प्रयोजन के साथ किया गया कोई कार्य (गतिविधि) केवल भावना से ही संचालित नहीं होता है, यह तो किसी लक्ष्य की प्राप्ति के विचार से संचालित होता है। अतः, अभिप्रेरक या जो हमें क्रिया करने के लिए प्रेरित करता है, वह है इच्छित लक्ष्य को पाने का विचार। किसी क्रिया (कार्य) का अभिप्रेरक हमारी मंशा का सम्पूर्ण नहीं है अपितु उसका एक भाग है। मनुष्य यह तो समझ जाता है कि क्या शुभ (Good) है, पर (उसको पाने में) उसके अनुसरण में असफल हो जाता है। ऐसा इसलिए होता है क्योंकि मानव सक्रियता के अभिप्रेरक अक्सर अंशतः या पूर्णतः अविवेकपूर्ण होते हैं।

नीतिशास्त्र में चरित्र (Character in Ethics)

व्यक्ति की इच्छाओं, चरित्र व आचरण के बीच निकट सम्बन्ध होता है। व्यक्ति की इच्छाएँ बेतरतीब अंशों या टुकड़ों का ढेर नहीं हैं, अपितु यह एक व्यवस्था (System) है जो विशेष नैतिक विचारों से आबद्ध है। यहाँ हम मनुष्य की भूख, प्यास और पुनुर्त्पादन (प्रजनन) की तीव्र इच्छाओं पर आधारित जैविक प्रबल प्रेरणाओं (Drives) को तथा साथ ही न्यूनतम सुविधाओं जैसे आवास और वस्त्र को अनदेखा कर देते हैं जो मानव के अस्तित्व के लिए आवश्यक हैं। व्यक्ति की इच्छाएँ उसके चरित्र की प्रबल नैतिक विशेषता को बताती हैं। इसी दृष्टिकोण से कोई मानव की इच्छाओं के महत्त्व को समझ सकता है।

मानव उसी की इच्छा करता है जो वह पसंद करता (चाहता) है; और वह क्या पसंद करता है, रस्किन के अनुसार इससे यह पता चलता है कि वह क्या है। इस प्रकार से व्यक्ति की इच्छाएँ उसके चरित्र व नैतिकता पर प्रकाश डालती हैं। मानव का चरित्र, उसके आचरण में कुछ खास नैतिक विशेषताओं की सतत प्रधानता से बना होता है। यह उस नैतिक ब्रहमांड को प्रदर्शित करता है जिसमें व्यक्ति रहता है। अच्छे चरित्र वाला व्यक्ति वह है जो आदतन कर्तव्य के बोध से संचालित (मार्ग-निर्देशित) रहता है एक धोखेबाज वह है जो दूसरों को ठगने के रास्तों को लगातार तलाशता रहता है। एक हठधर्मी (fanatic) वह है जो पूर्णत: एक ही विचार से इतना आक्रान्त रहता है कि वह (विचार के) अन्य महत्त्वपूर्ण बिन्दुओं (बातों) की ओर से आँखें ही बंद कर लेता है। इसी प्रकार विचारों (भावों) की प्रबलता के संदर्भ में चरित्र के अन्य प्रकार (बताए) जा सकते हैं। तदनुसार, अनेक लेखक 'चरित्र' को क्रिया (कर्म) की ऐसी आदतन विधियाँ बताते हैं जो एक बने हुए (बन चुके) चरित्र के साथ रहती हैं। व्यापक अर्थों में, नीतिशास्त्र में यथा-प्रयुक्त चरित्र एक व्यक्ति के नैतिक जीवन को बताता है न कि व्यक्ति के किन्हीं खास कार्यों को।

नीतिशास्त्र चरित्र को मानव जीवन का सबसे महत्त्वपूर्ण पहलु मानता है। कभी-कभी किए गए अच्छे कार्य कोई बड़े महत्त्व के नहीं होते; उन्हें बिना थोड़े-से अपवादों के साथ आदतन किया जाना होता है। अत: अरस्तु ने इस बात पर जोर दिया कि अच्छा चरित्र बनाने के लिए अच्छी आदतें डालना जरूरी है। इच्छा किसी के चरित्र की एक अभिव्यक्ति है। जैसा कि इस कहावत में अभिव्यक्त किया गया है 'वृक्ष की पहचान उसके फलों से होती है', अच्छा चरित्र भी स्वयं को इच्छा के अच्छे कामों से प्रदर्शित करता है। तदनुसार, यह कहा जाता है कि चरित्र का मतलब है कर्म की ऐसी आदतन विधियाँ जो एक बन चुके चरित्र के साथ रहती हैं।

आम तौर पर आचरण, चरित्र से मेल खाता है। अत: कभी-कभी कहा जाता है कि मानव का आचरण उसके चरित्र एवं परिस्थितियों पर निर्भर होता है। परिस्थितियों से सामान्यत: हमारा तात्पर्य व्यक्ति का सामाजिक परिवेश जैसे वंशावली व लालन-पालन, अमीरी या गरीबी, स्वास्थ्य या रोग और इसी प्रकार की बातों से है। जैसा कि हम जानते हैं, मानव के नैतिक प्रयास अंशत: विपरीत परिस्थितियों में नैतिक मानदण्डों पर टिके रहने का है।

उपरोक्त परिचर्चा से नैतिकता के प्रश्न पैदा होते हैं (1) जीवन के ऐसे कौन-से लक्ष्य हैं जिनका अनुसरण किया जाना चाहिए? (2) कोई इन लक्ष्यों को कैसे पा सकता है? या कोई कैसे लक्ष्यों या आदर्शों को पाने के लिए अपनी इच्छाओं को मजबूत कर सकता है? या वे साधन कौन-से हैं जिनसे कोई व्यक्ति सही (उचित) नैतिक आदतें डाल सकता है।

नैतिक निर्णय लेने का मॉडल (Model of Moral Decision Making)

अब तक हमने नीतिशास्त्र तथा नैतिक चर्चा में सामान्यत: प्रयुक्त शब्दावली के अर्थ बताए हैं। नीतिशास्त्र को एक अन्य दृष्टिकोण से भी देखा जा सकता है। वास्तव में, किसी विषय को समझने का सर्वोत्तम मार्ग (ढंग) है उसके द्वारा विश्लेषित समस्याओं पर विचार करना। नैतिक समस्याओं को समझने का सरल उपाय है कि नैतिक निर्णय लेने के ढंग पर विचार करें। नैतिक निर्णय लेने में प्रयुक्त तत्वों को निम्नलिखित रूप (format) में प्रस्तुत किया जा सकता है:

नैतिक निर्णय मॉडल

नैतिक ऐजेण्ट-एक्स

स्वैच्छिक कार्य या आचरण 'एक्स' ने 'वाई' की जेब काट ली

'एक्स' का काम नैतिक दृष्टि से गलत है निर्णय

चोरी करना गलत है नैतिक मानक

धर्म, रीति-रिवाज, कानून, सामाजिक मानदण्ड और इसी प्रकार की बातें मानकों का स्रोत

उपरोक्त मॉडल की सहायता से हम नीतिशास्त्र का विहंगम अवलोकन कर सकते हैं। नैतिक मानक नीतिशास्त्र के मूल में हैं। जैसा कि हम देखेंगे, अनेक सिद्धान्त विभिन्न मानकों, जैसे कर्त्तव्य, सामाजिक कल्याण एवं व्यक्ति की आत्म-पूर्णता की चर्चा करते हैं। नीतिशास्त्र भी उन स्रोतों की बात करते हैं जिनसे लोग अपने नैतिक मानक प्राप्त करते हैं। ऐसे स्रोत हैं धर्म, कानून (नियम), सामाजिक रीति-रिवाज तथा घरों एवं स्कूलों से सिखाए गए (दिए गए) मूल्य। नीतिशास्त्र भी नैतिक मानकों की प्रकृति की चर्चा करता है। उदाहरण के लिए, नैतिक मानक विषयपरक या आत्मपरक हैं? क्या वे बौद्धिक विश्लेषण पर आधारित हैं या वे केवल मानव की सहजात नैतिक संज्ञा से निसृत हैं? क्या नैतिक मानक सर्वोच्च और सार्वभौमिक हैं या ये किसी खास समय एवं स्थान-सापेक्ष हैं? क्या वे बौद्धिक विश्लेषण के अधीन (के अनुकूल) हैं या सीधे-सीधे अविश्लेषणात्मक सहजानुभूति या अनुभूति है? अपने विषय के साथ बढ़ते हुए हम इन मुद्दों पर चर्चा करेंगे।

हमारे उपरोक्त उदाहरण में सही कार्यवाही या सही नैतिक निर्णय सरलता से देखे जा सकते हैं। सभी लोग लागू होने योग्य नैतिक मानक के लिए सहमत होंगे। लेकिन ऐसी परिस्थितियाँ अक्सर उभर आती हैं जिनमें लागू होने-योग्य नैतिक मानक के बारे में व्यक्तियों (लोगों) के मत अलग-अलग हो जाते हैं। उस स्थिति की कल्पना कीजिए जिसमें एक व्यक्ति, जिसका परिवार भूखा मर रहा है, हताश हो जाता है और किरयाने की एक दुकान में घुसकर कुछ खाद्य सामग्री चुरा लेता है। उसके इस काम के लिए हमें क्या नैतिक निर्णय देना चाहिए? नैतिकता का कठोर विचार रखने वाले या जो सर्वोच्च नैतिक मानकों का पालन करते हैं, वे चोरी के इस कार्य की निंदा करेंगे। वे कहेंगे, 'चोरी', "तो चोरी ही रहेगी चाहे चोर की परिस्थिति कुछ भी हो।" वे हठी नैतिकतावादी हैं। अन्य कुछ लोग चोरी के इस कार्य के लिए कुछ नरम मानक प्रयोग करना चाहेंगे। महान दार्शनिक इमैनुअल कॉण्ट इस प्रकार के मामलों में भी कठोर नैतिक नियम लागू करेंगे।

नैतिक सिद्धान्तों के लागू करने में कठोरता या नरमी लागू होने के इन सिद्धान्तों में कुछ परिस्थितियों में विरोध हो सकता है। अपने भूखे परिवार को खिलाने के लिए खाना चुराने वाले व्यक्ति के उदाहरण में दो नैतिक मानकों में एक-दूसरे के साथ विरोध (संघर्ष) की स्थिति है। (1)चोरी करना गलत है, (2)एक गृहस्थ को अपने परिवार को भूखा नहीं रहने देना चाहिए। दो बराबर के वैध नैतिक मानकों के बीच संघर्ष वाली इस प्रकार की स्थिति को नैतिक असमंजस कहते हैं। नैतिक असमंजस पर हम आगामी अध्याय में चर्चा करेंगे।

इसके अतिरिक्त, दार्शनिकों को ऐसी परिस्थितियों की कल्पना करने का शौक है जो नैतिक पहेलियों जैसी होती हैं। मान लीजिए उदाहरण के लिए डाक्टर के पास जीवन-रक्षक इंजैक्शन की केवल एक ही खुराक है और उसके सामने दो ऐसे मरीज लाए जाते हैं जिन्हें इस इंजैक्शन की जरूरत है। अब वह किसे इंजैक्शन देगा? उसके इस चयन में कि वह किसकी जिन्दगी बचाए, कौन-से सिद्धान्त काम करेंगे (लागू होंगे)? ऐसी पहेली का प्रयोजन यह दिखाता है कि सामान्यत: स्वीकार्य नैतिक मानक कुछ परिस्थितियों में बेकार हो जाते हैं या नैतिक कर्त्ता को मार्ग-निर्देशित करने में असफल रहते हें। इस प्रकार से, नैतिक मानकों की सार्वभौमिक वैधता पर प्रश्न उठाया जा सकता है। इसके अतिरिक्त विचार यह दिखाने के लिए भी हो सकता है कि कुछ निर्णय कोई मार्ग-निर्देश न होने पर, इच्छानुसार ही या नैतिक कर्त्ता के विवेकानुसार लेने पड़ते हैं।

जीवन में नैतिक आदर्श (Ethical Ideals in Life)

नीतिशास्त्र का एक और क्षेत्र ऐसे आदर्श जीवन से सम्बन्धित है जैसा कि मानव को बिताना चाहिए। मुख्य शुभ (Good) या जीवन के लक्ष्य के बारे में विभिन्न विचार हैं। ऐसा एक लक्ष्य सुख-भोग (pleasure) है जो किसी विशेष अन्त:प्रेरणा पैदा होने पर उसके पूरा हो जाने से माना जाता है। इसे सुखवाद (hedoism) के नाम से जाना जाता है। खुशी (सुख) को जीवन का एक और लक्ष्य माना जाता है। मनुष्य के पूरे जीवन में खुशी की इच्छा की जाती है। इसमें संयमन में एवं क्षय (अपव्यय) से बचने में विभिन्न सुख भोगों का आनन्द लेना शामिल है। सुखभोग में परिवार व मित्रता के बन्धन, बौद्धिक रुचियाँ, सौन्दर्यपरक सुखभोग एवं आध्यात्मिक अनुसरण आते हैं। कुछ लेखक जैसे हॉब्स एवं नित्शे ने यह तर्क देते हुए कि लोग एक वैकल्पिक लक्ष्य के तौर पर शक्ति या आत्म-गौरव का अनुसरण कर सकते हैं, एक पूर्णत: भिन्न दृष्टिकोण (विचार) लिया है।

आदर्श मानव जीवन की एक लोकोत्तर अवधारणा है। यह मानता है कि मानव आवेगों को बुद्धिपरक प्रणाली के दायरे में लाने के लिए उनको नैतिक नियमों के अधीन होना चाहिए। यह विचार तर्क के या कर्तव्य के नियम पर बल देता है। जीवन के इस ढंग को अपनाने में लोग जिन अनुभूतियों का अनुभव करते हैं वे मात्र संतोषों की अनुभूतियों से बहुत भिन्न हैं। अपनी रुचि में संलग्नता से जिस प्रकार की संतुष्टि प्राप्त होती है वह कर्त्तव्य के पालन से बिल्कुल भिन्न है; एन्द्रिय (कामुक) आनन्द जो संतुष्टि देते हैं, वे उनसे भिन्न हैं जो काव्यात्मक या धार्मिक मनोभावों से प्राप्त होते हैं। आर्लाइल ऐसी उच्चतर अनुभूतियों को आनन्द की अपेक्षा धन्यता (blessedness) बताता है। स्पिनोजा इन अर्थों में परमानन्द (beautitude) शब्द का प्रयोग करता है। स्पिनोजा के अनुसार इस प्रकार का आनन्द 'ईश्वर के बौद्धिक प्रेम' में अर्थात् आध्यात्मिक सिद्धान्त की प्राप्ति के रूप में ब्रह्माण्ड की प्रशंसा में मिलता है। स्पिनोजा कहता है कि आनन्द (परमानन्द) सद्गुणों का पुरस्कार नहीं है, अपितु यह स्वयं ही सद्गुण है। अर्थात् सही दृष्टिकोण प्राप्त करने में अनिवार्य पहलू है। इन मामलों में प्रत्येक में एक बहुत भिन्न आत्मबोध प्राप्त होता है और इसलिए आत्मानुभूति भी अलग ही प्रकार की होती है।

इन अवधारणाओं में नैतिक आदर्श आत्म-बोध के किसी रूप में विद्यमान रहता है, अर्थात् चरित्र के विकास के किसी रूप में; और अन्त में इसे आनन्द के स्थान पर नैतिक पूर्णता के तौर पर देखा जाता है। नैतिक जीवन को विकास की प्रक्रिया के तौर पर माना जाता है। ग्रीन के अनुसार, मानव की प्रकृति में अनिवार्य तत्व बुद्धिपरक या आध्यात्मिक सिद्धान्त है। भूख, अनुभूति व मानसिक धारणाओं (images) के साथ मनुष्य पशुओं के समान है। तथापि, ये सभी तथा मानव की प्रकृति में शेष सभी बातें उसके तर्क (बुद्धिपरकता) (reason) से संशोधित (परिवर्तित) हो जाती हैं। ऐसा इसलिए है कि मानव बुद्धिपरक, आत्म-सचेतन और आध्यात्मिक है। यह मानव प्रकृति का अनिवार्य पहलु है। नैतिक जीवन का महत्त्व इस सिद्धान्त को अधिक-से-अधिक सुस्पष्ट बनाने के लिए लगातार प्रयास करने में है जिससे हम अपनी बुद्धिपरक, आत्म-सचेतन एवं आध्यात्मिक प्रकृति को अधिक-से-अधिक सम्पूर्णता प्रदान कर सकें। ग्रीन का कहना है कि आदमी को ऐसी नैतिक स्थिति प्राप्त कर लेनी चाहिए जो सर्वाधिक पूर्णत: बुद्धिपरक हो।

विकास के सिद्धान्त पर आधारित नीतिशास्त्र (Ethics Based on Theory of Evolution)

नैतिक लक्ष्य के रूप में आत्म-बोध का पिछला विचार अत्यन्त लोकोत्तर है। जैविक उत्पत्ति पर आधारित आचार-शास्त्र सांसारिक है। हर्बर्ट स्पैन्सर इन विचारों के मुख्य प्रवर्तक थे। नीतिशास्त्र के ये सिद्धान्त जैविक उत्पत्ति के स्पष्टीकरण के पैटर्न का अनुसरण करते हैं जो कि डार्विन ने 'द ओरिजन ऑफ स्पीसीज' (The Origin of Species) में दिया है। डार्विन के अनुसार, पशुओं की जातियों का विकास, वजूद के उस संघर्ष से होता है जिसमें स्वस्थतम (शक्तिशाली) ही बच पाता है। इस पद्धति (प्रक्रिया) को जैविक जातियों का प्राकृतिक चयन कहा जाता है। प्राकृतिक चयन वह पद्धति (प्रक्रिया) है जिसमें विभिन्न जातियाँ अपनी विशिष्टतायुक्त सरंचनाओं (शारीरिक आकृतियों) के साथ सर्वोच्चता (सर्वश्रेष्ठता) के लिए संघर्ष करती हैं। इस प्रक्रिया (जो

अक्सर लाखों वर्षों तक चलती रहती है) में कुछ जातियाँ बची रह जाती (जीवित रहती) हैं और अपेक्षाकृत स्थायी हो जाती हैं। पशुओं की दुनिया में निजी स्तर पर एवं जाति स्तर पर संघर्ष होते रहते हैं। कुछ एकल पशु या पशुओं का समूह विशिष्ट प्राकृतिक (देनों) विशेषताओं/गुणों के साथ पैदा होता है। ये विशेषताएँ ऐसी होती हैं जो उन्हें अन्य पशुओं (प्राणियों) की अपेक्षा जीवित रहने योग्य बनाती हैं; और तदनुसार वे जीवित रह जाते हैं और अपनी संतति को वे अपनी विशेषताएँ सौंपते रहते हैं जबकि ऐसी विशेषताओं से विहीन उनके प्रतिद्वन्द्वी मर जाते हैं। इस प्रक्रिया में कुछ जातियाँ गायब जो जाती हैं जबकि अधिक योग्य (शक्तिशाली) जातियाँ बनी रहती हैं। यह समझ लेना चाहिए कि 'योग्य होना' (शक्तिशाली होना) यहाँ पर्यावरण के प्रति उचित अनुकूलन का अर्थ देता है जो बने रहने (जीवित रहने) को सुनिश्चित करता है।

जैविक उत्पत्ति के विचारों पर आधारित नैतिक सिद्धान्त अब लोकप्रिय नहीं रह गए हैं। लेकिन उनका ऐतिहासिक महत्त्व है क्योंकि उनसे पता चलता है कि किस प्रकार जीव-विज्ञान से सैद्धान्तिक मॉडलों को नीतिशास्त्र में लागू किया गया। नैतिक विचारकों को ये मॉडल आकर्षक लगे क्योंकि उनमें विकास की धारणा थी।

तथापि, मानव नीतिशास्त्र प्रकृति में पाई जाने वाली प्रक्रियाओं को प्रक्रिया में धरातल तक घटाया या धरातलित (Grounded) नहीं किया जा सकता। जैसा कि कहा गया है "नीतिशास्त्र न तो नैतिकता का मूल है और ना ही इतिहास है। यह मानव आदर्शों को देखता है और यह देखता है कि वे किस प्रकार आचरण को प्रभावित करते हैं। अब आदर्श वही है जो मानवता उसके होने का सोचती है और मानवीय नैतिक विकास की दिशा को तय करती है।"

पहले के उन्नीसवीं सदी के नैतिक सिद्धान्तों के उलट आधुनिक नैतिक विचारक, नीतिशास्त्र एवं उत्पत्ति-विकास के बीच के सम्बन्ध को भिन्न ढंग से देखते हैं। विचारकों के एक वर्ग को विश्वास है कि मानव ने बने रहने के लिए गहन युद्ध किया था और इसका उनकी मानसिक संरचना पर स्थायी प्रभाव पड़ा। उत्पत्ति-विकास प्रक्रिया में मानव आक्रामक, क्रूर और स्वार्थी हो गया। इन समाज-विरोधी गुणों पर विजय पाने के लिए बड़ा प्रयास चाहिए था जो विकास की प्रक्रिया के दौरान मानव की प्रकृति में जम गए हैं। विचारकों के दूसरे वर्ग का विश्वास है कि मानव ने विकास की प्रक्रिया में अनेक लाभकारी व दूसरों के बारे में सोचने के गुण (विशेषताएँ) प्राप्त कर लिए हैं विशेष रूप से अपने परिवार व समूह के सम्बन्ध में। वे इस बात पर भी जोर देते हैं कि पशुओं का व्यवहार आपसी परोपकारिता के अनेक दृष्टांत प्रस्तुत करता है।

नीतिशास्त्र का प्रतिपादन (Exposition of Ethics)

विश्लेषणात्मक एवं ऐतिहासिक परिप्रेक्ष्य में (An Analytical and Historical Perspective)

आधुनिक पाठ्य-पुस्तकों में विषयों का प्रतिपादन विश्लेषणात्मक है। ये पाठ्य पुस्तक विषय को उन अवधारणाओं, सिद्धान्तों और नियमों के आधार पर प्रतिपादित करते हैं जो वर्तमान में प्रचलित (स्थापित) हैं। इतिहास या विचारों के विकास का उल्लेख सामान्यतः नहीं किया जाता है। विद्युत या चुम्बकत्व को स्पष्ट करते हुए आधुनिक भौतिकी के पाठों में पहले के सिद्धान्तों की चर्चा नहीं की गई है जो विद्युत एवं चुम्बकत्व को किसी प्रकार का द्रव्य मानते हैं। पहले के सिद्धान्तों में केवल विचारों के इतिहासकारों की ही रुचि है और वर्तमान व्यवसायियों की इनमें कोई रुचि नहीं है।

नीतिशास्त्र (तथा अधिक सामान्यतः दर्शन-शास्त्र) की स्थिति इस संबंध में अपेक्षाकृत भिन्न है। मानवीय नैतिकताओं से संबंधित प्रमुख केन्द्रीय प्रश्न प्राचीन यूनानी दार्शनिकों और भारतीय ऋषियों द्वारा बनाए गए हैं। यद्यपि मानव समाज तब से अब तक पूरी तरह बदल गया है, परन्तु मानव को जिन अनिवार्य नैतिक मुद्दों का सामना करना पड़ता है, वे वही के वही रहे हैं। अतः नैतिक समस्याओं की पहचान, विश्लेषण तथा संकल्पना, जिन पर पहले के महान विचारकों ने प्रयास किए हैं, आज भी प्रासंगिक बने हुए हैं। अतः नीतिशास्त्र की पाठ्य पुस्तकों में विगत के महान दार्शनिकों के काम (लेखन) का उल्लेख रहता है।

नैतिक विचारण के विकास में मील के पत्थर
(Milestones in the Development of Ethical Thought)

नैतिक विचारण के विकास में मील के पत्थर नीचे दिए गए हैं। सरलता के लिए हमने एक संक्षिप्त सूची दी है:

अवधि	दार्शनिक/दार्शनिक सम्प्रदाय	केन्द्रीय सिद्धान्त
1. 1200 से लगभग 800 ईसा पूर्व	चार वेदों की अवधियाँ (काल)	हिन्दू नीतिशास्त्रीय विचारों का सम्बन्ध वेदों से जोड़ा जा सकता है। वेद तीन खण्डों में विभाजित किए गए हैं, अर्थात् मन्त्र, ब्राह्मण तथा उपनिषद्। मन्त्र या श्लोक संहिताओं ऋग्वेद, यजुर्वेद, सामवेद तथा अथर्वेद के संग्रह में मिलते हैं। ऋग्वेद, जो प्राचीनतम संहिता है, के तीन प्रकरण हैं प्रकृति की पूजा, ब्रहमांडीय व्यवस्था तथा धार्मिक अनुष्ठानों का विवरण। सामवेद संगीतीय रूप में ऋग्वेद का संक्षेपण है। यजुर्वेद में वैदिक उत्सवों के लिए उपासना पद्धति या मंत्र हैं। अथर्वेद योग में मानव शरीर विज्ञान, विभिन्न रोगों, सामाजिक ढाँचे, आध्यात्मिकता, प्राकृतिक सुन्दरता की प्रशंसा और इसी प्रकार के विषयों के बारे में अधिक लिखा गया है।
2. 800-600 ईसा पूर्व	उपनिषदों का काल	उपनिषदों में, मानव का सर्वोच्च नैतिक प्रयोजन आत्म-ज्ञान की जिज्ञासा है। यह सर्वोच्च वास्तविकता हेतु खोज का दूसरा पहलू है।
3. 599 ई.पू.-527 ई.पू.	महावीर (परम्परानुसार)	ये दो धर्म कर्म-काण्डवाद, रूढ़िवाद, तथा हिन्दुओं के जाति-विभाजन की प्रतिक्रियास्वरूप (के विरुद्ध) पैदा हुए।
563 ई.पू.-483 ई.पू.	गौतम बुद्ध (परम्परानुसार) बौद्ध धर्म व जैन धर्म	वे पशु बलि का विरोध करते थे, अहिंसा तथा मानव वासनाओं को नियंत्रित करने एवं शांति के विस्तार की जरूरत का उपदेश देते थे।
4. 5वीं से चौथी शताब्दी ई.पू.	रामायण काल	नैतिकता का सार राम के चरित्र के माध्यम से बताया गया है। रामायण में व्यक्तिगत, सामाजिक एवं राजसी नैतिकता है।
5. 540 से 300 ई.पू.	महाभारत काल	महाभारत में निजी व राजसी नैतिकताओं की चर्चा है। इसमें शासनकला, कूटनीति की चर्चा तथा न्याय-संगत युद्ध की संकल्पना का प्रथम विवरण है।
6. पाँचवीं शताब्दी से दूसरी शताब्दी ई.पू.	भगवत् गीता	यह सबसे अधिक महत्वपूर्ण धार्मिक ग्रंथ है। इसका संदेश है कि व्यक्ति को संभावित फल की चिन्ता किए बिना अपना काम ईमानदारी से करना चाहिए। यह मानव-कर्म के मध्य में धर्म पर जोर देती है। केन्द्रीय विषय निष्काम क्रिया (कर्म) है।
7. 481 ईसा पूर्व के आसपास आरंभ	कुतर्कवाद	सार्वभौमिक विषयपरक नैतिक मानकों को सबसे पहले नकारने वाले कुतर्कवादी थे। नैतिक सापेक्षतावाद का मानना है कि नैतिकता, विशेष समाजों में परिस्थितियों, ऐतिहासिक स्थितियों तथा बौद्धिक अभिरुचियों पर निर्भर है।

8. 470-399 ईसा पूर्व	सुकरात	महानतम नैतिक दार्शनिकों में से एक जिसने न केवल नैतिक सिद्धान्तों व अवधारणाओं पर चर्चा की अपितु जीवन में उनका पालन भी किया। वे अपने इस विचार के लिए प्रसिद्ध हैं कि ज्ञान एक सद्गुण है। प्लेटो द्वारा लिखे वार्तालाप में उनके अनेक विचार शामिल हैं।
9. 428-348 ई.पू.	प्लेटो	सुकराती वार्ता जैसे 'अपोलॉजी' तथा 'रिपब्लिक' के लेखक महान आदर्शवादी दार्शनिक; जिसने चेतना के संसार की वास्तविकता को नकार दिया: अनन्त व अपरिवर्तनशील रूपों (Forms) की बनावट से वास्तविकता को माना; एक नैतिकतावादी से अधिक दार्शनिक और राजनैतिक विचारक के तौर पर जाना जाता है; धैर्य, न्याय, विवेक एवं आत्म-संयम को आधारभूत सद्गुण माना जो सभी सद्गुणों का मूलाधार है।
10. 384-322 ई.पू.	अरस्तू	पहला विद्वतापूर्ण दार्शनिक जिसने नीतिशास्त्र पर व्यवस्थित ढंग से लिखा, 'निकोमाशीन एथिक्स' (Nicomachean Ethics) का लेखक, पहला लेखक जिसने सद्गुण नीतिशास्त्र, सद्गुण को दो उच्चतम गुणों के बीच मध्यस्थ के तौर पर माना।
11. 345-300 ई.पू.	कौटिल्य का अर्थशास्त्र	यह संभवत: शासन-कला, प्रशासन, युद्ध, कूटनीति एवं अर्थव्यवस्था के राज्य के विनियम का प्रथम ग्रंथ है।
12. 323 ई.पू. (जैनो, स्टोइसिज्म के संस्थापक का जन्म)	स्टोइक्स	उनकी नैतिकताओं की विशेषताएँ कठोर तपस्या-पूर्णता एवं कठोर मितव्ययिता हैं। स्टोइसिज्म रोमन काल में भी लोकप्रिय था।
13. 341 ई.पू. (एपिक्यूरस का जन्म)	एपिक्यूरियन्स (भोगवादी)	ये आनन्द (happiness) को जीवन का लक्ष्य मानते हैं। आनन्द का अर्थ क्षणिक आनन्द की इच्छा होना नहीं है। आनन्द कुछ ऐसा है कि जिसका अनुसरण व्यक्ति को अपने पूरे जीवन में बुद्धिपरकता के साथ करना होता है।
14. (354-430 ईसा संवत्)	सेंट ऑगस्टीन (St. Augustine)	एक महान ईसाई ईश्वर-मीमांसक और नैतिक विचारक जिसका नाम सेंट थॉमस एक्वीनास के साथ आता है 'सिटी ऑफ गॉड' का लेखक प्लेटो से प्रभावित एक महान ईसाई मीमांसक तथा नैतिक विचारक जिसका उल्लेख सेंट थॉमस एक्विनास के साथ किया जाता है।
15. ईस्वी सन् 1223-1274	सेंट थॉमस 'एक्विनास' (St. Thomas Aquinas)	महान केथोलिक दार्शनिक तथा 'सुम्मा थियोलॉजिक' का लेखक अरस्तू से बहुत अधिक प्रभावित।
16. ईस्वी सन् 1469-1539	गुरु नानक	गुरु नानक ने सिख धर्म की स्थापना की जिसने एकेश्वरवाद तथा मानव भाईचारे का उपदेश दिया।
17. ईस्वी सन् 1596-1650	डेस्कारटेज (Descartes)	आधुनिक दर्शन के संस्थापक; उसकी ज्यादा रुचि तत्वमीमांसा में थी; यह स्टोइक दर्शन का अनुयायी था।
18. ईस्वी सन् 1588-1679 ईस्वी सन् 1592-1655	हॉब्स, गासैण्डी (Hobbes)	भौतिकतावादी विचारक; भोगवाद का अनुयायी; हॉब्स का सोचना था कि पुरुष अहम्वादी थे और शक्ति के आकांक्षी थे।

19. 1617-88	कडवर्थ (Cudworth)	कडवर्थ का कहना है कि अच्छे और बुरे के बीच अन्तर मानव इच्छाओं में नहीं है, अपितु यह कुछ विषय-परक है जिसे सहजानुभूतिक तर्कणा से जाना जा सकता है।
20. 1614-87	हेनरी मोर (Henry More)	इन्होंने नैतिक सूक्तियां जैसे- उदारता का प्रतिपादन किया। इसे स्व-प्रमाणिक सत्य माना जा सकता है।
21. 1675-1729	सैमुअल क्लार्क (Samuel clarke)	सुनहरे नियम से लेकर इन्होंने समानता के सिद्धान्त का प्रतिपादन किया। ''दूसरों के साथ वैसा ही व्यवहार करो, जैसा तुम चाहते हो कि वे तुम्हारे साथ करें।''
22. 1671-1713	शैफ्ट्सबरी (Shaftesboury)	इन्होंने नैतिक चेतना मत (विचारधारा) की स्थापना की। इसके विचार से पुरुषों में अहमात्मक भावनाओं के अलावा अन्य प्राकृतिक भावनाएँ जैसे सद्भावना, उदारता, सहानुभूति और अहसानमंदी होती हैं जिनसे उनमें 'सद्गुणों के प्रति प्यार' पैदा होता है, जिसे शैफ्ट्सबरी नैतिक चेतना कहता है। यह सहज ही सद्गुण और स्वरुचि को मिला देती है।
23. 1694-1746	हचसन (Hutcheson)	डेविड हयूम के समान ही इन्होंने भी प्रवर्तकों (संस्थावादियों) का विरोध किया जिन्होंने नैतिक निर्णयों को तर्कणा में दबा दिया। अधिकतर निर्णय इस बात पर आधारित थे कि कोई कार्य व्यक्ति की उस नैतिक चेतना के अनुरूप है या नहीं जो व्यक्ति की भावनाओं से बनी होती है।
24. 1711-76	ह्यूम (Hume)	तर्कणा को सहायक माना। यह हमें अपने लक्ष्यों को पाने के सर्वोत्तम साधनों का बोध करा सकती है; यह मानव लक्ष्यों को बना नहीं सकती। यह लोगों की पूर्व-वर्ती जरूरतों और इच्छाओं पर निर्भर होता है। अत: तर्कणानैतिक निर्णयों को बढ़ा नहीं सकती या लोगों को क्रिया के लिए प्रेरित नही कर सकती।
25. 1728-91, 1710-96	रिचर्ड प्राइस तथा थॉमस रीड (Richard Price and Thomas Reid)	इन दो लेखकों ने पूर्व के संस्थानवाद को नए रूप में पुनर्जीवित किया। उन्होंने यह सोच रखी कि सही और गलत की धारणाएँ सरल है, तर्कणा द्वारा सीधे ही बोधित विषय-निष्ठ ऐसे विचार जो और आगे किसी रूप में विश्लेषण-योग्य (या कम किए जाने योग्य)' नहीं हैं।
26. 19वीं शताब्दी	उपयोगितावाद (utilitarianism)	पहले के इस विवाद को कि नैतिकता का आधार तर्क है या भावनाएँ हैं, को इस ओर परिवर्तित कर दिया कि कौन से कार्य सही हैं और कौन से गलत। यह नैतिकता-सम्बन्धी प्रश्नों के स्थान पर नियामक (आदर्शक) नीति-शास्त्र का बदलाव है।

27. 1748-1832 1806-1873	बेंथम, जे.एस.मिल (Bentham J.S. Mill)	ये दोनों उपयोगितावादी लेखकों का मानना है कि अच्छा (उत्तम) वहीं है जो समाज के लिए लाभकारी है या जो मानवीय आनन्द का सम्वर्द्धन करता है। वे नैतिक लक्ष्य को सर्वाधिक संख्या वाली सबसे बड़ी खुशी परिभाषित करते हैं। उपयोगितावाद आज भी नीति-शास्त्र का प्रबल (प्रधान) सम्प्रदाय (विचारधारा) है।
28. 1838-1900	सिडविक (sidgwick)	इन्होंने सहज बुद्धि नैतिकता और उपयोगितावाद का पुनर्मिलान करने का प्रयास किया। उन्होंने दर्शाया कि सहज बुद्धि नैतिकता में जो कुछ भी युक्तियुक्त है, वह उपयोगितावाद के रूप में समझाया जा सकता है।
29. 1836-82	टी.एच.ग्रीन (T.H. Green)	इन्होंने आर्थिक न्याय की सोच (महत्व) को उपयोगितावाद में जोड़ दिया। उनका यह भी मानना था कि मानव जीवन का अन्त नैतिक सम्पूर्णता में होना चाहिए।
30. 1724-1804	इमैनुअल कांट (Immanuel kant)	कांट के अनुसार नैतिकता, कर्त्तव्य या उत्तरदायित्व के आदेशों (की अपेक्षाओं) का पालन करना या व्यक्ति को 'करना चाहिए' को मानना है। नीति-शास्त्र के लिए यह सोच, प्रयोजनमूलक कहे जाने वाले उपयोगितावाद के विपरीत नीति-कर्त्तव्यशास्त्रीय कहलाती है। कांट का मानना है कि नैतिकता में मनोवेगों या मनोभावों के लिए कोई स्थान नहीं है क्योंकि ये अविवेकीय (असंगत) हैं। कांट नैतिक कानून (नियम) के विचार से प्रभावित था। एक प्रसिद्ध पैराग्राफ में वह कहता है- ''दो चीजों ने मुझे हमेशा आश्चर्यचकित किया है ''ऊपर स्थित स्वर्ग तथा मेरे भीतर के नैतिक कानून (नियम) ने।''
31. यूरोपियन नीति-शास्त्रीय लेखक		यूरोपियन नीति-शास्त्रीय परम्परा की एक प्रमुख धारा स्पिनोजा से नीत्शे (Nietzsche) राउसे-(Rousseau), लिब्निज-(Leibnitz), हीगल-(Hegel) तथा स्कोफैनर- (Schopenhauer) तक में मिलती है। इस परम्परा के दो दार्शनिक- कांट-नीति-कर्त्तव्यशास्त्रीय के प्रस्तावक के तौर पर और कार्ल मार्क्स - एक राजनैतिक विचारक के तौर पर, हमारी परिचर्चा के लिए विशेष रूप से प्रासंगिक हैं।
32. उन्नीसवीं शताब्दी: भारत	हिन्दू सुधारवाद का काल	इस काल के प्रसिद्ध सुधारकों में से कुछ के नाम हैं: राजा राममोहन रॉय, रामकृष्ण परमहंस तथा विवेकानन्द।
33. बीसवीं शताब्दी के विकासवादी 1873-1958	जार्ज मूर (George Moore)	ये 'उत्तम को एक सरल, विश्लेषण नहीं किए जाने योग्य विशेषता (गुण) मानते हैं; इसे परिभाषित करने का प्रयास करते हुए अन्ततः 'प्राकृतिक पतन' में पहुँचते हैं (हमारी पुस्तक के तीसरे अध्याय में स्पष्ट किया गया है)। वे 'उत्तम' को अवैयक्तिक सौन्दर्यशास्त्र तथा बौद्धिक खोज, वास्तविक (सच्ची) मित्रताओं और परहित वाले कार्यों में शामिल मानते हैं। वे एक आदर्श उपयोगितावादी थे।

34. 1877-1971	डब्ल्यु.डी. रौस W.D. Ross	प्रथम दृष्टया उन कर्त्तव्यों की पहचान की जो यह निश्चय करते थे कि नैतिक ऐजेण्टों को ठोस (पक्के) तौर पर क्या करना चाहिए। प्रथम-दृष्टया कर्त्तव्य बाध्यकर है, यदि एक दी गई स्थिति में कोई और कर्त्तव्य अधिक उचित प्रतीत न होता हो। रौस नीति-शास्त्रीय दुविधाओं पर अपनी परिचर्चाओं के लिए भली-भाँति जाने जाते हैं।
35. 1910-89	ए. जे. अय्यर	इन्होंने भावात्मकवाद या यह सिद्धान्त प्रतिपादित किया कि नैतिक निर्णय न तो तर्क-संगत हैं और न गणितीय सत्य है, न तो तथ्य-कथन हैं। बल्कि वे केवल व्यक्ति की किसी कार्य या व्यक्ति हेतु सहमति असहमति की भावपूर्ण अभिव्यक्तियाँ हैं। सहमति या असहमति की अभिव्यक्तियों के तौर पर वे न तो सत्य हैं और न ही झूठ हैं।
36. 1919-2002	आर. एम. हरे (R. M. Hare)	इनका मानना है कि नीति-शास्त्र तार्किक परिचर्चा का विषय हो सकता है, केवल विषयगत वरीयता का ही नहीं। नैतिकताओं को सार्वभौमिक किया जा सकता है-सभी पर लागू और नैतिकता के विषय में तर्क किए जा सकते हैं। और भी, मूल्यों एवं तथ्यात्मक कथन, नैतिक परिचर्चाओं को तर्क-संगत (युक्तियुक्त) बना सकते हैं।
37. 1921-2002	जॉन रॉल्स (John Rauls)	इन्होंने समतावादी सिद्धान्तों के साथ, उन अधिकारों और उदारताओं को तार्किक ढंग से व्युत्पन्न करने का प्रयास किया जिन्हें उदारवादी पसंद करते हैं। वे अपने दावे को इस तर्क पर आधार देते हैं कि उदारवादी तथा समतावादी सिद्धांत, विशिष्ट काल्पनिक किन्तु विश्वसनीय सामाजिक स्थिति में स्थित तर्कपरक (बुद्धिवादी) व्यक्तियों द्वारा चुने जाएँगे।
38. 1938-2002	राबर्ट नोजिक (Robert Nozik)	ये प्रसिद्ध रूढ़िवादी विचारक थे जिनके विचार जॉन रॉवल्स के विचारों से बिल्कुल विपरीत थे।
39. बीसवीं शताब्दी	गाँधी	इनका परिचय देने की आवश्यकता नहीं है।

यह देखा जाना चाहिए कि इतिहासकार व विद्वान, वैदिक एवं अन्य हिन्दू ग्रंथों की रचना के सही-सही समय एवं अपेक्षित समय-क्रम के बारे में एकमत नहीं हैं। इसके अतिरिक्त, वेदों, उपनिषदों, महाभारत और रामायण की रचना लम्बी अवधियों के दौरान हुई है। प्राचीन हिन्दू लेखक रचना के सही-सही ऐतिहासिक समय का उल्लेख नहीं करते थे। परिणामस्वरूप, इतिहासकारों ने प्राचीन भारतीय इतिहास में घटनाओं के भिन्न-भिन्न क्रम दिए हैं अत: पाठकों को प्राचीन समय के लिए उपरोक्त सारणी में दिए गए कालों में कुछ अन्तर मिल सकता है।

इन विचारकों और उनके विचारों के विषय में हम आगे के पाठों में चर्चा करेंगे। इस समय हमारा अभिप्राय नीतिशास्त्र में विकास के मुख्य अनुक्रम को मोटे तौर पर दिखाना है। नीतिशास्त्र पर विहंगम दृष्टि तथा ऊपर दिए गए इसके ऐतिहासिक विकास के व्यापक रूप से समेट लेने से विद्यार्थियों को इस विषयक अपने अध्ययन में उपयोगी पृष्ठभूमि (सहायता) मिलेगी।

पुस्तक की विषयवस्तु (Contents of the Book)

अब हम इस पुस्तक में शामिल किए गए विषयों एवं इसका सर्वोत्तम प्रयोग करने की पद्धति बताएँगे। **द्वितीय अध्याय** में नैतिक संदेहवाद के सिद्धान्त पर चर्चा की गई है। ये सिद्धान्त नैतिकता के मूल्य पर प्रश्नचिन्ह लगाते हैं और अथवा नीतिशास्त्र को तार्किकता के धरातल पर कसे जाने का विरोध करते दिखाई देते हैं। हमारा मानना है कि ऐसे संशयवादी विचारों को गलत रूप से समझा जाता है। यह अध्याय मानव के कार्यों के नैतिक उत्तरदायित्व पर भी चर्चा करता है। इसके **तीसरे अध्याय** में नैतिक विचारकों, विशेषरूप से पश्चिमी विचारकों के योगदान पर चर्चा की गई है। इसमें महान विचारकों जैसे सुकरात, प्लेटो, अरस्तु, एपिक्यूरियन्स, स्टोइक्स, कॉण्ट और उपयोगितावादियों एवं बीसवीं सदी के दार्शनिकों के विचारों की समीक्षा की गई है। **चौथे अध्याय** में भारतीय व दार्शनिक परम्परा के नैतिक विचारों पर चर्चा की गई है। यहाँ हिन्दूवाद, बौद्ध मत, जैन मत और सिक्ख मत तथा गाँधी जी के नैतिक विचारों की चर्चा है। **पाँचवें अध्याय** में महान नेताओं, सुधारकों तथा प्रशासकों के जीवन से सीखे जा सकने वाले पाठों (प्राप्त की जा सकने वाली शिक्षा) की चर्चा की गई है।

अध्याय 6-8 में पाठ्य-क्रम (syllabus) सहित नीतिशास्त्र के सैद्धान्तिक अंश दिए गए हैं। **छठे अध्याय** में नीतिशास्त्र व मानव जीवन के बीच अन्तर-पृष्ठ (interface) की चर्चा है जिसमें मानव क्रिया-कलाप में नैतिकता के सार, निर्धारण और परिणाम (प्रतिफल) शामिल हैं। **छठे अध्याय** में नैतिक मार्ग-निर्देशों के स्रोतों को जाँचा गया है जो सामान्यत: नियम (विधि), कानून (व्यवस्था), विनियम एवं संचेतना के तौर पर जाने जाते हैं। **सातवाँ अध्याय** मानव सद्गुणों तथा अवगुणों के बारे में महान विचारकों के उद्धरणों का संदर्भ देते हुए ऐसे सद्गुणों और दुर्गुणों के विषय में है। हमने यह रास्ता इसलिए चुना ताकि विद्यार्थियों को इन नैतिक विशेषताओं (Qualities) की प्रकृति को गहराई तक समझने में मदद मिले। हमारी इस सोच से विद्यार्थियों को इन परीक्षा-प्रश्नों का उत्तर देने में मदद मिलेगी जिनमें उनमें प्रश्न में दिए गए उद्धरण में (छुपे) विचारों को स्पष्ट करने या उन पर चर्चा करने के लिए कहा गया है। किसी सिद्धान्त अवधारणा या धर्म-सिद्धान्त पर सीधा ही प्रश्न पूछने की बजाय परीक्षक इसे प्रश्न में छुपा देता है और विद्यार्थी से उस पर टिप्पणी करने को कहता है। उद्धरणों और साथ दी गई चर्चा को समझकर विद्यार्थी ऐसे प्रश्नों का उत्तर भली प्रकार देने के लिए अच्छी स्थिति में होंगे। और भी, मामलों पर चर्चा बहुत अच्छी हो जाएगी (enriched) जब विद्यार्थी एक दृष्टिकोण को समझाते हुए उद्धरणों या किसी उद्धरण के केन्द्रीय भाव का प्रयोग करता है।

आठवाँ अध्याय नीतिपरक तर्कणा और नैतिक दुविधाओं के बारे में है। नीति-परक तर्कणा उन परिस्थितियों में काम आती है जिसमें निर्णय नैतिक चयनों पर आधारित होते हैं। व्यक्ति को नैतिक प्रश्न, इसे उत्पन्न करने वाली परिस्थितियों और इन परिस्थितियों पर लागू होने वाले नैतिक मानकों के बारे में सोचने की आवश्यकता है। नैतिक दुविधाएँ उस समय उत्पन्न होती हैं जब दो बराबर वैधता वाले किन्तु भिन्न-भिन्न मानक एक परिस्थिति विशेष पर लागू होते हैं। प्रश्न ऐसे मामलों पर आधारित हो सकते हैं जिनमें एक निश्चित परिस्थिति में तथ्यों की रूप-रेखा तथा नैतिक तर्कणा एवं (कभी-कभी) नैतिक दुविधाओं के साथ संभावित वैकल्पक कार्यवाही बताई गई है। ऐसे प्रश्नों का उत्तर देते समय विद्यार्थी को परिस्थितियों से उत्पन्न केन्द्रीय समस्या के बारे में सोचना होगा तथा इसके हल के लिए सर्वाधिक उपयुक्त नैतिक या प्रशासनिक सिद्धान्त के बारे में सोचना होगा।

आज लोग राजनीति और प्रशासन में भ्रष्टाचार से बहुत अधिक चिन्ताग्रस्त हैं। **अध्याय** 10 और 11 में भ्रष्टाचार के तथ्य की जाँच विभिन्न पहलुओं से की गई है। **अध्याय** 10 में भ्रष्टाचार से निबटने के लिए वर्तमान प्रशासनिक ढाँचे तथा वर्तमान पद्धतियों पर चर्चा की गई है। आम तौर पर कहा जाता है कि अनेक प्रशासनिक तथा अन्य अड़चनें हैं जिनसे भ्रष्टाचार के खिलाफ कार्यवाही धीमी हो जाती है। भ्रष्टाचार केवल जनता के कर्मचारियों (कार्यकर्ताओं) की नैतिकता गिर जाने से ही नहीं होता। अनेक बार आर्थिक व राजनैतिक पर्यावरण (वातावरण) भी भ्रष्टाचार के अवसरों को जन्म देता है। भ्रष्टाचार की संभावनाओं को कम करने के लिए सुधार करना और प्रणाली संबंधी सुधार लाना बहुत आवश्यक है। **अध्याय** 11 में इस पर विचार किया गया है। **अध्याय** 12 लोकपाल के बारे में है जो भ्रष्टाचार नियन्त्रित करने के लिए अद्यतन संस्थागत क्रिया-विधि है।

लोक प्रशासन के विद्वान, लोगों व प्रशासन के बीच निरंतर, सजीव तथा प्रभावी सम्पर्क होते रहने की वकालत करते हैं। लोगों द्वारा जनता सम्बन्धी मुद्दों को समझने और उन पर टिप्पणी करने में सहायता के लिए उन्हें सूचना तक पहुँच दी गई है। यह प्रशासन को पारदर्शी बनाने तथा कदाचार का कम करने को साधन भी है। **अध्याय** 13 में सूचना के अधिकार पर चर्चा की गई है जिसका इन मुद्दों का सरोकार है।

लोक प्रशासन का एक बड़ा भाग नागरिकों को सेवाएँ देने से सम्बन्धित है। सेवाओं में नीति-निर्धारण, सफाई, नागरिक सुविधाएँ, स्वास्थ्य तथा शिक्षा शामिल हैं। लोग अक्सर शिकायत करते हैं कि प्रशासन उनकी जरूरतों को प्रभावी ढंग से एवं समय पर पूरा करने में असफल रहता है। **चौदहवें अध्याय** में, नागरिकों के चार्टर वाले अध्याय में यह प्रशासनिक प्रश्न उठाया गया है। **पन्द्रहवें अध्याय** में कारपोरेट अभिशासन पर चर्चा है।

सामाजिक क्षेत्र में सरकारी व्यय गरीबों को सेवाएँ देने और उनके जीवन की गुणवत्ता बेहतर बनाने के लिए आवश्यक है। प्रशासनिक विभागों को बजट में से प्राप्त निधियों का पूर्णतः और प्रभावी ढंग से उपयोग करना होता है। **अठारहवें अध्याय** में सरकारी निधियों के उपयोग पर चर्चा की गई है।

पाठ्यक्रम के तीन क्षेत्र सामाजिक मनोविज्ञान से संबंद्ध हैं। **अध्याय** 16 उन अभिरुचियों के विभिन्न पहलुओं के बारे में हैं जिसमें उनके साधन, ढांचे और मनोवैज्ञानिक कार्य शामिल हैं। विश्वासोत्पादन (persuasion) तथा सम्प्रेषण (communication) से सम्बन्धित पद्धतियों पर भी चर्चा है। **सत्रहवां अध्याय** राजनैतिक अभिरुचि के बारे में है। इन विषयों और वैचारिकी का अध्ययन अर्थशास्त्र, राजनीति विज्ञान, समाज शास्त्र मनोविज्ञान तथा दर्शन शास्त्र में किया जाता है। हमने राजनैतिक मनोवृत्तियों और सिद्धांतों (विचारधाराओं) को राजनीति-विज्ञान के विचारों एवं सम-सामयिक भारतीय रूझानों व प्रवचलों के आधार पर प्रस्तुत किया है। इसका कारण यह था कि पिछली परीक्षा के प्रश्न इस विषय के राजनीतिक सिद्धान्त में इस विषय पर परम्परागत सोचों तथा समसामायिक भारतीय राजनैतिक प्रवृत्तियों व विषयों पर आधारित थे। **अठारहवाँ अध्याय** आधुनिक नैतिक समस्याओं के बारे में है। इस अध्याय में हम अनेक वर्तमान (चालू) मुद्दों जैसे समलैंगिकता, मृत्युदण्ड, जीन चिकित्सा, पशुओं के अधिकार तथा सरोगेसी पर चर्चा कर रहे हैं। ये समस्याएँ मानव अभिरूचि में बदलाव, जीव-प्रौद्योगिकी में क्रांतिकारी बदलावों, परम्परागत धार्मिक व अन्य प्रथागत चलनों की उदार आलोचनाओं एवं कट्टर आतंकवादी विचार-धारा तथा गतिविधियों द्वारा पैदा की गई चुनौतियों का सीधा सामना करने में बेदिली (कमजोर दिली) आशंकाओं से उत्पन्न हुई है।

ऐसे मुद्दों पर अपनी सोच के बारे में विद्यार्थीगण भ्रम में पड़ सकते हैं। इस अध्याय में, विशिष्ट मुद्दों पर चर्चा करने के अलावा हमने इस ओर भी इशारा किया है कि विद्यार्थी ऐसे मुद्दों का कैसे विश्लेषण कर सकते हैं।

उन्नीस अध्याय में भावनात्मक बौद्धिकता की विभिन्न संकल्पनाओं (अवधारणाओं) एवं सिद्धान्तों का परिचय दिया गया है। यह विषय उन कौशलों के लिए अनिवार्य है जिनकी जरूरत सिविल सेवकों को जनता तथा साथियों के साथ व्यवहार में पड़ती है।

अध्याय 20 अन्तर-राष्ट्रीय नैतिकता पर आधारित है जो उस आचरण संहिता को बताता है जिसका पालन राष्ट्रों को एक-दूसरे से व्यवहार में करना है। इसमें यू एन चार्टर के आधार पर अन्तरराष्ट्रीय नैतिकता पर तथा जॉन रॉवल्स के विचारों पर चर्चा होगी। इसमें अन्तर्राष्ट्रीय सम्बन्धों जैसे आदर्शवाद, यथार्थवाद, नवयथार्थवाद, नव उन्मुक्तवाद को लिया गया है। इसमें न्याय संगत युद्ध, युद्ध को नियंत्रित करने के नियम, शांतिवाद तथा बाहरी शक्तियों द्वारा शासन में लाए गए परिवर्तन पर चर्चा है। यह अन्तर-राष्ट्रीय नैतिकता के आर्थिक पहलुओं की भी जाँच करता है।

अध्याय 21 में ऐसे मामलों के अध्ययन (Case Studies) हैं जो विभिन्न नैतिक, प्रशासनिक सिद्धान्तों का प्रदर्शन करते हैं। इन मामलों के अध्ययन (case studies) की संरचना संघ लोक सेवा आयोग की पद्धति के अनुरूप है। हमने संभावित उत्तर विकल्पों का संकेत दिया है तथा जो आपको सही उत्तर का चयन करने में सहायक होगा। इस अध्याय के प्रारंभ में हमने मामलों का अध्ययन का अधिक प्रभावी रूप से करने के लिए विषय सामग्री प्रस्तुत की है।

मामलों के अध्ययनों की हमारी चर्चा का उद्देश्य पाठकों की सोच (विचार-शक्ति) को प्रेरित करना है। विद्यार्थियों को मुद्दों पर विविध परिप्रेक्ष्यों से देखना चाहिए। विभिन्न अध्यायों में दिए गए केस तथा साथ ही इस अध्याय में सूचीबद्ध लेखों से विद्यार्थियों को इसी प्रकार के फार्मेट के प्रश्नों के लिए तैयारी करने में मदद मिलेगी। वे प्रश्न के संभावित पैटर्न्स (रूप) तथा प्रश्नों के उत्तर देने से संभावित ढंग का उदाहरण प्रस्तुत करते हैं। परीक्षक केस अध्ययन तथा उत्तर की लम्बाई निश्चित करेगा। विद्यार्थियों को प्रश्नों का उत्तर देते समय शब्दों की सीमा का पालन करना चाहिए।

हम प्रश्नों के उत्तर देने के लिए एक सामान्य सलाह दे कर अपनी बात समाप्त कर रहे हैं। अक्सर, नीतिशास्त्र व प्रशासन (शासन) से सम्बन्धित प्रश्नों के उत्तर सामान्य बुद्धि के आधार पर (की दृष्टि से) दिए जा सकते हैं। हम इस बात को मानते हैं कि सामान्य बुद्धि लगभग सभी प्रयासों से सफलता हेतु महत्त्वपूर्ण सामग्री है। साथ ही यू पी एस सी परीक्षा के परीक्षक, निबंध प्रकार के उत्तर में निश्चित रूप से गहराई (गंभीरता) के लिए जाँच करेंगे। उत्तर को बेहतर बनाया जा सकता है यदि सैद्धान्तिक आधारों को या सम्बन्धित समर्थक सिद्धान्तों, अवधारणाओं को या नैतिक विचारकों के विचारों को संदर्भों का सहारा दे दिया जाए। विद्यार्थियों को प्रश्नों का उत्तर देते समय इन बातों को ध्यान में रखने की सलाह दी जाती है। पाठ में दी गई सामग्रियों से विद्यार्थियों को बताए गए ढंग से अपने उत्तरों को बेहतर बनाने में सहायता मिलेगी।

संदर्भ

- John S. Mackenzie — M.A. A Manual of Ethics
- Wilbur Marshall Urban — Fundamentals of Ethics - An Introduction to Moral Philosophy
- William Frankena — Ethics
- Friedrich Paulsen — A System of Ethics
- John Dewey — Ethics
- BBC Ethics Guide — Ethics: a General Introduction
- Doug Erlandson — Ethics : A Jarga Free Guide for Beginners

(ये नीतिशास्त्र पर सामान्य पुस्तकें हैं तथा इन्हें विभिन्न विषयों का अध्ययन करने हेतु प्रयुक्त किया जा सकता है।)

अध्याय 2

नीतिशास्त्र तथा नैतिक उत्तरदायित्व की चुनौतियाँ (Challenges to Ethics and Moral Accountability)

परिचय (Introduction)

कुल मिला कर लोग सामान्य नैतिकता के सिद्धातों के प्रति गंभीर नहीं होते। वे नैतिक सिद्धान्तों के बारे में विवेचनात्मक ढंग से शायद ही कभी सोचते हैं। ना ही वे कभी नैतिकता के बौद्धिक आधारों की सोचते हैं। नैतिकता तो उनकी मानसिक प्रक्रिया का अन्त:ग्रथित पहलू बन जाती है। लेकिन दर्शन-शास्त्र में ऐसा नहीं है। इसकी सभी परिभाषाओं, धारणाओं, सिद्धान्तों व मतों, शिक्षाओं को (मानवीय ज्ञान के आधारों से सम्बधित होने के कारण) दर्शन-शास्त्र द्वारा गहन तर्क-संगत संवीक्षा के अधीन रखा जाता है।

दर्शनशास्त्रीय जिज्ञासा के आरम्भ से ही कुछ विचारकों ने नीति-शास्त्र के बारे में गहन संदेहवादी विचार व्यक्त किए हैं। संदेहवाही वह व्यक्ति है जो मानव जीवन में नैतिकता के मूल्यों को संदेह की दृष्टि से देखता है या यह तर्क देता है कि नैतिक अध्ययनों के कोई तार्किक आधार नहीं हो सकते। इस विचारधारा में नैतिकशास्त्र तर्क से रहित होता है। हम प्राचीन यूनान के वितण्डावादियों के तथा प्राचीन भारत के चार्वाकों के विचारों का उल्लेख नैतिक संदेहवाद के उदाहरण के तौर पर कर सकते हैं।

नीति-शास्त्र के अध्ययन को संदेहवादी नैतिक विचारकों की शिक्षाओं से शुरू करना उपयोगी होगा। हमारा ऐसा करना विषय की ओर नकारात्मक विचारधारा के साथ बढ़ना होगा। परन्तु नीति-शास्त्र के अध्ययन के प्रति गंभीर या नैतिकता से सरोकार रखने वाले व्यक्ति को पहले नैतिकता पर संदेहवादी विचारों की समीक्षा करनी होगी। उसकी तर्कसंगत वैधता या उपयोगिता के बारे में मुख्य मतों को देखे बिना नीति-शास्त्र के अध्ययन में आगे बढ़ना कठिन है।

संदेहवादी मत

इस अध्याय में हम उन विभिन्न विचारों की समीक्षा करेंगे जो किसी न किसी कारण से नैतिक अध्ययनों के विचार की ही जड़ खोदने वाले प्रतीत होते हैं। दर्शनशास्त्रीय जिज्ञासा के आरम्भ से ही विचारकों के एक वर्ग ने नैतिक अध्ययनों को जारी रखने के महत्व पर संदेह व्यक्त किया। इस विचारधारा के विभिन्न सूत्र हैं। एक विचार के अनुसार मनुष्य की प्रकृति ऐसी है कि वह नैतिक ध्येयों का अनुसरण नहीं कर सकता। दूसरा विचार यह मानता है कि यद्यपि मनुष्यों में उच्चतर आदर्शों के अनुसरण की योग्यता हो सकती है, लेकिन ऐसा करना उनके सर्वोत्तम हित में नहीं होगा।

इस प्रवृत्ति के विचारों के एक अन्य सूत्र के अनुसार, मनुष्य नैतिक लक्ष्यों के अनुसरण में अक्षम हैं क्योंकि नैतिक से अनैतिक के बीच अन्तर करने के लिए कोई निश्चित या विषयपरक नैतिक मानदण्ड नहीं हैं। एक और विचार का मानना है कि मनुष्यों की क्रियाएँ अक्सर उनकी मर्जी या इच्छा-शक्ति से निश्चित नहीं होतीं अपितु उन बाहरी शक्तियों द्वारा होती हैं जिन पर मानव का नियंत्रण नहीं होता। परिणामस्वरूप, मनुष्यों द्वारा अपनी क्रियाओं को मुक्त रूप से चुनने और ऐसी क्रियाओं के लिए उत्तरदायी होने, चाहे वे अच्छी हों या बुरी हों, का विचार कोई अर्थ नहीं रखता। इन प्रसंगों के अनेक रूप-भेद हैं।

सरल शब्दों में, हम नैतिक मतों को दो वर्गों में बाँट सकते हैं: (1) वे जो नैतिक सिद्धान्तों की तर्कसंगत वैधता या व्यावहारिक उपयोगिता पर शंका करते हैं; तथा (2) जो नैतिक मतों जैसे उपयोगितावाद या सद्गुण नैतिकता को प्रस्तुत करते हैं। नीति-शास्त्र के परम्परागत पाठ्यपुस्तक के विवरण अक्सर उन मतों को प्रस्तुत करते हैं जो नैतिकता की वास्तविक प्रणालियों को स्थापित करने वाले मतों के साथ नीति-शास्त्रीय मूल्यों पर प्रश्न-चिह्न लगाते हैं। सही अर्थों में, संदेहवादी मत नैतिक सिद्धान्त नहीं हैं बल्कि उनके खण्डन मात्र हैं। जब मतों के दो प्रकारों को साथ-साथ रखा जाता है तो संभ्रमित करते हुए विद्यार्थियों के दिमाग में संदेह उत्पन्न होना स्वाभाविक है। अतः नकारात्मक तर्कों पर आरम्भ में ही बात कर ली जाए और उनका उत्तर दे दिया (समाधान कर दिया जाए)। इसके बाद प्रमुख नैतिक प्रणालियों पर चर्चा की जा सकती है।

नैतिक प्रणालियों पर अपनी चर्चा में हम निम्नलिखित पद्धति का पालन करेंगे। अनेक प्रणालियों जैसे भोगवाद, एपिक्यूरसवाद, स्टोइक दर्शन, उपयोगितावाद तथा नीति-शास्त्रीय नैतिकता पर हमने पश्चिमी नैतिक विचारकों वाले अध्याय में चर्चा की है। हम केवल उन्हीं मतों पर चर्चा करेंगे जो पश्चिमी विचारकों वाले अध्याय की चर्चा में शामिल नहीं थे।

मनोवैज्ञानिक अहम्वाद (Psychological egoism)

हम अपनी चर्चा का आरम्भ मनोवैज्ञानिक अहमवाद से करते हैं। अहम्वाद का सरल अर्थ यह है कि मानव को केवल अपने ही फायदों, सुख-भोगों और कल्याण की चिन्ता रहती है और दूसरों के लिए कोई चिन्ता या सरोकार नहीं होता। अहमवाद वह मत-वाद है जिसके अनुसार मानव-जाति स्वाभाविक रूप से स्वार्थी है। नैतिकता का एक महत्वपूर्ण भाग अन्यों के प्रति सरोकार तथा उपकार की भावना वाला है। यदि मानव-जाति स्वाभाविक रूप से स्वार्थी है तो उनके लिए नैतिकता का व्यवहार करना असंभव हो जाएगा। उनकी मनोवैज्ञानिक सरंचना ऐसी है कि जो उन्हें नैतिक आचरण करने से रोकेगी। यह देखा जा सकता है कि मनोवैज्ञानिक अहमवाद नैतिक आचरण हेतु कोई मत-वाद नहीं है; यह एक मनोवैज्ञानिक सिद्धान्त है जिसके अनुसार मानवों की संरचना ऐसी की जाती है कि वे हमेशा ही स्वार्थी हितों के ही काम करते हैं। उनके लिए अन्य प्रकार से कार्य करना संभव नहीं है।

मनोवैज्ञानिक अहमवाद की आलोचनाएँ (Criticism of Psychological egoism)

मनोवैज्ञानिक अहमवाद की अक्सर आलोचना होती है। यह परहितवादी तथा दूसरों की चिन्ता करने के मानवीय व्यवहार के अनेक सामान्य रूपों के साथ सामंजस्य में है। अनेक लोग दूसरों की मदद अपनी सामर्थ्य से अधिक भी कर देते हैं। वे लोकोपकारी कार्यों में खुले दिल से दान देकर तथा निष्ठापूर्वक काम करके मदद देते हैं। युद्ध की स्थिति में सैनिक अपने साथियों को बचाने के लिए अपने जीवन का बलिदान कर देते हैं। अनेक माता-पिता अपने बच्चों के कल्याण के लिए अपने निजी ऐशो-आराम की परवाह किए बिना संघर्षरत रहते हैं। ऐसे अनेक उदाहरण हैं जब कि माँओं ने अपने बच्चों को बचाने के प्रयास में अपने प्राण दे दिए।

मनोवैज्ञानिक अहमवादियों का कहना है कि ऐसे दृष्टातों से उनकी स्थिति अवैध नहीं हो जाती। परोपकारी लगने वाला यह व्यवहार, अहम्वादीं व्यवहार का ही एक रूप है। इस प्रकार, दान देने में व्यक्ति स्वयं को जरूरतमंद व्यक्ति से ऊँचा समझने की अपनी मनोवैज्ञानिक जरूरत को पूरा करता है या इसमें वह आनन्द की अनुभूति पाता है। इस विचार के अनुसार अपने बच्चे को डूबने से बचाने के लिए तालाब में कूद जाने वाली माँ जिन्दगी भर के उस अपराध-बोध से बचने का प्रयास कर रही है जो बच्चे को बचाने की उसकी कोशिश न करने पर बना ही रहता।

मनोवैज्ञानिक अहम्वाद परोपकार और बलिदानों के कार्यों को भी व्यक्ति से मनोवेगों की पूर्ति के उदाहरणों के रूप में दिखाता है। कार्यों को इस प्रकार देखना सामान्य घटनाओं की आयासित व्याख्या करना है। यह सामान्य तौर पर प्रयुक्त शब्दों के अर्थों को भी तोड़-मरोड़ देता है। यह चीजों को उल्टा देखना है।

मनोवैज्ञानिक अहमवादियों का यह भी कहना है कि व्यक्ति को हमेशा ही उन अभिप्रेरणाओं से ही कार्य नहीं करना होता है जो सचेतन रूप से स्वार्थ वाली होती हैं। हमारी अभिप्रेरणाएँ अक्सर अवचेतनिक होती हैं और हमें इस बात का बोध ही नहीं होता कि वे स्वार्थी प्रकृति की हैं। जबकि लोग निस्वार्थ या परोपकारी ढंग से काम करने का दावा कर सकते हैं या ऐसा करते हुए प्रतीत होते हैं, किन्तु ऐसी बाह्य प्रतीति के पीछे छुपी स्वार्थी अभिप्रेरणाएँ होती हैं।

यह तर्क टिक नहीं पाता क्योंकि यह मूल मुद्दे को अनुभूतिमूलक क्षेत्र से परे ले जाता है। गुप्त या छुपी अभिप्रेरणाएँ दिखाई नहीं देतीं और इसलिए ये सत्यापनीय नहीं हैं। वे सत्य हैं या मिथ्या हैं, यह तय करने का कोई उपाय नहीं है। एक व्यक्ति के सभी कार्य केवल उसके कार्य करने के आधार पर ही स्वार्थी प्रकृति के हो जाते हैं। यह किसी बात को निश्चयन (definition) के द्वारा ही सत्य मानने के समान है। इस विचार को सिद्ध करने या सिद्ध न करने का कोई उपाय नहीं है।

नैतिक अहंवाद

नैतिक अहमवाद का विचार यह है कि लोगों को अपने स्व-हित के अनुसार कार्य करना चाहिए। नैतिक अहंवादी तर्क देते हैं कि लोग अक्सर अपने स्व-हित का साधन नहीं करते हैं किन्तु उन्हें वास्तव में ऐसा करना चाहिए। स्व-हित में काम करने का अर्थ यह है कि हमें वही करना चाहिए जिससे हमारा आनन्द अधिक-से-अधिक हो जाए तथा हमारा विषाद न्यूनतम हो जाए। यह सुखवाद (Hedonism) (जो कि ग्रीक शब्द 'हेडोन' से बना है और जिसका अर्थ है, आनन्द या सुखभोग) का प्रकार है। सुखवाद वह मत है जो कहता है कि व्यक्ति को अपना आनन्द अधिकतम और विषाद न्यूनतम करना चाहिए।

लेकिन सभी नैतिक अहंवादी, सुखवादी नहीं हैं। आनन्द के अलावा अनेक वांछनीय ध्येय हैं जैसे संतोष, ज्ञान, शक्ति, प्रेम या आजादी। लोगों द्वारा अनुसरित इस प्रकार के सभी लक्ष्यों को चर्चा में लाने के लिए एक सामान्य शब्द (उपयोगिता) (utility) का प्रयोग किया जाता है। उपयोगिता को इस रूप में परिभाषित किया जाता है कि जो भी कुछ किसी कार्य के परिणाम को वांछनीय बना देता है, उपयोगिता है, अनुपयोगिता वह है जो किसी काम के परिणाम को अस्वीकार्य बना देती है। नैतिक अहंवाद को दूसरे तौर पर ऐसा विचार कहा जा सकता है जिसमें व्यक्ति को इस प्रकार के काम करने चाहिए जिससे उसकी उपयोगिता अधिकतम हो सके तथा उसकी अनुपयोगिता न्यूनतम हो जाए।

यह विचार स्वाभाविक रूप से आम सोच की सामान्य प्रवृत्ति के विरुद्ध है। यदि हर व्यक्ति नैतिक अहंवाद अंगीकार कर ले तो इसका परिणाम स्वार्थीपन एवं आत्म-केन्द्रण का सार्वभौमिकरण होना होगा। अनेक लेखक इस आलोचना का प्रतिकार करने के लिए नैतिक अहंवाद के कथन को मध्यम करते हैं। अपने स्वार्थी उद्देश्यों का अनुसरण करते हुए भी लोगों को यह सुनिश्चित करना है कि वे अपने ऐसे उद्देश्यों का अनुसरण लम्बी अवधि में करते हैं। यदि लोग अपने स्वार्थी उद्देश्यों के अनुसरण में इस सीमा तक बहुत निर्लज्ज या आक्रामक हैं कि वे दूसरों को धक्का देते हुए आगे निकलते हैं तो उन्हें लोगों के विरोध का सामना करना पड़ेगा। लोग उनसे तंग आ जाएँगे तथा उनसे कतराने लगेंगे। तब वे अपने उद्देश्यों का अनुसरण नहीं कर पाएँगे। अत:, स्वार्थी उद्देश्यों का अनुसरण करते हुए भी व्यक्ति को विवेकशील रहना होगा और सुनिश्चित करना होगा कि उनके कारण अन्यों द्वारा कोई अवरोध खड़ा न किया जाए।

इस प्रकार नैतिक अहमवाद से ऐसे काम किए जाते हैं जो नैतिक दृष्टि से स्वीकार-योग्य हैं। प्रसिद्ध राजनीतिक विचारक थॉमस हॉब्स (1588-1679) का मानना है कि लोग अनिवार्य रूप से अत्यन्त स्वार्थी, निर्दयी व आक्रामक प्रवृत्तियों द्वारा संचालित होते हैं। परिणामस्वरूप अत्यन्त अराजकता वाली, हिंसक तथा अव्यवस्था वाली दशाएँ 'प्राकृतिक अवस्था' में रही थीं जो संगठित समाजों के वजूद में आने से पहले मानवीय अस्तित्व की अवस्था थी। हॉब्स ने प्राकृतिक अवस्था को एकाकी, अभावग्रस्त, अप्रिय व पशुवत् बताया है। लोगों ने अनुभव किया होगा कि यह स्थिति केवल उनके स्वार्थी व्यवहार में परिवर्तन कर एवं ऐसे समाज

का हिस्सा बन कर ही समाप्त की जा सकती है जिसमें लोग दूसरों की चिन्ता के लिए अपने आक्रामक स्वार्थी भावों को नियंत्रित करना सुनिश्चित कर लें।

इस संदर्भ में हम मैन्डेविले (Mandeville) तथा एडम स्मिथ (Adam smith) का भी उल्लेख कर सकते हैं। मैन्डेविले का विचार यह है कि आत्म हित ही सहीपन का एकमात्र मानदण्ड है। दूसरों के भले के लिए काम करते हुए भी मनुष्य के मन में आत्म हित होता है। यह विरोधाभासी विचार लग सकता है, पर स्वयं के हितों का अनुसरण करने वाले लोग समाज के सामान्य हित को भी बढ़ाते हैं। 'द वैल्थ ऑफ नेशन्स' में एडम स्मिथ इस मत को प्रतिस्पर्द्धी बाजार प्रणाली तक बढ़ा देता है। इस प्रणाली में, उपभोक्ता अपनी वांछित वस्तु खरीद कर अपनी संतुष्टि को अधिकतम करना चाहते हैं। उत्पादक भी उपभोक्ताओं की मांगों को पूरा कर अपने लाभ को अधिकतम करने चाहते हैं। असंख्य खरीदारों व विक्रेताओं के आत्म-विचारित कार्य एक 'अदृश्य हाथ' द्वारा सुसंगत किए जाते हैं जिसके परिणामस्वरूप उत्पादन और कल्याण दोनों ही अधिकतम हो जाते हैं।

नैतिक अहमवाद की कमजोरियाँ (Weaknesses of Ethical egoism)

नैतिक अहमवाद को प्रबोधित (अपरिष्कृत के विपरीत)आत्महित के रूप में बदल देने पर भी इसमें कुछ कमजोरियाँ हैं। पहली यह कि इससे निष्कर्ष निकाला जाता है कि लोगों पर जब निगाह नहीं रखी जा रही हो या जब उनके कार्यों का पता न चले तो वे स्वार्थपूर्ण या अनैतिक कार्य कर सकते हैं। यदि 'एक्स' ऐसे बटुए को देख लेता है जो किसी से गिर गया है तो वह उसे उठा लेगा और उसके मालिक को सौंप देगा। यदि आस-पास कोई भी नहीं है तो उसे बटुए को अपनी जेब में रखने का लोभ हो आएगा। नैतिक अहमवाद को अंगीकर करने वाले, नैतिक सिद्धान्तों को सभी परिस्थितियों में बाध्यकारी नहीं मानते।

नैतिक अहमवाद की एक और अस्वीकारणीय विशेषता यह है कि इसके कारण भावी पीढ़ियों के हितों की अनदेखी हो सकती है। उदाहरण के लिए मौसम परिवर्तन से बचाव के लिए ग्रीन हाउस गैस के उत्सर्जनों को घटाना आवश्यक है। इससे होने वाले परिवर्तन में लम्बा समय लगेगा। नैतिक अहमवाद का अर्थ यह होगा कि (भावी पीढ़ियाँ सन्निकट नहीं हैं अत: हमें उनके बारे में चिन्ता करने की कोई जरूरत नहीं है।

नैतिक अहमवाद के साथ एक और समस्या यह है कि कोई व्यक्ति सार्वजनिक रूप से इसका समर्थन नहीं कर सकता। हम यह नहीं कह सकते कि हम नैतिक अहंवादी हैं अर्थात् गुमनाम रहते हुए हम चुपचाप अपने निजी हितों का अनुसरण करते रहेंगे तथा दूसरों को अनदेखा करते रहेंगे। यदि प्रत्येक व्यक्ति इस रास्ते पर चले तो किसी को भी कोई लाभ नहीं होगा।

नैतिक सापेक्षवाद तथा नैतिक यथार्थवाद (Moral relativism and Moral objectivism)

नैतिकता को अगली चुनौती इस दावे से है कि नैतिक निर्णयन व्यक्ति या किसी विशिष्ट समाज (से) सापेक्ष है और सार्वभौमिक रूप से लागू नहीं होते। नैतिक सापेक्षवादी वे हैं जो सार्वभौमिक नैतिक सिद्धान्तों के वजूद से इंकार करते हैं। नैतिक सापेक्षवाद से उलट स्थिति नैतिक यथार्थवाद कहलाती है। इसका तर्क यह है कि यथार्थ नैतिक सत्य है कि कुछ काम सभी कालों में सभी लोगों के लिए ठीक (अच्छे) हैं और अन्य ऐसे हैं जो सभी कालों में सभी लोगों के लिए गलत (बुरे) हैं। नैतिक यथार्थवाद के सिद्धान्तों को मोटे तौर पर दो वर्गों में बाँटा जा सकता है: परिणामवादी (Consequentialist) (प्रयोजन मूलक के नाम से भी जाना जाता है) एवं नीति-शास्त्रीय (Deontological)। परिणामवादी सिद्धान्त कहता है कि जो बात किसी कार्य को अच्छा या बुरा बनाती है, वह है उससे पैदा होने वाले परिणाम। यदि किसी कार्य के परिणाम अच्छे हैं तो वह कार्य अच्छा है; अन्यथा यह बुरा है। नीति-शास्त्रीय सिद्धांत के अनुसार अच्छे तथा बुरे कार्यों के बीच अन्तर को, उनके परिणामों पर विचार किए बिना ही कार्यों की ही क्वालिटी के आधार पर बताया जाता है। इस प्रकार होने वाले परिणाम की परवाह किए बिना ही सत्य बोलना अच्छा है तथा झूठ बोलना बुरा है। सापेक्षवाद को स्वीकारने की समस्या यह है कि तब कार्यों को अच्छा या बुरा निश्चित करने के लिए कोई निश्चित मानक या मानदण्ड नहीं होंगे।

नैतिक आत्मपरकतावाद (Moral Subjectivism)

नैतिक आत्मपरकतावाद को दो रूपों में बताया जा सकता है-नैतिक आत्मपरकतावाद तथा सांस्कृतिक सापेक्षवाद। नैतिक आत्मपरकतावाद का कहना है कि मानव व्यवहार के घेरे में जो बात किसी व्यक्ति के लिए सत्य है वह अन्य सभी के लिए या किसी अन्य एक व्यक्ति के लिए भी सत्य नहीं है। इस विचार के अनुसार सही होना या गलत होना निजी राय का मामला है। ऐसा कोई उपाय नहीं है जिसमें हम नैतिक मामलों पर लोगों के विचारों का मूल्यांकन कर सकें। यदि 'एक्स' कहता है कि सम-लिंगी विवाह घृणित हैं और 'वाई' का कहना है कि यह प्रमुखता से वांछनीय है, तो विवाद को निपटाने का कोई रास्ता नहीं है। यह नैतिक दृष्टि से 'एक्स' को मंजूर है तथा 'वाई' को यह नैतिक दृष्टि से स्वीकार नहीं है। ऐसा कोई वस्तुगत मानदण्ड नहीं है जिन्हें इस विवाद को निपटाने के लिए लागू किया जाए।

नैतिक आत्मपरकतावाद का खण्डन (Refutations of Moral Subjectivism)

नैतिक आत्मपरकतावाद, नैतिकता को व्यक्तिगत राय तक घटा देता है तथा सामान्य बुद्धि के विचारों से विपरीत है। दो रास्ते हैं-जिसमें इसका खण्डन किया जा सकता है। पहला तो यह कि यह स्वयं खण्डित होने वाला है। दूसरा यह कि लोग हमेशा ही इस विचार को बनाए नहीं रख सकते।

पहली आपत्ति नैतिक आत्मपरकतावाद की तर्क-संगत स्थिति पर है और यह बताती है कि यह स्वयं ही विरोधाभासी है। मान लीजिए कि मैं दावा करता हूँ कि सभी नैतिक निर्णय निजी रायें हैं। इस दावे पर दो पहलुओं से विचार किया जा सकता है। इसे बस मेरी निजी राय माना जा सकता है। लेकिन तब यह मेरी बात को स्थापित नहीं कर पाता यह मेरी राय से अधिक कुछ नहीं है।

विकल्पत: हम इस कथन को सत्यों के बारे में वैध निर्णय मान सकते हैं। तब अर्थ यह निकलता है कि नैतिक सत्यों के लिए कम-से-कम एक वस्तुपरक निर्णय है। यह वस्तुपरक निर्णय यह है कि 'कोई वस्तुपरक नैतिक सत्य होते ही नहीं हैं। इस निहितार्थ से नैतिक आत्मपरकतावादी की स्थिति विरोधाभासी हो जाती है।

इस प्रकार का स्वर हमेशा ही नैतिक आत्मपरकतावादी नहीं हो सकता, यह बात एक उदाहरण द्वारा सरलता से बताई जा सकती है। हमने इसे डग अर्लेण्डसन (Doug Erlandson) की पुस्तक 'एथिक्स: ए जारगों फ्री गाइड फॉर बिगीनर्स (Ethics: A Jargon free Guide for Beginners) से लिया है। बरट्रण्ड रसल (Bertrand Russell), प्रसिद्ध ब्रिटिश दार्शनिक अपनी पुस्तक 'रिलीजन एण्ड साइंस' में मूल्यों की आत्मपरकता का पक्ष-समर्थन करते हैं या कहते हैं कि नैतिक निर्णय, व्यक्तिगत रुचि व पसंद का मामला है। वे झीगों को खाद्य पदार्थ कहने के किसी कथन के समान वस्तुपरकीय सत्य या झूठ नहीं हैं। थोड़ा और आगे वह दो और बातें कहते हैं एक यह कि 'पापियों के लिए दण्ड के स्थान के तौर पर नर्क बिल्कुल विवेकहीन बात हो जाती है।' थोड़ी देर बाद वह कहता है, "समझदार संस्थाओं का यह कार्य है कि (हमारे हितों एवं समाज के हितों के बीच) जहाँ तक संभव हो सके, सामन्जस्य पैदा करें।"

अपने नैतिक आत्मपरकतावाद में रसल किस प्रकार असंगत है? वह यह नहीं कहता कि उसकी निजी राय में नर्क विवेकहीन बात है या सामन्जस्य पैदा करने वाली संस्थाएँ समझदार हैं। वह जो मानता है, वह कहता है जैसे कि वह आत्मपरक सत्य कह रहा था। वह चाहता है कि पाठक उन्हें उसी अर्थों में देखें। मानव जीवन या शैक्षिक उपदेशों (शिक्षा) में नैतिक आत्मपरकतावाद को लगातार व अपरिहार्य रूप से अपनाना असंभव है।

सांस्कृतिक सापेक्षतावाद (Cultural Relativism)

सांस्कृतिक सापेक्षतावाद के मतानुसार एक निश्चित संस्कृति में कुछ नैतिक मानक हो सकते हैं जो उस संस्कृति के लिए सत्य (ठीक) हैं। लेकिन नैतिकता का कोई वस्तुगत मानक नहीं है जो अलग-अलग संस्कृतियों को अलग करता हो और जो अलग-अलग संस्कृतियों के मूल्यांकन का आधार बन सके। सांस्कृतिक सापेक्षतावाद को परम्परागत सापेक्षतावाद के नाम से भी जाना जाता है। यही विचार मानव-विज्ञानियों, समाजशास्त्रियों और अन्यों में व्यापक रूप से विद्यमान है किन्तु दार्शनिकों के बीच

नहीं हैं। सांस्कृतिक मानव-विज्ञान की शुरुआत कोलम्बिया विश्वविद्यालय में हुई तथा इसके प्रमुख उद्घोषक हैं फ्रांज बोआस (Franz Boas), मार्गरट मीड (Margaret Mead), रूथ बेनेडिक्ट (Ruth Benedict) तथा मैलविले हर्सकोविट्स (Melville Herskovits)।

इन लेखकों का कहना है कि विश्व की विभिन्न संस्कृतियों में सही और गलत (अच्छे और बुरे) की अपनी अवधारणाओं में मतभेद है। कुछ संस्कृतियों में बहु-विवाह प्रचलित है जबकि अन्य इसका विरोध करती हैं। एस्कीमो संस्कृति भ्रूण हत्या की अनुमति देती है। इस कारण सांस्कृतिक मानव-विज्ञानी निष्कर्ष निकालते हैं कि ऐसे कोई नैतिक मानक नहीं हैं जो संस्कृति को अलग करें और जिनके द्वारा संस्कृति के मानकों का निर्णयन किया जा सके। समाज में नैतिक सत्य हो सकते हैं किन्तु वे उसी संस्कृति से सापेक्ष हैं और उसी के लिए वैध हैं।

सांस्कृतिक सापेक्षतावाद बताने के दो ढ़ंग हैं। एक ढंग यह है जिसे नैतिकता समझा जाता है, वह संस्कृति से संस्कृति में भिन्न होती है। दूसरा ढंग यह है कि समाज-समाज में नैतिकता बदलती रहती है। इन दोनों तथ्यों पर निम्नलिखित दो स्थितियों के प्रकाश में विचार करने की जरूरत है:

1. नैतिकता का सार्वभौमिक मानक है जो संस्कृतियों को अलग-अलग करता है जिनसे हम किसी संस्कृति के नैतिक मानकों के बारे में निर्णय कर सकें।
2. नैतिकता का कोई ऐसा सार्वभौमिक मानक नहीं है, जिससे हम अलग-अलग संस्कृतियों के नैतिक मानकों का निर्णय कर सकें।

(1) के अनुसार, हम संस्कृति के रिवाजों को देख सकते हैं और यह तय कर सकते हैं कि क्या वे सार्वभौमिक मानक के तुल्य हैं। यदि एक संस्कृति में दासता या भ्रूणहत्या प्रचलित है तो इसे नैतिकता के सार्वभौमिक मानक को मापने में असफल माना जा सकता है। (2) के अनुसार, ऐसा कोई मूल्यांकन संभव नहीं है।

बीसवीं शताब्दी के बाद के भाग में, नैतिक सापेक्षतावाद वर्द्धमान ढंग से लोकप्रिय हो गया है। इस लोकप्रियता के लिए मुख्य कारण पश्चिम में धार्मिक आस्था में गिरावट तथा विश्व में सांस्कृतिक विविधता के प्रति बढ़ती हुई जागरूकता हैं। धर्म एक नैतिकता निर्धारित करता है जो स्वतंत्र है तथा अक्सर मानवीय रुझानों के विरुद्ध होती है। धर्म में कमी के कारण सापेक्ष नैतिकता के बारे में संदेहवाद पैदा हो गया। जैसाकि दास्तावस्की का कहना है- "यदि ईश्वर नहीं है, हर बात अनुमत है।" विश्व में सांस्कृतिक विविधता के बढ़ते हुए ज्ञान के कारण सापेक्ष नैतिकता के बारे में संदेह पैदा हो गया है। उदाहरण के लिए, मानव-विज्ञानी रूथ बेनेडिक्ट (Ruth Benedict) का कहना है कि यह विविधता बताती है कि कोई एकल नैतिकता नहीं है और नैतिकता, संस्कृति के साथ परिवर्तित होती रहती है।

सांस्कृतिक सापेक्षतावाद की समस्याएँ (Problems with Cultural relativism)

सांस्कृतिक सापेक्षतावाद से अनेक परिणाम प्राप्त होते हैं जो स्वीकार-योग्य नहीं हैं। संस्कृतियों में मिलने वाली हानिरहित विवि धता को स्वीकार कर लेने और उसकी प्रशंसा कर लेने में भी कोई हानि नहीं है। लेकिन संस्कृतियों के कुछ रिवाज और मूल्य प्रणलियाँ निश्चित रूप से हानिकारक हो सकते हैं। उदाहरण के लिए, कोई संस्कृति एक अल्पसंख्यक समुदाय को सीमान्त करने (हाशिए पर डालने) या मार डालने की कोशिश कर सकती है। इसे इस आधार पर उचित नहीं ठहराया जा सकता कि ऐसा करना सम्बन्धित समाज के कानून में स्वीकार्य है। यदि किसी व्यक्ति के अपने समाज में कुछ बातों की कमी है, तो भी वे इसकी सांस्कृतिक संदर्भ में उचित प्रतीत होंगी। यह बात समाज में नैतिक प्रगति की संकल्पना के विपरीत होगी। किसी विशिष्ट संस्कृति के भीतर भिन्नताओं को सुलझाने का कोई मार्ग नहीं होगा। इस विचार से कि भिन्नताओं को बहुमत से सुलझा लिया जाना चाहिए, बेमेल परिणाम होंगे। उस समय क्या होगा जब एक पक्ष का बहुमत बहुत कमजोर हो? उस दशा में यह विचार संस्कृति की स्वीकृत विशेषता नहीं बन सकता। इन दृष्टिकोणों से सांस्कृतिक सापेक्षतावाद इस प्रकार दोषपूर्ण है।

नैतिकता की अगली चुनौती पर विचार करने से पहले हम भावात्मकतावाद (emotivism) के सिद्धान्तों का उल्लेख कर सकते हैं। इस विचार के अनुसार नैतिक निर्णय एक व्यक्ति के मनोवेगों की सरल अभिव्यक्तियाँ हैं। यदि 'एक्स' मानता है कि कोई वस्तु अच्छी है तो इसका अर्थ है कि वह उसका समर्थन करता है तथा इससे उसके मन में प्रसन्नता के भाव और विचार पैदा

होते हैं। यदि 'एक्स' मानता है कि कोई वस्तु बुरी है, वह उसको पसंद नहीं करता है और इससे उसके मन में नकारात्मक भाव पैदा होते हैं। इस विचार (सोच) से अच्छा और बुरा, दोनों ही व्यक्तिगत मनोवेगों के स्तर तक आ जाते हैं। मनोवेग होने के कारण वे तर्कसंगत या वस्तुगत परिचर्चा के उपयुक्त विषय नहीं होंगे। चूँकि हमने भावनात्मकतावाद पर 'बारहवीं शताब्दी के विचारक' वाले अध्याय में चर्चा की है, हम उसे यहाँ और नहीं देंगे।

नियतिवाद तथा मानवीय स्वेच्छा (Determinism and Human free will)

अगली जिस चुनौती पर हम विचार कर रहे हैं, वह नियतिवाद की उत्पत्ति है। संक्षेप में, नियतिवाद का मानना है कि मानव के निर्णय व कार्य मोटे तौर पर बाह्य शक्तियों द्वारा तय किए जाते हैं। लोग कोई स्वायत्तकर्त्ता नहीं हैं जो किसी बात में अपनी मर्जी से निर्णय कर सकें। उनकी कोई स्वेच्छा या स्वतन्त्र इच्छा-शक्ति नहीं है। चूँकि मानव मुक्तकर्त्ता नहीं हैं, वे कोई सचेतन या इच्छानुसार नैतिक चयन नहीं कर सकते । लोग अच्छे और बुरे कार्यों के बीच चुनाव नहीं कर सकते। वे वास्तव में अपने कार्यों के लिए उत्तरदायी नहीं हैं। परिणामस्वरूप, मानव नैतिकता अपना अर्थ ही खो देती है। मानव अपने कार्यों के लिए नैतिक दृष्टि से उत्तरदायी नहीं ठहराए जा सकते।

यह प्रश्न कि क्या मनुष्य को स्वेच्छा प्राप्त है, दर्शनशास्त्र में वाद-विवाद का प्राचीनतम विषय है। इस मुद्दे पर कुछ स्पष्टीकरण देना जरूरी है। अनेक मानवीय गतिविधियों में, हम मान लेते हैं कि लोग आजादी से कार्य करते हैं या अपनी इच्छानुसार क्रिया करते हैं। इस प्रकार जब एक ग्राहक रेस्टोरेण्ट में पावभाजी का आर्डर देता है तो वह आजादी से क्रिया कर रहा है। इस प्रकार के कार्य की तुलना में, प्रकृति से अनेक घटनाएँ (बातें) स्वेच्छा के कार्य नहीं हैं। उदाहरण के लिए, अगला चन्द्र ग्रहण किसी की इच्छानुसार नहीं हो सकता। यह आकाशीय पिण्डों के चलन के मार्ग पर निर्भर करता है। आकाशीय पिण्डों के मार्ग (पथ) पूर्णत: संयोगवश ही तय होते हैं। यदि मानव की क्रियाएँ सूर्य ग्रहणों जैसी पूर्णत: भविष्यकथनीय होतीं तो हम कह सकते हैं कि मानव की क्रियाएँ पूर्णत: संयोगवश निश्चित होती हैं तथा मानव को कोई स्वेच्छा नहीं है। लेकिन चूंकि मानव क्रियाएँ भविष्यकथनीय नहीं हैं, हम कहते हैं कि मानव स्वतन्त्र रूप से क्रिया करने में सक्षम है। इस विचार को असंगतिवाद कहते हैं। इसके अनुसार मानवीय स्वेच्छा तथा संयोगवश निश्चयन असंगत हैं। नियतिवाद का कथन है कि किसी भी समय किसी क्रिया (कार्य) या घटना के लिए कारण होते हैं जो यह सुनिश्चित करत हैं कि केवल वही क्रिया या घटना हो तथा अन्य कोई न हो। यदि कोई कार्य पूर्णत: संयोगवश निश्चित किया गया है तो यह स्वेच्छा का कार्य नहीं हो सकता और यदि यह स्वेच्छा का कार्य है तो यह पूर्णत: संयोगवश निश्चित किया हुआ नहीं हो सकता। अनेक दार्शनिक नियतिवाद का समर्थन करते हैं।

नियतिवाद से समस्या पैदा होती है क्योंकि यदि मानव को स्वेच्छा का अधिकार नहीं होगा एवं उनके सभी कार्य संयोगवश तय किए जाएँगे तो वे अपने कार्यों के लिए उत्तरदायी नहीं होंगे। यदि कोई कार्य किसी व्यक्ति के डी एन ए, दिमाग की वर्तमान हालत एवं पर्यावरणीय कारकों का परिणाम है तो उस पर व्यक्ति का कोई नियन्त्रण नहीं है। उसके कार्य विभिन्न बाह्य एवं आन्तरिक कारणों के? परिणामस्वरूप होते हैं तथा उसे अनेक विकल्पों में से चुनने की स्वेच्छा नहीं होगी। ऐसी स्थिति में, नैतिक कर्त्ता का स्वतंत्रता से काम करने और अपने कार्यों के लिए उत्तरदायी होने का कोई अर्थ नहीं रह जाता। हम कह सकते हैं कि व्यक्ति को तभी कुछ करना चाहिए यदि ऐसा करना उसके बस में हो।

मुक्त कार्य (Free actions)

हम इस प्रश्न को किस प्रकार से देखें जब मनुष्य को मुक्त रूप से व्यवहार करने वाला कहा जा सकता है। मुक्त कार्य तो उन स्थितियों में होते हैं जिनमें दो कारक बाहरी दबाव एवं आन्तरिक दबाव नहीं होते।

बाहरी दबाव वाले एवं बाहरी दबाव रहित परिस्थितियों के उदाहरण देना सरल है। यदि 'एक्स', 'वाई' से पाँच सौ रुपयों का ऋण माँगता है और 'वाई' पैसे निकाल कर 'एक्स' को दे देता है तो वह मुक्त रूप से व्यवहार कर रहा होता है। अब मान लीजिए कि 'एक्स' एक अँधेरे रास्ते से गुजर रहा है। उसके पास एक लुटेरा आता है और 'एक्स' के सिर पर पिस्तौल तान कर उसका पर्स माँगता है। 'एक्स' उसे अपना पर्स दे देता है। स्पष्ट है कि 'एक्स' ने बाहरी दबाव में काम किया।

आन्तरिक दबाव कैसे होता है? यह मानसिक दशाओं से उत्पन्न होता है जो मध्यम या गंभीर हो सकती हैं। अभिभूतित बाध्यकर गड़बड़ी (Obsessive Compulsive Disorder) एक उदाहरण बन सकता है। इस अवस्था में, व्यक्ति कुछ क्रियाओं को दोहराते रहने से बचने में असमर्थ होते हैं। एक उदाहरण बाध्यकारी जाँच है। यात्रा करने जा रहे कुछ यात्री बारम्बार यह जाँचते रहेंगे कि उनका पासपोर्ट, बोर्डिंग कार्ड एवं पैसे उनकी जेब में हैं या नहीं। कुछ लोग यह सुनिश्चित करने के लिए अनेक बार जाँच करेंगे कि रात सोने से पहले उन्होंने दरवाजे ठीक से बंद कर दिए हैं। यदि किसी को अभिभूतित बाध्यकारी गड़बड़ी (OSD) है तो तदनूसार उसकी क्रियाएँ निश्चित की जा सकती हैं।

इस विचार से यह तात्पर्य निकलता है कि मानव स्वेच्छा संयोगवश नियतिवाद पर निर्भर नहीं है। मानवीय स्वेच्छा बाह्य दबावों तथा आन्तरिक मनोवैज्ञानिक दबावों से सम्बन्धित (जुड़ी) होनी अनिवार्य है। लोग मुक्त रूप से व्यवहार उस समय करते हैं जब उन पर कोई बाह्य या आन्तरिक दबाव नहीं होता। ऐसी दशाओं में, मानव मुक्त नैतिककर्ता हैं तथा अपने कार्यों के लिए उत्तरदायी हैं।

अब तक हमने प्रमुख मतों पर विचार किया है जो नीति-शास्त्र (नैतिकता) के मूल्य या वैधता पर प्रश्न उठाते हैं। इसकी निकट परीक्षा करने पर पता चलता है कि ये नैतिक सिद्धान्तों और अभ्यास (व्यवहार) की कोई हानि नहीं कर पाते। अब हम महत्वपूर्ण नैतिक प्रणालियों की जाँच शुरू कर सकते हैं। किन्तु ऐसा करने से पूर्व मानवीय नैतिक उत्तरदायित्व के प्रश्न पर और अधिक विस्तार से विचार कर सकते हैं।

नैतिकता के निर्धारक (Determinants of Morality)

'नैतिकता के निर्धारक' शब्द सामान्यत: नैतिकता के प्राचीन विवरणों में आते हैं। इसमें नैतिक कर्ता के गलत कार्यों हेतु उसके उत्तरदायित्व या दोष की सीमा पर चर्चा होती है। अनेक परिस्थितियों में, अपराध करने वाला व्यक्ति स्पष्टत: दोषी होता है। लेकिन अनेक वैध कारण हो सकते हैं। जिनसे गलत काम करने वाला गलती के लिए अपने उत्तरदायित्व से पूर्णत: या अंशत: मुक्त हो सकता है। नैतिकता के निर्धारकों पर चर्चा करने से पहले, हमें इस पहलू पर संक्षेप में चर्चा करनी चाहिए।

सहीपन व गलत होने का निर्णय केवल उन्हीं कार्यों के लिए किया जा सकता है जो स्वैच्छिक होते हैं। उनके लिए करने वाले की इच्छा होनी चाहिए या उसके द्वारा आशयित होने चाहिए। कभी-कभी कोई कार्य पहले से विचार किए बिना हो जाता है जैसे कि दुर्घटनावश बन्दूक चल जाती है। ऐसे में सम्बन्धित व्यक्ति को संभवत: लापरवाही के लिए दोषी माना जा सकता है, अन्य किसी बात के लिए नहीं।

नैतिककर्त्ता का कार्य स्वैच्छिक होता है यदि वह पर्याप्त ज्ञान पर आधारित हो एवं पूर्णत: इच्छित हो। जो भी बात ज्ञान को कम करती है और इच्छा में आंशिक सहायता देती है, वह कार्य में से स्वेच्छापन को कम करती है। कार्य की स्वेच्छा को कम करने वाली तीन बाधाएँ देखी गई हैं- अज्ञान, अनियन्त्रित मनोवेग तथा भय। अब हम इन तीन बातों पर संक्षेप में चर्चा करेंगे।

यदि कोई कार्य अज्ञानतावश किया जाता है तो यह इच्छा-शक्ति के क्षेत्र से बाहर चला जाता है। कुछ भी अज्ञात स्वेच्छया नहीं हो सकता। हाँ, प्रभावित बनावटी अज्ञानता कोई बहाना नहीं हो सकती। जब कोई व्यक्ति जानता है या उसे जानना चाहिए कि भूखे रहने वाले लोगों को तकलीफ हो रही है तो वह अज्ञानता का दावा नहीं कर सकता। यह बुद्धूपना भी होता है जब कोई व्यक्ति ऐसे मामले की जानकारी लेने का प्रयास नहीं करता जो उसके लिए महत्वपूर्ण है। इस प्रकार, यदि प्रशासक लोग अपने काम के महत्वपूर्ण क्षेत्रों के बारे में जानने की कोशिश नहीं करते तो वे बुद्धूपन वाले अज्ञान के दोषी हैं। दूसरी ओर अशिक्षित ग्रामीण महिलाएँ, जिन्हें बहुत ही कम जानकारी हो पाती है, असली तौर पर अज्ञानी मानी जा सकती हैं। व्यक्ति को याद रखना चाहिए कि अज्ञान कभी भी कानून के उल्लंघन का बहाना नहीं हो सकता।

यदि कोई नैतिककर्ता भावुक हो जाता है तथा अपनी इच्छा पर से अपना नियन्त्रण खो देता है तो उसका कार्य (क्रिया) अनैच्छिक हो जाता है। यह बात उस समय विचार में ली जाती है जब अचानक व गंभीर उत्तेजना में अपराध करने पर किसी अपराधी को हल्का दण्ड दिया जाता है। नैतिक विचारकों का कहना है कि तीव्र मनोवेग किसी व्यक्ति की इच्छा व तर्क-शक्ति से नियन्त्रित किए जाते हैं। जब तीव्र मनोवेग इच्छा पर नियन्त्रण कर लेते हैं तो कार्य अनैच्छिक हो जाता है। तथापि, व्यक्ति को अपने तीव्र मनोवेगों को नियन्त्रित करना चाहिए और उन्हें खुला नहीं छोड़ा जा सकता। यह विरल मामलों को छोड़ कभी भी बहाना नहीं बन सकेगा।

अन्त में, लोग अनैच्छिक कार्यों को करने के लिए दबाव या हिंसा की धमकियों के कारण मजबूर हो जाते हैं। यदि कोई व्यक्ति रोकडिए के सिर पर पिस्तौल तान दे और रोकड़िया सारा धन उसे सौंप देता है तो रोकडिये का यह कार्य स्पष्टत: अनैच्छिक है। ऐसे काम के लिए उसने कोई अपराध नहीं किया है, यद्यपि शारीरिक तौर पर उसने लुटेरे व्यक्ति को धन सौंपा था।

नैतिक विचारक इस प्रश्न पर यह निश्चित करने के लिए चर्चा करते हैं कि कब कोई कार्य स्वैच्छिक होता है और कब व्यक्ति अपने कार्यों के लिए नैतिक जिम्मेदारी से छूट माँग सकते हैं। हमने इस प्रश्न पर सामान्य परिप्रेक्ष्य में विचार किया है। इस प्रश्न पर विशिष्ट कार्यों के संदर्भ में भी विचार किया जा सकता है। किसी कार्य की नैतिकता तीन बातों से निश्चित होती है, सोचा हुआ अन्त (परिणाम), प्रयुक्त साधन तथा साधनों को अपनाने से समन्धित परिस्थितियाँ। कोई कार्य अच्छा है या बुरा, यह तय करने के लिए उसके इन तीन पहलुओं की जाँच करनी होगी। यह एक सामान्य सोच है तथा किसी विशेष मामले में हल का विस्तार से विश्लेषण करना जरूरी होगा। इसके बाद हम पैट्रिक जे. शीरन द्वारा 'एथिक्स इन पब्लिक एडिमिनिस्ट्रेशन: ए फिलोसोफिकल एप्रोच' (Ethics in Public Administration: A Philosophical Approach) में दिए विवरण के आधार पर व्यक्तिगत कार्यों की नैतिकता के निर्धारकों पर चर्चा करेंगे। इस विवरण में जरा भिन्न प्रकार की शब्दावली का प्रयोग किया गया है जो अधिकतर सेंट थॉमस एक्विनास (St. Thomas Aquinas) के लेखन से ली गई है।

किसी कार्य का नैतिक मूल्यांकन करने के लिए इस विवरण में उसे तीन भागों में बाँटा गया है- कार्य का उद्देश्य; वे परिस्थितियाँ जिनमें कार्य हुआ तथा कार्य का प्रयोजन।

कार्य का उद्देश्य (Object of Action)

प्रत्येक कार्य का एक उद्देश्य होता है जो इसकी प्रकृति या सार होता है। हमें देखना चाहिए कि यह व्याख्या वर्तमान प्रयोग में आने वाले शब्द उद्देश्य (object) के सामान्य अर्थ से भिन्न है। 'उद्देश्य' का एक अर्थ लक्ष्य या शिकार या प्राप्तकर्ता है जैसा कि 'Target of unfair criticism' में किया गया है। 'उद्देश्य' का दूसरा अर्थ प्रयोजन, मंशा या लक्ष्य है। लेकिन कार्य के तीन भागों की शीरन (Sheeran) की सूची में, इसके प्रयोजन को तीसरे भाग के रूप में अलग से बताया गया है। 'उद्देश्य' (object) को परिभाषित करने में शीरन की सोच शास्त्रीय पण्डिताऊपन की है जो अरस्तू द्वारा की गई वस्तुओं, प्राणियों व विषयों के सार की परिभाषा का अनुसरण करती है। पाठक इस शब्दावली से अपरिचित हो सकते हैं लेकिन जो बातें इनसे ध्वनित होती हैं (बताई गई हैं) वे पर्याप्त रूप से सरल हैं।

हर कार्य का एक उद्देश्य (object) होता है जो इसे परिभाषित करता है तथा इसे अन्य कार्यों की ओर बढ़ाता है। उद्देश्य अच्छा, बुरा या उदासीनता का, अर्थात न अच्छा और न बुरा हो सकता है। सच बोलना अच्छा है; झूठ कहना गलत है। सत्य अपनी प्रकृति से ही अच्छा है; तथा झूठ बोलना अपनी प्रकृति से ही बुरा है।

किसी भी कार्य पर लागू होने वाले तीन सिद्धान्त नीचे दिए गए हैं:

1. कोई भी कार्य जिसका उद्देश्य प्रकृति से ही बुरा है, हमेशा वैसा ही रहेगा। ना ही परिस्थितियाँ, ना ही मंशा और ना ही प्रयोजन किसी भी प्रकार से उस कार्य की मूल या अन्तर्भूत बुराई को बदल पाएँगे जिसका उद्देश्य बुरा है। चूँकि यहाँ 'उद्देश्य' (object) का अर्थ 'सार' है। अत: जिस कार्य की सार प्रकृति बुरी है वह अपने बुरे गुण को बनाए रखेगा। इस दृष्टिकोण से, कोई परिस्थिति या प्रयोजन झूठ की प्रकृति को नहीं बदल सकते।
2. एक कार्य, जो अच्छा है, परिस्थितियों या मंशा के कारण बुरा हो जा सकता है। सन्तानोत्पत्ति के लिए विवाह में काम-क्रिया ठीक (अच्छी) है। किन्तु 'अवैध सम्बन्ध स्थापित करना' या रंग रेली करना या चक्कर चलाना बुरा है। दूसरी स्थिति में, परिस्थितियाँ बदल जाती हैं तथा एक अच्छी बात को बुरा बना देती हैं।
3. ऐसा कार्य भी जो उदासीनता वाला (ना अच्छा, ना बुरा) है, वह भी परिस्थितियों या प्रयोजन के कारण अच्छा या बुरा हो सकता है। दौड़ लगाना अपने-आप में न अच्छा है और न बुरा। किन्तु किसी एटी एम को लूटने के लिए दौड़ना बुरा है। यदि दौड़ना किसी जलते हुए घर से फँसे हुए बच्चों को निकालने के लिए है तो यह अच्छा है।

कार्य की परिस्थितियाँ (Circumstances of Action)

परिस्थितियों से हमारा तात्पर्य उन विशेषताओं से है जो अमूर्त कार्यों को उनको अपनी, ठोस अन्तर्वस्तु दे देती हैं। वे कार्य के स्थान और समय से संबद्ध होती हैं। वे कार्य करने वाले कर्ता और कार्य करने के ढंग से भी सरोकार रखती हैं। कार्यों का सही होना या गलत (बुरा) होना भौतिक नहीं अपितु नैतिक परिस्थितियों पर निर्भर होता है। सामान्य लेन-देन के लिए बैंक की तिजोरी को पैसा निकालने हेतु खोलना एक सामान्य कार्य है लेकिन चोरी के लिए बैंक की तिजोरी को खोलना अनैतिक (और एक अपराध) है।

कुछ परिस्थितियाँ कार्य की बुराई को बड़ा कर देती हैं या बढ़ा देती हैं। किसी विधवा के खाते से 20,000 रुपए की हेराफेरी करना किसी अमीर स्टॉक ब्रोकर के खाते में हेराफेरी करने से बहुत अधिक बुरा है। पहले मामले में कार्य का बुरापन अधिक हो गया है। ऐसी हल्का कर देने वाली परिस्थितियाँ भी हो सकती हैं जो कार्यों की बुरी प्रकृति को कम कर देती हैं। यदि कोई लुटेरा रोबिन हुड की तरह अमीरों से लूट कर गरीबों को दे देता है तो उसकी लूट कम अनैतिक हो जाती है। किन्तु दोनों ही उदाहरणों में, कार्यों की अपनी अनैतिक प्रकृति बनी रहती है।

परिस्थितियाँ उस समय विशिष्ट होती हैं जब वे उदासीन कार्यों को अच्छा या बुरा बना देती हैं या जब वे किसी कार्य में नए प्रकार की अच्छाई या बुराई जोड़ देती हैं। इस प्रकार जब कोई व्यक्ति बिना किसी को लक्ष्य किए यूँ ही पत्थर फेंक देता है तो उसका यह कार्य उदासीनता वाला है। किन्तु यदि वह किसी कुत्ते या बिल्ली को मारने के लिए पत्थर फेंकता है तो उसका कार्य अनैतिक है।

कार्य का प्रयोजन (Purpose of Action)

कार्य का फल ही वह प्रयोजन है जो नैतिक कर्ता के दिमाग में कार्य को करते समय या उस समय होता है जब उसकी ऐसा करने की मंशा होती है। एक कार्य के एकल या अनेक फल (परिणाम) हो सकते हैं।

प्रयोजन जिस प्रकार से कार्य की नैतिकता को प्रभावित करता है, उसे यहाँ नीचे दिया जा रहा है:

1. एक उदासीन क्रिया (कार्य) इसके प्रयोजन के आधार पर अच्छा या बुरा हो जाता है। व्यक्ति गेम्स खेलने और समय बिताने के लिए कम्प्यूटर चलाना सीख सकता है। यह कार्य सामान्य तौर पर उदासीनता वाला है। वृद्धाश्रम के काम-काज में मदद के लिए व्यक्ति कम्प्यूटर सीख सकता है। ऐसा करना अच्छी बात है। दूसरी ओर, बैंक खाता हैकिंग करने (Hacking) के लिए भी कम्प्यूटर सीखा जा सकता है जो यह अनैतिक है।
2. कोई कार्य जिसका उद्देश्य अच्छा हो, अपने प्रयोजन के कारण कमोबेश अच्छा हो जाता है। यदि कोई उचित कारण हेतु चन्दा देता है तो यह अच्छा कार्य है। लेकिन यदि कोई व्यक्ति चन्दा माँगने वाले से पीछा छुड़ाने के लिए तो यह कार्य पहले जितना अच्छा नहीं है। यदि कोई व्यक्ति चंदा माँगने वाले को उकसाकर कोई अवांछनीय कार्य करवाने के विचार से चंदा देता है तो यह कार्य अनैतिक है।
3. कोई कार्य जो मूलतः गलत (बुरा) है, नैतिक कर्ता के प्रयोजन के आधार पर और अधिक या और कम गलत (बुरा) हो सकता है। झूठ बोलना गलत है। लेकिन किसी को अपराध में फँसाने के लिए झूठ बोलना जुर्म है और बहुत अधिक गलत है। किन्तु यदि कोई व्यक्ति किसी निर्दोष व्यक्ति की सहायता करने के लिए झूठ बोलता है तो यह कार्य तब भी गलत होगा, किन्तु इसकी गंभीरता कम हो जाएगी। जैसा कि पहले बताया गया है, एक मूलतः गलत कार्य कभी भी अच्छा नहीं हो सकता। इसके अतिरिक्त, अच्छा फल पाने के लिए बुरे साधनों का प्रयोग नहीं किया जा सकता। लक्ष्य (फल) तथा साधन, दोनों ही अच्छे होने चाहिए। घरेलू भाषा में कहें तो: एक सड़ा हुआ सेब कमोबेश सड़ा ही रहता है। एक अच्छा सेब सड़ सकता है। एक साधारण सेब अच्छा भी हो सकता है और बुरा भी।

नैतिककर्ताओं का उत्तरदायित्व (Responsibility of Moral Agents)

हमारी पिछली चर्चा उन तीन बातों पर केन्द्रित रही जो कार्यों की नैतिकता निश्चित करते हैं। इसमें यह पहले से ही मान लिया जाता है कि कार्यों के लिए नैतिक कर्ता उत्तरदायी हैं। उन्हीं कार्यों को अंजाम दिया है। लोग अपने कार्यों के लिए उत्तरदायी होते हैं जब वे अपनी मर्जी से कार्य करते हैं, उन्हें इस बात का ज्ञान होता है कि वे क्या कर रहे हैं और वे उस काम को करने की मंशा के साथ करते हैं। वे ही हैं जो कार्य करते हैं और बातों को अंजाम देते हैं।

कार्य के प्रभाव उस व्यक्ति से जुड़े रहते हैं जो भौतिक (शारीरिक) तौर पर कार्य करता है। वह कार्य के लिए सीधे-सीधे उत्तरदायी है। हाँ, यह हो सकता है कि कोई अन्यों के माध्यम से कार्य करवाए या काम को खुद करने के स्थान पर उसे किसी और को सौंप दे। इस पर भी वह कार्यों के परिणामों हेतु एक सीमा तक उत्तरदायी है कि उसको उनकी पूर्व जानकारी थी। हम दूसरों के कार्यों के परिणामों के लिए उत्तरदायी हो जाते हैं यदि हम उनको ऐसे काम के लिए बढ़ावा दें, उनकी मदद करें और उन्हें तैयार करें या हम उस समय भी खामोश रहें जब हम उन्हें समझा सकते थे।

प्रशासनिक परिस्थितियों में, कर्मचारी अक्सर सचेतन भूल व भूल-चूक करते रहते हैं। सचेतन भूल (Error of Commission) का अर्थ है कि व्यक्ति ने कोई अपराध या गलत काम किया है। वह एक सक्रिय कर्ता रहा है। मैकबैथ की प्रसिद्ध पंक्ति "काम हो गया है" (The deed is done) सक्रिय सचेतन भूल को बताती है। भूल-चूक (Errors of Omission) वे परिस्थितियाँ हैं जहाँ लोग अपने कर्तव्य-पालन में असफल रहते हैं या वह करने में असफल रहते हैं जो एक विशेष भूमिका में उन्हें करना चाहिए। यदि कोई पिता अपने बच्चों की उपेक्षा करता है किन्तु उनसे दुर्व्यवहार नहीं करता, फिर भी वह पिता के रूप में अपने कर्तव्य का पालन न करने का दोषी है। यदि कोई पुलिस अधिकारी अपराध होते हुए देखता है किन्तु कोई कार्यवाही नहीं करता तो वह भूल-चूक (Error of Omission) का दोषी है। प्रशासक सामान्यत: झंझट वाली स्थितियों में पड़ने से बचने या ऐसे निर्णय लेने से बचने की कोशिश करते हैं जिसमें वे निशाना बन सकें या उन्हें 'अंगारों पर सिकना' पड़े। किन्तु यदि मामले या मुद्दे उनके सरकारी अधिकार-क्षेत्र में पड़ते हैं तो उन्हें उनके सम्बन्ध में अपने सर्वोत्तम निर्णयन के अनुसार कार्य करने के अलावा कोई विकल्प नहीं है। अन्यथा, वे कर्तव्य की अवहेलना के दोषी होंगे। ऐसे मामलों में उन्हें ही स्थिति का सामना करना होगा।

अनेक लेखक इस स्थिति पर चर्चा करते हैं जब कोई नैतिक कर्ता बुरे (गलत) कार्यों के लिए उत्तरदायी हो जाता है। वे अवश्य ही उत्तरदायी होंगे यदि उन्हें कार्य के संभावित बुरे प्रभावों का ज्ञान होता। लागू मानक वास्तव में अधिक कठोर हैं। यदि नैतिक कर्ता को अपने कार्य के संभावित बुरे परिणामों की जरा-सी भी भनक है तो वह उत्तरदायी होगा। जब कोई ड्राइवर अल्कोहल के प्रभाव में भीड़ वाली सड़क पर तेजी से वाहन चलाता है तो दुर्घटना होने पर वह उत्तरदायी होगा। यदि कोई सभ्य (शांत) ड्राइवर भी ऐसी परिस्थिति में तेजी से वाहन चलाता है तो वह भी किसी दुर्घटना के लिए दोषी होगा।

लेकिन एक अच्छा प्रभाव केवल उस एक को दिया जाता है जो अच्छा काम करता है-अन्यों को नहीं। मान लीजिए कि प्राकृतिक आपदा के बाद एक सरकारी कर्मचारी एक बैठक आयोजित कर मुख्य मंत्री सहायता कोष के लिए दान माँगता है। अनेक लोग दान दे देते हैं। इसका श्रेय उस कर्मचारी को नहीं मिलता जिसने बैठक आयोजित की, बल्कि उन्हें मिलता है जो चन्दा (दान) देते हैं।

मानवीय कार्यों के परिणाम (Conseqences of Human Actions)

दोहरे प्रभाव वाले कार्य

अब हम उन परिणामों की बात करेंगे जो मानवीय कार्यों के बाद उत्पन्न होते हैं। कुछ ऐसे कार्य हैं जिनके अच्छे और बुरे, दोनों परिणाम हैं। इन्हें दोहरे प्रभावों वाले कार्य कहा जाता है। समस्या यह है कि ऐसे कार्यों को अच्छे या बुरे निश्चित करना कठिन है।

ऐसे प्रश्नों को हल करने हेतु नैतिकतावादियों ने निम्नलिखित सामान्य सिद्धान्त प्रस्तावित किए हैं:

- दोहरे प्रभाव देने वाले कार्य या तो अच्छे होने चाहिए या उदासीन होने चाहिए।
- यदि यह मूलतः बुरा है तो यह कभी भी अच्छा नहीं हो सकता और बुरा ही बना रहेगा।
- अच्छा प्रभाव प्रत्यक्ष होना चाहिए, अर्थात् यह किसी बुरे प्रभाव के माध्यम से नहीं होना चाहिए।
- कार्य की मंशा या प्रयोजन अच्छा होना चाहिए।
- कार्य करने के लिए कोई अग्रिम कारण या कारक होना चाहिए।
- कार्य का अच्छा प्रभाव आनुपातिक रूप में बुरे प्रभाव से अधिक होना चाहिए।

दोहरे प्रभाव वाले कार्यों में मुख्य समस्या यह निश्चित करने की है कि क्या अच्छा प्रभाव, बुरे प्रभाव का परिणाम है। ऐसी बात होने पर कार्य बुरा हो जाता है। यदि बुरे प्रभाव के हटा लिए जाने पर अच्छा प्रभाव बना रहता है तो अच्छा प्रभाव, बुरे प्रभाव से पैदा नहीं हुआ है। संदेह की स्थिति में, व्यक्ति को यह सुनिश्चित करने की जरूरत है कि अच्छा प्रभाव, बुरे प्रभाव के अधीन नहीं है। ध्यान देने की बात है कि दोहरे प्रभाव के अच्छा होने के लिए, अच्छे प्रभाव को बुरे प्रभाव से उत्पन्न हुआ नहीं होना चाहिए।

कुछ उदाहरणों से दोहरे प्रभाव वाले सिद्धान्त को स्पष्ट करने में मदद मिलेगी। सेंट थॉमस एक्विनास (St. Thomas Aquinas) ने ही सबसे पहले सिद्धान्त बनाया और आत्मरक्षा के उदाहरण द्वारा इसे समझाया। 'एक्स' पर 'वाई' हमला कर देता है। अपनी रक्षा (बचाव) करते हुए 'एक्स', 'वाई' को मार डालता है। इसमें अच्छा प्रभाव यह है कि 'एक्स' ने स्वंय को बचा लिया। बुरा प्रभाव यह है कि 'वाई' मारा गया। यह बिना इरादे के घटनाक्रम के कारण या उसके आत्मरक्षण के फलस्वरूप हो गया। तथापि, एक्विनास ने यह स्पष्ट कर दिया कि आत्मरक्षण में प्रयुक्त बल अत्यधिक नहीं होना चाहिए, बल्कि 'एक्स' को बचाने क लिए जितने की जरूरत हो, उतना ही होना चाहिए। वर्तमान लोकप्रिय शब्द 'समानान्तर क्षति' (Collateral damage), दोहरे प्रभाव वाले कार्यों को बताते हैं। फिल्मों की कारों का पीछा करने वाले दृश्य में यह मजेदार (Comic) बन जाता है जिसमें खलनायक द्वारा नायक व नायिका का पीछा किया जाता है, किन्तु इस पूरी प्रक्रिया में वह रास्ते के कैफेज में बैठे लोगों में अफरा-तफरी मचा देता है।

हमारा अगला उदाहरण 'स्टेनफोर्ड एन्साइक्लोपीडिया ऑफ फिलोसॉफी' से लिया गया है।

आतंकवादी बॉम्बर दुश्मन के इरादे (मनोबल) को कमजोर करने के लिए नागरिकों की हत्या का लक्ष्य निर्धारित करता है; जब उसके बमों से नागरिक मारे जाते हैं तो यह वह परिणाम है जो वह चाहता है। निपुण बॉम्बर सैनिक लक्ष्यों को यह जानते हुए लक्षित करता है कि ऐसे लक्ष्यों पर बम फोड़ने से नागरिकों की मृत्यु होगी जब उसके बमों से नागरिक मारे जाते हैं तो यह उसके कार्यों का पहले से समझा गया किन्तु अनाशयित परिणाम होगा। यह बराबर निश्चित होते हुए भी कि दो बॉम्बर्स एक सी संख्या में नागरिकों को मार डालेंगे, आतंकी बॉम्बिंग अनुमत-योग्य नहीं है।

जैसा कि हम पहले कह चुके हैं, दोहरे प्रभाव वाले कार्यों को हानिकारक से अधिक लाभकारी प्रभाव उत्पन्न करने चाहिए। यह परम्परागत मानक दार्शनिक विचार है।

दोहरे प्रभाव के मत (सिद्धान्त) की आलोचनाएँ (Criticisms of the Doctrine of Double Effect)

- नैतिक कर्ता अपने कार्यों के सभी संभावित परिणामों के लिए उत्तरदायी हैं।
- यदि नैतिक कर्ता अपने कार्यों के दोहरे प्रभावों को पहले से जानते हैं तो उन्हें दोनों प्रभावों की नैतिक जिम्मेदारी लेनी होगी। वे केवल अपने अनूकूल प्रभाव को या अच्छे प्रभावों को स्वीकारने का निश्चय कर अपने उत्तरदायित्व से नहीं बच सकते।

- कुछ लोगों (जो नैतिक वस्तुपरकतावाद में विश्वास करते हैं) का मानना है कि लोगों के आशय (इरादे) असम्बद्ध हैं, तथा नैतिकता किसी कार्य के सही या गलत होने का निर्णय कार्य को अंजाम देने वाले व्यक्ति की मंशा को देखते हुए नहीं कर सकती। उनके विचार से, कुछ कार्य वस्तुपरक तथा सही या गलत होते हैं तथा उन कार्यों को करने वाले की मंशा अनावश्यक है।
- तथापि, अनेक न्याय प्रणालियाँ व्यक्ति (या कानूनी शब्दावली में mens rea) की मंशा को, विशेष रूप से मृत्यु वाले मामलों में, उसके अपराध व उसके अपराध की गंभीरता को तय करते हुए महत्वपूर्ण कारक मानती है।

मामलों का अध्ययन

माइकल, अमरीका में एक सर्जन है। गर्भपात के मामले में अमरीका में, सामाजिक राय भिन्न-भिन्न है एक रूढ़िवादी दल है जो धार्मिक तथा जीवन-समर्थक कार्यकर्ताओं का है जो मानव जीवन को इसके अस्तित्व से परम-पावन मानता है। वे गर्भपात का सिद्धान्त रूप से ही विरोध करते हैं। वे राजनैतिक समूह में धार्मिक पक्ष से सम्बन्धित होते हैं।

अन्य दल में महिला अधिकार कार्यकर्ताओं सहित विभिन्न मतों के उदारवादी होते हैं। वे 'चयन के हिमायती' (pro choice) के तौर पर जाने जाते हैं तथा इस बात की वकालत करते हैं कि गर्भवती स्त्री को गर्भपात करवाने की पूरी आजादी होनी चाहिए। उनके लिए, गर्भ को बनाए रखने या समाप्त कराने का निर्णय उसकी निजी पसंद है और यह सामाजिक या धार्मिक नीति का मामला नहीं है।

जीवन-समर्थक नेता के तौर पर माइकल का विश्वास (मत) था कि गर्भपात गलत है, चाहे वह माँ की जिन्दगी बचाने के लिए ही क्यों न किया जाए। इसलिए वह मार्था के लिए गर्भपात कराने से इंकार कर देता है जिसे डर है कि उसके गर्भ से उसके स्वास्थ्य को किसी प्रकार से खतरा हो सकता है। चूँकि मार्था को माइकल के कौशल पर विश्वास था, वह अनिच्छा से दूसरे क्लिनिक में जाने का निणर्य करती है।

कुछ वर्षों के पश्चात मार्था दोबारा गर्भवती हो जाती है और इस बार पता चलता है कि उसे कैंसर है। वह ऑपरेशन के लिए माइकल के पास जाती है। वह मार्था का कैंसर का ऑपरेशन (Hysterectomy) करने के लिए तैयार हो जाता है यद्यपि इसमें भ्रूण की मृत्यु हो सकती है।

प्रश्न (Question)

क्या आप सोचते हैं कि माइकल का निर्णय उसके नैतिक परस्पर-विरोध को दिखाता है?

परिचर्चा (Discussion)

इस मामले में हम दोहरे प्रभाव वाला सिद्धान्त लगा सकते हैं। नैतिक कर्ता के आशयित परिणाम व उसके किए गए कार्य के उप-प्रभावों के परिणाम में पर्याप्त अन्तर रहता है। पहली स्थिति में, परिणाम (भ्रूण की मृत्यु) उसके कार्य का सीधा फल है; उसकी ऐसी ही मंशा थी। दूसरी स्थिति में, यद्यपि यह परिणाम के पहले हो ही जान सकता था, उसका ऐसा कोई इरादा नहीं था।

यह सिद्धान्त स्पष्ट करता है कि माइकल बाद में ऑपरेशन करने के लिए क्यों राजी हो गया। यदि उसने गर्भपात कराया होता तो वह अजन्मे बच्चे की मृत्यु के इरादे वाला होता। यह उसके जीवन को महत्व देने वाले नैतिक सिद्धान्त के विपरीत होता। लेकिन मार्था के कैंसर को ठीक करने के लिए की गई हिस्टरक्टॉमी (Hysterectomy) में माइकल का लक्ष्य मार्था की जिन्दगी बचाना होगा जबकि वह भ्रूण की मृत्यु को पहले से केवल जान रहा है यह एक दुर्भाग्यवशपूर्ण उपप्रभाव होगा। इसके विपरीत गर्भपात करना, मार्था के स्वास्थ्य से खतरे को हटाने के साधन के तौर पर भ्रूण को जानबूझ कर मारना होगा।

स्पष्टत: इनमें अन्तर अपेक्षाकृत बेहतर है। कुछ अवस्थाओं में जैसे आत्म-रक्षा में युद्ध की स्थिति में, कोई मानव हानियों को पहले से ही जान लेता है, लेकिन उसका इरादा यह नहीं होता। यह दुर्भाग्यपूर्ण तथा अपरिहार्य उप-प्रभाव है। लेकिन ये अपवाद हैं। कमोबेश व्यक्ति को समानान्तर हानियों के अस्वीकार्य स्तरों से बचना चाहिए।

सार संक्षेप

- दर्शन-शास्त्रीय जिज्ञासा के आरम्भ से ही कुछ विचारकों ने मानव जीवन में नैतिक-शास्त्र के मूल्य के बारे में संदेह व्यक्त करते हुए या यह आग्रह करते हुए कि नैतिक अध्ययनों के लिए कोई तर्क-संगत आधार नहीं हैं, गहन संदेहवादी विचार व्यक्त किए हैं।
- अहम्वाद का सरल अर्थ यह है कि मानव को केवल अपने ही फायदों, सुख-भोगों और कल्याण की चिन्ता रहती है और दूसरों के लिए कोई चिन्ता या सरोकार नहीं होता।
- मनोवैज्ञानिक अहम्वाद नैतिक आचरण हेतु कोई मतवाद नहीं है; यह एक मनोवैज्ञानिक सिद्धान्त है जिसके अनुसार मानवों की संरचना ऐसी की जाती है कि वे हमेशा ही स्वार्थी हितों के ही काम करते हैं।
- नैतिक अहंवाद का विचार यह है कि लोगों को अपने स्व-हित के अनुसार कार्य करना चाहिए। नैतिक अहंवादी तर्क देते हैं कि लोग अक्सर अपने स्व-हित का साधन नहीं करते किन्तु उन्हें वास्तव में ऐसा करना चाहिए।
- नैतिक अहंवाद को दूसरे तौर पर ऐसा विचार कहा जा सकता है जिसमें व्यक्ति को इस प्रकार के काम करने चाहिए जिससे उसकी उपयोगिता अधिकतम हो सके तथा उसकी अनुपयोगिता न्यूनतम हो जाए।
- स्वार्थी उद्देश्यों का अनुसरण करते हुए भी व्यक्ति को विवेकशील रहना होगा और सुनिश्चित करना होगा कि उनके कारण अन्यों द्वारा कोई अवरोध खड़ा न किया जाए।
- थॉमस हॉब्स, मैण्डेविले और एडम स्मिथ के सिद्धान्तों को नैतिक अहम्वाद के उदाहरण माना जा सकता है।
- नैतिक अंहवाद को प्रबोधित (अपरिष्कृत के विपरीत) आत्महित के रूप में बदल देने पर भी इसमें कुछ कमजोरियाँ हैं।
- नैतिक सापेक्षवादी वे हैं जो सार्वभौमिक नैतिक सिद्धान्तों के वजूद से इंकार करते हैं।
- नैतिक सापेक्षवाद का मानना है कि यथार्थ नैतिक सत्य हैं कि कुछ काम सभी कालों में सभी लोगों के लिए ठीक (अच्छे) हैं तथा अन्य ऐसे हैं जो सभी कालों में सभी लोगों के लिए गलत (बुरे) हैं।
- नैतिक आत्मपरकतावाद को दो रूपों में व्यक्त किया जा सकता है-नैतिक आत्मपरकतावाद तथा सांस्कृतिक सापेक्षतावाद।
- नैतिक आत्मपरकतावाद के अनुसार सही होना या गलत होना निजी राय का मामला है।
- सांस्कृतिक सापेक्षतावाद के मतानुसार एक निश्चित संस्कृति में कुछ नैतिक मानक हो सकते हैं जो उस संस्कृति के लिए सत्य (ठीक) हैं। लेकिन नैतिकता का कोई वस्तुगत मानक नहीं हैं जो अलग-अलग संस्कृतियों को अलग करता हो और जो अलग-अलग संस्कृतियों के मूल्यांकन का आधार बन सके।
- संक्षेप में, नियतिवाद का मानना है कि मानव के निर्णय व कार्य मोटे तौर पर बाह्य शक्तियों द्वारा तय किए जाते हैं। लोग कोई स्वायत्त कर्ता नहीं हैं जो किसी बात में अपनी मर्जी से निर्णय कर सकें। उनकी कोई स्वेच्छा या स्वतन्त्र इच्छा-शक्ति नहीं है।
- नियतिवाद से नैतिकता के लिए समस्या पैदा होती है क्योंकि यदि मानव को स्वेच्छा का अधिकार नहीं होगा एवं उसके सभी कार्य संयोगवश तय किए जाएँगे तो वे अपने कार्यों के लिए उत्तरदायी नहीं होंगे।
- लोग मुक्त रूप से व्यवहार उस समय करते हैं जब उनको कोई बाहय या आन्तरिक दबाव नहीं होता। ऐसी दशाओं में मानव मुक्त नैतिक कर्ता है तथा अपने कार्यों के लिए उत्तरदायी है।
- किसी कार्य का नैतिक मूल्यांकन करने के लिए इसे तीन भागों में बाँटा गया है-इसका उद्देश्य, इसकी परिस्थितियाँ और इसका प्रयोजन।

- हर कार्य का एक उद्देश्य (object) होता है जो इसकी प्रकृति या सार होता है। कोई कार्य जिसका उद्देश्य प्राकृतिक रूप से बुरा है, वह हमेशा वैसा ही रहेगा। जो कार्य अच्छा है, वह बुरा हो सकता है। एक अनासक्त कार्य (ना ही अच्छा और ना ही बुरा) अच्छा या बुरा हो सकता है।
- परिस्थितियाँ कार्य के साथ और समय, कार्य करने वाले कर्ता तथा कार्य को अंजाम देने के ढंग से सरोकार रखती हैं।
- परिस्थितियाँ बढ़ाने वालीं, विस्तार देने वाली और विशिष्टता देने वाली हो सकती हैं। परिस्थितियाँ कार्यों को स्थितिक संदर्भों से जोड़ देती हैं।
- कोई कार्य करते समय या उसे करने की इच्छा रखते समय नैतिक कर्ताओं के ध्यान में उस कार्य का उद्देश्य ही प्रयोजन होता है।
- कोई उदासीन कार्य अपने प्रयोजन के आधार पर अच्छा या बुरा हो सकता है।
- कोई कार्य जिसका उद्देश्य अच्छा हो, अपने प्रयोजन के कारण कमोबेश अच्छा हो सकता है।
- कोई कार्य जो मूलत: गलत है, नैतिक कर्ता के प्रयोजन के आधार पर और अधिक या और कम गलत हो सकता है।
- जिन कार्यों के अच्छे तथा बुरे, दोनों परिणाम होते हैं, वे दोहरे प्रभावों वाले कार्य जाने जाते हैं। यह निर्णय करना मुश्किल है कि ऐसे कार्य अच्छे हैं या बुरे। नैतिकवादियों ने इस प्रश्न को हल करने के लिए सामान्य सिद्धान्त बनाए हैं। मानक विचार यह है कि दोहरे प्रभाव वाले कार्यों को हानिकारक प्रभावों से अधिक लाभकारी प्रभाव देने चाहिए।
- लेकिन एक विचार यह है कि नैतिक कर्ता इन मामलों में उत्तरदायित्व से बच नहीं सकते। जब वे अपने कार्यों के दोहरे प्रभावों को पहले से जानते हैं तो उन्हें दोनों प्रभावों की नैतिक जिम्मेदारी लेनी होगी। वे केवल अपने अनुकूल प्रभाव को या अच्छे प्रभावों को स्वीकारने का निश्चय कर अपने उत्तरदायित्व से नहीं बच सकते।

स्व मूल्यांकन हेतु

1. "नीति-शास्त्र विश्व को आकार देने वाले मूल्यों की तर्क-संगतता और पर्याप्तता को स्पष्ट करता है; यह उन नैतिक संभावनाओं का मूल्यांकन करता है जो सामाजिक लेन-देन (व्यवहार) में प्रक्षेपित और निरूपित की जाती हैं।" इस कथन में दी गई नैतिकशास्त्र की दो संकल्पनाओं की व्याख्या कीजिए। सरकारी कर्मचारियों के लिए दोनों में से कौन-सी संकल्पना अधिक प्रासंगिक है और क्यों?
2. कुछ नैतिकतावादी आत्म-हित को ही सहीपन का एक मात्र मानदण्ड बताते हैं। यह ऐसा विचार है जो इस परम्परागत मान्यता का विरोध करता है कि परहितवाद ही नैतिकता का सार है। इस स्थिति के पक्ष व विपक्ष में चर्चा कीजिए कि आत्म-हित का अनुसरण करना समाज के लिए सर्वदा ही हानिकारक है।
3. मनोवैज्ञानिक अहमवाद क्या है? यह नैतिक अहमवाद से किस प्रकार भिन्न है?
4. नैतिक आत्परकता क्या है? अनेक कलाकारों का दावा है कि नैतिकता के सामान्य नियम उन पर लागू नहीं होते। क्या आप इस बात से सहमत हैं?
5. नैतिक नियतिवाद क्या है?
6. सांस्कृतिक सापेक्षतावाद क्या है? वे कौन-सी समस्याएँ हैं जो सांस्कृतिक सापेक्षतावाद के कारण नैतिकता के लिए पैदा होती हैं?

7. एक सामान्य नैतिक सिद्धान्त के अनुसार, "ऐसा कार्य जिसका ध्येय (उद्देश्य) बुरा है, हमेशा ही वैसा रहेगा।" दस वर्षों तक जेबकतरा रहकर 'एक्स' का हृदय परिवर्तन होता है और वह मजदूर बन जाता है। क्या उसे 'बुरा' माना जाएगा?

8. दोहरे प्रभावों वाले सिद्धान्त पर आधारित निम्नलिखित मामलों पर चर्चा कीजिए:

   मामला (क): एक पहिएदार ट्राली एक ऐसे समूह की ओर तेजी से बढ़ रही है जिसके पास बचने का कोई रास्ता नहीं है। कोई व्यक्ति पास खड़े एक अन्य व्यक्ति को उसके रास्ते में धकेल देता है ताकि ट्राली आगे उसके मार्ग में खड़े पाँच लोगों से न टकराए।

   मामला (ख): एक ड्राइवर दौड़ती हुई ट्राली को उसके नार्मल ट्रैक, जिस पर पाँच लोग खड़े थे, से हटा कर उस ट्रैक पर डाल देता है जिस पर एक व्यक्ति खड़ा है। उसका इरादा मुख्य ट्रैक पर खड़े पाँच आदमियों को बचाने का था। दोनों मामलों में क्या नैतिक अन्तर है?

   [**संकेत:** ड्राइवर पाँच लोगों को बचाने के उप-प्रभाव के तौर पर एक व्यक्ति की मृत्यु को पहले ही देख लेता है किन्तु उसका इरादा यह नहीं था। अत: दोहरे प्रभाव वाले कार्यों का सिद्धान्त इसे उचित ठहराता है। किन्तु एक व्यक्ति को ट्राली के नीचे ढकेल देना, हत्या करना है।]

9. आत्महत्या मृत्यु को बुलाना है और सभी धर्मों में निन्दनीय है। दो कार्यों को देखिए: (1) 'एक्स' अपनी जिन्दगी से ऊब चुका है और आत्महत्या कर लेता है। (2) एक जवान अच्छी तरह यह जानते हुए कि वह मारा जाएगा, अपने साथियों को बचाने के लिए जिन्दा हथगोले पर लेट जाता है। आप दोनों परिस्थितियों में कैसे अन्तर करेंगे?

   [**संकेत:** सैनिक ने मात्र अपनी मृत्यु ही देखी; इसके विपरीत 'एक्स', जिसने आत्महत्या की थी, का आशय अपने जीवन को समाप्त करने का था। यह स्थिति दोहरे प्रभाव वाले कार्य के सिद्धान्त के दृष्टिकोण से बनती है। हम सैनिक के उदाहरण को भी एक नैतिक दुविधा के तौर पर सोच सकते हैं जिसमें उच्चतर सैन्य कर्तव्य, अपने जीवन को समाप्त करने के निषेध पर भारी पड़ गया।]

संदर्भ

- जॉन एस मैकेंजी, एम. ए/मैनुअल आफ एथिक्स
- विलियम फ्रेंकीना, एथिक्स
- टेरी 1, कूपर हैंडबुक ऑफ एडमिनिस्ट्रेटिव एथिक्स (34 निबन्धों का संग्रह प्रख्यात लोक प्रशासन सिद्धान्तवादियों द्वारा)
- डफ इरलांडसन एथिक्स बेसिक्स ए जारगन-फ्री गाइड फॉर बिगनर्स (ई-बुक)

अध्याय 3

पश्चिम के आचारशास्त्री (नैतिक विचारक) (Western Moral Thinkers)

सुकरात (Socrates)

संक्षिप्त ऐतिहासिक तथा दार्शनिक पृष्ठभूमि (A brief Historical and Philosophical Background)

प्राचीन यूनानी नैतिक दर्शन की प्रवृतियों (चलन) को समझने, विशेष रूप से सुकरात के प्रतिपादित धर्म-सिद्धान्त से विचलन को समझने के लिए हमें कुतर्कवाद से आरम्भ करना होगा। कुतर्कवादियों ने प्राचीन यूनानी दर्शन के केन्द्र (केन्द्र-बिन्दु) को व्यवहारिक उन्मुखन (रूझान) दे कर उसे बदल दिया। उस समय तक यूनानी दर्शन प्रधानत: तत्व-मीमांसक था। यह कला आसान नहीं है कि 'तत्व-मीमांसक' (Metaphysics) का अर्थ क्या है। प्राचीन यूनानी एवं मध्य-कालीन दर्शन में इसे तीन क्षेत्रों का निर्दिष्ट अध्ययन माना गया है।

इनमें एक था 'होना या यथार्थ सत्ता'। इस अभिव्यक्ति से क्या अभिप्राय है? उदाहरण के लिए, सितारों का एक झुण्ड, एक हाथी या एक अमीबा (जीवाणु) हो सकता है। ये तीन अलग-अलग उदाहरण हैं या अस्तित्व का प्रदर्शन है। लेकिन सामान्यतया: या स्वयं में अस्तित्व क्या है, इसके अपने उदाहरण से असम्पृक्त (अलग) है? यह विषय आजकल सत्ता-मीमांसा कहलाता है। दुनिया में दूसरे, तत्व-मीमांस 'वस्तुओं के पहले (मूल) कारणों' का अध्ययन है। हम अनेक वस्तुएँ देखते हैं और अनेक अद्‌भूत घटनाओं का अवलोकन करते हैं। ये द्वितीयक या तृतीयक कारणों से पैदा होते हैं। ये मूल से या भू-मण्डल के उस आरम्भिक कारण से भिन्न हो सकते हैं जो इन्हें अन्तरिक्षीय मार्ग पर डाल देते है। कुछ दार्शनिक ईश्वर को पहला कारण मानते है।

अपरिवर्तित, स्थायी वस्तुएँ तीसरे क्षेत्र के तत्व-मीमांसक अध्ययनों में शामिल होती हैं। हम अपनी चेतनाओं से जिस प्राकृतिक विश्व को देखते हैं, वह लगातार परिवर्तित हो रहा है या सतत गतिमान (बदलता) रहता है। यूनानी शब्दावली में यह 'संभवन' (होना) का द्योतन करता है, होने को नहीं। 'होना' अपरिवर्तित वास्तविकता है जो भौतिक, दैहिक संसार का आधार बनती है। (यूनानी) तत्व-मीमांसक को परमेनाइड्स (Parmenides) तथा हरक्लीटस (Heraclitus) जैसे दार्शनिकों (दर्शन-शास्त्रियों) के लेखन (रचनाओं) में अभिव्यक्ति मिली है। यह दार्शनिकत्व, आदिम गैर-प्रायोगिक तथा गैर-अनुभव-जन्य विज्ञान की पृष्ठभूमि में किया गया था। परिणामस्वरूप दार्शनिक और उनके अनुनाइयों ने ब्रहमाण्ड के विषय में सभी प्रकार की दार्शनिक पहेलियों

को मिला कर स्वयं को उलझन में डाल लिया। विटजैन्स्टीन (Wittgenstein) इस प्रकार के दार्शनिक की तुलना बोतल में बंद मक्खी से करता है जो बाहर निकलने का रास्ता न पाकर उसके अन्दर ही चक्कर काटती और बजबजाती रहती है।। प्रसंगवश आधुनिक दार्शनिकों को ब्रह्मांड और प्रकृति के बारे में कुछ समस्याएँ हैं जो वर्तमान उन्नत ज्ञान (जानकारी) के बावजद अनसुलझी ही रह गई हैं। जैसा कि आशा थी, विषय पर आरम्भिक चिन्तन (अनुमान) में मामूली प्रगति हो सकी जिससे सूक्ष्म दार्शनिक सोच के बारे में संदेह उत्पन्न हुआ।

एक और कारण था जिससे यूनानी परिदृश्य बदल गया इस समय तक यूनान के सम्बन्ध शेष विश्व से होने लगे थे और इससे उनका दृष्टिकोण बदल गया।पहले यूनानी यह मानते थे कि उनकी नैतिकताएँ और आदर्श न केवल उनके अपने समाज की परम्पराएँ हैं अपितु प्राकृतिक व्यवस्था से जुडी हैं। उनकी नैतिकताएँ किसी खास समाज के व्यक्ति-निष्ठ विचार नहीं, अपितु विषय-परक एवं सार्वभौमिक हैं। यूनानी विचारकों को हैरानी होने लगी कि बाहरी दुनिया से उनके सम्पर्क से जीवन, रीति-रिवाजों, धर्मों और नैतिक संहिता के विभिन्न राष्ट्रीय तथा स्थानीय तौर-तरीके, परंपराओं से या प्रकृति प्रदत्त हैं। वे पहले के इस विचार पर संदेह करने लगे कि यूनानीं संस्कृति और नैतिकताएँ आदर्श हैं तथा प्रकृति आधारित है। यूनानी नैतिकता अब आदर्श अप्रतिम नहीं लगने लगी। ऐसा प्रतीत होने लगा कि नैतिकताएँ न तो सार्वभौमिक है और ना ही अन्तिम (चरम)। जैसा कि हम देखेंगे सुकरात ने इस प्रकार के नैतिक सापेक्षवाद का विरोध किया था।

कुतर्कवादियों ने नैतिक दर्शन पर भी छींटे उछाले । उन्हों ने मानव को अपने सिद्धांतों (मत) के मध्य में रखा। सर्वाधिक प्रसिद्ध कुतर्कवादियों प्रोटागोरस (Protagoras) ने इस विचार को बड़ी खूबसूरती से इस पैराग्राफ में व्यक्त किया है-''मनुष्य सभी चीजों का पैमाना है, वे जो हैं, यह कि वे हैं, वे जो नहीं हैं, यह कि वे नहीं हैं।'' इसका अर्थ यह हो सकता है कि समुदाय, समाज या मानवता सत्य का मानक या मानदण्ड है। तथापि, प्रोटागोरस नैतिक निर्णयों या मूल्यांकनों को सापेक्ष मानता है।'' क्योंकि मैं यह मानता हूं जो भी क्रिया-कलाप ठीक प्रतीत होते हैं और किसी विशिष्ट देश के लिए प्रशंसनीय हैं, वे तब तक उस राष्ट्र के लिए वैसे ही हैं जब तक कि उसके द्वारा पालन किए जाते हैं। अनेक बार कुतर्कवादी इस विचार को चरम व्यक्ति-निष्ठता धकेल देते हैं-तुम्हें जो सत्य प्रतीत होता है, वह तुम्हारे लिए सत्य है, और मुझे जो सत्य प्रतीत होता है, वह मेरे लिए सत्य है।

सुकरात का मानना था कि नैतिक निर्णय तथा मानक वस्तुगत तथा सार्वभौमिक हैं। यही कारण है कि सुकरात ने नैतिक संकल्पनाओं, जैसे सत्य, साहस तथा न्याय पर विस्तार से चर्चा की। चूंकि कुतर्कवादी तीव्र सापेक्षवाद की वकालत करते प्रतीत होते हैं-''जो तुम्हें सत्य प्रतीत होता है, वह तुम्हारे लिए सत्य है, और जो मुझे सत्य लगता है, वह मेरे लिए सत्य है।'' यह विशुद्ध आत्मपरकतावाद है। तथापि, अनेक आधुनिक दार्शनिक महसूस करते हैं कि प्राचीन नैतिक विचारकों ने कुतर्कवादियों की बहुत कठोरता से आलोचना की है। इस पृष्ठभूमि के साथ हम सुकरात पर आते हैं।

सुकरात प्रथम व्यवस्थित नैतिक विचारक (Socrates as the first Systematic Moral Thinker)

पश्चिमी दर्शन-शास्त्रीय परम्परा में सुकरात पहले सुव्यवस्थित आचार-शास्त्री थे। वे प्राचीन यूनान में एथेनियन गणराज्य के नागरिक थे। पहले एथेन्स एक नगर-राज्य (आज के जमाने के हाँगकाँग या सिंगापुर जैसा)था, किन्तु धीरे-धीरे वह एक साम्राज्य बन गया। सुकरात का समय ईसा पूर्व पाँचवी शताब्दी (496-399) था। उनके विचारों (दर्शन) को समझने के लिए हमें उनके काल की ऐतिहासिक पृष्ठभूमि को जानना होगा।

उस समय फारसियों व यूनानियों के बीच युद्ध चलते रहते थे। पहले फारसी युद्ध में यूनानियों ने मैराथन में उल्लेखनीय विजय प्राप्त की। फारस पर विजय पाने में स्पार्टा नामक नगर-राज्य की भूमिका प्रमुख रही जो एथेन्स का प्रतिद्वन्द्वी था। एथेनियन गणराज्य तो गणराज्य था किन्तु स्पार्टा सैन्य कुलीनतंत्रीय था। पैरिकल्स एक गणतन्त्रीय विचारों वाला शासक था जिसके शासन-काल में महान नाट्यकार एशिलस, सोफोकल तथा यूरीपिड्स पाँचवी शताब्दी के ही थे। प्रसंगवश, इस समय के एक हास्य कवि एरिस्टोफेनस (Aristophanes) ने सुकरात पर 'क्लाउड्स' नामक नाटक के द्वारा व्यंग्य किए।

एथेन्स तथा स्पार्टा के बीच प्रतिद्वन्द्विता के परिणामस्वरूप 431 ईसा पूर्व में पेलोपोनेशियन (Peloponnesion) युद्ध में स्पार्टा ने एथेन्स को पराजित कर एथेन्स में कुलीनतंत्रीय सरकार स्थापित कर दी जो 'थर्टी टाइरेण्ड्स' (तीस तानाशाहों) के नाम से जानी जाती है। लेकिन एक वर्ष के भीतर ही उनका तख्ता पलट दिया गया और गणराज्य की पुनर्स्थापना हो गई। युद्ध, प्लेग, पराजय तथा सरकार के विरुद्ध षड्यंत्रों एवं वंचनाओं के बारे में प्रचारित संदेशों के कारण राजनैतिक वातावरण विषैला हो गया।

सुकरात का मुकदमा (Trial of Socrates)

यही वह समय था जब सुकरात एथेन्स के राजनैतिक शासकों से उलझ पड़े। उन पर युवाओं को बिगाड़ने तथा देवताओं के प्रति नास्तिकता (अश्रद्धा) के आरोप लगाए गए। मुकदमे के अन्त में, सुकरात को मृत्युदण्ड दे दिया गया। सुकरात के परम शिष्य, महान दार्शनिक प्लेटो ने अपनी पुस्तक 'द अपोलॉजी' में इस मुकदमे का मर्मस्पर्शी वर्णन किया है। यह एक महान प्लेटोनिक रचना है। उन दिनों दार्शनिक लोग अपनी रचनाएँ प्रतिभागियों (पात्रों) के बीच नाटकीय संवादों के रूप में लिखा करते थे।

दार्शनिकों ने सुकरात के आचार-संहिता सम्बन्धी सिद्धान्त मुख्यत: उनके द्वारा लिखे विभिन्न संवादों से प्राप्त किए हैं। 'अपोलॉजी' के अलावा अन्य कुछ प्रसिद्ध प्लेटोनिक संवाद हैं: रिपब्लिक, पीडो (Phaedo), प्रोटोगोरस (Protogores), मेनो (Meno), तथा मॉजियस (Gorgies)। अनेक दार्शनिकों का विचार है कि प्लेटो द्वारा अपने संवादों में खींचा गया सुकरात का चित्र ऐतिहासिक न होकर कल्पित हो सकता है। तथापि, हम इस विवाद को यहीं छोड़ कर सीधे सुकरात के व्यक्तित्व के कुछ महत्त्वपूर्ण पहलुओं की ओर ध्यान देते हैं और तब उनके आचार सम्बन्धी सिद्धान्तों का खाका खींचते हैं।

सुकरात साधारण साधन-सम्पन्नता वाले व्यक्ति थे। अपनी युवावस्था में वे सेना में रहे और अपने साहस और सम्मान के साथ अपने कर्तव्य का निर्वाह किया। तत्पश्चात् वे एथेन्स में बस गए। उन्होंने अपना समय शास्त्रार्थों में तथा युवाओं को नि:शुल्क दर्शन पढ़ाने में लगाया। वे बाजारों के बीच व अन्य जन मंचों पर अपनी चर्चा करते रहते थे। वे अत्यन्त सिद्ध पुरुष और सांसारिक सफलता के प्रति उदासीन थे। वे एक निर्मल हृदयी संत व्यक्ति थे। आराम कुर्सी पर बैठे आचार-शास्त्री के स्थान पर वे अपने उपदेशों को अपने स्वयं के जीवन में आचरित करने वाले थे।

मुकदमे एवं उनकी मृत्यु से उनके व्यक्तित्व में एक नैतिक नायक का आभा-मंडल पैदा हो गया। उनको वही स्थान प्राप्त है जो ईसा, गैलीलियो और सर थॉमस मोरे को प्राप्त है। 'ऑन लिबर्टी' में मिल ने लिखा है। 'मानव समाज को शायद ही कभी यह याद दिलाने की जरूरत हो सकती है कि एक बार सुकरात नाम का व्यक्ति था जिसका उसके समय के शासन-तन्त्र से एक यादगार टकराव रहा था।' आज की शब्दावली में सुकरात को 'व्यवस्था का विरोधी विचारक' कहा जाएगा।

सुकरात के नैतिक विचार (Moral Concerns of Socrates)

अपने पूर्ववर्तियों के विपरीत, सुकरात की दार्शनिक अभिरुचियाँ वैज्ञानिक प्रकृति की होने की बजाय नीतिविषयक थीं। अन्तरिक्षीय अटकलबाजी को छोड़कर 'दर्शन को आकाश से धरती के (वास्तविकता के) धरातल पर ले आए' उन्होंने जीवन के मानवीय सम्बन्धों तथा अपनी-अपनी विभिन्न भूमिकाओं में एक-दूसरे से व्यवहार करने के अनेक प्रकारों पर अपना ध्यान केन्द्रित किया। उनकी सोच थी कि ये ही बातें ज्ञान के दायरे में आती हैं और ये ही जीवन को सही ढंग से चलाने में सक्षम हैं। इस अर्थ में वे एक व्यावहारिक नीति शास्त्री थे।

सुकरात के अनुसार नीतिशास्त्र का एक लक्ष्य या स्तर (मानक) है; नीति-विषयक सिद्धान्त से प्रवाहान्त प्राप्त करने के लिए नियम या साधन हैं। किन्तु उन्होंने स्पष्टत: नहीं बताया कि यह है क्या। बाद के समय में यूनानी दार्शनिकों ने 'सम्मम बोनम'(Summum Bonum) की संकल्पना का विकास किया। 'सम्मम बोनम' सर्वोच्च हितकर या उच्चतम हितकर है जिसके अनुसार किसी नीतिपरक प्रणाली में मूल्य और प्राथमिकताएँ स्थापित की जाती हैं। सुकरात (व प्लेटो) ने आचरण की अन्तिम परिणति को 'मानव मात्र से व्यवहार करने की कला', 'समाज में व्यवहार करने की कला' और मानव उल्लास का विज्ञान' कहा है।

सुकरात नैतिक सोच को अन्यों के मुकाबले सर्वोपरि मानते हैं। मानव के लिए एक मात्र वांछनीय लक्ष्य है-सद्गुण-जो श्रेष्ठ एवं प्रशंसनीय है। कौशल किसी भी काम का सर्वोत्तम रूप से करना है। सद् व्यवहार की पूर्वापेक्षा (पूर्वशर्त) ज्ञान है। उन्होंने भोग-विलास, सम्मान और सांसारिक प्रगति की अपेक्षा आत्म-विकास व कर्तव्य के आनन्द को पसंद किया। 'अपोलॉजी' में वे ज्ञान तथा सद्गुणों की अपेक्षा धन-दौलत व प्रसिद्धि हेतु प्रयास करने के लिए मानव की भर्त्सना करते हैं। सद्गुणों को प्राप्त कर ही आत्मा को सम्पूर्ण किया जा सकता है। आधुनिक शब्दावली में, सुकरात के अनुसार सद्गुण ही सर्वोच्च मनोवैज्ञानिक हित (अच्छाई) है और हमेशा ही भौतिक सामग्री की अपेक्षा वांछनीय है। यदि आत्मा ही नष्ट हो जाती है तो यह जीवन जीने योग्य नहीं रहता, हमारे गलत काम इसे गलाते रहते हैं।

अन्यायपूर्ण कार्य हमारे द्वारा दूसरों के प्रति (के साथ) किया गया अनुचित व्यवहार है। उन्होंने इनके जो उदाहरण दिए हैं, उनमें से कुछ हैं। हिंदू मन्दिरों को लूटना, मित्रों को धोखा देना, चोरी करना, वचन भंग करना, पर-स्त्रीगमन करना और अपने माता-पिता से दुर्व्यवहार करना। जीवन दाँव पर लगे होने की स्थिति में भी गलत काम करने का सुकरात विरोध करते हैं। उनके मित्रों ने उनके जेल से भाग जाने की व्यवस्था कर दी थी, ताकि वे मृत्युदण्ड से बच सकें। लेकिन सुकरात ने उनके प्रस्ताव को यह कह कर ठुकरा दिया कि ऐसा करना अनुचित होगा। उनका कहना था कि हमारे प्रति दूसरों का व्यवहार अनुचित (अन्यायपूर्ण) हो तो भी हमें अनुचित या गलत काम नहीं करना चाहिए। जैसा कि हम पहले देख चुके हैं, अपने सिद्धान्तों का त्याग करने से इंकार कर देने तथा अनुचित साधनों से मृत्यु से बचने से मना कर देने पर सुकरात ने वंदनीय नैतिक नायकत्व का प्रदर्शन किया।

सुकरात का मानना है कि कोई जानते-बूझते बुरा काम नहीं करता। इस सोच (या विचार) को नैतिक बुद्धिवादिता कहते हैं। इसका मतलब यह है कि सभी मनुष्यों को नैतिक (सद्गुणयुक्त) बनाने के लिए केवल ज्ञान ही आवश्यक है। सुकरात का सोचना है कि मनुष्य उसकी इच्छा करते हैं जो उनके लिए नैतिक या हितकारी है। यदि वे किसी बुरी बात की इच्छा करते हैं या गलत काम करते हैं तो ऐसा उनके अज्ञान के कारण है। इस संकल्पना में नैतिकता (सद्गुण) ज्ञान है और यह सत्कर्म को सुनिश्चित करती है। और भी, खुशी (प्रसन्नता/उल्लास) के लिए नैतिकता ही पर्याप्त है। यह बात ध्यान देने-योग्य है कि ईसाई नीति-शास्त्र में (हिन्दु धर्म में भी) एक निर्मल हृदय (जरूरी नहीं कि ज्ञान हो) सत्कार्य को प्रेरित करता है तथा अज्ञानी एवं विद्वान, दोनों में पाया जाता है।

सामान्य अनुभव यह रहा है कि मनुष्य अक्सर इन चीजों की इच्छा करता है जिन्हें बुरा माना जाता है तथा वे ऐसी गतिविधियों में संलग्न होते हैं जिनके बारे में वे जानते हैं कि वे हानिकारक (गलत) हैं। लोग गाड़ी असावधानी से चलाते हैं या नशीले पदार्थों का सेवन करते हैं। साधारण प्राणियों की तो क्या कहें, संत-सन्यासी भी सांसारिक प्रलोभनों में पड़ जाते हैं। एक निश्चित परिस्थिति में केवल ज्ञान ही मानव को सत्कार्य या सही कार्य करने को प्रेरित करने के लिए पर्याप्त नहीं है। यह संकल्पना वैसे एकांगी है। मानव अक्सर जानबूझ कर गलती करते हैं तथा प्रलोभनों को रोक पाने में असमर्थ रहते हैं। यही बात इस सूक्ति में कही गई है, 'मन तो निषेध करता है किन्तु तन दुर्बल है।' यहाँ सुकरात नैतिक मनोविज्ञान की जटिलताओं की अनदेखी कर रहे हैं।

अरस्तू ने सुकरात के नैतिक बुद्धिवाद या इस विचार की कि नैतिकता, ज्ञान का एक प्रकार है, आलोचना की है। अरस्तू का मानना है कि नैतिक जीवन का सार अच्छी आदतों का पैदा करना है। दो विचार वास्तव में मिलाए जा सकते हैं। सद्गुण में ज्ञान व आदत, दोनों होते हैं। सद्गुण वास्तव में एक परिदृश्य है। सद्गुणी व्यक्ति लगातार नैतिक ब्रह्माण्ड में रहता है या सीधे-सीधे नैतिक कर्तव्य का पालन करता है। लगातार नैतिक ब्रह्माण्ड में रहना एक आदत है. लेकिन साथ-साथ यह अन्तर्दृष्टि का एक रूप है। जो व्यक्ति भिन्न ब्रह्माण्ड में रहता है, वह वस्तुओं को आदतन भिन्न प्रकार से और भिन्न रंग के शीशे में से देखता है। अत: सद्गुणी होना, एक तरह का विशिष्ट ज्ञान या अन्तर्दृष्टि रखना है।

सद्गुण एक प्रकार का ज्ञान और एक प्रकार की आदत, दोनों ही है। नैतिक चरित्र पर यथा लागू आदत केवल रिवाज नहीं है। सैर करने या बोलने की स्टाइल (शैली) जैसी आदतों से इसकी तुलना नहीं की जा सकती। नैतिक महत्व की आदतें विचारित चयन की आदतें हैं। चूँकि विचारित चयन विचार या तर्क पर निर्भर करता है, सही को चुनने के लिए हमें सही का ज्ञान होना चाहिए। इस प्रकार, नैतिक आचरण में ज्ञान तथा आदत, दोनों होते हैं।

संयमित जीवन (Moderate Living)

सुकरात मामूली संन्यास की वकालत करते हैं। दार्शनिक को सभी सामान्य सुख-भोगों को त्याग देने की जरूरत नहीं है, किन्तु उसे उन सब का दास नहीं हो जाना चाहिए। उसे पूर्णत: आत्मा से जुड़ जाना चाहिए, शरीर के साथ नहीं। 'वह जितना अधिक-से-अधिक हो सकेगा, शरीर से हट कर आत्मा की ओर उन्मुख होगा।' सुकरात अपनी बात को जारी रखते हुए कहते हैं कि दार्शनिक आत्मा को शरीर की सहभागिता से अलग करने का प्रयास करता है जबकि अन्य लोगों की सोच यह है कि ऐसे व्यक्ति का तो जीना ही बेकार है जिसे सुख-भोग का बोध हो न हो और जिसकी दैहिक सुख में भागीदारी न हो।

सुकरात के दर्शन में हमें उनके धर्म-सम्बन्धी विचार भी मिलते हैं जिनमें वे शरीर को तुच्छ (अवमूल्यन) मानते हैं और इसे (आत्मिक) आध्यत्मिक उन्नयन में रुकावट समझते हैं। *"इसे (शरीर को) भोजन की जरूरत पड़ती है और इसमें रोग हो सकते हैं। यह हमारे मन को मोह और कामनाओं तथा शंकाओं (भयों) एवं सभी प्रकार की रुचियों व अंतत: बेवकूफियों से भर देता है और सच तो यह है कि जैसा कि लोग कहते हैं, हमारे विवेक (सोचने की समस्त शक्ति) को पूर्णत: समाप्त कर देता है।"* मानसिक शुचिता का अर्थ है शरीर की दासता और उसकी जरूरतों से मुक्ति। सुकरात का यह भी विचार था कि हमारा शरीर ज्ञान की प्राप्ति में बाधक है और यह कि जो दिखता है व सुनाई देता है वह अयथार्थ साक्ष्य है: वास्तविक (सच्चा) अस्तित्व, यदि कभी आत्मा को इसका बोध हो जाए, तो वह अनुभूति न होकर चिन्तन में ही प्रकट होता है।

सुकरात के विचार (सिद्धान्त) में नैतिकता तथा ईश्वर-मीमांसा (Theology) के बीच सम्बन्ध सूक्ष्म था। ईश्वर-मीमांसा, एक धर्म के दार्शनिक व नैतिक सिद्धान्तों का अध्ययन है। उदाहरण केलिए जूडिज्म, क्रिस्चेनिटी या बौद्धवाद केलिए व्यवस्थित धार्मिक सोच (विचारण) प्राचीन यूनान में नहीं है। पहले के ईसाई लेखक यूनानी धार्मिक विचारों को मूर्ति-पूजन बताते थे। तथापि, इसाई लेखक प्लेटो और अरस्तू से बहुत प्रभावित थे। यूनानी लोग अनेक देवताओं की आराधना करते थे। सुकरात पवित्र था तथा देवताओं के प्रति श्रद्धा-भाव रखने वाला था। जहाँ तक देव-गण विश्व को ठीक भावना में चलाते हैं, वे सद्गुण-युक्तों के प्रति कृपा दिखाते रहेंगे।

सुकराती पद्धति (Socratic Method)

सुकरात विचारशील नैतिकतावादी थे जिन्होंने समकालीन उपदेशों में पड़ने की बजाय नैतिक श्रेणियों का विश्लेषण किया। प्लूटो के संवाद नैतिक शब्दावली जैसे आत्म-सम्मान या नियमन, मित्रता, साहस की व्याख्याओं के सम्बन्ध में की गई चर्चाएँ हैं। सुकरात हमेशा यही कहते रहे कि वे कुछ नहीं जानते और वे केवल इसी बात में औरों से अधिक जानकार (बुद्धिमान) हैं कि उन्हें इस बात का अहसास है कि वे कुछ भी नहीं जानते। चर्चा करने का उनका ढंग ऐसा था कि वे दूसरों से ढेरों प्रश्न करते थे और इसी पद्धति के माध्यम से वे लोगों के ज्ञान के दावे की वास्तविकता को उजागर कर देते थे। उनके प्रति लोगों में जो विरोध पैदा हुआ उसकी यही वजह हो सकती है। इस सम्बन्ध में बरट्रेण्ड रसल ने जो निम्नलिखित दृष्टांत दिया है, शिक्षाप्रद है—

वे इस प्रकार के सवाल पूछते थे, जैसे- 'यदि मुझे अपने जूते की मरम्मत करानी है तो मुझे यह काम किससे कराना होगा? इस प्रश्न के उत्तर में सीधे-साधे युवा उत्तर देते थे-सुकरात जी, किसी मोची के पास जाइए।' वे बढ़ई, लुहार आदि के पास चले जाते और अन्तत: कुछ ऐसे प्रश्न पूछते जैसे-'सरकार के जलपोतों की मरम्मत कौन करेगा?' जब वे 'थर्टी टाइरेंण्ट्स' (तीसतानाशाहों) के साथ विवाद में पड़े तो उनके मुखिया ने, जो उनका शिष्य रह चुका था और उनका स्वभाव (रंग-ढंग) जानता था, उन्हें युवाओं को पढ़ाना जारी रखने को मना कर दिया और कहा-"आप अपने मोचियों, बढ़इयों और लुहारों से ही निपटिए। आपने उन लोगों को जितना चक्कर में डाल दिया है, उससे तो अभी तक चकरा ही रहे होंगे।"

सुकरात के विचारों के अन्य पहलू (Other Aspects of Socratic Thought)

हमें सुकरात के नीति-शास्त्र के कुछ ही और पहलुओं पर विचार करने की जरूरत है। एक अर्थ में, सुकरात का अभियोजन (मुकदमा) एक ओर राज्य (शासन) की शक्ति एवं दूसरी ओर व्यक्ति की स्वतन्त्रता व बोलने की आजादी के बीच विवाद माना जाता है। समकालीन कानून की कोई भी स्थिति हो, प्रश्न यह पैदा होता है कि क्या कभी कोई व्यक्ति किसी प्रकार अपने विवेक या नैतिक सत्यनिष्ठा को कानून से ऊपर रख सकता है?

राजनैतिक सिद्धान्त में यह सर्वकालीन प्रश्न है। आज के समय में भी हमारे साथ ऐसे उत्प्रेरित लोग हैं जो खुद को राष्ट्र की चेतना के स्व-नियुक्त प्रहरी (ठेकेदार) की तरह व्यवहार करने का प्रयास करते हैं। वे अक्सर कुछ ऐसे मुद्दों पर सक्रिय रहते हैं जैसे नक्सलवाद, अल्पसंख्यकों के अधिकार, धर्म, निरपेक्षता, जन-जाति अधिकार तथा पर्यावरण। वे आतंकवाद के अभियोगियों के मानव अधिकारों का भी समर्थन करते हैं। इन मामलों में राष्ट्र तथा मानव/व्यक्ति की सुरक्षा जोखिमों के संतुलन का प्रश्न महत्त्वपूर्ण हो जाता है।

अपने अभियोजन के दौरान सुकरात कहते हैं कि-'अपरीक्षित जीवन जीने-योग्य नहीं है।' इसका अर्थ यह है कि एक सार्थक जीवन तब ही संभव है जब हम अपनी सोच की समीक्षा करते रहें उसमें से अन्तर-विरोधों व असंगतियों को हटाते रहें। यह एक अद्‌भुत बौद्धिक परिकल्पना है जो संभवत: आम आदमी पर लागू नहीं हो सकती। किन्तु इससे सुकरात के दर्शन (सोच) की लोकोत्तर गुणवत्ता का पता चलता है। हमने सुकरात के अभियोजन को एक अर्थ में राज्य (शासन) की शक्ति एवं व्यक्ति की बोलने की आजादी के बीच विवाद माना। दूसरे अर्थ में इसे सुकरात के आत्म-सम्पूर्णता हेतु अत्यन्त निजी खोज समझा जा सकता है।

यह बात भी ध्यान देने की है कि सुकरात ने उस समय के वर्तमान नैतिक मूल्यों को एक नई दिशा दी है। यूनानी महाकाव्य लेखक (कवि) होमर तथा हिसियड (Hesiod) ने नायकत्व के गुण तथा नागरिक जीवन के कुछ अनुकरणीय मॉडल प्रस्तुत किए हैं। नागरिक की इस संकल्पना में नागरिक स्वामिभक्ति और देशभक्ति की कुछ धारणाएँ शामिल हैं जो होमर के समय से चली आ रही काव्य-परम्परा द्वारा आरम्भ व विकसित की गई थीं। सुकरात ने नैतिकता के परम्परागत विचार को बदल डाला है। नागरिकता की सुकरात की संकल्पना में व्यक्ति की स्वतन्त्र तर्कणा, तर्क-वितर्क और निर्णयन की शक्तियों पर बल दिया गया है। सुकरात का नागरिक रीति-रिवाज, प्राधिकार तथा परम्परा जैसे लोक पदार्थों को स्वीकार या उन पर भरोसा नहीं करेगा।

आज के शासन के निर्माण में और उसके स्वतन्त्र नागरिकों के विकास में अनेक शताब्दियाँ बीत गई हैं। आचार सम्बन्धी विचारों में भी इस लम्बी अवधि में अनेक उतार-चढ़ाव (परिवर्तन) आए हैं। तथापि, यदि हम आधुनिक प्रचलनों एवं रुचियों के लिए गुंजाइश निकाल लें तो भी सुकरात की आचार सम्बन्धी शिक्षाएँ अभी भी प्रासंगिक हैं। सुकरात द्वारा प्रवर्तित आचार सम्बन्धी विचारों का विश्लेषण ऐसी पद्धति है जिसका अनुसरण आज के दर्शन में अभी भी किया जाता है। विचारों का विश्लेषण और स्पष्टीकरण आज के दर्शन सम्बन्धी चलन के भी हिस्से (भाग) हैं। आधुनिक दर्शनशास्त्री नैतिकता के प्रति सकारात्मक सोच अपनाते हैं जिसका अर्थ है कि वे नैतिकता के निश्चित कोड (कूट) का विश्लेषण तो करते हैं किन्तु उसके प्रति प्रतिबद्ध शायद ही कभी हों।

सुकरात के दर्शन का सार संक्षेप

- सुकरात पहले सुव्यवस्थित आचार-शास्त्री थे।
- अपने जीवन का अधिकांश दार्शनिक परिचर्चा में बिताते हुए उन्होंने एक आर्दश जीवन व्यतीत किया।
- उन पर युवकों को बिगाड़ने तथा देवताओं के प्रति नास्तिकता के आरोप लगाए गए। अभियोग (मुकदमे) के अन्त में सुकरात को मृत्युदण्ड दे दिया गया।
- अभियोग (मुकदमे) एवं उनकी मृत्यु से उनके व्यक्तित्व में एक नायक का आभामण्डल पैदा हो गया।
- राजनैतिक क्रियाशील व्यक्तियों जैसे हैनरी डेविड थोरियो, गाँधी व मार्टिन लूथर किंग ने उनसे प्रेरणा ग्रहण की।
- उनके शिष्य प्लेटो ने, जो स्वयं महान दार्शनिक थे, अपनी प्रसिद्ध रचनाओं 'अपोलॉजी', 'रिपब्लिक', 'पीडो', 'प्रोटागोरस', 'मेनो' तथा 'गार्जियस' में सुकरात के अनेक विचार दिए हैं।

- अपने पूर्ववर्तियों के विपरीत सुकरात की दार्शनिक अभिरुचियाँ वैज्ञानिक प्रकृति की होने की बजाय नीति विषयक थीं। उन्होंने ब्रह्माण्ड की उत्पत्ति व प्रकृति पर अटकलबाजी नहीं लगाई।
- मानव के लिए एकमात्र वांछनीय लक्ष्य है। सद्गुण, जो श्रेष्ठ व प्रशंसनीय है।
- अन्यायपूर्ण कार्य हमारे द्वारा दूसरों के प्रति किए गए अनुचित व्यवहार हैं।
- सुकरात का मानना है कि कोई जानते-बूझते बुरा काम नहीं करता। इस सोच (विचार) को नैतिक बुद्धिवादिता कहते हैं।
- लेकिन यह इस सत्य के विरुद्ध बात है कि मानव अक्सर जानबूझ कर गलती करते हैं तथा प्रलोभनों को रोक पाने में असमर्थ रहते हैं।
- सुकरात मामूली संन्यास की वकालत करते हैं।
- सुकरात विचारशील नैतिकतावादी थे जिन्होंने समकालीन उपदेश में पड़ने की बजाय नैतिक श्रेणियों का विश्लेषण किया। प्लूटो के संवाद नैतिक शब्दावली, जैसे आत्म-संयमन या नियमन, मित्रता, साहस की व्याख्याओं के सम्बन्ध में की गई चर्चाएँ हैं।
- सुकरात कहते हैं—'अपरीक्षित जीवन जीने योग्य नहीं है।'
- सुकरात ने उस समय के वर्तमाान नैतिक मूल्यों को एक नई दिशा दी है। उन्होंने नायकीय मूल्यों से ध्यान हटा दिया। नागरिकता की उनकी संकल्पना में व्यक्ति की स्वतन्त्रता, तर्क-वितर्क एवं निर्णयन की अपनी शक्तियों पर जोर दिया है।

प्लेटो (Plato)

परिचय (Introduction)

प्लेटो, जिन्हें महानतम दार्शनिक माना जाता है, उच्चवंशीय थे। उनका जन्म ईसा पूर्व 429 में हुआ था जो कि पेलोपोनेशियन युद्ध का दूसरा वर्ष तथा पेरिकल्स की मृत्यु का वर्ष था। वे आठ वर्षों तक सुकरात के शिष्य रहे। वे सुकरात से प्यार करते थे और उनके प्रशंसक थे। अपनी कुछ रचनाओं में उन्होंने सुकरात को नैतिकता का मूर्तरूप बताया है। सुकरात के मृत्यु-दण्ड के बाद उन्होंने एथेन्स छोड़ दिया और दस वर्षों तक विदेशों में रहे। इस अवधि के दौरान उनकी भेंट यूक्लिड से हुई और उससे उन्होंने गणितीय रहस्यवाद के पैथागोरियन (संकल्पना) विचार के बारे में जाना। एथेन्स लौटने पर उन्होंने 'अकादमी'(अपने विद्यालय) की स्थापना की और अपने शिष्य मण्डल का विस्तार किया जिसमें महान दार्शनिक अरस्तू भी शामिल थे। अस्सी वर्ष की आयु पूरी हो जाने के तुरन्त बाद ही प्लेटो की मृत्यु हो गई।

प्लेटो न केवल महान दार्शनिक थे अपितु एक महान साहित्यिक प्रतिभा भी थे। उनकी रचनाओं (संवादों) में गहरी रहस्यवादिता और आश्चर्यचकित कर देने वाला साहित्यिक सौन्दर्य था। प्लेटो के नैतिक सिद्धान्त सुकरात से मिलते-जुलते हैं किन्तु उनमें तत्वमीमांसा का भारी समावेश था। इसके अतिरिक्त, प्लेटो ने व्यक्तिगत नैतिकता में राजनैतिक पहलु भी जोड़ दिए। अपनी प्रसिद्ध रचना 'रिपब्लिक' में प्लेटो का कहना है कि एक आर्दश राज्य या राष्ट्रमण्डल के नागरिक ही नैतिक हो सकते हैं। इसके आलोचकों का कहना है कि दैवी प्लेटो (जैसाकि उसके प्रशंसकों द्वारा कहा जाता था) के तार्किक विचारों पर अक्सर काव्यात्मक रुचि की छाया आ जाती है तथा अनुदार विचार भी आकर्षक साहित्यिक रूप में दिखाई देते हैं।

इस खण्ड में हम व्यक्तिगत आचार व राजनैतिक नैतिकता दोनों सहित प्लेटो के नीति संबंधी विचारों का संक्षिप्त वर्णन करेंगे। लेकिन एक अपरिहार्य आरम्भ के तौर पर हमें उनके तत्व-मीमांसा के एक पक्ष को सामने रखना होगा जो विचारों या रूपों के सिद्धान्त के नाम से जाना जाता है। प्लेटो ने इस सिद्धान्त का प्रयोग प्रकृति, तर्कशास्त्र और नैतिकता सम्बन्धी लेखों में किया है।

प्लेटो की तत्व-मीमांसा (Plato's Metaphysics)

प्राचीन यूनानी दार्शनिक भौतिक विश्व के एक पहलू से बहुत परेशान थे। विश्व उन्हें एक केलिडोस्कोपी चित्र के समान दिखता था जो लगातार परिवर्तित होता रहता है या प्रवाहित रहता है। यह हमेशा ही बनते रहने और लगातार परिवर्तित होने की स्थिति में रहता है जहाँ वस्तुएँ बिलकुल क्षणिक लगती हैं एवं जो निरन्तर तात्कालिक विगत से वर्तमान में तथा फिर भविष्य में पारगमन की स्थिति में रहती है। इसी से सम्बन्धित एक और समस्या यह थी कि वस्तुओं की संकल्पना व अनुभूति व्यक्ति-दर-व्यक्ति भिन्न-भिन्न होती है; और यह कि कभी-कभी वही अर्थात् एक व्यक्ति ही, उसी (एक) वस्तु के लिए विभिन्न संकल्पनाएँ और अनुभूतियाँ रख सकता है। पदार्थ एवं वस्तुओं में "पूर्णत: सततता और स्थिरता" की आवश्यकता होती है। अनेक प्राचीन दार्शनिकों का विचार था कि ऐसी वस्तुओं का कोई विश्वसनीय ज्ञान प्राप्त नहीं किया जा सकता जो इस प्रकार की लगातार परिवर्तन की अवस्था में रहती हैं। उदाहरण के लिए हेराक्लिटस का कहना था कि हम एक (उसी) नदी में उतर व बाहर निकल नहीं सकते क्योंकि इस बीच (या हमारे दो कदमों के बीच) वह बदल जाती है। तथापि, प्रोटागेटस जैसे कुछ दार्शनिकों का मत है कि संकल्पना (या मानव ज्ञान-अनुभूति की मुक्ति) यथास्थिति अनुभूतिमूलक विश्व का ज्ञान है।

प्लेटो के लिए बाह्य संसार जैसा कि अनुभव होता है, केवल एक आभास मात्र है। उन्होंने अनुभव-जन्य व प्रतिभासिक संसार को व्यक्त करने के लिए अनेक, विभाजीय, संभवन तथा अस्तित्वहीन जैसे शब्दों का प्रयोग किया है। प्लेटो के अनुसार वास्तविक संसार अनन्त तथा अपरिवर्तनशील विचारों या रूपों का अभूर्त क्षेत्र है। भौतिक संसार के पदार्थ एवं वस्तुएँ केवल आभास या प्रतिभास हैं जो विचारों के संसार में रूपों के आकार (चित्र) हैं। प्लेटो आकारों को भौतिक संसार के आदि रूप और पदार्थ कहते हैं जो उनकी प्रतिछाया या पूर्वाभास हैं। प्लेटो का विश्वास है कि दार्शनिक लोग आत्मा की बौद्धिक संकल्पनाओं से रूपों (या संभावन) का ज्ञान प्राप्त करते हैं।

पाठक सोच सकते हैं कि उपरोक्त तत्व-मीमांसक बात प्लेटो के नैतिक दर्शन से सम्बन्धित हो सकती है। हमारी चर्चा की संभावना को देखते हुए, प्लेटो का कहना है कि चूँकि दर्शनशास्त्रियों में आकारों (Forms) या वास्तविकता के लिए अन्तर्दृष्टि होती है, उन्हें राष्ट्र का शासक होना चाहिए या विकल्प के तौर पर शासकों को दार्शनिक बन जाना चाहिए।

ग्रीक दार्शनिकों को प्रकृति में निरन्तर परिवर्तन की जिस समस्या ने परेशान रखा, बर्टेण्ड रसल (Bertian Russell) ने उसे भिन्न परिप्रेक्षय में देखा।

बर्टेण्ड रसल प्रकृति में होने वाले लगातार परिवर्तनों की समस्या को एक भिन्न परिपेक्ष्य में देखते है जिनसे यूनानी दर्शन-शास्त्रियों को परेशानी हुई थी। वे मानते थे कि यह मनुष्य को विशिष्ट ज्ञान प्राप्त करने से वंचित करता है। रसल के अनुसार यूनानी दार्शनिकों को जिस बात ने उलझन में डाला वह थी भाषा में सार्वभौमिक या सामान्य शब्दावली। सामान्य शब्दावली के शब्द हैं-गुलाब (roses), मेजें (tables), कुर्सियाँ (chairs), और भी इसी प्रकार के शब्द। आधुनिक भाषा में ये शब्द संकल्पनाएँ हैं और जो पदार्थ किसी भी संकल्पना में आते हैं वे इससे जुड़े हैं। 'गुलाब'(rose) की संकल्पना के कितने ही उदाहरण हो सकते हैं। कुछ दार्शनिकों का मत है कि संकल्पना के ऐसे सभी उदाहरणों को रेखांकित करते हुए रूप या तत्व हैं। वे यथार्थवादी कहलाते हैं। उनके विरोधी नामरूपवादी हैं जो तर्क देते हैं कि किसी को 'गुलाब' के निजी उदाहरण से परे नहीं देखना चाहिए।

शुभ की धारणा (Idea of Good)

रूपों की परिकल्पना की संक्षिप्त रूप-रेखा के पश्चात् अब हम प्लेटो के नैतिक विचारों का अध्ययन करते हैं। प्लेटो के विचार से शुभ (Good) का मूल्य असीम है और यह विभिन्न पहलुओं को मूल्य प्रदान करने वाला स्रोत है। वे शुभ (Good) की दार्शनिक व्याख्या करते हैं: "यह अनुभव करने वाले एवं अनुभव किए जाने वाले (Pesceiver and Perceived) आत्मपरक व वस्तुपरक, आदर्श एवं वास्तविक जानने और होने का बोध एक साथ होने वाली सर्वोच्च स्थिति (Ground) है, यद्यपि यह स्वयं को ऐसे विभाजन से मुक्त करता है।" प्लेटो शुभ (कल्याणकारी) तथा ईश्वर के विचार को एकसमान मानते हैं।

प्लेटो शुभ (Good) पर तीन पहलुओं से विचार करते हैं। पहले, वे शुभ (Good) को एक विचार के रूप में या यथोक्त कल्याण के ही रूप में मानते हैं। इस पहलु में, यह विज्ञान, सत्य, सौन्दर्य तथा गुण में इसके प्रकट होने से पृथक् है। दूसरे, वे शुभ (Good) को एक निजी गुण मानते हैं। तीसरे, वे शुभ (Good) को राजनैतिक राष्ट्र में नीतिपरक संसार मानते हैं। प्लेटो द्वारा 'रिपब्लिक' में बताए गए संविधान पर हम शीघ्र ही विचार करेंगे।

सर्वोच्च शुभ (Good) की किसी भी चर्चा में सुख की संकल्पना पर विचार करना होगा। सुखवाद के सिद्धान्त के अनुसार सुख ही सच्चा शुभ है। प्लेटो सुखवाद को नकार देते हैं क्योंकि सुख अनिश्चित व सापेक्ष है। इसके अतिरिक्त, अपवित्र सुख के पीछे भागने से पीड़ा व दुर्दशा होती है। तथापि, प्लेटो ने गुण एवं सच्चे सुख के बीच आवश्यक सम्बन्ध बताते हुए सुख को शुभ (Good) का घटक माना है। तर्कणा के प्रयोग एवं सत्य व शुभ के अधिकार में सच्चा एवं सतत सुख मिलता है। शुभ (अच्छा) जीवन सद्गुण-युक्त जीवन होता है जिसमें कुछ विशुद्ध सौन्दर्यपरक सुख के साथ ज्यादातर बौद्धिक अध्ययन तथा तर्कसंगत (उचित) क्रिया होती है। इस प्रकार प्लेटो की सुख की संकल्पना मानसिक एवं बौद्धिक है।

सद्गुण का सिद्धान्त (Theory of Virtue)

प्लेटो का सद्गुण का सिद्धान्त सुकरात के सिद्धान्त के अनुसरण में है। वे सद्गुण को बुद्धि (ज्ञान) के साथ मानते हैं। इससे यह बात पता लगती है कि सद्गुण पढ़ाया (सिखाई) जा सकता है और यह कि मनुष्य सद्गुण को उसी प्रकार सीख सकते हैं जैसे कि वे किसी अन्य विषय को सीख सकते हैं। नैतिकता कोई सहजात विशेषता या प्रकृति की कोई संयोगिक देन नहीं है। नैतिक लोग पैदा नहीं होते बल्कि शिक्षा द्वारा बनाए जाते हैं।

प्लेटो ने नैतिकताओं का चार प्रकार से विभाजन किया है और उन्हें आत्मा (मन) के विभिन्न भागों से जोड़ा है। चार-सद् गुण हैं-बुद्धि या विवेक, शूरता, आत्म-संयम और न्याय। प्लेटो सद्गुणों को एक संश्लिष्ट इकाई मानते हैं जो बहुपरतीय या बहुपरत वाली हो सकती है। यह दार्शनिक शब्दावली का खेल लग सकता है, किन्तु इसका अर्थ यह है कि सद्गुणों में समान विशेषताएँ होती हैं और पहलुओं से ये समान दिखाई देते हैं। प्लेटो ने न्याय को सबसे बड़े सेतु की प्रधानता वाले सद्गुणों का स्थान दिया है।

प्लेटो आत्मा (मन) को तीन भागों में बाँटते हैं, जैसे-तार्किक (बुद्धिवाद), सजीव (ओजस्वी) तथा अभिलाषी। बुद्धि या बुद्धिमानी तर्कणा का गुण है जो आत्मा का पहला भाग है। बुद्धि निदेशात्मक या मापक गुण है। उदाहरण के लिए, इसके बिना साहस तो झौंक हो जाएगा तथा शांत सहनशीलता गिरकर पथरीली उदासीनता हो जाएगी। शूरता तेजस्विता का गुण है जो आत्मा (मन)का दूसरा भाग है। शूरता, तर्कणा बुद्धि को बनाए रखती है जो पीड़ा और आनन्द, इच्छा और भय से संघर्ष करते हुए अक्सर कमजोर हो जाती है। आत्मा के तीसरे भाग में जैविक क्षुधाएँ शामिल हैं। उनके अत्यधिक बढ़ जाने के प्रति रुझान (प्रवृति) को नियन्त्रित करना जरूरी है। आत्मसंयम ही मानवीय मनोवेगों को नियंत्रित करता है तथा तर्कहीन बातों को तर्क के सामने झुकाता है।

न्याय, आत्मा (मन) के सम्बन्धित कारकों के सुसंगत कार्य करते रहने को बताता है-क्षुधा, सजीवता और तर्कणा। प्लेटो के अर्थ में न्याय व्यक्ति को अपने कर्तव्यों पर ध्यान देने वाला बनाता है; इसे कर्तव्य का बोध होना समझा जा सकता है। ऐसा ही हम प्लेटो के आदर्श राष्ट्रमण्डल (Commonwealth) में देखेंगे कि प्रत्येक नागरिक अन्यों की भूमिकाओं (अधिक आकर्षक या शक्तिशाली) की इच्छा किए बिना करेगा।

प्लेटो का रिपब्लिक (Plato's Republic)

जैसा कि पहले बताया गया था, प्लेटो का मानना है कि व्यक्तिगत नैतिकता (गुण) केवल नैतिक राष्ट्र के नागरिकों के लिए ही संभव है। प्लेटो की रचना- 'द रिपब्लिक' ऐसे ही आदर्श राजनैतिक समाज या राष्ट्रमण्डल का दर्शन है, यह अद्यतम आदर्श-राज्य है। प्लेटो ऐसा संविधान (शासन) चाहते थे जिसमें राजा या शासक बना दिया जाएगा। उनका मानना है कि जब तक दार्शनिकों को राजा नहीं बना दिया जाता या राजा या राजकुमार दार्शनिक बुद्धि (ज्ञान) प्राप्त नहीं कर लेते, राष्ट्र की राजनैतिक बुराइयों का कोई हल प्राप्त नहीं हो सकता। उनका राष्ट्र को चिन्तक दार्शनिकों के हाथ में दे देने का सुझाव अजीब लगता है।

राजनैतिक विचारकों ने उन कारणों का पता लगा लिया है जिनसे प्लेटो को आर्दश राष्ट्र-मण्डल का दर्शन प्राप्त हुआ। वे पेलोपोनेन्शियन युद्ध में ऐथेन्स की हार के बाद वहाँ उत्पन्न कठिन राजनैतिक दशाओं के प्रति अपनी प्रतिक्रिया व्यक्त कर रहे थे। आज की भाषा में तब ऐथेन्स एक पराजित राष्ट्र था। सुकरात को दिए गए मृत्युदण्ड से प्लेटो की गणतन्त्र के लिए नापसंदगी बढ़ सकती थी जो उस समय पतित होकर भीड़ का राज्य (शासन) बन गया था। एक कुलीन होने के कारण प्लेटो का गणतन्त्र के प्रति प्राकृतिक रूप से विरोध था। सर्वाधिक महत्त्वपूर्ण बात यह थी कि प्लेटो स्पार्टा के मिथक से प्रभावित थे। स्पार्टा एक कुलीनतन्त्रीय द्वारा नियन्त्रित सैन्य तानाशाही था। तथापि, प्लुटार्च ने अपनी पुस्तक 'लाइफ ऑफ लाइकरगस' (life of lycurgus) में स्पार्टन राज्य का चमकीला (तड़क-भड़क वाला), रोमानी तथा कल्पित वर्णन किया है जिससे प्लेटो प्रभावित हो गए थे। 'द रिपब्लिक' में अनेक बातें ऐसी हैं जो स्पार्टन राज्य के बारे में प्लुटार्च ने लिखी थीं।

गणराज्य (रिपब्लिक) के नागरिकों को तीन श्रेणियों में बाँटा गया है; आम आदमी, सैनिक व संरक्षक। केवल संरक्षक ही राजनैतिक शक्ति का प्रयोग करते हैं। विधायक (या संविधान का लेखक) संरक्षकों के पहले समूह का चयन करता है। तत्पश्चात् संरक्षक वंशानुमति से उत्तराधिकार प्राप्त करते रहते हैं। इसमें मुख्य समस्या यह सुनिश्चित करने की है कि संरक्षकों द्वारा विधायक के आशयों का पालन किया जाता है।

इस उद्देश्य की प्राप्ति के लिए प्लेटो ने अनेक राजनैतिक, आर्थिक, शैक्षिक व अन्य प्रकार के उपाय सुझाए हैं।

चूँकि संग्रहणशील प्रवृत्तियों और पारिवारिक बन्धनों के कारण भ्रष्टाचार पैदा होता है, अत: रिपब्लिक न तो निजी सम्पत्ति रखेंगे और ना ही पारिवारिक प्रणाली का पालन करेंगे। रहन-सहन सामुदायिक होगा और खाने की समान व्यवस्था होगी। स्त्रियाँ और बच्चे सभी के होंगे। बच्चों को एक खास आयु में माँ-बाप से अलग कर दिया जाएगा और उनका पालन-पोषण राज्य द्वारा किया जाएगा। कमजोर व बीमार बच्चों को जन्म के साथ ही मरने के लिए छोड़ दिया जाएगा।

उचित प्रकार की शिक्षा के बारे में प्लेटो ने काफी विस्तार से बताया है। शिक्षा में सांस्कृतिक और खेल-कूद (जिमनॉस्टिक्स) शामिल होंगे। शरीर के लिए कठोर प्रशिक्षण में लड़के तथा लड़कियाँ दोनों भाग लेंगे। लड़कियों को सेना की सभी कलाओं के प्रशिक्षण दिए जाएँगे और उन्हें बहादुर बनने के लिए तैयार किया जाएगा। शिक्षा में गंभीरता, शालीनता और साहस का समावेश होगा। यह साफ पता चलता है कि शिक्षा, कठोर सैनिक प्रशिक्षण का एक प्रकार है।

प्लेटो के विचार से साहित्य, ड्रामा तथा संगीत पर कठोर नियंत्रण (censorship) होना चाहिए। होमर पर भी प्रतिबंध लगना चाहिए जो देवताओं के अनैतिक व्यवहार बताता है। साहस तथा सैन्य सद्‌गुणों को कमजोर करने वाले करुणायुक्त त्रासदी ड्रामों पर भी प्रतिबंध होना चाहिए। हल्का (सस्ता) हास्य, मूकाभिनय एवं मसखरापन के लिए रिपब्लिक में कोई जगह नहीं होगी। प्लेटो, कवियों के प्रति भी कठोर हैं। वह सैनिकों को तथा आम जनता को साहसी बनाने वाले सैन्य संगीत को बढ़ावा देते हैं।

जनता इस या ऐसे प्रस्तावित राज्य (शासन) को पसंद करेगी, इस में प्लेटो को संदेह है। वे आशा करते हैं कि जनता 'एक शाही झूठ' (one royal lie) से मान जाएगी। इसमें इस मिथक को प्रस्तुत और प्रचारित किया जाएगा कि ईश्वर ने तीन प्रकार के मनुष्य बनाए हैं-शासक (संरक्षक), सैन्य वर्ग तथा आम आदमी। यदि लोग असमानता व वर्ग प्रणाली को दैवी आदेश स्वीकार कर लेते हैं तो उनमें कोई असंतोष या सामाजिक अंशाति नहीं होगी। गणराज्य (Republic), राजनैतिक स्थिरता का सुख भोगेगा।

आदर्श सामान्य सम्पति (ideal common wealths) के तीन वर्गों का वर्णन करने के बाद प्लेटो न्याय की अपनी दूसरी संकल्पना स्पष्ट करता है। राज्य का विवेक संरक्षकों के छोटे वर्ग में. राष्ट्र का साहस सहायक सेना में तथा राष्ट्र का संयमितता, प्रशासन करने वालों के प्रति अधीनस्थों में रहता है। राष्ट्र का न्याय इस बात में रहता है कि हर व्यक्ति दूसरे के कार्य में दखलंदाजी किए बिना अपना काम करता है। व्यक्ति सही है जब उसकी आत्मा के सभी भाग, उच्चतर भागों के प्रति निम्नतर भागों की अधीनता के साथ सुसंगति के साथ काम करते हैं। इसी प्रकार राष्ट्र भी सही है जब इसके सभी वर्ग और उनके अपने-अपने सदस्य अपने-अपने सौंपे गए कार्य परिश्रमपूर्वक करते हैं। दूसरी ओर, राजनीतिक अन्याय दस्तंदाज और व्यग्र आत्मा में रहता है जिसके कारण एक वर्ग दूसरे वर्ग के काम में दस्तंदाजी करने लगता है। जैसा कि बर्ट्रेण्ड रसल (Bertrand Russell) ने हास्यपूर्वक कहा

है कि हर व्यक्ति को अपने काम पर ध्यान देना चाहिए, एक प्रशंसनीय कथन है, लेकिन यह (बात) समानता, निष्पक्षता तथा ईमानदारीपूर्वक कार्य पर आधारित न्याय की वर्तमान संकल्पना पर मुश्किल से ही सही बैठती है।

प्लेटो के विचारों की समीक्षा (आलोचना) (Criticism of Platonic Ideas)

अनेक शताब्दियों तक दार्शनिकगण प्लेटो के 'द रिपब्लिक' का खूब गुणगान करते रहे। इसे मुक्त विचार-शक्ति यात्रा, संकीर्ण, व्यक्ति के निजी स्वार्थ से मुक्त राजनैतिक विचारों की लोकोत्तर अभिव्यक्ति माना गया था। यद्यपि उस समय का ऐथेनियन राज्य बिल्कुल नैतिक गिरावट की अवस्था में था, प्लेटो ने इसका स्वरूप या इसके सत्य को संभवत: प्रकट किया था किन्तु नैतिक बुनियादों (आधारों) को दफन कर दिया था। यह मान लिया गया था कि रिपब्लिक की राजनैतिक संस्थाएँ व्यक्ति को राजनैतिक समाज का दास (अधीनस्थ) बना देती हैं। राजनैतिक स्थिरता सुनिश्चत करने के लिए व्यक्ति के संकल्प-व्यापार तथा राज्य की शक्तियों के बीच सामंजस्य स्थापित करना होगा।

आधुनिक समय में राजनैतिक विचारकों (चिन्तकों) ने प्लेटो के विचारों पर हमला बोल दिया है। उन विचारों को आधुनिक गणतांत्रिक स्वभाव (प्रकृति) के विरोधी के रूप में देखा जाता है। बरट्रैण्ड रसल फासीवाद की वंशावली प्लेटो से ढूँढते हैं। कार्ल पोप्पर तो प्लेटो को खुले समाज के तीन महान बौद्धिक शत्रुओं में से एक मानते हैं, और दो हैं हेगल तथा मार्क्स। आधुनिक लेखकों द्वारा प्लेटो के विरुद्ध लगाए गए मुख्य अभियागों को हम देख सकते हैं।

प्लेटो के उत्कृष्ट लेखन के बावजूद उनका रिपब्लिक वंशानुगत रूप से कुलीनतन्त्र है। यह अनिवार्यत: नहीं अपितु तानाशाही सिद्धान्तों पर टिका है। राजनैतिक शक्ति संरक्षकों के पास होती है। आबादी के एक बड़े भाग किसान, कारीगर तथा व्यापारी वर्ग-को राजनैतिक शक्ति से स्थायी तौर पर निकाल दिया जाएगा। यह स्थायी प्रकृति की व्यवस्था होगी जिसमें परिवर्तन की कोई संभावना नहीं होगी। प्लेटो के रिपब्लिक में उनकी इस अवचेतन तानाशाही इच्छा की छाया मिलती है गणतांत्रिक प्रवृत्रियों को कुचल दिया जाना चाहिए।

ऐसा लग सकता है कि रिपब्लिक का शासन प्लेटोनिक आदर्शों से अनुप्राणित संत संरक्षकों द्वारा चलाया जाएगा। चूँकि आर्दशों में अवैयक्तिक आचार होते हैं, अत: प्रबुद्ध दार्शनिकों के शासन के विरुद्ध कोई बड़ी अपत्ति नहीं होने की संभावना नहीं है। यह उन दूषित गणतांत्रिक प्रणालियों की अपेक्षा पसंद किया जाने वाला प्रतीत हो सकता है जो अक्सर राजनेताओं के स्वार्थी लालचों एवं शक्ति के लोभ से पैदा होती है। कठिनाई यह है कि सर्वाधिक प्रबुद्ध विचारधारा पर भी एकमतता (मतैवय) या सहमति नहीं भी हो सकती है। विचार-धारा एक सामाजिक समूह की इच्छाओं, आशाओं और दुनिया के प्रति दृष्टिकोण को व्यक्त करती है। विचारधाराएँ परस्पर विरोधी हो सकती हैं। बीसवीं सदी का दूसरा अर्द्धभाग पश्चिमी पूँजीवाद व साम्यवाद के बीच संघर्ष की कहानी है। नैतिकता पर संघर्ष हो सकता है: उदाहरण के लिए एक क्रिश्चियन संत एवं नित्शे के सुपरमैन के बीच। आदर्शों को प्राय: एक व्यक्ति के वर्ग, स्थिति या राष्ट्र से असम्बन्ध नहीं किया जा सकता। संरक्षकों के आशीर्वाद का लोकप्रिय इच्छाओं (आवश्यकताओं) या आशाओं से सम्बन्ध अधिक-से-अधिक यही हो सकता है कि संरक्षक प्लेटो के आदर्शों को लागू (कार्यान्वित) करेंगे।

आधुनिक गणतन्त्रीय सिद्धान्त के विपरीत प्लेटो की न्याय की संकल्पना का समानता के साथ कोई सम्बन्ध नहीं है। न्याय का अर्थ है कि नागरिक उनकी स्थिति को संरक्षकों, सैनिकों, किसानों, कारीगरों या व्यापारियों के तौर पर स्वीकार करें और उन्हें सौंपे गए कार्यों को अंजाम दें। इस संकल्पना में शक्ति और विशेषाधिकार की असमानता अन्याय के बिना बने रह सकती है। प्लेटो, वंशानुगत संरक्षकों के शासन में कोई अन्याय नहीं मानते क्योंकि वे अपने ज्ञान व प्रशिक्षण के कारण शासन करने के सर्वथा उपयुक्त हैं। इस प्रश्न (बात) पर प्लेटो का विचार एक भ्रांत धारणा है। समाज में कुछ व्यवसाय जैसे डाक्टरी, वकालत, जहाजरानी तथा लेखांकन ऐसे हैं जिनके लिए व्यावसायिक कौशल पाने की जरूरत होती है। किन्तु जो राजनैतिक पद पर जाना चाहते हैं, उनके लिए ऐसी कोई योग्यता की जरूरत नहीं होती। आकांक्षी राजनैतिक नेताओं के लिए नागरिक ही होने की योग्यता ही पर्याप्त है। इस बारे में प्लेटो का विचार मिथ्या तुल्यरूपिता पर आधारित है।

प्लेटो का तर्क है कि संरक्षकों को अमूर्त यथार्थवाद के नैतिक विचारों का ज्ञान होता है। इस प्रश्न को एक ओर छोड़कर कि आदर्श यथार्थवाद वास्तव में होता भी है या नहीं हमें प्लेटो, तथा एक लम्बे समय तक अनेक दार्शनिकों ने तथ्यात्मक विवरणों (कथनों) का नैतिक निर्णयों के साथ घालमेल कर दिया। तथ्यात्मक विवरणों की जाँच (पुष्टि) हो सकती है और वे वस्तुनिष्ठ होते हैं। वे विश्व की घटनाओं या विशेषताओं के बारे में होते हैं जिनकी प्रत्यक्ष या अप्रत्यक्ष रूप से जाँच हो सकती है। उदाहरण के लिए, परीक्षण के आँकड़े तथ्यों का विवरण होते हैं। भौतिक संसार का ज्ञान अधिकतर विज्ञान के तथ्यात्मक विवरणों का होता है।

प्लेटो जिन नैतिक न्यायों व सिद्धान्तों से सम्बन्धित हैं, वे सत्य से परे हैं। नैतिक न्यायों की प्रकृति पर हम बाद में चर्चा करेंगे। किन्तु यह देखना (जानना) सरल है कि तथ्यों जैसे आचार विषयपरक बाह्य वास्तविकता से सीधे जुड़े नहीं हैं। वे अनियमित वांछनीय मानव आचरण तथा जीवन शैली से सम्बन्धित हैं। जबकि सिद्धान्ततः इस बात पर सहमति हो सकती है कि तथ्य-'एक्स' सत्य है या असत्य (गलत)-किन्तु आचारों के साथ ऐसी बात नहीं हो सकती। जैसाकि हम देख चुके हैं, लोग आचार (नैतिकता) के बारे में भिन्न राय रखते हैं जो व्यक्ति के आदर्शों, पसंद तथा ध्येय पर निर्भर करती है। इस अर्थ में, प्राणियों (व्यक्तियों) को ज्ञान में बराबर नहीं माना जा सकता। आधुनिक शब्दावली में व्यक्ति को तथ्यों के निर्णय एवं मूल्यों के निर्णयों के बीच अन्तर करना होगा। तथ्यों पर सहमति मानक जाँच पद्धतियों पर निर्भर होती है किन्तु नैतिक समझौते सद्विवेक का मामला है।

हम प्लेटो के रिपब्लिक की कुछ और अनाकर्षक विशेषताएँ देख सकते हैं। इनमें सर्वसत्तावादी व तानाशाही शासन की गंध आती है। प्लेटो भोली-भाली जनता को धोखा देने के लिए 'शाही झूठ' (Royal lie) का प्रयोग करने के लिए तैयार हैं। वे सेंसरशिप शुरू करते हैं जो कि स्वतन्त्रता के सिद्धान्त के विरुद्ध है। परिवार प्रणाली को समाप्त करने के उनके प्रस्ताव भयानक है। वे व्यक्ति की निजी नैतिक गुंजाइश को लगभग समाप्त कर देते हैं। उसकी गतिविधियाँ और आनन्द-अनुभूतियाँ सामाजिक अवयव-संस्थान का भाग हैं। वह राज्य में आप्लावित है।

जैसाकि हमने पहले देखा है, सद्‌गुणों पर प्लेटो के विचार सुकरात से लिए गए हैं। वे उन्हें रूपों के अपने सिद्धान्त के ढाँचे में ढाल लेते हैं। परिणामस्वरूप वे उनमें रहस्य का भाव जोड़ देते हैं। प्लेटो व्यक्ति के नैतिक जीवन को राज्य के नैतिक संविधान (संरचना) पर निर्भर मानते हैं। अतः प्लेटोनिक नैतिकता पर किसी चर्चा को राजनैतिक नैतिकता से अलग नहीं किया जा सकता। प्लेटो को सामान्यतः एक नीति-शास्त्री की बजाय राजनैतिक विचारक माना जाता है। उनका आदर्श राजनैतिक राष्ट्रमण्डल (Commonwealth) गणतन्त्र एवं आम आदमी (राजनैतिक दार्शनिक के शब्दों में 'अत्यन्त गन्दा') से उनकी विरक्ति एवं तानाशाही शासन के सतत वजूद को सुनिश्चित करने की उनकी इच्छा का फल है। उनके लुभावने शब्दों का प्रतिकार न करते हुए उनका आदर्श राष्ट्रमण्डल गहराई में एक बंद सैन्य-तानाशाही कुलीनतंत्र है। इसमें आधुनिक तानाशाही की गुणात्मक विशेषताएँ हैं। अतः प्लेटो का राजनैतिक चिन्तन आधुनिक उदार राजनैतिक विचार से विपरीत है। तथापि, व्यक्तिगत नैतिकता (गुण) का उनका वर्णन आज भी प्रेरक आदर्श है।

प्लेटो के दर्शन का सार संक्षेप

- प्लेटो की राजनैतिक सोच पर पेलोपोनेशियाई युद्ध में एथेन्स की पराजय तथा सुकरात के मृत्युदण्ड का भारी प्रभाव पड़ा। उनके विचार गणतंत्र विरोधी हो गए।
- प्लेटो के लिए बाह्य संसार, जैसाकि अनुभव होता है, केवल एक आभास मात्र है।
- वास्तविक संसार अनन्त तथा अपरिवर्तनशील विचारों या रूपों का अभूर्त क्षेत्र है।
- प्लेटो आकारों को भौतिक संसार के आदि रूप तथा पदार्थ कहते हैं जो उनकी प्रतिछाया या पूर्वाभास है।
- प्लेटो के विचार से शुभ का मूल्य असीम है और यह विभिन्न वस्तुओं को मूल्यता प्रदान करने वाला स्रोत है।
- प्लेटो सुखवाद को नकार देते हैं क्योंकि सुख अनिश्चित व सापेक्ष है।
- प्लेटो ने नैतिकताओं का चार प्रकार से विभाजन किया है और उन्हें आत्मा (मन) के विभिन्न भागों से जोड़ा है। चार नैतिक गुण हैं- बुद्धि या विवेक, शूरता, आत्म-संयम और न्याय।

- प्लेटो आत्मा (मन) को तीन भागों में बाँटते हैं, जैसे- तार्किक (बुद्धि), सजीव (ओजस्वी) तथा अभिलाषी। वे विभिन्न गुणों को आत्मा के प्रत्येक भाग से जोड़ते हैं। वे नैतिक परिचर्चा मे रहस्यवाद के तत्व का समावेश कर देते हैं।
- न्याय, आत्मा (मन) के सम्बन्धित कारकों के सुसंगत कार्य करते रहने को बताता है- क्षुधा, सजीवता और तर्कणा।
- प्लेटो की रचना-'द रिपब्लिक' ऐसे ही आदर्श राजनैतिक, समान या राष्ट्र का दर्शन है, यह अद्यतम आदर्श राज्य है।
- प्लेटो ऐसा संविधान (शासन) चाहते थे जिसमें दार्शनिक गण ही राजा या शासक हों।
- प्लुटार्च ने अपनी पुस्तक-'लाइफ ऑफ लाइकरगस' (Life of Liycurus) में स्पार्टन राज्य का चमकीला (भड़कीला), रोमानी तथा कल्पित वर्णन किया है जिससे प्लेटो प्रभावित हो गए थे। स्पार्टा एक सैनिक तानाशाह-तन्त्र था।
- गणराज्य (रिपब्लिक) के नागरिकों को तीन श्रेणियों में बाँटा गया है। आम आदमी, सैनिक व संरक्षक। केवल संरक्षक ही राजनैतिक शक्ति का प्रयोग करते हैं।
- रिपब्लिक में न तो निजी सम्पत्ति होगी ना ही परिवार प्रणाली होगी।
- संरक्षक वंशगत होंगे तथा उनमें सैन्य-कौशल व संस्कृति पैदा करने के लिए उन्हें शिक्षा दी जाएगी।
- आधुनिक समय में राजनैतिक विचारकों (चिन्तकों) ने प्लेटो के विचारों पर हमला बोल दिया है। उन विचारों को आधुनिक गणतांत्रिक स्वभाव (प्रकृति) के विरोधी के रूप में देखा जाना है। बरट्रैण्ड रसल फासीवादी की वंशावली प्लेटो में ढूँढते हैं। कार्ल पोप्पर तो प्लेटो को खुले समाज के तीन महान बौद्धिक शत्रुओं में से एक मानते हैं और दो अन्य हैं हेगल तथा मार्क्स।
- उनका रिपब्लिक एक वंशगत सैन्य कुलीनतंत्र है। इनमें सर्वसत्तावादी व तानाशाही शासन की गंध आती है।
- प्लेटो साहित्य, ड्रामा तथा संगीत पर कठोर सेंसरशिप का प्रस्तावक था।
- संरक्षकों की आदर्शवादिता का लोकप्रिय इच्छाओं या आशाओं से कोई सम्बन्ध नहीं होगा: ज्यादा-से-ज्यादा संरक्षक प्लेटो के आदर्शों को कार्यान्वित कर देंगे।
- व्यक्ति, राज्य में संलिप्त (डूबा)है।

अरस्तू (Aristotle)

जीवनी की रूपरेखा (Biographical Sketch)

सुकरात, प्लेटो और अरस्तू प्राचीन महान यूनानी दार्शनिकों की त्रयी हैं। अरस्तू का जन्म थ्रास (Thrace) में एक यूनानी बस्ती स्टेगिरस (Stagirus) में ईसा पूर्व 384 में हुआ था। उनके पिता, निकामांसा (Nichomachus), मकदूनिया के राजा के राजवैद्य थे। अरस्तू के माता-पिता का देहान्त जल्दी ही हो गया था। तब वे एथेन्स चले गए और बीस वर्षों तक प्लेटो के शिष्य बन पढ़ते रहे। अकादमी में अरस्तू ने ज्ञान प्राप्ति की अदम्य इच्छा का वर्णन किया है। ईसा पूर्व 347 में प्लेटो की मृत्यु के बाद अरस्तू ने एथेन्स छोड़ दिया। वे तीन वर्षों तक एटरनस (Atarneus) के शाही दरबार में रहे। जब उसके राजा का कत्ल ईरानियों (Persians) द्वारा कर दिया तो वे माइटिलीन (Mytilean) चले गए और वहाँ अनेक वर्षो तक रहे। वहाँ से वे मकदूनिया (Macedonia) के राजा के निमंत्रण पर उसके तेरह वर्षीय पुत्र, प्रसिद्ध एलक्जेण्डर (अलक्षेंद्र) को पढ़ाने के लिए वहाँ चले गए। उन्होंने वहाँ पाँच वर्षो तक एलक्जेण्डर को पढ़ाया। तब वे वापस एथेन्स आ गए और लाइसीयम (Lyeceam) नामक स्थान पर अपना दर्शन-शास्त्र का स्कूल खोला।

सोच (Approach)

अरस्तू की दर्शन की सोच प्लेटो से बिल्कुल अलग थी। दार्शनिक आदर्शवाद के संस्थापक, प्लेटो, चेतना एवं सांसारिक मानवीय मामलों के संसार से परे थे। इसके विपरीत अरस्तू तथ्यपरक और जमीनी व्यावहारिक विचारक थे जिन्होंने नैतिकता को साधारण मानव जीवन के ढाँचे में ढाल दिया। अरस्तू ने तथ्यात्मकता एवं प्रत्यक्षता को नहीं छोड़ा और वे वास्तविक मानव अनुभव के बंध न में रहे। अरस्तू ने अनेक प्लटोनिक सिद्धान्तों की आलोचना की और यहाँ तक कि उन्हें अपने शिक्षक (गुरु) के प्रति कृतघ्न

तक होने का दोष लगाया गया था। तथापि, अरस्तू की आलोचना निजी विद्धेष से मुक्त थी। वे स्वयं को प्लेटो का मित्र कहते थे, पर वे उससे अधिक सत्य के मित्र थे।

अपने प्रसिद्ध निबंध 'निकोमाशेन एथिक्स' (Nicomachean Ethics) में अरस्तु ने मुख्यत: नीतिशास्त्र के दो पहलुओं–आनन्द तथा सद्‌गुण की ही चर्चा की है। हम उसके विचारों को इन्हीं मूल विषयों पर बताएंगे। तथापि, यहां दो रुचिकर बातें बताई जा सकती हैं। अरस्तू के लिए आनन्द तथा सद्‌गुण साथ-साथ चलते हैं। यह विचार कि एक सदगुणी व्यक्ति को कष्टप्रद जीवन जीवना चाहिए, किसी भी प्रकार से अरस्तू को अपील नहीं करता। बात के दर्शन में यह सत्य स्पष्ट रूप से मान लिया गया कि आनन्द व सद्‌गुण के रास्ते अलग-अलग हैं। दूसरे, अरस्तू कर्तव्य की बात नहीं करता जिसको आगे चलकर नीतिशास्त्र में बड़ा महत्व दिया गया। सद्‌गुणों पर चर्चा नीतिशास्त्र को उसका स्थायी योगदान है।

सम्मम बोनम (Summum Bonum)

अपने आचार-शास्त्र में अरस्तू ने 'सम्मम बोनम' की चर्चा की है जो ऐसा लक्ष्य (ध्येय) है जिस ओर मनुष्य की गतिविधियाँ निर्देशित हैं। प्रत्येक मानवीय कार्य का एक उद्देश्य या लक्ष्य होता है। किन्तु अनेक ध्येयों (या लक्ष्यों) अन्य ध्येयों (या लक्ष्य) के साधन होते हैं या अन्य ध्येयों (लक्ष्यों) को प्राप्त करने के रास्ते हैं। किन्तु अन्ततः, हम ऐसे अन्त (लक्ष्य) पर पहुँचते हैं जो सर्वोच्च है और जो किसी अन्य लक्ष्य की प्राप्ति का साधन नहीं होता। यही **सम्मम बोनम** है।

इस प्रकार 'एक्स' व्यापारी बनना चाहता है। तदनुसार, वह मॉल में एक स्टोर खरीद सकता है। वह स्टोर को उन वस्तुओं से भर सकता है जिन्हें वह बेचकर लाभ कमाना चाहता है। अपने व्यापार की कामयाबी के लिए अनेक उपाय करेगा। यदि उसका व्यापार चल निकला तो वह धनवान हो जाएगा। धन-सम्पत्ति से वह अपनी सांसारिक जरूरतों को पूरा कर सकेगा और उसकी संतुष्टि उसे सुख देगी। हम 'एक्स' द्वारा किए गए कामों (गतिविधियों) को एक शृंखला में रख सकते हैं।

स्टोर खरीदना → इसको सामान से भरना → सामान को बेचना → लाभ कमाना → धन एकत्र करना → वस्तुएँ खरीदना → सांसारिक जरूरतों को पूरा करना → सुख प्राप्त करना।

इस सरल उदाहरण में, एक्स की सभी गतिविधियों का अंत या परिणाम है। सुख (प्रसन्नता) जैसा कि वह इसे समझता है, और यह सम्मम बोनम है। इस उदाहरण में सुख इस शृंखला को पूरा करता है। हम यहाँ कार्य (क्रिया) को प्रतीक स्वरूप 'ए' तथा कार्य के अन्त को 'ई' कह सकते हैं। इस प्रकार जो क्रय (शृंखला) बनेगा वह होगा। ए$_1$–ई$_1$, ए$_2$–ई$_2$, ए$_3$–ई$_3$ तथा ए$_4$–ई$_4$। इस शृंखला में अगली अवस्था के लक्ष्य को प्राप्त करने का साधन बन जाता है। इस प्रकार ई1 'ए$_2$' हो जाता है; ई$_2$ बन जाता है ए$_3$ तथा ई$_3$ बन जाता है ए$_4$। हम कार्यों (गतिविधियों) की शृंखलाओं को मध्यवर्ती अन्त तथा एक अन्तिम अंत से बनी कह सकते हैं।

आनन्द (सुख) की उसकी संकल्पना (His Concept of Happiness)

यह कहानी की केवल शुरूआत है। लोग (हैप्पीनैस) आनन्द या सुख के विभिन्न अर्थ लगाते हैं। उदाहरण के लिए, सुख-भोग के सांसारिक साधनों पर व्यय के स्थान पर 'एक्स' किसी संस्था को दान कर सकता है या तीर्थ-यात्रा पर जा सकता है। ये गतिविधियाँ भी उसे आनन्द (सुख) प्रदान करेंगी। चूँकि आनन्द (सुख) के अर्थ या संकेत विभिन्न व्यक्तियों के लिए भिन्न-भिन्न होते हैं, अतः आनन्द (सुख) की संकल्पना को परिभाषित किया जाना चाहिए।

अरस्तू आनन्द (सुख) की परिभाषा अपने दार्शनिक सिद्धान्तों की मदद से करते हैं। अरस्तू के लिए, प्रकृति में हर प्राणी का एक उचित अंत होता है और इसकी उपलब्धि ही उस प्राणी का विशेष कार्य (भूमिका) है। संवेदना या अनुभूति पशुओं का विशिष्ट कार्य है अतः काम सुख आदमी के लिए शुभ नहीं हो सकता। मनुष्यों की विशेषता (विशेष कार्य) तो तर्कणा है। अतः सम्मन बोनम या मनुष्य के लिए सर्वोच्च शुभ, तर्कणा-पूर्ण जीवन में ही पाया जा सकता है।

तथापि, अरस्तू उस बात को एकदम ही त्याग (निकाल) नहीं देते जिसे अनेक लोग आनन्द (सुख) के स्रोतों के रूप में मानते हैं। अरस्तू का विश्वास है कि प्रकृति में उच्चतर जातियों में निम्नतर प्राणियों के गुण होते हैं। यद्यपि मनुष्य तर्कणा वाला

प्राणी है, उसमें फिर भी वनस्पति की भूख है तथा पाशविक अनुभूति होती है। चूँकि ये मानव प्रकृति में शामिल होते हैं, अरस्तू गुणों को दो श्रेणियों में बाँटते हैं, बुद्धिवादी और नीतिवादी।

उसकी सदगुण की संकल्पना (His Concept of Virtues)

अरस्तू के लिए नैतिक सद्‌गुणों को बौद्धिक सद्‌गुणों से अलग माना जाएगा। नैतिक सद्‌गुण में अच्छी भावना, चयन व क्रिया करना होता है। बौद्धिक सद्‌गुण ऐसी बुद्धि है जो अध्यापकों से प्राप्त की गई है। इसका सरोकार प्राकृतिक दुनिया, तत्व-मीमांसा की सोच एवं गणित व तर्क-शास्त्र के समान विषयों को सीखने से है।

सर्वोच्च सद्‌गुण तर्कणा या बुद्धि जीवन से सम्बन्धित होते हैं। दार्शनिक चिन्तन इस जीवन का हिस्सा होता है। अरस्तू इन बुद्धिवादी सद्‌गुणों को द्विबौद्धिक (dianoetis) का नाम देते हैं। नैतिक सदगुण मानवीय मनोवेग और क्षुधा तर्कणा की अधीनता में होते हैं। बौद्धिक सद्‌गुणों का स्थान नैतिक सद्‌गुणों से ऊपर का होता है क्योंकि वे मनुष्य के एक विचारशील प्राणी होने के नाते मानव की विशिष्ट प्रकृति (कार्य) से जुड़े हैं। उनकी श्रेष्ठता का एक और कारण यह है कि विचारशील मनुष्य में, जिसका जीवन एक निर्मल विचार है, भगवान की झलक होती है। बौद्धिक व नैतिक सद्‌गुण मिलकर आनन्द को उत्पन्न करते हैं ये मानवता के सर्वोच्च मूल्य हैं।

एक व्यावहारिक विचारक होने के कारण अरस्तू का मानना है कि एक सद्‌गुण-सम्पन्न व्यक्ति भी सुखी (प्रसन्न) नहीं हो सकता यदि परिस्थितियाँ उसके विपरीत हों। निर्धनता, रोग और दुर्भाग्य किसी सद्‌गुण-सम्पन्न व्यक्ति को भी दुखी बना सकते हैं। धन-सम्पत्ति, मित्रता, स्वास्थ्य और सौभाग्य, यद्यपि ये वे नहीं हैं जो आनन्द होता है, लेकिन वे इसमें वृद्धि तो करते ही हैं। इस सीमा तक अरस्तू मानते हैं कि व्यक्ति के जीवन की बाहरी दशाएँ आनन्द (सुख) को प्रभावित करती हैं।

नीतिपरक सद्‌गुण (Ethical Virtues)

बौद्धिक व नीतिपरक सद्‌गुणों के मामले में अरस्तू बाद वालों पर विस्तार से चर्चा करते हैं। जैसाकि हमने देखा है, नीतिपरक सद्‌गुण तर्कणा द्वारा मनोभावों को नियंत्रित करने में है। अरस्तू, सुकरात के इस विचार से सहमत नहीं हैं कि किसी व्यक्ति को सद्‌गुण-युक्त बनाने के लिए नैतिकताओं का ज्ञान पर्याप्त है। सुकरात ने इस तथ्य की अनदेखी कर दी है कि मानव मनोवेगों को नियन्त्रित करना कठिन है। कोई व्यक्ति ठीक से तर्क कर सकता है और सही नैतिक मार्ग का पता लगा सकता है। तथापि, वह अपने मनोवेगों से आवेशित हो सकता है तथा अनैतिक रास्ता पकड़ सकता है। यह कहावत है-'आत्मा तो इच्छुक है परन्तु काया निर्बल है' इस दशा का चित्रण करती है।

तब ऐसे निरंकुश मनोवेगों को तर्कणा के अधीन केसे लाया जाए? अरस्तू के अनुसार दुर्दान्त मनोवेगों को केवल लगातार आत्म-नियंत्रण का प्रयास कर ही अनुशासित किया जा सकता है। लगातार अभ्यास से नैतिक आचरण एक आदत बन जाता है। नैतिकता में आदत बहुत महत्त्वपूर्ण होती है। नैतिकता के सतत अनुसरण से मनुष्य नैतिक बन जाता है। 'नैतिकता' ही नैतिक होने को सरल बनाती है।"

अब हम उस कारण पर विचार कर सकते है जिससे अरस्तू ने संन्यास के आदर्श को नकार दिया। संन्यासी लोग मानव मन से क्षुधाओं और मनोभावों का पूर्ण नाश चाहते हैं। लेकिन यह संभव नहीं है क्योंकि ये तो मानव प्रकृति के अनिवार्य गुण (विशेषताएँ) हैं। जैसा कि हमने पहले देखा है, प्राणियों के उच्चतर रूपों में प्राणियों के निम्नतर रूपों के गुण शामिल होते हैं। नैतिकता में तर्कणा और मनोभाव रहते हैं। यदि तर्कणा को मनोभावों का नियंत्रण करना है तो उनका अस्तित्व होना जरूरी है। अरस्तू मनोभावों को नैतिकता और तर्कणा का रूप मानते हैं। यदि संन्यासियों के स्वभावानुसार मनोभावों को विनिष्ट कर दिया जाता है तो नैतिकता खोखली (खाली सीपी के समान) या बिना किसी सार के संकल्पना हो जाएगी।

स्वर्णिम मध्यमार्ग और सामान्य सद्‌गुण (Golden Mean and Common Virtues)

संन्यास पर अरस्तू के विचार हमें उनकी चरम स्थितियों से बचने की प्रवृत्ति बताते हैं। वास्तव में, उनके अनुसार सद्‌गुण का निहितार्थ है संयमन। अरस्तू के सद्‌गुण के प्रख्यात सिद्धान्त (मत) में इसे चरमों के बीच मध्यस्थ का नाम दिया गया है। प्रत्येक सद्‌गुण

दो अवगुणों के बीच रहता है। उदाहरण के लिए साहस वह सद्‌गुण है जो कायरता व दुस्साहास के बीच रहता है। अरस्तू 'दोष' (defect) और 'अत्यधिकता' (Excess) शब्दों से उन चरमों का उल्लेख करते हैं जिनके मध्य सद्‌गुण रहते हैं लेकिन हम इन शब्दों को अनदेखा कर सकते हैं। हमें केवल उन्ही उदाहरणों को लेने की जरूरत है जो अरस्तू ने दिए हैं। जबकि सद्‌गुण तो अगणित हैं किन्तु अरस्तू मानव जीवन में कुछ सामान्य तौर पर सद्‌गुण माने गए प्रकारों का ही उल्लेख करते हैं।

हम यहाँ सारणी में कुछ सामान्य सद्‌गुण व उनके चरम रूप दे रहे हैं:

सद्‌गुण (Virtue)	चरम रूप (Extreme) (1)	चरम रूप (Extreme) (2)
साहस	कायरता	दुस्साहसी
वदान्यता(उदारता)	लघुता	अभद्र अपव्यय
खुशमिजाज	हृदयहीनता	उग्रता
शिष्टता	अशिष्टता (रूक्षता)	चापलूसी
विनय (शालीनता)	निर्लज्जता	संकोच (शर्म)
आत्मसंयम	संवेदनशून्यता	असंयम
उदारता (दान)	नीचता	फिजूलखर्ची
मर्यादित गर्व	नम्रता (दीनता)	दंभ (आडम्बर)
प्रत्युत्पन्नमति	मसखरापन	असभ्यता (गँवारपन)

जैसाकि हम देखते हैं, कुछ सद्‌गुण इस योजना में अनुकूल नहीं बैठते। बुद्धि (मानी), सच्चाई, और निष्पक्षता इनमें से कुछ हैं। अरस्तू ने ऐसे सही अर्थों के लिए कोई मानदण्ड या नियम नहीं बताए हैं जो सद्‌गुण निश्चित करते हैं। मध्यस्थ (मध्यावस्थित) का चयन एक सीधी रेखा को दो भागों में बाँटना या दो संख्याओं की औसत निकालना नहीं है। इसका चयन व्यक्ति तथा विशेष मामले की परिस्थितियों पर निर्भर करता है। यह व्यक्ति के अच्छे निर्णयन या उसकी अच्छी चेतना एवं कौशल का परिणाम होता है। अरस्तू का मतलब यह है कि मध्यस्थ, परिस्थितियों के आधार पर व्यक्ति से व्यक्ति के अनुसार भिन्न-भिन्न हो सकता है। उदाहरण के लिए, दान के कार्यों में, एक साधारण व्यक्ति की तुलना में एक अमीर आदमी मध्यस्थ (मध्य बिंदु) उच्चतर होगा। एक साधारण गृहस्थ को भी अपने जरूरतमंद माता-पिता की मदद करनी पड़ती है। संक्षेप में, अरस्तू का मानना है कि सामान्य नियम जीवन में पैदा होने वाली संभव विभिन्न परिस्थितियों को समाविष्ट नहीं कर सकते।

अरस्तू का उदारचरित-व्यक्तित्व (Aristotle's Magnanimous Individual)

हम संक्षेप में जान सकते हैं कि वह व्यक्ति किस प्रकार का है जिसे अरस्तू 'महान् आत्मा' या 'उदारचेता' या 'गर्वित' कहते हैं। वह ऐसा व्यक्ति होगा जिसमें उदारता के सद्‌गुण होते हैं। वह उच्चतम दर्जे का अच्छा (नेक) माना जाता है। वह वीरता, उदारता, स्वामिभक्ति और सम्मान (शान) जैसे सद्‌गुणों में बढ़कर होगा। उदारचरित नैतिकता तो उच्चता (कुलीनता) और चरित्र की श्रेष्ठता बिना संभव नहीं है। उदारचरित व्यक्ति मुख्यत: अपने सम्मान और गरिमा की चिन्ता करेगा। अरस्तू का चित्रण तो स्पष्टत: अभिजातवर्गीय सद्‌गुणों वाले का है। बरट्रैण्ड रसल का विचार है कि उदारचरित व्यक्ति के सद्‌गुण ज्यादातर उसके असाधारण सामाजिक स्थिति प्राप्त कर लेने पर निर्भर करते हैं। अत: आधुनिक सोच में, उच्चता के ये सद्‌गुण अभिजातवर्गीय विशेषाधिकार एवं असमानता से जुड़ जाते हैं।

उसकी न्याय की संकल्पना (His concept of Justice)

अरस्तू के अनुसार न्याय, राज्य (शासन) का सद्‌गुण है, व्यक्ति का नहीं। वे दो प्रकार के न्याय का उल्लेख करते हैं। अनुपाती (Distrubution) तथा (शोधक) संशोधनात्मक (Corrective)। उनके अनुपाती न्याय की संकल्पना को आधुनिक समतावादी अर्थों में नहीं समझा जाना चाहिए। आधुनिक अर्थों में अनुपाती न्याय में धन-दौलत व आय में अत्यधिक असमानताओं को कम करने का भाव है। इसमें गरीबों की न्यूनतम जरूरतों को पूरा करने का प्रावधान भी शामिल हो सकता है। तथापि, अरस्तू के विचार

से, अनुपाती न्याय लोगों को योग्यता के अनुसार पुरस्कृत करने का अर्थ देता है। सम्मान और पुरस्कार व्यक्तियों की योग्यता (गुण) के आधार पर दिए जाने चाहिए। जो अधिक गुणवान होंगे, वे उच्चतर पुरस्कार प्राप्त करेंगे। अरस्तू के विचार को शासकों के लिए सलाह के तौर पर देखा जा सकता है कि उन्हें चापलूसों और अवसरवादियों के स्थान पर योग्य व्यक्तियों को पुरस्कृत करना चाहिए।

शोधक न्याय का सम्बन्ध गलत काम (अपराध) करने के लिए दण्ड देने से है। कोई भी व्यक्ति जो अनुचित उपायों से अनुचित लाभ कमाता है, उसे जुर्माने या दण्ड से बराबर की हानि भोगनी चाहिए। न्याय में सामान्य सिद्धान्त होते हैं जो सामाजिक जीवन में पैदा होने वाली संभव परिस्थितियों (मामलों) को शामिल नहीं कर सकते। निष्पक्षता का तात्पर्य है विशेष परिस्थितियों में भी सामान्य नियमों को लागू करना।

उसकी इच्छा की स्वतन्त्रता (His concept of Freedom of Will)

अरस्तू मानव इच्छा की स्वतन्त्रता का समर्थन करते हैं। इच्छा की स्वतन्त्रता को नकारने के लिए वे सुकरात की आलोचना करते हैं। सुकरात के सद्गुण के रूप में ज्ञान के सिद्धान्त का तात्पर्य यह है कि जो लोग यह जानते हैं कि सही (उचित) क्या है, ये अवश्य ही इसका अनुसरण करेंगे। अत: सही कार्य स्वैच्छिक चयन का नहीं अपितु दबाव का परिणम है। अरस्तू जोर देते हैं कि मानव इच्छा की स्वतन्त्रता का अर्थ यह है कि मानव अच्छाई और बुराई में से किसी एक का चयन कर सकता है। सही नैतिक चयन तर्कणा के प्रयोग से होता है। मानव चयन स्वैच्छिक होते हैं, सिवाय ऐसी स्थिति के जिसमें कोई डाकू बैंक मैनेजर पर पिस्तौल तानकर उसे तिजोरी खोलने के लिए कहता है। सुकरात की संकल्पना में नैतिक कार्य आवश्यक रूप से ज्ञान से निसृत अनैच्छिक लगते हैं। तथापि, मानव इच्छा की स्वतन्त्रता का प्रश्न अनेक दार्शनिक विवादों में फँस गया है। भौतिक विज्ञान, समाजशास्त्र व मनोविज्ञान में प्रगति के साथ इस प्रश्न के अनेक पहलु उभर आए हैं। हमें इस मामले में और आगे नहीं बढ़ना है, पर यह देख सकते हैं कि नैतिक कार्य में चयन की कुछ स्वतन्त्रता की पूर्वकल्पना निहित है।

अरस्तु के अनुसार राजनीति तथा राज्य (शासन) (Politics and State according to Aristotle)

अरस्तू का मानना है कि राजनीति (राजनीति विज्ञान) आचार-शास्त्र का एक भाग है। राजनीति राज्य का आचार-शास्त्र है। व्यक्ति की नैतिकता का अंत राज्य (शासन) में होता है और राज्य के बिना संभव नहीं है। नागरिकों का कल्याण, राज्य का उद्देश्य है तथा लोगों को राज्य में ही प्रसन्नता (सुख) मिल सकती है और वे सद्गुणयुक्त हो सकते हैं। मनुष्य एक राजनैतिक प्राणी है। राज्य लोगों को (नागरिक) सद्गुण सिखाता है और सद्गुणों के प्रयोग के अवसर देता है।

राज्य के उद्भव की चर्चा करते हुए अरस्तू का मानना है कि इतिहास के तौर पर पहले परिवार बना और इसके बाद ग्रामीण समुदाय बने और बाद में राज्य आए। यह याद रखना जरूरी है कि राज्य की यूनानी संकल्पना शहर से आगे नहीं बढ़ी। अरस्तू का मानना है कि राज्य का ऐतिहासिक उद्भव राज्य की प्रकृति को समझने के लिए जरूरी (सम्बन्धित) नहीं है।

राज्य अपने जीवन और वास्तविकता के साथ एक (अवयवी) संस्थान है। राज्य कोई पत्थरों के ढ़ेर के समान लोगों का मशीनी समूहन नहीं है। राज्य के हिस्से लोग, जीवित प्राणी (अवयवी) भी हैं। राज्य का अपना प्रयोजन होता है। व्यक्तियों के भी अपने ध्येय होते हैं। किन्तु व्यक्तियों के ध्येय (उद्देश्य) राज्य के ध्येय में शामिल होते हैं। इस बात को अन्य प्रकार से कहते हुए, राज्य में समग्र तथा भाग दोनों ही वास्तविक हैं; दोनों का ही ध्येय जीवन और अधिकार होता है तथा हर भाग की भी अपनी जिन्दगी, ध्येय तथा अधिकार होते हैं।

अरस्तू राज्य के सामूहिकवादी और व्यक्तिवादी, दोनों ही संकल्पनाओं को नकारते हैं। राज्य के निर्माता व्यक्ति ही ध्येय रखते हैं और यथार्थवादी हैं। राज्य का अस्तित्व व्यक्ति के जीवन , सम्पत्ति और सामाजिक सुविधाओं को सुनिश्चित करने हेतु एक बाहरी सत्ता का होता है। केवल व्यक्तिगत जीवन और प्रयोजन ही महत्त्व रखता है। बाद में यह राज्य के साथ सामाजिक करार सिद्धान्त के नाम से जाना जाने लगा जो सुरक्षा की तलाश में व्यक्तियों के बीच करार का परिणाम है। आधुनिक व्यक्तिवाद भी इसी प्रकार की सोच (विचारों) पर आधारित है।

जबकि व्यक्तिवादी विचार समग्र की वास्तविकता को नकारता है, प्लेटो व्यक्ति की वास्तविकता को नकारते हैं। प्लेटोनिक राज्य सर्वशक्तिमान है तथा इसके नागरिक इसकी शक्ति से अभिलेपित (दबे हुए) हैं। जैसा कि हमने देखा है, प्लेटो पत्नियों का एक समुदाय तथा बच्चों के जन्म के पहले से ही राज्य की नर्सरियों में उनका पालन-पोषण चाहते हैं। अरस्तू मानते हैं कि एक व्यक्तिगत इकाई के तौर पर परिवार और अवयवी (संस्थान)अपने आप में राज्य में सर्वोच्च अधिकार रखता है तथा उसे दास नहीं बनाया जा सकता। प्लेटो राज्य को एक समांगीकृत सत्ता मानते हैं और इसके भागों को अलग-अलग शक्तियों को नकारते हैं। अरस्तू राज्य का एक अधिक संतुलित विचार प्रस्तुत करते हैं जिसमें सरकार व नागरिकों को उचित अधिकार दिए गए हैं। सरकार के बीच सम्बन्धों के बारे में उनके विचार यद्यपि शब्दावली में तो नहीं किन्तु भावना में आधुनिक प्रवृति से काफी मिलते हैं। इसके आगे अरस्तू ने विभिन्न संविधानों या राज्यों (शास्त्रों) जैसे-तानाशाही और गणतन्त्र पर चर्चा करना शुरू किया। तथापि, चूँकि ये मानव आचार से अधिक राजनीति से सम्बन्ध रखते हैं, अत: हम इन पर चर्चा नहीं करेंगे।

अरस्तू के विचारों की आलोचना (Criticism of Aristotle's Views)

अरस्तू की आचार-संहिता के विरुद्ध आलोचना की अनेक बातें की गई हैं। इन बातों में से अनेक आधुनिक परिदृश्यों पर आधारित हैं। अरस्तू का राज्य (शासन) अपने लाभों व विशेषताओं को कुछ चुने हुए लोगों तक सीमित रखता है। गणतांत्रिक विचारक मानते हैं कि जहाँ तक राज्य का सम्बन्ध है, वस्तुएँ शक्ति एवं सम्पत्ति हैं। गणतांत्रिक सोच कहती है कि शक्ति और सम्पत्ति किसी भी समाज में व्यापक रूप से बाँटी हुई होनी चाहिए। ऐसा प्रतीत होता है कि अरस्तू के विचार से सर्वोत्तम, अनिवार्यत: केवल कुछ ही उदारचरित लोगों व दार्शनिकों के लिए ही है। आबादी के बड़े भाग को कुछ शासकों व संन्यासियों को बनाने का साधन बना दिया गया है। महान दार्शनिक केण्टर, जिस पर हम आगे चर्चा करेंगे का मानना है कि प्रत्येक मानव अपने आप में अंत (लक्ष्य) है और गणतांत्रिक सिद्धान्त का भी यही मत है। जैसा कि हम देखेंगे, बाद के उपयोगितावादी सिद्धान्त में, कार्य का निर्धारित लक्ष्य (ध्येय) प्राप्त-कर्ता की चिन्ता किए बिना ही आनन्द (सुख) को अधिकतम करने का है। किन्तु प्राचीन महान यूनानी विचारक की 'न्याय' की संकल्पना भिन्न थी। उनके लिए हर वस्तु या व्यक्ति का अपना उचित दायरा होता है जिसका उल्लंघन करना 'अन्याय' है। कुछ लोग अपने चरित्र और रुझान के गुण के कारण औरों की अपेक्षा बड़ा दायरा रखते हैं और यदि वे अधिक आनन्द (सुख) प्राप्त करते हैं तो यह अन्याय नहीं होगा।

अरस्तू के विचार से असमानता को स्वीकारने के अन्य उदाहरण भी हैं जो अत्यधिक आधुनिक भावना के प्रतिकूल है। उदाहरण के लिए अरस्तू दासता को स्वीकार करते हैं, वे इसको स्वाभाविक मान लेते हैं कि पत्नियों की तुलना में पति ऊँचे (श्रेष्ठ) हैं और बच्चों से पिता श्रेष्ठ हैं। ये विचार आधुनिक युवाओं एवं नारीवादियों के लिए अभिशाप हैं।

जैसाकि पहले देखा गया है, अरस्तू का मानना है कि सद्‌गुण तीव्र मनोभावों, कार्यों, विचारों और चिन्तन से बचने में है। वह एक ईमानदार विचारक था जिसने एक विद्वतापूर्ण शैली में लिखा। परिणामस्वरूप उसके लेख व विचार अपेक्षाकृत सौम्य थे। अपने समय में वर्तमान राजनीतिक एवं सामाजिक लोकाचारों के साथ चलता रहा। इन सब बातों से उसके लेखन में रुढ़िवादिता का रंग आ गया।

दूसरी ओर अनेक विचारक दुनिया में क्रांतिकारी परिवर्तन लाना चाहते थे। उनके लेखन में शोर-शराबा व क्रोध भरा है। अनेक आधुनिक उपन्यासकारों ने मानव जीवन में हिंसक (तीव्र) भावनाओं एवं मनोभावों की भूमिका को भारी नाटकीय गहनता के साथ दर्शाया गया है। उदाहरण के लिए पुरुषों तथा स्त्रियों के बीच सम्बन्धों को बहुत मनोवेग के साथ सभी मिलने वाले आनन्दों, पीड़ाओं तथा विपत्तियों के साथ दिखाया है। ऐसे लेखन की तुलना में, अरस्तू का लेखन अपनी विषयवस्तु तथा शैली, दोनों में शिथि, बल्कि ठण्डी चाय का प्याला लगता है।

बरट्रेण्ड रसल अरस्तू पर परम्परावादिता एवं संकीर्णमनता (अनुदयता) का या जिसे ओछी बुजुर्गियत की नैतिकता कहा जा सकता है, दोष लगाते हैं। रसल का कहना है:

"अधिकतर आमतौर पर, आचार-शास्त्र में भावनात्मक निर्धनता (दिवालियापन) है जो पहले के दार्शनिकों में नहीं थी। इसमें मानव प्रकृति पर अरस्तू के चिन्तन के प्रति कुछ संकीर्णता और सान्तवना है। वह हर चीज (बात) भुला दी गई है जिसके कारण

मनुष्य एक-दूसरे से मनोवेगी रुचि अनुभव करता है। उसका मित्रता का वर्णन तक शिथिल (कमजोर) है-- और तो और नैतिक जीवन के अधिक गंभीर (गूढ) पहलु भी स्पष्टत: उनको ज्ञात नहीं थे। यह कहा जा सकता है कि वे मानव अनुभव के उस सम्पूर्ण दायरे को छोड़ देते हैं जिससे धर्म का सरोकार है। वे यह तो बताते हैं कि कमजोर मनोभावों वाले आरामदेह स्थिति वाले पुरुषों के लिए क्या उपयोगी होगा; लेकिन वे ईश्वर (देवता) या शैतान से आवेशितों या दुनियादारी दुर्भाग्य द्वारा निराशा में धकेल दिए गए के लिए कुछ नहीं कहते।"

रसल की टिप्पणी मनोरंजक तो है किन्तु वह अरस्तू के साथ न्याय नहीं करती। हमें 'निकामाशेन एथिक्स'(Nicomachean Ethies) में दॉस्तॉवस्की, अल्वर्ट कामू या एमिली ब्रोण्टे के चरित्रों की आशा तो नहीं करनी चाहिए। वास्तव में, अरस्तू के शान्त-स्वभाव, धैर्य और संतुलन आज के सिविल सेवकों के लिए भी आदर्श हो सकते हैं। हमने जिन उपन्यासकारों का उल्लेख किया है, वे अपने चरित्रों (पात्रों) को भारी मुसीबत, दबाव व रोष में तथा अपने प्रस्युत्तरों व प्रतिक्रियाओं में विक्षिप्त हो जाने की प्रवृत्ति वाले दिखाते हैं। उनमें से अनेक तो समाज के हाशिए पर विद्रोही है। सामान्य जीवन या प्रशासनिक परिस्थितियों में न तो ऐसी स्थितियां होती हैं और न ऐसे चरित्र। वास्तव में, अरस्तू में पाए गए शांत स्वभाव, संतुलन व संयोजन आज के भी सिविल सेवकों के लिए आदर्श हो सकते हैं।

अरस्तु के दर्शन का सार संक्षेप

- अरस्तू एक व्यवस्थित शैक्षिक दार्शनिक हैं। प्लेटो के विपरीत उनकी सोच जमीनी और सहजबुद्धि वाली है।
- उन्होंने 'निकामाशियन एथिक्स' की रचना की।
- उन्होंने 'सम्मन बोनम' या सर्वोच्च उद्देश्य की संकल्पना प्रस्तुत की जिसे पुरुष खोजते हैं। वे इसे परिष्कृत बौद्धिक आनन्द और दार्शनिक चिन्तन के तुलनीय मानते हैं।
- तथापि, अरस्तू उन्हें नहीं नकारते जिन्हें अनेक लोग सुख (आनन्द) के सामान्य स्रोत जैसे मित्रता, पारिवारिक बन्धन और लौकिक विलासिता मानेंगे।
- अरस्तू बुद्धिवादी तथा नीतिवादी सद्‌गुणों के बीच अन्तर करते हैं।
- सर्वोच्च सद्‌गुण तर्कणा या बुद्धि जीवन से सम्बन्धित होते हैं।
- नैतिक सद्‌गुण मानवीय मनोवेग और क्षुधा की तर्कणा की अधीनता में होते हैं।
- अरस्तू सुकरात के इस विचार से सहमत नहीं हैं कि किसी व्यक्ति को सद्‌गुणयुक्त बनाने के लिए प्राणियों का ज्ञान पर्याप्त है।
- अरस्तू, सुकरात के इस विचार से असहमत है कि मनुष्य को सद्‌गुणी बनाने के लिए नैतिकताओं का ज्ञान पर्याप्त है।
- अरस्तू के अनुसार दुर्दान्त मनोवेगों को केवल लगातार आत्म-नियन्त्रण का प्रयास कर ही अनुशासित किया जा सकता है।
- अरस्तू मनोभावों को नैतिकता और तर्कणा का रूप मानते हैं। यदि संन्यासियों के सुझावानुसार मनोवेगों को विनष्ट कर दिया जाता है तो नैतिकता खोखली (खाली सीपी के समान) या बिना किसी सार के संकल्पना हो जाएगी।
- अरस्तू के सद्‌गुण के प्रख्यात सिद्धान्त में इसे दो चरमों के बीच मध्यस्थ का नाम दिया गया है। प्रत्येक सद्‌गुण दो अवगुणों के बीच रहता है।
- मध्यस्थ का चयन एक सीधी रेखा के दो भागों में बाँटना या दो संख्याओं की औसत निकालना नहीं है। इसका चयन व्यक्ति तथा विशेष मामले की परिस्थितियों पर निर्भर करता है। यह व्यक्ति के अच्छे निर्णयन या उसकी अच्छी चेतना एवं कौशल का परिणाम होता है।
- उन्होंने न्याय के दो प्रकारों का उल्लेख किया है। अनुपाती तथा संशोधनात्मक।

- अनुपाती न्याय लोगों की योग्यता के अनुसार पुरस्कृत करने का अर्थ देता है।
- शोधक न्याय का सम्बन्ध गलत काम (अपराध) करने के लिए दण्ड देने से है।
- अरस्तू मानव इच्छा की स्वतन्त्रता का समर्थन करते हैं।
- सही नैतिक चयन तर्कणा के प्रयोग से होता है।
- राजनीति, राष्ट्र का नैतिक-शास्त्र है। व्यक्ति की नैतिकता का अन्त राज्य (शासन) में होता है और यह राज्य के बिना संभव नहीं है।
- अरस्तू राज्य की सामूहिकवादी और व्यक्तिवादी, दोनों ही संकल्पनाओं को नकारते हैं।
- अरस्तू की आलोचना
  - (i) अरस्तू का राज्य (शासन) अपने लाभों तथा विशेषाधिकारों को कुछ चुने हुए लोगों तक ही सीमित रखता है।
  - (ii) अरस्तू के विचार से असमानता को स्वीकारने के अन्य उदाहरण भी हैं जो अत्यधिक आधुनिक भावना के प्रतिकूल हैं।
  - (iii) अरस्तू का न्याय-शास्त्र परम्परावादिता व अनुदारता से ग्रस्त है।

अरस्तू के उपरांत दार्शनिक विचारधारा (Post Aristotelian Philosphers)

पृष्ठभूमि (Background)

अरस्तू के बाद प्राचीन यूनानी दर्शन की मौलिकता व शक्ति (जीवंतता) कम हो गई और यह क्षीण होने लगा। राजनैतिक, सामाजिक तथा नैतिक पर्यावरण के क्षेत्र में अब दार्शनिक सोच में रचनात्मक अन्त:प्रेरणा नहीं रही। स्पार्टा को छोड़कर यूनानी नगर राज्य, मकदूनिया के शासन के अधीन हो गए। वे अपनी पहले वाली स्वतन्त्रता पुन: प्राप्त नहीं कर सके। यूनान बाद में रोम का एक प्रान्त बन गया। हर तरह से 'कोमल (सुकुमार) व सुन्दर' यूनानी सभ्यता ने अपनी आन्तरिक नैतिकता और सामाजिक जीवनन्ता खो दी थी।

इस अवधि में, दर्शन का सरोकार केवल मनुष्य को जीवन के झंझटों से पलायन में सहायता देना था। यह मनुष्य की व्यक्तिगत क्षमता के साथ उसको घेरे रहता है-उसके भाग्य एवं आत्मिक कल्याण के दायरे में। दर्शन, चिन्ताग्रस्त मन के लिए तसल्ली का स्रोत एवं जीवन के झंझावातों से मनुष्य के छुप जाने का सुरक्षित स्थान बन गया था।

उनका दृष्टिकोण (Their Approach)

निजी विषय में ही अपनी रुचि के कारण दार्शनिक नैतिक प्रश्नों से ही अभिभूत हो गए। पहले के समय में, जेनोफेन्स (Xenophanes) तथा एनेक्सागोरस (Anaxagoras) जैसे दार्शनिकों ने ब्रह्माण्ड की उत्पत्ति व प्रकृति के बारे में जोरदार अनुमान लगाए। किन्तु अरस्तू के मतानुयायी दार्शनिकों ने अन्तरिक्ष-विज्ञान में थोड़ी-सी रुचि दिखाई। इस सोच से उनके विचार संकीर्ण हो गए। ऐसा इसलिए है कि जो व्यक्ति अपने बारे में अत्यधिक चिन्ता करता है और जो स्वयं को ब्रह्माण्ड या महान विषय की सोच में खो देने में असमर्थ हैं, वह कोई मूल विचार नहीं दे सकता। इस प्रकार बाद के यूनानी विचारक, प्लेटो और अरस्तू के सर्वग्राह्य, महान तत्वमीमांसिक प्रणालियों के मुकाबले की कोई भी चीज (विचार) नहीं दे सके।

अरस्तू को मानने वाले दार्शनिकों के बाद के दार्शनिकों ने भौतिकी, तत्वमीमांसा और तर्कणा से नीतिशास्त्र तक जैसी ज्ञान की अन्य शाखाओं को अधीन कर लिया। ये क्षेत्र उनके केवल नैतिक तर्कों के क्षेत्र बनकर रह गए और इनमें उनकी कोई अन्तर्भूत रुचि नहीं थी। जैसाकि हम देखेंगे, वे तीव्र तथा एकतरफा नैतिक सिद्धान्तों की वकालत करते हैं। यहाँ तक कि दर्शन या ज्ञान के सिद्धान्त की केन्द्रीय शाखा में उन्होंने आत्मपरकता का समावेश कर दिया। सत्य को अब वस्तुपरक तथा किसी व्यक्ति की निजी इच्छा या आकांक्षाओं से मुक्त नहीं माना जाता था। सत्य अब निजी राय का रूप हो गया था। कुछ भी अपने आप में सत्य या नैतिक नहीं है किन्तु राय (विचार) ही इसे सत्य या नैतिक बनाती है। इसी प्रवृत्ति (धारा) में संदेहवादी (अविश्वासी)

माने जाने वाले दार्शनिकों के एक समूह (वर्ग) ने ज्ञान प्राप्त कर लेने की संभावना से इंकार कर दिया। यह एकतरफा दर्शन का एक और उदाहरण है। ज्ञान प्राप्त करने की कठिनाई को मानना एक बात (हो सकती) है किन्तु किसी को क्षमा प्राप्त कर पाने की संभावना को नकारना एक अलग ही बात है। इस काल (अवधि) के दार्शनिक सोच की विवेकहीनता 'अपने जादूगरी, असुरों राक्षस) और अर्ध-देवताओं' के साथ नव-प्लेटोवाद (neo-platonism) में भी देखी जा सकती है। इसके आगे हम अरस्तू के पूर्व के केवल दो प्रसिद्ध दर्शनों अर्थात् भोगवाद (Epicureanism) तथा विरक्ति (Stoicism) का वर्णन करेंगे।

भोगवाद (Epicureanism)

भोगवाद तथा विरक्तिवाद नैतिक दर्शनशास्त्र के दो बड़े वाद (विचारधाराएँ) थे जिन्होंने अरस्तू के दर्शन का अनुसरण किया। वे लगभग एक ही समय में स्थापित हुए थे। भोगवाद (Epicureanism) ने अपना नाम इसके संस्थापक Epicurus (एपीक्यूरस) (342-270/71 ईसा पूर्व) से पाया था। यद्यपि भोगवाद की विचारधारा छः शताब्दियों तक बनी रही, इसके अनुयायियों ने इसके सिद्धान्तों में कोई भारी परिवर्तन नहीं किया। प्रसिद्ध प्राचीन रोमन कवि लुक्रेटियस (Lucretius) ने भोगवाद को अपनी रचना 'डे नेचुरा' (De Natura) में कविता के रुप में लिखा है।

आनन्द में बाधाएँ (Obstacles to Happiness)

एपिक्यूरस ने आनन्द की खोज को जीवन का मुख्य (चरम) लक्ष्य माना था। हम इस समय आनन्द की उसी संकल्पना की चर्चा करेंगे। एपीक्यूरस पहले तो मानव आनन्द के स्रोतों की खोज करता है। आधुनिक बुद्धि के लिए ऐसा लगेगा कि अप्रसन्नता (unhappiness) की उत्पत्ति भौतिक इच्छाओं की पूर्ति करने के साधनों की कमी से होती है। इस प्रकार वह आदमी तो दुखी ही रहेगा जिसके पास मकान, टी वी, रेफ्रिजरेटर और कार नहीं हैं। वास्तविकता यह है कि किसी भी इतिहास काल में मनुष्य तत्कालीन उपलब्ध भौतिक सुख और सुविधाओं के लिए लालायित रहता है। भौतिक सुखों के साथ-साथ मनुष्य को पारिवारिक सम्बन्ध, मित्रता और आध्यात्मिक सांत्वनाएँ चाहिए।

तथापि, एपिक्यूरस लोकप्रिय धर्म को मानव सुख (आनन्द) में मुख्य बाधा मानता है, क्योंकि यह मानव मस्तिष्क को देवताओं, मृत्यु, प्रतिफल (दण्ड) और नर्क के डर सताते रहते हैं। परिणामस्वरूप मनुष्य लगातार भीति और चिंता की मनोवैज्ञानिक दशा में रहता है। मानव को इन भयों (डरों) से छुटकारा दिलाने के लिए एपिक्यूरस भौतिक दर्शन का प्रस्ताव करता है जो ब्रह्माण्ड को एक ऐसी मशीनी प्रणाली के तौर पर बताता है जो प्राकृतिक कारणों से नियंत्रित है, न कि देवताओं या अन्य किसी भौतिक प्राणी से। स्टोइक से विपरीत, वह मनुष्य को मुक्त इच्छा से नवाजता है जिसका उपयोग वे अपने संक्षिप्त पार्थिव वजूद के दौरान सुख की खोज के लिए कर सकते हैं।

एपिक्यूरस ने अपने दर्शन को डेमोक्रिटस (Democritus) से लिया है। डेमोक्रिटस ने अणु सिद्धान्त का आदि (प्राचीन) रूप भी तैयार किया था। एपिक्यूरस इस सिद्धान्त को मानव आत्मा पर भी लागू करता है। उनका मानना है कि ब्रह्माण्ड की सब चीजों के समान ही मानव आत्मा का निर्माण अणुओं से हुआ है। आत्मा के वे अणु मृत्यु के समय बिखर जाते हैं जिनसे और आगे जिन्दगी की संभावना नहीं रहती। इस सिद्धान्त के साथ एपिक्यूरस स्वर्ग के सुख तथा नर्क के आतंक को अलग कर सका।

एपिक्यूरस मृत्यु को एक वरदान मानता है, पृथ्वी के जीवन के झंझटों से मुक्ति। मानव को मृत्यु से डरना नहीं चाहिए। 'यदि मृत्यु होती है तो हम नहीं होते, यदि हम होते हैं तो मृत्यु नहीं होती।' मृत्यु सभी अनुभूतियों और चेतनाओं की समाप्ति है। अत: हमें भविष्य में आने वाली उस अवस्था का भय नहीं होना चाहिए जिसके आने के समय हमें कोई अनुभूति ही नहीं होगी।

एपिक्यूरस इसके बाद मानव के मामलों में दैवी हस्तक्षेप के भय को निकालने के लिए काम करता है। प्राचीन यूनानी विश्वास था कि देवता मनुष्य को उसके पापों या घमण्ड के लिए दण्डित करते हैं। यदि कोई मनुष्य महान सफलता प्राप्त करता है और गर्व का अनुभव करता है तो देवता उसे अचानक ही नीचे गिरा सकते हैं। एपिक्यूरस इस भयों के बारे में निरीश्वरवाद की वकालत

कर या ईश्वर की सत्ता को नकार कर निपटा सकते थे। लेकिन उसने देवताओं की उपस्थिति को स्वीकार किया। वह देवताओं को अन्तरिक्ष में एक अमर, शांत और सौभाग्यशाली बाहरी जीवन व्यतीत करने वाले चित्रित करता है। वे अलौकिक (परमानन्दी) सुख की स्थिति में रहते हैं और मानव के मामलों से कोई सरोकार नहीं रखते।

आनन्द (सुख) (Happiness)

जैसाकि हमने पहले देखा था, एपिक्यूरियन (एपिक्यूरसवाद का) सिद्धान्त वकालत करता है कि मानव को आनन्द को जारी रखना चाहिए। अपने इस विचार में वे पहले के साइरेनाइक्स (Cyrenaics) के मत का अनुसरण कर रहे हैं। जबकि साइरेनाइक्स (Cyrenaics) आनन्द को मोटे भोग-विलास में लगे रहना मानते हैं, वहीं एपिक्यूरस आनन्द को एक निर्मल व उच्च (शुभ) संकल्पना कहते हैं। इन अर्थों में, आनन्द स्वयं में लक्ष्य है और यह केवल शुभ (अच्छा)ही है। पीड़ा तो केवल बुराई है। एपिक्यूरियन के लिए नैतिकता एक ऐसी गतिविधि है जो आनन्द देती है। सद्गुण का कोई अन्तर्भूत मूल्य नहीं है; इसका मूल्य उस आनन्द से होता है जो सद्गुणों वाले कार्यों के साथ-साथ प्राप्त होता है। यही विचार संक्षेप में एपिक्यूरियन नैतिक प्रणाली का निर्माण करते हैं।

एपिक्यूरियनिज्म (एपिक्यूरसवाद) (Epicureanism) का अधिकांश भाग आनन्द के विभिन्न पहलुओं को वर्णित या स्पष्ट करता है। आनन्द का अर्थ क्षणिक दैहिक या मानसिक सुख नहीं है। आनन्द तो ऐसी खुशी (हर्ष) है जो जीवनभर (साथ) रहता है। मनुष्य को क्षणिक सुख-भोग से बचना चाहिए जिससे बाद में अक्सर बड़ी पीड़ाएँ होती हैं। मनुष्यों को किसी विशेष सुख-भोग और इच्छाओं का दास नहीं होना चाहिए। उन्हें अपने मनोवेगों को नियंत्रित करना सीखना होगा। उन्हें आगे होने वाली पीड़ा से बचने के लिए अपने सुख-भोग को त्यागना होगा और आगे आने वाली खुशी के लिए वर्तमान पीड़ा को झेलने के लिए तैयार रहना होगा।

एपिक्यूरियनिज्म में विवेक की भी एक रेखा (समावेश) है। बरट्रेण्ड रसल का कथन है:

यह एक बीमार (या रोगी) व्यक्ति का दर्शन है जो ऐसी दुनिया के अनुकूल है जिसमें जोखिम भरी घटनाएँ दुर्लभ हो गई हैं। बदहजमी के डर से कम खाइए; अगली सुबह की चिन्ता कर थोड़ा पियें, सजनीति और प्यार तथा अन्य सभी तीव्र मनावेगों वाली गतिविधियों से दूर रहिए; शादी एवं बच्चे कर भाग्य से मत बंधिए; अपने मानसिक जीवन में, पीड़ाओं की अपेक्षा सुख-भोगों का ध्यान करने का अभ्यास डालिए।

एपिक्यूरियनिज़्म दैहिक व मानसिक सुख-भोगों के बीच अन्तर करता है। दैहिक सुखभोग की तुलना में मानसिक सुखभोग श्रेष्ठ (बेहतर) हैं। दैहिक सुख का अनुभव केवल उनके बने रहने की अवधि में ही होता है। दैहिक सुख क्षणिक है। मानसिक सुख स्मृति से उत्पन्न होते हैं। बीते हुए उल्लास (खुशी) को याद करना वर्तमान का सुख है और भावी पीड़ा की आशंका वर्तमान की चिन्ता है। अत: आनन्द प्राप्ति के लिए व्यक्ति को मानसिक शांति पैदा करनी होगी।

शांति संवर्धन (Cultivating Serenity)

मनुष्य को दैहिक पीड़ा और दुर्भाग्य से ऊपर उठने के लिए अपने दिमागों को अभ्यस्त (अनुकूल) बनाना चाहिए। अपने आनन्द के लिए उन्हें बाहरी दशाओं पर भरोसा नहीं करना चाहिए। उन्हें अपने दिलों में ही सुख को पाना चाहिए। बात को कुछ ज्यादा बताते हुए (बढ़ा-चढ़ा कर) एपिक्यूरियस दावा करते हैं कि रैक (शिकंजा) (यंत्रणा का मध्ययुगीय यंत्र) पर पड़ा व्यक्ति भी सुखी (आनन्दित) हो सकता है। यदि हम बड़बोलेपन को भूल जाएँ तो हम देख सकते हैं कि एपिक्यूरियन विचार में आनन्द आन्तरिक मानसिक अवस्था की संकल्पना है। बाहरी परिस्थितियों से इसका जुड़ाव कमजोर है। आनन्द को आत्मिक (आध्यात्मिक) मानने के साथ-साथ एपिक्यूरियन्स चेतना के भोले (सरल) सुखों को मानते हैं। वे मित्रता को विशेष महत्व देते हैं।

आनन्द की एपिक्यूरियन संकल्पना को प्राय: नकारात्मक कहा जाता है। आनन्द न तो सक्रिय प्रसन्नता (सुख) है और ना ही झनझनाती उत्तेजना है। एपिक्यूरिनिज्म, पीड़ा का विलोपन, भय और चिन्ताओं से अप्रभावित शांत मन, मानसिक शांति एवं चाहते थे। 'पीड़ा का न होना ही अपने-आप में आनन्द है उसके सर्वोच्च विश्लेषण में सच्चा सुख-भोग है।' सक्रिय प्रसन्नता

(सुख) मानव की पहुँच से परे है; मानव को पीड़ा से बचना चाहिए और शांत व संतुष्ट जीवन व्यतीत करना चाहिए।

एपिक्यूरियन्स व्यक्ति की इच्छाओं की वृद्धि होने के लिए चेतावनी देते हैं। बढ़ती हुई इच्छाओं का पूरा होना कठिन है और इससे व्यक्ति के दुख बढ़ते हैं। अत: व्यक्ति को सादा जीवन व्यतीत करना चाहिए। एपिक्यूरियस की प्रसिद्धि थी कि अधिकतर समय वह रोटी और पानी पर ही रहा था। प्रसन्नता का मार्ग संयमन, सादगी और प्रफुल्लता के बीच से गुजरता है।

एपिक्यूरियन्स उच्च या महान नैतिकता का उपदेश नहीं देते। तथापि, वे दयालु तथा परापकारी थे। उनका कहना था कि दयालुता लेने से बेहतर है दयालुता देना। उनकी नैतिकता, कर्तव्य के कठोर आदेश या कठोर नैतिक आदेशों के बिना नरम है। यह सौम्य तथा प्रिय है।

एपिक्यूरियनिज्म (एपिक्यूरसवाद) का मूल्यांकन (Evaluation of Epicureanism)

एपिक्यूरियनिज्म का उदय ऐसे समय में हुआ जब यूनान का पतन शुरू हो चुका था। उनके समाज व संस्थाओं (शासन) में लोगों का विश्वास समाप्त हो गया था। वे असुरक्षित थे तथा उनकी जीविका के साधन सुनिश्चित नहीं थे। उन्हें विदेशियों (बाहरी लोगों) या स्थानीय तानाशाहों से हिंसा का खतरा बना रहता था। राजनीति, प्रशासन (सरकार) तथा सेना में सक्रिय जनसेवा लगभग असंभव हो गई थी। अनिश्चितता के दौर में लोग अपने निजी जीवन में सिमट गए। एपिक्यूरियनिज्म इस दु:खभरे संसार में व्यक्तिगत प्रसन्नता का नुस्खा है।

ऊर्जावान, गत्यात्मक और आत्म-विश्वासी समाजों व व्यक्तियों के लिए एपिक्यूरियनिज्म दर्शन अनुकूल (उपयुक्त) नहीं है। यह मानव को शांति व निर्वाक् रहने एवं स्वयं को दुनिया की समस्याओं से अलग रखने की सलाह देता है। यह मानव को प्रसन्नता की खोज (चाह) में भी विवेकी होने को कहता है। यह अनिवार्यत: मानव को जीवन की कठिनाइयों एवं झंझटों से बचने के लिए बढ़ावा देता है। यह सक्रिय राजनीतिक, आर्थिक व सामाजिक जीवन में बाधाएँ डालता है। यह मानव को अपने परिवारों और समाज के भविष्य के कल्याण हेतु इष्टतम रूप से योजना बनाने के प्रति हतोत्साहित करता है।

लेकिन कोई भी मनुष्य बिना जरूरी कोशिश एवं वचनबद्धता के स्वयं को या अन्यों को बेहतर नहीं बना सकता। इस प्रक्रिया में उसे अक्सर समस्याओं और मुश्किलों का सामना करना पड़ेगा। तथापि, इन बाधाओं को पार किया जाता है। सौभाग्य से पुरुष (व्यक्ति) प्राकृतिक रूप से आशावादी होता है; आशा तो मानव मन में शाश्वत रूप से फूटती रहती है। धार्मिक इच्छा तथा विलोपन का भय मानवों में बहुत गहरा होता है। एपिक्यूरियनिज्म ऐसा मत था जिसने दार्शनिकों व विद्वानों के छोटे-से समूह को अपील (प्रभावित)किया था। यह आम जनता तक नहीं पहुँच पाया। इतिहास के अनुसार एपिक्यूरियनिज्म पर कर्तव्य के रोमन आदर्शों और नायकत्व के सद्गुणों का प्रभाव छा गया। ईसाइयत ने मनुष्य को परिश्रमपूर्ण काम के आचार की और मरणोपरान्त मुक्ति की शिक्षा दी।

भोगवादी दर्शन का सार संक्षेप

- अरस्तू के बाद प्राचीन यूनानी दर्शन की मौलिकता व शक्ति कम हो गई।
- इस अवधि में दर्शन का सरोकार केवल मनुष्य को जीवन के झंझटों से पलायन में सहायता देना था।
- दार्शनिक नैतिक प्रश्नों से ही अभिभूत हो गए। इस सोच से उनके विचार संकीर्ण हो गए।
- अरस्तू को मानने वाले दार्शनिकों के बाद के दार्शनिकों ने भौतिकी, तत्व-मीमांसा और तर्कणा से नीतिशास्त्र तक जैसी ज्ञान की अन्य शाखाओं को अधीन कर लिया।
- भोगवाद व विरक्तिवाद नैतिक-शास्त्र के दो बड़े वाद (विचारधाराएँ) थे जिन्होंने अरस्तू के दर्शन का अनुसरण किया।
- एपिक्यूरस ने आनन्द की खोज को जीवन का मुख्य (काम) लक्ष्य माना था।

- एपिक्यूरस लोकप्रिय धर्म और अन्धविश्वास को मानव सुख में मुख्य बाधा मानता है।
- डेमीकाइटस के परमाणु के भौतिक सिद्धान्त से एपिक्यूरस स्वर्ग के सुख व नर्क के आतंक से छुटकारा पा सका।
- वह देवताओं को बाहरी अंतरिक्ष में एक अमर, शांत और सौभाग्यशाली जीवन व्यतीत करने वाले चित्रित करता है। वे अलौकिक परमानन्दी सुख की स्थिति में रहते हैं और मानवों के मामलों से कोई सरोकार नहीं रखते। मनुष्यों को देवताओं से नहीं डरना चाहिए।
- एपिक्यूरस आनन्द की एक निर्मल व उच्च (शुभ) संकल्पना करते हैं। इन अर्थों में, आनन्द स्वयं में लक्ष्य है और यह केवल शुभ (अच्छा) ही है। पीड़ा तो केवल बुराई है।
- दैहिक सुख-भोग की तुलना में मानसिक सुख-भोग श्रेष्ठ है।
- मनुष्य को दैहिक पीड़ा और दुर्भाग्य से ऊपर उठने के लिए अपने दिमागों को अभ्यस्त (अनुकूल) बनाना चाहिए।
- एपिक्यूरियनिज्म, भय और चिन्ताओं से अप्रभावित शांत मन, मानसिक शांति एवं पीड़ा का विलोपन चाहते थे। एपिक्यूरियनिज्म इस दुख भरे संसार में व्यक्तिगत प्रसन्नता का नुस्खा है।
- ऊर्जावान, गत्यात्मक और आत्मविश्वासी समाजों व व्यक्तियों के लिए एपिक्यूरियनिज्म दर्शन अनुकूल (उपयुक्त) नहीं है।
- इतिहास के अनुसार एपिक्यूरियनिज्म पर कर्तव्य के रोमन आदर्शों एवं नायकत्व के सद्‌गुणों का प्रभाव छा गया। और भी, ईसाइयत ने मनुष्य को परिश्रमपूर्ण काम के आचार की और मरणोमरान्त मुक्ति की शिक्षा दी।

स्टोइक दर्शन (Stoicism)

संस्थापक (Founders)

स्टोइक मत की स्थापना जेनो (342-270 ई.पू.) ने की थी। इनका अनुसरण क्लीनथस (Cleanthes) तथा क्रिसीपस (Chrysippus) ने किया था। स्टोइक मत अनेक वर्षों से न केवल यूनान में अपितु रोम में भी फलता-फूलता रहा। प्रसिद्ध रोमन स्टोइक मतवादी थे-मर्कस ओरेलियस (Mercus Aurelius), सेनेका (Seneca) तथा एपिक्टेटस (Epictetus)। तथापि, हमें केवल स्टोइक मत की चर्चा करनी है जिसमें सभी स्टोइक विचारकों का योगदान रहा है।

दार्शनिक आधार-पुष्टि (Philosophical Underpinnings)

स्टोइकवाद ने प्लेटो के आदर्शवाद को नकार दिया। स्टोइकवाद के अनुसार ज्ञान का निर्माण उन चेतना-छापों से होता है जो मस्तिष्क में छप जाती हैं। मानसिक गतिविधि केवल उसी सामग्री तक सीमित रहती है जो हमें चेतनाओं से प्राप्त होती है। यह प्लेटो के उस विचार के विपरीत है कि मस्तिष्क ज्ञान का स्रोत है तथा चेतनाएँ, त्रुटियों व भ्रांतियों की स्रोत हैं। स्टोइक प्लेटोनिक आकृतियों (forms) तथा संकल्पनाओं की वास्तविकता को नकारते हैं। संकल्पनाएँ केवल मस्तिष्क के विचार हैं जो विशेष वस्तुओं जैसे कुर्सियों, मेजों या ईटों की समान विशेषताओं को जानकर बनते हैं। मानवीय मस्तिष्क के बाहर संकल्पनाओं का कोई अस्तित्व नहीं है।

ज्ञान उन वस्तुओं की ओर संकेत करता है जिन्हें चेतना ग्रहण करती है और छाप के तौर पर मस्तिष्क को भेजती है। सत्य का तात्पर्य चेतना की छापों से वस्तुओं की सदृश्यता है। कोई किस प्रकार से आश्वस्त हो सकता है कि चेतावनी प्राप्त छापें वस्तुओं की सच्ची छवि हैं। इस प्रश्न का स्टोइक उत्तर यह है कि जो वस्तुएँ वास्तविक हैं वे मस्तिष्क पर गहरी छाप (अनुभूति) पैदा करती हैं। यह देखने वाले के मस्तिष्क में सत्य का दृढ़-विश्वास पैदा करती है। इस प्रकार सत्य व्यक्ति की अनुभूति से सम्बन्द्ध विषयपरक संकल्पना बन जाता है। सत्य किसी भी दशा में संकल्पनाओं में असत्य नहीं हो सकता जो कि मानसिक रचनाएँ हैं।

स्टोइक भौतिकवाद के साथ चेतना से यथा ग्रहण किए गए ज्ञान में अपना विश्वास मिला लेते हैं। वे गैर-भौतिक हस्तियों

के अस्तित्व से इंकार करते हैं। प्लेटो ने ज्ञान को सोच एवं तर्क में रूपों (Forms) में पाया था। स्टोइक ज्ञान को (आधुनिक शब्दों में) आँकड़ों में दिए गए में या भौतिक रूप में रखते हैं। वे मानव आत्मा और ईश्वर को भौतिक (वस्तुगत) मानते हैं। रहस्यमय दार्शनिक विवाद में पड़े बिना हम सरलता से देख सकते हैं कि स्टोइक का क्या कहना है। उनके अनुसार ब्रह्माण्ड एक इकाई है और यह दो भिन्न सिद्धान्तों वाला, एक भौतिक तथा दूसरा अभौतिक या आत्मिक नहीं हो सकता। उनका मानना था कि ऐसे विसंगत सिद्धान्तों से शासित (नियन्त्रित) हस्तियों के बीच कोई अन्तर-क्रिया नहीं हो सकती।

अपने भौतिकतावाद (वस्तुवाद) के बावजूद स्टोइक ईश्वर को ब्रह्माण्ड को शासित करने वाला सर्वोच्च कारण मानते हैं। इस विचार से दो निष्कर्ष निकलते हैं। एक यह है कि विश्व का एक प्रयोजन है और यह व्यवस्था सुसंगति, सौन्दर्य व अभिकल्पना से युक्त है। इसका अर्थ है कि विश्व का संचालन, कारण व प्रभाव की कठोर आवश्यकता द्वारा किया जाता है। दूसरा निष्कर्ष यह है कि आवश्यकता से संचालित विश्व में इच्छा की स्वतन्त्रता वर्तमान नहीं रह सकती। मानव सोचते हैं कि वे सामान्यत: स्वत: ही क्रियाशील होते हैं। लेकिन यह उनकी केवल कहने की बात है और इसका अर्थ आवश्यकता का न होना नहीं है।

स्टोइक आचार-तर्कणा (Stoic Ethic - Reason)

स्टोइक आचार का निर्माण दो आधार-वाक्यों पर हुआ है। एक यह है कि ब्रह्माण्ड का संचालन, किसी अपवाद बिना सर्वोच्च नियमों से हो रहा है। दूसरा यह है कि तर्कणा मानव की अनिवार्य विशेषता है। स्टोइक के इस प्रबोधन 'मानव को प्रकृति के अनुसार जीवन-यापन करें' से दोनों आधार-वाक्यों का मूल भाव आ जाता है। प्रबोधन का तात्पर्य है कि मानव को प्रकृति और उनकी तर्कणा के अनुसार जीवन-यापन करना चाहिए।

यह विचार कि मानव को प्रकृति के नियमों का पालन करना चाहिए, बहुत बड़ी बात नहीं है। यह विश्वास आधुनिक मानवों को शायद ही महत्त्वपूर्ण लगे कि प्रकृति कुछ खास नियमों या नैतिकताओं का स्रोत है। इसके अतिरिक्त, मानव गुरुत्वाकर्षण या पिण्ड (समूह) का संरक्षण जैसे प्रकृति नियमों के बारे में जरा-सा या कुछ भी नहीं कर सकता।

दूसरा विचार कि आचरण पर-तर्कणा का नियन्त्रण रहना चाहिए, तत्काल समझ में आता है। स्टोइक सद्गुण को 'तर्कणा के अनुसार चलना' मानते हैं। नैतिकता बौद्धिक कार्य करना है। मानव को अपनी अभिरुचि या अपनी मौजों का अनुसरण न कर अपनी तर्कणा के अनुसार व्यवहार करना चाहिए। बुद्धिमान मानव अपने जीवन को उस समस्त ब्रह्माण्ड के जीवन के अधीन कर देता है जिसका वह एक अत्यन्त सूक्ष्म लघु भाग है।

यह विचार कि निजी नैतिकता तर्कणा के अधीन रहनी चाहिए, नया नहीं है। यह हमें प्लेटो और अरस्तू दोनों में मिलता है। लेकिन अनेक प्रकार से स्टोइकवादियों ने इस बात को अनावश्यक रूप से लम्बा खींचा है और वे विषम निष्कर्षों पर पहुँचे हैं। अरस्तू यद्यपि तर्कणा को मानव चरित्र का मार्ग-निर्देशक मानते हैं, पर वे मनोवेगों व सुधारों को मानव प्रकृति का अभिन्न अंग भी मानते हैं। अत: वे कहते हैं कि मनोभावों को तर्कणा के नियन्त्रण में लाया जाना चाहिए। उन्होंने यह निर्धारित नहीं किया कि उन्हें समाप्त कर दिया जाना चाहिए। इसके विपरीत, स्टोइक अत्यन्त कठोर तपस्विता की सिफारिश करते हैं जो कि सामान्य मानव प्रकृति के विरुद्ध चलती है।

स्टोइक व मनोवेग (मनोभाव) (Stoics and Emotions)

इसी प्रकार, यद्यपि अरस्तू मानते हैं कि सद्गुण स्वयं में ही एक अन्तर्भूत मूल्य है, उन्होंने बाहरी परिस्थितियों तथा अच्छे जीवन में शुभ के लिए गुंजाइश छोड़ी है। किन्तु स्टोइक अपने रवैये से टस-से-मस नहीं होते। उनके सिद्धान्त में केवल सद्गुण शुभ है, केवल अवगुण बुराई है और शेष सभी सरोकार के बिल्कुल अयोग्य हैं। इस सोच का अर्थ है कि गरीबी, बुरा स्वास्थ्य (बीमारी), दुख-भोग तथा मृत्यु कोई बुराई नहीं है। धन-दौलत, अच्छा स्वास्थ्य, खुशी और जीवन शुभ (अच्छा) नहीं है। आनन्द शुभ नहीं है, अत: उससे बचा जाना चाहिए। एकमात्र आनन्द सद्गुण है। लेकिन सद्गुण का प्रयोग आनन्द प्राप्ति के साधन के तौर पर न करके अपने कर्तव्य के रूप में किया जाना चाहिए। स्टोइक आत्महत्या को अवगुण नहीं मानते क्योंकि (उनके अनुसार) जीवन का कोई मूल्य नहीं है।

चूँकि सद्गुण तर्कणा, जो बुद्धि है, पर आधारित है, अतः विज्ञानों को नैतिकता की बुनियादों के तौर पर सहायक महत्त्व का माना गया है। यहाँ हम उस प्रयोग को याद कर सकते हैं जहाँ यूरिक्यूरियन्स ने मनुष्य की मृत्यु के बाद के जीवन के डर को हटाने के लिए अणुवाद जैसे वैज्ञानिक सिद्धान्त का प्रयोग किया है। वह मुख्य सद्गुण जिससे अन्य सद्गुण उत्पन्न होते हैं।, बुद्धि है। 'ज्ञानवान पुरुष' तथा 'अच्छे (शुभ) पुरुष' समानार्थी शब्द हैं। चार आधारभूत सद्गुण वीरता, अन्तः दृष्टि, आत्म-नियन्त्रण और न्याय की उत्पत्ति ज्ञान (बुद्धि) से होती है। कोई भी बुद्धिमान मानव स्वतः ही इन सद्गुणों वाला होगा। यहाँ हमें स्टोइकवाद का एक और विचित्र विचार देखने की जरूरत है। बुद्धिमान पुरुष के पास सभी सद्गुण होंगे और एक मूर्ख (बेवकूफ) में कोई भी सद्गुण नहीं होगा। समाज दो भागों में बँटा है जिसमें एक ओर तो वे मानव हैं जो नितान्त रूप से सद्गुण-सम्पन्न हैं और मूर्ख जो पूर्णतः पापयुक्त (दोषपूर्ण) हैं। हम इसे श्वेत व श्याम विचार कहेंगे जो धूमल (ग्रे) आभा की अनदेखी करता है- जैसा कि नैतिकताओं में, मानव जीवन में अन्यत्र प्रचलित हैं। बुद्धिमान मानव पूर्णता की प्रतिमूर्ति बन जाता है। वह किसी भी आदर्श रूप में अनुकूल बैठ सकता है जैसे राजा, संत, विद्वान या सामान्य।

जैसा कि आशा थी ही, स्टोइकवादियों को अपने कुछ कायदों (तरीकों) में अपने तीव्र विचारों में कुछ नरमी लानी पड़ी। चूँकि मनोभावों का उन्मूलन (असंभव होने के अलावा) कार्य-कलाप को पूर्णतः ठप्प कर देगा, उन्होंने हल्के व तर्क-संगत मनोवेगों की अनुमति दे दी। उपेक्षा के मामलों की श्रेणी में वर्गीकृत बातों में से उन्होंने कुछ चुनने की अनुमति दे दी। इस प्रकार बुद्धिमान मानव, बीमारी के स्थान पर स्वास्थ्य को चुन सकता है। अंततः, प्रत्येक को शुभ (अच्छा) या अशुभ (बुरा) घोषित करने के स्थान पर उन्होंने स्वीकार कर लिया कि इतिहास के नायकों व प्रवक्ताओं को बुराई, आम मानव की अपेक्षा कम छूती है।

एक पहलु ऐसा भी है जिसमें स्टोइक मतवादी अपने समय से बहुत आगे हो वह है उनका महानगरवाद। उनकी यह धारणा दो बातों पर आधारित थी। पहली तो यह कि दुनिया एक है और एक ही ईश्वर द्वारा शासित (संचालित) है। दूसरी यह है कि सभी मानव अनिवार्य रूप से तर्कणापरक होने में एक ही प्रकृति के होते हैं। जैसाकि एक प्रसिद्ध समीक्षक का कहना है कि 'कर्तव्य के प्रति उनकी लालसा, जो छोटा और मामूली है, उन सभी के ऊपर उनका उत्कर्ष, निम्नतर लक्ष्यों हेतु उनकी हठीली अवहेलना में कुछ महानता और श्रेष्ठता है।' स्वेगलर के अनुसार उनकी विशेषता (गुण) यह थी कि बर्बादी के युग में भी वे नैतिक विचार को दृढ़ता से थामे रहे।

स्टोइक दर्शन का सार संक्षेप

- स्टोइक मत की स्थापना जेनो (342-270 ई. पू.) ने की थी।
- स्टोइकवाद ने प्लेटो के आदर्शवाद को नकार दिया। संकल्पनाओं का स्थान मानव मस्तिष्क से बाहर नहीं है।
- विश्व का एक प्रयोजन है और व्यवस्था से युक्त है।
- आवश्यकता से संचालित विश्व में इच्छा की स्वतन्त्रता वर्तमान नहीं रह सकती।
- मानव को अपनी अभिरुचि या अपनी मौजों का अनुरसण न कर अपनी तर्कणा के अनुसार व्यवहार करना चाहिए।
- सुख-भोग के अपने विरोध एवं मानव मनोवेगों को नियन्त्रित करने की आवश्यकता को स्टोइकवादियों ने बड़ा लम्बा खींचा है।
- स्टोइक अत्यन्त कठोर तपस्विता की सिफारिश करते हैं जो सामान्य मानव प्रकृति के विरुद्ध चलती है।
- स्टोइक अपने रवैये से टस-से-मस नहीं होते। उनके सिद्धान्त में केवल सद्गुण शुभ हैं, केवल अवगुण बुराई है और शेष सभी सरोकार के बिल्कुल अयोग्य हैं।
- बुद्धिमान पुरुष के पास सभी सद्गुण होंगे और एक मूर्ख में कोई भी सद्गुण नहीं होगा। यह अजीब विचार है।
- अपने महानगरवाद (cosmopolitanism) के मामले में स्टोइक अपने समय से बहुत आगे थे।

उपयोगितावाद (Utilitarianism)

परिचय (Introduction)

जेरेमी बेंथम (1748-1832) ने पहली बार अपनी रचना 'इण्ट्रोडक्शन टू द प्रिंसिपल्स ऑफ मोरल्स एण्ड लेजिसलेशन' में उपयोगिता का व्यवस्थित वर्णन किया है। बाद में जॉन स्टुअर्ट मिल तथा हेनरी सिडबिक (Henry Sidgwick) ने इसकी आलोचना से बचने के लिए उपयोगितावाद के मूल रूप में संशोधन किया। इस प्रक्रिया में उपयोगितावाद के मूल विचारों में परिवर्तन हुए और यह सिद्धान्त और अधिक विविधतापूर्ण हो गया।

मुख्य सिद्धान्त (मत) (Main Tenets)

उपयोगितावादियों का कहना है कि मानव की क्रियाओं का लक्ष्य लोगों की अधिकांश संख्या की महानतम प्रसन्नता को बढ़ाना होना चाहिए। बेंथम के अनुसार 'प्रकृति ने मानव को दो सार्वभौम स्वामियों के अधीन रखा है, वे दो हैं: पीड़ा और आनन्द। यह उन्हें ही बताना है कि हमें क्या करना चाहिए तथा साथ ही, यह भी कि हम क्या करेंगे।' मान लें कि एक निश्चित परिस्थिति में एक नैतिक कर्त्ता को कार्य के प्रकार के तीन विकल्प हैं-ए$_1$,ए$_2$ तथा ए$_3$। इनमें से उसे किसे चुनना चाहिए। उपयोगितावादी उत्तर देते हैं कि नैतिक कर्त्ता को वह चुनना पड़ेगा जो आनन्द को अधिकतम तथा पीड़ा को न्यूनतम करता हो। किसी अवसर पर व्यक्ति के लिए सही क्रिया वह है जो इससे प्रभावित लोगों को सबसे बड़ा आनन्द और न्यूनतम पीड़ा देती है।

जे.एस.मिल (1806-1873) के शब्दों में उपयोगितावादी सिद्धान्त है-'क्रियाएँ (कार्य) उस अनुपात तक ठीक हैं कि वे आनन्द को बढ़ाने के लिए आशयित हैं; वे गलत हैं यदि वे आनन्द के उलट करते हैं।' आनन्द से सुख-भोग तथा पीड़ा का विलोपन आशयित है; दुःख का अर्थ है पीड़ा और सुख-भोग का अभाव। मिल का विश्वास है कि आनन्द आवश्यक रूप से शुभ है, अर्थात् जो वस्तु आनन्द देती है, वह शुभ है। उपयोगितावाद, आचरण के नैतिक नियम के रूप में व्यक्तिगत नैतिक एजेण्टों, संस्थानों और सरकारों पर लागू होता है। और भी, उपयोगितावाद के अनुसार शुभ (अच्छा) जीवन वह है जो दुनिया में आनन्द को सर्वाधिक बढ़ाए (करे) तथा पीड़ा को न्यूनतम कर दे।

बेंथम ने एक 'सुखवादी परिगणना, (calculus)' का उल्लेख किया है जो आनन्द और पीड़ा के विभिन्न पहलुओं के बीच अन्तर करता है। उनका सोचना था कि विभिन्न स्रोतों से प्राप्त होने वाले आनन्दों को मापा जा सकता है तथा उनकी तुलना की जा सकती है। आनन्द के सात पहलु हैं- इसकी गहनता या दृढ़ता; इसकी अवधि या लम्बाई; इसकी निश्चितता: समयानुसार इसकी नजदीकी (कितनी जल्दी या कितना विलम्ब से); इसकी उत्पादकता या इसकी अन्य प्रसन्नताओं की ओर ले जाने की संभावना; इसकी शुचिता या पीड़ा से मुक्ति; और इसका विस्तार या लोगों की संख्या जिन्हें यह (इसमें) शामिल करेगा। प्रसंगवश, उपयोगितावादी 'प्रसन्नता', 'सुख-भोग', 'उपयोगिता' एवं 'कल्याण' को अदल-बदल कर प्रयोग करते रहते हैं।

यह दिखाने के लिए कि प्रसन्नता ही सर्वोच्च मूल्य है, मिल एक तर्क प्रस्तुत करते हैं। 'एक्स' दिखाई देने वाला है यदि लोग इसे देख पाते है; 'वाई' सुनाई देने वाला है यदि लोग उसे सुन पाते हैं। इसी प्रकार प्रसन्नता या उपयोगिता वांछनीय है यदि लोग इसे चाहते हैं तथा सामान्य अनुभव बताता है कि लोग इसकी इच्छा करते हैं। तथापि, मिल का तर्क बेकार (अवैध) है। तर्क के पहले भाग में, 'देखना' और 'सुनना' से तात्पर्य है 'दिखाई देने योग्य' तथा 'सुने जाने योग्य'। किन्तु 'चाहना' (चाहते) का अर्थ दो प्रकार से किया जा सकता है; 'चाहे जाने की क्षमता वाला' और 'चाहे जाने योग्य'। कोई इच्छा नैतिक है या नहीं, यह निश्चित करने के लिए परवर्ती अर्थ ही प्रासंगिक है।

उपयोगितावाद, अहम्वाद तथा परहितवाद (Utilitarianism, Egoism and Altruism)

और आगे बढ़ने से पहले, हमें अहम्वाद, परहितवाद तथा उपयोगितावाद के बीच सम्बन्ध देखना होगा। उपयोगितावाद जीवन की अहम्वादी अभिवृत्ति का अर्थ नहीं देता या उसकी पुष्टि नहीं करता। यह उस व्यक्ति के आनन्द या सुख-भोग को कोई विशेष दर्जा नहीं देता जिसके कार्य इसके द्वारा संचालित होते हैं। बेंथम कहता है कि सिद्धान्त को लागू करने में, प्रत्येक व्यक्ति को एक

(अकेला) माना (गिना) जाएगा और किसी को भी एक बार से अधिक नहीं माना जाएगा। नैतिक कर्त्ता के अपने सुख-भोग (और पीड़ाएँ) बिल्कुल उनके बराबर के हों जो कार्य (क्रिया) द्वारा अन्य प्रभावितों के होंगे।

अहम्वाद या आत्म-केन्द्रण ऐसी अभिरुचि है जिसके द्वारा कोई व्यक्ति अपने कल्याण को विशेष दर्जा देता है। इसके विपरीत रूप में उपयोगितावादी प्रत्येक के कल्याण को बराबर मानते हैं। अतः उपयोगितावाद कोई अहम्वादी सिद्धान्त नहीं है।

लेकिन साथ-साथ उपयोगितावाद, परहितवाद नहीं है। परहितवाद वह सिद्धान्त है जिसमें दूसरों के हितों को अपने स्वयं के हितों से पहले (ऊपर) रखा जाना चाहिए। परहितवाद को अक्सर नैतिकता के केन्द्रस्थ माना जाता है। ऐसा ईसाइयत के कारण है जिसने पश्चिमी नैतिकता की परम्पराओं पर जबरदस्त प्रभाव डाला और जिसमें आत्म-दमन को एक सद्गुण माना गया है। तथापि, यदि आनन्द को महत्त्व दिया जाता है तो व्यक्ति का अपना आनन्द, अन्य किसी भी व्यक्ति के आनन्द के समान ही महत्त्वपूर्ण होता है। लेकिन अब वह महत्त्वपूर्ण नहीं है। उपयोगितावाद की यह विशेषता सामान्यतः इसकी 'सामान्यीकृत परोपकारी' अनिरुचि कही जाती है जो परहितवाद व अहम्वाद, दोनों से अलग है।

उपयोगितावाद और अहम्वाद के बीच सम्बन्ध को बाद के विचारकों ने स्पष्ट रूप से देख लिया था। तथापि, जब बेंथम ने उपयोगितावाद को प्रस्तुत किया तो आलोचकों को लगा कि उसने मानव अहम्वाद को नैतिक सिद्धान्त के दर्जे पर पहुँचा दिया है। तब उपयोगितावादियों ने सुख-भोग को सामान्य आनन्द में शामिल करने के लिए इसकी उनकी संकल्पना बताई और उसको स्पष्ट किया। तथापि, इसे अप्रत्यायक (न माने जाने योग्य) माना गया। जॉन देवे का कथन है- "तदनुसार, व्यक्तिवादी सुखवाद *(निजी सुख-भोग) से सार्वभौमिकतावादी सुखवाद (सामान्य सुखभोग) को कोई सीधा मार्ग नहीं है। आनन्द हमेशा ही किसी खास व्यक्ति की खास दशा है। किस का आनन्द वांछनीय है और किसे वांछनीय है? क्योंकि मेरा आनन्द मेरे लिए अन्तर्भूत प्रकार से वांछनीय है। हाँ, यह है कि सुखवादी मनोविज्ञान में यह कहना बकवास नहीं होगा कि आपकी भावनाओं की स्थिति मुझे वांछनीय है।"*

निजी आनन्द से सामान्य आनन्द में परावर्तन (चले जाना) में आने वाली कठिनाई को मानते हुए, उपयोगितावादियों का कथन है कि मानव एकदम स्वार्थी नहीं होते हैं तथा अपने साथी लोगों के आनन्द के प्रति उदासीन भी नहीं होते। ऐसा इसलिए है क्योंकि सहानुभूतियाँ व सामाजिक अनुभूतियाँ मानव चरित्र में समाहित (जड़ित) रहती हैं; और भी, मानव शिक्षा व संस्कृति के कारण कुछ हद (अंशों) तक ज्ञान-सम्पन्न हो जाता है। ये कारक मानव को अपने अहम्वाद से आगे बढ़ा सकते (उबर) हैं।

आनन्द की संकल्पना (Concept of Happiness)

आलोचक उपयोगितावाद में एक और दोष ढूँढ़ लेते हैं जिसमें वे इसकी आनन्द की संकल्पना को अश्लील (गँवारू) मानते हैं। मिल की आलोचना में इस बात को रेखांकित किया गया है कि उपयोगितावाद, ऐसे प्रतीत होने में कि जीवन में सुख-भोग से बड़ा कोई लक्ष्य नहीं है, यह 'सिद्धान्त केवल सूअरों के ही लायक है।' मिल का कहना है कि 'दोषारोपण मानवों को उन्हीं सुखभोगों के लायक मानता है जिन सुखभोगों के लिए सूअर समर्थ हैं।' उसने उच्चतर व निम्नतर सुख-भोगों के बीच अन्तर स्थापित किया। उच्चतर सुख-भोग में मानसिक, सौन्दर्य-शास्त्रीय और नैतिक सुख-भोग शामिल हैं। उच्चतर सुखभोग, निम्नतर सुखभोग से डिग्री (सुखभोग की मात्रा) में फर्क नहीं है बल्कि उनके प्रकार (प्रकृति) में (सुखभोग का भिन्न प्रकार) में अन्तर है। वह यह भी कहता है कि 'वही करना जो आपके साथ किया जाएगा, और अपने पड़ौसी को वैसे ही प्यार करो जैसे खुद को करते हो, यही उपयोगितावादी नैतिकता की आदर्श पूर्णता है।' इस प्रकार वह ईसाइयत के सुनहरी नैतिक नियम को उपयागितावाद में जोड़ देता है।

उपयोगितावादियों का कहना है कि आनन्द या उपयोगिता ही वह अन्तिम लक्ष्य है जिसे लोग पाना चाहते हैं। यह विचार मानव आचरण के अनेक पहलुओं को स्पष्ट करने में असफल रहा है। यह माता-पिता द्वारा बच्चों की निस्वार्थ देखभाल, सेना में अपने साथियों के लिए सिपाहियों के बलिदान तथा संतों के संन्यास का स्पष्टीकरण नहीं देता (मौन है)। उपयोगितावादी इन उदाहरणों को इस प्रकार समझने का प्रयास करते हैं कि कुछ लोग दूसरों के लिए बलिदान देने में आनन्द की प्राप्ति करते हैं। तथापि, बलिदान और परोपकारिता के कार्यों को निजी सुख-भोग पाने के प्रयास नहीं कहा जा सकता। ऐसे कार्यों में, लोग अन्य

लक्ष्यों के लिए अपने निजी आनन्द को बलि चढ़ा देते हैं। इस प्रकार लोग अन्य वस्तुओं को स्वयं में लक्ष्य मानते हैं और उन्हें आनन्द का साधन नहीं मानते।

आनन्द का मापन (Measuring Happiness)

हमने अब तक दो आलोचनाओं पर विचार किया है जो उपयोगितावादी नैतिक मानदण्ड, अर्थात् आनन्द (Happiness) पर प्रश्न उठाती हैं। किन्तु यदि हम आनन्द को लक्षित (सर्वोच्च) मूल्य मान लें तो इससे एक समस्या पैदा होती है। आनन्द का सर्वाधिकीकरण में आनन्द का मापन, आनन्द को बढ़ाना तथा आनन्द की तुलना करना होता है। आनन्द को मापने की कोई इकाई (जैसे-ग्राम) नहीं होती। अत: विभिन्न क्रियाओं से प्राप्त होने वाले आनन्द को जोड़ा नहीं जा सकता। इसके अतिरिक्त, हम उस आनन्द की तुलना नहीं कर सकते जो व्यक्ति एक समान कार्य या विभिन्न कार्यों से प्राप्त करता है। इस प्रकार एक कप कॉफी पीने से हरि को प्राप्त सुख-भोग की तुलना हम उस सुख-भोग से नहीं कर सकते जो सिर्फ एक उसी प्रकार की कॉफी पीने से गिरी प्राप्त करता है। ऐसा इसलिए है कि आनन्द एक व्यक्ति की मानसिक स्थिति है। अर्थशास्त्र में इसे उपयोगिता की अन्तर-वैयक्तिक तुलनात्मकता कहते हैं।

उपयोगितावादी इस बात का उत्तर सामान्य शब्दों में देते हैं। यह सच है कि आनन्द का गणितीय आकलन नहीं हो सकता। तथापि, लोगों में उस उपयोगिता या सुख-भोग की सापेक्षित डिग्री के लिए सहजबुद्धि होती है जो विभिन्न वस्तुओं से प्राप्त किए जा सकते हैं। हर दिन मानव निर्णय लेने की प्रक्रिया में आनन्द या सुख-भोगों में तुलना की जाती है। उपयोगितावादी सिद्धान्त में विभिन्न मानव सुख-भोगों का श्रेणीकरण किया जाता है एवं उन परिस्थितियों की व्यापक दृष्टि ली जाती है जिसमें वे उच्चतर या निम्नतर हो जाएँगे।

उपयोगितावाद के अतर्कसम्मत परिणाम (Untenable Results of Utilitarianism)

अब हम उपयोगितावादियों से सम्बन्द्ध विभिन्न प्रकार की समस्याओं की बात करते हैं। दार्शनिकों ने ऐसे दृष्टांत दिए हैं जिनमें उपयोगितावादी सिद्धान्तों के लागू किए जाने के अस्वीकार्य नैतिक परिणाम होते हैं। परिस्थितियाँ काल्पनिक हैं, किन्तु वे आचरण के उपयोगितावादी नियमों की अस्वीकार्यता दिखाने के लिए प्रति-दृष्टांतों का काम करती हैं। उनका प्रयोजन यह दिखाना है कि सामान्य नैतिक सिद्धान्तों के अपवाद होते हैं।

ऐसे एक परिदृश्य में तीन प्रसिद्ध लोगों की कल्पना की गई है– भौतिकी, औषध तथा आनुवंशिकी के नोबल-पुरस्कार विजेता जो गंभीर रूप से बीमार है और इन्हें अंग प्रत्यारोपण की भारी जरूरत है। एक को किड्नी चाहिए, दूसरे को हृदय तथा तीसरे को अग्नाशय चाहिए। किन्तु जरूरी अंग अनुपलब्ध हैं। जब सर्जन इस समस्या पर चिन्ता व्यक्त कर रहे थे, एक पूरी तरह से नशे में डूबा आवारा आदमी वहाँ लाया जाता है। जिसका न परिवार है, न दोस्त और न घर है। सर्जन उस आवारा के शरीर से अंग निकालकर तीनों महान व्यक्तियों के शरीर में रोपित करने का निर्णय करते हैं। हमें यह मान लेना चाहिए कि सर्जनों को उनके इस काम के लिए कानूनी निरापदता मिली हुई है।

प्रश्न यह है कि क्या उपयोगितावाद इन सर्जनों के कार्य को उचित ठहराएगा। इस प्रश्न का उत्तर देने में हमें उपयोगितावाद के अलावा सभी नैतिक सिद्धान्तों की अनदेखी करनी होगी। हमें अन्य सभी नैतिक मानदण्ड़ों को अलग करने तथा उस उत्तर को पाने की जरूरत होगी जो हमें उपयोगितावादी मानदण्ड़ों से मिलेगा। जैसाकि हमें मालूम है, हमें दो विकल्पों: (1)आवारा के अंग निकाल लें और तीनों महान व्यक्तियों के शरीरों में प्रत्यारोपण कर दें, और (2) होश में आने पर उस आवारा को चले जाने दें, से समाज को मिलने वाले कुल सुख-भोग या उपयोगिता का हिसाब लगाना होगा। यह स्पष्ट है कि विकल्प (1) की सामाजिक उपयोगिता स्पष्ट रूप से विकल्प (2) से अधिक हो जाती है। क्योंकि आखिर तीन नोबल पुरस्कार प्राप्त व्यक्तियों की तुलना में आवारा के जीवन का मूल्य ही क्या है?

इस उदाहरण में हम एक ऐसे नैतिक मूल्यांकन पर पहुँचे जिसे कोई भी सभ्य समाज स्वीकार नहीं करेगा। यह उदाहरण एकल क्रिया वाली परिस्थिति को चित्रित करता है। यहाँ हम 'क्रिया' (ंबज) को एकल नैतिक क्रियाकलाप समझ सकते हैं। हमें

'क्रिया' के ऑपरेशनों से पहले, उनके दौरान तथा बाद की डाक्टरों एवं नर्सों की विभिन्न गतिविधियों वाला सामान्य अर्थ नहीं लेना चाहिए। उदाहरण में दी गई परिस्थिति 'क्रिया उपयोगितावाद' के तौर पर जानी जाती है। क्रिया उपयोगितावाद व्यक्तिगत (निजी) कार्यवाही के नैतिक मूल्यांकन बताता है। स्वभाविक ही है कि जब उपयोगितावाद को निजी कार्यों पर लागू किया जाता है तो यह अप्रत्याशित परिणाम देता है।

क्रिया उपयोगितावाद तथा नियम उपयोगितावाद (Act Utilitarianism and Rule Utilitarianism)

इस प्रकार के प्रति-उदाहरणों से बचने के लिए 'क्रिया' उपयोगितावाद एवं 'नियम' उपयोगितावाद के बीच सामान्यत: अन्तर किया जाता है। क्रिया उपयोगितावाद का अर्थ बेंथम के अनुसार यह है कि प्रत्येक क्रिया-कलाप सर्वोच्च आनन्द सिद्धान्त के अनुसार होना चाहिए। नियम उपयोगितावाद (जिसका उल्लेख मिल ने किया है) कहता है कि व्यक्ति को उन नियमों के अनुसार आचरण करना चाहिए जो सबसे अधिक आनन्द देने वाले हों। यह अन्तर बताता है कि कुछ खास परिस्थितियों में से एक स्पष्टत: घृणित कार्य, अन्य शालीन कार्य की अपेक्षा अधिक सामान्य आनन्द (प्रसन्नता) देगा। किन्तु घृणित क्रिया-कलाप अपना उपयोगितावादी पुरस्कार खो देता है क्योंकि यह उस नियम के विरुद्ध है जो खुद ही महानतम (बड़े-से-बड़े) आनन्द के प्रति अनुकूल है।

अब हम अपने उदाहरण को अन्य कोणों (पहलुओं) से जाँचेंगे-पहले उस कानून के विचार से जो शासन द्वारा पुष्टिकृत नियमावली है। उसके शरीर के अंगों के लिए व्यक्ति को मारना हत्या है और यह बात विशुद्ध सीधी है। यह कानूनी अपराध है। यदि सर्जन कानून से बच जाते हैं तो भी वे नैतिकता को भंग करने के अपराधी हैं। नैतिकता की लगभग सभी प्रणालियों में मानव जीवन अति पवित्र (अलंघ्य) है। और भी, सर्जन उस परम्परागत शपथ से बंधे हैं जो निर्धारित करती है कि एक चिकित्सक (डॉक्टर) को रोगी की केवल सेवा करनी चाहिए और कभी भी हानि नहीं पहुँचानी चाहिए। यदि वे महान व्यक्तियों की मदद करना चाहते हैं तो भी यह किसी अन्य व्यक्ति के जीवन के मूल्य पर नहीं हो सकता।

उपरोक्त उदाहरण में नैतिक दुविधा थी। तथापि, एक वास्तविक नैतिक दुविधा के होने पर कोई निर्णय लेने में दो या बराबर के महत्त्वपूर्ण नैतिक मानदण्ड़ों के बीच चयन करना पड़ता है। अत: नैतिक ऐजेण्ट्स अपने को कठिन नैतिक दुविधा में फँसा पाते हैं। हमारे उदाहरण में, चयन बिल्कुल स्पष्ट है। सर्जनों को महान व्यक्तियों के बचाने के लिए भी नशे में डूबे आवारा को हानि नहीं पहुँचाना चाहिए।

उदाहरण पर चर्चा समाप्त करने से पहले हम नियम उपयोगितावाद को पुन: शुरू कर सकते हैं। आदमी को सामान्य नियमों का पालन करना चाहिए। और सामान्य नियमों के लिए एकमात्र स्वीकार्य उपयोगितावादी ही है; उन नियमों के अनुसार आचरण करें जिन पर यदि सामान्यत: चला जाए तो उनसे सबसे बड़ा आनन्द (सुख-भोग) प्राप्त होगा। नियम उपयोगितावाद प्रति उदाहरण के प्रति अप्रभावित है जिन्हें क्रिया (act) उपयोगितावाद के विरुद्ध सरलता से लाया जा सकता है क्योंकि यह उपयोगिता के अर्थों में बता सकता है कि सर्वाधिक आनन्द के सिद्धान्त पर खरे उतरने के बावजूद कुछ क्रिया-कलाप सामान्यत: वर्जित क्यों है?

प्रयोजनमूलक एवं नीतिशास्त्रीय नैतिक सिद्धान्त (Teleological and Deontological Moral Theories)

फिलहाल (इस अवस्था में) हम उस पद्धति (ढंग) पर सुविधापूर्वक विचार कर सकते हैं जिससे उपयोगितावाद नैतिकताओं को छूता है। आदर्शक नैतिक सिद्धान्तों को प्रयोजनमूलक (सोद्देश्यवादी) एवं नीतिशास्त्रीय (कर्त्तव्यशास्त्रीय) की श्रेणियों में वर्गीकृत किया गया है। ये दोनों प्रकार के सिद्धान्तों में भिन्नता किसी क्रिया-कलाप के नैतिक मूल्य को तय करने की है- कोई क्रिया-कलाप नैतिक दृष्टि से ठीक है या गलत है, अनुमेय है या वर्जित है। प्रयोजनमूलक सोच को 'परिणामवाद' (consequentialism) भी कहा जाता है।

यह किसी क्रिया-कलाप का नैतिक मूल्य, उस क्रिया-कलाप के परिणाम या फल के आधार पर तय करता है। यदि इसके परिणाम अच्छे हैं तो ऐसा क्रिया-कलाप अच्छा है। अत: किसी क्रियाकलाप को नैतिक दृष्टि से जाँचने के लिए हमें इसके वास्तविक या संभावित परिणामों पर विचार करना होगा। नैतिक अहम्वाद तथा उपयोगिवाद प्रयोजनमूलक हैं।

प्रयोजनमूलक सोच के विपरीत नीतिशास्त्रीय सोच, इसके परिणामों के आधार पर किसी क्रिया-कलाप के नैतिक मूल्य निर्धारण को अस्वीकार करता है। नैतिकता पर नीतिशास्त्रीय सोच मानती है कि नैतिक कर्त्ताओं को परिणामों की चिन्ता किए बिना अपने कर्त्तव्यों या उत्तरदायित्वों को परिणाम से पूरा करना चाहिए। नैतिक कर्त्ताओं को मानव अधिकारों का सम्मान करना चाहिए तथा इष्टतम परिणाम की कीमत पर भी नैतिक उत्तरदायित्वों को पूरा करना चाहिए। नीतिशास्त्रवाद कहता है कि किसी क्रिया-कलाप का नैतिक मूल्य उसके परिणामों पर नहीं निर्भर करता, अपितु उसके लिए भिन्न मानदण्ड प्रयोग किए जाने चाहिए। बाद के खण्ड में हम ऐसे दो सिद्धान्तों-काण्टियानिज्म (Kantianism) तथा अनुबंधनीवाद (Contractarianism) पर विचार करेंगे।

परिणामवाद के रूप में उपयोगितावाद (Utilitarianism as Consequentialism)

उपयोगितावाद से सम्बद्ध एक और प्रश्न है कि एक नैतिक कर्त्ता के लिए अपने क्रिया-कलाप के परिणाम का पूर्वानुमान कर लेना आवश्यक है। किसी भी निश्चित परिस्थिति में उसे क्रिया-कलापों की उपलब्ध दिशा पर विचार करना होता है और उस मार्ग को चुनना होता है जिसका परिणाम अधिकतम उपयोगिता या न्यूनतम अनुपयोगिता हो। किन्तु क्रिया-कलापों के परिणामों का पूर्वानुमान करना कठिन है। आइए, हम एक उदाहरण देखते हैं जो गोर्डन ग्राहम ने 'एट थ्योरीज ऑफ एथिक्स' (Eight Theories of Ethics) में दिया है:

इतिहासकार हमें बताते हैं कि पहले विश्व युद्ध को शुरू करवाने वाली घटना थी आस्ट्रिया के आर्कड्यूक फर्डीनेन्ड की सराजेवो में कत्ल हो जाना। युद्ध के गहरे कारणों को दर किनार कर हम मान लेते हैं कि कत्ल हो जाने के कारण ही युद्ध हो गया। आर्कड्यूक के ड्राइवर की एक गलती के कारण हत्यारे को सफल होने का अवसर मिल गया। गलती यह थी कि वह बंद सड़क के अन्तिम छोर पर चला गया और उसे पलटना पड़ा। जैसे ही कार मुड़ने के लिए रुकी, हत्यारों को आर्कड्यूक पर गोली चलाने का अवसर मिल गया। इस प्रकार, यदि ड्राइवर ने दुर्भाग्यपूर्ण गलती न की होती तो फर्डीनिण्ड सही सलामत घर पहुँचा दिए जाते। इस उदाहरण में हमने एक ऐतिहासिक '(पहुँचा) दिए जाते' की कल्पना की है।

हम ड्राइवर की गलती के होने के महत्त्वपूर्ण परिणामों को संक्षेप में क्रमबद्ध कर सकते हैं। आर्कड्यूक की मृत्यु → पहले विश्व युद्ध का शुरू हो जाना → लाखों लोगों का कत्ल → रूसी आन्दोलन → वर्साइल की संधि – इसका जर्मनी के साथ कठोर व्यवहार – जर्मनी में असंतोष → हिटलर का उदय – विमवंस तथा दूसरा विश्वयुद्ध → आणविक हथियारों का विकास → हीरोशिमा व नागासाकी पर परमाणु बमों का गिराया जाना। बंद गली में गलत मोड़ लेकर ड्राइवर ने इतिहास में सबसे बड़ी गलती की लगती है।

इस उदाहरण में घटनाओं (कार्यों) का पता लगाने में समस्याओं को उजागर करने के लिए ड्राइवर की गलती के परिणामों को जानबूझकर बढ़ा-चढ़ा कर बताया गया है। पहले, परिणाम एकश्शृंखला बनाते हैं; या एक क्रियाकलाप (कार्य) गौण प्रभाव पैदा करता है जिससे तरंगें पैदा होती हैं जैसे किसी तालाब में पत्थर फेंकने से लहरें पैदा होती हैं। पहले प्रभाव से दूसरा प्रभाव तथा दूसरे से तीसरा प्रभाव पैदा होता है और इसी तरह क्रम चलता है। यद्यपि यह समस्या गंभीर है, किन्तु असाध्य नहीं है। सामान्यत:, कोई क्रिया-कलाप (कार्य) अच्छा है या बुरा है; यह निश्चित करने के लिए परिणामों का दायरा अनेक क्रिया-कलापों के लिए छोटा ही होगा।

परिणामों की अंतहीनश्रंखला के अलावा हमें एजेण्ट के उत्तरदायित्व पर भी विचार करना होगा। समस्याओं के विश्लेषण में, अक्सर परिणामों से उत्तरदायित्व को अलग करना आवश्यक होता है। सामान्य तौर पर लोग इस विनाशकारी परिणाम के लिए उदाहरण में उल्लिखित ड्राइवर पर उत्तरदायित्व डालने के इच्छुक नहीं होंगे। यह कहना उचित होगा कि लोग परिणामों के कारण बुरा काम करते हैं जो न केवल पूर्वानुमानित थे बल्कि पूर्वानुमान योग्य भी नहीं थे।

निर्णयों के परिणामों का पूर्वानुमान (Forecasting Consequences of Decisions)

परिणामों के अध्ययन में व्यक्ति को प्रत्याशाओं एवं परिणामों या प्रत्याशित और वास्तविक परिणामों के बीच अन्तर करना होगा। जब हम किसी क्रिया-कलाप (कार्य) की योजना बनाते हैं तो हम इसके संभावित परिणामों का मग दंजम या पहले से ही अनुमान

लगा लेते हैं किन्तु क्रिया-कलापों का आकलन उनके वास्तविक परिणामों के आधार पर कार्योतर किया जाता है। किन्तु निर्णय करते समय हम पश्च-दृष्टि पर निर्भर नहीं सकते।

तब हम नैतिक या अन्य सन्दर्भों में निर्णय कैसे करते हैं? इसका उत्तर यह है कि हमें कारण और प्रभाव के बारे में सामान्य बातों पर निर्भर रहना पड़ता है तथा सामान्य नियमों का पालन करना पड़ता है। हम प्रस्तावित क्रिया-कलाप (कार्य) के संभावित परिणामों का आकलन पिछले अनुभव के आधार पर करते हैं और हम अपने अनुभव का, आचरण के उपयोगी सामान्य नियमों में संक्षेपण कर देते हैं। सरल शब्दों में, हमें किसी क्रिया-कलाप के संभावित परिणामों को, इसी प्रकार की घटनाओं के पिछले अनुभव पर आधार पर दिखाना पड़ता है। ये (बातें) सामान्य नियमों में शामिल हैं जो कारण व प्रभाव के सम्बन्धों की ओर इंगित करती हैं। क्रियाकलाप 'एक्स' के इस प्रकार के परिणाम होंगे। उदाहरण के लिए, हम जानते हैं कि गर्दन-तोड़ गति पर गाड़ी चलाने से दुर्घटना हो सकती है तथा लोग घायल हो सकते हैं।

नैतिक कर्त्ता को अपने कार्यों के परिणामों पर परिश्रमपूर्वक विचार करना होगा। उदाहरण के लिए, पहाड़ की चोटी से नीचे देखे बिना पत्थर लुढकाने वाला तो गैर-जिम्मेदार ही होगा। जैसाकि हमने पहले कहा था, व्यक्ति को संभावित परिणामों की भविष्यवाणी, इसी प्रकार के पिछले कार्यों के अनुभवों के आधार पर करानी होती है। अनिश्चित परिस्थितियों में, व्यक्ति को विभिन्न वैकल्पिक कार्यों की संबंधित संभावनाओं पर निर्भर रहना पड़ता है। यदि उपलब्ध हों तो इन संभावनाओं को सही-सही आँकड़ों से प्राप्त किया जा सकता है। अन्यथा व्यक्ति को संभावनाओं के सहजबुद्धि ज्ञान पर निर्भर रहना पड़ता है। उपयोगितावादी उपलब्ध सूचना को परिश्रमपर्वक प्राप्त करने एवं कल्याण को अधिकतम करने के लिए सूचित निर्णय लेने का उत्तरदायित्व नैतिक कर्त्ताओं पर डाल देते हैं। उपलब्ध सूचना पर बड़ी ईमानदारी से विचार किए बिना निर्णय लेने वाला व्यक्ति नैतिक मानकों से नीचे गिर जाएगा।

नैतिक उत्तरदायित्व (Moral Responsibility)

यहाँ हमें नैतिक निर्णयों से सम्बन्द्ध परिस्थितियों में रहने वाले दो प्रश्नों को अलग-अलग करने की आवश्यकता है। एक प्रश्न यह है कि सही कार्य-दिशा का चयन कैसे किया जाए। जैसाकि हमने देखा है कि उपयोगितावादी सिद्धान्तों के अनुसार नैतिक कर्त्ताओं को सर्वोच्च आनन्द के सिद्धान्तों का पालन करना होगा। दूसरा प्रश्न नैतिक कर्त्ताओं की जिम्मेदारी के बारे में है- वे अपने काम के लिए प्रंशसा के पात्र हैं या दोषारापण के। जब कुछ गलत हो जाता है तो हम शीघ्र ही दूसरों को दोष देने के लिए तैयार रहते हैं।

उपयोगितावादी कहते हैं कि अपने कार्यों के बुरे परिणामों के लिए सीधे नैतिक कर्त्ताओं को दोष नहीं दिया जाना चाहिए। प्रश्न यह है कि क्या उनके कार्य सद्भावनायुक्त हैं या नहीं। तथापि, व्यक्ति को यह चेतावनी ध्यान में रखनी चाहिए कि नर्क का रास्ता भी अच्छी भावनाओं से बनाया गया था। जैसाकि हमने देखा है, लोगों की अपने कार्यों के संभावित परिणामों का पूर्वानुमान (पूर्वाभास) करने की बुद्धि (बुद्धिमानी) रखने की नैतिक जिम्मेदारी है। तथापि, यदि वे पर्याप्त सावधानी रखते हैं तो अपने कार्यों के बुरे परिणामों के लिए वे उत्तरदायी नहीं ठहराए जा सकते। यह सदाशयी त्रुटि की अवधारणा है।

समतावादी न्याय (Egalitarian Justice)

अनेक लेखकों का मानना है कि उपयोगितावादी आनन्द या उपयोगिता के वितरणीय पहलुओं की अनदेखी करते हैं। इसका तात्पर्य यह है कि न केवल समग्र आनन्द या कल्याण ही नहीं अपितु इसका समाज के सदस्यों के बीच वितरण महत्त्वपूर्ण है। उदाहरण के लिए, समाजवाद का कहना है कि धन-सम्पत्ति व आप का किसी भी समाज में बराबर का वितरण होना चाहिए। चूँकि मामला आनन्द और कल्याण का है, कुल सामाजिक कल्याण बराबर का वितरण किया जाना है। अन्यथा ऐसा हो सकता है कि अमीरों की छोटी-सी अल्प-संख्या, गरीबों की बहु-संख्या की पीड़ा बराबर कर देगी।

आरम्भ के उपयोगितावादी विचारकों ने सामान्यत: आनन्द या कल्याण के वितरणीय पहलु की उपेक्षा की है। तथापि, जे. एस. मिल ने ऐसे मामलों की और अधिक समतावादी सोच अपनाई है। उपयोगितावाद वैभव वितरण के किसी खास पैटर्न का तर्कसंगत समर्थन नहीं भी कर पाएगा। उपयोगितावाद से समानता हेतु मामला बनाने का एक रास्ता ह्रासमान सीमान्त उपयोगिता का आर्थिक सिद्धान्त

है। सरल शब्दों में, यह सिद्धान्त बताता है कि कोई उपभोक्ता किसी वस्तु का उपयोग जैसे-जैसे बढ़ाता जाता है, बढ़े हए उपभोग की अतिरिक्त इकाइयों से उसे प्राप्त होने वाली उपयोगिता या संतोष वैसे-वैसे कम होता जाता है। परिणामस्वरूप, बहुत (माल) रखने वालों (मान लीजिए 'आर') से बहुत कम रखने वालों (मान लीजिए 'पी') का वस्तुओं का स्थानान्तरण कुल आनन्द को बढ़ाएगा। 'पी' द्वारा प्राप्त किए जाने वाला संतोष उस संतोष से बहुत अधिक होगा जितना कि 'आर' ने खोया है।

अर्थशास्त्रियों के अनुसार यह तर्क धन-सम्पत्ति के पुनर्वितरण पर लागू नहीं होगा क्योंकि धन-दौलत कोई एकल वस्तु नहीं है अपितु यह सामान्यत: वस्तुओं पर अधिकार को प्रस्तुत करती है। उस दशा में, घटती हुई सीमान्त उपयोगिता का नियम लागू नहीं होगा। धन-दौलत के पुनर्वितरण के माध्यम से आनन्द बढ़ाने को तार्किक ढग से चुनौती दी जा सकती है क्योंकि उपयोगिता या आनन्द की अन्तर्वैयक्तिक तुलनाएँ आर्थिक सिद्धान्त में अनुमत नहीं हैं। किन्तु ये सैद्धान्तिक विचार हैं क्योंकि समतावाद ऐसा नैतिक मूल्य है जिसे बहुत-से समाजों ने अपनाया है। सिद्धान्त स्तर पर भी जॉन रावल्स ने अपनी रचना- 'ए थ्योरी ऑफ जस्टिस' में वितरणीय न्याय का उल्लेख (समावेश) किया है।

राजनीतिक अधिकार (Political Rights)

मिल नैतिकता के अन्य क्षेत्रों से एक व्यक्ति के न्याय-संगत (उचित) कार्य के अर्थों में न्याय को अलग करता है। न्याय हम पर कुछ ऐसे कर्तव्य थोप देता है जिन्हें ''अन्य लोग अधिकार के मामले के तौर पर मान सकते हैं।' न्याय-संगत कार्य कुछ वैसी बात है जो करना न केवल सही है और जिसे नहीं करना गलत है बल्कि कुछ लोग जिसे अपना नैतिक अधिकार मान कर हमसे माँग सकते हैं। 'एक्स' को 'वाई' के दान पर कोई अधिकार नहीं है, यद्यपि 'वाई' भली प्रकार दान कर सकता है। किन्तु 'एक्स' को अधिकार है कि 'वाई' उसे कोई हानि न पहुँचाए या 'वाई' उसे अपना ऋण लौटा दे।

आलोचकों के अनुसार व्यक्तियों के राजनीतिक अधिकारों को उपयोगितावाद के ढ़ाचे के भीतर पर्याप्तत: स्पष्ट नहीं कि जा सकता। मिल का तर्क है कि समाज द्वारा नागरिकों के निजी अधिकारों की रक्षा की जानी चाहिए और उसने ऐसी रक्षा हेतु सामाजिक उपयोगिता का तर्क दिया है। इसके अंतर्गत बीसवीं शताब्दी के प्रसिद्ध विचारक जॉन रावल्स उपयोगितावादी सोच की आलोचना इस आधार पर करते हैं कि व्यक्ति के अधिकारों का हनन सामान्य सामाजिक शुभ के नाम पर किया जा सकता है।

उपयोगितावाद का सार संक्षेप

- उपयोगितावादी, आनन्द को मानवीय क्रिया-कलापों हेतु मार्ग-दर्शक मानते हैं।
- व्यक्तियों, संस्थानों तथा सरकारों को आनन्द को अधिकतम एवं पीड़ा को न्यूनतम करने की कोशिश करनी चाहिए।
- अच्छा (शुभ) जीवन वही है जिसका लक्ष्य अपने लिए एवं दूसरों के लिए अधिकतम आनन्द प्राप्त करना है।
- उपयोगितावाद न तो अहम्वाद है और न परहितवाद।
- दार्शनिक, उपयोगितावाद की आलोचना स्वार्थी उद्देश्यों तथा सकल सुखभोग को बढ़ावा देने के लिए करते हैं।
- आलोचकों को जवाब देने के लिए मिल ने सुखभोगों की गुणवत्ताओं या श्रेणियों की संकल्पना प्रस्तुत की। मिल ने यह दिखाने के लिए साक्ष्य दिया कि सुखभोग हेतु इच्छा, मानव प्रकृति का भाग है।
- उपयोगितावादी, आनन्द की खोज के तौर पर आत्म-बलिदान और नायकवाद वाले मानवीय व्यवहार को बताने का अयुक्तियुक्त प्रयास करते हैं।
- चूँकि आनन्द एक आत्मपरक, गैर-मानवीय मानसिक अवस्था है, अत: उपयोगितावाद को समस्या होती है।
- दार्शनिक 'कार्य' उपयोगितावाद और 'नियम' उपयोगितावाद के बीच अन्तर करते हैं।
- 'कार्य' उपयोगितावाद में, प्रत्येक क्रिया-कलाप में आनन्द को अधिकतम करना होता है।

- 'नियम' उपयोगितावाद में सामान्य नियमों का पालन करना होता है जो मानव आनन्द को अधिकतम कर देगा।
- 'कार्य' उपयोगितावाद से सामान्य नैतिकता के विपरीत क्रियाकलाप हो जाते हैं।
- उपयोगितावाद, कर्त्तव्यशास्त्रीय (नीतिशास्त्रीय) सिद्धान्त से अलग प्रयोजनमूलक होता है।
- कर्त्तव्यशास्त्रीय सिद्धान्त, उनके परिणामों की परवाह किए बिना नियमों के पालन करने पर ध्यान (जोर) देते हैं।
- प्रयोजनमूलक सिद्धान्त, क्रिया-कलापों के अच्छे या बुरे परिणामों पर ध्यान केन्द्रित करते हैं।
- क्रिया-कलापों के परिणामों का पूर्वानुमान लगाना कठिन है।
- नैतिक कर्त्ताओं को पिछले समान क्रिया-कलापों के अनुभव के आधार पर क्रिया-कलापों के संभावित परिणामों पर परिश्रम से विचार करना चाहिए।
- परिणामों पर ध्यान दिए बिना सद्भावना से किए गए कार्य उचित माने जाते हैं।
- उपयोगितावाद आनन्द या कल्याण के वितरणीय पहलुओं की अनदेखी करता है।
- निजी अधिकारों को उपयोगितावाद द्वारा पर्याप्ततः स्पष्ट नहीं कर सकता।

कॉण्टियानिज्म (Kantianism)

कर्त्तव्यः नैतिक मानदण्ड या मानक (Duty as Moral Criterion or Standard)

इम्मैनुअल काँट (1724-1804) महान जर्मन दार्शनिक था। उसने कर्तव्य के विचार (की धारणा) पर आधारित नैतिक सिद्धान्त बनाया। यह एक कर्तव्यशास्त्रीय सिद्धान्त है। 'डिओण्टोलॉजी' (कर्तव्यशास्त्र) शब्द ग्रीक धातु 'डिओन' (deon)=duty+ 'लोगोस' (logos)= reason से बना है। इन शब्दों से हम देख सकते हैं कि कर्त्तव्यशास्त्रीय सिद्धान्तों में एक क्रिया-कलाप को कर्त्तव्य होने के नाते नैतिक माना जाता है।

हम 'कर्त्तव्य' (duty) को उदाहरण के लिए सेना के 'कर्त्तव्य' (काम) से जोड़ सकते हैं। किन्तु इन अर्थों में 'कर्त्तव्य' (duty) सेना के कोड से लिया गया है। कॉण्ट की नैतिक कर्त्तव्य की संकल्पना काफी विस्तृत है: यह एक व्यक्ति की बुद्धिपरक सोच का परिणाम है। मानव क्रियाकलाप के अच्छे या बुरे परिणाम हो सकते हैं, किन्तु ये क्रियाकलाप के नैतिक मूल्य को निश्चित नहीं करते। अन्य शब्दों में, जो कार्य अवांछित परिणाम देता है, नैतिक हो सकता है; तथा जो कार्य अच्छे परिणाम देता है, वह अनैतिक हो सकता है। परिणामों का नैतिक उत्तरदायित्वों या कर्त्तव्य से कोई सरोकार नहीं है जो अकेला ही यह निश्चित कर सकता है कि एक क्रिया-कलाप नैतिक है या नहीं। संक्षेप में, ऐसा क्रिया-कलाप नैतिक है यदि यह नैतिक कर्त्ता के कर्त्तव्य बोध का परिणाम है।

कॉण्ट का कहना है कि जब कोई व्यक्ति एक परिस्थिति में जानबूझ कर एक खास तरह का व्यवहार करता है तो वह अन्यों के आचरण के लिए नियम स्थापित कर देता है। यह नियम ही है जो उसके क्रिया-कलाप को रेखांकित करता है। जानबूझ कर किया गया क्रिया-कलाप, अन्धे आवेग पर नहीं अपितु समझदारी के साथ किया गया होता है। ऐसे क्रिया-कलाप उसके नैतिक कर्त्तव्य के अनुसार होते हैं। यदि कोई नैतिक कर्त्ता अपने कर्त्तव्य के अनुसार क्रिया-कलाप करता है तो वह ऐसे क्रिया-कलापों की सिफारिश औरों से कर सकता है।

कॉण्ट की बात को एक सरल-से उदाहरण से स्पष्ट किया जा सकता है। मान लीजिए कि 'एक्स' ने 'वाई' से ऋण लिया। जब इसको वापस देने का समय आया तो वह सोचने लगा कि क्या वह ऋण वापस करने से बच सकता है। किन्तु यदि वह कर्त्तव्य की बात मानता है कि ऋण वापस कर दिया जाए तो वह बुद्धिपरक काम करता है। उस दिशा में वह अपने काम (ऋण वापस कर देना) की सिफारिश औरों से कर सकता है। कॉण्ट की नैतिकता का दूसरा पहलु भी है। एक नैतिक ऐजेण्ट के क्रिया-कलाप का मतलब है कि अन्य लोग भी उसी प्रकार की परिस्थितियों में इसी प्रकार का व्यवहार करें। अतः दूसरों के लिए बुरा दृष्टांत प्रस्तुत करना उसके लिए अलाभकारी होगा।

इस निर्देश को व्यक्त करने का एक और ढंग यह है कि व्यक्ति को नैतिक नियमों का पालन करना चाहिए। इससे यह प्रश्न पैदा होता है कि व्यक्ति के लिए कौन-से नैतिक नियम हैं या कर्तव्य हैं। कॉण्ट (Kent) नियमों या नैतिक कर्तव्यों का कोई सैट नहीं बताता। वह नैतिक नियमों को औपचारिक एवं अमूर्त ढंग से वर्णित करता है. नैतिक कर्ता किसी दी गई परिस्थिति में औपचारिक नियमों को लागू कर अपने कर्तव्य को समझता है। चूंकि कॉण्ट का नैतिक नियमों का वर्णन उलझन भरा है, हम इसे निम्नलिखित उदाहरण की सहायता से समझ सकते हैं:

(*i*) 'एक्स' उस वायदे पर 'वाई' से रु 50,000/- उधार लेता है कि वह उसे छह महीनों में लौटा देगा।

(*ii*) छः महीने बाद 'एक्स' या तो (क) राशि वापस कर देगा या (ख) देने से कतराएगा।

(*iii*) दोनों ही स्थितियों में, वह न केवल अपने लिए अपितु हरेक के लिए आचरण का नियम स्थापित करता है।

(*iv*) (क) में, आचरण का नियम या सिद्धान्त है। 'ऋणों को समय पर लौटा देना चाहिए।'

(*v*) (ख) में, आचरण का नियम या सिद्धान्त है कि ऋणों को लौटाने से बचना चाहिए।

(*vi*) 'एक्स' सद्भावना से सिफारिश कर सकता है कि हरेक को (क) को आचरण के नियम के तौर पर अपना लेना चाहिए। कॉण्ट के शब्दों में, 'एक्स' कह सकता है कि इसे सार्वभौमिक नियम के तौर पर अपना लिया जाना चाहिए स्वाभाविक है कि सार्वभौमिक नियम इन अर्थों में तर्कसंगत होगा कि यह लोगों में विश्वास पैदा करता है एवं कारोबार व वाणिज्य को बढ़ाता है।

(*vii*) (ख) को रेखांकित करते हुए नियम या सिद्धान्त को सद्भावना से सार्वभौमिक स्तर पर अपनाने की सिफारिश नहीं की जा सकती क्योंकि इससे लोगों के बीच भरोसा, वाणिज्य व आर्थिक प्रगति नष्ट हो जाएगी।

कॉण्ट का कहना है कि लोगों को ऐसे तर्कसंगत सार्वभौमिक सिद्धान्तों को अपने मनोभावों या भावनाओं के बारे में सोचे बिना पालन करना चाहिए क्योंकि वे उन्हें अक्सर पथभ्रष्ट कर देते हैं।

निश्चित सकारात्मकता (Categorical Imperative)

उपरोक्त तर्कणा से कॉण्ट ने क्रिया-कलाप का सार्वभौमिक रूप से वैध नैतिक नियम निकाला (बनाया) है जो 'निश्चित सकारात्मकता' (Categorical Imperative) के नाम से जाना जाता है। जब एक नैतिक कर्त्ता क्रिया-कलाप बुद्धि से करता है तो उसका क्रिया-कलाप, एक नियम या सिद्धान्त-वाक्य पर निर्भर होता है। यह नियम उसके क्रिया-कलाप को नियमित कर देता है। यदि कोई कर्जदार अपने ऋण की वापसी से बचता है तो वह सिद्धान्त-वाक्य के अनुसार काम कर रहा होगा: "जब कभी भी वह अपने ऋण की वापसी से बच सके, व्यक्ति को उससे बचना चाहिए।" जब एक बुद्धिपरक कर्त्ता के तौर पर वह इस सिद्धान्त वाक्य पर अमल करता है तो वह अव्यक्त सिफारिश करता है कि अन्यों को भी इस सिद्धान्त वाक्य का अनुसरण करना चाहिए। अब कोई नियम या सिद्धान्त-वाक्य, जिसका पालन हरेक द्वारा किया जाता है, क्रिया-कलाप का नियम, एक कानून बन जाता है, जो सार्वभौमिक या सभी पर लागू होने वाला है। एक सार्वभौमिक नियम से कॉण्ट का यही तात्पर्य था। इस तर्कणा से निष्कर्ष निकलता है कि जानबूझ कर क्रिया-कलाप बुद्धिपरक है और इस प्रकार नैतिकता की दृष्टि से अनुमत है, केवल इसलिए कि यदि व्यक्ति किसी से बुद्धिपरकता के साथ इसकी सिफारिश कर सके। यह वही बात है जैसे कहना कि नैतिक कर्त्ता का क्रिया-कलाप बुद्धिपरक और नैतिक दृष्टि से अनुमेय माना जाएगा यदि वह ऐसी इच्छा कर सके कि उसका यह क्रिया-कलाप (कार्य) सार्वभौमिक नियम बन जाए।

कॉण्ट की निश्चित सकारात्मकता को शब्दों में इस प्रकार लिखा जा सकता है: "एक बुद्धिपरक नैतिक कर्त्ता को केवल ऐसे ढंग से क्रिया-कलाप करना चाहिए और वह करेगा जिससे उसके क्रियाकलाप का सिद्धान्त-वाक्य सार्वभौमिक नियम बन जाए," यह सूत्रीकरण निश्चित सकारात्मकता का सार्वभौमिक कानूनी (सैद्धान्तिक) रूपान्तर है। कॉण्ट के अपने शब्दों में, निश्चित सकारात्मकता को इस प्रकार व्यक्त किया जा सकता है-"इस प्रकार क्रियाकलाप कीजिए जिसमें आपकी इच्छा (मन) का सिद्धान्त-वाक्य हमेशा सार्वभौमिक कानून का सिद्धान्त बना रहे।"

हम कॉण्ट के निश्चित सकारात्मकता के सूत्रीकरण से नैतिकता के अनेक सामान्य नियम प्राप्त कर सकते हैं। 'किसी को चोरी नहीं करनी चाहिए; 'दूसरों को चोट नहीं पहुँचानी चाहिए; 'व्यक्ति को दूसरे के प्रति दयालु होना चाहिए'। ऐसे सिद्धान्त-वाक्यों का अनुसरण करने में हम यह कामना भी कर सकते हैं कि समाज के अन्य सदस्यों को इन सिद्धान्त-वाक्यों का अनुसरण करना चाहिए क्योंकि यह स्वाभाविक रूप से हमारे हित में होगा। तथापि, हमें कॉण्ट के सिद्धान्त को आत्म-हित पर टिका हुआ या सामान्य नियमों के पालन में सामाजिक लाभ का स्वीकरण (मान्यता) नहीं समझना चाहिए।

निश्चित सकारात्मकता एवं 'नियम' उपयोगितावाद
(Categorical Imperative and Rule Utilitarianism)

इस सम्बन्ध में हम कॉण्ट के निश्चित सकारात्मक और नियम उपयोगितावाद के बीच के अन्तर को देख सकते हैं। दोनों ही आचरण के सार्वभौमिक तौर पर लागू नियमों को मानते हैं। नियम उपयोगितावादी ऐसे नियमों के संभावित परिणामों को संभावित आनन्द के तौर पर मानते हैं। कॉण्ट इस बात पर विचार करता है कि क्या एक नैतिक एजेण्ट को क्रिया-कलाप को रेखांकित करने वाले नियम को सामान्य सामाजिक हित में और अपने स्वयं के हित में है। इस बात में उपयोगितावाद इन अर्थों में अनुभूतिमूलक है कि इसका नैतिक मूल्य इसके संभावित परिणामों पर निर्भर करता है। कॉण्ट नैतिक न्यायों को प्रायोरी (Priori) मानता है जिसे हम ऐसा न्याय कह सकते हैं जो दुनिया में हो रहा है, उसको देखे बिना हम कर सकते हैं। गणितीय समस्याएँ (पहेली) जैसे 3+2=5 प्रायोरी (Priori) समस्याएँ हैं। कॉण्ट का मानना है कि कोई भी व्यक्ति नैतिक कार्यों का मूल्यांकन उनके होने के स्थान या समय या उनके परिणामों को जाने बिना कर सकता है। यह सब इस बात पर निर्भर करता है कि क्या क्रियाकलाप उन आदर्श-वाक्यों पर आधारित हैं जो आचरण के तर्कसंगत सार्वभौमिक नियम बन सकते हैं। तथापि, कॉण्ट के निश्चित सकारात्मक का अनुभूतिमूलक पक्ष भी है। व्यक्ति को ऐसे आदर्श-वाक्य या नियम सूक्षमता और स्पष्टता से बनाने योग्य होना चाहिए जो एक कर्ता के क्रिया-कलाप को रेखांकित करते हैं। तभी व्यक्ति यह निश्चित कर सकता है कि क्या इसे उस बुद्धिपरक नियम की स्थिति तक उठा सकता है जिसका अनुसरण समाज के सभी सदस्य कर सकते हैं।

निश्चित सकारात्मक के अलावा कॉण्ट परिकल्पित सकारात्मक का उल्लेख करता है। निश्चित सकारात्मक स्वयं के लिए ही पालन करने के लिए अबाध आदेश है। परिकल्पत सकारात्मक अन्य लक्ष्यों (ends) के लिए तकनीकी साधन हैं और उनका उपकरणीय मूल्य है। सर्जन के पास खास कुशलता होती है जिसका उपयोग वह मानव की पीड़ाओं को दूर करने के लिए करता है। एक प्रवक्ता के पास खास वाक्शक्ति होती है जिसका प्रयोग वह सामान्य कल्याण के प्रचार के लिए करता है। इस प्रकार की कुशलता या वाक्-शक्ति परिकल्पित सकारात्मक से सम्बन्धित है। परिकल्पित सकारात्मक अन्य लक्ष्यों के लिए अर्द्ध-उपयोगी है, वर्गीकृत निश्चित सकारात्मक का धरातल स्वयं उन्हीं में होता है।

निश्चित सकारात्मक का दूसरा सूत्रीकरण
(Second Formulation of Categorical Imperative)

निश्चित सकारात्मक का एक और रूप है जो बताता है कि मानव स्वयं में ही लक्ष्य (end) है। अन्य शब्दों में, मान लिए गए उच्चतर लक्ष्यों (ध्येयों) को प्राप्त करने के लिए मानवों को यंत्रों (उपकरणों) के समान नहीं माना जा सकता है। यह विचार हिटलर के अधीन यहूदियों की तथा स्तालिन द्वारा रूसी कुलकों के नर-संहार की निन्दा करता है। कॉण्ट के शब्दों में, निश्चित सकारात्मक का यह सूत्रीकरण है-'इस प्रकार व्यवहार (क्रिया)करो कि हमेशा मानव को अपनी तरह एवं दूसरे व्यक्ति की तरह केवल एक साधन न मान कर ध्येय मानो'। कॉण्ट मानता है कि मानव सहित दुनिया की हर चीज साधन के तौर पर प्रयोग की जा सकती है। मानव ही एकमात्र बुद्धिपरक प्राणी है जिसे हम जानते हैं। कोई भी, जो निश्चित सकारात्मक का प्रयोग करता है, स्वयं भी अन्ततः लक्ष्य है। इस प्रकार हम कॉण्ट में मानवतावाद का स्पष्ट निरूपण पाते हैं। तथापि, कॉण्ट गहरी धार्मिक भावनाओं वाला था। यद्यपि व्यंगात्मक रूप से, उसने ईश्वर के अस्तित्व हेतु तर्कों को धराशायी करते हुए पहले स्पष्ट प्रमाण दिए थे। कॉण्ट का विचार कि मानव के साथ एक साधन के समान व्यवहार नहीं किया जाना चाहिए अपितु मानव अधिकारों पर आधुनिक समय के विचारों को संपुष्टि करते हुए स्वयं में एक लक्ष्य (ध्येय) मानना चाहिए।

काण्ट की कठोर नैतिकता (Austere Morality of Kant)

यह स्पष्ट है कि कॉण्ट का नैतिक दर्शन कठोर है। वह मानव प्रवृत्ति और कर्तव्यों के बीच लगातार संघर्ष को देखता है। प्रकृति ने मनुष्य को स्वाभाविक (सहजात) 'निर्मल आत्माओं' से नहीं नवाजा है। कॉण्ट के अनुसार आत्मा की अन्त: अच्छाई पर ऐसा विश्वास करना जिसे न तो प्रेरणा की जरूरत होती है, ना ही रोकने की, ना ही किसी आदेश की, नितान्त आत्म-श्लाघा होगी और इस प्रकार अपने कर्तव्य को भूल जाना होगा।" केवल सही (उचित) के लिए भावना पर निर्भर रहना, मानव नैतिकता को नष्ट कर देगा। 'अच्छी प्रवृतियों का मूल्य-निर्धारण करते समय मन की सच्चाई तथा मानव की निर्मल आत्मा, कॉण्ट का कहना है, को स्पष्ट कर्त्तव्य बोध द्वारा बनाए रखा जाना चाहिए। बुद्धिपरक किन्तु अपूर्ण प्राणी (मानव) हेतु नीतिपरक कानून पवित्रता का कानून नहीं हो सकता बल्कि कर्त्तव्य का कानून होगा।

कॉण्ट अपने इस प्रसिद्ध पैराग्राफ में कर्त्तव्य का वर्णन करता है, "कर्त्तव्य का संसार लोकोत्तर और शक्तिसम्पन्न होता है, उसका अर्थ ऐसी कोई बात (काम) नहीं है जो खुश करने वाला या मंनोरंजन करने वाला है..... कुछ ऐसा नहीं जो धमकीभरा या भयोत्पादक हो; आपकी शक्ति केवल ऐसा कानून (नियम) स्थापित करने की है जिसके समक्ष सभी इच्छाएँ शांत हो जाती हैं और तब भी यह दिल में स्थान पा जाता है जहाँ इसका पालन न किए जाने पर भी इसे वहाँ श्रद्धा के साथ रखा जाता है।"

कॉण्ट नैतिक सिद्धान्त को मानव की बुद्धिपरकता या तर्कणा से उत्पन्न मानता है। वह शिक्षा, नागरिक संविधान, अन्त: पूर्णता और भगवान इच्छा को नैतिक कानून के स्रोतों के रूप में नकारता है। इन सबका मतलब मानव का बाहरी स्रोतों (साधनों) पर निर्भर रहना या परतन्त्रता (heteronomy) है। कॉण्ट मानव तर्कणा की पुष्टि करता है और इसमें नैतिक सिद्धान्त पाता है। कॉण्ट के शब्दों में, मानव में स्व-वैधानिकता की क्षमता होती है।

काण्ट के सिद्धान्तों की आलोचना

(Criticism of Kant's Theories)

अपने उच्च नैतिक स्वर के बावजूद कॉण्टियानिज्म आलोचना से बच नहीं सका। दार्शनिकों ने इसकी आलोचना 'रूढिवाद' कह कर की है। यह एक अमूर्त फार्मूले के समान लगता है। इसमें कुछ ठोस नैतिक निदेश या मार्ग-निर्देश हैं। लोग कोई ऐसे स्पष्ट अनुदेश नहीं पाते हैं कि क्या सही है या अच्छे होने एवं आदर्श समाज में योगदान देने के लिए उन्हें क्या करना चाहिए।

यद्यपि कॉण्ट भौतिक मूल्यों को अनदेखा करता है, वह मानता है कि उनका अनुभव ही लोगों में नैतिक उत्प्रेरणा पैदा करता है। भौतिक मूल्यों का वर्द्धमान अनुक्रम निम्नलिखित सारणी में दिया गया है:

प्रकार	भौतिक मूल्य
ऐन्द्रिय (Sensuous)	सुखकर, असुखकर (Pleasant, unpleasant)
ओजस्वी (Vital)	उदात्त मूल (Noble, base)
आध्यात्मिक (Spiritual)	सुन्दर, कुरूप- सही, गलत (Beautiful, ugly—right, wrong)
शिखर (Summit)	पवित्र, अपवित्र (Holy, unholy)

कॉण्ट का नैतिक-शास्त्र, सिद्धान्तों के कठोर पालन से प्राप्त फलों की परवाह किए बिना अमूर्त कानूनों या शुद्ध सिद्धान्त पर आधारित है। दार्शनिक लोग सिद्धान्त बनाम परिणामों पर बहस जारी रखते हैं। अनेक विचारक कहते हैं कि लोगों को उनके केवल सिद्धान्तों से ही नहीं जाँचा जाना चाहिए, वे अपने क्रिया-कलापों के लिए भी जवाबदेह हैं। कॉण्ट का नैतिक सिद्धान्त निषेधादेश जैसा है: *"वह कीजिए जो ठीक (उचित) है और परिणामों को भगवान पर छोड़ दो।"* जैसा कार्ल जैस्पर्स कहता है, *इसका विरोध करने वाले उस बुराई की ओर संकेत कर सकते हैं जो नैतिक सिद्धान्तों के नाम पर की जा सकती है। वे उन हिंसक व्यक्तियों की ओर इशारा कर सकते हैं जिसके निर्णय उनकी अन्य व्यक्तियों को नियन्त्रित और यातना देने की उनकी सुस्पष्ट*

इच्छा की पूर्ति करते हैं। वे नैतिकता के शिक्षकों को उत्पन्न कर सकते हैं जो लोगों के घेरे (दायरे) रहे हैं क्योंकि उन्होंने नैतिकता को अनैतिक व्यक्ति तथा प्रतिष्ठा प्राप्त करने के हथियार के तौर पर प्रयोग किया है।"

कॉण्ट का अमूर्त सिद्धान्त पर जोर देना उसे अत्यन्तिक स्थितियों में पहुँचा देता है। उसका कहना है कि नीति-शास्त्रीय सिद्धान्त "बिलाशर्त नियन्त्रित (शासित) करते हैं, बिना इसकी परवाह किए कि परिणाम क्या हो सकता है: बेशक, वे अपेक्षा करते हैं कि किसी विशेष क्रिया-कलाप पर विचार करते हुए, हम परिणाम को हिसाब से परे छोड़ दें।" हम चाहते हैं कि लोग अपने नैतिक आचरणों और भूल-चूकों के परिणामों को जानें। यह दुनिया की गति (चाल) पर निर्भर करता है। उनके लिए इतना ही काफी है कि वे अपना काम (कर्त्तव्य) करते हैं।" इस भाव में, कॉण्ट कहता है कि हम किसी भी परिस्थिति में झूठ नहीं बोल सकते, किसी की जिन्दगी बचाने के लिए भी नहीं।

कॉण्ट के विचार से, नैतिकता खुद अपना ही पुरस्कार है, और प्रत्येक की जिम्मेदारी वह करने की है जो उसे करना चाहिए। सिद्धान्त का पालन करने का यह उत्तरदायित्व समाप्त नहीं हो जाता चाहे अन्य लोग सिद्धान्त की अवज्ञा करें। अन्यों द्वारा सिद्धान्तों का जवाबी पालन न होने पर भी व्यक्ति नैतिक सिद्धान्तों से बंधा होता है। एक बार फिर से, कार्ल जैस्पर्स का कहना है: *"जहाँ लोग कुल अतिवादी शक्तियों का प्रदर्शन करते हैं, या अपने क्रिया-कलापों में इसकी पुष्टि करते हैं या इसका लाभ उठाते हैं, तो उन्हें जंगली जानवर मानने में मैं सही नहीं हूँ?..... क्या निश्चित सकारात्मक को कुंद नहीं कर दिया है, यदि इसके अपने मूल (सही) रूप में कहने की बजाय यह अमूर्त निषेधादेश में परिवर्तित कर दिया जाता है जैसे-कभी झूठ नहीं बोलो, या जो भी जीव-विज्ञान की दृष्टि से 'मानव' जाति से सम्बन्ध रखता है, एक बुद्धिपरक प्राणी है उससे उसी रूप में व्यवहार किया जाना चाहिए, चाहे इसमें ऐसा करने में खतरा ही क्यों न हो या यह निश्चितता ही क्यों न हो कि मैं खुद या जिन्हें मैं प्यार करता हूँ, परिणामस्वरूप नष्ट हो जाएँगे।" और आगे, " क्या तर्कणा के प्रति पूर्ण स्वीकार्यता, असीमित धैर्य, आपसी समझ के लिए अथक प्रयास, अनुकूल परिस्थितियों की पूर्व-कल्पना कर लेती है और मेरी अपनी शक्ति का संज्ञान, जिसके बिना वे आपराधिक आत्म-विनाश के रूप हो जाते हैं।"*

अनेक ऐतिहासिक दृष्टांतों से पता चलता है कि किस प्रकार धार्मिक सुधारकों ने कट्टर हो कर हिंसक नीतियों को बढ़ाया दिया। तीस वर्षों के जिस विनाशकारी युद्ध ने केन्द्रीय यूरोप को तबाह कर दिया था, उसकी जड़ (मूल) प्रोटैस्टेंट और कैथोलिकों का अपने एकान्तिक ऐजेण्डों को अनवरत रूप से चलाने में था। उनके अनैतिक या विनाशक भी परिणामें पर विचार किए बिना ही विरोधी नायक-गण अपने सिद्धान्तों का अनुसरण करते रहे। इसी प्रकार के सिद्धान्तों के कट्टर अनुसरण के कारण ही धर्माधिकरण और धार्मिक उत्पीड़न हुए हैं। राजनैतिक क्षेत्र में, इसके उदाहरण फ्रेंच क्रांति वाली हिंसा और चीनी सांस्कृतिक क्रांति वाली हिंसा भी हैं, और भी धार्मिक संस्थाओं के प्रमुख बने सुधारक भी असंवेदनशील और तानाशाह हो जाते हैं।

कार्ल जेस्पर्स के ये विचार, उनके काँट के नीति-शास्त्रीय विचारों की अन्य दृष्टिकोण से की गई आलोचना का भाग हैं। वे समसामयिक स्थितियों के लिए भी प्रासंगिक हैं। असंतुलित तथा उदार वैचारिकी के प्रति एक-तरफा झुकाव के कारण नागरिक स्वतंत्रता, मानवाधिकार और सामान्य अनुभत्व से आतंकी हमलों, राष्ट्रीय सुरक्षा के प्रति गणतांत्रिक समाजों की प्रतिक्रियाएं बेमन वाली और शिथिल हो गई हैं।

जैसा कि कॉण्ट का मानना है, नैतिक सिद्धान्त मानव तर्कणा से उत्पन्न होते हैं। तथापि, यह मानव अनुभव के सामाजिक संसार में चलता (काम करता) है तथा उसे प्रभावित करता है। अत: प्लेटोनिक संसार में उनके परिणामों को विचारे बिना, नैतिक सिद्धान्तों की कल्पना नहीं की जा सकती और उन्हें लागू नहीं किया जा सकता। उन्हें मानव के अस्तित्व के संदर्भ से जोड़ा जाना चाहिए। एक प्रकार से कॉण्ट नैतिक सिद्धान्तों को विशुद्ध विचार की दुनिया में कल्पना करता है एवं वहीं इसे त्याग देता है।

काण्ट के दर्शन का सार संक्षेप

- कॉण्ट ने कर्त्तव्य के विचार (धारणा) पर आधारित नैतिक सिद्धान्त बनाया। यह एक कर्तव्य-शास्त्रीय सिद्धान्त है।
- परिणामों का नैतिक उत्तरदायित्वों या कर्त्तव्य से कोई सरोकार नहीं है जो अकेला ही यह निश्चित कर सकता है कि एक क्रिया-कलाप नैतिक है या अन्यथा। संक्षेप में, ऐसा क्रिया-कलाप नैतिक है यदि यह नैतिक कर्त्ता के कर्त्तव्य बोध का परिणाम है।
- कॉण्ट ने क्रिया-कलाप का सार्वभौमिक रूप से वैध नैतिक नियम निकाला है जो निश्चित सकारात्मकता के नाम से जाना जाता है।
- कॉण्ट की निश्चित सकारात्मकता को शब्दों में इस प्रकार लिखा जा सकता है: 'एक बुद्धिपरक नैतिक कर्त्ता को केवल ऐसे ढंग से क्रिया-कलाप करना चाहिए और वह करेगा जिससे उसके क्रिया-कलाप का सिद्धान्त वाक्य सार्वभौमिक नियम बन जाए वह इससे अलग कुछ नहीं करेगा।' यह सूत्रीकरण निश्चित सकारात्मकता का सार्वभौमिक कानूनी (सैद्धान्तिक) रूपान्तर है।
- निश्चित सकारात्मकता एवं नियम उपयोगितावाद बहुत अलग-अलग हैं। नियम उपयोगितावाद, क्रिया-कलापों के परिणामों पर आधारित है: निश्चित सकारात्मक, सार्वभौमिक नैतिक सिद्धान्तों पर टिका है तथा यह क्रिया-कलापों के परिणामों की अनदेखी करता है। कॉण्ट के लिए, नैतिक निर्णय अनुभव-जन्य हैं: वे नियम उपयोगितावाद में अनुभवजन्य हैं।
- परिकल्पित सकारात्मकता अन्य लक्ष्यों के लिए तकनीकी साधन हैं और उनका उपकरणीय मूल्य है।
- निश्चित सकारात्मक का एक और रूप है जो बताता है कि मानव स्वयं में ही लक्ष्य है। अन्य शब्दों में, मान लिए गए उच्चतर लक्ष्यों को प्राप्त करने के लिए मानवों को यंत्रों (उपकरणों) के समान नहीं माना जा सकता।
- निश्चित सकारात्मकता का यह सूत्रीकरण है। 'इस प्रकार व्यवहार (क्रिया) करते रहो कि हमेशा मानव को अपनी तरह एवं दूसरे व्यक्ति की तरह केवल एक साधन न मान कर ध्येय मानो।'
- कॉण्ट का नैतिक दर्शन कठोर है। वह मानव रुझान (प्रवृति) और कर्तव्यों के बीच लगातार संघर्ष को देखता है।
- कॉण्ट नैतिक सिद्धान्त को मानव की बुद्धिपरकता या तर्कणा से उत्पन्न मानता है। वह शिक्षा, नागरिक संविधान, अन्त:पूर्णता और भगवान की इच्छा को नैतिक कानून के स्रोतों के रूप में नकारता है।
- कॉण्ट का नैतिक-शास्त्र, सिद्धान्तों के कठोर पालन से प्राप्त फलों की परवाह किए बिना अमूर्त कानूनों या शुद्ध सिद्धान्त पर आधारित है।
- कॉण्ट का अमूर्त सिद्धान्त पर जोर देना उसे अत्यन्तिक स्थितियों में पहुँचा देता है।
- प्लेटोनिक संसार में, उनके परिणामों को विचारे बिना नैतिक सिद्धान्तों की कल्पना नहीं की जा सकती।

सद्गुण नैतिकता (Virtue Ethics)

हमने पिछले दो खण्डों उपयोगितावाद एवं कैण्टियाटिज्म पर चर्चा की है। उपयोगितावाद, प्रयोजनमूलक नैतिकता का एक भाग है। यह परिणामवाद का एक रूप है जिसमें किसी कार्य को उसके परिणाम के आधार पर परखा जाता है कि वह अच्छा है या बुरा। कैण्टियाटिज्म, कर्त्तव्य-शास्त्र (Deontology) का एक प्रकार है। यह कार्यों की परख अच्छे या बुरे के तौर पर इस आधार पर करता है कि वे नैतिककर्त्ता के कर्त्तव्य के अनुसार हैं या नहीं।

उपयोगितावाद एवं कर्त्तव्य-शास्त्र के अलावा भी अन्य सोच (विचार) हैं। ऐसी एक सोच सद्‌गुणी नैतिकता है जो अरस्तु के काल तक पीछे चली जाती है और जो बीसवीं शताब्दी के अन्त की ओर फिर से जीवित हुई। सद्‌गुणी नैतिकता इस विचार का प्रतिपादन करती है कि जहाँ अच्छे (सही) काम करना महत्त्वपूर्ण है, वहीं इसके समान या जरा अधिक महत्त्वपूर्ण एक सद्‌गुणी व्यक्ति होना है।

सद्‌गुण तथा दुर्गुण (Virtues and Vices)

अरस्तू को नैतिक सद्‌गुणों का पहला व्यवस्थित प्रस्तावक माना जाता है। सद्‌गुणों को चरित्र की सर्वोत्त्कृष्टता कहा जा सकता है जिससे व्यक्ति नैतिक दृष्टि से प्रशंसनीय ढंग से काम करता है ऐसा व्यक्ति जिसमें दयालुता का सद्‌गुण होगा, वह दूसरों के प्रति दयालुता का व्यवहार करेगा। वह दयालुता का व्यवहार मुख्यत: इसलिए नहीं करेगा कि इसके विचार से ऐसा करना उसका कर्त्तव्य है या वह हिसाब लगाता है कि दयालुता के व्यवहार से समाज की कुल उपयोगिता अधिकतम हो जाएगी। वह दयालुता का व्यवहार इसलिए करता है कि उसमें दयालुता का सद्‌गुण है। सद्‌गुणी नैतिकता के अनुसार वास्तविक नैतिक व्यक्ति ही सद्‌गुणी व्यक्ति है। उसमें अन्दरुनी सद्‌गुण होते हैं तथा उसका नैतिक चरित्र होता है।

दुर्गुण, सद्‌गुण के विपरीत होता है यह चरित्र की संसर्गगत कमजोरी है जिसके कारण व्यक्ति ऐसे कार्य करता है जिनके लिए उसे नैतिकता की दृष्टि से दोषी माना जाता है। इस प्रकार बुरे काम व्यक्ति की नैतिक कमजोरी के कारण होते हैं।

सद्‌गुणी सिद्धान्त, नैतिक सद्‌गुणों तथा गैर-नैतिक सद्‌गुणों के बीच अन्तर करता है। नैतिक सद्‌गुणों में दयालुता, परोपकार, करुणा, ईमानदारी, कर्त्तव्यनिष्ठा तथा कृतज्ञता शामिल हैं। गैर-नैतिक सद्‌गुणों में आत्म-नियन्त्रण, धैर्य, साहस, सहनशीलता, अध्यवसाय तथा ऐसे ही गुण आते हैं; उदाहरण के लिए कोई व्यक्ति बैंक लूटने के लिए बड़ा साहस दिखा सकता है। नैतिक सद्‌गुण, नैतिक जीवन को बढ़ाते हैं।

हम अरस्तू के नीति-शास्त्र के मुख्य तत्वों पर चर्चा कर चुके हैं। संक्षेप में दोहराने के लिए, उनमें निम्नलिखित बातें हैं:

- मनुष्य का लक्ष्य 'आत्म प्रसाद' (Endaimonia) प्राप्त करना होना चाहिए जिसे आनन्द या फलना-फूलना भी कह सकते हैं।
- सामाजिक जीव/प्राणी होने के कारण मानव समुदायों में रहकर इस उद्देश्य की प्राप्ति कर सकता है।
- एक विचारशील प्राणी होने के कारण मानव को तर्कसंगत जीवन जीना होता है।
- ऐसे जीवन के लिए नैतिक सद्‌गुणों तथा बौद्धिक सद्‌गुणों का रोपण होना आवश्यक है। यह निरन्तर अभ्यास से ही संभव है।
- सद्‌गुण दो चरमों के बीच सुनहरी मध्य है तथा इसे व्यावहारिक बुद्धि से हासिल किया जा सकता है।

अरस्तू का तर्क है कि सद्‌गुणी व्यक्ति बनकर नैतिक चरित्र विकसित करना, नैतिक सिद्धानतों के ज्ञान से अधिक महत्त्वपूर्ण है। अरस्तू इस बात को मानता है कि कार्यों का निर्देशन करने में नियमों तथा सिद्धान्तों की भूमिका होती है। तथापि, सद्‌गुणी व्यक्ति नियमों का पालन स्वेच्छा से और बिना प्रयास किए करेगा। मात्र नैतिक सिद्धान्तों का ज्ञान और बौद्धिक रूप से उन्हें स्वीकार करना किसी व्यक्ति को नैतिक बनाने के लिए पर्याप्त नहीं है।

सद्‌गुणी नैतिकता तथा नियम-आधारित नैतिकता (Virtue Ethics and Rule-based Ethics)

सद्‌गुणी नैतिकता की नियम-आधारित नैतिकता के साथ तुलना, उपयोगितावाद के समान की जा सकती है। नियम-आधारित नैतिकता में नैतिक कर्त्ता नियमों को मशीनी तौर पर लागू करने वाले व्यक्ति की भूमिका में दिखाई देता है। नियम-आधारित नैतिकता, उसकी नैतिक होने की इच्छा की मंशा को अनदेखा कर देती है। सद्‌गुणी नैतिकता उसके नैतिक कार्यों के स्रोत को उस मंशा तक ढूँढ लेती है जो उसके सद्‌गुणी चरित्र से उत्पन्न हुई है। नैतिक व्यक्ति मात्र वे ही नहीं हैं जो यह देखकर कार्य करते हैं कि किस प्रकार का कार्य श्रेणीबद्ध सकारात्मक हैं या सर्वाधिक संख्या के सर्वाधिक आनन्द का कारण बनता है। सद्‌गुणी

नैतिकता ऐसे लोगों को नैतिक व्यक्ति के रूप में प्रदर्शित करती है जो सही (अच्छा) काम करने में सचमुच आनन्द का अनुभव करते हैं। वे अनिच्छापूर्वक कर्त्तव्य की या आत्म-संयमी विवशता की उत्साह-हीन भावना से अच्छे कामों में नहीं धकेले जाते। जबकि कार्यों के नैतिक मार्गों का पालन महत्त्वपूर्ण है, फिर भी सचमुच नैतिक व्यक्ति होना और अधिक महत्त्वपूर्ण है।

सद्‌गुणी नैतिकता की कमजोरियाँ (Weaknesses of Virtue Ethics)

सद्‌गुणी नैतिकता की उपरोक्त आकर्षक विशेषताओं का विरोध न करते हुए, आलोचकों ने इसकी कमजोरियों की ओर भी इशारा किया है। सद्‌गुणी नैतिकता यह मान लेती है कि मानव स्वभावत: अच्छे हैं या कम-से-कम नैतिक दृष्टि से तटस्थ हैं। अत: वे अभ्यास द्वारा नैतिक चरित्र पा सकते हैं। लेकिन कुछ परम्पराओं में (उदाहरण के लिए ईसाइयत) मानव को पापी एवं बुरा माना गया है और उनका उद्धार दैवी कृपा पर निर्भर है। यदि इस विचार को स्वीकार किया जाता है तो सद्‌गुणी नैतिकता कमजोर पड़ जाती है।

यह भी तर्क दिया जाता है कि अक्सर लोगों में सद्‌गुणी बनने के लिए आवश्यक ज्ञान की कमी होती है। इस सम्बन्ध में, हम प्राचीन यूनानी नैतिकता के मामले पर विचार कर सकते हैं। सुकरात, प्लेटो तथा अरस्तू ने गहन तथा लोकोत्तर नैतिक प्रणालियाँ प्रस्तुत कीं। लेकिन उन्होंने उस समय प्रचलित दास प्रथा को स्वीकार किया था। इस सीमा तक उनके विचार ऐतिहासिक अनुकूलन वाले थे तथा समकालीन धारणाओं का उत्कर्ष करने में असफल रहे।

एक और कठिनाई यह है कि नैतिक चरित्र रोपण कर देने के बाद भी व्यक्ति यह नहीं जान सकता कि किसी विशिष्ट परिस्थिति में कौन-सा सद्‌गुण प्रासंगिक होगा। इस प्रकार दयालु लोग ऐसे अपात्र लोगों के लिए गलत उदारता दिखा सकते हैं जिन्हें वास्तव में इसकी जरूरत नहीं है। ऐसी परिस्थितियों में, व्यक्ति को कुछ नियमों और सिद्धान्तों पर निर्भर होना पड़ेगा।

अन्त में, इस बात पर भी मत-वैभिन्य है कि क्या सद्‌गुण है और क्या सद्‌गुण नहीं है। अरस्तू गर्व को सद्‌गुण मानता था। उसका उच्चता में विश्वास था तथा योद्धा वर्ग के लिए उसके मन में इज्जत थी। उनकी नैतिक संहिता बहादुरी पर बल देती थी तथा सैन्य परम्पराओं पर गर्व करती थी। तथापि, ईसाइयत गर्व को पाप मानती है।

सद्‌गुणी नैतिकता की उपरोक्त कमजोरियों के बावजूद, इसमें नियम-आधारित नैतिक परिप्रेक्ष्य के लिए आवश्यक सुधार शामिल हैं, जैसे कि परिणामवाद तथा कर्त्तव्य-शास्त्र।

प्राकृतिक नियमों वाली नैतिकता (Natural Law Ethics)

प्राकृतिक नियमों पर आधारित नैतिकता, नीति-शास्त्र को एक अन्य महत्त्वपूर्ण परिप्रेक्ष्य देती है। इसकी उत्पत्ति विगत में अरस्तू एवं स्टोइक दर्शन तक पहुँचती है। यूनानी परम्परा में, प्रकृति तथा समाज के बीच विरोध रखा जाता था एवं प्राकृतिक नियमों की सामाजिक परम्पराओं के साथ तुलना की जाती थी। प्राकृतिक नियमों का दर्शन मध्यकालीन दार्शनिक, सेंट थॉमस एक्विनास द्वारा पूर्णत: विकसित किया गया था। हमने प्राकृतिक नियमों वाली नैतिकता- दोहरे प्रभाव वाले सिद्धांत (मत) पर- पिछले अध्याय में चर्चा की है। नियमों पर सेंट थॉमस एक्विनास के विचारों पर चर्चा हम छठे अध्याय में करेंगे। इस अध्याय में हम प्राकृतिक नियमों वाली नैतिकता की केन्द्रिक विशेषताओं की रूपरेखा दे रहे हैं।

एक्विनास का कहना है कि प्रत्येक प्राकृतिक वस्तु का एक प्राकृतिक प्रयोजन या कार्य होता है। उदाहरण के लिए, दिल का प्रयोजन खून का दौरा कराना है। जब प्राकृतिक वस्तुएँ अपना प्रयोजन (कार्य) पूरा करती हैं तो परिणामस्वरूप हितकारी स्थिति बनती है और वह ऐसी होती है जिसका प्राकृतिक मूल्य (महत्व) होता है। लेकिन जब प्राकृतिक वस्तुएँ अपने प्राकृतिक कार्य नहीं कर पाते या अपने प्राकृतिक प्रयोजनों को सिद्ध नहीं कर पाते हैं तो इनसे पैदा परिस्थिति अवांछनीय होती है।

जीवन को बनाए रखने के प्राकृतिक मूल्य में सभी जीवित वस्तुओं (प्राणी) की भागीदारी होती है। जीवित प्राणी अन्तत: मृत्यु को प्राप्त करते हैं। लेकिन जब तक वे जीवित हैं, उनके भाग जीवन को बनाए रखने के प्रयोजन को पूरा करते हैं। चूँकि जीवन एक प्राकृतिक मूल्य है, अत: इसे बनाए रखने के प्रयास अच्छे हैं। मानवीय जीवन (और वास्तव में सभी प्रकार के जीवन) को बनाए रखना प्राकृतिक नैतिकता का आधार (बेसिक) है तथा यह इस नैतिकता के अन्य विचारों (सोचों) से अलग रखता

है। यह प्राकृतिक नियमों वाली नैतिकता का मुख्य सिद्धान्त है। नैतिकता अन्य लोगों और व्यापक तौर पर मानवीय जाति की जिन्दगियों को बनाए रखने की जिम्मेदारी लाद देती है। यह उन रीतियों का विरोध करती है जो प्रजनन को रोकती हैं जैसे गर्भपात और नसबन्दी। रोमन कैथोलिक धार्मिक सिद्धान्त मुख्यत: एक्विनास के ईश्वर मीमांसक (Theological) सिद्धान्तों पर आधारित हैं। प्राकृतिक नियमों वाली नैतिकता मुख्य कारण है कि जिसके कारण रोमन कैथोलिक चर्च परिवार नियोजन के कृत्रिम साधनों का विरोध करता है। ये साधन लैंगिक संभोग की प्राकृतिक क्रिया या प्रयोजन को समाप्त कर देते हैं।

एक और महत्त्वपूर्ण सिद्धान्त जिसका प्रतिपादन एक्विनास करता है यह है कि विवेकशील प्राणी होने के नाते मानवीय जीवों के पास तर्कपूर्ण जिन्दगी जीने का प्राकृतिक प्रयोजन है। उन्हें विवेकपूर्ण तथा अविवेकी के बीच अन्तर करना आना चाहिए। मनुष्यों में यह योग्यता होती है। ऐसे विवेकपूर्ण कार्य जो जीवन व तर्क को उन्नत करने वाले होते हैं, नैतिक दृष्टि से सही (अच्छे) हैं। अविवेकपूर्ण कार्य नैतिक दृष्टि से गलत हैं।

उपरोक्त संकल्पनाओं से अनेक निष्कर्ष निकलते हैं। चूँकि मानव जीवों को बनाए रखना मानव का प्राकृतिक कार्य है, मानव को ऐसे कार्य करने चाहिए जो मानवता के उचित परिचालन को बढ़ाते हैं। चूँकि मानव जीव अच्छे व्यवस्थित समाज में फलते-फूलते हैं, नैतिकता का तकाजा है कि हम ऐसे काम करें जिनसे सामाजिक व्यवस्था को संवर्द्धन होता है। परिणामस्वरूप, सच बोलना, वचन पालन करना और आपसी भरोसे को बढ़ाने वाले अन्य कार्य नैतिक कर्त्तव्य बन जाते हैं।

इसी प्रकार के कारण से, लोगों का यह नैतिक कर्त्तव्य हो जाता है कि वे विवाह, सिविल सरकार जैसी व्यवस्थाओं का समर्थन करें जो सामाजिक स्थिरता को बढ़ाती है। जैसाकि हम आगे चलकर देखेंगे, एक्विनास का कहना है कि लोगों को ऐसी सरकार का समर्थन करने की जरूरत नहीं है जो सामाजिक व्यवस्था व सौहार्द्र बनाए रखने के अपने कर्त्तव्य में असफल रहती है। प्राकृतिक नैतिकता सामाजिक स्थिरता बनाए रखने के परिप्रेक्ष्य से कर्त्तव्यों का समर्थन करती है। इस प्रकार, दूसरों के सम्पत्ति के अधिकारों का सम्मान किया जाना चाहिए। अत्यंत जरूरतमंदों की सहायता कर सामान्य सामाजिक कल्याण को बढ़ाया जानाा चाहिए।

प्राकृतिक नियमों वाली नैतिकता उन नैतिक मानदण्डों की ओर ले जाती है जो उपयोगितावाद और कर्त्तव्य-शास्त्र का अनुसरण करते हैं। तथापि, प्राकृतिक नियमों वाली नैतिकता, जीवन के प्राकृतिक मूल्य एवं स्थिर सामाजिक जीवन की जरूरत हेतु नैतिक मूल्य प्राप्त करती है। यह उपयोगिता या कर्त्तव्य को नैतिकता का प्रेरक नहीं कहती।

प्राकृतिक नियमों वाली नैतिकता मानती है कि विशेष परिस्थितियों में व्यक्ति को लोगों के प्राण लेने पड़ते हैं। यदि कोई पागल हत्यारा अन्धाधुंध मारने पर उतर आए तो पुलिस का उसे मार डालना उचित होगा। पुलिस की कार्यवाही जब्ती के सिद्धान्त के आधार पर उचित ठहराई जाएगी। इसका तात्पर्य यह है कि हत्यारे ने अन्धाधुन्ध हत्याएँ करके अपने जीवन जीने के प्राकृतिक अधिकार को खो दिया है। पुलिस की कार्यवाही के लिए कोई उपयोगितावादी आधार नहीं दिया जा सकता। हम कह सकते हैं कि युद्ध, जिसमें मानव जीवन की भारी हानि होती है, कुछ खास परिस्थितियों में प्राकृतिक नियमों पर आधारित नैतिकता में उचित ठहराया जाता है। उचित युद्ध का विचार ऑगस्टाइन (Augustine) द्वारा प्रतिपादित किया गया था। यह अनिवार्य रूप से आक्रमणकारी से राष्ट्र (देश) को बचाने के लिए की गई रक्षात्मक कार्यवाही है।

प्राकृतिक नियमों वाली नैतिकता के विपक्ष में आलोचना (Criticisms against natural law ethics)

दोहरे प्रभाव वाला मत (वाद), प्राकृतिक नियमों वाली नैतिकता की उपज है। यह ऐसी परिस्थितियों की कल्पना करता है जिसमें उचित ठहराए गए कार्य के दौरान हुआ नुकसान (जीवन की हानि सहित) होता है। हमने इस मत पर और इस की विरोधी आलोचनाओं पर चर्चा की गई है।

अब हम प्राकृतिक नियमों वाली नैतिकता के विरुद्ध अन्य आलोचनाओं की रूपरेखा देंगे। प्राकृतिक प्रयोजन तथा कार्यों को बढ़ावा देना हमेशा ही अपेक्षित नहीं होता। मादा मच्छरों के काटने से मलेरिया फैलता है। इन मच्छरों के पैदा होने की जगहों को नष्ट करने के लिए विभिन्न उपाय किए जाते हैं। लेकिन ऐसे उपाय प्राकृतिक नियमों वाली नैतिकता का उल्लंघन करते प्रतीत

होते हैं। एक और उदाहरण जहरीली झाड़ियों को नष्ट करना हो सकता है।

प्रकृति की अनेक विशेषताएँ अनाकर्षक हैं। उदाहरण के लिए, पशुओं के संसार में अनेक शिकारी तथा उनके शिकार हैं। मारना और हिंसा प्राकृतिक जीवन की विशेषताएँ हैं। इसी बात से ब्रिटिश कवि टेनिसन को कहना पड़ा- 'दाँतों और पंजों में लगा खून प्रकृति है।' डार्विन के अनुसार प्रजातियाँ के प्राकृतिक उत्पत्ति-विकास में प्रजातियों के बीच अस्तित्व के लिए संघर्ष रहा है। इस प्रक्रिया में अक्सर कमजोर सदस्यों को मार दिया जाता है। अत: प्राकृतिक प्रक्रियाएँ तथा कार्य नैतिक दृष्टि से ग्राह्य सिद्धान्त नहीं दे सकेंगे।

प्राकृतिक नियमों के सिद्धान्तों के साथ एक और समस्या यह है कि वे जिसे या जो कुछ प्राकृतिक समझते (मानते) हैं, उसे ले लेते हैं। सभी प्राकृतिक जीव क्षीण होते जाते हैं और मर जाते हैं। मृत्यु भी प्रकृति का एक हिस्सा है। लेकिन क्या इसका मतलब यह है कि कुछ खास परिस्थितियों में हमें मृत्यु के लिए जल्दी करनी चाहिए? प्राकृतिक नियम इस सुझाव का विरोध करता है। अनेक लोग अपनी स्थिति (बात) को नैतिक दृष्टि से उचित मानेंगे। लेकिन यह बात उनकी प्राकृतिक प्रक्रियाओं व कार्यों का समर्थन करते हुए सोच की संगत में नहीं है।

अन्य सूत्र (Other Strands)

नैतिकता की प्रमुख प्रणालियों पर हमने चर्चा की है और भी कुछ सूत्र हैं जिनका उल्लेख किया जाना जरूरी है। अनेक विचारक मानते हैं कि नैतिकता मानवीय अन्तर्ज्ञान का मामला है। अन्तर्ज्ञान एक ऐसी योग्यता (गुण) है जिसे समझाया नहीं जा सकता, लेकिन जो सही नैतिक निर्णय देती है। हम नैतिकता के गाइड के तौर पर चेतना पर विचार करते समय इस पहलू पर और आगे विचार करेंगे।

दार्शनिकों में भी मतभेद है कि नैतिकता मानवीय बौद्धिकता से या मानवीय भावनाओं से निसृत है। यह चर्चा मानव वर्ग की तार्किक योग्यता एवं भावनात्मक अनुभूतियों के बीच अत्यंत स्पष्ट अन्तर करती है। इस बात में जरा भी संदेह नहीं है कि अनेक मानवीय सद्गुण भावनात्मकता से ही पैदा हुए हैं। हम इन पहलुओं पर सातवें अध्याय में विस्तार से चर्चा करेंगे। तथापि, इस समय हम देख सकते हैं कि नैतिक सिद्धान्तों के आलोचनात्मक मूल्यांकन में तर्कपरकता एवं युक्तियुक्तता बहुत महत्त्वपूर्ण हैं।

सदगुणी नैतिकता का संक्षेपण

- सद्गुणी नैतिकता इस बात का प्रतिपादन करती है कि जहाँ अच्छे (सही) काम करना महत्वपूर्ण है, वहीं इसके समान या जरा अधिक महत्वपूर्ण एक सद्गुणी व्यक्ति होता है।
- सद्गुणी नैतिकता के अनुसार वास्तविक नैतिक व्यक्ति ही सद्गुणी व्यक्ति है। उसमें अन्दरूनी सद्गुण होते हैं तथा उसका नैतिक चरित्र होता है।
- अरस्तू ने सद्गुणी नैतिकता का पहला व्यवस्थित विवरण प्रस्तुत किया है।
- सद्गुणी नैतिकता ऐसे लोगों को नैतिक व्यक्ति के रूप में प्रदर्शित करती है जो सही (अच्छा) काम करने में सचमुच आनन्द का अनुभव करते हैं।
- नियम आधारित नैतिकता में नैतिककर्त्ता नियमों को मशीनी तौर पर लागू करने वाले व्यक्ति की भूमिका में दिखाई देता है।

सद्गुणी नैतिकता के विपक्ष में निम्नलिखित आलोचनाएँ की जा सकती हैं-

- सद्गुणी नैतिकता यह मान लेती है कि मानव प्राकृतिक रूप से अच्छे हैं या कम-से-कम नैतिक दृष्टि से तटस्थ हैं-एक ऐसी धारणा जिस पर प्रश्न उठ सकते हैं।

- अक्सर लोगों में सद्‌गुणी बनने के लिए आवश्यक ज्ञान की कमी होती है।
- इस बात पर मत-वैभिन्य हो सकता है कि क्या सद्‌गुण है और क्या सद्‌गुण नहीं है।
- नैतिक चरित्र रोपण कर देने के बाद भी व्यक्ति यह नहीं जान सकता कि किसी विशिष्ट परिस्थिति में कौन-सा सद्‌गुण प्रासंगिक होगा।
- प्राकृतिक नियमों वाली नैतिकता का संक्षेपण
- एक्विनास का कहना है कि प्रत्येक प्राकृतिक वस्तु का एक प्राकृतिक प्रयोजन या कार्य होता है।
- जब प्राकृतिक वस्तुएँ अपना प्रयोजन (कार्य) पूरा करती हैं तो परिणामस्वरूप हितकारी स्थिति बनती है और वह ऐसी होती है जिसका प्राकृतिक मूल्य (महत्त्व) होता है लेकिन जब प्राकृतिक वस्तुएँ अपने प्राकृतिक कार्य नहीं कर पाते या अपने प्राकृतिक प्रयोजनों को सिद्ध नहीं कर पाते हैं तो इनसे पैदा परिस्थिति अवांछनीय होती हैं।
- चूँकि जीवन एक प्राकृतिक मूल्य है, अत: इसे बनाए रखने के प्रयास अच्छे हैं। मानवीय जीवन (और वास्तव में सभी प्रकार के जीवन) को बनाए रखना प्राकृतिक नैतिकता का आधार (बेसिक) है तथा यह इस नैतिकता के अन्य विचारों (सोचों) से अलग रखता है।
- विवेकशील प्राणी होने के नाते मानवीय जीवों के पास तर्कपूर्ण जिन्दगी जीने का प्राकृतिक प्रयोजन है।

उपरोक्त संकल्पनाओं से अनेक निष्कर्ष निकलते हैं-

- चूँकि मानव जीव अच्छे व्यवस्थित समाज में फलते-फूलते हैं, नैतिकता का तकाजा है कि हम ऐसे काम करें जिनसे सामाजिक व्यवस्था का संवर्द्धन होता है।

प्राकृतिक नियमों वाली नैतिकता के विपक्ष में निम्नलिखित आलोचना की जा सकती है-

- प्राकृतिक प्रयोजनों तथा कार्यों को बढ़ावा देना हमेशा ही अपेक्षित नहीं होता।
- प्राकृतिक प्रक्रियाएँ एवं कार्य हमेशा ही वांछनीय स्वीकार्य सिद्धान्त नहीं दे सकते हैं।
- प्राकृतिक नियमों वाले सिद्धान्त ये हैं कि वे जिसे या जो कुछ प्राकृतिक समझते हैं, उसे वे ले लेते हैं।

बीसवीं शताब्दी के नैतिक विचारक
(Moral Thinkers of Twentieth Century)

परिचय (Introduction)

बीसवीं शताब्दी में नैतिक दर्शन ने एक भिन्न मोड़ लिया। अनेक दार्शनिकों ने कुछ विशेष नैतिक प्रणालियों को निर्धारित करने या अपनाने का पहले का प्रचलन छोड़ दिया। इसके स्थान पर वे वर्तमान नैतिक सिद्धान्तों की गहन ज्ञान-मीमांसात्मक जाँच की ओर अग्रसर हो गए। इस कोण से उन्होंने नैतिक सिद्धान्तों के आधारों के बारे में प्रश्न उठा दिए। नैतिक सिद्धान्तों में किन श्रेणियों या संकल्पनाओं का प्रयोग किया जाता है? ऐसे नैतिक शब्दों का सामान्यत: क्या अर्थ लगाया जाता है? नैतिक दर्शन में प्रयुक्त कथनों या प्रस्तावों की तार्किक (तर्कसंगत) स्थिति क्या है? क्या नैतिक तर्कों को तार्किक स्थिति दी जा सकती है? इस सोच को 'नैतिक परिचर्चा के बारे में चर्चा' कहा जा सकता है। यह सोच तात्त्विक-नैतिकता (Meta-ethics) के तौर पर जानी जाती है। इस प्रक्रिया में आदर्शक (Normative) पृष्ठ-भूमि में चला गया है।

जी. ई. मुरे (G. E. Moore)

आदर्श उपयोगितावाद (Ideal Utilitarianism)

अपनी प्रसिद्ध पुस्तक 'प्रिन्सीपिया एथिका'(Principia Ethica) में मुरे ने तीन सिद्धान्त प्रस्तुत किए हैं: आदर्श उपयोगितावाद (Ideal Utilitarianism), प्रकृतिवादी भ्रम (naturalistic fallacy) तथा नैतिक सहजबुद्धि (moral intuition)। मुरे कहता है कि उपयोगितावादी नैतिक मानक नीति-शास्त्र को मानव आचार से जोड़ सकते हैं। व्यावहारिक प्रश्न-'मुझे क्या करना चाहिए', उठाते हुए व्यक्ति को अपना निर्णय (निष्कर्ष) इस बात पर निर्भर करना चाहिए कि क्या क्रिया-कलाप 'शुभ' (Good) का कारण होगा या उसका प्रभाव 'शुभ' होगा। इससे यह अर्थ निकलता है कि 'सही' (right) का मतलब 'एक अच्छे (शुभ) परिणाम का कारण' है और इस प्रकार यह 'उपयोगी' के समान है। 'उपयोगी' (अर्थात शुभ) का अन्तिम रूप से निश्चयन, जैसा कि हम देखेंगे, मुरे के लिए एक प्रकार की सहजबुद्धि था। यह सहजबुद्धि ही है जिसके माध्यम से कोई नैतिक-दृष्टि से व्यावहारिक क्रियाकलापों (कर्मों) के तत्विक महत्त्व को देख सकता है। मुरे तीन प्रकार के अपेक्षित आचरण भी बताता है। इसमें अवैयक्तिक सौन्दर्यपरकता और बौद्धिक उप-व्यवसाय नजदीकी मानव मित्रताएँ तथा अन्यों के प्रति परोपकारिता। कुछ लेखकों ने वर्ग विभाजनों सामाजिक संघर्षों की अनदेखी करने एव केवल धनाढ्य बुद्धिवादियों के छोटे-से-वर्ग के बारे में सोचने के लिए मुरे की आलोचना की है।

शुभ की सहजबौद्धिक अवधारणा (Intuitive Perception of Goodness)

मुरे ने 'शुभता'(Goodness) की स्थिति की भी चर्चा की है जो मुख्य नैतिक विशेषक हैं। उसका कहना है कि वस्तुओं की प्राकृतिक विशेषताओं के साथ इन्हें नहीं मिलाना चाहिए या इन्हें उनके समान लिया जाना चाहिए। यह अविश्लेषणीय व अकथनीय है। वह पीली रोशनी का उदाहरण देता है। भौतिकी में इसे प्रकाश की एक विशेष तरंग के रूप में जाना जाता है। किन्तु हम पीलेपन को वैज्ञानिक शब्दावली के जंजाल बिना सीधे ही समझ जाते हैं। इसी प्रकार हम 'शुभता' को भी सीधे-सीधे या सहजबुद्धि से समझ जाते हैं। मुरे के लिए शुभता (Goodness) सहज बौद्धिक नैतिक अवधारणा है। मुरे के अनुसार इसका परिणाम 'शुभ' एक सरल धारणा है; जिस प्रकार 'पीला रंग' एक सरल धारणा है। 'शुभ' को इसके बाहर किसी वस्तु के अर्थ में नहीं कहा जाता है, किन्तु इससे भी यह पीले रंग से अधिक पहचाने जाने को असंभव नहीं बना देता।

प्रकृतिवादी भ्रांति (Naturalistic Fallacy)

मुरे के शब्द (वाक्यांश)- 'प्रकृतिवादी भ्रांति' बहुत लोकप्रिय हो गया। प्रकृतिवादी भ्रांति, वस्तुओं की प्राकृतिक विशेषताओं (गुणों) के साथ अच्छाई (या अन्य भौतिक गुण) की पहचान करने में है। उदाहरण के लिए शुभ को आनन्द के साथ पाना प्रकृतिवादी भ्रम होता है। मुरे का कहना है कि वास्तव में प्राकृतिक गुणों का कोई भी विवरण कभी भी किसी को नैतिक निर्णय के प्रति तार्किक ढंग से वचनबद्ध नहीं कर सकता। इस प्रकार, यदि यह सच ही हो कि 'एक्स सुख भोग वाला है' (या यह कि यह प्रकृतिवादी कथन है), कोई यह पूछ ही सकता है कि-'लेकिन क्या यह शुभ है? 'तर्कानुसार तो इसका शुभत्व नहीं मिलता है। इस प्रकार प्रकृतिवादी भ्रम से तर्कानुसार अस्वीकार्य पद्धतियाँ उत्पन्न होती हैं।

सर डेविड रॉस (Sir David Ross)

सर डेविड रॉस ने अपने विचार अपनी पुस्तक 'दा राइट एण्ड दा गुड' 'The Right and the Good' में प्रस्तुत किए हैं। रॉस के विचार ज्यादातर मूरे के 'प्रिंसीपिया एथिका' के उपयोगितावाद के प्रकार का प्रत्युत्तर हैं। मूरे का कहना है कि 'सही (उचित) का मतलब है उच्चतम शुभ का उत्पाद'। रॉस के विचार से किसी सही क्रिया-कलाप को जो सही बनाता है, वह उपयागिता का सिद्धान्त नहीं है, अपितु एक दमनात्मक नैतिक कर्त्तव्य है जो कभी-कभी मूरे के 'आदर्श उपयोगितावाद' का विरोध करता है। उदाहरण के लिए, मूरे का कहना कि "प्रभाव के रूप में, मेरे तथा मेरे पडौसी के बीच जो महत्वपूर्ण सम्बन्ध हैं, वह इतना ही है कि वे मेरे क्रिया-कलाप के संभावित लाभ-भोगी हैं।" इसका यह अर्थ है लगाया जा सकता है कि कभी-कभी नैतिक सिद्धान्त

तोड़े जा सकते हैं। मान लीजिए कि नौजवानों का एक समूह आलसी हो जाता है और दान पर जीवन-यापन करने लगता है। यद्यपि वे शारीरिक श्रम द्वारा जीविका अर्जित कर सकते हैं। एक दानी व्यक्ति इनको उनके आलसी ढंग से जीने को जारी रखने में मदद करता है। उसकी दानशीलता गलत है तथा नौजवानों में आत्म-निर्भरता का गुण बिगाड़ने वाली है।

प्रथम दृष्ट्या कर्त्तव्य (Prima Facia Duties)

रॉस का मानना है कि नैतिक एजेण्टों के कुछ कर्त्तव्य हैं जो उनके अभिग्रहण के परिणामों पर आधारित नहीं हैं अपितु उनके अभिग्रहण के औचित्य पर आधारित हैं। यह क्रियाकलापों के परिणामों (जैसाकि उपयोगिता में है) तथा क्रियाकलाप के अन्तर्निहित नैतिक मूल्य (जैसाकि कर्त्तव्य-शास्त्र में है) पर आधारित सोचों के बीच अन्तर ही है। रॉस ऐसे सामान्य सिद्धान्तों को प्रथम दृष्ट्या इस तथ्य कि 'सभी बातें बराबर होने पर (पूर्ववत्)' अर्थात कोई अन्य विरोधी परिस्थितियाँ नहीं हैं, हमें सिद्धान्त का पालन करना चाहिए, के प्रकाश में कर्त्तव्य कहता है। उदाहरण के लिए, सभी बातों के पूर्ववत् रहते हुए, हमें अपने वायदे निभाने चाहिए।

कर्त्तव्य के बीच संघर्ष (Conflict between Duties)

लेकिन प्रथम दृष्ट्या कर्त्तव्य के विरोधी होने पर नैतिक परिस्थितियाँ जटिल हो सकती हैं। इस बारे में, रॉस का मानना है कि ऐसी परिस्थितियों में नैतिक कर्त्ताओं का वास्तविक कर्त्तव्य वही होगा जो उस परिस्थिति विशेष हेतु उचित होगा। उदाहरण के लिए, वायदे पूरे करना प्रथम दृष्ट्या कर्त्तव्य है, कुछ खास परिस्थितियों में यह अन्य प्रथम दृष्ट्या कर्त्तव्य से अति-भारित हो जाता है। गंभीर दुर्घटना से बचने हेतु रॉस एक मित्र से मिलने के मामूली वायदे को तोड़ने का उदाहरण देते हैं। इस संबंध में वे लिखते हैं।"......... वायदों को पूरा करने के कर्त्तव्य के अलावा मेरा कर्त्तव्य संकट से मुक्ति का है और इसे मैं मानता हूँ, और यह है कि पहले को न करने की कीमत पर इसे करना ठीक समझना इस कारण नहीं है कि उससे मैं ज्यादा शुभ कर पाऊँगा, किन्तु इस लिए कि मैं सोचता हूँ कि परिस्थितियों में वह कर्त्तव्य ही हैं जो कर्त्तव्य से भी अधिक हैं।"

इस मामले में दूसरा कर्त्तव्य हमारा वास्तविक कर्त्तव्य है, यद्यपि दोनों ही प्रथम दृष्ट्या कर्त्तव्यशास्त्रीय प्रकृति बनाए रखते हैं। रॉस का 'सही क्रिया-कलाप' का स्पष्टीकरण मूरे के नीति-शास्त्र से 'उपयोगिता' से बल को हटा देता है। यह नैतिक कर्त्ता के सही बात (काम) करने के कर्त्तव्य की धारणा पर बल देता है। मूरे एवं रॉस के विचार उपयोगितावादियों तथा कॉण्टिआन्स के बीच प्राचीन विवादों की भावना को प्रतिभासित करते हैं।

मूरे दुनिया में बुराई से अधिक अच्छाई (शुभ) को लाने के परिणामों के आधार पर क्रिया-कलाप की धारणा को प्राथमिकता देता है। रॉय आचार की दृष्टि से अच्छे व्यक्ति के नैतिक ढंग से कर्त्तव्य के पूरा करने पर आधारित क्रिया-कलाप की संकल्पना देते हैं।

ए.जे. अय्यर (A.J. Ayer)

सच तो यह है कि ए.जे. अय्यर नैतिक विचारक नहीं हैं। वे 'लॉजिकल पॉजिटिविज्म' (Logical positivism) नामक दर्शन सम्प्रदाय से सम्बन्ध है। तर्कशास्त्रीय प्रत्यक्षवाद (Logical Positivism) का मुख्य ध्येय दर्शन-शास्त्र से तत्वमीमांसक चिन्तन को हटाना है। वे सत्य के मानदण्ड की प्रस्तावना करते हैं जो दर्शन में कथनों की केवल विशेष श्रेणियों की ही अनुमति देते हैं। नैतिक चर्चाओं के लिए इस विचार के महत्त्वपूर्ण परिणाम हैं।

प्रस्तावों के प्रकार (Types of propositions)

इन विचारों को समझने के लिए हमें 'प्रस्तावों' की संक्षिप्त पृष्ठभूमि को वैसा ही जानना होगा जैसेकि इसे बौद्धिक एवं दर्शन में समझा गया है। प्रस्ताव ऐसा कथन है जो या तो सत्य है या झूठा है। यह दोनों नहीं हो सकता क्योंकि उसमें विरोधाभास होगा जो तर्कशास्त्र में एक आधारभूत पाप है। एक ही प्रस्ताव उसी अर्थ के विभिन्न वाक्यों के विभिन्न भाषिक रूपों में व्यक्त किया जा सकता है।

प्रस्तावों के प्रकार निम्नलिखित सारणी में दिए गए हैं:

प्रस्तावों का प्रकार	व्यापक	अर्थ उदाहरण
अनुभवजन्य या तथ्यात्मक	भौतिक, जैविक व सामाजिक संसार बताता है	चाँद, पृथ्वी का उपग्रह है।
तर्कसंगत	तार्किक विवेचना के रूप में	यदि ए=बी, तथा बी=सी, तब ए=सी
गणितीय	गणितीय प्रदर्शन या प्रमाण के माध्यम से प्राप्त	$(\text{ए}+\text{बी})^2 = \text{ए}^2+2$ ए बी+बी^2
नीति-शास्त्रीय	आदर्श आचरण को बताता है	अपने बड़ों का आदर करें

अय्यर के अनुसार केवल पहले तीन प्रकार के प्रस्ताव ही अर्थपूर्ण हैं। अय्यर ने सत्य का मानदण्ड जाँच का रखा है: यह कि कथन का अर्थ ही इसकी जाँच का ढंग है। इसका सीधा अर्थ यह है कि जब किसी कथन के व्यवहार में या सिद्धान्त में सत्य की जाँच के कोई साधन नहीं हों तो इसे प्रस्ताव नहीं माना जाना चाहिए। तर्कशास्त्रीय एवं गणितीय कथन (विश्लेषणात्मक कथन) अर्थपूर्ण हैं क्योंकि वे तर्कणा एवं गणित के आवश्यक सत्यों को साक्ष्यों के माध्यम से व्यक्त करते हैं।

नैतिक भावात्मकता (Moral Emotivism)

अय्यर कहता है कि नैतिक कथन तत्वमीमांसा, ईश्वर मीमांसा तथा अनेक साहित्यिक अभिव्यक्तियाँ 'निरर्थक' हैं। इसका तात्पर्य यह है कि उनकी प्रस्तावों के रूप में कोई स्थिति नहीं है या वे मिथ्या-प्रस्ताव हैं। नीति-शास्त्रीय अभिव्यक्तियों के बारे में अय्यर कहते हैं कि वे केवल मनोभावों की अभिव्यक्तियाँ ही हैं। अत: यह सिद्धान्त भावात्मक कहलाता है।

अय्यर अपने विचारों को 'लैंग्वेज, ट्रुथ एवं लॉजिक' में व्यक्त करते हैं। यह अत्यंत स्पष्ट, सरल व उत्कृष्ट शैली में लिखी गयी है। यहाँ तक कि जरा से यत्न से इसे सामान्य पाठक समझ सकता है। हालाँकि इस पुस्तक में नैतिकता पर कोई उल्लेखनीय चर्चा नहीं की गयी है। अय्यर ने इसमें ज्ञान मीमांसा व ज्ञान पर अपने विचार व्यक्त किए हैं: किस प्रकार के प्रस्ताव को दर्शनशास्त्र का भाग माना जाए?

सी.एल. स्टीवेन्सन (C.L. Stevenson)

नैतिक निर्णयों की प्रकृति (Nature of Ethical Judgements)

स्टीवैन्सन ने नीति-शास्त्र के भावनात्मक सिद्धान्तों के परिणामों पर विस्तार से काम किया है। उसने भावनात्कतावाद को नीति-शास्त्रीय भाषा के सिद्धान्त में बदल दिया जिसके अनुसार नैतिक निर्णय किसी प्रकार के भी तथ्य को नहीं बताते बल्कि वक्ता के नैतिक मनोभावों को व्यक्त करते हैं तथा अन्यों को प्रभावित करने का प्रयास करते हैं। जब कोई कहता है कि कोई चीज अच्छी है या बुरी है तो सीधे-सीधे ऐसा लगता है कि वह ऐसी वस्तु से कुछ विशेषता (गुणधर्म) जोड़कर उसका वर्णन कर रहा है, जैसे अच्छापन या बुरापन या सही या गलत होना। किन्तु स्टीवैन्सन के अनुसार नैतिक निर्णय (इसको) बिल्कुल नहीं बताते। अन्य शब्दों में, वे तथ्यों के बारे में नहीं हैं। नैतिक वाक्य बोलने का प्रयोजन भिन्न है: मनोभावों को व्यक्त करना तथा अन्यों को प्रभावित करना या उसमें भागीदारी करने के लिए आमन्त्रित करना। "नैतिक निर्णय किसी बात के लिए मंजूरी या अस्वीकृति की सिफारिश से सरोकार रखते हैं; और यह विरागी विवरण से अधिक कुछ होता है।"

लोग प्राय: नैतिक निर्णय दे देते हैं कि अमुक वस्तु (बात) अच्छी है या बुरी है। ऐसे कथन केवल यही बताते हैं कि वे उस वस्तु को पंसद करते हैं या नापसंद करते हैं। ऐसे कथनों का प्रयोजन श्रोताओं को वक्ता के अभिरुचि को अपनाने के लिए मनाना होता है। अपनी तीव्र भावनात्मक बातों (सामग्री) के कारण नैतिक अभिव्यक्तियाँ ऐसे आमन्त्रण के लिए विशेष रूप से उपयुक्त हैं।

स्टीवेंसन का कथन है कि नैतिक निर्णय (राय) उन कोशिशों के लिए पर्दे का काम करते हैं जो लोग, एक-दूसरे को आदर्शक रुझान (अभिरुचि) अपनाने के लिए मनाने हेतु करते हैं। उदाहरण के लिए कहना कि दहेज लेना गलत है, "यह कहने का बहुत शक्तिशाली ढंग है कि वक्ता दहेज लेने की खिलाफत करता है। " कथन का उद्देश्य अन्यों में इसी प्रकार की खिलाफत पैदा करना (जगाना) है। इसके द्वारा यह वक्ता तथा श्रोताओं दोनों के भावी आचरण को प्रभावित करने का प्रयास करता है।

प्रभावी परिभाषा (Persuasive Defination)

स्टीवेंसन ने उक्ति 'प्रभावी परिभाषा' चालू की जो बहुत लोकप्रिय हो गई। यह उस स्थिति की ओर संकेत करती है जो नीति-शास्त्रीय तर्क-वितर्क में पाई जाती है। इसमें ऐसी अभिव्यक्तियों का प्रयोग होता है जिसके दो विशिष्ट गुण होते हैं:

(*i*) भावानात्मक व्यंजना/अर्थ रखना (सकारात्मक या नकारात्मक)

(*ii*) अपने विवरणात्मक पाठ (सामग्री) में अस्पष्ट होना

कुछ उदाहरण हैं-गणतन्त्र, स्वतन्त्रता, दमन तथा आतंकवाद। चर्चा का परिणाम उस पक्ष के इर्द-गिर्द रहता है जो अपने कारण (अपनी बात) की 'परिभाषा' से सकारात्मक और अपने प्रतिपक्षी वाले के साथ नकारात्मक अभिव्यक्ति को जोड़ सका है। विश्वासोत्पादक परिभाषा शब्द की अन्तर्भूत अस्पष्टता का प्रयोग करती है जिससे अनेक संभव परिभाषाओं की गुंजाइश हो जाती है, जिससे भावनात्मकता से भरी अभिव्यक्तियों का चतुरता से प्रयोग किया जा सकता है। इस प्रकार आतंकवाद एक तरफ घष्टणित बताया जा सकता है और अन्य द्वारा असहनीय उत्पीड़न के प्रति वैध प्रतिक्रिया।

स्टीवेंसन तथ्यों एवं मूल्यों (नैतिक मानदण्डों) के बीच अन्तर को बढ़ाकर नीतिशास्त्र (नैतिक) बना देते हैं जो विश्वासों व अभिरुचियों के बीच अन्तर के रूप में है। अभिरुचियाँ स्वीकृति की मनोवैज्ञानिक अवस्थाओं को बताती हैं। सिद्धान्त रूप में 'अभिरुचि विरक्त विवरण' की अवस्था तक नीचे नहीं की जा सकती। हमारी अभिरुचियाँ न तो सत्य हैं न असत्य, किन्तु बस तथ्यों के दायरे से बाहर हैं।

अय्यर तथा स्टीवेंसन बीसवीं शताब्दी की एंग्लो-अमेरिकन सकारात्मक स्थिति से (सम्बन्धित) हैं। सकारात्मकवाद नैतिक चर्चा में पड़ने से इंकार करता है। यह कोई नैतिक परिकल्पनाएँ नहीं करता; ना ही यह वस्तुओं (बातों) व्यक्तियों, सामाजिक परिस्थितियों या सामाजिक संस्थानों पर नैतिक फैसले करता है। यह आवेगहीन तथ्यात्मक विश्लेषण को लक्षित करता है। यह तथ्यों एवं मूल्यों के बीच अन्तर का कठोरता से पालन करता है। हम अब उन नैतिक दार्शनिकों की बात करेंगे जिन्होंने तथ्यों व मूल्यों के बीच अन्तर को पार करने की कोशिश की।

आर.एम. हरे (R.M. Hare)

निर्देशात्मकतावाद (Prescriptivism)

आर.एम.हरे का नैतिक सिद्धान्त निर्देशात्मकवाद के नाम से जाना जाता है। हरे ने अपने सिद्धान्त को पहले 'द लैंग्वेज ऑफ मोराल्स' में प्रस्तुत किया था। हरे ने वर्तमान भावात्मकवाद को नकार दिया जिसके अनुसार नैतिक कथन केवल व्यक्तिगत (निजी) पसंद की अभिव्यक्तियाँ हैं। हरे के लिए, नैतिक कथन तो आचरण के निर्धारण या मार्ग-निर्देशक हैं। वे सार्वभौमिकरणीय हैं अर्थात् वे सब पर लागू होते हैं।

मान लीजिए कि मैं स्वयं एवं अन्यों के लिए, उदाहरण के तौर पर, यह आदेश निधारित करता हूँ कि 'दूसरों को हानि नहीं पहुँचाना'। इस निर्धारण की प्रकृति की माँग है कि मैं इसके अनुसार ही क्रिया-कलाप करूँ। पहला, नैतिक (कथन) की भाषा में आचरण के प्रति प्रतिबद्धता है। दूसरे, नैतिक परिस्थिति के बारे में हमारे तर्क में सार्वभौमिकत्व का सिद्धान्त शामिल है।

नैतिक निर्णयों का सार्वभौमिक रूप से लागू होना निम्नलिखित उदाहरण से दिखाया जा सकता है। निर्णय पर विचार कीजिए: 'ए' को 'बी' तथा 'सी' के साथ 'एक्स' करना चाहिए। सार्वभौमिकरण कर दिए जाने पर इसका तात्पर्य यह निर्णय भी होगा–

"'बी' को 'ए' तथा 'सी' के साथ 'एक्स' करना चाहिए तथा 'सी' को 'ए' तथा 'बी' के साथ 'एक्स' करना चाहिए।"

उस बात पर विचार किए बिना कि लाभ देने वाले एवं लाभभोगी कौन हैं, नैतिक निर्णय फिर भी उन पर लागू होते हैं। या व्यक्ति को नैतिक निर्णय को इस बात की परवाह किए बगैर स्वीकार करना चाहिए कि व्यक्ति की निजी पसंद क्या है, अर्थात् कोई 'बी' तथा 'सी' के बजाय 'ए' है।

हरे के अनुसार, प्राकृतिक भाषा का एक तर्कसंगत पहलु होता है। इसमें अक्सर 'जरूर चाहिए' (ought) शब्द का प्रयोग कर या यह कह कर कि क्या 'उचित सही' है नैतिक निर्णयों को व्यक्त किया जाता है। ऐसे नैतिक निर्णय सभी लोगों पर बाध्यकर होते हैं तथा इनमें दमन करने का बल होता है।

हरे व्यापक तत्व-मीमांसीय या ज्ञान-मीमांसात्मक विचारों से बचता है। ऐसे विचार नैतिक चर्चाओं को भटका देते हैं। जैसा कि हमने पहले देखा है, (उदाहरण के लिए अय्यर व स्टीवेंसन के साथ) नैतिक-शास्त्र के बारे में तर्कणा, नैतिक तर्कणा में अन्वेषण हो गया है। ऐसी चर्चा में वास्तव में कोई नैतिक तत्व नहीं है।

नैतिक तर्कणा के रूप (Forms of Moral Arguments)

अब हम हरे की नैतिक तर्क की संकल्पना का सरल रूप प्रस्तुत करेंगे। जैसा कि हम पहले देख चुके हैं, कुछ दार्शनिक नैतिक तर्कों की संभावनाा को ही खारिज कर देते हैं। हरे के अनुसार, यदि आधार-वाक्य में तथ्यपरक कथनों के साथ कुछ खास नैतिक शब्द शामिल हों तो वैध तर्क बन जाएगा।

तर्क का बेसिक रूप नीचे दिया जा रहा है:

संकट में पड़े सभी पशुओं की मदद की जानी चाहिए।

यह कुत्ता संकट (परेशानी) में है।

इस कुत्ते की मदद की जानी चाहिए।

ध्यान देने की मुख्य बात यह है कि नैतिक तर्क अविवेकपूर्ण नहीं हैं अपितु वे उचित (तर्कसंगत) उपदेशों की श्रेणी में आते हैं।

द्वि-स्तरीय उपयोगितावाद (Two-level Utilitarianism)

हरे का कहना है कि मानव, अपनी बौद्धिक प्रतिभा पर निर्भर रहते हुए अपने सहजबुद्धि नैतिक विश्वासों या विवेचनात्मक सोच पर भरोसा करते हैं। दोनों ही दशाओं में मूलभूत मानव विश्वास (मान्यता) एक ही रहते हैं। किन्तु आदमी की अपनी विवेचनात्मक तर्कणा योग्यता एवं किसी स्थिति के नैतिक घटकों को पहचानने तथा उचित नैतिक निर्णयों तक पहुँचने की अपनी योग्यता अलग-अलग होती है। अन्य शब्दों में, नैतिक निर्णय करते समय कुछ लोग अपनी नैतिक सहजबुद्धि का सहारा लेते हैं और अन्य अपने तर्क पर भरोसा करते हैं।

इससे हरे द्वि-स्तरीय उपयोगितावाद की संकल्पना करते हैं। विचारण के सहज-बौद्धिक स्तर का तात्पर्य है कि नैतिक निर्णय, नियम उपयोगितावाद पर आधारित होते हैं। लोग प्रथम-दृष्टया सिद्धान्तों का प्रयोग करते हैं जो सामान्य आम प्रकार की परिस्थितियों या घटनाओं पर लागू होते हैं। लोग इस सोच का प्रयोग तब करते हैं जब विवेचनात्मक विचारण हेतु समय नहीं होता या वे अपने विवेचनात्मक गुणों पर भरोसा नहीं करते।

विवेचनात्मक विचारण का अर्थ है क्रिया-कलाप (कार्य) उपयोगितावाद। यहाँ, व्यक्ति एक निजी क्रिया-कलाप के संभावित परिणामों का विश्लेषण करता है और विचार करता है कि तुलना करने पर वे शुभ (अच्छे) होंगे या बुरे। क्रिया-कलाप उपयोगितावाद उस समय काम में आता है जब (1) यह असामान्य मामलों में; (2) प्रथम दृष्टया सिद्धान्तों में विवाद होने पर (3) जब यह साफ हो कि एक खास रास्ता पकड़ने पर उपयोगिता अधिकतम की जा सकती है और व्यक्ति को विश्वास है कि ऐसा है।

निष्कर्षत: हम देख सकते हैं कि हरे हमारी नीति-शास्त्रीय, अभिव्यक्तियों के अर्थों को स्पष्ट करने के लिए विश्लेषणात्मक दर्शन की तकनीकों का प्रयोग करता है। नैतिकताओं की भाषा,विशेष परिस्थितियों में सार्वभौमिकता योग्य सकारात्मकता देते हुए अनिवार्यत: निर्देशात्मक प्रकृति की होती है।

जॉन रॉल्स (John Rawls)

विश्लेषणात्मक दार्शनिकों के विपरीत समकालीन विचारक नैतिक प्रश्नों पर चर्चा करते हैं। जॉन राल्स एक ऐसे ही दार्शनिक थे। उनकी पुस्तक 'ए थ्योरी ऑफ जस्टिस' (A Theory of Justice) ने नैतिक दर्शन और लोक प्रशासन के विचारकों पर भारी प्रभाव डाला है। प्रशासनिक नीति-शास्त्र पर चर्चा करते समय पर हमें जॉन रॉल्स का उल्लेख करने के अवसर मिलते रहेंगे।

जॉन रावल्स (John Rawls) सामान्य नैतिकता पर चर्चा नहीं करता अपितु नैतिकता के एक विशिष्ट रूप, अर्थात् न्याय का विश्लेषण करता है। वह उन सामान्य सिद्धान्तों के बारे में अत्यन्त सैद्धान्तिक और जटिल तर्क प्रस्तुत करता है जो किसी न्याय-संगत (उचित) समाज का आधार बन सकते हैं। हम उसके उलझन भरे तर्क की बारीकियों में नहीं जाएंगे। हम इसकी जरूरी बातों पर संक्षेप में विचार करेंगे। यह पुरानी सामाजिक करार सिद्धान्त का एक रूपान्तर है।

जॉन रॉल्स का कहना है कि न्याय के दो मूलभूत सिद्धान्तों को अपनाना एक उचित और नैतिक दृष्टि से स्वीकारणीय समाज की गारण्टी देगा:

1. प्रत्येक व्यक्ति को ऐसी सर्वाधिक व्यापक समग्र प्रणाली में बराबर की हकदारी जो सभी के लिए स्वतन्त्रता की इसी प्रकार की प्रणाली के साथ तुलनीय है।
2. (*i*) सामाजिक व आर्थिक असमानताओं को इस प्रकार प्रबन्धित किया जाना है जिससे कि दोनों ही सबसे कम लाभ-प्राप्तों के लिए सबसे अधिक लाभप्रद हों, तथा अवसरों की उचित समानता की अवस्था (दशा) कें अन्तर्गत तथा (*ii*) में के अपवाद के अधीन रहते हुए, सरकारों कार्यालयों तथा पदों तक पहुँच सभी के लिए खुली होनी चाहिए।

पहला सिद्धान्त सभी के लिए नागरिक सुविधाएँ सुनिश्चित करता है- सिद्धान्त 2 उससे मिलता-जुलता है जो 'सकारात्मक भेद-भाव' कहा जाता है। इसका अर्थ यह है कि जबकि व्यक्तियों का असमान व्यवहार सामान्यत: अवांछनीय है, यह उन व्यक्तियों की सहायता के लिए उचित माना जाता जो ऐसी विकलांगताओं से ग्रस्त हैं जो उनकी पैदा की गई नहीं हैं। यह विचार सामाजिक और आर्थिक न्याय के तर्क-विर्तक का आधार है। इस अपवाद के अलावा, सामाजिक व्यवस्थाएँ अवसरों की बराबरी पर आधारित हैं।

रॉल्स (एक काल्पनिक स्थिति मानकर) यह दिखाने की कोशिश करता है। ऐसे सिद्धान्त किस प्रकार सार्वभौमिक स्तर पर अपनाए जाएँगे तथा इस तरह से वह अंशत: सामान्य नैतिक मुद्दों की ओर मुड़ जाता है। वह सामाजिक 'रिक्त पटिया' (tabula rasa) या सामाजिक व्यवस्थाओं से पहले आने वाले निर्मल अवस्था से आरम्भ करता है। वह विचार करता है कि लोग ऐसी स्थिति में अपनी प्राथमिकताएँ कैसे प्राप्त करेंगे। उसने 'अज्ञानता का पर्दा' का सिद्धान्त शुरू किया। यह सुनिश्चित करता है कि सामाजिक खेल में सभी 'खिलाड़ियों' को एक विशेष परिस्थितियों में रखा जाएगा। रॉल्स इसे 'मूल स्थिति' कहता है। इस स्थिति में प्रत्येक को 'जीवन व समाज' के तथ्यों की केवल सामान्य जानकारी होगी। अत: प्रत्येक खिलाड़ी को ऐसी सामाजिक संस्था के प्रकार के लिए 'बुद्धिपरक विवेकपूर्ण चयन' करना होगा जिसके साथ वह सम्बद्ध होगा। चूँकि खिलाड़ियों के पास अपने सम्बन्ध में कोई विशिष्ट जानकारी नहीं होगी; अत: वे कोई पक्षपाती या अपने मतलब का विचार नहीं रख (अपना) पाएँगे। उन्हें ऐसा सामान्यीकृत दृष्टिकोण अपनाने के लिए विवश होना पड़ेगा जो नैतिक दृष्टिकोण से बहुत मिलता-जुलता हो।

यद्यपि लोग नैतिकता की बजाय विवेक से काम करते हैं, फिर भी इस प्रकार से एक उचित सामाजिक व्यवस्था उत्पन्न हो जाती है। रावेल्स (Rowls) का कथन है कि काल्पनिक स्थिति में लोग भविष्य की अज्ञानता के आवरण में कार्य करते हैं।

रॉल्स का यह विचार 'अज्ञान के पर्दे के भीतर विवेकपूर्ण चयन' को प्रस्तुत करता है। रॉल्स का तर्क है कि उसकी मान्यता को माना जाए तो लोग उदार-समाज अवसरों की समानता पर आधारित स्वतन्त्रताओं एवं इच्छा-स्वातन्त्रय पसंद करेंगे, किन्तु उसमें विभिन्न अलाभप्राप्त वर्गों की समस्याओं के लिए गुंजाइश होगी।

रॉल्स कहता है: सभी सामाजिक प्राथमिक उत्तमताएं - स्वतन्त्रता, अवसर, आय तथा धन-दौलत और व्यक्ति के आत्म-सम्मान का समान वितरण होना चाहिए, जब तक कि इनमें से किसी या सभी उत्तमता का असमान वितरण न्यूनतम कृपापात्र के लाभ के लिए न हो। रॉल्स के तर्क की युक्ति-संगतता सरलता से बताई जा सकती है। चूँकि हम नहीं जानते कि परिस्थितियाँ या भाग्य, सामाजिक क्रम में हमें कहाँ रखेगा, तो हमारे लिए ऐसे प्रबन्धों (व्यवस्था) को चुनना बेहतर होगा जो हमारी न्यूनतम आवश्यकताओं को सुनिश्चित करें। जॉन रॉल्स इस प्रकार समतावादी, वितरणवादी और समावेशी नीतियों को तर्क-संग ढंग से उचित ठहराता है। वे व्यक्ति निष्ठ प्राथमिकताएँ (पसंद) नहीं हैं। उनमें कोई मूल्य निर्णय नहीं हैं। यदि एक निश्चित सामाजिक स्थिति में आप उन बुद्धिवादी (तर्कपरक) लोगों को रखते हैं जो विषय-निष्ठता के सतर्क कर सकते हैं तो वे ऐसी ही नीतियों को चुनेंगे।

रॉल्स के विचारों की आलोचना (Criticism of Views of Rawls)

लेकिन हम इस सोच पर कैसे सवाल उठा सकते हैं। यदि हम रॉल्स के आधार-वाक्य और मान्यताओं को स्वीकार करते हैं तो उसके ही निष्कर्ष आएँगे। लेकिन उसका तर्क काल्पनिक है; यह अनुमानों पर आधारित है। वास्तविक समाज में हम शून्य आधार (स्थिति) से शुरु नहीं कर सकते, जैसे कि उसने किया है। समाज का इतिहास होता है; यह वैधानिक स्वीकृति वाली स्थापित, परम्परागत (वसीयतों वाली) स्थितियों के साथ आर्थिक वर्गों में बटाँ होता है। व्यक्ति स्वयं को जिस आरम्भिक अवस्थाओं में पाते हैं, उन्हें रद्द नहीं किया जा सकता। वे केवल अवांछित या अनुचित अवस्थाएँ नहीं वे लोगों के प्राप्त किए गए अधिकारों को प्रस्तुत करती हैं। इसका मतलब यह नहीं है कि हमें सभी सुधारों या गरीबों/वंचितों के उन्नयन के प्रयासों का विरोध करना चाहिए। उन्हें मध्यम राजनैतिक तथा आर्थिक नीतियों के माध्यम से ध्यानपूर्वक और सावधानी से तैयार किया जाना चाहिए।

विपरीत विचार (A counter view)

रॉबर्ट नाजिक (Robert Nozic) उस पुनर्वितरण वाली नीतियों का विरोध करता है जो उचित समाज के उपरोक्त स्वरूप से अभिप्रेत है। वह दावा करता है कि यदि विश्व पूरी तरह उचित (Just) होता तो कोई भी वस्तु अपने पास (अधिकार में) रखने वाले लोग वे होंगे जिन्होंने अपने अधिकार में की वस्तुओं (या सम्पत्ति) को उचित (नैतिक) ढंग से प्राप्त किया है। सम्पत्ति प्राप्त करना, प्राप्ति का कोई मौलिक कार्य हो सकता है या ऐसे व्यक्ति से स्थानान्तरित हो सकता है जिसने इसे प्राप्त करने हेतु मौलिक कार्य किया हो या किसी वैध स्वामी से खरीद लिया गया हो।

वह एक उदाहरण देता है : 'आप उस सीप का उपयोग करने के हकदार क्यों हैं?' 'मैंने इसे समुद्र के किनारे (तट) से उठाया है जहाँ यह किसी का नहीं था और सब के लिए वहाँ बहुत सारे थे।' यह उचित प्राप्ति का सही कार्य है। या 'किसी और ने इसे समुद्र तट से उठाया और इसे मुझे बेच दिया या मुझे दे दिया।' मालिक तथा उसकी सम्पत्ति के बीच मध्यस्थिक बिक्रियां और खरीदें हो सकती हैं। नोजिक सम्पत्ति के अधिकारों को उचित ठहराते हुए रूढिगत स्थिति का प्रतिनिधित्व करता है। वह उन्हें प्राकृतिक तथा ग्रहणाधिकार रहित मानता है। राज्य/शासन लोगों को ऐसे अधिकारों से वंचित नहीं कर सकते।

बीसवीं सदी के नैतिक विचारकों पर अपनी चर्चा समाप्त करने का यही उचित समय है। हमें उनके विचारों की प्रमुख प्रवृत्तियों पर ही विचार करना है जैसा कि हमने देखा, लगभग साठ के वर्षों में कुछ को छोड़कर दार्शनिकों ने एक सकारात्मक विश्लेषणात्मक सोच अपनायी। उन्होंने नैतिक अवधारणाओं का विश्लेषण किया तथा जीवन की व्यावहारिक परिस्थितियों हेतु मामूली नैतिक मार्ग-निर्देश दिए। उनके कार्य में कोई आदर्शक तत्व नहीं है। यह सोच काम कर रहे उन प्रशासकों के शायद ही काम की हो जिनको किन्हीं नैतिक मूल्यों के प्रति प्रतिबद्ध होना जरूरी है। वे यूँ ही नैतिक विश्लेषकों की भूमिका ले सकते हैं इसका अर्थ यह नहीं है कि हम बीसवीं सदी की नैतिक सोच को अनदेखा नहीं कर सकते। इसने अनेक नैतिक अवधारणाओं एवं नैतिक तर्कणाओं को प्रकाशित किया है। यह ज्ञान अनेक व्यावहारिक स्थितियों के नैतिक पहलुओं के विश्लेषण में मदद दे सकता है।

सार संक्षेप

- बीसवीं सदी के अनेक दार्शनिकों ने कुछ विशेष नैतिक प्रणलियों को निर्धारित करने या अपनाने का पहले का प्रचलन छोड़ दिया। इसके स्थान पर वे वर्तमान नैतिक सिद्धान्तों की गहन ज्ञान-मीमांसात्मक जाँच की की ओर अग्रसर हो गए।
- मुरे ने तीन सिद्धान्त प्रस्तुत किए हैं: आदर्श उपयोगितावाद (Ideal utilitarianism), प्रकृतिवादी भ्रम (naturalistic fallacy) तथा नैतिक सहजबुद्धि (moral intuition)।
- प्रकृतिवादी भ्रम, अच्छाई को कुछ प्राकृतिक गुण से जोड़ता है।
- आधुनिक तर्क-शास्त्र के सिद्धान्तों में से एक यह है कि तथ्य के प्रस्ताव, मूल्यों के प्रस्तावों से अलग ही होंगे।
- किन्तु यदि शुभ (Good) को प्राकृतिक सम्पत्ति (गुण) माना जाता है तो कोई भी तथ्यात्मक कथनों से नैतिक निर्णय निकाल सकता है। आधार-वाक्यों (Prewites) में सुखभोग ही तथ्यपरक धारणा वाले तर्क नैतिक निर्णयों वाले निष्कर्षों पर पहुँचते हैं। यह एक अनैतिक पद्धति है।
- मूरे का मानना है कि हम शुभ (Good) को नैतिक सहजबुद्धि की पद्धति के माध्यम से देख या पहचान सकते हैं।
- मूरे का उपयोगितावाद का स्वरूप आर्दशवादी है क्योंकि वह सुखवाद को नकारता है।
- मूरे का कहना है कि 'सही' (उचित) का मतलब है उच्चतम शुभ का उत्पाद (फल)। रॉस के विचार से किसी सही क्रियाकलाप को जो सही बनाता है, वह उपयोगिता का सिद्धान्त नहीं है अपितु एक दमनात्मक नैतिक कर्त्तव्य है जो कभी-कभी मूरे के 'आदर्श उपयोगितावाद' का विरोध करता है।
- इसका यह अर्थ लगाया जा सकता है कि कभी-कभी नैतिक सिद्धान्त तोड़े जा सकते हैं।
- नैतिक एजेण्टों के कुछ कर्त्तव्य हैं जो उनके अभिग्रहण के परिणामों पर आधारित नहीं हैं अपितु उनके अधिग्रहण के औचित्य पर आधारित हैं। रॉस ऐसे सिद्धान्तों को प्रथम दृष्टया कर्त्तव्य मानता (कहता) है।
- लेकिन प्रथम दृष्टया कर्त्तव्यों के विरोधी होते हुए नैतिक एजेण्टों का वास्तविक कर्त्तव्य वही होगा जो उस परिस्थिति विशेष हेतु उचित होगा।
- ए. जे. अय्यर 'लॉजिकल पॉजिटिविज्म' (logical positivism) नामक दर्शन सम्प्रदाय से सम्बन्द्ध हैं।
- अय्यर का कहना है कि चूँकि नीति-शास्त्र के प्रस्ताव अनुभवजन्य जाँच के योग्य कथनों तक निम्न (कम) होने में असफल रहते हैं, वे मिथ्या-प्रस्तावों की श्रेणी में आते हैं और अक्षरशः महत्त्वपूर्ण नहीं हैं। वे केवल मनोभावों की अभिव्यक्तियाँ हैं।
- अय्यर की रचनाओं में नीति-शास्त्र पर कोई सार्थक (ज्यादा) चर्चा नहीं है। अय्यर ने जो प्रश्न उठाए हैं, वे ज्ञान-मीमांसात्मक हैं या ज्ञान के सिद्धान्त से सम्बन्धित हैं।
- स्टीवेंसन के अनुसार, नैतिक निर्णय किसी प्रकार के तथ्य नहीं बताते , अपितु वक्ता के नैतिक मनोभावों को व्यक्त करते हैं तथा अन्यों को प्रभावित करने का प्रयास करते हैं।
- नैतिक न्याय तथ्यों के बारे में नहीं हैं। नैतिक वाक्य (कथन) बोलने का अलग काम (प्रयोजन) है: मनोभावों को व्यक्त करना एवं अन्यों को प्रभावित करना या भागीदार होने के लिए अन्यों को आमन्त्रित करना।
- ऐसे कथनों का प्रयोजन श्रोताओं को वक्ता के रुझान (अभिरुचि) को अपनाने के लिए मनाना होता है।
- स्टीवेंसन का कहना है कि नैतिक निर्णय (राय) उन कोशिशों के लिए पर्दे का काम करते हैं जो लोग,एक-दूसरे को किसी विशेष आदर्शक अभिरुचि अपनाने हेतु मनाने के लिए करते हैं।

- स्टीवेंसन ने उक्ति-'प्रभावी परिभाषा' चालू की।
- अय्यर तथा स्टीवेंसन बीसवीं शताब्दी की ऐंग्लो-अमेरिका सकारात्मक स्थिति से (सम्बन्धित) हैं। सकारात्मकवाद, नैतिक चर्चा में पड़ने से इंकार करता है।
- हरे ने वर्तमान भावात्मकवाद को नकार दिया जिसके अनुसार नैतिक कथन केवल व्यक्तिगत (निजी) पसंद की अभिव्यक्तियाँ हैं। हरे के लिए, नैतिक कथन तो आचरण के निर्धारक या मार्ग-निर्देशक हैं। वे सार्वभौमीकरणीय हैं, अर्थात् वे सब पर लागू होते हैं।
- कुछ दार्शनिक नैतिक तर्कों की संभावना को खारिज कर देते हैं। हरे के अनुसार, यदि आधार-वाक्य में तथ्यपरक कथनों के साथ कुछ खास नैतिक शब्द शामिल हों तो वैध तर्क परिणाम देगा।
- नैतिक निर्णयों में 'जरूर चाहिए' (ought) शब्द का प्रयोग या यह कहकर कि क्या उचित (सही) है नैतिक निर्णयों को व्यक्त किया जाता है। ऐसे नैतिक निर्णय सभी लोगों पर बाध्यकर होते हैं तथा इनमें दमन का बल होता है।
- हरे ने द्वि-स्तरीय उपयोगितावाद की संकल्पना का सूत्रपात किया। विचारण के सहज-बौद्धिक स्तर का तात्पर्य है कि नैतिक निर्णय, नियम उपयोगितावाद पर आधारित होते हैं। विवेचनात्मक विचारण का अर्थ है, क्रिया-कलापी (कार्य) उपयोगितावाद।
- हरे का विश्वास है कि सामान्य (आम) नैतिकता, व्यावसायिक नीति-शास्त्र एवं निजी नैतिकता का मूल सहज-बुद्धि विश्वासों में है।
- विश्लेषणात्मक दार्शनिक किसी वैश्विक विचारों, सामाजिक दर्शनों या नैतिक प्रणालियों को प्रस्तुत करने से बचे रहे। उन्होंने दर्शन और विज्ञानों में प्रयुक्त शब्दों या अवधारणाओं के स्पष्टीकरणों के अर्थों पर अपना ध्यान केन्द्रित किया।
- जॉन राल्स सामान्य नीतिशास्त्र पर बात नहीं करता, किन्तु वह नीति-शास्त्र के विशेष प्रकार (अंश) अर्थात् न्याय की जाँच करता है।

अभ्यास प्रश्न

1. "अपरीक्षित जीवन जीने योग्य नहीं है" सुकरात के इस कथन की आप कैसे व्याख्या करेंगे?
2. "ज्ञान एक सद्‌गुण है" स्पष्ट कीजिए।
3. सुकरात के सद्‌गुण आज के प्रशासनिक संदर्भ में किस सीमा तक लागू (व्यावहारिक) हैं?
4. प्लेटो के राजनैतिक विचार आधुनिक गणतन्त्रीय समाजों में किस प्रकार प्रासंगिक हैं?
5. 'प्लेटो का यह विचार कि दार्शनिकों को शासक होना चाहिए, वास्तव में बताता है कि शक्ति नौकरशाहों, भ्रष्ट राजनेताओं की बजाय निष्ठावान विशेषज्ञों के पास होनी चाहिए।' टिप्पणी कीजिए।
6. "प्लेटो का रिपब्लिक दीप्तमान साहित्यिक शब्दों में सर्वसत्तावादी तानाशाही की भूमिका तैयार करता है।" समीक्षा कीजिए।
7. "वीर बनो, वीर बनो किन्तु बहुत अधिक न बनो।" आप इस कथन को सिद्धान्ततः केसे उचित ठहराएँगे?
8. "सद्‌गुण सरलता से सद्‌गुण लौटाता है" स्पष्ट कीजिए।
9. "क्या हम एक समुदाय को नैतिक तौर पर संतुष्ट समझ सकते हैं जो अपने अनिवार्य संविधान (व्यवस्था) से सर्वोत्तम वस्तुओं को केवल कुछ ही लोगों तक सीमित रखता है और चाहता है कि बहुमत द्वितीयक-सर्वोत्तम (शेष सर्वोत्तम) से संतुष्ट हो जाए।" प्लेटो एवं अरस्तू के सिद्धान्तों के संदर्भ में इस कथन की समीक्षा कीजिए।
10. 'भोगवाद अभद्र सुख-भोग में संलग्नता की वकालत करता है।' क्या आप इस कथन से सहमत हैं?

11. क्या भोगवाद तथा स्टोइक दर्शन (विरक्ति) आधुनिक सिविल सेवाओं हेतु सद्गुणों के उपयुक्त मॉडल हैं?
12. इस विचार की समीक्षा कीजिए कि भोगवाद, पलायनवाद का एक रूप है।
13. प्रयोजनमूलक एवं नीति-शास्त्रीय (कर्त्तव्य शास्त्रीय) नैतिक सिद्धान्तों के बीच क्या अन्तर है?
14. क्रियाकलाप उपयोगितावाद एवं नियम उपयोगितावाद के बीच अन्तर बताइए। नियम उपयोगितावाद किस प्रकार क्रियाकलाप उपयोगितावाद से बेहतर है?
15. कॉण्ट का कौन-सा सिद्धान्त मानव सम्मान व मानव अधिकारों का समर्थन करता है? कैसे?
16. कॉण्ट की श्रेणीकृत सकारात्मकता का क्या औचित्य है?
17. कॉण्ट का कहना कि व्यक्ति को निर्दोष व्यक्ति को बचाने के लिए भी झूठ नहीं बोलना चाहिए। कॉण्ट इस निष्कर्ष पर कैसे पहुँचा? क्या यह उचित है?

संदर्भ

- Bertrand Russell, A History of Western Philosophy (chapters on Ancient Greek philosophers discussed in this chapter)
- A History of Western Philosophy 1 Classical thought (OPUS paperback) Terence Irwin

अध्याय 4

भारतीय दर्शन परम्परा में नैतिक विचार (Ethical Ideas in Indian Philosophical Tradition)

हिन्दूवाद (Hinduism)

हिन्दू नीतिशास्त्रों को कुछ पैराग्राफों में प्रस्तुत करना कठिन है। वे वैदिक युग से शुरू हुए और विकास की लम्बी अवधि से गुजरे हैं। वे वेदों, उपनिषदों, धर्म-शास्त्रों, पुराणों, महाकाव्यों, इतिहासों एवं इसी प्रकार के स्रोतों से निसृत हुए हैं। हिन्दू सैद्धान्तिक पाठ (सामग्री) एक जिल्द (पुस्तक) में समेकित नहीं किए गए हैं-यद्यपि **भगवत् गीता** इसके काफी निकट आ जाती है। हिन्दू धर्म-ग्रन्थों की विभिन्न प्रकार से व्याख्याएँ की गई हैं। हिन्दू संतों व सुधारकों ने कई चलनों (रिवाज/परम्परा) को बदला है। तथापि, हम संक्षेप में उन बातों पर चर्चा करेंगे जो नैतिक सामग्री (पाठ) पर केन्द्रित रहते हुए सामान्यत: केन्द्रीय हिन्दू सिद्धान्त माने जाते हैं।

चार मुख्य नैतिक ध्येय (Four Principal Moral Ends)

हम हिंदूवाद की अवधारणा का आरम्भ जीवन के चार ध्येयों से करते हैं-**धर्म** (नैतिक विधि), **अर्थ** (धन-संपदा), **काम** (वासना या सुख) तथा **मोक्ष** (मुक्ति)। नैतिक ध्येयों से व्यक्तियों को एक सुखी नैतिक जीवन-यापन करने में और मृत्यु के बाद मुक्ति प्राप्त होती है। धर्म मनुष्य के मनोवेगों, क्षुधाओं एवं वासनाओं के बुद्धिपरक नियंत्रण को महत्त्व देता है। **धर्म** एक ऐसा सही (उचित) मार्ग है जिसका पालन कर मनुष्य को अपनी निजी, सामाजिक तथा नैतिक आवश्यकताओं की पूर्ति करनी होती है।

धर्म या नैतिक विधि की प्रकृति पर समीक्षकों की दो राय हैं। कुछ का मानना है कि यह ईश्वर का आदेश है। ईश्वर के निर्देश नैतिक क्रिया-कलापों पर लागू होते हैं, ईश्वर की निषेधाज्ञा उन बुरे कामों की ओर इंगित करती है जिनसे मानव को बचना चाहिए। अन्य लेखक मानते हैं कि नैतिक विधि ऐसी अनिवार्यता है जिसे मानव को बिना अपवादों के पालन करना पड़ता है। ये ईश्वर के रूप में साकार नहीं हैं, ये अन्तरिक्ष और समय के भौतिक संसार से परे हैं। वास्तव में, इसकी नैतिक परिपूर्णता मानव की पहुँच से बहुत दूर है; मानव उस नैतिक आदर्श की ओर केवल बढ़ सकता है। जैसाकि हम देखेंगे, आम जीवन में मानव के सामान्य एवं विनिर्दिष्ट कर्तव्य हमें वर्णाश्रम धर्म में मिलते हैं।

अर्थ एवं काम (Artha and Kama)

धर्म पर सद्गुणात्मक व्यवहार के रूप में और विस्तार से चर्चा करने से पहले हम **अर्थ** और **काम** की अवधारणाओं को निश्चित कर सकते हैं। धन-दौलत के भाव (मतलब) में **अर्थ** वह भौतिक साधन है जो भलाई (कल्याण) के लिए है। एक गृहस्थ को अपने परिवार के गुजारे के लिए और अपनी हितकारी इच्छाओं को पूरा करने हेतु कुछ न्यूनतम धन जरूरी होता है। एक अर्जनशील समाज की जड़ में अर्थ लोभ का समर्थन नहीं है। यह न्यूनतम जीवन-यापन को सुनिश्चित करने के लिए धन एवं कला-संबंधी तथा सौन्दर्यपरक गतिविधियों की जरूरत को मानता है।

यद्यपि '**काम**' इच्छा ही है, इसे आवश्यकताओं की पूर्ति से प्राप्त खुशी (प्रसन्नता) भी माना जा सकता है। यहाँ पर इच्छा का अर्थ अन्तहीन इच्छाओं से नहीं लिया जाना चाहिए अपितु उन इच्छाओं से लिया जाना चाहिए जो परिवार के दायरे में रहते हुए मनुष्य की होती है। उनका व्यक्ति की इच्छाएँ होना जरूरी नहीं है बल्कि बच्चों सहित पूरे परिवार की इच्छाएँ होती हैं। हिन्दू धर्म ग्रन्थों में आनन्द (प्रसन्नता/खुशी), धर्म या सद्‌गुण से नीचे के स्थान पर है! नैतिक आचरण से **पुण्य** या लाभकारी कार्मिक प्रभाव होता है। किन्तु बुरा आचरण **पाप** कराता है या बुरा कार्मिक प्रभाव देता है। **पुण्य** से मानव को स्वर्ग प्राप्त होता है और **पाप** उसे नर्क में ढकेल देता है। लेकिन अस्तित्व की ये अवस्थाएँ अस्थायी हैं क्योंकि उनके **पुण्यों** या **पापों** की समाप्ति के बाद मानव का पुनर्जन्म हो जाता है।

धर्म तथा मोक्ष (Dharma and Moksha)

अपने सद्‌गुण के रूप में **धर्म** सर्वोच्च मूल्य (महत्त्व का) है या स्वयं में ही लक्ष्य (ध्येय) है। यह अरस्तू के दर्शन के 'सम्मम बोनम' जैसा है। हिन्दू धर्म का अन्तिम (सर्वोच्च) लक्ष्य यह है कि आत्मा को वासनायुक्त संसार के बंधनों और इसकी असंख्यक चिन्ताओं से मुक्ति मिल जानी चाहिए। इस अवस्था में, मानव आत्मा अपने अनुभूतिमूलक स्व से मुक्त होकर अपने सांसारिक बंधनों से छूट जाता है। यद्यपि इस अवस्था को देख पाना मुश्किल है पर इसे आत्मा का बिना किसी कष्ट, चिन्ता और अशांति के होना समझा जा सकता है जो इसके सांसारिक अस्तित्व की विशेषताएँ हैं।

मोक्ष के विषय में विभिन्न लेखकों की विभिन्न अवधारणाएँ हैं। **मोक्ष** से तात्पर्य है कि आत्मा अपने सर्वथा निर्मल आत्मिकरूप में या सार-तत्व के रूप में रहती है। यह अनुभूतियों के भौतिक संसार के झंझटों या अन्तरिक्ष और समय के भौतिक ब्रह्माण्ड से मुक्त होती है। मृत्यु हो जाने पर आत्मा उन जीव-सम्बन्धी एवं बौद्धिक गुणों को खो देती है जो उसे शरीर में रहते हुए प्राप्त थे। यह अनन्त और अनश्वर (अमर) हो जाती है। शंकर के मतानुसार आत्मा, **ब्रह्म** में लीन हो जाती है। रामानुज का कहना है कि यह अनिवार्यत: ईश्वर का अंश है। इसे ईश्वर में अनन्त परमानन्द प्राप्त होता है।

वर्णाश्रम धर्म (Varnashrama Dharma)

यह स्पष्ट है कि हिन्दू के नीति-शास्त्र व्यक्ति से सम्बन्धित हैं, उसे **धर्म** के दायरे में रहते हुए किस प्रकार अपने भौतिक वजूद का आनन्द लेना चाहिए एवं स्वयं को **मोक्ष** के लिए तैयार करना चाहिए। हिन्दूवाद की एक नीति भी है जो व्यक्ति की नैतिकताओं को समाज की सदस्यता से जोड़ती है। यह प्रसिद्ध **वर्णाश्रम धर्म** है। इस व्यवस्था के अंतर्गत समाज को चार व्यावसायिक वर्गों में बाँटा गया है। ब्राह्मणों को वेदों में प्रवीणता प्राप्त करनी चाहिए, धार्मिक अनुष्ठान करवाने चाहिए तथा समाज में आध्यात्मिकता का प्रचार करना चाहिए। वे समाज की शैक्षिक परम्पराओं के संरक्षक हैं। **क्षत्रिय** एक योद्धा वर्ग हैं। उन्हें सैन्य कौशल प्राप्त करने तथा समाज को आंतरिक व बाह्य खतरों से बचाना होता है। **वैश्य** व्यापारी समुदाय हैं जिन्हें वाणिज्य तथा उद्योगों का काम करना होता है। **शूद्र** कलाकार एवं हस्तशिल्पी हैं जो समाज (सभ्यता) के लिए सुविधाओं का निर्माण करते हैं।

समाज में किसी की स्थिति से उत्पन्न नैतिकताओं के अलावा भी ऐसे कर्त्तव्य हैं जिनका जीवन की विभिन्न अवस्थाओं में किया जाना जरूरी है। इसके अंतर्गत विद्यार्थी **(ब्रह्मचारी)** को एक निर्मल, पवित्र जीवन यापन करना होता है, वेदों का ज्ञान प्राप्त करना तथा गुरुओं से प्राप्त ज्ञान को हृदयंगम करना होता है। मनुष्य को अपनी प्रसन्नता (सुख) तथा समाज के कल्याण (अच्छाई) के लिए विवाह करना एवं परिवार बनाना चाहिए। अगली अवस्था **वानप्रस्थ** में मानव को स्वयं को एकांतिक प्रार्थना एवं ध्यान में लगा देना चाहिए। अन्तिम अवस्था में मानव को घुमन्तु साधु (संन्यासी) हो जाना चाहिए जो भिक्षा पर गुजारा करता हो तथा स्वयं को समाज व ईश्वर की सेवा में लगा दे।

स्वाभाविक ही है कि आज के समाज का व्यावसायिक (रचना) ढाँचा प्राचीन भारत वाले से कम ही मिलता है। वह बात जो आज भी महत्त्व रखती है वह यह है कि मानव को अपने व्यावसायिक क्षेत्र में अपना काम पूरी निष्ठा के साथ करना चाहिए। इस प्रकार एक सैनिक, अग्निशामक अधिकारी या अध्यापक के सुस्पष्ट निश्चित कर्त्तव्य (काम) हैं। जहाँ तक जीवन की विभिन्न अवस्थाओं के उपयुक्त कर्त्तव्यों की बात है, उन्हें प्राचीन समाज में आए भारी परिवर्तनों को ध्यान में रखते हुए उनसे जोड़कर देखना होगा। जीवन की अवस्थाओं वाले कर्त्तव्यों को आधुनिक समाज के संदर्भ से जोड़ा जाना है।

भारत में जातियों पर अनगिनत ग्रंथ लिखे गए हैं। वे सामान्यत: जाति प्रथा के अत्यधिक आलोचक हैं। यह कि जातिवाद से हिन्दुओं में विभाजन हो गए हैं। यह एक सच्चाई है जिस पर राष्ट्रीय आन्दोलनों तथा धार्मिक सुधारों ने लगातार जोर दिया है। विशेष रूप से महात्मा गाँधी ने छुआछूत प्रथा (अस्पर्श) को समाप्त करने के लिए बहुत परिश्रम किया।

भगवत् गीता (Bhagavat Gita)

मुख्य संदेश (Main Message)

भगवत् गीता में हिन्दू नीति-शास्त्रों का स्पष्ट वर्णन है। यद्यपि यह रचना उन आत्म संदेहों की पृष्ठभूमि के साथ रचित है जो युद्ध आरम्भ होने से पहले एक योद्धा के मन में उपजते हैं, इस रचना का संदेश समूचे मानव जीवन को समेट लेता है। **भगवत् गीता** निर्धारित करती है कि मनुष्य को अपने कर्त्तव्यों का पालन फलों की चिन्ता किए बिना, लगाव व विरक्ति बिना तथा स्वार्थी व हीन प्रयोजनों से विचलित हुए बिना करना चाहिए। संक्षेप में, कर्त्तव्यों (कर्म) का पालन इसी के अपने लिए ही किया जाना है। अन्तत: कर्म ईश्वरत्व (ब्रह्मत्व) की प्राप्ति के लिए किए जाने हैं। कर्म मानवता के कल्याण तथा सभी प्राणियों के शुभ (कल्याण) के लिए किए जाते हैं। **गीता** का उपदेश है कि हमारे प्रयासों का लक्ष्य प्रसन्नता प्राप्त करना नहीं अपितु शुभ (कल्याण) की प्राप्ति है, निजी व सामाजिक शुभ (कल्याण) एक ही हैं। सर्वोच्च शुभ (कल्याण) को प्राप्त करने से मानव ब्रह्मत्व को प्राप्त कर लेता है।

गीता का संदेश है कि मानव जीवन का सम्पूर्ण आधार कर्म में ही है। कर्म के बिना जीवन ही नहीं हो सकता। कर्महीन स्थिति तो मृत्यु की स्थिति है। **गीता** न तो निवृत्तिवाद (पलायनवाद) की वकालत करती है और ना ही निवर्तन (जीवन से हाथ खींच लेने) की। तथापि, कर्म का आधार व्यक्ति का कर्त्तव्य होना चाहिए।

गीता संन्यास का भी निर्धारण नहीं क्योंकि यह समाज में कर्त्तव्यों के पालन से भी सरोकार रखती है। इसमें यह नहीं कहा गया है कि मानव को सभी मनोभावों को त्याग देना चाहिए। व्यक्ति को बुरे मनोभावों, जैसे मोह, विराग, भ्रांतियाँ, भय, कामना (वासना), दु:ख, घृणा, दुर्भावना और ईर्ष्या को नियन्त्रित करना चाहिए। हम जिन्हें सकारात्मक मनोभाव कहते हैं, उन्हें अपने में जगाना (पैदा करना) चाहिए। इसमें शामिल हैं सार्वभौमिक कल्याण और परोपकार, कष्ट में पड़े लोगों के प्रति दयालुता, उदारचरितता, शांत-स्वभाव, सांसारिक सरोकारों से विरक्ति, ईश्वर के प्रति प्रेम व भक्ति। यह जरूर है कि साथी मानवों की सेवा के माध्यम से ही ईश्वर प्राप्ति हो सकती है। बौद्ध धर्म व जैन धर्म के विपरीत, **गीता** की नैतिक प्रणाली के केन्द्र में ईश्वर है।

मुक्ति (मोक्ष) के मार्ग (Paths to Salvation)

गीता के अनुसार, ईश्वर प्राप्ति के तीन मार्ग हैं। **कर्मयोग** में व्यक्ति को ईश्वर की सेवा में **निष्काम कर्म** (बिना कामना कर्म) करना होता है। **भक्तियोग** ईश्वर की भक्ति का मार्ग है। **ज्ञानयोग** धार्मिक ज्ञान के माध्यम से आत्म-ज्ञान प्राप्त कर लेने के आधार पर ईश्वर तक पहुँचना है। यदुनाथ सिन्हा का कहना है कि **गीता** का संदेश कॉण्ट के तर्कबद्धिपरकतावाद या संन्यासवाद की अपेक्षा ग्रीन के आत्मप्रसादवाद (Endemonism) के ज्यादा करीब है। आत्मप्रसादवाद एक नैतिक (नीतिपरक) सिद्धान्त है जो जीवन के मूल्य का आनन्द के रूप में लक्षण-वर्णन करता है। यहाँ पर आनन्द (Happiness) को इसके सर्वाधिक लोकोत्तर रूपों में समझना होगा।

सद्‌गुण (Virtues)

गीता, जीवन में मनुष्यों की स्थिति, उसके **वर्ण** और उसकी मनोवैज्ञानिक विशेषताओं को जोड़ती है। अन्य शब्दों में, एक योद्धा की जो सोच होगी, वह एक **ब्राह्मण** और एक **वैश्य** की सोचों से अलग होगी। यह बात अजीब लग सकती है कि एक व्यक्ति की मानसिक विशेषताएँ या मनोवैज्ञानिक प्रकृति को उसके **वर्ण** या व्यवसाय से जोड़ा जाए। अनुभव से हम यह जानते हैं कि व्यक्ति के व्यवसाय की छाप उसके चरित्र पर जरूर पड़ती है। हम आधुनिक शब्दावली में मनोवैज्ञानिक प्रकारों की सोच सकते

हैं। इस प्रकार, सेना का अधिकारी एक विशेष ढ़ंग से व्यवहार करने की ओर प्रवृत्त होगा। इसी प्रकार राजनेता व व्यापारियों के व्यवहार की अलग विशेषताएँ होंगी। व्यक्ति की जाति और उसके व्यवसाय (धन्धे) के बीच का सम्बन्ध प्राचीन भारत में भी लोप हो गया था। यहाँ तक कि वर्ण की सदस्यता भी जन्म का मामला नहीं रह गया किन्तु इसमें पर्याप्त गतिशीलता की भूमिका रहती है। किन्तु इन तथ्यात्मक मामलों को दरकिनार कर हम इस निष्कर्ष पर पहुँच सकते हैं कि मोटे तौर पर आदमी का व्यवसाय उसके कर्त्तव्यों एवं रुझानों (अभिरुचियों) का निर्धारण करता है।

यहाँ नीचे दी गई सारणी में वे सद्‌गुण दिए गए हैं जिन्हें **गीता** में समाज के प्रमुख वर्गों की विशेषताएँ (गुण) बताया गया है। यद्यपि यहाँ मेल, वर्ण और सद्‌गुणों के बीच बिठाया गया है। आधुनिक संदर्भ में हम इन्हें सद्‌गुणों की ऐसी सूची मान सकते हैं जो मोटेतौर पर व्यवसायों (धन्धों) से जुड़े हुए हैं।

ब्राह्मण	क्षत्रिय	वैश्य
अनुभूतियों (संज्ञाओं) का नियंत्रण	नायकत्व	वाणिज्यक कुशलताएँ
मस्तिष्क (सोच) पर नियंत्रण	ओजस्विता	संगठल संबंधी योग्यताएँ
प्रशांति	युद्ध में स्थिर	आर्थिक सूक्ष्मदृष्टि
मितव्ययता	उदारता	
शुचित	कठोरता	
उदारचरितता (महानता)	प्रभुसत्ता	
ज्ञान	सैन्य-कौशल	
बुद्धि (बोध)		
आस्था (विश्वास)		

हम देख सकते हैं कि अनेक सद्‌गुण आधुनिक जीवन के विभिन्न संदर्भों में प्रासंगिक हैं। हम जातियों के साथ सद्‌गुणों के सम्बन्ध एवं उन सद्‌गुणों के बीच समानान्तरता देख सकते हैं जिन्हें प्लेटो 'द रिपब्लिक' में विभिन्न वर्गों के लिए आवश्यक मानता है। इस प्रकार, दार्शनिक-राजा लोगों में बुद्धि होती है; सैनिकों में साहस एवं सैनिक सद्‌गुण होते हैं। व्यापारी आर्थिक मूल्यों को प्रस्तुत करते हैं तथा आत्म संयम वह सदगुण है जो सभी वर्गों में होना चाहिए।

बिना लालसा कर्म (Action without Craving)

गीता में जिन कर्त्तव्यों का आदेश दिया गया है, उन्हें आशयित फलों की लालसा किए बिना किया जाता है। कर्त्तव्य-पालन की भावना को ही मानव को संचालित करना चाहिए। उनका नैतिक कर्त्तव्य अपेक्षित कर्म करने तक का ही है; उनके कर्म का परिणाम दैवी इच्छा पर निर्भर करता है। अत: उन्हें अपना कर्म शांत एवं संतुलित ढंग से, संभावित फलों की चिन्ता किए बिना करना चाहिए। कर्म के संभावित परिणाम की चिन्ता, उनकी सफलता या असफलता की चिन्ता उन्हें बंधन में बाँध देती है। यदि कोई फल की चिन्ता किए बगैर कर्म कर रहा है तो वह **संन्यासी** या **योगी** के समान कार्य (व्यवहार) करता है। यह वास्तव में **गीता** का कर्म के मार्ग से मोक्ष प्राप्ति का मार्ग है।

सकारात्मक व नकारात्मक मनोभाव (Positive and Negative Emotions)

जैसा कि हमने ऊपर देखा, **गीता** में उन सद्‌गुणों का उल्लेख है जिन्हें मनुष्य अपने व्यवसाय के कारण प्राप्त करता है। **गीता** में वांछित सकारात्मक मनोभाव और अवांछित नकारात्मक मनोभाव भी बताए गए हैं। हम उन्हें मानव सद्‌गुणों व अवगुणों की सामान्यीकृत सूची मान सकते हैं। हम उन्हें यहाँ नीचे दे रहे हैं:

» हमारे कर्म स्नेह, वैरभाव, लगाव, विराग, स्वार्थीपन, घमण्ड, ईर्ष्या, लालच, पाखंण्ड, दुर्दशा और इसी प्रकार के मनोभावों से संचालित (प्रेरित) नहीं होने चाहिए।

» अपने कर्त्तव्यों का पालन करते हुए हमें यह सुनिश्चत करना चाहिए कि हमारा दिमाग शांत व संतुलित रहे।

- हमें अपने कर्मों के संभावित फलों (परिणामों) से प्राप्त होने वाली सफलता या विफलता, प्रसन्नता या दु:ख, विजय या पराजय लाभ या हानि तथा प्रशंसा या शर्मिन्दगी के बारे में चिन्ता से ग्रस्त नहीं रहना चाहिए। अर्थात् इनकी चिन्ता नहीं करनी चाहिए।
- हमें सफलता पाने पर अनुचित रूप से फूल जाना (घमण्ड करना) या असफलता पाने पर अत्यधिक अवसादग्रस्त नहीं हो जाना चाहिए। हमें इन बातों को झेलने (का सामना करने) का अभ्यास कर लेना चाहिए।
- मानव अपनी प्रकृति से स्वार्थी होता है। किन्तु हमें अपनी स्वार्थ वाली प्रवृतियों को ईश्वर और समाज की सेवा की ओर मोड़कर इन्हें लोकोत्तर बना देना चाहिए।
- हमें केवल ब्राह्य धार्मिक चिह्नों की ही पूजा नहीं करनी चाहिए। पूजा-पद्धति-विषयक नियमों का यंत्रवत् पालन धर्म का सार (अर्थ) नहीं होता है। अपने मन (हृदय) को अनुशासित करने और अपनी कामनाओं (इच्छाओं) को निर्मल (निष्काम) करने की आवश्यकता है ताकि हमारी कामनाएँ (इच्छाएँ) नैतिक सरणियों के साथ चलती रहें। पवित्रता एवं शुचिता हमारी आत्माओं की विशेषताएँ होनी चाहिए।
- मानव को निजी व सामाजिक जीवन की चुनौतियों से भागना नहीं चाहिए। उन्हें पलायनवाद का या मिथ्या पीड़ाहारों का सहारा नहीं लेना चाहिए। दैवी इच्छा या भाग्य जैसे विचारों का प्रयोग अकर्मण्यता का बहाना बनाने के लिए नहीं किया जाना चाहिए। मानव दैवी इच्छा को नहीं जान सकता। उन्हें अन्य बातों (मामलों) के बारे में नहीं सोचकर अपने कर्म को करते रहना चाहिए।

हमने नकारात्मक भाव और उनसे बचने के उपाय बताए हैं। अब हम सकारात्मक सद्‌गुणों को देखेंगे जिन्हें मानव को स्वयं में धारण करना चाहिए। तत्काल संदर्भ के लिए हम उन्हें तालिका के रूप में रख रहे हैं:

विनम्रता	दयालुता	उदारचरितता	निष्कपटता
अध्यापकों (गुरुओं) का आदर करना	शुचिता	दृढ़ता	आत्म-नियंत्रण
भौतिक सुख-भोगों से उदासीनता	अनासक्ति (विराग)	मानव की दशा एवं मानव के कष्टों के प्रति संवेदनशीलता	परोपकारिता
संतोष	मानसिक संतुलन	बुद्धिमानी (ज्ञान)	दानशीलता
सत्यवादिता	चेतना पर नियंत्रण	सभी सचेतन प्राणियों के प्रति सरोकार	सहानुभूति (संवेदना)
संकल्प (दृढ़ता)			

पश्चिमी नैतिक आदर्शों से तुलना (Comparison with Western Moral Ideals)

दार्शनिकों ने **गीता** की नैतिक प्रणालियों की तुलना पश्चिमी दर्शन की नैतिक प्रणाली से की है। **गीता** का दर्शन सुखवाद को नहीं मानता- जो आनन्द को जीवन का लक्ष्य मानता है। आनन्द को एक परिष्कृत अर्थ सौन्दर्य शास्त्रीय या सांस्कृतिक आनन्द (सुख) कहा जा सकता है। किन्तु फिर भी यह **गीता** के संदेश में शामिल नहीं है। ना ही यह अपने किसी रूप में उपयोगितावाद से मेल खाता है। तथापि, मानव कल्याण को बढ़ाना एक ऐसा उद्देश्य है जिसका ध्यान मनुष्यों को अपने कर्त्तव्यों का निर्वाह करते हुए रखना चाहिए। जैसा कि हमने जोर दिया है, **गीता** विमनता, पलायनवाद, निवृत्तिवाद या अन्तर्मुखता के अन्य रूपों को नकारती है। यह कर्त्तव्य पर आधारित कर्म को प्रस्तुत करती है। इस रूप में यह जीवन के विभिन्न क्षेत्रों में सक्रिय व्यक्तियों हेतु प्रमुखता से उपयुक्त है।

चूँकि काँण्टियवाद (Kantianism) भी 'कर्त्तव्य' पर आधारित है, इसकी **गीता** के संदेश के साथ तुलना की गई है। हमें इस पहलू पर गहराई से खोज नहीं करनी है। इतना कहना काफी होगा कि कॉण्ट की प्रणाली ईश्वर के संदर्भ (नाम) के लिए बिना

बनाई गई है जबकि भगवान की प्राप्ति **भागवत गीता** का सतत मूल स्वर है। और भी, यद्यपि कॉण्टियवाद, सुखवाद व उपयोगितावाद से भिन्न है, यह मानव पर केन्द्रित है। सामान्य सामजिक कल्याण के सरोकारों का इसमें मुश्किल से ही कहीं उल्लेख है। **भागवत गीता** में मानव मात्र और समस्त प्राणियों के कल्याण का बाहुल्य है।

गीता के नैतिक संदेश के अन्य पहलू (Other Aspects of Gita's Moral Message)

हम **गीता** के नैतिक उपदेशों की अन्य मुख्य विशेषताओं को देख सकते हैं। एक स्तर पर, **गीता** का संदेश उन (व्यक्तियों) को सम्बोधित है जो पूर्णत: ईश्वर की प्राप्ति से सरोकार रखते हैं। अत: **गीता** में अनुच्छेद है जिसमें व्यक्ति को परिवार और निकट के भाई-बन्धुओं से बहुत अधिक लगाव से बचना चाहिए। व्यक्ति को अपने परिवार के सदस्यों से दूसरों के बराबर वाला व्यवहार करना चाहिए। ऐसे आदर्शवादी निषेधादेश और इस फतवे- 'अन्य सांसारिकताएँ' से ऐसा समझा जा सकता है कि **गीता** का संदेश लोकोत्तर होते हुए भी सामाजिक जीवन की सामान्य परिस्थितियों के उपयुक्त नहीं है। भक्ति तथा **ब्रह्म** की प्राप्ति के मार्ग भी मानव की रोजमर्रा की चिन्ताओं में दूर की बात प्रतीत होते हैं। अन्य धर्मों के नैतिक संदेशों के समान ही वे प्राचीन समाजों की व्यवस्थाओं के विपरीत प्रतीत होते हैं। तथापि, कोई भी धार्मिक मान्यता (धारणा) अपरिवर्तित नहीं रहती है बल्कि उसे बदलते हुए समय के अनुरूप अर्थ दे दिए जाते हैं। **गीता** का संदेश मानव कर्त्तव्य की अवधारणा पर आधारित होने के कारण अपनी अपील तथा प्रासंगिकता में सार्वभौमिक एवं समयातीत है।

नैतिक मानदण्ड व अवधारणाएँ (Moral Criteria and Concepts)

हिन्दू नीतिशास्त्र पर चर्चा करते समय हमें कुछ अन्य पहलूओं पर भी विचार करना होगा। पहला-हिन्दू धर्म-ग्रंथों तथा नीति-शास्त्रीय ग्रंथों में मानव आचरणों को स्पष्ट किया गया है तथा बताया गया है कि किन कारणों से मानव अपने जीवन में इतने अलग-अलग प्रकार के व्यवहार करते हैं। कुछ को सफलता मिलती है; अन्य असफल रह जाते हैं; कुछ धनवान हो जाते हैं, कुछ गरीब ही रहते हैं; कुछ धनाट्य परिवारों में पैदा होते हैं और कुछ झोंपड़ियों में जन्म लेते हैं। कुछ प्रसन्न होते हैं तो कुछ दु:खी रहते हैं। दूसरा;ग्रंथ मानवीय क्रियाओं (कर्मों) के प्रेरक स्रोतों के बारे में भी बताते हैं। तीसरा-उनमें नैतिक अवधारणाएँ और नैतिक मानक होते हैं। हम अपनी बात मानव के आचरण पर चर्चा से आगे बढ़ाएँगे।

आधुनिक मनोविज्ञान में मानवीय अभिप्रेरणा, व्यवहार तथा क्रिया-कलाप के विवरणों के जानकारों को प्राचीन लेखकों के स्पष्टीकरण (व्याख्याएँ) अजीब लगेंगे। उनका झुकाव एकांगी होगा; वे अवास्तविक परिकल्पनाओं का प्रयोग करते हैं तथा ऐसे तत्वों को प्रस्तुत करते हैं जिनको जाँचा नहीं जा सकता है या वे अलौकिक (लोकातीत) होते हैं। इन सब सीमाओं के बावजूद वे मानव अवचेतन में सहजबौद्धिक अन्तर्ज्ञान को प्रकट कर देते हैं। प्राचीन लेखकों को समझने के लिए हमें ऐतिहासिक एवं मनोवैज्ञानिक कल्पनाओं का प्रयोग करते हुए उनके सामाजिक संसार में जाना होगा।

प्राचीन लेखकों के अनुसार, मानव अपनी इच्छा के स्वामी हैं। वे यह निर्णय कर सकते हैं कि नैतिक नियमों का पालन किया जाए या नहीं। सही और गलत का वर्गीकरण धर्म-ग्रन्थों पर आधारित है। सही वह है जो धर्म-ग्रन्थ निर्धारित करते हैं; गलत वह है जिनका धर्मग्रन्थ निषेध करते हैं। मानव अच्छे (शुभ) काम कर प्रशंसा (पुण्य) या सद्‌गुण प्राप्त करता है; वह बुराई का अनुसरण कर बदनामी या दुर्गुण प्राप्त करता है। सद्‌गुण एवं दुर्गुण ऐसी प्रवृत्तियाँ हैं जो मानव की आत्मा में समाए रहती हैं। वे अपना फल (परिणाम) देती रहती हैं- भला या बुरा: एक निश्चित अवधि में, इस जीवन में या अगले जीवन में। ये हमारी खुशियों या दु:खों के कारण हैं। इसकी श्रृंखला इस प्रकार है:

सत्कार्य → प्रशंसा (गुण) → खुशी (शुभ); तथा
दुष्कर्म → बदनामी (अवगुण) → दु:ख (पीड़ा)

व्यक्ति सत्कर्म कर अपने दुर्गुणों पर विजय पा सकता है: और व्यक्ति दुष्कर्म (पाप) कर अपने गुणों (प्रशंसा) को खो भी सकता है। जन्मों तथा मृत्युओं का सतत चक्र होता है। इसमें जन्म, जीवन, सत्कर्म, दुष्कर्म, गुण, अवगुण, मृत्यु, आत्मा देशान्तर

(पुनर्जन्म) तथा पुनर्जन्म शामिल हैं। जन्म-मरण के लगातार चक्र से छुटकारा, मोक्ष के तीन मार्गों में से किसी एक के माध्यम से ब्रह्म की प्राप्ति से मिल सकता है। यह कर्म का नियम (विधान) है जिसे अनेक लेखक हिन्दू दर्शन की आधारशिला मानते हैं।

मानव आचरण की इस व्याख्या को जारी रखते हुए हम देखते हैं कि हमारे कर्म अंशत: हमारे गुणों एवं अवगुणों तथा अंशत हमारे स्वैच्छिक इच्छा-शक्ति से उत्पन्न होते हैं। मानव की इच्छा पर आधारित कर्मों को **पुरुष्कार** (Purushakara) या **पुरुषार्थ** (Purushartha) कहते हैं। पूर्व जन्म के सत्कर्म व दुष्कर्म **दैव** (daiva) हैं। वे अदृश्य अस्तित्व या अदृष्टा (adrishta) हैं। वे यादृच्छिक परिवर्ती के समान हैं और हमारे जीवन को प्रभावित करते हैं। उन्हें भाग्य या दैव से भिन्न मानना होगा जो मानव के उल्लेख के बिना किसी बाह्य एजेन्सी द्वारा पूर्व-निर्धारित तथा निश्चित होते हैं। किन्तु **अदृष्टा** मानव के स्वयं के कर्मों पर आधारित है: वे आत्मा की पूर्व-प्रवृत्तियाँ हैं जिन्हें मानव के अपने कर्मों ने पैदा किया है। **दैव** (daiva) का एक और अर्थ है जब हम कहते हैं कि किसी उपक्रम में हमारी सफलता दैवी इच्छा के कारण मिली है। हमारे स्वैच्छिक प्रयास केवल तभी सफल होते हैं जब दैव इच्छा या **'इंशा-अल्लाह'** (ईश्वर की इच्छा) होती है। सफलता के लिए **पुरुषार्थ** (Purushardha) तथा **दैव अनुग्रह** (दैवी कृपा) आवश्यक है।

कर्म का सिद्धान्त (Law of Karma)

कर्म का सिद्धान्त आस्था का मामला है। यह अनुभूतिजन्य (मानव के अनुभव पर आधारित) सिद्धान्त नहीं है; ना ही इसकी जाँच की जा सकती है। सत्कर्मों एवं गुणों व दुष्कर्मों तथा अवगुणों के बीच सांख्यिकीय सह-सम्बन्ध स्थापित करने का प्रयास असंभव है। हम नहीं जानते कि मृत्यु के बाद आत्मा का, यदि कोई है, क्या होता है। आधुनिक मनोविज्ञान में मानव चेतना को मनो-दैहिकीय चमत्कार माना गया है। अत: मृत्यु के बाद सब कुछ समाप्त हो जाता है।

कर्म के सिद्धान्त की वैज्ञानिक यथातथ्यता (सच्चाई) के अलावा इसकी और भी हानियाँ हैं। तथापि, विज्ञान तथा धर्म के बीच विवाद किसी विशेष धर्म तक ही सीमित नहीं है। **कर्म** के सिद्धान्त के अन्य परिणाम भी हैं। यद्यपि यह भाग्यवाद के समान नहीं है तथा यद्यपि दुष्कर्मों के प्रभावों को दबाया (जीता) नहीं जा सकता, इसने एक नकारात्मक भाग्यवादी सोच को जन्म दिया है। लोगों ने निष्कर्ष निकाल लिया है कि जीवन में उनका भविष्य काफी सीमा तक पूर्व-निश्चित है। वे मानव के उपक्रम एवं स्व-प्रेरित प्रयासों के मूल्य एवं आवश्यकता के महत्त्व को कम कर आँकते हैं।

कर्म का सिद्धान्त सामाजिक एवं आर्थिक रूढ़िवाद की ओर ले जाता है। मानव के कष्ट, निर्धनता तथा सामाजिक असमानता, पीड़ितों के दुष्कर्मों के परिणाम प्रतीत होते हैं। परिणामस्वरूप सत्कर्मों के लिए प्रोत्साहन की हानि होती है। वर्तमान बुराइयों को संभालने के लिए सम्मिलित सामाजिक कार्रवाई हतोत्साहित हो जाती है। दुर्भाग्य से, ये निष्कर्ष **कर्म** के सिद्धान्त के गलत अर्थ निकाले जाने से मिलते हैं। जैसा कि हमने देखा, **भगवत् गीता** कर्म का सिद्धान्त है। स्वामी विवेकानन्द ने हिन्दू मानसिकता से इन जालों को हटाने का अथक प्रयास किया है।

मनु के विचार (Manu's Ideas)

मनु (आधुनिक समय में काफी निन्दा के शिकार) समाज के प्रथागत नियमों को मानक मानते हैं। इसे **आचार** कहते हैं। इसे अनेक पीढ़ियों के अभ्यास से पुनीतिकृत किया गया है एवं यह सामाजिक स्मृति का एक भाग हो गया। इसका निष्ठापूर्वक पालन करने वाले लोग देर तक एवं स्वस्थ रूप में जीते हैं। उन्हें अच्छी वस्तुओं की प्राप्ति होती है। इसके विपरीत, जो **आचार** का पालन नहीं करते, दुखी जीवन व्यतीत करते हैं।

मनु के अनुसार, प्रथागत नियमों का वेदों के सामंजस्य में होना है जो नियमों के दैवी स्रोत हैं। मनु के लिए, वेद नैतिक मानक देते हैं। वे अन्त:करण को भी नियमों का स्रोत मानते हैं। जब हम किसी कर्म को अपने अन्त:करण के अनुरूप (मान) लेते हैं तो हम तनावरहित अनुभव करते हैं। जब हम अपने अन्त:करण की आवाजों को नहीं मानते तो हम बेचैन अनुभव करते हैं। हम लोग सामान्यत: मामूली अतिचारों पर अनुभव की जाने वाली अपराध भावना से परिचित हैं। सिगमंड फ्रॉयड, जिन्होंने मनावैज्ञानिक विश्लेषण

की स्थापना की, 'परम अहम' की बात की है जो हमें घर एवं विद्यालय में दिए गए नैतिक कोड्स का निरूपण करता है। हम जब परम अहम (सुपरइगो) के आदेश के विपरीत कार्य करते हैं तो हम मानसिक बेचैनी का अनुभव करते हैं।

महाभारत (Mahabharata)

महाभारत के अनुसार, वेद-जो दैवी नियमों को बताते हैं तथा स्मृतियाँ- जो प्रथागत नियमों का निरूपण करती हैं, हमारे नैतिक नियमों के स्रोत हैं। सद्गुण को प्रथागत आचरण माना गया है। वे कार्य जिसका सामान्यत: अनुमोदन होता है, वे सद्गुणात्मक हैं; जिन कार्यों की सामाजिक निन्दा होती है, वे गलत होते हैं। वे कार्य (कर्म) किए जाने चाहिए जिन्हें सामाजिक स्वीकृति होती है, जिन कार्यों को सामाजिक मनाही होती है, उनसे बचना चाहिए।

जैसाकि हमने देखा, हमारा आचरण धर्म के अनुसार होना चाहिए। **महाभारत**, धर्म के अनेक पहलुओं का उल्लेख करता है। अनेक स्थानों पर सद्गुणी व्यक्तियों के आचरण में **धर्म** की एक समान स्थिति है। **धर्म** को हमेशा ही सद्विवेक की मंजूरी रहती है। यह शुभ एव प्राणियों के कल्याण को बढ़ाने वाला है। **धर्म** के विभिन्न पहलु हैं वैदिक निषेधादेश, प्रथागत आचरण, सद्विवेक (अन्तरात्मक) की आवाज तथा जो भी सामाजिक कल्याण को बढ़ाने वाला है। इनमें आपस में विरोध (संघर्ष) होने पर वैदिक निषेधादेश सर्वोच्च निर्णायक (मध्यस्थ) रहते हैं।

रामायण में भी नैतिकता पर इसी प्रकार के विचार हैं। कोई कार्य (कर्म) सही (उचित) है या गलत (अनुचित), यह निश्चय वैदिक नियमों, तर्कों, विभिन्न सत्यकर्मी व्यक्तियों के प्रथागत व्यवहार तथा सामाजिक मानदण्डों के मद्देनजर किया जाता है। तथापि, इन मानदण्डों के बीच विवाद होने पर वेद सर्वोपरि रहेंगे। मानवता की अच्छाई (शुभ) के लिए लगन (आस्था) को सर्वोच्च सद्गुण माना जाता है।

संयम (Samyama)

भारतीय नीति-शास्त्र **संयमन** को नैतिक मानक मानता है। हम ऐसे विचार बौद्ध धर्म में, जैन धर्म में और हिन्दू धर्म में पा सकते हैं। बुद्ध के उपदेशों में निम्नलिखित नैतिक विचारों में संयम का भाव है:

» मनुष्यों को अत्यधिक विषय-भोग में नहीं लगना चाहिए: तथापि, उन्हें अपनी सभी भौतिक इच्छाओं को दबाना भी नहीं चाहिए।

» एक सद्गुण-युक्त जीवन, संयमन का जीवन है जो आनन्दवाद एवं संन्यास, दोनों से बचने की स्थिति है।

» मनुष्यों को परोपकारी होना चाहिए, उन्हें अपनी इच्छा को नियंत्रित करना चाहिए तथा अपना समय शांत ध्यान-योग में बिताना चाहिए।

» जैन धर्म में भी इसी प्रकार के विचार हैं।

» अत्यधिक सुख भोग जो आत्मा के नैतिक आधार को कमजोर करता है और इसके संतुलन को बिगाड़ता है, बुरा है।

» प्राकृतिक सहजवृत्तियों, मनोवेगों एवं अन्त:प्रेरणा को पूर्णत: नहीं रोका जाना चाहिए अपितु इन्हें सुसंगत जीवन-यापन हेतु तर्कबुद्धि से विनियमित किया जाना चाहिए।

भगवत् गीता आत्म-संयम पर बहुत जोर देती है।

गीता में जिन चरम स्थितियों का उल्लेख है, वे हैं:

भूख से अधिक भोजन करना (Over eating)	व्रत रखना (fasting)
क्षमता से अधिक कार्य करना (Overwork)	खाली बैठना (inactivity)
सामान्य से अधिक सोना (Oversleeping)	अनिद्रा (sleeplessness)

गीता में इस बात पर जोर दिया गया है कि संयमन, मानसिक अनुशासन की कुंजी है।

भारतीय नीति-शास्त्रों में राजनीतिक कानून तथा दैवी नियम, दोनों ही मानकों के तौर पर उल्लिखित हैं। ये मानक बाह्य हैं। चार्वाक तो राजा की आज्ञाओं को कानून (नियम) मानता है। राजा ही उच्चतम राजनीतिक प्राधिकार या सार्वभौम सत्ता का प्रतिनिधित्व करता है। वह जो नियम घोषित करता है, वे ही नैतिक मानक बन जाते हैं। राजा के कानून का पालन करना ठीक है; तथा राजा के कानून की अवज्ञा गलत है।

तथापि, अनेक आधिकारिक रचनाओं (ग्रंथों) में इस विचार का विरोध किया गया है। **न्याय वैशेषिक** के अनुसार दैवी नियम या ईश्वर की आज्ञा ही नैतिक मानक हैं। ईश्वर ही संसार का रचयिता और रखवाला (पालनकर्त्ता) है। उसने नैतिक व्यवस्था के तौर पर संसार की रचना की और वह इसका संचालन भी तदनुसार करता है। दैवी नियम वेदों में दिए गए हैं। मानव को नैतिक मार्ग-दर्शन के लिए इन्हीं को देखना चाहिए। **भगवत् गीता** और **महाभारत** की भी यही स्थिति है।

भगवत् गीता के अनुसार मानवीय संसार में सामाजिक कल्याण सर्वोच्च शुभ (अच्छाई) है। लोगों को अपने-अपने कर्त्तव्यों के अनुसार अपने कर्म (क्रिया-कलाप) मानव कल्याण के लिए करने चाहिए। इस प्रकार से वे निजी आत्मिक उन्नति भी करते हैं। बुद्धिमान लोगों को अपने कर्म (कार्य) निजी लाभ की आशा किए बिना और सर्वजन हिताय करने चाहिए। शंकराचार्य ने सामाजिक कल्याण को सामाजिक पुनर्त्पादन बताया है। पतित (अपभ्रष्ट) लोगों को सुधारा जाना और बुराई से दूर किया जाना चाहिए।

हम यह भी देख सकते हैं कि **प्रवृत्ति** और **निवृत्ति** नैतिक जीवन की दो रीतियाँ हैं जिनका उल्लेख शंकराचार्य ने किया है। पहले वाली (प्रवृत्ति) इस अनुभूतिमूलक जगत में यथा लागू निजी नैतिकता से सम्बन्धित है। दूसरी (निवृत्ति) आत्मिक झुकाव वाले लोगों का सांसारिक लगावों (काम-धन्धों) से विराग बताती है। ऐसा मनुष्य सभी प्रकार की गतिविधियों तथा उप-व्यवसायों से स्वयं को अलग कर लेता है और अपने 'स्व' पर ध्यान केन्द्रित कर लेता है, वह भगवान के दर्शन करना चाहता है। ये मानक व्यक्ति व्यावहारिक नीति-शास्त्रीय समस्याओं या मानक के स्थान पर व्यक्ति के धर्माचार की बात करते हैं।

जैन धर्म–दर्शन (Jainism)

जैन धर्म ईसा पूर्व छठी शताब्दी से आरम्भ हुआ। इसके प्रवर्तक-महावीर थे जो बुद्ध के समकालीन थे। बौद्ध धर्म के समान जैन धर्म भी अंशत: उस कर्मकाण्ड की प्रतिक्रियास्वरूप पैदा हुआ जो वैदिक धर्म का था। जैन धर्म के उपदेशों जैसे पशु बलि के विरोध सहित अहिंसा जैसे तत्व हमें वैदिक युग में भी मिलते हैं। बुद्ध के समान महावीर ने समाज के विभिन्न वर्गों के लोगों को जैन धर्म की दीक्षा दी। बौद्ध-धर्म-दर्शन के विपरीत जैन धर्म अनेक उतार-चढ़ावों का मुकाबला (के बावजूद) करते हुए भारत के इतिहास में बना रहा। इसका कारण जैनों द्वारा अपने धार्मिक अनुशासन (नियमों) का कठोरता से पालन किया जाना है। जैन-धर्म-दर्शन में कठोर नैतिक अनुशासन को मोक्ष का मार्ग माना जाता है। जैन-धर्म आगे चलकर दो सम्प्रदायों में बंट गया-श्वेताम्बर तथा दिगम्बर। श्वेताम्बर तो वस्त्र धारण करते हैं, किन्तु दिगम्बर वस्त्र धारण नहीं करते।

अहिंसा (Ahimsa)

अहिंसा, जैन धर्म का मूल नैतिक सिद्धान्त है। इसके अनुसार किसी भी जीवित जीवनयुक्त वर्तमान प्राणी या जीवन के तत्व या संभावना वाले प्राणी को चोट न पहुँचाई जाए। चोट पहुँचाने के अर्थों के में इसे नष्ट कर देना, इसके जीवन-तत्व या जीवन की संभावना का अधीनीकरण या उसे नकारना शामिल है। दूसरी ओर जैनधर्म का **अहिंसा** का सिद्धान्त इस तथ्य को मानता है कि जिस प्रकार पीड़ा तथा दु:ख मानवों के लिए अवांछनीय हैं, उसी प्रकार वे उन प्राणियों के लिए भी अवांछनीय हैं जो साँस लेते हैं, जीवित रहते हैं और जिनमें जीवन का तत्त्व या संभावना है।

मोक्ष का मार्ग (Path to Salvation)

जैन व्यक्ति (धर्मनुयायी) के लिए जीवन दैवी चेतना की ओर आत्मिक यात्रा है। यह स्थिति तब ही प्राप्त होती है जब व्यक्ति कर्म के बंधनों से मुक्त हो जाता है। रत्नत्रय या तीन आभूषण मोक्ष के द्वार खोल देते हैं। वे हैं: सम्यक दर्शन या सही आस्था;

सम्यक ज्ञान या सही ज्ञान तथा सम्यक चरित्र या सत्-चरित्र। आत्मिक प्रयासों का अन्ततः उद्देश्य संसार के दुःखों से मुक्ति है जिसमें मानव की आत्मा फँसी हुई है।

पाँच नैतिक सिद्धान्त (Five Moral Principles)

जैन धर्म-दशर्न में गृहस्थों व मुनियों (मठवासियों) दोनों के लिए नैतिक सिद्धान्त निर्धारित हैं। मठवासियों के लिए नियमावली अधिक कठोर है। मुनियों (मठवासियों) तथा गृहस्थों, दोनों पर समान रूप से लागू होने वाले पाँच नैतिक सिद्धान्तों में- किसी भी जीवित वस्तु (प्राणी) पर हिंसा से दूर रहना; सत्य भाषण करना; चोरी से बचना, व्यभिचार से दूर रहना तथा भौतिक धन-सम्पत्ति के लिए लालच न करना।

हमें जैन-धर्म दर्शन में यथा समझे गए (ज्ञात) पाँच नैतिक विचारों को संक्षेप में स्पष्ट करना होगा। जैसा कि हमने पहले देखा है, किसी जीवित प्राणी को मारना या चोट पहुँचाना हिंसा होती है। प्रकृति में जीवन बराबर का होता है- बड़े या छोटे पशु की जिन्दगी को हानि पहुँचाना एक समान बुरा है। हिंसा में औरों को केवल शारीरिक चोट ही शामिल नहीं होती अपितु इसमें बुरे व्यवहार या बुरी भाषा से की गई मानसिक (मनोभावानात्मक) चोट भी शामिल हैं। जैन धर्म मानता है कि गृहस्थ ऐसा जीवन नहीं बिता सकते जिसमें संवेदन-समर्थ (sentient) प्राणियों को कोई हानि नहीं पहुँचाई जाती हो इसलिए गृहस्थ को कोशिश करनी चाहिए कि उससे दूसरों को होने वाली हानि न्यूनतम हो। पशु का माँस किसी भी रूप में खाया जाना कठोरता से मना है।

जैन दर्शन में सत्य की अवधारणा व्यक्ति की अपनी सम्पत्ति का सत्य-निष्ठा भाव से चाक्षुष एवं मौखिक साक्ष्य प्रस्तुत करना है। कोई अपने आप की रक्षा के लिए भी सत्य से विचलित नहीं हो सकता। यह निषेधाज्ञा कॉण्ट के निश्चित सकारात्मकता से मिलती-जुलता है जो बिल्कुल अंलघनीय है। तथापि, अन्यों को हानि से बचाने के लिए कोई परार्थमूलक कोण से इस नियम का अपवाद बना सकता है।

चोरी या अस्तेय की अवधारणा इसके वर्तमान कानूनी अर्थ से अधिक व्यापक है। इसमें किसी वस्तु को सीधे ही चुरा लेना या चुराने के लिएि किसी और से कहना शामिल है। झूठे पैमानों या बाटों का प्रयोग तथा चुराई हुई सम्पत्ति की प्राप्ति (खरीद) भी चोरी के रूप हैं। जब किसी को कोई वस्तु प्राप्त होती है तो उसे उस वस्तु के स्वामी को लौटा देनी चाहिए। ऐसी वस्तु को अपने प्रयोग के लिए रख लेना भी चोरी का एक प्रकार है।

चौथा सिद्धान्त आदेश देता है कि विवाहित पुरुष को स्त्रियों पर लालसाभरी (लोलुप) दृष्टि नहीं डालनी चाहिए। उसे उनके साथ आदरपूर्वक व्यवहार करना चाहिए। ब्रह्मचर्य का यह नियम सभी पुरुषों पर लागू होता है।

पाँचवाँ नैतिक सिद्धान्त मनुष्य को अपनी जमाखोरी (हासिल करने की) की इच्छाओं पर रोक लगाने के लिए कहता है। यह स्वभाविक ही है कि एक गृहस्थ को अपने परिवार के निर्वाह हेतु न्यूनतम आय व सम्पत्ति की आवश्यकता होती है। तथापि, उसे लालची नहीं होना चाहिए तथा धन-सम्पत्ति के लिए असाधारण प्रेम नहीं पालना चाहिए। यह प्रवृत्ति अनिवार्यतः असंतोष और दुख की ओर ढकेल देती है। गृहस्थों को अपनी आवश्यकताओं को सीमित रखना चाहिए और एक सादा, संतोषी जीवन जीना चाहिए।

जैन मत (दर्शन) में ईश्वर या ब्रह्माण्ड की सर्वोच्च नियंत्रक शक्ति की अवधारणा नहीं है। इसके अनुसार विश्व का संचालन प्राकृतिक नियमों से होता है। इस बारे में जैन मत स्टोइक दर्शन (आत्म संयम-stoicism) से मिलता है। स्टोइक दर्शन से एक और समानता इसकी कठोर शारीरिक और मानसिक अनुशासन की वकालत है। जैन धर्मानुयायियों को लोगों में फैली अन्धविश्वासी मान्यताओं को अनदेखा करने की सलाह दी गई है। उन्हे कर्मकाण्ड तथा देवताओं को प्रसन्न करने वाले अनुष्ठान नहीं करने चाहिए।

अंहकार (Pride)

आत्मपूर्णता की अपनी खोज में मानव को अपने अंहकार का त्याग करना होता है। एक प्रकार से इस विचार की ध्वनि ईसाइयत (ईसाई धर्म) में भी पाई जाती है जिसमें अंहकार को सात घातक पापों में एक कहा गया है। जैन मत मानव के अंहकार या घमण्ड के आठ स्रोत मानता है। पुरुष (मनुष्य) सामान्यतः अपनी बुद्धिमता, अपने सौन्दर्य, अपने कुलीन परिवार, अपनी जाति,

अपनी शारीरिक व मानसिक शक्ति, अपनी जादुई शक्तियों, अपने मन्दिरों की आराधना शैली, अपने तपस (लम्बे समय की ध्यानावस्था) और योग पर अंहकार का भाव अनुभव करते हैं। व्यक्ति को इनके लिए घमण्ड का त्याग कर देना चाहिए। जब तक कोई अहंकार को नहीं त्यागता है, उसका हृदय निर्मल और विनम्र नहीं हो सकता है और वह दैवी चेतना नहीं पा सकता।

जैन मठवासियों को गृहस्थियों से और अधिक कठोर नियमों का पालन करना होता है। वे एक स्थान पर अधिक समय तक नहीं ठहर सकते और एक भ्रमणशील जीवन बिताना पड़ता है। उन्हें स्वयं को प्रकृति के तत्वों के हवाले कर स्वयं को भूख,प्यास, ठण्ड और गर्मी को सहन करने योग्य बनाना पड़ता है। एक मजबूत नैतिक और सौन्दर्यपरक सिद्धान्तों पर आधारित, अपने मन को निर्मल व विनम्र बनाकर वे 'जिन' या आध्यात्मिक विजेता बन जाते हैं।

बौद्ध धर्म (Buddhism)

बुद्ध का जीवन (Life of Buddha)

सिद्धार्थ का जन्म नेपाल के पास लगभग 583 ईसा पूर्व में हुआ था। उनके पिता सम्राट शुद्धोदन शाक्य वंश के थे। उनकी माता, रानी माया का निधन उनके जन्म के तुरन्त बाद ही हो गया था। शुद्धोदन अपने पुत्र को महान योद्धा बनाना चाहते थे। उन्होने सिद्धार्थ का पालन-पोषण खूब वैभव में किया और उन्हें धर्म एवं मानव के कष्टों की जानकारी से बचाए रखा। अपने जन्म के उनतीसवें साल तक सिद्धार्थ को अपने महल की दीवारों के बाहर के जीवन का कोई ज्ञान नहीं था।

एक दिन जिज्ञासावश सिद्धार्थ ने रथ पर सवार होकर गाँवों के कई फेरे (चक्कर) लगाए। इन फेरों में उसने एक बूढ़े आदमी, एक बीमार आदमी और एक शव के परेशान करने वाले (विचलित कर देने वाले) दृश्य देखे। बूढ़ा बीमार और मृत्यु के दु:खद दृश्य से वह बहुत विचलित हो उठा बाद में उसकी मुलाकात एक घुमन्तु संन्यासी से हुई जिसने संसार का त्याग कर दिया था और उसने भय तथा कष्टों के डरों से मुक्ति पा ली थी।

वह कुछ समय के लिए राजमहल की जिन्दगी में लौट आया लेकिन उसे इस जिन्दगी में कोई आनन्द नहीं आया। एक रात वह महल में अकेला घूम रहा था तभी उसे अपने वैभवपूर्ण जीवन की निस्सारता का ज्ञान (भान) हुआ। उसने महल छोड़ दिया, सिर मुँडवा दिया, अपने राजकुमार के वस्त्र त्यागकर भिखारी के वस्त्र पहन लिए और ज्ञान-प्रप्ति की खोज में लग गया।

सिद्धार्थ ने प्रसिद्ध गुरुओं से उपदेश प्राप्त किए तथा धार्मिक सिद्धान्त व ध्यान-योग सीखे। फिर भी उसे अपने प्रश्नों के उत्तर नहीं मिले और उसकी शंकाएँ दूर नहीं हुईं। तब वह तथा उसके पाँच शिष्य अपने ही बूते पर ज्ञान की खोज में लग गए। उन्होंने शारीरिक अनुशासन (नियंत्रण) - पीड़ा सहन करना, अपनी श्वास रोकना, भुखमरी की अवस्था तक व्रत के माध्यम से पीड़ाओं (दुखों) से मुक्ति की खोज की। किन्तु उससे भी मुक्ति न पाकर सिद्धार्थ ने मध्यम मार्ग अपनाया। उसने अनुभव किया कि मुक्ति का मार्ग बुद्धि को अनुशासित करने से पाया जा सकता है। उन्होंने एक पवित्र वटवृक्ष के नीचे ध्यानावस्था में रहते हुए ज्ञान की प्राप्ति की जिसे आगे चलकर बोधिवृक्ष के नाम से जाना गया। उसके इस आध्यात्मिक संघर्ष को 'मार' के साथ महान संघर्ष के तौर पर पौराणिकता दे दी गई जो एक दैत्य है और जिसके नाम का अर्थ है 'विनाश'; और जो मानव की वासना का प्रतिनिधित्व करता है।

बौद्ध-दर्शन का अवधारणात्मक ढाँचा (Conceptual framework of Buddhist thought)

चार महान सत्य

बुद्ध के उपदेशों का सार चार महान सत्यों में समाया है। उन्होंने उनका निरूपण अपने उस प्रथम उपदेश में किया जो उन्होंने सारनाथ में अपने पाँच पुराने संन्यासी साथियों को दिया था। ये चार महान सत्य व्यक्ति के ज्ञान के मार्ग को निश्चित कर देते हैं।

ये चार सत्य हैं:

» दु:ख का सत्य (दु:ख सत्य है)

» दुःख के स्रोत के मूल का सत्य (दुःख के स्रोत सत्य हैं)
» दुःख की समाप्ति का सत्य (दुःख का अंत है)
» दुःख के अंत के मार्ग का सत्य (दुःख के अंत का मार्ग होता है)

दुःख का सत्य (Truth of Dukkha)

दुःख के तीन प्रकार (Three Types of Dukkha)

दुःख का अर्थ है- पीड़ा, चिन्ता और असंतोष। पाली भाषा के इस शब्द का अर्थ, इसके संस्कृत सहोदर शब्द के अर्थों की अपेक्षा अधिक व्यापक है जिसका अर्थ मात्र 'पीड़ा' (दुःख भोग) है। बौद्ध दर्शन में दुःख के तीन प्रकार बताए गए हैं:

» **दुःख = दुःख** का अर्थ है सामान्य (साधारण) दुःख। यह जन्म देने, बूढ़ा होने, शारीरिक रोगी होने तथा मृत्यु की पीड़ा से गुजरने का दुःख है।

» **विपरिणाम दुःख**-वही दुःख है जो परिवर्तन से उत्पन्न होता है। यह चिन्ता या दबाव को बताता है जो लगातार बदलती हुई चीजों को पकड़े रखने से (के प्रति मोह से) उत्पन्न होता है।

» **संकर (Sankhar) दुःख**- वह दुःख है जो अनुबंधित (अनुकूलित) दशाओं से उत्पन्न होता है। यह जीवन के उन सभी रूपों में व्याप्त असंतोष का भाव है जो उनकी नश्वरता एवं प्रवाहशीलता के ज्ञान से उत्पन्न होता है। इन अर्थों में, दुःख संतोष को अभाव का बोध कराता है जो इस अनुभूति से उत्पन्न होता है कि सब बातें हमारी आशाओं या मानकों के अनुरूप नहीं होतीं।

दुःख पर संकेन्द्रण निराशात्मक नहीं है। इसका प्रयोजन दुःख से आगे बढ़ जाने के विचार से उसे (दुःख को) समझना है। बुद्ध इस बात को मानता है कि संसार हमें खुशी (प्रसन्नता) और अप्रसन्नता, दोनों देता है। तथापि, खुशी की स्थिति अस्थायी व परिवर्तनशील है। अतः, हम संसार में जो कुछ भी अनुभव करते हैं, वह हमारे मन में असंतोष पैदा कर देता है। जब तक कि हम इस बात का आत्म-ज्ञान नहीं प्राप्त कर लेते कि कौन-सी बात (वस्तु) हमें प्रसन्नता देती है और क्या है जिसे हम नहीं कर पाते, हम अप्रसन्नता (दुःख) की अवस्था में ही रहेंगे। हम अपनी आन्तरिक भावनाओं और अभिरुचियों की अपेक्षा बाहरी वस्तुओं में प्रसन्नता तलाशते हैं। प्रसन्नता के सभी स्रोत अल्पकालिक हैं, प्रसन्ता की हर अनुभूति के साथ असंतोष लगा रहता है। हमें इस बात को समझ लेना चाहिए और वास्तविक प्रसन्नता (खुशी) की खोज में लग जाना चाहिए।

दुःख का मूल (Origin of Dukkha)

दुःख का मूल अज्ञान अंसतुष्टि (tanha) से बद्ध लालसा में खोजा गया है। लालसा तीन मार्गों पर साथ-साथ चलती है।

» ऐंद्रिय सुख हेतु लालसा, जो ऐसे इंद्रिक पदार्थों की इच्छा है जो हमें सुखकारी अनुभूतियाँ (अनुभव) देते हैं या संवेदी सुख की लालसा।

» कुछ होने की इच्छा, एक अनुभव से जुड़ने की इच्छा। इसमें सततता बनाए रखने की, ऐसा प्राणी होने की इच्छा जिसका कोई भूत और भविष्य हो और बने रहने तथा अन्यों पर शासन करने (अधिपत्य) की इच्छा शामिल है।

» 'की लालसा न हो' संसार का अनुभव न करने की इच्छा को बताता है, और अपदार्थ (nothing) होने, दुःखभरी अनुभूतियों से अलग होने की इच्छा।

» अज्ञान का तात्पर्य चार महान सत्यों के अर्थ एवं निहितार्थों के अज्ञान से है। इसका अर्थ स्वयं एवं वास्तविकता का भ्रम (गलतफहमी) है।

दुःख का अन्त (Cessation of Dukkha)

तीसरा महान सत्य है सभी असंतोषजनक अनुभवों एवं उनके कारणों का इस प्रकार अन्त कि वे दोबारा न हो सकें। यह उन चीजों (बातों) का सदा के लिए अन्त या 'उत्पन्न न होना बताता है जो कष्टों का कारण होती है।' यह अन्त ही बौद्ध आध्यात्मिक

साधनाओं का उद्देश्य है। कष्टों (दुःखों) के स्रोतों अर्थात् लालसा व अज्ञान को समाप्त कर देने से व्यक्ति (मानव) मुक्त (मोक्ष प्राप्त) अनुभव करता है। यह निर्वाण की भी स्थिति है। दिमाग (मन) से दुःखों के कारणों को हटा देने से कोई भी अस्थायी निर्वाण का अनुभव कर सकता है। मन जितना ही शांत होगा, यह उतने ही गहन निर्वाण का अनुभव करेगा।

दुःख के अंत का मार्ग (Path Leading to the Cessation of Dukkha)

अष्टगुण मार्ग (Eightfold Path)

चौथा महान मार्ग, दुःख के अंत का मार्ग है। यह अष्टगुण (अष्टामिक) मार्ग कहलाता है। इसमें सम्यक् दृष्टि, सम्यक् विचार, सम्यक् वचन, सम्यक् कर्म, सम्यक् आजीविका, सम्यक् प्रयत्न, सम्यक् बुद्धि एवं सम्यक् ध्यान शामिल हैं। पहले तीन मार्ग दुःख की प्रकृति को समझने में मदद करते हैं। चौथा मार्ग दुःख पर विजय पाने का व्यावहारिक साधन है। ये मार्ग अन्तरयोजित हैं और मिलकर जीवन शैली का निर्माण करते हैं। धर्म चक्र इस अष्टगुण मार्ग का चित्र प्रस्तुत करता है।

सम्यक् विचार बुद्धि का बौद्धिक पक्ष है। इसका अर्थ है वस्तुओं (बातों) के बाह्य पहलू (आवरण) को बोध कर सांसारिक पदार्थों व विचारों की नश्वर (अस्थायी) व अपूर्ण प्रकृति को एवं कर्म तथा कार्मिक अनुबंधिता (कर्म के बंधनों) के नियम को समझना।

सम्यक् निश्चयन (intention) आत्मिक ऊर्जा के उस प्रकार को बताता है जो मानव के क्रिया-कलाप (कार्यों) को नियन्त्रित करता है। यह नैतिक व मानसिक आत्म-सुधार के प्रति वचनबद्धता है। सम्यक् विचार के तीन प्रकार हैं। लालसा के खिंचाव (आकर्षण) का विरोध करना; क्रोध एवं विरक्ति के भाव का विरोध करना; तथा ऐसे विचारों एवं कर्मों से बचना जिनमें हिंसा, क्रूरता एवं आक्रमण का भाव हो तथा करुणा पैदा करना।

सम्यक् वचन नैतिक अनुशासन का मार्ग है जो अन्य सद्गुणों को बनाए रखता है। सम्यक् वचन में निम्नलिखित शामिल हैं:

» मिथ्या भाषण और धोखेबाजी की बातों से दूर रहना।
» दुर्भावना वाली या निन्दात्मक भाषा के प्रयोग से बचना।
» ऐसे कठोर वचनों के प्रयोग से बचना जो दूसरों को पीड़ा पहुँचाते हैं।
» गप्पें हाँकने (फजूल बातें) से बचना जिसमें कोई प्रयोजन या गहराई न हो।

सम्यक् कर्म में शामिल हैं: दयालुता एवं करुणा से व्यवहार (कर्म) करना; ईमानदार होना, अन्यों की वस्तुओं का आदर करना तथा यौन दुर्व्यवहार से बचना।

सम्यक् आजीविका का अर्थ है कि व्यक्ति को रोटी कमाने के ईमानदार साधनों का प्रयोग करना चाहिए और यह कि धन-सम्पत्ति को केवल विधिक (कानूनी) और अहिंसक तरीकों से अर्जित किया जाना चाहिए। बुद्ध निम्नलिखित व्यवसायों से बचने का परामर्श देते हैं:

» हथियारों का कारोबार करना
» जीवित वस्तुओं (प्राणियों) का काराबार करना जैसे गुलामों का क्रय-विक्रय या वध करने के लिए पशुओं को पालना
» माँस उत्पादों का या कसाईघर में काम करना
» नशीले पदार्थ या विष बेचना

सम्यक् प्रयत्नों का अर्थ ऐसी आत्मिक (मानसिक) ऊर्जा से है जो हितकारी या अहितकारी मानसिक स्थिति पैदा करती है। उदाहरण के लिए यह आक्रमण का भाव, शत्रुता, लालसा या हिंसा पैदा कर सकती है। लेकिन यही ऊर्जा आत्म-अनुशासन, ईमानदारी, परोपकारिता और अनुकम्पा जगा सकती है। व्यक्ति को सही क्रिया-कलापों के माध्यम से अपने दिमाग (मन) पर नियन्त्रण रखना चाहिए। वे हैं:

» विचारों में किसी अहितकारी अवस्था को न आने देना

» विचारों में उत्पन्न अहितकारी अवस्थाओं को निकाल बाहर करना

» विचारों में हितकारी अवस्थाओं (स्थितियों) को पैदा करना

» विचारों में वर्तमान हितकारी अवस्थाओं को बनाए रखना

» सम्यक बुद्धि से तात्पर्य वह संज्ञानात्मक प्रक्रिया है जिससे हम वस्तुओं को समझते हैं। हम प्रत्यक्ष-बोध के माध्यम से चेतना की छापें प्राप्त करते हैं। हमारी संज्ञामात्यक प्रक्रिया प्रकर छापों पर कार्य करती है और संकल्पनाओं तथा हमारे पहले के अनुमवों का प्रयोग करते हुए उन्हे स्पष्ट करती है। इस प्रकार हम संश्लिष्ट व्याख्यात्मक योजनाओं का निर्माण करते हैं। मूल छापें एवं सम्बन्धित विचार इस प्रक्रिया में गडबड़ हो सकते हैं। बुद्ध का कहना है कि हमें स्पष्टन: देखना (समझना) चाहिए और बौद्धिक प्रक्रियाओं से बहक नहीं जाना चाहिए। इस प्रयोजन के लिए वे सम्यक बुद्धि के चार आघरों की सिफारिश करते हैं।

» शरीर का अवलोकन (चिन्तन-मनन)

» बोध का अवलोकन (अरुचिकर/विकर्षक,आकर्षक या उदासीन)

» मन की अवस्था का अवलोकन

» प्रतिभास (Phenomena) का अवलोकन

सही ध्यान मन की एक बिन्दु पर केन्द्रित होने को बताता है जिसमें सभी मानसिक क्षमताएँ मिलकर एक हो जाती हैं और एकल वस्तु (विषय) की ओर लग जाती है। सही ध्यान हितकारी विचारों और कर्मों पर होना चाहिए। बौद्ध लोग ध्यान के अभ्यास के माध्यम से सही संकेन्द्रण ध्यान-योग प्राप्त करने का प्रयास करते हैं। इससे मनोवेग-रहित मानसिक स्थिति से आत्म-नियन्त्रण व प्रशांति प्राप्त होती है।

बौद्धों का विश्वास है कि पूर्ण आत्मबोध पर ध्यान लगाने के लिए मनुष्य को तीन सुनहरी नियमों का पालन करना पड़ता है:

(*i*) बुद्ध की शरण में जाना (बुद्धं शरणम् गच्छामि)

(*ii*) धर्म की शरण में जाना (धम्मम शरणम् गच्छामि)

(*iii*) संघ (प्रबुद्ध लोगों का समाज) की शरण में जाना (संघम् शरणम् गच्छामि)

परिवार तथा समाज के लिए नियम-निर्धारण (Prescriptions for Family and Society)

सौहार्द्रपूर्ण पारिवारिक व सामाजिक जीवन के लिए बौद्ध मत में अनेक नैतिक सिद्धान्त निर्धारित किए हैं। बच्चों को बौद्धिक शिक्षा देने एवं उन्हें सम्पत्ति सौंपने के लिए माता-पिता को आदेश दिए गए हैं। बच्चों को अपने वृद्ध माता-पिता की देखभाल करनी चाहिए। शिष्यों को अपने अध्यापकों का आदर करना चाहिए। अध्यापकों को अपने शिष्यों को कलाओं, विज्ञान तथा सद्गुणों की शिक्षा देनी चाहिए। शिष्यों को अपने अध्यापकों का आदर करना चाहिए। पति का कर्त्तव्य है कि पत्नी से प्रेम का व्यवहार करे, उसकी जरूरतों को पूरा करे और वैवाहिक निष्ठा का पालन करे। पत्नी गृहस्थी को बुद्धिमानी तथा मितव्ययिता से संभालेगी। वह अपने पति के प्रति स्वामीभक्त (निष्ठावान) तथा प्रेम करने वाली होगी। स्वामी को अपने नौकरों से अच्छा व्यवहार करना चाहिए, उन्हें पर्याप्त मजदूरी (वेतन) देना चाहिए और अवकाश के लिए समय देना चाहिए। नौकरों को अपने स्वामी के प्रति स्वामीभक्त व संतुष्ट होना चाहिए और उन्हें स्वामी की सेवा प्रसन्नतापूर्वक करनी चाहिए। लोगों को स्वतन्त्रता विनम्रता, दयालुता और निस्वार्थता के गुणों को प्राप्त करना चाहिए।

अहिंसा तथा शांति (Non-Violence and Peace)

अंत में हम बुद्ध के नैतिक-सिद्धान्तों की महत्त्वपूर्ण विशेषताओं को देख सकते हैं। बुद्ध ने उपदेश दिया कि प्रत्येक (प्राणी) को सुख एवं सुरक्षा मिलनी चाहिए; तथा किसी को भी एक दूसरे को तुच्छ समझना या चोट नहीं पहुँचानी चाहिए। मनुष्य को घृणा

को प्रेम से तथा बुराई को अच्छाई से जीतना चाहिए। अन्यथा घृणा व बुराई ही फैलेगी। अच्छाई के बदले अच्छाई करना अच्छा है किन्तु बुराई के बदले भलाई करना उससे भी बड़ा (महान) है। बुद्ध ने ईसा से पहले ही उनके उपदेश का अनुमान लगा लिया था कि हिंसा का जबाव हिंसा से नहीं देना चाहिए।

जो व्यक्ति हिंसात्मक ढंग से अपनी बात दूसरों पर थोपता है, वह अन्यायी है। जो व्यक्ति उचित (सही) और अनुचित (गलत) के बीच अन्तर करता है और जो मानवों को हिंसा से संचालित न कर विधि (कानून) से, सदाचारिता और निष्पक्षता से संचालित करता है, वह न्यायी है। एक आर्य इसलिए सुसंस्कृत नहीं है कि वह पशुओं को मारता है, बल्कि इसलिए है कि वह उन्हें हानि नहीं पहुँचाता है। केवल वही व्यक्ति जो अन्यों को शब्दों से या कामों से चोट पहुँचाने से दूर रहता है, 'ब्राह्मण' कहलाने के लायक है। बर्बरता की विशेषता हिंसा है और संस्कृति-सभ्यता का गुण परोपकार व अहिंसा है।

बौद्ध मत मन की शुद्धता (शुचिता) की आवश्यकता पर बल देता है; केवल बाहरी सभ्य व्यवहार किसी काम का नहीं है। मानव को, स्वयं को दुर्भावना, लोभ तथा मोह से मुक्त कर लेना चाहिए। क्रोध, ईर्ष्या और दुर्भावनाएँ त्याग देनी चाहिए।

मध्यम मार्ग (Middle Course)

बौद्ध मत अत्यन्त आत्म-निषेध एवं भौतिक सुखों के अत्यधिक अनुसरण के बीच मध्यम मार्ग अपनाता है। स्वार्थ से लालसा उत्पन्न होती है जो कष्टों का स्रोत (मूल) है; केवल आत्म-अनुशासन से ऐसी लालसाओं को नियंत्रित (नियमित) करने से ही मनुष्य ज्ञान (बोध) के मार्ग पर प्रवेश कर सकता है। इसके साथ ही, बुद्ध कठोर तपस्या तथा शरीर के आत्मदान की वकालत नहीं करता। शरीर की जैविक आवश्यकताएँ जैसे भोजन, कपड़ा (वस्त्र) तथा निर्वाह की न्यूनतम सुविधाएँ जरूरी हैं। अन्यथा हमारा मन ध्यान-योग के लिए जरूरी अवस्था तक नहीं पहुँच सकेगा। हम बुद्ध के विचारों की तुलना अरस्तू के स्वर्णिम मध्यमार्ग से कर सकते हैं जो मानव आचरण (व्यवहार) की अत्यधिकता को नकारता है।

बुद्ध ने गृहस्थ की अपेक्षा मठवासी (मुनि) के जीवन को पसंद किया। उन्होंने सुखवाद तथा संन्यास के बीच संतुलन कायम किया। इससे सामाजिक जीवन से पलायन या निष्क्रिय प्रत्याहार (पीछे हटना) नहीं होता है। वह मानवता की सेवा में लगे रहकर सक्रिय और श्रेष्ठ जीवन जीने का समर्थन करता है।

परहितवाद (Altruism)

बौद्ध मत में परहितवाद की गहरी धारा है। यह सभी प्राणियों के लिए सार्वभौमिक करुणा, परोपकार, और दयालुता की वकालत करता है। यह क्रूरतापूर्ण पशु-बलियों, समाज के कठोर व्यावसायिक वर्गीकरण तथा धार्मिक सिद्धान्तवादी का घोर विरोध करता है। बुद्ध ने हिन्दू धर्म ग्रंथों के समान ईश्वर तथा आत्मा के विवरणों पर चर्चा नहीं की। वह केवल आनुष्ठानिकता से हटकर मानव के दु:खों को घटाने एवं मानव सुखों को बढ़ाने के रास्तों पर बात करता है। अनेक लेखक बौद्धमत को नैतिक बुद्धिवाद द्वारा बताए गए के अनुसार मानते हैं।

बौद्ध विचार-धारा तर्क-संगत विचार पर भी निर्भर करती है। मनुष्य को आत्म-बोधित होना चाहिए तथा शांत दिमाग से वर्तमान में रहना चाहिए। उन्हें ऐसी गतिविधियों से बचना चाहिए जिनसे कष्ट हो। उन्हें ऐसे कार्यों को नहीं करना चाहिए जिनसे खेद व चिन्ता पैदा हो।

गाँधीवादी नीतिशास्त्र (Gandhian Ethics)

गाँधीवादी विचारधारा में मानव जीवन के अनेक पहलु शामिल हैं। भारतीय राष्ट्रीय आन्दोलन के नेता के रूप में एवं बहुसर्जक लेखक के रूप में गाँधी जी ने अनेकों विषयों पर लिखा है। उनके विचार बहु-पक्षीय थे और उनमें राजनीतिक, सामाजिक, आर्थिक, धार्मिक एवं मानव जीवन के नैतिक पहलू शामिल हैं। उनके विचार अंशत: उनकी अपनी धार्मिक मान्यताओं से और अंशत: बड़े

राजनीतिक आन्दोलन हेतु योजना-कौशलों के बनाने की जरूरतों से तथा अंशतः अन्यों जैसे टॉल्सटॉय, कार्लाइल तथा थोरऊ के प्रभाव से उत्पन्न हुए। गाँधी जी पर बौद्ध मत, जैन मत, हिन्दू मत और ईसाइयत में समाहित नीति-शास्त्रीय सिद्धान्तों का भी प्रभाव था। गाँधी जी के विचारों के सभी पहलुओं को छोटे से विस्तार में समाना असंभव है। तथापि, हम गाँधीवाद के उन विचारों पर चर्चा करेंगे जिनका नीति-शास्त्र पर विशेष प्रभाव है।

इस कार्य में यह कठिनाई तो है कि गाँधीवादी विचार के किसी भी भाग को नीति-शास्त्र से एकदम से अलग नहीं किया जा सकता। उनके विचार सामान्यतः नैतिक श्रेणियों या शब्दों में व्यक्त किए गए हैं। नीति-शास्त्रीय सिद्धान्त किसी भी क्षेत्र में गाँधीवादी विचारों को आधार प्रदान करते हैं। गांधीवादी विचारों की उत्पत्ति अहिंसक जन राजनैतिक संघर्ष के गर्भ (मैट्रिक्स) से हुई। इस प्रक्रिया में उनमें कुछ मोड़-तोड़ होते रहे हैं। गाँधीवादी नीति-शास्त्रीय विचारों की सामान्य रूपरेखा उन प्रमुख नैतिक स्रोतों से संबद्ध रहती है जो उनके बीच से प्रवाहित होते हैं। अब हम गाँधीवादी विचारधारा में शामिल प्रमुख नैतिक स्वरों पर विचार करेंगे।

गाँधी जी शास्त्रीय (विद्वान) विचारक नहीं थे। और भी, जन नेता होने के कारण वे सिद्धान्त से अधिक आचरण या अभ्यास को महत्त्व देते थे। उन्हें निरक्षर जनता से बात करनी पड़ती (मुखातिब होना पड़ता था) थी। यद्यपि उनके विचार बेतुके नहीं थे, वे आप्त-वाक्यों पर आधारित थे जिनके सत्य को मान लिया जाता है। ये आप्त-वाक्य अनिवार्यतः वे मूल नैतिक मूल्य थे जिनका समर्थन गाँधी जी करते थे। गाँधी जी ने ऐसी नैतिक प्रणाली की स्थापना की जो उनके राजनैतिक व्यवहार हेतु एक ढाँचे का काम भी करती थी। इन अर्थों में गाँधी जी के नैतिक सिद्धान्त तथा राजनैतिक कार्य आपस में उलझे हुए हैं।

ईश्वर में आस्था (Faith in God)

गाँधी जी की ईश्वर में गहरी एवं स्थायी आस्था थी और उन्होंने ईश्वर की अपनी संकल्पना (अवधारणा) पर विस्तार से लिखा है। तथापि, ये विचार वास्तव में सैद्धान्तिकता या धार्मिक सिद्धान्त से संबंधित हैं। अतः हम गाँधी दर्शन में ईश्वर की प्रकृति पर चर्चा नहीं करेंगे। किन्तु इस विषय पर कुछ शब्द लिखने जरूरी हैं क्योंकि गाँधी जी ने अपनी राजनैतिक विचारधारा अपनी ईश्वर की अनुभूति पाने की इच्छा से ही हासिल की। ईश्वर की उनकी अवधारणा यद्यपि गाँधी जी भगवान राम के भक्त थे- किसी विशेष धर्म से ली गई नहीं है। वे ईश्वर को एक निर्वैयक्तिक शक्ति और विश्व के कल्याणकारी (परोपकारी) नियन्त्रक मानते हैं। ईश्वर प्रत्येक मानव आत्मा में निवास (सर्वव्यापी) करता है।

अब हम विचार करेंगे कि किस प्रकार गाँधी जी के मुख्य नैतिक विचारों एवं व्यवहार ईश्वर की अवधारणा से निसृत हुए। उनकी सोच प्रक्रिया में स्पष्ट तर्कात्मक कड़ियों को जोड़ना असंभव है क्योंकि सम्बन्धित विचार कल्पित हैं। अन्य शब्दों में, वे विशुद्ध बुद्धि (तर्क) की अपेक्षा धार्मिक पौराणिकवाद से सम्बन्द्ध है। गाँधी जी मानते थे कि मनुष्य का सर्वोच्च लक्ष्य ईश्वर की प्राप्ति है। और ईश्वर के दर्शन तब तक असंभव हैं जब तक कि मानव सत्य, प्रेम, अहिंसा व मानवता की सेवा के मार्ग पर नहीं चलेगा।

गाँधी जी ने विभिन्न दैवी विशेषताओं तथा इन पृथक्-पृथक् विशेषताओं तथा ईश्वर के बीच कल्पित (मान लिए गए) समताओं का वर्णन किया है। प्रसंगतः हिन्दू अवधारणा में ईश्वर अनन्त है, सर्वज्ञ है, सर्वशक्तिमान है तथा नितान्त रूप से परोपकारी है। ईश्वर का कोई आकार या गुण (विशेषता) नहीं है, वह निर्गुण, निराकार ब्रह्म है। हिन्दू मन्दिरों में ईश्वर की प्रस्तुति केवल प्रतीकात्मक है। ईसाई ईश्वर निजी है और पिता, पुत्र (क्राइस्ट) और पवित्र आत्मा (सलीब पर चढ़ा दिए जाने के बाद आत्मा के रूप में क्राइस्ट की छवि) के तौर पर तीन रूप हैं।

गाँधी जी के ईश्वर की अवधारणा पर वापस लौटते हुए हम देख सकते हैं कि गाँधी जी ईश्वर को सत्य, प्रेम, निर्भयता और प्रकाश एवं जीवन के स्रोत के रूप में मानते हैं। उनका कहना है कि ईश्वर व उसका विधान एक ही है। ईश्वर सत्-चित-आनन्द भी है।

नीतिपरक आचरण (Ethical Conduct)

गाँधी जी ने इन समानताओं से अनेक निष्कर्ष निकाले। मानव को यथासंभव अपने आचरण में दैवी विशेषताएँ जोड़नी चाहिए। यह जरूर है कि मानव होने के नाते मनुष्य कभी दैवी सद्गुणों की पूर्णता तक नहीं पहुँच सकता। तथापि, उसे अपनी पूरी शक्ति सत्य, प्रेम, अहिंसा, सहनशीलता, निर्भयता, दानशीलता और मानव-सेवा के सद्गुणों को प्राप्त करने में लगा देनी चाहिए। मनुष्य को निजी परिणामों की परवाह किए बिना ही सही (उचित) का पक्ष लेना चाहिए (बनाए रखना चाहिए)। जैसा कि हम देखेंगे, गाँधी जी सत्याग्रहियों (सत्य या सही कारण के अनुसरण के इच्छुक या अहिंसक प्रदर्शनकारी) से इन सद्गुणों को ग्रहण करने के लिए कहते हैं।

जैसाकि ऊपर कहा गया है, गाँधी जी ने प्रेम को ईश्वर के समकक्ष माना है। अहिंसा का दूसरा नाम प्रेम है। गाँधी जी का मानना था कि मानव को भगवत् दर्शन प्राप्त करने के उद्देश्य द्वारा संचालित होना (निर्देशित) चाहिए। इस लक्ष्य का भाव मानव की सभी गतिविधियों निजी, राजनैतिक या सामाजिक में होना चाहिए। अब, चूँकि ईश्वर सत्य और प्रेम या अहिंसा है, अत: ईश्वर तक पहुँचने के यही दो सद्गुण (रास्ते) हैं।

सत्य (Truth)

गाँधी जी ईश्वर की भी बराबरी सत्य से करते थे। उन्होंने अपने धर्म (पंथ) को 'सत्य धर्म' (religion of truth) का नाम दिया था। आरम्भ में, गाँधी जी कहा करते थे कि 'ईश्वर सत्य' है। बाद में उन्होंने इस बदलकर 'सत्य ही ईश्वर है' कर दिया। इससे उन्होंने दिखा दिया कि सत्य में दैवी सार है। उन्होंने अपने इस अर्थ को समझाने के लिए एक रूपक (अलंकार) का प्रयोग किया है। व्यक्ति अपने आप में सत्य की चिन्गारी के समान है। जब सारी चिन्गारियाँ मिल जाती हैं तो वे एक वर्णनातीत दैवी अग्निदाह (ज्वाला)बन जाती हैं।

गाँधी जी का रूपक तो धुँधला-सा है। आधुनिक तर्कणा में सत्य एवं असत्य, प्रस्तावों के गुण हैं। आधुनिक दार्शनिक सत्य के दो सिद्धान्त मानते हैं। एक को सत्य का अनुरूप सिद्धान्त कहते हैं। इसके अनुसार कोई कथन सत्य होता है जब यह वह बात बताता है जो विश्व में वर्तमान हालात बताते हैं। एक सच्चा कथन विश्व के किसी तथ्य से बराबरी करता है। उदाहरण के लिए 'दरवाजे के पास एक कुत्ता है।' यह कथन तब ही सत्य होगा यदि दरवाजे के पास वास्तव में कुत्ता हो।

सत्य की दूसरी अवधारणा सामंजस्य (coherence) के सिद्धान्त पर आधारित है। इसके अनुसार कोई कथन सत्य है यदि यह व्यक्ति द्वारा माने जाने वाले विचारों की किसी प्रणाली या विश्वासों का भाग है। अन्य शब्दों में, एक विचार आस्थाओं (विश्वासों) को संगत सैट (समूह) का एक भाग है। पहले विचार में सत्य अनुभवजन्य जाँच का प्रश्न बन कर रह जाता है। सामंजस्य सिद्धान्त में सत्य तर्कसंगत सामंजस्य का मामला है।

गाँधी जी की सत्य की संकल्पना ज्ञान-मीमांसात्मकवाद या ज्ञान के सिद्धान्त (Theory of knowledge) से नहीं ली गई है। वे उस रूप में सत्य को देखते हैं जो धर्म, ईश्वर मीमांसा तथा तत्वमीमांसा की उदात्त चर्चा में सामान्यत: उभरता है (लिया जाता है)। यह मानव आचरण का एक आदर्श है, यह बताता है कि मानव को अपने सामाजिक, राजनैतिक और आर्थिक दुनिया को किस प्रकार व्यवस्थिति करना है। यह बात राजनैतिक या सामाजिक मुद्दों और आन्दोलनों पर लागू होती है। इस प्रकार गाँधी जी मानते हैं कि स्वतन्त्रता का संघर्ष सत्य के लिए था क्योंकि यह राष्ट्रीय व व्यक्तिगत स्वायत्ततर हेतु सच्ची लड़ाई थी। इन अर्थों में सत्य कठोर तार्किक विश्लेषण से मेल नहीं खाता। यह उसका एक भाग है जिसे अब हम 'मूल्य प्रणाली' (value system) कहते हैं। तथापि, कोई व्यक्ति इस बात की जाँच कर सकता है कि क्या 'सच' के तौर पर वर्णित बातें विचारों के सैट (समूह) का एक भाग है। इस बात में कोई संदेह नहीं है कि इन अर्थों में 'सत्य' गाँधीवादी विचारधारा के वृहत्तर चित्र-पटल के ही उपयुक्त है।

प्रसंगवश, हम यहाँ गाँधी जी पर टॉल्सटॉय का प्रभाव देख सकते हैं। टॉल्सटॉय का कहना था- 'मेरे लेखन (रचनाओं) की नायिका वह है जिसे मैं अपने अस्तित्व की पूरी शक्ति के साथ प्यार करता हूँ। वह जो हमेशा से सत्य थी, है तथा रहेगी और सच है।' गाँधी जी का कथन है: 'मेरी आस्था केवल सत्य में ही है और मैं सत्य के सिवाय किसी का अनुशासन नहीं मानता।'

समाज की सेवा (Service to Society)

एक और प्रकार से गाँधी जी की ईश्वर की अवधारणा उनके व्यावहारिक क्रिया-कलापों को मजबूत करती है। जैसाकि हमने पहले देखा है, ईश्वर के दर्शन पाना ही मनुष्य के जीवन का मुख्य ध्येय होना चाहिए। ईश्वर के दर्शन का एकमात्र मार्ग उसकी रचनाओं के माध्यम से और अपने-आप को उसके साथ मिलाने से ही है। ऐसा केवल मानवता की सेवा के माध्यम से ही संभव है। गाँधी जी ने स्वयं को मानवता के साथ समामेलित कर लेने के इस संदर्भ में तथा स्वयं को विराट् ब्रह्माण्ड का हिस्सा मानने के बारे में कहा है। गाँधी जी का सामाजिक सेवा पर जोर देना इसी विचार का अनुवर्ती है। दैवी दर्शन की खोज में लगे लोगों के लिए कोई मुक्ति नहीं है। यही उनके जीवन की पूर्णता और अन्त है।

गाँधी जी के लिए मानव भाईचारा और एकता, जीवन की एकता के अनुवर्ती है। ईश्वर की रचना का भाग होने के कारण मानवों की एक ही प्रकार के जीवन की भागीदारी होती है। उनके बीच कोई वास्तविक अन्तर नहीं होते। इस दृष्टिकोण से, लिंग, जाति, पंथ (मत), भाषा तथा राष्ट्रीयता पर आधारित अन्तर मामूली है; महत्त्वपूर्ण बात तो मानवजाति के जीवन की एकता को मजबूत करना है। यह देखा जा सकता है कि जीवन की एकता का सिद्धान्त गाँधी जी की धर्मनिरपेक्षता या धार्मिक सहिष्णुता, मानव समानता की अवधारणाओं की ओर ले जाता है और अस्पृश्यता के विरुद्ध उनके जीवन-पर्यन्त के संघर्ष का औचित्य बताता है।

हृदय की निर्मलता (Purity of Heart)

चूँकि गाँधी जी ईश्वर को सद्गुण के साथ रखते थे, इसके लिए मानव को निर्मल हृदय का होना चाहिए। गाँधी जी ने स्वच्छता पर जोर दिया है चाहे यह भौतिक अर्थों में ही क्यों न हो। आश्रम तथा उनके चारों ओर का स्थान बिना कचरे, गन्दगी या कूड़े के बना होना चाहिए। वे इस कहावत में विश्वास करते थे कि स्वच्छता ईश्वरत्व के साथ (समीप) है। नैतिक अर्थों में गाँधी जी आत्म-शुद्धिकरण की वकालत करते थे। यह धर्म से ली गई निजी नैतिकता का भाग है। आधुनिक पाठकों को लगेगा कि गाँधी जी ने कुछ विचारों पर ज्यादा ही जोर दिया। के प्रति उनकी प्रकृतिगत तीव्र प्रतिक्रिया थी। उनकी जीवनी से पता चलता है कि एक बार ही चोरी से किया गया। माँसाहार उनके लिए सदमा (अभिघातक) सिद्ध हुआ। वे विवाह के सामान्य व्यवहार की सामान्य कामवासना से भी परेशान थे (दुखी थे)।

साध्य और साधन (Ends and Means)

अधिक महत्त्वपूर्ण बात यह है कि गाँधी जी का दृढ विश्वास था कि उचित (अच्छे) उद्देश्यों की प्राप्ति के लिए भी मानव को केवल उचित (नेक) साधन ही अपनाने चाहिए। बुरे कामों से कभी भला नहीं हो सकता चाहे वे सद्भावना से किए गए हों। इस सम्बन्ध में हम इस कहावत को भी याद कर सकते हैं कि- "नर्क का मार्ग भी सद्भावों से बनाया गया है।" यह 'साध्य और साधन' वाद-विवाद के तौर पर भी जानी जाती है। कुछ लेखक (अर्थात् मैकावली) का कहना है कि अच्छे उद्देश्यों की प्राप्ति के लिए भी बुरे साधनों का प्रयोग किया जा सकता है। महत्त्वपूर्ण चीज तो फल (लक्ष्य) प्राप्ति है। बुरे साधनों को अपनाने से समाज को जो बलिदान देने पड़ते हैं उनकी क्षतिपूर्ति प्राप्त किए जाने वाले अच्छे लक्ष्यों से हो जाती है।

तथापि, कुछ विचारक अब इस विचार का समर्थन करते हैं कि साध्य ही साधनों का औचित्य निश्चित करते हैं। मानव अनुभव बताता है कि अच्छे लक्ष्य (उत्तम साध्य) को प्राप्त करने के नाम पर भोले-भाले पुरुषों और स्त्रियों को अकथनीय दुर्दशा और तकलीफें दी गई हैं। ऐसा सोलहवीं शताब्दी में यूरोप में हुआ जब कैथोलिक व प्रोटेस्टैण्ट्स के बीच धार्मिक युद्ध हुए थे। और अधिक ताजा उदाहरण सोवियत संघ का है। स्टालिन ने कम्यूयिनस्ट विचारधारा के अनुसरण में निजी फार्म के जोत-क्षेत्रो की सामूहिकीकरण की अत्यधिक क्रूर नीति लागू की और इस प्रक्रिया मे हजारों कुल्क्स (Kulaks) या रूसी किसानो की हत्या की गई। ख्यात (Putative) आदर्शों के पालन के लिए स्टालिन ने लोगों पर उनके भयानक प्रभावों की परवाह किए बिना बुरे (अनैतिक) साधनों का प्रयोग किया।

गाँधी जी ने इस बात पर लगातार जोर दिया है कि साधन अच्छे (नैतिक) होने चाहिए। यह सद्‌गुणों के मूर्तरूप के तौर पर ईश्वर की अवधारणा का स्वत: अनुसरण (करता) है। किसी भी मामले में अनैतिक साधनों का प्रयोग करने में हम दैवी निषेधादेश के विरुद्ध काम कर रहे होते हैं। वे साध्य व साधन को अन्तर्परिवर्तनीय शब्द मानते हैं।

मानव प्रवृत्ति (Human Nature)

अब हम गाँधी विचारधारा से सम्बन्द्ध प्रमुख अवधारणाओं पर विचार करेंगे। पहले, हम अहिंसा को स्पष्ट करेंगे। ऐसा करने से पहले हमें ब्रह्माण्ड में नैतिक व्यवस्था के बारे में गाँधी की अवधारणा की रूपरेखा संक्षेप में देनी होगी। संसार ऐसा है कि मानव अपने नैतिक आदर्शों को प्राप्त कर सकता है। मानव में दैवी चिंगारी होती है। एक आध्यात्मिक प्राणी के तौर पर वह पशु जीवन के रीति-रिवाजों या इसके निर्दयी संघर्षों का पालन नहीं कर सकता। हिंसा व आत्म-श्लाघा उसके लिए दुनिया के बाहर की बातें हैं। बल्कि वह तो दूसरों की मदद करने की इच्छा के साथ परोपकारी है। शक्ति की इच्छा- दूसरों पर शासन करने और दूसरों को कुचल देने की इच्छा उसकी प्रकृति में नहीं है। वह विनम्र, सौम्य, दयालु, उदार, प्यार करने वाला और परवाह करने वाला है। गाँधी जी रूसो (Rousseau) तथा डेविड ह्यूमे (David Hume) जैसे दार्शनिकों के पक्ष में हैं जो मानव को ही अच्छा व परोपकारी मानते हैं। मानवता की उनकी अवधारणा उन विचारकों से उग्रत: विपरीत है जो मानव को अनिवार्यत: स्वार्थी तथा अन्यों पर अपनी इच्छा निर्दयता से थोपने पर तुला हुआ मानते हैं। गाँधी जी भी इस बात को मानते थे कि मानव तर्कशील है, दूसरों के विचार जानने को इच्छुक है और तार्किक ढंग से चर्चा के बाद उन्हें अंशत: शामिल कर लेते हैं।

अहिंसा (Ahimsa)

गाँधी जी ने अहिंसा को नकारात्मक व सकारात्मक अर्थों में बताया है। अहिंसा के नकारात्मक अर्थों में निम्नलिखित शामिल हैं:

» यह अन्यों की हत्या न करना या घायल न करना है।
» किसी को भी विचारों, शब्दों या कार्यों से हानि नहीं पहुँचना।
» हिंसा के हर पहलू (रूप) से बचना चाहिए।

अहिंसा के सकारात्मक पहलुओं में निम्नलिखित शामिल हैं:

» **अहिंसा** का केवल इतना ही अर्थ नहीं है कि दूसरों को क्षति न पहुँचाए। व्यक्ति को मानव-मात्र व सभी जीवितों (प्राणियों) के प्रति अगाध प्रेम भी दिखाना चाहिए।
» अहिंसा सत्य से और मानव की ईश्वर की खोज से निकट से जुड़ी है। चूँकि प्रेम ही अहिंसा है, अत: मनुष्य अहिंसा के मार्ग पर चलकर ही ईश्वर को पा सकता है। गाँधी जी सत्य व अहिंसा को अपृथ्क्करणीय मानते हैं।

अहिंसा के लगातार अनुसरण के लिए अनेक पूर्वशर्तें जरूरी हैं। इनमें सबसे जरूरी है सत्यता एवं निर्भयता। मनुष्य को केवल ईश्वर से डरना चाहिए और किसी से नहीं। यदि मनुष्य ईश्वर के आदेश का पालन करेगा तो उसे किसी मानवीय संस्था की चिन्ता नहीं करनी चाहिए। इससे सत्याग्रह का सिद्धान्त निकलता है जो भयरहित खोज (मार्ग पर चलना) बताता है। सत्याग्रह वह नाम है जो गाँधी जी ने भारत में अंग्रजों के राज के विरुद्ध शंतिपूर्ण प्रदर्शनों को दिया था।

अहिंसा के लिए पूर्ण आत्म-निर्मलीकरण जरूरी है। इसमें आत्मा के अस्तित्व के प्रति आस्था भी जरूरी है जो शरीर से अलग है। अहिंसा को 'आत्म-बल', 'आत्मा की शक्ति', 'प्रेम की शक्ति' तथा बिल्कुल निस्वार्थता बताया गया है।

निस्वार्थता समग्र रूप से असम्पृक्त शरीर को महत्त्व देती है। ऐसा प्रतीत होता है कि गाँधी जी का लक्ष्य भावी स्वतन्त्रता सेनानियों के निश्चय को मजबूत करना और उन्हें शारीरिक पीड़ा सहन करने के लिए बढ़ावा देना था।

क्रोध व घृणा, अहिंसा के दो विपरीत ध्रुव हैं। घृणा तो हिंसा का नरम रूप है। मनुष्य को अपने शत्रुओं को प्रेम से जीतना चाहिए। अहिंसा का अर्थ है कि व्यक्ति का प्रेम उसके शत्रुओं तक पहुँच जाना चाहिए। यह ईसा के इस उपदेश-'अपने शत्रु से प्रेम करो' से मिलता जुलता है।

अपने सक्रिय (व्यावहारिक) अर्थों में अहिंसा में सत्य एवं निर्भयता शामिल हैं। गाँधी जी इस बात पर जोर देते हैं कि अहिंसा, क्रियाहीनता का पंथ (मत) नहीं है। यह कमजोर या डरपोकों के लिए भी नहीं है। अहिंसा, बुराई को दब्बूपन से स्वीकारना नहीं है। कायर होने से तो हिंसक होना बेहतर है। गाँधी जी को स्वाभाविक रूप से भय था कि अहिंसा को बड़ी आसानी से अंग्रेजों के राज के साथ संघर्ष से बचने का बहाना बनाया जा सकता है।

अहिंसा के लिए नम्रता जरूरी है क्योंकि यह पूर्णत: ईश्वर पर निर्भर करती है। व्यक्ति बल का विरोध करने के लिए किसी प्रकार के शारीरिक बल का प्रयोग नहीं करता। अहिंसा, प्रतिशोध (बदले की भावना) से बेहतर है जो आशंकित हानि पर आधारित है। बदला लेना किसी उच्चतर शक्ति के आगे आत्मसर्म्पण करने से अच्छा है। लेकिन क्षमा सर्वश्रेष्ठ है क्योंकि यह दृढ़ता और साहस प्रदर्शित करती है। संक्षेप में, अनेक गुण जैसे सच्चाई, निस्स्वार्थता, क्रोध, घमण्ड तथा घृणा का विलोप, परोपकारिता, परहितवाद, साहस, उदारचरितता, विनम्रता और ईश्वर के प्रति पूर्ण समर्पण अहिंसा में शामिल हैं।

अहिंसक असहयोग (Non-violent Non-cooperation)

गाँधी जी बुराई का सामना इसके साथ अहिंसक असहयोग करने से किए जाने की वकालत करते हैं। हमें बुरे कामों (बुराई) से घृणा करनी चाहिए, बुराई करने वाले से नहीं। इस विश्वास के पीछे तर्क यह है कि सभी मानव एक ही ईश्वर की संतानें हैं और किसी एक पर भी किया गया हमला ,समस्त मानवता पर किया गया हमला है। यदि बुराई से सभी प्रकार का सहयोग हटा लिया जाए तो उसके पास ऐसा कुछ नहीं बचेगा जिस पर वह क्रिया कर सके (फल-फूल सके)।

यह बात (तर्क) व्यक्तियों व संस्थाओं तथा व्यवस्थाओं पर भी लागू होती है। किसी अन्यायपूर्ण व्यवस्था से लड़ने के लिए गाँधी जी अहिंसात्मक असहयोग की वकालत करते हैं। ब्रिटिश साम्राज्यवादी शासन से लड़ने के लिए गाँधी जी ने सविनय अवज्ञा तथा सहनशील मुकाबले पर भरोसा किया। गाँधी जी ने सविनय अवज्ञा का विचार प्रसिद्ध अमरीकी विचारक हेनरी थोरौ (Henery Thoreau) से लिया। इस प्रसंग से सम्बन्धित थोरौ की पुस्तकें हैं- 'रेजिस्टेन्स टू सिविल गवर्न्मेण्ट' (Resistance to Civil Government) तथा उसकी जीवनी- 'ए यांकी इन कनाडा' (A Yankee in Canada) है। एक सविनय प्रतिरोधी केवल सरकार के प्राधिकार को अनदेखा करता (की परवाह नहीं करता) है। वह हिंसा का सहारा लिए बिना ही अपने थोपे गए अन्यायपूर्ण कानूनों का विरोध करता है।

गाँधी जी हिंसा को सभी सामाजिक, राजनैतिक, आर्थिक और धार्मिक समस्याओं से जोड़ते हैं। अहिंसा ही इन समस्याओं को हल करने की कुंजी है। उनका कहना है कि अहिंसा जनता के हाथ में एक शक्तिशाली हथियार हो सकता है। गाँधी जी का कहना है कि लोगों का अहिंसक असहयोग कोई विद्रोह नहीं है; यह क्रांति है- विकासवादी क्रांति। गाँधी जी ने ऐसे जन आन्दोलन को भावना एवं विचारों के क्षेत्र में रक्त-पात-हीन क्रांतियाँ माना।

गाँधी जी ने अक्सर सत्याग्रह के हथियार के रूप में अनशन (उपवास) का प्रयोग किया। उनकी सोच थी कि अनशन (उपवास) का एक आध्यात्मिक महत्त्व है और यह प्रार्थना के प्रभाव को ऊपर उठा देती है। अहिंसा में विश्वास करने वालों के लिए यह सर्वोच्च हथियार है। कठोरतम परिस्थितियों में एक सत्याग्राही को मृत्युपर्यन्त अनशन (उपवास) करने के लिए तैयार रहना चाहिए।

सत्याग्रही की विशेषताएँ (Qualities of a Satyagrahi)

एक सत्याग्रही, सहनशील विरोधात्मक आन्दोलन का पैदल सिपाही है। उसमें सत्य एवं अहिंसा के गुण होने चाहिए। सविनय अवज्ञा आन्दोलनों की प्रभावशीलता उसी पर निर्भर करेगी; उसके माध्यम से गाँधीवादी मूल्यों का प्रदर्शन भी होगा। गाँधी जी ने ऐसे विभिन्न गुणों का निर्धारण किया है जिन्हें एक सत्याग्रही को अपने में पैदा करना चाहिए।

सत्याग्रही को सच्चा, अहिंसक तथा भौतिक साजो-सामान एवं कामुक इच्छाओं से दूर रहने वाला होना चाहिए। कामुक इच्छा को मिटाए बिना ईश्वर को पाना असंभव है। काम क्रिया वहीं तक नैतिक (अच्छी) है जहाँ तक वह प्रजनन (सन्तानोत्पत्ति)

के लिए की जाती है। इसका अन्य कोई उपयोग पाप है। ब्रह्मचर्य (काम क्रियाओं से बचना) का पालन विचार, शब्द और कर्म (मन-वचन-कर्म) से किया जाना चाहिए।

गाँधी जी ने सत्याग्रहियों के लिए एक कठोर आचार-संहिता निर्धारित की है जिसमें कठोर मानसिक (नैतिक) अनुशासन, चेतना का नियंत्रण एवं तपस्वियों जैसा आत्म संयम शामिल है। सत्याग्रही को स्वयं में जिन गुणों को पैदा करना चाहिए, वे नीचे की सारणी में दिए जा रहे हैं:

विनम्रता	मौन	त्याग/आत्मत्याग
आत्म-बलिदान	विचारों पर नियंत्रण	अहिंसा
सार्वभौमिक परोपकारिता	मदिरा व नशीली वस्तुओं का प्रयोग न करना	

उसे अपनी जीविका कमानी चाहिए; उसे हाथ से काम करना चाहिए तथा अपनी जरूरतों को बिल्कुल आवश्यकों तक कम कर देना चाहिए। उसे सभी पुरुषों और महिलाओं तथा सभी धर्मों का सम्मान करना चाहिए। उसे अपने कर्तव्यों का पालन परिश्रम से, बिना किसी अनुचित दावे के करना चाहिए। उसे एक उत्साही स्वयंसेवक सैनिक के समान होना चाहिए जो दुर्वह कार्यों के लिए सदैव तत्पर हो।

इस सम्बन्ध में, हम उन 11 वचनों को याद कर सकते हैं जिनका पालन कोचरब और साबरमती आश्रम के निवासियों को करना होता था:

- सत्य (Truth)
- अहिंसा (Non-Violence)
- ब्रह्मचर्य (Celibacy)
- अस्वाद (Control of the palate)
- अस्तेय (No stealing)
- अपरिग्रह या असंग्रह (Not having personal possession)
- शारीरिक श्रम (Physical Labour)
- स्वदेशी (Indigenization)
- अभय (Fearlessness)
- अस्पर्शयता निवारण (Removal of Untouchability)
- सर्वधर्म सम्भाव (Respect for all religions)

इनमें से पहले पाँच सर्वाधिक महत्त्वपूर्ण हैं और सभी धर्मों में पाए जाते हैं। बापू इन्हें 'पंच महाव्रत' कहते थे। दुनिया ने गाँधी जी को स्वतन्त्रता सेनानी तथा राजनीतिक नेता के तौर पर देखा होगा, लेकिन हृदय से वे 'साधक' थे जो ईश्वर की खोज में लगा है। उनका मानना था कि मानव मात्र की सेवा करना ईश्वर को पाने का सर्वोत्तम मार्ग है। यह बात उनके ज्यादातर नियमों की प्रेरणा थी।

गाँधीजी के अर्थशास्त्रीय विचार (Gandhi's Economic Ideas)

परिचय (Introduction)

गाँधी जी ने आर्थिक क्षेत्र में भी नैतिक तत्वों का समावेश किया। उनका कहना था कि प्रत्येक व्यक्ति को अपनी रोजी-रोटी अपने हाथों या शारीरिक श्रम से अर्जित करनी चाहिए। वे इसे 'रोटी हेतु श्रम' कहते थे और केवल यही बात मनुष्य को भोजन करने

का अधिकार देती है। कुछ लोगों के लिए शेष लोगों का शोषण किए बिना धन-दौलत बटोरना संभव नहीं है। शोषण हिंसा का ही एक रूप है। जैसे कि मनुष्य को जीने का अधिकार है, उसी प्रकार उन्हें खाद्य (खाना), शरण (मकान) तथा वस्त्र प्राप्त करने का भी अधिकार है।

आर्थिक समानता लाने के लिए गाँधी जी कठोर या हिंसक साधन अपनाने के पक्ष में नहीं थे। आदर्श रूप में, धन-दौलत समाज के सभी सदस्यों के बीच बराबर बाँट दी जानी चाहिए। चूँकि ऐसा करना व्यावहारिक नहीं है, अतः गाँधी जी का प्रस्ताव है कि धन-दौलत में सभी की बराबर की भागीदारी कर लेनी चाहिए। वे इस बात पर जोर देते हैं कि लोगों को अपनी जरूरतें कम करनी चाहिए और एक सादा जीवन बिताना चाहिए। इस पद्धति से साधन बढ़ेंगे (उत्पन्न होंगे) जिनसे गरीब लोगों को मदद मिलेगी।

न्यायधारिता का सिद्धान्त (Doctrine of Trusteeship)

गाँधी जी ने एक संकल्पना दी है जिसमें अमीरों को धन-दौलत के न्यासी माना गया है। अन्ततः चूँकि सारी सम्पत्ति का मालिक ईश्वर है, अमीरों के पास जो फालतू या अधिक (अधिशेष) धन-दौलत है, वह समाज की है और गरीबों की मदद के लिए प्रयोग की जानी चाहिए। राष्ट्र की धन-सम्पत्ति में अमीरों के आनुपातिक हिस्से से जो भी अधिक रह जाता है, उस पर उन (अमीरों)का कोई नैतिक अधिकार नहीं है। ईश्वर की धन-सम्पत्ति का जो आनुपातिक हिस्सा उनके पास है, वे उसके केवल न्यासी ही होते हैं। उन्हें उसका प्रयोग गरीबों की मदद करने के लिए करना होगा।

गाँधी जी तथा मार्क्स (Gandhi and Marx)

गाँधी जी ने धन-दौलत के जबरन वितरण का विरोध किया क्योंकि इससे हिंसा होगी। अतः उनका सुझाव है कि अमीर लोग अपने अधिशेष धन-दौलत को एक न्यासी की तरह अपने पास रखेंगे और गरीबों की मदद करेंगे। उनका यह विचार कम्युनिस्ट एवं समाजवाद के आदर्शों के बिल्कुल विपरीत है। कार्ल मार्क्स का कहना है कि पूँजीपति व कामगार (सामान्य शब्दों में अमीर व गरीब) प्रतिद्वन्द्वात्मक वर्ग है और उनके बीच निरन्तर वर्ग-संघर्ष चल रहा है। मार्क्स पूँजीवादी शासन के हिंसात्मक विद्रोह (तख्तापलट) के माध्यम से कम्युनिस्ट क्रांति की वकालत करता है। गाँधी जी वर्ग सौहार्द, अहिंसा व अमीरों द्वारा धन-दौलत की स्वैच्छिक भागीदारी के समर्थक हैं।

गाँधी जी ने कुछ और भी खोजा जिसे वे सात सामाजिक पाप कहते हैं। ये हैं: (सिद्धांतहीन राजनीति) काम के बिना धन; नैतिकता के बिना वाणिज्य; चरित्र बिना शिक्षा; मानवता बिना विज्ञान और बलिदान बिना पूजा (आराधना)।

धार्मिक सहिष्णुता (Religious Tolerance)

गाँधी जी धार्मिक सहिष्णुता के सबसे बड़े समर्थक थे। उन्होंने निम्नलिखित सिद्धान्तों के आधार पर धर्मों की बराबरी का उपदेश दिया:

- ईश्वर अथाह (गूढ़) तथा अज्ञेय तथा हम सब से परे (के ऊपर) है।
- ईश्वर हर समय अनेक प्रकार से स्वयं को प्रकट करता रहता है तथा मानवीय धार्मिक भावनाओं को जगाता (पैदा करता) है।
- अहिंसा सभी धर्मों का केन्द्रीय भाव है।
- सभी धर्मों में त्रुटियाँ व अपूर्णताएँ हो सकती हैं।
- सभी धर्म उच्चतर सत्य की प्राप्ति की ओर लगातार अग्रसर हैं।

गाँधी जी मानते थे कि ईसाइयत की मूल भावना ईसाइवाद में नहीं है किन्तु सत्य के साधनों के तौर पर इसके नैतिकता की अवधारणा में है। असीम प्रेम तथा विद्रोही हिंसा का न होना ही ईसाइयत के मूलभूत सिद्धान्त हैं।

वर्तमान समय में, गाँधीवाद का साम्प्रदायिक सद्भावना (सौहार्द) पर जोर दिया जाना राष्ट्रीय एकजुटता के लिए विशेष रूप से प्रासंगिक है। गाँधी जी ने साम्प्रदायिक सद्भाव पर केवल जुबानी सहानुभूति ही नहीं दिखाई थी। गाँधी इसे विभिन्न धर्मों के अनुयायियों के बीच भाईचारे के अटूट-बंधन को बढ़ाने का साधन मानते थे। गाँधी जी के अनुसार यह सभी धर्मों के लिए बराबर आदर की भावना से उत्पन्न हो सकता है। व्यक्ति को दूसरों के धर्मों के लिए उतना ही आदर देना चाहिए जितना कि वह अपने धर्म को देता है। यदि लोग इस प्रवृत्ति को अपना लें तो फिर झगड़े (मनमुटाव) का कोई कारण (स्रोत) नहीं रहेगा अपितु सद्भाव उत्पन्न होगा। सभी धर्म इस बात की शिक्षा देते हैं कि आदमी को सद्भाव से रहना चाहिए।

सार संक्षेप

- समाज में किसी की स्थिति से उत्पन्न नैतिकताओं के अलावा भी ऐसे कर्त्तव्य हैं जिनका जीवन की विभिन्न अवस्थाओं-ब्रह्मचर्य, गृहस्थ, वानप्रस्थ और संन्यास में किया जाना जरूरी है।
- भगवत् गीता में सकारात्मक व नकारात्मक, दोनों प्रकार के मनोभावों का उल्लेख है।
- बौद्ध धर्म के समान जैन धर्म भी अंशतः उस कर्मकाण्ड की प्रतिक्रियास्वरूप पैदा हुआ जो वैदिक धर्म का था।
- दुख की प्रकृति को समझाने का प्रयोजन, दुख से आगे निकल जाना है
- सम्यक आजीविका का अर्थ है कि व्यक्ति को रोटी कमाने के ईमानदार साधनों का प्रयोग करना चाहिए और यह कि धनसम्पत्ति को केवल विधिक (कानूनी) और अहिंसक तरीकों से अर्जित किया जाना चाहिए।
- बौद्ध सोच बौद्धिक दृष्टिकोण पर भी विश्वास करती है।
- गाँधी जी की सत्य सम्बन्धी सोच पर टॉल्सटॉय का प्रभाव पड़ा था।
- गाँधी जी बुराई का सामना इसके अहिंसक असहयोग करने से किए जाने की वकालत करते हैं। हमें बुरे कामों से घृणा करनी चाहिए, बुराई करने वाले से नहीं।
- वर्तमान समय में, गाँधीवाद का साम्प्रदायिक सद्भाव (सौहार्द्र) पर जोर दिया जाना राष्ट्रीय एकजुटता के लिए विशेष रूप से प्रासंगिक है। गाँधी जी ने साम्प्रदायिक सद्भाव पर केवल जुबानी सहानुभूति ही नहीं दिखाई थी। वे इसे विभिन्न धर्मों के अनुयायियों के बीच भाईचारे के अटूट बंधन को बढ़ाने का साधन मानते थे।
- हिन्दू जीवन की अवधारणा का आरंभ चार मुख्य नैतिक ध्येयों से करते हैं- धर्म (नैतिक विधि), अर्थ (धन-दौलत), काम (वासना) तथा मोक्ष (मुक्ति)।
- धर्म एक ऐसा सही (उचित) मार्ग है जिसका पालन कर मनुष्य को अपनी निजी, सामाजिक तथा नैतिक आवश्यकताओं की पूर्ति करनी होती है।
- कुछ का मानना है कि यह ईश्वर का आदेश है। अन्य लेखक मानते हैं कि नैतिक विधि ऐसी अनिवार्यता है जिसे मानव को बिना अपवादों के पालन करना पड़ता है। यह ईश्वर में निहित नहीं है, किन्तु यह नैतिक आदर्श है जो अन्तरिक्ष और समय के भौतिक संसार से परे है।
- धन-दौलत के भाव (मतलब) में अर्थ वह भौतिक साधन है जो भलाई (कल्याण) के लिए है।
- काम का अर्थ उन इच्छाओं से है जो परिवार के दायरे में रहते हुए मनुष्य के लिए सामान्य होती हैं।
- हिन्दू धर्म-ग्रन्थों में आनन्द (प्रसन्नता/खुशी), धर्म या सद्गुण से नीचे के स्थान पर है।
- हिन्दू धर्म का अन्तिम (सर्वोच्च) लक्ष्य यह है कि आत्मा को वासनायुक्त संसार के बंधनों और इसकी असंख्य चिन्ताओं से मुक्ति मिल जानी चाहिए।

- मोक्ष से तात्पर्य है कि आत्मा अपने सर्वथा निर्मल आत्मिक रूप में या सार तत्व के रूप में रहती है। यह अनुभूतियों के भौतिक संसार के झंझटों या अन्तरिक्ष और समय के भौतिक ब्रहमाण्ड से मुक्त होती है।
- हिन्दूवाद की एक नीति भी है जो व्यक्ति की नैतिकताओं को समाज की सदस्यता से जोड़ती है। यह प्रसिद्ध वर्णाश्रम धर्म है।
- आधुनिक युग में, इसका मतलब यह है कि मानव को अपने व्यावसायिक क्षेत्र में अपना काम पूरी निष्ठा के साथ करना चाहिए।
- गीता, हिन्दुओं का मुख्य धार्मिक व नैतिक ग्रंथ है।
- भगवत् गीता निर्धारित करती है कि मनुष्य को अपने कर्त्तव्यों का पालन फलों की चिन्ता किए बिना, लगाव व विरक्ति बिना तथा स्वार्थों व हीन प्रयोजनों से विचलित हुए बिना करना चाहिए। संक्षेप में कर्त्तव्यों (कर्म) का पालन इसी के अपने लिए ही किया जाना है। कर्म मानवता के कल्याण तथा सभी प्राणियों के शुभ (कल्याण) के लिए किए जाते हैं। अन्ततः कर्म ईश्वरत्त्व (ब्रह्मत्व) की प्राप्ति के लिए किए जाने हैं।
- व्यक्ति को बुरे मनोभावों, जैसे मोह, विराग, भ्रांतियाँ, भय, कामना (वासना), दुःख, घृणा, दुर्भावना और ईर्ष्या को नियन्त्रित करना चाहिए। हम जिन्हें सकारात्मक मनोभाव कहते हैं, हमें उन्हें अपने में जगाना (पैदा करना) चाहिए। इनमें शामिल हैं- सार्वभौमिक कल्याण और परोपकार, कष्ट में पड़े लोगों के प्रति दयालुता, उदारचरिता, शांत स्वभाव,सांसारिक सरोकारों से विरक्ति, ईश्वर के प्रति प्रेम व भक्ति।
- बौद्ध धर्म व जैन धर्म के विपरीत, गीता की नैतिक प्रणाली के केन्द्र में ईश्वर है।
- गीता के अनुसार, ईश्वर प्राप्ति के तीन मार्ग हैं। कर्म के माध्यम से, भक्ति से और ज्ञान से।
- गीता, जीवन में मनुष्य की स्थिति, उसके वर्ण और उसकी मनोवैज्ञानिक विशेषताओं को जोड़ती है। अनुभव बताता है कि व्यक्ति के व्यवसाय की छाप उसके चरित्र पर जरूर पड़ती है। आधुनिक मनोविज्ञान भी मानव मनोवैज्ञानिक प्रकारों की बात करता है।
- गीता में जो सद्‌गुण दिए गए हैं, वे समाज के तीन प्रमुख वर्गों की विशेषताएँ (गुण) हैं। आधुनिक अर्थों में उन्हें बुद्धि, नायकत्व व वाणिज्यिक सद्‌गुणों से जोड़ा जा सकता है।
- हिन्दू नैतिक सिद्धान्तों का सुखवाद, उपयोगितावाद जैसे पश्चिमी नैतिक आदर्शों या कॉण्ट के कर्त्तव्य के विचारों से तुलना सामान्यतः अनुपयुक्त है।
- एक स्तर पर, गीता का संदेश उन (व्यक्तियों) को सम्बोधित है जो पूर्णतः ईश्वर की प्राप्ति से सरोकार रखते हैं। ऐसे आदर्शवादी निषेधादेश और इस फतवे 'अन्य संसकारिकताएँ' से ऐसा समझा जा सकता है कि सामान्य परिस्थितियों के उपयुक्त नहीं है। गीता का संदेश मानव कर्त्तव्य की अवधारणा पर आधारित होने के कारण अपनी अपील तथा प्रासंगिकता में सार्वभौमिक एवं समयातीत है।
- प्राचीन लेखकों को समझने के लिए हमें ऐतिहासिक एवं मनोवैज्ञानिक कल्पनाओं का प्रयोग करते हुए उनके सामाजिक संसार में जाना होगा।
- कर्म का सिद्धान्त आस्था का मामला है। यह कोई जाँच योग्य वैज्ञानिक विचार नहीं है।
- कर्म का सिद्धान्त सामाजिक एवं आर्थिक रूढ़िवाद की ओर ले जाता है। यद्यपि यह भाग्यवाद के समान नहीं है तथा यद्यपि दुष्कर्मों के प्रभावों को दबाया (जीता) नहीं जा सकता, इसने एक नकारात्मक भाग्यवादी सोच को जन्म दिया। स्वामी विवेकानन्द ने हिन्दू मानसिकता से इन जालों को हटाने का अथक प्रयास किया।
- मनु समाज के प्रथागत नियमों को या आचार को मानक मानते हैं। मनु के लिए, वेद नैतिक मानदण्ड देते हैं। वे अन्तःकरण को भी नियमों का स्रोत मानते हैं।

- भारतीय नीति-शास्त्र संयमन को नैतिक मानक मानता है। हम ऐसे विचार बौद्ध धर्म, जैन धर्म और हिन्दू धर्म में पा सकते हैं।
- भारतीय नीति-शास्त्रों में राजनीतिक कानून तथा दैवी नियम, दोनों ही मानकों के तौर पर उल्लिखित हैं।
- जैन धर्म ईसा पूर्व छठी शताब्दी से आरम्भ हुआ।
- अहिंसा जैन धर्म का मूल नैतिक सिद्धान्त है। इसके अनुसार किसी भी जीवनयुक्त (जीवित) वर्तमान प्राणी या जीवन के तत्व या संभावना वाले प्राणी को चोट न पहुँचाई जाए।
- जैन व्यक्ति (धर्मानुयायी) के लिए जीवन दैवी चेतना की ओर आत्मिक यात्रा है।
- मुनियों (मठवासियों) तथा गृहस्थों, दोनों पर समान रूप से लागू होने वाले पाँच नैतिक सिद्धान्तों में- किसी भी जीवित वस्तु (प्राणी) पर हिंसा से दूर रहना; सत्य भाषण करना; चोरी से बचना; व्यभिचार से दूर रहना तथा भौतिक धन-सम्पत्ति के लिए लालच न करना।
- जैन मत (दर्शन) में ईश्वर या ब्रह्माण्ड की सर्वोच्च नियंत्रक शक्ति की अवधारणा नही है। इसके मतानुसार विश्व का संचालन प्राकृतिक नियमों से होता है। इस बारे में जैन मत स्टोइक दर्शन (आत्म-संयत् Stoicism) से मिलता है स्टोइक दर्शन से एक और समानता इसकी कठोर शारीरिक और मानसिक अनुशासन की वकालत है।
- आत्म-पूर्णता की अपनी खोज में मानव को अपने अहंकार का त्याग करना होता है। एक प्रकार से इस विचार की ध्वनि ईसाइयत (ईसाई धर्म) में भी पाई जाती है जिसमें अहंकार को सात घातक पापों में से एक कहा गया है।
- जैन मत मानव के अहंकार या घमण्ड के आठ स्रोत मानता है।
- बुद्ध के उपदेशों का सार चार उच्च सत्यों में समाया है।
- ये चार सत्य हैं- दु:ख का सत्य (दु:ख सत्य है); दु:ख के स्रोत के मूल का सत्य (दु:ख के स्रोत सत्य है); दु:ख की समाप्ति का सत्य (दु:ख का अन्त है) तथा दु:ख के अन्त के मार्ग का सत्य (दु:ख के अंत का मार्ग होता है)
- तीन प्रकार के दु:ख हैं- सामान्य पीड़ाओं का दु:ख, चिन्ता या दबाव जो लगातार बदलती हुई चीजों को पकड़े रखने से (के प्रति मोह से) उत्पन्न होता है तथा वह दुख जो अनुबंधित दशाओं से उत्पन्न होता है।
- दु:ख का मूल अज्ञान (अविद्या) से बद्ध लालसा (Tanha) में खोजा गया है। लालसा तीन मार्गों पर साथ-साथ चलती है- ये सभी कामुक आनन्द और सांसारिक वस्तुओं से जुड़े हैं।
- तीसरा महान सत्य हैं- सभी असंतोषजनक अनुभवों एवं उनके कारणों का इस प्रकार अन्त कि वे दोबारा न हो सकें।
- दु:ख का अंत ही बौद्ध आध्यात्मिक साधनाओं का उद्देश्य है।
- चौथा महान् मार्ग, दु:ख के अन्त का मार्ग है। यह अष्टगुण मार्ग कहलाता है।
- इसमें सम्यक दृष्टि, सम्यक विचार, सम्यक वचन, सम्यक कर्म, सम्यक आजीविका, सम्यक प्रयत्न, सम्यक बुद्धि एवं सम्यक ध्यान शामिल हैं। पहले तीन मार्ग दु:ख की प्रकृति को समझने में मदद करते हैं। चौथा मार्ग दु:ख पर विजय पाने का व्यवहारिक साधन है।
- सम्यक विचार बुद्धि का बौद्धिक पक्ष है।
- सम्यक निश्चयन (Intention) नैतिक व मानसिक आत्म-सुधार के प्रति वचन-बद्धता है।
- सम्यक वचन नैतिक अनुशासन का मार्ग है जो अन्य सद्‌गुणों को बनाए रखता है।
- सम्यक कर्म में शामिल हैं-दयालुता एवं करुणा से व्यवहार (कर्म) करना; ईमानदार होना, अन्यों की वस्तुओं का आदर करना तथा यौन दुर्व्यवहार से बचना।
- सम्यक प्रयत्नों का अर्थ ऐसी आत्मिक (मानसिक) ऊर्जा से है जो हितकारी या अहितकारी मानसिक स्थिति पैदा करती है।

- बुद्ध का कथन है कि हमें संसार को स्पष्ट रूप से समझ लेना चाहिए तथा बौद्धिक प्रक्रियाओं की कार्य प्रणालियों से भ्रमित नहीं हो जाना चाहिए। एस प्रयोजन के लिए उसने सचेतना (mindfulness) के चार आधारों की सिफारिश की है।
- ये हैं शरीर का, बोध का और मन की अवस्था का एवं प्रतिभास (Phenomena) का अवलोकन।
- सही ध्यान मन के एक बिन्दु पर केन्द्रित होने को बताता है जिसमें सभी मानसिक क्षमताएँ मिल कर एक हो जाती हैं और एकल बिन्दु (विषय) पर लग जाती है। इससे मनोवेग रहित मानसिक स्थिति से आत्म-नियंत्रण व प्रशांति प्राप्त होती है।
- पूर्ण आत्म-बोध पर ध्यान लगाने के लिए मनुष्य को बुद्ध, धर्म तथा संघ की शरण में जाने के तीन सुनहरी नियमों का पालन करना चाहिए।
- सौहार्दपूर्ण पारिवारिक व सामाजिक जीवन के लिए बौद्ध मत में अनेक नैतिक सिद्धान्त निर्धारित किए हैं।
- बुद्ध ने उपदेश दिया कि प्रत्येक (प्राणी) को सुख एवं सुरक्षा मिलनी चाहिए।
- बौद्धमत अत्यन्त आत्म-निषेध एवं भौतिक सुखों के अत्यधिक अनुरसण के बीच मध्यम मार्ग अपनाता है।
- बौद्धमत में परहितवाद की गहरी धारा है। यह सभी प्राणियों के लिए सार्वभौमिक करुणा, परोपकार और दयालुता की वकालत करता है।
- गाँधी जी के विचार बहुपक्षीय है और उनमें राजनीतिक, सामाजिक आर्थिक, धार्मिक एवं मानव जीवन के नैतिक पहलू शामिल हैं। उनके विचार अंशत: उनके अपनी धार्मिक मान्यताओं से और अंशत: बड़े राजनीतिक आन्दोलन हेतु योजना-कौशलों को बनाने की जरूरतों से एवं अंशत: अन्यों जैसे टॉल्सटॉय, कार्लाइल तथा थारेऊ के प्रभाव से उत्पन्न हुए।
- नीति-शास्त्रीय सिद्धान्त किसी भी क्षेत्र में गाँधीवादी विचारों के आधार का काम करते हैं। गाँधीवादी विचारों की उत्पत्ति अहिंसक जन-राजनैतिक संघर्ष के गर्भ (मैट्रिक्स) से हुई। इस प्रक्रिया में उनमें कुछ मोड़-तोड़ हुए हैं।
- ईश्वर में गाँधी जी की गहरी एवं स्थायी आस्था थी और उन्होंने ईश्वर की अपनी संकल्पना (अवधारणा) पर विस्तार से लिखा है।
- वे ईश्वर को एक निर्वैयक्तिक शक्ति और विश्व को कल्याणकारी (परोपकारी) नियंत्रक मानते हैं। ईश्वर प्रत्येक मानव आत्मा में निवास (सर्वव्यापी) करता है।
- गाँधी जी मानते थे कि मनुष्य का सर्वोच्च लक्ष्य ईश्वर की प्राप्ति है और ईश्वर के दर्शन तब तक असंभव हैं जब तक कि मानव सत्य, प्रेम, अहिंसा व मानवता की सेवा के मार्ग पर नहीं चलेगा।
- मानव को यथासंभव अपने आचरण में दैवी विशेषताएँ जोड़नीं चाहिए।
- गाँधी जी ने सत्य और प्रेम को ईश्वर के समकक्ष माना है; चूँकि ईश्वर सत्य और प्रेम या अहिंसा है, अत: ईश्वर तक पहुँचने के यही दो सद्गुण (रास्ते) हैं।
- गाँधी जी ईश्वर की भी बराबरी सत्य से करते थे। उन्होंने अपने धर्म (पन्थ) को 'सत्य धर्म' (religion of truth) का नाम दिया था।
- गाँधी जी के लिए सत्य ज्ञान-मीमांसात्मक संकल्पना (अवधारणा) नहीं है; यह उसका एक भाग है जिसे अब हम 'मूल्य प्रणाली' (value system) कहते हैं।
- गाँधी जी का कहना है कि ईश्वर के दर्शन का एकमात्र मार्ग उसकी रचनाओं के माध्यम से और अपने-आप को उसके साथ मिलाने से ही है। ऐसा केवल मानवता की सेवा के माध्यम से ही संभव है।

- गाँधी जी के लिए मानव भाईचारा और एकता, जीवन की एकता के अनुवर्ती है। ईश्वर की रचना होने के कारण मानव की एक ही प्रकार के जीवन की भागीदारी होती है।
- चूँकि गाँधी जी ईश्वर को सद्गुण के साथ रखते थे, इसके लिए मानव को निर्मल हृदय का होना चाहिए। गाँधी जी ने स्वच्छता पर जोर दिया है चाहे यह शारीरिक अर्थों में ही क्यों न हो।
- गाँधी जी का दृढ़ विश्वास था कि उचित (अच्छे) उद्देश्यों की प्राप्ति के लिए भी मानव को केवल उचित (नेक) साधन ही अपनाने चाहिए।
- गाँधी जी ने इस बात पर लगातार जोर दिया है कि साधन अच्छे (नैतिक) होने चाहिए। यह सद्गुणों के मूर्त रूप के तौर पर ईश्वर की अवधारणा का स्वत: अनुसरण (करता) है।
- मानव में दैवी चिन्गारी होती है। गाँधी जी इस बात पर भी विश्वास करते थे कि मानव बुद्धि-सम्पन्न, दूसरों के विचार जानने और तार्किक ढंग से चर्चा के बाद उन्हें अंशत: शामिल कर लेने के इच्छुक हैं।
- गाँधी जी ने अहिंसा को नकारात्मक व सकारात्मक अर्थों में बताया है। इन्हें पहले ही बिन्दुओं के रूप में दिया गया है।
- अहिंसा के लिए पूर्ण आत्म-निर्मलीकरण (आत्म-शुद्धि) जरूरी है। इसमें आत्मा के अस्तित्व के प्रति आस्था भी जरूरी है जो शरीर से अलग है। अहिंसा को 'आत्मबल', 'आत्मा की शक्ति', 'प्रेम की शक्ति' तथा बिल्कुल निस्वार्थता बताया गया है।
- अहिंसा के लगातार अनुसरण के लिए अनेक पूर्ववर्ती शर्तें जरूरी हैं। इनमें सबसे जरूरी है सत्यता एवं निर्भयता। मनुष्य को केवल ईश्वर से डरना चाहिए और किसी से नहीं।
- यदि बुराई से सभी प्रकार का सहयोग हटा लिया जाए तो उसके पास ऐसा कुछ नहीं बचेगा जिस पर वह क्रिया कर सके (फल-फूल सके)।
- गाँधी जी का कहना है कि अहिंसा जनता के हाथ में एक शक्तिशाली हथियार हो सकता है। लोगों का अहिंसक असहयोग कोई विद्रोह नहीं है।
- एक सत्याग्रही सहनशील विरोधात्मक आन्दोलन का पैदल सिपाही है। उसमें सत्य एवं अहिंसा के गुण होने चाहिए। गाँधी जी ने ऐसे विभिन्न गुणों का निर्धारण किया है जिन्हें एक सत्यवादी को अपने में पैदा करना चाहिए।
- गाँधी जी ने आर्थिक क्षेत्र में भी नैतिक तत्वों का समावेश किया।
- गाँधी जी का कहना है कि हरेक व्यक्ति को अपनी रोजी-रोटी अपने हाथों या शारीरिक श्रम से अर्जित करनी चाहिए। वे इसे 'रोटी हेतु श्रम' कहते थे और केवल यही बात मनुष्य को भोजन करने का अधिकार देती है।
- कुछ लोगों के लिए, शेष लोगों का शोषण किए बिना धन-दौलत बटोरना संभव नहीं है।
- गाँधी जी ने एक संकल्पना दी है जिसमें अमीरों को धन-दौलत का न्यासी माना गया है। अन्तत: चूँकि सारी सम्पत्ति का मालिक ईश्वर है, अमीरों के पास जो फालतू या अधिक (अधिशेष) धन-दौलत है, वह समाज की है और गरीबों की मदद के लिए प्रयोग की जानी चाहिए।
- आर्थिक मामलों पर गाँधी जी के विचार मार्क्सवादी विचारों से पूर्णत: भिन्न हैं।
- गाँधी जी धार्मिक सहिष्णुता के सबसे बड़े समर्थक थे। उन्होंने कुछ मूलभूत सिद्धान्तों के आधार पर धर्मों की बराबरी का उपदेश दिया।

अभ्यास प्रश्न

1. हिन्दूवाद के चार नैतिक लक्ष्य कौन-से हैं? संक्षेप में बताइए।
2. वर्णाश्रम धर्म को हम आधुनिक संदर्भ में कैसे बता सकते हैं?
3. सुखवाद, उपयोगितावाद एवं कॉण्टियानिज्म से हिन्दूवाद का अन्तर संक्षेप में बताइए।
4. कर्म का सिद्धान्त (नियम) क्या है? क्या यह व्यक्तिगत कार्यों और प्रयासों के रास्ते में आता है?
5. कुछ विचारक मानते हैं कि हिन्दूवाद अत्यधिक तत्व-मीमांसक है, अन्य इसे बहुत सांसारिक मानते हैं। क्या आप इस बात से सहमत हैं? अपने उत्तर की पुष्टि में कारण बताइए।
6. क्या हिन्दू नैतिकता (नैतिक शास्त्र) के कुछ पहलु हैं जो आधुनिक प्रशासकों के लिए प्रासंगिक हैं?
7. वे सकारात्मक नैतिक सिद्धान्त कौन-से हैं जिन्हें हिन्दू नीति-शास्त्रों से लिया जा सकता है?
8. वे पाँच विचार कौन-से हैं जिन पर 'जैन सम्प्रदाय' में जोर दिया गया है?
9. जैन तथा हिन्दू नीति-शास्त्र (नैतिक सिद्धान्तों) में अन्तर को संक्षेप में बताइए।
10. बौद्ध धर्म के चार महान सत्य कौन-से हैं? संक्षेप में बताइए।
11. बुद्ध द्वारा उपदेशित बोध प्राप्ति के अष्टामिक मार्ग को संक्षेप में बताइए।
12. बौद्ध धर्म तथा भावनात्मक बुद्धिवाद पर आधुनिक विचारों के बीच कुछ समानान्तर बातों पर चर्चा कीजिए।
13. बौद्ध उपदेशों के कौन-से पहलु मानव बुद्धिवाद पर आधारित हैं?
14. आधुनिक भारतीय समाज के लिए बुद्ध के संदेश की क्या प्रासंगिकता है?
15. संक्षेप में बताइए कि टॉल्सटॉय, रस्किन तथा थोरेड ने गाँधी जी को किस प्रकार प्रभावित किया?
16. गाँधी जी की ईश्वर की अवधारणा ने उनके विचारों और कार्यों को किस प्रकार प्रभावित किया?
17. गाँधी जी की अहिंसा की अवधारणा पर संक्षेप में जानकारी दीजिए। क्या यह नक्सली आन्दोलन को संभालने के लिए किसी प्रकार से प्रासंगिक है?
18. गाँधी जी के सत्य सम्बन्धी विचारों पर टिप्पणी कीजिए।
19. गाँधी जी की सत्याग्रह की अवधारणा स्पष्ट कीजिए। क्या आप सोचते हैं कि गाँधी जी ने इसे केवल एक राजनैतिक नीति-कौशल के तौर पर अपनाया, क्योंकि तब भारत अंग्रेजी साम्राज्य की ताकत से टकराने की आशा नहीं कर सकता था?
20. अहिंसक असहयोग के गाँधी जी की अवधारणा का संक्षेप में वर्णन कीजिए।
21. गाँधी जी ने न्यास-धारिता की अवधारणा पर संक्षेप में लिखा। क्या यह वास्तविक है?
22. निम्नलिखितों पर संक्षिप्त टिप्पणियाँ लिखिए:
    - (*i*) निष्काम कर्म
    - (*ii*) आचार
    - (*iii*) धर्म
    - (*iv*) कर्म
    - (*v*) जैन नैतिकता में 'अहंकार'
    - (*vi*) दुःख का मूल
    - (*vii*) सम्यक् वचन
    - (*viii*) सम्यक् जीविक
    - (*ix*) संयम
    - (*x*) आत्म-बल
    - (*xi*) रोटी हेतु श्रम

संदर्भ

- Jadunath Sinha, A Manual of Ethics
- S. Radhakrishnan, The Hindu View of Life
- Cambridge University, The Ancient History of India (older text)
- Surendranath Dasgupta, A history of Indian Philosophy Volume 1

अध्याय 5

महान नेताओं, सुधारकों और शासकों के जीवन से शिक्षा (Lessons from the Lives of Great Leaders, Reformers and Administrators)

परिचय व अभिगम (Introduction and Approach)

हमें इस अध्याय का आरम्भ कुछ प्रारम्भिक टिप्पणियों से करना होगा। इस विषय का यू पी एस सी के विवरण का शब्दश: पुन: प्रस्तुतिकरण है-'मानवीय मूल्य-महान नेताओं, सुधारकों तथा शासकों (प्रशासकों) के जीवन से शिक्षा।' इस विषय का क्रम इस अर्थ में चलता रहेगा कि इसकी रूपरेखाओं को तय करना कठिन है। तथापि, ऐसे महापुरुषों व महिलाओं की संख्या बड़ी होने के कारण, इनमें से कुछ पर ही चर्चा करने में इनके जीवन एवं नैतिक संदेशों पर संक्षेप में लिखना होगा।

इनकी तीन श्रेणियों- नेता, सुधारक तथा शासक पर विचार करना होगा। कुछ व्यक्तियों ने इन भूमिकाओं को मिला लिया है। नेताओं में से हमारे राष्ट्रीय स्वतन्त्रता आन्दोलन का नेतृत्व करने वाले नेताओं का विशेष उल्लेख करना होगा। विद्यार्थीगण इन नामों से परिचित होंगे: गाँधी, नेहरू, वल्लभभाई पटेल, सुभाष चन्द्र बोस, दादा भाई नौरोजी, तिलक, गोपाल कृष्ण गोखले, मौलाना आजाद, अम्बेडकर, राजगोपालाचारी, टंगतरी प्रकाशम, सुब्रह्मणियम भारती और अन्य अनेक विद्यार्थियों ने स्वतन्त्रता आन्दोलन के बारे में पढ़ते हुए उनके जीवनों, बलिदानों और विचारों के बारे में जाना होगा। अत: यहाँ उनके बारे में चर्चा करना आवश्यक नहीं होगा।

सुधार राजनैतिक, सामाजिक, आर्थिक, नैतिक, नीति विषयक या धार्मिक हो सकते हैं। धर्म तथा नीति-शास्त्र में बहुत निकट सम्बंध है और तदनुसार हम ऐसे सुधारों पर ध्यान केन्द्रित करेंगे। और भी, इतिहासकार ने उन्नीसवीं शताब्दी में भारतीय समाज में सामाजिक तथा धार्मिक सुधारों पर विशेष ध्यान दिया है। राजा राम मोहन राय, रामकृष्ण परमहंस और स्वामी विवेकानन्द इस सुधार आन्दोलन के अग्रणी व्यक्तित्व हैं। हमें इतिहास में पिछले समय में जाना होगा और भक्ति आन्दोलन से जुड़े संतों पर विचार करना होगा। उन्होंने ईश्वर की सरल (सहज) भक्ति और सद्‌गुण ग्रहण करने पर जोर दिया। उन्होंने सामाजिक एकता बढ़ाने तथा जाति की दीवारें तोड़ने का प्रयास किया था। उनके संदेशों का समकालीन भारतीय समाज से विशेष सरोकार है।

'प्रशासक (Administrator)' से आधुनिक अर्थों में अफसरशाही के औसत सदस्यों का या ऐतिहासिक संदर्भ में, भारतीय इतिहास में योग्य या परोपकारी शासकों का अर्थ लिया जा सकता है। उदाहरण के तौर पर हम कौटिल्य, अशोक, शेरशाह, राजा टोडरमल, रानी अहिल्या बाई, बडौदा तथा मैसूर के राजघरानों (के राज्यों) के शासकों, सर थॉमस मुनरो एवं एम. विश्वेश्वरैया के बारे में सोच सकते हैं। परख की दृष्टि से आजादी के बाद के शासक या प्रशासक को छोड़ा जा सकता है। ऐसे एतिहासिक व्यक्तियों पर ध्यान देना बेहतर होगा जो समय की दृष्टि से हमसे दूर हैं।

विद्यार्थियों के मार्गदर्शन के लिए यू पी एस सी ने निम्नलिखित मॉडल प्रश्न दिया है:- 'किस महान भारतीय व्यक्तित्व ने एक रोल मॉडल (आदर्श व्यक्ति) के तौर पर आपको प्रेरित किया है और किस प्रकार आप इस प्रेरणा से अपनी जिन्दगी में लाभ प्राप्त कर सके हैं?' यद्यपि हम यह नहीं मान सकते कि केवल इसी प्रकार के प्रश्न पूछे जाएँगे, किन्तु हम इससे एक निष्कर्ष निकाल सकते हैं। प्रश्न किसी विशेष नेता, सुधारक या प्रशासक का नाम लेकर नहीं हो सकते । वे पूछ सकते हैं कि आप किस प्रकार महान व्यक्तित्व से प्रभावित हुए हैं या उनके जीवन से हमें क्या शिक्षा मिलती है। यह केवल हमारा अनुमान है। प्रसंगवश, यूपीएससी 2020 के सामान्य अध्ययन प्रश्न पत्र-IV में सविता फुले का नाम लेकर प्रश्न पूछा गया था।

इस बारे में हम विद्यार्थियों को सुझाव देना चाहेंगे जो उनके लिए उपयोगी हो सकता है। वे जब कभी भी किसी प्रसिद्ध ऐतिहासिक व्यक्तित्व के बारे में पढ़ें तो वे अपने आप से प्रश्न कर सकते हैं कि क्या उसे महान नेताओं, सुधारकों या प्रशासकों की श्रेणी में रखा जा सकता है। यदि वे ऐसा सोचते हैं तो उन्हें ऐसे व्यक्तित्वों के जीवन और उपदेशों के संक्षिप्त विवरण लिख लेने चाहिए। इस काम में वे प्रत्येक व्यक्ति के लिए इन्डैक्स कार्डों का प्रयोग कर सकते हैं जिनमें वे ऐसा विवरण दर्ज कर सकते हैं। उन्हें इन विवरणों को याद रखना चाहिए।

मानव मूल्य (Human Values)

2017 के प्रश्न-पत्र का निम्नलिखित प्रश्न भी पाठ्यक्रम के इस भाग से सम्बन्धित है :

प्रश्न 5 (क) : ''महान महत्वाकांक्षा, महान चरित्र की कमजोरी (सनक) होती है। जो इस विशेषता से सम्पन्न होते हैं, वे या तो बहुत अच्छे या बहुत बुरे कार्य कर सकते हैं। यह सब उन सिद्धान्तों पर निर्भर करता है जो उन्हें निदेशित (संचालित) करते हैं।''- नेपोलियन बोनापार्ट । उन शासकों के उदाहरण दीजिए (i) जिन्होंने समाज व राष्ट्र की हानि की है, (ii) जिन्होंने समाज व राष्ट्र के विकास के लिए काम किया है।

इस प्रकार परीक्षक विषय को अनेक प्रकार से प्रस्तुत कर सकते हैं और प्रत्याशी की समझ एवं विश्लेषण- कौशल को जाँचने के लिए प्रश्न पूछ सकते हैं।

मानव मूल्य (Human Values)

एक और बात जिस पर हमें विचार करना होगा। यह विषय रूबिक या 'मानव मूल्य' शीर्षक के अन्तर्गत दिया गया है। मानव मूल्य क्या हैं? वे कौन-सा मत (धार्मिक सिद्वांत) हैं जिनसे मानव मूल्य निसृत हुए हैं?

मानव मूल्य अनेक सिद्धांत से सम्बद्ध हैं। मानवतावाद ऐसे अनेक सिद्धान्तों को आबद्ध करता है। मानवतावाद मनुष्य (मानव) को दर्शन, नैतिकताओं और मानवीयताओं की चर्चा के केन्द्र में रखता है। यह मानव के सामर्थ्यों, मानव सरोकारों और मानव प्रसन्नता पर संकेन्द्रित रहता है। यह इस कथन को बल देता है कि 'मानव ही सभी चीजों का पैमाना है'। 'मानव ही सब कुछ हो सकता है और वही सभी चीजों का अंत है।' कॉण्ट की सुस्पस्ट सकारात्मकता यही अर्थ देती है। मानव हमेशा ही स्वयं में लक्ष्य (अंत) समझे जाएँगे, किसी अनुमानित उच्चतर लक्ष्य के लिए साधन के तौर पर नहीं। मानव अधिकार तथा ऐसे अन्य आधुनिक उदार विचार मानवतावाद पर आधारित हैं।

मानवतावाद का एक सूत्र यूरोप में पुनर्जागरण से जुड़ा है जो प्राचीन क्लासिकल यूनानी और रोमन संस्कृति (चौदहवीं शताब्दी से) का प्रवर्तन है। पुनर्जागरण वाले विद्वान मध्यकालीन इसाई विश्व के विचारों से विमुख हो गए। जिन्होंने धरातली दुनिया में दुखी मानव-समूह पर आँसू बहाए, जिसे वे आँसुओं की प्रस्थान बेला मानते थे। इसके विपरीत, पुनर्जागरण विद्वानों ने मानव जीवन, मानव आनन्द (खुशी) तथा मानव सम्मान का जश्न मनाया।

मानव मूल्यों की अनेक सूचियाँ अत्यंत वृहत्तर हैं। वाइबर (Wibur) मानव जीवन के विभिन्न पहलुओं से सम्बन्धित मानव मूल्यों की सूची प्रस्तुत करता है। वह मूल्यों का वर्गीकरण शारीरिक मूल्य, आर्थिक मूल्य, मनोरंजन मूल्य, सहबद्ध मूल्य, चरित्र

मूल्य, बौद्धिक मूल्य, सौन्दर्य-शास्त्रीय मूल्य तथा धार्मिक मूल्य वर्गों में करता है। उसके इस वर्गीकरण में सभी मानवीय गतिविधियाँ आ जाती हैं। गतिविधियों का वर्गीकरण शारीरिक, सामाजिक और इन दोनों से आगे आने वाली श्रेणियों में हो सकता है।

शारीरिक, आर्थिक तथा मनोरंजन मूल्य मानव के शरीर से सम्बन्धित जरूरतों की संतुष्टि से जुड़े हैं। चरित्र के मूल्य तथा सहबद्वता के मूल्य मानव के सामाजिक स्व से जुड़े हुए हैं। वे दूसरों के साथ स्वयं के सम्बन्धों में ही उत्पन्न होते हैं। सौन्दर्य-शास्त्रीय, बौद्धिक और धार्मिक मूल्य जबकि शरीर और सामाजिक स्वयं से जुड़े होते हैं और उनसे अनुकूलित होते हैं, वे केवल स्व क्रियाशीलता से पैदा होते हैं और विकसित होते जाते हैं। ये तीन वर्ग या श्रेणियाँ दो अर्थों में आत्मिक हैं। वे अति-ऐंद्रिय होने के कारण आत्मिक हैं। इसके अलावा, 'आत्मिक मूल्यों' से मानव की रूचि वाले पदार्थ भी अभिप्रेत हैं जो आदर्श प्रकृति के हैं, जैसे सत्य, अच्छाई तथा सुन्दरता। हम उन्हें आत्मा की वस्तुएँ कहते हैं।

ज्ञान के बौद्धिक मूल्य अत्यंत सम्मानजनक हैं। ज्ञान एक उच्च साधनात्मक मूल्य है जो शारीरिक व आर्थिक लाभ (Good) प्राप्त करने का अपरिहार्य साधन है। यह सांस्कृतिक, सौन्दर्यशास्त्रीय सामाजिक मूल्यों को आत्मसात करने में सहायक होता है। मनुष्य मात्र में, के हिस्से के रुप में अंत:स्थित संभावनाओं को महसूस करने स्वयं साक्षात्कार की तीव्र इच्छा होती है। इस प्रयोजन के लिए शिक्षा जरूरी है। धार्मिक मूल्य दैवी वस्तुएँ हैं, किन्तु कुछ लोगों का उनके प्रति सुझाव (रूझान) थोड़ा ही (नहीं) होता है।

लोगों के लिए मानव मूल्यों के अर्थ अलग-अलग होते हैं। एक अर्थ में मूल्य आन्तरिक चरित्र सिद्धान्तों की संहिता (code) है जिसके अनुसार मानव अपना जीवन जीते हैं और निर्णय लेते हैं। मूल्यों को सबसे पहले हम अपने माता-पिता से प्राप्त करते है। धर्म-गुरुओं (वरिष्ठों), अध्यापकों एवं धर्म से प्राप्त मूल्य इनमें जुड़ जाते हैं। सभी संस्कृतियों और समाजों में सभी कालों और स्थानों में पाई जाने वाली सार्वभौमिक संकल्पनाऐं भी मानव मूल्यों की परिभाषा में आती हैं। ऐसे पाँच मूल्य हैं : सत्य, उचित आचरण, प्रेम, शांति और अहिंसा।

सरकारें और अदालतें जिन अनेक संवैधानिक अधिकारों एवं पात्रताओं को मान्यता देती हैं, वे मानव मूल्यों से ही निसृत हैं।

मानवतावाद को अक्सर धर्म के विरुद्ध समझा जाता है। धार्मिक सिद्धान्तों में ईश्वर की अनेक अवधारणाएँ एवं दैवी प्रयोजन हैं। वे मानते हैं कि ब्रह्माण्ड दैव-विहित प्रयोजनों की ओर दृढ़ता से बढ़ रहा है। इस प्रक्रिया में महत्त्वपूर्ण होते हुए भी मानव को दैवी इच्छा तथा दैवी आदेशों का पालन करना पड़ता है जो उसे संन्यासियों या पैगम्बरों द्वारा बताए जाते हैं। मानवतावाद धार्मिक विचारों को नकारता है, मानव तर्कणा एवं आत्म-विकास एवं सामाजिक प्रगति के मार्गों को स्वतन्त्र रूप से परिणाम मूल्यों का भिन्न सैट (समूह) होगा, यद्यपि वह उससे ज्यादा भिन्न नहीं होगा जो धर्मों द्वारा ठहराया गया है।

अब तक हमने मानव मूल्यों के अर्थों पर विचार किया है। अब हमें इस दृष्टिकोण से महान नेताओं, सुधारकों और प्रशासकों के जीवनों व सिद्धान्तों की समीक्षा करनी है। धार्मिक उपदेश अक्सर आध्यात्मिक साधनाओं, ईश्वर-मीमांसात्मक या धर्म-सिद्धान्तक प्रश्नों एवं बाहरी धार्मिक कथनों पर ध्यान केन्द्रित करते हैं। कभी-कभी धार्मिक नेता संकीर्ण मानसिकता धर्मान्धता तथा साम्प्रदायिक असष्णुिता को बढ़ावा देते हैं। हमें ऐसे विचारों से बचकर रहना चाहिए। धार्मिक सोच को समान मानवता, मानव भाईचारे, सामाजिक समानता और आपसी सहिष्णुता को बढ़ाने वाला होना चाहिए। प्रसिद्ध ऐतिहासिक व्यक्तियों के बारे में पढ़ते समय विद्यार्थियों को इस पहलु पर ध्यान देना चाहिए।

ऐतिहासिक व्यक्तियों के चयन में हमें अनिवार्यत: सीमित रहना पड़ेगा। हमने मुख्यत: धार्मिक व सामाजिक सुधारकों को ही लिया है। हमारी कोशिश रही है कि अधिक प्रसिद्ध व्यक्तियों को शामिल किया जाए। लेकिन इसका मतलब यह नहीं है कि शेष को हम कम महत्त्वपूर्ण मान रहे हैं। भारत तो महान संतों एवं आध्यात्मिक नेताओं की भूमि है। केवल पांडित्यपूर्ण एवं निष्ठावान विद्वान ही इस विषय के साथ न्याय कर सकते हैं। हमारा सीमित प्रयोजन केवल कुछ महान आध्यात्मिक विचारकों के प्रेरणाप्रद जीवन और शिक्षा (उपदेश) का परिचय देना है। विद्यार्थीगण अन्य नेताओं और प्रशासकों के बारे में पढ़ते हुए इस सोच का अनुसरण कर सकते हैं।

विवेकानन्द (Vivekananda)

विवेकानन्द का जन्म कोलकाता के एक सम्पन्न परिवार में 1863 में हुआ। वे बहुत अधिक बुद्धिमान थे तथा सहजात (innate) आध्यात्मिक शक्तियों से युक्त थे। कोलकाता विश्वविद्यालय में पढ़ते हुए उन्होंने पश्चिमी दर्शन और इतिहास का गहन अध्ययन कर उसमें प्रवीणता प्राप्त कर ली थी। वे लड़कपन से ही ध्यान-योग किया करते थे और कुछ समय तक ब्रह्मो आन्दोलन से जुड़े रहे।

अपनी युवावस्था के आरम्भ में ईश्वर के अस्तित्व के बारे में मन में संदेहों के साथ उन्होंने आध्यात्मिक संकट का अनुभव किया। अपने अंग्रेजी के प्रोफैसरों में से एक से श्री रामकृष्ण के बारे में सुनकर वे उनसे मिले जो उस समय दक्षिणेश्वर में काली मंदिर में रहते थे। उन्होंने गुरु (मास्टर) से सीधे ही पूछा-'श्रीमन, क्या आपने ईश्वर के दर्शन किए हैं?' विवेकानन्द ने यह प्रश्न अन्य अनेकों से किया था पर उन्हें कोई संतोषजनक उत्तर नहीं मिला। किन्तु श्री रामकृष्ण ने एक क्षण भी संकोच किए बिना उत्तर दिया। "हाँ, मैंने देखा है! मैंने ईश्वर को उसी प्रकार साफ-साफ देखा है जैसे कि मैं आपको देख रहा हूँ, केवल उसे और अधिक गहन अनुभूति के साथ।" इस प्रकार आधुनिक काल का गुरु-शिष्य का महान सम्बन्ध शुरू हुआ। विवेकानन्द ने श्री रामकृष्ण के मार्ग-दर्शन में तेजी से आध्यात्मिक प्रगति की।

कुछ समय बाद, विवेकानन्द को दो दुर्भाग्यों को सहन करना पड़ा। सन् 1884 में उनके पिता का आकस्मिक निधन हो गया। विवेकानन्द को अपनी माता, भाइयों व बहनों के पालन-पोषण का भार वहन करना पड़ा। दूसरी दु:खद घटना श्री रामकृष्ण की बीमारी और मृत्यु थी। विवेकानन्द ने इन आपदाओं का मजबूती से मुकाबला किया। उन्होंने रामकृष्ण के अन्य शिष्यों के साथ मिलकर मठकरणीय भ्रात-संघ (ब्रदरहुड) की स्थापना की और अपने गुरु के उपदेशों को फैलाने का मिशन स्थापित किया। इस प्रकार 1890 के मध्य में विवेकानन्द भारत को देखने और खोजने की लम्बी यात्रा पर निकल पड़े।

वास्तविक भारत की खोज (Discovery of Real India)

अपनी भारत यात्रा के दौरान विवेकानन्द लोगों की भयानक गरीबी एवं पिछड़ेपन से अत्यन्त द्रवित हुए। वे भारत के पहले धार्मिक नेता थे जिन्होंने समझा और खुले तौर पर कहा कि भारत के पतन का वास्तविक कारण जनता (लोगों) की उपेक्षा करना था। अत: तत्काल आवश्यकता इस बात की थी कि कृषि के परिष्कृत ढंग का ज्ञान देकर, ग्राम्य उद्योग का विकास कर तथा अन्य इसी प्रकार की गतिविधियों को बढ़ाकर भोजन व जीवन की न्यूनतम जरूरतों को पूरा किया जाए।

विवेकानन्द ने समस्याओं को दो स्तरों पर देखा। सदियों की दासता (दलन) के कारण दलित लोगों ने आत्म-विश्वास खो दिया था। इसे एक जीवनदायी और प्रेरक संदेश के माध्यम से पुन: स्थापित करना था। विवेकानन्द ने इसे 'आत्मन्' के सिद्धान्त में पाया जो भारत के धार्मिक दर्शन की प्राचीन प्रणाली वेदान्त में पढ़ाया जाने वाला आत्मा का संभावित दैवत्त्व का सिद्धान्त है। लोगों को वेदान्त के जीवनदायी और परिष्कार करने वाले सिद्धान्तों की तथा व्यावहारिक जीवन में उन्हें लागू करने की शिक्षा देनी होगी। इसके अतिरिक्त, उन्हें अपनी आर्थिक दशा सुधारने के लिए दुनिया की जानकारी भी आवश्यक होगी। विवेकानन्द का विचार था कि शिक्षा ही उन्हें दोनों प्रकार का ज्ञान देने का साधन है।

विवेकानन्द ने शिक्षा का प्रसार करने एवं गरीबों व स्त्रियों की दशा सुधारने की जरूरत को भी देखा। वे 'ऐसा तन्त्र चला देना चाहते थे जो निर्धनतम और निम्नतम के दरवाजे तक सर्वोत्तम विचारों को ले आएगा।' उन्होंने इसी लक्ष्य को सामने रख कर रामकृष्ण मिशन की स्थापना की थी।

अपने प्रवास के दौरान विवेकानन्द को जानकारी मिली कि 1893 में शिकागो में विश्व धर्म संसद (World's Parliament of Religions) की बैठक होने वाली है। अपने मित्रों एवं प्रशंसकों के प्रोत्साहित करने पर उन्होंने अपने गुरु का संदेश विश्व को देने के लिए इस संसद में भाग लेने का निश्चय किया। किन्तु वे आन्तरिक सुनिश्चितता एवं अपने मिशन के लिए दैवी आदेश की अनुभूति चाहते थे। उन्होंने इन दोनों को कन्याकुमारी के चट्टानी टापू पर गहन ध्यानावस्था (योगावस्था) में प्राप्त किया। विश्व धर्म संसद में उनके भाषणों ने उन्हें 'दैवी धार्मिक वक्ता' (Orator by divine right) तथा 'पश्चिमी जगत को भारतीय ज्ञान का

दूत' (Messanger of Indian wisdom to the Western World) के रूप में प्रसिद्ध कर दिया। संसद के बाद उन्होंने लगभग साढे तीन साल का समय अमरीका के पूर्वी भागों एवं लंदन में श्री रामकृष्ण द्वारा यापित (अनुभूत) तथा प्रचारित वेदान्त का प्रचार करने में व्यतीत किया।

देशवासियों को उद्‌बोधन (Awakening his Countrymen)

वे जनवरी 1897 में भारत लौट आए। उन्होंने भारत के विभिन्न भागों में अनेक भाषण दिए। इन भाषणों में उन्होंने निम्नलिखित प्रयास किए-

- लोगों की धार्मिक चेतना जगाने तथा अपनी सांस्कृतिक परम्परा पर गर्व का भाव पैदा करना;
- हिन्दुत्व के सामान्य आधारों को उभारकर हिन्दू जाति में एकता लाना;
- शिक्षित लोगों का ध्यान दलितों के कष्टों की ओर केन्द्रित करना; तथा
- व्यावहारिक वेदान्त के सिद्धान्तों को लागू कर उनकी उन्नति के लिए अपनी योजना का प्रतिपादन करना।

कोलकाता लौट आने के तुरन्त बाद स्वामी विवेकानन्द ने रामकृष्ण मिशन की स्थापना (1897) की। मिशन का उद्देश्य संन्यासियों व आम आदमियों को व्यावहारिक वेदान्त का संयुक्त रूप से प्रचार करने, अनेक प्रकार की समाज सेवाएँ करने जैसे अस्पताल, स्कूल, कॉलेज, होस्टल, ग्रामीण विकास केन्द्र आदि को चलाने योग्य बनाना तथा एकल प्राकृतिक आपदाओं के शिकारों को राहत तथा पुनर्वास देना था।

सन् 1898 के आरम्भ में स्वामी विवेकानन्द ने बेलूर में गंगा के तट पर रामकृष्ण मठ की स्थापना की।

उनके आध्यात्मिक विचार (His Spiritual Thoughts)

धर्म का नया अर्थ

स्वामी विवेकानन्द ने धर्म को लोकातीत वास्तविकता (सत्ता) (Reality) ओर सभी के लिए समान बताया है। उन्होंने विज्ञान व धर्म के बीच किसी द्विभाजकता से इंकार किया तथा धर्म को चेतना का विज्ञान बताया है। यह सार्वभौमिक अवधारणा अंध -विश्वासों, मतान्धतावाद, पुजारी कौशल (चालाकी) एवं असहनशीलता के चंगुल से धर्म को मुक्त करती है तथा इसे स्वतन्त्रता, ज्ञान व आनन्द का सर्वोच्च व श्रेष्ठतम लक्ष्य बना देती है।

मानव के प्रति नया दृष्टिकोण

विवेकानन्द की 'आत्मा का संभावित दैवत्व' की अवधारणा नई है तथा मानव को उदात्त बनाती है। मानवतावाद के वर्तमान समय में वैज्ञानिक प्रगति ने मानवीय भौतिक कल्याण में बहुत सुधार ला दिया है। सम्प्रेषण क्रांति ने विश्व को 'वैश्विक गाँव' बना दिया है। लेकिन नैतिकता में गिरावट आई है जैसाकि घरों के टूटने, अनैतिकता हिंसा और अपराधों के बढ़ने से सिद्ध होता है। विवेकानन्द की आत्मा के संभावित दैवत्व की अवधारणा गिरावट को रोकती है, मानव सम्बन्धों में देवत्व की भावना लाती है और जीवन को सार्थक और जीने लायक बनाती है। उन्होंने 'आध्यात्मिक मानवतावाद' की नींव डाली है।

नैतिक और आचार शास्त्रीय नियम सिद्धान्त

व्यक्तिगत जीवन तथा सामाजिक जीवन, दोनों में वर्तमान नैतिकता अधिकतर भय पर टिकी है पुलिस का डर, जनताके द्वारा अपमान का डर, भगवान द्वारा सजा दिए जाने का डर तथा कर्मों का डर। नीति-शास्त्र के वर्तमान सिद्धान्त यह बताते हैं कि व्यक्ति को नैतिक क्यों होना चाहिए और क्यों उसे दूसरों के लिए अच्छा होना चाहिए। विवेकानन्द ने नैतिक-शास्त्र के नए सिद्धान्त दिए हैं और आचार-शास्त्र के नए सिद्धान्त भी निर्धारित किए हैं जो 'आत्मन' की अन्तर्भूत शुचिता व एकात्मता (अखण्डता) पर आधारित हैं। हमें शुचिता वाला होना चाहिए क्योंकि शुचिता हमारी वास्तविक प्रकृति है, हमारा सच्चा दैविक आत्मा या आत्मन् है। इसी प्रकार, हमें अपने पड़ोसियों से प्यार करना और उनकी सेवा करनी चाहिए क्योंकि हम सभी सर्वोच्च आत्मा-परमात्मा या ब्रह्म में एक ही हैं।

पूर्व तथा पश्चिम के बीच सेतु

स्वामी विवेकानन्द ने भारतीय और पश्चिमी संस्कृति के बीच सेतु स्थापित किया। ऐसा उन्होंने पश्चिमीवासियों के लिए हिन्दू धर्म ग्रन्थों, दर्शन, संस्थाओं (सम्प्रदाय मत आदि) तथा भारतीय जीवन-शैली के बारे में सरल बोधगम्य भाषा में जानकारी दी। उन्होंने उन्हें अहसास करा दिया कि वे भारतीय आध्यात्मिकता से बहुत लाभान्वित हो सकते हैं। भारत के शेष विश्व से अलग-थलग रहने को समाप्त करने में उनकी बड़ी भूमिका रही। वे पश्चिम के लिए भारत के प्रथम महान सांस्कृतिक राजदूत थे।

दूसरी ओर प्राचीन भारतीय धर्म ग्रन्थों, दर्शन तथा संस्थाओं की विवेकानन्द द्वारा की गई व्याख्या ने भारतीयों को पश्चिमी विज्ञान, प्रौद्योगिकी और मानवतावाद के प्रति ग्रहणशील बनाया। उन्होंने भारतीयों को सिखाया कि किस प्रकार वे अपनी धार्मिक व आध्यात्मिक जड़ों से जुड़े रहते हुए पश्चिम के विज्ञान और प्रौद्योगिकी में महारत हासिल कर सकते हैं। उन्होंने इस बात पर जोर दिया कि भारतीयों को पश्चिमी मानवतावाद (विशेष रूप से व्यक्ति की स्वतन्त्रता, सामाजिक समानता तथा स्त्रियों के लिए न्याय व सम्मान) को भारतीय लोकाचार में जोड़ लेना चाहिए।

भारत को योगदान

अपनी अनेक भाषिक, विचार-शास्त्रीय, ऐतिहासिक एवं धार्मिक विविधताओं के बावजूद भारत में अनन्त काल से सांस्कृतिक एकता की गहरी भावना रही है। तथापि, ये विवेकानन्द ही थे जिन्होंने इस संस्कृति के वास्तविक आधारों को उजागर किया एवं इस प्रकार एक राष्ट्र की एकता के बोध को स्पष्ट किया और मजबूत किया।

उन्होंने भारतीयों को उनकी महान राष्ट्रीय परम्परा की याद दिलाई तथा अपने शानदार विगत पर उनके गौरव को पुनर्जीवित किया। और भी, उन्होंने पश्चिमी संस्कृति की कमजोरियाँ भी बताईं और बताया कि किस प्रकार उन्हें दूर करने में भारत उनकी मदद कर सकता है।

एकता की भावना (बोध), विगत पर गर्व और मिशन की भावना ने जिनकी उदघोषणा विवेकानन्द ने की, भारत के राष्ट्रीयता के आन्दोलन को अत्यधिक सुदृढ़ किया। जवाहर लाल नेहरू ने लिखा है: "विगत में जिसकी जड़ें थीं, भारत की प्रतिष्ठा पर जिसको पूरा गर्व था, ऐसा विवेकानन्द जीवन की समस्याओं के प्रति अपनी सोच में आधुनिक था तथा भारत के विगत एवं वर्तमान के बीच एक प्रकार का सेतु था। वह अवनत: (दलित) तथा हतोत्साहित हिन्दू सोच के लिए एक टॉनिक के समान आया और इसे आत्म-निर्भरता दी और विगत का कुछ आधार दिया।" नेताजी सुभाष चन्द्र बोस ने लिखा है। "स्वामी जी ने पूर्व तथा पश्चिम, धर्म तथा विज्ञान, विगत व वर्तमान को सुसंगत किया। इसीलिए वे महान हैं। उनकी शिक्षाओं से हमारे देशवासियों ने अभूतपूर्व आत्म-सम्मान, आत्म-निर्भरता और आत्माभिमान की भावना प्राप्त की है।"

नए भारत के निर्माण में स्वामी जी का सर्वधिक अप्रतिम योगदान, दलितों के प्रति अपने कर्त्तव्यों के प्रति भारतीयों की अपनी सोच जगाने का है। कार्ल मार्क्स के विचारों के भारत में आने से काफी पहले ही स्वामी जी ने राष्ट्रीय सम्पत्ति के उत्पादन में श्रमिक वर्ग की भूमिका के बारे में कहा था। स्वामी जी भारत में पहले धार्मिक नेता थे जिन्होंने जनता के लिए बात की, सेवा का निश्चय दर्शन (सोच)बनाया और बड़े पैमाने पर सामाजिक सेवा आयोजित की।

हिन्दूवाद में योगदान (Contributions to Hinduism)

पहचान (Identity)

स्वामी विवेकानन्द ने हिन्दूवाद को एक सम्पूर्ण स्पष्ट पहचान दी, एक विशिष्ट रूप-रेखा दी। यद्यपि हिन्दुओं को अपने मूल (जड़ों) और पहचान का स्पष्ट बोध था, किन्तु हिन्दूवाद अनेक विभिन्न मतों का असंगठित संघठन माना जाता था। हिन्दूवाद को इसकी विशिष्ट पहचान देने में स्वामी जी की भूमिका के बारे में सिस्टर निवेदिता लिखती हैं। "यह कहा जा सकता है कि जब उन्होंने बोलना शुरू किया तो यह 'हिन्दुओं के धार्मिक विचार' थे, किन्तु जब उन्होंने समाप्त किया तो 'हिन्दुवाद की स्थापना' हो गई थी।"

एकीकरण

स्वामी जी के उदय से पहले हिन्दुओं के विभिन्न मतों के बीच झगड़े (विवाद) और प्रतिस्पर्द्धा आम बात थी। इसी प्रकार, दर्शन की विभिन्न प्रणालियों और वादों के नेता (समर्थक) केवल अपने विचारों की ही सत्यता व वैधता का दावा करते थे। श्री रामकृष्ण की सहिष्णुता (समन्वय) के सिद्धान्त को प्रयोग कर स्वामी जी, विभिन्नता में एकता के सिद्धान्त के आधार पर हिन्दूवाद का समग्र एकीकरण कर सके।

रक्षा (Defence)

विवेकानन्द उन लोगों में अग्रणी थे जिन्होंने हिन्दूवाद के पक्ष में अपनी आवाज उठाई। वास्तव में यह उनकी पश्चिम में मुख्य उपलब्धि थी। ईसाइयत मिशनरी प्रचार से हिन्दूवाद व भारतीयों की एक झूठी छवि पश्चिमी लोगों में फैला दी गई थी। विवेकानन्द को हिन्दूवाद की रक्षा के अपने प्रयासों में कठोर विरोध का सामना करना पड़ा।

एकेश्वरवाद का नया आदर्श (New Ideal of Monasticism)

हिन्दूवाद में विवेकानन्द का बड़ा योगदान एकेश्वरवाद का नवीकरण एवं आधुनिकीकरण है। इस नए एकेश्वर आदर्श में रामकृष्ण की व्यवस्था के अनुसार मानते हुए, आत्म-त्याग तथा ईश-प्राप्ति के प्राचीन सिद्धान्तों को मानव में ईश्वर की सेवा **(शिव ज्ञान जीव सेवा)** के साथ मिला दिया गया है। विवेकानन्द मानव की सेवा को ईश्वर की सेवा के बराबर मानते थे।

हिन्दू दर्शन की आधुनिक व्यवस्था तथा धार्मिक सिद्धान्त: (Modern interpretation of Hindu Philosophy and religious doctrines): विवेकानन्द ने प्राचीन हिन्दू धर्म-ग्रंथों और दार्शनिक विचारों की व्याख्या आधुनिक सोच के साथ की। उन्होंने अपने लोकातीत अनुभवों एवं भविष्य-दृष्टि के आधार पर अनेक प्रबोधक मूल (नवीन) अवधारणाएँ भी जोड़ीं।

विवेकानन्द की कुछ प्रसिद्ध उक्तियाँ (Some Famous Sayings of Vivekananda)

» जब तक करोड़ों लोग भूखे और अज्ञानी रहेंगे, मैं उस प्रत्येक व्यक्ति को विश्वासघाती (देशद्रोही) मानूँगा जो उनकी कीमत पर शिक्षित हुआ है और उनकी ओर बिल्कुल भी ध्यान नहीं देता।

» आप अपने को जैसा सोचेंगे, आप वैसे ही बन जाएँगे। यदि आप स्वयं को कमजोर मानते हैं तो आप कमजोर ही होंगे; यदि आप स्वयं को मजबूत सोचते हैं तो आप मजबूत हो जाएँगे।

» यदि आपको अपने सभी तैंतीस करोड़ पौराणिक देवी-देवताओं में आस्था है और तब भी अपने पर विश्वास (भरोसा) नहीं है तो आपकी मुक्ति नहीं है। अपने आप में विश्वास रखिए, उस विश्वास के सहारे खड़े होइए और मजबूत बनिए; हमें इसी की जरूरत है।

» शक्ति, शक्ति ही वह चीज है क्योंकि जो हम जीवन में बहुत अधिक चाहते हैं, जिसे पाप व दु:ख कहा जाता है, उनका एक ही कारण है, और वह है हमारी निर्बलता। निर्बलता के साथ अज्ञान आता है और अज्ञान के साथ आता है दुर्भाग्य।

» जितनी ही मेरी आयु बढ़ती है, उतना ही अधिक मुझे हर चीज पुरुषत्व में स्थित प्रतीत होती है। यह मेरा नया सिद्धान्त (Gospel) है।

» सफलता के लिए तीन अनिवार्य तत्त्व हैं। शुचिता, धैर्य और अध्यावसाय और सर्वोपरि-प्रेम।

» धर्म प्राप्ति है (अनुभूति है), वार्ता नहीं है, न सिद्धान्त है और न मत है चाहे ये सब बातें कितनी ही आकर्षक (लुभावनी) क्यों न हों। यह होने और हो जाने में हैं, सुनना या मानना नहीं है; यह सम्पूर्ण आत्मा का बदलकर वह हो जाना है जिसमें उसका विश्वास है।

» धर्म तो मानव में पहले से विद्यमान दैवत्व का प्रकटन है।

» स्वयं को जाग्रत कीजिए, प्रत्येक को उसकी वास्तविक प्रकृति का बोध कराइए, सोई आत्मा को जगाइए और देखिए कि यह कैसे जागृत होती है। सुप्त आत्मा के आत्म-बोध गतिविधि में लग जाने पर शक्ति आ जाएगी, ख्याति होगी, कल्याण (अच्छाई) होगा और हर वह चीज आएगी जो सर्वोत्तम है।

» केवल उन्ही का जीवन, जीवन है जो दूसरों के लिए जीते हैं, अन्य सब तो जीवित होने से अधिक मृत हैं।

» यह सभी पूजाओं का सार है- सर्वशुद्ध रहना और अन्यों का भला करना।

विवेकानंद महानतम हिन्दू संतों में से एक हैं। उन्होंने हिंदुवादी वैदान्तिक आदर्शों को पश्चिमी व मानवतावादी विचारों में मिलाया। उन्होंने हिन्दुओं द्वारा विभिन्न मत-मतान्तरों एवं सिद्धान्तों को मानने के विरूद्ध भी कार्य किया। उन्होंने भारतीयों को उनके गरिमामयी अतीत से अवगत कराया। उन्होंने पश्चिम में वेदान्त दर्शन को लोकप्रिय बनाया।

इन सबके अतिरिक्त, उन्होंने लोगों का आहवान किया कि वे निर्धनता व अज्ञान में डूबे जनसमूहों की सहायता करें।

रामकृष्ण परमहँस (Ramakrishna Paramahamsa)

श्री रामकृष्ण परमहँस का जन्म कोलकाता के निकट कामरपुकुर गाँव में सन् 1836 में हुआ था। उनके माता-पिता क्षुदिराम चट्टोपाध्याय तथा चन्द्रमणि देवी निर्धन थे, पर वे बहुत धर्मनिष्ठ व सद्गुणी थे। आरम्भ के दिनों से ही रामकृष्ण का मन औपचारिक शिक्षा एवं सांसारिक मामलों से उचाट रहता था। संतों की सेवा और उनके उपदेशों में उनका बहुत मन लगता था। वे बहुधा आध्यात्मिक ध्यान में डूबे देखे जाते थे। छः वर्ष की आयु में उन्होंने पहली बार हर्षोन्माद (Ecstasy) का अनुभव किया जब उन्होंने काले बादलों की पृष्ठभूमि के साथ सफेद बगुलों की पंक्ति का उड़ते हुए देखा। हर्षोन्माद की यह प्रवृति उनकी उम्र के बढ़ने के साथ गहरी होती चली गई। सात वर्ष की आयु में अपने पिता की मृत्यु ने उन्हें और अधिक अन्तर्मुखी बना दिया तथा दुनिया से उनके अलगाव को बढ़ा दिया।

जब रामकृष्ण सोलह वर्ष के थे तो उनके भाई उन्हें अपने पुजारी के व्यवसाय में सहायता करने के लिए कोलकाता ले गए। दक्षिणेश्वर में रानी रासमणि द्वारा बनवाए गए काली के मंदिर को प्रतिष्ठापित किया गया। जब उनके भाई दिवंगत हुए तो रामकृष्ण इसके मुख्य पुजारी बन गए। रामकृष्ण ने काली माता के प्रति गहरी भक्ति विकसित की और पुजारी के कर्तव्यों के अनुष्ठानों को भूलकर उनकी मूर्ति के स्नेहमय आराधना में घंटों बिताए। उनके गहरे लगाव के परिणामस्वरूप उन्हें, अपने चारों ओर के सब कुछ को अपने में लपेटे असीम अग्निशिखा के रूप में काली माँ के दर्शन हुए।

गहन आध्यात्मिक साधना (Intense Spiritual Practices)

श्री रामकृष्ण की ईश्वर-आसक्ति देखकर कामरपुकुर में उनके रिश्तेदारों को चिन्ता होने लगी और उन्होंने उनका विवाह शारदामणि से कर दिया। लेकिन विवाह से अप्रभावित रामकृष्ण और अधिक गहरी ईश्वर-आसक्ति में डूब गए। भगवान के विभिन्न पहलुओं का अनुभव करने की तीव्र आन्तरिक इच्छा से प्रेरित होकर, अनेक गुरुओं की सहायता से हिन्दू धर्म-ग्रन्थों में बताए विभिन्न पथों पर चलते हुए उन्होंने उनमें से प्रत्येक के माध्यम से ईश्वर को पाया। इस तरह से श्री रामकृष्ण ने हिन्दू धर्म के तीन हजार से अधिक वर्षों के सम्पूर्ण आध्यात्मिक अनुभवों को पा लिया।

ईश्वर के लिए अपनी कभी शांत न होने वाली प्यास के साथ श्री रामकृष्ण ने हिन्दूवाद की सीमाओं को तोड़ दिया, वे इस्लाम और ईसाइयत के मार्गों से गुजरे और थोड़े ही समय में उन्होंने उनमें से प्रत्येक के माध्यम से उच्चतम अनुभूति प्राप्त कर ली। उन्होंने ईसा और बुद्ध को ईश्वर का अवतार कहा और सिखों के दस गुरुओं के प्रति भी श्रद्धाभाव रखा। उन्होंने अपने बारह वर्ष लम्बी आध्यात्मिक अनुभूति (उपलब्धि) के सार-तत्व को एक सरल उक्ति में अभिव्यक्त किया है- **"यतो मत, ततो पथ- जितने भी मत हैं, उतने ही पथ हैं।"** अब वे आदतन अनुभूति की उच्च अवस्था में रहते थे जिसमें वे सभी प्राणियों में ईश्वर को देखते थे।

श्री रामकृष्ण का नाम एक संत के रूप में फैलने लगा वे ब्रह्म समाज के अनेक नेताओं व सदस्यों के सम्पर्क में आए और उनको बहुत प्रभावित किया। विभिन्न धर्मों के सौहार्द्र पर उनकी शिक्षा ने विभिन्न वर्गों (सम्प्रदायों) के लोगों को आकर्षित किया। अनेक गृहस्थ व युवा उनके शिष्य (अनुयायी) बन गए।

उनके आध्यात्मिक जीवन की गहनता तथा अनुयायियों के अनन्त प्रवाह (पंक्ति) के लिए अथक आध्यात्मिक सेवा-प्रदान का श्री रामकृष्ण के स्वास्थ्य पर प्रभाव पड़ता रहा। उन्हें गले का कैंसर हो गया। श्री रामकृष्ण ने दैवी माँ का नाम लेते हुए अपना भौतिक शरीर त्याग दिया।

विश्व संस्कृति में श्री रामकृष्ण का योगदान (Contributions of Sri Ramakrishna to World Culture)

आध्यात्मिक आदर्श

श्री रामकृष्ण के जीवन ने आधुनिक विश्व में ईश्वर प्राप्ति के आदर्श को मजबूत किया। निरीश्वरवाद, भौतिकतावाद एवं विज्ञान ने लोगों के परम्परागत धार्मिक आस्थाओं को कमजोर किया है। श्री रामकृष्ण ने लोकातीत वास्तविकता (Reality) के (सीधे) प्रत्यक्ष अनुभव की संभावना को स्थापित किया। महात्मा गाँधी ने कहा था–"उनका (रामकृष्ण का) जीवन हमें ईश्वर को मुँह-दर-मुँह देखने की योग्यता देता है। कोई भी यह माने बिना अपने जीवन की कहानी को नहीं पढ़ सकता कि केवल ईश्वर ही वास्तविक है और शेष सभी माया (भ्रम) मात्र हैं।"

धर्मों का सौहार्द (सद्‌भाव)

रामकृष्ण धर्मों के सद्‌भाव के हिमायती थे। वे सारे धर्मों को एक नहीं मानते थे। वे धर्मों के बीच अन्तरों को जानते थे किन्तु उन्होंने प्रदर्शित यह किया कि इन अन्तरों के बावजूद सभी धर्म एक ही सर्वोच्च लक्ष्य की ओर ले जाते हैं इसलिए वे सभी वैध व सत्य हैं।

श्री रामकृष्ण ने अपने विचार को इन शब्दो में व्यक्त किया है: एक सरोवर के कई घाट हैं। एक घाट से हिन्दू अपने घड़ों में पानी भरते हैं और इसे 'जल' कहते हैं। दूसरे घाट से मुसलमान अपनी मशकों में पानी भरते हैं और इसे 'पानी' कहते हैं। तीसरे घाट से ईसाई भी पानी लेते हैं और इसे 'वाटर' कहते हैं। मान लीजिए कि कोई कहे कि यह वस्तु 'जल' नहीं 'पानी' है, या यह वस्तु 'पानी' नहीं 'वाटर' है या 'वाटर' नहीं 'जल' है तो क्या यह मूर्खता नहीं होगी। लेकिन यही वह चीज है जो मतों के बीच संघर्षों, गलतफहमियों एवं झगड़ों की जड़ है। इसी के कारण लोग एक-दूसरे की हत्या कर देते हैं और धर्म के नाम पर खून बहाते हैं। लेकिन यह अच्छी बात नहीं है। प्रत्येक ईश्वर के पास ही जा रहा है। वे उसको (ईश्वर को) अनुभव कर सकते हैं यदि वे सच्चे हैं तथा हृदय में उत्कण्ठा हो।

इस प्रकार राम कृष्ण ने बहुलवाद (pluralism) के विचार की संकल्पना की। श्री रामकृष्ण का विचार इन अर्थों में एकेश्वरवाद है क्योंकि यह संकल्पना पर नहीं अपितु धर्म के प्रत्यक्ष अनुभव पर आधारित है। चूँकि धर्मों के बीच विवाद एवं धार्मिक कट्टरवाद मानवता के लिए खतरे हैं, श्री रामकृष्ण का धर्मों का सद्‌भाव का सिद्धान्त आधुनिक विश्व के लिए बड़ा प्रासंगिक है। जैसा कि ख्याति प्राप्त ब्रिट्रिश इतिहासकार आर्नल्ड टोपनकी ने लिखा है-"महात्मा गाँधी का अहिंसा का सिद्धान्त तथा श्री रामकृष्ण का धर्मों के सद्‌भाव के लिए प्रमाणन: इनमें हमारे लिए ऐसी अभिरुचि (प्रवृति) और भावना है जो मानव जाति को एकल परिवार के रूप में बनने को संभव बना सकती है, और वह भी इस परमाणु युग में, स्वयं को नष्ट कर लेने का यह एकमात्र विकल्प है।"

प्रेम का ईश्वरत्वीकरण (Divinization of love)

श्री रामकृष्ण ने प्रेम के स्तर को मनाभावों के स्तर से, ईश्वर में सभी प्राणियों की आध्यात्मिक एकता के स्तर तक उठा दिया। सर्वोच्च आत्म (Supreme Self) के सिद्धान्त तथा सभी प्राणियों में इसकी सर्वव्यापिता के एकत्व का सिद्धान्त है। लेकिन व्यावहारिक जीवन में इसे शायद ही लागू किया गया हो। श्री रामकृष्ण ने सभी में ईश्वरत्व देखा, गिरी हुई स्त्रियों में भी और उनके साथ भी प्रतिष्ठा के साथ व्यवहार किया। उन्होंने 'न्यू टेस्टामेण्ट' की प्रसिद्ध उक्ति 'ईश्वर ही प्रेम है' को सजीव कर दिया। प्रेम एवं मानव सम्बन्ध का यह ईश्वरत्वीकरण श्री रामकृष्ण का मानव कल्याण को महान योगदान है।

श्री रामकृष्ण ने कोई पुस्तक नहीं लिखी, ना ही उन्होंने जनता में भाषण दिए। बल्कि उन्होंने उदाहरणों के साथ रूपकों और नीति-कथाओं का प्रयोग करते हुए सरल भाषा में बोलना पसंद किया जो उन्होंने प्रकृति तथा दैनिक जीवन को प्रयोग की साधारण वस्तुओं को देख कर उनसे ली थीं। उनके वार्तालाप रोचक तथा बंगाल के सांस्कृतिक संभ्रान्तों को आकर्षित करने वाले थे। उनके शिष्य महेन्द्रनाथ गुप्त ने इन संवादों को लिपिबद्ध किया और 'श्री रामकृष्ण कथामृत' के नाम से बंगला में प्रकाशित कराया है। इसका अंग्रेजी अनुवाद **'द गोसपल ऑफ श्री रामकृष्ण'** के नाम से उपलब्ध है।

अन्य योगदान (Other Contributions)

» श्री रामकृष्ण ने यह दिखाकर पुरातन व आधुनिक के बीच की खाई को पाट दिया कि प्राचीन आदर्शों व अनुभवों को जीवन की आधुनिक शैली का सेवन करते हुए भी प्राप्त किया जा सकता है।

» श्री रामकृष्ण के सत्यता तथा लालसा व लालच के परित्याग पर बल देने से आधुनिक समय में नैतिक जीवन की वृद्धि की है। उन्होंने अनैतिक कार्यों, बाह्य-प्रदर्शन, चमत्कार के व्यापार और इसी प्रकार की बातों को धार्मिक जीवन से निकालकर उसे स्वच्छ किया।

रामकृष्ण परमहँस के महान योगदान हैं- ईश्वर के प्रत्यक्ष दर्शन का अनुभव करने की संभावना की स्थापना; धर्मों का सद्‌भाव; प्राचीन धार्मिक अनुष्ठानों का आधुनिक धर्मनिरपेक्ष जीवन के साथ सौहार्द्रीकरण; धर्मों में प्रवेश कर गई विसंगतियों का निकाल बाहर करना तथा सामाजिक जीवन में नैतिकता का स्वर ठीक करना। उनके विचार दुर्बोधता से मुक्त थे।

श्री अरविन्द (Sri Aurobindo)

अरविन्द एक महान विद्वान, साहित्यकार, दार्शनिक, समाज सुधारक और भविष्यदर्शी थे। उनका जन्म कोलकाता में 1872 में हुआ था। उनके पिता डॉ. के. डी. घोष एक एंग्लोफाइल (anglophile) (अर्थात् अंग्रेजी सभ्यता के महान समर्थक) थे। जब अरविन्द पाँच वर्ष के थे तब उनका दाखिला दार्जिलिंग के लौरेटो कान्वेण्ट स्कूल में करा दिया गया था। सात वर्ष की आयु में उन्हें लन्दन में सेंट पॉल्स स्कूल में भेज दिया गया और उसके बाद किंग्स कॉलेज में। उन्होंने अंग्रेजी, ग्रीक, लैटिन तथा फ्रांसिसी भाषाएँ भली प्रकार सीख लीं और वे प्रमुख यूरापियन भाषाओं के जानकार हो गए। कुशाग्र विद्वान-विद्यार्थी होने के कारण उन्होंने क्लासिकल ट्रिपोस परीक्षा रिकार्ड अंकों के साथ उत्तीर्ण की। उन्होंने भारतीय सिविल सेवा के लिए अर्हता प्राप्त कर ली। तथापि, उन्हें इस सेवा से निकाल दिया गया क्योंकि वे परीक्षा के अंत में घुड़सवारी की परीक्षा के लिए उपस्थित नहीं हुए थे।

जब वे 21 वर्ष के थे तब अरविन्द घोष ने महाराजा बड़ौदा के अधीन काम करना शुरू किया। वे बड़ौदा कॉलेज में फ्रांसिसी भाषा के अंशकालिक लैक्चरर नियुक्त हो गए। बाद में वे अंग्रेजी भाषा के प्रोफेसर हो गए और फिर कॉलेज के वाइज-प्रिंसीपल। वे संस्कृत, भारतीय इतिहास एवं अनेक भारतीय भाषाओं में भी प्रवीण हो गए।

महान देशभक्त (The Patriot)

सन् 1906 में अरविन्द ने सक्रिय राजनीति में भाग लेने के लिए भारत के पहले राष्ट्रीय विश्वविद्यालय, कोलकाता के प्रिंसीपल के पद से त्यागपत्र दे दिया। उन्होंने स्वतन्त्रता आन्दोलन में भाग लिया और 'वन्दे मातरम्' में अपने देशभक्ति भरे सम्पादकीयों के लिए प्रसिद्ध हो गए। वे राष्ट्रीय नेताओं में से पहले थे जिन्होंने भारत की पूर्ण स्वतन्त्रता को ही आन्दोलन का लक्ष्य बनाया। उन्होंने अपनी महान योग्यता व ऊर्जा, स्वतन्त्रता संघर्ष में लगा दी। सी. आर. दास ने उन्हें–'देशभक्ति के कवि, राष्ट्रीयता के पैगम्बर और मानवता के प्रेमी बताया है।' नेताजी सुभाष चन्द्र बोस के लिए वे 'ऐसे व्यक्ति थे जिनके नाम की सौगन्ध खाई जा सकती है।' भारत के वायसरॉय लार्ड मिण्टो ने उन्हें 'सर्वाधिक खतरनाक व्यक्ति...... इनके साथ ध्यान से रहना होगा।' कहा।

अरविन्द ने वामपन्थी विचारकों के आदर्शवाद का समर्थन किया (अपनाया) तथा भारतीय स्वतन्त्रता के लिए निडर होकर वकालत की। उन्होंने स्वतन्त्रता के लिए राष्ट्र की आशाओं को जगाया एवं लोगों से अपनी उदासीनता व निष्क्रियता त्यागने के

लिए कहा। उन्हें गिरफ्तार कर लिया गया और उन्हें 1908 से 1909 तक कैद में रखा। अपने इस एकाकी वर्ष के दौरान अरविन्द ने आध्यात्मिक बदलाव का अनुभव किया। उन्होंने अनुभव किया कि मानव को एक नई हस्ती (new being) की कोशिश करनी और उसे प्राप्त करना चाहिए एवं धरती पर दैवी (दिव्य) जीवन का सूत्रपात करना चाहिए। अपने आध्यात्मिक अनुभव के कारण उनको विश्वास हो गया कि इसके लिए मार्ग केवल सनातन धर्म है जो भारत का प्राचीन आध्यात्मिक ज्ञान और अनुष्ठान है।

दैवी जीवन (A Divine Life)

वर्ष 1910 में अपनी अंतरात्मा की आवाज पर वे पाण्डिचेरी (अब पुद्दुचेरि) चले गए जो उस समय फ्रांसिसी भारतीय क्षेत्र था। वे वहाँ पुलिस की निगरानी से बचने के लिए चले गए थे। वहाँ उन्होंने औरोविले आश्रम (Auroville Ashram) की स्थापना की। 'मदर' उनकी आध्यात्मिक सहयोगिनी थीं। उन्होंने राजनीति को पूर्णत: छोड़ दिया और आध्यात्मिक अन्त: बोध पर ही ध्यान केन्द्रित किया। वे मानव की आध्यात्मिक अवस्था को स्थायी तौर पर उन्नयित करने के साधनों की खोज कर रहे थे। उन्होंने वर्षों तक 'आन्तरिक योग' का अभ्यास किया। यह आध्यात्मिक उन्नयन प्राप्त करने का मार्ग है। यह अनेक पहलुओं को छूता है, मस्तिष्क, इच्छा, हृदय, जीवन और शरीर।

अरविन्द ने मानव के चेतन तथा अवचेतन एवं सर्वोच्च चेतन भागों की भी चर्चा की है। उनका प्रयोजन ऐसी अवस्था तक पहुँचना था जिसे वे 'अति मानसिक चेतनता' (Super conscionsness) कहते थे। इस लक्ष्य के साथ अरविन्द मानव के भीतर की काली ताकतों के साथ अन्दर-ही-अन्दर संघर्ष करते रहे। वे सत्य, शांति और सदा के लिए आनन्द को स्थापित करने के लिए गुप्त आध्यात्मिक संघर्ष करते रहे। वे इसे ईश्वर की ओर बढ़ने का एकमात्र मार्ग मानते थे।

अरविन्द कोई नया धर्म या नया पंथ या नयी व्यवस्था स्थापित करना नहीं चाहते थे। उनका ध्यान मानव के आन्तरिक विकास पर था। मानव आत्म-बोध और आत्म-खोज की इस प्रक्रिया में चेतना के साथ लगने के लिए अपनी इच्छा और बुद्धिमत्ता का चयन कर सकता है। इससे प्रत्येक मनुष्य को सभी में एकत्व देखने में मदद मिलगी। इससे मानव में चेतना का उन्नयन होगा। इस प्रक्रिया में, मानव के अस्तित्व में ईश्वर जैसे गुण सामने आएँगे और उसके व्यवहार को बदल देंगे। अरविन्द के विचार प्रत्येक व्यक्ति को प्रगतिशील ब्रह्माण्डीय निरूपण (progressive cosmic unfolding) में सार्थक स्थान देते हैं तथा मानवीय प्रयास, चाहे निजी हों या सामूहिक, हमारी समझ को एक नए एवं प्रयोजनमूलक परिप्रेक्ष्य में डालते हैं।

एक महान साहित्यकार (A Great Litterateur)

अरविन्द एक बहु-सर्जक लेखक थे। उन्होंने मानव मनों (आत्मा) को प्रकाशित करने के लिए अनेक रचनाएँ कीं। उनकी प्रमुख रचनाओं में शामिल हैं: द लाइफ डिवाइन (The life Divine), द सिन्थैसिस ऑफ योग (The Synthesis of Yoga), एस्से ऑन गीता (Essay on Gita), कमैण्ट्रीज ऑन द ईश उपनिषद् (Commentaries on the Upanishad), पावर्स विदइन (Powers Within)। इनमें उस गहन ज्ञान की अभिव्यक्ति है जो उन्होंने योग के अभ्यास में प्राप्त किया था। उन्होंने 'द फॉउण्डेशन्स ऑफ इण्डियन कल्चर (The Foundation of Indian Culture), द आइडियल ऑफ ह्यूमन यूनिटी (The Ideal of Human Unity), द फ्यूचर पोयट्री (The Future Poetry), द सीक्रेट ऑफ द वेद (The Secret of the Veda) तथा 'द ह्यूमन सायकल' (The Human Cycle) की भी रचना की। उनकी एक अन्य प्रसिद्ध रचना 'सावित्री' है जो 23,837 पंक्तियों का महाकाव्य है जो मानव को परमात्मा की ओर ले जाता है।

सन् 1950 में उनकी मृत्यु हुई। उन्होंने अपने पीछे आध्यात्मिक तेज की महान परम्परा छोड़ी जो मानव को उसके कष्टों से छुटकारा दिला सकती है। मानवता को उनका सर्वोच्च संदेश था: "एक दिव्य शरीर में एक दिव्य आत्मा ही हमारे द्वारा विचारित आदर्श का फार्मूला है।"

पाँच स्वप्न (Five Dreams)

स्वतन्त्रता के अवसर पर लोग उनका संदेश चाहते थे। अरविन्द ने अपने संदेश में निम्नलिखित पाँच सपनों का उल्लेख किया:

» "एक क्रांतिकारी आन्दोलन जिससे एक स्वतन्त्र एवं संयुक्त भारत का निर्माण होगा।"
» ".......एशिया के लोगों के पुनरुत्थान और स्वतन्त्रता तथा मानव सभ्यता की प्रगति में उसकी महान भूमिका के लिए उसकी वापसी।"
» ".......समस्त मानव जाति हेतु एक निर्मल, दीप्त एवं उदात्त जीवन का बाह्य आधार बनाते हुए एक विश्व-संघ।"
» ".......भारत का विश्व को आध्यात्मिक उपहार।"
» "....... विकास की ओर एक कदम जो मानव को उच्चतर व बृहद्त्तर चेतना देगा और उन समस्याओं के हल शुरू करेगा जो उसे तब से परेशान और व्याकुल करती रही हैं जब से उसने पहली बार सोचना (विचार करना) शुरू किया और व्यक्तिगत सम्पूर्णता और सम्पूर्ण समाज के सपने देखने शुरू किए। "

अरविन्द उन चन्द लेखकों में से हैं जिन्हें पढ़ना कठिन है। ऐसा संभवत: इसलिए है कि अपने लम्बे एवं कठिन (कठोर) ध्यान-योगों द्वारा उन्होंने जो अन्तर्दृष्टि प्राप्त की थी, उसे शब्दों में व्यक्त करना कठिन है। वे एक तत्वमीमांसक भी हैं जिसके विचारों की थाह पाना मुश्किल है। उनके दार्शनिक लेखन में से गुजरना धुँध में छिपी दूर-दराज चोटियों पर चढ़ने की कोशिश जैसा है। स्पष्ट तौर पर, उनकी रचनाएँ आम आदमी के बस की बात नहीं है।

किन्तु उनके प्रशंसकों द्वारा संग्रहित उक्तियों पर सरसरी निगाह हमें अपनी प्राचीन संस्कृति का अन्तर दर्शन कराती है। इसमें उल्लेखनीय तीन बातें हैं। पहला तो वह गहरी श्रद्धा और प्रेम है जिसके साथ अरविन्द प्राचीन हिन्दु धर्म, संस्कृति व धर्म-ग्रंथों के बारे में बोलते हैं। दूसरी बात उनकी भाषा का साहित्यिक लालित्य है। तीसरी बात अवसाद का बोझ है जो एक संवेदनशील व्यक्ति खोखली, कमजोर संस्थाओं एवं परम्पराओं को धीरे-धीरे समाप्ति (विनाश) की ओर जाते हुए देखकर अनुभव करता है। इस प्रक्रिया में, एक अनुभूति अचानक ही हम पर हावी हो जाती है कि हम अपनी महान संस्कृति को बीज की अवस्था में जाने दे रहे हैं।

हिन्दू धर्म के बारे में अरविन्द कहते हैं-*"मुझे हिन्दू धर्म.....एक ऐसा मंदिर (मठ) लगता है जो आधा खण्डहर है, लोगों के लिए उदार है, बनावट में अक्सर शानदार है किन्तु महत्त्व की दृष्टि से सदैव ही शानदार है..... झड़ता हुआ या जगह-जगह से बुरी तरह गल गया-सा, लेकिन ऐसा मंदिर जहाँ अदृश्य (unseen) की आज भी पूजा होती है और इसकी वास्तविक उपस्थिति उनके द्वारा अनुभव की जा सकती है जो सही इच्छा के साथ (सद्इच्छा) इसमें प्रवेश करते हैं......यह है जिसे हम हिन्दू धर्म कहते हैं, वह आशावत् धर्म है (सनातन धर्म) क्योंकि यह अन्य सभी को अपने में मिला लेता है।"*

(अरविन्द के पत्र, खण्ड-11)

इसके अतिरिक्त, *"हिन्दू धर्म ने..... स्वयं को कोई नाम नहीं दिया, क्योंकि इसने अपने लिए मतवादों की कोई सीमाएँ नहीं बनाई हैं; यह किसी सार्वभौमिक निष्ठा का दावा नहीं करता, एकल भ्रमातीत धर्म सिद्धान्त का आग्रह नहीं किया, मुक्ति के लिए कोई तंग मार्ग या द्वार नहीं बनाया, यह मानव मन (भावना) के ईश्वर की ओर प्रयास की लगातार बढ़ती परम्परा की बजाय एक धर्ममत या सम्प्रदाय है। आध्यात्मिक आत्म-विकास एवं आत्म-अन्वेषण हेतु बड़ा-सा अनेक पहलुओं व अनेक अवस्थाओं वाला प्रावधान है, इसे अपने लिए केवल एक नाम से, जिसे यह जानता है, कहने का अधिकार है, जो शाश्वत धर्म, सनातन धर्म है।"*

-(इण्डियाज रिबर्थ)

अरविन्द ने भारतीय संस्कृति पर निम्नलिखित रोचक टिप्पणी की है: *"यह अधिक उन्नत, सूक्ष्म, अनेक पक्षीय, ग्रीक से अधिक रहस्यमय एवं गहन, रोमन से अधिक उदार और मानवीय, प्राचीन मिस्री (Egyption) से अधिक बड़ी व आध्यात्मिक, किसी अन्य एशियाई सभ्यता से अधिक व्यापक एवं भौतिक, 18वीं शताब्दी के पूर्व के यूराप से अधिक बुद्धिवादी, इन सब के पास जो कुछ है, उतना तथा अधिक रखते हुए यह सभी विगत मानव संस्कृतियों के प्रभाव में सर्वाधिक शक्तिशाली, आत्म-लीन, उत्साह-दायक और व्यापक है।"*

(ए डिफेंस ऑफ इण्डियन कल्चर)

यहाँ अरविन्द ने भारतीय संस्कृति को प्राचीन यूनान, रोम तथा 18वीं शताब्दी से पूर्व के यूरोप की संस्कृतियों से महान माना है।

उन्होंने गीता पर भी बात की है जिसे वे ऐसा समयातीत दस्तावेज मानते हैं जो बाद की सभ्यताओं व बाद की पीढ़ियों द्वारा नए-नए भाष्य किए जाने योग्य रहा है: 'भगवत् गीता मानव जाति का एक सच्चा ग्रन्थ है जो पुस्तक से अधिक एक जीवन्त रचना है, जिसमें हर आयु के लिए नया संदेश तथा हर सभ्यता के लिए नए अर्थ हैं।'

(द मैसेज ऑफ भगवत् गीता)

आन्तरिक शक्ति सम्बन्धी एक उद्धरण के साथ हम अपनी बात समाप्त करते हैं: "महान (लोग) सर्वाधिक शक्तिशाली हैं जब वे एक होकर खड़े होते हैं, अपने होने (अस्तित्व) की ईश्वर-प्रदत्त शक्ति ही उनका बल है।"

(सावित्री)

हम देख सकते हैं कि अरविन्द की रचनाओं ने दासता में बँधे राष्ट्र के मनोबल को बढ़ाया होगा। उन्होंने एक विदेशी ताकत की दासता में रह रहे लोगों के दिमाग से दूसरों पर निर्भरता, अवसाद और हीनता के भावों को हटा दिया होगा। राष्ट्र के शानदार विगत के बोध ने उनके दिल और दिमाग को झकझोर दिया होगा। अरविन्द की सोच (दर्शन) में कुछ भी तंग या उग्र देश-भक्ति नहीं है। उनका गहन आन्तरिक ध्यान-योग पर आधारित आध्यात्मिक आत्म-बोध का संदेश सारी मानवता के लिए है।

राजा राम मोहन रॉय (Raja Ram Mohan Roy)

राजा राम मोहन रॉय एक महान धार्मिक, सामाजिक और शैक्षिक सुधारक थे। वे रूढ़िवादी हिन्दू क्रिया-कलापों (परम्पराओं) पर प्रश्न उठाते थे। वे 'आधुनिक भारत के निर्माता', 'आधुनिक भारत के जनक' तथा 'बंगाल पुनर्जागरण के जनक' के तौर पर जाने जाते हैं। उन्होंने द्वारकानाथ टैगोर के साथ मिलकर 1828 में **ब्राह्मो सभा** (ब्रह्म समाज)की स्थापना की जो प्रभावशाली भारतीय सामाजिक-धार्मिक सुधार आन्दोलन था। उन्होंने सती प्रथा, जिसमें विधवा पत्नी अपने मृत पति की चिता पर जीवित ही अग्निदाह कर लेती है, तथा बाल-विवाह के अंत के लिए अथक कार्य किया।

राय का जन्म विसनगर, हुगली, पश्चिम बंगाल में एक बंगाली परिवार में हुआ था। उनके पिता का नाम रामकन्तो रॉय तथा माँ का नाम तरिणीदेवी था। राम मोहन राय ने उपनिषदों में दिए गए दर्शन के वेदान्त मत के सिद्धान्तों को पुनर्जीवित करने का प्रयास किया। उन्होंने ईश्वर के एकत्व का उपदेश दिया, वैदिक धर्म ग्रंथों का पहला अंग्रेजी अनुवाद किया, कलकत्ता केन्द्रीकरणवादी समाज (Calcutta Unitersim Society) की स्थापना में सहयोग दिया, ब्रह्मो समाज की स्थापना की और सती प्रथा के विरुद्ध प्रचार किया। उन्होंने पश्चिमी संस्कृति को भारतीय परम्पराओं के साथ मिलाने का प्रयास किया। उन्होंने भारत में शिक्षा प्रणाली को आधुनिक बनाने के लिए स्कूलों की स्थापना की।

राम मोहन रॉय ने ईस्ट इण्डिया कम्पनी में काम किया। उन्होंने अपनी गतिविधियाँ एक रूढ़िवादी ब्राह्मण की तरह जारी रखी। उन्होंने कुछ राजनैतिक गतिविधियाँ भी कीं। सन् 1803 से 1815 तक राम मोहन रॉय ने ईस्ट इण्डिया कम्पनी में 'लेखन सेवा' की। उन्होंने सन् 1815 में '**आत्मीय सभा**' का गठन किया। यह बात रोचक हो सकती है कि राम मोहन रॉय ने इस बात का हिसाब लगाया कि कितना पैसा भारत से बाहर भेजा जा रहा था और कहाँ भेजा जा रहा था। उन्होंने भविष्यवाणी की कि भारत में कुल संग्रहित राजस्व का लगभग आधा भाग इंग्लैण्ड को भेजा जाता है। इस प्रकार उन्होंने 'धन के बहिर्गमन के सिद्धान्त' को जन्म दिया जिसे बाद में राष्ट्रवादियों ने सँवार लिया। विलियम बैंटिंक के **सती** प्रथा के उन्मूलन के निर्णय में राम मोहन राय द्वारा इसकी अथक वकालत थी।

सन् 1830 में राम मोहन रॉय इंग्लैण्ड गए। समुद्रों को पार करने के अंधविश्वास को तोड़ने वाले वे पहले शिक्षित भारतीय थे। राय मुगल बादशाह अकबर-11 के राजदूत थे जिसने उन्हें भारतीयों के कल्याण के लिए अंग्रेजों को तैयार करने का प्रयास करने के लिए 'राजा' का खिताब दिया था। रॉय फ्राँस भी गए। सितम्बर, 1833 में स्टेपलटन, ब्रिस्टल, ब्रिटेन में राय का देहान्त हो गया।

राय ने अनुभव किया कि सामाजिक व धार्मिक सुधार हिन्दू धर्म को राजनीतिक दृष्टि से मजबूत करेंगे। वे लिखते हैं: "हिन्दुओं की वर्तमान प्रणाली उनके राजनीतिक हितों के लिए सही ढंग से सुविचारित नहीं हैं....... यह जरूरी है कि उनके धर्म में कुछ परिवर्तन किए जाएँ, कम-से-कम उनको राजनीतिक लाभ तथा सामाजिक सुविधा के लिए तो जरूर ही।" राम मोहन रॉय ने अंग्रेजों के साथ अपने व्यवहार में महसूस किया कि वे हिन्दू परम्पराओं का अक्सर आदर नहीं करते थे या पश्चिमी मानकों की तुलना में विश्वसनीय नहीं मानते थे। उन्होंने यह दिखाकर परम्पराओं का औचित्य सिद्ध करने का प्रयास किया कि उन अंधविश्वासी प्रचलनों का सिद्धान्तों की शुद्ध भावना से कोई सम्बन्ध नहीं है जो हिन्दू धर्म को विकृत करते हैं। राम मोहन रॉय जिन 'अंधविश्वासी प्रचलनों' पर आपत्ति करते थे, उनमें सती प्रथा, जातिगत रूढ़िवाद, बहु-पत्नीवाद तथा बाल विवाह शामिल थे।

ऐसे प्रचलनों के कारण अंग्रेज अधिकारियों के मन में भारतीय राष्ट्र पर नैतिक उच्चता का भाव पैदा होता था। वे नैतिकता में अपने को श्रेष्ठ समझते थे। राम मोहन रॉय के धार्मिक सुधारों का लक्ष्य, ईसाइयत के आदर्शों की तरह मानवीय व्यवहारों को कार्यान्वित कर एक निर्मल व उचित समाज का निर्माण करना था। इस प्रक्रिया से विश्व में हिन्दू धर्म की प्रतिष्ठा बढ़ेगी।

धार्मिक सुधार (Religious Reforms)

रॉय के धार्मिक सुधार ब्रह्म समाज के सिद्धान्तों के भाग बन गए। ये भौतिक विचार प्रत्येक धर्म में पाए जाते हैं। ब्रह्म्समाजी एक सर्वोच्च ईश्वर के अस्तित्व में एवं उसी की आराधना में विश्वास करते हैं। वे इस बात पर भी विश्वास करते हैं कि उसकी आराधना के लिए कोई निश्चित स्थान या समय का होना जरूरी नहीं है। राजा राम मोहन राय ने ब्रह्म समाज की स्थापना को इस प्रकार घोषित किया–

" बिना किसी भेदभाव के सभी प्रकार और विवरणों के लोगों की आम सभा के स्थान के तौर पर; साथ ही लोग जहाँ ब्रह्माण्ड के रचयिता व संरक्षक अनन्त, गूढ़ अगाध तथा निर्विकार की पूजा और आराधना करने के लिए व्यवस्थित, गंभीर एवं धार्मिक तथा श्रद्धालु के तौर पर व्यवहार करेंगे।"

इसे सार्वभौमीकृत धार्मिक सिद्धान्त बताते हुए घोषणा में यह भी जुड़ा था।

- » प्रार्थना में किसी व्यक्ति या वर्ग का नाम नहीं लिया जाएगा।
- » चित्रों या मूर्तियों की पूजा नहीं की जानी चाहिए।
- » किसी भी पशु की बलि न दी जाए।
- » प्रार्थना में अन्य सम्प्रदायों (धर्मों) की पूजा की पद्धतियों का उपहास नहीं होगा।
- » कोई कर्म काण्ड नहीं किए जाएँगें।,

उपरोक्त विचारों से राम मोहन राय के धर्मसंबंधी उदार विचारों का पता चलता है।

"उपदेश व गाने (भजन) ऐसे होंगे जिनका रुझान ब्रह्माण्ड के रचयिता व संरक्षक के चिन्तन-मनन को बढ़ाने की ओर हो जिससे दान, नैतिकता, धर्म-परायणता, परमार्थ, सद्‌गुणों का संवर्धन हो एवं जो सभी धर्मों, मतों व धर्मों के मनुष्यों के बीच जुड़ावों (बंधन) को सुदृढ़ करे।"

समाज सुधार (Social Reforms)

राय ने स्त्रियों के लिए सम्पत्ति में उत्तराधिकार (दाय) की माँग की। जैसाकि हमने कहा था, उन्होंने **ब्रह्म समाज** की स्थापना की। यह सामाजिक बुराइयों के विरुद्ध सुधारवादी बंगालियों का आन्दोलन है। अपने पूरे जीवन में राम मोहन रॉय ने अज्ञान, असहायता एवं दमन के विरुद्ध संघर्ष किया। वे पहले भारतीय हैं जिन्होंने महिलाओं के प्रति अन्यायपूर्ण व्यवहार का जोरदार विरोध किया।

शिक्षा

रॉय ने शिक्षा विषयक सुधार को सामाजिक सुधारों का पूरक माना। वर्ष 1817 में डेविड हरे के सहयोग से उन्होंने हिन्दू कॉलेज की स्थापना की। उन्होंने एंग्लो-हिन्दू स्कूल खोला और बाद में वेदान्त कॉलेज की स्थापना की। उनके कहने पर एकेश्वरवाद

सिद्धान्तों को 'आधुनिक पश्चिमी पाठ्यक्रम' (modern western curriculum) में शामिल किया गया। वेदान्त कॉलेज के पाठ्यक्रमों में पश्चिमी और भारतीय ज्ञान का संश्लेषण किया गया था। राम मोहन रॉय ने भारतीय शिक्षा में पश्चिमी ज्ञान को शामिल करने का समर्थन किया। उन्होंने अंग्रेजी भाषा, विज्ञान, पश्चिमी भैषज और प्रौद्योगिकी के अध्ययन की सिफारिश की। उन्होंने अपने धन का उपयोग शिक्षा पर अपने विचारों को व्यावहारिक रूप देने के लिए किया।

पत्रकारिता

राम मोहन रॉय की पत्रकारिता की गतिविधियाँ अंग्रेजी, हिन्दी, पर्शियन (अरबी), और बंगाली भाषाओं में पत्रिकाओं के प्रकाशनों में फैली रहीं। उन्होंने लोकप्रिय पत्रिका '**संवाद कौमुदी**' का प्रकाशन किया साथ ही पर्शियन भाषा में '**मिरात-उल-अकबर**' प्रकाशित किया। 'संवाद कौमुदी' एक साप्ताहिक समाचार पत्र में जिन विषयों को शामिल किया गया था, उनमें प्रेस की स्वतन्त्रता, भारतीयों की उच्च सेवाओं (पदों) पर नियुक्ति तथा अफसरशाही को न्यायपालिका को अलग करना शामिल था। 'संवाद कौमुदी' 33 वर्षों तक प्रकाशित होता रहा।

उन्होंने 1823 के प्रैस ऑर्डिनेंस लागू करने के विरुद्ध जोरदार विरोध किया। आर्डिनेंस में निर्धारित के अनुसार किसी भी अखबार के प्रकाशन के लिए गवर्नर जनरल-इन-काउन्सिल से लाइसेंस लेना अनिवार्य था। जब अंग्रेज कम्पनी ने प्रेस को सेंसर किया तो राम मोहन रॉय ने इसके विरुद्ध 1829 तथा 1830 में दो स्मरण-पत्रों (Memorials) की रचना की। उन्होंने प्रेस की स्वतन्त्रता एवं व्यक्ति की आत्मभिव्यक्ति के अधिकार की जोरदार वकालत की।

धार्मिक विश्वसहिष्णुता (Religious Catholicity)

जन्म से राम मोहन रॉय कुलीन ब्राह्मण थे जिसे समाज में बहुत ऊँचा माना जाता था। किन्तु उन्होंने पर्शियन सहित अनेक भाषाओं में धार्मिक निबंध लिखे। अपनी रचना '**द प्रिंसिपल्स ऑफ जीसस**' में वे कहते हैं:

"धर्म तथा नैतिकता की यह सरल संहिता (code) मानव के विचारों को एक ही ईश्वर की उच्च व उदार धारणा इतने प्रशंसनीय ढंग से व्यवस्थित की गई है.....और यह ईश्वर के प्रति, अपने प्रति व समाज के प्रति अपने विभिन्न कर्त्तव्यों का पालन करने में मानव जाति के आचरण को नियमित करने के लिए भली प्रकार अनुकूल भी है यह कि, मैं इसके वर्तमान रूप में लागू करने के सर्वोत्तम प्रभाव की आशा के सिवाय कुछ नहीं कर सकता।"

राम मोहन रॉय तीव्र बुद्धि, उदार धार्मिक सहानुभूतियों, बहुत सशक्त व्यक्तित्व तथा सुधारों के लिए प्रबल प्रेरणा वाले व्यक्ति थे। उनकी रुचियों का विस्तार तथा गतिविधियों का दायरा बहुत विस्तृत था। वे स्वस्थ हिन्दू सिद्धान्तों में आ गए बुरे व भ्रष्ट चलनों को दूर करने के लिए अथक संघर्ष करते रहे। उन्होंने भारत के राजनैतिक पतन, स्वतन्त्रता की हानि तथा शर्मिन्दगी से आगे का भी देखा। उन्होंने पश्चिमी संस्कृति तथा गणतांत्रिक अनुशासन पर आधारित उज्ज्वल भविष्य की ओर देखा (का सपना देखा)। वे लिंगों में समानता के सच्चे मानने वाले थे और उन्होंने महिलाओं की स्थिति सुधारने के लिए परिश्रम किया था।

दयानन्द सरस्वती (Dayananda Saraswati)

दयानन्द सरस्वती का जन्म 1824 में गुजरात के मोर्वी के राजसी राज्य में स्थित टंकार कस्बे में हुआ था। उनके पिता अम्बा शंकर शहर के एक धनी साहूकार थे तथा एक छोटे गाँव के पुश्तैनी जमादार या मुखिया थे। अम्बा शंकर ने मूल शंकर, जो दयानन्द सरस्वती का जन्म पर दिया गया नाम था, को शैव दर्शन के सिद्धान्तों की शिक्षा-दीक्षा दी। चौदहवें वर्ष तक दयानन्द सरस्वती ने वेदों के बड़े अंश को कण्ठस्थ कर लिया तथा संस्कृत व्याकरण में प्रवीणता प्राप्त कर ली।

परिवर्तनकारी घटना (Transformative Event)

दयानन्द सरस्वती एक मूर्ति-भंजक थे जो हिन्दू धर्म के परम्परागत चलनों– मूर्ति पूजा, परम्परागत पुजारी कर्म तथा जाति के अवरोधों के विरोधी थे। उनकी हिन्दू धर्म की नई दृष्टि एक घटना से उत्पन्न हुई प्रतीत होती है जो उस समय घटी जब वे शिवरात्रि

पर जागरण पर बैठे थे। मंदिर में स्थापित शिव लिंग पर उनकी बड़ी श्रद्धा थी। लेकिन उन्होंने बहुत सुबह-सुबह एक चूहे को बिल से निकल कर देवता पर चढाए गए नैवैद्य को खाते हुए देखा और इससे भी बुरा यह देखा कि वह शिवलिंग पर इस तरह घूम रहा था मानो उसकी शक्ति और उपस्थिति का उपहास कर रहा हो।

इस मामूली घटना ने मूल शंकर के जीवन को बदलकर रख दिया। दैवत्व की पूजा करने के कुछ प्रकारों से उनका विश्वास उठ गया। हिन्दू देवकुल के देवता उनकी नजरों से गिर गए। इस घटना के बाद मूल शंकर ने रिवाजों के अनुसार किए जाने वाले धार्मिक कृत्यों की ओर ध्यान देना छोड़ दिया। अपने पिता के धार्मिक रिवाजों का पालन करने पर जोर दिए जाने से बचने के लिए वे अपने चाचा के घर चले गए। दुर्भाग्य से, दो शोक-पूर्ण घटनाओं के कारण, पहली उनके चाचा की और बाद में दूसरी उनकी बहन की मृत्यु से वे गहरी उदासी में चले गए। वे जीवन के रहस्यों के बारे में सोचने लगे और मोक्ष अर्थात् जीवन-मरण के चक्र से मुक्ति की खोज में लग गए। पुत्र की मानसिक अवस्था से चिन्तित अम्बा शंकर ने, जैसाकि एक लेखक ने लिखा है, "उनका विवाह कर देने और इस प्रकार उनकी विमल उमंगों को उन पर लाद दिए गए विवाहित पुरुष के वैवाहिक जीवन के झंझटों में दबा देने" का विचार किया। किन्तु गृहस्थ बनने के अनिच्छुक मूल शंकर घर से भाग गए।

आध्यात्मिक खोज (Spiritual Search)

अगले पच्चीस (1845-1870) वर्षों के समय में, जो उन्होंने विभिन्न स्थानों की यात्राओं में बिताया था, वे अनेक प्रसिद्ध संन्यासियों से मिले जो अपने ज्ञान व धर्मपरायणता के लिए जाने जाते थे। उन्होंने उनकी शिक्षाओं का गहन अध्ययन किया, किन्तु यह अध्ययन उन्होंने आलोचना की दृष्टि से किया। दयानन्द सरस्वती के धार्मिक विचारों को निश्चित रूप तब मिला जब वे स्वामी परमानन्द के प्रभाव में आए। परमानन्द वेदों को हिन्दू धर्म के विचार के मूल स्रोतों के तौर पर मानने के घोर हिमायती थे। उन्हीं से ही दयानन्द सरस्वती ने अपना शंखनाद किया। 'वेदों को वापस अपनाइए' (Back to Vedas).

मूलभूत सिद्धान्त (Basic Doctrine)

दयानन्द के लिए वेद ईश्वर के एकमात्र निरूपित शब्द थे; भ्रमातीत, उनमें न केवल सभी धार्मिक सत्यों के रहस्य थे अपितु सभी वैज्ञानिक खोजों की संभाव्यताओं, जीवन के अद्यतन दार्शनिक विचारों, मशीनी आविष्कारों और राजनैतिक सिद्धान्त के रहस्य भी थे। उनको विश्वास था कि आत्मिक ज्ञान वेदों की प्राचीन शुचिता में मिल सकता है। उनके अनुसार भारत की एकमात्र आशा उस आस्था को पुन: पाना था जो कभी मुनियों और ऋषियों को दी गई थी क्योंकि ये जीवन के सर्वोच्च रहस्यों से संघर्ष करते हुए पवित्र ध्यान-योग में आवेष्ठित थी, इन विचारों को चुनौतियाँ दी गई। हम इन पर शीघ्र ही विचार करेंगे।

दयानन्द सरस्वती ने अपने विचार पाक्षिक अवधि में एक हिन्दू सम्मेलन में व्यक्त किए जिसे बनारस के महाराज ने 1879 में आयोजित किया था। ये इस प्रकार थे:

» बहुदेववाद उन पुजारियों द्वारा निर्मित बड़ा धोखा है जो अंधविश्वासों के अन्ध नेता हैं।

» जाति एक धर्म-परीक्षणी प्रणाली है जो भारत में सामाजिक सम्बन्धों पर दु:स्वप्नों की तरह पड़ी है।

» यह (जाति) मूलत: केवल परम्परागत एवं विकसित कौशल तथा लोगों द्वारा अलग-अलग प्राप्त विभिन्न रुझानों के आधार पर बनाया गया श्रम विभाजन था।

» प्राचीन काल में हिन्दू स्त्रियाँ स्वतन्त्र थीं और पुरुषों के बराबर थीं, वे सम्मान, प्रतिष्ठा और अपने अवसरों के पूर्णतम उपयोग की अधिकारिणी थीं।

» केवल पवित्र, विद्वान तथा परिश्रमी ही पुजारी कहे जा सकते थे।

» सामाजिक पतन केवल बर्बाद की गई योग्यता एवं अपक्षयित शक्तियों से ही संभव था। मनु के धर्म-शास्त्र के अनुसार भी निम्नतम वंश के लोगों के लिए भी सर्वोच्च जाति तक सामाजिक उन्नयन खुला था।

» भारत के पतन का कारण उसकी शानदार परम्परा के प्रति अनास्था थी।

» मुक्ति (मोक्ष) का मार्ग वेदों में यथा निर्धारित सत्य के अमूल्य रहस्यों के प्रति आस्था को पुनर्जीवित करने के माध्यम से है।

व्यावहारिक सुधारक (Practical Reformer)

दयानन्द सरस्वती मूलत: सुधारक थे, न कि एक मौलिक धार्मिक चिन्तक उन्होंने हिन्दू धर्म-ग्रन्थों, वेदों के एक विशेष संग्रह से प्रेरणा प्राप्त की। उन्होंने महसूस किया कि आधुनिक विश्व में जीवन, कुछ खास हानिकारक रिवाजों को त्यागना एवं प्रगतिशील दृष्टिकोण पैदा करना है। इस प्रयोजन के लिए उन्हें लोगों को मूर्ति पूजा से, मात्र आडम्बरवाद और दकियानूसी चलनों (रिवाजों) की उपासना करने से विलग करने के लिए राष्ट्र के इतिहास का सहारा लेना सर्वोत्तम लगा।

एक व्यावहारिक सुधारक के नाते दयानन्द सरस्वती ने हिन्दूवाद (धर्म) के विचारों को लेकर आर्य समाज की नींव डाली। उनकी प्रेरणा से अनेक शैक्षिक, सामाजिक तथा दान की गतिविधियाँ शुरू की गई। डी. ए. वी. शैक्षिक संस्थाएँ उनकी रचनात्मक सोच के ठोस प्रमाण हैं। लाला लाजपत राय की पुस्तक '**द आर्य समाज**' की भूमिका में प्रोफेसर सिडने वैब ने एक दृष्टान्त का उल्लेख किया है कि उच्च जाति के ब्राह्मण और उनकी पत्नी अनुसूचित जाति के बच्चों को पढ़ाते थे और उनके साथ एक ही छत के नीचे रहते थे। यह दयानन्द सरस्वती के प्रगतिशील दृष्टिकोण और आज जिसे 'सामाजिक समावेशन' (Social inclusion) कहा जाता है, के प्रति प्रतिबद्धता प्रदर्शित करता है। प्रशंसनीय (विलक्षण) बात यह है कि यह (बात) उनके प्राचीन हिन्दू धर्म-ग्रन्थों के उनके अर्थों से पैदा हुई।

दकियानूसीवाद (रूढ़िवाद) का विरोध (Opposition to Obscurantism)

दयानन्द सरस्वती ने हिन्दू-धर्म की अनेक दकियानूसी रिवाजों का विरोध किया। उन्होंने धार्मिक आत्म-पीड़न को एक निम्न प्रकार की तपस्या बताया है जो बिना किसी धार्मिक महत्त्व के सकल अन्धविश्वासी है। श्राद्ध या मृत सम्बन्धियों की आत्माओं के लिए खाद्य-पदार्थों के दान को केवल जड़ात्मवादी कर्म-काण्ड मानते थे। बाल विवाह की कठोर मनाही है। अनेक प्रगतिशील आर्य समाजी इस चलन का पालन करते हैं कि पुरुष को पच्चीस वर्ष का और महिला को सोलह वर्ष का हो जाने पर ही विवाह करना चाहिए। पुराने प्रकार की शादियों में सुधार के तौर पर दयानन्द सरस्वती ने विवाह के सम्बन्धित दोनों पक्षों के बीच चित्रों का आदान-प्रदान करने का सुझाव दिया जहाँ कि दोनों पक्ष विवाह सम्पन्न हो जाने से पहले एक-दूसरे का मुँह तक नहीं देखते।

आर्य समाजी लोगों ने कुछ हिन्दू पौराणिक शब्दों और चलनों (रिवाजों) के नए अर्थ दिए। लाला लाजपत राय की पुस्तक- 'मूवमैण्ट द आर्य समाज: एन इण्डियन' में कहा गया है:

"देवता वे हैं जो बुद्धिमान व विद्वान हैं, असुर वे हैं जो बेवकूफ व अज्ञानी हैं।"

"**राक्षस** वे हैं जो दुष्ट एवं पाप-कर्मी हैं, पिशाच वे हैं जिनकी जीवन-शैली गन्दी एवं दूषित है।"

"देवपूजा (देवताओं की आराधना) बुद्धिमान व विद्वानों, अपने पिता, माता तथा गुरु का एवं सच्चे सिद्धान्तों के उपदेशकों, एक सच्चे व निष्पक्ष शासक, सदाचार के चाहने वालों, पवित्र पुरुषों व स्त्रियों के प्रति सम्मान प्रदर्शित करना और उनका आदर करना है।"

कुछ लेखकों ने दयानन्द सरस्वती के विचारों पर प्रश्न उठाए हैं। अनेक भारतीय दार्शनिक, जैसे सर्वपल्ली राधाकृष्णन उपनिषदों को लोकोत्तर हिन्दू तत्वमीमांसा और शंकराचार्य के अद्वैत सिद्धान्त के स्रोत मानते हैं। रामकृष्ण तथा विवेकानन्द के दर्शन भी उपनिषदों पर आधारित हैं। वास्तव में, राधाकृष्णन वेदों को भारतीय कर्म-काण्ड का स्रोत मानते हैं। यह व्यावहारिक से अधिक सैद्धान्तिक प्रश्न है। तथापि, ये दयानन्द सरस्वती ही थे जिन्होंने हिन्दू धर्म के संस्कारों और जाति की बाधाओं के बन्धनों को तोड़ा।

मूल्यांकन (Assessment)

दयानन्द सरस्वती के यह मानने कि विज्ञान एवं प्रौद्योगिकी सहित सभी मानवीय ज्ञान स्पष्ट रूप से या अस्पष्ट रूप से वेदों में उपस्थित है, मामले को कुछ ने ज्यादा ही कर दिया है। धार्मिक पाठ समय में जड़े हुए दस्तावेज हैं। उनका नैतिक व तत्वमीमांसक अन्तर्ज्ञान सदा के लिए हैं। लेकिन जहाँ विश्व के भौतिक ज्ञान का सम्बन्ध है, उन्हें समय ने पीछे छोड़ दिया है।

अन्त में, दयानन्द सरस्वती का हिन्दू धर्म का समर्थन आत्म-शुद्धि की महत्त्वपूर्ण प्रक्रिया पर आधारित है। लेकिन कुछ खेमों में सुधारकों के विचारों के भी धार्मिक रंग-यहाँ तक कि विवेकानन्द, तिलक, बंकिम चन्द्र चटर्जी एवं दयानन्द सरस्वती के भी, बेचैनी पैदा कर देते हैं। उन्हें हिन्दू-केन्द्रित माना जाता है और पर्याप्तः समावेशनीय नहीं माना जाता। हिन्दू धर्म के सुधारकों ने प्रणाली में आ गए दोषों को दूर करने के साधनों के लिए अपने भीतर देखा। वे आत्म-संशोधन प्रक्रिया की खोज कर रहे थे। उनका धार्मिक दृष्टिकोण अनिवार्यतः कैथोलिक व सार्वभौमिक रहा।

हम इस चर्चा को दयानन्द सरस्वती के कुछ मूल्यांकनों के साथ समाप्त करते हैं। डी. एन. बनर्जी के अनुसार "किसी भी मानक से जाँचने पर, चाहे वे मानक कठोर हों या तीव्र हों, आर्य समाज के संस्थापक- दयानन्द सरस्वती..... निस्संदेह एक महापुरुष थे, न केवल अपने मित्रों या अनुयायियों की नजरों में, बल्कि चमत्कारिक बात यह है कि उनके विरोधियों की नजरों में भी वे महान थे।"

मैडम ब्लावात्स्की के शब्दों में-"यह पूर्णतः निश्चित है कि भारत में शंकराचार्य के बाद दयानन्द से बडा संस्कृत का विद्वान एक गहन तत्व-मीमांसक, एक गजब का वक्ता तथा किसी भी बुराई का इतना निर्भीक निन्दक कभी नहीं हुआ।"

नारायण गुरु (Narayana Guru)

नारायण गुरु का जन्म 1856 में त्रिवेन्द्रम के पास चम्पाझन्ती गाँव में हुआ था। उनके माता-पिता मदन असन, एक किसान तथा कुट्टी अम्मा थे। उनके माता-पिता उन्हें 'नानू' पुकारते थे। नानू की तीन बहनें थीं। उनके परिवार का समाज में सम्मान था और उनका आर्थिक रुतवा था। पाँच वर्ष की आयु में उन्होंने पुराने 'गुरुकुल' मॉडल के पड़ोस के स्कूल में अपनी शिक्षा आरम्भ की। किन्तु उन दिनों समाज कठोर जाति प्रणाली के चंगुल में था और छुआ-छूत सामान्य बात थी। 'मदन असन' भी एक अध्यापक थे जो संस्कृत के विद्वान एवं भविष्य-कथन व आयुर्वेद में प्रवीण थे।

शिक्षा (Education)

नारायण गुरु की स्मृति असाधारण थी। वे किसी भी बात को शीघ्रता से सीख लेते थे। बचपन में वे रामायण और महाभारत की उन कहानियों को गहरी रुचि के साथ सुनते थे जिन्हें उनके पिता गाँववासियों को सुनाते थे। उनकी शिक्षा उनके पिता व चाचा कृष्णन वैद्यन की देख-रेख में घर से ही शुरू हुई। वैद्यन आयुर्वेदिक चिकित्सक थे और संस्कृत के विद्वान थे। नारायण गुरु ने तमिल और संस्कृत की बेसिक बातें सीखीं। उन्होंने परम्परागत विषयों जैसे **सिद्धरूपम**, **बलप्रबोधनम** तथा **अमरकोषम** का अध्ययन किया।

इस आरम्भिक नींव के बाद उन्होंने महान संस्कृत विद्वान रमण पिल्लै से संस्कृत सीखी। उन्होंने काव्य, नाटक, तर्कशास्त्र, काव्यशास्त्र और व्याकरण का ज्ञान दूसरे अध्यापक, नारायण गुरु से प्राप्त किया जिसे एकान्त और चिन्तन-मनन पसंद था। वरनापल्ली में अपने आवास के दौरान उन्होंने कुछ श्लोकों एवं भक्ति गीतों की रचना की। वे सन् 1881 में वरनापल्ली से लौट आए कुछ समय तक बच्चों को पढ़ाया।

विवाह (Marriage)

उस समय के रिवाज के अनुसार विवाह वर की अनुपस्थिति में भी हो जाता था यदि वर की बहन दुल्हन को **थाली (मंगलसूत्र)** दे देती थी। उनका विवाह औपचारिक तौर पर 1882 में हुआ। लेकिन तब उन्होंने घर जाना छोड़ दिया शीघ्र ही अपना जन्म स्थान सदा के लिए छोड़ दिया।

आध्यात्मिक भ्रमण (Spiritual Wanderings)

वे **परिव्राजक** बन गए जिसका अर्थ होता है सत्य की खोज में स्थान-स्थान भटकने वाला। वे अपने दिन वनों, गुफाओं, समुद्र तटों और मंदिरों में बिताते थे। भूख लगने पर वे वही खा लेते थे जो अजनबी लोग उन्हें दे देते थे। संभवत: वे यहाँ चटम्पी स्वामी (Chattampi Swami) से पहली बार मिले और वे पक्के दोस्त बन गए। इसी काल में उनकी भेंट त्रिवेन्द्रम के प्रतिष्ठित योग गुरु तिक्कतु अय्यावु (Thykkattu Ayyavu) से हुई और उनसे उन्होंने योग सीखा। सन् 1884 में उनके पिता का देहावसान हो गया। संदेशवाहक द्वारा यह संदेश **पहुँचाए** जाने से पूर्व ही उन्हें इसका पता चल गया था।

नारायण गुरु ने कन्याकुमारी के निकट मरुतवामला (Maruthwamala) की चोटी पर पिल्लातदम (Pillathadam) गुफा में **तप** और ध्यान किया। उन्हें यहाँ ज्ञान की प्राप्ति हुई। नारायण गुरु यहाँ बेरियों और फलियों तथा पहाड़ी स्रोतों के पानी पर रहे। उस समय उन्होंने भगवान की आराधना उन्हें **शिव** मान कर की। प्रकृति और पशुओं के साथ अन्तरंग सम्प्रेषण के बारे में ढ़ेरों कथाएँ प्रसिद्ध हो गईं। जल्दी ही लोगों को नारायण गुरु के ध्यान-योग के बारे में जानकारी मिल गई और लोग भारी संख्या में मरुतवामला आने लगे।

धार्मिक मिशन (Religious Mission)

नारायण गुरु का मिशन केवल आध्यात्मिक मूल्यों और चारित्रिक नीति-शास्त्र के संवर्द्धन पर ही केन्द्रित नहीं था अपितु सामाजिक मुद्दों पर भी था। उन्होंने समाज के बुरे रिवाजों को दूर करने एवं भारतीय समाज को खोखला करने वाले जाति विभेद को समाप्त करने का प्रयास किया। उन्होंने सामाजिक प्रणाली में सबसे निचले तबके (जाति) की दशा सुधारने पर ध्यान दिया। उस समय केरल के लोगों में एकता नहीं थी और वे अंध-विश्वासी थे।

एक संन्यासी के तौर पर घूमते हुए नारायण गुरु ने अपना समय ज्यादातर निचले सामाजिक वर्गों के बीच बिताया। उन्होंने उन लोगों को बताया कि उनके जीवन का मिशन उनको सुधारने का है। वे गरीबों के बीच रहते थे और उन्हीं का भोजन करते थे। रात में वे गहरे ध्यान-योग में समुद्र के किनारे बैठते थे। जल्दी ही लोग उन्हें महान योगी समझने लगे जिनके पास चमत्कारी शक्तियाँ थीं। सभी धर्मों के लोग उनका आदर करते थे।

वे सरायों, रास्ते के आराम-गाहों और खुले मैदान में सो जाते थे। अपने भ्रमण के चार से पाँच साल तक की अवधि में उन्होंने असमानताएँ, अन्याय और समाज में कुरीतियाँ देखीं। इसका प्रभाव उनकी बाद की गतिविधियों पर पड़ा। अपनी यात्राओं के दौरान एक बार वे नैय्यात्तिन्कारा (Neyyattinkara) में अरुविपुरम (Aruvippuram) में जो एक घने जंगल में था, पहुँच गए।

प्राचीन रीति-रिवाजों का विरोध (Opposition to Old Customs)

चूँकि निरोग होने के लिए या सलाह लेने के लिए अनेक लोग उनके पास आने लगे थे, उन्होंने शिव का मंदिर बनाने की सोची। यह वही स्थान है जहाँ उन्होंने 1888 में मंदिर का निर्माण कराया। परम्परा बताती है कि नारायण गुरु एक नदी में उतर गए और फिर जब निकले तो उनके हाथों में शिव की मूर्ति थी। वे उसे अपने हाथों में उठाए तीन घण्टों तक चन्दोवा के नीचे खड़े रहे और उनकी आँखों से आँसुओं की धारा बहती रहीं। अन्तत: प्रात: तीन बजे उन्होंने वह मूर्ति चबूतरे पर प्रतिष्ठित कर दी। सामान्यत: केवल ब्राह्मण पुजारी ही मूर्तियाँ स्थापित करते थे। पवित्र अनुष्ठान पूरा कर लेने पर उन्होंने मूर्ति को छोटी चट्टान पर रख दिया। यह कहा जाता है कि जब पुजारियों ने उनके प्रतिष्ठान के अधिकार को चुनौती दी तो उन्होंने उत्तर दिया: "मैंने अपने शिव की स्थापना की है, किसी ब्राह्मण शिव की स्थापना नहीं की है।"

उन्होंने अपने शिष्यों से निम्नलिखित इबारत लिखा एक बोर्ड-मंदिर की दीवार पर लगाने के लिए कहा:

जाति की विभाजक दीवारों से रहित
विरोधी धर्म की घृणा से हीन
हम सभी यहाँ रहते हैं

भाई-भाई की तरह,
इस स्थान की यही पहचान है
यह आदर्श आधार है।

सन् 1904 में, नारायण गुरु ने अपनी भटकती जिन्दगी छोड़ दी और अपनी साधना जारी रखने के लिए शिवगिरी में बस गए। देवी 'अम्बा' उनकी पूजा की आराध्या हो गईं। उन्होंने अनेक स्कूल खोले और मंदिर बनवाए। उन्होंने वरकला में एक संस्कृत स्कूल शुरू किया। निर्धन और अनाथ बच्चे उनकी देखरेख में आ गए। जाति का भेद-भाव किए बिना उन्हें शिक्षा दी गई। वर्ष 1913 में उन्होंने अलुवा में **अद्वैत आश्रम** की स्थापना की। यह उनकी आध्यात्मिक यात्रा की महत्त्वपूर्ण घटना थी। यह आश्रम एक महान सिद्धान्त को समर्पित था- **ओइम् सहोदरयम् सर्वत्र** (भगवान की दृष्टि में सब मनुष्य बराबर हैं) यह वाक्य नए आश्रम का आदर्श-वाक्य हो गया।

धर्मादेश (Commandments)

नारायण गुरु ने आचरण के निम्नलिखित दस धर्मादेश दिए:

1. शिक्षा से ज्ञान प्राप्त करो।
2. संगठन के माध्यम से शक्ति प्राप्त करो।
3. उद्यम द्वारा प्रगति करो।
4. जाति के बारे में न बोलो, न पूछो और न सोचो।
5. ऐसा सोचो कि मानव के लिए केवल एक ही जाति है, एक ही धर्म है और एक ही ईश्वर है।
6. धर्म कोई भी हो, यदि यह मानव मात्र के लिए उत्तम है तो इतना ही पर्याप्त है।
7. आस्था, पोशाक या भाषा में जो भी अन्तर हो, सारी मानवता की एक ही जाति है; अन्तर-जातीय विवाह और अन्तर (जातीय) खान-पान में कोई हानि नहीं है।
8. मदिरा का उत्पादन मत करो, इसका पान नहीं करो और इसे मत बेचो।
9. समझदारी से खर्च करो।
10. जो व्यक्ति धर्म का ज्ञान रखता है, उसे प्रगति एवं अपने पड़ोसियों के कल्याण के लिए कड़ी मेहनत करनी चाहिए।

सहनशीलता एवं विश्वसहिष्णुता (Tolerance and Catholicity)

नारायण गुरु का मानना था कि मानव को मैत्री एवं सौहार्द से रहना चाहिए। उन्होंने धार्मिक सहनशीलता और उदारता की वकालत की। निम्नलिखित टिप्पणियाँ इन मामलों में उनके विचारों पर प्रकाश डालती हैं:

- मानव का धर्म तभी सम्पूर्ण होगा जब भगवान बुद्ध द्वारा उपदेशित उपासना '**अहिंसा**', ईसा द्वारा उपदेशित ' प्रेम', मोहोम्मद नबी द्वारा उपदेशित मानवों के बीच भाईचारा तथा भारत के ऋषियों के दार्शनिक विचारों का सम्मिलन और निष्पादन नहीं हो जाता।
- विविध धर्मों के मूर्तिपूजक और गर्म-मिजाज (लोग) अपने-अपने धर्मों की सर्वोच्चता की वकालत उसी प्रकार करते हैं जैसे अन्धे लोगों ने हाथी की पहचान उसके शरीर के अंगों को छू-छू कर की थी। मनुष्य को सभी धर्मों का अध्ययन समानता से, एक समान सोच, बुद्धि और लगाव के साथ करना चाहिए।
- लोगों में व्यवसाय, राष्ट्रीयता और भाषा की विविधता रहेगी। लेकिन लोगों के मन में जन्मजात जो धर्म है, वह 'मानवता' है और वही मानव की जाति है।
- करुणाविहीन मनुष्य निर्जीव माँस का लोथड़ा है जिसमें से दुर्गन्ध आ रही है।
- **अहिंसा** सभी सद्गुणों में सर्वोच्च है। **अहिंसा** का पालन करने वाला अच्छाई का सच्चा मूर्तरूप है। ऐसा व्यक्ति जिसमें '**अहिंसा**' के सिवाय सभी सद्गुण हैं, फिर भी वह एक पशु के अतिरिक्त और कुछ नहीं है।

नारायण गुरु एक महान आध्यात्मिक विद्वान (उजमत) थे। उन्होंने धार्मिक सहिष्णुता एवं सामाजिक सदभाव की शिक्षा दी। उनकी शिक्षा सामाजोन्मुखी थी। वे गरीब एवं दलितों के कष्ट के प्रति चिन्तित थे तथा उन्होंने उनके कल्याण के लिए काम किया। अपने अनिवार्य आध्यात्मिक अभ्यासों में वे अन्य महान संतों के समान श्रद्धा की पवित्र परम्पराओं का पालन करते थे।

सर रविन्द्रनाथ टैगोर (Sir Rabindranath Tagore)

रविन्द्रनाथ टैगोर एक महान कवि, लेखक और दार्शनिक थे। उनकी रचनाओं ने भारतीय सांस्कृतिक विचारों को विश्व के अनेक भागों में लोकप्रिय बना दिया। वे प्रथम एशियाई व्यक्ति थे जिन्हें नोबेल पुरस्कार मिला था। यद्यपि उनकी प्रसिद्धि एक कवि के रूप में थी, उन्होंने उपन्यास, लघु कथाएँ, नाटक, लेख, निबन्ध भी लिखे तथा वे चित्रकार भी थे। उनका संगीत भी '**रविन्द्र संगीत**' के नाम से बंगाल में बहुत लोकप्रिय है। वे एक समाज सुधारक, देशभक्त और मानवतावादी थे।

टैगोर का जन्म कोलकाता के एक धनाढ्य परिवार में 1861 में हुआ था। वे देवेन्द्रनाथ और शारदादेवी के नौवें पुत्र थे। (कहा जाता है कि राजा जी इस तथ्य का मजाकिया तौर पर परिवार नियोजन के संदर्भ में उल्लेख करते थे।) यद्यपि वे अनेक स्कूलों में गए, परन्तु उन्होंने शिक्षा की परम्परागत पद्धतियों को कभी पसंद नहीं किया। कुछ समय बाद, वे यूनिवर्सिटी कॉलेज, इंग्लैण्ड में चले गए। कविता की उनकी पहली पुस्तक कवि कहिनी (कवि की कहानी) थी जो 1878 में प्रकाशित हुई थी। सन् 1882 में उन्होंने '**संध्या संगीत**' लिखा। सन् 1883 में उनका विवाह भवतारिणी देवी से हो गया। '**चित्रांगदा**' उनकी प्रसिद्ध नृत्य-नाटिका थी। सन् 1901 में उन्होंने '**बंगदर्शन**' पत्रिका के सम्पादन का कार्यभार संभाला और स्वतन्त्रता आन्दोलन से जुड़ गए। लार्ड कर्जन द्वारा बंगाल को धर्म के आधार पर बाँटने का उन्होंने जोरदार विरोध किया। उन्होंने अविभाजित बंगाल में एकता को रेखांकित करते हुए प्रतीक के तौर पर '**रक्षाबंधन**' उत्सव की शुरूआत की।

नोबेल पुरस्कार (Nobel Prize)

सन् 1912 में वे दोबारा योरोप गए। लन्दन जाते हुए उन्होंने गीताञ्जलि की कुछ कविताओं का अंग्रेजी में अनुवाद किया। उन्होंने इसे प्रसिद्ध बिट्रिश चित्रकार विलियम रोथेन्स्टीन (William Rothenstein) को दे दिया और उसने उसे यीट्स तथा अन्य अंग्रेजी कवियों को दे दिया। इण्डिया सोसायटी ऑफ लण्डन ने '**गीताञ्जलि**' (गीतों की भेंट) का प्रकाशन किया जिसमें टैगोर की अनूदित 103 कविताएँ थीं। यीट्स ने इस पुस्तक की भूमिका लिखी तथा रोथेन्सीन ने कवर पेज के लिए पेंसिल का रेखाचित्र बनाया। इस पुस्तक ने साहित्यिक जगत में सनसनी फैला दी। इंग्लैण्ड से टैगोर अमरीका के व्याख्यान दौरे पर चले गए। सन् 1913 के नवम्बर में साहित्य के लिए नोबेल पुरस्कार टैगोर की '**गीताञ्जलि**' को दिया गया। उन्हें 1915 में 'नाइटहुड' भी दिया गया।

टैगोर ने देश का दूर-दूर तक दौरा किया जिसमें वे लोगों को व्याख्यान देते तथा लोगों का उत्साहवर्द्धन करते। सन् 1919 में उन्होंने पंजाब के जलियाँवाला बाग में हुए नरसंहार के विरोध में अपना 'नाइटहुड' लौटाते हुए ऐतिहासिक पत्र लिखा। सन् 1920 में वे गाँधी जी के साबरमती आश्रम में गए। वे एक बार फिर यूरोप के दौरे पर निकल गए। 1921 में उन्होंने विश्वभारती विश्वविद्यालय की नींव डाली। उन्होंने नोबेल पुरस्कार से प्राप्त सभी धन तथा किताबों से प्राप्त रायल्टी की राशि इस विश्वविद्यालय को दे दी। सन् 1940 में आक्सफोर्ड विश्वविद्यालय ने उन्हें डि. लिट् की उपाधि से सम्मानित करने के लिए विशेष समारोह का आयोजन किया। अगस्त, 1941 में उनका देहावसान उनके पुश्तैनी मकान में हुआ।

रविन्द्रनाथ टैगोर अनिवार्यत: एक कवि थे और महानगरीय संस्कृति की भावी-सोच रखते थे। राष्ट्रीय जीवन में उन्होंने विभिन्न पहलुओं में योगदान दिया। अब हम उनके कार्यों (उनकी रचनाओं) के विभिन्न रूपों को संक्षेप में उजागर करेंगे।

भारत का काव्यात्मक दर्शन (Poetic Vision of India)

टैगोर आधुनिक भारत के कवि थे जो उसके भाग्य व राष्ट्रीय संस्कृति के प्रति जागरूक थे। उनकी कविता में राष्ट्रीय पुनर्निर्माण और आशा भाव गूँजते हैं:

मुझे निर्धन को कभी न त्यागने का बल दो

या कभी धृष्ट शक्ति के सामने घुटने न टेकने पड़ें।

किन्तु उनका राष्ट्रीय दर्शन साम्प्रदायिक या तंग-दिल नहीं है। वे भारतीय परम्परा की पृथक्करणीयता के पुराने चरणों को जानते थे। उन्होंने राष्ट्रीय बिगुल नहीं बजाया ना भारत के सद्‌गुणों (विशेषताओं)को बढ़ा-चढ़ा कर बताया, न अन्य देशों के दोष गिनाए। उन्हें डर था कि इससे उद्धत राष्ट्रवादिता पैदा होगी।

उनकी कविता के इस लम्बे उद्धरण से उनकी स्वतन्त्र भारती की संकल्पना सुन्दर ढंग से देखी जा सकती है:

जहाँ हृदयों में भय नहीं और शीश ऊँचा रहता है,
जहाँ ज्ञान के लिए शुल्क नहीं देना पड़ता ,
जहाँ विश्व को तंग घरेलू दीवारों में नहीं बाँटा गया है,
जहाँ शब्द सत्य की गहराइयों से निसृत होते हैं,
जहाँ तर्कों के स्वच्छ स्रोत मृत आदतों के भयानक रेगिस्तान में अपना रास्ता न खो जाते हैं,
जहाँ विचार ईश्वर प्रेरित होकर सदा वर्द्धमान विचार और क्रिया बन जाते हैं;
स्वतन्त्रता के उस स्वर्ग तक जाते हैं,
हे परमपिता परमेश्वर! मेरे देश को जागृत होने दीजिए।

टैगोर का आदर्श-वाक्य है–"**अविजेय आशावाद की भावना पैदा करो; जीवन पर भरोसा करो; सार्थक जीवन जियो।**"

सामाजिक सुधार (Social Reform)

टैगोर समाज सुधारक थे। ब्रह्म समाज को अपनाने पर वे तथा उनको परिवार जाति, पर्दा और धार्मिक रोधन से कट गए थे। वे जाति व राष्ट्रीयता को एक-दूसरे से अतुलनीय मानते थे। जबकि राजनीति राष्ट्रीय एकजुटता को लक्षित करती है, जाति अनन्त अन्तर पैदा करती है। *"अत: महान राष्ट्रीय एकता का अर्थ है जाति की बेडियों के विरुद्ध जोरदार विद्रोह, विराधी हितों के बीच मेल-मिलाप हेतु जोरदार इच्छा, मत-भिन्नताओं का आपसी समाधान, भाइयों, सहपाठियों के तौर पर समान सोच होने के कारण लय-ताल के साथ धड़कते दिल। भारत में जाति ही सुधारों के मार्ग की सबसे बड़ी रुकावट है।"*

आधुनिकता (Modernism)

अपने निबंधों व भाषणों में टैगोर ने विभिन्न विषयों पर विचार किया। राजनीति पर, संस्कृति पर, समाज पर, शिक्षा पर। टैगोर की 150वीं वर्षगाँठ पर अमर्त्यसेन ने पश्चिम में टैगोर में रुचि की गिरावट की तथा टैगोर के गाँधी के साथ मतभेदों की खोज की। उन्होंने टैगोर के खुले-दिल-दिमाग की सोच तथा मानव स्वतन्त्रता के प्रति लगाव के मतभेद खोजे। टैगोर गाँधी जी का बहुत आदर करते थे, अक्सर उनके नेतृत्व की प्रशंसा करते थे और उन्होंने इस बात पर बल दिया कि उन्हें 'महात्मा'– महान आत्मा कहा जाए।

लेकिन टैगोर तर्कणा और औचित्य पर डटे रहने की जरूरत के मामलों में अनेक बार गाँधी जी से असहमत रहते थे। गाँधी जी ने 1934 के बिहार के भूकम्प, जिसमें अनेक लोग मारे गए थे, का उपयोग अपने अस्पृश्यता के विरुद्ध संघर्ष को आगे बढ़ाने के लिए किया। उन्होंने भूकम्प को 'हमारे दोषों के लिए सजा देने हेतु भगवान द्वारा भेजा गया' माना विशेष रूप से अस्पृश्यता के पाप के लिए। टैगोर ने इसका विरोध किया, उन्होंने कहा कि "यह और भी दुर्भाग्यपूर्ण बात है क्योंकि ऐसी अवैज्ञानिक बात हमारे देशवासियों के एक बड़े वर्ग द्वारा हाथों-हाथ ली जाती है।"

गाँधी जी ने जोर दिया कि हर व्यक्ति को प्रति दिन तीस मिनट तक चरखा चलाना चाहिए। जो एक आदियुगीन कताई यंत्र है। टैगोर ने इस आदेश का विरोध किया। वे गाँधी जी की अर्थव्यवस्था (अर्थशास्त्र) से भी असहमत थे। टैगोर का विचार था कि आधुनिक प्रौद्योगिकी ने सामान्यत: कड़ी मानवीय मेहनत व निर्धनता को कम कर दिया है। नेहरू के भी ऐसे ही विचार थे। टैगोर ने चरखा चलाने के आध्यात्मिक तर्क की निन्दा की: ''चरखा चलाने में किसी को दिमाग लगाने की जरूरत नहीं है; न्यूनतम बुद्धि व शक्ति का प्रयोग करते हुए इस प्राचीन आविष्कार के पहिए को लगातार चलाते रहना है।''

अमर्त्य सेन के अनुसार – गाँधी जी ने थॉमस माल्थस के शब्दों में 'नैतिक संयम ही परिवार नियोजन का सही ढंग है, की वकालत की। टैगोर सावधानी के तरीकों को परिवार नियोजन का माध्यम बनाने के हिमायती थे। टैगोर को यह भी बुरा लगता था कि गाँधी जी को 'सैक्स की भयानकता उतनी ही बड़ी लगती है जितनी कि "द क्रुतजर सोनाटा के लेखक की थी।" आधुनिक औषधियों पर भी दोनों में तीव्र मतभेद था, गाँधी जी का इन औषधियों पर विश्वास नहीं था। हमें ऐसे मतभेदों को भिन्न वैश्विक विचारों से उत्पन्न मानना चाहिए।

शिक्षा (Education)

टैगोर पश्चिम में केवल एक रोमांटिक और एक आध्यात्मवादी के तौर पर प्रसिद्ध हो गए थे। लेकिन उनके लेखन में महत्त्वपूर्ण तर्कणा एवं मानव स्वतन्त्रता की आवश्यकता पर लगातार बल रहा। इन्हीं विचारों ने टैगोर के शिक्षा विषयक विचारों को संचालित किया जिसमें उनका यह आग्रह भी शामिल है कि किसी देश के विकास में शिक्षा एक महत्त्वपूर्ण कारक है। जापान के आर्थिक विकास के अपने मूल्यांकन में उन्होंने स्कूली शिक्षा के विकास (प्रगति) की महत्त्वपूर्ण भूमिका को अलग से रेखांकित किया है। उन्होंने लिखा है कि, "दु:खों की जबरदस्त मीनार जो इस समय भारत की छाती पर रखी हुई है, की एकमात्र नींव शिक्षा का न होना है।" शिक्षा की परिवर्तित कर देने वाली भूमिका को उन्होंने विकास की प्रक्रिया में केन्द्रीय कथा माना है।

टैगोर ने अपना ज्यादातर जीवन भारत में शिक्षा के प्रसार तथा हर स्थान पर इसकी जरूरत को बताने में लगाया। अपने द्वारा शांति निकेतन में स्थापित स्कूल में उन्होंने जितना समय व्यतीत किया, उतना कहीं नहीं किया। वे इस असामान्य रूप से प्रगतिशील सहशिक्षा वाले स्कूल के लिए धन लगातार जमा करते रहे। टैगोर ने विश्व की हर जगह से ज्ञान को एकत्र करने और इसका मूल्यांकन केवल तर्कपूर्ण जाँच से करने पर विशेष बल दिया। शांति निकेतन में विद्यार्थियों को यूरोप, अफ्रीका,अमरीका, लैटिन अमरीका और अन्य देशों के बारे में जानकारियाँ दी गईं थीं। शांति निकेतन में भारत में पहला 'इन्स्टीट्यूट ऑफ चाइना' (चीनी संस्थान) स्थापित किया गया था; जूडो की शिक्षा तीन सौ साल पहले दी गई थी।

साम्प्रदायिक सद्भाव (Communal Harmony)

टैगोर ने धार्मिक व साम्प्रदायिक सोच का विरोध किया जो बढ़ती जा रही थी। इस या उस धर्म के होने पर लोगों की एकाकी पहचान की हिमायत द्वारा भड़की हिंसा से उन्हें बहुत आघात लगा। उनका मानना था कि निश्चित अतिवादी, आम लोगों में फूट (discord) के बीज बोते हैं। महत्त्वाकांक्षा एवं बाहरी भड़काव द्वारा संचालित रुचि रखने वाले समूह अपने विनाशक राजनैतिक लक्ष्यों की प्राप्ति के लिए आजकल साम्प्रदायिक अभिप्रेरणा का प्रयोग कर रहे हैं। यह जरूर है कि कुछ राजनीतिक वैज्ञानिक समकालीन दुनिया को 'सभ्यताओं का संघर्ष' कहते हैं जिसमें 'मुस्लिम सभ्यता', 'हिन्दू सभ्यता', और 'पश्चिमी सभ्यता' है जो अधिकांश धार्मिक धरातलों पर समझी जाती है और एक-दूसरे के विरुद्ध विष-वमन करती रहती है। टैगोर का जन्म एक खुली सभ्यता वाले परिवार में हुआ था तथा 'तर्कणा' पर उनकी निर्भरता एवं मानवीय स्वतन्त्रता पर उनके बल देने ने, सामाजिक विभाजनों की एक अलगाववादी व संकीर्ण समझ के विरुद्ध युद्ध छोड़ दिया।

टैगोर ने राज की वैधता को पूर्णत: नकार दिया था, वे इस बात की ओर संकेत करने के लिए मुखर थे कि भारतीयों ने 'शेक्सपीयर के नाटकों एवं बॉयरन की कविता पर केन्द्रित चर्चा से और सर्वोपरि.... उन्नीसवीं शताब्दी के उदार हृदय उदारवाद से' क्या पाया है। जैसा कि टैगोर ने देखा, त्रासदी इस तथ्य से आई कि जो "उनकी सभ्यता में वास्तव में सर्वोत्तम था, मानवीय सम्बन्धों का समर्थन, उसके लिए इस देश के ब्रिटिश प्रशासन में कोई स्थान नहीं है।"

कवि की प्रतिभा (Poetic Genius)

टैगोर नि:संदेह एक महान प्रतिभा सम्पन्न कवि थे। उनके विचारों एवं मूल्यों का राष्ट्रीय नेताओं पर भारी प्रभाव डाला। उनके परिप्रेक्ष्य से, वे कभी-कभी उनसे भिन्न हो जाते थे। उनके विचार के बारे में कुछ विशेष लोकोत्तरता तथा उच्चता थी। लेकिन इससे दैनिक वास्तविक से दूरी का भाव उत्पन्न हो गया, विशेष रूप से राजनैतिक व सामाजिक क्षेत्र में। उनके विचार बहुत आदर्शवादी व अमूर्त प्रतीत होते हैं। बरट्रेण्ड रसल ने अनुदारता के ही साथ लिखा कि वे टैगोर का 'रहस्यवादी भाव' को पसंद नहीं करते, जो कि 'अस्पष्ट बकवास' की धारा छोड़ने की प्रवृति के साथ है। वे आगे यह भी कहते हैं कि 'वह भाषा जिसकी अनेक भारतीयों द्वारा प्रशंसा की जाती है, वास्तव में निरर्थक होती है।' रसल एक नकचढ़ा विश्लेषक दार्शनिक था। यहाँ 'बकवास' (Nouseuer) बहुत भड़काऊ

नहीं है, दर्शन में अर्थहीन बातों को 'बकवास' कहते हैं। 'बकवास' शब्द यहाँ बहुत बुरा नहीं है, दर्शन में अर्थहीन बातें (प्रस्ताव) 'बकवास' ही माने जाते हैं। जैसाकि हमने देखा था, अय्यर जैसे दार्शनिक साहित्यिक प्रस्तावों को तर्कसंगत अर्थों में निरर्थक मानते हैं।

स्वतन्त्रता के संघर्ष के राजनीतिक पहलुओं को कम महत्त्व देने के लिए टैगोर की कभी-कभी आलोचना भी होती थी। उदाहरण के लिए उन्होंने कहा कि भारत की समस्या राजनैतिक से अधिक सामाजिक है। देशभक्ति के प्रति उनकी मध्यम सोच तथा सर्वदेशियता (cosmopolitanism) को कभी-कभी गलत समझ लिया जाता था। लेकिन इन सब बातों से उनकी कविता का सौन्दर्य तथा उनके विचारों की रोचकता कम नहीं हो जाती। टैगोर के बारे में हम अपनी चर्चा ईश्वर के बारे में उनकी कविता से करते हैं जिसमें मानवता और परोपकार की अन्तरधारा है।

इस भजन-कीर्तन को और
माला फरेने को रहने दो।
तुम बंद दरवाजों के साथ इस
मंदिर के अँधेरे कोने में
किसकी पूजा करते हो?
अपनी आँखें खोलो और ईश्वर के दर्शन करो
क्या वह तुम्हारे सामने नहीं है?
वह वहाँ है जहाँ कठोर भूमि पर किसान का हल चल रहा है
ईश्वर उनके साथ है।
तपती धूप में भी और भारी बारिश में भी,
और उसके वस्त्रों पर धूल सजी है।

कौटिल्य (Kautilya)

विष्णुगुप्त या चाणक्य के नामों से भी जाना जाने वाला कौटिल्य मौर्य वंश के संस्थापक चन्द्रगुप्त मौर्य (345-300 ई. पू.) का प्रधानमंत्री था। माना जाता है कि चाणक्य ने चन्द्रगुप्त मौर्य को मगध का शासक बना दिया था। चाणक्य ने मौर्य अधिराज्य (शासन) को समस्त उत्तर भारत में स्थापित किया था। कौटिल्य या चाणक्य अपनी कूटनीति तथा प्रवक्तत्व के लिए जाना जाता है। अपनी राजनैतिक सत्ता (Political Realism) के लिए उसकी तुलना मैकवेली से की जाती है। उसने 'अर्थशास्त्र' की रचना की जो 321 और 300 ई. पू. के बीच विश्व में लोक प्रशासन का प्राचीनतम ग्रंथ है।

अर्थशास्त्र के निम्नलिखित तीन भाग हैं:

» **अर्थनीति** (आर्थिक नीतियाँ): आर्थिक प्रगति के लिए;
» **दण्डनीति** (न्याय का शासन): न्यायिक निष्पक्षता के लिए; तथा
» **विदेश नीति** (विदेशी मामलों हेतु नीति): स्वतन्त्रता बनाए रखने एवं राज्य के विस्तार के लिए।

राजनैतिक अभिशासन (Political Governance)

कौटिल्य ने अपने अर्थशास्त्र में राज्य के प्रशासन पर विस्तार से चर्चा की है। उसने आधुनिक प्रशासनिक विचार, जैसे पदानुक्रम पर आधारित संगठनात्मक ढाँचा तथा विभागों के बीच समन्वयन का पूर्वानुमान कर लिया था। प्राचीन भारतीय साम्राज्यों में भी सीमा सहित विभाजन थे जैसे-प्रांत, जिले, गाँव और शहरी क्षेत्र। कौटिल्य ने प्रशासन को लोगों के बीच कल्याण से जोड़ा।

उसने राजा, राजकुमारों, मंत्रियों और राज्य के अन्य कर्मचारियों के कर्त्तव्यों व कार्यों को विस्तार से बताया है। राजा व मंत्रियों को कठोर व अनुशासन का पालन करना होता है। कौटिल्य ने मंत्रियों व प्रशासकों हेतु कठोर आचार-संहिता निर्धारित की थी। इस सम्बन्ध में उसने नैतिकता की संहिता और आचार संहिता के आधुनिक विचारों का पूर्वानुमान कर लिया था।

कौटिल्य इस कहावत में विश्वास करता था–'यथा राजा, तथा प्रजा' (जैसा राजा होगा, वैसी ही प्रजा होगी)। इसलिए उसने शर्त निर्धारित कर दी कि 'एक आदर्श शासक (राजा) वही है जिसमें नेतृत्व-योग्यता, ऊर्जा एवं निजी गुण उच्चतम गुणक्ता के हों।' उसके अनुसार राजा को उन लोगों की सत्यनिष्ठा की जाँच कर लेनी चाहिए जिन्हें वह अपने सलाहकार नियुक्त करना चाहता है। मजेदार बात यह भी है कि कौटिल्य ने राजाओं की सेवा करने के खतरों का भी उल्लेख किया है। आजकल नेतृत्व गुणों पर चर्चा में इन बातों पर चर्चा की जाती है। राजनैतिक नेताओं और जन प्रशासकों, दोनों को इन दोनों कुशलताओं की जरूरत प्रभावी एवं उत्पादकीय शासन के लिए होती है।

उसने राज्य की सीमाओं की रक्षा, किलों की सुरक्षा तथा बाहरी आक्रमणों का जबाव देने के बारे में चर्चा की है। अर्थशास्त्र में कानूनी मामलों को नागरिक (civil) तथा आपराधिक (crimunals) मामलों की श्रेणियों में बाँटा गया है। कौटिल्य ने न्याय के प्रशासन के बारे में साक्ष्य, पद्धतियों और गवाहों का जिक्र करते हुए लिखा है। कौटिल्य का दण्डनीति (दण्ड) में बड़ा पक्का विश्वास था, लेकिन वह मानता था कि दण्ड निष्पक्ष व उचित (सही) तथा अपराध की गंभीरता के अनुपात में होने चाहिए।

कौटिल्य का मानना है कि राज्य के उद्देश्यों को प्राप्त करने के लिए अच्छा अभिशासन जरूरी है। किन्तु इसके लिए उचित प्रशासनिक ढाँचा और कार्यवाही जरूरी है। कौटिल्य का सुझाव है कि सरकार (शासन) को कठोर निर्णय व कार्यवाहियों से बचना चाहिए। जरूरत के मुताबिक मध्यम व कठोर कार्यवाही की जानी चाहिए। मध्यम कार्यवाही **साम** (Persuasion) तथा **पुरस्कार** (दाम) पर आधारित है। कठोर कार्यवाही का आधार दण्ड पर तथा दुश्मनों के बीच **गलतफहमी (भेद)** पैदा करना है। कौटिल्य ने सच्ची आधुनिक प्रशासनिक शैली को पहचाना है: प्रभुसत्ता तब ही व्यावहारिक है जब उसमें अन्यों का सहयोग हो और सभी प्रशासनिक उपाय भली प्रकार विचार (चर्चा) कर अपनाए जाते हैं। यहाँ, कौटिल्य लचीलेपन और यथार्थवाद के गुणों का प्रदर्शन कर रहा है।

कौटिल्य ने भ्रष्टाचार की समस्या पर गंभीरता से विचार किया। उसने लगभग चालीस ऐसे तरीकों का उल्लेख किया है जिससे सरकारी कर्मचारी सरकारी धन की ठगी कर सकते हैं। लेकिन उसे इसका सरल उपाय पाने में संदेह है। उसका कथन है कि कर्मचारी का ईमानदार या बेईमान होने का पता लगाना उतना ही कठिन है जितना कि ऐसी मछली को छाँटना जिसने पानी पिया है। और आगे भी वह कहता है :"आसमान में ऊँचे उड़ते हुए पक्षी की गतिविधियों को पता लगाना संभव है, पर गुप्त प्रयोजनों में लगे सरकारी कर्मचारियों की गतिविधियों का पता लगाना संभव नहीं है।" वह ऐसे अपराधियों को कठोर निवारक दण्ड की सिफारिश करता है।

कौटिल्य का विचार है कि राजा व उसके कर्मचारियों का वेतन, राजस्व के एक-चौथाई से अधिक नहीं होना चाहिए। प्रशासनिक व्यय को सीमित करने का यह विचार भी बहुत आधुनिक है। उसका यह भी प्रस्ताव है कि राजा सहित मंत्रीगणों को वेतन, उनके द्वारा किए गए काम के लिए मिलना चाहिए, उनके स्वामित्व के स्रोतों के लिए नहीं।

अर्थशास्त्र में आर्थिक अभिशासन उद्देश्य (या लक्ष्य) है और राजनैतिक अभिशासन इसके साधन हैं। अच्छे अभिशासन में राजनैतिक स्थिरता होती ही है। वह एक क्रांतिकारी बात कहता है कि यदि शासक प्रतिक्रियात्मक हैं, उत्तरदायी हैं, हटाए जाने योग्य हैं और वापस बुलाए जाने योग्य हैं, तो स्थिरता बनी रहेगी अन्यथा अस्थिरता ही रहेगी। कौटिल्य एक जिम्मेदार प्रशासन की जरूरत पर गहरी चिन्ता जताता है। तथापि, वापस बुलाने और हटाने हेतु प्रावधान ज्यादा से ज्यादा राज्य के चलाने वालों पर लागू हो सकते हैं, राजतन्त्रों पर नहीं।

वैसे तो कौटिल्य का राज्य एक राजतन्त्र था लेकिन इसमें भली प्रकार सुनियोजित प्रशासनिक कार्य-तन्त्र था। इसे कामों के आधार पर और भौगोलिक आधार, दोनों पर बाँटा गया था। कार्य की दृष्टि से इसमें विभिन्न विभाग थे और इन विभागों के प्रमुखों के कार्य भली-भाँति निश्चित थे। उन्हें अपने विभागों को क्रियाशील ढंग से, प्रभावशीलता से, समझदारी के साथ अन्य उच्चधिकारियों की सहायता से प्रशासन चलाना था। इन लोगों का चुनाव राजा द्वारा इनके चरित्र व पृष्ठभूमि पर विचार कर सावधानीपूर्वक किया जाता था।

आर्थिक अधिशासन (Economic Governance)

कौटिल्य सरकारी उपक्रमों के उन कर्मचारियों के लिए दण्ड की सिफारिश करता है जो घाटा खाते हैं और उनके लिए पुरस्कारों की अनुशंसा करता है जो लाभ कमाते हैं। यहाँ ध्यान साधनों के प्रबन्धन कौशल हेतु तथा देश के प्रशासन को चलाने के लिए खर्च पूरा करने पर है। आर्थिक क्षेत्र में, अर्थशास्त्र में आर्थिक, सामाजिक व राजनैतिक दशाओं के आधार पर एक मजदूरी (वेतन) नीति का भी प्रस्ताव किया गया है। यह न्यायोचित एवं राष्ट्र के हितों को बढ़ाने वाला होना चाहिए। कौटिल्य राज्य को एक दल मानता है जिसमें किसान, व्यापारी और उद्योगपतियों से लेकर मजदूर या वेतन तथा कानून शामिल हैं। इस प्रकार **अर्थशास्त्र**, सम्बन्धित आर्थिक वर्गों के हितों में संतुलन रखता है। यद्यपि सरकार को एकाधिकारवादी समझा जाता है, साधनों के उचित उपयोग हेतु उपयुक्त हल निकालने की जरूरत को महत्त्व दिया जाता है।

कौटिल्य का यह भी मानना है कि राज्य को सुनिश्चित करना चाहिए कि वाणिज्यिक गतिविधियों में नियमों का उल्लंघन नहीं किया जाता है या उपभोक्ताओं को उनसे कोई हानि होती है। राज्य को उत्पादों (वस्तुओं) की बिक्री के लिए पैमाने (नाप-तौल) गुणवत्ता के मानदण्ड देने चाहिए। विश्वास और गुणवत्ता गारण्टी के लोप से वाणिज्य कम हो जाएगा तथा वाणिज्यिक लेन-देन की खोज एवं जाँच की लागत बढ़ जाएगी। कौटिल्य ने खुले आम कहा था कि 'अनाजों, तेलों, अल्कलियों, नमकों, इत्रों और औषधीय बिना गुणवक्ता की मिलती-जुलती वस्तुओं में मिलावट के लिए जुर्माने का दण्ड दिया जाएगा। उसने स्वदेशी निर्मित वस्तुओं एवं आयतित सामान के लिए लाभ की गुंजाइश तय की थी और लाभ की गुंजाइश को बढ़ाने पर जुर्माना देना पड़ता था।'

उसने चिकित्सा व्यवसाय के लिए सुस्पष्ट मार्ग-निर्देश स्थापित किए। इसमें वे विचार भी शामिल थे जो उसके समय से बहुत आगे के थे।

कौटिल्य का लेखन अनेक आधुनिक आर्थिक विचारों के लिए विलक्षण है। उसने व्यावसायिक सेवा देने वाले बुनकरों, धोबियों, मल्लाहों तथा पोत-कार्य एजेण्टों के लिए मार्ग-निर्देश स्थापित किए। उसने बाजार तथा माँग एवं पूर्ति की भूमिका को स्वीकार किया जब उसने लिखा। सामान को तयशुदा दर पर बेचने में असफल रहने पर, दर को बदलना होगा। कौटिल्य ने सिफारिश की थी कि राज्य को वाणिज्यिक गतिविधियों के लिए नुकसानदेह मूल्य के अधिक उतार-चढ़ाव को कम करना चाहिए। उसका मानना था कि बाजार में मंदी की स्थिति में उसका प्रतिकार करने के लिए बाजार में उतरने की नीति की जरूरत होती है। ऐसी अवधारणाओं पर चर्चा के लिए कौटिल्य का **अर्थशास्त्र** पहली ज्ञात रचना है।

प्राचीन काल में अर्थव्यवस्था में कृषि की प्रधानता थी। कौटिल्य ने देखा कि कृषि-योग्य जमीन खदानों से बेहतर है क्योंकि खदानें तो खजाने को भरती हैं, जबकि कृषि उत्पादन खजाने और स्टोरहाउस (गोदामों), दोनों को भरता है। अर्थशास्त्र एक कृषि अधीक्षक के कार्यों का उल्लेख करता है और कहता है कि राजा को कृषि की बारीकियाँ (जटिलताएँ) समझनी चाहिए। **अर्थशास्त्र** मानता है कि कृषि तथा सम्बन्धित गतिविधियों पर लगे कर, राज्य के राजस्व के आवश्यक स्रोत हैं। यह अमीर किसानों पर कर लगाने की वकालत करता है। कौटिल्य ने फसलों के लेने के ढंग व सिंचाई के लिए उपयुक्त प्रणालियों पर बल दिया।

कौटिल्य ने देशी व विदेशी व्यपार की चर्चा की है जिसे वह आर्थिक गतिविधियों का तीसरा स्तम्भ मानता है। वह इस बात पर जोर देता है कि अवसंरचना (infrastructure) को सुधारकर व्यापार बढ़ाया जा सकता है। राज्य को व्यापार के मार्गों (प्रणालियों) को दरबारियों, राज्य अधिकारियों, चोरों और सीमा के प्रहरियों के द्वारा की जाने वाली परेशानियों से मुक्त रखना चाहिए। मूल्य निर्धारण हेतु व्यापार संघ बनाने से लेकर अधिक लाभ कमाने और चुराई हुई सम्पत्ति की खरीद-फरोख्त करने तक को मानते हुए कौटिल्य व्यापारियों का विश्वास नहीं करता था। व्यापारियों के इस प्रकार के अपराधों को रोकने के लिए उसने भारी जुर्माने तय किए थे। वह व्यापार के सामान्य प्रबन्धों को भी जानता था और उसने वाणिज्यिक विवाद निपटाने के लिए पद्धतियाँ निर्धारित कीं। उसने मार्गस्थ माल की सुरक्षा के लिए उपायों की सिफारिश की। उसने माल की हानि के लिए उस गाँव (उन गाँवों) को उत्तरदायी बनाया जहाँ से गुजरते समय हानि हुई हो।

कौटिल्य चाहता था कि सरकारी कर्मचारियों पर उस समय गहरी नजर रखी जानी चाहिए जब वे काम में लगे हों। पुरुष सामान्यत: अस्थिर-बुद्धि के होते हैं और उनका मिजाज बदलता रहता है। अत: वे जिस एजेन्सी और औजारों का उपयोग करते

हैं, जिस काम में वे लगे होते हैं, उस स्थान और समय साथ ही काम के सूक्ष्म रूप, उस पर खर्च और उसके परिणामों को हमेशा ही सुनिश्चित किया जाए..... इससे प्रत्येक विभाग का अधिकारी किए गए काम के वास्तविक परिणाम को, उससे प्राप्त आय की तथा विवरण से, व समग्र रूप से उस काम में किए गए खर्च की पूरी तरह से जाँच करेगा।

अर्थशास्त्र घोटाले और घोटाले का पता लगाने, दोनों पर जोर देता है।

अर्थशास्त्र में कहा गया है कि विभिन्न विभागों में चल रहे काम-काज पर गुप्त रूप से नजर रखने के लिए जासूसों (गुप्तचरों) को नियुक्त करना चाहिए। यह सुझाव अपेक्षाकृत अहितकारी माना जाएगा। आजकल हमारे यहाँ व्हिसलब्लोअर्स (whistleblowers) की प्रणाली है जो उन संगठनों की गड़बड़ियों को उजागर करते हैं जिनमें वे काम करते हैं। लेकिन अधिकारियों पर जासूस लगाने से दिमाग में जार्ज आर्वेल-1984 का डर आ जाता है: 'बड़े भइया तुम्हें देख रहे हैं' (The big brother is watching you).

अध्ययन के क्षेत्रों का जो लम्बी सूची कौटिल्य ने दी है, वह उस समय की गई प्रगति का द्योतक है। औषध, गणित, सैन्य शिक्षा, वाणिज्यिक शिक्षा, शासन-कला, कला, स्थापत्यकला, कुछ विषय हैं जो अध्ययन के विषय थे। उस समय शिक्षा की जो संस्थाएँ फली-फूलीं, वे थीं-नालन्दा और तक्षशिला। समकालीन दृष्टि से यह मानव पूँजी निर्माण का क्षेत्र था।

मुख्य विषय (Main Themes)

इस चरण में, हम कौटिल्य के आदेशों तथा लोक-प्रशासन व कारपोरेट प्रबन्धन के सिद्धान्तों के बीच कुछ रोचक समानताएँ देख सकते हैं: तथापि, हमें याद रखना होगा कि कौटिल्य ने ये बातें पुराने राजतन्त्र की पृष्ठभूमि में लिखी थीं।

- अर्थशास्त्र में आर्थिक अवसंरचना बनाने पर जोर दिया गया है।
- यह उन अर्थव्यवस्था के उन क्षेत्रों को बताता है जिन्हें राज्य के नियम की जरूरत होती है।
- ये नियमन के लिए व्यापक रूप से विषय-वस्तु, कार्यविधियाँ और कर्मचारी निर्धारित करता है।
- यह बाजार की ताकतों की उल्लेखनीय संकल्पनाएँ बताता है।
- कौटिल्य लोक वित्त-व्यवस्था का महत्त्व समझता था।
- कौटिल्य राजतन्त्र में उपर से लेकर नीचे तक सभी कार्य-कर्त्ताओं के कर्त्तव्यों व कामों को विस्तार से बताता है।
- प्रणाली (पद्धति) दण्डों व पुरस्कारों, दोनों पर निर्भर है।
- कौटिल्य निजी व्यापार व वाणिज्य के प्रशासन हेतु कुछ नियम निर्धारित करता है। किन्तु, क्योंकि उस समय अर्थव्यवस्था आधुनिक दृष्टिकोण से आदि-युगीन थी, इसमें आधुनिक कार्पोरेट से कठोरता के साथ तुलनीय कोई बातें नहीं हैं।

अपनी बात समाप्त करते हुए, चाणक्य ने जिन विषयों पर लिखा है उन्हें आधुनिक शब्दावली में-कानून-नियम, न्याय-प्रणाली, सम्पत्ति के अधिकार, सरकारी कर्मचारी के कुशल व ईमानदारी से किए गए काम के लिए प्रोत्साहन-राशियाँ, नैतिक एवं आध्यात्मिक कल्याण का संवर्द्धन, अवसंरचना हेतु प्रावधान व पूँजी निर्माण। इन्हें मजबूत राष्ट्र निर्माण के साधन भी माना जाता है।

गुरु रविदास (Guru Ravidas)

अब हम रविदास के जीवन और उनकी शिक्षाओं के बारे में संक्षेप में चर्चा करेंगे। रविदास का जन्म एक मोची के घर में हुआ था। उन दिनों जाति प्रणाली बड़ी मजबूत थी। लोग अनेक प्रकार के सामाजिक बन्धनों व वर्जनाओं से बँधे थे। ऊँची जाति के लोग अधिकतर आध्यात्मिक ज्ञान व उप-व्यवसाय करते थे। वंशगत विशेषज्ञता ने यथार्थ में अन्यों को काट दिया, विशेष रूप से आध्यात्मिक गतिविधियों से समाज के निचले वर्ग को।

अनेक संत हुए हैं जिन्होंने ऐसी बाधाओं को तोड़ा है। रविदास इन सब में सबसे आगे हैं। डॉ. विवेक भट्टाचार्य के अनुसार परमानन्द ने रविदास को अपनी धार्मिक व्यवस्था में दीक्षित किया था। परमानन्द एक प्रगतिशील ब्राह्मण थे। एक बार वे लम्बी तीर्थ यात्रा से लौटै। रूढ़िवादी ब्राह्मण चाहते थे कि वे प्रायश्चित करें। परमानन्द ने जाति की संकीर्ण संकल्पना त्याग दी और सभी को मंदिर में आने की अनुमति दे दी और उन्हें गुरु बनने की सहमति भी दे दी। रविदास उनके शिष्यों में से एक थे।

संतवत् आचरण (Saintly Ways)

रविदास भगवान राम के महान भक्त थे। वे अपना समय ध्यान-योग और प्रार्थना में बिताते थे। इस प्रक्रिया में वे जूते बनाने के काम की ओर ध्यान नहीं देते थे। वे अनमने हो जाते थे, काम पर ध्यान लगाने में असमर्थ और समय पर काम नहीं दे पाते थे। इससे उनके पिता नाराज हो गए और उन्हें घर से निकाल दिया। तथापि, रविदास अपने पुराने ढर्रे पर चलते रहे।

वे अपने स्थान के पास से गुजरने वाले संतों व फकीरों को मुफ्त में ही जूते देते थे। भौतिक सम्पत्ति में उनकी कोई रुचि नहीं थी। उन्हें भय था कि इनसे उनका ध्यान ईश्वर से हट जाएगा। वे कहा करते थे- "मैं किसी और खजाने का क्या करूँगा? मुझे तो केवल मेरा प्यारा ईश्वर (खुदा) चाहिए जिसे कोई चुरा नहीं सकता। भगवान का नाम ऐसा है जिसे लेते ही मेरी चेतना रौशन हो जाती है। ऐसा अनिर्वचनीय (दैवी) आनन्द मुझे किसी और वस्तु से नहीं मिल सकता।"

अपनी जाति की नीची स्थिति के कारण रविदास आरम्भ में ब्राह्मण व अन्य जातियों के विरोधी थे। एक किंवदन्ती के अनुसार ब्राह्मणों ने उस दावत में शामिल होने से इंकार कर दिया जिसमें रविदास के आने की संभावना थी। रविदास इसमें आए जरूर। किन्तु ब्राह्मणों ने उन्हें अपने बीच सभी स्थानों पर बैठा देखा। अपनी इस गलती का अहसास होते ही उन्होंने इनसे माफी माँगी और एक गणमान्य संत के समान मानते हुए उन्हें आदर-सत्कार दिया।

इस कहानी की ऐतिहासिक प्रमाणिकता नहीं हो सकती। लेकिन इससे रुचिप्रद अन्तर्दृष्टियाँ मिलती हैं। पहली तो यह कि गहरे बैठे हुए सामाजिक पूर्वाग्रहों पर रविदास के संतत्व के गुणों की विजय हुई। रामानन्द अपनी जाति के लोगों द्वारा स्वधर्मत्यागी माने जाते थे। फिर भी उन्हें ब्राह्मणत्व और विस्तृत विद्वता का लाभ प्राप्त था। इसके विपरीत, रविदास अपनी असंदिग्ध शुचिता और अच्छाई के बावजूद अपने सह-धर्माधिकारियों से अपना दाय पाने के लिए उन्हें सामाजिक बाधाओं को पार करना पड़ा (यद्यपि उन्हें सांसारिक प्रसिद्धि की चिन्ता नहीं थी)।

अपनी चमत्कारिक चिकित्सा शक्तियों के लिए रविदास की प्रसिद्धि थी। जो कोई भी उनके पास आता था, उसकी वे खुले दिल से मदद करते थे।

उन्होंने पैसे का चढ़ावा कभी स्वीकार नहीं किया। एक बार उनके निष्ठावान भक्तों में से एक ने उन्हें धन प्रस्तुत किया। दोबारा जब वह रविदास के पास गया तो उसने धन वहीं रखा पाया जहाँ उसने छोड़ा था। जब उसने रविदास से इसके बारे में पूछा तो उन्होंने उस धन का उपयोग तीर्थयात्रियों के लिए सराय बनाने में खर्च करने के लिए कहा।

धार्मिक विचार (Religious Ideas)

रविदास के लिए ईश्वर ही सबकुछ था। उनका विचार था कि शरीर प्राप्त कर लेने पर मानव ईश्वर से अलग हो गया है। 'भक्तमाला' के अनुसार रविदास का मानना था कि-*"आत्मा ईश्वर (परमात्मा) से इसलिए अलग है कि वह एक शरीर में रहती है (कैद है)। ईश्वर ही सबकुछ है, सभी मनोभावों के प्रति दयालु है और मानव द्वारा अपनी सम्पूर्ण श्रद्धा क्षमता के साथ पूजनीय है।"* रविदास ने दुर्गुणों में से सद्गुणों को चुना, अच्छे कर्मों को अपनाया और वर्जित चीजों से बचे रहे। रविदास ईश्वर की प्रशंसा में गीत लिखते थे। ये सभी बड़े लोकप्रिय हुए। इनमें से तीस को **गुरु ग्रंथ साहिब** में शामिल किया गया है जो सिखों का पवित्र धार्मिक ग्रंथ था। ईश्वर के प्रति उनके लगाव एवं आध्यात्मिक शक्तियों से आकर्षित होकर उनके पास अनेक लोग आते थे। लोग अनुभव करते हैं कि उनके उपदेश व कविता उन सूर्यों के समान थे जो संदेह व अविश्वास के अंधकार को दूर कर देते हैं।

भारत के सांस्कृतिक इतिहास के अनुसार:

रविदास एक अनन्त-अनादि ईश्वर के उपासक थे जो सभी धार्मिक सम्प्रदायों से ऊपर और परे है और उसका न कोई आदि है और न अंत। उनकी शिक्षा थी कि ईश्वर अपने भक्तों के हृदय में रहता है और उसे धार्मिक कृत्यों या अनुष्ठानों के करने से नहीं जाना जा सकता। केवल वही उसे पा सकता है जिसने दैवी कसक का अनुभव किया हो तथा जीवन में धर्म की उच्चतम अभिव्यक्ति मानव की सेवा है।

कबीर सहित अन्य संत उनका बहुत आदर करते थे। रविदास की प्रसिद्धि दूर-दूर तक इतनी अधिक फैल गई कि चित्तौड़ की रानी ने उनके चरण स्पर्श कर लिए और उनके माध्यम से दीक्षा ग्रहण की। रविदास ने राजस्थान की मीराबाई को भी दीक्षा दी थी जो दैवी संगीत के साथ महान राजसी संत थीं। रविदास के बहुत अनुयायी थे जो **रविदासी** कहलाते थे- जो **वैष्णववाद**,जो भक्ति पंथ है, के ईश्वरवादी रूप के अनुयायी थे।

डॉ. विवेक भट्टाचार्य का मानना है कि "पन्द्रहवीं शताब्दी में भारत के आध्यात्मिक आकाश में गुरु रविदास का उदय होना भारत के इतिहास में परिवर्तन का मोड़ है।" एक मोची के पुत्र को लोगों द्वारा आध्यात्मिक गुरु स्वीकार कर लेना भक्ति आन्दोलन की अन्तिम परिणति का द्योतक है। उच्चतम आध्यात्मिक पंक्ति में उनका उन्नयन एक महान सामाजिक व धार्मिक बदलाव का संकेत देता है।

गुरु नानक (Guru Nanak)

जीवन वृत (Biographical Sketch)

महान आध्यात्मिक गुरु तथा सिख सम्प्रदाय के संस्थापक, गुरु नानक का जन्म 15 अप्रैल, 1469 को राई भोई दी तल्वण्डी में हुआ था जिसे अब लाहौर के पास ननकाना साहिब के नाम से जाना जाता है। नानक के पिता, मेहता कालू चन्द एक किसान थे और गाँव के लेखाकार (Accountant) थे। नानक की माँ का नाम तृप्ता था। अपने बचपन में ही नानक की मनोवृत्ति रहस्यमय थी। वे चिन्तक तथा पवित्र विचारों वाले थे। वे अपने अध्यापकों से आध्यात्मिक प्रश्न करते थे तो वे आश्चर्यचकित रह जाते थे। उनके पिता ने नानक का ध्यान सांसारिक वस्तुओं (मामलों) में लगाने के लिए बहुत कोशिश की। उन्होंने नानक को भूमि जोतने पर लगा दिया। लेकिन बालक नानक ने अपने काम पर ध्यान नहीं दिया। वे खेतों में भी ध्यान-योग करने लगे। उनके पिता ने अन्य धन्धों में भी उनकी रुचि पैदा करने की कोशिश की, पर कोई लाभ नहीं हुआ।

गुरु नानक की एक ही बहन थी जिसका नाम नानकी था। उसका विवाह जय राम के साथ हुआ जो कपूरथला के पास सुल्तानपुर में लम्बी-चौडी जागीर के मालिक नवाब दौलत खान की सेवा में था। नानक का विवाह भी उनकी बहन के विवाह के तुरन्त बाद हो गया। उनकी पत्नी का नाम सुलक्खनी (सुलक्षणी) था। लेकिन विवाह एवं दो बच्चों का जन्म भी गुरु नानक की आध्यात्मिक खोज को रोक नहीं पाया। वे ध्यान-योग के लिए वन में या एकान्त स्थानों पर चले जाते थे।

नानकी और जय राम नानक को बहुत प्यार करते थे और उनका बहुत आदर करते थे। राय बूबर, तलवण्डी के जमींदार भी उनका बहुत आदर करते थे। उन्होंने नानक के लिए, सुल्तानपुर में नवाब के भण्डार के प्रभारी की नौकरी का प्रबन्ध कर दिया।

कुछ वर्षों बाद नानक ने नौकरी छोड़ दी और आध्यात्मिक खोज में निकल पड़े। भारतीय संतों के ढंग के अनुसार वे लम्बी यात्रा पर निकल गए। उन्होंने भारत के विभिन्न मुस्लिम व हिन्दू धार्मिक केन्द्रों की यात्रा की। नानक की जिज्ञासा ने ही उन्हें विदेशों की यात्रा के लिए प्रेरित किया। नानक अपनी यात्रा से 1520 में वापस लौटे।

उनके जीवन के शेष वर्ष करतारपुर में बीते जो केन्द्रीय पंजाब का एक दूसरा गाँव था। यह संभवत: इस अवधि का अन्तिम समय था जब सिख सम्प्रदाय की नींव रखी गई थी। गुरु नानक को आध्यात्मिक मास्टर माना जाने लगा था। समाज के विभिन्न वर्गों के लोग उनके संदेश को सुनने के लिए भारी संख्या में आने लगे। वे गुरु नानक के अनुयायियों के समूहों द्वारा गाए जाने वाले अनेक भक्ति गीतों (सबद) में अभिव्यक्त गुरु नानक की नैतिक शिक्षाओं के प्रति बहुत आकर्षित होने लगे। यह भारत की जीवन्त धार्मिक परम्पराओं का भाग बना रहा।

नानक ने अपने जीवन के अंतिम वर्ष अपने परिवार के साथ करतारपुर में बिताए। गुरु नानक की मृत्यु 1538 में हुई, उस समय उनकी आयु 69 वर्ष की थी। गुरु अंगद उनके उत्तराधिकारी बने। अन्य गुरु हुए हैं– गुरु अमरदास, गुरु रामदास, गुरु अर्जुन देव, गुरु हरगोविन्द, गुरु हर राय, गुरु हर किशन, गुरु तेग बहादुर तथा गुरु गोविन्द सिंह।

शिक्षाएँ (Teachings)

विलियम हेवाट मैक्ल्योड (William Hewat Mc Leod) ने (एन्साइक्लोपीडिया ब्रिटानिका में) एक लेख में कहा है कि सिख सम्प्रदाय एकेश्वरवाद है तथा इस पर हिन्दू और इस्लामिक, दोनों प्रभाव पड़े हैं। यह मूर्तिपूजा व धर्म काण्ड को नकारता है। किन्तु इसमें हिन्दू रहस्यवाद और भक्ति संबंधी आस्थाओं का गहरा प्रभाव है। विलियम मैक्ल्योड के अनुसार नानक के संदेश को संक्षेप में, दैवी नाम पर अनुशासित ध्यान-योग के माध्यम से मोक्ष के सिद्धान्त के रूप में बताया जा सकता है। मोक्ष को जन्म व मृत्यु के आवागमन के चक्र से मुक्त होकर ईश्वर के साथ रहस्यमय एकात्मकता (लीन हो जाना) के तौर पर समझा जा सकता है। दैवी नाम ईश्वर के सम्पूर्ण प्रकटन को बनाता है, जो एकात्मा है तथा रचित विश्व व मानवीय आत्मा दोनों के भीतर सर्वव्यापी है। ध्यान-योग कठोरता से आत्मस्य होना चाहिए तथा अन्य सभी उपाय जैसे मूतियाँ, मंदिर, मस्जिद, धर्मग्रन्थ और निश्चित प्रार्थनाएँ नकारे जाते हैं।

गुरु नानक की शिक्षा थी कि एक भी साँस बिना **नाम स्मरण** के या ईश्वर का नाम लिए बिना खर्च नहीं की जानी चाहिए। क्योंकि कोई नहीं बता सकता कि जो साँस हमारे अन्दर गई है, बाहर आएगी या नहीं। नानक का कहना है कि "हम एक साँस वाले आदमी हैं। मुझे इससे लम्बी समयावधि का ज्ञान नहीं है।" गुरु नानक के अनुसार वही सच्चा संत है जो प्रत्येक आती-जाती साँस के साथ ईश्वर का नाम याद रखता है। वे लोगों से समय नष्ट न करते हुए तत्काल प्रार्थना शुरू कर देने के लिए कहते हैं।

गुरु नानक सुधारक थे जिन्होंने समाज में भ्रष्टाचार की निंदा की। वे धर्म में औपचारिकतावाद व धर्म-कार्यों को नकारते थे। उन्होंने ईश्वर की आराधना में वास्तविक आत्मा (भावना) डाल दी और धर्म एवं ईश्वर में सच्ची आस्था स्थापित की। उनका दृष्टिकोण उदार था। उनके पास हरेक के लिए शांति व प्रेम का संदेश था। नानक जाति, पंथ, नस्ल या सामाजिक वंशावली के आधार पर लोगों के बीच अन्तर का विरोध करते थे। उन्ही के शब्दों में,"ना तो हिन्दू है ना ही मुसलमान (मुस्लिम) है, तो मैं किसका पथ अपनाऊँ? मैं ईश्वर के मार्ग पर चलूँगा। ईश्वर न तो हिन्दू है और न मुसलमान और मैं जिस पथ पर चलता हूँ, वह ईश्वर का है।"

उन्होंने शुचिता, न्याय, अच्छाई तथा ईश्वर प्रेम की शिक्षा दी। उन्होंने कहा-'ईश्वर सेवा करो। मानवता की सेवा करो। केवल मानवता की सेवा ही हमें स्वर्ग में स्थान दिला सकती है।' गुरु नानक स्त्रियों का बहुत सम्मान करते थे। उनका कहना था कि सभी धार्मिक जमावड़ों में उन्हें पूरी तरह भाग लेने के लिए अनुमति दी जानी चाहिए तथा धार्मिक उत्सवों में उनको पूरा हिस्सा मिलना चाहिए।

गुरु नानक स्पष्ट रूप से कहते हैं-*"भगवान के घर का मार्ग लम्बा और कठिन है। अमीरों के लिए कोई छोटा रास्ता नहीं है। हरेक को उसी एक अनुशासन का पालन करना होगा। हरेक को मानवता की सेवा तथा नाम स्मरण कर अपने मन को पवित्र करना होगा। हरेक को बिना शिकायत किए या बड़बड़ाए ईश्वर की इच्छा के अनुसार रहना चाहिए। ईश्वर को कैसे पाया जाए? इसका एक मार्ग है। उसकी इच्छा को अपनी इच्छा बना लो। उस अनन्त-आदि के समरस हो जाओ और कोई मार्ग नहीं है।"*

दैवी इच्छा को अपनी इच्छा बनाने का पहला चरण दैवी कृपा या पक्षपात हेतु प्रार्थना है- **गुरु प्रसाद हेतु अरदास**। उनका कहना है कि बिना ईश्वरीय कृपा के कुछ प्राप्त नहीं किया जा सकता। वे कहते हैं- *'पूरी दीनता के साथ ईश्वर से प्रार्थना करो, स्वयं को उसके हवाले कर दो। अपना घमण्ड (मान), दिखावा व अहम् त्याग दो, उसकी कृपा और दया की भीख माँगो। अपने गुणों, योग्यताओं और क्षमताओं का ध्यान मत करो। उसके प्रेम और उससे मिलन को पाने के लिए प्राण त्यागने के लिए तैयार रहो। ईश्वर को वैसे ही प्रेम करो जैसे पत्नी अपने प्रिय से प्रेम करती है। बिना किसी शर्त आत्मार्पण कर दो। तुम्हें ईश्वरीय कृपा और प्रेम मिल जाएगा।*

गुरु नानक बार-बार इस प्रकार जोर देते हैं: *"सभी के साथ अपनी एकता को अनुभव करो। ईश्वर को प्रेम करो। मानव में स्थित ईश्वर को प्रेम करो। ईश्वर प्रेम का गान करो। ईश्वर नाम का जाप करो। उसकी महिमा का गान करो। ईश्वर से ऐसे प्रेम करो जैसे कमल पानी से करता है, चातक वर्षा से करता है, पत्नी अपने पति से करती है। अपने ईश्वरीय प्रेम को कलम बनाइए एवं दिल को लेखक बनाइए। यदि तुम ईश्वर के नाम का जाप करोगे तो तुम रहोगे; यदि तुम उसे भूल जाओगे तो तुम नष्ट होगे। उसके लिए अपना ह्रदय खोल दो। उसके साथ एकात्म हो जाओ। उसकी बाँहों में खो जाओ और ईश्वरीय आलिंगन का अनुभव करो।"*

गुरु नानक ने अपने एक सबद (पद) में अपनी शिक्षाओं को संक्षेप में बड़े सुन्दर ढंग से दिया है:

हर सम्प्रदाय (मत) के संतों से प्रेम करो।
घमण्ड को अलग रख दो।
धर्म के मर्म को याद रखो, जो
विनम्रता तथा सहानुभुति है
अच्छे वस्त्र नहीं हैं
ना योगी का चोला और भभूत है,
ना तुरही का फूँकना है,
ना सिर मुँडाना है,
ना लम्बी प्रार्थनाएँ हैं,
ना ही पाठ और यंत्रणाएं,
ना ही योगी होना,
विश्व की लुभावनाओं से भरी दुनिया में,
किन्तु अच्छाई तथा शुचिता का जीवन है।

गुरु नानक की संकल्पना में, *"ईश्वर एक है, उसका नाम ही सत्य है। वह कर्ता है, वह पूरे ब्रह्माण्ड का संचालन करता है, वह भयातीत है, वह अजातशत्रु है, वह अमर (अनश्वर) है, वह अजन्मा है, वह स्वयं-भू व स्वयं-अस्तित्वी है, वह (अज्ञान के) अंधकार को दूर करने वाला है और वह दयालु है।" ईश्वर अनन्त है। उसका न कोई आदि है और न अन्त।*

गुरु नानक ने संस्कृत की लिपि (देवनागरी) को सरल कर **गुरमुखी** लिपि बनाई। सिखों का पवित्र गुरु **ग्रंथ साहिब, गुरमुखी** लिपि में लिखा गया है। **गुरु ग्रन्थ साहिब** प्रत्येक गुरुद्वारे में प्रतिष्ठित होता है। पवित्र ग्रंथ, जो **आदि ग्रंथ** के नाम से प्रसिद्ध है, में पहले पाँच गुरुओं के पद हैं। इन सब को पाँचवें गुरु द्वारा संग्रहित, व्यवस्थिति किया गया और '**गुरु ग्रंथ साहिब**' के नाम से पुस्तकाकार दिया गया। इसमें कबीर के और अन्य समकालीन वैष्णव संतों के पद भी शामिल हैं। बाद में, नौवें गुरु के पदों को इस पवित्र **ग्रंथ** में दसवें गुरु द्वारा शामिल किया गया। गुरु नानक की रचनाएँ बहुत बड़े पैमाने पर हैं।

ग्रंथ साहिब का आरम्भ इस प्रकार होता है: "केवल एक ही ईश्वर (मालिक) है जिसका नाम सच्चा (सत्) है-सृष्टि-कर्ता।" इसमें उच्च नैतिकता की संहिता है। जीवन की निर्मलता, गुरु की आज्ञा का पालन, दया, दान, आत्म-संयम, न्याय, निष्कपटता, सच्चाई, त्याग, सेवा, प्रेम और मांसाहार से दूरी कुछ ऐसे सद्गुण हैं जिन पर बहुत जोर दिया गया है; जबकि लंपटता, क्रोध, घमण्ड, घृणा, अहम्, लोभ, स्वार्थ, क्रूरता, पीठ पीछे निन्दा और झूठ की घोर निन्दा की गई है।

लोकप्रिय परम्परा के अनुसार नानक की शिक्षाओं का पालन तीन तरीकों से किया जाना चाहिए:

» **वाग चक्को:** दूसरों के साथ बाँटना, उन लोगों की मदद करना जिनके पास कम है और जिन्हें जरूरत है।

» **कीरत करो:** बिना शोषण या बेइमानी के ईमानदारी से कमाना।

» **नाम जपना:** अपने बुरे विचारों का नियंत्रण करने, दु:खों का अन्त करने एवं सुखी जीवन व्यतीत करने हेतु ईश्वर के नाम का ध्यान करना।

नैतिक गंभीरता और सादगी के अलावा समन्वयवाद, विश्वजनीनता और उदारता भी गुरुनानक की शिक्षा की कुछ और विशेषताएँ हैं। गुरु नानक की शिक्षा के इन पहलुओं की समकालीन प्रासंगिता बहुत है। वे धर्मों के बीच सहिष्णुता एवं मैत्री की शिक्षा देते हैं। यद्यपि अपने इतिहास में एक समय उत्पीड़न के कारण सिख सम्प्रदाय को नायकत्व वाले सैन्य सद्‌गुणों को अपनाना पड़ा, इसमें बड़ा भारी रहस्यमय व आस्तिक दबाव था। राजनैतिक उथल-पुथल से भरे ऐतिहासिक समय में सिख सम्पदाय भारत में अन्य धर्मों के प्रहरी के तौर पर खड़ा हो गया था।

तिरुवल्लुवर (Tiruvalluvar)

तिरुवल्लुवर एक महान कवि, प्रचारक और विचारक थे। उनके जीवन वृतान्त के बारे में कोई महत्त्वपूर्ण ऐतिहासिक साक्ष्य नहीं मिलते। उनका जन्म संभवत: तमिलनाडु के माइलापुर में हुआ था जो आज चेन्नई है। तिरुवल्लुवर एक गृहस्थ थे जो संभवत: किसी राजा के यहाँ काम करते थे। कुछ किंवदन्तियों के अनुसार वे एक जुलाहे थे। उनकी पत्नी का नाम वासुकि था।

तिरुवल्लुवर की प्रसिद्धि उनकी महान रचना '**तिरुक्कुरल**' के कारण हुई। इसकी रचना के काल के बारे में विद्वानों में मतभेद हैं। **तिरुक्कुरल** का सामान्यत: माना गया काल दूसरी शताब्दी ईसवी है। 'तिरुक्कुरल' इसके समय की रचना मानी जाती है क्योंकि तिरुवल्लुवर ने इसके लिए विचार **अर्थशास्त्र** (250 वी.सी. तथा 150 ए.डी.) से लिए प्रतीत होते हैं तथा इसलिए भी कि दो तमिल महाकाव्यों 'मणिमेखलै' तथा 'सिलप्पदिकरम' (Manimekhalai and Silappsdikaram) 200-500 ई. में **तिरुक्कुरल** के दोहों का संदर्भ है। तथापि, 31 बी.सी. तिरुवल्लुवर का जन्म का वर्ष है जो तमिल अकादमी ऑफ मदुरै द्वारा स्वीकृत है।

प्राचीन होने के बावजूद **तिरुक्कुरल** मानवीय, परिष्कृत तथा सार्वभौमिक नैतिक मूल्यों को प्रतिभासित करता है। अल्बर्ट स्क्वेत्जर (Albert Schuritzer) की पुस्तक '**इण्डियन थॉट एण्ड इट्स डेवेलपमेण्ट**' (1951) में निम्नलिखित टिप्पणी की है जिसे इस संदर्भ में देखा जा सकता है।

"निश्चित चित्रण के साथ कुरल सरल नैतिक मानवीयता को चित्रित करता है। मानव के अपने आचरण के बारे में स्वयं से पूछे गए सर्वाधिक विविध प्रश्न और संसार को इसकी अभिव्यक्तियों को उदारता और भलीसमझ से चित्रित किया गया है। विश्व के साहित्य में शायद ही कहावतों का ऐसा संग्रह होगा जिसमें हमें इतना अधिक उदान्त ज्ञान मिल सके।"

तिरुक्कुरल के तीन भाग हैं जिनमें (1) सद्‌गुण, (2) सांसारिकता तथा (3) प्रेम के विषय में लिखा गया है। तिरुक्कुरल में 133 अध्याय हैं जिनमें प्रत्येक में 10-10 दोहे (पद) हैं इस प्रकार कुल 1330 दोहे हैं। सद्‌गुण को तिरुकुरल में सर्वोच्च प्राथमिकता दी गई है। सदगुण तथा प्रेम अध्याय में निजी जीवन में नैतिक जीवन-यापन की बात की गई है। पोरुल (porul) या धन लोक मामलों से सम्बन्धित है। सद्‌गुणों पर चर्चा 380 दोहों में, सांसारिकता पर चर्चा 700 अनुच्छेदों में और प्रेम पर चर्चा 250 दोहों में की गई है। तिरुक्कुरल के विषयों की सामान्य जानकारी दोहों को और उनके द्वारा कवर किए विषयों को देख कर प्राप्त की जा सकती है; 40 छंद ईश्वर, वर्षा, सद्‌गुण और संन्यास पर हैं; 200 छंद घरेलू सद्‌गुणों पर; 140 छंद शालीनता पर आधारित उच्चतर सद्‌गुणों पर; 250 छंद राजसीयता पर; 100 छंद राज्य के मंत्रियों पर; 220 छंद प्रशासन की अनिवार्य जरूरतों पर; 130 छंद नैतिकता पर हैं जिनमें सकारात्मक व नकारात्मक, दोनों हैं तथा 250 छंद मानव प्रेम व मनोवेगों पर हैं।

आगे हम तिरुक्कुरल से कुछ उद्धरण दे रहे हैं जो इसकी नैतिक भावनाओं को बताता है। संन्यासियों को सम्मान देने के बाद तिरुवल्लुवर परिवार व निजी सद्‌गुणों पर जोर देते हैं।

सद्‌गुणों पर

"क्रोध, ईर्ष्या, लोभ और कठोर वचन का त्याग सद्‌गुण है।"

उन्होंने सद्‌गुणों के पहले खण्ड में सौजन्यता, आभार, आत्म-संयम, सही आचरण और स्वामिभक्ति (ईमानदारी-निष्ठा) के गुणों की प्रशंसा की है। उन्होंने शाकाहारत्व के महत्त्व का गुणगान किया है:

"कोई व्यक्ति दयालु कैसे हो सकता है? यदि वह दूसरे के माँस से अपना माँस बनाता हो।"

वे ईसाइयत का यह विचार भी बताते हैं कि व्यक्ति को अपने वैरियों को क्षमा कर देना चाहिए और बुराई का बदला अच्छाई से देना चाहिए।

"एक पापी को एक अच्छे कार्य से उसकी घेराबन्दी कर और उसको भुलाकर सजा देनी चाहिए।"

प्रेम तथा परिवार पर (On Love and Family)

तिरुवल्लुवर के आदर्शवाद में वे महिला सद्‌गुणों की दिल खोल कर प्रशंसा करते हैं:

यदि स्त्री अपनी पवित्रता की शक्ति को बनाए रखती है, तो दुनिया में और किसी खजाने का विकल्प कहाँ रह जाता है।

यद्यपि तिरुवल्लुवर ने रूमानी प्रेम की बात की है, पर उनका कहना है कि उसकी परिणति विवाह में होनी चाहिए। क्योंकि यह एक-दूसरे और उनके परिवारों के प्रति और व्यापक रूप में समाज के प्रति जोड़े की वचनबद्धता को निर्धारित करता है। तिरुवल्लुवर पारिवारिक जीवन एवं बच्चों के लालन-पालन के आनन्द को बहुत महत्त्व देते थे। प्रो. सी. आर. कृष्णमूर्ति ने '**तमिल लिटरेचर थ्रू द एजिज**' (Thamigh Literature through the Ages) में लिखा है। 'ये छंद आज विशेष रूप से प्रासंगिक होंगे जबकि विवाहित जोड़ों के बीच असली वचनबद्धता धीरे-धीरे कम होती जाने के कारण विशिष्ट होती जा रही है। इस बात की हैरानी भी होती है कि इतिहास में किस समय से वित्तीय व धार्मिक तत्व तमिल सामाजिक ताने-बाने में विवाह संबंधों में घुसने लगे।' तटस्थ की तरह हम देख सकते हैं कि समस्त भारत में वैवाहिक सम्बन्धों में धार्मिक तत्व गायब होते जा रहे हैं जबकि वित्तीय तत्व बढ़ रहे हैं।

धन-दौलत के महत्व पर (On the importance of Wealth)

तिरुवल्लुवर सद्‌गुणों की सर्वोच्चता को मानते हैं, पर उनका यह भी सोचना है कि धन के बिना यह अव्यावहारिक हो जाता है। निम्नलिखित दोहे में बताया गया है कि किस प्रकार एक गरीब आदमी का ध्यान भूख की काली छाया पर लगा रहता है:

"क्या वह भूख फिर लौट आएगी?

जिसने मुझे कल तो मार ही डाला था।"

साथ-साथ, तिरुवल्लुवर धनलोलुपता व कंजूसी को भी बुरा कहते हैं: "**वह करोड़पति होते हुए भी गरीब ही है जो न कभी किसी को देता है और ना ही खर्च करता है।**"

तिरुवल्लुवर इस बात पर जोर देते हैं कि समाज में सद्‌भाव से रहने के लिए सांसारिक ज्ञान या समझदारी जरूरी है। आदमी को साथ के लोगों के साथ भली प्रकार रहना चाहिए।

राजनीति व शासन पर (On Politics and Governance)

तिरुवल्लूवर ने (राज्य-तन्त्र) शासन-कला पर अनेक समझदारी की बातें लिखी हैं। उन्होंने राजा, उसके मंत्रियों और प्रजा के बीच सम्बन्धों पर चर्चा की है। उन्होंने शिक्षा, कृषि और सामाजिक सेवा के महत्त्व को रेखांकित किया है। वे भ्रष्टाचार व भाई-भतीजावाद व वर्तमान राजनीति को बुराई और बुद्धिहीनता मान कर उनकी निन्दा करते हैं। फलते-फूलते समाज के लिए उनका आदेश निजी चरित्र, सामाजिक चरित्र और राज्य के कार्य के मिश्रण (तालमेल) पर आधारित है।

नैतिक प्रवर्तन पर (On Moral Enforcement)

अनेक विचारक कठोर नैतिकता और नैतिक सिद्धान्तों को कठोरता से लागू करने की वकालत करते हैं। आदर्श नैतिक सिद्धान्तों में सामान्य मानवीय कमजोरियों व वास्तविक जीवन की जरूरतों के लिए गुंजाइश रखनी होगी। तिरुवल्लुवर इस तथ्य को अनदेखा नहीं करते तथा नैतिक मानदण्डों में कुछ अपवादों की जरूरत को स्वीकार करते हैं। वे एक उदाहरण देते हैं जहाँ झूठ बोलना उचित ठहराया जा सकता है।

"यदि मिथ्या भाषण के फल (परिणाम) लाभकारी हों तो झूठ, सत्य का स्थान ले सकता है।"

साहित्यिक पक्ष (Literary Aspects)

तिरुक्कुरल के सम्बन्ध में हम कुछ और भी महत्त्वपूर्ण बातें देख सकते हैं। तमिल विद्वानों के अनुसार इसकी रचना में महान साहित्यिक सौन्दर्य है। मानवीय मनोभावों को व्यक्त करने के लिए प्रयुक्त अभिव्यक्तियाँ बहुत सूक्ष्म हैं। प्रेम के विभिन्न पहलुओं को अति सूक्ष्म ढंग से वर्णित किया गया है। तिरुवल्लुवर लोगों को अपवित्र (गलत) व्यवहार के प्रति सावधान करने का कोई अवसर कभी नहीं चूकते।

"पवित्र दोहे मानवीय सोच की श्रेष्ठ कृति माना जाता है, जिनकी तुलना भारत व विदेशों में बाइबिल, मिल्टन के 'पैराडाइज लॉस्ट' तथा प्लेटो की रचनाओं से की जाती है। तिरुक्कुरल एक समावेशित नैतिक मार्ग-दर्शक है जिसके अग्रवर्ती नैतिक आदेश हत्या करने के नहीं हैं, सत्य कहने के लिए हैं। (वैवस्टर्स इन्सायक्लोपीडिया ऑफ लिटरेचर/वैबस्टर का साहित्यिक विश्व कोष)

तिरुवल्लुवर की कविता उनकी नैतिक गंभीरता, विश्वास की गहराई और मानव मनोविज्ञान की उनकी समझ को प्रतिबिम्बित करती है। उनकी सोच कैथोलिक (विश्वबंधुत्व) और धार्मिक मतान्धता से मुक्त है। यह बड़े आश्चर्य का विषय है कि तिरुवल्लुवर, जो बहुत काल पहले हुए थे, ने ऐसे उदार और उच्च विचार व्यक्त किए। वे अपने समय से बहुत-बहुत आगे थे।

अंत में हम तिरुवल्लुवर के सारगर्भित कथनों की सूची यहाँ दे रहे हैं:

- कुछ वस्तुएँ/बातें ईश्वर द्वारा या ईश्वर की सहायता से भी प्राप्ति-योग्य नहीं है। लेकिन उस अप्राप्ति-योग्य के लिए किए गए प्रयास का अपेक्षित फल मिलेगा।
- यद्यपि विश्व में अनेक गतिविधियाँ होती हैं किन्तु यह कृषि पर ही निर्भर हैं। अतः मेहनत का काम होने पर भी खेती करना सर्वोच्च कार्य है।
- जैसे कि पानी अपने बहाव की मिट्टी के साथ अपनी प्रकृति बदल लेता है, उसी प्रकार मनुष्य भी वैसे ही दीखने लगते हैं जैसे उनके साथी होते हैं।
- मित्रता केवल मुख पर आ जाने वाली मुस्कान नहीं है; यह एक मुस्कराते हुए दिल में गहराई तक अनुभव की गई अनुभूति है।
- जल के फूलों के डण्ठल, पानी की गहराई के अनुपात में होते हैं: अतः मनुष्य की महानता उसके दिमाग (ज्ञान) के अनुपात में होती है।
- ऐसा कोई काम न करो जिससे तुम्हें बाद में पछताना पड़े; यदि गलती से ऐसा हो भी जाए तो उसको न दोहराना ही अच्छा होगा।
- जो किए जाने के लिए सोचा गया है, वह योजना के अनुसार प्राप्त हो जाएगा यदि योजनाकार उसके कार्यान्वयन में पक्के हैं।
- खाने या गतिविधियों में अधिकता या कमी चलने-फिरने, श्वांस लेने में और पचाने में गड़बड़ी कर देती है।
- कृषि-शास्त्री मानव-जाति की धुरे की कील है क्योंकि वह उन सभी का पालन-पोषण करती है जो धरती को नहीं जोत पाते।
- विद्वान अध्यापक आपके शिक्षा-ग्रहण को रोचक बना देता है; स्कूल छोड़ने के बाद आपको उसकी शिक्षा को याद दिलाए रखता है।
- पहले सोचिए और फिर काम शुरू कीजिए, शुरू कर देने के बाद सोचना आपको अपमान दिलाएगा।
- दृढ़ निश्चय के साथ किए गए प्रयासों से सम्पन्नता आती है; निष्क्रियता से कुछ हासिल नहीं होगा।

» सद्गुण (अच्छे काम) को दूसरे दिन के लिए मत डालो; उसे अभी कर डालो और अन्तिम समय में वह आपका अमर साथी होगा।

» कुएँ में पानी उस गहराई के अनुपात में होगा जितना गहरा उसे खोदा गया है तथा मानव से ज्ञान उसके ज्ञान के अनुपात में ही मिलेगा।

» ईश्वर जो देता है, कोई उसे रोक नहीं सकता। ईश्वर जो रोक देता है, वह अन्य कोई भी दे नहीं सकता।

» यदि कोई तुम्हारे साथ बुरा करे, तुम उसके लिए अच्छा ही करो।

» हम इतिहास से अन्य अनेक प्रेरणादायक प्रसंगों (बातों) पर चर्चा कर सकते हैं। तथापि, इस विषय को आगे बढ़ाने से चर्चा के पूर्व प्रकार को दोहराना होने लगेगा। हमारा उद्धेश्य विश्लेषण का ऐसा मॉडल देने का है जिसे विघार्थी-गण अपने अध्ययनों के दौरान अन्य नेताओं, शासकों तथा सुधारकों पर लागू कर सकते हैं। विघार्थियों को ऐसे सभी प्रसिद्ध व्यक्तियों के बारे में जानना चाहिए और उनके बारे में बुलट फार्म में नोट्स बना लेने चाहिए।

सार संक्षेप

- मानवीय मूल्य, सार्वभौमिक मूल्य हैं जो सभी समाजों, धर्मों और अवधियों (कालों) में मिलते हैं।
- दयानन्द सरस्वती ने नारा दिया। 'वेदों के अनुसार चलिए।' वे एक मूर्तिभंजक थे जो हिन्दू धर्म के परम्परागत संस्कारों, मूर्ति पूजा, परम्परागत पुरोहिताई और जाति बंधनों का विरोध करते थे। वे एक महान व्यावहारिक सुधारक थे जिन्होंने अनेक संरचनात्मक गतिविधियों को बढ़ावा दिया।
- अपनी बात समाप्त करते हुए: कौटिल्य ने जिन विषयों पर लिखा है, उन्हें आधुनिक शब्दावली में कानून, न्याय प्रणाली, सम्पत्ति के अधिकार, सरकारी कर्मचारियों के कुशल व ईमानदारी से किए गए काम के लिए प्रोत्साहन राशियाँ, नैतिक एवं आध्यात्मिक कल्याण का संवर्द्धन, अवसंरचना हेतु प्रावधान व पूँजी निर्माण कहा जाता है। इन्हें मजबूत राष्ट्र निर्माण के साधन भी माना जाता है।
- रविन्द्रनाथ टैगोर एक महान कवि, लेखक और दार्शनिक थे। उनकी रचनाओं से भारतीय संस्कृति सम्बन्धी विचारों को विश्व के अनेक भागों में लोकप्रियता मिली। नोबेल पुरस्कार पाने वाले वे पहले एशियाई व्यक्ति थे। यद्यपि वे कवि के रूप में प्रसिद्ध हुए, किन्तु उन्होंने उपन्यास, लघु कथाएँ, नाटक, लेख, निबंध भी लिखे और वे चित्रकार भी थे। उनका संगीत, जो **'रविन्द्र संगीत'** के नाम से प्रसिद्ध है, बंगाल में बहुत लोकप्रिय है। वे समाज सुधारक, देश-भक्त तथा मानवतावादी थे।
- अध्याय नेताओं, सुधारकों व शासकों (प्रशासकों) के जीवन के बारे में है।
- हमारा नेताओं से तात्पर्य स्वतन्त्रता आन्दोलन के राष्ट्रीय नेताओं से है।
- विद्यार्थीगण स्वतन्त्रता आन्दोलन तथा राज्य-व्यवस्था को कवर करते हुए उनके बारे में पढ़ेंगे।
- शासकों (प्रशासकों) से हमारा तात्पर्य प्राचीन, मध्यकाल और आधुनिक समय के योग्य भारतीय शासकों से है।
- सुधारकों से हमारा तात्पर्य सामाजिक, नैतिक और धार्मिक सुधारकों से है। ये ऐसे रूपान्तकारी व्यक्तित्व हैं जिन्होंने समाज के नैतिक मूल्यों व विश्व-दृष्टि को नई शक्ल दी।
- चूँकि सभी महत्त्वपूर्ण नेताओं, सुधारकों और प्रशासकों को कवर करना संभव नहीं है, अत: हमने चर्चा के लिए कुछ को ही चुना है।
- विद्यार्थियों को चाहिए कि अपने पठन के दौरान जब भी वे ऐसे व्यक्तियों के बारे में पढ़ें तो वे उनके बारे में नोट्स लिख लें।

- उनके जीवन का अध्ययन मानवीय मूल्यों की पृष्ठभूमि में किया जाना चाहिए।
- मानवीय मूल्य, निजी मूल्य हो सकते हैं- जो मनुष्य के शारीरिक व्यक्तित्व, सामाजिक व्यक्तित्व और आध्यात्मिक व्यक्तित्व से जुड़े रहते हैं।
- ऐसे पाँच मानवीय मूल्य हैं सत्य, उचित (सही) आचरण, प्रेम, शांति, तथा अहिंसा।
- मानवीय मूल्यों का एक और अर्थ मानवीय अधिकारों का माना जा सकता है। एक सिद्धान्त के तौर पर मानवीयता मानव को दर्शन, नैतिकताओं एवं मानविकियों में चर्चा के केन्द्र में रखता है। यह मानवीय खुशी, मानवीय सरोकारों व मानवीय स्वतन्त्रता तथा उपलब्धि पर ध्यान केन्द्रित करते हैं।
- मानव मात्र को अपने आप में ही हमेशा अन्तिम लक्ष्य माना गया है और किसी ख्यात उच्चतर लक्ष्य के साधन के रूप में नहीं।
- मानववाद धार्मिक विचार को नकारता है, मानवीय तर्कणा की पुष्टि करता है और आत्म-विकास एवं सामाजिक प्रगति के पथ को स्वतन्त्रतापूर्वक निर्धारित करने के मानव के कर्त्तव्य की स्वायत्तता की भी पुष्टि करता है।
- धार्मिक उपदेश प्राय: आध्यात्मिक क्रियाओं, सिद्धान्तक या मतवादी प्रश्नों एवं धर्म संबंधी बाहरी रायों (टिप्पणियों) पर केन्द्रित होते हैं। कभी-कभी धार्मिक नेता संकीर्ण दृष्टिकोण (विचार), धर्मान्धता तथा साम्प्रदायिक असहिष्णुता को बढ़ावा देते हैं। हमें ऐसे सभी विचारों से अलग रहना है। धार्मिक सोचों को समान मानवता, मानवीय भाईचारे, सामाजिक समान्तर और आपसी सहिष्णुता की भावनाओं को बढ़ाने वाला होना चाहिए।
- विवेकानन्द ने हिन्दू वैदिक आदर्शों में पश्चिमी वैज्ञानिक और मानवीय विचारों का समावेश कर दिया। उन्होंने हिन्दुओं की स्वयं को निश्चित सम्प्रदाय (पंथ) और धर्म सिद्धान्तों में ही निष्ठा रखने की प्रवृति के विरुद्ध काम किया। उन्होंने भारतीयों को उनकी गौरवशाली परम्पराओं का स्मरण कराया। उन्होंने पश्चिम में वेदान्त के दर्शन को लोकप्रिय बनाया। सर्वोपरि, उन्होंने गरीबी और अज्ञान में डूबे लोगों की मदद करने की जरूरत की ओर भी लोगों का ध्यान दिलाया।
- रामकृष्ण परमहँस के महान योगदान हैं- ईश्वर की सीधी अनुभूति की संभावना की स्थापना; धर्मों के सदभावों का प्रचार ; प्राचीन धार्मिक अनुष्ठानों का आधुनिक धर्म-निरपेक्ष जीवन के साथ ताल-मेल बैठाना; धर्मों में घुस आई बुराइयों को समाप्त करना तथा सामाजिक जीवन में नैतिकता के रंग में सुधार लाना। उनके विचार अस्पष्टता से मुक्त थे।
- अरविन्द की रचनाओं ने दासता में जकड़े राष्ट्र के मनोबल को बढ़ाया। उन्होंने विदेशी दासता के अधीन रह रहे लोगों के मन से निराशा, अवसाद और हीनता की भावना को निकाला। अरविन्द ने लोगों को राष्ट्र के शानदार विगत की याद दिलाई। गहन आन्तरिक ध्यान-योग पर आधारित आध्यात्मिक आत्म ज्ञान का उनका संदेश समस्त मानवीयता को सम्बोधित है।
- राम मोहन रॉय तीक्ष्ण बुद्धि, खुले दिल से धर्मों के प्रति सहानुभूति रखने वाले, अत्यन्त सशक्त व्यक्तित्व के स्वामी और सुधारों के प्रति बहुत उत्साही थे। उनकी रुचियों एवं गतिविधियों के दायरे, दोनों ही बहुत विस्तृत थे। एक समय के हिन्दू सिद्धान्तों के स्वस्थ शरीर में प्रवेश कर गईं। बुराइयों एवं भ्रष्ट रीतियों के विरुद्ध उन्होंने अथक संघर्ष किया था। उन्होंने भारत के राजनैतिक पतन, स्वतन्त्रता की हानि और अपमान से भी आगे देख लिया था। उन्होंने पश्चिमी संस्कृति को अपनाने एवं गणतांत्रिक अनुशासन पर आधारित आलोकित भविष्य को देखा था। वे लिंगों की समानता के सच्चे विश्वास करने वाले थे और उन्होंने महिलाओं का स्तर (स्थिति) ऊपर उठाने के लिए परिश्रम किया।
- नारायण गुरु एक महान आध्यात्मिक गुरु थे। उन्होंने धार्मिक सहिष्णुता और सामाजिक सद्भाव का पाठ पढाया। उनकी शिक्षाएँ समाजोन्मुख थीं। उन्हें दलितों व गरीबों के कष्टों की चिन्ता थी और उन्होंने उनके कल्याण के लिए काम किया। अपने अनिवार्य आध्यात्मिक अनुष्ठानों में वे अन्य महान संतों के समान ही पवित्र परम्पराओं का पालन करते थे।
- 'अर्थशास्त्र' की मूल भावनाएँ हैं:

- यह आर्थिक अवसंरचना बनाने पर जोर देता है।
- यह अर्थव्यवस्था के उन क्षेत्रों की ओर इंगित करते हैं जहाँ राज्य के विनियमन की जरूरत है।
- यह विनियमन के लिए विषय, कार्य-विधि और कार्मिक व्यापक मार्ग-निर्देश देता है।
- कौटिल्य लोक (वित्त-पोषण) वित्त व्यवस्था के महत्त्व को स्वीकार करता है।
- कौटिल्य राजतंत्र में ऊपर से लेकर नीचे तक के सभी कर्मचारियों के कर्त्तव्यों और कार्यों को विस्तार से बताया है।
- उनकी प्रणाली दण्डों एवं पुरस्कारों, दोनों पर निर्भर है।
- कौटिल्य ने निजी व्यापार और वाणिज्य के प्रस्तावों हेतु कुछ नियम निर्धारित किए। किन्तु, क्योंकि उस समय अर्थव्यवस्था आधुनिक दृष्टिकोण से आदियुगीन थी, इसमें आधुनिक कार्पोरेट से कठोरता के साथ तुलनीय कोई बातें नहीं हैं।
- "पन्द्रहवीं शताब्दी में भारत के आध्यात्मिक आकाश में गुरु रविदास का उदय होना भारत के इतिहास में परिवर्तन का मोड़ है।" एक मोची के पुत्र को लोगों द्वारा आध्यात्मिक गुरु स्वीकार कर लेना **भक्ति आन्दोलन** की अन्तिम परिणति का द्योतक है। उच्चतम आध्यात्मिक पंक्ति में उनका उन्नयन, एक महान सामाजिक व धार्मिक बदलाव का संकेत देता है।
- सिक्ख धर्म (मत) एकेश्वरवादी है और इस पर हिन्दू तथा इस्लामी दोनों प्रभाव दृष्टिगत होते हैं। लेकिन इस पर हिन्दू रहस्यवादी एवं भक्ति आस्थाओं का गहरा प्रभाव दिखाई देता है।
- गुरू नानक की शिक्षा थी कि एक भी साँस '**नाम स्मरण**' के या ईश्वर को याद किए बिना नहीं ली जानी चाहिए।,
- गुरू नानक सुधारवादी थे जिन्होंने समाज में भ्रष्टाचार की निन्दा की। उन्होंने धर्म में औपचारिकतावाद और कर्म-काण्डवाद को अस्वीकार किया। उन्होंने ईश्वर की आराधना में वास्तविक भावना को डाला एवं धर्म व ईश्वर में सच्ची आस्था की स्थापना की। उनका दृष्टिकोण उदार था। उन्होंने शांति व सभी के लिए प्रेम का संदेश दिया। नानक ने जाति, नस्ल, पंथ या सामाजिक वंशवाद के आधार पर भेदभाव का विरोध किया।
- नानक ने शुचिता, न्याय, अच्छाई एवं ईश्वर प्रेम की शिक्षा दी। गुरू नानक के मन में स्त्रियों के लिए बहुत सम्मान था, उन्हें सभी धार्मिक सभाओं में पूरी तरह भाग लेने की अनुमति दी तथा धार्मिक समारोहों में पूरी हिस्सेदारी दी।
- गुरू नानक ने संस्कृत की लिपि को सरल बनाकर **गुरूमुखी** लिपि बनाई। लिखों का पवित्र ग्रंथ **गुरूमुखी** लिपि में लिखा गया है।
- गुरू ग्रंथ साहिब उच्च नैतिकता की संहिता है। जीवन की शुचिता, गुरू के प्रति आज्ञाकारिता, कृपा (दया), दान, आत्म-संयम, न्याय, निष्कपटता, सच्चाई, त्याग, सेवा, प्रेम तथा पशु माँसादि से परहेज कुछ ऐसे सद्‌गुण हैं जिन पर बहुत जोर दिया गया है; जबकि वासना, क्रोध, घमण्ड, घृणा, अहम्, लोभ, स्वार्थीपन, क्रूरता, पीठ पीछे निंदा तथा मिथ्या-भाषण की जोरदार ढंग से निन्दा की गई है।
- नैतिक गंभीरता और सरलता, समन्वयवाद, कैथोलिकवाद तथा उदारवाद गुरूनानक की शिक्षाओं की अन्य प्रशंसनीय विशेषताएँ हैं।
- तिरुवल्लुवर महान कवि, उपदेशक और विचारक थे।
- तिरुवल्लुवर की ख्याति उनकी महान रचना 'तिरुक्कुरल' के कारण है। इसकी रचना काल के बारे में विद्वानों में मतभेद है। तिरुवल्लुवर के जिस काल को आम तौर पर माना जाता है, वह दूसरी शताब्दी ईसवी सन है।
- तिरुक्कुरल के तीन भाग हैं: (क) सद्‌गुण; (ख) सांसारिकता; तथा (ग) प्रेम।
- अपनी प्राचीनता के बावजूद तिरुक्कुरल मानवीय, परिष्कृत और सार्वभौमिक नैतिक मूल्यों को प्रतिभासित करता है। इसे मानवीय सोच का मास्टरपीस (श्रेष्ठ कृति) माना जाता है और भारत एवं विदेशों में इसकी तुलना बाईबल, जॉन मिल्टन के पैराडाइज लॉस्ट तथा प्लेटों की रचनाओं से की जाती है।

- तिरुवल्लुवर के काव्य में उनकी नैतिक गंभीरता, दृढ़ विश्वास की गहराई तथा मानवीय मनोविज्ञान की उनकी समझ प्रतिभासित होती हैं। उनकी सोच कैथोलिक है और धार्मिक हठधर्मिता से मुक्त थी। यह बड़े आश्चर्य की बात है कि इतिहास में इतने लम्बे समय पहले होने पर भी तिरूवल्लुवर ने ऐसे उदार व लोकोत्तर (महान) विचार व्यक्त किए। वे अपने समय से बहुत, बहुत आगे थे।

अभ्यास प्रश्न

1. मानव मूल्यों से आप क्या समझते हैं? ऐसे तीन मूल्यों के बारे में बताइए।
2. अपनी पंसद के किसी राष्ट्रीय नेता के द्वारा प्रस्तुत मूल्यों पर चर्चा कीजिए।
3. ऐसे दो संतों का परिचय दीजिए जिन्हें पश्चिमी विचार छू भी नहीं गए थे किन्तु जिन्होंने प्रगतिशील आधुनिक विचार दिए।
4. क्या आप ऐसा सोचते हैं कि कौटिल्य के अर्थशास्त्र में भारतीय विद्वानों की रुचि, विगत के प्रति मोह का एक रूप है?
5. "भारतीय संत धार्मिक अनुष्ठानों व उपदेशों में इतना अधिक डूबे रहे कि वे सामाजिक समस्याओं पर पर्याप्त ध्यान नहीं दे सके।" चर्चा कीजिए।
6. ऐसे भारतीय शासक के विचारों का परिचय दीजिए जिन्होंने आपके विचार से जनता के कल्याण के कार्य किए हैं।
7. अनेक धार्मिक नेता हुए हैं जिन्होंने पिछड़े वर्ग में जन्म लेने के बावजूद बड़ा अभिनन्दन पाया। ऐसे किसी संत की शिक्षाओं का उल्लेख कीजिए।
8. महात्मा गाँधी तथा नेताजी सुभाष चन्द्र बोस से हम क्या नैतिक शिक्षा ले सकते हैं?
9. "महान सुधारकों के जीवन से जो आदर्श मिलते हैं वे महान तो हैं पर उनका अनुसरण कठिन है।" समीक्षा कीजिए।
10. "नैतिक मूल्य तथा प्रशासनिक वास्तविकताएँ बिल्कुल अलग-अलग बातें हैं।"चर्चा कीजिए।

संदर्भ

- 'द स्पीरिट ऑफ इण्डियन कल्चर: सेंट्स ऑफ इण्डिया:' डॉ. विवेक भट्टाचार्य
- 'टैगोर की 150 वीं जन्मशती पर (ब्रिटिश म्यूजियम में हुए) भाषण अमर्त्य सेन द्वारा
- 'इण्डियाज नेशन बिल्डर्स'– डी. एन. बनर्जी
- 'विवेकानन्द' रामकृष्ण मठ तथा रामकृष्ण मिशन (वैबसाइट)
- 'श्री रामकृष्ण' रामकृष्ण मठ तथा रामकृष्ण मिशन (वैबसाइट)
- विलियम हेवाट मैक ल्याद (William Hewat Mc Leod) गुरू नानक (एन्सायक्लोपीडिया ब्रिटानिका में रचना)
- श्री स्वामी शिवानन्द: गुरू नानक (संतों का जीवन से)
- मनोज सदाशिवम तिरूक्कुरल (About.com Hinduism)
- एन. वी. के. अशरफ: एन इण्ट्रोडक्शन टू तिरूक्कुरल एण्ड इट्स ऑथर।

अध्याय 6

नीतिशास्त्रीय मार्ग–निर्देश के स्रोत: कानून, नियम, विनियम तथा अंत: करण (Sources of Ethical Guidance : Laws, Rules, Regulations and Conscience)

परिचय (Introduction)

मानव कायों को सही या गलत निर्णित करने के लिए नीति-शास्त्र मानदण्डों की जाँच करना है। ये मानक आते कहाँ से हैं या उनका स्रोत क्या है? नैतिक (नीतिशास्त्रीय) दार्शनिकों ने कानूनों, नियमों, विनियमों तथा संचेतना को महत्वपूर्ण स्रोत माना है जो मानव के नैतिक आचरण (चरित्र) का मार्ग-निर्देश करते हैं। इस अध्याय में हम उपरोक्त चार क्षेत्रों पर चर्चा करेंगे और देखेंगे कि वे नैतिक व्यवहार को किस प्रकार प्रभावित करते हैं। पहले तीन विचारों के राजनीति तथा न्याय-शास्त्र में अर्थ भिन्न हैं एवं दूसरी ओर नीति-शास्त्र में अलग अर्थ हैं।

अपनी चर्चा में हम दो पहलुओं पर विचार करेंगे। पहले हम कानून की आधुनिक संकस्पना को देखते है। उसके बाद, हम इस पर उस रूप में विचार करेंगे जैसा कि इसे मध्य काल में देखा जाता था, और विशेष रूप से सेंट थामस एक्विनास के विचारों को लेंगे। पहले के समय में नैतिक प्रणासियों को (नैतिक) 'कानून' का नाम दिया गया था। कानून के पहले विचारों में धार्मिक विषय-वस्तु, सामाजिक मानदण्डों और कानून का धारा में तथा आधुनिक सोच (जो पहले की विचारधारा की प्रतिक्रिया में उत्पन्न हुई) कानून को नैतिकता तथा धर्म से अलग करती है। कानून के लिए आधुनिक विचार शुरू करने में लाभ यह होगा कि मध्यकालीन विचारों को सही परिप्रेक्ष्य में देखने में मदद मिलेगी।

सेंट थॉमस एक्विनास पर चर्चा करते हुए, हम पश्चिमी नैतिक विचारकों वाले अध्याय में प्राकृतिक कानून नैतिकता सम्बंधी विचारों को दोहराने से बचते हैं। हम पैट्रिक जें शेरन (Patrick J. Sheraan) द्वारा 'एथिक्स इन पब्लिक एडमिनिस्ट्रेशन: ए फिलॉसाफिकल एप्रोच' में दिए गए विवरण पर आधारित प्राकृतिक कानून पर चर्चा करेंगे।

कानून (विधि) का सामान्य अर्थ (Ordinary meaning of law)

कानून से हम सामान्यत: विधायिका के अधिनियमन का अर्थ लेते हैं। यह कानून का धार्मिक के विपरीत, धर्मनिरपेक्ष विचार (दृष्टिकोण) है। ऐतिहासिक दृष्टि से कानून की अवधारणा धर्म, दर्शन और सामाजिक मानदण्डों से उत्पन्न हुई। धीरे-धीरे, न्यायशास्त्र (विधिशास्त्र) का विषय उभरा तथा इससे सम्पत्ति सम्बन्धी विवादों एवं आपराधिक मामलों में न्याय करने के लिए अदालतों में प्रयुक्त कानून की धारणाओं का परिमार्जन हुआ।

कानून की अनेक शाखाएँ हैं-आपराधिक (फौजदारी) कानून, नागरिक (Civil) (दीवानी) कानून और विशेष क्षेत्रों से सम्बन्धित कानून जैसे कम्पनी अधिनियम, भारतीय बिजली अधिनियम तथा पर्यावरण संरक्षण अधिनियम। कानून दो श्रेणियों में बंटा हुआ है-जैसे तात्विक कानून तथा पद्धतिगत कानून। तात्विक कानून अपराधों या दोषों को उनके तत्वों के अर्थों में परिभाषित करते हैं और दण्ड निर्धारित करते हैं। पद्धतिगत कानून- जैसे आपराधिक पद्धति की संहिता या नागरिक पद्धति की संहिता-उन रूपात्मकताओं को विनिर्दिष्ट करती है जिनका पालन अदालतों को न्याय करते समय करना होता है। भारतीय साक्ष्य अधिनियम मुख्यत: उन गवाहियों एवं प्रलेखों (Documents) से सरोकार रखता है जिन्हें साक्ष्य माना जाता है तथा अदालत में साक्ष्य से प्राप्त किए गए निष्कर्षों की प्रकृति के तौर पर स्वीकार किया जाता है।

कानून की संकल्पना पर विचार करते हुए हमें भारत के संविधान को अनदेखा नहीं करना चाहिए। किसी भी देश का संविधान उसका मूलभूत कानून माना जाता है। अन्य सभी कानून संविधान के अनुरूप होने जरूरी हैं। राष्ट्र की सरकार के ढाँचे (framework) की रूप-रेखा प्रस्तुत करने के अलावा संविधान राष्ट्र के मूल मूल्यों और आदर्शों को भी मूर्त रूप देता है। इन्हें सांविधिक मूल्य कहते हैं। मोटे तौर पर संविधान की प्रस्तावना तथा राष्ट्र की नीति के निदेशात्मक सिद्धान्तों में सांविधिक मूल्य शामिल होते हैं।

आस्टीन का विधि का सकारात्मक सिद्धान्त (Austin's Positive Theory of Law)

जॉन आस्टीन ने विधि के सकारात्मक सिद्धान्त को प्रस्तुत किया। विधि अपनी मूल प्रकृति में नैतिक और धार्मिक सिद्धांतों से भिन्न है। आस्टीन की सोच विश्लेषणात्मक विधिशास्त्र पर आधारित है तथा चर्चा से मूल्यांकन सम्बन्धी या नियामक (आदर्शक) शब्दावली को हटाने का प्रयास करती है। विधिक सिद्धान्त में प्रत्यक्षवाद का अर्थ है कि (क) विधि एक वैधानिक नियम है तथा यह कि (ख) यदि निर्धारित प्रकिया के अनुसार पारित है तो विधि उसकी विषय-वस्तु का ध्यान किए बिना ही वैध है। अन्य शब्दों में जब तक एक चुनी हुई विधायिका (आधुनिक गणतन्त्र में) चर्चा करती है और विधि पारित करती है, प्रत्येक को उसका पालन करना चाहिए।

ऑस्टीन का सिद्धान्त 'विधि का आदेशक सिद्धान्त' भी कहा जाता है। इसकी मुख्य विशेषताएँ निम्नलिखित हैं:

- विधि एक प्रभुसत्ता (विधायिका या राजा या शासक) द्वारा दिया गया आदेश है।
- लोगों को शासक की आज्ञा पालन करने की आदत होती है।
- कानून शस्ति या दण्ड से प्रबलित है।
- सरल शब्दों में कहा जाए तो विधि वे आदेश हैं जिनके पीछे धमकियों का सहारा है।
- अत: विधि एक प्रभुसत्ता की व्यक्त इच्छा है और अन्य आदेशों से अलग किया जा सकता है।
- प्रभुसत्ता वह व्यक्ति या निकाय है जिसकी आज्ञा का पालन अन्य लोग आदतन करते है एवं वे दूसरों के आदेश नहीं मानते।

उपरोक्त सिद्धान्त का महत्व, विधि की संकल्पना में से नैतिक या नियामक तत्वों को निकालने में निहित है। लोग विधि को नागरिकों पर सौंपे गए उत्तरदायित्व या कर्तव्य कहते हैं। आस्टीन अपराधियों में भय पैदा करने वाली दण्ड की संभावना या लोगों की विधि को पालन करने की आदत पर निभर्र रहते हुए इन नैतिक शब्दों को समाप्त करने का प्रयास करता है। वह विधि के गुण-दोषों पर चर्चा से बचना चाहता है।

आस्टीन का विधि का प्रत्यक्षवादी विचार, विधि के कुछ भागों को स्पष्ट करने में असफल रहता है। उदाहरण के लिए, इंगलिश 'प्रथागत' विधि या 'समान' कानून में ऐसे विधिक सिद्धान्तों के अनुसार, न्यायाधीशों द्वारा किए गए निर्णय शामिल हैं जिनके लिए कोई लिखित विधि नहीं है। तथापि, यूरोपियन राष्ट्रों, जो सामान्यत: यूनानी विधिक परम्पराओं को मानते हैं, में ऐसे कोई तत्व नहीं हैं। आस्टीन प्रभुसता की मौन सहमति की धारणा का प्रयोग कर इनका रक्षण करता है; चूँकि राजा ने आपत्ति नहीं की है,

तो उसने सहमति दे दी होगी। कुछ विधि आस्टीन के सिद्धान्तों से मेल नहीं करती है। ये वे विधियां हैं जो विधियों को निरस्त करती हैं; विधियां जिनमें कोई दण्ड नहीं होता; विधियां जो केवल अधिकार बनाती हैं जैसे संविदा (ठेका) अधिनियम; और विवाह को पारिभाषित करती हुई विधियां आस्टीन इन्हें घोषणात्मक कहता है।

अन्य समस्याएँ अन्तर-राष्ट्रीय विधियां और आदिकालीन विधियां से आती हैं। अन्तर-राष्ट्रीय विधियां लागू करने के लिए कोई प्रभुसत्ता नहीं है। अधिकता विधिक इतिहास बेलिखे जन-जातीय कानूनों को मानता है जिसका कोई-औपचारिक विधायी कूट नहीं होता। आस्टीन का विचार नकारता है कि ऐसा कोई कानून, कानून है। विधि प्रणालियों में विधि की 'परतें' होती हैं। वे संविधान तथा संधियों को 'उच्चतर विधियां' मानते है। ऐसी विधियां बाद के विधि-निर्माण में विरोध (बाधक) के समान होती हैं। आस्टीन का विधि का आदेशात्मक सिद्धान्त, उच्चतर विधियों के लिए नहीं है।

एच ए एल हार्ट के विचार (H.A.L Hart's Views)

हार्ट निश्चयात्मक है, यद्यपि उसने आस्टीन के विरूद्ध उपरोक्त में से कुछ आपत्तियाँ उठाई थीं। हार्ट का कहना है कि नियमों की दो श्रेणियाँ, जिन्हें प्राथमिक व द्वितीयक नियम कहते हैं, मिलकर एक क्रियाशील विधिक प्रणाली का आधार बनती हैं। यह उन वास्तविक (पर्याप्त) विधियों तथा पद्धतिगत विधियों के बीच अन्तर के समान है जो हमने पहले देखे हैं। विद्यार्थियों को इस बात पर ध्यान देना चाहिए कि 'नियम' शब्द कभी-कभी, जैसा कि इस संदर्भ में प्रयुक्त है, विधि के समानार्थक के तौर पर प्रयोग किया जाता है। प्राथमिक नियम या तो विधिक बाध्यता (दायित्व) लगाते हैं, जैसा क्रिमिनल कानून में है या वे शक्ति प्रदान करते हैं, जैसा कि उत्तराधिकार के कानून में वसीयत बनाने की शक्ति या करार करने की शक्ति।

द्वितीयक नियम, प्राथमिक विधिक नियमों को कार्यान्वित (काम में लगाने) करने में सहायक होते हैं। हार्ट तीन प्रकार के द्वितीयक नियम बताता है। अभिज्ञान का नियम, प्राथमिक विधिक नियमों का पता लगाने (पहचान करने) हेतु मानदण्ड प्रदान करता है उदाहरण के लिए संसद के अधिनियम तथा न्यायपालिका के निर्णय। परिवर्तन के नियम बताते हैं कि नियम किस प्रकार बनाए, संशोधित किए या निरस्त किए जा सकते हैं। उदाहरण के लिए, संसद के अधिनियम के लोकसभा और राज्य सभा में अनेक पाठ किए जाते हैं और उन पर राष्ट्रपति की मंजूरी जरुरी होती है। अधिनिर्णय के नियम न्यायालय को न केवल विवादों को निपटाने में मदद करते हैं बल्कि विधि की व्याख्या भी करते हैं।

हार्ट विधि तथा नैतिकता के बीच किसी आवश्यक सम्बन्ध (कड़ी) को स्वीकार नहीं करता। अन्य शब्दों में, किसी विधि की वैधता उसकी नैतिक स्वीकार्यता पर निर्भर नहीं है। नैतिक दृष्टि ये असंगत (विरोधी) विधि भी विधिक रूप से वैध हो सकती है। तथापि, इसका यह तात्पर्य नहीं है कि लोगों को नैतिक दृष्टि से असंगत विधि का पाल करना चाहिए। आज्ञा पालन करना एक वैयक्तिक निर्णय या संचेतना है। हमने सकारात्मक विधि के जिन दो सिद्धान्तों पर चर्चा की है, इस बात से इन्कार करते हैं कि विधि को नैतिकता से बाधित नहीं किया जा सकता। यह अलग बात है कि अनेक विधियां समाज की नैतिकता और सांस्कृतिक संचेतना पर आधारित (टिके) होते हैं। विधि के सकारात्मक सिद्धान्त, विधि के अनेक विचारों (अर्थों) में छुपे नैतिक आदर्शों के विचार को पकड़ने (गृहण करने) में असफल रहते हैं।

लोन फुलर के विचार (Lon Fuller's Views)

लोन फुलर इस विचार से सहमत है कि विधि की विषय-वस्तु में आवश्यक, प्रमाणित नैतिक बाधाएँ हैं। लेकिन फुलर का विश्वास है कि विधि अनिवार्यत: पद्धतिगत नैतिकता के अधीन है। विधि मानव के आचार (आचरण) को अनेक नियमों के अधीन कर देता है। फुलर के अनुसार, ''विधि लोगों के आचरण को उन सामान्य नियमों के अधीन करके सामाजिक व्यवस्था प्राप्त करना चाहती है जिनके द्वारा लोग अपने व्यवहार को मोड़ सकें।''

फुलर की विधि की कार्य-चालन संकल्पना का अर्थ है किसी भी बात को तब तक विधि नहीं माना जा सकता जब तक यह व्यवहार का मार्ग-निर्देश करने का विधि का अनिवार्य प्रयोजन (कार्य) करने वाला न हो। इस प्रयोजन की सिद्धी के लिए, विधि की व्यवस्था-

(i) सामान्य शब्दों में अभिव्यक्त की जानी चाहिए;

(ii) सार्वजनिक रूप से प्रचारित की जानी चाहिए;

(iii) प्रभाव संभावित होनी चाहिए;

(iv) समझ में आने योग्य शब्दों में अभिव्यक्त होनी चाहिए;

(v) एक-दूसरे से संग मे होनी चाहिए;

(vi) प्रभावित पक्षों की शक्ति (क्षमता) के भीतर होनी चाहिए

(vii) बार-बार बदली नहीं जानी चाहिए, अन्यथा लोग उन पर विश्वास नहीं करेंगे, तथा

(viii) उनके शब्दों के अनुरूप ढंग से लागू की जानी चाहिए।

फुलर के विचार से, नियमों की कोई भी ऐसी व्यवस्था जो विधिकता के इन सिद्धान्त को तनिक भी पूरा नहीं कर सकती, व्यवहार का मार्ग-निर्देश करने वाले नियमों के माध्यम से सामाजिक व्यवस्था सुनिश्चित करने के विधि के अनिवार्य प्रयोग को प्राप्त (पूरा) नहीं कर सकती। यदि नियमों की जानकारी नहीं दी जाती या वे स्पष्ट नहीं होते हैं तो वे व्यवहार का मार्ग-दर्शन नहीं कर सकते क्योंकि लोग यह नहीं जान पाएँगे कि नियमों की क्या अपेक्षाएँ हैं।

फुलर के अनुसार, विधि दो पहलुओं में नैतिक है; यह सामाजिक व्यवस्था को बढ़ाती है तथा यह मानव स्वायत्तता का आदर करते हुए ऐसा करती है क्योंकि ये मानव के व्यवहार को नियम संचालित (मार्ग-निर्देशित) है। अत: विधिकता के उपरोक्त सिद्धान्त नैतिकता हो जाते हैं। कुछ लेखकों का तर्क है कि फुलर के नियम विधि की प्रभावोत्पादकता (क्षमता) या इसका समुचित कार्यान्वयन सुनिश्चित करते हैं और वे नैतिक विचार नहीं हैं। तथापि, फुलर के उपरोक्त आठ सिद्धान्तों में अधिकतर न्याय-संगति के नैतिक विचारों का समर्थन करते हैं। तथापि, वे विधि की विषय-वस्तु पर नैतिक बाधाओं के रूप में कार्य नहीं करते।

विधि के सकारात्मक सिद्धान्तों पर आधुनिक आदर्शक (नियामक) प्रतिक्रिया (Modern Normative Reaction to Positive Theories of Law)

ऑस्टीन की विधि के सकारात्मक सिद्धान्तों का निष्कर्ष विषय परिणामों में दिखाई देता है। जैसा कि हार्ट ने इंगित किया, इसका तात्पर्य यह है कि दूर-दराज के टापू पर बदमाशों (गैंगस्टर्स) की भीड़ विधि-संगत हैं। ऐसा इस कारण है कि ऑस्टीन विधि के दायित्वों को आदतों तक तथा विधि की अवज्ञा को जोखिमों की संभावनाओं का हिसाब लगाने तक नीचे ले आता है। हंस केल्सन (Hans Kelsen) इस समस्या को सुलझाने का प्रयास करता है। इसका कहना है कि वैध पहचान के लिए कानून को किसी ऐसे निकाय या संस्था द्वारा निर्धारित किया जाना चाहिए जो भली प्रकार विधिपूर्वक गठित की गई हो। वह सकारात्मक विचार रखता है किन्तु विधि को सामाजिक तौर पर बनाया गया मानता है, प्राकृतिक विधि या किसी उच्चतर स्त्रोत से निसृतन प्राकृतिक नियम के विपरीत, यह गत्यात्मक है और परिवर्तित होता रहता है।

जैसा कि हमने पहले कहा था, कैल्सन मानता है कि कानून को आदर्शक आधार चाहिए जिस पर यह टिक सके। वह इसे साधारण नैतिकताओं में नहीं खोजता। वह बेसिक मान-दण्डों को 'तर्क-संगत संविधान' कहता है। कानून बनाए जा सकते हैं, किन्तु मूलभूत मान-दण्ड बताते हैं कि वे कैसे बनाए और बदले जा सकते हैं। केवल वही वैध होंगे जो बेसिक मान-दण्डों के अनुसार बनाए गए होंगे। वह बेसिक मानदण्डों को रिवाज मानता है : जब ऐसा रिवाज जिसके माध्यम से संविधान वजूद में आया या कुछ खास मानवों द्वारा संचेतना के साथ किए गए संविधान-निर्माण कार्य उद्देश्य-परकता के साथ मान-दण्ड निर्माण सत्य कहा जाता है...... तब एक बेसिक मान-दण्ड का वजूद होता है। एक प्रकार से कैल्सन (Kelsen) संविधान को कानूनों के लिए बेसिक मान-दण्ड देने वाला मानता है।

संवैधानिक मूल्य (Constitutional Values)

भारतीय संविधान मान-दण्डों तथा मूल्यों के उस ढाँचे का निर्माण करता है जिसके अनुसार भारतीय कानून को होना है। जैसा कि यहाँ कहा गया है, ये मान-दण्ड तथा मूल्य, प्रस्तावना तथा राज्य की नीति के निर्देशक सिद्वान्तों में पाए जाते हैं। हम इन्हें संक्षेप में यहाँ दे रहे हैं:

प्रस्तावना में शामिल मूल्य है;

- साम्यवाद, धर्म-निरपेक्षतावाद तथा गणतन्त्र
- सामाजिक, आर्थिक और राजनैतिक न्याय
- विचारों, अभिव्यक्ति, विश्वास, निष्ठा और पूजा की स्वतन्त्रता
- प्रस्थिति तथा अवसर की समानता
- बंधुत्व तथा व्यक्ति की प्रतिष्ठा
- राष्ट्रीय एकता तथा अखण्डता

निर्देशात्मक सिद्धान्त (Directive Principles)

राज्य की नीति के निर्देशात्मक सिद्धान्त 'देश के शासन में मूलभूत' हैं। कानून बनाते समय सरकार को इन सिद्धान्तों का पालन करना चाहिए।

1. धन-दौलत का बराबर का वितरण या समाज का समाजवादी पैटर्न तथा पुरुषों व स्त्रियों, दोनों के लिए समान काम के लिए समान वेतन।
2. सभी नागरिकों, पुरुषों तथा स्त्रियों के लिए जीविका के पर्याप्त साधनों का प्रावधान (की उपलब्धता)।
3. सभी के लिए रोजगार का प्रावधान (की उपलब्धता)।
4. बच्चों के लिए नि:शुल्क व अनिवार्य शिक्षा।
5. कामगारों के लिए निर्वहन मजदूरी।
6. शोषण एवं नैतिक व भौतिक परित्याग से बच्चों (बचपन) व युवाओं की संरक्षा।
7. स्व-शासन (Self-govt) की इकाइयों के तौर पर ग्राम पंचायतों का गठन।
8. नशीले पेयों तथा स्वास्थ्य के लिए हानिकारक औषधियों के चिकित्सकीय प्रयोग के सिवाय उपयोग पर निषेध।
9. कृषि तथा पशु-पालन का आधुनिक व वैज्ञानिक पद्धति पर गठन।
10. अन्तरराष्ट्रीय शांति व सुरक्षा एवं विश्व के राष्ट्रों के बीच न्यायोचित (उचित) एवं सम्मानजनक सम्बन्धों को बढ़ाना।
11. सामाजिक कल्याण के उपाय।

इसका तात्पर्य यह नहीं है कि लोक सेवक (सरकारी कर्मचारी) निजी व सामाजिक जीवन में सभी पर लागू होने वाले साधारण नैतिक नियमों को अनदेखा कर सकते हैं। संविधान में प्रतिष्ठापित उपरोक्त मूल्यों से उन्हें उन अनेक सरकारी (दफ्तरी) स्थितियों में मदद मिलेगी जिनमें नैतिकता के प्रश्न उठ सकते हैं।

नियम तथा विनियम (Rules and Regulations)

नीतिशास्त्र में 'नियम' तथा 'विनियम' शब्दों का एक ही अर्थ है। तथापि, दोनों शब्दों के लिए कानूनी संदर्भ में कभी-कभी भिन्न अर्थ दिए जाते हैं। प्रत्येक कानून में नियमों के लिए इसे लागू (कार्यान्वित करना) अनिवार्य बनाने का-प्रावधान होता है। नियम बनाने की शक्तियाँ सरकार की कार्यकारी शाखा (executive branch) में होती है। नियम कभी भी कानून से बाहर नहीं जा सकते तथा वे विधायिका द्वारा अभिपुष्टि के अधीन है। नियम अधीनस्थ कानून होते है।

हार्ट और फुलर 'नियम' शब्द का प्रयोग कानून के बराबर के अर्थों में करते हैं। विद्यार्थियों को प्रश्न या चर्चा के संदर्भ से ही समझना होगा कि (वहाँ पर) कौन-सा अर्थ सही (उचित) है।

'विनियम' शब्द का आजकल अर्थ उन विनियमों से है जो विनियामक शक्तियों जैसे 'केन्द्रीय विद्युत विनियमन आयोग' -द्वारा किसी विशेष क्षेत्र जैसे विद्युत बीमा या टेलिकॉम के विनियमन के लिए जारी किए जाते हैं। तथापि, आजकल इसका प्रयोग कुछ खास आर्थिक गतिविधियों के विनियमन के साथ जुड़ा है। किन्तु न्याय-शास्त्र में 'नियम' तथा 'विनियम' का एक ही अर्थ है।

कानूनों एवं नियमों में अन्तर (Differences between Laws and Rules)

विनियम निजी (व्यक्तिगत) शुभ (अच्छा) पर ध्यान देते हैं या संकेन्द्रित होते हैं जबकि कानूनों का प्रयोजन लोक (शुभ) अच्छाई को बढ़ाना है। कानूनों को केवल वही लागू कर सकते हैं जो प्रभुसत्ता (या राष्ट्र की शक्ति) का प्रयोग करते हैं या विधिक रूप से गठित सरकार (या इसका विधायी पक्ष) होती है। विनियम किसी के उच्चाधिकारियों, संगठनों या परिवार के मुखिया द्वारा निर्धारित किए जा सकते हैं। नियम तथा विनियम (व्यापक नैतिक संदर्भ में) निजी व्यक्तियों और हस्तियों द्वारा निर्धारित किए जा सकते हैं। राष्ट्र के कानून इसकी शासित सीमाओं के भीतर ही लागू होते हैं।

नागरिक जब विदेश में होते हैं तो वे ज्यादातर प्रयोजनों के लिए उस देश के कानूनों से शासित नहीं होते। उदाहरण के लिए सरकारी संहिता में, निर्धारित नियम तथा विनियम सरकारी कर्मचारियों पर तब भी लागू होते हैं जब वे विदेश में होते हैं। इसी प्रकार वे नियम जिन्हें मठवासी अपनी धार्मिक व्यवस्था के तहत अपना लेते हैं, उनके विदेश जाने पर भी उन पर लागू होते है। विद्यार्थियों को नोट करना चाहिए कि नियमों या विनियमों या विनियमों की जिन अवधारणाओं का विवरण हमने दिया है, वे नीतिशास्त्र से ली गई हैं, कानूनों से नहीं। लेकिन नैतिक (नीतिशास्त्रीय) तथा विधिक अवधारणाओं के बीच समानताएँ हो सकती हैं।

नीतिशास्त्र में विधि का अर्थ (Meaning of Law in Ethics)

पिछले अध्यायों में हमने विधि के सकारात्मक सिद्वान्तों पर चर्चा की तथा नियमों पर भी बात की। लेकिन नीतिशास्त्र में विधि का अधिक व्यापक संकेतन और जुड़ाव रखता है। नैतिक विधि का यह विचार शताब्दियों के दर्शन-शास्त्रीय तथा नीतिशास्त्रीय चिन्तन का परिणाम है। प्राचीन नीतिशास्त्रीय ग्रन्थों में नैतिक कानून को जीवन-यापन का सामान्य एवं सही नियम कहा गया है। विशेष तौर पर ऐसा नियम या नियमों का समूह जिसे एक सार्वभौमिक तथा अपरिवर्तनीय और ईश्वर की इच्छा की स्वीकृति प्रकल्पित किया गया था। इस सम्बन्ध में हम संत थॉमस एक्विनास (St. Thomas Aquinas) के विचारों पर चर्चा करेंगे जो मध्यकाल का एक महान रोमन कैथोलिक धर्म-विज्ञानी (अर्थात् धार्मिक उपदेशों में निष्णात) था। स्वाभाविक ही था कि उसने इसाई धर्म-सिद्वान्तों का समर्थन किया जो उनके अनुयायियों के लिए ईश्वर द्वारा प्रकट किए गए सत्य थे। वे विश्वास पर टिके थे, न कि अनुभव-जन्य विचारों पर। तथापि, एक्विनास ने विश्वास के मामले में अरस्तू की निगमात्मक तर्क-बुद्दि का सहारा लिया। जिसे ईश्वर तथा नैतिकता सम्बन्धित धार्मिक विचारों पर विश्वास कहा जाता है। सरसरी तौर पर हम देख सकते हैं कि अनेक 'बुद्धिवादी' हिन्दू धर्म की आस्थाओं (विश्वासों) पर आक्रमण करते हैं। तथापि, धार्मिक आस्था विशेष तौर पर ईश्वरी के अस्तित्व में विश्वास, जिसे अर्नाल्ड टॉयनबी (Arnold Toynbee) ने 'उच्चतर धर्म' कहा है, समान आधार पर स्थित है, यदि इसकी तार्किक या वैज्ञानिक जाँच की जाय तो वे हवा में गायब हो जाएँगे। बुद्धिवादी विभिन्न धर्मों के बीच से चुनाव नहीं कर सकते या किसी धर्म को अनुकूल स्वीकारात्मक या प्रतिकूल स्वीकारात्मक की स्थिति नहीं दे सकते।

एक्विनास के अनुसार कानून के प्रकार (Types of Law according to Aquinas)

एक्विनास कानून के चार प्रकार बताता है: (i) शाश्वत कानून, (ii) प्राकृतिक कानून, (iii) मानव कानून तथा (iv) दैवी कानून।

शाश्वत कानून : वे कानून आते हैं जो अनादि-अनन्त ब्रह्माण्ड की प्रकृति को शासित करते हैं। शाश्वत कानून विश्व के शासक के रूप में ईश्वर के विचार (संकल्पना) से निवृत है। यह विश्व के लिए आदेशित सभी कानूनों (कुछ लेखकों के मतानुसार प्रकृति के दो नियमों सहित) को इंगित करता है।

दैवी नियम : उन मानकों से सम्बन्धित हैं जो अनन्त मुक्ति पाने के लिए एक मानव द्वारा पूरे किए जाने चाहिए। कोई तर्कणा से दैवी कानूनों को नहीं जान सकता। इसके सिद्वान्त दैवी उद्घाटन के माध्यम से ही जाने जा सकते हैं। एक्विनास दैवी नियमों के लिए 'ओल्ड टैस्टामैण्ट ऑफ बाइबिल' (जिनका पालन यहूदी करते हैं) और 'न्यू टैस्टामैंट (जिसका पालन इसाई करते हैं) का उदाहरण देता है।

प्राकृतिक नियम : वे सिद्धान्त होते हैं जो तर्क से युक्त और स्वतन्त्र इच्छा वाले प्राणियों के व्यवहार को संचालित करने वाले दैवी नियम होते हैं। यह 'बुद्धिवादी प्राणी में शाश्वत नियमों की भागीदारी है।' यह 'हम सब में दैवी प्रकाश' की छाप है। सेंट पॉल के अनुसार प्राकृतिक नियम मानवों के हृदय पर अंकित हैं। हम प्राकृतिक नियम को मानव मन में प्राप्त दैवी नैतिक विचार के रूप में समझ सकते हैं।

हम प्राकृतिक नियमों के वजूद के बारे में कैसे निश्चित हो सकते हैं? इसका एक उत्तर यह है कि मनुष्य ने प्राचीन युग से ही, अपनी-अपनी सभ्यताओं के स्तरों की परवाह न करते हुए, सही और गलत कार्यों के बीच अन्तर किया है। उनका यह भी विश्वास था कि मानव को अच्छाई का अनुसरण व बुराई का त्याग करना चाहिए। चूँकि ये विचार मानव-जाति के विकास के साथ-साथ पैदा हुए हैं, इन्हें मानवता की मानसिक बनावट का भाग माना जा सकता है।

मानव विधि (Human Law)

एक्विनास का कहना है कि मानव विधि, मानव द्वारा बनाई गई है; यह 'समान शुभ (अच्छाई) के लिए तर्कणा का अध्यादेश (धर्मादेश) है जो उसके द्वारा लागू किया गया है, जिसे समुदाय की चिन्ता है।' यह वहीं तक वैध है जहाँ तक यह प्राकृतिक विधि से मेल खाता है; या ऑगस्टीन के प्रसिद्व वाक्य में एक अनुचित विधि, कोई विधि है ही नहीं। यह प्राकृतिक विधि के सिद्वान्त की पारिभाषिक विशेषता है। ब्लैकस्टोन के अनुसार, प्राकृतिक विधि सिद्वान्त में: (1) ऐसे कोई विधिक वैध मानक नहीं हो सकते जो प्राकृतिक विधि से टकराते हों; तथा (2) सभी वैध विधियां, प्राकृतिक विधियों या कानूनों से वह शक्ति और अधिकार प्राप्त कर लेते हैं जो वे उनसे प्राप्त कर सकते हैं।

प्राकृतिक नियमों (कानून) के भाग (Parts of Natural Law)

एक्विनास ने प्राकृतिक नियमों के प्राथमिक, द्वितीयक और-तृतीयक सिद्धान्तों का उल्लेख किया है। प्राकृतिक कानून (नियमों) के प्राथमिक सिद्धान्त आचरण के सार्वभौमिक कानून (नियम) हैं और मानवीय तर्क बृद्धि से आसानी से समझे जा सकते हैं। इन सिद्धान्तों के उदाहरण हैं- अच्छाई करना, बुराई से बचना तथा तर्कणा के आदशों को मानता। मानव के मन में अच्छाई के लिए प्राकृतिक रूप से प्रेम और बुराई के लिए घृणा है। शेष सभी नैतिक सिद्धान्त प्राथमिक सिद्धान्तों से निसृत होते हैं।

प्राथमिक सिद्धान्त में से द्वितीयक सिद्धान्त बिना किसी अधिक कठिनाई के प्राप्त किए जा सकते हैं। 'विजेय' (Vincible) अज्ञान मुक्त साधारण बुद्धि का व्यक्ति भी इन्हें आसानी से समझ सकता है। 'विजेय' अज्ञान, अविजेय अज्ञान के बिल्कुल विपरीत जरा-सी कोशिश से जीता जा सकता है- और यह प्रयास किया जाना चाहिए। अच्छा होने के प्राथमिक सिद्धान्त के अनुसरण में व्यक्ति को अपने से बड़ों का आदर करना चाहिए और दूसरों का ध्यान रखना चाहिए।

प्राकृतिक नियमों के तृतीयक सिद्धान्तों को प्राथमिक सिद्धान्तों से सरलता से प्राप्त नहीं किया जा सकता। उनमें सम्बन्धित तर्कणा की पूर्वकल्पना की गई होती है। इन सिद्धान्तों से अनभिज्ञ लोगों को इसके लिए दोष नहीं दिया जा सकता क्योंकि यह 'अजेय अज्ञान' का मामला है। ऐसे व्यक्ति का एक उदाहरण है जिसमें वह गरीबों की सहायता के लिए अमीरों को ठगना ठीक समझता है। प्राकृतिक नियमों के तीन स्तर यह स्पष्ट करते हैं कि समान मामलों में भी लोग विभिन्न नैतिक निष्कर्षों पर क्यों पहुँचते हैं। एक्विनास का कहना है कि सद्धैान्तिक सोच में सामान्य सिद्धान्त या समान धारणा को जानना सरल है, उनके परिणामों के तौर पर आए निष्कर्ष प्राप्त करना कठिन है। इसी प्रकार व्यक्ति कार्य के सामान्य सिद्धान्तों से सहमति जताते हैं- तो इसी प्रकार के विशिष्ट मामलों में उनके उत्तर भिन्न होते हैं।

एक्विनास कहता है कि प्राकृतिक नियम हमें केवल यही नहीं बताते कि क्या अच्छा है, अपितु पालन करने के लिए हमारे ऊपर नैतिक कर्त्तव्य भी अधिरोपित करते हैं। प्राकृतिक नियमों के आदेशों का पालन करने के लिए हमारी नैतिक जिम्मेदारी होती है। यह एक सार्वभौमिक नियम (कानून) है तथा जाति, राष्ट्र, धर्म और लिंग की सोच के बिना है- समस्त मानव जाति पर लागू है। जैसा कि हमने देखा है, लोग प्राकृतिक नियमों की विभिन्न प्रकार से व्याख्या कर सकते हैं या समझ सकते हैं। लेकिन उन्हें इनका अनुसरण अपनी सर्वोत्तम विचारशील समझ के अनुसार करना होगा। व्यावहारिक अर्थों में इसका अर्थ यह है कि लोगों को अपने कार्यों के नैतिक पक्षों की ओर भी सावधानी से विचार करना चाहिए।

कानूनों को भंग करने से प्रतिबन्ध व दण्ड मिलते हैं। किन्तु प्राकृतिक कानूनों (नियमों) की अवमानना करने के परिणाम अस्पष्ट हैं। विधिक ढ़ंग से लागू करने वाले की अवपीड़क शक्ति की कमी वाले सभी नैतिक नियमों के मामलों में यह बात सच है। उदाहरण के लिए, यदि कोई चोरी कर भारतीय दण्ड-संहिता का उल्लंघन करता है तो अपराधी पाए जाने पर उसे जेल हो सकती है। सामान्यत: कानूनी अपराध नैतिक चूकों का समूह है। जहाँ तक एक नैतिकता भंग की स्थिति होती है, कानूनी अपराध होने पर कानून ऐसे अपराधियों को दण्ड़ देगा। लेकिन यदि कोई अपने पड़ौसी से प्रेम करने के आदेश का उल्लंघन करता है तो सांसारिक कानून उसे सजा नहीं देगा। सभी धर्म कहते हैं कि पापियों को नर्क में तकलीफें झेलनी पड़ेंगी। लेकिन ऐसी अवधारणाएँ अनुभूतिमूलक हैं और तर्क बुद्धि के उपदेश के दायरे के बाहर की हैं।

नागरिक कानून (Civil Law)

एक्विनास सकारात्मक कानूनों को दैवी और मानवीय के तौर पर बाँटता है। अब हम सकारात्मक, मानव निर्मित नागरिक कानून पर विचार करेंगे। एक्विनास सकारात्मक नागरिक कानून एवं प्राकृतिक कानून के बीच सम्बन्धों की चर्चा करता हैं। रोचक बात यह है कि उसका यह मानना है कि नागरिक कानून, जहाँ तक वे प्राकृतिक नियमों से लिए गए हैं, कानून की विशेषता ले लेते हैं। जब वे प्राकृतिक नियमों से अलग होते हैं तो वे कानून की विकृति हो जाते हैं। हम उनके उन प्रकारों की चर्चा को अनदेखा कर सकते हैं जिनमें नागरिक कानून, प्राकृतिक नियमों (कानून) से भिन्न हो सकता है। तथापि, वह एक महत्वपूर्ण बात कहता है कि लोग नागरिक कानून के उन भागों को मानने के लिए उत्तरदायी नहीं हैं जो प्राकृतिक कानून की पुष्टि नहीं करते। चर्चा का मध्ययुगीन ईश्वर मीमांसक संदर्भ अब प्रासंगिक नहीं है। लेकिन जो प्रासंगिक हैं, वह यह क्रांतिकारी कथन है कि कुछ खास परिस्थितियों में लोगों का कानून को तोड़ना उचित होगा। आज की आधुनिक भाषा में, यह एक वैधता का मामला है।

एक्विनास के अनुसार, लोगों द्वारा पालन किए जाने हेतु योग्यता पाने के लिए कानून को निम्नलिखित शर्तों को पूरा करना होगा:

1. नागरिक कानून को प्राकृतिक नियमों के अनुसार होना चाहिए। उन्हें वह सब निर्धारित नहीं करना चाहिए जिनकी मनाही प्राकृतिक कानून करता है या प्राकृतिक कानून द्वारा निर्धारित का निषेध नहीं करना चाहिए।
2. नागरिक कानून, कानूनी रूप से और उचित प्राधिकार के साथ सरकार द्वारा बनाए जाते हैं।
3. नैतिक दृष्टि से उनका पालन करना संभव है।
4. वे व्यक्ति के लिए नहीं अपितु सामान्य सामाजिक भलाई के लिए होते हैं।

यदि कोई कानून उपरोक्त शर्तों में से किसी को भी पूरा करने में असफल रहता है तो नागरिकों को उसका पालन करने की जरूरत नहीं है। यह वह मूलभूत विचार (सोच) है जो नागरिक सविनय अवज्ञा की अवधारणा को रेखांकित करता है। सविनय अवज्ञा में लोग उन अनुचित कानूनों की अवज्ञा करते हैं जो यद्यपि भली प्रकार लागू किए गए हैं, किन्तु वे उच्चतर नैतिक सिद्धान्तों का उल्लंघन करते हैं। इस प्रकार, नमक सत्याग्रह के दौरान महात्मा गांधी ने उस समय लागू नमक कानून को तोड़ा। ऐसे ही अनेक पश्चिमी देशों में 'प्रो-लाइफ' समूह उन कानूनों का विरोध करते हैं जो गर्भपात की अनुमति देते हैं।

हम यहाँ कानून से ऊपर होने और कानून से बाहर होने के बीच अन्तर देखते हैं। दार्शनिकों का एक समूह मानता है कि प्रभुसत्तासम्पन्न या नियामक कानून से ऊपर हैं क्योंकि उनको दण्ड देने वाला कोई नहीं है। एक्विनास तर्क करता है कि प्रभुसत्तासम्पन्न कानून से ऊपर नहीं है वह इसका पालन करना चुन सकता है। एक्विनास का कहना है, "एक व्यक्ति जो भी कानून दूसरे के लिए बनाता है, उसे स्वयं भी उसका पालन करना चाहिए।" आधुनिक विचार यह है, कि कोई भी कानून से ऊपर नहीं है। जैसाकि हम पहले देख चुके हैं, कानून केवल उन्हीं लोगों पर लागू होते हैं जो उनके लागू होने वाली न्यायिक सीमा के भीतर रहते हैं। भारत के कानून, स्वीडन में रहने वालों पर लागू नहीं होंगे।

एक्विनास के विचारों की प्रासंगिकता (Relevance of the Ideas of Aquinas)

आगे बढ़ते हुए हम नैतिक मार्ग-निर्देश के स्रोत के तौर पर चेतना पर विचार करेंगे। इसके पहले हमें अब तक की गई चर्चा पर कुछ टिप्पणियाँ करनी होंगी। पाठकों को ऐसा लग सकता है कि हमने कानून पर चर्चा मुख्यत: एक्विनास द्वारा रोमन कैथोलिक सिद्धातों के आधार पर की है। तथापि, एक्विनास के विचार को और व्यापक तौर पर यह बताते हुए देखा जा सकता है कि नैतिक कानून मानवीय कार्यों का कैसे मार्ग-निर्देश कर सकते हैं। उसके रोमन कैथोलिक सिद्धान्तों के स्थान पर हिन्दू या बौद्ध नैतिक सिद्धान्त, विवाद की वैधता को गंभीर रूप से प्रभावित किए बिना रखे जा सकते हैं। केन्द्रीय बिन्दु यह है कि कानून अपनी ताकत, राजा या विधायिका की शक्तियों से प्राप्त नहीं करते अपितु मानव मन को प्रिय लगने वाले नैतिक सिद्धान्तों को प्रतिभासित कर प्राप्त करते हैं। अनेक व्यक्ति ऐसे सिद्धान्तों के मूल को दैवी मूल मानते हैं।

आधुनिक विचारकों ने प्राकृतिक कानून (नियमों) की अवधारणा को त्याग दिया है। इसे मध्ययुगीन तत्व-मीमांसा का हिस्सा माना जाता है। और भी, अनेक लोगों का, विशेष रूप से पश्चिम के लोगों का धार्मिक आस्थाओं से विश्वास उठ गया है। वैसे भी, धार्मिक नैतिकताओं के स्थान पर धर्मनिरपेक्ष (अ-धार्मिक अर्थों में) नैतिकता को मानते की प्रवृत्ति है। लेकिन अनेक धर्म-निरपेक्ष नैतिकताएं, धार्मिक नैतिकताओं से मेल खाती हैं।

चेतना/अंत: करण (Conscience)

अब तक हमने कानून को मानवीय कार्यों के नैतिक मार्ग-निर्देशक के तौर पर मानकर उस पर चर्चा की है। इसके विपरीत, अंत: करण लोगों के आन्तरिक नैतिक मार्ग-निर्देशक का कार्य करती है। अंत: करण उस समय क्रियाशील हो जाता है जब हमारा मस्तिष्क किसी खास कार्य की अच्छाई या बुराई का निर्णय करता है। अंत: करण, अवलोकन के अन्तर्गत वाले कार्यों या पिछले कार्यों को नैतिकता की दृष्टि से जाँच सकता है। अंत: करण, नैतिक नियमों से भिन्न होती है। नैतिक कानून (नियम) सामान्य होते हैं और अनेक कार्यों को समाहित करते हैं। अंत: करण विशिष्ट कार्यों पर कानून तथा नियमों को लागू करता है। अंत: करण एक प्रकार से मानव के व्यक्तित्व या अहम् या आत्मतत्व को सम्पूर्णता प्रदान करता है। अहम तथा अंत: करण, दोनों ही कार्यों के बारे में सोच सकते हैं, उनका मतलब निश्चित कर सकते है और उनके नैतिक मूल्य का मापन (मूल्यांकन) कर सकते है।

चेतना/अंत: करण सम्बन्धी विचारों का ऐतिहासिक विकास (Historical Evolution of Ideas on Conscience)

नैतिक दर्शन में प्रयुक्त अंत: करण की अवधारणा समय के साथ काफी बदल गई है। वास्तव में, अंत: करण पर पहले के विचार त्याग दिए गए हैं। अपने दिमाग से सामान्य गलतफहमियों को दूर करने के लिए हमें अंत: करण सम्बन्धी विचारों पर संक्षेप में विचार करना होगा। अरस्तू तथा स्टोइक्स, दोनों ही नैतिक मूल्य तथा नैतिक कानून की मानवीय अंत: करण को केवल एक तर्क (Reason) या आत्मा का शासकीय भाग बताते हैं। ये शैक्षिकतावादी लेखक ही थे जिन्होंने अंत: करण मानवीय आत्मा को ईश्वर द्वारा प्रदत्त नैतिक कानूनों के ज्ञान के विशेष रूप का सिद्धान्त प्रस्तुत किया। अंत: करण के नैतिक ज्ञान के इस सिद्धान्त को संस्थागत (Instituitional) कहते हैं। इसका मुख्य सिद्धान्त है कि अच्छे या बुरे का ज्ञान तत्काल या सहज-बुद्धि से हो जाता है, न कि चेतना के अनुभव-जन्य विचार के अनुसार-सम्बन्ध और विचार की प्रक्रिया का परिणाम होता है। अंत: करण सहजात या जन्म से होता है और सामान्यत: इस विचार से सम्बद्ध होता है।

जोसफ बटलर (Joseph Butler) अंतःकरण विषय के प्रमुख लेखक हैं। बटलर के अनुसार ईश्वर मनुष्य को अंतःकरण देता है। यह मानव क्रियाओं का अन्तिम विवाचक है। अंतःकरण की यह धारणा समस्याग्रस्त हो जाती है जब इस पर आधुनिक सामाजिक विज्ञानों के पद्वतिगत सोच से विचार किया जाता है। अन्य सामाजिक विज्ञानी परिकल्पनाओं के उलट, अंतःकरण को परिचालित नहीं किया जा सकता- इसकी खोज करने का कोई रास्ता नहीं है या यह जानने का कोई उपाय नहीं है कि वास्तविक व्यवहार में यह कैसे कार्य करता है। उदाहरण के लिए, अभिरुचियों का अध्ययन सामाजिक, वैज्ञानिक अनुसंधान की पद्वतियों का प्रयोग कर किया जा सकता है।

अंतःकरण की संकल्पनाएँ (Conceptions of Conscience)

विभिन्न विचारकों ने अंतःकरण की कैसे संकल्पनाएँ की हैं? हम यहाँ कुछ विचार दे रहे हैं:

सेंट पॉल (St. Paul) : अंतःकरण, भगवान द्वारा प्रदत्त ऐसी योग्यता है जिससे मनुष्य शुभ (अच्छे) को समझ और चुन सकता है।

एक्विनास (Aquinas) : अंतःकरण, मानव प्रकृति का ज्ञान एवं प्रधान नैतिक संचेतना या मूलभूत नैतिक विचार हैं।

बटलर (Butler): अंतःकरण, तर्क करने की ईश्वर-प्रदत्त योग्यता है, नितान्त प्राधिकार के साथ हमारा 'स्वाभाविक मार्गदर्शक' है।

न्यू मैन (New man): अंतःकरण भीतर रोपित 'ईश्वर की आवाज' है ताकि हम तर्क करने से पहले उसे सुन सकें। यह अंतर्दृष्टि है, मस्तिष्क की नियमावली है। अंतःकरण, छठी इंदिय है, ऐसा कुछ है कि हम तर्क या संकाल्पनिक सोच पर विश्वास किए बगैर ही कुछ जान जाते हैं।

फ्रॉयड (Freud) : अंतःकरण 'परम अहं' है, तथा प्राधिकारी लोगों जैसे माता-पिता द्वारा हम में रोपित नैतिक विचारों वाली है। यह अवचेतन मस्तिष्क का हिस्सा है। अहं (स्वयं या व्यक्तित्व के प्रति आत्म अंतःकरण) सामान्यतः मानव क्रियाओं को संचालित करता है।

पियागैट (Piaget): अंतःकरण समय के साथ बढ़त है। यह स्वस्थ मानव मस्तिष्क का भाग है।

सेंट पॉल, एक्विनास, बटलर तथा न्यूमैन सभी इस बात पर एकमत हैं कि अंतःकरण ईश्वर से प्राप्त होता है और हमें क्या करना चाहिए, इसके लिए इसे सर्वोच्च प्राधिकार होना चाहिए। फ्रॉयड और पियागैट ईश्वर का उल्लेख किए बिना ही अंतःकरण को स्पष्ट करते हैं।

अंतःकरण, नैतिक तर्क तथा नैतिक बोध (बुद्धि) अक्सर समान ही होते हैं। इन शब्दों का प्रयोग नीतिशास्त्र की पुरानी पुस्तकों में इसी प्रकार किया गया है।

अंतःकरण पर बटलर के विचार (Idea of Butler on conscience)

अंतःकरण एक विमर्शक सिद्धान्त है। यह नैतिक दृष्टि से यह निर्णय करता है कि हमने क्या किया है और हम क्या करना चाहते हैं। सभी साधारण मानव को अधिकार का बोध होता है। बटलर के अनुसार, यह मानव तर्कणा और भावनाओं का पहलु है। अंतःकरण मानव की प्रकृति से सम्बन्धित सिद्धान्तों के बीच अप्रतिम प्राधिकार रखता है। इसे अन्य सिद्धान्तों को निर्देशित करना चाहिए और विपरीत नहीं जाना चाहिए।

अंतःकरण, व्यक्ति की नैतिक अन्तर्दृष्टि (पूरी जानकारी) की स्वायत्तता से गहराई से जुड़ी है यह हमारे सही और गलत की अन्तर चेतना द्वारा प्रेरित होने के कारण महत्वपूर्ण है न कि बाहय सोच-विचारों यथा नैतिक कानून, कर्तव्य, उत्तरदायित्व या सद्‌गुण आदि से। यह दण्ड या पुरस्कार पाने की आशा से भी अप्रभावित होता है।

अंत:करण वह सिद्धान्त है जो विशिष्ट मनोवेगों, मनोभावों और सहज वृत्तियों से उच्च है और इन्हें नियन्त्रित करता है। मानव प्रकृति के विभिन्न भाग हैं और ये अनुक्रम से संगठित हैं। मानव प्रकृति के भागों में सबसे ऊंचे स्थान पर अंत:करण है। मानव प्रकृति के दो सिद्धान्त कार्यरत हैं: आत्म-प्रेम, अर्थात् स्वयं के लिए प्रसन्नता की इच्छा; तथा परोपकार अर्थात अन्य लोगों की प्रसन्नता की इच्छा या आशा। अंत:करण इन दो सिद्धान्तों के बीच अधिनिर्णय कारक है। यह मानव प्रकृति का अन्तर्ग्रथित भाग है। यह मार्ग-निर्देशन अन्तरज्ञात (सहज अनुभूत) है। यह ईश्वर की ओर से उपहार है, इसलिए इसका मार्गनिर्देशन एक विकल्प नहीं है। सभी नैतिक निर्णयों में इसे सार्वभौमिक अधिकार प्राप्त है।

बटलर के विचारों पर आपत्तियाँ (Objections to Butler's Views)

बटलर के विचारों पर अनेक आपत्तियाँ की गई हैं। इनमें से कुछ आलोचनाएँ अनिवार्यत: अंत:करण की संकल्पना के ही विरूद्ध है। सिडविक (Sidgwick) का तर्क है कि अंत:करण ना तो एक स्वतन्त्र ना ही विशिष्ट नैतिक सिद्धान्त है। संक्षेप में, उसका तर्क इस प्रकार है: मान लो कि अंत:करण का (आदेश) पालन करना उचित है। तब 'अंत:करण द्वारा निर्धारित नियम' या तो स्वयं में उचित हैं या वे 'एक निरंकुश प्राधिकरण के आदेश' हैं। यदि वे बाद वाले हैं तो निरंकुश प्राधिकरण को कैसे उचित ठहराया जा सकता है? लेकिन यदि पहले वाला है तो अंत:करण के लिए कोई स्वतन्त्र नैतिक प्राधिकरण नहीं है। अंत:करण, तर्कणा का एक दूसरा नाम हो जाता है।

यह बात उचित ठहराना कठिन है कि अंत:करण, सहज बुद्धि का एक रूप है। सहज बुद्धि वाले अंत:करण की अपील को स्व-प्राधिकरण या स्व-प्रमाणन माना जाता है। यह अपने भीतर से ही अधिकार प्राप्त करती है। तथापि, अंत:करण भ्रमातीत (अचूक) नहीं हो सकता। यह गलत सूचित या गलत निकल सकता है। बाहरी, विषय-निष्ठ मानकों को जाँचे बिना बटलर का अंत:करण का विचार नैतिक अराजकता की ओर ले जाएगा। कुछ आलोचक तर्क देते हैं कि हो सकता है लोग उसे सहज चेतना (बुद्धि) मानने लगें जो अंत:करण द्वारा उन्हें उनके हितवाला बताया गया है। यह आलोचना अनुचित मानी जा सकती है क्योंकि बटलर की अंत:करण की धारणा अंत:करण की सर्वोच्चता (प्रधानता) के लिए स्वार्थी या अनैतिक कार्यों की अनुमति नहीं देती।

अंत:करण से जुड़ी एक और समस्या इसकी एकाकी प्रकृति से पैदा होती है। प्रत्येक व्यक्ति का अंत:करण होती है। विभिन्न व्यक्तियों का अंत:करण बताए गए कार्यों (गतिविधियों) पर बहुत अधिक अन्तर वाला हो सकता है। ऐसा होने पर असहमतियों पर सहमति प्राप्त करने का कोई रास्ता होगा ही नहीं। यह सामान्य समस्या है जो नैतिक आत्म-परकता पैदा करता है, जैसा कि हम पहले देख चुके हैं।

अंत:करण की अनुभव जन्य अवधारणा (Empirical Conception of Conscience)

आधुनिक विचारक पहले के सिद्धान्तों को रद्द करते हैं जो अंत:करण को दैव-प्रदत्त गुण या विशिष्ट मानसिक योग्यता (क्षमता) या एक भ्रमातीत अन्तर्ज्ञानी अन्तर-बोध मानते थे। वे इसे अनुभवजन्य या ऐतिहासिक श्रेणी का मानते हैं।

अंत:करण विशेष श्रेणी की वस्तुओं और निर्णयों से सम्बन्धित चेतनता की मात्र एक क्रिया है। वस्तुएँ हैं मानव आचरण और चरित्र, निर्णय एवं महत्वपूर्ण निर्णय। अनुभवजन्यवादियों के अनुसार, सही और गलत का हमारा ज्ञान, व्यक्तिगत तथा सामाजिक अनुभव से निसृत है। अत: अंत:करण स्वयं ही सामाजिक उद्भव और मानव विकास का परिणाम (फल) है। हरबर्ट स्पेन्सर (Herbert Spencer) और अन्य विचारक कहते हैं कि हमारी प्रारम्भिक नैतिक भावनाएँ जबकि व्यक्ति में एक जाति के ऐतिहासिक अनुभव से उत्पन्न हुई हैं।

आधुनिक विचारक अंत:करण को एक विशिष्ट या पृथक मानसिक मनोवैज्ञानिक क्षमता नहीं मानते। यह केवल मानव बुद्धिमत्ता एवं संचेतनता है। मानव की बुद्धिमत्ता जब वस्तुओ की प्रकृति एवं सम्बन्धों से व्यवहार करती है तो इसे समझ कहती है। जब हमारी बुद्धिमत्ता, मानवों के बीच सम्बन्धों तथा मानव के कार्ये का उनके आधार उद्देश्यों या निर्देशक नैतिक मानदण्डों से सम्बन्धों से व्यवहार करती है तो इसे अंत:करण कहते हैं। हमारा अंत:करण या मूल्य वचन-बद्धताओं को हमारे नैतिक विकास, हमारी शिक्षा तथा हमारे सामाजिक परिवेश से उत्पन्न समझा जा सकता है।

प्रथागत या परम्परागत चेतना (The Customary or Conventional Conscience)

नीति-शास्त्रीय विचारक प्रथागत या परम्परागत अंत:करण तथा विमर्षक या स्वतन्त्र अंत:करण के बीच अन्तर करते हैं। प्रथागत अंत:करण, परम्परागत नैतिकता को प्रस्तुत करता है। विमर्षक अंत:करण, अधिक परिशुद्ध होने या बदलते हुए सामाजिक चलनों (प्रवृत्तियों) के और अधिक समान होने के प्रयास मे परम्परागत अंत: करण से हट जाता है।

मानव का जन्म समाज के वर्तमान नैतिक वातावरण में होता है जिसमें अनेक संस्थानों एवं समाज द्वारा स्वीकृत प्रमुख नैतिक संहिता होती है। यह संहिता तथा इसके संघटक विकास के वर्षों में बच्चों के आसानी से प्रभावित किए जा सकने वाले मन व लगातार प्रभाव डालते रहते हैं। वे उनसे कुछ खास बातों की माँग करते हैं। ये माँगें दण्ड, ईनाम, दोषारोपण, जनता की राय एवं सामाजिक नेतृत्व की जिम्मेदारी डालने जैसे उपायों से पूरी करवाई जाती है। इसे समाजीकरण या संस्कृति-संक्रमण की प्रक्रिया कहते हैं।

जॉन डेवे (John Devey) परम्परागत चेतना के निर्माण को निम्नलिखित प्रकार से प्रस्तुत करता है:

इन माँगों और प्रत्याशाओं से व्यक्ति को मन में कुछ मान्यताएें प्राकृतिक रूप से पैदा होती हैं कि उसे क्या करना तथा क्या नहीं करना चाहिए। ऐसी मान्यताएँ स्वतन्त्र सोच का परिणाम नहीं हैं अपितु सामाजिक संस्थाओं के परिवर्तक प्रभावों का परिणाम है। और भी, एक समय की नैतिकता कहावतों, कथनों तथा कानूनी संहिताओं में समेकित (ठोस) रूप ले लेती हैं। यह बातों (मामलों) को देखने व जाँचने (परखने) के आदतन ढंग का रूप ले लेती है। ये सभी बातें विकसित होते हुए मस्तिष्क में भाषा, साहित्य, संघटन और विधिक रीति-रिवाजों के माध्यम से तब तक स्थापित की जाती रहती है जब तक कि वे किए जाने वाले कार्यों के प्रति सम्बन्धित आदत तथा अभिवृत्ति नहीं बन जाती। भाषा में अधिक महत्त्वपूर्ण विभेद भाषा में निश्चित किए जाते हैं और वे व्यक्ति के दिमाग तक पहुँचते हैं जो इसे अवचेतनावस्था में एक विशिष्ट सम्मान (झुकाव) और रंग दे देता है।

निष्ठ अंत: करण (The Loyal Conscience)

लोग अपने जीवन और नैतिकता को निश्चित रूप देने वाली सामाजिक संस्थाओं और नैतिक संहिताओं के बारे में शायद ही कभी सोचते हो। वे अपनी पहचान सामाजिक रूपों और उनके आदर्शों से करते हैं। वे वर्तमान संस्थाओं द्वारा उनसे की गई माँगों को बोझ नहीं मानते, है। तथापि, लोगों को वर्तमान नैतिक विचारों के आधारों को समझने की आवश्यकता है। जो लोग परम्परागत नैतिकता के महत्त्व को समझते हैं, वे इसका अनुसरण करते हुए भी नैतिक दृष्टि से स्वायत्तामुक्त हो जाते हैं। किन्तु जो लोग नैतिक प्रणालियों का अन्धा समर्थन करते हैं, वे मुक्त नहीं हैं।

स्वतन्त्र (मुक्त) या चिन्तनशील अंत: करण (The Independent or Reflective Conscience)

लोग न केवल वर्तमान नैतिकता का अनुसरण करते हैं अपितु इस पर आलोचनात्मक विचार भी कर सकते हैं। वे ऐसा अनुभव कर सकते हैं कि समाज की चालू नैतिक संहिता परिस्थिति की वास्तविक जरूरत को प्रतिभासित नहीं करती या यह प्राचीन समय की पुरातनित (अप्रचलित) अभिव्यक्ति है। वे वर्तमान संस्थाओं की वास्तविक भावना को समझने का प्रयास कर सकते हैं और आलोचक विचारक उसकी जरूरत के मुताबिक आचरण के स्वरूप को निश्चित कर सकते हैं। पवित्र माने जाने वाले सामाजिक विचारों व संस्थाओं की आलोचना कर सकते हैं और पवित्र माने जाने वाले सामाजिक विचारों व संस्थाओं की धार की माँग कर सकते हैं। यह वह कार्य है जो महान नैतिक सुधारक करते हैं।

अंत: करण या नैतिक मनोभाव साधारण जीवन की परिस्थितियों में भी काम कर सकते हैं। आम आदमी जीवन में अपने तत्काल वाले सम्बन्धों पर विचार कर यह देख सकते हैं कि वे क्या वही हैं जो उन्हें होना चाहिए था। ये सम्बन्ध परिवार, मित्रगण, पड़ोसियों तथा कार्यालय के सहकर्मियों से सरोकार रख सकते हैं। वे अपने स्वयं के आचरणों को न केवल रीतिगत आदतों और दिनचर्याओं के माध्यम से नियमित कर सकते हैं बल्कि परिस्थितियों को समझदारी से दोबारा जाँच भी कर सकते हैं।

संविचारशील अंत: करण के विचार (अवधारणा) में 'स्वतन्त्र (मुक्त) अंत: करण का अधिकार' रहता है। अच्छे को खोजना या कर्म के लक्ष्य को स्वयं ही तय करना व्यक्ति का अधिकार है। इसके विपरीत वह परिस्थिति है जिसमें कुछ अच्छा बाध्यकर या लाभकारी माना गया उस पर जबरन थोप दिया जाता है। हेगल (Hegel) के अनुसार मुक्त अंत: करण का अधिकार, व्यक्तिपरक स्वतन्त्रता का सिद्धान्त है जो आधुनिक को प्राचीन समय से पृथक करता है।

स्वतन्त्र अंत: करण के अधिकार के संकट (Perils of Right to Independent Conscience)

इस अवस्था में, विद्यार्थियों को नैतिक सापक्षेवाद को याद करने की जरूरत है। यह उद्देश्य, सार्वभौमिक स्तर पर वैध नैतिक मानकों के वजूद को नकारता है। यह सामान्यत: ज्ञात तथ्य है कि समाजों में एवं ऐतिहासिक अवधियों में नैतिकताएँ तथा सामाजिक परम्पराएँ भिन्न-भिन्न होती हैं। यह नैतिकताओं की सापेक्षता कहलाती है। या नैतिकनाएँ किसी खास समाज से और ऐतिहासिक अवधि से सम्बन्धित हैं। यह सापेक्षता, नैतिकताओं के सामाजिक कार्य-चालन या सामाजिक स्थिरता और कल्याण में उनके योगदान से पैदा होती है। इस कार्य-चालन (व्यवहारी) पहलु में, नैतिकताओं को समाज के बदलावों एवं समय के प्रवाहों के साथ समायोजन करना पड़ता है।

चूँकि ऐसा लगता है कि नैतिकताओं व व्यवहार के कोई अलौकिक या सार्वभौमिक मानक नहीं हो सकते, अनेक लोग यह गलत निष्कर्ष निकाल लेते हैं कि स्थानीय, अस्थायी तथा धीरे-धीरे बदलने वाली नैतिकताओं का कोई मूल्य नहीं है। ऐसे विचारों से *अनेक लोग नैतिकताओं, व्यवहारों तथा परम्पराओं को अपने पूरे ढ़ेर को बड़ी तेजी से फेंकते रहे हैं और इससे इतनी अराजकता पैदा कर सकते हैं जो कि सामाजिक आब्जर्वर (प्रेक्षक) के मिजाज के अनुसार हर्ष या आतंक पैदा करते हैं।* यह बात बहुत स्पष्ट रूप में नित्शे के प्रसिद्ध वाक्य में अभिव्यक्त होती है- 'कुछ भी सत्य नहीं है, सब कुछ किया जा सकता है।' (Nothing is true, all is allowed)

विल्बर मार्शल अर्बन (Wilbur Marshall Urban) के अनुसार- *लाइसेंस का यह दर्शन, यह विचार कि कुछ भी अच्छा या बुरा नहीं है, हमारी सोच ही उसे अच्छा या बुरा बनाती है, ऐतिहासिक सापेक्षता की अनुभूति तथा इसके साथ आने वाली बाहरी अनिवार्यताओं (दबावों) से मुक्ति के ज्ञान की पहली चमक, पहले संज्ञान के साथ अनिवार्य रूप से सामने आ जाती है। तब भी यह ऐसी स्वाभाविक भ्रांतियों पर आधारित है कि यह केवल बिल्कुल ही विचारहीन दिमागों में ही बना रहता है।* यद्यपि नैतिक मानक बदल रहे हैं और व्यावहारिक हैं, किन्तु वे अपने बने रहने के समय के दौरान निरपेक्ष होते हैं। व्यक्तियों के लिए वे 'व्यावहारिक निरपेक्ष' को प्रस्तुत करते हैं।

अंत: करण की स्वतन्त्रता (मुक्ति) का विचार गलत समझा जाता है। निजी निर्णयन का कोई अधिकार नहीं है क्योंकि नैतिक मानक और उनके स्रोत सार्वजनिक होने होंगे। निजी अंत: करण के अधिकार का तात्पर्य यह है कि नैतिक मानक व इसके स्रोत किसी अन्य व्यक्ति या व्यक्ति समूह की राय नहीं हैं। ये आम, व्यक्तिपरक मानक है जो स्वयं सामाजिक सम्बन्धों में ही अभिव्यक्त हैं।

व्यक्तिगत अंत: करण का विचार जो प्रत्येक व्यक्ति ऐतिहासिक रूपों एवं समकालीन आदर्शों से अलग (स्वतन्त्र) होकर प्रयोग करता है, सही रूप में नहीं समझा गया है। यह अनुभूति कि व्यक्ति को स्वयं की धारणा को मानना कि क्या ठीक है, सभी प्रकार के मनमौजी, अड़ियल तथा भावुक क्रियाकलापों के लिए एक बहाना बन जाती है। हेगल के मन में ऐसे विचार थे जब उसने कहा कि: *"अपनी स्वयं की नैतिकता के लिए प्रयास करना निष्फल है और इसकी स्वयं की प्रकृति से ही इसकी प्राप्ति असंभव है; नैतिकता के सम्बन्ध में केवल प्राचीनता के सर्वाधिक बुद्धिमान व्यक्ति का कथन ही सत्य है; नैतिक होना अपने देश की नैतिक परम्परा के अनुसार रहना है।"*

वर्तमान भारतीय संदर्भ (Present Indian Context) में इससे यह प्रश्न पैदा होता है कि क्या अंत:करण, जो व्यक्तिगत है, समाज, कानून तथा धर्म की शिक्षाओं द्वारा निर्धारित मानदण्डों से ऊपर है? अनेक लेखकों का विश्वास है कि अंत:करण को ही यह तय करना चाहिए कि क्या सही है और क्या गलत है। व्यक्तिगत अंत:करण को अच्छे तथा बुरे के मानदण्ड स्वतन्त्र रूप से तय करने एव तदनुसार काम करने का अधिकार है। इसका परिणाम 'व्यक्तिपरक नैतिक होता है जिसमें प्रत्येक व्यक्ति अपनी सच्चाई का सामना करना पड़ता है जो अन्यों के सत्य से भिन्न है।' सौभाग्य से निजी अंत: करण के आदेश तथा सामाजिक लोकाचार अकसर मेल खाते हैं। लेकिन आजकल हम ऐसी अनेक स्थितियाँ देखते हैं जहाँ लोग तथा समूह जोरदार ढंग से निजी व घुम्मकड़ विचार व्यक्त करते हैं जो राष्ट्रीय लोकाचार के विपरीत होता है वे ऐसा निजी अंत: करण और असहमति के अधिकार

के नाम से करते हैं। किन्त असहमति गैर-जिम्मेदार या चौंका देने वाले वकतव्य देकर दूसरों का ध्यान आकर्षित करने के लिए नहीं होनी चाहिए। ऐसे विचार राष्ट्रीय सुरक्षा, सामाजिक सम्बद्धता तथा हमारे सांस्कृतिक लोकाचार को अभिभूत नहीं करेंगे। व्यक्ति को निजी अंत: करण के नाम पर फैशनेबल तथा टिप-टाप प्रकार के विचार नहीं व्यक्त करने चाहिए। अक्सर ये टी.वी पर होने वाले कार्यक्रमों को समसनीखेज बनाने के तरीके हैं। व्यक्ति को अंत: करण के गंभीर मामलों को हल्का नहीं कर देना चाहिए या उनका उपयोग अनुचित (बेमेल) स्थितियों में नहीं करना चाहिए। कुछ विश्वविद्यालयों में 'आजादी' के नारे (मानो हम विदेशी शासन के अधीन हो), राष्ट्र - गान के दौरान खड़ा न होना या राष्ट्रीय प्रतीकों का मजाक उड़ाना इस बात के आज के उदाहरण है। हमने राजनैतिक अभिरुचियों के अध्याय में भी इन मुद्दों पर चर्चा की है।

नैतिक परिवर्तन (Moral Change)

अंत: करण को केवल वर्तमान प्रयोगों और रायों की पुष्टि नहीं करनी चाहिए। किसी भी समय रहने वाली नैतिकता सम्पूर्ण हो सकती है। व्यक्ति को वर्तमान नैतिकता में विकास की संभावना व जरूरत, दोनों को मानना पड़ेगा। वैचारिक अंत: करण को मनमौजी आत्म-वंचना तथा पूर्ण पुष्ट के बीच औसत को खोजना होगा। इसे वर्तमान संस्थाओं, व्यवहारों व आस्थाओं में व्यक्त नैतिक चेतना पर आधारित होना चाहिए।

जॉन देवे के शब्दों में *"विचारशील बौद्धिकता, वर्तमान नैतिकता पर प्रति-प्रश्न करती है, और इसमें से उस आदर्श को निकाल लेती है जोकि मूर्तरूप धारण करता प्रतीत होता है, और इस प्रकार स्वयं के आदर्श के प्रकाश में वर्तमान नैतिकता की आलोचना कर सकती है। यह इस चलन के आधार पर वास्तविक व्यवहार और सिद्धान्त के बीच असंगतियों (inconsistencies), समझौतों व विफलताओं को इंगित करती है और इस प्रकार व्यक्ति द्वारा प्रस्तावित नया आदर्श उसकी निजी रायों का प्रतिफल नहीं है अपितु यह वर्तमान रीति-रिवाजों, विचारों और संस्थाओं में निरूपित आदर्श का परिणाम है।"*

अब तक हमने कानूनों, नियमों, विनियमों और चेतना को नैतिक निर्णयण के मार्गदर्शक के तौर पर जाँचा है। यह जरूर है कि निर्णयन में ये संदर्भ के फ्रेम का काम करते हैं और एक दी गई परिस्थिति में सीधे प्रयोग के लिए अधीनस्थ नहीं हो सकते। इसके अतिरिक्त, अनेक विषयों पर अगणित कानून, नियम, विनियम, राय तथा न्यायालयों के निर्णय हैं। लोक प्रशासक उन्हें अपने विचारों में शामिल 'आन्तरिकृत' करने में सफल नहीं भी हो सकते हैं। नियमों पर निर्भर रहने के अलावा सरकारी कर्मचारियों को निर्णयों की नैतिक प्रकृति को समझना होगा। कहीं अन्य स्थान पर हमने देखा है कि नैतिकता (दूसरे परिप्रेक्ष्य से) कार्य की परिस्थितियों तथा कार्य के प्रयोजन पर निर्भर करती है। सरकारी कर्मचारी नियमों को लागू करते समय मशीन की तरह व्यवहार नहीं कर सकते। उन्हें परिस्थितियों को नैतिक परिणामों के साथ मिलाना एवं संभव विकल्पों के माध्यम से सोचना पड़ता है।

सार संक्षेप

- हमें नैतिक मार्ग-दर्शन मिलता है- (क) नैतिक मानदण्ड या मानकों से; (ख) उद्देश्य, इसके परिवेशीय परिस्थितियों और उसके प्रयोजन के लिए कार्य के विश्लेषण से; तथा (ग) कानूनों, नियमों, विनियमों तथा अंत: करण से।
- कानून का सामान्य अर्थ है कि यह विधायिका का अधिनियमन है।
- ऐतिहासिक दृष्टि से कानून की अवधारणा धर्म, दर्शन और सामाजिक मानदण्डों से उत्पन्न हुई।
- कानून की अनेक शाखाएँ हैं- आपराधिक (फौजदारी) कानून, नागरिक (दीवानी) कानून और विशेष क्षेत्रों से सम्बन्धित कानून।
- कानून को दो श्रेणियों में बाँटा हुआ है- जैसे तात्विक कानून तथा पद्धतिगत कानून।
- तात्विक कानून अपराधों या दोषों को परिभाषित करते हैं।
- पद्धतिगत कानून उन रूपात्मकताओं को विनिर्दिष्ट करते हैं जिनका पालन अदालतों को न्याय करते समय करना होता है।

- किसी भी देश का संविधान उसका मूलभूत कानून माना जाता है।
- यह राष्ट्र के मूल मूल्यों व आदर्शों को मूर्तरूप देता है। संविधान की प्रस्तावना तथा राष्ट्र की नीति के निदेशात्मक सिद्धान्त में सांविधिक मूल्य शामिल होते हैं।
- नीतिशास्त्र में कानून की अवधारणा के अधिक विस्तृत सम्पृक्तार्थ और संयोजन हैं। नैतिक कानून की यह अवधारणा सैंकड़ों वर्षों के दार्शनिक व नैतिक चिन्तन का परिणाम हैं।
- सेंट थॉमस एक्विनास के अनुसार कानून लोगों पर एक उत्तरदायित्व थोप देता है। यह लोगों को कुछ करने या कुछ न करने देता है या कुछ कामों को निर्धारित करता है और कुछ कामों का निषेध करता है।
- नीतिशास्त्र में 'नियम' तथा 'विनियम' शब्दों का एक ही अर्थ है।
- विनियम किसी के अधिकारियों, संगठनों या परिवार के मुखिया द्वारा निर्धारित किए जा सकते हैं। नियम या विनियम (विस्तृत नैतिक संदर्भ में) निजी व्यक्तियों और हस्तियों द्वारा भी निर्धारित किए जा सकते हैं।
- कानूनों का निर्धारण केवल सर्वसत्तात्मक शक्ति द्वारा विधायिका या प्राचीन काल में राजाओं के द्वारा किया जा सकता था।
- एक्विनास प्राकृतिक कानून को धार्मिक अर्थों में परिभाषित करता है।
- एक्विनास प्राकृतिक कानून के प्राथमिक, द्वितीयक व तृतीयक सिद्धान्तों का उल्लेख करता है।
- प्राकृतिक नियम हमें केवल यही नहीं बताते कि क्या अच्छा है; अपितु पालन करने के लिए हमारे ऊपर नैतिक कर्त्तव्य भी लाद देते हैं।
- प्राकृतिक कानून नियमों के प्राथमिक सिद्धान्त आचरण के सार्वभौमिक कानून (नियम) हैं और मानवीय तर्क बुद्धि से आसानी से समझे जा सकते हैं। प्राथमिक सिद्धान्त में से द्वितीयक सिद्धान्त बिना किसी अधिक कठिनाई के प्राप्त किया जा सकता। उनमें सम्बन्धित तर्कणा की पूर्व कल्पना की गई होती है।
- एक्विनास के अनुसार कानूनों को लोगों द्वारा पालन किए जाने योग्य होने के लिए कुछ शर्तों को पूरा करना पड़ता है।
- आधुनिक न्यायविदों के अनुसार कानून से ऊपर कोई नहीं है।
- एक्विनास का कानून का विश्लेषण अभी भी प्रासंगिक है यदि इसके धार्मिक विचारों के स्थान पर समकालीन धर्मनिरपेक्ष विचार स्थापित स्थापित किए जाते हैं।
- अपने कर्त्तव्यों का पालन करते हुए सरकारी कर्मचारियों को सांविधिक मूल्यों का अनुसरण करना चाहिए।
- अंत: करण की अवधारणा में समय के साथ-साथ काफी बदलाव आ गया है।
- कार्यों के नैतिक मूल्यों को पहचानने वाली तत्कालीन अन्तर्दृष्टि या सहजबुद्धि को "नैतिक बोध" कहते हैं।
- विशेष नैतिक बोध के सिद्धान्त को मानने वाले अब कुछ ही लोग हैं।
- नैतिक तर्कणा या 'धर्म-सैद्धान्तिक सहजबोध' के सिद्धान्त के अनुसार चेतना हमें किसी विशिष्ट कार्य के सही या गलत होने की अचूक जानकारी नहीं देते, किन्तु वे सामान्य सिद्धान्त ही देते हैं जो कार्यों की श्रेणियों पर लागू होते हैं।
- आधुनिक लेखक चेतना को सामाजिक उत्पत्ति और व्यक्तिगत विकास का प्रतिफलन मानते हैं। जब हमारी बुद्धि लोगों एवं कामों के सम्बन्धों पर ध्यान देती है तो हम इसे चेतना कहते हैं।
- चेतना के तीन पहलू हैं-ज्ञान, प्राधिकार और सम्बद्ध मनोवेग।
- हमारी चेतना या मूल्य-सम्बन्धी प्रतिबद्धताओं को हमारे नैतिक विकास, हमारी शिक्षा व हमारी सामाजिक पर्यावरण के परिणाम कहा जा सकता है।

- लोग अपने विकासकाल में ग्रहण की गई सामाजिक नैतिकता के प्रति प्रायः निष्ठावान रहते हैं।
- नैतिक सुधारक पवित्र (पावन) माने जाने वाले सामाजिक आदर्शों और संस्थाओं में भी परिवर्तन चाहते हैं।
- नैतिक सापेक्षवाद सार्वभौमिक, व्यक्तिपरक नैतिक मूल्यों की वैधता पर प्रश्न उठाता है।
- यह व्यक्तिगत या सांस्कृतिक हो सकता है।
- व्यक्तिगत अंतः करण का विचार, जिसे हममें से प्रत्येक को ऐतिहासिक रूपों एवं समकालीन आदर्शों से पृथक को प्रयोग करना पड़ता है, एक भ्रांत धारणा है।
- वैचारिक अंतः करण को मनमौजी आत्म-वंचना और पूर्ण पुष्टि के बीच औसत को खोजना होगा।
- सरकारी कर्मचारी नियमों को लागू करते समय मशीन की तरह व्यवहार नहीं कर सकते। उन्हें परिस्थितियों को नैतिक परिणामों के साथ मिलाना एवं संभव विकल्पों के माध्यम से सोचना पड़ता है।

अभ्यास प्रश्न

1. नीतिशास्त्र में कानून (law) शब्द का क्या अर्थ माना जाता है? आम बोलचाल में प्रयुक्त कानून शब्द के अर्थ से यह कैसे भिन्न है?
2. महाभारत में उसके एक पात्र विदुर के नैतिक उपदेश हैं। क्या उन्हें कानून (law) माना जा सकता है?
3. नीतिशास्त्र में कानून को नियमों या विनियमों से अलग कैसे माना जाता है?
4. नैतिक कानून से आप क्या समझते हैं?
5. सेंट थॉमस एक्विनास का तर्क है कि लोग कुछ परिस्थितियों में कानून की अवमनना कर सकते हैं। क्या आप इस बात से सहमत हैं?
6. भारतीय संविधान में कौन-से नैतिक मूल्य समाहित हैं?
7. चेतना के सहज बौद्धिक व अनुभवजन्य अवधारणाओं के बीच क्या अन्तर है?
8. चेतना के दो भिन्न सहज बौद्धिक रूप कौन-से हैं?
9. नैतिक सापेक्षवाद की अवधारणा को स्पष्ट कीजिए। क्या यह सिद्धान्त कर्मचारियों द्वारा ग्रहण किए जाने के लिए उपयुक्त है?
10. नित्शे का प्रसिद्ध वाक्य –'कुछ भी सत्य नहीं है, सब कुछ किया जा सकता है।'
11. कुछ भी अच्छा या बुरा नहीं होता, हमारी सोच ही उसे अच्छा या बुरा बनाती है-इस कथन की समीक्षा कीजिए।
12. "नैतिक होना अपने देश की नैतिक परम्परा के अनुसार रहना है।" चर्चा कीजिए।

संदर्भ

- पैट्रिक जे. शीरन-एथिक्स इन पब्लिक एडमिनिस्ट्रेशन: ए फिलासफिकल एप्रोच
- जॉन देवे-आउट लाइन्स ऑफ एथिक्स
- विल्बर मार्याल अर्बन-फण्डामेण्ट्ल्स ऑफ एथिक्स: इण्ट्रोडक्शन टू मॉरल फिलासफी

अध्याय
7

संतों एवं महान विचारकों की दृष्टि में नैतिक गुण (Ethical Qualities through the lenses of Sages and Great Thinkers)

परिचय (Introduction)

नैतिकता की मुख्य विषय-वस्तु में सद्‌गुण एवं अवगुण आते हैं। सद्‌गुण को नैतिक क्रियाकलाप के लिए प्राप्त की गई शक्ति या क्षमता कहा जा सकता है। सद्‌गुण सही आचरण, जैसे साहस में प्रदर्शित गुणों पर लागू होता है। सद्‌गुण जैसे-'न्याय-प्रिय', 'उदार', 'वीर' आदि लोगों पर तथा साथ ही उनके क्रिया-कलापों पर लागू होते हैं। हम इन विशेषताओं को उनके कर्ताओं (एजेण्टों) से अलग क्रियाकलापों से सम्बन्धित नहीं मानते। सद्‌गुण मुख्यत: नैतिक कर्त्ता (एजेण्ट) की स्थायी विशेषता है। यह वास्तव में, इसे प्रतिभासित करने वाले अल्पकालिक क्रियाकलापों एवं भावनाओं से सम्बन्धित नहीं होते। सद्‌गुण को ऐसी सम्पदा के रूप में माना जाता है जिसको लक्ष्यित किया जाना चाहिए-वास्तव में मनुष्य की पूर्णता का एक भाग बनने के लिए, जिसे कुछ लोग एकमात्र सर्वोच्च शुभ (अच्छा) मानते हैं।

अवगुण के समानार्थी शब्द हैं-दोष, चरित्रहीनता, पाप, दुष्टता, धूर्तता और भ्रष्टाचार। अवगुण एक ऐसी आदत, व्यवहार या चलन है जो सामान्यत: अनैतिक, चरित्रहीन या पतित माना जाता है। अवगुण दोष, चरित्र की नकारात्मक प्रवृत्ति, कमी या दोष को भी बताता है। यह अस्वास्थ्यकर आदत, जैसे धूम्रपान को भी बताता है।

नीतिशास्त्रीय पाठों में सद्‌गुणों व अवगुणों की लम्बी सूची है। किन्तु विश्लेषण से पता चलता है कि ये अलग और विशिष्ट नहीं हैं। वे उसी नैतिक संकल्पना (अवधारणा) से सम्बद्ध हैं। यदि कोई ऐसे समान सद्‌गुणों एवं अवगुणों को समाप्त कर देता है तो उनकी संख्या कम हो जाती है। प्राचीन यूनानी दार्शनिक प्लेटो ने केवल चार आधारभूत (Cardinal) सद्‌गुणों को माना है-बुद्धि, धैर्य, आत्मसंयम और न्याय। अन्य सभी सद्‌गुणों को इन चारों में समाहित किया जा सकता है या इनके बराबर दिखाया जा सकता है। तथापि, हम अलग से आम भाषा में पहचाने गए अनेक सद्‌गुणों की चर्चा करेंगे।

नैतिक दार्शनिकों ने अवगुणों को मुख्य या साधारण (मामूली) श्रेणियों में बाँट दिया है। मुख्य अवगुणों को धार्मिक शब्दावली में मारक (भंयकर) या प्राणघातक पाप कहते हैं। ये हैं- क्रोध, दंभ, धनलोलुपता, लालसा (कामुकता), आलस्य, द्वेष तथा अतिभोजी (पेटूपन)। हमारी चर्चा इन सभी पर होगी। वास्तव में इनमें सभी मानवीय कमजोरियाँ आ जाती हैं।

इस अध्याय में हम कुछ नए ढंग से प्रस्तुत कर रहे हैं। प्रत्येक सद्‌गुण व अवगुण पर चर्चा में, इससे सम्बन्धित प्रसिद्ध उक्तियाँ भी दी गई हैं। प्रत्येक उक्ति सद्‌गुण या अवगुण के किसी पहलु को तीक्षणता के साथ अभिव्यक्त करती है। विद्यार्थीगण इन उक्तियों का मनन कर उपयोगी सूक्ष्म-दृष्टि पा सकते हैं।

दयालुता (Kindness)

"दयालु बनिए, आपसे मिलने वाला हर व्यक्ति कठिन संघर्ष कर रहा है।" **-प्लेटो**

"मैं दयालुता और करुणा में त्रुटियाँ करना पसंद करूँगी अपेक्षाकृत दया-हीनता और कठोरता में चमत्कार करने को।" **-मदरटेरेसा**

"अल्लाह उससे भी अधिक प्यार करने वाला और दयालु है जितना कि कोई माँ अपने बच्चे के लिए होती है।" **-पवित्रकुरान**

"मेरा धर्म बहुत सरल है। मेरा धर्म दयालुता है।" **-दलाईलामा**

"यदि आप चाहते हैं कि दूसरे सुखी हों तो करुणा कीजिए। यदि आप सुखी होना चाहते हैं तो करुणा कीजिए।" **-दलाईलामा**

"दयालुता और प्रेम मानवीय समागम में सबसे अधिक उपचारक जड़ी-बूटियाँ व कारक (Agents) हैं।" **-फ्रैडरिचनित्शे**

"करुणा वह है जो अच्छे लोगों के हृदय को दूसरों के दुःख से हिला देती है। यह दूसरों के दर्द को कुचल देती है और नष्ट कर देती है; इस प्रकार यह करुणा कहलाती है। यह करुणा इस लिए कहलाती है कि यह दुखियारों को शरण देती और उन्हें अपनाती है।" **-बुद्ध**

"यह कहना सत्य होगा कि प्रेमयुक्त दयालुता और करुणा ही हमारा (बौद्ध) सर्वश्रेष्ठ अनुष्ठान है।" **-बुद्ध**

"दयालुता वह भाषा है जिसे वधिर सुन सकता है और चक्षुहीन देख सकता है।" **-मार्कटवेन**

"किसी भी जीव या जीवित प्राणी को घायल मत कीजिए, उस पर अत्याचार मत कीजिए उसका दुरुपयोग मत कीजिए, दास मत बनाइए, यातना मत दीजिए, तकलीफ मत दीजिए और मारिए मत।" **-महावीर**

"वास्तविक करुणा करने वाला प्रतिकार (प्रतिफल) की कामना नहीं करता; भला वर्षा वाले बादलों को दुनिया कुछ दे सकती है?" **-तिरुवल्लुवर**

उपरोक्त कथन दयालुता के विभिन्न पहलुओं को छूते हैं। अरस्तू दयालुता को किसी जरूरतमंद की सहायता करना बताता है जो किसी बात के एवज में नहीं है, ना ही सहायता करने वाले के फायदे के लिए है, किन्तु उस व्यक्ति के लिए है जिसने मदद की है। दयालुता, दोस्ताना, उदारता और दूसरों का ध्यान रखना है। यह मानवतावाद तथा साथ ही धार्मिक नैतिक-शास्त्र की आधारशिला है। एक सद्‌गुण के तौर पर दयालुता को अनेक प्रकार से विश्लेषित किया जा सकता है।

दयालुता के तत्व या संघटक कौन-से हैं?
वे स्रोत कौन-से हैं जहाँ से दयालुता प्रस्फुटित होती है?
दयालुता की आधारभूत तर्कणाकता क्या है?
इसका नैतिक महत्त्व क्या है?

दयालुता, निकटता से सम्बद्ध गुणों के समूह में से एक है। प्रेम, दया, परोपकार, दूसरों के बारे में सोचना, परहितवाद, तथा दयालुता सभी सम्बद्ध गुण हैं। सद्‌गुण के तौर पर दयालुता दूसरों के बारे में है। जो लोग दयालुता के काम करते हैं, वे उसके बदले में कुछ नहीं चाहते-यह बात तिरुवल्लुवर के उपरोक्त कथन में कही गई है। दलाईलामा दयालुता को धर्म का मर्म (सार) मानते हैं। यह वास्तव में सभी धर्मों का सत्य है। साथ के मानवों के लिए दान या प्रेम एक केन्द्रीय ईसाई सिद्धान्त है। हिन्दू में दया या अनुकम्पा- ऐसे सद्‌गुण हैं जो दयालुता के समान हैं। इसी प्रकार करुणा केन्द्रीय बौद्ध विशेषता है। इस्लाम में भी इसी प्रकार की अवधारणा 'रहम' या दया की है। इसी प्रकार के अर्थों के साथ प्राणियों के प्रति दयालुता का उपदेश यहूदी धर्मग्रंथों

में है। जैन धर्म में सभी जीवों के प्रति दयालुता का उपदेश दिया गया है। यद्यपि सभी जीव पवित्र समझे जाते हैं, मानव जीवन धरती पर अस्तित्व का सर्वोच्च रूप माना जाता है। महावीर के कथन में दयालुता के एक पहलू को नकारात्मक रूप में या जीवित प्राणियों के विरुद्ध सभी प्रकार की हिंसा को समाप्त करते हुए। एक निषेध के तौर पर बताया गया है। यह अहिंसा को दयालुता का मुख्य संघटक के तौर पर मानता है।

ईसाइयत के दृष्टिकोण से, चरित्र के सभी सद्‌गुण प्रेम से उत्पन्न होते हैं और इसी के अनेक रूप हैं। जैसाकि सेंट पॉल का कहना है "यह सम्पूर्णता का बंधन है।" दयालुता का जन्म मानवीय भावनाओं तथा अनुभवों से होता है; मानव में समानुभूति का गुण होता है जिससे उन्हें एक प्रकार की सहयोजिता या मनोवैज्ञानिक अनुरूपण भावनाओं सुख-भोग तथा अन्यों के दर्द का अनुभव होता है। मानव जाति अपनी समान मानवता के सद्‌गुण से दूसरों के साथ सह-अनुभूति का बोध बाँटती है। इसीलिए वे दूसरों के कष्टों से दुखी होते हैं और उनकी तकलीफों को दूर करने की कोशिश करते हैं। वे एक-दूसरे के सुखों (खुशियों) व दुखों में भागीदार बनते हैं, 'रोते हुओं के साथ रोते हैं और उल्लासितों के साथ उल्लसित होते हैं।' दयालुता को सामाजिक चेतना का परिणाम माना जा सकता है। बहुधा पुरुष कठोर और रूक्ष हो जाते हैं और अपनी भावनाओं की कोमलता को खो देते हैं। धार्मिक ग्रंथ और वास्तविक साहित्य पुरुषों (मनुष्यों) में ऐसी भावनाओं को जगाने और जगाए रखने का प्रयास करते हैं।

दयालुता मात्र एक निष्क्रिय भावना नहीं रह सकती है। इसे व्यावहारिक उपकारी, मुसीबतजदा लोगों की सहायता में सेवा व कार्य करने वाली होना ही होता है। दयालुता केवल दान से कहीं अधिक है। दान या उदार अंशदान, निस्सहायों और जरूरतमंदों की भौतिक जरूरतों को पूरा करने के लिए जरूरी है। लेकिन दुखियारे लोग दुःख, उद्‌विग्नता और एकाकीपन के जिन भावों का अनुभव करते हैं, उनमें उन्हें भावनात्मक एकजुटता, सहायता व देखभाल से कुछ अंशों तक कम किया जा सकता है। सच्ची सेवा धन से भी अधिक मूल्यवान होती है। "वह व्यक्ति कोई दयालुता नहीं दिखा (दे)सकता जो अपना स्वयं का कुछ इसमें न मिला ले।"

अधिकतर धर्म सहिष्णुता और क्षमा को व्यावहारिक दयालुता का विशेष रूप मानते हैं। हम उन नैतिक सिद्धान्तों को देख सकते हैं जो ऐसी व्यावहारिक दयालुता के भीतर आते हैं। किसी को दूसरे की बुराई नहीं करनी चाहिए। व्यक्ति को सज्जन व नम्र होता चाहिए। व्यक्ति को ऐसी सभी बातों से बचकर रहते हुए जिनसे संघर्ष उत्पन्न होता है, सबके साथ शांति से रहना चाहिए। यदि फिर भी मतान्तर या विवाद होते हैं तो मानव को सहन करना और एक-दूसरे को क्षमा कर देना चाहिए।

दयालुता पर प्लेटो का कथन अन्यों का ध्यान रखने की प्रवृति की जरूरत की ओर इंगित करता है। प्लेटो इसके लिए कारण बताता है कि हमें दूसरों के लिए क्यों सोचना चाहिए। ऐसा हो सकता है कि वे कठोरतर परिस्थितियों या बड़ी मुसीबत का सामना कर रहे हों। लेकिन ऐसा वास्तव में सच नहीं भी हो सकता है। यह एक ऐसा अनुभवजन्य तथ्य है जिसकी जाँच जरूरी है। तथापि, प्लेटो नैतिक कर्त्ता से ऐसी अवधारणा बनाने तथा अन्यों के प्रति उचित नैतिक मुद्दा अपनाने के लिए कहता है। अन्य शब्दों में, उस अवधारणा में, मानव को दूसरों के प्रति अनिवार्यतः दयालुता का व्यवहार करना होगा। दयालुता व्यक्ति के नैतिक अस्तित्व की स्थायी विशेषता हो जाती है।

मदर टेरेसा के विचार का तात्पर्य है कि हमें गलतियाँ हो जाने का जोखिम लेकर भी दयालु व करुणायुक्त होना चाहिए। यदि हम ऐसा करते हैं तो हम कभी भी किसी को हानि नहीं पहुँचाएँगे या दुखी नहीं करेंगे। इस प्रक्रिया में हम कुछ अनैतिक या अपात्र लोगों के प्रति अतिउत्साही हो सकते हैं। लेकिन हम उन्हें शारीरिक या मनोवैज्ञानिक, किसी भी प्रकार से हानि नहीं पहुँचाएँगे।

इस अभिव्यक्ति 'निर्दयता व कठोरता से चमत्कारी काम हो जाते हैं', की अनेक प्रकार से व्याख्या की जा सकती है। महत्त्वकांक्षी माता-पिता बच्चों पर शिक्षा का भारी बोझ डाल देते हैं जिससे इस प्रक्रिया में बच्चों की मनोवैज्ञानिक हानि होती है। कानूनी प्रणालियाँ दोषियों पर कठोर दण्ड लगा सकती हैं। वह भी न्याय को दया से प्रभावित किए बिना। यह अनेक साधनों (रास्तों) का बोध करा सकता है जिनको लोग माने गए महान या उच्च लक्ष्यों को पाने के लिए अपनाते हैं। इस प्रसंग में हम

कठोर व निर्दयी सर्वसत्तावादी शासनों, जैसे नाजी जर्मनी, स्टालिन के रूस या साम्यवादी (कम्युनिस्ट) चीन का नाम ले सकते हैं जिनका लक्ष्य पूर्ण सामाजिक बदलाव था। इसकी प्रक्रिया में उन्होंने लाखों लोगों की हत्या की, बेजुबान कर दिया और बरबाद कर दिया। मदर टेरेसा अप्रत्यक्ष रूप से उग्र समाज और राजनैतिक परिवर्तन का या सामाजिक इंजीनियरिंग में बड़े पैमाने पर प्रयोगों का विरोध कर सकती हैं जिनमें अनिवार्यत: भारी हिंसा तथा मानवीय कष्ट होते हैं। वे मानवीय, वर्द्धमान, क्रमश: और शांतिपूर्ण सामाजिक बदलाव की जरूरत को रेखांकित कर रही होगी।

मार्क ट्वेन का विचार है कि दयालुता एक अनुभूति है जो शब्दों के प्रयोग के बिना ही प्रेषित की जा सकती है। लोग दयाभाव वाले शब्दों व कार्यों को तत्काल देख व अनुभव कर सकते हैं। दयालुता ऐसी भावुकता है जो किसी मध्यस्थ माध्यम के बिना ही एक व्यक्ति से दूसरे व्यक्ति में चली जाती है। दयालुता वाली भावुकता (भावों) को प्रेषित करने या अनुभव करने के लिए कोई खास गुण या योग्यता की जरूरत नहीं है। दयालुता की भावनाओं का अनुभव करने के लिए या दयालुता वाले विचारों को ले लेने के लिए किसी का विद्वान या पढ़ा-लिखा होना जरूरी नहीं है। अनपढ़ लोग भी दयालु हो सकते हैं। दयालुता, मनुष्य की मूल व प्राकृतिक भावनात्मक बनावट का अंग (भाग) है। कठोर परिस्थितियाँ कभी-कभी इस भावना को नष्ट कर सकती हैं। किन्तु जरा-से प्रयास से उन्हें पुनर्जीवित किया जा सकता है।

दयालुता, भावनाओं, विचारों, शब्दों और कार्यों की एक विशेषता है। यह सभी धर्मों का केन्द्रीय नैतिक सिद्धान्त (मत) है। इसके न होने पर मानव, पाशविक, क्रूर, निर्दयी तथा निष्ठुर हो जाते हैं। दयालुता, सहनशीलता और सौहार्द की जरूरत को उस हिंसात्मक टकरावों से समझा (देखा) जा सकता है जो इस समय विश्व को अनेक देशों को एक दूसरे से अलग कर रहे हैं। जैसाकि गेटे का कहना है, "दयालुता वह शृंखला है जो समाज को एकसाथ बाँधती है।"

क्षमाशीलता (Forgiveness)

"कभी भी बुराई को बुराई से जबाव नहीं देना चाहिए न ही किसी व्यक्ति से दुर्व्यवहार करना चाहिए, चाहे दूसरा व्यक्ति भले ही दुर्व्यवहार करें।"

- प्लेटो का सुकरात

"क्षमाशीलता उस सुगंध की तरह है जो दूसरों के एड़ी द्वारा कुचले जाने पर बनफशा के फूल द्वारा दी जाती है।" **-मार्क टवेन**

"जो क्षमा करना नहीं जानता वह प्रेम करना भी नहीं जानता"

- मार्टिन लूथर किंग, जूनियर

"सबको क्षमा करना जितना अमानवीय है उतना ही किसी को क्षमा न करना।" **-सेनेका**

"क्षमा करना मानवीय कृत्य है, क्षमा करके भूल जाना दैवीयकृत्य।" **-जेम्स ग्रान्ड**

"आओ, हम सब एक-दूसरे को क्षमा करें तभी हम शांति से जी पाएँगे।" **-टालस्टॉय**

'क्षमाशीलता' का अर्थ है किसी अपराध, गलत काम या उत्तरदायित्व (कर्तव्य) के लिए माफ कर देना। गलत का शिकार व्यक्ति, गलत काम करने वाले को माफ कर देता है। यह वाक्य-'क्षमा करें और भूल जाएँ' इस विचार को पूरी तरह व्यक्त कर देता है। क्षमाशीलता समूहों में भी हो सकती है जबकि गलत काम को भुगतने (झेलने) वाला समूह दूसरे (दोषी) समूह को क्षमा कर देता है। हाल के समय में सरकारों में सत्य की खोज के लिए आयोगों की स्थापना का तथा ऐतिहासिक गलतियों को करने वालों एवं उनके भुक्तभोगियों के बीच मेल-मिलाप कराने का रिवाज चल रहा है।

क्षमाशीलता के निम्नलिखित लाभ हैं:

- निजी/ व्यक्तिगत सम्बन्ध बने रहते हैं।
- लगातार बने रहने वाले नकारात्मक भावों से छुटकारा, जो गलत काम के शिकार व्यक्ति को हानि पहुँचा सकते हैं।
- गलत काम करने वालों को आरोप और वैर-शत्रुता से मुक्तकर तथा उन्हें एक नया जीवन शुरू करने में उनकी मदद करना।

क्षमाशीलता में, गलत-काम से टूटे हुए सम्बन्ध को पुन: स्थापित या दोबारा शुरू करना शामिल है। क्षमा करने से शिकार अपने अपराधी (दोषी) के विरुद्ध अपनी नाराजगी या गुस्से को त्याग देता है। गलत काम करने वाला आदमी गलतियों के लिए प्रायश्चित करता है और माफी माँगता है।

तथापि, अरस्तू, कॉण्ट तथा ह्यूम ने कहा है कि क्षमाशीलता दुनिर्देशित (misdirected) हो सकती है तथा व्यक्ति के चरित्र की कमजोरी को प्रतिभासित कर सकती है। इस प्रकार कोई स्त्री दुरुपयोगी (बुरा) सम्बन्ध में रहती है और अकारण ही दोषी को क्षमा करती रहती है। दोषी का पछतावा या क्षमा याचना बिना पछतावे के दिखावा ही हो सकता है। यहाँ, क्षमायाचना गलत काम के साथ साठ-गाँठ कर लेती हैं। अत: क्षमायाचना, नैतिक दृष्टि से वैध कारणों पर ही आधारित होनी चाहिए। गलत बात (दोष) क्षमायोग्य होनी चाहिए तथा दोषी को अपराधबोध या पश्चाताप दिखाना चाहिए।

तुरन्त ही दोषी को क्षमा कर देने की प्रकृत्ति आत्म-सम्मान की कमी, या चापलूसी जो अवगुण है, को बताता है। अरस्तू का कहना है कि जिस व्यक्ति में उचित क्रोध की विशेषता नहीं है, वह 'अपनी रक्षा नहीं कर सकेगा' और 'अपमान को सहनकरेगा' और इन्हीं कारणों की वजह से वह 'मूर्ख' होगा। कॉण्ट भी कहता है जो व्यक्ति अपने पर हुए अन्यायों पर क्रोध नहीं करता उसका सम्मान नहीं है उसमें आत्म-सम्मान भी नहीं होता। ह्यूम के अनुसार, चूँकि क्रोध व घृणा के भाव 'हमारे कलेवर व स्वभाव में जन्मजात' होते हैं, ऐसे भाव कभी-कभी 'कमजोर व मूढता' की निशानी होते हैं। इस विचार का तात्पर्य यह है कि क्षमाशीलता कुछ विशेष परिस्थितियों में ही उचित होती है।

क्षमाशीलता किसी व्यक्ति द्वारा किए गए गलत कार्य या चोट पहुँचाने से उत्पन्न अपने क्रोध से उत्पन्न विद्वेष (Resentment) को सह जाने की प्रक्रिया है। विद्वेष वह क्रोध है जो स्वयं के लिए (अपनी ओर से) अनुभव किया जाता है। क्रोध के अन्य रूप, जैसे रोष या घृणा स्वयं के लिए या अन्यों के लिए (व्यक्ति के मन में) पैदा हो सकते है। क्रोध एकाएक या नैसर्गिक हो सकता है या भाव के देर तक बनाए रखने से पैदा हो सकता है। यह 'प्रतिक्रियात्मक प्रवृत्ति है जैसे मंशाओं के बारे में विश्वासों, प्रवृत्तियों और दूसरों के हमारे प्रति व्यवहार से बढ़ावा (उत्तेजना) मिलता है। विद्वेष में आक्रमण करना, नाराजगी (असंतोष) या अन्यों के कामों या इरादों के विरोध शामिल है।

क्षमाशीलता को नैतिक सिद्धान्तों पर आधारित होना चाहिए। वे व्यक्ति को अपने उस विद्वेष को जीतने में सहायक होते हैं जो वह अपने को हानि पहुँचाने वाले व्यक्ति के प्रति अनुभव करता है। विद्वेष पर विजय पाने में नैतिक सिद्धान्तों पर बल, इसे विजय पाने के अन्य उपायों में से अलग करता है। कोई व्यक्ति उस गलत कार्य को भुलाकर विद्वेष को समाप्त कर सकता है जिसके कारण यह भाव पैदा हुआ है। कोई दूसरा व्यक्ति भी विद्वेष को जीत सकता है, किन्तु वह ऐसा अपनी इच्छा-शक्ति से करेगा ताकि गलत काम करने वाले (दोष) से सम्बन्ध बने रहें। लेकिन ये वास्तविक (असली) क्षमाशीलता के उदाहरण नहीं हैं। क्षमाशीलता में अन्य 'प्रतिफलित मनोभावों' जैसे रोष, अवमानना, या घृणा को जीतने की बात भी है। धार्मिक परम्पराओं में क्षमाशीलता को नैतिक कारणों का मूल माना जाता है।

नैतिक विचारक इस प्रश्न पर भी विचार करते हैं कि क्षमाशीलता सशर्त होनी चाहिए या दोषी के व्यवहार पर आधारित होनी चाहिए। यह तय किया जा सकता है कि दोषी को दोष स्वीकार करना चाहिए, क्षमा याचना करनी चाहिए, अफसोस या पछतावा दिखाना चाहिए और इसके लिए प्रायश्चित की कोशिश करनी चाहिए या दण्ड स्वीकार करना चाहिए। दोषी के ऐसे व्यवहार को अनेक लोग उसे क्षमा करने के लिए जरूरी मानेंगे। धार्मिक विचार (विशेष रूप से ईसाई) मानते हैं कि हमें दूसरों के दोष को क्षमा कर देना चाहिए क्योंकि ईश्वर द्वारा हमें क्षमा किया जाना इसी पर निर्भर है। ईसाई धर्मानुसार करुणा सभी को मिलनी चाहिए, यहाँ तक कि किसी के शत्रु से प्रेम करने के लिए भी।

क्षमाशीलता का उपरोक्त विवरण इसे व्यक्ति के नैतिक प्रयासों का भाग बताता है। लेकिन क्षमाशीलता व्यक्ति की मनोवृत्ति या चरित्र की विशेषता से जुड़ी हैं। ईसाइयत की परम्परा में, क्षमाशीलता प्राय: प्रेम तथा करुणा जैसे सद्गुणों के साम्य में हैं जो व्यक्तिगत स्थिर मनोवृत्तियाँ या विशेषताएँ है। इस प्रकार कोई व्यक्ति क्रोध और विद्वेष को त्यागने के लिए आदेशित है (त्याग सकता है)। यूनानी दर्शन में, इसे उदारचरितता के साथ जोड़ा गया है। कुछ लेखक क्षमाशीलता को एक कर्त्तव्य के तौर पर या व्यक्ति को जो करना चाहिए, मानते हैं। अन्य लेखकों के अनुसार क्षमाशीलता अनिवार्य नहीं है किन्तु ऐच्छिक है।

कभी-कभी व्यक्ति का विद्वेष उसके प्रयासों के कारण नहीं अपितु उसे भूल जाने के कारण तिरोहित हो जाता है। जैसा कि कहावत है-'समय सब घावों को भर देता है, इसी तरह विद्वेष भी समय बीतने के साथ गायब हो जाता है। विद्वेष पर विजय पाने के इस ढंग में कोई प्रयास नहीं है या दोषी को क्षमा कर देने के लिए भौतिक कारणों की जाँच भी नहीं है। यह देखा जा सकता हैं कि अनेक छोटे-मोटे अपराध हैं, गलत कार्य हैं जिन्हें लोग तुरन्त ही क्षमा कर देते हैं या रोजमर्रा के जीवन में उन्हें अनदेखा कर देते हैं। ऐसे वाक्य कि-'इसकी क्या बात करनी' या छोड़ो भी' बताते हैं कि हानियाँ (चोटें) अपेक्षाकृत मामूली हैं। सामान्यत: आदमी को एकदम से या मामूली कारणों से आक्रामक नहीं हो जाना चाहिए ना ही उसे दुर्भावना (खुंदक) पाले रखनी चाहिए।

जब हमारे साथ गंभीर रूप से कुछ गलत होता हो तो अपने विद्वेष (आप) को रोके रखना या दोषी को क्षमा कर देना मुश्किल होता है। अत: क्षमाशीलता हेतु इच्छा के प्रयास की जरूरत है, शिकार (पीड़ित) को अपने साथ गलत हुए से उत्पन्न क्रोध जैसे मनोभावों को जीतना पड़ता है। दोषी का शुद्धिकरण करने या उसे दण्ड़ित करने से बचना पड़ता है। पीड़ित को मानलेना पड़ता है कि 'जो बीत गया, सो बीत गया'। आत्म-नियन्त्रण तथा इच्छा की शक्ति हमारे मिजाजों को नियन्त्रण में रखने और हमारा बुरा करने वालों के प्रति दुर्भावना न रखने के लिए आवश्यक होगी।

आत्म नियन्त्रण तथा अच्छा मिजाज (क्रोध) (Self-Control and Good Temper (Anger)

"क्रोध को बनाए रखना ऐसा है जैसे आपके हाथ में जलता हुआ कोयला है तथा आपके मन में उसे किसी पर फेंकने की इच्छा हैं; लेकिन इससे जो जलता है, वह आप ही हैं।" **-बुद्ध**

"जो लोग क्रोध की आँधी में उड़ते हैं, वे हमेशा मुँह के बल गिरते हैं।" **-विल रोजर्स**

"जरा सोचिए कि आप जिन बातों के लिए जितने क्रोधित हैं या दुखी हैं, अक्सर उनसे अधिक आप अपने क्रोध व दु:ख को भोगते हैं।" **-मार्कस एण्टोनिअस**

''क्रोध, अहिंसा का शत्रु है और घमण्ड वह दैत्य है जो इसे (अहिंसा को) निगल जाता है।'' **-गाँधी**

''भिची हुई मुट्ठियों के साथ कोई भी आदमी साफ-साफ नहीं सोच सकता।'' **-जॉर्ज जीन नाथन**

''यदि क्रोध को नियन्त्रित न किया जाए तो यह हमारे लिए उस चोट से अधिक हानिकारक है जिसने इसे पैदा किया है।'' **-सेनेसा** *(Seneca)*

''जब आप किसी व्यक्ति की गलती पर नाराज होते हैं तो अपनी तरफ देखिए और अपनी असफलताओं का अध्ययन कीजिए (पर विचार कीजिए)। तब आप अपना गुस्सा भूल जाएँगे।'' **-एपिकटेटस** *(Epictetus)*

''नाराज कोई भी हो सकता है-यह बहुत आसान है, किन्तु सही व्यक्ति से सही समय पर तथा सही बात के लिए एवं सही ढंग से नाराज होना-यह सब हरेक की बस की बात नहीं है तथा यह आसान भी नहीं है। **-अरस्तू**

प्लेटो का कहना है कि क्रोध का प्रदर्शन, असंयम का अवगुण है। क्रोध को बुद्धिपरकता के साथ नियन्त्रित किया जाना चाहिए क्योंकि यह तर्क और आत्म-नियंत्रण को आच्छदित कर लेता है। अरस्तू का मानना है कि 'अच्छा मिजाज' क्रोध की अधिकता या सम्पूर्ण सौम्यता के मध्य की स्थिति है। अच्छे मिजाज वाला व्यक्ति 'बदला लेने की भावना वाला नहीं होता है अपितु क्षमा करने की प्रवृत्ति वाला होता है। वह 'सही (उचित) बातों के लिए सही व्यक्तियों पर क्रोधित होता है। वह तभी क्रोधित होता है जब उसे होना चाहिए, सही मात्रा में और सही अवधि के लिए। तथा अरस्तू के मतानुसार बौद्धिकता (तर्क) से नियन्त्रित क्रोध सद्गुण को बताता है, जबकि तर्क से बेलगाम क्रोध अवगुण है।

ईसाई धर्म में क्रोध, क्षमाशीलता से गौण (नीचे) है। यह विचार आत्म-नियन्त्रण और अच्छे मिजाज के यूनानी विचार से भिन्न है। ईसाई धर्म प्रेम की नीति पर आधारित है। यह गलतियों को स्वीकार कर प्रतिक्रिया देने की जरूरत पर ध्यान देती है- (एक गाल पर थप्पड़ पड़ने पर) अपना दूसरा गाल आगे कर देना तथा प्रेम या करुणा दिखाते हुए दोषी को गले लगा लेना।

यह भी स्पष्ट नहीं है कि क्या ऐसी क्षमाशीलता दोषी व्यक्ति के पछतावे या दोष को स्वीकार कर लेने की शर्त के साथ है। बाईबिल का आदेश कहता है: सभी प्रकार की कड़वाहट और रोष एवं क्रोध तथा विरोध एवं निन्दा, सभी प्रकार की दुर्भावनाएँ आपसे दूर रहें, आप एक-दूसरे के प्रति दयालु हों, कोमल हृदय हों, एक-दूसरे को क्षमा करें, क्योंकि ईसा के रूप में ईश्वर ने तुम्हें क्षमा कर दिया है।

हमने क्रोध पर दो विचार देखे हैं। एक यह है कि कारण द्वारा उचित रूप से उत्पन्न क्रोध एक सद्गुण है। दूसरा प्रेम के क्रियाकलाप में लोकातीत क्रोध है। अनियन्त्रित क्रोध स्पष्टत: अवगुण है। एक आम उदाहरण आजकल का 'रोड रेज' (Road rage) है जिनमें चालक हिंसक व्यवहार करते हैं। अन्य उदाहरण शिक्षकों का है जब वे अपना संतुलन खो बैठते हैं और बच्चों की पिटाई कर देते हैं। इसके अतिरिक्त अन्य उदाहरण है जब बॉस लोग अपने मातहतों के साथ असंयमित व्यवहार करते है। महान रोमन लेखक प्लूटार्च लिखता है कि क्रोध जैसे 'रेज' या कड़वाहट, अप्राकृतिक मनोवृत्तिक अवस्थाएँ हैं। ऐसे दृष्टांत आत्म-संयम या आत्मनियंत्रण की जरूरत को रेखांकित करते हैं।

हम क्रोध पर कुछ और परिदृश्यों को देख सकते हैं। किसी के गलत काम के कारण गुस्से से भरा व्यक्ति स्वयं की हानि कर रहा होता है क्योंकि भरा हुआ गुस्सा शरीर पर विपरीत जैव-रासायनिक प्रभाव डालता है। मनोवैज्ञानिकों के अनुसार क्रोध व रोष की अरोधित (Uninhibited) अभिव्यक्ति वांछनीय है क्योंकि गुस्से की निकासी विरेचक (Cathertic) हैं। विरेचन कुछ ऐसी क्रिया है जो मवाद से भरे घाव को छेदकर, प्रणाली को साफ करने के लिए की जाती है।

तथापि, इसके परिणामों को देखते हुए, तेज गुस्से को स्वतन्त्रता देने से अच्छा तो उसे नियन्त्रित करना है। यह सच है कि क्रोध कभी-कभी निजी या राजनैतिक समस्याओं के रचनात्मक हल ढूँढने में आरम्भिक प्रेरक का काम करता है। किन्तु इसकी अविवेकपूर्ण अभिव्यक्ति उन लोगों के लिए अधिक हानिकारक है जो इसे अभिव्यक्त करते हैं और जो लोग उनके आस-पास होते हैं। स्टोइक सेनेका (sotic seneca) के अनुसार क्रोध के सभी रूप नैतिक जीवन के विपरीत (असंगत) हैं क्योंकि वे हमें क्रूरता और बदले की भावना से भरते हैं। ये मनोभाव हमें अन्य लोगों को पूर्ण मानस से कम समझने के लिए बढ़ावा देते हैं। अत: सद्गुण वाला मनुष्य वही है जो क्रोध के सभी रूपों का उन्मूलन कर देता है।

इस आदर्शात्मक विचार ने अनेक महान नैतिक नेताओं को प्रभावित किया है जिनमें महात्मा गाँधी भी हैं।

धैर्य (Fortitude)

''धैर्य विचारों का मार्शल है, इच्छा का कवच है और बुद्धि (तर्क) का किला है।'' **-फ्रंसिस बेकन**

''दुर्भाग्यों से संघर्ष में ही सद्गुणों की वास्तविक पहचान है।'' **-शेक्सपियर**

"धैर्य ही अन्य सद्गुणों का रक्षक और समर्थक है।" **-लोके(स्वबाम)**

''बिना घर्षण के हीरे पर चमक नहीं आ सकती, ना ही बिना परीक्षाओं के मानव में सम्पूर्णता।'' **-कन्फ्यूशियस**

उपरोक्त कथन और इसी प्रकार के अन्य कथनों में एक समान विचार विभिन्न रूपों में व्यक्त किया गया है। वे कहते हैं कि धैर्य, साहस, सहनशीलता या वीरता, अन्य मानवों के संरक्षक व रक्षक हैं। अरस्तू धैर्य को ऐसे साधन के रूप में बताता है जिससे मनुष्य अपनी मृत्यु के भय को नियन्त्रित कर सकता है। सैनिक युद्ध के मैदान में अक्सर ही जीवन के खतरे का सामना करते हैं। जैसा कि आर्चिबाल्ड बी.सी.अल्कजेण्डर (Archibald B.C.Alexander) ने इसके बारे में कहा है: '' मृत्यु वास्तव में मानव के अस्तित्व की सीमा है; क्योंकि, आत्मा अमर हो सकती है किन्तु हाड़-माँस का पिण्ड, जिसे हम मानव कहते हैं, मृत्यु में घुल (तिरोहित) जाता है, तथा पुनर्जन्म की आलौकिक आशा के अतिरिक्त वह हमेशा के लिए लुप्त हो जाता है।'' धैर्य से मानव को बुद्धि (तर्क) के आदेश (बल) पर इस भय को नियन्त्रित करने में मदद मिलती है। जिन सैनिकों में धैर्य नहीं होगा, वे युद्ध के मैदान से भाग जाएँगे। एक अर्थो में बुद्धि बताती है कि इज्जतदार व्यक्ति के लिए जीवन से भी बेहतर चीजें (बातें) हैं तथा मृत्यु से भी बुरी चीजें हैं। धैर्य, भय और दुस्साहस के बीच का मध्यस्थ हैं (औसत हैं); भीरूता से डर उत्पन्न होता है और साहस या हिम्मत से दुस्साहस आता है। धैर्य दो विपरीत प्रवृत्तियों के बीच संतुलन करता है।

जीवन अनमोल है और इसे यूँ ही नहीं फेंक दिया जाना चाहिए या मामूली या ध्यान न देने योग्य लक्ष्यों के लिए जोखिम में नहीं डाला जाना चाहिए। साहसिक व्यक्ति सतर्क रहता है। ऐसा नहीं है कि बहादुर व्यक्ति को डर नहीं होता; बल्कि वह तो बुद्धि-तर्कणा से अपने दिमाग में डर को नियन्त्रित कर लेता है। एक क्रोधित व्यक्ति का अन्धाधुन्ध व्यवहार धैर्य नहीं हैं। अज्ञान या गलती से बहादुर हो जाना भी धैर्य नहीं है। बहादुर व्यक्ति वास्तविक भय का सामना उसकी गंभीरता को पूरी तरह जानते हुए करता है किन्तु अपने कर्त्तव्य का पालन या उच्च कारण (उदेश्य) की प्राप्ति में रत रहता है। प्राचीन दार्शनिक शान, महानता (उदारचरिता) और सहनशक्ति को धैर्य के भाग के रूप में मानते हैं। लेकिन धैर्य पर आधुनिक चर्चाओं में शान तथा महानता का शायद ही उल्लेख किया जाता है।

धैर्य कोई ऐसा सद्गुण नहीं है जो केवल युद्ध जैसी स्थिति में ही प्रासंगिक होता है। ईसाई लेखकों ने धैर्य का उल्लेख उन संतों के संदर्भ में किया है जो अपने धर्मों को बचाने में शहीद हो गए। इस सम्बन्ध में, हमें कुछ सिख गुरूओं की शहादत को श्रद्धा के साथ याद करना चाहिए। आधुनिक समय में, स्वैच्छिक कार्यकर्त्ता खतरे में पड़े लोगों को बचाने के लिए दौड़ पड़ने पर अपने प्राण खो देते हैं। वास्तव में, अपने कर्त्तव्य के पालन में अपनी जान को जोखिम में डालना या दूसरों को मुसीबत से बाहर निकालने में खतरा मोल लेना धैर्य को दर्शाता है। धैर्य का प्रदर्शन सामान्य लोगों द्वारा जीवन की अनेक परिस्थितियों में किया जा सकता है। अनेक लोग जैसे ईमानदार अध्यापक, नर्सें और अन्य अनेक जरा-सी प्रसिद्धि या थोड़े से पुरस्कारों के साथ चुपचाप समाज की सेवा करते हैं। उनके सेवा भी नायकत्व वाली है। "जीवन एक युद्ध है, और ऐसी अनेक वस्तुएँ (बातें) हैं जिसके लिए मनुष्य को सेना के आह्वान जैसी प्रतियोगिता (दावेदारी) करनी चाहिए।"

धैर्य उन चार आधारभूत सद्गुणों में से एक है जिन्हें प्लेटो व अरस्तू ने माना है अन्य हैं- बुद्धि, आत्म-संयम, और न्याय। प्लेटो मानव प्रकृति के तीन पहलुओं को मानता है उनका जोड़ा एक विशेष आधारभूत सद्गुण के साथ बनाता है, जैसाकि नीचे दिया गया है:

मानव प्रकृति का पहलु	सम्बन्धित आधारभूत सद्गुण
संज्ञानात्मक या बौद्धिक	बुद्धि
सक्रिय शक्ति	धैर्य
अभिलाषी या मानवीय संवेदनाओं से सम्बन्धित	आत्म-संयम

जबकि उपरोक्त सद्गुण व्यक्ति के अपने व्यक्तित्व से सम्बन्धित है, न्याय का सद्गुण उसके सामाजिक प्राणी होने के नाते अन्यों के साथ उसके व्यवहार से सम्बन्ध रखता है। ये सद्गुण मानव जीवन की किसी भी तर्कसंगत अवधारणा में अनिवार्य माने जाते हैं। वे मानव चरित्र की अच्छाई हेतु जरूरी हैं।

साहस अन्य सद्गुणों के लिए कवच का काम करता है। इसके न होने पर वे नगण्य (तुच्छ) हो जाते हैं या अपदार्थ हो जाते हैं। मान लीजिए कि रेल में एक निर्दोष मुसाफिर को कुछ गुण्डे तंग कर रहे हैं। ऐसे में कोई दया के भाव के साथ उसकी सहायता के लिए दौड़ पड़ेगा। लेकिन, तब कायरता का भाव बीच में आ जाएगा और कोई खतरा उठाने से मनाकर देगा। रेलों में और भारत की सड़कों पर ऐसी घटनाएँ आम हैं। ऐसी स्थिति में, साहस या सहनशक्ति के न होने पर दया का भाव दब जाता है। अत: लोके (Locke) का कहना है: "धैर्य अन्य सद्गुणों का कवच व समर्थक है।" यह बेकन के कथन का भी अर्थ है कि धैर्य ईच्छा का कवच है। यद्यपि किसी के इरादे नेक हो सकते हैं, लेकिन उन्हें क्रियान्वित करने के लिए साहस का होना जरूरी है। शेक्सपीयर की बात में सद्गुण की वास्तविक परीक्षा अपने दुर्भाग्य को बिना शिकायत सहन करने एवं उसका सामना करने में है। कन्फ्यूशियस कहता है कि कोई व्यक्ति मुश्किलों का मर्दानगी के साथ मुकाबला कर एवं विपरीत परिस्थितियों से संघर्ष कर ही चरित्र की मजबूती प्राप्त करता है।

प्रशासनिक परिस्थितियों में, सरकारी नौकरों में नैतिक साहस या दृढ़विश्वास का साहस होना जरूरी है। उन्हें दृढ़-संकल्प का प्रदर्शन करना चाहिए और नियमों, मानदण्डों पर डटे रहना चाहिए तथा ऐसी कार्रवाई दबावों में नहीं आना चाहिए और अपने

आपको लालचों से पराजित नहीं होने देना चाहिए। ना ही उन्हें चालाक धमकियों या भयों के आगे हार जाना चाहिए। यह कहना आसान है किन्तु करना आसान नहीं क्योंकि सरकारी कर्मचारियों के लिए अनेक लुभावने प्रस्ताव (संभावनाएँ) होते हैं। हाल ही में ऐसे अनेक मामले सामने आए हैं जिनमें जनता के हित के संरक्षकों ने साफ-साफ हो रहे गलत कामों की ओर से अपनी आँखें फेर ली हैं। यह दिखाता है कि उच्च नैतिक भावनाओं को कहना ही काफी नहीं है; उन पर दृढ़विश्वास के आवश्यक साहस के साथ कार्रवाई की जानी चाहिए।

कायरता (Cowardice)

गाँधी जी ने सत्य और अहिंसा के आदर्श को अपना लिया था। वे हिंसा के सभी रूपों से घृणा करते थे। तथापि, गाँधी जी को चिन्ता थी कि अहिंसा या क्रोध के न होने को कायरता छुपाने के लिए प्रयोग किया जा सकता है। कायर व्यक्ति कोई बात (मुद्दा) नहीं उठा सकता और उसके लिए लड़ नहीं सकता। एक राजनैतिक आन्दोलन के नेता होने के नाते गाँधी जी जानते थे कि कमजोर और कायर लोग युद्ध नहीं लड़ सकते। गाँधीजी ने इसी कारण अक्सर कायरता की निन्दा की है। गाँधी जी के लेखों के निम्नलिखित उद्धरण में यही बात दिखाई गयी है:

"अहिंसा तथा कायरता परस्पर-विरोधी शब्द हैं। अहिंसा सबसे बड़ा सद्गुण है, कायरता सबसे बड़ा अवगुण। अहिंसा प्रेम से पैदा होती है, कायरता घृणा से। अहिंसा को हमेशा ही कष्ट उठाना पड़ता है और कायरता हमेशा कष्ट देती रहेगी। सम्पूर्ण अहिंसा सबसे ऊँची वीरता है। अहिंसा वाला आचरण कभी-भी मनोबल को नीचा नहीं करता, कायरता हमेशा ही मनोबल को गिराती है।

कायरता से बेहतर तो युद्ध में मरना है और मारे जाना है। भय का अपना उपयोग है, किन्तु कायरता की कोई उपयोगिता नहीं है। यदि आपके दिल में हिंसा है तो नपुंसकता पर अहिंसा का पर्दा डालने से बेहतर हिंसक होना है।

अपने प्राण बचाने के लिए किसी के चरणों में लोटने से बेहतर तो अपने घायल व पट्टी बंधे सिर के साथ सीधा खड़ा होना है।

प्रसंगवश, गाांधी जी के उपरोक्त अंतिम विचार से मुझे विलियम हेनली की कविता की निम्नलिखित पंक्तियाँ याद आ जाती हैं: समय की अंधाधुन्ध मार से मेरा सर लहुलुहान है, लेकिन यह किसी के सामन झुका नहीं है।

समानुभूति (Empathy)

"आप लोगों को तब ही समझ सकते हैं जब आप उन्हें अपने में अनुभव करते हैं।" **-ईडन के जॉन स्टीन बैक**

"समय ने मेरे दिल को दूसरों की खुशी से चमकना और दूसरों के दुख से पिघलना (द्रवित होना) सिखाया है।" **-होमर**

"दूसरे की नजरों से देखना, दूसरे के कानों से सुनना और दूसरे के दिल से अनुभव करना।" **-एल्फ्रेड एडलर**

"जब एक अच्छे आदमी को चोट पहुँचती है तो जो अच्छे कहलाते हैं, वे उसके दुःख के भागी होंगे।" **-यूरीपिडस**

"मैं उसे ही धार्मिक कहता हूँ जो दूसरों के कष्टों को समझता है।" **-महात्मा गाँधी**

"मैं घायल व्यक्ति से यह नहीं पूछता कि वह कैसा अनुभव कर रहा है, मैं खुद ही घायल व्यक्ति बन जाता हूँ" **-वाल्ट व्हटमैन**

"चूँकि हमें हाथों-हाथ वाला अनुभव नहीं है कि दूसरे व्यक्ति क्या अनुभव करते हैं, हमें नहीं मालूम कि वे किस प्रकार से प्रभावित हैं, लेकिन हम सोचकर कि उसके समान स्थिति में हमें स्वयं को कैसा अनुभव करना चाहिए, इसे अनुभव कर सकते हैं।"

-एडम स्मिथ

"आत्म-निमज्जन अपने सभी रूपों में समानुभूति को समाप्त कर देता है और करूणा को भी। जब हम अपने पर ध्यान संकेन्द्रित करते हैं, हमारी दुनिया छोटी हो जाती है क्योंकि हमारी समस्याएँ और व्यस्तताएँ बड़ी हो जाती हैं। लेकिन जब हम दूसरों पर

ध्यान संक्रेन्दित करते हैं, हमारा संसार विस्तृत हो जाता है। हमारी अपनी समस्याएं हमारे दिमाग में एक किनारे हो जाती हैं और इसलिए छोटी दीखने लगती हैं, तथा हम अपनी जुड़ाव के लिए या-अनुकंपा वाले कार्य के लिए अपनी क्षमता बढ़ा लेते हैं।"

-डेनियल गोलमैन, 'सोशल इण्टैलिजैन्सः द न्यू साइंस ऑफ ह्यूमैन रिलेशनशिप्स

"यदि सफलता का कोई रहस्य है तो यह दूसरे व्यक्ति के दृष्टिकोण को जानने और उसके तथा साथ ही अपने भी दृष्टिकोण से चीजों को देखने की योग्यता में है।"

-हेनरी फोर्ड

"मानव समष्टि का एक अंग है जिसे हम ब्रह्माण्ड कहते हैं, यह अंग समय और स्थान में सीमित है। वह स्वयं को, अपने विचारों को और अपनी भावनाओं को शेष सभी से अलग कोई वस्तु अनुभव करता है जो उस की चेतना का चाक्षुष भ्रम है। यह भ्रांति हमारे लिए एक कारागार के समान है, हमें हमारी निजी इच्छाओं और हमारे निकटतम कुछ लोगों के लिए स्नेह तक प्रतिबंधि त कर देता है। हमारा कर्त्तव्य अपनी करूणा के दायरे को बढ़ाकर इसमें सभी प्राणियों तथा अपने सौन्दर्य के साथ सम्पूर्ण प्रकृति को इसमें समाते हुए स्वयं को इस कारागार से मुक्त कराना होना चाहिए"

-अल्बर्ट आइन्सटाइन

"ऐसा प्रतीत होता है कि मानव जाति की बर्बरता, निर्ममता, समानुभूतिहीनता, करूणा रहितता के लिए विशाल क्षमता है।"

-ऐनी लेनॉक्स

समानुभूति वह गुण है जो दूसरों के लिए हमारी चिन्ता के मूल में रहता है। इसी के कारण हम अपने साथी मानवों की पीड़ाओं, दुःखों व यंत्राणाओं को गहराई से अनुभव कर पाते हैं। समानुभूति साथी की अनुभूति और करुणा है तथा यह हमें दूसरों की भावनाओं, मनोभावों एवं संवेगों को अपना मानने की योग्यता देती है। सहानुभूति व समानुभूति में अन्तर है। सरल शब्दों में सहानुभूति से तात्पर्य है कि हम किसी के लिए अनुभव करते हैं जबकि समानुभूति का मतलब है कि हम किसी के साथ अनुभव करते हैं। समानुभूति से तात्पर्य दूसरों के साथ भावनात्मकता में हिस्सेदारी। यह पहला चरण है जब कभी कोई कठिनाई में पड़े अन्यों की मदद के लिए उद्यत होता है।

नीतिशास्त्र का एक मत, नैतिक भावुकतावाद, मानता है कि नैतिकता का स्रोत तर्क बुद्धि की बजाय हमारे मनोभावों और इच्छाओं में है। नैतिक भावुकतावाद, नैतिकता के सामान्य पहलुओं की एक सत्याभासी व्याख्या देता है। समानुभूति, एक शब्द जो दूसरों के लिए, एक प्रकार की चिन्ता के अर्थ में प्रयुक्त किया जाता है, एक महत्त्वपूर्ण सद्‌गुण माना जाता है। समानुभूतिक दृष्टिकोण अपने हितों, चालू मनोवृत्ति, कर्त्ता के साथ सम्बन्धों को एक तरफ रख तथा व्यक्ति के आस-पास के लोगों पर व्यक्ति के क्रिया-कलापों के प्रभावों के साथ सहानुभूति रखकर प्राप्त किया जाता है। स्मिथ के लिए, सहानुभूति की मुख्य क्रियाविधि स्वयं को काल्पनिक रूप से दूसरों की स्थिति में रखना है या जो अब केवल भावनात्मक संक्रमण, संगठन (सहबद्धता) या अनुमान के स्थान पर अनुकरण कही जाएगी। कुछ अन्य विचारकों का मानना है कि समानुभूति में तर्क-बुद्धि का तत्व भी है। चूँकि समानभूति में उचितता, निर्णय तथा स्वतन्त्रता होती है, अतः इसे प्रकृति से तर्क-बुद्धिपरक माना जा सकता है और इसके प्रयोग को एक ठोस निर्णय पर आधारित गतिविधि समझा जाता है।

जैसाकि एनी लेनॉक्स (Annie Lennox) का कहना है, जब आदर्शवादी या धर्मिक कट्टरपन से प्रभावित लोगों में आदर्शवादी या धार्मिक कट्टरपन से प्रभावित लोगों में समानुभूति की गुणवत्ता का क्षय होता है, तब वे बहुत क्रूरता के साथ एक-दूसरे के सामने आ जाते हैं। यह बात बीसवीं शताब्दी में हुए युद्धों व आन्दोलनों में हुए भयानक नरसंहारों की वजह स्पष्ट करती है। यह मानते हुए कि समानुभूति, मानव सद्‌गुणों की जड़ में होती है। दार्शनिकों, धार्मिक उपदेशकों और महान लेखकों ने लोगों से इस सद्‌गुण को स्वयं में पैदा करने के लिए प्रेरित किया है।

समानुभूति जिस प्रक्रिया से काम करती है, उस पर नीतिशास्त्र में अक्सर चर्चा होती है और इसे कुछ सरल चरणों में दिखाया जा सकता है।

'एक्स' देखता है कि 'वाई' घायल है और उसे बहुत तकलीफ हो रही है।

'वाई' की जो मानसिक स्थिति है, वैसी ही मानसिक स्थिति **'एक्स'** में पैदा होती है।

'एक्स' दर्द के भाव को अनुभव करता है, लेकिन 'वाई' से बहुत कम तीव्रता में।

(ह्यूम के अनुसार) जुड़ाव के एक प्रकार से या 'एक्स' के दिमाग में (मन में) **'वाई'** की पीड़ा के मनोवैज्ञानिक अनुरूपण के कारण यह भाव पैदा होता है।

समानुभूति का यह भाव 'एक्स' में **'वाई'** की मदद के लिए दौड़ने के लिए प्रेरित करता है।

कुछ लोग दूसरों की तकलीफों के प्रति विरक्त (तटस्थ) या अप्रतिक्रियाशील रह सकते हैं। जैसा कि दुर्घटनाओं के मामलों में होता है, लोग दुर्घटना के शिकार लोगों की मदद करने से इंकार कर देते हैं या उन्हें भाग्य के भरोसे छोड़ आगे बढ़ जाते हैं। उनकी समानुभूति बहुत कमजोर है और वे मुसीबत में पड़े लोगों की मदद करने योग्य ऊर्जा बटोरने में असफल रहते हैं।

समानुभूति, मानव प्रकृति का सहजात पहलु है। मानवीय मानसिक गठन के अन्य पहलुओं के समान यह भी मानवीय जैविक विकास की प्रक्रिया में उत्पन्न हुआ होगा। यथास्थिति इसने मानव को पर्यावरण के अनुकूल होने, जीवित बने रहने तथा संतानोत्पत्ति योग्य बनने में सहायता की है। और हाँ, इसमें सांस्कृतिक घटक भी है।

जॉन स्टीनबैक कहता है कि दूसरों को समझने के लिए हमें वैसे ही अनुभव करना है जैसाकि वे करते हैं। **'ईलियाद'** तथा **'ओडिसी'** महाकाव्यों के प्राचीन यूनानी रचयिता होमर कहते हैं कि अनुभव हमें दूसरों की खुशियों और दुःखों को बाँटना सिखाता है। यूरिपीडस (Euripldes) के अनुसार सज्जन लोगों को अन्य सज्जन लोगों के दुःखों को अनुभव करना चाहिए। एल्फ्रेड एडलर (Afred Adler) (जिसने फ्रॉयड व कार्ल युंग के साथ मिल कर मनोविश्लेषण का आरम्भिक अध्ययन किया) का कथन समानुभूति की सार-गर्भित परिभाषा है। एडम स्मिथ का कथन समानुभूति की क्रिया-विधि का सरल वर्णन है। जैसाकि कहा गया है, इसमें हमारा स्वयं को दूसरे की स्थिति में रखना और उनकी तकलीफों की कल्पना करना है।

समानुभूति अनेक परिस्थितियों में वजूद में आ जाती है- निजी जीवन में, सामाजिक जीवन में और व्यावसायिक जीवन में तथा साहित्यिक रचनाएँ जैसे उपन्यास, नाटक और कविताओं का आनन्द लेने में भी। समानुभूति उन बाधाओं को तोड़ने में भी काम आती है जो अहम्वादी प्रवृत्तियाँ लोगों के चारों ओर खड़ी कर देती हैं। साधारणतया लोग आत्म-केन्द्रित या अपने में डूबे-घरेलु समस्याओं में, छोटी-छोटी प्रतिद्वन्द्विताओं और ईर्ष्याओं में और अपने कैरियर व धन को लेकर परेशानी में फँसे रहते हैं। समानुभूति की गुणवत्ता को बेहतर करने के लिए बैचेन अहम को शांत करना जरूरी है।

ऐसा अनेक प्रकार से किया जा सकता है। मनुष्य को दूसरे की बात सावधानीपूर्वक ध्यान लगाकर सुननी चाहिए, और एकांतिक होने के लोभ से बचना चाहिए। साहित्य एवं मानविकी पढ़ते समय इधर-उधर से ध्यान हटाकर उसी में पूरा ध्यान लगाना चाहिए। व्यक्ति को अपने मित्रों व सम्बन्धियों द्वारा अनुभव की जा रहीं समस्याओं में वास्तव में रुचि लेनी चाहिए और दखलंदाजी किए बिना ही उनकी मदद की पेशकश करनी चाहिए। व्यक्ति को अपने अवैयक्तिक हितों को बढ़ाने और आत्म-तल्लीनता को कम-से-कम करना चाहिए।

जैसाकि डेनियल गोलमैन (Daniel Goleman) ने कहा है, जब लोग अपनी समस्याओं में डूबे होते हैं तो वे (समस्याएँ) उन्हें बड़ी और भारी लगती हैं। वे किसी के दिमाग से अन्य मामलों को ढेर से अलग कर लेते हैं और मनोवैज्ञानिक दबाव बना लेते हैं। व्यक्ति के दृष्टिकोण आत्मपरक व असंतुलित हो जाते हैं। इस समस्या का सर्वोत्तम हल हमारे हितों के दायरे को बड़ा करना और उन्हें प्रदर्शित करना है। अल्बर्ट आइन्स्टाइन का विचार है कि हमारे हित, हम और हमारे निकटस्थ संबंधियों तक ही सीमित नहीं रहने चाहिए। हमारे हित सभी जीवित दुनिया तथा प्रकृति की सुन्दरता तक पहुँचने चाहिए। आइन्स्टाइन गणितीय सरलता एवं प्रकृति के प्राकृतिक नियमों के लालित्य से विशेष रूप से प्रभावित थे। उनके शब्दों में, 'चतुर ही शाह (भगवान) है"। किन्तु आइन्स्टाइन निजी ईश्वर में विश्वास नहीं करते।

व्यवसाय के संदर्भ में, समानुभूति भावनात्मक बौद्धिकता का मुख्य घटक है जिसकी प्रबन्धकों को जरूरत होती है। आज के कार्य वातावरण में कुशल टीमें मिलकर काम करती हैं। इस वातावरण में, प्रभावी कार्य निष्पादन हेतु समानुभूतिक समझ की आवश्यकता है। प्रशासनिक परिस्थितियों में, सभी सम्बन्धित दृष्टिकोण प्रकाश में लाए जाने चाहिए और उपयुक्ततः शामिल किए जाने चाहिए और प्रशासकों को इस गुण की जरूरत है।

परहितवाद (Altruism)

परहितवाद या निस्स्वार्थता, दूसरों के कल्याण हेतु चिन्ता करने का सिद्धान्त या प्रवृत्ति है। यह अनेक संस्कृतियों में परम्परागत सद्‌गुण है एवं विभिन्न धार्मिक परम्पराओं एवं धर्म-निरपेक्ष विश्व-विचारों का केन्द्रिक पहलू है; यद्यपि 'दूसरों', जिनके लिए चिन्ता की जानी चाहिए, की अवधारणा संस्कृतियों व धर्मों में अलग-अलग हो सकती है। परहितवाद या निस्स्वार्थता, स्वार्थीपन का विलोम है।

परहितवाद (परहितवाद की नैतिकता, नैतिकतावादी परहितवाद और नैतिक परहितवाद के नामों से भी जाना जाता है) एक सिद्धान्त है जो यह मानता है कि व्यक्ति के क्रिया-कलापों का नैतिक मूल्य, व्यक्ति के स्वयं पर पड़ने वाले प्रभावों की चिन्ता किए बिना, केवल अन्य व्यक्तियों पर पड़ने वाले प्रभाव पर ही निर्भर करता है। परहितवाद के सिद्धान्त को इस प्रकार कहा जा सकता है-"एक क्रियाकलाप नैतिक दृष्टि से सही है यदि उस क्रिया-कलाप के परिणाम, कर्ता को छोड़कर प्रत्येक के लिए प्रतिकूल से अधिक अनुकूल हों।" अगस्ते कामटे (Auguste Comte) की परहितवाद की परिभाषा दूसरों के लिए जीने को कहती है।

अगस्ते कामटे ने 'Altruism' (परहितवाद) शब्द गढ़ा था। उसका माना था कि आत्महितों को त्याग देने और दूसरों के लिए जीने का नैतिक दायित्त्व सभी लोगों का है। कामटे के लिए, "नैतिकता का पहला सिद्धान्त आत्म-संबंधी नैसर्गिक प्रवृत्तियों के ऊपर सामाजिक सहानुभूति की विनियन्त्रक उच्चता है।" परहितवाद में जीवन के नियम व कर्त्तव्य को इस प्रकार बताया जा सकता है- "दूसरों के लिए जिओ।" परहितवाद को परिभाषित करने के अन्य ढंग भी हैं किन्तु ये सभी परिभाषाएँ सामान्यत: दूसरों को लाभ पहुँचाने या अपने स्थान पर दूसरों की सेवा के नैतिक मूल्य का उल्लेख करती हैं। सी. डी. ब्रॉड (C.D Broad) परहितवाद को इस तरह परिभाषित करते हैं।-"यह सिद्धान्त कि हममें से प्रत्येक का दूसरों को लाभ पहुँचाने का विशेष उत्तरदायित्व है।" डब्ल्यु. जी. मैकलागन (W.G Maclagan) के अनुसार- "अपने साथियों के कष्ट को समाप्त करना और खुशी बढ़ाना... परहितवाद ... बिल्कुल सीधे-सादे ढंग से मानता है कि यह निश्चित करते हुए कि उसे क्या करना चाहिए, आदमी अपने सुख-भोग या प्रसन्नता को बिल्कुल छोड़ सकता है, या छोड़ देना चाहिए।"

एक तरह से उपयोगितावाद, परहितवाद में परिणामित हो सकता है। उपयोगितावाद ऐसे क्रिया-कलापों का समर्थन करता है जो समाज के कल्याण को बढ़ाते हैं। चूँकि शेष समाज हमेशा ही उपयोगितावादियों से अधिक रहेगा, एक उपयोगितावादी किसी प्रकार के परहितवाद का व्यवहार करेगा। तथापि, पुरातन अर्थशास्त्रीय सिद्धान्त मानता है कि यदि हर अर्थशास्त्रीय कर्ता अपने हित को ही देखेगा तो सामाजिक कल्याण सर्वाधिक हो जाएगा। यह विचार परहितवाद के विरुद्ध काम करता है। एक नैतिक सिद्धान्त के रूप में परहितवाद की आलोचना की गई है। फ्रैडरिक नित्शे (Friedrich Nietzsche) का मानना है कि अपने के स्थान पर अन्यों के लिए (काम) करना अधिक महत्त्वपूर्ण है, अपने स्वयं के लिए अपमानजनक व नीचा दिखाने वाला है। उनका यह भी मानना है कि अपने से अधिक दूसरों की कीमत (औकात) अधिक समझने वाला विचार व्यक्ति के आत्म-विकास, उत्कृष्टता और रचनात्मकता के अनुसरण में बाधक होता है। तथापि, वह यह भी कहत्ता है कि व्यक्ति का अपनों से कमजोर की सहायता करने का 'कर्तव्य' होता है अनेक लेखकों का विश्वास है कि किसी के दीर्घावधि हितों का दूसरों के लिए बलिदान कर देना बुद्धिसंगत नहीं है। मनोवैज्ञानिक अहम् वह सिद्धान्त है कि मानव सदा ही अपने हित में कार्य करता है और वास्तविक परहितवाद असंभव है। बुद्धिसंगत विचार यह है कि तर्कसंगतता (बुद्धिमानी) अपने स्वयं के हित में काम करने में होती है। (बिना यह बताए कि यह व्यक्ति के नैतिक उत्तरदायित्व को किस प्रकार प्रभावित करता है।)

अनेक लेखक 'सच्चे' परहितवाद की संभावना पर प्रश्न उठाते हैं। मनोवैज्ञानिक अहम्वाद सिद्धान्त के अनुसार बाँट लेने का, सहायता करने का या त्याग (बलिदान) करने का कोई भी क्रिया-कलाप वास्तव में परहितवाद नहीं कहा जा सकता। यद्यपि ये रुचि-रहितता और आत्म-वंचन (त्याग) लगते हैं, नैतिक कर्त्ता मनोवैज्ञानिक संतुष्टि के रूप में अन्तर्भूत पुरस्कार पा सकता है। यह संतुष्टि के विचार को बहुत अधिक विस्तृत करना हो सकता है क्योंकि उदाहरण के लिए, अपने जीवन का बलिदान देने वाला सैनिक सामान्य अर्थों में कोई पारितोषिक प्राप्त नहीं करता है।

सत्यवादिता (Truthfulness)

"सत्य के बिना सामाजिक परस्पर-व्यवहार तथा बातचीत की कोई कीमत नहीं होगी।" **-कॉण्ट**

"ईश्वर से कहा गया-'आपका नियम सत्य है। और इसी कारण जो सत्य के विपरीत है, सही (उचित) नहीं हो सकता। लेकिन यह संदेह कौन करता है कि प्रत्येक झूठ, सत्य के विपरीत है? अत: कोई भी झूठ उचित नहीं हो सकता।" **-सेंट ऑगस्टीन**

"झूठ बोलते होंठ ईश्वर के लिए घृणित हैं; किन्तु क्या हत्यारों को रक्त की गंध से अलग करना झूठ है? **-जॉनसन**

"सामान्य नियम यह है कि सत्य को कभी भी भंग नहीं किया जाना चाहिए क्योंकि यह जीवन की सुविधा के लिए सर्वाधिक महत्त्वपूर्ण है कि हमें आपसी विश्वास से पूर्ण सुरक्षा मिलनी चाहिए... तथापि, कुछ अपवाद तो होने ही चाहिए। उदाहरण के लिए, यदि कोई हत्यारा आपसे पूछे कि (वह) आदमी किस ओर गया है, तो आप उसे वह बताएँगे जो सत्य नहीं है, क्योंकि विगत उत्तरदायित्व के अधीन आप हत्यारे के लिए एक आदमी से विश्वासघात नहीं कर सकते... किन्तु मैं एक बीमार व्यक्ति को घबड़ाहट से बचाने के लिए उससे झूठ बोलने के कायदे (कानून) को नकारता हूँ। परिणामों से आपका कोई सरोकार नहीं है, आपको सच बताना होगा।" **-जॉनसन**

"आप चाहे एक ही होने के कारण अल्पमत में हों, सत्य तो सत्य ही रहता है।" **-महात्मा गाँधी**

"सत्य तो प्रकृति से (नैसर्गिक रूप से) स्वयं-सिद्ध है। जैसे ही आप इसको घेरे हुए अज्ञान के जालों को साफ करते हैं, यह चमक जाता है।" **-गाँधी**

"सत्य कभी भी उचित (सही) उद्देश्य (cause) की हानि नहीं करता।" **-गाँधी**

"बहुविधि प्रचार के कारण कोई दोष (त्रुटि) सत्य नहीं हो जाता, और ना ही सत्य इसलिए गलत नहीं हो जाता कि कोई उसे देखता नहीं है।" **-गाँधी**

"चेतना के मामले में, बहुमत के नियम की कोई जगह नहीं है।" **-गाँधी**

"समझदारी की बातें प्राय: भोले-भाले लोगों के मुख से निकलती हैं, लेकिन साथ ही ये बुजुर्गों के मुख से भी प्राप्त होती हैं। इसकी परख का सुनहरी नियम हर बात को तर्कणा व अनुभव के प्रकाश में जाँचना है, चाहे वे कहीं से भी प्राप्त हों।" **-गाँधी**

"सत्य का तब तक कोई मूल्य नहीं है जब तक यह, इसके लिए प्राण त्याग के लिए तत्परता से सिद्ध करने वालों में मूर्त रूप नहीं ले लेता।" **-गाँधी**

"जो व्यक्ति सत्य के साथ खिलवाड़ करता है वह अहिंसा की जड़ पर प्रहार करता है। जो क्रोध करता है, वह हिंसा का दोषी है।" **-गाँधी**

"संसार के सभी धर्म अन्य बातों में भिन्न हो सकते हैं, लेकिन सम्वेत स्वर में इस बात का दावा करते हैं कि इस संसार में सत्य के सिवाय कुछ भी चिरन्तन नहीं है।" **-गाँधी**

"नैतिकता ही सब बातों का आधार है और सत्य ही सम्पूर्ण नैतिकता का सार है।" **-गाँधी**

"वचन-भंग करना सत्य का पहला आत्म-समर्पण (Base surrender) है।" **-गाँधी**

"वचन भंग करना, व्यक्ति के ऋण को वापस करने से इंकार से बड़ा दिवालियापन नहीं है।" **-गाँधी**

"सत्य का मार्ग अपने विरोधी (विपक्षी) पर हिंसा की अनुमति नहीं देता।" **-गाँधी**

"गलती की कल्पना करना सत्य को खोजने से सरल है, क्योंकि पहले वाली तो धरातल पर रहती है और सरलता से दिखाई देती है, जबकि दूसरा (सत्य) गहराई में रहता है जहाँ कम ही लोग इसकी खोज के इच्छुक होते हैं।" -जोहन वोल्फगैंडा वॉन गेटे "यदि आप सत्य को चुप करा दें और इसे जमीन में दबा दें तो यह पनपेगा। अपने में इतनी विस्फोटक शक्ति संग्रह कर लेगा कि जिस दिन यह फूटकर निकलेगा, उस दिन यह अपने रास्ते में आने वाली हर चीज को उड़ाकर रख देगा।" **-एमिजोला**

"गलतियों पर गलतियाँ कर ही कोई सम्पूर्ण सत्य को पा सकता है।" **-सिगमंड फ्रॉयड**

"यहाँ हम सत्य का अनुसरण करने में भयभीत नहीं हैं जो हमें चाहे जहाँ भी ले जाए।" **-थॉमस जैफरसन**

"सत्य बोलना उत्पीड़ित किए जाने के लिए अचूक नुस्खा है।" **-वाल्तेयर**

"हमारी चापलूसी करने वाले हर झूठ को हम बड़े चाव से ग्रहण करते हैं, लेकिन कड़वे लगने वाले सत्य को हम धीरे-धीरे घूँट-घूँट कर पीते (अपनाते) हैं।" **-डेनिस डाइडरोट**

"मानसिक द्वन्द्व का अर्थ है बहाव के विरुद्ध सोचना, उसके साथ नहीं। गैस के थैलों मे छेदकर सत्य के दानों को पाना हमारा काम है।" **-वर्जिनिया वूल्फ**

"किसी निश्चित समय और स्थान पर नैतिकता क्या है? यह वह है जिसे उस समय वहाँ बहुमत पसंद करता है और अनैतिकता वह है जिसे वे पसंद नहीं करते।" **-अल्फ्रेड नार्थ विट्हैड**

"सत्य से बढ़कर कोई देवता नहीं है।" **-गाँधी**

"यदि आप सत्य की व्याख्या करने चले हैं तो लालित्य टेलर के लिए छोड़ दीजिए।" **-अल्बर्ट आइन्स्टाइन**

"संकल्पना जिसे सुन्दरता के तौर पर ग्रहण करती है, वह सत्य ही होना चाहिए।" **-जॉन कीट्स**

"सत्य में आप जो बढ़ाते (जोड़ते) जाते हैं, वह सत्य से अलग होता जाता है।"
-अल्क्जैण्डर सोल्जेनित्सन *(Aleaczander Solzhenitsyn)*

"मानव ने सदा ही अपने दम्भ (शान), आराम और फायदे के लिए सच्चाई की कुर्बानी दी है। वह जीवित रहता है... (इसका) विश्वास दिलाकर।" **-डब्ल्यु सेमरसैट मौगम, दि समिंगअप, 1938.**

"सत्य कहीं नहीं है। केवल संकल्पना है।" **-गस्ताव फ्लॉबर्ट**

सच्चाई एक ऐसा विषय है जिसकी अनेक शाखाएँ हैं। यह दर्शन, धर्म, नैतिकताओं व साहित्य में विभिन्न चर्चाओं में इसका उल्लेख होता है। अनेक राजनैतिक तथा सामाजिक आन्दोलनों के नेताओं का दावा है कि ये सत्य पर आधारित हैं। उदाहरण के लिए गाँधी जी सत्य को सर्वोच्च स्थान देते थे। यह सर्वश्रेष्ठ निजी सद्गुण है। सत्य पर चर्चा में हमें इसके विभिन्न पहलुओं को देखना होगा। संक्षेप में ये पहलू हैं: (1) सत्य की परिभाषा, (2) नैतिक मूल्य (महत्त्व) देना, (4) किसी बात को सत्य कहने के लिए मानक व मानदण्ड, (5) सचाई की सामाजिक उपयोगिता या कार्य, (6) सत्य बोलने में समाज द्वारा स्वीकृत अपवाद तथा (7) सचाई से सम्बधित या उसमें शामिल सद्गुण।

सत्य के अनेक समानार्थी हैं, जैसे यथातथ्यता, तथ्य, सत्यनिष्ठा, ईमानदारी, निष्कपटता व निष्ठा। अपने वचन का पालन करना भी सचाई का एक हिस्सा है। हम प्राचीन यूनानी दर्शन में सत्य की आरम्भिक परिभाषाओं से शुरू करते हैं। अरस्तू का कहना है कि-''यह कहना कि वह क्या है जो यह है, तथा वह क्या है जो यह नहीं है, सचाई है।'' वह आगे कहता है,'' वह व्यक्ति जो पृथक् हुए को पृथक् सोचता है और संयुक्त को संयुक्त समझता है, सत्य जानता है। जबकि जिसकी सोच वस्तुओं के विपरीत होती है, गलती पर होते हैं।'' यूनानी दर्शन में सत्य को वास्तविकता के सही-सही परिप्रेक्ष्य में देखा गया है। रोमन लोग VERITAS के लिए इसी प्रकार की बात-घटनाओं के तथ्यपरक प्रस्तुतिकरण के तौर पर करते हैं।

आधुनिक दर्शन में सत्य के तीन प्रमुख सिद्धान्त हैं। अनुरूपता (Correspondence) सिद्धान्त कहता है कि हम जो कुछ भी कहते हैं या जिस बात पर विश्वास करते हैं, वह सत्य है, यदि वह वस्तुओं (बातों) के-तथ्यों के अनुरूप है। यदि कोई प्रस्ताव सत्य है तो वह तथ्य के समरूप है और उस प्रस्ताव में विश्वास सत्य है। यह अवधारणा यूनानी विचार से मिलती है। तथापि, आधुनिक दार्शनिक सत्य के विचार पर दिमाग को सुन्न कर देने वाले तार्किक (कठोरता) के साथ करते हैं। इस संदर्भ में हम विषयपरकता के दार्शनिक सिद्धान्त का उल्लेख कर सकते हैं। ऐसा माना जाता है कि संसार वस्तुगत रूप से वर्तमान है, इस बात से अलग रहते हुए कि हम इसके बारे में क्या सोचते हैं या इसका कैसा वर्णन करते हैं। हमारे विचार व दावे विश्व के बारे में हैं। दो कथनों का अर्थ यह है कि हमारे दावे वस्तुगत ढंग से सत्य या मिथ्या इस पर आधारित हैं कि विश्व कितना वस्तुगत है।

सत्य पर दूसरा विचार सत्य के सुसंगति का सिद्धान्त है। दार्शनिक आदर्शवाद के समर्थक चिन्तक इस विचार की पुष्टि करते हैं। सत्य अपनी तात्विक प्रकृति में ऐसा प्रणालीगत सुसंगत है कि जो कि एक महत्त्वपूर्ण सम्पूर्ण की विशेषता है। इस विचार में कोई उन विचारों पर विश्वासों के लिए सार्थक सत्य बोल सकता है जो सम्पूर्णता देने वाले विचारों की प्रणाली से जुड़े हैं। एक विश्वास सत्य है यदि वह विश्वासों की सुसंगत प्रणाली से जुड़े है। एक विश्वास सत्य है यदि वह विश्वासों की सुसंगत प्रणाली का हिस्सा है। सत्य सम्पूर्णता की प्रणाली की विशेषता (सम्पत्ति) है, और किसी अलग-थलग पड़े तथ्यों की नहीं। यह विचारतत्व मीमांसक है और अनेक विचारक स्वाभाविक रूप से सहमत होंगे कि निजी तथ्य एक अर्थों में सत्य है। आदर्शवादी विचारक भी आत्म-पुष्टि की प्रक्रिया में सत्य के विषय में तत्वमीमांसक अर्थों में बोलते हैं।

व्यावहारिक दार्शनिक जैसे विलियम जेम्स ने सत्य की सामाजिक उपयोगिता के आधार पर सत्य का सिद्धान्त बताया है। इसका यह अर्थ नहीं है कि हमें स्थायी तौर पर सुविधापूर्ण स्वप्नों की दुनिया में चले जाना चाहिए। एक (उपयोगी) विश्वास का सत्य हमारे बाद के अनुभव से पैदा होता है। यह क्रिया-कलाप के भरोसेमंद मार्ग-निर्देशक की तरह काम करता है। कुछ व्यावहारिक तत्ववादी सत्य को प्रायोगिक या वैज्ञानिक सत्य से जोड़ते हैं। सत्य ऐसी स्थित स्थिति है जो कड़ी मेहनत वाली जाँच के बाद निकलकर सामने आती है।

अब तक हम सत्य को एक ज्ञान-मीमांसात्मक दृष्टिकोण से देखते रहे हैं। ज्ञान-मीमांसा, दर्शन की एक शाखा है जो ज्ञान के सिद्धान्तों से सम्बन्धित है। दर्शनशास्त्र की यह शाखा मानव ज्ञान की प्रकृति, विस्तार, वैधता और सीमाओं की तार्किक ढंग से समीक्षा करती है। नीतिशास्त्र में सत्य को एक ऐसे आदर्श के रूप में बिल्कुल अलग ढंग से समझा जाता है जिसका प्रयोग हम अपने आचरण में या नैतिक जीवन में करते हैं। इस संदर्भ में, हमें सत्य को या तो धार्मिक सत्य या नैतिक सत्य के तौर पर समझना होगा।

सत्यता या सत्य बोलना एक अन्तर्भूत सद्‌गुण है और यह दूसरों के अधिकारों या किसी बाह्य परिस्थितियों पर आधारित नहीं है। यह ठीक और उचित है कि व्यक्ति को झूठी बातों को मिलाए बिना अपने सर्वोत्तम ज्ञान के अनुसार तथ्य, रायें और सत्य बोलने चाहिए। मानव जाति का सामाजिक वजूद सत्य बोलने पर निर्भर है। यदि सत्य को त्याग दिया जाता है तो मानव इतिहास का विवरण, साहित्य (कहानी) बन जाता है। यदि गवाह लोग झूठ बोलते रहेंगे तो कानूनी कार्रवाई मजाक बन कर रह जाएगी। यदि लोग एक-दूसरे का विश्वास नहीं कर सकते तो व्यापार और वाणिज्य बहुत बुरी तरह सिमट जाएगा। सत्य बोलना न होने पर सामान्य जीवन के मामूली व्यवहार लगातार संदेह के जाल में फँस कर रह जाएँगे। संक्षेप में मानव सामाजिक जीवन में यह मान लिया जाता है कि सत्य बोलना व्यवहार का एक मानदण्ड है। कॉण्ट के पूर्वोक्त कथन का यही अर्थ है।

साधारण दर्शनिकों और धार्मिक उपदेशकों ने सत्य को सदा ही उच्च स्थान पर रखा है। उनका मानना है कि झूठ बोलना वैसे ही या वंशानुगत रूप से गलत है। जो लोग झूठ बोलते हैं, वे मानवों के बीच तार्किक (बुद्धि सम्मत) सम्बन्धों के आधारों को भंग करते है। वे तर्क बुद्धिसम्पन्न प्राणियों के तौर पर स्वयं का आदर करने में भी असफल रहते हैं। झूठ दूसरों को धोखा देने के विचार से बोले जाते हैं। लोग थोक में तो झूठ बोलना शुरू नहीं कर सकते। लेकिन वे अक्सर सत्य को अशत: भ्रष्ट कर देते हैं और दूसरों को धोखा देते हैं। इसलिए गवाहों को 'सत्य, सम्पूर्ण सत्य तथा और कुछ नहीं अपित सत्य' ही बोलने के लिए कहा जाता है। दूसरों को धोखा देने को एक और ढगं है-"Suppressio veri and suggedio falsi". सत्य को दबाना तथा झूठ को प्रतिष्ठित करना।

किसी कथन के दो अर्थ हो सकते हैं और एक निश्चित परिस्थितियों में लोगों को गलत अर्थ स्वीकार कर लेने के लिए गुमराह करते हैं। श्रोताओं को गुमराह करने के लिए सत्य का केवल कुछ भाग-आधा सत्य बताया जा सकता है। सच को इस प्रकार से बताया जा सकता है जिससे दूसरा तथ्य भी झूठा हो जाता है। लोगों को बहकाने के लिए संकेतों व (बोलने के) लहजों का प्रयोग किया जा सकता है। लोगों को जब झूठ बताया जा रहा होता है तो उसका तत्काल ही विरोध करने की बजाय वे चुप रह जाते हैं। जैसे कि शोल्जेनित्सन (Solghenitsyn) का कहना है, सत्य बिना पॉलिश के होना चाहिए, अन्यथा यह सत्य नहीं रह जाता। इसी प्रकार आइन्स्टाइन का कहना है कि सत्य को सीधे-सादे ढंग से व्यक्त किया जाना है और बस बिना किसी सजावट के।

ऐसे अनेक कारण हैं जिनकी वजह से लोग सत्य का सामना सीधे-सीधे करने से बचते हैं। जैसाकि सॉमरसैट मॉगम (Somerset Mougham) का कहना है, लोग अपने आराम और फायदे की कोशिश करते हैं और इस प्रक्रिया में सच को छोड़ देते हैं। लोग उन कठोर वास्तविकताओं को टालते रहते हैं जो उनकी मनपसंद राय, प्रिय सिद्धान्तों एवं सुखद स्वप्नों को भंग कर देते हैं इसी प्रकार डिडरोट (Diderot) का कहना है कि लोग चापलूसी वाली बातों को खुशी-खुशी ले लेते हैं जो उनके अहम् को संतुष्टि देते हैं किन्तु उन अस्वीकार्य सत्यों को मानने से बचते हैं जो उनकी अपनी छवि को खराब करते हैं।

लोग झूठ अनेक कारणों से बोलते हैं। कभी-कभी उत्पीड़न सह रहे धार्मिक और अन्य वर्ग अपनी पहचान छुपाने को झूठ बोल सकते हैं। सरकारें भी देश की सुरक्षा के लिए महत्त्वपूर्ण माने गए मामलों को प्रकाशित (या उनके बारे में चर्चा करना) नहीं करतीं। अक्सर लोग अन्यों की प्रतिष्ठा व हितों को नुकसान पहुँचाने के लिए झूठ बोलते हैं। लोग सत्तासीन लोगों की चापलूसी के लिए झूठ बोलते हैं और इस प्रकार उनकी नजरों में चढ़ जाते हैं। लोग स्वयं को आकर्षक किन्तु मिथ्या प्रकाश में दिखाना चाहते हैं। सत्तासीन लोग को गुमराह करने और जनता के हितों को नष्ट करने के लिए झूठ बोल सकते है।

क्या कुछ अपवाद ऐसे हैं जो सत्य कहने के कर्त्तव्य से विचलित होने को उचित ठहराते हैं? इस प्रश्न ने दार्शनिकों एवं नैतिक उपदेशकों को बाँट दिया है। सुकरात का कहना है कि शत्रु से बचाव के लिए और दूसरों को हानि से बचाने के लिए झूठ बोले जा सकते हैं। लेकिन अनेक दार्शनिक सत्य को ऐसे सद्‌गुण के रूप में मानते हैं जिसके कोई अपवाद नहीं हो सकते। इस प्रकार सेंट ऑगस्टीन मानते हैं कि कोई भी झूठ उचित नहीं हो सकता क्योंकि यह दैवीय व्यवस्था है। इमैनुअल कॉण्ट सत्य बोलने को एक वर्गीकृत सकारात्मकता (सर्वोच्च आज्ञा या कर्त्तव्य) मानते हैं जो किस अपवाद को स्वीकार नहीं करता। अनेक विचारक ऐसे विचारों को बहुत कठोर एवं साधारण जीवन की कुछ परिस्थितियों में निर्धारित सामान्य बुद्धि के विपरीत मानते हैं।

डॉ. जॉनसन इस मुद्दे को कवर करता है। वह कहता है कि एक निर्दोष आदमी को हत्यारों से बचाने के लिए झूठ बोलना उचित है। तथापि, वह इस बात से इंकार करता है कि मरीजों से उनकी गंभीर बीमारी के बारे में झूठ बोलना अनुचित है। इससे यह प्रश्न पैदा होता है कि उन परिस्थितियों को किस प्रकार तय किया जाए जिनमें सत्य से हटा जा सकता है। कोई सद्‌गुणों को एक वंशानुक्रम के रूप में सोच सकता है और कभी-कभी कुछ सद्‌गुण सत्यवादिता को दबा सकते हैं। डॉ. जॉनसन द्वारा दिए उदाहरण में, निर्दोष व्यक्ति को बचाना, सत्य बोलने को दबा देना है। किन्तु झूठ बोलकर रोगी को मनोवैज्ञानिक तसल्ली देना अनुचित है। इन मामलों में, आत्मपरक सोच-विचारों को अलग करना असंभव है।

जैसाकि हमने पहले देखा है, झूठ का प्रयोजन दूसरों को गलत प्रस्तुतिकरण से धोखा देना तथा कुछ फायदा पाना है। कठोर-नैतिकतावादी मानते हैं कि झूठ-चाहे इसका कोई भी प्रेरक या उद्देश्य हो, वंशानुक्रम में गलत है। ये विचार सेंट थॉमस एक्विनास के हैं। वह (*i*) झूठ बोलने तथा (*ii*) इसकी धोखा देने की इच्छा के बीच अन्तर करता है। वह मानता है कि झूठ बोलना गलत है चाहे इससे अन्यों को कोई हानि या उनका अनहित न हो या झूठ बोलने वाले को लाभ हो। किन्तु अन्य मान लेते हैं कि धोखा देने की मंशा झूठ का अनिवार्य तत्व है और बिना इस तत्य के झूठ में से उसका दंश खत्म हो जाता है।

अब हम सत्य के दूसरे पहलू को देखते हैं। कोई सत्य की वकालत कर सकता है या कह सकता है कि 'एक्स' सत्य है। कोई (क) सत्य पर पहुंचने के ढंग और (ख) 'एक्स' की सत्यता जांचने के लिए प्रयुक्त मानकों या मानदण्डों पर भी विचार कर सकता है। ये दोनों पहलू ज्ञान-मीमांसात्मक हैं और इन पर ज्ञान के सिद्धान्त में चर्चा की गई है। किन्तु एक व्यावहारिक नैतिकतावादी के लिए ये इसके सिवाय कोई बड़े महत्व के नहीं हैं कि उसे गलती के गर्त में गिरने से बचाएं। गांधी जी के कथनों में से एक इस बात को छूता है कि "समझदारी की बातें प्राय: भोले-भाले लोगों के मुख से निकलती हैं लेकिन साथ ही बुजुर्गों के मुख से भी प्राप्त होती हैं। सुनहरी नियम है- हर बात को तर्कणा व अनुभव के प्रकाश में जांचना है, चाहे वे कहीं से भी प्राप्त हों।" बाइबिल का कहना है कि बुद्धि (सही-सही रूप से ईश्वर की प्रशंसा) भोले-भाले लोगों व शिशुओं के मुंह से निकलती है। गांधी जी ने कहा कि यह वृद्धों (बुजुर्गों) के मुंह से भी निकलती है। गांधी जी आगे बढ़कर सत्य के दावे को जांचने के लिए परख निर्धारित करते हैं। ऐसे दावों का तार्किक विश्लेषण यह देखने के लिए किया जा सकता है कि वे तार्किक वैधता या सही तर्कणा के नियमों के अनुरूप (अनुसार) हैं या नहीं। परखने (जांचने) का एक और ढंग यह देखना है कि क्या वे मानव अनुभव

से अनुभव जन्य हैं या वे वैसे हैं जैसे कि प्राकृतिक दुनिया में होते हैं। गांधी जी की टिप्पणी उनकी दार्शनिक सोच को दिखाती है। यह जरूर है कि गांधी जी सत्य को व्यावहारिक नैतिकतावादी, एक सुधारक तथा एक आदर्शवादी की नजर से देखते हैं।

एक और बात यह है कि सत्य को समझना कितना सरल या कठिन है। गांधी जी कहते हैं कि सत्य में स्वयं-साक्ष्य का गुण होता है। एक बार जब हम इसे देख लेते हैं, तो हम इसे और आगे बिना किसी बौद्धिक प्रयास के पहचान सकते हैं। इसके लिए केवल इतना ही करना है कि हमें इस को आच्छादित करने वाले अज्ञान के पर्दे को उठाना है। गेटे इस विचार को अपेक्षाकृत भिन्न ढंग से प्रस्तुत करता है। उसके अनुसार गलत तो सतह पर ही दिख जाता है, जबकि सत्य दबे हुए ढांचों में पड़ा रहता है। लोग सत्य को खोदकर निकालने का परिश्रम करने के लिए तैयार नहीं हैं।

अनेक लेखक सत्य की उच्च विशेषताओं (गुणों) का एवं सत्य का अनुसरण करने के अटल नैतिक कर्तव्य का उल्लेख करते हैं। हम इस संदर्भ में गांधी जी के उद्धरणों पर विचार करते हैं कि वे सत्य को नैतिकता का तत्व या सार मानते हैं। सद्‌गुणों में इसका स्थान सर्वोच्च है। गांधी जी का विश्वास है कि यद्यपि धर्म विभिन्न मामलों में भिन्न हैं, किन्तु वे इस दुनिया में सत्य के नित्य मूल्य को मानते में एकमत हैं। गांधी जी सत्य को अहिंसा के बराबर मानते हैं। अन्य शब्दों में चाहे व्यक्ति के लक्ष्य उच्च हों, उन्हें प्राप्त करने के लिए अहिंसा का सहारा नहीं लिया जाना चाहिए।

सत्य की ईश्वर से या अहिंसा से बराबरी दुर्बोधता से युक्त नहीं है। उदाहरण के लिए सत्य एवं अहिंसा, दो भिन्न संकल्पनाएं (अवधारणाएं) हैं। तथा उनकी पहचान या बराबरी के दावों में 'वर्गीकृत त्रुटि' (Catagory error) होती है। तथापि, हमें केवल कथनों को रेखांकित करने वाली नैतिक भावना पर ही विचार करना है। एक यह है कि आदर्शों की उच्चता उनको प्राप्त करने के लिए हिंसा का प्रयोग उचित नहीं हो जाएगा। इसके परिणामस्वरूप साधन और लक्ष्य का प्रश्न पैदा होता है। दोनों ही लक्ष्य, जिनका हम अनुसरण करते हैं और उनकी प्राप्ति के लिए हम जिन साधनों का प्रयोग करते हैं, अच्छे (उचित) होने जरूरी हैं। गाँधीवादी विचार के लिए यह सोच महत्त्वपूर्ण है। सत्य की ईश्वर से बराबरी का मतलब है कि जो लोग ईश्वर में विश्वास करते हैं, उन्हें सत्य का मार्ग अपनाना होगा।

सत्य का अनुसरण, चाहे वह निजी या सार्वजनिक जीवन में हो, कठिन है। एक व्यावहारिक नैतिकतावादी होने के नाते गाँधी जी ने जोर दिया कि सत्य की सिर्फ सैद्धान्तिक चर्चा या सद्‌गुण के तौर पर सत्य की प्रशंसा के पुल बाँध देना व्यर्थ है। लोगों को सत्य को अपने वास्तविक जीवन में एक व्यावहारिक सद्‌गुण के तौर पर अपनाना होगा। उन्हें सत्य के तंग व सीधे रास्ते पर चलना होगा और इसके लिए जीवन का बलिदान करने के लिए तैयार रहना होगा। वास्तविक जीवन में कुछ थोड़े-से ही लोग ऐसी नायकत्व की दूरी तक जाना चाहेंगे, किन्तु सामान्यतः वे समझौते कर लेते हैं। तथापि, ऐसे अनेक उदाहरण हैं जहाँ कि संत लोग व सामान्य नागरिकों ने भी उस बात के लिए अपने प्राण दे दिए जिसे वे धार्मिक सत्य मानते थे। अनेक लोगों ने अपने आप को उन आंदोलनों तथा धार्मिक सत्यों के लिए बलिदान कर दिया जिन्हें वे सत्य का मूर्त रूप मानते थे।

जैसा कि वाल्तेवर कहता है, जो लोग अलोकप्रिय सत्यों को प्रस्तुत करते हैं, वे उत्पीड़न के खतरे को बुलावा देते हैं। लेकिन जैसा कि वर्जीनिया वूल्फ का कहना है-बौद्धिक लोगों ने सत्य को खोज में उच्च प्रकार की शून्यताओं (Inanities) की हवा निकाल दी है। जैसाकि जैफरसन कहता है-व्यक्ति को यह सोचे बिना कि यह कहाँ ले जाएगा, इसका क्या परिणाम होगा, सत्य का अनुसरण करना चाहिए। बुरे परिणामों की आशंका से सत्य की खोज को त्याग नहीं देना चाहिए। सत्य को दबा देना और उसे भुला देना वैसे कोई सरल काम नहीं है। यह लोगों के दिमाग में बना रहता है पनपता रहता है और नवीकृत शक्ति के साथ फूटता है। एक प्रकार से, यही बात हाल ही में मध्य-पूर्व में हुई प्रतीत होती है।

जॉन कीट्स, जो अंग्रेजी भाषा का रोमानी कवि है, सौन्दर्य और सत्य को बराबर मानता है। उसके अनुसार, सौन्दर्य सत्य है और सत्य सौन्दर्य है। जर्मन कवि शिलर (Schiller) का कहना है:

जब मैं प्रश्न करता हूँ "यह सुन्दर है, किन्तु क्या यह सत्य है?"
तेरा (ईश्वर का) उत्तर था "सत्य में ही सौन्दर्य है।"

यह समानता पूर्णत: बनी नहीं रह सकती। सौन्दर्यशास्त्र का उससे कोई सम्बन्ध नहीं है जो नैतिक दृष्टि से सुन्दर है, लेकिन उनसे है जो नैतिक विचारों की परवाह किए बिना स्वयं ही सुन्दर है। नीतिशास्त्र का सम्बन्ध मानव के नैतिक मूल्य से है जो सद्गुणी इच्छा व क्रियाकलाप में अभिव्यक्त है। नीति शास्त्रीय निर्णयन आचरण की केवल सुन्दरता या उपयोगिता को अनदेखा कर देते हैं। जो ठीक (उचित) है वह हाथ-के हाथ ही सुन्दर नहीं हो सकता और उसमें ऐसे कार्य हो सकते हैं जो सुन्दरता से अलग हैं। इस प्रकार प्राकृतिक आपदा से ग्रस्त इलाके की स्वच्छता के लिए प्रक्रिया, सौन्दर्यशास्त्रीय होने से बहुत अलग (दूर) होगी। तथापि, सुन्दरता तथा नैतिकता एक आदर्श की खोज में लगते हैं। सर्वोच्च अर्थ में, जो नैतिक है तथा जो कलात्मक भाव में सुन्दर है, नैतिक हो सकता है। यह विचार इस अभिव्यक्ति 'खूबसूरत आत्मा' में समाहित है-जिसमें एक नैतिक आत्मा की ओर इशारा किया गया है।

अल्फ्रेड नॉर्थ व्हाइटहैड (Alfred Noth Whitehead) के अनुसार एक निश्चित स्थान व समय पर नैतिकता वह है जो उस समय और वहाँ पर बहुमत द्वारा पसंद की जाती है और अनैतिकता वह है जो वे पसंद नहीं करते। अन्य शब्दों में, व्हाइटहैड का विश्वास है कि सार्वभौमिक रूप से लागू कोई नैतिक संहिता नहीं है। किन्तु यह कि नैतिकताएँ समाज एवं स्थान के अनुकूल होती हैं। यह विचार नैतिक सापेक्षतावाद कहलाता है। इस विचार को ज्यों-का-त्यों स्वीकार कर लेना मुश्किल है। कुछ निश्चित मूलभूत कर्तव्य हैं, जैसेकि किसी के परिवार के लिए, जो कि सार्वभौमिक हैं। उदाहरण के लिए किशोर वय बच्चों के लिए माँ-बाप द्वारा दी गई स्वतन्त्रता की मात्रा में साधारण अन्तर हो सकते हैं। नैतिक संहिता है कि (कोड) दण्ड की कठोरता जैसे मामलों में ढीले हो सकती है। तथापि, कोई विश्वास के साथ कह सकता है कि कम-से-कम कुछ सार्वभौमिक (सिद्धान्त) नैतिक मत हैं।

गुस्ताव फ्लाबर्ट (Gustave Flaubert) के सत्य सम्बन्धी विचार पूर्ण संदेहवाद का प्रदर्शन करते हैं। वह वस्तुपरक सत्य की संभावना को नकारता है। वह सत्य को निजी विचार या दृष्टिकोण बना देता है। सत्य वह है जो एक व्यक्ति सत्य सोचता (समझता) है; यह निजी आत्मपरकता तक घट जाता है। दार्शनिक संदेहवाद या संदेह की लम्बी परम्परा है जो यूनानी दार्शनिक सैक्सटस एम्पीरिकस (Sextus Empiricus) तक के समय तक वापस जाती है। यह विचार है कि सच्चा या वस्तुपरक ज्ञान प्राप्त नहीं किया जा सकता। वास्तव में यह वर्तमान फैशनेबल पश्च-आधुनिकतावाद मत का मूल विश्वास (मत) है। इस विषय पर कोई भी चर्चा हमें हमारे मुख्य विषय से दूर ले जाएगी। इतना देखना पर्याप्त है कि प्राकृतिक विज्ञानों में वस्तुपरक ज्ञान होता है जो सामान्यत: स्वीकृत वैज्ञानिक पद्धति द्वारा प्रदत्त है। तथापि, आदर्शवादी एवं अन्य विचार सामाजिक विज्ञानों में अक्सर समस्याएँ पैदा कर देते हैं। जो लोग सत्य से प्रतिबद्ध हैं, उन्हें घटनाओं का सच्चा विवरण देना होगा। उन्हें पूर्वाग्रहों, आर्दशात्मक एवं आत्म-सेवी परिभाषाओं (विचार) से बचना होगा। यह सच्चाई का मूलभूत पहलू है यद्यपि वास्तव में इसे सामाजिक विज्ञान के अनुसधान में त्याग दिया गया है। कुछ पत्रकार तथा टी. वी. के कमेण्टेटर यह कहने के शौकीन हैं कि विचार (कल्पना) सत्य से अधिक महत्त्वपूर्ण है। राजनैतिक प्रचार और व्यापारी विज्ञापनों में इस विचार की कुछ उपयोगिता हो सकती है। लेकिन किसी गंभीर वार्ता में यह केवल लीपा-पोती (Hogwash) है।

वायदों को निभाना (Keeping Promises)

वायदों को निभाना, ईमानदारी और सत्यनिष्ठा सद्गुण हैं जो यथातथ्यता के भाग हैं। गाँधी जी वायदाखिलाफी को सत्य का त्याग देना मानते थे। अपने ऋण को वापस देने की अनिच्छा या ऋण वापसी में असमर्थ होना दिवालिया होने की बात है। अपने वायदों को पूरा न करना नैतिक दिवालिएपन के लक्षण हैं। व्यक्ति की यह जिम्मेदारी है कि वह दूसरों से किए गए वायदों का जीवन के सभी क्षेत्रों में पालन करे। अपने वायदों का पूरा करना आर्थिक क्षेत्र में महत्त्वपूर्ण है। 'संविदा' (Contract) ऐसा शब्द है जो व्यापार तथा वाणिज्य में वायदे का तुल्यरूप शब्द है। संविदाओं का कानून अदालती कार्रवाई का बड़ा क्षेत्र है। तथापि, संविदाओं को रूटीन तौर पर देखा जाना चाहिए और मुकदमेबाजी, नियम की बजाय अपवाद रूप में होनी चाहिए। एक पूँजीवादी अर्थव्यवस्था में वैध संविदाएँ पवित्र मानी जाती हैं।

वायदों के पूरा करने के दो भाग हैं। किसी को भी यूँ ही वायदा नहीं कर लेना चाहिए। वायदा करना एक कहे हुए कार्य को करने की सच्ची इच्छा बताता है। वायदा करने में प्रयोजन की ईमानदारी होनी चाहिए। वायदा करने के बाद व्यक्ति को उसे पूरा करने के लिए यथाशक्ति सभी हरसंभव कदम उठाने चाहिए। व्यक्ति को वायदा किए हुए कार्य से बचना नहीं चाहिए क्योंकि इसमें निजी प्रयास, कष्ट, असुविधा और हानि हो सकती है।

व्यक्ति को अनैतिक या गैर-कानूनी वायदों में नहीं पड़ना चाहिए। ऐसा 'शैतान के साथ समझौता' शुरू से ही खारिज किए जाने वाला है। ऐसे वायदों को पूरा करने का उत्तरदायित्व किसी का नहीं है। यदि कोई अनजाने में ही ऐसा वायदा कर बैठे तो उसे उससे निकल (छूट) जाना चाहिए। यदि जिस व्यक्ति से वायदा किया है, वह भी निर्दोष था और उसे नुकसान हो सकता है तो उसकी किसी प्रकार से क्षतिपूर्ति की जा सकती है।

कानूनी कार्रवाइयों में गवाह लोग सच बोलने की शपथ लेते हैं। अनेक सांविधिक कार्यकारी भी संविधान को सर्वोच्च रखने तथा निजी या अन्य बाहरी प्रभावों से प्रभावित हुए बिना अपना काम करने के लिए शपथ लेते हैं।

ईमानदारी (Honesty)

ईमानदारी को वित्तीय मामलों में सच्चाई माना जा सकता है। आधुनिक संसार में अनेक परिस्थितियाँ होती हैं जिनमें लोग संगठनों या अन्य लोगों के लिए धन का काम करते हैं। ऐसे काम करने वाले लोग जैसे लेखाकारों, रोकड़ के कस्टोडियनों, धन-सम्पत्ति प्रबन्धकों और अवस्यकों के संरक्षकों, दान वाली संस्थाओं के न्यासी गणों, बैंकर्स तथा राजकोष अधिकारियों को अतिसावधानीपूर्वक ईमानदार होना होता है। उन्हें विश्वास के लिए कार्यालय में अपनी स्थितियों को सार्थक (उचित ठहराना) करना होता है। लोक प्रशासन में ईमानदारी का तात्पर्य यह है कि सरकारी कर्मचारियों को अपने कर्त्तव्यों का पालन असली (वास्तविक) ढंग से, न के लालच में आए बिना या प्रलोभनों में पड़े बिना करना चाहिए। उन्हें इस कहावत का पालन करना चाहिए कि 'ईमानदारी' ही सर्वोत्तम नीति है। व्यापारी लेन-देन में भी ईमानदारी इसका अभिन्न अंग है। व्यापारियों को सभी प्रकार के धोखे, वंचनाओं और घोटालों से बचना चाहिए। उन्हें तेष व्यापारी क्रियाओं से बचना चाहिए। उनका लेन-देन स्पष्ट और खुला होना चाहिए। वास्तव में, कार्पोरेट शासन पर वर्तमान बल, स्पष्ट व्यापारी गतिविधियों को बढ़ाने पर है।

सत्यनिष्ठा (Integrity)

सत्यनिष्ठा का तात्पर्य यह है कि नैतिक कर्त्ता अपनी अन्तः मान्यताओं के अनुसार कार्य करता है। उसका काम पाखण्ड या धोखे से मुक्त है। उसके कार्य उसके द्वारा निर्धारित मूल्यों के अनुरूप होते हैं। लेकिन व्यक्ति जो उच्च नैतिकता का दावा करता हैं, उसका पालन करना कठिन होता हैं। ब्रिटिश इतिहासकार जी.एम.ट्रेवेलीन (G.M.Trevelyan) ने अति-नैतिकता (Puritanism) अर्थात उच्च नैतिकता के इस पहलु पर टिप्पणी की है। "सद्‌गुणों का संकेत शब्द (Shibboleth) बनाकर यह (ईसाइयत का अतिनैतिक रूप) कुख्यात पाखण्ड को पोषण करता है। लेकिन इसका यह अर्थ नहीं है कि लोगों को नैतिकता छोड़ देनी चाहिए। व्यक्ति को बिना इसका प्रदर्शन किए अधिक ईमानदारी से नैतिक होना चाहिए।

जो जन नेता सत्यनिष्ठा वाले होते हैं, वे अन्तर्वैयक्तिक विश्वास पैदा करते हैं। सत्यनिष्ठा, जो सुव्यवस्थित वचनबद्धताओं व विश्वासों के समूह के परिणामस्वरूप कार्यों को बताती है, विश्वास (भरोसे) को बढ़ाती है। भरोसे से तात्पर्य अन्यों पर निर्भर होने व अन्यों के कार्यों में विश्वास रखने की क्षमता से है। सभी सामाजिक व्यवहार (बातचीत) सत्यनिष्ठा व भरोसे पर निर्भर करते हैं। सत्यनिष्ठा लोक प्रशासन में विशेष रूप से प्रासंगिक है जिसमें अन्तःग्रथित समस्याओं को हल करने के लिए सहकारी, सहयोगी और सबके समेकित प्रयासों की जरूरत होती है। अतः जननेताओं में चरित्र, विशेष रूप से सत्यनिष्ठा का होना अनिवार्य है।

इस संदर्भ में, लोक प्रशासन के लेखक 'अनुपालन की नैतिकता' तथा 'सत्यनिष्ठा की नैतिकता' के बीच अन्तर करते हैं। अनुपालन की नैतिकता में सरकारी कर्मचारियों को उन विभिन्न कानूनों, नियमों, विनियमों तथा पद्धतियों का प्रशिक्षण या विवरण दिया जाता है जो किसी संगठन में उनके कार्यों को संचालित करते हैं। उन मामलों की जानकारी प्राप्त कर लेने के पश्चात् सरकारी

कर्मचारियों से आशा की जाती है कि वे उनका अतिसावधानी से पालन करेंगे। इस प्रक्रिया में सरकारी कर्मचारी बाहर से लादे गए निर्देशों के समूह का पालना करना सीख लेते हैं। तथापि, वे अपनी ओर से किसी प्रकार का नैतिक चिन्तन नहीं करते।

इसके विपरीत 'सत्यनिष्ठा में नैतिकता' सरकारी कर्मचारियों को नैतिक सामन्याओं को स्वयं ही विश्लेषित करने की आवश्यक कुशलता प्रदान करने की कोशिश करती है। वे लोक सेवा लोकाचार, नैतिक मानकों तथा मूल्यों जैसे क्षेत्रों एवं नैतिक तर्कणा में प्रशिक्षित होते हैं। ऐसी कुशलताओं का प्रयोग कर सरकारी कर्मचारी अपने आचरण में नैतिक मानदण्डों का पालन करेंगे। सत्यनिष्ठा की नैतिकता से आत्म-उत्तरदायित्व व नैतिक स्वायत्तता के साथ नैतिक चरित्र का विकास होता है। यह बाहरी आदेशों व दण्डों के स्थान पर सरकारी कर्मचारियों के आन्तरिक, सकारात्मक, पूर्व क्रियाशील और के स्वैच्छिक प्रयासों पर निर्भर होता है।

विश्वास भंग से बचना (Avoiding Breach of Trust)

सत्यता के एक और पहलू का तात्पर्य है कि नैतिक कर्त्ता को अपने पर किए गए विश्वास को धोखा नहीं देना चाहिए। धोखे के कुछ कार्य आपराधिक दोष के होते हैं। धोखाधड़ी तथा विश्वास का आपराधिक भंग किया जाना भारतीय दण्ड संहिता में अपराध हैं। विश्वास भंग करने के अनेक ऐसे कार्य हैं जो यद्यपि गैर-कानूनी नहीं हैं किन्तु नैतिक दृष्टि से निन्दनीय हैं। ये मामले मानवीय सम्बन्धों के अन्तर्गत आते हैं। परिवार एवं मित्रों के प्रति निष्ठावान न होना या मानवीय सम्बन्धों में आशयित कर्तव्यों को करने में असफल रहना, विश्वास भंग के सार हैं।

यदि कोई किसी लड़की से प्रेम का दावा करता है और बाद में उसे छोड़ देता है तो वह उसके भरोसे को तोड़ता है। कभी-कभी लोग अपने मित्रों को धोखा देते हैं। ऐसा हो सकता है कि 'एक्स' अमीर या राजनीतिक दृष्टि से शक्तिसम्पन्न लोगों से जान-पहचान कर ले। तब उसे अपने पुराने मित्रों को छोड़ देने का लालच आएगा। आत्महित या प्रभावशाली लोगों के बीच उठने-बैठने की उत्तेजना 'एक्स' को अपने पुराने मित्रों की उपेक्षा करा देती है। इस प्रकार का व्यवहार निष्ठाहीनता को प्रतिभासित करता है। भरोसे को तोड़ने का एक और उदाहरण अपने मित्रों की कठिनाइयों में मदद न करना भी है। ऐसी परिस्थितियों में तो व्यक्ति को अपने साधनों के भीतर मित्रों की भौतिक व नैतिक सहायता करनी चाहिए। यह कहावत कि 'मित्र वही जो जरूरत पर काम आए', मित्रता में आपसी सहायता के पहलू पर जोर देती है। ऐसे अनेक मामले हो सकते हैं जहाँ लोग अपने बूढ़े आश्रित माँ-बाप की उपेक्षा करते हैं या अपने बीमार पति/अपनी चिर रोगी पत्नी के प्रति अपने कर्त्तव्यों की अनदेखी करते हैं।

निष्ठाहीनता के अनेक उदाहरण जीवन के अन्य क्षेत्रों से दिए जा सकते हैं। राजनीति में, दोस्त अक्सर दुश्मन बन जाते हैं; दुश्मन भी दोस्त बन सकते हैं। इस स्थिति को संक्षेप में कह सकते हैं कि राजनीति में स्थायी मित्र या शत्रु (विरोधी) नहीं होते। व्यावसायिक राजनेतागण मूलत: अपने कैरियर को बढ़ाने और अपनी शक्ति में वृद्धि करने में रुचि रखते हैं। अत: वे अन्यों के प्रति अपने रवैये को राजनीतिक लाभ के हिसाब-किताब (आकलन) के आधार पर बदलते रहते हैं। ऐसे अनेक प्रसंग हैं जहाँ एक राजनीतिक नेता के समर्थक उसके खिलाफ काम करते हैं। इसी प्रकार नेता राजनीति की हवा के रुख के अनुसार अपने दोस्तों या अनुयायियों को धोखा दे सकते हैं।

विश्वास भंग करने के मामले प्रशासनिक परिस्थितियों में भी पाए जाते हैं। सर्वोच्च स्तर के अधिकारी अपने उत्तरदायित्व से बच सकते हैं या उसे अपने मातहतों पर डाल सकते हैं। जब काम गलत हो जाता है तो वे गलत ढंग से दोष जूनियर अधिकारियों के सिर मढ़ देते हैं। वे अपने अधीनस्थों को बलि का बकरा बना सकते हैं। लोक सेवकों (सरकारी कर्मचारियों) को समान हित को ऊपर रखना चाहिए। जब हम ऐसा करने में असफल रहते हैं, तो वे (दूसरों द्वारा) अपने ऊपर किए गए विश्वास को धोख देते हैं।

शक्ति व नैतिकता (Power and Morality)

"शक्ति मेरी कमजोरी और मेरा प्रलोभन थी"

-जे. के. रॉलिंग

"ऐतिहासिक घटनाओं का कारण क्या है? शक्ति। शक्ति क्या है? शक्ति एक व्यक्ति में स्थानान्तरित ईच्छाओं का कुल योग है। लोगों की इच्छाएँ किस शर्त पर एक व्यक्ति में स्थानान्तरित की जाती है? इस शर्त पर कि वह व्यक्ति सारे लोगों की इच्छा को व्यक्त करता है। यह है- शक्ति ही शक्ति है। यह है 'शक्ति' शब्द (Power) जिसका अर्थ हम नहीं समझते।"

-लियो टॉल्स्टॉय, वार एण्ड पीस

"हम जानते हैं कि कोई भी शक्ति को, इसे छोड़ देने की इच्छा से प्राप्त (कब्जा करना) नहीं करता।"-जॉर्ज ऑरवैल, 1984

"आतंकवाद का उद्देश्य आतंकवाद ही है। दमन का उद्देश्य दमन है। उत्पीड़न का उद्देश्य उत्पीड़न है। हत्या का उद्देश्य हत्या है। शक्ति का उद्देश्य शक्ति है। क्या अब आप मुझे समझने लगे है?"

-जॉर्ज ऑरवैल, 1984

"आप संसार में एक ज्ञवचमब से कुछ भी कर सकते हैं और कुछ भी तोड़ सकते हैं।" **-निकोलाई गोगोल**

"जहाँ केवल पैसे की चलती हो वहाँ कानून की ताकत क्या होगी?" **-पैट्रोनियस**

"हर जगह कमजोर लोग ताकतवर से घृणा करते हैं जिनके आगे वे नाक रगड़ते हैं; और ताकतवर उन्हें भेड़ों के समान पीटते हैं, जिनकी ऊन व माँस वे बेचते हैं।"

-टॉल्लेयर

"शक्ति कोई साधन नहीं है, यह लक्ष्य है।" **-जार्ज ऑरवैल**

"शक्ति धीरे-धीरे दिमाग में से प्रत्येक मानवीय व सौम्य सद्गुण को मिटा देती है।" **-एडमण्ड बर्के**

"शक्ति जितनी अधिक होगी, उतना ही खतरनाक उसका दुरूपयोग होगा।" **-एडमण्ड बर्के**

"शक्ति का एक ही काम होता है- लोगों के सामाजिक कल्याण को सुरक्षित करना।" **-बेंजामिन डिजरायली**

"शक्ति, एक उजाड़ने वाली महामारी की तरह है जो जिसे भी छूती है उसे प्रदूषित कर देती है।" **-शैली**

यह सर्वोत्तम है
इसके पास दैत्य का बल है
किन्तु यह इसका दैत्य की तरह उपयोग करना होगी- **-विलियम शेक्सपीयर, मेजर फॉर मेनेजर**

"शक्ति में नैतिकता या सिद्धान्तों की कमी होती है। इसमें केवल रुचियाँ (स्वार्थ) होती हैं" **-होरसिओ कैस्टेल्लानॅस मोया**

"तानाशाही एक आदत है, इसकी अपनी जैविक जिन्दगी है, यह विकसित होकर बीमारी बन जाती है। इसकी आदत किसी सर्वोत्तम पुरुष या स्त्री को मार सकती है और पशु के स्तर तक घटिया बना सकती है। रक्त व शक्ति नशा देते हैं... मानवीय प्रतिष्ठा (शान), पछतावा एवं पुनुर्त्पत्ति लगभग असंभव हो जाते हैं।"

-फ्योदोर दॉस्तावस्की

"इस प्रकार एक राजकुमार में वे सभी गुण होने अनावश्यक हैं जो मैंने गिनाए हैं, लेकिन यह बहुत जरूरी है कि उनके होने का प्रदर्शन किया जाए। और मैं इसे भी जरूर कहूँगा कि उन सभी गुणों का होना और हमेशा उनको निभाना घातक है, तथा उनके होने का प्रदर्शन करना उपयोगी है; दयालु, निष्ठावान, मानवीय धार्मिक, सच्चा (ईमानदर) दीखना और वैसा होना, लेकिन दिमाग ऐसा होना चाहिए कि यदि आपका वैसा न होने की जरूरत हो तो आपको उसके उलट-बदल जाना आना चाहिए।"

-निकोल मकियावेली *(Niceol Machiavelle)* **द प्रिंस**

"आदमी का पैमाना यह है कि वह शक्ति का उपयोग कैसे करता है? **-प्लेटो**

शक्ति पर हम अपनी चर्चा कुछ महत्त्वपूर्ण शब्दों के साथ शुरू करते हैं। शब्द **'राजनैतिक'** (Political) उन सभी रिवाजों (पद्धतियों) तथा संस्थानों को बताता है जो सरकार से सम्बन्धित हैं। '*शक्ति*' वह योग्यता है जो दूसरों से वह करवाती है जो आप चाहते हैं। शक्ति अनेक रूप ले सकती है, पाशविक शक्ति से लेकर सूक्ष्म मनुहार तक। शासन से तात्पर्य कोई भी सरकार है। प्राधिकार, हिंसा का सहारा लिए बिना सरकार की शक्ति के प्रयोग की योग्यता बताता है। एक सरकार जिसे वैधता का समर्थन मिला होता है, उच्च स्तरीय प्राधिकार का प्रयोग कर सकती है। इसके नागरिक सामान्यत: कानूनों का पालन करते हैं, इसलिए नहीं कि उन्हें दण्ड का भय होता है। बल्कि इसलिए कि वे सोचते हैं कि ऐसा करना ठीक है। यदि नागरिक सरकार द्वारा लिए गए निर्णयों को सामान्यत: स्वीकार कर लेते हैं तो इसे यह माना जाता है कि सरकार को वैधता प्राप्त है। एक सरकार वैध मानी

जाती है यदि इसके नागरिक सोचते हैं कि सरकार के लिए शक्ति हाथ में रखना सही, कानूनी और उचित है। वैधता के न रहने से सरकार की शक्ति गंभीर रूप से कमजोर हो जाती है।

एक प्रकार से, समस्त सामाजिक विज्ञान को राजनैतिक शक्ति से ऊपर कहा जा सकता है। बरट्रैण्ड रसल शक्ति को सभी सामाजिक विज्ञान की मूलभूत अवधारणा मानते हैं। तथापि, हमें शक्ति के सम्पूर्ण विषय की चिन्ता करने की जरूरत नहीं है। अपने प्रयोजन के लिए हमें शक्ति एवं नैतिकता के बीच सम्बन्ध पर संक्षेप में विचार करना है। शक्ति अनेक रूप ले लेती है जैसे राजनैतिक, आर्थिक, सामाजिक और धार्मिक। आधुनिक देशों में अधिकतर राजनैतिक व आर्थिक शक्ति सरकारों में संकेन्द्रित है। सरकारों के प्रमुख राजनीतिक नेतागण होते हैं जो शक्ति-सम्पन्न हैं और विभिन्न क्षेत्रों में नीतियों का निर्धारण करते हैं।

राजनैतिक शक्ति से जुड़ी समस्या यह है कि लोगों को दमन से बचाने या उसे न्यूनतम करने के लिए इसे (शक्ति) किस प्रकार या किस सीमा तक लागू किया जाए, लोगों के न्यूनतम निजी अधिकारों को किस प्रकार सुरक्षित किया जाए और उनके कल्याण को कैसे सुनिश्चित किया जाए। लोगों के विरुद्ध शासकों द्वारा तानाशाही शक्तियों के प्रयोग से प्राचीन काल से ही राजनैतिक चिन्तकों और दार्शनिकों को तकलीफ रही है। उनका तर्क है कि राजाओं या शासकों को सद्‌गुणी, दयालु और लोगों के प्रति विचारशील होना चाहिए। लेकिन उनके अनुरोध पर सामान्यत: ध्यान नहीं दिया जाता।

प्लेटो, अरस्तू तथा सिसेरो, सभी राजनैतिक आदर्शवादी थे जिनका मानना था कि कुछ नैतिक मूल्य हैं जिन पर राजनैतिक जीवन आधारित हो सकता है। इस विचार को आगे चल कर ईसाइयत से समर्थन मिला। मैकियावैली के समय तक राजनैतिक विचारकों का सामान्यत: विश्वास था कि राज्यों के बीच सम्बन्धों सहित राजनीति, नैतिकता पर आधारित होनी चाहिए तथा यह कि युद्ध की पद्धतियाँ नैतिक मानकों के अधीन रहनी चाहिए। राजनैतिक विचारकों से ऐसी वकालत का विरोध न करते हुए शासकों का वास्तविक आचरण आमतौर पर अनैतिक था।

बाद में निक्कोलो मैकियावैली ने राजनैतिक यथार्थवाद के पक्ष में राजनैतिक नैतिकतावाद को रद्द कर दिया (त्याग दिया)। मैकियावैली की एक राजनीति के सनकी सिद्धान्तक के रूप में बुरी प्रसिद्धि हो गई थी जिसका विश्वास था कि लक्ष्य ही हमेशा साधन के औचित्य को सिद्ध करता है। उसके विचार '**द प्रिंस**' में मिलते हैं जिसमें शासकों को शक्ति प्राप्त करने एवं बनाए रखने हेतु सलाह दी गई है। मैकावैली पहला आधुनिक राजनैतिक चिन्तक था। मध्यकालीन विद्वानों ने इस बात पर विचार करने का प्रयास किया कि किस प्रकार राजनीति व राष्ट्र प्रकृति की दैवी व्यवस्था में जम सकते हैं। मैकावली ने शक्ति को व्यवस्थित करने एवं बनाए रखने के ढंग की समीक्षा की थी।

मैकियावली वास्तव में एक देशभक्त और गणतन्त्री (Republican) था। उसका कहना है; "अपने साथी नागरिकों की हत्या करना, अपने मित्रों को धोखा देना, विश्वास के बिना रहना, बिना दया के होना और बिना धर्म के रहना सद्‌गुण नहीं कहा जा सकता। इन सब पद्धतियों से कोई शक्ति तो प्राप्त कर सकता है पर यश की प्राप्ति नहीं कर सकता।" वह आगे कहता है, "एक राजकुमार के लिए लोगों की मित्रता पाना जरूरी है।" शक्ति के बारे में, वह कहता है कि, "मामले की वास्तविक सच्चाई तक जाना उसके लिए कल्पना करने से अधिक उचित है; और अनेकों ने रिपब्लिक्स और सिद्धान्तकों की कल्पना कर डाली है जो वास्तव में कभी देखे नहीं गए और उनका वजूद कभी जाना नहीं गया। क्योंकि हम अब तक कैसे रहते हैं, इस बात को हमें कैसे रहना चाहिए, से अलग कर दिया गया; क्या किया जाना चाहिए, इसके स्थान पर किए गए को जो त्याग देता है, वह व्यक्ति अपने वजूद को बनाए रखने की बजाय अपना विनाश आमन्त्रित करना सीख लेगा।" वह अवास्तविक आदर्शों के पीछे अंधे होकर भागने, नासमझी से उनका अनुसरण करने के लिए चेतावनी देता है। मैकावैली कहता है कि अच्छे लोग, बुरा करने वालों से भरे समाज में समाप्त हो जाएँगे (मर जाएँगे)। बाद में जर्मन प्रवक्ता बिस्मार्क ने ऐसे ही भाव व्यक्त किए; दुर्बल की तकदीर ही यही है कि वह ताकतवर द्वारा खा लिया जाए।" कुछ चीजें (बातें) जो सद्‌गुण लगती हैं, यदि उनका अनुसरण किया जाए तो व्यक्ति को उसके विनाश तक पहुँचा देंगी; एवं कुछ बातें ऐसी हैं जो अवगुण प्रतीत होती हैं लेकिन अनुसरण किए जाने पर वे व्यक्ति को बड़ी सुरक्षा एवं कल्याण देती हैं। मैकावैली यह भी कहता है कि राजकुमारों के लिए अपने वायदों को पूरा करना जरूरी नहीं है।

ऐसे विचार सामान्य नैतिक आदेशों के विपरीत हैं। शक्ति प्राप्त करने एवं बनाए रखने पर भिन्न राय (विचार) हमेशा ही रही हैं। अनेक विचारकों का विश्वास है कि नैतिक सिद्धान्तों का बलिदान किए बिना शक्ति तक पहुँचना और उसे बनाए रखना कठिन है। गाँधी, लिंकन तथा नेल्सन मण्डेला जैसे अन्य नेता भी हैं जो इस बात पर जोर देते हैं कि शक्ति के उपयोग का नियमन आदर्शवाद द्वारा किया जाना चाहिए। भारत के विगत के इतिहास में देखें तो हम देखते हैं कि कौटिल्य के अर्थशास्त्र में अनेक आदेश हैं जिनमें मैकियावली की ध्वनि आती है। एक प्रति-उदाहरण के तौर पर, हम याद कर सकते हैं कि बौद्ध धर्म की धर्म की अवधारणा के प्रभाव में आकर अशोक ने राजनैतिक शक्ति का नैतिकीकरण करने का प्रयास किया था।

राजनैतिक सिद्धान्तकार तर्क देते हैं कि राजा लोग या अन्य शासकगण जनता पर बेरोकटोक या पूर्ण शक्तियों का प्रयोग नहीं कर सकते। शासकों को निरंकुश नहीं होना चाहिए और लोगों को दबाना नहीं चाहिए क्योंकि उनकी शक्तियाँ इन्हीं लोगों से प्राप्त होती हैं। हॉब्स, रूसों (Rousseau) तथा लोके (Locke) ने सामाजिक संविदा (अनुबंध) के सिद्धान्त का प्रतिपादन किया। इन लेखकों ने, अपने-अपने सिद्धान्तों में अन्तरों पर ध्यान न देते हुए, कहा कि सरकारों के चलन से पहले लोग प्राकृतिक अवस्था में रहते थे। इस अवस्था में, उनको सुरक्षा, नागरिक सुविधाओं वाली सुविधाएँ नहीं थीं और व्यापार एवं वाणिज्य विकसित करने के साधन नहीं थे। इन लाभों को पाने के लिए, उन्होने अपने अधिकारों एवं शक्तियों का कुछ भाग सामाजिक अनुबंध (संविदा) के माध्यम से शासकों को सौंप दिया। प्रसंगवश, सामाजिक अनुबंध राष्ट्र की उत्पत्ति के सिद्धान्तों में से एक है। यद्यपि सामाजिक अनुबंध एक काल्पनिक अवधारणा है और एक विधिक कथा है, यह शासन की शक्ति को सीमा में करने एवं लोगों के अधिकारों की सुरक्षा हेतु एक मजबूत (जोरदार) तर्क है।

राजनीतिक लेखकों ने अधिकारों की जिस अवधारणा को विकसित किया, वह अधिकारों के निर्बाध प्रयोग पर रोक लगाने का काम करती है। यह माना जाता था कि मनुष्यों के कुछ प्राकृतिक और अविलगनीय (जो अलग न किया जा सके) अधिकार थे। जीवन का अधिकार, आजादी व सम्पत्ति को ऐसे अधिकार माना जाता था। थॉमस पेन की पुस्तक '**राइटस ऑफ मैन**' इसी प्रवृत्ति (रीति) से लिखी गई है। फ्रेंच क्रांतिकारियों ने '**द डिक्लेरेशन ऑफ द राइट्स ऑफ मैन एण्ड द सिटीजन**' जारी किया। अमरीकी संविधान भी नागरिकों के अधिकार गिनाता है। ऐसा प्रतीत होती है कि निजी, राजनैतिक तथा अन्य अधिकारों को नैतिकता से नहीं जोड़ा जा सकता। तथापि, ऐसे अधिकारों को शामिल करके राष्ट्रीय नेताओं ने राजनैतिक शासन के ढाँचे को नैतिक आयाम दिया है। गणतन्त्र के उभरने के साथ-साथ, शक्ति प्राप्त करने व बनाए रखने की प्रक्रियाएँ अधिक व्यवस्थित तथा शांतिपूर्ण हो गईं; वे वैध मानी जाने लगी हैं। गणतन्त्रों में राजनैतिक शक्ति पर हम थोड़ी देर बाद चर्चा करेंगे।

अब तक हमने उन साधनों पर चर्चा की है जो सरकारों को शक्तियों के तानाशाही प्रयोग से वर्जते हैं। राजनैतिक चिन्तकों एवं इतिहासकारों ने शक्ति के साथ सार्वभौमिक समस्या को नोट किया है। सिरसे (Circe) की कथा से यूनानी पौराणिक कथाओं से एक कहावत-"**जो मेरा प्याला चख लेते हैं वे सूअर हो जाते हैं**" शक्ति पर लागू प्रतीत होती है। जेम्स मैडिसन (James Madison) कहता है-"सरकार का सार शक्ति है, और शक्ति, जैसाकि इसे होना चाहिए-मानव के हाथों में होनी चाहिए, किन्तु यह सदा ही दुरुपयोग के लिए संभावित रहेगी। रोनाल्ड रीगन ने भी इसी विचार को अधिक असंस्कृत ढंग से व्यक्त किया है-"**राजनीति दूसरा सबसे पुराना पेशा माना जाता है। मुझे यह अनुभव हो गया है कि पहले (वैश्यावृत्ति) से बहुत मिलता-जुलता है**" फ्रैंक हरबर्ट कहता है, राजनीति भ्रष्ट हो सकने वाले लोगों को आकर्षित करती है, जो इसकी इच्छा करता है, उस पर संदेह करो (उससे सावधान रहो)।" वह और आगे कहता है: "**सभी सरकारों को बार-बार होने वाली समस्या को भोगना पड़ता है: शक्ति रोगात्मक व्यक्तित्वों को आकर्षित करती है।**" "**शक्ति की भूख**", आयन रेण्ड (Ayn Rand) कहता है, "**ऐसी लता है जो त्याग दिए गए दिमाग के खाली पड़े हिस्सों में फैलती है।**

शक्ति अनिवार्यतः भ्रष्टाचार, दुरूपयोग और दमन की ओर ले जाती है। कोई व्यक्ति जो शक्ति प्राप्त कर लेता है या विरासत में पाता है, मनोवैज्ञानिक परिवर्तन से गुजरता है। एक जानी-पहचानी अभिव्यक्ति का प्रयोग करें तो शक्ति (शराब की तरह) तेजी से व्यक्ति के दिमाग में चढ़ती है। लोगों को शक्ति का नशा चढ़ जाता है ओर वे सद्गुण व संयम का रास्ता छोड़ देते हैं।

व्यक्ति को दी गई अनियमित शक्ति उसे धन बनाने, दूसरों को गालियाँ देने और जनता के हित को बिगाड़ने के अवसर प्रदान करती है। लार्ड एक्टन के प्रसिद्ध शब्दों में-"**शक्ति का झुकाव भ्रष्टता की ओर होता है और सम्पूर्ण शक्ति पूर्णतः भ्रष्ट बना देती है। महान व्यक्ति लगभग हमेशा ही बुरे व्यक्ति रहे हैं।**"

अनेक लेखक 'आधुनिक सर्वसत्तावादी आदर्शों के अंतिम छोर तक गए बिना' कहते हैं कि इस बात के लिए खेद होते हुए भी राजनीति में नैतिक सिद्धान्तों का अनिवार्यतः बलिदान होता ही है। वे इसे वास्तविकता के तौर पर स्वीकार करते हैं। बिस्मार्क के अनुसार-"**वर्तमान गंभीर प्रश्न भाषणों एवं बहुमत के निर्णयों से हल नहीं किए जा सकेंगे... ये लौह और लहू से तय होंगे।**" वह यह भी कहता है कि महान पुरुष हमेशा ही बुरे आदमी होते हैं; उपन्यास 'प्रथम' में एक चरित्र, क्लॉडियस ऑफ रॉबर्ट ग्रेव्स (Claudius of Robert Graves) का कहना है कि, "मैंने अनेक अपवित्र बातें की हैं, कोई भी महान शासक इसके सिवाय कुछ नहीं कर सकता। मैंने साम्राज्य की भलाई को सभी मानवीय विचारों (ध्यान देने) से ऊपर रखा है। साम्राज्य को अनेक खण्डों से बचाने के लिए मुझे कई अपराध करने पड़ते हैं।"

शक्ति और नैतिकता पर उपरोक्त चर्चा उन परिस्थितियों पर आधारित है जो किसी भी देश में सामान्य समय में होती है। अन्य शब्दों में, जब युद्ध, सामान्य गड़बड़ियाँ, विद्रोह या क्रांति जैसे असामान्य समय नहीं होते हैं। असामान्य समयों में, राजनैतिक जीवन का सामान्य प्रवाह गड़बड़ा जाता है। राजनैतिक आकस्मिकताओं के उदाहरणों में फ्रांसिसी क्रांति 1917 की, रूसी क्रांति, जर्मनी पर नाजियों का कब्जा तथा चीन में साम्यवादी क्रांति शामिल हैं। इन सभी घटनाओं में क्रांतिकारी समूहों (दलों) ने सरकार का तख्ता पलटकर सत्ता (शक्ति) प्राप्त कर ली। सत्ता (शक्ति) का ऐसा ले लेना अनिवार्य रूप से हिंसक व खूनी होता है। फ्रांसीवादी और साम्यवाद, आधुनिक समय के दो पूरी तरह से सर्वसत्तावादी आदर्शवाद हैं। ऐसे समयों में जीवन की साधारण तहजीब पूरी तरह भुला दी जाती है।

साम्यवादी तथा फासीवादी, दोनों ही परम्परागत नैतिकताओं को नकारते हैं। सोवियत साम्यवादियों ने ऐसी बातों को करने के लिए एक नई प्रकार की नैतिकता की रचना की जिसे आम आदमी अनैतिक मानते थे। लेनिन के अनुसार, पूँजीवाद को उखाड़ फेंकने के लिए हिंसा जरूरी है। लेनिन तथा स्तालिन मानते हैं कि नैतिकता, मजदूर (Proletarion) क्रांति के आदर्शवाद के अधीन रहनी चाहिए। वे परम्परागत धर्मों पर आधारित नैतिकता को अस्वीकार कर देते हैं। उनके लिए, वे कार्य नैतिक हैं जो क्रांति को बढ़ाते हैं और जो कार्य क्रांति में रुकावट पैदा करते हैं, वे अनैतिक हैं। इस पार्टी के सदस्यों को इन विचारों को स्वीकार कराने के लिए उन पर मत-आरोपण (Brainwash) किया गया जिनके अनुसार नैतिकता को वर्ग-संघर्ष में एक हथियार माना गया है।

साम्यवादी अपनी स्थिति को इस आधार पर उचित ठहराते हैं कि दुनिया अन्यायों व अनैतिकताओं से भरी है, और वे इसके स्थान पर साम्यवाद के रूप में न्यायपूर्ण सामाजिक ढाँचा प्रतिष्ठित करना चाहते हैं। इस तर्क से, वे जो कुछ भी करते हैं, ठीक (उचित) हो जाता है। सोवियत रूस दास श्रमिकों की प्रथा को अनैतिक मानता है तथा जर्मन कैंपों में हत्याओं (नाजी शासन के दौरान) की निन्दा करता है, किन्तु दास श्रमिकों व सोवियत गुलाम कैंपों में हत्याओं के बारे में चुप लगा जाता है। स्टालिन इस आधार पर गुलाग कैंपों को उचित ठहराता है कि वे क्रांति के हितों की पूर्ति करते हैं। कम्यूनिस्ट मोरेलिटी, लेखक-लुदविक कोवालस्की पी.एच. डी. के आधार पर)

साम्यवादी क्रान्तियाँ हिंसक रही हैं। साम्यवादियों का मानना है कि पूँजीवादी शासन को नष्ट करने के लिए मजदूरों (कामगारों) को हथियार उठाने होंगे। साम्यवादी, सामाजिक परिवर्तनों के लिए शांतिपूर्ण उपायों का खुले आम मजाक उड़ाते हैं। वे ऐसे विचार को 'वर्ग सहकार' (Class Collaboration) कहते हैं। भारत में नक्सली आन्दोलन का यही विचार है। माओ त्से-तुंग ने इन्हीं विचारों को खुली निदर्यता के साथ व्यक्त किया है-"**क्रांति कोई भोज नहीं है या निबंध-लेखन या चित्र बनाना या कढ़ाई करना नहीं है। यह इतनी परिष्कृत, इतनी आरामदेह और कोमल, इतनी संयमित, दयालु, शिष्ट, शालीन तथा उदार-चरित नहीं हो सकती। क्रांति एक विद्रोह है, हिंसा की ऐसी क्रिया है जिसमें एक वर्ग दूसरे वर्ग को उलट देगा।**" एक और प्रसिद्ध कथन में वह कहता है"-हर साम्यवादी को इस सत्य को धारण कर लेना चाहिए: राजनैतिक शक्ति बन्दूक की नली से उत्पन्न होती है।"

साम्यवादियों के समान फासीवाद ने भी परम्परागत नैतिकता को त्याग दिया है। हमें उनके द्वारा उचित ठहराने वाले कृत्रिम तर्कों पर ध्यान नहीं देना है। फासीवाद और साम्यवाद, दोनों ने अकथनीय यातनाएँ व कष्ट दिए हैं। विध्वंस में छः मिलियन यूरोपियन यहूदी मारे गए थे। अनेक मिलियन लोग युद्ध में मारे गए। सोवियत खेती के एकत्रीकरण के स्टालिन के कार्यक्रम के कारण लाखों कुलक्स या रूसी किसानों की मृत्यु हो गई। सोवियत शासन की भयानकताएँ, भिन्न मतावलम्बियों की पुस्तकों में वर्णित है जिनमें सबसे अधिक उल्लेखनीय अल्कजैण्डर सोल्जेनित्सन (Alexender Solzhenitsyn) की पुस्तक 'द गुलग आर्चीपलेगो' (The Gulag Archipelogo) है।

साम्यतावाद एवं फासीवाद, दोनों ही सर्वसत्तावादी प्रणालियाँ हैं जिनकी विशेषता एक व्यक्ति या कुछ व्यक्तियों के समूह में शक्ति का संक्रेन्द्रण है। सर्वसत्तावाद में जीवन के सभी पहलुओं का नियंत्रण होता है। लोगों की वास्तविक भागीदारी या कानून के नियमों का लागू होना अनुमत नहीं होता। लोगों को उनके मूलभूत व गणतांत्रिक अधिकारों से हीन कर दिया जाता है। प्रैस की आजादी नहीं होती। ये परिस्थितियाँ ऐसी स्थितियाँ पैदा कर देती हैं कि सरकार लोगों के खिलाफ हिंसक व कठोर उपायों का प्रयोग कर पाती है। ऐसे उपायों को ऐतिहासिक जरूरत, क्रांतिकारी हिंसा, सर्वहारा न्याय, साम्यवादी नैतिकता नए प्रकार के मानवों के फैशन की जरूरत या युद्ध एवं संघर्ष की जरूरत के नाम पर उचित ठहराया जा सकता है। ये सभी बहाने परम्परागत नैतिकता का खण्डन करते हैं जिन्हें मजाक में 'बुर्जुआ नैतिकता' कहा जाता है- तथा भारी हिंसा की ओर ले जाते हैं।

इन सामूहिकवादी प्रणालियों में, शासन की नीति के लक्ष्यों या ध्येयों को उचित ठहराने वाले साधन के तौर पर देखा जाता है। चूँकि लक्ष्य को अच्छा मान लिया जाता है, अतः किसी भी साधन का उपयोग-चाहे वह अच्छा हो या बुरा, उचित माना जाता है। व्यक्ति का मूल्य तथा उसके जीवन की पवित्रता को पूरी तरह से अनदेखा कर दिया जाता है लोगों को शासन की नीतियों के आशयित लाभभोगियों के स्थान पर शासन के साधन (औजार) माना जाता है। समूहवादी शासन इस मानवीय मान्यता को नकारता है कि बड़े-से-बड़ा आदर्श भी मानव की बलि को उचित नहीं ठहरा सकता।

सर्वसत्तावादी प्रणालियाँ का लक्ष्य समाज के सम्पूर्ण व मूल (उग्र) बदलाव का है। वे वर्तमान सामाजिक व्यवस्थाओं को उलट देना व समाज को मूलरूप से पुनः बनाना चाहते हैं। रूढ़िवादी विचारकों और मानवतावादियों ने हमेशा ही कहा है कि समाज परम्पराओं से बँधे हैं और धीरे-धीरे बदलते हैं। क्रांतिकारी लोग जल्दी में हैं और परिवर्तन तत्काल ही लाना चाहते हैं। इस प्रक्रिया में वे भारी हिंसा की ताकतों को खुला छोड़ देते हैं। अनेक लेखक (उदाहरण के लिए कार्ल पॉपर तथा एफ. ए. हयाक) ने संकेत किया है कि जो उपाय समाजों को मूलतः और तेजी से पुनः गठित करना चाहते हैं, जन्म से ही खतरनाक हैं। समाजों का निर्माण सैकड़ों वर्षों में हुआ है तथा सरकार रूपी-बुद्धि समय बीतने के साथ एकत्र हुई है। सामाजिक परिवर्तन को अनायास स्वयंमेव ही अपनी गति से तथा लोगों की सामान्य सहमति से होने देना चाहिए। लेकिन सर्वसत्तावादी प्रणालियाँ परिवर्तन की गति पर दबाव डालती हैं तथा विनाशकारी परिणामों के साथ कुल सामाजिक पुनर्निर्माण (Reengineering) का प्रयास करती हैं (हम कह सकते हैं कि विद्यार्थियों को इन दो पुस्तकों को पढ़ने से बहुत लाभ होगा: कार्ल पॉपर की '**द ओपन सोसायटी एण्ड इट्स एनिमीज**' तथा हयाक की-'**द रोड टू सर्फडम**'। बाद वाली पुस्तक विशेष तौर पर उस पाठक के लिए अमूल्य अन्तर्दृष्टियों का स्रोत है जो राजनीति व सामाजिक समस्याओं का अध्ययन करना चाहता है।)

गाँधी जोर देकर सभी प्रकार की हिंसा का विरोध करते हैं। उनके मार्गदर्शन में राष्ट्रीय स्वतन्त्रता का आन्दोलन भी सामान्यतः शांतिपूर्ण ही रहा। तथापि, भारत के विभाजन के बाद होने वाली साम्प्रदायिक बर्बादी से अभूतपूर्व पैमाने पर नरसंहार हुआ। लेकिन ये उन उच्च नैतिक आदर्शों से नहीं डिगे जिनको वे (गाँधी जी) सर्वोच्च रखते थे। वे हमेशा सत्य पर, अहिंसा पर और धर्म पर डटे रहे। यह उनका इस विचार को व्यक्त करने का ढंग है कि राजनीति एवं शक्ति नैतिक साधनों पर आधारित होनी चाहिए। गाँधी जी का अहिंसा पर जोर देना, शक्ति के प्रयोग में नैतिकता के लिए उनकी प्रतिबद्धता को प्रतिभासित करता है।

गाँधी जी के लेखन से निम्नलिखित उद्धरण इसी बात को प्रदर्शित करते हैं:

"मृतकों, अनाथों और बेघरों को इस बात से क्या अन्तर पड़ता है कि पागलपन भरा विनाश, सर्वसत्तावाद के नाम से या आजादी या गणतन्त्र के नाम पर किया (गढा) गया है।"

"मैं हिंसा पर आपत्ति करता हूँ क्योंकि जब यह अच्छी प्रतीत होती है तो यह अच्छा लगना केवल अस्थायी है; लेकिन यह जिस बुराई को जन्म देती है, वह स्थायी होती है।"

"मैं प्रशंसनीय (उपयुक्त) उद्देश्यों के साथ चाहे कितनी भी सहानुभूति रखूँ या प्रशंसा करूँ, फिर भी में हिंसक उपायों का समझौता न करने वाला विरोधी हूँ, चाहे वे सर्वोत्तम कारणों के लिए ही क्यों न हो।"

"हिंसा से प्राप्त विजय हार ही होती है, क्योंकि यह क्षणिक होती है।"

"अहिंसा कोई इच्छानुसार पहन लेने या उतार देने वाला वस्त्र नहीं है। इसका निवास (आसन) तो दिल में है और यह हमारे अस्तित्व का अविच्छित्र भाग हैं।"

"सत्य का अनुसरण किसी को अपने विरोधी पर हिंसा की अनुमति नहीं देता।"

"अनुभव मुझे इस बात के लिए कायल कर देता है कि स्थायी अच्छाई कभी भी असत्य और हिंसा का परिणाम नहीं हो सकती।"

"जो लोग कहते हैं कि धर्म का राजनीति से कोई सरोकार नहीं है, वे नहीं जानते कि धर्म क्या है?"

"शक्ति दो प्रकार की होती है। एक तो दण्ड के भय से प्राप्त की जाती है और दूसरी प्रेम के क्रियाकलापों से। प्रेम पर आधारित शक्ति, दण्ड के भय से प्राप्त शक्ति की तुलना में हजार गुणा प्रभावी व स्थायी है।"

गाँधी इस बात पर जोर देते हैं कि धर्म को राजनीति से अलग नहीं किया जा सकता है। इसका अर्थ यह नहीं है कि गाँधी आधुनिक सरकारों (देशों) के धर्म-निरपेक्ष चरित्र का खण्डन करते हैं। यहाँ धर्म से गाँधी का मतलब व्यापक अर्थों में नैतिकता का है। गाँधी जी शक्ति एवं नैतिकता को आपस में जोड़ देने पर बल देते हैं। गाँधी जी शक्ति एवं नैतिकता को आपस में जोड़ देने पर बल देते हैं। गाँधी जी हिंसा से प्राप्त की गई विजय के मूल्य को घटा देते हैं। वास्तव में वे इसे हार के बराबर मानते हैं। यद्यपि उनके विश्वास की जड़ें नैतिकता में हैं, वे अपने विश्वास (मान्यता) का तर्क भी देते हैं। हिंसा से प्राप्त की गई विजय अस्थायी है क्योंकि पराजित (दल) अपने भाग्य को स्वीकार नहीं करते और वे पुरानी स्थिति बहाल करने की कोशिश करेंगे। गाँधी जी मानते थे कि सुधारकों को लोगों के दिलों और दिमागों को जीतना चाहिए। इस परिप्रेक्ष्य में, लोगों पर कोई विचार बलपूर्वक थोपने का प्रयास नहीं किया जाना चाहिए। गाँधी जी इस बात से इंकार करते हैं कि प्रशंसनीय उद्देश्य या अच्छे कारण हिंसा को उचित ठहराते हैं। उस सम्बन्ध में उनके विचार अनेक राजनैतिक व क्रांतिकारी नेताओं से बिल्कुल विपरीत हैं। शक्ति एवं नैतिकता के बीच सम्बन्धों पर गाँधी जी एक सुदूर ध्रुव के समान हैं। दूसरे ध्रुव पर वे हैं जो कहते है कि नैतिकता के विचारों तथा शक्ति की आकस्मिकताओं का मिलान नहीं हो सकता। इस प्रकार, एडोल्फ हिटलर कहता है-"**सफलता के लिए सबसे पहली अनिवार्यता हिंसा का बारम्बार व लगातार प्रयोग करना है।**"

राजनीति में नैतिकता की वकालत करने वाले अकेले गाँधी जी ही नहीं थे। अनेक ऐसे विचारक हैं जो इस बात पर जोर देते हैं कि राजनैतिक शक्ति का प्रयोग नैतिकता और उत्तरदायित्व के साथ करना चाहिए। जेम्स मेडिसन का कहना है कि 'न्याय के बिना कोई शक्ति नहीं है।' अमरीकी लेखक जेम्स बाल्डविन के शब्दों में-"**नैतिकता तथा शक्ति का सम्बन्ध बहुत जटिल है। क्योंकि नैतिकताविहीन शक्ति, कोई शक्ति नहीं रह जाती।**" महान रूसी उपन्यासकार फ्योदोर दॉस्तॉवस्की का मानना है कि- "**शक्ति जितनी अधिक होगी, उसकी जिम्मेदारी उतनी ही भयानक होगी।**'

मानव इतिहास की लम्बी अवधि में, सरकारों के गणतांत्रिक रूप धीरे-धीरे उभरे। आज भी, दुनिया में अनेक शासन गैर-गणतांत्रिक हैं। तथापि, गणतन्त्र ही सरकार का सबसे अधिक पसंद किया जाने वाला रूप है। इसकी शांतिपूर्वक चुनावों के माध्यम से आवधिक रूप से सरकारों को बदलने के लिए कार्य-विधि है। वह शक्ति को सरकार की विधायिका, कार्यकारी और न्याय-पालिका शाखाओं में बाँट देती है। इस प्रकार से, किसी के भी सम्पूर्ण या तानाशाही शक्तियों का प्रयोग करने एवं अनिश्चित काल तक शक्ति से चिपटे रहने के अवसर काफी कम हो जाते हैं। गणतन्त्र सरकारें लोगों की आजादी एवं स्वतन्त्रता की रक्षा उन्हें संविधान में अधिकारों के तौर पर स्थापित कर तथा ऐसे अधिकारों का उल्लंघन करने को रोकने के लिए स्वतन्त्र न्यायपालिका को शक्तियाँ देकर करती है। आज अनेक कार्य-विधियाँ प्रयोग की जा रही हैं कि नागरिकों को सरकारी तंत्र से परेशानी न हो सके। इनमें सूचना का अधिकार, नागरिक चार्टरों के माध्यम से तेजी से सेवाएँ देना तथा भ्रष्टाचार के विरुद्ध लड़ाई शामिल है।

शक्ति का दुरूपयोग कोई ऐसी बात नहीं है जो केवल शक्ति के उच्चतर सोपानकों पर ही होता है। आधुनिक दफ्तर छोटे-छोटे कर्मचारियों से भरे हुए हैं जो मामूली व तंग करने वाले तानाशाह की तरह व्यवहार करते हैं। यही कारण है कि अब प्रशासनिक नैतिकताओं में, सरकारी कर्मचारियों के लिए आचरण संहिताओं में, भ्रष्टाचार रोकने में दिखाई जाने वाली रुचि, तथा प्रतिक्रियाशील व ईमानदार लोक सेवा प्रणालियों में भरी रुचि दिखाई जा रही है।

यह उल्लेखनीय है कि गणतन्त्र शक्ति के संभावित दुरुपयोग को संस्थागत प्रबन्धों (व्यवस्थाओं) के माध्यम से नियन्त्रित करते हैं। आशा की जाती है कि राजनेता लोगों की बुद्धि जागेगी और वे लोक हित का अनुसरण करेंगे। तथापि, कुछ लोग मानते हैं कि ऐसा हृदय-परिवर्तन शक्ति के प्रयोग और नैतिकता को प्रयोग के बीच के तनावों को दूर कर देगा। इसका उत्तर शक्ति के वितरण करने में तथा उस पर नजर रखने में पाया जाना है।

विवेक (Prudence)

"सही माप (सही हिस्सा या भाग) सभी से सर्वोच्च है।" **-प्राचीन यूनानी कवि पिण्डर**

यूनानी लोग अति की गई किसी भी चीज को पसंद नहीं करते थे एक भड़कीला गहना, एक गर्वीली सनद, एक भरपूर प्रशंसा, एक अति उच्च स्तरीय भाषण, एक शाब्दिक उपसंहार।

सुनहरी मध्यम ईश्वर की प्रसन्नता है;
चरमताएँ उसे फूटी आँख नहीं सुहाती।
मध्यम को थामे रहो और महिमामण्डित हो जाओ
अराजकता को नहीं, दासता को नहीं

-एशचिलस *(Aeschylus)*

विवेक (Prudence) का शब्दकोशीय अर्थ है-'समझ-बूझ, सावधानी, ध्यान रखना, दूरंदेशी या सद्‌बुद्धि। विवेकशील लोग जल्दबाजी व लापरवाही से बचते हैं और अनावश्यक जोखिम उठाने के अनिच्छुक होते हैं। वे परम्परागत प्रवृत्ति के होते हैं और सुपरिचित रास्तों पर ही चलते हैं। वे साहसी नहीं होंगे, बल्कि वे सुरक्षा और सहूलियत चाहते हैं तथा विवेक, नैतिकता के लिए अनुचित आधार है। आरम्भिक ईसाई धर्म हृदय की शुद्धता के लिए कहता है और विवेक, भय और इच्छा को अस्वीकार करता है तथा जीवन के बाद स्वर्ग में रहने की इच्छा के लिए धर्मनिष्ठा या सद्‌गुण को आधार बनाने को नकारता है। विवेक का हिसाब लगाने या सामाजिक पुष्टि को नैतिकता का आधार नहीं होना चाहिए। कोई विवेकशील व्यक्ति धर्म के मार्ग को जाने बिना ही उसके बाहरी स्वरूपों को ही देख सकता है।

तथापि, अरस्तू विवेक को श्रेष्ठ वांछनीय व्यावहारिक बुद्धि मानता है। यह बौद्धिक अवधारणा की प्रवृत्ति ही है जो किसी विवेकशील व्यक्ति को नैतिक मूल्य के स्वर्णिम औसत (Mean) पाने में मदद करती है। अरस्तू के लिए, सद्‌गुण दो अन्य गुणों के बीच मध्यम (Mean) है जो इसकी दो अतियों को प्रस्तुत करते हैं- उदाहरण के लिए साहस का गुण कायरता व जल्दबाजी के बीच का स्वर्णिम मध्यम है। अरस्तु का विश्वास है कि विवेक के बिना कोई नैतिक मूल्य काम नहीं आता। किसी निश्चित परिस्थिति में, यह विवेकशील पुरुष का निर्णय ही है जो सद्‌गुण के मध्यम को प्राप्त करता है। उदाहरण के लिए, विवेकशीलता के बिना धैर्य (सहन-शक्ति) उतावलापन हो जाता है; न्याय, प्रतिशोधिता हो जाती है, दयाशीलता कमजोरी बन जाती है और धर्म अंधविश्वास बन जाता है।

अरस्तू विवेक को ऐसी कुशलता मानता है जो व्यक्ति को सद्‌गुण को पहचानने और उसका अनुसरण करने की योग्यता देती है। स्वर्णिम मध्यम को, प्रत्येक मामले की विशेष परिस्थितियों के अनुसार तर्कणा के अनुसार बताया जाना है। तथापि, सही लक्ष्यों की वास्तविक खोज या चयन व्यक्ति की नैतिक इच्छा की शक्ति पर निर्भर करती है। विवेक केवल सद्‌गुणी क्रियाकलापों की ही पहचान करता है तथा उनके लिए ही रास्ता दिखाता है। यदि लक्ष्य अशुद्ध हैं तो विवेक का उनसे कोई सम्बन्ध नहीं रहेगा। संदिग्ध लक्ष्यों के अनुसरण में लोग अन्य गुणों जैसे चतुरता, दूरदर्शिता या चालाकी।

अरस्तू का मानना है कि सद्‌गुणी आचरण में विवेक का होना पहले से ही मान लिया जाता है क्योंकि सद्‌गुण वह व्यावहारिक बुद्धि है जो व्यक्ति को दो अतियों के बीच से सफलतापूर्वक गुजर जाने की योग्यता देती है। एक और उदाहरण देने के लिए, किसी न्यायाधीश में विवेक के न होने पर फैसला अनावश्यक (अनुचित) कठोरता या अनावश्यक नरमी वाला हो सकता है। चूँकि सद्‌गुण अरस्तू के लिए मध्यम है, वह विवेक को सद्‌गुण को खोज लेने व उसका अनुसरण करने की पद्धति की महत्ता देता है।

संयमन तथा बुद्धि के अर्थों में विवेक, सरकारी कर्मचारियों के लिए अति वांछनीय सद्‌गुण है। आधुनिक प्रशासनिक संदर्भों में विवेक को अति वाली स्थितियों से बचने तथा क्रिया-कलापों के मध्यम मार्गों को अपनाने में शामिल देखा जाता है। लोग सामान्यत: एकतरफा या अनावश्यक कठोर क्रिया-कलापों को पसंद नहीं करते। वे नीतियाँ जो अतियों से बचती हैं, बहुसंख्यक लोगों को अपील करती हैं। सर्वसम्मति से लिए गए निर्णयों को व्यापक स्वीकार्यता मिलती है।

आत्म–संयम (Temperance)

आत्म-संयम एक ऐसा सद्‌गुण है जो खाने, पीने व काम-क्रिया हेतु मानवीय लालसा पर कारण के न्याय (औचित्य) को लागू करता है। जैसाकि हमने पहले देखा, आत्म-संयम, आत्म-नियन्त्रण को बढ़ाता है एवं अन्य तीव्र मनोवेगों, जैसे क्रोध पर नियंत्रण करता है। लेकिन आत्म-संयम पेटूपन के विपरीत खाने व पीने में मध्यता का तथा कामुकता के विपरीत पवित्रता हेतु अर्थ देता है। जो बातें लोगों को खुशी देती हैं, उनमें वे प्रकृति के अनुसार ही ज्यादा लग जाते हैं। आत्म-संयम की आदत डाल लेने पर व्यक्ति उस हानि से बच सकता है जो इस प्रकार ज्यादा लगने से हो सकती है। यह जरूर है कि अनेक मामलों में एक ही आदेश (नुस्खा) लागू नहीं होगा (काम नहीं करेगा); इसका सापेक्ष होना जरूरी है। उदाहरण के लिए, खाने में आत्म-संयम, एक संत व एक खिलाड़ी के लिए भिन्न-भिन्न होगा।

आत्म-संयम में परहेज, पवित्रता और संयम (मिताचार) शामिल हैं। अपने गौण अर्थों में आत्म-संयम में संयमन और आत्म-नियंत्रण शामिल हैं। प्राचीन नैतिकतावादियों को उन अवगुणों की चिन्ता थी जिनसे बचना बहुत मुश्किल है। जिन लोगों में बुद्धिपरक प्रवृत्ति बहुत तेज है, वे कामुकता पर नियन्त्रण कर लेते हैं पर वे महत्त्वाकांक्षा, शक्ति व यश के लालच में आ जाते हैं। उनमें अपने को महत्त्व देने की अत्यधिक चेतना होती है और विनम्रता की कमी होती है क्योंकि उनमें धार्मिक भावनाएँ नहीं होती। जिन लोगों में पशु प्रवृत्ति प्रबल होती है, वे वासनात्मक सुखों में आसानी से फँस जाते है।

शालीनता व्यक्ति के बाहरी आचरण, कपड़ों की शैली और वाहन से झलकती है। यह व्यक्ति के आचरण या आचरण के ढंग को बताती है। एक शालीन व्यक्ति का बाहरी व्यवहार उसके आत्म-संयमित प्रकृति आदतों को प्रतिभासित करती है। प्लेटो के शब्दों में, शालीनता व्यक्ति के दिल में 'एक पवित्र चौकी पर' विराजित आत्म-संयम की उपस्थिति को बताती है। एक शालीन व्यक्ति झगड़ा या गुस्ताखी से बचेगा और दूसरों के प्रति उचित नम्रता एवं आदर दिखाएगा।

विनयशीलता (Humility)

"विनयशीलता एवं दूसरे की बात मान लेना हमारे सर्वोत्तम सद्‌गुण हैं।" **-जॉन ड्राइडन**

"यह घमण्ड ही था जिसके कारण देवदूत, शैतानों में परिवर्तित हो गए; यह विनयशीलता ही है जो मनुष्य को देवदूत बनाती है।" **-सेंट अगस्टीन**

"विनयशीलता वह नीची, प्यारी जड़ है जिससे सभी स्वर्ग-तुल्य सद्‌गुणों की शाखाएँ फूटती हैं।" **-थॉमस मुरे**

"हम उस महान (ईश्वर) के करीब पहुँच जाते हैं जब हम विनयशीलता में महान (बड़) होते हैं।" **-रविन्द्रनाथ टैगोर**

"सच्ची विनयशीलता, जो ईसाई धर्म का आधार है, सभी सद्‌गुणों की नीची किन्तु गहरी तथा मजबूत नींव है।" **-एडमण्ड बर्के**

"निर्बल भाग्यशाली हैं; क्योंकि वे ही इस धरती के स्वामी होंगे।" **-बाईबिल**

"शांति में, ऐसी कोई वस्तु नहीं जो आदमी को उतना लाभ दे सके जितना कि निस्तब्धता और विनयशीलता।" **-शेक्सपीयर**

"मानवता की पहली शर्त है जरासी विनयशीलता तथा व्यक्ति के आचरण के सही होने के बारे जरा-सा संकोच एवं जरा-सी ग्रहणशीलता" **-गाँधी**

"मैं एक ऐसे साधारण व्यक्ति होने का दावा करता हूँ जो अन्य प्राणियों के समान गलती कर सकता है। तथापि, मुझमें इतनी विनयशीलता है कि मैं अपनी गलतियों को मानूँ और अपने कदमों को सही मार्ग पर डालूँ" **-गाँधी**

विनयशीलता सभी धर्मों में सद्‌गुण मानी गई है। इससे अन्य अनेक सद्‌गुण उत्पन्न हुए हैं या इससे चमक प्राप्त की है। विनयशीलता का अर्थ स्वयं को तुच्छ मानना या अपने गुणों, योग्यताओं और उपलब्धियों को नकारना नहीं है। इसका मतलब यह है कि हमें स्वयं को, दूसरों से ऊँचे पायदान पर नहीं रखना चाहिए, चाहे हम योग्यताओं एवं उपलब्धियों में बहुत ज्यादा ही क्यों न हो। चाहे कोई अमीर और शक्तिशाली हो, उसे स्वयं को गरीबों और कमजोरों से श्रेष्ठ नहीं समझना चाहिए। व्यक्ति को स्वयं को अपनी योग्यताओं के संदर्भ में जाँचना चाहिए कि क्या उसने उनका पूरी तरह उपयोग किया है। धर्म के दृष्टिकोण से व्यक्ति को अपनी योग्यताओं का उपयोग ईश्वर तथा साथी लोगों के प्रति कर्त्तव्यों का निर्वाह करने में करना चाहिए। इस सत्य कि किसी में अधिक योग्यताएँ हैं, का अर्थ यह है कि अन्य लोग यह मानते हैं कि ऐसे व्यक्ति की उनके प्रति अधिक जिम्मेदारी है। यह सोचना कि हम जो कर सकते थे, उसकी तुलना में हमने कितना किया है, हमारे गर्व व अकड़पन को ठीक करने के काम आ सकता है।

परम्परागत तौर पर दंभ, गर्व और अकड़ को विनयशीलता के विपरीत अवगुण माना जाता रहा है। दंभ से आडम्बर या 'दिखावे', घमण्ड करने और अन्यों को नीच समझने के भाव आते हैं। इससे अपने को श्रेष्ठ समझने का भाव पैदा होता है जिसे अन्य लोग असहनीय पाते हैं। विशेष रूप से शक्ति-सम्पन्न लोग आत्म-संतुष्ट हो जाते हैं तथा आसानी से चापलूसी के आदी हो जाते हैं। जो लोग स्वयं का अच्छा सोचते हैं, दूसरों के लिए बुरा सोचने लगते हैं।' विनम्रता और विनयशीलता के भाव, आडम्बर और स्वयं को सही समझने के भावों के सुधारक का काम करते हैं।

अन्य समान सद्‌गुणों के साथ विनयशीलता, आरम्भिक ईसाइयत का आधार बने। ये हैं- विनम्रता, दयालुता व शांतित्व। प्रेम, अच्छाई और सज्जनता, मानवता के साथ रहते हैं। ऐतिहासिक दृष्टि से, ये सद्‌गुण बहुसंख्यक या गरीबों और दुखियारों के हैं। यूनानी समय (जिसके अंत के समय से ईसाई धर्म उभरा) के शासक तथा योद्धा भौतिक घमण्ड व शाही उद्धतता से भरे थे। उन दिनों में अमीर दरबारी और शाही लोग, समाज के निम्न वर्ग के लोगों को नीची दृष्टि से देखते थे। अनेक व्याख्याकार कहते हैं कि आरम्भिक ईसाई धर्म उन सद्‌गुणों का उपदेश देते थे जो व्यावसायिक रूप से सैनिक परम्पराओं तथा यूनानी समाज के सद्‌गुणों के विपरीत थे। प्रसिद्ध कथन कि- 'विनम्र ही धरती के स्वामी होंगे (गैर-ईश्वर मीमांसक अर्थ में) का अर्थ है कि गरीब लोग शक्ति (शासन) में हिस्सा लेने लगेंगे। एक प्रकार से यह भविष्यवाणी है कि समाज का अन्ततः गणतन्त्रीकरण हो जाएगा। हाँ, यह धार्मिक अर्थों के विपरीत एक सांसारिक अर्थ है।

आधुनिक गणतंत्रीय भावना के बढ़ने के साथ बातें बदल गई हैं। चुने गए नेता विनम्रता प्रदर्शन के लिए सीमा से बाहर चले जाते हैं। वे लोगों की बुद्धि (समझ) तथा लोक पद्धतियों की प्रशंसा करते हुए नहीं थकते। राजनेता लोग गरीबों के प्रति जो सहानुभूति दिखाते हैं तो उसकी वास्तविकता के प्रश्न को एक ओर रख दें इस बात में थोड़ा संदेह है कि शक्ति से सम्पन्न लोगों में विनम्रता एक सद्‌गुण है। विनम्रता उस गुस्ताखी को दूर करने का काम करती है जो सामान्यतः शक्ति के साथ रहती है। विनम्रता राजनेताओं और प्रशासकों को साधारण लोगों से नरम और शालीन ढंग से पेश आने में सहायक होगी। परेशान नागरिकों के लिए इससे अधिक चिढ़ाने वाली कोई बात नहीं होगी कि उनके साथ अकड़ का तथा अफसरशाही के तौर तरीकों को संरक्षण देने वाला व्यवहार किया जाए। जब तक सरकारी कर्मचारी विनम्रता का गुण ग्रहण नहीं कर लेते, वे आम आदमी की समस्याओं के लिए चिन्ता और विचार करना प्रदर्शित नहीं कर पाएँगे। सरकारी कर्मचारियों को अपने कर्त्तव्यों को लोगों की सेवा समझना चाहिए। उन्हें स्वयं को शासक या मालिक नहीं समझना चाहिए। वे उस शक्ति के न्यासी हैं जो अन्ततः लोगों से ही प्राप्त होती है।

सुनहरी नियम (Golden Rule)

"वह बात जिसे तुम पसंद नहीं करते हो, उसे अपने साथियों के साथ भी न करो। यही सम्पूर्ण (ज़्वती) है-पहली शताब्दी।"

-रब्बी हिल्लेल द एल्डर

"दूसरों पर वह सब कभी नहीं थोपो जो तुम अपने लिए नहीं चुनोगे।" **-कन्फ्यूशियस**

"अपने पड़ोसी के साथ वैसा मत करो जो उसके द्वारा किए जाने पर तुम्हें बुरा लगे।" **-पिताकस** *(Pittacus)*

"वह सब करने से बचो जो दूसरों द्वारा करने पर तुम उन्हें दोष दोगे।" **-थालेस**

"जो बात आप अपने साथ होने देना नहीं चाहते, उसे स्वयं भी मत करो।" **-सेक्सटस द पायथागोरीयन**

"दूसरों के साथ ऐसा मत करो जो दूसरों द्वारा तुम्हारे साथ किए जाने पर तुम्हें गुस्सा आए।" **-सुकरात**

"व्यक्ति को दूसरे के साथ वह नहीं करना चाहिए जो वह स्वयं के लिए चोट पहुँचने वाला समझता है। संक्षेप में यह धर्म का नियम है। अन्य व्यवहार स्वार्थी इच्छाओं के कारण हैं।" **-बृहस्पति, महाभारत**

"दूसरों को उस तरह से तकलीफ मत दो जो तुम्हें खुद तकलीफदेह लगता है।" **-उदनवरगा**

"दूसरों के साथ वही करो जो तुम चाहते हो कि दूसरे तुम्हारे साथ करें" **-माथ्यू** *(Matthew)*

यद्यपि सुनहरी नियम सामान्यतः ईसाई नैतिकता के साथ जोड़ा जाता है, अनेक धर्मों ने इसी प्रकार के सिद्धान्तों का उपदेश दिया है। माथ्यू का उद्धरण बाइबिल से है; उदनवरगा की टिप्पणी बौद्ध धर्म से है; तथा बृहस्पति से सम्बन्धित कथन महाभारत से है। पहला उद्धरण प्राचीन यहूदी उपदेशक का कथन है। अन्य उद्धरण प्राचीन यूनानी दार्शनिक और कन्फ्यूशियस के हैं। इन उद्धरणों में एक ही विचार प्रवाहित है।

अनेक लेखक जोर देते हैं कि सुनहरी नियम किसी भी नैतिकता का सार है। यह निष्पक्षता की नैतिकता है। यदि दो व्यक्ति 'एक्स' तथा 'वाई' हैं तो उनका एक-दूसरे के प्रति व्यवहार समान सिद्धान्तों से संचालित होना चाहिए। मानवों को दूसरों के द्वारा दयालुता व परवाह का व्यवहार किया जाना पसंद आता है। अतः सुनहरी नियम के अनुसार हर व्यक्ति दूसरे के साथ दयालुता का व्यवहार करेगा। सुनहरी नियम स्वतः ही नैतिक व्यवहार उत्पन्न करेगा। यदि लोग सुनहरी नियम अपना लें तो उन्हें किसी विस्तृत नैतिक संहिता का सहारा नहीं लेना पड़ेगा।

सुनहरी नियम को व्यापक व्यावहारिक रूप से अपनाया गया है। विश्व की धर्म संसद (1993) द्वारा वैश्विक नैतिकता हेतु घोषणा (Declaration Towards a Global Ethics) के माध्यम से सुनहरी नियम (हम दूसरों के साथ वही व्यवहार करना चाहिए जैसाकि हम चाहते हैं कि दूसरे हमारी साथ करें) को अनेक धर्मों के लिए समान सिद्धान्त उद्घोषित किया गया। सामान्य बुद्धि के दृष्टिकोण से, सुनहरी नियम सर्वाधिक उचित नैतिक सिद्धान्त है। फिर भी कुछ प्रसिद्ध दार्शनिकों ने इसकी आलोचना की क्योंकि यह अनपेक्षित परिणाम दे सकता है। मुख्य आपत्ति यह है कि व्यक्ति को यह जानकारी नहीं होगी कि अन्यों के साथ किस प्रकार का व्यवहार किया जाए। ऐसा इस कारण है कि लोगों की रुचियाँ, जरूरतें और अभिवृत्तियाँ भिन्न-भिन्न हैं। इस प्रकार बर्नार्ड शॉ एक वैकल्पिक विचार प्रस्तुत करते हैं: "**दूसरों के साथ वैसा मत करो जो तुम जानते हो कि दूसरे तुम्हारे साथ वैसा नहीं करें। उनकी रुचियाँ एक समान नहीं हो सकती।**" कार्ल पॉपर के अनुसार, "**सुनहरी नियम एक अच्छा मानक है जिसमें जहाँ कहीं भी उचित हुआ है, जैसाकि वे स्वयं के लिए चाहते हैं, वैसा ही दूसरों के प्रति व्यवहार कर और सुधार किया गया है।** अन्य शब्दों में व्यक्ति को किसी के प्रति क्रिया करने से पहले उनकी पसंद व ना-पसंद का पता लगा लेना चाहिए। यदि वे एक उचित समझ तक नहीं पहुँच पाते हैं तो यह कठिन होगा।

इमैनुअल कॉण्ट का कहना है कि सुनहरी नियम विशेष परिस्थितियों के बीच के अन्तर की अनदेखी करता है। वह एक कैदी की परिस्थिति का उदाहरण देता है जिसका अपराध सिद्ध हो चुका है और सजा हो चुकी है। कैदी ऐसे में न्यायाधीश से उसको आजाद करने के लिए कहते हुए सुनहरी नियम का प्रयोग करता है। वह यह भी कहता है कि न्यायाधीश नहीं चाहेगा

कि कोई उसे जेल भेजे, अतः उसे भी अन्य लोगों को जेल नहीं भेजना चाहिए। कॉण्ट का प्रतिउदाहरण दिखाता है कि सुनहरी नियम कुछ परिस्थितियों में व्यर्थ हो जाता है। यह केवल यही बताता है कि सुनहरी नियम का प्रयोग सार्वभौमिक नहीं हो सकता तथा कुछ मामलों में यह अप्रासंगिक होता है। जबकि यह कथन तार्किक सततता या कठोर आधार पर वैध हो सकता है, यह नियम सामान्य जीवन पर काफी हद तक लागू हो सकता है। और भी, कैदी का तर्क तब ही लागू होगा जब न्यायाधीश चोरी करेगा।

अवगुण (Vices)

अब तक हमने विभिन्न सद्गुणों पर विचार किया है। अब हम कुछ अवगुणों को भी देखेंगे। अवगुण, सद्गुणों के विपरीत होते हैं। स्वाभाविक ही है कि हमें अवगुणों को दूर रखना चाहिए; अन्यथा वे हमें शारीरिक व मनोवैज्ञानिक हानियाँ पहुँचाएँगे। एक बार यदि हम अवगुणों के चंगुल में फँस जाएँ तो उनसे निकलना मुश्किल है। यह पक्की आदत बन जाती है और हम इस पक्की आदत को छोड़ सकते हैं, किन्तु इसके लिए दृढ़ इच्छा शक्ति की जरूरत होगी। अतः सबसे अच्छा तो यह है कि हम अपनी प्रतिक्रियाओं का ध्यान रखें और किसी प्रकार के बुरे या अनैतिक ख्यालों या प्रतिक्रियाओं को अपने दिमाग में घर बनाने से पहले आरम्भ में ही नष्ट कर दें। अन्य नैतिक प्रशिक्षणों के समान, स्वयं को अवगुणों से मुक्त कराने के लिए कठोर प्रयत्न की जरूरत है।

नैतिक तथा धार्मिक उपदेशकों ने अनेक अवगुणों का पता लगाया है। तथापि, ये अलग-अलग व भिन्न-भिन्न नहीं हैं। यदि हम सामान्य अवगुणों के समानार्थक शब्दों को निकाल दें तो अवगुणों की सूची छोटी हो जाएँगी। नैतिक दार्शनिकों ने गंभीर और कम गंभीर अवगुणों के बीच अन्तर भी बनाया है। गंभीर अवगुण धर्म-विज्ञान के शब्दों में मारक पाप कहे जाते हैं। यद्यपि अवगुण (सद्गुणों के समान ही) धार्मिक संदर्भों में प्रमुखता से उल्लिखित होते हैं, वे व्यक्ति के निजी व सामाजिक जीवन में प्रासंगिक हैं। अवगुण न केवल व्यक्ति को हानि पहुँचाते हैं अपितु उसके परिवार को भी प्रभावित करते हैं।

हम यहाँ एक इण्टरनेट साइट से ली गई अवगुणों की सूची दे रहे हैं। यह सूची न तो ज्यादा लम्बी है और ना ज्यादा छोटी। लेकिन यह कुछ अवगुणों को अलग से रखती है जो अनिवार्यतः एक ही है। इस प्रकार क्रोध और रोष मिलते-जुलते हैं। इसी प्रकार घमण्ड, डींग मारना और शान मिलते-जुलते हैं। किन्तु यह सूची चर्चा के लिए उपयोगी संदर्भ देती है। इसमें सामान्य तौर पर मान्य अवगुण शामिल हैं:

अवगुणों की सूची (List of Vices)

क्रोध (Anger)	बुरा लगने या विरोधवादिता का जोरदार मनोवेग या मनोभाव, स्वयं को या अन्यों को वास्तविक या काल्पनिक चोट या अपमान से या ऐसी चोट करने की इच्छा द्वारा भड़क उठने वाला।
घमण्ड (Arrogance)	बहुत बढ़ाचढ़ा कर अवांछित दावे करना; ऐसी घमण्डी जाति जो पद, प्रतिष्ठा, सम्मान (आंकलन) या शक्ति या व्यक्ति के मूल्य (महत्त्व) या महत्त्व को अनुचित डिग्री तक बढ़ा देने वाली बात पर जीती है। इसमें अन्यों का दर्पपूर्ण तिरस्कार; नबाबीपन, दंभ (अभिमान); अपने को सब कुछ समझना, पूर्वधारणा बना लेना शामिल हैं।
डींग मारना (Bragging)	अपना महत्त्व दिखाना, बढ़ा-चढ़ा कर बोलना।
भीरूता/कायरता (Cowardice)	भय का सामना करने में साहस की कमी; अत्यधिक डरपोकपना; खतरे या चोट का मूल भय; भावना (उत्साह) का अभाव।
निष्ठा-हीनता (Disloyality)	निष्ठा की कमी; ईमानदारी की कमी; स्वामीभक्ति को भंग करना।

संदेह (Doubt)	भरोसे व विश्वास की कमी। संदेह करना; डरना; आशंकित रहना (होना)।
विद्वेष (Envy)	असंतोष और विद्वेष की भावना जो दूसरे की धन-सम्पत्ति या गुणों को पाने की इच्छा या उन्हें देखकर उत्पन्न होती है।
लालच (Greed)	व्यक्ति की जरूरत या औकात से अधिक अधिग्रहण या प्राप्त कर लेने की उत्कृष्ट इच्छा, विशेष रूप से भौतिक धन-सम्पत्ति के मामले में।
अन्याय (Injustice)	अन्यायी या अनुचित होने का चलन।
बैचेनी (Impatient)	बैचेन होने का गुण; पीड़ा, कष्ट, विरोध या विलम्ब के लिए सहनशीलता का न होना; परिवर्तन के लिए या किसी आशयित वस्तु के लिए उत्सुकता; बैचेनी, खीज, चिड़चिड़ापन; आवेश।
ईर्ष्या (Jealousy)	जलन होने की विशेषता; मामलों में शत्रुता का कष्टप्रद भय जो किसी की प्रसन्नता को लगभग समाप्त कर देता है; पति, पत्नी या प्रेमी की ईमानदारी (निष्ठा) के प्रति कष्टप्रद संदेह।
लापरवाही (Recklessness)	असंयत लापरवाही तथा परिणामों के प्रति उपेक्षा। दूसरों के लिए अपर्याप्त सोच।
आलस्य/अकर्मण्यता (Sloth)	काम करने या परिश्रम करने से अरुचि; सुस्तीपना; अकर्मण्यता?
अविश्वसनीयता (Untrustworthiness)	विश्वास या भरोसा न पाने की योग्यता वाली विशेषता।
मिथ्याभिमान/दंभ (Vanity)	स्वयं पर या अपने रूप-रंग पर बहुत घमण्ड।
निर्बलता (Weakness)	कमजोर होने का गुण या अवस्था; शक्ति या मजबूती की इच्छा; ओज का अभाव; संकल्प या नैतिक बल का अभाव; दुर्बलता।
रोष (Wrath)	जोरदार, अक्सर प्रतिशोधी क्रोध।

सात घातक पाप हैं- घमण्ड, लालच, लालसा, क्रोध, पेटूपन, ईर्ष्या तथा आलस्य। घमण्ड अपने प्रति इतना अधिक प्यार है कि व्यक्ति में दूसरे के प्रति तिरस्कार पैदा हो जाता है। यह मानवता के भाईचारे के विरुद्ध जाता है जिसकी वकालत सारे धर्मोपदेश करते हैं। जैसाकि हमने पहले चर्चा की है, दीनता (विनम्रता) तथा शालीनता, घमण्ड को जय करने में सहायता करते हैं।

विद्वेष (Envy)

"विद्वेष विष पीने और दूसरे व्यक्ति की मृत्यु होने की प्रतीक्षा करने के समान है।" ***-कैरी फिशर***

"ऐसा चरित्र बहुत थोड़े लोगों का होता है जो सम्पन्न हो गए मित्रों की बिना ईर्ष्या इज्जत करें।" ***-एशिलस*** *(Aeschylus)*

"एक शांत हृदय माँस में प्राणों का संचार करता है, किन्तु ईर्ष्या हड्डियों को सड़ा देती है।" ***-बाईबिल***

"प्रेम कहीं नहीं है; केवल अनेक तरह की ईर्ष्याएँ हैं, वे सभी दुखस्वरूप हैं।" ***-डब्ल्यू.एच. औडन***

"ईर्ष्या मनुष्य के हृदय के तल में रहती है जैसे कि कोई साँप अपने बिल में रहता है।"

-ओनोर दे बॉल्जक *(Honore de Balzac)*

"हम ईर्ष्या की बारम्बारता को कैसे समझा सकते हैं, एक ऐसा अवगुण जो कोई फल नहीं देता।" ***-बाल्जक***

"मूर्खों की कुशाग्र-बुद्धि वाले लोगों के प्रति ईर्ष्या इसी आशा से कुछ शांत होती है कि उनका अंत बुरा होगा।"

*–**मैक्स बीरबोहम** (Max Beerbohn)*

"ईर्ष्या, अहमवाद की कुरूप (बेडौल) व बिगड़ी हुई संतान है; और जब हम माँ-बाप के अजीब व असंतुलित चरित्र (विशेषता) पर विचार करते हैं तो हमें उस संतान की विकृति और निरंकुशता पर कोई आश्चर्य नहीं होता।"

*–**विलियम हजलित** (William Hazlitt)*

"जैसे जंग लोहे को खा जाता है, उसी प्रकार ईर्ष्या मनुष्य को खा जाती है।" *–**एण्टीथिनस** (Antisthenes)*

"ईर्ष्या अन्धी है, और इसमें सद्गुणों से भटकाने को छोड़ कोई अन्य गुण नहीं है।" *–**टाइटस लिवि** (Titees Liviy)*

"अपने समस्तरीयों/समकक्षों द्वारा पीछे छोड़ दिया जाना किसी को भी पसंद नहीं आता।" *–**टाइटस लिवि** (Titees Liviy)*

*"एक ईर्ष्यालु व्यक्ति अपने पड़ोसियों के मोटापे से पिघलकर दुबला हो जाता है। ईर्ष्या, घमण्ड की बेटी है तथा खून (हत्या) एवं प्रतिशोध की लेखिका है, गुप्त राजद्रोह की आरम्भ करने वाली तथा सद्गुण को संताप देने वाली है। ईर्ष्या आत्मा की गन्दी कीचड़ है, एक सर्प विष, जहर या पारा है जो माँस को खा जाता है और-हड्डियों के रस को सुखा डालता है।" –**सुकरात***

ईर्ष्या दूसरों की धन-सम्पत्ति और सफलता के प्रति विद्वेष है। ईर्ष्या एक मनोविकृति है। जिसमें व्यक्ति की अपनी अच्छाई की इच्छा, दूसरे लोगों को उनकी अच्छाई (लाभ) से वंचित करने में बदल जाती है। ईर्ष्यालु व्यक्ति दूसरों का बुरा ही चाहता है। वह उनकी सफलता और खुशी को सहन नहीं कर पाता है। लेकिन उनकी सफलता और खुशी ही-उसके कष्ट का स्रोत हो जाती है। ईर्ष्या तब पैदा होती है जब अन्य व्यक्ति वह पाने में सफल हो जाता है जिसे पाने के लिए वह असफल प्रयास कर चुका है। लोग डिग्रियाँ (सनदें), नौकरियाँ, शक्ति तथा धन चाहते हैं। जब वे पाते हैं कि वे ऐसी चीजों को पाने में असफल रहते हैं और अन्य लोग पात्र होने पर या अन्यथा उन्हें पा लेते हैं तो वे ईर्ष्यालु हो जाते हैं।

ईर्ष्या बहुत अधिक अप्रसन्नता का स्रोत है। यह पूरी तरह से नकारात्मक मनोभाव है और कोई लाभ नहीं देती। आधुनिक संसार में लोग अत्यन्त प्रतिस्पर्द्धी वातावरण में रह रहे हैं। किसी भी क्षेत्र में सफलता बहुत मूल्यवान (प्रतिष्ठा वाली) होती है। लोग जब अच्छी नौकरी के साथ अन्यथा अच्छी तरह से रहते हैं, तब भी वे चूहा दौड़ में रहते ही हैं। समर्पित व उद्यमी होना एक बात है। लेकिन प्रतिस्पर्द्धी वातावरण ऐसी परिस्थितियाँ पैदा कर देता है जिसमें व्यवसायों तथा नौकरियों के बीच पुरस्कार असमान रूप से बाँटे जाते हैं। प्रतिस्पर्द्धा व जलन विशेष रूप से उन व्यक्तियों के बीच अधिक रहती है जो एकसमान समूहों में होते हैं। वे दूसरों से अपनी तुलना करते हैं और जब कभी भी अन्य लोग उनसे आगे निकलते प्रतीत होते हैं तो ईर्ष्या का अनुभव करते हैं। प्रतिस्पर्द्धा शिक्षा और बच्चों के कैरियर तक भी पहुँच गई है। यह प्रवृत्ति अस्वस्थ मानसिक वातावरण पैदा करती है।

ईर्ष्या उस नैतिक आदेश के विरुद्ध है कि हमें अपने पड़ोसियों से प्यार करना चाहिए। धर्म सिखाता है कि व्यक्ति को अपने शत्रु तक से प्रेम करना चाहिए। ईर्ष्या मूलत: बुद्धि-विरुद्ध है क्योंकि दूसरे की अमीरी या गरीबी हमारी दशा पर कोई अन्तर पैदा नहीं करती। दूसरों को जो होता है, हम उससे किसी तरह भी प्रभावित नहीं होते। इससे हमारा धन न बढ़ता और न घटता है। अत: अनेक विचारक व लेखक परामर्श देते हैं कि हमें ईर्ष्या से दूर रहना चाहिए।

आलस्य (Sloth)

काम से या परिश्रम से विरक्ति आलस्य है। अकर्मण्य व्यक्ति मानवीय जीवन के किसी भी क्षेत्र में प्रभावी नहीं हो सकते। एक आलसी बच्चा पढ़ाई में तरक्की नहीं कर सकता। सौभाग्य से, ज्यादातर बच्चे बहुत कम सुस्त (आलसी) होते हैं। आलस्य एक अवगुण है जिसे वयस्क ही प्राप्त करते हैं। यह आसान (आराम) को पसंद करने, बातों/कामों को सरलता से लेने और किसी भी प्रकार के परिश्रमी काम से बचने की प्रवृत्ति से शुरू हो सकता है। आलसी लोग शारीरिक व मानसिक परिश्रम से बचते हैं। अपनी पढ़ाई पूरी कर लेने व सुरक्षा वाली नौकरी पा लेने पर लोग आराम से जीवन बिताने लगते हैं। परिश्रम उन्हें अनावश्यक लग सकता है क्योंकि काम करने और परिणाम देने के लिए उन पर कोई बड़ा दबाव नहीं होता।

आलस्य के विभिन्न प्रकारों में पड़ना बहुत बड़ी गलती है। किसी भी क्षेत्र में उत्पादक होने के लिए लोगों को चुस्त व क्रियाशील होना होगा। शारीरिक व मानसिक प्रयास जीवन के मूलभूत आधार हैं। यह आम विश्वास है कि व्यक्ति की शिक्षा उसके डिग्री पाने के बाद समाप्त हो जाती है। किसी भी विषय के क्षेत्र में व्यक्ति को सीखना (शिक्षा) जारी रखना चाहिए। इससे व्यक्ति के ज्ञान में गहनता आएगी तथा वह उस विषय में और आगे की जानकारी से अवगत रहेगा। ऐसी रुचि वाली अनुसरण संतोष के बडे स्रोत हो सकते हैं। ऐसे प्रयासों को छोड़ देने पर व्यक्ति एक थमी हुई स्थिति में आ जाता है। इससे व्यक्ति की सूचना को समामेलित करने और विश्लेषित करने की योग्यता कम हो जाती है। व्यक्ति धीरे-धीरे मानसिक प्रखरता और किसी भी विषय का गहराई से अध्ययन करने की योग्यता खो देता है। ये ऐसे गुण हैं जो किसी भी व्यवसाय में व्यक्ति के पूरे जीवन में अनिवार्य हैं।

अर्थशास्त्री व समाजशास्त्री कहते हैं कि किसी राष्ट्र की प्रगति, ऊर्जावान व परिश्रमी कर्मियों पर निर्भर करती है। एक प्रसिद्ध पुस्तक में जर्मन समाजशास्त्री मैक्स वेबर ने पूँजीवाद का जन्म प्रोटैस्टैण्ट कार्य नैतिकता से माना है। प्रोटैस्टैण्ट ईसाई धर्म का एक वर्ग है। प्रौटैस्टैण्ट नैतिक संहिताओं में इस बात पर बहुत जोर देते हैं कि लोगों को स्वयं को अपने काम में पूरे दिल से लगा देना चाहिए तथा उन्हें समय का पाबंद, मितव्ययी तथा ईमानदार होना चाहिए और उन्हें अपने वचन का पालन करना चाहिए। मैक्स वैबर कहता है कि कार्य नैतिकता ही प्रवृत्तिगत तथा संस्थागत ढाँचे का निर्माण करती है जो पूँजीवाद के उभरने के लिए जरूरी है।

किसी भी उद्यम को चलाने के लिए, चाहे छोटा हो या बड़ा, हमें ऊर्जावान मन (इच्छा) की जरूरत है। कोई भी व्यक्ति जो आलसी है, वह किसी भी काम को करने के लिए मानसिक शक्ति तथा ऊर्जा नहीं जुटा सकता। छोटे काम भी उसे भारी बोझ के समान लगते हैं। काम को लेना और उसे पूरा करना एक आदत है। व्यक्ति जितने अधिक काम करता है, उतना ही अधिक वह कामों को करने के लिए इच्छुक व तैयार रहेगा। यदि व्यक्ति अपने कामों और कर्त्तव्यों से बचता है, तो वह (आत्म) विश्वास व उत्साह (Elan) खो देता है। ऐसा व्यक्ति संकोची तथा आत्म-संशयी (Diffident) हो जाता है। उसमें कोई काम करने के लिए न ऊर्जा रह पाती है। न आत्म-विश्वास रहता है। कई लोग काम को धता बताने और दूसरों को काम का बोझ देने को चतुरता (Smartness) समझते हैं। ऐसे लोगों को संगठन में हाशिए पर डाल दिया जाता है। उन पर बेकार और निठल्ले होने की छाप लग जाती है। ये बातें उनके मनोबल को कमजोर कर देती हैं क्योंकि उन्हें परजीवी (Parasites) समझा जा सकता है। यह व्यक्ति के अपने भौतिक (Material) तथा नैतिक हित में है कि वह एक क्रियाशील (सक्रिय) व ऊर्जावान जीवन जिए और (उत्तरदायित्वों से) बचने के लोभ का संवरण करे। और भी, बिना मानसिक और शारीरिक श्रम किए यूँ ही समय व्यतीत करना अस्वास्थ्यकर है। इससे मानसिक समस्याएँ पैदा होती हैं और आदमी भटक जाता है। जैसा कि कहावत है- "खाली दिमाग, शैतान का घर।"

धनलोलुता (Avarice)

धन-लोलुपता, लिप्सा या लालच है। यह मनुष्य की जरूरत या प्रयोग से अधिक पाने की इच्छा या धन के लिए अधिक प्रेम है। धन-लोलुपता शक्ति (शासन) तथा विभिन्न भौतिक सम्पत्तियों तक के लिए हो सकता है। लोग धन-दौलत पाना चाहते हैं क्योंकि यह अन्य भौतिक ऐशोआराम को पाने का साधन है। लोभ धन-दौलत पाने की प्रवृत्ति है।

अपनी न्यूनतम आवश्यकताओं और सुविधाओं को पूरा करने के लिए संतुलित साधनों की इच्छा कोई अवगुण नहीं है। न्यूनतम भौतिक साधनों के बिना कोई व्यक्ति अपने परिवार की मनोवैज्ञानिक, सामाजिक और सांस्कृतिक जरूरतों को पूरा नहीं कर सकता। एक गृहस्थ पर अपने परिवार की जरूरतों को पूरा करने की जिम्मेदारी होती है। हिन्दू दर्शन में, इन अर्थों में अर्थ एक धर्म या कर्त्तव्य है जिसे किसी भी गृहस्थ को पालन करना होता है। पर्याप्त बचत के बिना कोई व्यक्ति अपने बुढ़ापे में न अपनी देखभाल कर सकता है और न अपनी पत्नी की। और भी, धन-दौलत का होना, दूसरों की मदद का साधन है। धन के न होने लाभकारिता (Beneficence) तथा दान के अनेक कार्य असंभव हो जाते हैं। यह बात संस्कृत के वाक्य: "धनमूलम इदम् जगत" का तर्क है जिसका अर्थ है- इस संसार के मूल में धन है।

आरम्भ में, धन की जरूरत को अन्य इच्छाओं की पूर्ति के लिए महसूस किया जाता है लेकिन जैसे-जैसे समय बीतता जाता है, धन कमाना स्वयं ही एक आदत बन जाती है और यह परितोषण (Gratfication) प्राप्त करने के मूल लक्ष्य से अलग हो जाती है। एक साधन होने के स्थान पर यह स्वयं ही लक्ष्य (उद्देश्य) बन जाती है। यह कंजूस व्यक्ति का विशिष्ट मनोविज्ञान है जिसका उल्लेख हमारे साहित्य में अक्सर हुआ है। एक कंजूस के लिए धन कमाना एक दबाव वाला जनून बन जाता है और यह अपने साधनात्मक प्रयोग से अलग हो जाता है। यह व्यक्ति के सम्पूर्ण व्यक्तित्व को नियन्त्रित कर लेता है, व्यक्ति की गतिविधियों का एकमात्र लक्ष्य बन जाता है।

शुरू में व्यक्ति वैध साधनों से धन कमाता है। बड़े व्यापारी लोगों द्वारा कमाए गए या सरल सौभाग्य से प्राप्त ढेर से धन पर कोई नैतिक दोष नहीं लगता। तथापि, ज्यादातर मौकों पर, धन-दौलत कमाने के एकमात्र लक्ष्य (उद्देश्य) के कारण व्यक्ति सद्गुणी मार्ग से फिसल जाता है। लोग सही या गलत ढंग से शीघ्र ही धनवान बन जाना चाहते हैं। वे घोटाले, उगाही, धोखे या अन्याय का सहारा लेने लगते हैं। इस समय जो घोटाले बढ़ गए हैं, इसका कारण धन-दौलत का अनैतिक ढंग से कमाया जाना है। लोभी व्यक्ति स्वार्थी हो जाते हैं, केवल अपने लिए जीते हैं और हमेशा धन कमाने की फिराक में रहते हैं।

नैतिक उपदेशकों ने लगातार ही लालच की निंदा की है। व्यक्ति को सुखपूर्ण जीवन बिताने के लिए जितनी धन-दौलत की जरूरत है, उससे अधिक की धन-दौलत उसकी अतिशयता है। जैसाकि गाँधी जी का कहना है, धन एक न्यास (Trust) है जिसका नियन्त्रण गरीबों की ओर से अमीरों के हाथ में है। अमीरों के ऊपर इसे गरीबों के साथ बाँटने की जिम्मेदारी है। ऐसा विचार किसी भी समाज के लिए बहुत आदर्शवादी लग सकता है। लेकिन यह सामाजिक तनावों को कम करने का एक तरीका है। क्योंकि धन-दौलत की बड़ी असमानता ने अनेक क्रांतियों जैसे फ्रेंच तथा रूसी क्रांतियों को जन्म दिया है। अधिकतर समाजवादी विचार धन-दौलत के अत्यधिक संकेन्द्रण तथा समाज में सकल आय असमानताओं के प्रतिफल हैं। एक प्रसिद्ध साम्यवादी लेखक, आर. एच. टॉनी (R.H.Tawny) ने पूँजीवाद को 'एक संग्रहणशील समाज' का नाम दिया है।

एक अलग अवगुण के तौर पर लालच पर चर्चा में हम यह चर्चा नहीं कर सकते कि आर्थिक न्याय को सुनिश्चित करने के लिए समाज को कौन-से साधन अपनाने चाहिए। यह लोकनीति का प्रश्न है। लेकिन व्यक्ति के स्तर पर दान, नरमाई (उदारता) तथा मानव-प्रेम (परोपकार) ऐसे सद्गुण हैं जो धन-लोलुपता पर विजय पाने में सहायता करते हैं। अरस्तू के उदार-चरित व्यक्ति के मुख्य सद्गुणों में से एक उदारता या दानशीलता है। जरूरतमंद को या किसी अच्छे उद्देश्य के लिए धन का दान देना अनेक साहित्यिक रचनाओं में एक सद्गुण माना गया है। उदाहरण के तौर पर, हम कर्ण तथा राजा बलि के उदाहरण भारतीय पौराणिक कथाओं से ले सकते हैं। अपने सुनाम के लिए, अनेक उद्योगपतियों और व्यापारियों ने दिल खोलकर दान दिए हैं।

कामुकता (लालसा) (Lust)

कामुकता अत्यधिक कामेच्छा को बताती है। इसके अनेक रूप होते हैं। सभी धर्मों में विवाहेतर काम-संबंधों या व्यभिचार की निन्दा की गई है। व्यभिचार में अपनी पत्नी या पति के प्रति निष्ठा का न होना है। यह विवाह के समय लिए गए वचनों को भंग करना है। अत: यह एक प्रकार का झूठ या धोखा होता है। विवाह के वचनों को तोड़ना पारिवारिक हितों को हानि पहुँचाता है। इस प्रकार व्यभिचार व्यक्ति के दीर्घावधि हितों और हँसी-खुशी को नष्ट करता है।

कामुकता से भरा व्यक्ति महिलाओं पर कामुक हमले कर सकता है। ऐसे अपराध स्पष्टत: हिंसक होते हैं। इसके अलावा, महिलाओं को कामुक परेशानियों को अनेक रूपों में झेलना पड़ता हैं। ऐसी घटनाएँ दबी ही रह जाती हैं। कामुक परेशानी के मामलों में पुरुष अपना ध्यान अनिच्छुक महिलाओं पर जबरदस्ती लगाते हैं। इस तरह से वे स्त्रियों की प्रतिष्ठा व शालीनता को भंग करते हैं। जिम्मेदार लोगों को स्वयं को स्त्रियों के रक्षक की भूमिका में ढाल लेना चाहिए। सामाजिक तथा सरकारी स्थितियाँ

पुरुषों पर ऐसी भूमिकाएँ लाद देती हैं। अनेक परिस्थितियों में पुरुषों को महिलाओं का ध्यान रखने का काम सौंपा जाता है। अत: कार्य-स्थानों में महिलाओं की रक्षा का उत्तरदायित्व उनके बॉस का होता है। उनके सहकर्मियों को उनके (महिलाओं के) साथ सद्भावपूर्ण किन्तु व्यावसायिक सम्बन्ध रखने चाहिए। कार्यालय प्रमुखों को यह सुनिश्चित करना होगा कि महिला कर्मचारी अवांछनीय कामुक दृष्टियों की शिकार न बनें।

हाल के समय में ऐसे अनेक मामले सामने आए हैं जिसमें महिलाओं को उनके वरिष्ठ अधिकारियों द्वारा कामुकता से तंग किया गया या छेडछाड़ की गई। इस प्रकार के क्रियाकलाप निन्दनीय हैं तथा उन नाजुक रिश्तों को नष्ट कर देते हैं जो आदर्श रूप से पुरुषों तथा स्त्रियों के बीच रहने चाहिए। और भी, वे विश्वास को तोड़ते हैं तथा आपराधिक कृत्य हैं। यही वजह है जिससे कार्य-स्थल पर कामुक दृष्टि से परेशान करने के विरुद्ध कानून आवश्यक हो गया है। अनेक नारीवादी तर्क देते हैं कि ऊँची स्थिति वाले लोग अपने मातहत महिलाओं के शोषण को अपने अधिकार का विस्तारित हिस्सा मानते हैं।

ऐसा व्यवहार शक्ति की अभिव्यक्ति है। नारीवादी यह भी कहते हैं कि पुरुष, स्त्रियों को आदर दिए जाने योग्य मानव जीवों के स्थान पर काम (मैग) की वस्तुएँ समझते हैं। कामुक परेशानियों की शिकार महिलाएँ सामाजिक कलंक को झेलती हैं जबकि इसके लिए उन्हें दोष नहीं दिया जा सकता। यदि वे अपराधियों के विरुद्ध शिकायत करने का साहस जुटाती हैं तो उन्हें अदालतों के मानसिक कष्टों से गुजरना पड़ता है। अपराधियों, जो (अपराधी) राजनैतिक संबंधों वाले शक्तिशाली लोग होते हैं, के पक्ष के वकील शिकार महिला के चरित्र पर हमला करते हैं।

इस समस्या को बदलती हुई सामाजिक स्थिति से भी जोड़ा जा सकता है। काम करने के स्थानों पर स्त्रियों की संख्या बढ़ी है। अनुमतिबोधकत्व की विशिष्ट संस्कृति ने इस प्रणाली को बढ़ावा दिया है। लोग पश्चिमी सम्यता और इसकी अनुमतिमूलक नैतिकताओं के प्रभाव में आ गए है। सिनेमा, इलैक्ट्रॉनिक मीडिया और इण्टरनेट ने इस प्रवृत्ति में और भी योगदान दिया है। लोग नारी पवित्रता के परम्परागत सद्गुण का उपहास करते हैं। अनेक नौजवान पुरुष और महिलाएँ इस अस्वास्थ्यकर माहौल में अपना कौमार्य खो देते हैं। वे विधिवत् विवाहित होने के स्थान पर 'सम्बन्ध बनाकर साथ रहने' को फैशनेबल तथा 'चिक' मानते हैं। इस प्रकार के तथाकथित सम्बन्ध में अन्ततः अनिवार्यतः युवा महिलाएँ हानि की स्थिति में रहती हैं।

लोगों के कुछ ऐसे वर्ग हैं जो अपने आप को कलाकार व बुद्धिजीवी मानते हैं तथा इस विचार से भ्रमित हैं कि साधारण नैतिकता उन पर लागू नहीं होती। उनका सोचना है कि ऐसी नैतिकता अज्ञानी तथा अबोध लोगों के लिए ही है। इस सोच के साथ वे अपने बीच महिला कर्मचारी (जो अपनी आर्थिक जरूरतों के दबाव में आकर) का फायदा उठाने के लिए एकदम तैयार रहते हैं। जब वे ऐसा करते हुए पकड़े जाते हैं, तो वे अपने शिकार को रजामन्दी वाला साथी बता देते हैं। एक सामान्यत: प्रयुक्त अभिव्यक्ति में वे अपने अपराधों को 'दो रजामन्द बालिगों के बीच हुए सहमतिजन्य क्रिया' कह कर टाल देते हैं।

कोई चाहे कितनी भी प्रगतिवादी या योग्य क्यों न हो, सामान्य नैतिकता से छूट प्राप्त नहीं कर सकता। यह बात बहुत जोरदार ढंग से जॉर्ज ऑरवैल के निबंध 'द बैनीफिट ऑफ क्लर्जी' (The benifit of clergy) में कही गई है। बैनीफिट ऑफ क्लर्जी में ईसाई पादरियों को उनके द्वारा विगत में किए गए आपराधिक मामलों में प्राप्त विशेष विशेषाधिकार व छूट के बारे में बताया गया है। प्रसिद्ध अतियथार्थवादी चित्रकार सल्वाडोर डाली (Salvador Dali) ने अपनी आत्मकथा में अपने लड़कपन में की गई कुछ घृणित बातों के बारे में लिखा है। या तो वह स्वयं या उसके प्रशंसक का तात्पर्य यह रहा कि सल्वाडोर डाली की कलाकारी जीनियस उसको विशेष श्रेणी में रख देता है और यह कि वे नैतिक कमियाँ, अन्य साधारण लोगों के विपरीत, उसके लिए कोई मायने नहीं रखती। ऑरवैल इस विचार को धराशायी कर देता है, और इस तर्क को अस्वीकार कर देता है कि कलाकारी जीनियस या इसी प्रकार की विशेषता किसी को सामान्य नैतिकता से छूट दे देती है।

जब कभी पुलिस या स्वैच्छिक संस्थाओं द्वारा सदाशयी प्रयास किए जाते हैं तो उन पर नैतिक पुलिसपने का दोष मढ़ा जाता? हैं। अनेक कार्यकर्त्ता निजी (व्यक्तिगत) स्वतन्त्रता के नाम पर चल रहे बारों व रात्रि क्लबों के नियमन का या देर रात मनोरंजनों का विरोध करते हैं। साथ-साथ वे उस समय शोर मचा देते हैं जब कभी किसी महिला पर कामुक हमला होता है। पुरुषों को स्त्रियों के प्रति अपना रवैया बदलना तो चाहिए। लेकिन साथ ही युवती-स्त्रियों को साधारण सावधानियाँ

बरतनी चाहिए। कामुकता एक अपराध है जो परिस्थितियों पर निर्भर है। यह उस समय होता है जब शिकार अकेला होता है और उसके आसपास कोई नहीं होता जो उसकी मदद कर सके। स्त्रियों को ऐसी स्थितियों से सप्रयास बचना चाहिए। ऐसी स्थिति हो सकती है जब आर्थिक या अन्य परिस्थितियों के कारण महिला निस्सहाय हो जाएँ। ये अपवादस्वरूप हो सकती हैं। अपवादों को छोड़कर स्त्रियाँ उचित सावधानियाँ बरत सकती हैं। उन्हें शराब के नशे वाले पुरुषों के साथ देर रात तक बाहर रहने से बचना चाहिए। उन्हें केवल उन्हीं पुरुषों के साथ बाहर जाना चाहिए जिन्हें वे लम्बे समय से जानती हैं और जिनका वे विश्वास कर सकती हैं।

कामुकता (लस्ट) पर हमने यौन उत्पीड़न परेशानी के संदर्भ में चर्चा की है। कुछ पाठक यह मान सकते हैं कि हम अपने विषय से भटक गए हैं। तथापि, कामुकता ऐसा विषय है जो अपेक्षाकृत प्रशासनिक परिस्थितियों से दूर-दराज है। यह मुख्यत: कार्य-स्थल, चाहे वे निजी क्षेत्र के हों या सरकारी क्षेत्र के, में महिलाओं के यौन उत्पीड़न वाली पेरशानी होने पर ही अर्थ रखता है। कामुकता वाले हमलों के रूप में कामुकता (लस्ट) एक वर्तमान मुद्दा भी है। इसी दृष्टिकोण से हमने इस विषय पर संक्षेप में चर्चा की है।

क्रोध व दम्भ (मिध्याभिमान) पर हम पहले ही चर्चा कर चुके हैं। इसके साथ ही अवगुणों पर हमारी बात पूरी हो जाती है। अवगुणों से बचना नैतिकता का नकारात्मक पहलू है। अक्सर बुराई से बचना स्वयं में ही सद्गुण हो जाता है जबकि कोई दूसरों की मदद करने की कोई कोशिश नहीं करता। अवगुणों से दूर रहना सामान्यत: दूसरों को हानि से बचाता है और व्यक्ति के चरित्र को मजबूत बनाता है।

अब तक हमने नैतिक गुणों की चर्चा महान संतों व विचारकों की सारगर्भित रायों के आधार पर की है। अब हम ऐसी परिस्थितियों के बताने के लिए कुछ मामले प्रस्तुत कर रहे हैं जिनमें सद्गुण वाले गुण (विशेषताएँ) प्रयुक्त हुए हैं।

मामले (Case Studies)

मामला-1 (Case-1)

सुबोध झा जमींदारों के प्रभावशाली परिवार से था। लम्बा व खूबसूरत, वह बॉलीवुड में किसी रोल के लिए टक्कर दे सकता था। दिल्ली के बड़े ऊँचे कॉलेज में शिक्षा लेने से उसके मन में सिविल सेवा के लिए ललक पैदा हो गई एवं उसे आई आर एस हेतू चुन लिया गया और उसने आयकर अधिकारी के पद पर नौकरी ले ली। अपने कॉलेज के दिनों में वह लड़कियों की आँखों के लिए आकर्षण का केंद्र हो गया था तथा दिल्ली में अनेक लड़कियों से उसके अन्तरंग सम्बन्ध रहे थे। वह अपनी महिला-मित्रों के साथ डिस्कोथिक एवं नाइट क्लबों में जाने तथा नशे की हालत में होने वाली नाइट लाइफ की संस्कृति को सिविल सेवा की इस महत्त्वपूर्ण शाखा में आने के बाद भी नियन्त्रित नहीं कर सका।

आजकल वह अनिवार्य रूप से हर सप्ताहांत (वीकैण्ड) में बाहर रहता था और सोमवारों को कभी भी कार्यालय समय पर नहीं पहुँचता था। शुक्रवारों को उसका ध्यान काम में नहीं लगता था। प्रसंगवश, उसका सप्ताहांत बृहस्पतिवार को शुरू हो जाता है। सोमवार की सुबहें उसके कार्यालय में महत्त्वपूर्ण होती हैं क्योंकि आयुक्त महोदय पिछले हफ्ते में प्राप्त परिणामों की समीक्षा करते हैं और आगे वाले सप्ताह के लिए प्लान बनाते हैं। हर बार कार्यालय में देरी से पहुँचने के कारण उसे कोई कहानी बनानी पड़ती और देरी से आने का स्पष्टीकरण देना पड़ता है उसका काम कुल मिलाकर अच्छा होने के कारण अभी तक उसके बॉसिस की ओर से कोई विपरीत नोटिस उसे नहीं मिला है किन्तु उसके तत्काल नीचे काम करने वाले मातहत जानते थे कि वह सोमवारों को देर से क्यों आता है और जब वह अपनी कहानियाँ सुनाता था तो वे हँसते थे। कार्यालय के दृष्टिकोण से उसके व्यवहार में आप कौन-सी नैतिक समस्याएँ पाते हैं?

प्रश्न (Question)

निम्नलिखित चार विकल्पों पर विचार कीजिए तथा सर्वाधिक उचित एक को चुन लीजिए:

1. सुबोध बाहर जो भी कुछ कर रहा है, वह उसके निजी जीवन का हिस्सा है। और उसका, उसके कार्यालयी आचरण से कोई सम्बन्ध नहीं है।
2. मामला सुबोध के निजी जीवन से सम्बन्धित हो सकता है लेकिन उससे उसका कार्यालय का निष्पादन खराब हो सकता है। यह आचरण की सरकारी संहिता का उल्लंघन भी हो सकता है।
3. यह आयकर आयुक्त का उत्तरदायित्व है कि मोहन को अनुशासित करे और सुनिश्चित करे कि वह बैठकों में समय पर उपस्थित हो।
4. यह बात सुबोध को चुस्त व चतुर बताती है कि वह अपने देरी से आने का कारण बताते हुए अनेक बार इस तरह से झूठ बोल सका है कि उसका विश्वास हो जाता था।

परिचर्चा (Discussions)

पहले विकल्प का समर्थन नहीं किया जा सकता। मूलरूप से वह अपनी बिगड़े हुए नौजवान की जीवन-शैली को बदल कर जिम्मेदार सरकारी अधिकारी की भूमिका निभाने में असफल रहा है। जिस बात से उसके विद्यार्थी रहते हुए किसी का लेना-देना नहीं था, वही बात शीघ्र ही उसके विभाग के लिए चिन्ता का विषय हो जाएगी। इस बात को वह जितनी जल्दी समझ ले, उतना ही उसके लिए अच्छा है। उसकी जीवन शैली अतिभोग की है जिसमें विवेक एवं आत्म-संयम की कमी है। यहाँ अरस्तू का सुनहरी मध्यम की संकल्पना एवं विवेक को मूल्य की याद आती है। यद्यपि सुबोध अतिभोग वाली जीवन शैली का खर्च उठा सकता है क्योंकि उसे विरासत में दौलत मिली है, लेकिन जो आदतें उसने पाल रखी हैं, वे समस्याओं से भरी हैं। उसका कार्यालय में देरी से पहुँचना दिखाता है कि उसका व्यवहार कार्यालय के अनुशासन को प्रभावित कर रहा है।

दूसरा विकल्प उचित है। उसकी जीवन-शैली उसके कार्यालय के अनुशासन को कमजोर कर रही है। वह झूठ बोलने की भयानक आदत भी डाल रहा है। समय पर न पहुँच पाने का कारण दूर करने की बजाय वह कहानियाँ बना रहा है। ऐसा ज्यादा दिन नहीं चल सकता। उसकी कमजोरी ज्यादा दिनों तक छुपी नहीं रह सकती और जब कार्यालय वालों को असलियत पता लगेगी तो उसकी साख खत्म हो जाएगी- जो कि अभी भी हो रही है। जब झूठ का बोझ बढ़ जाता है, तब नैतिककर्ता भरोसे योग्य नहीं रह जाता है और दूसरों की नजरों में उसकी प्रतिष्ठा नष्ट हो जाती है। जब ऐसा होता है तो व्यक्ति किसी भी नेतृत्व वाली भूमिका, जैसे सरकारी कर्मचारियों से वहन करने की आशा की जाती है। सरकारी कर्मचारियों का निजी जीवन शालीन होना चाहिए तथा इश्कबाजी कोई स्वीकार्य गुण नहीं है। इससे ब्लैकमेल करने एवं स्कैण्डलों का खतरा हो जाता है जिससे लोक हित को खतरा होता है। उसका व्यवहार नैतिक चरित्रहीनता का एक प्रकार है और सरकारी कर्मचारियों की आचार संहिता का उल्लंघन करता है।

यह सच है कि आयकर आयुक्त को अनुशासन लागू करना होगा। सुबोध एक वरिष्ठ अधिकारी है और उसे अनुशासित व्यवहार में घेरे जाने के बजाय अपनी ही तरफ से कार्यालयी अनुशासन तथा नयाचार को अत्योपचारिक रूप से पालन करना होगा।

चौथी प्रतिक्रिया बहुत अनुपयुक्त है। नैतिक दृष्टि से बुरे काम को आत्मविश्वास और स्टाइल के साथ भी किया जाए, फिर भी उसकी निन्दा ही होती है। चतुरता तब ही प्रर्शंसित या स्वीकार्य होती है जब उसका प्रदर्शन नैतिक आचरण व कार्यों में होता है।

मामला-2 (Case-2)

श्री इरफान खान आई टी क्षेत्र में एक एम एन सी में सर्वोच्च स्तर के अधिकारी हैं। वे एक सुसंस्कृत परिवार से हैं और सुखी वैवाहिक जीवन-यापन कर रहे हैं। उनका छोटा-सा बेटा सात वर्षीय जफर कुछ ऐसा व्यवहार कर रहा है जिससे श्री व श्रीमती इरफान को परेशानी हो रही है। पिछले दो वर्षों से जफर जीवों को चोट पहुँचाने व यातनाएँ देने में आनन्द पा रहा था। यह ऐसे

होता है कि वह किसी कीड़े जैसे कोकरोच तथा कीड़ों को पकड़ लेता है और ब्लेड से उनके टुकड़े-टुकड़े करने में आनन्द प्राप्त करता है। परिवार ने कुछ पालतु पशु रखे थे, जिनमें खरगोश भी थे। कुछ दिनों पहले श्री खान ने बच्चे को अपने बागीचे के कोने में खरगोश के अंगच्छेदन करते हुए देखा। जब तक श्री खान बीच में पड़ते तब तक तो काम हो चुका था और बच्चा खून से सने अपने हाथों को देख खुश हो रहा था। श्री खान ने बच्चे को डाटा तो जरूर पर उन्हें चिन्ता थी कि इस प्रकार के विकृत व्यवहार के कारण भयानक काण्ड फिर हो सकते हैं।

प्रश्न (Question)

माता-पिता को क्या करना चाहिए? निम्नलिखित विकल्पों में से चुनिए:

1. उन्हें घटनाओं को बचपनी शरारतें समझकर अनदेखा कर देना चाहिए।
2. उन्हें जफर को पशुओं के साथ दयालुता का व्यवहार करने और सभी प्रकार की हिंसाओं से बचने की जरूरत समझानी चाहिए।
3. उन्हें जफर को परामर्शन व चिकित्सा के लिए किसी मनोचिकित्सक के पास ले जाना चाहिए।
4. उन्हें जफर को कभी अकेला नहीं छोड़ना चाहिए।

परिचर्चा (Discussion)

पहली कार्यवाही समझदारी नहीं होगी। जफर ने जैसा व्यवहार किया है, वह अप्राकृतिक है। इसे बिना ध्यान दिए नहीं छोड़ देना चाहिए क्योंकि यह प्रवृत्ति मजबूत होती जाएगी एवं गहरी हो जाएगी।

माता-पिता जफर के दिमाग में अहिंसक विचार और व्यवहार बिठा सकते हैं। लेकिन प्रश्न यह है कि वह किस सीमा तक ऐसी सलाह को पचा सकता है। चूँकि वह बहुत छोटा है, अत: वह व्यवहार की प्रकृति के खतरे को अनुभव नहीं कर सकता।

तीसरा विकल्प सही प्रतिक्रिया होगी। सामान्य बच्चे कीड़ों को तकलीफ देने और काटने में आनंद का अनुभव नहीं करते। यदि जफर ऐसा कर रहा है तो कुछ आधारभूत रोग है। पिछली घटना निश्चित रूप से गंभीर है। सामान्यत: वयस्कों से ज्यादा बच्चे ही पालतु पशुओं के प्रति आकर्षित होते हैं और उनके साथ रहने में आनन्द पाते हैं। लेकिन यहाँ तो बच्चा ही पालतु पशु को मार रहा है जो एक निर्दोष खरगोश है, इसमें कुछ रोग जरूर है। इस रोग का इलाज किया जाना चाहिए वरना यह फैलेगी और समय बीतने के साथ-साथ लड़का और आक्रामक हो जाएगा। अन्तत: वह खूनी भी बन सकता है। समय रहते सुधारात्मक कार्यवाही करने से वयस्कावस्था में अनेक अशोभनीय स्थितियों से बचा जा सकता है। हिंसक प्रसंगों का विस्फोट अप्रिय घटनाओं और असंतोष के भाव से निसृत हो सकता है। इसका रोग-निदान किया जाना महत्त्वपूर्ण है तथा रोग-निदान के बाद ही इलाज किया जा सकता है। खान परिवार को शिशु मन:-चिकित्सक से ही इस रोग की चिकित्सा करने के लिए करवाने की सलाह दी जा सकती है।

अंतिम प्रतिक्रिया अव्यवहार्य होगी। माता-पिता अपने बच्चों पर लगातार निगाह नहीं रख सकते। वे जफर को उसी की आयु के बच्चों के साथ खेलने के लिए प्रोत्साहित कर सकते हैं तथा समाजीकरण के साधन के तौर पर सामूहिक गतिविधियों में उसकी रुचि बढ़ाने का काम कर सकते हैं।

मामला-3 (Case- 3)

कल्याणपुर एक जनजातीय जिले के ब्लॉक का कुछ-कुछ अलग-अलग मुख्यालय है। कल्याणपुर प्राइमरी स्वास्थ्य केन्द्र (पी एच सी) में अनेक पद खाली हैं और केवल एक एम. बी. बी. एस. डॉक्टर कुलदीप गोयल हैं। वे थोड़े से कोर कर्मचारियों के साथ पी एच सी का काम-काज संभालते हैं। एक साल पहले कल्याणपुर गाँव के प्रधान ने डाक्टर गोयल से एक व्यक्ति के लिए चिकित्सा प्रमाण पत्र जारी करने के लिए कहा था जिसके लिए डॉ॰ गोयल जानते थे कि वह जरा भी बीमार नहीं था। इसलिए

उन्होंने इंकार कर दिया। इसी समय डॉ॰ गोयल ने इसी गाँव में अपना आवासीय मकान बनवाने की योजना बनाई। जब डॉ॰ गोयल का मकान बनाने की योजना भवन-निर्माण की अनुमति हेतु पंचायत के सामने आई तो पंचायत ने टालमटोल की नीति अपनाई कि न तो उन्हें अनुमति दी और ना ही उनकी प्लान को अस्वीकृत किया। डॉ॰ गोयल ने उससे निर्णय लेने का अनुरोध करते हुए दो बार मुलाकात की लेकिन कोई कार्यवाही नहीं हुई।

कुछ दिनों बाद सुबह-सुबह के समय जब पी एच सी में केवल क्लीनर, स्टॉफ नर्स तथा डॉ॰ गोयल ही उपस्थित थे, नर्स के पास फोन आया कि प्रधान के पुत्र और उसके एक मित्र की कार से दुर्घटना हो गई है और उन्हें प्रधान एवं अन्य लोग पी एच सी में ला रहे हैं। नर्स ने यह बात डॉ॰ गोयल को बताई।

यह समाचार सुन डा॰ गोयल ने निम्नलिखित प्रतिक्रियाओं के बारे में सोचा:

1. नर्स को कह दें कि जब घायलों को लाया जाए तो वह उनकी प्राथमिक चिकित्सा कर दे तथा प्रधान को बता दे कि डाक्टर की तबीयत ठीक नहीं है और वे देर से आ सकते हैं। तब वह पिछले दरवाजे से पी एच सी से चला जाए।
2. चूँकि आजकल प्रत्येक के पास मोबाइल फोन होते हैं, उसे नर्स से उन लोगों को फोन करने और यह कहने के लिए कहना चाहिए कि पी एच सी में महत्त्वपूर्ण दवाइयाँ और उपकरण नहीं हैं, अत: वे घायलों को कहीं और ले जाएँ।
3. उन्हें प्रधान द्वारा अपने साथ किए गए बुरे व्यवहार को भुलाकर दुर्घटना के शिकार लोगों को सर्वोत्तम संभव चिकित्सा देनी चाहिए।
4. प्रधान को सूचित कर दें कि जिस प्रकार प्रधान ने उनकी मकान बनाने की अर्जी पर जैसा काम किया है, उसे देखते हुए उन्हें मनोवैज्ञानिक कठिनाई होगी और उसे अपने बेटे को कहीं और ले जाना चाहिए।

परिचर्चा (Discussion)

सही प्रतिक्रिया तो स्पष्ट है। पहला रास्ता गलत है क्योंकि उससे दुर्घटना के शिकार व्यक्तियों को सर्वोत्तम संभव चिकित्सा से वंचित रहना पड़ेगा जो कि उनकी हकदारी है। मुख्य उद्देश्य यहाँ प्रधान को सबक सिखाना है क्योंकि उसने डॉ॰ गोयल की मकान बनाने की वैध प्रार्थना पर निष्पक्षता से विचार नहीं किया और अनावश्यक रूप से अड़चन लगाई है। प्रधान अपने कर्त्तव्य से चूका है क्योंकि डॉ॰ गोयल झूठा प्रमाण पत्र देने के लिए राजी नहीं हुए। यदि बिल्डिंग प्लान में कोई कमी थी तो यह उसका कर्त्तव्य था कि वह आवेदक को इसकी सूचना दे। उसे आवेदन को दबाकर नहीं बैठना चाहिए। प्रधान का व्यवहार निश्चित रूप से अनुचित था पर डॉ॰ गोयल को इसकी नकल नहीं करनी चाहिए। यदि घायलों की हालत गंभीर है तो डॉ॰ गोयल की कार्यवाही से उनकी जान को खतरा हो जाएगा।

दूसरा विकल्प भी एक डाक्टर की प्राथमिक ड्यूटी से बचने का रास्ता है। इस विकल्प में, डॉक्टर अपनी नर्स से झूठ बोलने तथा घायलों को अन्य क्लीनिक में भेजने के लिए कह रहा है।

तीसरा विकल्प सही कार्यवाही है। हर सरकारी कर्मचारी को अपना काम ईमानदारी से करना चाहिए। उसे उन लोगों के लिए भी अपने कर्त्तव्य से विमुख नहीं होना चाहिए जिन्होंने किसी भी ढंग से उसके साथ गलत किया है। यह विचार वर्तमान परिस्थिति में और भी अधिक जोरदार ढंग से लागू होता है क्योंकि यहाँ डॉ॰ गोयल अपनी परम्परावादी शपथ से बँधे हैं जो सभी डॉक्टरों पर लागू होती है। डाक्टरों को अपने रोगियों को बचाने के लिए अपना सर्वोत्तम कार्य करना चाहिए और उन्हें कभी हानि नहीं पहुँचानी चाहिए। उन्हें अपने कर्त्तव्य को अन्य मुद्दों से नहीं जोड़ना चाहिए। उन्हें प्रधान के गलत काम के लिए उसके बेटे को हानि नहीं पहुँचानी चाहिए।

चौथा विकल्प भी अनुपयुक्त है। डाक्टर को इन मामलों में अपनी मनोवैज्ञानिक अभिवृत्ति को नहीं लाना चाहिए। वे मरीजों का चयन अपनी व्यक्तिगत भावनाओं के आधार पर नहीं कर सकते। उन्हें सभी रोगियों या इलाज उनके प्रति अपनी अभिवृत्ति की परवाह किए बिना करना चाहिए।

मामला-4 (Case- 4)

लाल बहादुर शास्त्री राष्ट्रीय प्रशासन अकादमी (एल बी एस एन ए ए) के एक ही कमरे में ठहरे हुए श्री एक्स तथा यशवंत मिश्रा शीघ्र ही दोस्त बन गए। दोनों में कुछ समान बातें थीं जिनके कारण उनकी दोस्ती हुई। वे एक ही राज्य से थे, विभिन्न कैरियर रहने के बावजूद उन्होंने एक ही सेवा में नौकरी शुरू की और दोनों को ही उनके गृह राज्य से भिन्न राज्य आबंटित किया गया।

दोनों की पृष्ठभूमि में असमानताएँ बड़ी आश्चर्यजनक हैं। श्री एक्स आरक्षित वर्ग के हैं और साधारण स्कूल के विद्यार्थी रहे। रेलवे में क्लर्क के पद पर काम करते हुए, अपनी कड़ी मेहनत और लगन के बल पर वे आई ए एस में आ गए। श्री मिश्रा धनी परिवार से थे और वे दिल्ली के प्रमुख कॉलेज से स्नातक की सनद लेकर बड़े आराम से एल बी एस एन ए ए में प्रवेश पा गए।

दोनों के बीच की असमानताएँ उनकी दोस्ती के बीच नहीं आईं। श्री एक्स का विवाह उस समय हो गया था जब वे आई ए एस में आए। उनकी पत्नी भानुमती उनसे जिला में तैनाती के समय मिलीं जब वे परिवीक्षा अधिकारी के तौर पर तैनात थी। भानुमती भी अपने पति के समान अपने मूल राज्य के इस 'युवा हीरो' के प्रति बहुत लगाव वाली थीं। छुट्टी के दिनों में श्री कभी-कभी श्री मिश्रा एक्स की तैनाती के स्थान पर भोजन व बातचीत का आनन्द लेने चले जाते थे।

आई ए एस में आने के ढाई वर्ष बाद भी मिश्रा का विवाह सुजाता से हो गया जो एक समय उनके गृह राज्य की 'सौन्दर्य-रानी' थी। वह भी एक सम्पन्न परिवार से थी।

अपने नए जीवन में आने के कुछ ही महीनों में श्री यशवन्त के लिए परेशानी वाली बात पैदा करते हुए सुजाता ने इस बात के पूर्व संकेत देने शुरू कर दिए कि श्री एक्स के परिवार से उसके पति की दोस्ती, यदि पथभ्रष्ट होना न भी हो तो महत्त्वहीन तो है ही। आरम्भ में वह श्री एक्स के यहाँ श्री यशवन्त के साथ चली जाती थीं, लेकिन उसकी टिप्पणियाँ अपरोक्ष रूप से अपने पिता व ससुरालियों के ऊँचे रुतबे पर ही केन्द्रित रहती थीं। एक बार तो उसने यह अटकलबाजी भी कर दी कि यशवंत भारत सरकार का केबिनेट सचिव न भी बने तो राज्य का मुख्य सचिव बन जाएगा।

श्री यशवन्त को ये फालतू की बातचीत अच्छी नहीं लगती थी किन्तु वे चुप रहते ताकि परिवार में अनबन पैदा न हो। उनको धीरे-धीरे यह देखकर बहुत निराशा हुई कि श्री एक्स के परिवार का उनके प्रति व्यवहार ठण्डा होता जा रहा है। हाल ही में, होली के त्यौहार के दौरान जब श्री यशवन्त ने श्री एक्स के परिवार को आमंत्रित किया तो श्री एक्स ने बहाना बना दिया कि उन्हें स्कूल जाने वाले अपने पुत्र पर ध्यान देने की जरूरत हो गई है। श्री यशवंत को यह चिन्ता है कि वे अपनी दोस्ती में पहले जैसी गर्म-जोशी और सौहार्द्र फिर से कैसे लाएँ।

प्रश्न (Question)

आपके विचार से समस्या की जड़ क्या है?

1. श्री एक्स तथा उनकी पत्नी को श्री यशवन्त व सुजाता से ईर्ष्या होने लगी होगी।
2. लोगों के जीवन के अलग-अलग होने के कारण से उनकी दोस्ती का उत्साह समाप्त हो गया हो।
3. काम करने की आधुनिक परिस्थितियों में साथियों के बीच तेज प्रतिस्पर्धा और चूहा-दौड़ होती है।
4. समस्या तो सुजाता के घमण्डी व्यवहार से शुरू हुई प्रतीत होती है, श्री यशवन्त को चाहिए कि वह उससे अन्यों के साथ व्यवहार में विनम्रता बरतने के लिए कहें।

परिचर्चा (Discussion)

उत्तरों में (1) का तो यह मामला ही नहीं लगता। श्री एक्स तथा उनकी पत्नी श्री यशवन्त के साथ काफी समय से दोस्ताना व्यवहार करते रहे हैं। श्री यशवन्त के प्रति उनके मन में लगाव है।

जहाँ तक दूसरे उत्तर का प्रश्न है, यह सच है कि दोस्त यदि व्यावसायिक एवं अन्य कारणों से भिन्न स्थानों पर दूर चले जाते हैं तो उनके सम्पर्क टूट जाते हैं। दूरी एवं समय की दृष्टि से अलगाव से दोस्ती समाप्त हो जाती है। लेकिन इस मामले में दोस्त पास-पास ही रहे हैं।

जैसा कि तीसरे उत्तर में लिखा है, कभी-कभी व्यवसायी जीवन में दूसरों से आगे निकल जाने की ललक प्रतिद्वन्द्विवता को पैदा कर देती है। जब लोगों के बीच प्रतिद्वन्द्विता विकसित हो जाती है तो उनमें वास्तविक दोस्ती नहीं रहती। लेकिन कैरियर की इस अवस्था में, दोनों दोस्त प्रतिद्वन्द्विता वाली स्थिति में नहीं हैं।

अधिक संभावना इस बात की है कि यह समस्या श्रीमती मिश्रा के अहम् के कारण पैदा हुई है। उसमें यह भाव इसलिए आया है कि वह सुन्दर है और एक 'स्टार पति' की पत्नी है। जिसे छोटी आयु में ही सेवा में आने का बड़ा लाभ मिला है। इस अहम् और घमण्ड की अभिव्यक्ति उनके श्री एक्स के परिवार के साथ बातचीत एवं व्यवहार में सामने आई होगी। इससे दोनों ही, ज्यादातर जन्म से हुए अपने धर्मदायों में अन्तर के बारे में सचेत हो गए होंगे। यदि लोग अनुभव करते हैं कि उनके ध्येय भिन्न-भिन्न हैं और जीवन में उनका 'स्टेटस' (अवस्थिति) असमान है तो सामान्य प्रतिक्रिया यही होगी के वे एक-दूसरे से बचने लगें। इस प्रकार बचना, अपर्याप्तता या हीनभावना को व्यक्त करने का एक रास्ता है। संभवत: यही कारण है कि श्री एक्स का परिवार श्री मिश्रा के परिवार के प्रति ठण्डा पड़ रहा है।

श्री यशवन्त व सुजाता को श्री एक्स के साथ सामान्य तौर से व्यवहार करना चाहिए। पैसे, कैरियर और स्त्री की सुन्दरता के बारे में बात करने से कठोरता से बचना चाहिए। बातचीत ऐसी कुछ गतिविधियाँ के बारे में ही होनी चाहिए जिनका आनन्द दोनों ने साथ-साथ लिया हो ताकि अच्छी यादें ताजा हो सकें। अभी भी देर नहीं हुई है, किन्तु श्री यशवन्त को दोस्ती की पहले की स्थिति पाने के लिए कुछ विशेष प्रयास करने पड़ेंगे।

मामला-5 (Case- 5)

कु॰ वन्दना सुब्रह्मणियम, आई ए एस ऐसे परिवार से है जहाँ बड़ी सख्त नैतिक व धार्मिक अभिवृत्ति (झुकाव) है। वह हिन्दू बहुल जिले की जिला मजिस्ट्रेट है जहाँ ईसाई आबादी भी काफी है। जिला मुख्यालय में केवल एक ही अच्छा टाउन हॉल है जो जिला मजिस्ट्रेट के अधीन सम्पदा विभाग के नियन्त्रण में है। हर साल ईस्टर त्यौहार हॉल में मनाया जाता है। इस साल ईस्टर का त्यौहार हिन्दुओं के प्रसिद्ध त्यौहार के साथ पड़ गया तथा दोनों ही वर्गों ने उसी हाल की माँग की है। पहले हिन्दू इस त्यौहार को एक धार्मिक-सामाजिक सेवा संस्थान के परिसर में मनाते थे, किन्तु इस साल उस हॉल का नवीकरण हो रहा है।

प्रश्न (Question)

प्रशासनिक सोच के हिसाब से उनका क्या निर्णय होना चाहिए?

1. उन्हें दोनों में से किसी को भी जगह किराए पर नहीं देनी चाहिए।
2. उन्हें यह आदेश पारित कर देना चाहिए कि यह हॉल भविष्य में किसी भी धार्मिक वर्ग को किराए पर नहीं दिया जाएगा।
3. उन्हें यह हॉल हिन्दुओं को किराए पर दे देना चाहिए क्योंकि वे जिले में आबादी के कहीं बड़े भाग का प्रतिनिधित्व करते हैं।
4. इसे ईस्टर के लिए किराए पर दे दें जैसाकि पहले किया जाता था।

परिचर्चा (Question)

इस संदर्भ में कार्यवाही (1) तथा (2) अति प्रतिक्रिया होगी। केवल इसीलिए कि एक खास दिन दो त्यौहार एक साथ पड़ रहे हैं, जिला मजिस्ट्रेट को घबराना नहीं चाहिए और भावी आबन्टनों पर रोक नहीं लगा देनी चाहिए।

कार्यवाही संख्या (3) में बराबरी के सिद्धान्त का पालन नहीं किया गया है। हर साल ईसाई लोग अपनी सांस्कृतिक गतिविधियाँ उस हॉल में करते हैं। अत: उस विशेष परिस्थिति के कारण हिन्दुओं की ओर से आई माँग को मान लेना और ईसाईयों से अन्यत्र जाने के लिए कहना सही नहीं होगा। उन्हें प्रतिष्ठित पूर्व-उदाहरण का पालन करना चाहिए।

क्रम संख्या (4) वाली कार्यवाही सही है। यदि हिन्दू लोग शिकायत करते हैं तो उन्हें पहले की चल रही व्यवस्था के पालन का पक्ष लेने के लिए कारण बताए जाने चाहिए। जिला मजिस्ट्रेट हिन्दू सम्मेलन के लिए उपयुक्त स्थल तलाशने में अपनी स्थिति का प्रयोग कर सकती हैं।

मामला-6 (Case- 6)

लछमन सिंह ने हाल ही में इन्टरनेट साइट से एक मँहगी घड़ी खरीद है। उसे अपना चैक डाक से भेजना था, किन्तु उससे पहले घड़ी उसे भेज दी गई, यद्यपि वह चैक भेजना सचमुच भूल गया था। इससे बढ़कर यह हुआ कि उसे घड़ी कूरियर द्वारा मिली जिस के पैकेज पर 'भुगतान किया गया' का स्टिकर लगा था।

प्रश्न (Question)

इस मामले में लछमन सिंह के सामने क्या विकल्प हैं?

1. तत्काल भुगतान कर दें।
2. कम्पनी से पता लगाए कि उसे घड़ी किसी स्कीम के तहत दी जा रही है और जब कम्पनी कहे तो वह भुगतान कर दे।
3. मामले को भूल जाए।
4. 'भुगतान किया गया' वाला स्टिकर अपने पास रखे और जब कम्पनी उससे भुगतान माँगे तो उसके आधार पर विवाद पैदा करें।

परिचर्चा (Discussion)

लछमन सिंह को यह भुगतान तुरन्त करने की जरूरत नहीं है क्योंकि कम्पनी की एक गलती के कारण अभी इसकी माँग नहीं की गई हैं।

दूसरा विकल्प सबसे उपयुक्त है। निश्चित रूप से कम्पनी के किसी कर्मचारी से गलती हुई है। इससे भ्रांति पैदा हो गई है। कम्पनी को लिखने से लछमन सिंह स्थिति को साफ कर सकता है। वह जानता है कि उसे भुगतान करना है। वह यह गलती कम्पनी के ध्यान में लाएगा।

लछमन सिंह फिलहाल मामले को अनदेखा कर सकता है। लेकिन देर-सबेर कम्पनी को गलती पता चलेगी और वह इससे भुगतान माँगेगी। अतः यह कोई समझदारी का काम नहीं है।

अन्तिम विकल्प पूर्णतः अस्वीकार्य है। लछमनसिंह को कम्पनी को भुगतान से वंचित रखने के लिए एक गलती का सहारा नहीं लेना चाहिए। यद्यपि वह विवाद खड़ा कर सकता है, लेकिन वह यह सिद्ध नहीं कर सकेगा कि उसने भुगतान कर दिया है।

मामला-7 (Case- 7)

आप मुम्बई में एक भीड़भाड़ वाले उपनगरीय स्टेशन में हैं। जब आप टिकट वाली खिड़की से टिकट लेकर प्लेटफार्म की ओर तेजी से चलने लगे तो साथ वाली दूसरी लाइन में खड़े व्यक्ति ने गलती से आपकी पैंट पर पीक थूक दी। यह आदमी आपका परिचित नहीं है।

आप तुरन्त ही [illegible] ड़ने को तैयार हो जाते हैं और उससे पूछते हैं कि उसने ऐसा क्यों किया। यह व्यक्ति हाथ जोड़ कर क्षमा माँगता है और [illegible] है कि यह उससे अनजाने में हो गया, उसने जान-बूझकर ऐसा नहीं किया।

प्रश्न (Question)

इस स्थिति में आपको क्या करना चाहिए?

1. उससे रेलवे पुलिस के पास चलने के लिए कहें ताकि औपचारिक शिकायत दर्ज कराई जा सके।
2. प्लेटफार्म की ओर तेजी से बढ़ना चाहिए क्योंकि आपकी ट्रेन जल्दी ही आने वाली है।
3. उस पर थूक देना चाहिए।
4. उसे क्षमा कर दें और भविष्य में सावधानी बरतने की चेतावनी दें।

परिचर्चा (Discussion)

देखिए कि (2) वाली कार्यवाही में प्रश्न से बचा जा रहा है। ट्रेन के लिए जल्दी करना आपके लिए जरूरी हो सकता है लेकिन ऐसी प्रतिक्रिया से आपके नैतिक रुझान का बिल्कुल पता नहीं चलता, अतः यह उपयुक्त उत्तर नहीं है।

(3) वाली कार्यवाही बेवकूफी वाली और अनैतिक है। यह व्यक्ति लापरवाह था। आपसे उसे कोई बदला नहीं लेना था (आप से उसकी कोई दुश्मनी नहीं थी)। अतः आपको 'जैसे को तैरना' वाला जवाब नहीं देना चाहिए। गाँधी जी ने सूक्ष्म दृष्टि से अनुभव किया था कि 'आँख के लिए आँख' वाली नीति से पूरी दुनिया नेत्रहीन हो जाएगी। यदि पूरा विश्व अन्धा नहीं भी हो तो भी अनेक लोग अपनी आँखें खो देंगे। वास्तव में, आपकी प्रतिक्रिया की नैतिक आक्रामकता, उस व्यक्ति के लापरवाही के व्यवहार से बहुत अधिक गंभीर होगी। सामान्य प्रतिक्रिया बदले को उकसाती है, लेकिन जैसाकि कन्फ्यूशियस ने कहा है, "जब आप बदला लेने के लिए जाने लगें, तो दो कब्रें खोद कर जाइए।"

क्षमाशीलता से हम दुर्भावनाओं का घृणित बोझ लादे बिना जीवन में आगे बढ़ सकते हैं। क्षमाशीलता सामाजिक कीमतों के उस कुल योग को कम कर देती है जो इसके न होने पर जमा होता रहता है। निस्संदेह वह व्यक्ति लापरवाह और असभ्य था। लेकिन आपको उसको क्षमा कर देने से उसे अपने आचरण पर सोचने के लिए बढ़ावा मिलेगा। इस प्रकार की हालत में क्षमा कर देना ही सर्वोत्तम कार्य है।

इस मामले में उस व्यक्ति की कोई दुर्भावना नहीं थी और उसने क्षमा माँग ली है। अतः नं॰ (4) वाली कार्यवाही नं॰ (1) वाली की अपेक्षा अधिक ग्राह्य है।

मामला-8 (Case-8)

आपका मित्र उमाकान्त ऐसे गाँव का है जिसके आस-पास का क्षेत्र पिछले वर्ष बाढ़ में डूब गया था। सरकार ने घरेलू सामान, दोबारा फसल बोने के लिए बीज खरीदने के लिए नकद सहायता एवं खड़ी फसल के नष्ट हो जाने से हुई हानि की क्षतिपूर्ति हेतु नकद राशि देकर प्रभावित लोगों की सहायता की। उमाकान्त के मकान की जगह ऊँचे स्थान थी तथा उसको निजी सामान की कोई हानि नहीं हुई। सौभाग्य से उसकी कृषि भूमि बाढ़ से उफनती नदी से अपेक्षाकृत दूर होने के कारण परिवार को हुई हानि का पूर्णतः (सही-सही) आंकलन करने में असमर्थ रहते हैं। परिणामस्वरूप, लोग बढ़ा-चढ़ाकर अक्सर झूठे दावे देकर फायदा लेते हैं। उमाकान्त ने भी गाँव में औरों की तरह झूठे दावे जमा कराए।

प्रश्न (Question)

उमाकान्त के आचरण की उपयुक्त प्रतिक्रिया क्या होगी?

1. उमाकान्त को केवल सच्चे दावे करने चाहिए थे।
2. यह देखने का उत्तरदायित्व सरकार की एजेन्सियों का है कि कोई झूठा दावा स्वीकार न किया जाए।

3. जब हर व्यक्ति व्यवस्था को धोखा दे रहा है, उमाकान्त अकेला कुछ नहीं कर सकता; उसे सबके साथ मिल जाना चाहिए।

4. जब कभी भी प्राकृतिक आपदाएँ आती हैं तो सरकारें सस्ती लोकप्रियता पाने के लिए सहायता देती हैं। उन्हें लाभों को कम कर देना चाहिए।

परिचर्चा (Discussion)

पहला विकल्प सही है। वस्तुत: नैतिक जिम्मेदारी की भावना आदमी के अपने मन से उपजती है। नैतिक मूल्यों का एक स्रोत हमारी चेतना है। हर सचेतन नैतिक कर्ता में एक आवाज होती है जो उसे बताती रहती है कि क्या सही (अच्छा) है और क्या गलत (बुरा) है। कोई कार्य गलत ही है यदि वह नैतिकता की कसौटी पर खरा नहीं उतरता है, चाहे उसे किसी ने देखा न भी हो। उमाकान्त या इस प्रकार कोई भी व्यक्ति बाढ़ की सहायता के लाभ का हकदार है, यदि बाढ़ के कारण उसने विशेष हानि उठाई है। यदि फसल बर्बाद हो गई है तो दावा कर ही नहीं सकता। सरकार एक झूठे दावे को मंजूर करती है या नहीं, यह बात उसके नैतिक परिप्रेक्ष्य से कोई मायने नहीं रखती। यह गहन संवदेनशीलता की ही बात है कि महान दार्शनिक इमैनुअल काण्ट ने लिखा है- "दो बातें (चीजें) मुझे आश्चर्यचकित कर देती हैं- मेरे सिर के ऊपर तारों भरा आकाश तथा मेरे भीतर का नैतिक नियम (कानून)।" व्यक्ति को अपनी चेतना की आवाज के प्रति चैतन्य रहना चाहिए। जानबूझकर या अनजाने ही उमाकान्त यह गलत धारणा पाले हुए है कि इस काम में उसकी नैतिक जिम्मेदारी इस कारण नहीं बनती क्योंकि सरकारी तन्त्र से यह आशा की जाती है कि वे विवरणों की जाँच के बाद ही भुगतान का आदेश पारित करेंगे। यदि अधिकारियों ने अपना काम करने की परवाह नहीं की है तो वे ही इसके लिए जिम्मेदार हैं, वह नहीं है।

उमाकान्त द्वारा इस आधार पर अपने अनुचित आचरण को उचित ठहराना भी गलत है कि उसके गाँव में इसी प्रकार के हालात वाले शेष सभी लोग यही काम कर रहे हैं। हम इसे अनौचित्य का बैण्डवैगन कह सकते हैं। बैण्डवैगन (Bandwagon) व्यवहार वह आचरण है जो दूसरों की नकल कर बनता है, इसमें इस बात को नहीं देखा जाता कि आचरण स्वयं में सही है या गलत। लोकप्रियतावाद से सामाजिक पथभ्रष्टता पैदा होती है और यह हमारे देश में आम बात है- हर व्यक्ति सरकारी योजनाओं का लाभ लेना चाहता है चाहे उस पर सम्बन्धित शर्तें (बातें) लागू होती हैं या नहीं। दूसरे का व्यवहार वहीं तक नकल करने योग्य होता है जहाँ तक वह अनुकरणीय है। कन्फ्यूशियस (Confucius) ने इस बात को बहुत अच्छे ढंग से कहा है- "यदि मैं दो अन्य लोगों के साथ चल रहा हूँ तो उनमें से प्रत्येक मेरे अध्यापक (गुरू) का काम करेगा। मैं एक की अच्छी बातों को ग्रहण कर लूँगा और उनका अनुकरण करूँगा तथा दूसरे की बुरी बातें भी ले लूँगा और अपने में उन्हें सुधारूँगा।"

यह सत्य कि सरकारें बड़े (उदार) पैमाने पर सहायता देती हैं, ऐसी सहायता का दुरूपयोग करने का- औचित्य नहीं बन जाता। इस मामले में, लाभों की मात्रा का नैतिक दृष्टि से वांछित आचरण से कोई सम्बन्ध नहीं है।

अध्याय 8

नीतिशास्त्रीय तार्किकता व नैतिक दुविधाएँ (Ethical Reasoning and Moral Dilemmas)

परिचय (Introduction)

हम अपने निजी, कार्यालयों और सामाजिक जीवन में जो निर्णय लेते हैं, वे अपेक्षाकृत सीधे-सादे होते हैं। वे रूटीन और आदतन प्रतिक्रियाओं और पद्धतियों पर आधारित होते हैं। उनमें नैतिकता के प्रश्न नहीं होंगे, लेकिन यदि हुए तो उन पर लागू नैतिक मानदण्ड सरल और स्पष्ट होंगे। इसके विपरीत नैतिक दुविधाएँ ऐसी परिस्थितियाँ हैं जिनमें निर्णयन में दो या अधिक नैतिक सिद्धान्तों में टकराव होता है। इन परिस्थितियों में नैतिक कर्त्ता (जिन्हें निर्णय लेने हैं) अपने आपको असमंजस (दुविधा) में पाते हैं क्योंकि उन्हें दो नैतिक मानदण्डों (एन1 तथा एन2) में से एक को चुनना है और दोनों बराबर की स्थिति के हैं। यदि नैतिक कर्त्ता एन1 को चुनता हैं तो उसे एन2 को छोड़ना पड़ेगा और यदि उसे एन2 को चुनना है तो एन1 को छोड़ना होगा। अन्य शब्दों में, निर्णय में दो नैतिक मानदण्डों के बीच सौदा करना पड़ेगा। हम इस अध्याय में इसी विषय की चर्चा करेंगे। इस विषय को हम चार भागों में समाविष्ट करेंगे: नैतिक परिस्थितियों की परिभाषा; नैतिक मानदण्ड जिसमें टकराव हो सकता है; नैतिक टकरावों को हल करने के ढंग; तथा नैतिक दुविधाओं को हल करने की पद्धतियाँ।

नीतिपरक परिस्थितियाँ (Ethical Situations)

नैतिक दुविधाएँ उन्हीं परिस्थितियों में उत्पन्न होती हैं जहाँ नीतिपरक या नैतिक पहलु या आयाम होते हैं। स्पष्टत: कार्यालय के स्टोर के लिए कागजों पेंसिलों या पैनों का आर्डर देने में कोई नैतिक प्रश्न नहीं होते। निर्णय लेने के लिए प्रयुक्त मानदण्ड उन वस्तुओं की जरूरत तथा बजट हो सकते हैं। इसी प्रकार किसी होस्टल या पुल के डिज़ाइन में कोई नैतिक पहलू नहीं होंगे। ये निर्णयन (निर्णय लेने के) के गैर-नैतिक संदर्भ हैं।

वे कौन-सी विशेषताएँ हैं जो एक परिस्थिति को नीतिपरक पहलू प्रदान कर देती है। एक सामान्य उत्तर यह है कि सही और गलत के मुद्दों वाली परिस्थितियाँ नैतिक (नीतिपरक) परिस्थितियाँ हैं। नैतिक दार्शनिकों ने नीतिपरक परिस्थितियों को अधिक सही ढंग से परिभाषित किया है। एक ऐसी परिभाषा के अनुसार नीतिपरक परिस्थितियों में ऐसे कार्य व निर्णय होते हैं जो नैतिक कर्त्ता के चयन और इच्छा-शक्ति पर आधारित होते हैं और जो अन्य लोगों को पर्याप्तत: प्रभावित करते हैं। इसके अलावा, नीतिपरक परिस्थितियों को ऐसे मानदण्ड़ों, मानकों, और कसौटियों या सिद्धान्तों द्वारा भी परिभाषित किया जाता है जो निर्णयन के मार्ग-दर्शन

होते हैं। नैतिक मानदण्ड या मानकों में शामिल हैं: न्यायसंगति, ईमानदारी, न्याय, सत्यनिष्ठा, सचाई, उदारता। कुछ लेखक न्याय तथा अधिकारों पर जोर देते हैं। एक नैतिक परिस्थिति में सीधे-सीधे तथा सुस्पष्ट रूप से नैतिक मानकों या सोच-विचार मानदण्डों शामिल रहता है। डेनिस पी.विट्टमर एक नीतिपरक परिस्थिति को अनिवार्यत: इस प्रकार परिभाषित करता है जिसमें आयाम प्रासंगिक हैं और कुछ चयन करने में उस पर विचार किया जाना चाहिए जिसका अन्यों पर सभी प्रभाव पड़ेगा। रेस्ट (Rest) के अनुसार नैतिक आयाम वे मानदण्ड तथा सिद्धान्त हैं जो "यह तय करने के लिए बेसिक मार्गनिर्देश उपलब्ध कराते हैं कि मानव हितों में टकरावों को कैसे निपटाया जाता है तथा समूहों में एक साथ रहने वाले लोगों के आपसी लाभ को अधिकतम किया जाता है।"

नैतिक निर्णयन की प्रक्रिया (Process of Moral Decision-Making)

परिस्थिति को नैतिक आयाम देने वाले कारकों को परिभाषित करने के पश्चात् हमें तीन और पहलुओं पर विचार करने की जरूरत है। पहली नैतिक परिस्थितियों में निर्णयन की प्रक्रिया है। दूसरे नैतिक मानदण्ड हैं जो लागू होने लगते हैं, उन पर विचार किया जाना है। अन्त में, हमें देखना है कि कैसे सरकारी कर्मचारी तथा निर्णय लेने वाले अन्य लोग नैतिक दुविधाओं को संभालते हैं।

जब प्रशासकों को नैतिक परिस्थितियों में अनिश्चय का सामना करना पड़ता है तो वे असमंजस में पड़ जाते हैं कि नैतिक दृष्टि से क्या ठीक हो सकता है और क्या जिम्मेदारना निर्णय हो सकता है। इस मामले में वे आदर्शक सिद्धान्त, निर्णयन मॉडलों का और निर्णयन प्रक्रिया से मार्ग-दर्शन पा सकते हैं। आदर्शक या आदेशात्मक सिद्धान्त यह निश्चय करने में सहायक होता है कि क्या किया जाना है तथा कार्य का सही ढंग क्या है। सरकारी कर्मचारी जिम्मेदार होते हैं और उन्हें अपने निर्णयों को राजनैतिक अधिकारियों व जनता को उचित सिद्ध करना होता है अत: वे अपने निर्णयों के लिए तर्कणा व सिद्धान्तों की खोज में रहते हैं और उन्हें इनके विस्तृत विश्लेषण के लिए मार्ग-निर्देश देते हैं और इसे बुद्धिपरक बनाते हैं। यह सिद्धान्तों का लागू होना ही है। मानक तथा मानदण्ड किसी निर्णय भविष्य-कथनीय बनाता है। मानकों या सिद्धान्तों के मार्ग-निर्देश के बिना निर्णय मनमाना, मनमौजी और भविष्य कथनीयताहीन बनाता है। प्रशासक इस अभियोग के विरुद्ध अपनी रक्षा कर सकते हैं कि उन्होंने निर्णय लेने में गलत सिद्धान्तों का प्रयोग किया। लेकिन वे ऐसे किसी भी निर्णय का बचाव नहीं कर सकेंगे जो किसी आधार पर नहीं टिका है।

निर्णयन के अनेक मॉडल हैं। वे अपनी सोच तथा अपने द्वारा रेखांकित समस्याओं के तत्वों में उठाए जाने वाले कदम या प्रक्रिया और निर्णयन का मार्ग-निर्देश करने वाले मानदण्ड मॉडलों में एक-दूसरे में मिले हुए प्रतीत होते हैं। लेकिन जहाँ तक संभव हो सके, हमें उन्हें अलग-अलग रखना चाहिए।

टैरि कूपर (Terry Cooper) ने नैतिक निर्णयन को एक चरणों वाले सीरीज का रूप दिया है जो समस्या को जानने से शुरू होता है और उसके हल होने पर समाप्त होता है। यद्यपि उसका योजनाकष्टत मॉडल बहुत यथार्थवादी नहीं हो सकता फिर भी यह परिस्थिति को सरल बौद्धिक विश्लेषणात्मक फ्रेमवर्क (ढांचे) में रखने में व्यावहारिक प्रशासकों की मदद कर सकेगा। निर्णय लेने के चरणों पर ध्यान देते हुए निर्णयकर्ता उपयुक्त नैतिक मानकों को चुनने को लिए आजाद है। प्रक्रिया में कोई निश्चित नैतिक मानदण्डों का पूर्वानुमान नहीं होता है।

नैतिक समस्या का प्रत्यक्ष ज्ञान या पहचान ही इसके हल की ओर पहला कदम है। प्रशासक नैतिक पहलुओं को देखने में असफल रह सकते हैं। यह असफलता उनके व्यक्तित्व, अपर्याप्त नैतिक विकास और इस अनुभूति से पैदा होती है। घटनाओं पर उनका नियंत्रण नहीं है और वे उनके क्रम को प्रभावित नहीं कर सकते हैं।

मामले (Case Studies)

मामला-1 (Case-1)

हम नैतिक निर्णयन में (उठाए जाने वाले) कदमों को दिखाने के लिए एक सरल उदाहरण का प्रयोग करते हैं। किसी जिले में पंचायत ने अंशकालिक **विद्या सहायकों** को प्राइमरी स्कूलों में पढ़ाने के लिए नियुक्त किया। जिला विकास अधिकारी

(District Development Officer) को पता चलता है कि अनेक **विद्या सहायक** निर्धारित घण्टों तक पढ़ाने का काम नहीं कर रहे हैं। यह एक नैतिक मुद्दा है क्योंकि विद्या **सहायक** करारनामे का उल्लंघन कर रहे हैं या अपना वचन तोड़ रहे हैं। दूसरा नैतिक पहलू है ग्रामीण बच्चों को उनके शिक्षा के अधिकार से वंचित करना। पहले, प्रश्न के नैतिक पहलू को समझना (पहचनना) होगा।

दूसरा चरण परिस्थिति को पूरी तरह बताने का है। बताने से मतलब साहित्यिक वर्णन से नहीं है अपितु परिस्थिति के तथ्यों को पूरी तरह से कहना है। तथ्यों को उद्देश्यपरकता के साथ बताया जाना चाहिए। उपलब्ध तथ्य अक्सर अधूरे हो सकते हैं और लोग उन्हें अनेक परिप्रेक्ष्यों से देख सकते हैं। हमारे उदाहरण में तथ्य हो सकते हैं: *विद्या सहायकों* हेतु पढ़ाने के घण्टे, *विद्या सहायकों* हेतु पढ़ाने के घण्टों के मानदण्ड से कम (घण्टों में) पढ़ाते हैं, क्या और लोग *विद्या सहायकों* के तौर पर नियुक्ति के लिए उपलब्ध हैं और क्या तहसील स्तर पर कर्मचारियों (प्रशासन) ने समस्या को देखा और क्या इसे हल करने की कोशिश की है।

अगले चरण में, निर्णय लेने वालों को स्थिति के नैतिक मुद्दों एवं नैतिक मानदण्डों को स्पष्ट रुप से बताना होगा। यह अपेक्षाकृत कठिन कार्य है। क्योंकि कर्मचारी सामान्यत: मामलों में गैर-नैतिक परिप्रेक्ष्य अपनाते हैं। उनकी सामान्य प्रतिक्रिया समस्या को प्रशासनिक या विधि के कोण से देखने की होगी जिसमें अनुशासनहीनता, निम्न मनोबल के लक्ष्य या नियुक्ति के करार का भंग होना हैं। नैतिक पहलू हैं: व्यक्ति के उत्तरदायित्वों को पूरा करना, बच्चों के प्रति उचित व्यवहार तथा निष्पक्ष व ईमानदार होना।

अगला चरण संभावित विकल्पों को खोजना है। यहाँ पर, किसी भी हल को सीधे-सीधे अस्वीकृत कर देने के बिना ही सभी संभावनाओं पर विचार किया जाना चाहिए। विकल्पों को मात्र 'या यह/या वह' तक सीमित नहीं कर देना चाहिए। हमारे उदाहरण में, 'या यह/या वह' वाली सोच यह होगी कि दोषी **सहायकों** को कार्यमुक्त कर दिया जाए या समस्या को अनदेखा कर दिया जाए। कुछ और विकल्प हो सकते हैं- काम के घण्टों, कार्यक्रमों या विद्या **सहायकों** के कार्य-स्थलों में परिवर्तन, गुणवत्ता सुधार कार्यक्रमों का आयोजन और उन्हें लोक सेवा के सामाजिक कर्त्तव्य की याद दिलाने के लिए आम बैठक का आयोजन करना।

अन्य चरण में विकल्पों के परिणामों को सामने लाना है। एक सरल पद्धति है- विकल्पों की सूची बनाना और प्रत्येक के सामने इसके लाभ तथा हानि दिखाना। इसमें जरा-सी कल्पना की जरूरत है; यह 'ड्रामेटिक रिहर्सल' का एक प्रकार है। उदाहरण में, कार्य मुक्त वाले विकल्प का अर्थ हो सकता है बच्चों को पढ़ाई से वंचित करना और उनके माँ-बाप का असंतोष। यदि वर्तमान ढर्रा चलता रहा तो इससे शैक्षिक गुणवत्ता में धीरे-धीरे गिरावट आ जाएगी। हम कुछ और भी लाभ तथा हानियाँ बता सकते हैं:

निर्णय लेने की प्रक्रिया में चार चरण हैं जो पारस्परिक क्रियाशील हैं।

- » प्रत्येक विकल्प में व्यावहारिक नैतिक सिद्धान्तों का पता लगाना।
- » उस सीमा का विश्लेषण करना जहाँ तक प्रत्येक विकल्प आलोचना को सहन कर सकता है।
- » उस सीमा पर विचार करना जिस तक उच्चतर नैतिक सिद्धान्त परिस्थिति पर लागू होते हैं।
- » उस सीमा की जाँच करना जिस तक प्रत्येक विकल्प निर्णय लेने वाले की छवि को प्रतिभासित करता है।

तीसरे चरण में विचार किया जा सकता है कि *विद्या सहायकों* के बारे में कौन-सा निर्णय सर्वाधिक उपयोगी होगा या सभी सम्बन्धितों के लिए अच्छा होगा? अन्तिम चरण का मतलब यह नहीं हैं कि निर्णय लेने वाले की जन-सम्पर्क छवि बढ़ानी पड़ेगी। लेकिन निर्णय में उसकी नैतिक सोच निकलनी चाहिए।

उपरोक्त चरणों के आधार पर अन्तिम निर्णय किया जाता है। वास्तविक जीवन में व्यक्ति चरणों का उपरोक्त क्रम नहीं भी अपना सकता हैं। सामान्य शब्दों में कहा जाए तो जन प्रशासकों को विशेष रूप से जन नीति बनाने में, नीति के विभिन्न विकल्पों के नैतिक पहलुओं को स्पष्ट करना होगा। उन्हें उन नैतिक मानदण्डों को भी प्रकाश में लाना होगा जिनके साथ नीति के विकल्प मेल खाते हैं या मेल नहीं खाते हैं। हाँ, यह जरूर है कि गणतांत्रिक व्यवस्था में राजनैतिक कार्यकारी की बात ही सर्वोपरि होती है।

अन्तिम चरण समस्या का समाधान है। किन्तु व्यावहारिक परिस्थितियों में निष्कर्ष मुश्किल से ही आदर्श हो सकता है। यह कर्त्तव्यों व अधिकारों के बीच अच्छा संतुलन प्रस्तुत नहीं करेगा या इष्टतम परिणामों को देगा। यह संभवत: कुल मिलाकर अवांछनीय से अधिक वांछनीय हैं। तकनीकी दृष्टि से, ऐसे हल 'इष्टतम' नहीं अपितु 'संतोषप्रद' होते हैं।

न्यायिक प्रक्रियाओं पर आधारित पद्धतिः प्रतिफलः न्याय
(Method based on Judicial Procedures: Outcome Justice)

गैराल्ड पॉप्स (Gerald pops) तथा थॉमस पावलक (Thomas Pavlak) ने अपनी पुस्तक '**द केस फॉर जस्टिसः स्ट्रैंगथनिंग डिसिज़न मेकिंग इन पब्लिक एडमिनिस्ट्रेशन**' में न्याय की पद्धतियों पर आधारित एक अन्य ढंग बताया है जिसे वे समेकित आदर्शक सिद्धान्त मानते हैं और भी, न्याय में जनता का हित, सामाजिक समानता, और कुशलता शामिल होते हैं। वे अपनी सोच को अन्य सोचों से बेहतर मानते हैं। जो तकनीकी तर्क-बुद्धि और कुशलता (मैक्स वैबर का सिद्धान्त), सामाजिक समानता नैतिकता, सरकारी कर्मचारियों के सद्गुणी चरित्र पर आधारित हैं। वे परिणामस्वरूप न्याय व पद्धतिगत न्याय हेतु शर्तें भी बताते हैं। परिणामस्वरूप न्याय के लिए निम्नलिखित शर्तों को पूरा करना जरूरी होगा।

(*i*) निर्णय मामले के तथ्यों पर आधारित होने चाहिए। हानिकारक क्षेत्र से लोगों को निकालते समय, बचाव कर्मचारियों को पहले महिलाओं, बच्चों एवं बुजुर्गों को निकालना चाहिए।

(*ii*) निर्णयों में लोकनीति का पालन किया जाना चाहिए। निर्णय ऐसे होने चाहिए जिनसे विधिवत गठित राजनैतिक प्राधिकरण के नीति के लक्ष्यों को प्राप्त किया जा सके।

(*iii*) निर्णयों में न्याय को औपचारिक सिद्धान्तों को भंग नहीं करना चाहिए। अत: किसी पर भी कोई दण्ड, उसे अपना मामला प्रस्तुत करने का अवसर दिए बिना या उसे यह बताने का अवसर दिए बिना नहीं दिया जाना चाहिए कि उसे कोई दण्ड क्यों न दिया जाए।

(*iv*) निर्णयों में नियमों के कठोर पालन तथा स्व-विवेक के प्रयोग के बीच संतुलन रहना चाहिए। नियमों में यह सुनिश्चित किया जाता है कि निर्णय वस्तुगत सोच से लिए जाते हैं तथा निजी पूर्वाग्रह एवं पक्षपात से रहित होते हैं। चूँकि नियम सभी संभव आकस्मिकताओं को कवर नहीं कर सकते, अत: प्रशासनिक स्व-विवेक का कभी-कभी प्रयोग करना पड़ता है।

(*v*) निर्णयों से लोगों या एजेन्सी के 'ग्राहकों' को सेवा मिलनी चाहिए। यदि एजेन्सी या सर्विस देने वाले के हित पहले आ जाते हैं तो लोगों को अन्याय झेलना होगा।

(*vi*) निर्णयों में अन्ततः व्यक्तियों एवं समाज के हितों के बीच संतुलन होना चाहिए। व्यक्तियों का ध्यान रखते हुए, संगठनों को जनता के धन को बर्बाद करने या उसका अपव्यय नहीं करने देना चाहिए।

मामला-2 (Case - 2)

सुमन जिला पंचायत में आदर्शवादी विकास अधिकारी था। जिले में कार्यभार संभालने के बाद उसने इसकी सामाजिक व आर्थिक स्थिति का अध्ययन किया। उसने योजनाओं के अनेक कागजात पढ़े और जिले के सामाजिक व आर्थिक मानदण्डों का अध्ययन किया। उसने पाया कि सिंचाई, फसल विविधिकरण और उद्योग की दृष्टि से यह जिला अन्य जिलों से अपेक्षाकृत बेहतर स्थिति में है। लेकिन इसके सामाजिक संकेतक (लक्षण) बहुत खराब थे जिनमें ऊँची शिशु मृत्यु दर, उच्च मातृ मृत्यु दर और स्त्रियों में साक्षरता की कमी शामिल थी। इस विश्लेषण के आधार पर, सुमन ने सोचा कि सामाजिक क्षेत्र में बड़े निवेश इन समस्याओं को सुलझान में सहायक होंगे।

पंचायत एक चुना हुआ निकाय था। इसने अपने बजट का 40% छोटी सिंचाई पर खर्च करने का निर्णय किया है। सुमन का मानना है कि लघु सिंचाई से भूमि रखने वाले किसानों को लाभ होगा और अन्य सामाजिक कार्यक्रम ठप्प हो जाएँगे।

प्रश्न (Question)

इन परिस्थितियों में सुमन को क्या करना चाहिए?

1. उसे अधिकारियों से कहना चाहिए कि वे किसी बहाने पैसों को गुप्त रूप से कल्याण कार्यक्रमों की ओर मोड़ दें।
2. उसे पंचायत के निर्णय का अनुसरण करना चाहिए।
3. उसे पंचायत के चुने हुए कर्मचारियों से इस मामले पर चर्चा करनी चाहिए एवं सामाजिक क्षेत्र को अधिक प्राथमिकता देने की जरूरत के प्रति उन्हें मनाने की कोशिश करनी चाहिए।
4. उसे स्वयं को आर्थिक असमानताओं तथा ग्रामीण समाज के अधिकार ढाँचे के अनुरूप ढाल लेना चाहिए।

परिचर्चा (Discussion)

सामाजिक क्षेत्र में उच्चतर खर्च को पाने की कोशिश में सुमन को अनुचित साधनों का प्रयोग नहीं करना चाहिए। वास्तव में, उसे अपने मातहतों को कोई गलत या अनुचित अनुदेश नहीं देने चाहिए। इस प्रकार वह सच्चाई एवं पारदर्शिता के सिद्धान्तों का उल्लंघन कर रहा होगा। सुमन चुने हुए निकाय द्वारा लिए गए लोक नीति सम्बन्धी निर्णयों को मनाने के लिए कानूनी तौर पर बाध्य है। वह उन्हें अपने विचार को मानने के लिए तैयार कर सकता है। लेकिन उसे उनकी नीति को कमजोर नहीं करना चाहिए।

दूसरे विकल्प में सुमन सही काम कर रहा होगा। लेकिन इस मामले में यह काफी नहीं है। चूँकि उसने जिले की विकास संबंधी समस्याओं का अध्ययन किया है, उसे पंचायत में गैर-सरकारी लोगों (कर्मचारियों) को विस्तार से स्थिति समझानी चाहिए। युवा अधिकारियों को सम्प्रेषण, तैयार करने (Persuasion) तथा वार्ता (Negotiation) करने की कुशलता पैदा करनी चाहिए। उन्हें बिना प्रयास किए किसी बात को छोड़ नहीं देना चाहिए।

तीसरा विकल्प सही कार्यवाही होगा। यहाँ सुमन गैर-सरकारी लोगों को सामाजिक क्षेत्र की योजनाओं को उच्चतर प्राथमिकता देने की जरूरत के पक्ष में तैयार कर सकता है। उसे कोशिश करने से पहले ही यह नहीं मान लेना चाहिए कि गैर-सरकारी लोग उसकी सलाह नहीं मानेंगे। उसकी यह सफलता आंशिक होगी कि वे सिंचाई पर खर्च को कुछ कम कर देते हैं और उस राशि को शिक्षा या स्वास्थ्य में लगा देते हैं गणतंत्रीय व्यवस्था में, व्यक्ति को चर्चा तथा वार्ता पर भरोसा करना पड़ता है। किसी भी सूरत में, पंचायती प्रणाली में, चूँकि निर्णय लेने की गैर-सरकारी लोगों के हाथों में होती है, अतः उसे एक अनुशासित अधिकारी होने के नाते इस मामले में उनकी अवज्ञा नहीं करनी चाहिए।

अंतिम विकल्प निष्क्रिय या भाग्यवादी व्यवहार का एक प्रकार है। युवा अधिकारियों को ऐसी अभिवृत्तियों से बचना चाहिए क्योंकि इससे उनके अन्य उन क्षेत्रों में किए गए प्रयास भी कमजोर पड़ जाएँगे जहाँ वे कर सकते हैं।

न्याय प्रक्रिया (Process Justice)

न्याय प्रक्रिया को निम्नलिखित अपेक्षाओं को पूरा करना चाहिए:

(i) **पहुँच की समानता (Equaltiy of access):** निर्णयों से प्रभावित सभी लोगों को निर्णय लेने वालों; सूचना तथा निर्णयन प्रक्रिया तक बराबर पहुँच की सुविधा दी जानी चाहिए।

(ii) **निष्पक्षता (Impartiality):** जन (लोक) प्रशासकों को पूर्वाग्रहग्रस्त नहीं होना चाहिए और मामले से असम्बद्ध बाहरी विचारों (प्रभावों) से विचलित (बहना) नहीं हो जाना चाहिए।

(iii) **पारदर्शिता (Transparency):** सभी जोखिमधारियों को सूचित करते हुए और उनसे जानकारियाँ प्राप्त करने के पश्चात् ही निर्णय खुले ढंग से लिए जाने चाहिए। आजकल सरकार की प्रस्तावित नीतियों को मसौदा (प्रारूप) रूप में वेबसाइट्स पर डाल दिया जाता है और जोखिमधारियों की रायें माँगी जाती हैं। जोखिमधारियों के विचारों को संज्ञान में लेते हुए नीति को अन्तिम रूप दिया जाता है। उदाहरण के लिए, योजना आयोग ने बारहवीं योजना के प्रारूप को जनता के विचार आमन्त्रित करते हुए अपनी वेबसाइट पर डाल दिया। इसी प्रकार टेलिकॉम रेगूलेटर अपने विनियमों में प्रस्तावित संशोधनों को जनता की प्रतिक्रिया प्राप्त करने के लिए अपनी वेबसाइट पर डाल देता है।

(iv) **कुशलता (Efficiency):** प्रक्रिया दीर्घसूत्री dialatory नहीं होनी चाहिए और परिणाम शीघ्र ही किए गए निर्णयों के रूप में होना चाहिए। अनावश्यक देरी न्याय प्रक्रिया की कुशलता को कम कर देती है।

(v) **भागीदारी व मानवीयता (Participation and humaneness):** प्रक्रिया में भाग लेने वालों एवं संभावित प्रभावितों के साथ आदर एवं शालीनता (विनम्रता) का व्यवहार किया जाना चाहिए।

(vi) **अपील करने का अधिकार (Right to appeal):** निर्णयन में इतनी गुंजाइश होनी चाहिए (रास्ते खुले छोड़ दिए जाने चाहिए) कि प्रभावित व्यक्ति उच्चतर स्तरों पर अपील कर सके। ऐसी प्रक्रिया के बिना, लोगों के पास उन निर्णयों को निबटवाने का कोई रास्ता नहीं होगा जिन्हें वे अनुचित (अन्याय) समझते हैं।

भारतीय प्रशासनिक प्रणाली में, अनेक निर्णय अर्द्ध-न्यायिक पद्धतियों पर (किए जाते) टिके रहते हैं। ये अदालतों के समान औपचारिक विधिक काईवाइयाँ नहीं हैं। तथापि, वे प्राकृतिक कानून (न्याय) के सिद्धान्तों का अनुसरण करते हैं। सम्बन्धित लोगों की सुनवाई (पेशी) होती है ताकि निर्णय लिए जाने से पहले वे अपना दृष्टिकोण सामने रख सकें। पॉप्स तथा पावलक (Pops and Pavlak) द्वारा बनाई गई पद्धति में परिस्थितियों के नैतिक पहलु तथा लागू होने वाले नैतिक मानदण्ड रुचि रखने वाले भागीदारों द्वारा निर्णायकों के समक्ष रखे जाएँगे। इस मामले में वे अदालती कार्रवाई जैसे प्रतीत होते हैं। हमें यह भी देखना है कि हमारे द्वारा चर्चित दोनों मॉडल उन नैतिक मानदण्डों के बारे में मौन हैं जो किसी विशेष परिस्थिति में प्रयोग किए जाने जरुरी हैं। इन अर्थों में वे औपचारिक पद्धतियाँ हैं। किसी प्रस्तुत मामले में सम्बन्धित नैतिक मानदण्ड या पैमाने को चुनने का काम निर्णय लेने वालों (निर्णायकों) का है। हमने कुछ का उल्लेख पहले किया है।

नीतिशास्त्रीय दुविधा (Ethical Dilemmas)

हमने नैतिक निर्णयन की जिन दो पद्धतियों की चर्चा की है, उनसे प्रशासनिकों को नैतिक (नीतिशास्त्रीय) दुविधा वाली स्थितियों से बाहर निकलने में मदद मिलेगी। जैसाकि हमने देखा, नैतिक दुविधाएँ ऐसी परिस्थितियाँ हैं जिनमें दो या अधिक बराबर (पसंद) महत्त्व के नैतिक मानकों के बीच टकराव हो जाता है। निर्णयन के टैरी कूपर के प्रासंगिक नैतिक मुल्यों में से एक चरण में, समस्यामूलक स्थिति से सरोकार रखने वाले नैतिक मूल्यों को सावधानी से देखना पड़ता है। और भी, समस्या के संभव वैकल्पिक हलों पर विचार करते हुए, उनके आधारभूत नैतिक मानकों को सुस्पष्ट किया जाना चाहिए। इन प्रक्रियाओं से हलों की संचेतन स्वीकार्यता प्राप्त हो सकेगी जो नैतिक दुविधाओं में महत्त्वपूर्ण होते हैं। पॉप तथा पावलक ने जिस प्रक्रिया (पद्धति) का प्रस्ताव किया था, उस निर्णयन पद्धति से जोखिमधारियों को उन वैकल्पिक नैतिक दृष्टिकोणों को प्रस्तुत करने में मदद मिलती है जिन पर, निर्णयों को लेने से पहले प्रशासकों द्वारा विचार किया जाएगा।

नीतिशास्त्रीय (नैतिक दुविधाएँ): प्रथम-दृष्टया सिद्धान्त (Ethical Dilemmas: Prima facia Principle)

बीसवीं शताब्दी के प्रसिद्ध दार्शनिक, डब्ल्यु.डी.रौस नैतिक मुद्दों या दुविधाओं की खोज कुछ खास प्रथम-दृष्टया कर्त्तव्यों के बीच टकरावों में करते हैं। प्रथम-दृष्टया कर्त्तव्य सामान्यत: स्वीकार्य नैतिक सिद्धान्त होते हैं। 'Prima Facia' एक लैटिन अभिव्यक्ति है जिसका अर्थ है On first view. ये सिद्धान्त उन आरम्भिक नैतिक पूर्व प्रकल्पनाओं की ओर इंगित करते हैं कि हमें किस प्रकार नैतिक कर्त्ताओं की तरह क्रियाकलाप करना चाहिए। प्रकल्पनाएँ ऐसी पूर्व-कल्पनाएँ या अनुमान हैं जो किसी भी मामले में की जाती हैं। प्रकल्पनाएँ कानूनी साक्ष्य के नियमों से ली गई तकनीकी अवधारणाएँ हैं। अदालतें प्रकल्पना को सच ही मानती हैं यदि उसके विरुद्ध कोई गवाही (साक्ष्य) नहीं हो।

नैतिक प्रकल्पना का मतलब है कि नैतिक कर्त्ता को किसी की दी हुई परिस्थिति में एक विशिष्ट तरह से व्यवहार (क्रिया) करना चाहिए। किन्तु यदि प्रकल्पना के विरुद्ध विशेष कारण या औचित्य है तो नैतिक कर्त्ता प्रकल्पना को अनदेखा (उपेक्षा) कर सकता है। इस प्रकार, यदि पर्याप्त तर्क (कारण) या औचित्य हैं तो प्रकल्पना निष्क्रिय हो जाती है या नैतिक कर्त्ता के लिए प्रकल्पना के अनुसार कार्रवाई न करना नैतिक दृष्टि से अनुमत हो जाता है। नैतिक दुविधाएँ उन मामलों में पैदा होती हैं जिनमें प्रथम-दृष्टया नैतिक कर्त्तव्यों या मानकों के अनुसरण में नैतिक प्रकल्पनाओं का टकराव होता है।

हमने विभिन्न सामान्य मूल्यों का पहले ही उल्लेख कर दिया है। हम यहाँ नीचे छः प्रथम-दृष्टया सिद्धान्तों को दोहरा रहे हैं जिनका समर्थन अधिकत्तर नैतिक दार्शनिक करते हैं। यह इनमें होने वाले टकराव ही है जिनसे नैतिक दुविधाएँ उत्पन्न होती हैं।

(विद्यार्थियों को नोट करना चाहिए कि प्रथम तथा द्वितीय प्रथम-दृष्टया सिद्धान्त, प्रतिपादन में मामले, 5 तथा 6 से पृथक किए गए हैं)।

1. **ईमानदारी का सिद्धान्त (Principle of Honesty):** सामान्यतः हम सच बोलते हैं और दूसरों से भी यही आशा करते हैं। अपने अन्तर्भूत मूल्य के अलावा सच बोलना। उपयोगितावादी कार्य भी करता है क्योंकि सही-सही सूचना का आदान-प्रदान मानवीय समाज में प्रभावी सामूहिक गतिविधि का आधार है। यदि किसी समूह में हर आदमी उसमें हर आदमी से झूठ बोलता है तो किसी भी लक्ष्य के लिए किए जाने वाला सामूहिक कार्य असंभव हो जाएगा।

मामला-3 (Case-3)

कैलाश व चंदन दोनों मित्र हैं। दोनों निजी क्षेत्र में कार्यरत हैं। कैलाश ने कुछ वस्त्र निर्माण कम्पनियों में विपणन विभाग में कार्यानुभव प्राप्त किया। इस अनुभव के मद्देनजर कैलाश ने कई ब्रांडों के लिए एक रिटेल स्टोर खोलने की योजना बनाई। भुवनेश्वर में पहला स्टोर खोलने के बाद उसने अपने व्यापार को अन्य केंद्रों में विस्तार करने की योजना बनाई। परंतु उसकी योजना में अवरोध उत्पन्न हो गया तथा उसे धन की आवश्यकता थी।

चंदन के साथ वार्तालाप के दौरान कैलाश ने अपनी समस्या बताई तथा उसे चंदन से किसी प्रकार की सहायता की उम्मीद नहीं थी। वास्तव में वह तो मित्रवत अपनी योजना चंदन को बता रहा था। परंतु चंदन अतिक्रियाशील हो गया तथा कल्पनाओं में बह गया। कैलाश की योजना सुनने के पश्चात् उसे लगा जैसे समस्त भारत में उनकी दुकानें खुलेंगी तथा जिनमें तेजी से माल बिकेगा तथा सफलता उनके कदम चूमेगी। उसने सोचा कि विपणन (Marketing) के प्रतिनिधि माल को तीव्रता से बेच सकते हैं। उसने सोचा उसे इसमें भागीदारी करनी चाहिए तथा अवसर को चूकना नहीं चाहिए।

परंतु उसके पास धन का अभाव था। वह जानता था कि परिवार की ओर से उसे इतनी बड़ी राशि प्राप्त नहीं हो सकती। उसकी पत्नी अल्पव्ययी है तथा वह पुत्रियों की शिक्षा व विवाह आदि हेतु धन को बचाना चाहती है तथा जितना हो सके बचाती है। न तो उसके माता-पिता और न ही उसकी पत्नी के माता-पिता उन्हें धन के रूप में सहायता प्रदान करने की स्थिति में हैं। इन सबके बावजूद चंदन जल्दबाजी में वायदा करता है कि वह उसका व्यापारिक साझीदार बनेगा तथा आवश्यक शेष पूँजी का योगदान करेगा। कैलाश को सुखद आश्चर्य होता है परंतु वह चंदन को बताता है कि उसे धन राशि छह सप्ताह में चाहिए वरना बैंक ऋण प्राप्त करना व अन्य प्रकार के वित्त की व्यवस्था करना असंभव होगा।

दुर्भाग्यवश, चंदन आवश्यक धन का प्रबंधन नहीं कर पाता। बैंक शेयर, जमाओं, स्वर्ण व जमीन-जायदाद के अभाव में चंदन को ऋण देने से इंकार करते हैं। इस प्रकार चंदन द्वारा निर्धारित आवश्यक धन का इंतजाम न कर पाने के कारण कैलाश को अत्यधिक कठिनाई का सामना करना पड़ता है।

प्रश्न (Question)

समस्या में बताई गई स्थिति में चन्दन को क्या कर देना चाहिए था?

1. उसे उपक्रम (Venture) में शामिल नहीं होना चाहिए था।
2. वह उपक्रम में शामिल हो जाता लेकिन कैलाश को समय रहते अवगत करा देता कि वह राशि नहीं जुटा पाएगा।
3. यदि हम अपने जीवन में सामने आने वाले अवसरों को गँवाते रहेंगे तो हम किसी भी क्षेत्र में कोई प्रगति नहीं कर पाएँगे।
4. यह आशा करने में कोई हानि नहीं है कि किसी प्रकार बातें स्वयंमेव ही ठीक हो जाएँगी।

परिचर्चा (Discussion)

इस मामले में पहला विकल्प सर्वश्रेष्ठ है। चन्दन के पास उपक्रम में डालने के लिए कोई साधन (पैसा) नहीं है। चूँकि उसके माता-पिता एवं ससुराल वालों के पास भी साधन नहीं हैं, उसके पास राशि एकत्र करने का कोई साधन नहीं था। ऐसी परिस्थिति में, यथार्थवादी होना बेहतर है और उन कुछ चीजों (बातों) को जाने देना चाहिए जो व्यक्ति की पहुँच से बाहर की हों।

दूसरा विकल्प उचित लग सकता है, लेकिन वास्तव में ऐसा नहीं है। इसमें जरा-सी भी उम्मीद रखना व्यर्थ है क्योंकि यह भली प्रकार स्पष्ट है कि चन्दन किसी भी तरह से राशि नहीं जुटा पाया।

तीसरा विकल्प काल्पनिक है। वित्तीय साधनों के अभाव में कैलाश का उपक्रम एक वास्तविक अवसर नहीं है। उदाहरण के लिए, एक विद्यार्थी के लिए परीक्षा एक वास्तविक अवसर है जो उसके कैरियर को आगे बढ़ा सकता है।

अंतिम विकल्प हमेशा अवास्तविक है। यह चार्ल्स डिकन्स के उपन्यासों में से एक चरित्र मिकावबर (Micawber) वाली विशेषता है। मिकावबर ही सब कुछ सर्वोत्तम हो जाने की आशा करता था और उसे विश्वास था कि परिस्थितियां उसके अनुकूल हो जाएँगी। जीवन में ऐसा अक्सर होता नहीं है।

मामला-4 (Case-4)

ऐसी परिस्थितियाँ होती हैं जो इतनी मामूली होती हैं कि उनमें किसी प्रकार के उच्च नैतिक मानक को लागू करना जरूरी नहीं होता। मान लीजिए कि 'एक्स' ने अपने घर के कार्यक्रम में 'वाई' को बुलाया है। 'एक्स' का निवास शहर से बहुत दूर किसी उप-नगर में है। 'एक्स' के घर पहुँचने के लिए 'वाई' शहर के लम्बे घूमते-घुमाते ट्रैफिक में गाड़ी चलाने की ऊर्जा नहीं जुटा पाता।

प्रश्न (Question)

ऐसी परिस्थिति में 'वाई' को क्या करना चाहिए?

1. तबीयत खराब होने का बहाना बना दे या कहे कि कहीं फँसा हुआ (व्यस्त) है।
2. आने के लिए राजी हो जाए किन्तु आखिर समय में 'एक्स' को फोन कर क्षमा याचना कर ले।
3. यदि कार्यक्रम (समारोह) महत्त्वपूर्ण हो तो आने के लिए सहमत हो जाए।
4. किसी अन्य मेहमान को अपनी कार ले जाने के लिए राजी कर ले और उसके साथ चला जाए।

परिचर्चा (Discussion)

नम्बर (1) में, 'एक्स' की भावनाओं को ठेस नहीं पहुँचाने के लिए 'वाई' दिखावा करता है कि वह अस्वस्थ है। एक दृष्टि से 'वाई' का आचरण, अन्तर्वैयक्तिक सम्बन्धों में लज्जास्पद स्थिति से बचने का अहानिकारक प्रयास है। तथापि, कठोर नैतिकतावादी कहेंगे कि वाई को 'एक्स' से समारोह में उपस्थित न रहने का वास्तविक कारण बता देना चाहिए और इस बात से उत्पन्न संभावित बैचेनी या बद्मगजी को सहन करना चाहिए। वे यह भी कहेंगे कि सुविधाजनक झूठ बोलने की आदत पड़ जाती है तथा यह और गंभीर नैतिक अपराधों की आरम्भिक सीढ़ियाँ बन जाता है। प्रसंगवश, कार्यालयी (सरकारी) आचरण को नियमित करने वाली व्यावसायिक नैतिकता या नियमों में सत्य भाषण को पहले से ही अपरिवर्तनीय मानदण्ड माना जाता है। यदि कोई अपवाद हो तो उन्हें गैर-सरकारी संदर्भों में अनदेखा कर दिया जाता है।

दूसरा विकल्प पहले से भी बहुत बुरा है। क्योंकि इस मामले में 'एक्स' ने 'वाई' के आने की संभावना में प्रबन्ध किए होंगे तथा पैसा खर्च किया होगा।

तीसरा विकल्प सर्वोत्तम है क्योंकि आशा की जाती है कि कोई भी मुख्य सामाजिक आयोजनों को छोड़ेगा नहीं। इनमें जाने में जितने कष्ट होते हैं, वह उसे उठाने जरूरी हैं। यदि आयोजन छोटा-मोटा हो तो 'वाई' खुलकर 'एक्स' को भारी ट्रैफिक में गाड़ी चलाने की कठिनाई के बारे में बता सकता है।

चौथा विकल्प अवांछनीय है। अन्य मेहमान भी उसी परेशानी का सामना करेंगे जो भारी ट्रैफिक में गाड़ी चलाने में 'वाई' को हो रही है। 'वाई' अपनी समस्या को किसी दूसरे पर डाल रहा होगा। यह फ्रीलोडिंग की अवांछित विशेषता या आत्म-निर्भरता की कमी भी बताता है।

मामला-5 (Case- 5)

नैतिक दुविधा का एक किताबी उदाहरण एक तमाशबीन का है जो एक निर्दोष व्यक्ति को उन लोगों से जान बचाकर भागते हुए देखता है जो उसे मार डालना चाहते हैं। गुण्डों द्वारा उस व्यक्ति का अता-पता पूछे जाने पर वह व्यक्ति उन्हें किसी और दिशा का इशारा कर देता है जो उस व्यक्ति के छुपने वाली जगह के विपरीत था। इस तमाशबीन के आचरण को देखने के चार दृष्टिकोणों पर विचार कीजिए।

प्रश्न (Question)

निम्न में से कौन-सा विकल्प सर्वोत्तम होगा?

1. तमाशबीन का आचरण सही है।
2. तमाशबीन का आचरण यद्यपि सामान्य बुद्धि के अनुसार उचित है, किन्तु यह नैतिक सिद्धांत का उल्लंघन है।
3. तमाशबीन की प्रतिक्रिया अनुचित है।
4. यह कोई ऐसा नैतिक वाक्छल या पहेली नहीं है, जिसके लिए परेशान हुआ जा सके।

परिचर्चा (Discussion)

पहली प्रतिक्रिया ठीक है। कैण्टियानिज्म (Kantianism) पर अपनी चर्चा में हमने बताया कि काण्ट तमाशबीन को नैतिक कमी (चूक) का दोषी ठहराएगा। यहाँ रॉस (Ross) का विचार भिन्न है। इस उदाहरण में दो मानदण्डों के बीच टकराव है: सच बोलना और लाभकारिता या सामान्य शब्दों में दूसरों को हानि से बचाना। रॉस का कहना होगा कि ऐसी परिस्थिति में लाभकारिता ही सच बोलने के ऊपर रहेगी। अन्य शब्दों में, नैतिक कर्त्ता का लाभकारिता को इस मामले में ऊपर रहने वाला सद्‌गुण मानना सही होगा।

बहुत कम दर्शन-शास्त्री इस बात को स्वीकार करेंगे कि तमाशबीन की प्रतिक्रिया किसी नैतिक सिद्धांत का उल्लंघन करता है।

जैसाकि हमने ऊपर देखा है, ज्यादातर विचारक तीसरी राय (विकल्प) को अनुचित मानेंगे। यह उस बात के अनुरूप नहीं है। जिसे दार्शनिक लोग 'मानवता की सामान्य सोच' (The Commonsense of Humanity) कहते हैं। जब किसी परिस्थिति में दो ऐसे मूल्य टकराते हैं तो उच्चतर नैतिक मूल्य अपनाने के लिए रॉस ने सैद्धान्तिक औचित्य बताया है।

चौथी प्रतिक्रिया लक्ष्य से परे है। हमें किसी भी समस्या को (कम-से-कम सैद्धान्तिक अध्ययनों में) अनदेखा नहीं करना चाहिए, चाहे यह पूरी काल्पनिक लगे या सनकी ही क्यों न लगे। नीति-शास्त्र में या अन्य किसी विषय में प्रगति, विभिन्न समस्याओं की तार्किक दृष्टिकोण से जाँचने के परिणामस्वरूप होती है। प्रत्येक समस्या जिसमें तत्व का अभाव लगता हो, तार्किक ढंग से जाँची जानी चाहिए।

2. **वचन निभाने का सिद्धान्त (Principle of Promise Keeping):** हमें अपने कार्यालयों, सामाजिक और पारिवारिक जीवन में अपने वायदों (वचनों) को पूरा करना चाहिए। कार्यालयों (सरकारी) काम-काज या व्यवहार (Transactions) में वायदे, संविदाओं (Contracts) में लिखे रहते हैं। कानूनी तौर पर किए गए करारों (संविदाओं) का पालन-पूर्ति करना सरकारी संगठनों (Public Organastion) के लिए नैतिक मानदण्ड हैं। लेकिन संविदाएँ कठोर कानूनी प्रलेख हैं और अक्सर इनसे शर्तों को तोड़ने के आधार पर मुकदमेबाजी होती है। ऐसा जरूरी है कि कुछ ऐसी शर्तें हैं जिनमें संविदा करने वाली पार्टी अपने उत्तरदायित्वों को पूरा करने से रुक सकती हैं। ये 'दैवीय कारण' (Act of God) की प्रकृति होती है जिन पर किसी को जोर नहीं चलता। कोई ठेकेदार किसी नदी को पार करने के लिए नहर हेतु एक जल-सेतु का निर्माण विनिर्दिष्ट अवधि में करने का ठेका कर (ले) सकता है। लेकिन यदि अप्रत्याशित बाढ़ उसके काम को रोक देती है तो उसे अपना काम पूरा करने के लिए इस दैवी कारण की वजह से अतिरिक्त समय देना होगा।

- साधारण जीवन की परिस्थितियों में, वायदा पूरा करने (वचन निभाने) सम्बन्धित दो बातें प्रासंगिक हैं; पहली है कि वायदा क्या है? तथा दूसरी यह कि कब नैतिक कर्त्ता का वायदाखिलाफी करना उचित होगा। वायदे का एक स्पष्ट रुप किसी के द्वारा सीधा कथन है कि वह कुछ करेगा। मान लीजिए कि 'एक्स' ने 'वाई' से वायदा किया कि वह एक वर्ष तक उसकी कॉलेज फीस का भुगतान करेगा। यदि बाद में 'एक्स' इस बात से मुकर जाता है तो यह स्पष्ट तौर पर वायदा तोड़ना (खिलाफी) होगा। सामान्य बुद्धि की बात यह है कि एक व्यक्ति को (वह) विशिष्ट कार्य करने के लिए प्रेरित करेगा। यदि एक वायदा तोड़ दिया जाता है तो उस वायदे पर काम करने वाले व्यक्ति की हानि होगी और उसे लज्जित भी होना पड़ेगा।
- 'वायदे को पूरा करना' ऐसा मत है जो विबंधन के विधिक सिद्धान्त को रेखांकित करता है। उदाहरण के लिए-किसी मामले में 'ए' द्वारा 'बी' को ऐसा विश्वास दिला दिया जाता है कि वह एक विशेष ढंग से व्यवहार करेगा या एक विशेष स्थिति (सोच) अपनाएगा। इसके आधार पर 'बी' क्रियाकलाप शुरू कर देता है। उसके पश्चात्, अपने फायदे की सोच कर 'ए' पहले वाली उस स्थिति से भिन्न स्थिति ले लेता है जो उसने 'ए' को बताई थी। विबन्धन के सिद्धान्त के कारण 'ए' ऐसा नहीं कर सकता। या वह इसे करने से विबंधित है।
- मानवीय सम्बन्धों में अनेक वायदों को (बिना कहे ही) मान लिया जाता है या समझ लिया जाता है। माता-पिता के लिए यह मान लिया जाता है कि उन्होंने अपने बच्चों की देखभाल करने का वायदा किया है। इसी प्रकार पतियों के लिए माना जाता है कि उन्होंने अपनी पत्नियों की देखभाल करने का वायदा किया है; वास्तव में, हिन्दू विवाह के वचन पति पर स्पष्टतः कर्त्तव्य लाद देते हैं। लोगों को अपने वायदों को पूरा करना पड़ता है जब तक कि वे शारीरिक दृष्टि से या अन्य बाध्यकारी कारणों से उनको पूरा करने में असमर्थ न हो जाएँ।

3. **दूसरों को हानि न पहुँचाने का सिद्धान्त (Principle of not harming others):** यह निश्चित रुप से अच्छा है यदि हम दूसरों की मदद करते हैं। कम-से-कम हम इतना तो कर ही सकते हैं कि हम दूसरों को हानि न पहुँचाएँ। हानि में दोनों आ जाते हैं। शारीरिक पीड़ा (हानि) और मानसिक पीड़ा। इस नियम का एकमात्र अपवाद वही है जब कि खतरे से स्वयं को बचाने के लिए एकमात्र साधन दूसरों को हानि पहुँचाना रह जाता है। अन्य शब्दों में, हम आत्म-रक्षा में दूसरों को हानि पहुँचा सकते हैं।
4. **उपकारिता का सिद्धान्त (Principle of Beneficence):** यह सिद्धान्त परोपकारवादिता के विचार को व्यक्त करने का एक और रूप हैं। 'अच्छे' (शुभ) के भी 'हानि' (harm) के शारीरिक (physical) व मनोवैज्ञानिक, दोनों ही आयाम-विस्तार हैं। 'अच्छे' के शारीरिक आयाम-विस्तारों में खाना, स्वास्थ्य तथा जीवन की सुख-सुविधाएँ हैं। मनोवैज्ञानिक आयाम-विस्तारों में सुरक्षा व प्रसन्नता शामिल हैं। एक आयाम ऐसा भी है जो भ्रांति पैदा करता है। दूसरों को हानि से बचाने का काम परोकारितावाद का काम है। यह उन सिद्धान्तों में नहीं आता जो नैतिक कर्त्ताओं को दूसरों को हानि पहुँचाने से रोकते हैं।
5. **स्वायत्तता का सिद्धान्त (Principle of Autonomy):** यह व्यक्तिगत मानवीय तर्क-बुद्धि की स्वतन्त्रता है जिस पर कॉण्ट ने जोर दिया और जो प्रबोधन आन्दोलन का भाग है। इसका तात्पर्य यह है कि मानव अपना जीवन वैसे ही जी सकते हैं जैसा वे चाहते हैं, बशर्ते वे इस प्रक्रिया में दूसरों के अधिकारों का अतिक्रमण न करें। यह मानव के क्रिया-कलापों और अभिव्यक्ति की आज़ादी के गणतांत्रिक राजनैतिक मूल्य का एक और रूप है। और भी, नैतिक कर्त्ता होने के नाते हमें लोगों को अपने निर्णय स्वयं लेने की अनुमति देनी होगी और उन्हें अपनी तरह से जीने का अधिकार देना होगा, जहाँ तक वे हमारे अपने अधिकारों के उपयोग में दखलंदाजी नहीं करते हैं।

- इस स्वतन्त्रता के दो पहलू हैं। पहला यह कि जब अकेले ही हमारे क्रिया-कलाप हमारे हितों की प्राप्ति के लिए पर्याप्त हैं, अन्य हमारे क्रिया-कलापों में दखलंदाजी करने से हटा दिए गए हैं। यह हस्तक्षेप न करने का अधिकार है। दूसरा, ऐसी परिस्थितियों में जब हमें अन्यों की सहायता की जरुरत पड़ती है, जैसे कि पुराने बीमार के मामले में उसे कुशल चिकित्सक की आवश्यकता है, तो हमारे लाभ के लिए अन्यों द्वारा किए जा रहे

क्रिया-कलापों पर नियंत्रण का हमारा अधिकार है। उदाहरण के लिए, रोगों की चिकित्सा हेतु चिकित्सक द्वारा अपनाई जाने वाली पद्धतियों पर रोगी को नियंत्रण का अधिकार है।

6. **समानता (न्याय) का सिद्धान्त (Principle of Equility (Justice)):** यह सिद्धान्त उस सामान्य सिद्धान्त का एक रूप है कि कानून की नजर में सब बराबर हैं। यह कॉण्ट के कथन का भी अनुसरण है कि नैतिक नियम सार्वभौमिक रूप से लागू होने चाहिए। यहाँ, इसका अर्थ यह है कि हम किसी व्यक्ति पर जिस मानक को लागू करते हैं, यह वही मानक है जिसका प्रयोग हम अन्य व्यक्तियों से व्यवहार में करते हैं।

   इसका यह तात्पर्य नहीं है कि प्रत्येक के साथ बराबर का व्यवहार किया जाना चाहिए। लोग सहवर्ती उत्तरदायित्वों और कर्त्तव्यों के साथ विभिन्न प्रकार के सम्बन्ध रखते हैं। हम यह बात समझते हैं और लोगों से अपने सम्बन्धों की प्रकृति के आधार पर उनसे भिन्न-भिन्न व्यवहार करते हैं। हम अपने बच्चों से वैसा व्यवहार नहीं करते हैं जैसा कि हम यात्रा के दौरान मिलने वाले परिचितों से करते हैं।

   सिद्धान्त का तात्पर्य यह है कि कानून एक जैसी स्थिति वाले लोगों के साथ एक जैसा व्यवहार करेगा। प्रत्येक व्यक्ति के साथ, उसकी पृष्ठभूमि कैसी भी हो, उसी (समान) कानूनी मानकों के अनुसार व्यवहार किया जाना चाहिए। हाँ, यह जरूर है कि पुलिस का व्यवहार सजायाफ्ता अपराधियों एवं साधारण नागरिकों के साथ एक जैसा नहीं होगा। लेकिन वे क्या या कौन हैं, इस बात की चिन्ता किए बिना ही वही एक ही कानूनी मानक लागू होंगे।

   नैतिक दुविधाएँ तथा प्रथम दृष्टया सिद्धान्त : छः प्रथम दृष्टया सिद्धान्तों का उपयोग नैतिक प्रश्नों को सुलझाने हेतु किया जा सकता है। साथ ही, उन सिद्धान्तों का उपयोग विरोधाभात्ति के रूप में नैतिक दुविधा को स्पष्टत: परिभाषित किया जा सकता है।

मामला-6 (Case-6)

मारिया तथा जूली दोनों दोस्त हैं और एक फाइनेंस कम्पनी में काम करती हैं। जूली को पता चलता है कि उसका बॉस, अरूणाचलम जमाकर्त्ताओं के पैसे की धोखेबाजी करने की योजना बना रहा है। उसने यह बात मारिया को बताई। जूली, अरूणाचलम के प्रति वफादार है और इसलिए उसकी योजना किसी को बताना नहीं चाहती थी। मारिया चौकन्नी हो गई कि यदि अरूणाचल अपनी योजना में सफल हो जाता है तो कम्पनी की वित्तीय स्थिरता को खतरा हो जाएगा और जमाकर्त्ताओं को बर्बाद करने के अलावा कर्मचारियों की नौकरी भी खतरे में आ जाएगी। वह साहस बटोरती है और मुख्य वित्त अधिकारी को सूचना दे देती है। इसके बाद कहानी का सुखान्त हो जाता है जिसमें मुख्य वित्त अधिकारी अरूणाचलम के षड्यंत्रों को बेकार कर देता है।

प्रश्न (Question)

मारिया ने जो किया, उसके लिए सर्वाधिक उपयुक्त प्रतिक्रिया क्या होगी?

1. मारिया को पूरे मामले में चुप रहना चाहिए था।
2. मारिया की प्रतिक्रिया पूर्णत: उचित है।
3. मारिया अपनी मित्र के प्रति वफादार नहीं रही।
4. मारिया को कहानी में शामिल नहीं होना चाहिए था या उसे जूली पर ही बात छोड़ देनी चाहिए थी कि वह जो उचित समझती कर लेती।

परिचर्चा (Discussion)

यदि मारिया मामलों में चुप रहती तो मुख्य वित्त अधिकारी सुधारात्मक कार्यवाही नहीं कर पाता। अनेक लोग पैसे की दृष्टि से बर्बाद हो जाते। अत: यह विकल्प स्वीकार नहीं किया जा सकता।

जूलिया की मित्र के तौर पर मारिया का यह कर्त्तव्य है या उसका स्पष्ट वायदा होना चाहिए कि गोपनीयताएँ बनाई रखी जाएँगी और वह उन गोपनीय बातों को किसी को नहीं बताएगी जो जूली उसे बताती है। लेकिन लाभकारिता के सिद्धांत के अनुसार उस पर यह उत्तरदायित्व भी है कि वह जमा-कर्त्ताओं और साथी कर्मचारियों को हानि से बचाए। अत: उसकी दुविधा को वचन पालन

और लाभकारिता के सिद्धान्तों के बीच टकराव के तौर पर देखा जा सकता है। ऐसी स्थितियों में नैतिक कर्त्ता को उस नैतिक सिद्धांत का पालन करना पड़ता है जो संभावित हानि से बचने का या उसे न्यूनतम करने का होता है। मारिया की प्रतिक्रिया पूर्णतः उचित है।

ऊपर (3) पर सुझाए गए विचारों को उचित नहीं ठहराया जा सकता। मारिया को लोगों को हानि से बचाने के उच्चतर उत्तरदायित्व को जूली की गोपनीयता बनाए रखने वाले अपने उत्तरदायित्व से ऊपर रखना होगा।

मारिया संभवतः संवाद को नियन्त्रित नहीं कर सकती या जूली को यह सब कहने से नहीं रोक सकती जो वह कहना चाहती है। हाँ, वह जूली से मामले की सूचना मुख्य वित्त अधिकारी को देने के लिए कह सकती है। लेकिन हम यह नहीं बता सकते कि जूली ने क्या किया होता। जूली जो चाहे करती रहे, एक बार यदि मारिया को खतरे की जानकारी हो गई है तो उसका उत्तरदायित्व है कि वह प्रतिक्रिया करे।

मामला-7 (Case-7)

वनजाक्षी, पुलिस कण्ट्रोल रूम में एक पुलिस अधिकारी, एक भयानक दुर्घटना वाली जगह पहुँचती है। दो युवा लोग, एक लड़का तथा एक लड़की बुरी तरह घायल हैं। उन्हें तत्काल ही प्राथमिक चिकित्सा की जरूरत है, अन्यथा उनकी चोटें जानलेवा सिद्ध हो सकती हैं। कोई अन्य पुलिस पैट्रोल या एम्बूलेंस इस जगह तत्काल नहीं पहुँचा सकती। वनजाक्षी को अपनी पृष्ठभूमि की वजह से पैरामैडिकल ट्रेनिंग प्राप्त है। उसका अनुमान है कि लड़की की हालत ऐसी है कि उसे अकेले वह सुधार नहीं सकती उसे पहले किस की देखभाल करनी चाहिए? यह उसके लिए कष्टप्रद दुविधा है।

प्रश्न (Question)

आप समस्या का मूल्यांकन कैसे करेंगे?

1. वनजाक्षी को सिक्का उछाल कर तय करना चाहिए कि वह किसकी सहायता करे।
2. वनजाक्षी को पहले लड़के को देखना चाहिए।
3. वनजाक्षी को पहले लड़के को देखना चाहिए क्योंकि लड़के को हमेशा प्राथमिकता दी जाती है।
4. समस्या का कोई स्वीकार करने योग्य हल नहीं है।

परिचर्चा (Discussion)

पहले विकल्प में, वनजाक्षी निर्णय को सिक्के की उछाल पर छोड़ देता है। अन्य शब्दों में, कोई नैतिक सिद्धांत लागू नहीं किया जा रहा है। हम कभी भी ऐसे निर्णय का समर्थन नहीं कर सकते जो किसी नैतिक मानदण्ड पर न खड़ा हो।

इस स्थिति में पहले लड़के की मदद करनी होगी क्योंकि यह चयन कम-से-कम एक जिन्दगी तो बचा सकेगा। यदि वह पहले लड़की की मदद करती है तो ऐसा हो सकता है कि दोनों ही मर जाएँ। इस प्रकार की स्थिति 'ट्राइएज' (Triage) कहलाती है (जैसे युद्ध के दौरान) जिसमें घायल सैनिकों को साधनों की उत्पादकता एवं समय के आधार पर चुना जाता है।

इस विकल्प में निर्णय के लिए दिया गया कारण गलत है। कारण का आधार दुर्घटना के शिकार के लिंग वाले विकृत मानदण्ड है। यह विकृत मनोवृत्ति लिंगानुपात में बिगाड़ का कारण है जो अनेक राज्यों में देखा जा सकता है।

यह सच है कि इस मामले में दुर्घटना में दोनों शिकारों की मदद होनी चाहिए। वनजाक्षी को दोनों की मदद करने की कोशिश करनी चाहिए। लेकिन उसकी मदद से केवल एक ही घायल के बचने की संभावना है। उसे उस लड़के को बचा लेना चाहिए यही समस्या का समाधान है।

नैतिक मानदण्डों के बीच टकराव (Conflict among ethical parameters)

अब तक हमने प्रथम दृष्टया नैतिक सिद्धान्तों की रुप-रेखा प्रस्तुत की है, और यह दिखाने के लिए उदाहरण दिए हैं कि नैतिक दुविधाएँ ऐसी परिस्थितियाँ हैं जिनमें नैतिक मानदण्डों के बीच टकराव होता है। अगला प्रश्न उस पद्धति के बारे में है जिसमें हम

नैतिक दुविधाओं को सुलझा सकते हैं। डब्ल्यु. डी. रॉस के अनुसार ऐसा परिस्थिति से नैतिक दृष्टि से जुड़े लागू होने वाले तथ्यों को देखने से किया जा सकता है और तब यह निश्चित किया जाता है कि टकराव वाले प्रथम कर्त्तव्यों में से किस को प्राथमिकता दी जाए। तब नैतिक कर्त्ता जिस कर्त्तव्य को प्राथमिकता देता है, वह औरों से ऊपर आ जाता है इस परिस्थिति में नैतिक कर्त्ता के लिए यह 'वास्तविक कर्त्तव्य' हो जाता है। अनेक प्रसंगों में, हम अनायास (बिना सोच-विचार किए) ही उचित नैतिक मानक का चयन कर लेते हैं, जैसाकि हमारे पहले के तमाशबीन वाले उदाहरण में किया है, वह निर्दोष व्यक्ति को उसका पीछा करने वाले ठगों से बचाने के लिए झूठ बोल देता है।

तथापि, ऐसी अनेक परिस्थितियाँ हैं जिनमें अपेक्षाकृत हठीली दुविधाएँ हो जाती हैं जिनमें प्रतिस्पर्द्धी नैतिक मानकों के बीच में से किसी एक मामलों में कोई मदद नहीं करता। अनेक दार्शनिकों ने नीतिशास्त्रीय सिद्धान्त दिए हैं जिनका उपयोग टकराव वाले नैतिक मानदण्डों को सुलझाने में किया जा सकता है। वे सैद्धान्तिक आदर्शक नीतिशास्त्र (नैतिकता) के क्षेत्र से सम्बन्ध रखते हैं।

हमने ऐसे दो सिद्धान्तों को अलग-अलग स्पष्ट किया है: उपयोगितावाद तथा नीतिशास्त्रीय सिद्धान्त। हमें यहाँ इन विचारों को पुन: देखने की जरूरत है। संक्षेप में, उपयोगितावाद उन रास्तों की सिफारिश करता है जो सामाजिक कल्याण या प्रसन्नता (Happiness) का सर्वाधिक करते हैं। नियम उपयोगितावाद, उपयोगितावाद का पसंदीदा रूप है। नीतिशास्त्रीय सिद्धान्त उन नैतिक नियमों की सिफारिश करता है जिन्हें बिना किसी अपवाद और विचलन के सभी पर लागू किया जा सकता है। यह मानवीय प्रवृत्तियों के स्थान पर सार्वभौमिक रूप से लागू कर्त्तव्यों के कठोर पालन करने को प्रतिष्ठित कर देता है।

नीतिशास्त्रीय (नैतिक) दुविधाओं के विश्लेषण हेतु ढाँचा

(Framework for Analyzing Ethical Dilemmas)

अपनी पहले की चर्चा में हमने उन ढाँचों (Framework) पर विचार किया है जिनका प्रयोग सरकारी कर्मचारियों द्वारा नैतिक परिस्थितियों वाले निर्णय लेने में किया जा सकता है। इन ढाँचों का उपयोग नैतिक दुविधाओं के लिए भी किया जाता है। अब, हम हैरॉल्ड गॉर्टनर की पुस्तक **'एथिक्स फॉर पब्लिक मैनेजर्स'** में से एक ढाँचे की रूपरेखा प्रस्तुत करते हैं। यह 'नीतिशास्त्रीय दुविधाओं का विश्लेषण व हल' (Analyzing and Resolving Ethical Dilemmas) शीर्षक वाले अध्याय से लिया गया है।

निम्नलिखित प्रश्नों के उत्तर आपको बताएँगे कि समस्या एक नीतिशास्त्रीय दुविधा है या नहीं:

(*i*) क्या इस मामले मे महत्त्वपूर्ण नैतिक मानकों के बीच टकराव है?

(*ii*) क्या टकराव वाले मूल्यों को सीधे-सीधे पहचाना जा सकता है या उन्हें पहचानने के लिए और आगे विश्लेषण करना जरूरी है?

(*iii*) क्या मामले का और आगे विश्लेषण करना या प्राथमिकता वाले मूल्यों को निश्चित करने के लिए परिमाणिक (मात्रिक) अध्ययन करना जरूरी है?

नैतिक तौर पर मजबूत निर्णय प्राप्त करने के लिए निम्नलिखित बातों का अध्ययन करने की आवश्यकता है:

(*i*) कानून। कार्यवाई की दिशा क्या है? इस मामले मे किस कानून का संकेत मिल रहा है?

(*ii*) दार्शनिक और सांस्कृतिक पृष्ठभूमि। दार्शनिक तथा सांस्कृतिक विचार से प्रत्यक्ष नैतिक ज्ञान प्राप्त होता है और जो उचित प्रतिक्रियाएँ मानी जाती हैं। ऐसे दार्शनिक तथा सांस्कृतिक विचारों से इस मामले पर क्या प्रकाश डाला गया है?

(*iii*) व्यावसायिकतावाद। वे सूचनाएँ (सामग्रियाँ) कौन-सी हैं जो इस मामले में विशेषज्ञों एवं सामान्य प्रशासकों द्वारा दी जानी जरूरी हैं? सरकारी निर्णयों में, चाहे नैतिक या अन्य संदर्भों में, सम्बन्धित व्यावसायिक सूचनाएँ लाई जानी चाहिए।

(*iv*) संगठनात्मक गतिशीलता। क्या समस्या को किसी भी प्रकार से संगठन या इसके कर्मचारियों में खोजा जा सकता है? जैसा कि हमने भ्रष्टाचार वाले अध्यायों में देखा था, नागरिकों की अनेक समस्याएँ पुलिस स्टेशन हाउस अधिकारियों, ग्रामीण राजस्व क[illegible]ां तथा योजना स्थल पर कार्यरत लोक निर्माण अभियन्ताओं के 'सोच' (Mindset) से उत्पन्न होती है।

(*v*) निजी प[illegible] निर्णय लेने वालों द्वारा आत्मनिरीक्षण को बताता है। उन्हें अपने आप से पूछना है। 'इस नैतिक दुविधा को सही ढंग [illegible]भालने के लिए हमें क्या जानने की जरुरत है?

सार संक्षेप

- नैतिक दुविधाएँ ऐसी परिस्थितियाँ हैं जिनमें निर्णयन में दो या अधिक नैतिक सिद्धान्तों में टकराव होता है। इन परिस्थितियों में नैतिक कर्त्ता (जिन्हें निर्णय लेने हैं) अपने आप को असमंजस (दुविधा) में पाते हैं क्योंकि उन्हें दो नैतिक मानदण्डों (एन तथा एन) में से एक को चुनना है और दोनों बराबर की स्थिति के हैं।
- परिस्थितियाँ जिनमें सही और गलत के मुद्दे होते है, वे नैतिक परिस्थितियाँ होती हैं।
- नीति-परक परिस्थितियों में ऐसे कार्य व निर्णय होते हैं जो नैतिक कर्त्ता के चयन और इच्छा-शक्ति पर आधारित होते हैं और जो अन्य लोगों को पर्याप्ततः प्रभावित करते हैं। इसके अलावा, नीतिपरक परिस्थितियों को ऐसे मानदण्डों, मानकों व कसौटियों या सिद्धान्तों द्वारा पारिभाषित किया जाता है जो निर्णयन के मार्गदर्शक होते हैं।
- डेनिस पी.विट्टमर एक नीतिपरक परिस्थिति को अनिवार्यतः इस प्रकार परिभाषित करता है जिसमें आयाम प्रासंगिक हैं और कुछ चयन करने में उस पर विचार किया जाना चाहिए जिसका अन्यों पर भी प्रभाव पड़ेगा।
- रैस्ट के अनुसार नैतिक आयाम वे मानदण्ड तथा सिद्धान्त हैं जो "यह तय करने के लिए बेसिक मार्ग-निर्देश उपलब्ध कराते हैं कि मानव हितों में टकराव को कैसे निपटाया जाता है तथा समूहों में एक साथ रहने वाले लोगों के आपसी लाभ को अधिकतम किया जाता है।"
- नैतिक दुविधाओं को सुलझाने के लिए सरकारी कर्मचारी आदर्शक सिद्धान्तों, निर्णयन मॉडलों और निर्णयन प्रक्रिया से मार्गदर्शन पा सकते हैं। आदर्शक सिद्धान्त यह निश्चय करने में सहायक होता है कि क्या किया जाता है तथा कार्य का सही ढंग क्या है?
- जनता के क्षेत्र में नीतिशास्त्रीय निर्णय लेने के लिए परिस्थिति के विस्तृत विश्लेषण एवं परिस्थितियों पर लागू होने वाले मानदण्ड तथा कसौटी को पहनाने की जरूरत होती है। मानक तथा मानदण्ड किसी निर्णय के लिए मार्ग-निर्देश देते हैं और इसे बुद्धिपरक बनाते हैं। यह सिद्धान्तों का लागू होना ही है जो निर्णयों को सतत, सुसंगत तथा भविष्यकथनीय बनाता है।
- टैरि कूपर ने नैतिक निर्णयन को एक चरणों वाले सीरीज़ का रूप दिया है जो समस्या को जानने से शुरू होता है और उसके हल होने पर समाप्त होता है।
- ये हैं:
  - (*i*) नैतिक समस्या की सकंल्पना या उसे पहचानना
  - (*ii*) परिस्थिति को पूरी तरह बताना
  - (*iii*) स्थिति के नैतिक मुद्दों एवं नैतिक मानदण्डों को स्पष्ट रुप से बताना
  - (*iv*) संभावित विकल्पों को खोजना
  - (*v*) विकल्पों के परिणामों को सामने लाना

इस प्रक्रिया में चार चरण हैं जो अन्तःक्रियाशील हैं।

- (*a*) प्रत्येक विकल्प में नैतिक सिद्धान्तों का पता लगाना
- (*b*) उस सीमा का विश्लेषण करना जहाँ तक प्रत्येक विकल्प आलोचना को सहन कर सकता हैं।
- (*c*) उस सीमा पर विचार करना जिस तक उच्चतर नैतिक सिद्धान्त परिस्थिति पर लागू होते हैं।
- (*d*) उस सीमा की जाँच करना जिस तक प्रत्येक विकल्प निर्णय लेने वाले की छवि को प्रतिभासित करता है।

- यह संभवत: कुल मिलाकर अंवाछनीय से अधिक वांछनीय है।
- गैराल्ड पॉप्स तथा थॉमस पावलक ने अपनी पुस्तक 'द केस फॉर जस्टिस: स्ट्रैनथनिंग डिसिजन मैंकिंग इन पब्लिक एडमिनिस्ट्रेशन' में न्याय की पद्धतियों पर आधारित एक अन्य ढंग बताया है।
- पॉप्स तथा पावलक जिस मानदण्ड का सुझाव देते हैं, वह परिणामस्वरूप या वितरणात्मक न्याय और प्रक्रिया या पद्धतिगत न्याय है।
- परिणामस्वरुप न्याय के लिए: मामले के तथ्यों का अनुसरण होना चाहिए न्याय की औपचारिक शक्तियों का पालन होना चाहिए; नियमों के कठोरता से पालन करने एवं स्व-विवेक का प्रयोग करने में संतुलन को पैदा करना चाहिए; निर्णयों से लोगों की सेवा होनी चाहिए; व्यक्तियों तथा समाज के हितों के बीच संतुलन करना चाहिए।
- न्याय प्रक्रिया में शामिल हैं: पहुँच की समानता; निष्पक्षता; पारदर्शिता; कुशलता, भागीदारी व मानवीयता; तथा अपील करने का अधिकार।
- डब्ल्यु. डी. रॉस नैतिक मुद्दों या दुविधाओं की खोज कुछ खास प्रथम-दृष्टया कर्त्तव्यों के बीच टकरावों में करते हैं। प्रथम-दृष्टया कर्त्तव्य सामान्यत: स्वीकार्य नैतिक सिद्धान्त होते हैं।
- नैतिक प्रकल्पना का मतलब है कि नैतिक कर्त्ता को किसी भी दी हुई परिस्थिति में एक विशिष्ट तरह से व्यवहार (क्रिया) करना चाहिए। किन्तु यदि प्रकल्पना के विरुद्ध विशेष कारण या औचित्य है तो प्रकल्पना निष्क्रिय हो जाती है या नैतिक कर्त्ता के लिए प्रकल्पना के अनुसार कार्रवाई न करना नैतिक दृष्टि से अनुमत हो जाता है।
- छ: प्रथम-दृष्टया सिद्धान्त ऐसे हैं जिनका समर्थन अधिकांश नैतिक दार्शनिक करते हैं: ईमानदारी; वचन का पालन करना; दूसरों को हानि न पहुँचाना; उपकारिता; तर्कणा की स्वायत्तता (नैतिक कर्त्ता को स्वयं सोचना होगा); तथा कानून के समक्ष समानता।
- ये सिद्धान्त टकरावग्रस्त सिद्धान्तों के रूप में नैतिक दुविधा को सुस्पष्ट परिभाषित करने में भी प्रयोग किए जा सकते हैं।
- नैतिक कर्त्ता को विशेष परिस्थितियों के आधार पर, टकराव वाले सिद्धान्तों में से किसी एक को प्राथमिकता देनी होगी।
- नीतिशास्त्रीय (नैतिक) दुविधाओं के विश्लेषणों हेतु ढाँचा: निम्नलिखित से पता चलेगा कि नैतिक दुविधा है या नहीं।
- (क) महत्त्वपूर्ण नैतिक मानकों के बीच टकराव; (ख) क्या टकराव वाले मूल्यों को सीधे-सीधे पहचाना जा सकता है तथा (ग) क्या परिमाणिक (मात्रिक) अध्ययन करना जरूरी है?
- अन्य जिन पहलुओं पर विचार करने की जरूरत है: कानूनी, दार्शनिक और सांस्कृतिक पृष्ठभूमि; व्यावसायिकतावाद; संगठनात्मक गतिशीलता और निजी पहलू।

अभ्यास प्रश्न

1. नैतिक दुविधा से आप क्या समझते हैं?
2. नैतिक दुविधा को सुलझाने के लिए क्या कदम उठाए जाते हैं?
3. ऐसी तीन परिस्थितियों के उदाहरण दीजिए जिनमें नैतिक दुविधा हो।
4. नैतिक समस्याओं को सुलझाने के लिए लागू होने वाले वास्तविक न्याय एवं पद्धतिगत न्याय के सिद्धान्त क्या हैं?
5. डब्ल्यु. डी. रॉस ने नैतिक दुविधा की समस्या को किस प्रकार जाना?
6. उस विश्लेषणात्मक ढाँचे का वर्णन कीजिए जिससे सरकारी कर्मचारियों को नैतिक (नीतिशास्त्रीय) प्रश्नों को निपटाने में मदद मिल सके।
7. दार्शनिकों द्वारा चर्चित नैतिक दुविधाएँ क्या प्रशासनिक परिस्थितियों से बहुत भिन्न हैं? चर्चा कीजिए।

संदर्भ

- जॉन एस मैकेंजी, एम. ए; ए मैनुअल ऑफ एथिक्स
- विलियम फ्रेंकीना, एथिक्स
- टैरी एल कूपर, हैंडबुक ऑफ एडमिनिस्ट्रेटिव एथिक्स (34 निबंधों का संग्रह प्रशासकीय सिद्धान्तविदों द्वारा लिखित) संबद्ध लेखों से परामर्श लें।

अध्याय
9

नीतिशास्त्रीय संहिता तथा आचरण संहिता (Codes of Ethics and Codes of Conduct)

परिचय (Introduction)

हम अपनी चर्चा नीति-संहिता से करते हैं। इस अवधारणा को स्पष्ट करने के बाद हम नीति-संहिता व आचरण संहिता के बीच के अन्तर को बताएँगे। तब हम दो प्रकार की नैतिकता की जाँच करेंगे: (*i*) व्यवसायों की नैतिकता तथा (*ii*) सिविल सेवाओं की नैतिकता। हम व्यावसायिक नैतिकता के सामान्य सिद्धान्त बताएँगे तथा नर्सिंग एवं लेखाकारिता के व्यवसायों के उदाहरणों के साथ उन्हें प्रस्तुत करेंगे। उसके पश्चात् सामान्य लोक सेवा नैतिकता के सामान्य सिद्धान्तों और सोचों पर विचार करेंगे। हम उन आचरण संहिताओं का प्रयोग करते हुए सिविल सेवा नैतिकता पर चर्चा करेंगे जो अखिल भारतीय सेवा के अधिकारियों पर लागू होती हैं। अन्त में, हम सरकारी कर्मचारियों के लिए सिफारिश की गई नैतिक संहिताओं पर विचार करेंगे।

नीति संहिताएँ प्राचीन काल से विद्यमान रही हैं। वे प्राचीन धर्म और समाज का आधार हैं। उदाहरण के लिए ''टेन कमांडमेंट्स'' यहूदियों की धार्मिक संहिता है। बौद्ध धर्म में गृहस्थों, मठवासियों एवं संन्यासियों के लिए नैतिक संहिताएँ हैं। प्राचीन यूनानी नगर-राज्य, एथेन्स में संस्कृति व राजनीति के लिए संहिताएँ थीं। नैतिक संहिताएँ, नैतिकताओं की प्रणालियाँ हैं जो जीवन के अनेक पहलुओं को समाहित करती हैं। उनमें सामान्यत: सामान्य उत्तरदायित्व एवं चेतावनियाँ हैं या यह है कि व्यक्ति को क्या करना चाहिए और क्या करने से बचना चाहिए।

नीति संहिता तथा आचरण संहिता (Distinction between Codes of Ethics and codes of conduct)

उपरोक्त के बीच अन्तर

हमें नैतिक संहिता के विचार को जरा विस्तार से जाँचना होगा और आचरण संहिता से इसका अन्तर बताना होगा। इन दोनों शब्दों को आपस में अदल-बदल कर प्रयोग करने की प्रवृत्ति देखी गई है। नीति संहिता में आम तौर पर सामान्य मूल्य होते हैं जबकि आचार संहिता स्पष्ट रूप से उन सिद्धान्तों को बताती है जो मूल्यों से प्राप्त होते हैं। जेरेमी बेंथम (Jeremy Bentham) के शब्दों में एक सिद्धान्त "एक ऐसा सामान्य कानून या नियम है जो व्यवहार या निर्णयों का मार्ग-निर्देश करता है, "जबकि मूल्य आदर्श नैतिक अवस्था की आकांक्षा को सुस्पष्ट" करता है।

लोक प्रशासन के क्षेत्र में मूल्यों व सिद्धान्तों के बीच सम्बन्धों पर टैरी कूपर (Terry Cooper) का कहना है।

"एक नैतिक सिद्धान्त, आचरण या होने की अवस्था से सम्बन्धित ऐसा कथन है जो एक मूल्य की पूर्णता के लिए जरूरी है; यह मूल्य को स्पष्ट रूप से क्रिया की सामान्य रीति से जोड़ता है। उदाहरण के लिए, न्याय को एक महत्त्वपूर्ण मूल्य माना जाता है लेकिन यह शब्द स्वयं में हमें यह नहीं बताता कि यदि हम अपनी मूल्य प्रणाली में न्याय को शामिल कर लें तो आचरण या समाज की अवस्था के लिए कौन-सा नियम अनुसरित होगा। हमें स्वयं को यह दिखाने के लिए कि क्रिया का कौन-सा पैटर्न न्याय को मूल्य के रूप में प्रतिभासित करेगा, हमें न्याय के सिद्धान्त की आवश्यकता होगी। न्याय के सिद्धान्त का सामान्य रूप होगा-"समानों के साथ समान रूप से और असमानों को असमान रूप से व्यवहार करो।"

हम इस सिद्धान्त का यह अर्थ लगा सकते हैं कि सभी बालिग नागरिकों के साथ समान राजनैतिक अधिकार और उत्तरदायित्वों के साथ समान व्यवहार किया जाना चाहिए। यदि किसी को मत देने का अधिकार है तो सभी को मत देने की अनुमति होनी चाहिए।

आजकल अनेक कम्पनियाँ नैतिक संहिताओं को अपनी वेबसाइट पर डाल देती हैं। वे अक्सर नीति संहिता और आचरण संहिता में अन्तर नहीं करते। नीति संहिता पहले उन मूल्यों को विनिर्दिष्ट करेगी जो संहिता का आधार होंगे और तब जोखिमधारियों को कम्पनी के उत्तरदायित्वों की जानकारी देगी। यह बताएगी कि कम्पनी अपना कारोबार कैसे चलाती है। यह उस पद्धति को बताएगी जिससे कम्पनी अपने मूल्य व सोच को कार्यान्वित करेगी। यह कर्मचारियों का, कम्पनी के नैतिक मानकों के बारे में और उन्हें प्राप्त करने के तरीकों के बारे में उनका मार्ग-दर्शन करेगी। इसके विपरीत आचरण संहिता केवल कर्मचारियों के उपयोग की बात करती है और उसी के लिए बनी है। इसमें सामान्यत: अस्वीकार्य व्यवहार या कार्य दिए होते हैं; कर्मचारियों को संहिता का पालन करना होता है; और यह मूल्यों के बारे में मौन हो सकती है।

मूल्य सामान्यत: नैतिक उत्तरदायित्व होते हैं। सिद्धान्त वे आशयित नैतिक शर्तें या व्यवहार होते हैं जो मूल्यों का अनुसरण करते हैं। मूल्य, राजनैतिक व सामाजिक सोचों के उच्च ध्येयों को बताते हैं जिन्हें समाज प्राप्त करना चाहता है। इसकी अपेक्षा आचार संहिता का संकेन्द्रण तंग है। आचरण संहिता वे विशिष्ट आचरण नियम हैं जो किसी संगठन के उच्चतर स्तर से लगाए गए होते हैं या किसी व्यवसाय की अनिवार्यताओं के तौर पर स्वेच्छा से अपना लिए जाते हैं।

नीति संहिता एक और तरह से आचरण संहिता से अलग होती है। नीति संहिता या नैतिकता की संहिता का केनवास बड़ा होता है। यह वस्तुत: मानव जीवन के सभी पहलुओं को समाहित कर लेती है। इसमें वे आदेश और वर्जनाएँ होंगी जो व्यक्ति के निजी, सामाजिक, आर्थिक, राजनैतिक और धार्मिक जीवन को समाहित करती हैं। नीति की संहिताएँ पूरे समाज की संस्कृति, शिक्षा और धर्म पर लागू होती है। आचरण संहिता में सामान्यत: व्यक्ति का कार्यालयी (सरकारी) या व्यावसायिक आचरण आता है।

संहिताएँ तथा कानून (Codes and Laws)

कभी-कभी कानून को वजन देने के लिए 'संहिता' शब्द का प्रयोग किया जाता है। इस प्रकार हम 'इण्डियन पीनल कोड, 'द कोड ऑफ क्रिमिनल प्रोसिजर' या 'बॉम्बे लैण्ड रिवेन्यू कोड' का उल्लेख कर सकते हैं। ये कानूनों के उदाहरण हैं। ये नैतिक संहिताओं और आचरण संहिताओं से अलग हैं। प्राचीन काल में प्रसिद्ध हम्मुरबी संहिता (Hammurabi Code) थी। यह प्राचीन बेबीलोनियन राजा हम्मुरबी के कानूनों (नियमों) एवं राजाज्ञाओं का संग्रह था। इसमें विधिक पद्धतियों और दण्डों का वर्णन था जो अन्यायपूर्ण दोषारोपण, झूठी गवाही, न्याय के विपथन को शामिल करते थे तथा अन्य नियम थे जो 'स्थायी सरकार एवं सुशासन' की स्थापना के लिए थे ताकि 'शक्तिशाली लोग निर्बलों को दबा न पाएँ।' तथापि, ना ही नीति संहिता और ना ही आचरण संहिता कानून हैं।

मामले को और आगे चलाते हुए, नीति संहिता के उल्लंघन के लिए कोई कानूनी दण्ड नहीं है। हाँ, कुछ काम (जैसे कि चोरी) कानून तथा नीति संहिता, दोनों में वर्जित हैं। चोरी करने पर व्यक्ति को दण्ड दिया जा सकता है। और भी, कार्यालयी (सरकारी) आचरण संहिता का उल्लंघन, एक कानूनी अपराध नहीं है, जब तक कि यह कानून को भंग नहीं करता। आचरण

संहिता का उल्लंघन सरकारी तौर पर निर्धारित नियमों को भंग करना होता है। उन मामलों में, सम्बन्धित व्यक्ति को केवल आचरण नियमों के प्रावधानों के अनुसार ही दण्डित किया जा सकता है। अन्य शब्दों में,उसे उसके नियोक्ता द्वारा दण्डित किया जा सकता है जो कि इस मामले में सरकार है। ऐसे दोष अपराधिक दोष नहीं हैं अपितु प्रशासनिक चूकें हैं।

आचरण संहिता में मोटे तौर पर दो क्षेत्र आते हैं: पब्लिक सर्विस तथा व्यवसाय व धन्धे। इनकी समीक्षा करने से पहले हमें नीति संहिता के एक प्राचीन उदाहरण को देख लेना चाहिए। यह एथेन्स के प्राचीन शहर से है तथा इसके महान शासक पैरिकल्स (Pericles) ने इसे घोषित (प्रमाणित) किया था। प्रसंगवश, पैरिकल्स ने वेतन भुगतानों के साथ मैरिट आधारित लोक सेवा की पहली प्रणाली का सूत्रपात किया।

एथेनियन संहिता (Athenian Code)

ऐथेनियन शपथ इस प्रकार है-

» हम बेईमानी या कायरता के काम से इस अपने शहर (देश) पर बदनामी कभी नहीं लाएँगे।

» हम शहर (देश) की पवित्र चीजों व आदर्शों के लिए व्यक्तिगत रूप से और मिलकर लड़ेंगे (युद्ध करेंगे)।

» हम शहर (देश) के कानूनों पर श्रद्धा रखेंगे और उनका पालन करेंगे तथा इसी प्रकार की श्रद्धा और आदर को अपने से ऊपर वाले उन लोगों में बढ़ाने के लिए अपना सर्वोत्तम प्रयास करेंगे जिनकी उनको व्यर्थ करने या उनका अनादर करने की प्रवृत्ति है।

» हम जनता की नागरिक कर्त्तव्य की चेतना को तीव्र करने के लिए वर्द्धमान ढंग से प्रयास करेंगे।

» इस प्रकार इन सब विधियों से हम इस शहर (देश) को केवल उतना ही या कम नहीं अपितु उससे बड़ी व अधिक सुन्दरता देंगे जिसके साथ यह हमें सौंपा गया था।

यह शपथ एक महत्वपूर्ण प्रणाली है। यह एक सामान्य सोच देती है और आचरण संहिता से भिन्न है। भारतीय राज्य-व्यवस्था पर विचार करें तो हम संविधान के निदेशात्मक सिद्धान्तों (Directive Principles of the Constitution) में शामिल प्रावधानों को नैतिक राजनैतिक संहिता मान सकते हैं।

व्यावसायिक आचरण संहिता (Professional Codes of Conduct)

अब हम व्यावसायिक संहिताओं पर सामान्य विचार करेंगे। ये अक्सर वे विनियम होते हैं जो विभिन्न व्यवसायों और धन्धों के करने वालों द्वारा स्वेच्छा से अपनाया जाता है। वे ऐसे मानक प्रचलनों को निश्चित करते हैं जिनका अनुसरण सभी सदस्यों द्वारा एक समान तथा स्वीकार्य क्वालिटी वाली सर्विस देने को सुनिश्चित करने के लिए किया जाता है, जिससे उनकी प्रतिष्ठा (नेकनामी) और विश्वसनीयता (साख) बनी रहती है उदाहरण के लिए, अनेक व्यवसायी जैसे नर्सों, डाक्टरों, इंजीनियरों, लेखाकारों (Accountants) लेखा-परीक्षकों (Auditors) तथा वकीलों की व्यावसायिक संहिताएँ होती हैं। ऐसे मानक, जिन्हें व्यावसायिक मानक भी कहते हैं, कभी-कभी कुछ व्यवसायों के लिए नियामक एजेन्सियों द्वारा निर्धारित किए जाते हैं।

सबसे प्राचीन व्यावसायिक संहिताओं में से एक हिप्पोक्रेटिक (परम्परागत) शपथ है जिसे चिकित्सक लोग आज भी लेते हैं। हिप्पोक्रेट प्राचीन यूनान का चिकित्सक था जिसने वे नियम निर्धारित किए जिनमें रोगियों के प्रति चिकित्सक के उत्तरदायित्व तथा रोग की गोपनीयता शामिल है। शपथ के एक भाग में कहा जाता है-**"मैं जिन घरों में प्रवेश करूँ, मैं उनमें रोगी के लाभ के लिए प्रवेश करूँगा और शरारत एवं भ्रष्टाचार की प्रत्येक स्वैच्छिक क्रिया से दूर रहूँगा।"**

व्यावसायिक नैतिकताएँ (Professional Ethics)

परिचय : व्यावसायिक नैतिकता में व्यवसायियों के कार्य-संबंधी आशयित व्यवहार मानक आते हैं। व्यवसायियों के पास विशिष्ट ज्ञान और कुशलता होती है और वे उनका प्रयोग करते हैं। जनता को सेवा देते समय ऐसे ज्ञान को प्रयोग करने के ढंग को नैतिक मुद्दा माना जाता है और इसे व्यावसायिक नैतिकता कहते हैं। व्यवसायी लोग अपनी कुशलता के आधार पर विभिन्न परिस्थितियों में

सूचनायुक्त निर्णय कर सकते हैं। सम्बन्धित प्रशिक्षण के अभाव में आम जनता ऐसे निर्णय लेने में असमर्थ रहती हैं।

अनेक व्यावसायिक संगठन अपनी नैतिक सोच को निम्नलिखित सिद्धान्तों के अनुसरण में परिभाषित करते हैं:

» ईमानदारी
» सत्यनिष्ठा
» पारदर्शिता
» उत्तरदायित्व (जिम्मेदारी)
» गोपनीयता
» वस्तुनिष्ठता
» सम्मानीयता
» कानून का पालन

'**इण्टरनेशनल गुड प्रैक्टिस गाइडैन्स, डिफाइनिंग एण्ड डेवेलपिंग एन इफैक्टिव कोड ऑफ कन्डक्ट फॉर आर्गेनाइजेशन्स**' में इण्टरनेशनल फैडरेशन ऑफ एकाउण्टेण्टस व्यावसायिक संहिता की परिभाषा इस प्रकार करता है– "**किसी संगठन में निर्णयों पद्धतियों तथा प्रणालियों को इस प्रकार मार्ग-निर्देशित करने वाले सिद्धान्त, मूल्य, मानक या व्यवहार के नियम कि (क) वे इसके प्रमुख जोखिमधारियों के कल्याण में योगदान देते हैं तथा (ख) इसके कार्यों से प्रभावित होने वाले सभी संघटकों के अधिकारों का सम्मान करते हैं**"

कार्यान्वयन (Implementation) तथा विनियमन (Regulations)

व्यावसायिक नैतिकता का कार्यान्वयन

व्यावसायिक संगठन अपने कार्यों की ऐसी संहिता बनाते हैं जिसका पालन उनके सभी सदस्यों को करना होता है। संहिताओं का उद्देश्य ग्राहकों को शोषण से बचाना तथा व्यवसाय की सत्यनिष्ठा की सुरक्षा होता है। संहिताएँ ग्राहक तथा व्यवसाय करने वालों, दोनों की सुरक्षा के लिए होती हैं। अनुशासनिक संहिताओं से व्यवसायी आचरण के मानक निर्धारित कर सकते हैं तथा यह सुनिश्चित कर सकते हैं कि व्यक्तिगत व्यवसायी इन मानकों पर खरे उतरें। यदि व्यक्तिगत व्यवसायी मानकों का पालन नहीं करता है तो उसके विरुद्ध अनुशासनात्मक कार्रवाई की जाती है। सद्विवेक से काम करने वाले व्यवसायी इस बात के प्रति आश्वस्त रहेंगे कि कम ईमानदार साथियों द्वारा उन्हें हानि नहीं पहुँचाई जाएगी तथा व्यवसाय में जनता का विश्वास बना रहेगा और वे व्यवसायियों को काम देते रहेंगे।

आन्तरिक विनियम (Internal Regulations)

इस बात का खतरा बना रहता है कि व्यवसाय में आत्म विनियमन कहीं आत्म-सेवा के व्यवहार में परिवर्तित न हो जाए। निकाय अपनी संहिताओं को लागू कराए रखने के मामले में ढिलाई बरत सकते हैं। ऐसा उन व्यवसायों में हो सकता है जहाँ थोड़े से व्यवसायियों को ज्ञान कम (थोड़ा) ही हो। अनेक देशों, इंग्लैण्ड तथा वेल्स ने नर्सिंग और दाई जैसे व्यवसायों में व्यवसायी नैतिक मानक के कुछ विधिक विनियमों का प्रावधान किया है। मानकों का पालन न करने पर कानूनी कार्रवाई की जा सकती है।

व्यावसायिक संहिताओं के दो उदाहरण (Two Examples of Professional Codes)

अब हम व्यावसायिक संहिताओं के दो उदाहरण संक्षिप्त रूप में देखेंगे। यहाँ उन विवरणों को देना बेमानी होगा जिनका सरोकार सम्बन्धित ज्ञान रखने वालों से ही होता है। हमारा विचार यह अनुभव करने का है कि व्यावसायिक संहिताओं में किन बातों को लिया जाता है। संहिताओं का आरम्भ प्रस्तावना से होता है जिसमें व्यावसायिक निकाय के मूल्य, मिशन और सोच (दर्शन) दिए गए होते हैं। इसके बाद खण्ड आते हैं जिनमें संहिता की मदें या अलग-अलग आदेश तथा वर्जनाएँ होती हैं। पहले हम नर्सों के लिए निश्चित नैतिकता की अन्तर्राष्ट्रीय संहिता पर विचार कर रहे हैं।

नर्सों के लिए नैतिकता की अन्तर्राष्ट्रीय संहिता पहली बार 'इण्टरनेशनल काउन्सिल ऑफ नर्सिस (आई सी एन)' द्वारा 1953 में अपनाई गई थी। समय-समय पर इसमें संशोधन होते रहे हैं और अन्तिम संशोधन 2012 में हुआ था।

(i) नर्सों की संहिता की प्रस्तावना (Preamble of Nurses Code)

नर्सों के चार मूलभूत उत्तरदायित्व हैं। स्वास्थ्य को बढ़ावा देना, रोग से बचाव, स्वास्थ्य की पुनः स्थापना (पुनः प्राप्ति) तथा कष्टों को समाप्त करना। नर्सिंग की जरूरत सार्वभौमिक है। नर्सिंग में मानव अधिकारों के लिए सम्मान अन्तर्निहित है जिसमें सांस्कृतिक अधिकार, जीवन व चयन का अधिकार, सम्मान तथा (नर्सों के साथ) आदर के साथ व्यवहार शामिल हैं। नर्सिंग एक सम्मानजनक कार्य है तथा यह आयु, वर्ण, जाति, संस्कृति, विकलांगता या रोग, लिंग, लैंगिक उन्मुखीकरण, राष्ट्रीयता, राजनैतिकता, वर्ग या सामाजिक स्थिति के बंधनों या विचारों से मुक्त हैं। नर्सें व्यक्तियों, परिवार तथा समुदाय को स्वास्थ्य सेवाएँ देती हैं और सम्बन्धित समूहों के साथ अपनी सेवाओं का समन्वयन करती हैं। नर्सों के लिए नैतिकता की संहिता में चार प्रमुख तत्व होते हैं जो नैतिक आचरण के मानकों को बताते हैं। एक भाग नर्सों व लोगों से संबंधित है तथा दूसरा भाग नर्सों व उनके कार्य-निष्पादन से सम्बन्धित है। तीसरा नर्सों व उनके व्यावसायिक ज्ञान से सम्बन्धित है। अन्तिम भाग नर्सों व सह-कर्मियों से संबद्ध है।

(ii) लेखाकारों की अमरीकी संहिता (U.S. code of Accountants)

आगे हम उस आचरण संहिता को देखेंगे जो अमरीका में लेखाकारों के व्यवसाय पर लागू होती है। यह सदस्यों को निम्नलिखित मूलभूत सिद्धान्तों का पालन करना अनिवार्य करती है।

(क) सत्यनिष्ठा (Integrity)

सदस्य, सभी व्यावसायिक एवं कारोबारी सम्बन्धों में ईमानदार होगा।

(ख) उद्देश्यपरकता (Objectivity)

सदस्य, व्यावसायिक या कारोबारी फैसलों का दमन करने के लिए पूर्वाग्रह, हितों के टकराव या अनुचित दबाव को नहीं आने देगा।

(ग) व्यावसायिक योग्यता तथा यथोचित ध्यान देना (Professional Competence and Due Care)

सदस्य, व्यावसायिक ज्ञान तथा कुशलता का वह स्तर बनाए रखेगा जिससे यह सुनिश्चित हो सके कि ग्राहक या नियोक्ता को प्रचलनों कानूनों तथा तकनीकों में चालू विकास के आधार पर सक्षम व्यावसायिक सेवा प्राप्त हो। व्यावसायिक सेवाएँ देते समय सदस्य कर्मठता से तथा लागू तकनीकी एवं व्यावसायिक मानकों के अनुसार कार्य करेगा।

(घ) गोपनीयता (Confidentiality)

सदस्य, व्यावसायिक तथा कारोबारी सम्बन्धों के परिणामस्वरूप प्राप्त सूचना की गोपनीयता का सम्मान करेगा और उसे तीसरे पक्ष को बिना उचित व विशिष्ट प्राधिकार के तब तक प्रकट नहीं करेगा जब तक कि इसके लिए कानूनी या व्यावसायिक अधिकार न हो या प्रकट करने का (उसका) कर्त्तव्य न हो। व्यावसायिक और कारोबारी सम्बन्धों के परिणामस्वरूप प्राप्त गोपनीय सूचना का उपयोग सदस्य या तीसरे पक्षों के लाभ के लिए नहीं किया जाएगा।

(ड.) व्यावसायिक व्यवहार (Professional Behaviour)

सदस्य, सम्बन्धित कानूनों व विनियमों का पालन करेगा तथा कोई ऐसा काम नहीं करेगा जिससे व्यवसाय को अपयश मिले।

संहिता इस बात को मानती है कि ऐसी परिस्थितियाँ उत्पन्न हो सकती हैं जिनमें सदस्यों को मूलभूत सिद्धान्तों के पालन करने में कठिनाइयों का सामना करना पड़ता है। मूलभूत सिद्धान्तों के पालन में कठिनाइयाँ पैदा होने वाली प्रत्येक परिस्थिति को निश्चित करना तथा सुधारात्मक उपाय निर्दिष्ट करना असंभव है। और भी, चूँकि सौंपे गए कार्य और कठिनाइयों के प्रकार भिन्न-भिन्न होते हैं, इनके लिए भिन्न-भिन्न सुरक्षा-उपायों की जरूरत हो सकती है। अतः संहिता एक अवधारणात्मक ढाँचा स्थापित करती

हैं जिसके अनुसार सदस्य को उन चुनौतियों का पता लगाना, मूल्यांकित करना और उनको निपटाना जरूरी है जो मूलभूत सिद्धान्तों के अनुपालन में सामने आती हैं। अवधारणात्मक ढाँचे की सोच सदस्यों को संहिता की नैतिक अपेक्षाओं को एवं लोक हित में काम करने की उनकी जिम्मेदारी को पूरा करने में सहायक होती है। यह परिस्थितियों में अनेक ऐसी भिन्नताओं को संभालती है जो मूलभूत सिद्धान्तों के अनुपालन के लिए खतरा पैदा करती हैं और सदस्य को इस निष्कर्ष पर पहुँचने से रोकती हैं कि वही परिस्थिति अनुमत होती है जो विशिष्ट तौर पर वर्जित नहीं हो।

जैसाकि हमने देखा, कार्य करने की संहिता को व्यवसाय द्वारा उस व्यवसाय को विनियमित करने के लिए अपनाया जाता है। कार्य करने की संहिता को व्यावसायिकता उत्तरदायित्व की संहिता भी कह सकते है, इसमें उन उलझन भरे (गाँठ दार) प्रश्नों व दुविधाओं पर चर्चा हो सकती है जो व्यवसायियों के सामने आती हैं और ऐसे मामलों पर प्रकाश डाला जा सकता है या मार्ग-निर्देश किया जा सकता है। यह स्पष्ट कर सकता है कि परिस्थितियों में कौन-सा व्यवहार 'नैतिक' या 'सही' है।

व्यावसायिक उत्तरदायित्व (Professional Responsibility)

अब हम दो उदाहरण यह दिखाने के लिए प्रस्तुत कर रहे हैं कि किस प्रकार व्यावसायिक उत्तरदायित्व आम आदमी या सामान्य जनता के उत्तरदायित्वों से बहुत अधिक होते हैं। कार दुर्घटना के बाद, पास से गुजरते हुए व्यक्ति को दुर्घटना के शिकार को बचाने के लिए जिम्मेदार नहीं ठहराया जा सकता। उससे यह आशा की जा सकती है कि आपात्कालीन सेवा देने वालों को बुलाएगा या सूचित करेगा। साधारण व्यक्ति को आपात्कालीन चिकित्सा देने के लिए चिकित्सकीय ज्ञान नहीं होता। लेकिन जरूरी उपकरणों के साथ एक प्रशिक्षित डाक्टर ही दुर्घटना के शिकार व्यक्ति की दशा का सही विश्लेषण कर सकता है और सही प्रक्रिया कर सकता है। यदि कोई डाक्टर उस स्थिति में सहायता करने में असफल रहता है तो वह सामान्यत: लापरवाही तथा अनैतिक माना जाएगा। अप्रशिक्षित व्यक्ति को प्रक्रिया न करने का दोषी नहीं बनाया जा सकता। यह व्यावसायिक कुशलता वाला व्यक्ति ही होगा जिसे (यह) उत्तरदायित्व लेना होगा।

अनेक तकनीकी दृष्टि से अर्हता प्राप्त व्यक्तियों को उद्योग में प्रयुक्त उपस्करों की क्वालिटी व सुरक्षा को प्रमाणित करना होता है। इस प्रकार पर्यावरणीय अभियन्ता को यह प्रमाणित करना पड़ेगा कि संयंत्र में लगाया हुआ प्रदूषण नियन्त्रण उपकरण गन्दे पानी को प्रदूषण नियन्त्रण बोर्ड द्वारा निर्धारित मानकों के अनुसार उपचारित करेगा। यदि कोई पर्यावरणीय अभियन्ता झूठा प्रमाणित कर देता है कि उपकरण गन्दे पानी को अपेक्षित मानकों तक उपचारित करता है तो वह व्यावसायिक संहिता को भंग करने का दोषी तथा बहुत बुरा माना जाएगा। वह उद्योग के मालिक से मिल गया है।

अब तक हमने व्यावसायिक अचरण संहिताओं पर ही विचार किया है। ये वे जमीनी नियम हैं जिन पर व्यवसाय काम करते हैं। व्यवसायी लोग इन सिद्धान्तों की सौगन्ध लेते हैं। क्षेत्र (कार्य) की विशिष्ट जानकारी के साथ आचरण संहिता, व्यावसायिकता के दावों का आधार है। व्यावसायिक आचरण संहिता में नैतिक सिद्धान्त तथा व्यावसायिक कार्यों को करने के सर्वोत्तम कल्पित तरीके, दोनों ही शामिल होते हैं।

सरकारी कर्मचारियों के लिए आचरण संहिताएँ: सामान्य सिद्धान्त तथा सोच

(Code of Conduct for Civil Servants: General Principles and Approach)

अब हम लोक सेवा के क्षेत्र में आचरण संहिताओं पर विचार करेंगे। हाल के समय में, लोक प्रशासन हेतु बदलती हुई सैद्धान्तिक सोच तथा सरकारी कर्मचारियों से बड़ी आशाओं के साथ आचरण संहिताओं का लोक क्षेत्र में बहुत महत्त्व हो गया है। भारतीय प्रशासन प्रणाली में आचरण संहिताएँ काफी समय से रही हैं। इनके प्रयोजन निम्नलिखित हैं:

- आचरण संहिताएँ इस संभावना को बढ़ा देती हैं कि सरकारी कर्मचारी लोक हित में काम करेंगे तथा अनुचित प्रकार के व्यवहार से बचेंगे।
- निर्धारित मानदण्डों से अपने आचरण की लगातार तुलना करने से सरकारी कर्मचारियों को सही काम करने की आदत पड़ जाती है।

» आचरण संहिताएँ, कुछ खास नैतिक मानकों के प्रति सरकारी कर्मचारियों की प्रतिबद्धता व्यक्त करती हैं।

» संहिताएँ सरकारी कर्मचारियों के लिए मानक निर्धारित करती हैं और लोक प्रशासनिक प्रणालियों के सदस्यों के तौर पर उनकी विशेष जिम्मेदारी व्यक्त करती हैं।

» आचरण संहिताएँ व्यक्ति के गर्व तथा नैतिक चेतना को अपील कर या बुरे काम के प्रति पश्चाताप का बोध उत्पन्न कर प्रभावी सिद्ध हो सकती हैं।

अन्तर्राष्ट्रीय संगठनों ने अन्तर्राष्ट्रीय भ्रष्टाचार-निरोधी करारनामों में आचरण संहिताओं की उपयोगिता को माना है। भ्रष्टाचार के विरुद्ध यू. एन. कन्वेंशन (2003), लोक सेवा संहिता को भ्रष्टाचार के निरोध के लिए आवश्यक मानता है:

"राष्ट्रों को यह सुनिश्चित करने का प्रयास करना चाहिए कि उनकी लोक सेवाएँ उन पूर्वोपायों के अधीन हों जो कार्य-कुशलता, पारदर्शिता तथा योग्यता के आधार पर भर्ती को बढ़ावा देते हैं। एक बार नौकरी (सेवा) में आ जाने के बाद सरकारी कमचारियों को आचरण संहिता, वित्तीय एवं अन्य प्रकटनों हेतु अपेक्षाओं तथा उचित अनुशासनिक उपायों के अधीन रहना चाहिए। सरकारी धन के मामलों में पारदर्शिता व उत्तरदायित्व को भी बढ़ावा दिया जाना चाहिए तथा भ्रष्टाचार को रोकने के लिए, विशेष रूप से सरकारी क्षेत्र के संवेदी क्षेत्रों जैसे न्यायपालिका, तथा सरकारी प्रापण के लिए विशिष्ट शर्तें रखी जानी चाहिए। जो लोग सरकारी सेवाओं (जन सेवाओं) का उपयोग करते हैं, उन्हें अपने सरकारी कर्मचारियों से उच्च स्तरीय आचरण की आशा करनी चाहिए"-

यह आदर्श-वाक्य कि "जनता सेवा, जनता का विश्वास है' इस बात को स्वीकार करता है कि आम जनता की तुलना में सरकारी कर्मचारी को अनेक शक्तियों व विशेषाधिकारों का लाभ प्राप्त है। अत: सरकारी कर्मचारियों के लिए आचरण संहिताएँ, सरकारी शक्ति और प्राधिकार के प्रयोग में विशेष उत्तरदायित्व और प्रतिबन्ध लागू कर देती हैं। आचरण संहिताएँ सामान्यत: लिखित प्रलेख होते हैं। स्पष्ट संहिताओं के अलावा कुछ अस्पष्ट अलिखित मानदण्ड भी हैं। सेना की सेवाएँ या रेजिमेण्टल परम्पराएँ इस श्रेणी में आती हैं। वे ऐसी अभिव्यक्तियों में पाए जाते हैं-'not done' (नहीं किया) या 'not Cricket'

जन जीवन के सात सिद्धान्त

लोक सेवा के सामान्यत: कहे गए सिद्धान्तों में शामिल हैं: निजी लाभ के लिए सरकारी कार्यालय के प्रयोग से बचना (सत्यनिष्ठा), कर्त्तव्यों के पालन में निष्पक्षता का प्रदर्शन (वस्तुनिष्ठता), तथा लोक सेवा की जनता के न्यास के रूप में अवधारणा (प्रभावशीलता)। ये सब मिल कर सरकारी कर्मचारियों के लिए एक समान मिशन बनाते हैं। नैतिक संहिता का एक प्रसिद्ध उदाहरण 'जन जीवन के सात सिद्धान्त' (Seven Principles of Public Life) जिसे ग्रेट ब्रिटेन में 'कमेटी ऑन स्टैण्डर्ड्स इन पब्लिक लाइफ' ने बनाया था। प्रधानमंत्री जॉन मेजर ने कार्य की व्यापक शर्तों के साथ 1994 में इस समिति (कमेटी) का गठन किया था:

"सरकारी कार्यालय के सभी कर्मचारियों के आचरण के मानकों के बारे में वर्तमान सरोकारों को, जिनमें वित्तीय व वाणिज्यिक गतिविधियों से सम्बन्धित प्रबन्ध भी शामिल थे, जाँचना तथा वर्तमान व्यवस्थाओं में ऐसे परिवर्तनों के लिए सिफारिश करना जो लोक जीवन में (जनता में) उपयुक्तता के सर्वोच्च मानकों को सुनिश्चित करने के लिए जरूरी हो सकते हैं।" इसमें पदाधिकारियों की व्यापक परिभाषा की गई है जिसमें राष्ट्रीय व स्थानीय स्तर पर सभी चुने गए कर्मचारी तथा सिविल सेवक शामिल हैं।

'जन जीवन के सात सिद्धान्त' जिनकी सिफारिश समिति ने की थी कि वे सभी सरकारी कर्मचारियों पर लागू हों, निम्नलिखित हैं:

नि: स्वार्थता (Selflessness)

सरकारी कार्य नितान्त रूप से जनहित में ही होना चाहिए। सरकारी कर्मियों को अपने, अपने परिवार या अपने मित्रों के वित्तीय या अन्य लाभों के लिए (कार्य) नहीं करना चाहिए।

सत्यनिष्ठा (Integrity)

सरकारी कर्मियों को स्वयं को किसी प्रकार के वित्तीय या ऐसे बाहरी व्यक्ति या संगठन अन्य अहसान के नीचे नहीं आने देना चाहिए जो उनके सरकारी काम को प्रभावित करने के प्रयोजन से हों।

वस्तुनिष्ठा (Objectivity)

जनता से मुलाकात, ठेके देने या पुरस्कारों व लाभों के लिए व्यक्तियों की सिफारिश करने सहित सरकारी काम करने में सरकारी कर्मचारियों को गुणावगुण के आधार पर (योग्यता के आधार पर) चयन करना चाहिए।

उत्तरदायित्व (Accountability)

सरकारी कर्मचारी अपने निर्णयों व कार्यों के लिए जनता के प्रति उत्तरदायी हैं और उन्हें अपने कार्यालय के लिए उपयुक्त जाँच हेतु सहयोग करना चाहिए।

खुलापन (Openness)

सरकारी कर्मचारियों को अपने द्वारा लिए गए सभी निर्णयों और किए गए कार्यों के लिए जितना संभव हो सके, खुला होना चाहिए। उन्हें अपने द्वारा लिए गए निर्णयों के लिए कारण बताने चाहिए और सूचना को तब ही रोकना चाहिए जब कि ऐसा करना व्यापक रूप से जन हित में जरूरी हो।

ईमानदारी (Honesty)

सरकारी कर्मचारियों का यह कर्त्तव्य है कि अपने सरकारी कर्त्तव्यों से जुड़े निजी हितों की घोषणा कर दें जनता के हित की रक्षा करने के बीच उठने वाले विवादों को हल करने के लिए कदम उठाएँ।

नेतृत्व (Leadership)

सरकारी कर्मचारियों को इन सिद्धान्तों को नेतृत्व व मिसाल द्वारा बढ़ावा और समर्थन देना चाहिए।

आचरण संहिताओं में अन्तर (Differences in codes of conduct)

आचरण संहिताओं का प्रयोजन मुख्यत: अवांछित आचरणों जैसे हितों का टकराव, अपने आप ही करना, रिश्वतखोरी, तथा सरकारी कार्यालय का दुरूपयोग को शुरू में ही रोकना है। संहिताएँ छोटी या लम्बी हो सकती हैं; लेकिन उनका रुझान काफी विवरणात्मक होने का होता है। जोर मुख्यत: विभिन्न प्रकार के अवांछित आचरणों की मनाही पर होता है।

सिविल सेवा अवचारों के प्रकार समय के बीतने के साथ बदल सकते हैं। अमरीकी पोस्ट मास्टर जनरल, अमोस केण्डाल (Amos Kendall) द्वारा 1829 में (बड़े घोटालों के बाद) जारी निम्नलिखित 'सरकारी कर्मचारियों के कर्त्तव्य' (Duties of public officials) में मुख्यत: कार्यालय के अनुशासन को शामिल किया गया है। इसके विपरीत आचरण की आधुनिक संहिताएँ अपेक्षाकृत लम्बी और अनेक सामान्य नियमों वाली हैं। सामान्य नियम ऐसे आम सिद्धान्त हैं जो प्रत्येक अलग-अलग घटनाओं (बातों) को समाहित करते हैं।

I. प्रत्येक लिपिक अपना काम शुरू करने के लिए प्रात: 9.00 बजे तक अपने कमरे में उपस्थित होगा और शाम 3.00 बजे तक परिश्रमपूर्वक अपने आप को जनता की सेवा में लगाए रहेगा।

II. प्रत्येक लिपिक उस हर कार्य को करने के लिए तैयार रहेगा जो उसे कार्यालय में या बाहर करने जरूरी हों, और किसी भी दशा में खातों को पूरा करने या इस शहर में किसी नागरिक का कार्य पूरा करने के लिए वह शाम 3 बजे के बाद कार्यालय समय से जरा अधिक भी अपनी मेहनत करने से गुरेज नहीं करेगा।

III. कार्यालय में अखबार व पुस्तकें नहीं पढ़ी जानी चाहिए जब तक कि वे हाथ के काम से सीधे सम्बन्धित न हों। ना ही मुलाकातियों या बैठे हुए लोगों से बातचीत की जानी चाहिए जब तक कि उनका कार्यालय से कोई काम न हो।

IV. जुआ खेलने, शराब पीने तथा अनियमित व अनैतिक आदतों के कारण किसी भी लिपिक को तत्काल बर्खास्त कर दिया जा सकता है।

V. किसी लिपिक द्वारा किसी ऐसे व्यक्ति से उपहार या आनुतोषिक स्वीकार करने जिसका काम (इस) कार्यालय से पड़ता है, या अपने परिवार के किसी सदस्य द्वारा इस प्रकार कुछ स्वीकर कर लिए जाने से उस लिपिक को तुरंत बर्खास्त किया जा सकता है।

VI. किसी नागरिक की प्रतिष्ठा को प्रभावित करते हुए किसी चल रही जाँच या कार्यालय में पता लगाए गए तथ्यों के बारे में कार्यालय के बाहर के व्यक्ति को लेखा-परीक्षक (Auditor) की अनुमति के बिना बताना कठोरता से मना है।

VII. किसी ऐसे व्यक्ति को इस कार्यालय में लिपिक नहीं रखा जाएगा जो किसी अन्य धन्धे में हो। लिपिक के परिवार के लिए जितना ध्यान जरूरी है, उसे छोड़कर आशा की जाती है कि लिपिक का पूरा समय, विचार और ऊर्जा लोक सेवा में लगा दी जाएगी।

VIII. सरकारी लेखन-सामग्री या अन्य सम्पत्ति के प्रयोग में कठोरता से किफायत बरती जाएगी। कोई लिपिक अपने, अपने परिवार या मित्रों के प्रयोग के लिए सरकारी कागज, (परों की) कलमें या अन्य वस्तुएँ कार्यालय से नहीं ले जाएगा।

इस आचरण संहिता की बातें आज भी वैध हैं। आचरण संहिताओं का प्रतिबिम्ब बहुत विस्तृत हो सकता है। एक सिरे पर, सत्यनिष्ठा आधारित संहिताएँ हैं; दूसरे सिरे पर अनुपालन आधारित संहिताएँ हैं। सत्यनिष्ठा आधारित संहिताएँ केवल अपेक्षित मूल्यों को ही बताते हैं। सिविल सेवकों से आशा की जाती है कि वे मूल्यों को हृदयंगम कर उन्हें आचरण के उपयुक्त व्यवहारगत सिद्धान्त बना लेंगे। कुछ ओ ई सी डी राष्ट्र और आस्ट्रेलिया इसी पद्धति को अपनाते हैं।

अनुपालन आधारित प्रणालियों में आचरण के विस्तृत नियम होते हैं जिनमें मुख्यत: अननुमत प्रकार के आचरण दिए जाते हैं। जो कर्मचारी नियमों का उल्लंघन करते हैं, उनके खिलाफ अनुशासनात्मक कार्रवाई की जाती है। ऐसे नियमों की की गई आलोचना यह है कि ये न्यूनतम स्तर पर अनुपालन सुनिश्चित करते हैं। वे सामान्यत: सरकारी कर्मचारियों को उच्च स्तरों तक लक्ष्य करने के लिए प्रेरित नहीं करते।

भारत में आचरण की सरकारी संहिताओं का लम्बा इतिहास रहा है। इसमें ज्यादा पीछे तक जाए बिना हम देख सकते हैं कि 1930 के वर्षों में 'करने' तथा 'नहीं करने' (Does and Donts) वाली हिदायतों का संग्रह जारी किया गया था और इसे समेकित रूप में आचरण नियमावली कहा गया था। इस संग्रह को 1955 में विशिष्ट नियमावली का रूप दिया गया। संतानम समिति ने ऐसे नियमों के काफी विस्तार की सिफारिश की थी। अखिल भारतीय सेवाओं के सदस्यों तथा विभिन्न राज्य सरकारों के कर्मचारियों पर सेंट्रल सिविल सर्विसेज (कण्डक्ट) नियमावली, (1964) तथा इसी प्रकार के नियम लागू होते हैं। इन नियमों को व्यवहार के अतिरिक्त मानदण्डों को शामिल करने के लिए अद्यतन किया गया है जिसमें इन बातों को कवर किया गया है: शिष्टाचार बरतने की अनिवार्यता, दहेज को माँगने व स्वीकार करने की मनाही, महिला कर्मियों को यौन उत्पीड़न और हाल ही में, चौदह साल से कम आयु के बच्चों को घरेलू नौकर के तौर पर रखने की मनाही। ये सब सिविल सेवाओं से समाज को बदलती हुई, अक्सर बढ़ती हुई आशाओं को प्रतिभासित करती हैं।

आचरण संहिताओं की विशेष विषयवस्तु (Specific Content of codes of conduct)

केन्द्रीय सरकार ने अपने अधिकारियों व कर्मचारियों के लिए आचरण नियम निर्धारित कर रखे हैं। अखिल भारतीय सेवा के अधिकारियों की विभिन्न श्रेणियों (आई ए एस/आई एफ एस/इण्डियन फॉरेस्ट सर्विस), केन्द्रीय सेवाओं (जैसे भारतीय राजस्व सेवा तथा भारतीय सूचना सेवा) तथा केन्द्रीय सचिवालय सेवा के लिए भिन्न-भिन्न आचरण नियम हैं। राज्य सरकारों ने अपने अधीनस्थ सेवा करने वालों के लिए आचरण नियम बनाए हैं। तथापि, केन्द्र तथा राज्यों के अधीन विभिन्न सेवाओं के लिए आचरण नियम एकसमान हैं।

आचरण नियमों की भाषा सामान्यत: अर्धविधिक दफ्तरी भाषा होती है। उनके साथ अनेक स्पष्टीकरण व व्याख्यताएँ होती हैं। अनेक नियम दोबारा बनाए गए हैं। तथापि, हमें इन छोटी-छोटी बातों पर ध्यान देने की जरुरत नहीं है। हमारे प्रयोजन के लिए हम अखिल भारतीय सेवा (ऑल इण्डिया सर्विसेज) आचरण नियमों पर विचार करेंगे। जैसाकि पहले कहा गया है, अन्य सेवाओं के लिए आचरण नियम मोटे तौर पर मिलते-जुलते हैं।

सर्वोत्तम निर्णय का प्रयोग (Using the Best Judgement)

अपने सरकारी कर्त्तव्यों का निर्वहन करते एवं शक्तियों का प्रयोग करते हुए अधिकारियों को अपने सर्वोत्तम निर्णयन का प्रयोग करना पड़ता है। अन्य शब्दों में, उन्हें वह करना पड़ता है जिसे वे किसी विशेष मामले में सत्य व सही समझते हैं उन्हें बिना किसी प्रकार के बाहरी दबाव की परवाह किए लागू होने वाले नियमों व विनियमों के अनुसार स्वतन्त्र रूप से कार्रवाई करनी चाहिए। लेकिन यदि उच्चतर अधिकारी उन्हें कोई मौखिक या लिखित आदेश देते हैं तो उन्हें ऐसे आदेशों का पालन करना पड़ता है।

सरकारें पदानुक्रमिक संगठनें होती हैं। कोई भी सरकारी अधिकारी अकेला काम नहीं करता -सिवाय उसके कि जब वह अर्द्धविधायी क्षमता में किसी मामले की सुनवाई करते हैं। अनेक परिस्थितियों में प्रशासनिक निर्णयन में न्यायिक पद्धतियों की नकल (अंशत:) की जाती है। उदाहरण के लिए, आयकर अधिकारी के आदेश पर अपील की सुनवाई करते हुए उप-आयकर आयुक्त कार्यालय में अन्यों से जानकारी लिए बिना ही अपना ही निर्णय करता है। लेकिन अनेक मामलों में प्रस्ताव (मामला) पदानुक्रम के निचले स्तर से बनकर चलता है और उच्च स्तर पर उसका निर्णय होता है। ऐसे निर्णय तथा इसके आधारभूत कारण फाइल में अभिलेखित रहते हैं।

मामले (Case Studies)

मामला-1 (Case- 1)

बाबू राव, वित्त विभाग के परियोजना विश्लेषण पक्ष में विशेष कार्य अधिकारी हैं। उनका काम परियोजनाओं की वित्तीय एवं आर्थिक लाभकारिता को देखना है। उपलब्ध बजट को देखते हुए, उच्च आय देने वाली परियोजनाओं को वित्त-पोषण या बाहरी दानकर्ताओं से सहायता के लिए चुना जाता है। यद्यपि इसके लिए पद्धति है, इसके नियम सरल हैं। विश्लेषक परियोजना के जीवन के प्रत्येक उपयोगी वर्ष के लिए आकलन करता है; साथ ही संभावित खर्च और राजस्व का भी हिसाब लगाता है। ये सभी प्रवाह विभिन्न वर्षों में होते हैं, तो उनको तुलनीय बनाना होगा। इस प्रयोजन के लिए, ब्याज की एक विशेष दर को लेकर राजस्व व व्यय के प्रवाहों को घटाया (Discounted) गया है। घटाने का अर्थ यह है कि ब्याज की दर के आधारित एक कारक का प्रयोग करते हुए उनके महत्त्व (Magnitude) को कम कर दिया जाता है। ऐसे घटाने के कारण व्यय तथा आय के भावी स्रोत छोटे (कम) हो जाते हैं। उदाहरण के लिए 5 वर्षों के खर्चों और आय की वही संख्याएँ, तीन वर्ष की संख्याओं से कम हो जाएँगी। भावी आय तथा व्यय का वर्तमान मूल्य दो कारकों पर निर्भर करता है। ब्याज की दर तथा भविष्य का वह वर्ष जिसमें वे उत्पन्न होंगे। इस प्रक्रिया में,भविष्य में बाद के वर्षों की संख्या, भविष्य के पहले के वर्षों की संख्या से कम हो जाती है। आय (लाभ) तथा व्यय (लागत) के स्रोत, जिन्हें उनके वर्तमान मूल्यों में कम कर दिया गया है, जोड़े जाते हैं और उनकी तुलना की जाती है। संक्षेप में, जिन परियोजनाओं का लाभ-लागत औसत वर्तमान मूल्यों में ऊँचा होता है, उन्हें वित्त-पोषण के लिए चुन लिया जाता है।

इस पूरी प्रक्रिया में एक शक्तिसम्पन्न मंत्री की प्रिय परियोजना छोड़ दी जाती है तथा नाराज मंत्री चर्चा के लिए बाबू राव को बुलाता है। बाबू राव उसे सब बातें समझाने की कोशिश करते हैं। लेकिन मंत्री उन्हें सातवें वर्ष के ठोस (पक्के) 100 करोड़ के राजस्व को काटकर लगभग 15 करोड़ रुपए कर देने पर फटकार देते हैं। थोड़ी चर्चा के उपरान्त मंत्री महसूस करता है कि खर्च तथा राजस्व प्रवाहों को घटाने के लिए प्रयुक्त ब्याज की दर यदि कम कर दी जाए तो परियोजना लाभकारी हो जाएगी। वह बाबू राव से दर को कम करने के लिए कहता है। लेकिन बाबू राव यह कहते हुए इंकार कर देता है कि यह दर आर्थिक मामलों के विभाग द्वारा निर्धारित की जाती है।

प्रश्न (Question)

उपरोक्त परिस्थिति में बाबू राव को क्या करना चाहिए?

1. मंत्री के आदेशों का पालन करें।
2. बाबू राव को अपने तंग लेखांकन परिप्रेक्ष्य को त्याग देना चाहिए तथा एक विस्तृत सामाजिक दृष्टिकोण को अपना लेना चाहिए।
3. उसे मंत्री के अनुदेशों को मानने में अपनी असमर्थता नम्रतापूर्वक बता देनी चाहिए।
4. उसे मंत्री को बता देना चाहिए कि वह ब्याज की दर घटाने के लिए कहते हुए आर्थिक मामलों के विभाग को लिखेगा।

परिचर्चा (Discussion)

बाबू राव वित्त के क्षेत्र में व्यवसायी हैं। उसे परियोजना विश्लेषण की निर्धारित पद्धति का पालन करना पड़ता है। व्यावसायिक जैसे डॉक्टर तथा इंजीनियर लोगों को अपने-अपने कार्य क्षेत्रों में सम्बन्धित तकनीकी संहिताओं का पालन करना पड़ता है। बाबू राव इस मामले में मंत्री की अव्यावसायिक सलाह से नहीं चल सकता।

दूसरा विकल्प दो भिन्न मामलों में भ्रांति पैदा करता है। वित्त व्यवसायी के तौर पर अपना काम करते हुए बाबू राव को लेखांकन व सम्बन्धित विषयों में अपने प्रशिक्षण के अनुसार चलना होता है। एक नागरिक के तौर पर तो वह उस सामाजिक दर्शन (सोच) को अपना सकता है जो उसे अपील करता है। वित्त विशेषज्ञ की उसकी भूमिका को नागरिक की अपनी भूमिका के साथ भ्रांत नहीं किया जाना चाहिए।

तीसरा विकल्प सही है। बाबू राव को अपने ज्ञान व सर्वोत्तम निर्णयन के आधार पर व्यावसायिक सूचनाएँ निर्णयन प्रक्रिया में देनी चाहिए। अपेन निर्णय के स्थान पर वह मंत्री के निर्णय को नहीं रख सकता। बाबू राव ने डिस्काउण्ट (बट्टे) की जिस दर का प्रयोग किया है, वह आर्थिक मामलों के विभाग द्वारा दी गई थी। प्रसंगवश, यह दर भारतीय अर्थ-व्यवस्था में पूँजी की अपेक्षित कमी को मापती है और पूँजी के मूल्य या लागत को मापती है। परियोजनाओं का मूल्यांकन करते समय यह एक-समान दर ही प्रयोग करनी पड़ती है। मंत्री के कहने से इसे बदला नहीं जा सकता। लेकिन उसे मंत्री से टकराव नहीं करना चाहिए, केवल बता देना चाहिए कि वह उसी दर का प्रयोग करने के लिए विवश है।

अंतिम विकल्प भी अनुचित है। वह आर्थिक मामलों के विभाग को दर में परिवर्तन करने के लिए नहीं लिख सकता। इसे मौद्रिक एवं वित्तीय प्राधिकरणों तथा विशेषज्ञ एजेन्सियों के साथ विस्तृत परामर्शन के बाद तय किया जाता है। इसके अतिरिक्त, ऐसे प्रस्ताव करना उसके अधिकार क्षेत्र में आता भी नहीं है।

लिखित आदेश (Written Orders)

यह नियम है कि जब मौखिक आदेश दिए जाते हैं तो उन्हें उसके तुरन्त बाद ही आदेश देने वाले अधिकारी द्वारा प्राधिकृत किया जाता है। यह नियम श्रीमती इंदिरा गाँधी के समय की आपात् स्थिति का प्रतिफल है। जस्टिस शाह आयोग ने आपातकाल के दौरान हुई विभिन्न विवादास्पद घटनाओं की जाँच की थी। अनेक अधिकारियों ने तर्क दिया कि उन्होंने उच्चाधिकारियों के आदेशों का पालन किया। जैसाकि ऐसी आकस्मिकताओं में होता है, उच्च अधिकारियों ने सभी मामलों से हाथ धो लिए। इस समस्या से बचने तथा उत्तरदायित्व निश्चित करने के लिए शाह आयोग ने सिफारिश की कि जो अधिकारी मौखिक आदेश जारी करते हैं, उन्हें बाद में लिखित रूप में उनकी पुष्टि करनी चाहिए। इस नियम का एक भाग यह भी है कि यह उन मामलों को इधर से उधर उछालने के लिए नहीं किया जाना चाहिए जो किसी को प्राप्त शक्तियों के भीतर हो। बात यहाँ यह है कि सरकारी कर्मचारी को जिम्मेदारी से नहीं बचना चाहिए।

मामला-2 (Case-2)

द स्टेट सिविल सप्लाइज कारपोरेशन को पी डी एस (जन वितरण प्रणाली) हेतु आवश्यक मिट्टी के तेल को जिले से तहसील तथा उप-तहसील के शहरों में भेजने का काम सौंपा गया है। इस प्रयोजन के लिए, इसे प्रत्येक जिले हेतु ट्रांस्पोर्ट टेण्डर तय करने होते हैं। जिलों में से एक में, टेण्डर की प्राप्त दरें बहुत ऊँची थीं और कारपोरेशन के प्रबन्ध निदेशक ने नए टेण्डर मँगवाने का निश्चय किया। तथापि, पहले जो टेण्डर आए थे जिन्हें प्रबन्ध निदेशक ने बहुत ऊँची दरों वाले मानकर अस्वीकार कर दिया था, उनमें सबसे कम दरों का टेण्डर सिविल सप्लाइज के केबिनेट मंत्री के समर्थक का था। ग्रामीण क्षेत्रों को सप्लाई शीघ्र पहुँचाने की जरूरत बताते हुए मंत्री ने प्रबन्ध निदेशक से सबसे कम दरों के टेण्डर को स्वीकार कर लेने के लिए कहा। मंत्री ने यह भी कहा कि यह प्रक्रिया की दृष्टि से ठीक होगा। इसके कारण होने वाली संभावित लेखा-परीक्षा की आपत्तियों व उसके परिणामों के भय से प्रबन्ध निदेशक ने ऐसा करने से इंकार कर दिया। जब मंत्री ने जोर दिया तो प्रबन्ध निदेशक ने उससे लिखित आदेश भेजने के लिए कहा। मंत्री ने अधिकारी पर अफसरशाह और अड़ियल होने का आरोप लगाया।

प्रश्न (Question)

इस मामले में प्रबन्ध निदेशक की प्रतिक्रिया के बारे में आप क्या कहेंगे?

1. प्रबन्ध निदेशक का व्यवहार अफसरशाही का और नियमबद्ध हैं।
2. प्रबन्ध निदेशक का आधार उचित है।
3. प्रबन्ध निदेशक अपनी प्रतिक्रिया से जनता हो होने वाली असुविधा को अनदेखा कर रहा है।
4. प्रबन्ध निदेशक ने पहले प्रापण (खरीद) में विलम्ब किया और फिर और आगे मुश्किलें खड़ी कर रहा है।

परिचर्चा (Discussion)

पहला विचार अनुचित हैं। इसमें प्रबन्ध निदेशक की प्रतिक्रिया की सभी परिस्थितियों पर ध्यान दिए बिना आलोचना करने के लिए विशेषणों का प्रयोग किया गया है। अनेक लोक प्रणालियाँ दफ्तरशाही संगठन हैं और इस शब्द को बुरे अर्थों में प्रयोग का कोई लाभ नहीं है। यह भी सच है कि लोक प्रणालियाँ, नियमों से बँधी होती हैं लेकिन वे वित्तीय उपयुक्तता एवं निष्पक्षता सुनिश्चित करने के लिए जरूरी हैं।

प्रबन्ध निदेशक का मंत्री से लिखित रूप में आदेश माँगना उचित है। मंत्री से कारपोरेशन के आन्तरिक मामलों में दखल देने की आशा नहीं की जाती है जो कम्पनी अधिनियम के तहत चलता है। इसके अतिरिक्त, यदि सारी दरें ऊँची हैं तथा न्यूनतम दर बाजार की दरों से ऊपर है तो न्यूनतम दर को स्वीकार करना जरूरी नहीं है। प्रबन्ध निदेशक को यह निश्चित करना है कि क्या निविदा के उत्तर में प्राप्त दरें उचित हैं या नही। स्वीकार किए जाने योग्य दरें बाजार की दरों की संगत में होनी चाहिए। मंत्री के लिखित आदेशों के बिना, बाजार की दरों से अधिक वाली दरों पर भुगतान करने से होने वाली हानि के लिए प्रबन्ध निदेशक को उत्तरदायी ठहराया जाएगा। दोष को झेलने के लिए वही अकेला रह जाएगा।

तीसरा विचार भी स्वीकार करने योग्य नहीं है। प्रबन्ध निदेशक जानबूझ कर जनता को तकलीफ नहीं दे रहा है तथा ऊँची दरें (भाव) प्राप्त होने के कारण उसे दोबारा निविदा जारी करने के लिए बाध्य होना पड़ रहा है। यह निर्णय उस पर जबरन डाल दिया गया है। वह निर्धारित नियमों का उल्लंघन नहीं कर सकता।

अंतिम विचार मुद्दे की बात से सरोकार नहीं रखता। सीधी बात यह है कि बाजार की दरों से ऊँची दरों वाली निविदाओं को स्वीकार किया जाए या नहीं। यह विचार मुद्दे को भटका देता है। प्रसंगवश, हमारे लोगों की यह आम कमजोरी है कि वे किसी चर्चा (वाद-विवाद) में वे मुख्य मुद्दे को छोड़ देते हैं और असम्बद्ध या आस-पास की बातों पर बोलते रहते हैं। पूरे किस्से में ऐसा कोई उल्लेख नहीं है कि प्रबन्ध निदेशक ने मामलों को विलम्बित किया है।

सत्यनिष्ठा व निष्ठा (Integrity and Devotion)

अधिकारियों को अपने प्रशासनिक नियन्त्रण अधीनस्थ कर्मचारियों की सत्यनिष्ठा व कर्त्तव्य के प्रति उनकी निष्ठा को सुनिश्चित करना होता है। सत्यनिष्ठा का व्यापक भावों में अर्थ मुख्यत: ईमानदारी होता है। सिविल सेवा वाले को न केवल रिश्वत (या कार्यालयी भाषा में गैर कानूनी पारितोषिक) से इंकार कर देना चाहिए अपितु उसे बौद्धिक ईमानदारी का प्रदर्शन भी करना चाहिए। 'कर्त्तव्य के प्रति निष्ठा की कमी' के अनेक रूप (अर्थ) हैं। आचरण नियमों में, निर्धारित समय के भीतर आशयित क्वालिटी के साथ काम को पूरा करने में असफल रहना ऐसा एक रूप (अर्थ) है। यहाँ, आचरण नियम एक सिविल सेवक की कर्त्तव्य के प्रति प्रत्याशित वचनबद्धता की ओर अप्रत्यक्ष रूप से इशारा करते हैं। सिविल सेवक से उच्च कार्य मानक तथा कर्मठता की आशा का भी उल्लेख है।

सम्पत्तियों व लेन-देनों (सौदों) के विवरण देना

(Reporting of Details of properties and Transactions)

आचरण नियमों के प्रावधान हैं जो सिविल सेवा वालों की सम्पत्ति व (सौदों) वित्तीय लेन-देन का पता लगाते हैं। उनका प्रयोजन यह सुनिश्चित करना है कि सिविल सेवक अपनी सरकारी स्थिति का दुरुपयोग कर धन-सम्पत्ति जमा न करें (या अपनी आय के ज्ञात स्रोतों से अधिक की सम्पत्तियाँ न खरीदें)। एक सिविल सेवक (सरकारी कर्मचारी) सरकार के अनुमोदन के बिना अपने नाम में या अपने परिवार के सदस्यों के नाम में कोई अचल सम्पत्ति किसी भी साधन से (जैसे खरीद, लीज पर या उपहारस्वरूप) प्राप्त नहीं कर सकता। ना ही वह बिना इसी प्रकार की अनुमति के कोई अचल सम्पत्ति बेच या निपटा सकता है। सिविल सेवकों को स्टाक मार्केट में सट्टा खेलना या निवेश करने या ऋण देने या इसी प्रकार के वित्तीय काम करने की मनाही है। उन्हें निजी व्यापार या कारोबार करने की भी मनाही है। उन्हें हर वर्ष अपनी सम्पत्तियों का ब्यौरा देते हुए वार्षिक सम्पत्ति विवरण देना होता है।

सिविल सेवकों (सरकारी कर्मचारियों) की ईमानदारी को सुनिश्चित करने के लिए ये महत्त्वपूर्ण प्रावधान हैं। ये नियम प्रकटन मानदण्डों के समान हैं। सिविल सेवकों का उत्तरदायित्व है कि वे अपने सम्पत्ति सम्बन्धी सौदों और सम्पत्ति के स्वामित्व की जानकारी सरकार को दें। यह पद्धति पारदर्शिता को भी सुनिश्चित करती है। यह गलत काम को हतोत्साहित करने वाली भी होती है। क्योंकि भ्रष्टाचार निरोधन अधिनियम के अधीन सिविल सेवकों को सजा मिल सकती है यदि उनके पास उनकी आय के ज्ञात स्रोतों से अधिक मूल्य की सम्पत्ति हो।

दबाव लाने पर रोक (Bar on influence Peddling)

आचरण नियम सिविल सेवकों को अपने परिवार के सदस्यों को कम्पनियों, फर्मों या गैर-सरकारी संगठनों में नौकरियाँ दिलाने के लिए अपने प्रभाव का प्रयोग करने से मना करते हैं। ऐसा करके सरकारी कर्मचारी स्वयं को निजी व्यक्ति या कम्पनियों के अहसान तले ले आता है। इससे उसकी निष्पक्षता और स्वतन्त्रता समाप्त हो जाती है। ऐसे काम से 'अंतरंग पूँजीवाद' (Crony Capitalism) शुरू हो सकता है जिसमें सरकार में ऊँचे लोग व निजी व्यापारियों के बीच सुखद सम्बन्ध हो जाते हैं। परिणामस्वरूप सरकार तथा उनके चहेते उद्योगों के बीच 'मधुर सौदे' (Sweetheart deals) हो जाते हैं जिनसे सरकारी खजाने को हानि होती हैं।

हितों के टकराव से बचिए (Avoid Conflict of Interest)

ऐसी मुसीबातें से बचने के लिए आचरण नियमों में प्रावधान है कि सिविल सेवकों को हितों के टकराव वाली स्थितियों से बचना चाहिए। यह ऐसी परिस्थितियाँ हैं जिनमें सिविल सेवक ऐसे मामले को देख रहा होता है जिसमें उसका निजी हित या पण्यधारिता हो। इस प्रकार सिविल सेवक को ऐसे किसी मामले (ठेका देने वाले सहित) को देखने से बचना चाहिए जो किसी ऐसे निजी उपक्रम या गैर-सरकारी संगठन से सम्बन्धित हो और उसमें उसके परिवार का कोई सदस्य नौकरी में हो या जिसमें उसका स्वयं का वित्तीय हित हो। इसी प्रकार की स्थिति तब पैदा होती है जब न्यायाधीश उन मुकदमों की सुनवाई करते हैं जो उनके वकालत

करने के समय के उनके ग्राहक व्यक्तियों या फर्मों से सम्बन्धित हों। न्यायाधीश लोग ऐसे केसों (मामलों) से स्वयं को हटा लेते हैं अर्थात् उनकी सुनवाई नहीं करते।

मामला-3 (Case-3)

जोगिन्दर ने कुछ सालों तक अमरपुर जिले में जिला मजिस्ट्रेट के पद पर काम किया। वे ब्रिज (ताश) के एक उत्साही खिलाड़ी थे। वे एडवोकेट्स क्लब में नियमित रूप से ब्रिज खेलते थे। उनके ब्रिज के अनेक पार्टनर वकील थे और वे उनके पक्के दोस्त बन गए। बाद में जोगिन्दर अमरपुर से चले गए, वे राजस्व बोर्ड (Board of Revenue) के सदस्य बन गए। बोर्ड के सदस्य होने के नाते उन्हें जमीनों के मामलों की अपीलें सुननी होती थीं। लेकिन समय की प्रगति ऐसी हुई कि सोया हुआ अमरपुर अचानक ही एक औद्योगिक केन्द्र बन गया। यहाँ जमीन की कीमतें एकदम चढ़ गई। जोगिन्दर को यह देखकर परेशानी होने लगी कि ब्रिज क्लब के उनके पक्के दोस्त वकील केसों में पेश होने लगे।

प्रश्न (Question)

इस मामले में जोगिन्दर के पास क्या विकल्प है?

1. उसे उस केस से स्वयं को अलग कर लेना चाहिए जिसमें पैरोकारों के तौर पर उसके घनिष्ठ मित्र पेश हो रहे हैं।
2. उसे केस सुन लेने चाहिए।
3. उसे केस सुन लेने चाहिए तथा यदि उसके मित्रों का केस एवं उनके विपक्षियों का केस मैरिट की दृष्टि से समान हैं तो उसे अपने मित्रों का पक्ष लेना चाहिए।
4. हितों के टकराव की स्थिति के मद्देनजर उसे अन्य कार्य (तैनाती) पर अपना स्थानांतरण माँग लेना चाहिए।

परिचर्चा (Discussion)

पहला विचार सही है। इस मामले में हितों का टकराव है। अधिकारियों को प्रतिक्रिया कर मामलों को विषयपरक ढंग से तय करना चाहिए। तथापि, अधिकारियों की अपनी भावनाएँ उन मामलों में प्रभाव डालने लगती हैं जिनमें उनके सम्बन्धी या मित्रगण पक्षों (पार्टियों) के तौर पर पेश होते हैं। सम्बन्धित अधिकार के बारे में बताया गया है कि ऐसे मामले में उनमें हितों का टकराव है। उन्हें ऐसे मामलों में निर्णय लेने से बचना चाहिए।

तीसरा विकल्प दूसरे से भी अधिक खराब है। एक न्यायिक या अर्ध-न्यायिक निर्णय विषयपकर विचारों, अर्थात् मामले (केस) के तथ्यों एवं लागू होने वाले नियमों पर आधारित होने चाहिए। कोई निजी कारक या किसी एक ओर झुकाव के विचार- तथ्यों व कानून के आधार पर के सिवाय, स्वीकार योग्य नहीं हैं। यह विकल्प पक्षपात कहलाएगा।

जोगिन्दर को स्थानांतरण माँगने की जरूरत नहीं है। टकराव वाले केसा ज्यादा नहीं होंगे। वह ऐसे केसों से अलग रह सकता है।

वित्तीय स्वामित्वता (Financial Propriety)

आचरण नियमों का प्रयोजन यह सुनिश्चित करना है कि सिविल सेवक अपने निजी आचरण में वित्तीय स्वामित्व के अन्य मानदण्डों का प्रयोग करें। सरकारी निधियों में (जैसे मुख्यमंत्री राहत कोष) में या प्राकृतिक आपदा से पीड़ित या अन्य परिस्थितियों से प्रभावित लोगों की सहायता के लिए अंशदान माँग सकते हैं।

हितों के टकराव की परिस्थितियों से बचने तथा अप्रत्यक्ष साधनों से धन कमाने की संभावनाओं से बचाव हेतु आचरण नियम सिविल सेवकों को निजी समूहों से मँहगे उपहार लेने या उनकी मेहमाननवाजी स्वीकारने से मना करते हैं। कुछ अपवाद हैं जो सिविल सेवकों को एक खास सीमा तक के उपहार, धार्मिक या सामाजिक अवसरों जैसे शादी पर अपने निकट सम्बन्धियों से लेने की अनुमति देते हैं।

सिविल सेवकों को अपने निजी धन को समझदारी के साथ संभालना चाहिए। उन्हें आदतन उधार लेने के चक्र में नहीं फँसना चाहिए। उन्हें कार या मकान के लिए ऋण तब ही लेने चाहिए जब कि इक्वेटिड मन्थली इन्स्टालमेण्ट (EMI) दी जा सकती हों। इस नियम की सोच यह सुनिश्चित करने की है कि मुश्किल निजी वित्त-व्यवस्था सिविल सेवकों को अनुचितता में न फँसा ले।

मामला-4 (Case-4)

बद्री प्रसाद घुमक्कड़ स्वभाव का युवा अधिकारी है। उसका प्राकृतिक रूप से निश्चिन्त प्रकार का मिजाज था। वह वर्तमान में जीता है और भविष्य के बारे में ज्यादा चिन्ता न करते हुए जीवन का आनन्द भोगता है। उसकी पत्नी सरोजिनी उसी के जैसे स्वभाव की और उसी जैसी जीवनशैली वाली है। वे एक शानदार मकान तथा बढ़िया कार खरीदने के बहुत इच्छुक थे। पैसे की जिम्मेदारियों को सोचे बिना उन्होंने भारी रकम उधार ले ली और बड़ी-बड़ी ई एम आई के भुगतानों में फँस गए। तभी औद्योगिक मंदी के कारण सरोजिनी की नौकरी चली गई। उन्हें अपने निजी वित्तों को संभालने में कठिनाई होने लगी। उनके कारोबार के कुछ परिचित उस समय तक उनकी ई एम आई के भुगतानों को अस्थायी तौर पर संभालने के लिए तैयार थे जब तक कि युवा युग्म अपने वित्तीय संकटों से बाहर नहीं निकल जाता। बदरी व सरोजिनी ने इस प्रस्ताव पर विचार किया। उन्होंने कार को बेचने देने व तब तक अस्थायी रूप से घर के खर्च को कम कर देने का निर्णय किया। जब तक सरोजिनी को कोई और नौकरी नहीं मिल जाती।

प्रश्न (Question)

उनको आपकी सलाह क्या होगी?

1. अस्थायी रूप से मुश्किलों से निकलने के लिए उन्हें ऑफर को स्वीकार कर लेना चाहिए।
2. अधिकारियों को ऐसा नहीं मान लेनाा चाहिए कि यदि व्यापारी दोस्त उनकी मदद करते हैं तो वे हमेशा ही किसी न किसी रूप में फायदा उठाएँगे।
3. उन्हें कार बेच देनी चाहिए और जब तक सरोजिनी को दूसरी नौकरी नहीं मिल जाती, तब तक घर का खर्च कम कर देना चाहिए।
4. उन्हें ऑफर को स्वीकार कर लेना चाहिए किन्तु इसे पूर्णतः गुप्त रखना चाहिए।

परिचर्चा (Discussion)

पहला विकल्प ठीक सलाह नहीं है। इससे वे अपने व्यापारी मित्रों के अहसान तले दब जाएँगे। कर्मचारियों से आशा की जाती है कि वे अपनी वित्त-व्यवस्था को उचित दशा में रखें तथा अपनी ई एम आई के भुगतानों के लिए दूसरों पर निर्भर रहना यह बताता है कि उनकी घरेलू वित्त व्यवस्था बुरी हालत में है।

दूसरा फार्मूला एक सामान्य कथन के तौर पर स्वीकार किया जा सकता है। अमीर व्यापारी उदार हृदय हो सकते हैं और अपने युवा मित्रों के वित्तीय संकट में उनकी मदद करना चाहेंगे। यह सामान्य सिद्धान्त विशिष्ट आचरण संहिता के सामने नहीं टिक सकता, जो सरकारी कर्मचारियों को निजी व्यक्तियों से धन की सहायता लेने की मनाही करता है।

तीसरा विकल्प सबसे अधिक उपयुक्त है। बद्री को इस प्रकार दूसरों पर निर्भर नहीं हो जाना चाहिए। उसके दोस्तों की मंशा अच्छी हो सकती है लेकिन ऐसी मदद स्वीकार कर, बद्री अपने आप को एक मिथ्या स्थिति में रख रहा होगा। किसी भी हालत में, यदि वह ऐसी मदद लेता है तो वह अपनी आचरण संहिता का उल्लंघन कर रहा होगा। बदरी और सरोजिनी पर यह बाध्यकर है कि वे अपनी वित्त व्यवस्था शीघ्र ही व्यवस्थित कर लें।

अंतिम विकल्प में, बद्री व सरोजिनी सरकारी आचरण संहिता का उल्लंघन कर रहे होंगे और उसे छुपा रहे होंगे। किसी भी प्रकार से वे आचरण संहिता को भंग कर रहे हैं। अनुभव बताता है कि गुप्त रखने की ऐसी कोशिशें अक्सर असफल हो जाती हैं। लोगों की प्रवृत्ति बात करने की होती है और किसी न किसी तरह बात खुल ही जाती है।

राजनैतिक तटस्थता (Political Neutrality)

आचरण नियम सिविल सेवकों को राजनैतिक गतिविधियों में भाग लेने से स्पष्ट रूप से मना करते हैं। ऐसे नियमों का प्रयोजन सिविल सेवकों की राजनैतिक तटस्थता को सुनिश्चित करना है। कोई भी सरकारी कर्मचारी किसी राजनैतिक दल या किसी

राजनैतिक संगठन का सदस्य नहीं बन सकता या अन्यथा नहीं जुड़ सकता। ना ही वह किसी राजनैतिक आन्दोलन या राजनैतिक गतिविधि में भाग ले सकता है, सहायता या समर्थन कर सकता है। वह केन्द्रीय, राज्य या स्थानीय स्तर पर चुनावों मे अपने प्रभाव का इस्तेमाल नहीं कर सकता, प्रचार नहीं कर सकता या दखलंदाजी नहीं कर सकता। सिविल सेवकों को अपने परिवार के सदस्यों को उन आन्दोलनों में भाग लेने से रोकने की भी कोशिश करनी चाहिए जो प्रत्यक्षत: या अप्रत्यक्ष रूप से विधिपूर्वक चुनी गई सरकार को समाप्त करते हैं। नक्सल व माओवाद इसी प्रकार के आन्दोलन हैं।

मामला-5 (Case-5)

राजेश चौधरी व वैदेही चौहान विश्वविद्यालय में मित्र थे। जब राजेश चौधरी सिविल सेवा में आ गया तो उन्होंने विवाह कर लिया। वैदेही के पिता जाने-माने राजनेता थे जो राज्य की राजधानी में रहते थे। किन्तु युवा दम्पत्ति ने इस सत्य को प्रचारित नहीं किया और सामान्य बने रहे। वैदेही के पिता, राजेश चौधरी को किसी राजनैतिक मामले में उलझने देना नहीं चाहते थे। कुछ स्थलों की तैनाती के बाद राजेश का तबादला राज्य की राजधानी में हो गया। युवा दम्पत्ति वैदेही के माता-पिता के घर में आ गए।

एक राजनेता का घर होने के कारण यहाँ राजनैतिक लोगों का ताँता लगा रहता था। राजेश ने आरम्भ में स्वयं को इस राजनैतिक भीड़ से दूर रखा। लेकिन धीरे-धीरे वह राजनैतिक गप-शप में रुचि लेने लगा। वह अधिक प्रसिद्ध व रुचिप्रद राजनेताओं के साथ मिलते-जुलने लगा। वह कार्यालयी गपशप के लिए सिविल सेवकों के चाय क्लब में सेवा के अपने साथियों को कुछ चटपटी राजनैतिक छोटी-छोटी खबरें सुनाने लगा। उसने कुछ राजनेताओं की कुछ छोटे-मोटे मामलों में मदद भी कर दी। उनमें से कुछ ने अफसरशाही तथा राजनेता के परिवारों के बीच विवाह सम्बन्धों से उत्पन्न सहक्रिया (Synergy) के बारे में कुछ घटिया टिप्पणियाँ कर दीं। वैदेही को यह अच्छा नहीं लगा। राजनेता की बेटी होने के नाते उसकी समझ बहुत तेज थी और वह नहीं चाहती थी कि राजेश को किसी प्रकार के राजनैतिक संगठन के साथ जुड़ा देखा जाए। वह नहीं चाहती थी कि राजेश किसी मुसीबत में पड़े। उसके पिता भी अपने राजनैतिक मित्रों के साथ राजेश के साथ मिलने-जुलने से परेशान थे क्योंकि उनमें से कई संदिग्ध चरित्र के थे। लेकिन वे दामाद से कुछ कहते हुए संकोच करते थे।

सौभाग्यवश मामला खुद ही सुलझ गया। राजेश चौधरी की छोटी बहन का दाखिला शहर के एक प्रसिद्ध बिजिनेस स्कूल में हो गया। वैदेही ने राजेश को अपने छोटे फ्लैट में जाने के लिए तैयार कर लिया जो स्कूल के पास ही था। उसने राजेश को बताया कि उसकी बहन फ्लैट में रहते हुए शांति से पढ़ाई कर सकती है। उसके पिता ने भी राहत की साँस ली।

प्रश्न (Question)

इस मामले में बताई गई स्थिति में, आपके विचार से उचित प्रतिक्रिया क्या होगी?

1. वैदेही राई का पहाड़ बना रही है।
2. पहली बात तो यह है कि दोनों को वैदेही के पिता के घर रहने के लिए आना ही नहीं चाहिए था।
3. वैदेही की चिन्ता वैध है।
4. (सरकारी) सिविल अधिकारी कुछ सीमा तक राजनेताओं और उनकी गतिविधियों से जुड़े ही रहते हैं।

परिचर्चा (Discussion)

पहला विकल्प अस्वीकार्य है। इसमें समस्या है, क्योंकि राजेश राजनेताओं से अधिक निकटता बढ़ा रहा था। इससे उसके कैरियर में आगे चलकर समस्याएँ आ सकती हैं।

दूसरा विकल्प पूरे मामले से सरोकार नहीं रखता। समस्या यह नहीं है कि वे वैदेही के माता-पिता के घर आ गए। समस्या यह है कि राजेश कुछ राजनेताओं के बहुत नजदीक आता जा रहा है जबकि सिविल सेवकों को उनसे कुछ दूरी बनाकर रखनी चाहिए।

पूरा मामला अहानिकारक लग सकता है। लेकिन दोष यहाँ है कि राजेश राजनैतिक अखाड़े में खींचा जा रहा है। हमें राजनीतिक गपशप को सुनने में मजा आता है जैसा कि न्यूज चैनलों की लोकप्रियता से पता चलता है। राजेश युवा है और राजनीतिक खिलाड़ी उसे बहका सकते हैं। वैदेही ने बहुत चतुरता से जान लिया कि उसके पति का बढ़ती हुई राजनीतिक रुचि उसकी निष्पक्षता की छवि को कम कर सकती है। उसकी चिन्ता का पक्का आधार है।

अंतिम विकल्प एक भ्रामक कथन है। यह सच है कि राजनेता और सिविल सेवक एक-दूसरे से लगातार बातचीत करते रहते हैं। लेकिन इसे राजनीतिक मामलों में सिविल सेवकों को भाग लेना नहीं माना जाना चाहिए। उनकी भूमिका राजनीतिक नेताओं वाले से भिन्न है। राजनेताओं के साथ अपनी बात-चीत में अधिकारियों को राजनीतिक दृष्टि से निष्पक्ष रहना चाहिए और किसी भी प्रकार के राजनीतिक मामलों में पड़ने से बचना चाहिए।

सामाजिक नियमों तथा सांस्कृतिक मानदण्डों का पालन करना

(Observing Social Laws and Cultural Norms)

सिविल सेवकों को खास सामाजिक नियमों का पालन कठोरता से करना चाहिए जो लोग बहुत ही कम करते हैं। उन्हें दहेज न तो देना चाहिए और न स्वीकार करना चाहिए। ना ही उन्हें सरकार की पूर्व अनुमति के बिना दो विवाह करने चाहिए, चाहे ऐसा करना किसी धर्म के व्यक्तिगत नियमों के अनुसार अनुमत हो। उन्हें 14 वर्ष से कम आयु के लोगों को घरेलु कार्यों के लिए नहीं रखना चाहिए।

सिविल सेवकों को अपनी निजी क्षमता में कुछ सांस्कृतिक मानदण्डों का पालन करना होता है। इनमें विवाह की आयु के बारे में वर्तमान नीतिया; पर्यावरण, वन-जीवन तथा सांस्कृतिक परम्परा, स्त्रियों के प्रति अपराधों को रोकना; तथा दो बच्चों के परिवार के मानदण्ड सम्बन्धी वर्तमान नीतियाँ आती हैं।

सिविल सेवकों को ड्यूटी पर रहते हुए अल्कोहल के प्रभाव में नहीं होना चाहिए; ना ही उन्हें किसी शराबी या नशेबाज को उनके काम को प्रभावित करने देना चाहिए। उन्हें किसी राज्य में लागू शराबबन्दी कानूनों का सप्रयास पालन करना होगा।

मामला-6 (Case-6)

मल्लिकार्जुनम आंध्र प्रदेश के कुरनल जिले से हैं उसके ससुर एक बड़े किसान थे। मल्लिकार्जुनम की पत्नी अपने घर के नौकरों से काम करवाती थी। उसे बेंगलुरू में बिना घरेलू नौकरों के घर संभालने में दिक्कत होती थी। उसके पिता ने घरेलू काम में सहायता के लिए दस वर्षीय बलराम को उसके पास भेज दिया। बलराम के पिता खेत में काम करने वाले थे जो उनकी जमीन पर काफी समय से रह रहे थे। वह बलराम से दयालुता का व्यवहार करती थी और उसे स्कूल भी भेज दिया। लड़का घर के छोटे-छोटे कामों में उसकी मदद करता था। जैसेकि आगे चलकर हुआ, मल्लिकार्जुनम को अपने कार्यालय में काम की उपेक्षा करने एवं कार्यालय में आने वाले आवेदकों को लूटने की कोशिश करने वालों को ठीक करना पड़ा। प्रतिशोध से भरे कर्मचारियों ने शिकायत कर दी कि मल्लिकार्जुन ने बाल श्रमिक को रखा हुआ है और उसका शोषण कर रहा है।

प्रश्न (Question)

इस मामले में आपकी प्रतिक्रिया क्या होगी?

1. अपने मतलब की होने और प्रेरित होने के कारण मल्लिकार्जुन को शिकायत पर ध्यान नहीं देना चाहिए।
2. मल्लिकार्जुन को बलराम को नौकरी नहीं देनी चाहिए थी।
3. बलराम अपने गाँव की तुलना में बैंगलूरू में ज्यादा अच्छा था।
4. मल्लिकार्जुन को स्कूल के रजिस्टर में बलराम की आयु बढ़ा देनी चाहिए ताकि कानूनी समस्याओं से बचा जा सके।

परिचर्चा (Discussion)

पहला विकल्प सम्बद्ध नहीं है क्योंकि शिकायत को अनदेखा करने वाला मल्लिकार्जुन नहीं है। ये तो असंतुष्ट कर्मचारियों द्वारा की गई है। फिर भी, मामले की सच्चाई की खोज की जा सकती है। इससे मल्लिकार्जुन को लज्जित होना पड़ेगा।

यह सही विकल्प है। सरकारी अधिकारियों को सावधानी-पूर्वक कानूनी व सामाजिक मानदण्डों का पालन करना चाहिए। बलराम स्पष्ट तौर पर कम आयु का है। उसे मल्लिकार्जुन के घर में किसी प्रकार के काम में नहीं लगाया जाना चाहिए। सरकारी अधिकारियों पर जनता की नजर रहती है। उनके कवचों में कोई दरार नहीं होनी चाहिए। अपने स्वयं के हित में, उन्हें सभी नियमों व विनियमों का कठोरता से पालन करना चाहिए।

तीसरा विकल्प भी कोई सरोकार नहीं रखता। बात यह नहीं है कि बलराम बैंगलुरू में ज्यादा अच्छी तरह है या अपने गाँव में। मुद्दा तो इस बात पर है कि क्या उसे कानून द्वारा निषिद्ध बाल मजदूरी में लगाया जा रहा है?

चौथे विकल्प में नितान्त रूप से अस्वीकार्य सुझाव दिया गया है। यदि इस सुझाव को मान लिया जाता है तो मल्लिकार्जुन, अपनी स्कूल के रिकार्ड को गड़बड़ करने की मूल गलती को और बढ़ा लेगा।

अन्य मानदण्ड (Other Norms)

कुछ और आचरण नियम हैं जिनका कुछ क्षेत्रों में सिविल सेवकों के कार्यालयी आचरण से सरोकार है। उनको अपने कैरियर को बढ़ाने या 'प्लम' (लाभकारी) पद (कार्य) पर तैनाती के लिए राजनैतिक प्रभाव का प्रयोग नहीं करना चाहिए। कभी-कभी सिविल सेवक अपने प्रचार या अपने संवर्द्धन के विचार से ऐसे कार्यक्रमों का आयोजन करा लेते हैं जिनमें उनकी तारीफ के पुल बाँध दिए जाते हैं या उन्हें अनेक प्रकार के 'पुरस्कार' प्रदान किए जाते हैं। आचरण नियम ऐसे अहम् भावना वाले थोड़े दबे-ढके आत्म-प्रचार के कार्यक्रमों पर टेढी नजर डालते हैं। किन्तु ऐसा प्रतीत होता है कि हाल ही में घोटालों में बढोत्तरी हो जाने पर सरकारी कर्मचारी कुछ सिमट गए हैं और ऐसे नियमों की पकड़ में आना नहीं चाहते।

जैसाकि आशा की जाती है, कोई भी सरकारी कर्मचारी जनता के समक्ष सरकारी नीतियों की आलोचना नहीं करेगा। तथापि, नीतियों व कार्यक्रमों के कार्यान्वयन में अपने अनुभवों को बाँटने व बताने के लिए वे सरकारी चैनलों का प्रयोग कर सकते हैं। और भी, सरकारी कर्मचारियों के लिए ऐसी सूचनाएँ प्रकट करने से मनाही है जो उन्हें सरकारी कागजात से पता चलती हैं। वे ऐसा केवल अदालती कार्रवाई में या सरकारी समितियों के समक्ष कर सकते हैं।

यदि सरकारी कर्मचारियों के विरुद्ध उनके किसी सरकारी कार्यों के लिए आरोप लगाए जाते हैं, तो भी वे सरकार की अनुमति के बिना अदालती कार्रवाई या प्रेस में प्रतिवाद नहीं कर सकते।

कुछ ऐसे पहलू हैं जिनका आचरण नियमों में उल्लेख नहीं है। सिविल सेवकों को शालीनता, सुरूचिता और सम्मान के साथ आचरण करना चाहिए। उन्हें संसद सदस्यों, विधान सभा के सदस्यों तथा आम जनता के साथ नरमी व शालीनता से व्यवहार करना चाहिए। उन्हें हमेशा शांत और संतुलित रहना चाहिए। उन्हें अशिष्ट व्यवहार से, विशेष रूप से महिलाओं के साथ, बचना चाहिए। उनके वस्त्र शालीन और उन्हें सामान्य सँवरे हुए (वे हिप्पियों की तरह नहीं दीखने चाहिए) होना चाहिए।

पाठकों ने देखा होगा कि सरकारी कर्मचारियों के लिए आचरण संहिता में आदेशों से अधिक वर्जनाएँ हैं। संहिता सामान्यत: अनुचित व्यवहारों की सूची है या उन बातों की सूची है जिन्हें कर्मचारियों को नहीं करना चाहिए। यह मान लिया गया है (या बिना कहे ही चलता है) कि उन्हें अपने कर्त्तव्यों का पालन ईमानदारी, परिश्रम और शीघ्रता से जनता के हित में तथा बिना बाहरी विचारों से प्रभावित हुए बिना करना चाहिए।

सिविल सेवकों (सरकारी कर्मचारियों) हेतु नैतिकता की संहिता (Code of Ethics for Civil Servants)

भ्रष्टाचार निवारक संतानम समिति (1964) ने टिप्पणी की है-"भारत जैसे देश के लिए, अपने भौतिक साधनों का विकास तथा सभी वर्गों के जीवन स्तरों को उठाना निस्संदेह अनिवार्य है। साथ ही, जन जीवन के स्तर में गिरावट को भी रोका जाना है। यह सुनिश्चित करने के लिए कि हमारे युवाओं के विचारों में आदर्शवाद तथा देशभक्ति के लिए स्थान हो, हमें रास्ते एवं तरीके तलाशने होंगे। नैतिक गंभीरता की कमी, जो हाल के वर्षों की स्पष्ट विशेषता रही है, संभवत: अकेला ही सबसे बड़ा कारण है जो सत्यनिष्ठा व (कार्य) कुशलता की मजबूत परम्पराओं के विकास में बाधक है।"

परहितवाद तथा गरीबों के लिए सहानुभूति जैसे मूल्यों को सिविल सेवाओं में आने के बाद ग्रहण करना मुश्किल है। इन्हें तो बचपन में ही घरों व स्कूलों में ही स्थापित किया जा सकता है। भारतीय लोक सेवाओं की अनेक स्थापित परम्पराएँ हैं। इनमें से अधिकतर उपयुक्तता (योग्यता) की परम्परा तथा औपचारिक स्वीकृतियों के बिना स्वीकार्य व्यवहार के रूप में हैं। तथापि, नैतिकता की उच्चतर संहिता की जरूरत भी है। क्योंकि आचरण संहिताओं में, सामान्य मानदण्ड जैसे 'सत्यनिष्ठा व कर्त्तव्य के प्रति पूर्ण निष्ठा' तथा 'सरकारी कर्मचारी के अयोग्य आचरण करने' में न पड़ना सामान्यत: सरकारी कर्मचारियों के लिए अवांछनीय मानी गईं गतिविधियों की सूची बनाने की ओर लक्षित हैं। भारत में सिविल सेवकों (सरकारी कर्मचारियों) के लिए नैतिकता की संहिताएँ निर्धारित नहीं हैं यद्यपि ऐसी संहिताएँ अन्य देशों में हैं। भारत में हमारे पास अनेक आचरण नियम हैं जो समान गतिविधियों के समूह के लिए मना ही करते हैं। अब यह सोचा जाने लगा है कि वर्तमान आचरण नियमों में 'अधिक व्यापक (सामान्य) मानदण्डों' को बढ़ाने की जरूरत है।

लोक सेवा बिल (Public Service Bill) में एक 'पब्लिक सर्विस बिल' के मसौदे पर विचार हो रहा है जिसमें सिविल सेवकों से सामान्य अपेक्षाएँ निर्धारित की गई है जिन्हें 'मूल्य' (Values) कहा गया है। बिल में विचारित प्रमुख 'मूल्य' निम्नलिखित हैं:

- संविधान की प्रस्तावना में वर्णित विभिन्न आदर्शों के प्रति निष्ठा।
- राजनीति-रहित कार्यपालन।
- लोगों की बेहतरी के लिए अच्छा शासन ही सिविल सेवा का प्रमुख लक्ष्य हो।
- वस्तुनिष्ठता तथा निष्पक्षता के साथ कर्त्तव्य पालन करना।
- उत्तरदायित्व व निर्णयन में पारदर्शिता।
- सर्वोच्च नैतिक मानकों को बनाए रखना।
- सिविल सेवकों (सरकारी कर्मचारियों) के चयन में राष्ट्र की सांस्कृतिक, नैतिक एवं अन्य विविधताओं की संगत में रहते हुए योग्यता ही मानदण्ड हो।
- व्यय में किफायत और फालतु खर्च से बचना सुनिश्चित करना।
- स्वस्थ व सौहार्द्रपूर्ण कार्य-वातावरण देना।
- कार्यों के निष्पादन में सम्प्रेषण, परामर्शन व सहयोग अर्थात् प्रबन्धन में कार्मिकों के सभी स्तरों की भागीदारी।

बिल के मसौदे में यह भी सोचा गया है कि अधिक स्पष्ट कर्त्तव्य और उत्तरदायित्व निर्धारित करते हुए पब्लिक सर्विस कोड तथा पब्लिक सर्विस मैनेजमैण्ट कोड बनाए जाएँ। संहिता के उल्लंघन पर वर्तमान मुख्य तथा मामूली दण्डों के बराबर दण्ड दिए जाएँगे। एक 'पब्लिक सर्विस अथॉरिटी' का भी विचार है जो संहिता के तथा उपरोक्त मूल्यों के कार्यान्वयन को देखेगी एवं मूल्यों और संहिता के मामले में सलाह देगी। सेकेण्ड एडमिनिस्ट्रेटिव रिफाउण्ड कमीशन (एस ए आर सी) ने सिफारिश की है कि पब्लिक सर्विस मूल्यों का सैट होना चाहिए जो कानून द्वारा विहित हो। यह सुनिश्चित करने के लिए क्रिया-विधि होनी चाहिए जिससे सिविल सेवकों को इन मूल्यों की ओर प्रेरित करना लगातार जारी रहे।

सार संक्षेप

» नैतिक (नीति की) संहिताएँ एक पूरे समाज की संस्कृति, शिक्षा और धर्म पर लागू होती हैं। ऐथेनियन संहिता, प्राचीन नैतिक संहिता का उदाहरण है।

» भारतीय राज्य व्यवस्था पर विचार करें तो हम संविधान के निदेशात्मक सिद्धान्तों में शामिल प्रावधानों को नैतिक राजनैतिक संहिता मान सकते हैं।

» आचरण संहिता में सामान्यत: व्यक्ति का कार्यालयी (सरकारी) या व्यावसायिक आचरण आता है।

» नीति (नैतिक) संहिता के उल्लंघन के लिए कोई दण्ड नहीं है; आचरण संहिता के उल्लंघन सरकार द्वारा निर्धारित नियमों के उल्लंघन होते हैं।

» आचरण की सरकारी संहिताएँ कानून नहीं हैं; उनका उल्लंघन आपराधिक दोष नहीं है, किन्तु प्रशासनिक चूकें हैं। किन्तु कुछ चूकें इतनी गंभीर हो सकती हैं कि आपराधिक दोष बन जाएँ।

» व्यावसायिक नैतिकता में व्यावसायियों के व्यक्तिगत तथा कार्य-संबधी आशयित व्यवहार के मानक आते हैं।

» व्यावसायिक संहिता को इनका समूह कहा जा सकता है: किसी संगठन में निर्णयों, पद्धतियों तथा प्रणालियों को इस प्रकार मार्ग-निर्देशित करने वाले सिद्धान्त, मूल्य मानक या व्यवहार के नियम कि (क) वे इसके प्रमुख जोखिमधारियों के कल्याण में योगदान देते हैं तथा (ख) इसके कार्यों से प्रभावित होने वले सभी संघटकों के अधिकारों की इज्जत करते हैं।"

» व्यावसायिक संहिताओं में सामान्यत: उल्लिखित मानकों में शामिल हैं: ईमानदारी, सत्यनिष्ठा, पारदर्शिता, उत्तरदायित्व, वस्तुनिष्ठता, सम्मानीयता और कानून का पालन।

» अपनी विशेषज्ञता वाली जानकारी तथा प्रशिक्षण के कारण व्यावसायियों को अपने कार्य क्षेत्रों में उच्च उत्तरदायित्व को वहन करना पड़ता है।

» नोलन् (Nolan) समिति ने जिन 'जन-जीवन के सात सिद्धान्तों' का सूत्रपात किया था, वे हैं: निस्वार्थता, सत्यनिष्ठा, वस्तुनिष्ठता, उत्तरदायित्व, खुलापन, ईमानदारी तथा नेतृत्व।

» कर्मचारियों के लिए संहिताओं की लम्बाई व विषय-वस्तु भिन्न-भिन्न होती है। वे अनुपालन-आधारित या सत्यनिष्ठा आधारित भी हो सकते हैं।

» अनुपालन-आधारित प्रणालियों में आचरण के विस्तृत नियम होते हैं जिनमें ऐसे आचरणों की सूची होती है जिनकी अनुमति नहीं दी जा सकती। सत्य-निष्ठा आधारित संहिताएँ अपेक्षित (वांछित) मूल्यों को केवल बनाते हैं।

» सिविल सेवकों से मूल्यों को अपनाने तथा उन्हें आचरण के उपयुक्त व्यवहारगत सिद्धान्तों में बदल देने की अपेक्षा की जाती है।

» केन्द्रीय सेवाओं, अखिल भारतीय सेवाओं तथा राज्य सेवाओं की आचरण संहिताएँ मिलती-जुलती होती हैं। वे सभी अनुपालन-आधारित होती हैं।

» वे जिन पहलुओं को समाहित करते हैं, उनमें शामिल हैं: सरकारी मामलों में अपना सर्वोत्तम निर्णय प्रयोग करना; लिखित आदेशों पर भरोसा; सत्य-निष्ठा व कर्त्तव्य के प्रति निष्ठा; वित्तीय स्वामित्वता; राजनैतिक तटस्थता; सामाजिक कानूनों (नियमों) तथा सांस्कृतिक मानदण्डों का पालन करना तथा अन्य विविध प्रावधानों का पालन।

» हाल के समय में आचरण संहिताओं में अधिक 'सामान्य मानदण्डों' को शामिल करने की माँग होती रही है।

» सरकार 'पब्लिक सर्विस बिल' के मसौदे पर विचार कर रही है।

» इसके मुख्य घटक हैं: संविधान की प्रस्तावना में वर्णित विभिन्न आदर्शों के प्रति निष्ठा; राजनीतिरहित कार्य-पालन; अच्छा शासन; वस्तुनिष्ठता तथा निष्पक्षता; उत्तरदायित्व तथा निर्णयन में पारदर्शिता; सर्वोच्च नैतिक मानकों को बनाए रखना; व्यय में किफायत बरतना; स्वस्थ व सौहार्द्रपूर्ण कार्य वातावरण देना तथा भागीदारी वाला प्रबन्धन।

अभ्यास प्रश्न

1. एक नैतिक संहिता आचरण संहिता से किस प्रकार भिन्न होती है?
2. सरकारी कर्मचारियों को किन वित्तीय मानदण्डों का पालन करना होता है। मानदण्डों का आधार-औचित्य क्या है?
3. सिविल सेवकों के लिए आचरण संहिता, जिसमें अवांछित कार्यों पर वर्जनाएँ (मनाही) होती हैं, नैतिकता की 'नीची राह' को प्रस्तुत करती हैं।"- चर्चा कीजिए।
4. व्यावसायिक संहिताओं का प्रयोजन क्या है? वे सरकारी कर्मचारियों वाली संहिताओं से कैसे भिन्न हैं?
5. "सरकारी कर्मचारियों के लिए नैतिक संहिता एक पवित्र आशयों की अभिव्यक्ति से अधिक नहीं है।" टिप्पणी कीजिए।
6. भ्रष्टाचार के बढ़ते स्तरों के कारण सरकारी कर्मचारियों के लिए आचरण संहिताओं को बहुत कठोर बनाना होगा।" समीक्षा कीजिए।
7. आचरण की सिविल सेवा संहिताओं के मुख्य तत्व क्या हैं?
8. वे कौन-से मुख्य नैतिक मानदण्ड हैं जिन्हें जनजीवन का मार्गदर्शन करना चाहिए?
9. आस्ट्रेलिया तथा अनेक यूरोपियन देशों ने सरकारी कर्मचारियों के लिए नैतिक संहिताएँ निर्धारित कर रखी हैं जबकि भारत ने उनके लिए आचरण संहिताएँ ही निर्धारित की हैं। सोच में इस अन्तर के कौन-से कारण हो सकते हैं?

संदर्भ

- जेरेमी एफ. फ्लाण्ट; कोड्स ऑफ एथिक्स
- जेम्स एस. बोमैन; फ्राम कोड्स ऑफ कण्डक्ट टू कोड्स ऑफ एथिक्स: द ए एस पी ए केस
- ऑल इण्डिया सर्विसेज कण्डक्ट रूल्स
- टैरी एल. कूपर हैण्डबुक ऑफ एडमिनिस्ट्रेटिव एथिक्स (प्रसिद्ध लोक प्रशासन सिद्धान्तशास्त्रियों द्वारा लिखे 34 निबन्धों का संग्रह)। सम्बन्धित लेखों को पढ़ लें।

अध्याय 10

भ्रष्टाचार के विरुद्ध संघर्ष की क्रियाविधियाँ (Mechanisms for Fighting Corruption)

परिचय (Introduction)

प्रशासन में भ्रष्टाचार बहुपक्षीय तथ्य (Phenomenon) है। यह स्वाभाविक है कि इससे लोगों में गुस्सा और घोर प्रतिक्रिया पैदा होती है। अनेक लोगों का विचार है कि यह आर्थिक विकास को रोकता है तथा राष्ट्रीय सुरक्षा के साथ समझौता करता है। यह एक गहरी बुराई बन गई है जो राष्ट्र की शक्ति को क्षीण कर रही है।

यद्यपि भ्रष्टाचार से तीव्र भाव पैदा होते हैं, इसके विषयपरक (वस्तुनिष्ठ) अध्ययन की जरूरत है। लोग सामान्यत: प्रशासन व राजनीति में भ्रष्टाचार के बारे में शिकायत करते हैं। प्रशासन तथा आम नागरिक के बीच अन्तर (Interface) में भ्रष्टाचार संबंधों का एक रूप है जो लोगों को सबसे अधिक परेशान करता है। प्रशासन के सेवा-दायी स्थानों पर स्थित सरकारी कर्मचारी लोगों को अपेक्षित, समय पर और क्वालिटी सेवा बहुत ही कम देते हैं। ना ही वे ऐसी सेवाएँ बिना पैसे लिए देते हैं। प्रशासन व राजनीति के अलावा भ्रष्टाचार निजी कारोबार, उद्योग, व्यवसायों तथा सरकारी संगठनों में भी चल रहा है। इन सभी क्षेत्रों में भ्रष्टाचार का अध्ययन किया जाना चाहिए।

भ्रष्टाचार और इसके संभावित उपायों को समझने के लिए, हमें इसे विभिन्न कोणों से देखना होगा। आजादी के बाद से आने वाली सरकारों ने भ्रष्टाचार से लड़ने का प्रयास किया है। वर्तमान कानून तथा प्रशासनिक प्रबन्ध उन कदमों के परिणाम हैं जो भ्रष्टाचार रोकने के लिए विभिन्न सरकारों ने उठाए हैं। तथापि, हम वर्तमान कानूनों तथा प्रशासनिक व्यवस्थाओं की समीक्षा, विस्तृत ऐतिहासिक चर्चाओं में पड़े बिना करेंगे।

इस अध्याय में हम:

» भ्रष्टाचार को परिभाषित करेंगे

» इसके स्रोतों या जड़ों को समझने की कोशिश करेंगे, तथा

» भ्रष्टाचार से निपटने वाली मुख्य संस्थाओं पर चर्चा करेंगे।

ऐसे कुछ मुद्दे हैं जो भ्रष्टाचार पर वर्तमान चर्चाओं के केन्द्र में हैं। उन पर हम अगले अध्याय में चर्चा करेंगे।

भ्रष्टाचार की परिभाषा (Defining Corruption)

भ्रष्टाचार निरोधक अधिनियम में भ्रष्टाचार की परिभाषा नहीं दी गई है। इसमें विभिन्न अपराधों की सूची है जिन्हें भ्रष्टाचार के कार्य बताया गया है। केन्द्रीय सतर्कता आयोग (उन) अधिनियमों की बात करता है जिनमें 'सतर्कता का पहलू' है अन्य शब्दों में, ये भ्रष्टाचार के कार्य हैं। ऐसी गतिविधियों की केन्द्रीय सतर्कता आयोग द्वारा तैयार सूची नीचे दी जा रही है:

(i) किसी सरकारी काम के लिए या अन्य किसी कर्मचारी पर अपने प्रभाव का प्रयोग करने के लिए, कानूनी तौर पर वेतन के अलावा (किसी सरकारी कर्मचारी द्वारा) पारितोषण माँगना और/या स्वीकार करना।

(ii) ऐसे व्यक्ति से बिना मूल्य दिए या अपर्याप्त मूल्य देकर कोई मूल्यवान वस्तु प्राप्त करना जिसके साथ उसका सरकारी काम पड़ता है या पड़ सकता है या जिसके साथ उसके अधीनस्थों का सरकारी व्यवहार होता है या जहाँ वह अपने प्रभाव का प्रयोग कर सकता है।

(iii) अपने स्वयं के लिए या किसी अन्य व्यक्ति के लिए कोई मूल्यवान वस्तु या आर्थिक लाभ, भ्रष्ट या गैर कानूनी साधनों से या सरकारी कर्मचारी की अपनी स्थिति का दुरूपयोग कर प्राप्त करना।

(iv) अपनी आय के ज्ञात स्रोतों से अधिक की परिसम्पत्तियाँ रखना।

(v) गबन, जालसाजी या धोखाधड़ी या अन्य इसी प्रकार के आपराधिक दोषों के मामले।

पिछले पैराग्राफों में भ्रष्टाचार को सरल शब्दों में परिभाषित किया गया है। हमने भ्रष्टाचार निवारण अधिनियम, 1988 (पी सी एक्ट) में प्रयुक्त भाषा को सरल कर दिया है। इस अधिनियिम में 2018 में संशोधन किया गया। यद्यपि भ्रष्टाचार के काम वही हैं जो पिछले पैराग्राफ में दिए गए हैं, संशोधित अधिनियम में उनको बताने के लिए अलग अभिव्यक्तियों (भाषा) का प्रयोग किया गया है। हम संशोधित अधिनियम के सम्बन्धित हिस्से को संक्षेप में खंड-1 में दे रहे हैं।

खंड-1 : भ्रष्टाचार के कामों को पारिभाषित करने के लिए प्रयुक्त नए शब्द (भाषा)

भ्रष्टाचार निवारण अधिनियम (2018) में भ्रष्टाचार के जो कार्य बताए गए हैं, वे नीचे (क) से (ड.) तक वाले हैं। भ्रष्टाचार के कार्यों के संघटक वही हैं जो नीचे (ड.) में आपराधिक अवचार को छोड़कर पहले वाले ही हैं संशोधन द्वारा भ्रष्टाचार के कार्यों को पारिभाषित करने में प्रयुक्त भाषा को सरल और स्पष्ट बना दिया गया है। भ्रष्ट कर्मचारी जो अवैध भुगतान या लाभ प्राप्त करते हैं, उसे बताने के लिए संशोधन पूर्व भ्र.नि. अधिनियम में ''गैर कानूनी परितोषण'', ''कानूनी के अलावा पारिश्रमिक तथा बिना प्रतिफल (Consideration) या अपर्याप्त प्रतिफल के कोई मूल्यवान वस्तु या आर्थिक लाभ प्राप्त करना'' जैसी अभिव्यक्तियों का प्रयोग किया गया है। संशोधित अधिनियम में इसके स्थल पर 'अनुचित लाभ' शब्दों का प्रयोग किया गया है।

अनुचित लाभ के लिए सरकारी कर्मचारी जो गलत कार्य करता है, उसको तीन संघटकों (अंशो) का प्रयोग कर पारिभाषित किया गया है: सरकारी काम बेइमानी से करना, (ii) किसी दूसरे सरकारी कर्मचारी को ऐसा करने के लिए उकसाना (प्रेरित करना) तथा (iii) सरकारी काम (कर्तव्य) करना या किसी अन्य कर्मचारी को सरकारी काम न करने के लिए प्रेरित करना।

(क) यदि कोई सरकारी कर्मचारी (i) अपना सरकारी काम बेईमानी से या गलत ढंग से करने के लिए या इसे ऐसा करने का कारण बनता है, या (ii) सरकारी काम न करने की मंशा से काम नहीं करता है या किसी अन्य सरकारी कर्मचारी को उसे न करने के लिए प्रेरित करता है और किसी व्यक्ति से अनुचित लाभ लेता है या लेने का प्रयास करता है।

(ख) यदि कोई सरकारी कर्मचारी ऊपर दिए गए (क) (i) तथा (ii) में उल्लिखित काम करने के किसी व्यक्ति से पुरस्कार के तौर पर अनुचित लाभ प्राप्त करता है या प्राप्त करने का प्रयास करता है: या

(ग) यदि कोई सरकारी कर्मचारी (पाने की) आशा से या उसके परिणामस्वरूप किसी व्यक्ति से अनुचित लाभ प्राप्त करने के लिए (क) (i) तथा (ii) में उल्लिखित काम करता है।

भ्रष्टाचार की क्रिया, अनुचित लाभ के पहले या उसे प्राप्त कर लेने के बाद या उसकी आशा में या उसके परिणामस्वरूप हो सकती है।

यदि कोई सरकारी कर्मचारी अपना काम (कर्तव्य) सही ढंग से भी करता है तो भी अनुचित लाभ लेना या लेने का प्रयास करना अपराध है। यह बात कोई महत्व नहीं रखती और इस बात से कोई अन्तर नहीं पड़ता कि कोई सरकारी कर्मचारी किसी तीसरी पार्टी से या सीधे ही अनुचित लाभ प्राप्त करता है।

उदाहरण :- एक सरकारी कर्मचारी 'एस' एक व्यक्ति से कहता है,

'पी' उसे अपने राशन कार्ड के रूटीन आवेदन पर समय में कार्रवाई करने के लिए पाँच हजार की रकम देता है। इस धारा के अन्तर्ग 'एस' अपराध करने वाला अपराधी है।

ऊपर दिए गए तीनों कार्यों में सरकारी कर्मचारी अभिनेता (कर्ता) है जो काम की पहल करता है। किन्तु ऐसे उदाहरण हैं जब सरकारी कर्मचारी या कोई और व्यक्ति, अन्य सरकारी कर्मचारियों को प्रभावित करने के लए 'अनुचित लाभ' ले सकता है।

(घ) भ्रष्टाचार के इस प्रकार में, व्यक्ति प्रेरणा या पुरस्कार के तौर पर कोई अनुचित लाभ अपने लिए या किसी अन्य व्यक्ति के लिए प्राप्त करता है या प्राप्त करने का प्रयास करता है। तब भ्रष्ट या गैर-कानूनी ढंग से या अपने व्यक्तिगत प्रभाव का प्रयोग कर वह सरकारी कर्मचारी को एक गलत काम करने के लिए प्रेरित करता है। इसमें एक सरकारी कर्मचारी गलत ढंग से या बेइमानी से सरकारी काम कर रहा है या किसी अन्य कर्मचारी को ऐसा करने के लिए प्रेरित कर रहा है या अपना सरकारी काम नहीं कर रहा है या किसी अन्य सरकारी कर्मचारी को सरकारी काम न करने के लिए प्रेरित कर रहा है।

(ड़) एक सरकारी कर्मचारी आपराधिक अवचार का दोषी है यदि वह उसे सौंपी गई या उसके अपने नियंत्रण में किसी सम्पत्ति का बेईमानी से या कपटपूर्वक दुरूपयोग करता है या अन्यथा उसे अपने प्रयोग के लिए परिवर्तित कर देता है या किसी अन्य व्यक्ति को ऐसा करने की अनुमति देता है (करने देता है)। या वह अपने कार्यालय की अवधि में गैरकानूनी ढंग से जानबूझकर स्वयं को सम्पन्न बनाता है।

मामले (Case Studies)

मामला-1 (Case-1)

मोहित ने एक व्यापारी को, उसके द्वारा सरकार को की गई सप्लाई के बिल का शीघ्र भुगतान कराकर उसकी सहायता की है। बिल की राशि बड़ी थी और इस राशि ने व्यापारी को पैसे की कमी के संकट से बचाकर उसे बड़ी राहत दी। व्यापारी बहुत खुश हुआ तथा धन्यवाद के तौर पर मोहित को कुछ उपहार दिए। मोहित ने उन्हें लेने से इंकार कर दिया। इसके तुरन्त बाद मोहित अपने परिवार के साथ पहाड़ी स्थान पर जाता है जहाँ उसी व्यापारी का होटल है। वह व्यापारी को पहले ही सूचित कर देता है कि वह उसके होटल में ठहरना पसंद करेगा और वह उस होटल में ठहर जाता है। व्यापारी के निर्देशों पर होटल प्रबन्धन मोहित व उसके परिवार को मेहमान के तौर पर मानता है और मोहित से पैसे लेने से इंकार कर देता है। मोहित बिल का भुगतान करने पर जोर नहीं देता।

प्रश्न (Question)

इस मामले में इनमें से कौन-सा उचित विचार होगा?

(1) मोहित ने व्यापारी की मेजबानी स्वीकार कर कोई गलती नहीं की।

(2) मोहित को मेजबानी स्वीकार नहीं करनी चाहिए थी।

(3) यह मामला अपेक्षाकृत मामूली है और इसमें प्रशासनिक नैतिकता के कोई बड़े मुद्दे नहीं हैं।

(4) मोहित ने कोई पैसा नहीं लिया और वह ऐसे होटल में ठहरा होगा जिसमें कुछ कमरे खाली होंगे।

परिचर्चा (Discussion)

सरकारी आचरण संहिता निर्धारित करती है कि सरकारी कर्मचारियों को नकद या वस्तु के रूप में उपहार स्वीकार नहीं करने चाहिए। होटल में मुफ्त मेजबानी स्वीकार करना वस्तु के रूप में उपहार स्वीकार करना हुआ। अत: यह विकल्प गलत है।

दूसरा विकल्प सही है। मोहित को सरकारी आचरण संहिता का पालन करना है। संहिता मूल्यवान उपहारों को लेना मना करती है। और भी, मोहित के उस व्यापारी से सरकारी व्यवहार है जिसने उसे उपहार दिया है। अत: उसे ऑफर को स्वीकार नहीं करना चाहिए था। वास्तव में, ऐसा उसने पहली बार में ही कर लिया।

इस मामले में नरम रूख अपनाना अनुचित होगा। मोहित स्पष्ट रूप से सरकारी मानदण्डों के उल्लंघन का दोषी है। ऐसा कोई भी उल्लंघन मामूली मामला नहीं माना जा सकता।

अंतिम विकल्प में की गई दोनों बातें अस्वीकार्य हैं। नकद ही नहीं अपितु वस्तु के रूप में भी उपहार सिविल सेवकों द्वारा स्वीकार नहीं किए जा सकते। यह बात कि होटल में कमरे खाली थे, इस मुद्दे से सरोकार नहीं रखती जो आचरण संहिता के उल्लंघन के बारे में हैं। अत: विकल्प (2) ही सही है।

मामला-2 (Case-2)

अपने बिक्री कर के मामलों को अपने पक्ष में निपटाने का अनुरोध लेकर एक व्यापारी आनन्द के पास आता है। आनन्द उसे बताता है कि ये मामले विभाग के दूसरे पक्ष में एक अन्य अधिकारी, रमेश के पास हैं। व्यापारी आनन्द के साथ रमेश की मित्रता का हवाला देता है और आनन्द से रमेश के साथ बात करने के लिए कहता है। आनन्द, रमेश से बात करता है और मामला तय कर देता है। कुछ समय बाद व्यापारी एक महँगा कैमरा आनन्द को देता है।

प्रश्न (Question)

इस मामले में आप आनन्द के आचरण का कैसे मूल्यांकन करेंगे?

1. आनन्द के आचरण में कोई गलती नहीं पाई जा सकती।
2. आनन्द आचरण की सरकारी संहिता को भंग करने का दोषी है।
3. चूँकि आनन्द ने व्यापारी की सीधे-सीधे (प्रत्यक्ष रूप से) मदद नहीं की, अत: उसके कैमरा लेने में कोई हानि नहीं है।
4. चूँकि कैमरा व्यापारी का काम हो जाने के बाद दिया गया था, मामले में आनन्द के लिए कोई बदनीयति नहीं कही जा सकती।

परिचर्चा (Discussion)

विकल्प (1) सही नहीं है। वास्वत में आनन्द दो कारणों से दोषी है। पहले, उसने अपने साथी के सरकारी काम में एक प्रकार से दखलंदाजी की। उसने व्यापारी की मदद करने में रमेश पर अपने प्रभाव का प्रयोग किया। सामान्यत: कर्मचारियों से ऐसा करने की आशा नहीं की जाती। इसके बाद उसने व्यापारी से उपहार भी ले लिया। वह भ्रष्ट आचरण का दोषी है।

जैसाकि ऊपर स्पष्ट किया गया, दूसरा विकल्प सही है। कीमती उपहार स्वीकार करके आनन्द ने आचरण संहिता का उल्लंघन किया है।

तीसरा विकल्प सही नहीं है। यद्यपि आनन्द ने व्यापारी की प्रत्यक्ष रूप से मदद नहीं की, उसने व्यापारी की मदद करने के लिए अपने प्रभाव का प्रयोग किया है। वैसे भी अन्यथा वह असम्बन्धित लोगों से मँहगे उपहार नहीं ले सकता।

चौथा विकल्प भी सही नहीं हैं। एक बार यदि कोई अधिकारी मँहगा उपहार स्वीकार कर लेता है तो इस बात से कोई अन्तर नहीं पड़ता कि वह इसे काम हो जाने के पहले लेता है या काम हो जाने के बाद।

मामला-3 (Case-3)

वीरेन्द्र नाथ की शादी एक धनी परिवार में हुई है। उसके ससुर अनेक अवसरों पर उसे बड़ी-बड़ी नकद राशियों के उपहार देते रहते हैं। वह उन्हें बैंक में जमा कराता रहा है और यह राशि लगातार बढ़ती रही है। किसी ने उसकी शिकायत कर दी कि वीरेन्द्र नाथ चुपचाप पैसे कमा रहा है तथा उसकी बचतें, उसके वेतन की तुलना में बहुत अधिक हैं। क्या इसमें वीरेन्द्र नाथ दोषी है?

प्रश्न (Question)

उपरोक्त परिस्थिति में आप क्या करेंगे?

1. वीरेन्द्र नाथ को अपने ससुर के उपहारों पर इतना अधिक भरोसा नहीं करना चाहिए।
2. वीरेन्द्रनाथ दहेज किस्तों में ले सकता है ताकि किसी को पता न चल सके।
3. वीरेन्द्रनाथ ने किसी संहिता का उल्लंघन नहीं किया है क्योंकि उपहार उसके ससुर द्वारा दिए जा रहे हैं।
4. वीरेन्द्रनाथ अपने ससुर की ओर से रिश्वत लेने के लिए अपने ससुर को ढाल बना रहा हो सकता है।

परिचर्चा (Discussion)

क्रम सं॰ (1) पर निकाले गए निष्कर्ष पर नहीं पहुँचा जा सकता क्योंकि यह मामला परिवार के बीच का है। चूँकि यह निजी मामला है, अत: किसी सरकारी दखलंदाजी या टिप्पणी की जरूरत नहीं है।

दूसरा विकल्प अँधेरे में तीर चलाना है। संभावना बताने वाली कोई बात नहीं है। साक्ष्य के अभाव में, ऐसे अनुमान नहीं लगाए जाने चाहिए।

उत्तर का तीसरा विकल्प सही है। प्राप्त होने वाले उपहारों के परिणामस्वरूप वीरेन्द्रनाथ का बैंक बैलेंस बड़ा होना चाहिए। लेकिन इसका यह अर्थ नहीं है कि उसके पास इतनी अधिक सम्पत्ति है कि जिसे वह अपनी आय से उचित नहीं ठहरा सकता है। वह ससुर से प्राप्त उपहारों सहित अपनी आय के ज्ञात स्रोतों के आधार पर अपनी परिसम्पत्ति का वैध हिसाब दे सकता है।

चौथा विकल्प भी अंधा अनुमान है। इसके समर्थन का कोई सूत्र नहीं है। वस्तुत: किसी को आधारहीन अनुमान नहीं लगाने चाहिए।

मामला-4 (Case-4)

सुरेन्द्र एक सरकारी उपक्रम में वरिष्ठ विपणन प्रबन्धक हैं। यह कम्पनी सामान्यत: खास आर्डर मिलने पर ही अपना माल बनाती है। तथापि, यह अच्छी माँग वाला कुछ माल स्टॉक में रखती है। सुरेन्द्र को एक आर्डर इंग्लैण्ड से मिलता है। लेकिन खरीदार माल तुरन्त ही कम्पनी के तैयार स्टॉक में से चाहता है। वह इसकी पुष्टि तुरन्त ही चाहता है और डिस्काउण्ट भी माँग रहा है। सुरेन्द्र अपने बॉस से बात नहीं कर पा रहा है लेकिन आर्डर को स्वीकार कर लेता है ताकि वर्तमान सामग्री को बेचा जा सके। बाद में अनियमित ढंग से आर्डर स्वीकार कर लेने के लिए उसकी प्रताड़ना होती है।

प्रश्न (Question)

सुरेन्द्र ने जो कार्यवाही की, उस पर आप की प्रतिक्रिया क्या होगी?

1. उसे किसी प्रकार अपने बॉस से मिल लेना चाहिए था।
2. उसे डिस्काउण्ट नहीं देना चाहिए था।
3. उसका काम उचित था।
4. उसे आर्डर पक्का करने की बजाय पद्धति का पालन करना चाहिए था।

परिचर्चा (Discussion)

पहला विकल्प काल्पनिक है। यह सच है कि वह अपने बॉस तक नहीं पहुँच सका था। अत: काम हो जाने के बाद हम इस बात पर जोर नहीं दे सकते कि उसे अपने बॉस से बात कर लेनी चाहिए थी। ऐसा करना अनेक कारणों से असंभव रहा होगा।

इस मामले में पूरा लक्ष्य उपलब्ध स्टॉक को बेच देना होना चाहिए। कुछ डिस्काउण्ट देना एक सामान्य व्यापारिक पद्धति है, विशेष रूप से उस समय जबकि स्टॉक जमा हो गया हो। ऐसी सामान्य व्यापारी पद्धतियों में कोई दोष नहीं माना जा सकता।

सुरेन्द्र ने जो किया, वह उचित था। उसका कार्य संगठन (दुकान) के हित में है। उसने सामान्य व्यापारिक पद्धतियों का पालन किया है। अपने बॉस की अनुपस्थिति में उसे इस सौदे में अपने सर्वोत्तम निर्णयन का प्रयोग करना पड़ा था। यद्यपि उसे सफलता नहीं मिली, पर उसने अपने बॉस से सम्पर्क करने की कोशिश की।

चौथ विकल्प सही नहीं है। वास्तव में, सरकारी एजेन्सियों के कार्य-संचालन में यही मुख्य शिकायत है। सरकारी कर्मचारी, संगठन के उद्देश्यों को पाने की बजाय सही पद्धतियों के पालन को अधिक महत्त्व देते हैं। यह सोच अकुशलता को जन्म देती है और इससे गत्यात्मकता (क्रियाशीलता) समाप्त हो जाती है।

संदिग्ध आचरण (Doubtful Conduct)

अफसर (अधिकारी) की सत्यनिष्ठा या ईमानदारी पर उस समय आँच आती है जब वह अनियमिताएँ करता है। ये होती हैं: भारी या जानबूझ कर की गई लापरवाही, निर्णय लेने में असावधानी, प्रणालियों व पद्धतियों का खुला उल्लंघन, अपनी सूझ-बूझ कर की गई उल्लंघन, अपनी सूझ-बूझ का वहाँ भी अधिक प्रयोग करना जहाँ कोई प्रत्यक्ष जन हित दिखाई नहीं दे; तथा नियंत्रक अधिकारी/उच्च अधिकारी को समय पर सूचित करने में असफलता। इन मामलों में, अनियमिताओं का अध्ययन उनके आस-पास की परिस्थितियाँ के प्रकाश में यह देखने के लिए किया जाता है कि क्या उनसे अधिकारी की सत्यनिष्ठा के बारे में उचित संदेह पैदा होता है।

केन्द्रीय सतर्कता आयोग इस संदर्भ में एक महत्त्वपूर्ण प्रशासनिक समस्या को देखता है। ये वे परिस्थितियाँ हैं जिसमें कर्मचारी का भ्रष्ट आचरण साफ-साफ दिखाई देता है। ये ऊपर (*i*) से (*ii*) में दिए गए हैं। अब किसी भी दफ्तरशाही में यह सामान्य प्रचलन है कि विभिन्न निर्णय लेने के लिए पद्धतियाँ निर्धारित की जाएँ। यदि कोई अधिकारी इन पद्धतियों का उल्लंघन करता है तो वह अनियमितता करता है। अनियमितता तो प्रथम-दृष्टया संभावित बेइमानी की केवल सूचक है। ऐसी परिस्थितियाँ होती हैं जिनमें अधिकारी अनियमितता कर सकते हैं, जैसा कि पिछले पैराग्राफ में दिया गया है। लेकिन उसके लिए किसी अधिकारी को, उसके निर्णयों की विस्तार से जाँच किए बिना भ्रष्ट करार नहीं दिया जा सकता। ऐसे मामलों में विचार करने के लिए एक बिन्दु (बात) यह है कि क्या उसके निर्णय से संगठन को हानि हुई है।

तथापि, केन्द्रीय सतर्कता आयोग ने इस बात को माना है कि हानि स्वयं में बेईमानी स्थापित (साबित) करने में अपर्याप्त है। प्रबन्धकीय कुशलता तथा प्रभावशीलता वाणिज्यिक उपक्रमों के प्रमाण-चिन्ह हैं वाणिज्यिक जोखिम उठाना कारोबार का हिस्सा होता है। अत: संगठन को हुई प्रत्येक हानि, चाहे धन के रूप में हो या धन-रहित रूप में, आवश्यक रूप से सतर्कता जाँच अर्थात् यह निश्चित करने के लिए जाँच कि क्या भ्रष्टाचार हुआ है, का विषय नहीं बन जाती। परख यह है कि सामान्य बुद्धि के आदमी ने, निर्धारित नियमों, विनियमों और अनुदेशों के दायरे में काम करते हुए, संगठन के वाणिज्यिक/कार्यचालन हितों में, वर्तमान परिस्थितियों में क्या निर्णय लिया होता। यदि ऐसा है तो कार्यवाही सही है या अच्छी भावना के साथ की गई है।

इस विषय में, हम देख सकते हैं कि भ्रष्टाचार के मामले केवल सरकारी कार्यालयों में ही नहीं होते अपितु सरकारी उपक्रमों में भी होते हैं। इन उपक्रमों के वरिष्ठ अधिकारियों वाले मामले मुख्य सतर्कता आयुक्त के अधिकार क्षेत्र में आते हैं। इन पर हम अलग से विचार करेंगे।

भ्रष्टाचार के अर्थों का विस्तार (Widening the Definition of Corruption)

अब तक हमने कार्यों के उस प्रकारों पर विचार किया है जिन्हें केन्द्रीय सतर्कता आयोग बेईमानी मानता है। दूसरे प्रशासनिक सुधार आयोग ने सिफारिश की है कि भ्रष्टाचार के अर्थों का विस्तार किया जाना चाहिए। आयोग का मानना है कि केन्द्रीय सरकार आयोग द्वारा दिए गए अर्थ प्रतिबंधात्मक हैं तथा जनता के हितों के विपरीत वाले अनेक सरकारी कार्यों को इस सूची से निकाल देते हैं दूसरा प्रशासनिक सुधार आयोग चार प्रकार के सरकारी (कार्यालयी) आचरणों को बताता है कि भ्रष्टाचार के अर्थों से बाहर होते हुए भी जन हित की भारी हानि करते हैं।

ऐसे आचरणों के पहले प्रकार में, पद की शपथ का जानबूझ कर उल्लंघन करने सहित संविधान तथा गणतांत्रिक संस्थाओं की सकल विकृति होती है। संवैधानिक कार्य-कारी इस बैर भाव या तरफदारी के कारण इस ढंग का व्यवहार करते हैं। ऐसे कार्यों में पैसे न बनाना या रिश्वत के अन्य रूप हो सकते हैं। ऐसे कार्यों के लिए, सर्वोच्च न्यायालय उच्च पदासीन लोगों को सकल अवचार का दोषी मानता है जो संविधान की विकृति का मामला बनता है। वर्तमान में, कोई कानून तो नहीं, बल्कि केवल जनता की राय, राजनैतिक दबाव और व्यक्ति की चेतना ही ऐसे व्यवहार पर रोक लगा सकती है।

इन दोषों (अपराधों) की दूसरी श्रेणी में, बिना कोई रिश्वत या अनुग्रह लिए किसी के साथ अनुचित रूप से पक्षपात कर या उसे नुकसान पहुँचाकर प्राधिकार का दुरुपयोग करना होता है। ऐसे मामलों में कार्य के आधार अक्सर तरफदारी, रिश्तेदारी या पूर्वाग्रह होते हैं। यद्यपि ऐसे कार्य भ्रष्टाचार की वर्तमान कानूनी परिभाषा (अर्थों) से बाहर हैं, वे शासन के नैतिक आधारों तथा कानून के नियमों को कमजोर करते हैं।

कार्यों की तीसरी श्रेणी में, कानून लागू करने वाली एजेन्सियों तथा अभियोजन को अनुचित रूप से प्रभावित कर न्याय को बाधित या विकृत करना आता है। यहाँ भी, कार्य पैसे के लाभ की तुलना में रिश्तेदारी और पूर्वाग्रहों से अधिक किए जाते हैं। ऐसे कार्यों से न्याय की असफलता के परिणाम हानिकारक होते हैं।

कार्यों के चौथे प्रकार में ठाठदार जीवन शैली सहित जनता के पैसे की बर्बादी होती है। इससे व्यक्तियों को कोई वित्तीय हानि या लाभ नहीं होता है। तथापि, वे सरकारी साधनों की फिजूलखर्ची करने वाले हैं जिनका अन्य अवसरों पर बहुत लाभकारी प्रयोग किया जा सकता है आम गरीबी की वर्तमान स्थिति में वे एक बुरा वातावरण पैदा करते हैं।

गणतांत्रिक मूल्यों को तथा राजनैतिक प्रणाली में जनता का विश्वास बनाए रखने के लिए आचरण के इन चार प्रकारों को रोकना होगा। ये आम जनता में यह भाव पैदा करते हैं कि सरकार जनता के हित में काम करने के स्थान पर अपने को बढ़ा-चढ़ा कर कहने (अपनी प्रशंसा करने में) में व्यस्त हैं। दूसरे प्रशासनिक सुधार आयोग ने सिफारिश की है कि निम्नलिखित को भ्रष्टाचार निरोधक अधिनियम में शामिल किया जाए।

» पद की शपथ का जान-बूझ कर उल्लंघन करने सहित संविधान तथा गणतांत्रिक संस्थाओं की सकल विकृति।
» अनुचित रूप से किसी का पक्षपात कर या किसी को हानि पहुँचाकर अधिकार का दुरूपयोग।
» न्याय में रुकावट (बाधा) पैदा करना।
» सरकारी पैसे की बर्बादी।

मामला-5 (Case-5)

हीरेन एक मंत्री का उसके चुनाव क्षेत्र में निकट सहयोगी था। वह काम के अपने दादागिरी के ढंग के लिए प्रसिद्ध था। एक बार वह एक माल में झगडे में पड़ गया और उसने दुकानदार के बेटे को बुरी तरह पीट दिया। सामान्यत: हीरेन ऐसे मामलों में अपने अनुकूल बात करा लेता था। तथापि, दुकानदार ने दृढ़ता बरती और हीरेन के विरुद्ध केस दर्ज करा दिया। पुलिस अधिकारी नया था तथा कानून के मुताबिक कार्रवाई कर रहा था। उसने हीरेन के विरुद्ध केस को ढीला करने से मना कर दिया। उसने मंत्री से बहुत गुहार लगाई। मंत्री ने पुलिस अधिकारी के तबादले का प्रबन्ध कर दिया और उसके स्थान पर मंत्री के पक्ष का अन्य अधिकारी आ गया।

प्रश्न (Question)

इस मामले में पुलिस अधिकारी के प्रति आपकी प्रतिक्रिया क्या होगी?

1. पुलिस अधिकारी वास्तविकता से अनभिज्ञ है तथा वह यह नहीं समझता कि इस समय आपराधिक प्रशासन में वास्तव में काम कैसे होते हैं।
2. मंत्री की नाराजगी से बचने के लिए उसे जाँच को कुशलतापूर्वक (चतुराई से) विलम्बित करना चाहिए था।
3. पुलिस अधिकारी ने ठीक ढंग से काम किया।
4. पुलिस अधिकारी को मामले को ठण्डा कर देना चाहिए था और साथ-साथ अदालत से व्यापारी को और अधिक कठोर कानूनी प्रावधान लगाने का अनुरोध करने को कहना चाहिए था।

परिचर्चा (Discussion)

पहले उत्तर का चयन गलत होगा। पुलिस अधिकारियों को अपराधों की जाँच करते समय कानून का ईमानदारी के साथ पालन करना चाहिए। उन्हें बाहरी कारकों से प्रभावित हुए बिना मामले के तथ्यों के आधार पर कानूनी प्रावधानों को लागू करना चाहिए। पहले चुने गए उत्तर के अनुसार काम करने से पुलिस अधिकारी, मंत्री की निगाहों में भले बने रहने के लिए समझदारी से या अवसरवादिता की दृष्टि से व्यवहार कर रहा होता तो वह अपने कर्त्तव्य-पालन में असफल रहता।

दूसरे उत्तर का चयन करना भी गलत है। पुलिस अधिकारी को चुस्ती से काम करना चाहिए और जाँच करनी चाहिए। ऐसे मामलों में केस, विलम्ब वाली प्रक्रिया से ही विलम्बित हो जाता है। यदि पुलिस अधिकारी इस उत्तर के अनुसार कार्यवाही करता तो वह कुशलता से अपने पक्ष में काम कर रहा होता और परिश्रमपूर्वक अपनी ड्यूटी नहीं निभा रहा होता।

तीसरा विकल्प सही है। इस मामले में कार्यवाही की दिशा स्पष्ट है। सरकारी पद पर आसीन होने के कारण जाँच अधिकारी पर कानूनी ड्यूटी डाली गई है कि वह अपराधों का संज्ञान ले तथा उन्हें तेजी से परिश्रमपूर्वक आगे बढ़ाए। चूँकि यह उसका कानूनी (तथा नैतिक भी) कर्त्तव्य है, अन्य चालबाजी वाले या निजी विचारों द्वारा उसे पथ से भटकना नहीं चाहिए।

मंत्री स्पष्ट रूप से अपने पद के दुरुपयोग का अपराधी है। उसने जाँच प्रक्रिया में दखलंदाजी की है। नया अधिकारी उसके कहे अनुसार काम कर सकता है। लेकिन इससे वर्तमान पदधारी अधिकारी को चिन्ता नहीं होनी चाहिए। प्रत्येक व्यक्ति बिना इस बात की परवाह किए कि दूसरे क्या करते हैं, इस बात के लिए उत्तरदायी होता है कि वह सरकारी संहिता का पालन करे। जहाँ तक मंत्री के आचरण का सवाल है, यह साफ है कि उसने न्याय की प्रक्रिया के साथ छेड़छाड़ की है। द्वितीय प्रशासनिक सुधार आयोग ने सिफारिश की है कि भ्रष्टाचार की परिभाषा को विस्तार देते हुए ऐसे आचरण को इसमें शामिल किया जाना चाहिए।

चौथा उत्तर अनुपयुक्त है क्योंकि इसमें कुटिल व धोखेबाजी वाला आचरण है। इस प्रकार आचरण करके पुलिस अधिकारी अपना काम व्यापारी या पीड़ित (शिकार व्यक्ति) को सौंप रहा होगा। पुलिस को अपना काम ईमानदारीपूर्वक (निष्कपटता से) बिना छलबल या धोखे के करना चाहिए। पुलिस को केस अदालतों के समक्ष अभियोगियों के माध्यम से, बिना उन्हें कमजोर किए या बढ़ाए-चढ़ाए प्रस्तुत करना चाहिए। पुलिस की तुलना में, शिकार (पीड़ित व्यक्ति) कमजोर स्थिति में होते हैं और अपनी ओर से प्रभावी कार्यवाही कभी नहीं कर सकते। उन्हें पुलिस से पूरी मदद मिलनी चाहिए।

भ्रष्टाचार की जड़ (Roots of Corruption)

ये व्यक्ति ही होते हैं जो भ्रष्टाचार के दोषी होते हैं। भ्रष्टाचार एक प्रकार से व्यक्तियों के नैतिक पतन को बताता है। वे सरकारी नियमों, सामाजिक मानदण्डों या स्वयं अपने विवेक का अनुसरण नहीं कर पाते। तथापि, बेईमानी के कामों में व्यक्ति की नैतिक भावना से अधिक कुछ है। राजनैतिक, आर्थिक या सामाजिक पर्यावरण ऐसा अनुमतता एवं छूट का वातावरण बना सकते हैं। और भी, बेईमानी से प्राप्त लाभ हिरासत, दण्ड या सामाजिक अपयश की जोखिमों से कहीं अधिक भारी हो सकते हैं।

भ्रष्टाचार के कारण (Causes of Corruption)

भ्रष्टाचार से लड़ने के लिए वर्तमान प्रशासनिक तथा विधिक ढाँचे व प्रक्रिया का आधार सन्तनम समिति की रिपोर्ट है। सतर्कता मैनुअल (भाग-1) में भ्रष्टाचार के चार प्रमुख कारण दिए गए हैं जिन्हें सन्तनम समिति ने चिह्नित किया था। ये हैं:

(i) प्रशासनिक विलम्बताएं;

(ii) सरकार अपनी क्षमता से अधिक काम ले लेती है और अनेक विनियामक कार्य संभालती हैं;

(iii) सरकारी कर्मचारियों के विभिन्न वर्गों में स्थित शक्तियों के प्रयोग में निजी समझ-बूझ की गुंजाइश; तथा

(iv) उन विभिन्न मामलों को निपटाने की उलझनभरी पद्धतियाँ जो नागरिकों के रोजमर्रा के कामों में उनके लिए महत्त्वपूर्ण हैं।

ये नैमित्तिक कारक आज फैले हुए भ्रष्टाचार के विभिन्न रूपों को स्पष्ट कर सकते हैं। दूसरे प्रशासनिक सुधार आयोग ने भ्रष्टाचार के स्रोतों या उत्पन्नक परिस्थितियों का विस्तृत विश्लेषण किया है। हम इस समय आयोग के विचारों को प्रस्तुत करेंगे। लेकिन इससे पहले हम देखेंगे कि किस प्रकार इन चार कारकों (बातों) ने भ्रष्टाचार की संभावना को बढ़ा दिया। व्यापारी के दृष्टिकोण से, विलम्बों से व्यापारी कार्य स्थगित हो जाते हैं, रोकड़ प्रवाह रुक जाता है और लाभ भी रुक जाते हैं। वह रिश्वत या 'स्पीड मनी' देकर इन सब को कम कर देना पसंद करेगा। उसके लिए गैर-कानूनी भुगतान की तुलना में, विलम्ब के कारण होने वाली हानि का हिसाब लगाना सरल काम हैं। चूँकि यह भुगतान उसको विलम्ब के कारण होने वाली हानि का मामूली हिस्सा है, अत: वह भुगतान कर देगा।

जैसाकि पहले देखा गया है, प्रशासनिक निर्णय निर्धारित पद्धतियों का पालन कर लिए जाते हैं। और भी, निर्णय करने के लिए मानदण्ड या नियम होते हैं। लेकिन प्रशासन के किसी क्षेत्र में ऐसी पेचीदा परिस्थितियाँ पैदा की जाती हैं जिन्हें अपरिवर्तनीय, लौह-त्राण युक्त नियमों से साधा नहीं जा सकता। अत: नियमबद्ध वाले निर्णयन को सम्बन्धित अधिकारी की निजी सूझ-बूझ का सहारा जरूरी है। ऐसी सूझ-बूझ का प्रयोग करते समय सरकारी कर्मचारी पैसा माँग सकता है; क्योंकि आवेदक जानता है कि निर्णय सूझ-बूझ पर निर्भर है और किसी निश्चित नियम पर नहीं।

सरकारें अनेक गतिविधियाँ जन-हित में चलाती हैं। उदाहरण के लिए सरकारें भवन निर्माण या टाउन प्लानिंग को विनियमित करती हैं। वर्षों के बीतने के साथ-साथ, विनियमों द्वारा कवर की गई गतिविधियों की किस्में बढ़ गई हैं। विनियमों की वृद्धि से सरकार के नियंत्रण में और अधिक गतिविधियाँ आ जाती हैं तो भ्रष्टाचार की संभावना (दायरा) और बढ़ जाती है।

साधारण नागरिक को भ्रष्टाचार के सबसे अधिक उत्पीड़क रूप का सामना करना पड़ता है। अफसरशाही (दफ्तरशाही) में निम्नतर कर्मचारी मामूली सेवाओं, जैसे राशन कार्ड, ड्राइविंग लाइसेंस, जन्म प्रमाण-पत्र या उनकी जमीनों की रजिस्ट्रियों की प्रतियों के लिए पैसे वसूल लेते हैं। ये मदें मामूली लग सकती हैं, किन्तु ये अन्य सेवाएँ जैसे गैस कनैक्शन या बैंक से ऋण पाने के लिए कागजी कार्रवाई करने का एक भाग होती हैं। इन दफ्तरशाही आहरणों (माँगों) को प्रसिद्ध मार्कसियन कहावत में 'आदि संग्रह' (Primitive Accumulation) कहना कोई अस्वाभाविक बात नहीं होगी।

अवपीड़क एवं कपटपूर्ण रिश्वतखोरी (Coercieve and Collusive Bribery)

दूसरे प्रशासनिक सुधार आयोग ने भ्रष्टाचार के दो प्रकारों में अन्तर किया है जिसे यह अवपीड़क भ्रष्टाचार और कपटपूर्ण भ्रष्टाचार कहता है। भ्रष्टाचार कार्य के दो पक्ष होते हैं, रिश्वत देने वाला तथा रिश्वत लेने वाला। अवपीड़क भ्रष्टाचार के मामले में, रिश्वत देने वाला उगाही का शिकार होता है। यह एक प्रकार से बन्दूक की नोक पर जबरदस्ती का भुगतान है। रिश्वत देने वाले को आसान-सी सेवाओं, जैसे उसके स्कूल का प्रमाण-पत्र या उसकी भूमि के रिकार्ड में नाम दर्जी के लिए धन देना पड़ता है। यदि वह सरकारी कर्मचारी को भुगतान नहीं करता है तो उसे रिश्वत की राशि से अधिक की हानि होती है। यदि अर्थशास्त्र की भाषा में कहा जाए तो वह विलम्बों, परेशानियों और अनिश्चितताओं के कारण मनोवैज्ञानिक अनुपयोगिता (Disutility) को झेलता है। जो आर्थिक लागत वह देता है, उसमें अवसर को खो देना, काम की हानि और मजदूरी/वेतन की हानि शामिल है। रोज की रोटी कमाने की मजबूरी गरीब लोगों को भ्रष्टाचार के दुष्चक्र में फँसाए रखती है।

इस अवपीड़क भ्रष्टाचार के अलावा कपटपूर्ण भ्रष्टाचार भी है जिसमें रिश्वत लेने वाला और रिश्वत देने वाला, दोनों ही साझीदार की भूमिका निभाते हैं और समाज को लूटते हैं। इस स्थिति में रिश्वत देने वाला भी उतना ही बड़ा दोषी है जितना कि रिश्वत लेने वाला। इन स्थितियों में किए जाने वाले कार्य राजस्व का घोटाला करते हैं और जन कल्याण की हानि करते है। ऐसे उदाहरणों में शामिल हैं: घटिया काम करना, प्रतिस्पर्द्धा को दूषित (बिगाड़ना) करना, सरकारी खजाने को लूटना, सरकारी खरीद में रिश्वत या कमीशन, गठजोड़ करके कर की चोरी एवं नकली दवाओं तथा सुरक्षा मानदण्डों का उल्लंघन कर सीधे लोगों को हानि पहुँचाना।

लोक निर्माण कार्य जैसे सड़कें, पुल, भवन, नहरें, निविदा (टेण्डर) प्रलेखों में दिए गए विनिर्देशों के अनुसार किए जाने होते हैं। टेण्डर (निविदाएँ) वे साधन होते हैं जिनके द्वारा ठेकेदार सरकारी कार्यों के लिए बोली देते हैं। सबसे नीची दर देने वाले को सामान्यत: चुन लिया जाता है और वह टेण्डर प्रलेखों में दिए मानकों के अनुसार काम करता है। यह जरूर है कि काम को अंजाम देते समय परियोजना इंजीनियरों से मिलकर मानकों को नीचे करते हुए अधिक लाभ कमा सकता है।

लोक निर्माण कार्य के लिए टेण्डर की पद्धति का प्रयोजन ठेकेदारों के बीच प्रतिस्पर्द्धा को बढ़ावा देना और उचित दरें (मूल्यों) प्राप्त करना है। कई बार ठेकेदार मूल्य बढ़ाने के लिए अपना दल बना लेते हैं तथा सरकारी कर्मचारियों से मिल जाते हैं। इस प्रकार से प्रतिस्पर्द्धा की पद्धति को बिगाड़ दिया जाता है। ऐसा माना जाता है कि भ्रष्टाचार में किए जाने वाले भुगतान निर्माणों की लागत को बढ़ा देते हैं। पब्लिक हैल्थ स्टोर्स में घटिया दवाएँ सप्लाई करने की जोखिमों पर ज्यादा बताने की जरूरत नहीं है क्योंकि वे स्वत: स्पष्ट हैं।

साठ–गाँठ वाले भ्रष्टाचार को रोकना (Curbing Collusive Corruption)

योजनाबद्ध सुधार अवपीड़क भ्रष्टचार को रोक सकते हैं। उदाहरण के लिए, सूचना और सम्प्रेषण (संचार) प्रौद्योगिकी ने रेल आरक्षण जैसे क्षेत्रों में भ्रष्टाचार को कम किया है। और भी, यद्यपि भ्रष्टाचार के मामले अदालतों में अक्सर खारिज हो जाते हैं, अवपीड़क भ्रष्टाचार के मामलों में सफलता की दर अधिक है। कपटपूर्ण भ्रष्टाचार निरोधक अधिनियम के तहत, रिश्वत देने वाला भी दोषी है। तथापि, यदि वह रिश्वत लेने वाले के खिलाफ बयान देता है तो वह निरापदता प्राप्त कर लेता है। अत: अक्सर वह रिश्वत लेने वाले के विरुद्ध बयान देने के लिए आगे आ जाता है। इसके अलावा सतर्कता व्यवस्था द्वारा 'फँसाने वाले मामले' भी ऐसे मामलों में काफी प्रभावी हैं। फँसाने वाले मामले वे होते हैं जिनमें सरकारी कर्मचारी रिश्वत लेते हुए रंगे हाथों पकड़े जाते हैं। यह एक प्रकार से 'स्टिंग ऑपरेशन' की तरह का काम है।

लेकिन कपटपूर्ण भ्रष्टाचार के मामलों में स्थिति भिन्न है। चूँकि रिश्वत देने वाला और रिश्वत लेने वाला दोनों मिल जाते हैं तथा सौदे के लाभ-भोगी होते हैं अत: गवाही पाना बहुत कठिन होता है। कपटपूर्ण भ्रष्टाचार से सरकार व समाज को होने वाली हानियाँ, अवपीड़क भ्रष्टाचार से होने वाली हानियों से बहुत अधिक हैं।

दूसरे प्रशासनिक सुधार आयोग ने सिफारिश की है कि कपटपूर्ण भ्रष्टाचार से निबटने के लिए भ्रष्टाचार निरोधक अधिनियम में संशोधन किया जाना चाहिए। इसकी सिफारिश है कि कपटपूर्ण भ्रष्टाचार में 'साक्ष्य का भार' दोषी पर डाल दिया जाना चाहिए। हमारी अपराधिक न्याय प्रणाली में, हर व्यक्ति को तब तक निर्दोष माना जाता है जब तक कि वह अपराधी न सिद्ध हो जाए। तदनुसार अभियोगों को सिद्ध करने का भार पूर्णत: अभियोग पक्ष (Prosecution) पर होता है। उन्हें मामले को सिद्ध करने के लिए गवाह और साक्ष्य प्रस्तुत करने होते हैं। कुछ विशेष स्थितियाँ होती हैं जहाँ साक्ष्य का भार दोषी पर होता है। इसका मतलब यह है कि उसे अपनी निर्दोषिता सिद्ध करनी होती है।

उदाहरण के लिए, भ्रष्टाचार निरोधक अधिनियम में निर्धारित किया गया है कि सरकारी कर्मचारी ने आपराधिक अवचार किया है यदि वह अपने स्वामित्व में की उस सम्पत्ति का हिसाब नहीं दे सकता (सकती) जो उसकी आय के ज्ञात स्रोतों से अधिक की है। इस मामले में अपनी निर्दोषिता सिद्ध करने का भार दोषी सरकारी कर्मचारी के ऊपर है और उसे यह दिखाना होगा कि

उसने सम्पत्ति अपनी आय के स्रोत से खरीदी है। भ्रष्टाचार निरोधक अधिनियम में यह भी निर्धारित है कि जब दोषी सरकारी कर्मचारी पैसे लेता है तो अदालत को यह मान लेना पड़ता है कि यह रिश्वत है; तब दोषी को यह सिद्ध करना होता है कि यह पैसा रिश्वत का नहीं था।

दूसरे प्रशासनिक सुधार आयोग ने सिफारिश की है कि भ्रष्टाचार निरोधक अधिनियम को कपटपूर्ण रिश्वतखोरी के अपराधों को कवर करने के लिए संशोधित किया जाए। कोई अपराध 'कपटपूर्ण रिश्वतखोरी' वर्गीकृत किया जा सकता है यदि लेने-देन के परिणाम या आशयित परिणाम से राष्ट्र को, जनता को या जन हित को हानि हुई है। ऐसे सभी मामलों में यदि यह सिद्ध हो जाता है कि सरकारी कर्मचारी के काम के कारण राष्ट्र या जनता को हानि हुई है तो अदालत यह मान लेती है कि सरकारी कर्मचारी तथा निर्णय के लाभ-भोगी 'कपटपूर्ण रिश्वतखोरी' के दोषी हैं। ऐसे सभी मामलों के लिए सजा को बढ़ाकर दस साल की कैद की जानी चाहिए।

भ्रष्टाचार रोकने के लिए प्रशासनिक ढाँचा तथा पद्धतियाँ (Administrative Structure and Procedures for Curbing Corruption)

केन्द्रीय सतर्कता आयोग (Central Vigilance Commission)

आगे बढ़ने से पहले हमें भ्रष्टाचार को रोकने के लिए वर्तमान प्रणालियों को समझना होगा। सन् 1955 में गृह मंत्रालय में प्रशासनिक सतर्कता आयोग की स्थापना ऐसी केन्द्रीय एजेन्सी के तौर पर की गई जिसे भ्रष्टाचार-निरोधी उपायों की समग्र जिम्मेदारी दी गई। इसके अधिकतर काम बाद में केन्द्रीय सतर्कता आयोग को स्थानान्तरित किए गए। प्रशासनिक सतर्कता प्रभाग की भूमिका अब सतर्कता, लोक सेवा में सत्यनिष्ठा तथा भ्रष्टाचार-निरोधी उपायों की नीतियों को बनाने और उन्हें लागू करने की है।

भ्रष्टाचार निरोधी समिति (Committee on Prevention of Corruption) (जो सन्तनम समिति के नाम से जानी जाती है) की सिफारिशों के अनुसरण में केन्द्रीय सतर्कता आयोग की स्थापना 1964 में की गई। इसकी स्थापना भारत सरकार के संकल्प द्वारा या एक कार्यकारी निर्णय के परिणामस्वरूप हुई थी। विनीत नारायण बनाम भारत संघ मामले में सर्वोच्च न्यायालय के फैसले के बाद आयोग को 1998 में 'केन्द्रीय सतर्कता आयोग अध्यादेश, 1998' के माध्यम से संवैधानिक दर्जा दे दिया गया। बाद में 2008 में, संसद ने केन्द्रीय सतर्कता अधिनियम सन् 2003 में पारित किया। किसी संगठन (संस्था) को संवैधानिक दर्जा दिया गया माना जाता है यदि यह विधायिका के परिणामस्वरूप स्थापित किया गया हो और सरकार के संकल्प अर्थात् कार्यकारी आदेश द्वारा नहीं।

केन्द्रीय सतर्कता आयोग में केन्द्रीय सतर्कता आयुक्त (अध्यक्ष/चेयरपरसन) तथा दो से अनाधिक सतर्कता आयुक्त (सदस्य) होते हैं। केन्द्रीय सतर्कता आयुक्त तथा सतर्कता आयुक्तों की नियुक्ति राष्ट्रपति द्वारा चार वर्षों के लिए या जब तक वे पैंसठ साल के नहीं हो जाते, जो भी पहले हो, की जाती है।

केन्द्रीय सतर्कता आयोग अधिनियम के अनुसार आयोग की शक्तियाँ और कार्य निम्नलिखित हैं:

(क) केन्द्रीय सतर्कता आयोग दिल्ली स्पेशल पुलिस एस्टेबलिशमेण्ट (डी एस पी ई) द्वारा भ्रष्टाचार निरोधक अधिनियम के अन्तर्गत किए जाने वाले अन्वेषणों के काम पर नजर रखता है। आयोग केन्द्रीय सरकार में कार्यरत अखिल भारतीय सेवा के अधिकारियों; तथा केन्द्रीय सरकारी उपक्रमों एवं इसके अधीनस्थ स्वायत्त संगठनों व इसी प्रकार के अन्यों के अधिकारियों वाले मामलों की देख-रेख करता है।

(ख) अपनी पर्यवेक्षणी क्षमता में आयोग, सरकारी उपक्रम कार्यालय को निर्देश दे सकता है। तथापि, आयोग किसी मामले की छानबीन विशेष ढंग से करने या किसी मामले को निपटाने के लिए स० उ० का० को नहीं कह सकता। यह आपराधिक विधि-शास्त्रीय मूलभूत सिद्धान्तों के अनुसरण में है कि अन्वेषण, अभियोजन तथा दोष को जाँचने के कार्य अलग-अलग एजेन्सियों द्वारा एक-दूसरे से बिल्कुल मुक्त, किए जाने चाहिए।

(ग) आयोग ऐसे किसी मामलों में अन्वेषण कर सकता है जो भ्रष्टाचार निरोधक अधिनियम के अन्तर्गत अपराधों के लिए उपरोक्त (क) में उल्लिखित अधिकारियों की श्रेणियों से सम्बद्ध होते हैं और केन्द्रीय सरकार द्वारा उसे सौंपे जाते हैं।

(घ) आयोग उन शिकायतों पर जाँच करने के आदेश दे सकता है जो उपरोक्त (क) में उल्लिखित श्रेणियों के बारे में भ्रष्टाचार निरोधक अधिनियम के अन्तर्गत दोषों के लिए प्राप्त होते हैं।

(ङ) आयोग, भ्रष्टाचार निरोधक अधिनियम के समक्ष पड़े आवेदनों की प्रगति की समीक्षा करता है। जैसाकि हम देखेंगे, अभियोजन एजेन्सियाँ केन्द्रीय सरकार की पूर्व मंजूरी के बिना अभियोजन शुरू नहीं कर सकती। आयोग ऐसी मंजूरियों में तेजी लाने का प्रयास करता है।

(च) आयोग भ्रष्टाचार निरोधक अधिनियम के अन्तर्गत दोषों के लिए सरकारी उपक्रम कार्यालय द्वारा किए गए अन्वेषणों की प्रगति की समीक्षा करता है।

(छ) आयोग सतर्कता के मामलों में केन्द्रीय सरकार, केन्द्रीय सरकारी उपक्रमों और अन्य केन्द्रीय ऐजेन्सियों को परामर्श देता है।

(ज) आयोग केन्द्रीय सरकार के विभिन्न मंत्रालयों, केन्द्रीय सरकारी उपक्रमों और अन्य केन्द्रीय ऐजेन्सियों के सतर्कता प्रशासन का पर्यवेक्षण करता है।

केन्द्रीय सतर्कता आयोग, अधिनियम में उल्लिखित उपरोक्त कार्यों के अलावा कुछ प्रशासनिक कार्य भी करता है। हर केन्द्रीय मंत्रालय, केन्द्रीय सरकारी उपक्रम तथा अन्य केन्द्रीय एजेन्सियों में सामान्यत: मुख्य सतर्कता अधिकारियों के अधीन स्थापित सतर्कता या भ्रष्टाचार निरोधी व्यवस्थाएँ होती हैं। केन्द्रीय सतर्कता आयोग, मुख्य सतर्कता अधिकारियों की नियुक्तियों का अनुमोदन करता है। केन्द्रीय सरकार आयोग के अनुमोदन के बिना किसी की भी नियुक्ति मु॰ स॰ अ॰ के तौर पर नहीं हो सकती। यदि केन्द्रीय ब्यूरो (सी. बी. आई.) मानता है कि किसी मामले में अभियोजन शुरू किया जाए और यदि ऐसे अभियोजन जरूरी है तो आयोग, सम्बन्धित मंत्रालय/विभाग/उपक्रम से प्राप्त टिप्पणियों पर विचार करने के पश्चात् सलाह देगा कि अभियोजन की मंजूरी दी जाए या नहीं।

विद्यार्थियों को ध्यान देना चाहिए कि लोकपाल तथा लोकायुक्त अधिनियमों के लागू होने के बाद से कर्मचारियों के अभियोजन हेतु मंजूरी देने की स्थिति बदल गई है। इस अधिनियम के लागू होने से पहले, अभियोजन की मंजूरी देने की शक्तियाँ केन्द्रीय सरकार के पास थीं। अब यदि लोकपाल कर्मचारी के भ्रष्टाचार निवारण अधिनियम के अन्तर्गत किए गए अपराध का संज्ञान लेता है तो लोकपाल स्वयं ही अपनी ओर से आवश्यक अभियोजन की मंजूरी दे सकता है।

मुख्य सतर्कता अधिकारी (Chief Vigilance Officers (CVO)

मूलरूप से, भ्रष्टाचार के मामलों का काम करने वाले अधिकतर कर्मचारी केन्द्रीय मंत्रालयों, केन्द्रीय सरकारी उपक्रमों और अन्य केन्द्रीय एजेन्सियों में होते हैं। इनमें से प्रत्येक संगठन में एक पदनामित मुख्य सतर्कता अधिकारी होता है जो सामान्यत: उसके प्रशासनिक मामलों को संभालता है। वह संगठन के मुखिया के अधीन काम करता है। मुख्य सतर्कता अधिकारी, सतर्कता से सम्बन्धित सभी मामलों के लिए केन्द्रीय सरकार आयोग एवं सी. बी. आई के लिए नोडल बिन्दु का काम करता है। वह पूर्णत: केन्द्रीय सतर्कता आयोग से मिलने वाले निर्देशों द्वारा ही मार्ग-निर्देशित होता है।

केन्द्रीय अन्वेषण ब्यूरो (CBI)

केन्द्रीय अन्वेषण ब्यूरो (सीबीआई) की स्थापना 1963 में की गई थी। स्पेशल पुलिस एस्टेब्लिशमेण्ट, सीबीआई का एक भाग है और इसके दो प्रभाग हैं: (*i*) भ्रष्टाचार निरोधी प्रभाग तथा (*ii*) विशेष अपराध प्रभाग।

भ्रष्टाचार निरोधी प्रभाग निम्नलिखित प्रकार के मामलों की खोज करता है:

» भ्रष्टाचार निरोधक अधिनियम, 1988 के अन्तर्गत मामले।

» भारतीय दण्ड संहिता (आईपीसी) के अन्तर्गत या ऐसे किसी अन्य कानून के अन्तर्गत आने वाले मामले जिनमें रिश्वतखोरी तथा भ्रष्टाचार होते हैं।

» सरकारी कर्मचारियों द्वारा की गई गंभीर अनियमितता से सम्बन्धित मामले।

» राज्य सरकारों के कर्मचारियों से सम्बन्धित वे मामले जो राज्य सरकारों द्वारा सी बी आई को सौंपे जाते हैं।

विशेष अपराध प्रभाग आर्थिक दोषों तथा परम्परागत अपराधों का अन्वेषण करता है। बाद वाले में आन्तरिक सुरक्षा, जासूसी, तोड़-फोड़, नारकोटिक्स तथा नशीले पदार्थों, प्राचीन वस्तुएँ, हत्या, डाके, धोखाधड़ी, विश्वास को आपराधिक ढंग से भंग करना, दहेज के कारण मृत्यु, संदिग्ध मृत्यु तथा आई पी सी तथा अन्य कानूनों के अन्तर्गत अन्य दोष आते हैं।

अन्वेषण का कार्य सी बी आई के एस पी ई पक्ष द्वारा किया जाता है जो अपनी पुलिस वाली शक्तियाँ, दिल्ली स्पेशल पुलिस एस्टेबलिशमेण्ट अधिनियम, 1946 से प्राप्त करता है जिनसे वह सरकारी कर्मचारियों के संलिप्त होने वाले भ्रष्टाचार व दोषपूर्ण आचरण के अन्य प्रकारों के विशिष्ट दोषों या दोषों के वर्गों का अन्वेषण कर पाता है। राज्य की पुलिस तथा सी बी आई के अन्वेषणों के बीच दोहरेपन से बचने के लिए प्रबंध किए गए हैं। ऐसे मामले जिनमें मुख्यत: केन्द्रीय सरकार के अधिकारीगण (यदि राज्य सरकार के कर्मचारी भी लिप्त हो) आते हैं, सी बी आई द्वारा संभाले जाते हैं। राज्य पुलिस मुख्यत: अपने दायरे में आने वाले मामले ही लेती है। सेना तथा सी बी आई ने भी आपस में समन्वयन कार्य-प्रणालियाँ स्थापित कर रखी हैं।

केन्द्रीय सतर्कता आयोग भ्रष्टाचार निवारक अधिनियम के अन्तर्गत दिल्ली स्पेशल पुलिस एस्टेबलिशमेण्ट द्वारा दोषों के अन्वेषण के कार्यों का पर्यवेक्षण करता है। अन्य सभी मामलों में केन्द्रीय सरकार सी बी आई का पर्यवेक्षण करती है। (केन्द्रीय सरकार से) स्वायत्तता एक विवादग्रस्त मामला है। हम इस पर अलग से चर्चा करेंगे।

सी बी आई के निदेशक की नियुक्ति एक समिति की सिफारिश पर होती है जिसका अध्यक्ष, मुख्य सतर्कता आयुक्त होता है। वह दो साल तक अपने पद पर बना रहता है।

सी बी आई एक संयुक्त सचिव तथा ऊपर के अधिकारियों के विरुद्ध अभियोजन की कार्रवाई केन्द्रीय सरकार के अनुमोदन के बिना नहीं कर सकती। इसी प्रकार सी बी आई, केन्द्रीय सरकारी उपक्रमों व केन्द्रीय एजेन्सियों के अधिकारियों को केन्द्रीय सरकार की मंजूरी के बिना अभियोजित नहीं कर सकती।

सीटीई संगठन (CTE Organisation)

चीफ टैक्निकल एक्जामिनर्स आर्गेनाइजेशन (सीटीईओ) सीवीसी तथा इसके तकनीकी पक्ष के प्रशासनिक नियन्त्रण में कार्य करता है। यह केन्द्रीय सरकार के विभागों, केन्द्रीय सरकारी उपक्रमों और अन्य केन्द्रीय एजेन्सियों के सिविल (लोक), इलैक्ट्रिकल तथा बागवानी कार्यों को करता है। गहरी परीक्षा हेतु कार्य या ठेकों को सी ओ द्वारा सीटीईओ को भेजी गई तिमाही प्रगति रिपोर्ट में दिए गए विवरणों के आधार पर चुना जाता है। गहरी परीक्षा (जाँच) से घटिया सामग्री के प्रयोग, बचे जाने योग्य खर्च और ठेकेदारों को अनुचित लाभ या अधिक भुगतान देने के मामलों का पता लगाने में मदद मिलती है।

सतर्कता के प्रकार (Types of Vigilance)

इस खण्ड में, हम देखेंगे कि मुख्य सतर्कता अधिकारी अपने काम तीन व्यापक सोचों पर करते हैं जिनका अनुसरण वे भ्रष्टाचार को कम करने के लिए करते हैं। ये तीन सोचें हैं *(i)* निवारक सतर्कता; *(ii)* दण्डात्मक सतर्कता; तथा *(iii)* निगरानी व खोज (संसूचन)। यद्यपि अवचार करने तथा अन्य कदाचारों के लिए निगरानी तथा 'दण्डात्मक कार्रवाई' निश्चित रूप से महत्वपूर्ण हैं, मुख्य सतर्कता अधिकारी द्वारा लिए जाने वाले 'निवारक उपाय तुलनात्मक रूप से अधिक महत्वपूर्ण हैं क्योंकि इनसे सतर्कता मामलों में काफी कमी आएगी। इस प्रकार मुख्य सतर्कता अधिकारी की भूमिका, प्रमुखता से निवारणात्मक होनी चाहिए।

निवारक सतर्कता (Preventive Vigilance)

सी वी ओ (मु॰स॰अ॰) को निम्नलिखित निवारक सतर्कता उपायों को अपनाना पड़ता है:

(i) अपने संगठन में वर्तमान पद्धतियों व प्रचलनों का अध्ययन करना तथा जिनमें भ्रष्टाचार हेतु संभावना होती है, उनमें संशोधन करना।

(ii) विलम्ब के कारणों का पता लगाना, देखना कि किन स्थानों पर ऐसा होता है और विभिन्न स्तरों (अवस्थाओं) पर विलम्ब कम करने के उपाय बनाना।

(iii) विनियामक कार्यों की समीक्षा करना, जो अनावश्यक हो गए हैं उन्हें छाँटना, विनियमों को प्रयोग करने के ढंग तथा नियंत्रण शक्तियों के प्रयोग में सुधार करना।

(iv) अपनी सूझ-बूझ की शक्तियों पर नियंत्रण में सुधार करना ताकि उनका प्रयोग मनमाने ढंग से न होकर सही एवं पारदर्शिता के साथ हो।

(v) नागरिकों को विभिन्न मामलों में व्यवहार करने की पद्धतियों की जानकारी देना तथा दुर्वह पद्धतियों को संभव सीमा तक सरल बनाना।

(vi) संगठन में ऐसे क्षेत्रों पहचान करना जो भ्रष्टाचार संभाव्य हैं और यह सुनिश्चित करना कि केवल सिद्ध सत्यनिष्ठा वाले अधिकारी ही उन क्षेत्रों में तैनात किए जाते हैं।

(vii) संदिग्ध सत्यनिष्ठा वाले अधिकारियों की सूची बनाना।

(viii) सी बी आई के साथ मिलकर 'एग्रीड लिस्ट' बनाना। इस सूची में उन अधिकारियों के नाम शामिल होंगे जिनकी सत्यनिष्ठा संदिग्ध है या जिनके विरुद्ध भ्रष्टाचार की शिकायतें हैं।

(ix) यह सुनिश्चित करना कि संदिग्ध सत्यनिष्ठा वाले तथा 'एग्रीड लिस्ट' शामिल अधिकारियों की तैनाती चिह्नित संवेदी/भ्रष्टाचार संभावित क्षेत्रों में नहीं की जाती है।

(x) कर्मचारियों का अवधिक क्रमानुवर्तन सुनिश्चित करना।

(xi) यह सुनिश्चित करना कि संगठन महत्त्वपूर्ण विषयों पर, जैसे खरीद, ठेके और इसी प्रकार के विषयों पर मैनुअल तैयार करें और यह कि ये मैनुअल समय-समय पर अद्यतन किए जाते हैं तथा आयोग द्वारा जारी मार्ग-निर्देशों के अनुरूप हैं।

दण्डात्मक सतर्कता (Punitive Vigilance)

दण्डात्मक सतर्कता उन कार्यवाहियों का अर्थ देती है जो भ्रष्टाचार के काम करने के बाद पैदा होती हैं। ऐसे अनेक कार्य उन शिकायतों से प्रकाश में आते हैं जो सरकारी संगठनों को प्राप्त होती हैं।

मुख्य सतर्कता अधिकारी से दण्डात्मक सतर्कता पहलुओं पर निम्नलिखित कार्रवाई किए जाने की आशा होती है:

(i) सभी स्रोतों से शिकायतें प्राप्त करना और देखना कि क्या अभियोग भ्रष्टाचार से सम्बन्धित हैं।

(ii) भ्रष्टाचार वाले विशिष्ट व जाँच-योग्य अभियोगों का अन्वेषण करना।

(iii) उसे सी वी सी या सी बी आई, द्वारा अग्रेषित अभियोगों का स्वयं या अन्यों द्वारा अन्वेषण करना।

(iv) अन्वेषण रिपोर्टों को तेजी से तैयार करना तथा रिपोर्टों पर उचित कार्रवाई के लिए सक्षम प्राधिकारियों के आदेश प्राप्त करना तथा अन्वेषण रिपोर्टों पर आयोग की सलाह भी प्राप्त करना।

(v) यह सुनिश्चित करना कि दोषी अधिकारियों को सही शब्दावली वाली भाषा में अभियोग-पत्र दिए जाते हैं।

(vi) अभियोगों की जाँच के लिए प्राधिकारियों की शीघ्र नियुक्ति।

(vii) जाँच अधिकारी की रिपोर्ट की जाँच करना एवं सी वी सी और यू पी एस सी (जहाँ जरूरी हो) के परामर्श के साथ उस पर सक्षम प्राधिकारी के आदेश प्राप्त करना।

(viii) सुनिश्चित करना कि अनुशासन प्राधिकारी, दोषी अधिकारी पर दण्ड लगाते हुए एक 'स्पीकिंग आर्डर' (अर्थात् वह आदेश जिसमें लिए गए निर्णयों के कारण दिए गए हैं) जारी करता है।

(ix) सभी अवस्थाओं में अनुशासनात्मक कार्रवाइयों को नियन्त्रित करते हुए नियमों का कठोरता से पालन सुनिश्चित करना।

(x) सुनिश्चित करना कि सतर्कता मामलों की कार्रवाई की विभिन्न अवस्थाओं के लिए निर्धारित समय सीमा का पालन होता है।

निगरानी सतर्कता (Surveillance Vigilance)

यह पहलू सतर्कता मामलों की जारी (चलती हुई) मॉनीटरिंग का अर्थ देता है। अक्सर ऐसा होता है कि अन्य सरकारी (कार्यालयी) कामों के बीच सतर्कता के मामलों की अनदेखी हो जाती है। मुख्य सतर्कता अधिकारी को सुनिश्चित करना होता है कि सतर्कता मामलों में आवश्यक कार्रवाई समय पर की जाती है।

निगरानी सतर्कता में निम्नलिखित चरण होते हैं:

(i) यह देखने के लिए कि सरकारी कर्मचारियों द्वारा भ्रष्टाचार या अनुचित कार्य की घटनाएँ तो नहीं हुई हैं, मुख्य सतर्कता अधिकारी को संवेदनशील क्षेत्रों के नियमित व औचक निरीक्षण करने चाहिए।

(ii) उसे सरकारी कर्मचारियों द्वारा आचरण नियमों के अन्तर्गत दी गई सम्पत्ति के विवरण व सूचनाओं की अविलम्ब व पर्याप्त जाँच भी करनी चाहिए एवं जहाँ कहीं भी आवश्यक हो, वहाँ उचित अनुवर्ती कार्रवाई करनी चाहिए।

(iii) उसे किए गए या किए जाने के लिए संभावित अवचारों/कदाचारों के बारे में अपने स्रोतों से, जिस किसी भी ढंग से वह उचित समझे, सूचना भी एकत्र करनी चाहिए।

(iv) मुख्य सतर्कता अधिकारी को सभी लम्बित मामलों, जैसे अन्वेषण रिपोर्टें, अनुशासनिक मामलों तथा अन्य सतर्कता शिकायतों/मामलों की हर महीने अनिवार्य रूप से समीक्षा करनी चाहिए और इन मामलों पर कार्रवाई शीघ्र करने के लिए आवश्यक कदम उठाने चाहिए।

भ्रष्टाचार का पता कैसे लगता है (How Corruption Comes to Light)

सरकारी कर्मचारियों के भ्रष्टाचार, अवचारों या कदाचारों के बारे में सूचनाएँ प्रशासनिक प्राधिकारी/केन्द्रीय सरकार आयोग/सी बी आई/ पुलिस अधिकारियों को निम्नलिखित स्रोतों में से किसी से भी पहुँच सकती है:

(i) संगठन के कर्मचारियों या जनता से प्राप्त शिकायतें;

(ii) विभागीय निरीक्षण रिपोर्टें तथा स्टॉक जाँच (सत्यापन) सर्वेक्षण;

(iii) वार्षिक सम्पत्ति विवरणिका की जाँच;

(iv) आचरण नियमों के अन्तर्गत प्रस्तुत लेन-देनों की जाँच;

(v) लेखों की रूटीन जाँच के दौरान पता चली अनियमितताओं की रिपोर्टें, जैसे लेखों के साथ छेड़-छाड़, अधिक राशि के भुगतान, पैसे या सामग्रियों का गबन आदि।

(vi) सरकारी लेखों, सरकारी उपक्रमों और अन्य कारपोरेट निकायों के लेखों की लेखा-परीक्षा रिपोर्टें;

(vii) संसदीय समितियों जैसे आंकलन समिति, लोक लेखा समिति तथा सरकारी उपक्रम समिति की रिपोर्टें;

(viii) संसद के सदनों की कार्यवाहियाँ,

(ix) प्रैस तथा अन्य मीडिया में प्रकाशित शिकायतें व अभियोग;

(x) स्रोत सूचना यदि किसी पहचान योग्य स्रोत से मौखिक रूप में प्राप्त हुई, तो उसे लिखित रूप दे दिया जाना चाहिए; तथा

(xi) एजेन्सियों जैसे सी बी आई, स्थानीय पुलिस से एकत्रित सूचनाएँ।

इनके अलावा, सम्बन्धित मुख्य सतर्कता अधिकारी ऐसी पद्धतियों (उपायों) को बना व अपना सकता है जो वह संगठन में किए जाने वाले काम की प्रकृति के संदर्भ में उचित व फलदायी समझता है।

अध्याय में अब तक हमने भ्रष्टाचार की जिस धारणा की चर्चा की है, वह भारतीय कानून, भ्रष्टाचार से निबटने के लिए सरकार द्वारा स्थापित संगठनों और इन पर कार्रवाई करने की पद्धतियों पर आधारित हैं। अब हम उन प्रशासनिक तथा कानूनी रूकावटों पर चर्चा करेंगे जिनके कारण भ्रष्टाचार के आरोपित सरकारी कर्मचारियों को न्याय मिलनेकी प्रक्रिया में देरी हो जाती है। इस सम्बन्ध में हम चर्चा करेंगे कि अवचारी कर्मचारियों पर की जाने वाली विभागीय कार्रवाई और विधिक (कानून) कार्रवाई निलम्बित कैसे हो जाती है।

विभागीय कार्रवाईयों में विलम्ब (Delays in Departmental Proceedings)

विभागीय या अनुशासनात्मक कार्रवाइयों को मोटे तौर पर यह निश्चित करने की ढाँचा-गत (निर्धारित) प्रक्रिया कहा जा सकता है कि कर्मचारि अवचार का दोषी है या नहीं, और यदि ऐसा हो तो उसे मिलने वाले दण्ड की मात्रा (परिमाण) क्या होगी। यह कार्रवाइयाँ एक लम्बी प्रक्रिया से गुजरती है। आरम्भिक जाँच इस बात को जानने के लिए की जाती है कि कर्मचारी के विरूद्व प्रथम-दृष्टता मामला बनता है या नहीं। इसके बाद अधिकारी (कर्मचारी) को अभियोग-पत्र सौंपा जाता है। सुनवाई की जाती है और सरकारी कर्मचारी को अपनी स्थिति की रक्षा करने या अपनी निर्दोषिता स्थापित करने का अवसर दिया जाता है। अन्त में, जाँच रिपोर्ट के आधार पर सक्षम प्राधिकारी उसे कोई दण्ड देता (शास्ति लगाता) है। मु.स.अ ने जाँच प्रक्रिया के 13 चरणों की पहचान (निश्चित) की है तथा प्रत्येक चरण को पूरा करने के लिए समय सीमा निश्चित की है। विद्यार्थियों को चरणों के विवरणों के बारे में चिन्ता करने की जरूरत नहीं है। इतना जनना ही पर्याप्त है कि प्रक्रियाओं के कारण काफी विलम्ब होता है।

सार संक्षेप

- भ्रष्टाचार निरोधक अधिनियम में वे दोष दिए गए हैं जो सरकारी कर्मचारियों द्वारा भ्रष्टाचार के कार्य हैं।
- ये कार्य हैं: (*i*) किसी सरकारी काम के लिए या अन्य किसी कर्मचारी पर अपने प्रभाव का प्रयोग करने के लिए सरकारी कर्मचारी द्वारा पैसा माँगना या लेना, (*ii*) ऐसे व्यक्ति से बिना मूल्य दिए या अपर्याप्त मूल्य देकर कोई मूल्यवान वस्तु प्राप्त करना जिसके साथ उसका या उसके किसी मातहत का सरकारी व्यवहार है या जहाँ वह अपने प्रभाव का प्रयोग कर सकता है; (*iii*) स्वयं के लिए मूल्यवान वस्तु या आर्थिक लाभ प्राप्त करने हेतु सरकारी कर्मचारी के तौर पर अपनी स्थिति का दुरूपयोग करना; (*iv*) अपनी आय के ज्ञात स्रोतों से अधिक की परिसम्पत्ति रखना; तथा (*v*) गबन, जालसाजी या धोखाधड़ी या इसी प्रकार के कार्य।
- कुछ परिस्थितियाँ अधिकारी की सत्यनिष्ठा के प्रति संदेह उत्पन्न कर सकती हैं। इनमें शामिल हैं: भारी या जानबूझ कर की गई लापरवाही, निर्णय लेने में असावधानी, प्रणालियों व पद्धतियों का खुला उल्लंघन, अपनी सूझ-बूझ का वहाँ भी अधिक प्रयोग करना जहाँ कोई प्रत्यक्ष जनहित दिखाई नहीं दे, नियंत्रक अधिकारी/उच्चाधिकारियों को अपने निर्णयों के बारे में समय पर सूचित करने में असफलता।

- अनियमितता तो प्रथम दृष्टया संभावित बेईमानी की केवल सूचक है। किसी निर्णय पर पहुँचने के लिए मामले की विशिष्ट परिस्थितियों को जाँचा जाना चाहिए। ऐसे मामलों में विचार करने के लिए एक विचारणीय बात यह है कि क्या निर्णय से संगठन को हानि हुई है।
- वाणिज्यिक जोखिम उठाना कारोबार का हिस्सा होता है यदि उठाए गए उचित वाणिज्यिक जोखिम से हानि हो जाती है तब भी अधिकारियों को दोष नहीं दिया जा सकता।
- दूसरे प्रशासनिक सुधार आयोग ने सिफारिश की है कि निम्नलिखित को भ्रष्टाचार निरोधक अधिनियम में शामिल किया जाए;
  - (*i*) पद की शपथ का जान-बूझ कर उल्लंघन करने सहित संविधान तथा गणतांत्रिक संस्थाओं की सकल विकृति होती है।
  - (*ii*) अनुचित रूप से किसी का पक्षपात करना या किसी को हानि पहुँचाकर अधिकार का दुरूपयोग।
  - (*iii*) न्याय में बाधा पैदा करना।
  - (*iv*) सरकारी पैसे की बर्बादी।
- सन्तानम् समिति ने भ्रष्टाचार के चार सामान्य कारणों को चिह्नित किया है:
  - (*i*) प्रशासनिक विलम्ब;
  - (*ii*) सरकार अनेक विनियामक कार्य अपने ऊपर लेकर अपनी क्षमता से अधिक काम ले लेती है;
  - (*iii*) सरकारी कर्मचारियों के विभिन्न वर्गों में स्थित शक्तियों के प्रयोग में निजी समझ-बूझ की गुंजाइश; तथा
  - (*iv*) उन विभिन्न मामलों को निपटाने की उलझनभरी पद्धतियाँ जो नागरिकों के रोजमर्रा के कामों में उनके लिए महत्त्वपूर्ण हैं।
- दूसरे प्रशासनिक सुधार अयोग ने भ्रष्टाचार को दो प्रकारों में बाँटा है जिसे वे अवपीड़क भ्रष्टाचार तथा कपटपूर्ण भ्रष्टाचार कहते हैं।
- अवपीड़क भ्रष्टाचार में रिश्वत देने वाला वसूली का शिकार है।
- कपटपूर्ण भ्रष्टाचार में रिश्वत लेने वाला तथा रिश्वत देने वाला, दोनों ही साझीदारों की भूमिका में रहते हैं और समाज को लूटते हैं। ऐसी स्थितियों में किए जाने वाले कार्य राजस्व की हानि करते हैं और समाज कल्याण की हानि करते हैं।
- योजनाबद्ध सुधार अवपीड़क भ्रष्टाचार को रोक सकते हैं। उदाहरण के लिए सूचना एवं सम्प्रेषण (संचार) प्रौद्योगिकी ने रेल आरक्षण जैसे क्षेत्रों में भ्रष्टाचार को कम किया है।
- दूसरे प्रशासनिक सुधार आयोग ने सिफारिश की है कि भ्रष्टाचार निरोधक नियम को 'कपटपूर्ण रिश्वतखोरी' के अपराधों को कवर करने के लिए संशोधित किया जाए। इसकी सिफारिश है कि कपटपूर्ण भ्रष्टाचार में 'साक्ष्य का भार' दोषी पर डाल दिया जाना चाहिए।
- दूसरे प्रशासनिक सुधार आयोग के अनुसार कोई अपराध कपटपूर्ण रिश्वतखोरी वर्गीकृत किया जा सकता है यदि लेन-देन के परिणाम या आशयित परिणाम से राष्ट्र को, जनता को या जन-हित को हानि हुई है।
- केन्द्रीय सतर्कता आयोग की स्थापना 1964 में हुई थी।
- आयोग को संवैधानिक दर्जा 1998 में दिया गया था।
- केन्द्रीय सतर्कता आयोग में केन्द्रीय सतर्कता आयुक्त (अध्यक्ष) तथा दो से अनाधिक सतर्कता आयुक्त (सदस्य) होते हैं। केन्द्रीय सतर्कता आयुक्त तथा सतर्कता आयुक्तों की नियुक्ति राष्ट्रपति द्वारा चार वर्षों के लिए या जब तक वे पैंसठ साल के नहीं हो जाते, जो भी पहले हो, की जाती है।

- अपने कार्यों को करने में आयोग
  - (*i*) भ्रष्टाचार के मामले में अन्वेषण में सी बी आई का पर्यवेक्षण करता है।
  - (*ii*) केन्द्रीय सरकार में कार्यरत अखिल भारतीय सेवा के अधिकारियों; केन्द्रीय सरकार के ग्रेड 'ए' के अधिकारियों तथा केन्द्रीय सरकारी उपक्रमों एवं इसके अधीनस्थ स्वायत्त संगठनों व इसी प्रकार के अन्यों के अधिकारियों वाले मामलों का पर्यवेक्षण करता है।
  - (*iii*) सरकार से प्राप्त मामलों का पर्यवेक्षण करता है।
  - (*iv*) शिकायतों पर अन्वेषण का आदेश देता है।
  - (*v*) भ्रष्टाचार सम्बन्धी मामलों पर केन्द्रीय सरकार और इसकी एजेन्सियों को परामर्श देता है।
  - (*vi*) मुख्य सतर्कता अधिकारियों के कार्यों पर नजर रखते हैं; तथा
  - (*vii*) सरकारी विभागों तथा इसकी एजेन्सियों को दोषी अधिकारियों के विरुद्ध प्राप्त जाँच रिपोर्टों पर परामर्श देता है।
- प्रत्येक विभाग सरकारी उपक्रम तथा एजेन्सी में केन्द्रीय सरकार आयोग के परामर्श से एक मु० स० अ० नियुक्त होता है।
- वह विभागीय प्रमुख या सरकारी उपक्रम के प्रमुख के स्टॉक अधिकारी के तौर पर काम करता है। वह केन्द्रीय सरकार आयोग तथा सी बी आई के साथ समन्वयन करता है।
- सीबीआई की स्थापना 1963 में हुई थी।
- सीबीआई भ्रष्टाचार निरोधी प्रभाग निम्नलिखित का अन्वेषण करता है:
  - (*i*) भ्रष्टाचार निरोधक अधिनियम, 1988 के अन्तर्गत मामले।
  - (*ii*) भारतीय दण्ड संहिता (आई. पी. सी.) के अन्तर्गत या ऐसे किसी अन्य कानून के अन्तर्गत आने वाले मामले जिनमें रिश्वतखोरी तथा भ्रष्टाचार होते हैं।
  - (*iii*) सरकारी कर्मचारियों द्वारा की गई गंभीर अनियमितता से सम्बन्धित मामले।
  - (*iv*) राज्य सरकारों की कर्मचारियों से सम्बन्धित वे मामले जो राज्य सरकारों द्वारा सी बी आई को सौंपे जाते हैं।
- सीबीआई के निदेशक की नियुक्ति, प्रधान मंत्री भारत के मुख्य न्यायाधीश तथा लोक सभा में सबसे बड़े विपक्षी दल का लीडर का मेल-जोल (समूह) द्वारा की जाती है। वह दो वर्षों तक पद पर रहता है।
- सीबीआई एक संयुक्त सचिव तथा ऊपर के अधिकारियों के विरुद्ध अभियोजन की कार्रवाई, केन्द्रीय सरकार के अनुमोदन के बिना नहीं कर सकती। इसी प्रकार सी बी आई, केन्द्रीय सरकारी उपक्रमों व केन्द्रीय एजेन्सियों के अधिकारियों को केन्द्रीय सरकार की मंजूरी के बिना अभियोजित नहीं कर सकती।
- चीफ टैक्निकल एक्जामिनर्स आर्गेनाइजेशन, सी वी सी तथा इसके तकनीकी पक्ष के प्रशासनिक नियन्त्रण में कार्य करता है।
- भ्रष्टाचार कम करने की तीन सोचें हैं: (*i*) निवारक सतर्कता; (*ii*) दण्डात्मक सतर्कता; तथा (*iii*) निगरानी व खोज। उनके संघटक ऊपर बताए गए हैं।
- सूचना के स्रोत या वे ढंग जिनमें भ्रष्टाचार के मामले प्रकाश में आते हैं, इस प्रकार हैं: शिकायतें, निराक्षण, अधिकारियों की सम्पत्ति के विवरण, उनके सूचित किए गए लेन-देन, लेखों की लेखा-परीक्षा, संसद की कार्यवाहियाँ, संसदीय समिति की रिपोर्टे, प्रैस तथा मीडिया रिपोर्टें और रूटीन आसूचना एकत्रण।
- भ्रष्टाचार के विरूद्ध संघर्ष में इस समय जिन मुद्दों पर ध्यान दिया जा रहा है, इनमें शामिल है (i) दोषी कर्मचारियों के विरूद्ध विभागीय कार्रवाई में विलम्ब (ii) कर्मचारियों के विरूद्ध भ्रष्टाचार निवारण अन्तर्गत कर्मचारियों के अभियोजन हेतु मंजूरी देने में विलम्ब तथा (iii) अदालतों में भ्रष्टाचार के मामलों को चलाने में विलम्ब।

- विभागीय कार्रवाईयाँ बहु-चरणीय अर्ध-विधिक प्रक्रियाएँ होती हैं; केंद्रीय सतर्कता आयोग ने लगभग 13 चरणों की पहचान की हैं और प्रत्येक के लिए समय सीमा तय की है किन्तु इनका पालन बिरले ही होता है।
- विभागीय जाँचों के परिणामस्वरूप मुख्य या लघु शाशितियाँ लग सकती हैं या रिहाई हो सकती है।
- विभागीय कार्रवाईयों में देरी होने के लिए बहुत व्यापक असंतोष है।
- भ्र.नि. अधिनियम के अनुसार, अदालत के लिए अपराध का संज्ञान लेने हेतु सक्षम प्राधिकारी की पूर्व मंजूरी जरूरी है।
- यह प्रावधान सरकारी कर्मचारियों को कष्टप्रद अभियोजन से बचाता है तथा सुनिश्चित करता है कि वरिष्ठ अधिकारी ईमानदारी से एवं निडर होकर अपना काम करें।
- तथापि, ऐसा माना जाता है कि राजनेताओं से जुड़े बेईमान अधिकारी राजनीतिज्ञों से मिल कर मंजूरी दिए जाने में असाधारण विलम्ब करा देते हैं।
- अदालतों ने निर्धारित किया है कि भ्र.नि. अधिनियम के तहत अभियोजन के लिए मंजूरी मामले के गुण-दोषों पर भंली प्रकार विचार कर सक्षम प्राधिकारियों द्वारा उचित समय के भीतर दी जानी चाहिए।
- लोकपाल एवं लोकायुक्त अधिनियम पारित हो जाने के बाद (लोकायुक्त) को अपने स्वयं की ओर से ही अभियोजन की मंजूरी देने की शक्ति है।
- उच्चतर न्यायपालिका को भ्रष्टाचार के मामलों में तेजी लाने के उपायों पर विचार करना चाहिए।
- संविधान का अनुच्छेद 311 सरकारी कर्मचारियों को नौकरी की सुरक्षा प्रदान करता है,
- आलोचकों का कहना है कि अनुच्छेद 311 द्वारा दी गई सुरक्षा बहुत ज्यादा है और सरकारी कर्मचारियों को बेईमान होने का साहस प्रदान करती है।
- दूसरे प्रशासनिक सुधार आयोग ने अपने अनुच्छेद 310 एवं 311 को हटा देने की सिफरिश की है। और यह भी कि सरकारी कर्मचारियों की रक्षा अनुच्छेद 309 के अर्न्तगत कानून पारित कर की जानी चाहिए।

अभ्यास प्रश्न

1. भ्रष्टाचार की कानूनी परिभाषा में आने वाले कार्यों को संक्षेप में बताइए।
2. वे कौन-सी परिस्थितियाँ हैं जो अधिकारी की सत्यनिष्ठा के बारे में संदेह उत्पन्न करती हैं?
3. भ्रष्टाचार की परिभाषा को व्यापक करने के लिए दूसरे प्रशासनिक सुधार आयोग की क्या सिफारिशें हैं? इसके तर्काधार को संक्षेप में बताइए।
4. भ्रष्टाचार के अवपीड़क व कपटपूर्ण रूपों से आप क्या समझते हैं? कोलगेट घोटाले को आप किस वर्ग में रखेंगे और क्यों?
5. माल से क्षमता से अधिक भरा हुआ ट्रक राजमार्ग पर जा रहा था जिसे यातायात सिपाही ने रोका है। वह ड्राइवर से कहता है कि उसकी नम्बर प्लेटें कीचड़ से ढकी हैं और पढ़ी नहीं जा सकती। ड्राइवर पुलिस से कहता है कि रास्ते में हुई बारिश व कीचड़ भरे गड्ढों के कारण ऐसा हुआ है। पुलिसमैन उसे पुलिस स्टेशन ले जाना चाहता है। ड्राइवर को चिन्ता है कि जो माल वह ले जा रहा है, उसकी डिलीवरी में देर हो जाएगी और उसका मालिक नाराज होगा। जब वह पुलिसमैन से प्रार्थना करता है तो पुलिसमैन उसे जाने देने के लिए उपहार माँगता है। ड्राइवर उसे 300 रुपये दे देता है और चला जाता है। इस घटना की समीक्षा कीजिए (100 शब्दों में)
6. भ्रष्टाचार कर्मचारियों के निजी चरित्र की उतनी बड़ी समस्या नहीं है जितनी कि सरकारी प्रणालियों एवं पद्धतियों के दोषों की चर्चा कीजिए।

7. 'इलाज से परहेज भला'। यह कहावत भ्रष्टाचार के विरुद्ध लड़ाई पर कहाँ तक लागू होती है?
8. निम्नलिखित पर संक्षिप्त नोट लिखिए:
   (क) गैर-कानूनी पारितोषिक
   (ख) प्राधिकार का दुरूपयोग
   (ग) आय के ज्ञात स्रोतों से अधिक की सम्पत्ति
   (घ) अपनी सूझ-बूझ की शक्तियाँ
   (ङ) मुख्य सतर्कता अधिकारी
   (च) सत्यनिष्ठा की कमी
   (छ) निवारक सतर्कता
9. केन्द्रीय सतर्कता आयोग के कार्य क्या हैं?
10. मान लीजिए कि आप किसी संगठन में मुख्य सतर्कता अधिकारी तैनात हैं। आप उस कार्यालय में संभावित भ्रष्टाचार को केसे संभालेंगे? (300 शब्दों में)
11. ''बेइमान कर्मचारियों के अभियोजन के लिए मंजूरी लेने की अनिवार्यता भ्रष्टाचार के लिए एक ढाल के समान है।'' क्या आप इस कथन से सहमत हैं?
12. स्पष्ट कीजिए कि दोषी सरकारी कर्मचारियों को दण्डित करने में विलम्ब क्यों हो जाता है?
13. 'बेइमान कर्मचारी, राजनैतिक नेताओं के साथ गुप्त मिली-भगत के कारण दण्ड से बच जाते हैं।' क्या आप इस आम मान्यता से सहमत हैं।
14. अन्ना हजारे की माँगों में से एक, सरकारी कर्मचारियों के अभियोजन के लिए सरकार की पूर्व अनुमति लेने के प्रावधान को भ्रष्टाचार निवारण अधिनियम में से निकाल देना था। इस माँग को पूरा करने में क्या कठिनाईयाँ हैं?
15. भ्रष्टाचार सम्बन्धी मामलों में अदालती कार्रवाई में विलम्ब के कारण कौन-कौन से हैं? संक्षेप में बताएँ।
16. निम्नलिखित पर (60-70 शब्द) संक्षिप्त टिप्पणियाँ लिखिए :
   (i) अपनी बात कहने (सुनवाई) के लिए उचित अवसर
   (ii) विभागीय जाँच
   (iii) मुख्य व साधारण दण्ड
   (iv) अनुच्छेद 311 के अन्तर्गत सरकारी कर्मचारियो को दी गई सुरक्षा।

संदर्भ

- दूसरा प्रशासनिक सुधार आयोग, एथिक्स इन गवर्नेन्स (चौथी रिपोर्ट)
- भ्रष्टाचार निरोधक अधिनियम, 1988
- लोकपाल तथा लोकायुक्त अधिनियम
- एडवाइजरी पैनल ऑन स्ट्रैंगथनिंग ऑफ द इन्स्टीट्यूशन्स ऑफ पार्लियामेण्टरी डेमोक्रेसी (सदस्य-प्रभारी न्यायमूर्ति श्री बी॰ पी॰ जीवन रेड्डी, अध्यक्ष न्यायमूर्ति श्री एच॰ आर॰ खन्ना; सदस्य श्री के॰ पारासरन, डॉ॰ जय प्रकाश नारायण तथा डॉ॰ वी॰ ए॰ पाई पननडीकर, सदस्य-सचिव) डॉ॰ रघुबीर सिंह-प्रोबिटी इन पब्लिक लाइफ
- एन॰ विट्ठल, एप्लाइंग जीरो टॉलरेंस टू करप्शन।

अध्याय 11

भ्रष्टाचार कम करने के लिए बहुमार्गीय सोच (Multi-Pronged approach to Reduce Corruption)

परिचय (Introduction)

इस अध्याय में हम सरकार द्वारा भ्रष्टाचार को कम करने के लिए अपनाए गए विभिन्न उपयों पर विचार करेंगे। इनमें शामिल हैं: नागरिक समिति की क्रियाशीलता; पद्धतिबद्ध आर्थिक व प्रशासनिक सुधार; उत्तरदायित्वों का स्पष्ट निश्चयन; आधुनिक प्रौद्योगिकी का प्रयोग; पारदर्शिता को प्रोत्साहन देना; सत्यनिष्ठा संधियाँ; सरकारी कर्मचारियों तक जनता की पहुँच तथा उनकी प्रतिक्रियात्मकता को सुनिश्चित करना; शिकायतों की मॉनीटरिंग; तथा भ्रष्टाचार जोखिम प्रबन्धन। हम अध्याय का अंत भ्रष्टाचार के राजनैतिक पहलुओं पर संक्षिप्त चर्चा के साथ करेंगे।

भ्रष्ट सरकारी कर्मचारियों द्वारा की गई क्षतियों की उनके ही द्वारा क्षति-पूर्ति करने की जिम्मेदारी (Liability of Corrupt Public Servant to pay Damages)

अपने भ्रष्ट कार्यों के लिए सरकारी कर्मचारी भ्रष्टाचार निवारण अधिनियम के अन्तर्गत दण्ड योग्य हैं। लेकिन भ्र.नि. अधिनियम में गलत काम करने वालों के लिए नागरिक जिम्मेदारी का कोई प्रावधान नहीं है; ना ही इसमें उन लोगों संगठनों की क्षतिपूर्ति करने का प्रावधान है जिसके साथ गलत हुआ है या जिन्हें सरकारी कर्मचारी के अवचार के कारण क्षति हुई है। संविधान समीक्षा समिति ने ऐसे मामलों में देयताएँ बनाने के लिए एक व्यापक कानून लागू करने की सिफारिश की जहाँ सरकारी कर्मचारियों द्वारा दुर्भावनापूर्ण कामों या भूलों के कारण देश को हानि पहुँचाती हैं।

दूसरे प्रशासनिक सुधार आयोग ने सिफारिश की है कि जिन मामलों में सरकारी कर्मचारी अपने भ्रष्ट कामों से देश या नागरिकों को हानि पहुँचाते हैं, उनमें हानि की भरपाई के लिए और क्षतियों की पूर्ति के लिए उन्हें उत्तरदायी बनाना चाहिए। जिन परिस्थितियों में ऐसी हानियों की पूर्ति की जाएगी, उनके लिए क्षति का आकलन करने के सिद्धान्तों तथा हानि पीड़ित लोगों की क्षतियों की पूर्ति देय होने के मानदण्डों को स्पष्ट रूप से वर्णित किया जाना चाहिए। पर्याप्त सुरक्षा (बचाव) उपाय किए जाने चाहिए ताकि सदाशयी गलतियों के कारण क्षतियों की पूर्ति करने को न कहा जाए। अन्यथा सरकारी कर्मचारी उचित व तीव्र गति से निर्णय लेने से बचने लगेंगे।

भ्रष्ट साधनों से प्राप्त की गई सम्पत्तियों की जब्ती (Confiscation of Properties illegaly required by corrupt means)

भ्रष्टाचार के बारे में लोगों के गहरे असंतोष के सामने बेईमान सरकारी कर्मचारियों के अभियोजन व दोष-सिद्धियाँ बहुत कम हैं। अनेक भ्रष्ट अधिकारी बच जाते हैं क्यांकि भ्रष्टाचार के अभियोगों को सिद्ध करने के लिए ऊँचे स्तर के प्रमाणों की जरूरत होती है और कानूनी अड़चनें कानूनी कार्रवाई के तेजी से चलने में रुकावट पैदा कर देती हैं। दोषी कर्मचारी अक्सर अपनी अवैध तरीके से कमाई गई संपत्ति का आनंद लेते रहते हैं। इस संबंध में सर्वोच्च न्यायालय ने टिप्पणी की है: ''सरकारी कर्मचारियों द्वारा भ्रष्ट व गैर-कानूनी कार्यों व सौदों के माध्यम से प्राप्त सम्पत्तियों की जब्ती हमारे समाज की आज की स्थिति में बेहद जरुरी है।'' विधि आयोग ने अपनी 166वीं रिपोर्ट (1999) में जो विचार व्यक्त किए हैं, वे इस प्रकार है: 'भ्रष्टाचार निवारण अधिनियम, भ्रष्टाचार को रोकने में पूरी तरह असफल रहा है। भारत को दुनिया के सबसे भ्रष्ट देशों में से एक करार दिए जाने के बावजूद, अभियोजनों की तथा उससे बढ़कर दोष-सिद्धियों की संख्या हास्यास्पद रूप से कम है। एक भ्रष्ट मंत्री या सर्वोच्च सरकारी कर्मचारी को शायद ही कभी अधिनियम के तहत अभियोजन का सामना करना पड़ा हो और उसके अभियोजन के दुर्लभ अवसर आ जाने पर भी अभियोजन का कोई निष्कर्ष शायद ही निकला हो। हर चरण पर प्रक्रिया को रोकने के लिए संशोधन और याचिकाएँ होती हैं।

वर्ष 2018 में भ्र. नि. अधिनियम में किए गए संशोधनों में सम्पत्ति कुर्क और जब्त करने के खास प्रावधान हैं। इन प्रावधानों से भ्रष्ट अधिकारियों के लिए भ्रष्ट साधनों से प्राप्त की गई सम्पत्ति को छुपाना या बेच देना (निपटाना) कठिन हो गया है। संशोधनों से विशेष न्यायाधीश को, भ्रष्ट साधनों से प्राप्त धन या सम्पत्ति की जब्ती के लिए भ्र. नि. अधिनियम के तहत मुकदमा चलाने का आदेश पारित करने की शक्ति प्राप्त हो गई है। पहले, भ्रष्टाचार से प्राप्त की गई सम्पत्ति को जब्त करने की शक्ति का मामला प्रिवेन्शन ऑफ मनी लॉण्डरिंग अधिनियम के अधीन आता था। भ्र. नि. संशोधन अधिनियम ऐसी शक्तियाँ, भ्र.नि. अधिनियम के अन्तर्गत मुकदमा सुन रहे विशेष जज को विशेष रूप से देता है।

भ्रष्टाचार निवारण अधिनियम में 2018 में किए गए महत्वपूर्ण परिवर्तन (Important Changes made in the PC Act in 2018)

भ्रष्टाचार निवारण संशोधन अधिनियम, 2018 को 26 जुलाई, 2018 से लागू किया गया है। इसका उददेश्य भारतीय भ्रष्टाचार-रोधी कानूनी ढाँचे को यूनाइटेड नेशन्स कन्वेन्शन अगेन्स्ट करप्शन (यूएनसीएसी) द्वारा निर्धारित, चालू अन्तर-राष्ट्रीय चलन (व्यवहार) के अनुरूप बनाना है। भ्र.नि. अधिनियम अपने विस्तार में, संयुक्त राज्य अमेरिका के चालू विदेशी चलन अधिनियम, 1977 तथा यूके ब्राइबरी एक्ट, 2010 की तुलना में सीमित-सा माना गया था, जबकि वे कठोर भ्रष्टाचार-रोधी कानून माने जाते हैं। सन् 2018 में किए गए संशोधन से इसका दायरा बड़ा हो गया ओर यह इन अंतर-राष्ट्रीय भ्रष्टाचार रोधी कानूनों के अनेक पहलुओं के बराबर आ जाता है। इसके कुछ उल्लेखनीय नए प्रावधान नीचे दिए जा रहे हैं। हमने अध्याय 10 में पहले ही संशोधित अधिनियम में भ्रष्टाचार को परिभाषित करने में प्रयुक्त नए शब्दों देखा है।

(i) भ्रष्टाचार निवारण अधिनियम में, रिश्वत देने वालों को दण्डित करने का कोई विशिष्ट प्रावधान नहीं है। संशोधित अधिनियम की धारा 8 में भ्रष्टाचार के सप्लाई (पूर्ति) पक्ष को लिया गया है। कोई व्यक्ति जो जनता का काम (सरकारी काम) अनुचित ढंग से करवाने के लिए सरकारी कर्मचारी को अनुचित लाभ देने का वायदा करता है तो वह 7 वर्ष की कैद या अर्थ-दण्ड या दोनों को पाने के लिए दोषी होगा। यह प्रावधान वहाँ लागू नहीं होगा जहाँ व्यक्ति को अनुचित लाभ देने के लिए उस पर दबाव डाला गया हो और वह ऐसा लाभ देने के सात दिनों के भीतर कानून लागू करने वाले अभिकरणों को उसकी सूचना दे देता है। यह बात कोई महत्व नहीं रखती कि अनुचित लाभ सीधे ही प्राप्त किया गया है या बिचौलियों के माध्यम से। इस प्रावधान का लक्ष्य कराधान, नियमितिकरण के मामलों तथा इसी प्रकार के मामलों में रिश्वत देने वालों द्वारा किए जा रहे कपटपूर्ण भ्रष्टाचार को रोकना है।

(ii) संशोधित अधिनियम की धारा 9 में भ्रष्ट गतिविधियों में संलग्न होने के लिए कम्पनियों की कारपोरेट दायित्व का आरम्भ किया गया है। यह धारा किसी कम्पनी को दोषी और अर्थ-दण्ड से दण्डित किए जाने योग्य ठहराती है यदि उससे सम्बन्धित कोई व्यक्ति (i) बिजनेस पाने/बनाए रखने या (ii) कम्पनी के व्यवसाय में लाभ पाने या बनाए रखने के लिए कोई अनुचित लाभ देता है या देने का वायदा करता है। इस सम्बन्ध में, कम्पनी अपना बचाव यह कह कर नहीं कर सकती कि ऐसे काम सम्बन्धित व्यक्ति के अपने निजी निर्णय हैं। हाँ, यदि यह (कम्पनी) सिद्ध कर सकती है कि इसने अनुपालन क्रिया-विधियाँ स्थापित कर रखी हैं और ऐसे कार्यों के न होने देने हेतु सुरक्षा उपाय किए हुए हैं तो वह अपना बचाव कर सकती है। संशोधन में ऐसी पद्धतियों (क्रिया-विधियों) का निर्धारण नहीं किया गया है और (इसे) ऐसा करने का काम सरकार पर छोड़ दिया है। तथापि, इस बीच कम्पनी फॉरेन करप्ट प्रेक्टिसिज एक्ट रिसोर्स गाइड (यूएसए) के प्रावधानों एवं यूके ब्राइबरी एक्ट में एडिकेट प्रोसीजर्स पर भरोसा कर सकती हैं।

(iii) संशोधित अधिनियम ने उस प्रावधान को भी बदला है जिससे अपने ऐसे सदाशयी फैसलों के लिए ईमानदार सरकारी कर्मचारियों का अभियोजन होता था जिनसे सरकारी राजस्व को हानि हो सकती थी। भ्र. नि. अधिनियम की संशोधन-पूर्व की धारा के अन्तर्गत, सरकार को हानि करने वाले अपने निर्णयों के लिए सरकारी कर्मचारी जिम्मेदार हो जाते थे। ऐसे मामलों में सरकारी कर्मचारी की आपराधिक या दोषी मंशा दिखाना जरुरी नहीं था। यह तथ्य कि उसे निर्णय या कार्य से हानि हुई है, उसे दोषी सिद्ध करने के लिए पर्याप्त थी। इस प्रावधान के कारण अनेक ईमानदार कर्मचारी समस्या में पड़ गए।

संशोधन-पूर्व का प्रावधान इस प्रकार है- 13 (i) सरकारी कर्मचारी के लिए उसे आपराधिक अवचार करने वाला कहा जाएगा यदि-

वह राजकीय पद पर रहते हुए, बिना किसी जनहित के, किसी व्यक्ति के लिए कोई मूल्यवान वस्तु या अर्थ लाभ प्राप्त करता है;

नई उपधारा इस प्रकार है (The New Subsection reads):

सरकारी कर्मचारी द्वारा किया गया आपराधिक अवचार (1) सरकारी कर्मचारी के लिए यह माना जाएगा कि उसने आपराधिक अवचार किया है-

(क) यदि वह बेइमानी से या धोखेबाजी से गबन करता है या अन्यथा, उसे सौंपी गई किसी सम्पत्ति का या सरकारी कर्मचारी होने के कारण अपने नियंत्रण में की सम्पत्ति को अपने प्रयोग के लिए बदल लेता है या किसी अन्य को ऐसा करने की अनुमति (सहमति) देता है; या

(ख) यदि वह जानबूझकर अपने सेवा-काल के दौरान स्वयंको अवैध ढंग से स्वयं को धनवान बना लेता है।

संशोधित धारा के शब्दों में, आपराधिक मंशा या बदनीयत को, भ्र.नि. अधिनियम के अन्तर्गत अपराध का अनिवार्य घटक माना जाता है। आशा है कि इस परिवर्तन से सरकारी कर्मचारियों को मन से भय निकल जाएगा और इस कारण होने वाली नैतिक-पंगुता समाप्त हो जाएगी।

1990 के आरम्भिक वर्षों से भारत में अनेक नागरिक समिति समूह शासन-व्यवस्था में सुधार की कोशिशों में सक्रिय रहे हैं। वे वर्तमान प्रशासनिक मॉडल्स को चुनौती देते हैं, वैकल्पिक रास्तों को जाँचते हैं तथा इन अनुभवों से प्राप्त ज्ञान को दूसरों के साथ बाँटते हैं।

भ्रष्टाचार से लड़ने की नागरिक पहलें सक्रिय सामाजिक चेतना से उत्पन्न हुई हैं। सरकार भी ऐसे वातावरण को बढ़ावा दे सकती है जिससे नागरिकों के समूह भ्रष्टाचार-विरोधी प्रयासों में साथ हो सकते हैं। भ्रष्टाचार-विरोधी अभियानों में जनता की भागीदारी बढ़ाने के लिए दूसरे प्रशासनिक सुधार आयोग ने निम्नलिखित उपाय सुझाए हैं:

1. सरकारी कार्यक्रमों की निगरानी के लिए नागरिक समिति समूहों को आमन्त्रित करना।
2. सेवा के मानकों को स्थापित करना और उनका प्रचार करना।

3. शिकायतों को दूर करने की विश्वसनीय कार्य-प्रणालियों की स्थापना।
4. विश्वास के स्तरों में सुधार करने के लिए कार्यक्रम बनाने हेतु भ्रष्टाचार-विरोधी संस्थाओं, न्यायपालिका और कानून लागू करने में जनता के विश्वास (भरोसे) का आकलन करना।
5. सूचना तक पहुँच को लागू करना।
6. भ्रष्टाचार की घटनाओं पर समाज को स्थिति स्पष्ट करना एवं सत्यनिष्ठा में नैतिक प्रतिबद्धता को स्थापित करना।
7. लोगों से सम्पर्क (जनता दरबारों) का ऐसा प्रयोग करना जिसमें जनता अपने क्षेत्र के लोक निर्माण योजनाओं के बारे में जान सकेगी और अपने विचार (परिकल्पनाएँ) दे सकेगी।
8. भ्रष्टाचार से लड़ाई पर जनता को जानकारी देने एवं जागरूक बनाने हेतु मीडिया अभियान शुरू करना।
9. भ्रष्टाचार की समस्याओं पर चर्चा करने तथा उनके हलों पर विचार करने के लिए सत्यनिष्ठा कार्यशालाओं तथा जनता दरबारों का आयोजन करना।
10. जनता को सेवाएँ देने का आवधिक सर्वेक्षण व उसका मूल्यांक।
11. सरकार के बारे में भ्रष्टाचार के सामान्य प्रत्यक्ष ज्ञान तथा इसके विशिष्ट क्षेत्रों के भी बारे में सर्वेक्षण करना।
12. शैक्षिक पाठ्यक्रम में भ्रष्टाचार को एक विषय के रूप में शामिल करना तथा सूचना देने के लिए, सुझाव माँगने एवं पूर्व सरकारी कर्मचारियों को भ्रष्टाचार के विरुद्ध प्रचार करने में जोड़ने के लिए वेबसाइट बनाना।

भ्रष्टाचार को कम करने में नागरिकों को शामिल करने का एक और उपाय भ्रष्टाचार की रिपोर्टिंग करने के लिए उन्हें नकद पुरस्कार देना है। इससे भ्रष्टाचार के अनेक मामले प्रकाश में आ सकते हैं। कराधान विभागों में, पुरस्कार की योजना पहले ही लागू है जिसमें सूचना के आधार पर पता लगी आय का एक विशेष प्रतिशत शिकायत-कर्ता को दिया जाता हैं इसी प्रकार के पुरस्कार भ्रष्ट कार्यों की सूचना देने वालों को भी दिए जाने चाहिए। परिवर्तन तब ही होंगे जबकि भ्रष्ट प्रणाली को उखाड़ फेंकने के लिए दिए जाने वाले प्रोत्साहन, ऐसी प्रणाली को बनाए रखने के लिए वाले प्रोत्साहनों से अधिक मजबूत (प्रभावी) हो जाएँगे। भ्रष्टाचार को बिल्कुल सहन नहीं करना ही समय की जरूरत है।

झूठा दावा अधिनियम (False Claims Act)

भारतीय दण्ड संहिता और अन्य अधिनियमों के वर्तमान प्रावधान रुचि रखने वाले नागरिकों व नागरिक समिति समूहों को न्यायालयों में जाने को प्रात्साहित करने के लिए पर्याप्त नहीं है। यू एस फैडरल फाल्स क्लेम एक्ट उस व्यक्ति को यह शक्ति देता है कि वह फैडरल सरकार की ओर से कानूनी मुकदमा दायर कर सके जो दूसरे व्यक्ति द्वारा की गई धोखाधड़ी की जानकारी रखता है। यदि धोखाधड़ी अदालत में सिद्ध हो जाती है तो धोखाधड़ी करने वाले को सजा हो जाती है और शिकायत करने वाले (वादी) को वसूल की गई राशि के प्रतिशत का पुरस्कार मिलता है। सारी कार्यवाही सिविल न्यायिकता के नियमों के अनुसार चलती है। साक्ष्यों के मानक सिविल अदालत के मानदण्डों के अनुसार होने चाहिए, और उचित संदेह से अधिक अपेक्षित साक्ष्य की जरूरत नहीं होती जैसा कि क्रिमिनल मामलों में होता है।

दूसरे प्रशासनिक सुधार आयोग द्वारा की गई सिफारिश के यथानुसार, यू एस फाल्स क्लेम एक्ट की तर्ज पर एक कानून भारत में भी पारित किया जाना चाहिए। मुख्य प्रावधान निम्नलिखित होंगे:

» जब लोग सरकार के विरुद्ध झूठे दावों से सरकारों के साथ धोखाधड़ी करते हैं तो नागरिक व नागरिक समिति समूह कानूनी सहायता माँग सकते हैं।

» कोई नागरिक किसी ऐसे व्यक्ति या एजेन्सी के विरुद्ध मुकदमा दायर कर सकता है जो सरकार से झूठा दावा करते हैं।

» यदि झूठा दावा सिद्ध हो जाता है तो उत्तरदायी व्यक्ति/एजेन्सी, राजकोष या समाज को हुई हानि के पाँच गुणा दण्ड पाने का दोषी हो जाता है।

» हानि धन की या बिना धन वाली हो सकती है, जैसे प्रदूषण या अन्य सामाजिक व्यय/बिना धन वाली हानि के लिए अदालत को हानि का हिसाब धन के रूप में लगाने का अधिकार होगा।

» जिस व्यक्ति ने मुकदमा दायर किया है, उसकी वसूल की गई क्षतियों में से उपयुक्तत क्षतिपूर्ति की जाएगी।

सामाजिक लेखा-परीक्षा (Social Audit)

नियन्त्रक व महा लेखा-परीक्षक, सभी सरकारी विभागों की लेखा-परीक्षा का प्रबन्ध करता है। नि. व. म. ले. प. अपनी लेखा-परीक्षा में सरकारी लेन-देन व सौदों के वित्तीय पक्षों को देखता है। खर्चों के लिए उचित विधिक प्राधिकरण, खर्च की रसीदों (हस्ताक्षरित) को संभालना; निर्धारित ढंग से लेखों को रखना, खर्च करने से पहले उचित खुली निविदा प्रक्रिया का पालन करना तथा सभी राजस्वों की पूरी वसूली। ये सभी लेखा-परीक्षा के वित्तीय पहलू हैं। लेखा-परीक्षा से अनेक वित्तीय अनियमिताएँ बार-बार प्रकाश में आती हैं।

वित्तीय लेखा-परीक्षा से अलग 'सामाजिक लेखा-परीक्षा' ऐसी अवधारणा है जो अभी हाल ही में पैदा हुई है। जबकि वित्तीय लेखा-परीक्षा अर्हता प्राप्त लेखाकारों व लेखा-परीक्षकों द्वारा की जाती है, सामाजिक लेखा-परीक्षा जनता की भागीदारी से की जाती है। इससे उन कार्यक्रमों की वास्तविक स्थिति का पता लगाने की सुविधा होती है जो एक बड़े समूह को लाभ देने वाले होते हैं, जैसे स्थानीय लोक निर्माण, कल्याण सम्बन्धी भुगतान तथा सरकार के लिए माल व सेवाओं का प्रापण तथा लोगों को सेवाएँ मुहैया कराना। इन योजनाओं की सामाजिक लेखा-परीक्षा में ग्राहक या लाभ-भोगी समूह या नागरिक समिति समूह, गलत कामों की सूचना देते हैं। सामाजिक लेखा-परीक्षा स्कूल तथा होस्टलों में अध्यापकों व विद्यार्थियों की उपस्थिति, अस्पतालों में कर्मचारियों की उपस्थिति की जाँच करने तथा ऐसे कार्यक्रमों में मदद करता है जो लोगों को सेवाएँ उपलब्ध कराते हैं। सामाजिक लेखा-परीक्षा हेतु प्रावधानों को ऐसी सभी योजनाओं के कार्यचालक मार्गदर्शन बना दिया जाना चाहिए। इसे अनेक योजनाओं में पहले ही अपनाया जा चुका है।

सामाजिक सहमति बनाना (Building Societal Consensus)

राजनैतिक विचारकों के अनुसार अनेक समस्याएँ सहमति (सामंजस्य) से सुलझाई जा सकती हैं या लोगों को सामान्यत: समस्या के वर्तमान होने और उसके हल के लिए प्रस्तावित तरीकों पर सहमत (एकमत) होना पड़ेगा। इससे अधिक महत्त्वपूर्ण यह है कि राजनैतिक दलों को जिनसे लोगों के अनुकूल विचारधाराएँ तैयार करने की आशा की जाती है और जो शक्ति सम्पन्न (लोकप्रिय जनादेश जीतने पर) हैं, भ्रष्टाचार के विरुद्ध सक्रिय रूप से लड़ना होगा। राजनैतिक दल भ्रष्टाचार को समाप्त करने की जरूरत पर केवल बातें करते हैं। लेकिन बड़े पैमाने पर भ्रष्टाचार का तो स्पष्टत: राजनैतिक आयाम है। कुछ राजनैतिक नेताओं के भाषणों में नैतिकता के स्वरों की गूँज सुनकर टी एस इलियट द्वारा (जॉन ड्राइडन की कविताओं की भूमिका में) 'मंच शब्दाडम्बर तथा नैतिक गंभीरता' के बीच किया गया अन्तर याद आ जाता है।"

सर्वांगीण सुधार (Systematic Reforms)

आई एम एफ (फाइनेंस एण्ड डेवेलपमेण्ट: सितम्बर, 2005, खण्ड- 42, नवम्बर-3) के अनुसार 'भ्रष्टाचार-विरोधी क्षेत्र में किसी के द्वारा और कभी-कभी अन्तर्राष्ट्रीय समुदाय द्वारा प्रवर्तित भ्रांति है कि व्यक्ति भ्रष्टाचार से संघर्ष कर भ्रष्टाचार से लड़ता है' (Fights Corruption by Fighting Corruption)। इसे एक और भ्रष्टाचार-विरोधी अभियान के माध्यम से, अधिक 'कमीशनों' तथा नैतिक एजेन्सियों की रचना तथा नए कानूनों, डिग्रियों एवं आचरण संहिताओं की लगातार रचनाओं के माध्यम से बनाया गया। समग्र रूप से, ऐसी पहलों का प्रभाव थोडा ही है और यह अक्सर भ्रष्टाचार के विरुद्ध कुछ करने के दबाव में राजनैतिक दृष्टि से समयोचित प्रतिक्रिया करने के ढंग हैं जो मूलभूत तथा सर्वांगी अभिशासन सुधारों की जरूरत के एवजी के तौर पर माना जाता है। ये विचार ब्रिटिश डेवेलपमेण्ट अर्थशास्त्री, मिशैल लिप्टन (Michael Lipton) के विचारों से मिलते-जुलते हैं; जिन समस्याओं की जड़ें गहरी सामाजिक, आर्थिक और राजनैतिक होती हैं, उनको कानूनी हल कभी सुलझा नहीं सकते। आर्थिक समस्याओं को विधायक के माध्यम से गुमनामी के अँधेरे में नहीं धकेला जा सकता। तटस्थ तौर पर हम देख सकते हैं कि विभिन्न

कानूनों के माध्यम से अब बनाए जा रहे अनेक 'अधिकारों' तथा 'पात्रताओं' (Entitlements) के बारे में कुछ संदेह उत्पन्न होता है। उत्तर अक्सर बचतों, निवेश, उत्पादकता, उत्पादन और रोजगार को बढ़ाने में रहता है।

जैसाकि हमने पहले देखा, कोई भ्रष्टाचार को व्यक्ति की नैतिक असफलता के तौर पर देख सकता है तथा इसका हल व्यक्तिगत स्तर पर सरकारी कर्मचारियों के नैतिक आचरण में सुधार में तलाश सकता है। कोई आचरण की कठोर संहिताएँ लागू कर सकता है तथा नैतिक मार्ग-निर्देश के लिए उच्च नैतिक मूल्य निर्धारित कर सकता है। नैतिक निर्णयन में अनुदेश देने के लिए प्रशिक्षण कार्यक्रमों का आयोजन किया जा सकता हैं। ये सभी सोचें (विचार) सरकारी कर्मचारियों के कार्य करने के वातावरण को पर्याप्ततः बदले बिना ही मुख्यतः व्यक्तिगत स्तर पर सरकारी कर्मचारियों को लक्षित करती हैं।

भ्रष्टाचार को संभालने का एक और (मार्ग) सोच मुख्यतः सरकार या लोक (जन) प्रणालियों पर जोर देती है। इस सोच में, ध्यान ढाँचों व प्रक्रियाओं पर है और साथ ही निर्णयन को शासित करते हुए कार्यचालन नियमों पर भी हैं। इस विचार के अनुसार हम भ्रष्टाचार को मानवीय नैतिक कमजोरी से उतना नहीं जोड़ सकते जितना कि अन्तर्निष्ठ सर्वांगी कमजोरियों से, जो भ्रष्टाचार के अवसर पैदा करती है।

आर्थिक क्षेत्र में सर्वांगीण कमजोरियाँ (Systematic Weaknesses Economic Sphere)

हम अधिक सामान्य तौर पर चर्चित सर्वांगीण कमजोरियों पर विचार कर सकते हैं। एक एकाधिकार है जो अनेक सरकारी योजनाओं की विशेषता है। एकाधिकार में एक अकेला सप्लायर माल या सेवाएँ उपलब्ध कराता या बेचता है। सरकार अनेक जनपूर्तियों को एकाधिकार के तौर पर उपलब्ध कराती है तथा कोई प्रतिस्पर्द्धा न होने के कारण उपभोक्ता कहीं और जा नहीं सकते। इस कारण सरकारी कर्मचारी मनमाने ढंग से व्यवहार करते हैं और लोगों से गैर-कानूनी भुगतान की माँग करते हैं। अर्थशास्त्रीय दृष्टि से ऐसी गैर-कानूनी वसूली, प्रतिस्पर्द्धी में सामान्य लाभों के विपरीत, एकाधिकारी के एकाधिकारिक लाभों को प्रस्तुत करती है। गैर-कानूनी भुगतानों को एकाधिकार के किरायों के रूप में भी देखा जा सकता है।

इस सम्बन्ध में, हम देख सकते हैं कि पण्डित जवाहर लाल नेहरू ने समाज के समाजवादी पैटर्न के भाग के रूप में आर्थिक (अर्थशास्त्रीय) नियन्त्रणों की जो व्यापक प्रणाली स्थापित की थी, भ्रष्टाचार की प्रजनन भूमि साबित होगी। उद्यमियों को वास्तव मे प्रत्येक बात (वस्तु) के लिए सरकार से अनुमोदन लेना पड़ता था। एक प्रतिभाशाली विचारक और स्वतंत्रता आन्दोलन के नेता, सी. राजगोपालाचारी ने इसे 'लाइसेंस-कोटा-परमिट-राज' कहते हुए सम्पूर्ण आर्थिक-दर्शन का विरोध किया था।

यहाँ अर्थशास्त्रीय तर्क सरल है। जो लोग लाइसेंस कोटे या परमिट लेते हैं, वे वास्तव में सरकार द्वारा प्रशासनीय निश्चित मूल्य पर कमी वाले आर्थिक स्रोतों पर अधिकार कर लेते हैं। अब, सरकारी मूल्य बाजार मूल्य से कम है, जो वस्तु की वास्तविक माँग एवं वास्तविक सप्लाई द्वारा तय होता है। उस वस्तु के मूल्य पर कुछ 'प्रीमियम' होता है जो वस्तु के बाजार मूल्य व सरकारी मूल्य के बीच का अन्तर होता है। कमी वाली वस्तु के प्राप्तकर्ता, बाजार मूल्य से कम मूल्य पर प्राप्त करके जो लाभ प्राप्त करते हैं, स्वाभाविक तौर पर वे उसकी कुछ राशि देने के लए इच्छुक हो जाते हैं: अनेक नियन्त्रित औद्योगिक कच्चे माल, सीमेण्ट, चीनी, कार तथा गैस के आबंटन तथा जन-वितरण प्रणाली के माध्यम से सप्लाई किए गए खाद्यान्न ये सभी इसी श्रेणी में आते हैं।

विदेशी मुद्रा बाजार में भी इसी प्रकार की स्थिति रहती है। जिसमें डॉलर या येन जैसी दुर्लभ मुद्राओं के रूप में रुपए की सरकारी विनिमय दर अधिक ऊपर की होती हैं। अन्य शब्दों में, विदेशी मुद्रा का कोटा पाने वाले (लोग) विदेशी मुद्राएँ उनके बाजार भाव से काफी कम पर पाते हैं। बिना लाइसेंस के कोई भी उद्योग शुरू नहीं किया जा सकता। इसका सरल अर्थ यह है कि प्रतिस्पर्द्धा प्रतिबंधित हो जाती है और एकाधिकारत्व का चलन बढ़ जाता है। अनेक आर्थिक सुधारों में उद्योग व व्यापार को विनियमन-मुक्त किया है और उन पर से आर्थिक नियंत्रण हटाए हैं। इस प्रकार के सुधारों से रिश्वतें देने हेतु प्रोत्साहन समाप्त हो जाते हैं।

प्रशासनिक क्षेत्र (Administrative Sphere)

उपरोक्त दोनों क्षेत्र आर्थिक घेरे में आते हैं। अब हम ऐसे दो क्षेत्रों पर विचार करेंगे जो अधिक स्पष्ट रूप से प्रशासनिक दायरे में आते हैं। पहला तो आधुनिक प्रशासनिक अवस्था की अन्तर्निहित विशेषता है। इसके कल्याणोन्मुखी होने से बड़ी दफ्तरशाही और लम्बी-चौड़ी जन सेवा प्रदाय प्रणालियाँ पैदा हो गई हैं। ये प्रणालियाँ वित्तीय व प्रबन्धकीय समस्याओं से ग्रसित हैं। इसके परिणामस्वरूप सेवा की गुणवत्ता पर गंभीर शिकायतें हो रही हैं। यह समस्या अमरीकी और ब्रिटेन सहित लगभग सभी विकसित देशों में संगीन हो गई है लेकिन राजनीतिक नेता अभी मतदाताओं को और अधिक सस्ती सेवाओं के वायदों से लुभा रहे हैं।

उपरोक्त संलक्षण के अलावा, अपनी सूझ-बूझ के अनुसार निर्णयन को भी भ्रष्टाचार का बड़ा स्रोत माना जाता है। सिद्धान्त रूप में, सरकारी निर्णय अन्तरवैयक्तिक नियमों के समूह पर आश्रित रहते हैं तथा समान स्थितियों में के व्यक्तियों पर समान रूप से लागू होते हैं। तथापि, व्यवहार में, चाहे जितना भी व्यापक क्यों न हो, नियमों का कोई भी समूह सभी संभव मामलों को समाविष्ट नहीं कर सकता। इस प्रकार नियम निर्णयों को पूरी तरह से मार्ग-निर्देशित नहीं कर सकते। अपनी समझ-बूझ (स्वविवेक) के प्रयोग में भ्रष्टाचार के होने की प्रवृत्ति है। अत: समझ-बूझ के आधार पर निर्णयन को कम करने के सुझाव अक्सर दिए जाते हैं।

उत्तरदायित्व की कमी भी भ्रष्टाचार के लिए बार-बार दिया जाने वाला कारण है। जैसा कि हम जानते हैं, सूचना का अधिकार अधिनियम, नागरिक चारटर्स, लोगों को सेवाएँ देने के प्रावधानों वाला बिल और उनकी शिकायतों को दूर करना ऐसे उपायों में से हैं जो सरकारी कर्मचारियों के उत्तरदायित्व को बढ़ाते हैं। दूसरा प्रशासनिक सुधार आयोग भ्रष्टाचार पर एक मजेदार फार्मूला (अमरीकी अर्थशास्त्री रॉबर्ट क्लिटगार्ड का) प्रस्तुत करता है जो इसे नागरिक सेवा के प्रचालन वातावरण से जोड़ता है:

एकाधिकार + स्वविवेक   उत्तरदायित्व = भ्रष्टाचार

Monopoly + Discretion - Accountability = Corruption

मामले (Case Studies)

मामला-1 (Case-1)

शहर में भवन बनाने के लिए प्लॉटों की कमी है। सरकार ने फ्लैट्स बनाने के लिए कुछ सरकारी जमीन आबंटित की है। अधिकारियों की सिफारिश है कि बनने के बाद फ्लैट्स बाजार मूल्य पर आबंटित किए जाएँ। किन्तु क्योंकि माँग बहुत अधिक है, वे कम्प्यूटर से ड्रा निकालने की सिफारिश करते हैं। मंत्री इस सिफारिश को मानते हुए सुझाव देता है कि 20% फ्लैट्स उसके स्व-विवेक के कोटे के रहने चाहिए।

प्रश्न (Question)

इस परिस्थिति में सम्बन्धित अधिकारियों को क्या करना चाहिए?

1. उन्हें बस मंत्री के आदेशों का पालन करना चाहिए।
2. उन्हें मंत्री को बताना चाहिए कि प्रस्तावित स्वेच्छा (स्व-विवेकानुसार) आबंटनों से गंभीर विवाद पैदा हो जाएँगे।
3. उन्हें मामलों में देरी करनी चाहिए।
4. उन्हें निर्णय का प्राण-पण से विरोध करना चाहिए।

परिचर्चा (Discussion)

पहला विकल्प अनुचित है। अधिकारियों को प्रक्रिया में से होने वाले जोखिमों को फाइल पर लिखना चाहिए। उन्हें महालेखा-निरीक्षक की रिपोर्ट तथा भ्रष्टाचार-निवारक एजेन्सियों की रिपोर्टों का हवाला देना चाहिए कि किस प्रकार स्वच्छया कोटे आर्थिक-दृष्टि से अनुचित हैं और उनका दुरुपयोग किया जाता है।

दूसरा विकल्प सही है। मंत्री के प्रस्ताव से पक्षपात व भ्रष्टाचार होंगे। इस मामले में मकानों की भारी कमी की विशिष्ट स्थिति बताई गई है- मकानों की तो बहुत माँग है। अमीर आदमियों की तो पैसा देकर आबंटनों को अपने पक्ष में कर लेने की जन्मजात प्रवृत्ति रहेगी ही। मकानों पर काफी ऊपरी धन मिलेगा क्योंकि उनकी माँग उनकी सप्लाई से बहुत ज्यादा है। कमी को थोड़े समय में पूरा नहीं किया जा सकता है। इस परिस्थिति में भ्रष्टाचार की संभावनाएँ अन्तर्निहित हैं।

इस परिस्थिति में एक और समस्या है। मूलतः कानूनन कोई भी स्वेच्छया कोटा मनमानी ही होगा। स्वेच्छया कोटे से आबंटन के लिए भी मानदण्ड व पद्धतियाँ निर्धारित की जाती हैं। मंत्री तथा सम्बन्धित कर्मचारियों पर मानदण्डों व पद्धतियों पर अपवाद बनाने के लिए भारी दबाव होगा। ऐसी परिस्थिति को उत्पन्न न होने देना ही बेहतर होगा। सर्वोत्तम विकल्प तो पहले फ्लैट्स के लिए पात्रता की शर्तें तय करना होगा और तब इच्छानुसार (बेतरतीब) कम्प्यूटर लॉटरी द्वारा उनका आबंटन कर दिया जाए। फ्लैटों के आबंटितियों पर फ्लैटों को किसी को बेचने पर भी कुछ रोक लग सकती है।

तीसरा विकल्प अनुपयुक्त है। इससे कार्यान्वयन कुछ समय के लिए टल जाएगा। समस्या तो बनी ही रहेगी। कुछ समय बाद मंत्री धैर्य खो देगा और अपने निर्णय के कार्यान्वयन की माँग करेगा।

अधिकारियों को एक सीमा के बाद कार्यान्वयन से इंकार नहीं करना चाहिए। वे निर्णय से उठने वाली समस्याओं को एक बार फिर उठाएँ और फिर मंत्री के आदेशों को कार्यान्वित कर दें।

हाल ही में किए गए उपाय (Recent Measures)

भ्रष्टाचार को दण्डात्मक व निवारणात्मक, दोनों ही उपायों से संभालना है। निवारणात्मक उपायों (कदमों) से भ्रष्टाचार के अवसर कम हो जाते हैं जिनमें पारदर्शी प्रणालियों की स्थापना, उत्तरदायित्व को बढ़ाना, स्व-विवेक को कम करना तथा पद्धतियों (प्रक्रियाओं) को तर्क बुद्धि कारक बनाना शामिल है। हाल ही के वर्षों में ऐसे अनेक सर्वांगी सुधार देखे गए हैं जिनसे प्रणालियों व प्रक्रियाओं में सुधार आया है। ऐसे दो सुधार निम्नलिखित हैं:

दो सुधार (Two Reforms)

भ्रष्टाचार को दण्डात्मक व निवारक, दोनों ही बातों (तरीकों) से संभालना होगा। पारदर्शी प्रणालियाँ स्थापित कर जवाबदेही को बढ़ाकर स्व-विवेक के प्रयोग को कम करके और पद्धतियों को तरक संगत बनाकर भ्रष्टाचार के अवसरों को कम कर लियो जा सकता है जो निवारक उपाय होते हैं। हाल के वर्षों में प्रणाली सम्बंधी ऐसे अनेक उपाय लागू किए गए हैं जिनसे प्रणालियों और पद्धतियों में सुधार आया है।

1. भारतीय रेलवे में रेल यात्रा की बुकिंग

रेल प्राधिकारियों ने यात्रियों के लिए कम्प्यूटरीकृत बुकिंग की है और 'ऑन लाइन' बुकिंग व 'इ-टिकटिंग' शुरू कर दी है। इससे बिचौलिए, बुकिंग कार्यालयों में भीड़ समाप्त हो गई है तथा रेलवे आरक्षण प्रक्रिया पारदर्शी हो गई है।

2. कॉमन एन्ट्रैन्स टैस्ट (कर्नाटक)

इससे व्यावसायिक कॉलेजों में चयन समय पर एवं पारदर्शी व योग्यता-आधारित हो गया है।

प्रतिस्पर्द्धा को बढ़ाना (Increasing Competition)

अब हम एक और सोच को देखते हैं जो वस्तुओं एवं सेवाओं को देने में एकाधिकारत्व के तत्वों को कम करने पर निर्भर है। सरकार अनेक क्षेत्रों में अकेली सर्विस देने वाली है यह ऐसी स्थिति है जो मनमानीपने, आत्म-संतोष व भ्रष्टाचार को पनपाती है। जन सेवाओं में प्रतिस्पर्द्धा शुरू करने से भ्रष्टाचार कम हो सकता हैं इस बात के लिए प्रायः टेलिकॉम क्षेत्र के विनियमन का उदाहरण दिया जाता है।

हाल ही तक टेलिकम्यूनिकेशन क्षेत्र पर पूर्णत: सरकार का एकाधिकार था। टेलिकॉम के क्षेत्र (विस्तार) में टेलिकम्यूनिकेशन विभाग नीति-निर्धारक, सर्विस देने वाले और लाइसेंसर के तौर पर कार्य कर रहा था। टेलिकॉम क्षेत्र में सुधारों में प्रतिस्पर्द्धा का आरंभ हुआ, निजी कम्पनियों को लैण्ड लाइसेंस और सैल्यूलर उपकरणों पर अन्तर्राष्ट्रीय तथा राष्ट्रीय लम्बी दूरी की सर्विस देने की अनुमति दी गई। योजना बनाने के कार्य को सर्विस देने के काम से अलग किया गया है। सुधारों से टेलिडेन्सिटी में तेजी से वृद्धि हुई है, सर्विसों की लागत (कीमतों) में भारी कमी आई है तथा भ्रष्टाचार की गतिविधियों में भारी गिरावट आई है।

जबकि उपभोक्ता और टेलिकॉम की निचली दफ्तरशाही (कर्मचारियों) के बीच 'खुदरा' भ्रष्टाचार में निस्संदेह कमी आई है, नीति सुधारों ने स्वतन्त्रता बाद के भारत में संभवत: सबसे बड़े भ्रष्टाचार घोटाले को भी जन्म दिया है। हम इस मामले पर यहाँ विस्तार से चर्चा नहीं कर सकते। तथापि, इसमें बहुमूल्य सरकारी साधनों (इस मामले में स्पैक्ट्रम) को निजी पार्टी को बहुत कम मूल्य (नाममात्र के मूल्य पर) दे दिया गया। इसके लिए विभिन्न युक्तियाँ अपनाई गईं। एक थी पिछली अवधि के मूल्यों को अपनाने की जो वर्तमान बाजार मूल्यों से कम होने ही थे, तथा मूल्यों का पता लगाने की उचित क्रियाविधि का न होना। दूसरा उपाय (वर्तमान पार्टियों व अन्यों द्वारा) नकली (डमी) कम्पनियों का बनाया जाना था। जिनका प्रयोजन या तो निविदा की शर्तों से बचना था या माल प्राप्त करने के बाद बिक्री से कमाई (किलिंग) करना था। अन्त में नकली कम्पनियों के मालिकों ने, जिन्हें स्पैक्ट्रम मिल गया था, नकली कम्पनियों में अपनी शेयरधारिता के द्रवीकरण की आड़ में स्पैक्ट्रम की सीधी बिक्री की बजाय अप्रत्यक्ष रूप से इसे स्थानान्तरित कर दिया। मूल रूप में, उन्होंने स्पैक्ट्रम को अन्य असली टेलिकॉम ऑपरेटर्स को भारी मुनाफे पर बेच दिया। 2जी घोटाला जटिल (Byzantine) वाणिज्यिक दुरूभिसंधि (साजिश) की घटना है। हाँ, इतना जरूर है कि हमें इस मामले में न्यायिक कार्यवाहियों के परिणाम की प्रतीक्षा रहेगी।

एकाधिकार को तोड़ने तथा प्रतिस्पर्द्धा शुरू करवाने की प्रक्रिया से अक्सर निजी एजेन्सियाँ सर्विस देने वालों या वस्तुओं की सप्लाई करने वालों के रूप में सामने आने लगती हैं। निजी एजेन्सियों द्वारा गलत चलनों (कामों) से बचाव के लिए विनियामक एजेन्सियाँ, जैसे टेलिकॉम विनियमन प्राधिकरण आवश्यक है। विनियमन एजेन्सियाँ सुनिश्चित करती हैं कि निजी एजेन्सियाँ निर्धारित सेवा मानकों को पूरा करती हैं। और भी, यदि किसी विभाग में सर्विस कार्यों का एकाधिकार रहता है तो वहाँ भी प्रतिस्पर्द्धा लागू करने की संभावना पर विचार किया जाना चाहिए। इस प्रकार के कार्य केन्द्रीय, राज्य तथा स्थानीय स्तरों पर किए जाने चाहिए। प्रतिस्पर्द्धा जरूरी नहीं कि निजी एजेन्सियों को लाने से हो; यह सरकारी विभागों के बीच भी हो सकती है। किसी भी प्रकार की सेवाओं को देने के लिए अनेक एजेन्सियों का होना जरूरी है।

पद्धतियों को सरल व कारगर बनाना (Streamlining Procedures)

सरकार की कार्य प्रणालियों की जटिलता भी सरकारी संगठनों के पदानुक्रमिक ढाँचे तथा निर्णयन में अनेक स्तरों के होने से पैदा होती है। कोई भी मामला अनेक स्तरों पर जाँचा (विचार किया) जाता है जिससे विलम्ब तथा उत्तरदायित्व व जिम्मेदारी छितरा जाते हैं। इससे भ्रष्टाचार का अनोखा रूप प्रकट होता है जिसे 'स्पीड मनी' कहते हैं। इसका मतलब यह है कि सम्बन्धित कर्मचारी को धन इसलिए नहीं दिया जाता कि वह किसी पार्टी का पक्ष ले, अपितु इसलिए दिया जाता है कि वह फाइल को पदानुक्रम में अगले उच्च स्तर पर शीघ्र ही धकेल दे। विलम्बों व भ्रष्टाचार को कम करने का एक ढंग उन स्तरों को कम करना होगा जिनमें मामला तैयार किया (निपटाया) जाता है।

जैसा कि हमने पहले कहा है, पद्धतियों को सरल करने का एक मार्ग नागरिकों की जरूरत की सामान्य सेवाएँ एक स्थान पर और एक ही चरण (अवस्था) में देना है। इसे 'सिंगल विण्डो क्लियरेंस' या 'वन-स्टॉप' सर्विस सेंटर के नाम से जाना जाता है इसका एक सफल उदाहरण आंध्र प्रदेश का ई-सेवा मॉडल है। ई-सेवा 13 राज्य तथा स्थानीय सरकारी संगठनों, तीन केन्द्रीय सरकारी संगठनों एवं 9 निजी क्षेत्र के संगठनों की सेवाएँ एक ही छत के नीचे उपलब्ध कराती है। ई-सेवा में जो सेवाएँ शामिल हैं, वे हैं जन सेवा बिलों का भुगतान, जन्म व मृत्यु प्रमाण-पत्रों का देना, सम्पत्ति कर का भुगतान, रेल तथा बस के आरक्षण, प्राइवेट मोबाइल फोन के बिलों का भुगतान, पासपोर्ट के आवेदनों की प्राप्ति तथा शेयरों का स्थानान्तरण।

'पॉजिटिव साइलेंस' मंजूरियाँ, नागरिकों के दृष्टिकोण से पद्धतियों को सरल करने का एक और साधन है। इन्हें मान ली गई मंजूरियाँ (Deemed approvals) भी कहते हैं। सरकारी विनियमों में ऐसी अनेक मंजूरियाँ होती हैं जो लोगों को कोई भी काम, जैसे दुकान खोलना, से पहले लेनी पड़ती हैं। 'पॉजिटिव साइलेंस' मंजूरियों में, यदि आवेदक सम्बन्धित विभाग से निर्धारित समय के भीतर उत्तर नहीं पाता हैं तो यह मान लिया जाएगा कि उसे मंजूरी मिल चुकी है और वह अपना काम शुरू कर सकता है। दफ्तरशाहियाँ कई बार मान ली गई मंजूरी वाली पद्धतियों को भी मात दे देते हैं। वे हल्के से आधार पर आवेदन को अन्तिम दिन अस्वीकार कर देते हैं। या वे उस व्यक्ति को परेशान करते हैं जो मान ली गई मंजूरी के आधार पर अपना काम कर रहा है। किन्तु अधिकतर स्थितियों में मान ली गई मंजूरियों से सरकारी कर्मचारियों पर मामले में एक निश्चित समयावधि में निर्णय लेने का दबाव तो निश्चित रूप से पड़ता है।

लाइसेंसों, परमिटों तथ पंजीकरणों को तैयार करने के सरकारी ढंग बहुत पहले बनाए गए थे। वे जटिल हैं और उनके लिए कागजात की इतनी जरूरतें होती हैं कि आम नागरिक परेशान हो जाता है। वे ऐसी प्रणाली बना लेते हैं जिसमें बिचौलिए व भ्रष्ट लोग फलते-फूलते हैं। भ्रष्टाचार को कम करने के लिए विभागों को पद्धतिगत जरूरतों को न्यूनतम कर देना चाहिए।

सूचना प्रौद्योगिकी का प्रयोग (Using Information Technology)

सूचना एक महत्त्वपूर्ण सेवा है जो नागरिक सरकारी एजेन्सियों से चाहते हैं। सूचना तथा संचार प्रौद्योगिकी (आई सी टी) ने सूचना के भण्डारण, पारेषण और पुन: प्राप्ति के परम्परागत तरीकों को बदल डाला है। अब सूचना को तेजी से तथा बिना मानवीय पारस्परिक-क्रिया के दिया जा सकता है। सूचना तथा आँकड़ों (डाटा) तक पहुँच, प्रबन्धन सूचना प्रणालियों को बनाने तथा इलैक्ट्रानिक सर्विस देने में उल्लेखनीय प्रगति हो चुकी है। सरकारी विभागों, सरकार तथा नागरिकों के बीच तथा सरकार एवं व्यापार के मध्य अनेक प्रकार के लेन-देन व्यवहार कम्प्यूटरीकृत कर दिए गए हैं।

लगभग बिना आमने-सामने हुए आई सी टी तीव्र गति पर सूचना देकर भ्रष्टाचार को कम कर सकती है। हम पहले ही देख चुके हैं कि किस प्रकार सूचना प्रौद्योगिकी, प्रशासन के परम्परागत रूप से भ्रष्टाचार संभावित क्षेत्रों को साफ (भ्रष्टाचारमुक्त) कर सकती है। हम इसका एक उल्लेखनीय उदाहरण देखते हैं। यह मध्य प्रदेश की ज्ञानदूत परियोजना है। यह एक कम लागत (खर्च) वाला इण्टरनेट है जो विभिन्न बाजार केन्द्रों एवं गाँवों को जोड़ता है। स्थानीय युवा वाणिज्यिक पद्धति पर प्रयोक्ता शुल्क लेकर कियोस्क चलाते हैं। कियोस्क जो सेवाएँ देते हैं, वे हैं: कृषि उत्पाद नीलामी केन्द्र की दरें; भूमि के अभिलेखों की प्रतियाँ; आवेदनों का ऑनलाइन पंजीकरण, ऑनलाइन जनता के शिकायतों को दूर करना; गाँव के नीलामी स्थलों की सूचना; तथा सामाजिक सुरक्षा पेंशन, ग्रामीण विकास योजनाओं एवं विभिन्न प्रकार के सरकारी अनुदानों के लाभभोगियों के बारे में अद्यतन सूचना। सबसे अधिक जो सूचना माँगी (ली) गई (95%), वह कृषि उत्पादों की दरों, भूमि के अभिलेखों तथा शिकायत सेवाओं के बारे में थी। ज्ञानदूत परियोजना स्थानीय समुदायों को सशक्त बनाती है और भ्रष्टाचार को कम करती है।

पारदर्शिता को बढ़ाना (Promoting Transparency)

पारदर्शिता प्रशासन के खुलेपन और उत्तरदायित्व को सूचित करती है। कोई संगठन पारदर्शी होता है जब इसका निर्णयन और काम करने की विधि, जनता तथा मीडिया एवं लोक चर्चा के लिए खुली हुई हो। प्रशासन की पारदर्शी प्रणाली, सरकार की निर्णयन प्रक्रियाओं में जनता की भागीदारी को बढ़ावा देती है। यह तृणमूल स्तर के गणतन्त्र को बढ़ाने में विशेष रूप से उपयोगी है। सरकार ने प्रशासन में पारदर्शिता को बढ़ावा देने के लिए जो अग्रणी उपाय किया है, वह सूचना के अधिकार का अधिनियम है।

सत्यनिष्ठा संधियाँ (Integrity Pacts)

भ्रष्टाचार की संभावना को कम करने के लिए 'सत्यनिष्ठा संधियों' को लोक संविदाओं में जोड़ दिया जाता है। सरकारें वस्तुओं (माल) तथा सेवाओं की बड़ी खरीददार होती है। वे निविदाएँ जारी कर खरीद करती हैं जिनमें दिए गए विनिर्देशों के अनुसार सामान की पूर्ति के लिए विक्रताओं से मूल्य (दरें) माँगे जाते हैं। आदर्श रूप में तो निविदाओं को खुली प्रतिस्पर्द्धी बोली देने की प्रक्रिया का पालन करना चाहिए जिसमें सभी अर्हकारी उत्पादक या विक्रेता' या सप्लायर्स भाग ले सकते हैं। सबसे कम दरें

देने वाले बोलीदाता को ठेका (संविदा) दे दिया जाता है। इसका सरल अर्थ यह है कि ठेका उस सप्लायर को दे दिया जाता है जो सबसे कम मूल्य बताता है तथा निविदा की सभी शर्तें स्वीकार करता है।

ठेकों में अनेक क्षेत्र (काम) आते हैं निर्माण कार्य, वस्तुओं तथा सेवाओं को मुहैया कराना। बड़े ठेके बहुत जटिल हो सकते हैं जिनमें पेचीदा वित्तीय, वाणिज्यिक, तकनीकी, विधिक एवं प्रबन्धकीय पहलू होते हैं। वे अक्सर अनेक खण्डों में होते हैं। लेकिन हमें इन जटिलताओं में नहीं पड़ना है। संक्षेप में बात यह है कि बड़ी संविदाएँ (ठेके) अत्यधिक लुभावनी हो सकती हैं। दाँव (पण) बहुत ऊँचे हैं, प्रतिस्पर्द्धा गलाकाट है तथा बोली-दाता ठेका (संविदा) पाने के लिए कमीशन (किक बैंक) देने को तैयार हैं। भारत में बहुत बड़ी खरीदें, रक्षा और रेलवे जैसे मंत्रालयों द्वारा की जाती है। हाल के 'रेल गेट' स्कैम में, एक अधिकारी एक विशेष कार्य क्षेत्र या अधिकार क्षेत्र में रेलवे बोर्ड के सदस्य के तौर पर तैनाती चाहता था। सदस्य के तौर पर इस पद (स्थिति में) पर हजारों करोड़ रुपयों की निविदाओं का काम होता है। ठेकों (संविदाओं) में भ्रष्टाचार एक 'बिग टिकट आइटम' है तथा सरकारी खजाने से बड़ी भारी राशियों की अवैध निकासी का साधन है।

सत्यनिष्ठा संधि, माल तथा सेवाओं को खरीदने वाली सरकारी एजेन्सी तथा सरकारी ठेके के बोली दाता के बीच होने वाला समझौता है। इस संधि के माध्यम से बोलीदाता यह आश्वासन देते हैं कि उन्होंने प्रसंगाधीन ठेके (संविदा) को पाने के लिए गैर-कानूनी पारितोषण नहीं दिया है और देंगे भी नहीं। अपनी ओर से, बोलियाँ आमन्त्रित करने वाली एजेन्सी प्रापण प्रक्रिया में समान व्यवहार (कार्य) होने और ईमानदारी से काम होने को सुनिश्चित करने के प्रति प्रतिबद्ध हो जाती है। ऐसी संधियों में प्राय: स्वतन्त्र बाहरी पर्यवेक्षकों द्वारा पर्यवेक्षण और जाँच की बात रहती है। ऐसी संधियाँ उन प्रक्रियाओं में पारदर्शिता व विश्वास को बढ़ा देती हैं जिनके माध्यम से सरकार व सरकारी क्षेत्र की इकाइयाँ अपने बड़े सौदे पूरे करते हैं। अनेक राष्ट्रीय प्रणालियाँ अब ऐसी संधियों को मान्यता देते हैं। ओ एन जी सी ने ट्रांसपेरेन्सी इण्टरनेशनल इण्डिया एवं केन्द्रीय सतर्कता आयोग के साथ 2006 में समझौता ज्ञापन हस्ताक्षरित किया। संशोधित रक्षा प्रापण पद्धति मैनुअल 2006 में 300 करोड़ रुपये से अधिक के सभी रक्षा ठेकों और प्रापणों में सत्य-निष्ठा संधि को अपनाने के लिए प्रावधान हैं।

सरकारी संगठन सत्यनिष्ठा संधियों को अपनाने के इच्छुक नहीं हैं। हमारे कानूनी ढाँचे में ऐसी संधियों की स्थिति अनिश्चित है। सरकार को सत्यनिष्ठा संधियों की कानूनी स्थितियों को स्पष्ट करना चाहिए और उन्हें बड़ी निविदाओं वाले सरकारी सौदों (लेन-देन) में शामिल करना चाहिए।

सिविल सेवकों (सरकारी कर्मचारियों) का उत्तरदायित्व (जिम्मेदारी) (Accountability of Civil Servants)

सरकारी कर्मचारियों की स्पष्ट जिम्मेदारी के न होने को भी अक्सर भ्रष्टाचार एवं कुशासन का कारण बताया जाता है। प्रशासनिक प्रणाली के ढाँचे के प्रत्येक स्तर पर कर्त्तव्यों व जिम्मेदारियों का स्पष्ट आबंटन होना जरूरी है। तब ही सरकारी कर्मचारी को उसके काम करने के ढंग के लिए उत्तरदायी (जिम्मेदार) ठहराया जा सकता है। कर्त्तव्यों के लिए स्पष्ट शब्दावली का प्रयोग होना चाहिए तथा नियन्त्रक अधिकारियों के पर्यवेक्षणीय उत्तरदायित्वों को भी स्पष्ट रूप से बताया जाना चाहिए। उत्तरदायित्वों (जिम्मेदारियों) का सौंपा जाना पदानुक्रम में सर्वोच्च पद तक जाना चाहिए। इससे जिम्मेदारियों की अन्त:-योजित शृंखला बनेगी जो सरकारी कर्मचारियों को प्रत्येक स्तर पर कुशलता से कार्य करने के लए बाध्य करेगी।

प्रणाली में ऐसे वस्तुनिष्ठ मानदण्ड के साथ पुरस्कार या दण्ड देने की अन्त:स्थित प्रणाली उद्देश्यपरक मानदण्ड के साथ होनी चाहिए जो पुरस्कार प्रदान करने या दण्ड देने में मनमानीपने व आत्मपरकता को समाप्त कर दे। वर्तमान में, परिश्रमिता और कुशलता के लिए प्रोत्साहन बहुत कम हैं; कामचोरों, निकम्मों और भ्रष्टों को विपरीत परिणामों का कोई भय नहीं होता। अभी सरकारी कर्मचारियों के निष्पादन (कार्य सम्पादन) की कोई लेखा-परीक्षा नहीं होती; किसी अधिकारी की मजबूतियों (ताकतों), कमजोरियों एवं प्रसिद्धि के बारे में उच्च सोपानकों (Echelons) में जागरूकता की पुरानी प्रणाली भी गायब हो गई है। विभिन्न स्तरों पर अधिकारियों के कार्य-सम्पादन की आवधिक तौर पर मॉनीटरिंग तथा वस्तुनिष्ठा से मूल्यांकन करने के लिए एक मजबूत (निष्पादन) कार्य-सम्पादन लेखा-परीक्षा की जरूरत है।

स्वविवेक के प्रयोग को कम करना (Reducing Discretion)

सरकार की स्वविवेक (समझ-बूझ) की शक्तियों से विशेष रूप से निचले स्तरों पर भ्रष्टाचार की संभावना (दायरा) बढ़ती है। भ्रष्टाचार के अवसरों को (*i*) स्व-विवेक प्रावधान को कम करके; (*ii*) पारदर्शिता को सर्वाधिक कर; तथा (*iii*) कार्यों के लिए कठोर जिम्मेदारियाँ शुरू कर कम किया जा सकता है। प्रभावी भ्रष्टाचार विरोधी सुधारों में स्व-विवेक के लाभों को कम करना होगा जिन पर सरकारी कर्मचारियों का नियंत्रण है।

पारदर्शिता में सुधार का एक उदाहरण कर्नाटक में अध्यापकों के स्थानान्तरण हेतु नई नीति का है। हर वर्ष लगभग 15000 स्कूल अध्यापक अपनी पसंद के स्थानों पर स्थानान्तरण की माँग करते हैं। इनके आवेदन अनेक स्तरों पर जरूरी कार्यवाही के लिए अनेक अधिकारियों को भेजे जाते हैं। निर्णयन की प्रक्रिया अ-पारदर्शी थी और भ्रष्टाचार से ग्रस्त थी। नई प्रणाली में, आवेदकों को स्थानान्तरण के लिए कारण देने होते हैं। उनके आवेदनों को प्राथमिकता के क्रम में केन्द्रित रूप से लगाया जाता हैं। एक कम्प्यूटर जनित सूची प्रकाशित की जाती है जिसमें स्थानान्तरण माँगने वालों के नाम और उनका क्रम (स्थानान्तरण हेतु कारणों के आधार पर) रहता है। आपत्तियाँ माँगी जाती हैं और उन पर विचार किया जाता है। इस योजना से भ्रष्टाचार में काफी कमी आई है।

प्राधिकार के स्व-विवेक के प्रयोग से उत्पन्न होने वाले भ्रष्टाचार को रोकने में निम्नलिखित उपायों से मदद मिलेगी:

- सरकार की अनेक गतिविधियों से 'स्व-विवेक' के प्रयोग को हटाया जा सकता है। ऐसी सभी गतिविधियाँ स्व-चालित व आई टी समर्थित हो सकती हैं। जन्मों व मृत्यु का पंजीकरण तथा क्वालिफाइंग परीक्षा में प्राप्त अंकों के आधार पर अध्यापकों की नियुक्ति ऐसी गतिविधियों के उदाहरण हैं।
- जहाँ स्व-विवेक को समाप्त करना संभव नहीं हो, वहाँ स्व-विवेक के प्रयोग को न्यूनतम करने के मार्ग-निर्देशों द्वारा विनियमित किया जाना चाहिए। स्व-विवेक के प्रयोग पर प्रभावी रोक और संतुलन स्थापित किए जाने चाहिए।
- महत्त्वपूर्ण मामलों पर निर्णयन का कार्य एक व्यक्ति को देने के स्थान पर एक समिति को सौंपा जाना चाहिए।

पर्यवेक्षण (Supervision)

सरकारों में पदानुक्रम का ढाँचा होता है जिसमें प्रत्येक कार्यकारी अपने से ऊपर वाले को रिपोर्ट करता है। हर अधिकारी को अपने मातहतों के काम का पर्यवेक्षण (देखरेख) करना होता हैं। दुर्भाग्य से, सरकार में पर्यवेक्षण का काम ढीला है अपने मातहतों के विरुद्ध अधिकारियों की शिकायतों से शायद ही कभी कोई भ्रष्टाचार का मामला उठा है। कार्यालय या संगठन में भ्रष्टाचार को नियंत्रित करने का उत्तरदायित्व कार्यालय प्रमुख का है। पर्यवेक्षी कर्मचारियों को अपने मातहतों के बीच भ्रष्टाचार को न्यूनतम करने के लिए निवारक कदम उठाने चाहिए। उन्हें इस काम को बाहरी सतर्कता एजेन्सियों का काम नहीं समझना चाहिए। भ्रष्टाचार को नियंत्रित करने के लिए पूर्व-क्रियाशील कदमों (कार्यवाही) में इच्छानुसार निरीक्षण, औचक निरीक्षण, नागरिकों या ग्राहकों से गोपनीय प्रतिक्रिया लेना, पद्धतियों को प्रयोग में लाना जिससे रिश्वत लेना और नकली ग्राहकों का प्रयोग करना कठिन हो जाए, शामिल हैं।

सरकारी विभाग विभिन्न वस्तुओं की भारी मात्रा में खरीद करते हैं। इनमें शामिल हैं: लेखन-सामग्री, कम्प्यूटर एसेसरीज तथा कार्यालय के उपकरण, कन्ज्यूमेबल्स, प्रकाश की तथा सेनिटेशन की मदें, औषधियाँ, औषधीय, हस्पताल की जरूरत की चीजें, हस्पतालों की कपड़े की जरूरतें; वर्दीधारी सेवाएँ, शैक्षिक संस्थाएँ तथा होस्टल; पुस्तकें तथा अन्य शैक्षिक सामान तथा निर्माण सामग्रियाँ। मूल्य की छल-योजनाकर ये सौदे पैसा बनाने के अवसर पैदा करते हैं। संदेहयुक्त बढ़े-चढ़े भुगतानों के मामलों का पता लगाने के लिए विभिन्न एजेन्सियों को दी गई कीमतों का पता लगाने के लिए आन्तरिक समीक्षाएँ या जाँचें की जा सकती हैं। इसी प्रकार के तुलनात्मक विश्लेषण राजस्व पैदा करने वाले ऐसे विभागों के लिए भी फायदेमंद हो सकते हैं जो नागरिकों से आवधिक विवरणियाँ (Returns) लेते हैं जैसे कि विभिन्न कर विभाग।

भ्रष्टाचार तब होता है जब कोई सरकारी कर्मचारी किसी नागरिक को लाभ देने के लिए गैर-कानूनी काम करता है। किसी करदाता के पक्ष में गैर-कानूनी आकलन (Assesment) आदेश पारित कर देना इसका उदाहरण है। 'स्पीड मनी' भ्रष्टाचार

का एक प्रकार है जो किसी मामले की जल्दी निपटाने के लिए होता है। भ्रष्टाचार किसी सरकारी कर्मचारी द्वारा जानबूझ कर लापरवाही करने में भी होता है जैसे किसी गैर-कानूनी माल (पारेषण) का सीमा-शुल्क चौकी से निकल जाने देना। पर्यवेक्षकों को अपने संगठन में भ्रष्टाचार के ढंग (प्रकारों) का अध्ययन करने के पश्चात् भ्रष्टाचार निवारण हेतु संस्थागत प्रणाली स्थापित करनी चाहिए।

पहुँच तथा प्रतिक्रियात्मकता को सुनिश्चित करना (Ensuring Accessibility and Responsiveness)

भ्रष्टाचार में कमी लाई जा सकती है यदि आवेदकों को सरकारी कर्मचारियों तक पहुँच की सुविधा हो और कर्मचारी उनकी जरूरतों के प्रति तुरन्त प्रतिक्रियाशील हों। सिटिजन्स चारटर्स प्रतिक्रियात्मक प्रशासन के साधन हैं। प्रत्येक विभाग को जनता को उपलब्ध सुविधाओं, छूटों और अधिकारों की सूचना देते हुए बोर्ड आदि लगाने चाहिए और साथ ही यह सूचना भी दे देनी चाहिए कि उनकी मंजूरी देने वाले अधिकारी कौन-कौन हैं एवं उनको पाने और अपनी शिकायतें दूर करवाने की पद्धति क्या है। सेवा के मानक निश्चित होने चाहिए। ऐसे ग्राहकों को उपलब्ध अपील की पद्धतियाँ भी बताई जानी चाहिए जो शिकायतों को और आगे बढ़ाना चाहते हैं।

सरकारी कार्यालयों में पारदर्शिता अनेक प्रकार से सुधारी जा सकती है। उनमें से कुछ हैं: 'कटिंग ऐज' स्तर (जहाँ काम होता है) पर सहायता खिड़कियाँ बनाना; अधिकारियों, स्वचालित काल सेन्टर्स के नामों को प्रमुखता से प्रदर्शित करना एवं सेवा देने की सरलीकृत प्रणालियाँ। सरकारी कर्मचारियों तक जनता की पहुँच इस प्रकार बनाई जानी चाहिए जिससे नागरिकों व सरकारी कार्यकारियों के बीच नियमित, समयबद्ध तथा विनम्र बातचीत सुनिश्चित हो सके। जनता से बात-चीत कार्यालय प्रमुख तक तथा कुछ पदमानित अधिकारियों तक सीमित रहनी चाहिए। इसमें सूचना देने वाले 'सिंगल विण्डो' फ्रंट ऑफिस से मदद मिल सकती है।

शिकायतों की मॉनीटरिंग (Monitoring of Complaints)

यदि जनता की शिकायतों पर शीघ्रता से कार्यवाही होगी तो भ्रष्टाचार की घटनाएँ कम होंगी। लेकिन शिकायतों पर अपेक्षित रूप में ध्यान नहीं दिया जाता। भारत में सरकारी कार्यालयों में शिकायतों की मॉनीटरिंग की प्रणालियाँ स्थापित हैं, किन्तु वे अक्सर काम नहीं करती।

जिन कार्यालयों में अधिसंख्यक जनता का काम पड़ता है, वहाँ शिकायत पर कार्यवाही का पता लगाने की 'ऑनलाइन' प्रणाली स्थापित होनी चाहिए। यदि संभव हो तो शिकायतों के अनुवर्तन का काम बाहर के लोगों को दिया जा सकता है। अधिसंख्यक जनता से व्यवहार करने वाले कार्यालयों में शिकायतों की 'लेखा-परीक्षा' (Audit) हेतु बाहरी व आवधिक क्रिया-विधि होनी चाहिए। प्रत्येक शिकायत के बारे में पूछने और यदि कोई हो तो चूकों के लिए जिम्मेदारी तय करने के अलावा शिकायत का उपयोग प्रणालीगत कमियों (दोषों) का विश्लेषण करने में भी किया जाना चाहिए ताकि सुधारात्मक उपाय किए जा सकें।

भ्रष्टाचार जोखिम प्रबन्धन (Corruption Risk Management)

सरकार में भ्रष्टाचार जोखिम विभिन्न कारकों के चारों ओर घूमता है। पहला, स्व-निर्णय की शक्तियों, जनता से व्यवहार तथा बड़े बजट की परियोजनाओं वाला कार्यालय, भ्रष्टाचार की संभावनाओं को प्रस्तुत करता है। जिन कार्यालयों में ये विशेषताएँ नहीं होती हैं वहाँ भ्रष्टाचार का बहुत कम अवसर होता है। कार्यालयों को 'भ्रष्टाचार की बहुत जोखिम वाला' भ्रष्टाचार की मध्यम जोखिम वाला 'तथा' भ्रष्टाचार की थोड़ी जोखिम वाला' की श्रेणियों में बाँटा जा सकता है। उदाहरण के लिए, कर आंकलन अधिकारी या अन्तर-राज्य सीमा पर तैनात इन्सपेक्टर को 'उच्च जोखिम वाली स्थिति' में रखा जा सकता है जबकि पूछताछ खिड़की पर तैनात कर्मचारी को 'थोड़ी जोखिम वाली स्थिति में माना जा सकता है। सरकारी कर्मचारी इन्हें मजाक में 'हरियाली वाला' या 'रेगिस्तानी' पद कहते हैं।

दूसरे, अलग-अलग सरकारी कर्मचारियों की सत्यनिष्ठा के स्तर भिन्न-भिन्न हो सकते हैं; कुछ तो बिल्कुल सज्जन (सच्चे) होते हैं, दूसरे लालची लूट-खसोट वाले होते हैं और कुछ अवसरवादी होते हैं जो चारे के आकर्षक होने पर और पकड़े जाने

के अवसर बहुत कम होने पर फिसल जाते हैं। वे बाइबिल के चौकन्ने उल्लंघनकर्ता से मिलते-जुलते हैं। भ्रष्टाचार संभावित होने की दृष्टि से उन्हें 'कम जोखिम', 'मध्यम जोखिम' 'उच्च जोखिम' वाले कर्मचारी के तौर पर वर्गीकृत किया जा सकता है। भ्रष्टाचार की संभावना को कम करने के लिए 'कम जोखिम' कर्मचारियों को 'भ्रष्टाचार की उच्च जोखिम' वाले कार्यालयों में तैनात किया जाना चाहिए।

सरकारी कर्मचारियों का जोखिम चित्रण कठिन है क्योंकि वार्षिक गोपनीय रिपोर्टों में सत्यनिष्ठा का सच्चा (साफ-साफ) मूल्यांकन नहीं होता। हमारा सुझाव है कि 'प्रतिष्ठित नामी लोगों' की समिति को यह काम सौंपा जा सकता हैं कि वे हर पाँच वर्षों में एक बार, उन अधिकारियों का जोखिम चित्रण करें जिन्होंने दस साल की सेवा पूरी कर ली है। समिति अपने निष्कर्षों को अधिकारियों के कार्य-सम्पादन के मूल्यांकन, उनके आत्म-मूल्यांकन, सतर्कता संगठनों से प्राप्त रिपोर्टों तथा गोपनीय समकक्ष मूल्यांकन (Peer Evaluation) पर आधारित कर सकती है।

जोखिम चित्रण की कुछ विधियाँ सत्यनिष्ठा परीक्षाओं पर निर्भर होती हैं। कुछ विकसित देश इन परीक्षाओं का प्रयोग उन लोगों का पता लगाने के लिए करते हैं जिन पर भ्रष्ट होने का संदेह होता है। इसके भाग के रूप में, उम्मीदवार को अनेक प्रश्नों के उत्तर देने होते हैं। न्यूयॉर्क पुलिस विभाग तथा लन्दन पुलिस ऐसी परीक्षाओं का प्रयोग करती है। अन्य परखों के समान सत्यनिष्ठा परीक्षा अपूर्ण है और इससे गलत निष्कर्ष निकल सकते हैं और इस प्रकार यह व्यक्ति की सत्यनिष्ठा का मूल्यांकन करने की सुस्पष्ट पद्धति नहीं है। अत: अधिकारी का जोखिम चित्रण करते हुए इसको एक सूचना के तौर पर प्रयोग किया जा सकता है।

राजनैतिक भ्रष्टाचार (Political Corruption)

चुने गए नेता लोग सरकार के विधायिका और कार्यकारी पक्षों को निर्देश देते हैं। अत: वे जिन मानकों को अपनाते हैं, वे शासन पर भारी प्रभाव डालते हैं। स्वतन्त्रता आन्दोलन के दौरान हमारे राष्ट्रीय नेता, राजनैतिक आदर्शवाद से प्रोत्साहित थे। तथापि, स्वतन्त्रता के तुरन्त बाद, नेताओं ने उच्च नैतिक आधार को त्याग दिया।

नैतिक मूल्यों का क्षरण अनेक प्रकार से फैला है। राजनैतिक दल चुनावों के लिए गैर-कानूनी ढंग से धन इकट्ठा करते हैं, चुनावों में अवैध धन का प्रयोग करते हैं और चुनाव आयोग द्वारा निश्चित चुनाव खर्च की सीमा से अधिक खर्च करते हैं। चुनावों के दौरान राजनैतिक दल गलत तरीके अपनाने लगते हैं जैसे असली व्यक्ति के स्थान पर नकली व्यक्ति का प्रयोग, बूथ केप्चरिंग (मतदान केन्द्र पर कब्जा करना), हिंसा, प्रलोभन देना और डराना-धमकाना। चुनावों के बाद पाले बदलना (सत्ता में आने के लिए सदस्यों द्वारा दल बदलना) तथा सरकारी कार्यालय में शक्ति के दुरूपयोग, समय के साथ आम बातें हो गई है।

इस प्रक्रिया को राजनीति का अपराधीकरण कहते हैं तथा 'चुनाव प्रक्रिया' में अपराधियों की भागीदारी' बहुत फैल गई है। अर्थव्यवस्था के अनेक क्षेत्रों में अपराधों, हिंसा और 'माफिया' ताकतों के पैदा हो जाने के अनेक कारण हैं जिनमें मुख्य कारण इस प्रकार हैं:

- » कानूनों का घोर उल्लंघन
- » लोक सेवाओं की निम्न गुणवत्ता तथा उनकी डिलीवरी में भ्रष्टाचार
- » कानून तोड़ने वालों को राजनैतिक, समूह, श्रेणी या जाति के आधार पर सुरक्षा
- » अपराधों की छानबीन में समर्थकों का हस्तक्षेप, मुकदमों का निम्न अभियोजन, वर्षों का असाधारण विलम्ब तथा न्यायिक प्रक्रिया का बहुत महँगा होना।
- » मुकदमों का वापस लेना, पैरोल का अन्धा-धुन्ध (बिना सोचे-समझे) प्रयोग आदि।

मामलों की ऐसी अगाध स्थिति में, कुछ अपराधियों ने रोबिन हुड की भूमिका ग्रहण करते हुए सरल, तीव्र न्याय करने शुरू कर दिए हैं। इस प्रभाव के आधार पर वे राजनीति तथा चुनावों में प्रवेश पा सकते हैं। यह बात उन्हें (तथा वे राजनैतिक दल

जिनके वे सदस्य बन जाते हैं) अपराधों की जाँच में, पुलिसवालों को अपना सहयोगी बनाने तथा धन व बाहुबल का प्रयोग कर और अपराध की जाँच या अभियोजन में हस्तक्षेप कर मत प्राप्त करने का अवसर दे देती है। इस प्रक्रिया में राजनैतिक दल व उनके सदस्य बन जाने वाले अपराधी, जनता की अच्छाई व शासन के बूते लाभ उठाते हैं। लेकिन ऐसी स्थिति सब जगह नहीं भी हो सकती है। लेकिन यह महत्त्वपूर्ण है कि चुनाव आयोग ने घोषित किया है कि भारत में छ: में से एक विधायक के खिलाफ गंभीर आपराधिक मामले चल रहे हैं। राजनैतिक पार्टियाँ, राजनैतिक लाभ देने के लिए किसी भी सीमा तक जा सकती हैं। उदाहरण के लिए हाल ही में उत्तर प्रदेश सरकार ने कुछ लोगों के खिलाफ चल रहे आतंकवाद के मुकदमों को वापस ले लिया। तथापि, उच्च न्यायालय ने आदेश को उलट दिया।

चुनावों का भारी गैर-कानूनी खर्च भी भ्रष्टाचार को बढ़ाता है। चुनावों के खर्च की सीमा तय कर दी गई है और उसे लागू करने की कोशिश की गई है पर उसका मामूली असर हुआ है। राजनैतिक दलों को चंदा देने वाले दानी लोग बाद में राजनैतिक पक्षपातों से उससे कई गुना पुन: प्राप्त कर लेते हैं। इस प्रक्रिया से एक श्रृंखलाबद्ध प्रतिक्रिया शुरू होती है जिसमें गैर-कानूनी वित्त पोषण और भ्रष्टाचार, राजनैतिक प्रक्रिया के प्रेरक-चालक बन जाते हैं। यह बात स्वाभाविक रूप से राजनैतिक एवं प्रशासकीय प्रणाली में विश्वास को समाप्त कर देती है और विकृत व्यंग्य का वातावरण पैदा करती है। हाल ही के '2 जी स्कैम' तथा 'कोलगेट स्कैम', यद्यपि अदालतों में विचाराधीन हैं, राजनैतिक भ्रष्टाचार के विशिष्ट उदाहरण हैं। हाँ, यह जरूर है कि इनमें राजनैतिक नेताओं, सरकारी कर्मचारियों और उद्योगपतियों के बीच तिहरी साँठ-गाँठ थी। अन्ना हजारे का भ्रष्टाचार-विरोधी आन्दोलन चाहे कम समय का रहा, भ्रष्टाचार के विरुद्ध जनता की गहरी घोर प्रतिक्रिया (घृणा) को प्रमाणित करता है। दूसरे प्रशासनिक सुधार आयोग का विचार है कि: "राजनीति में नैतिक मानकों में सुधार, भ्रष्टाचार को रोकने तथा दुष्प्रशासन को सुधारने के लिए चुनावों को साफ-सुथरा करना बहुत जरूरी है।

हाल ही के सुधार (Recent Improvement)

पिछले बीस वर्षों में अनेक निर्वाचकीय सुधार किए गए हैं। कुछ समीक्षकों का कहना है कि पिछले दशकों में भारत में जितने राजनैतिक सुधार देखे गए हैं, उतने सुधार दूसरे विश्व युद्ध के बाद किसी बड़े गणतन्त्र नहीं देखे गए। अब हम इन सुधारों को संक्षेप में यहाँ दे रहे हैं:

मतदाता सूची के सही होने में सुधार (Improvement in Accuracy of Electoral rolls)

- चुनाव आयोग ने मतदाता पंजीकरण तक सभी पात्र मतदाताओं की पहुँच को सरल बनाया (बढ़ाया)।
- छपी हुई मतदाता सूचियाँ/सी डी एस बिक्री के लिए उपलब्ध हैं।
- देश के मतदाताओं की समस्त चुनावी सूचियों के कम्प्यूटरीकरण का काम पूरा हो चुका है।
- अधिकांश मतदाताओं को फोटो पहचान-पत्र जारी कर दिए गए हैं।
- मतदाता सूचियों में छूट गए मतदाताओं को जोड़कर तथा नकली नामों को हटाकर उन्हें ठीक किया गया है।

उम्मीदवारों के पूर्व-वृत्तों का प्रकटन (Disclosure of Antecedents of Candidates)

- सर्वोच्च न्यायालय ने निर्देश दिए हैं कि चुनाव लड़ने वाले उम्मीदवार को, यदि उसको किसी न्यायालय द्वारा दण्डित किया गया है या उसके विरुद्ध कोई आपराधिक मामला चल रहा है तो, उसे इस बात की घोषणा करनी चाहिए।
- न्यायालय ने और आगे यह निर्देश भी दिया है कि उम्मीदवार को अपने परिवार के सदस्यों की परिसम्पत्तियों और देयताओं सहित अपनी परिसम्पत्ति व देयताओं के बारे में घोषणा देनी चाहिए। यह अगले चुनाव के समय जाँच के तौर पर काम करेगा।

आपराधिक दोषों के सजा-याफ्ता लोगों की अपात्रता (Disqualification of Persons Convicted of Criminal Offences)

» लोक प्रतिनिधित्व अधिनियम (Representation of the people Act) के अनुसार आपराधिक दोषों में सजायाफ्ता व्यक्ति चुनाव नहीं लड़ सकता। सर्वोच्च न्यायालय ने 2005 में स्पष्ट किया कि यह प्रावधान सभी उम्मीदवारों पर लागू होगा चाहे उनकी स्थिति सजा पाने के समय विधान सभा सदस्य की हो या अन्यथा हो।

आचरण संहिता का लागू होना (Enforcement of the Code of Conduct)

» चुनावों के दौरान, राजनैतिक दलों को आचरण संहिता का पालन करना होता है। इसका प्रयोजन मुक्त व निष्पक्ष (उचित) चुनाव सुनिश्चित करना है। पहले यह अधिकतर स्वैच्छिक संहिता थी। चुनाव आयोग ने चुनावों के लिए सभी प्रकार से बंधनकारी आचरण संहिता बनाई है। इसमें प्रचार के समयों, बन्दनवारों/कट ऑउट्स पर प्रतिबंध, रोज के खर्च के विवरण की माँग, अधिक संख्या में पर्यवेक्षकों की नियुक्ति, खास मतदान केन्द्रों पर पुनः मतदान के आदेश देने तथा अन्य इसी प्रकार की कार्यवाहियों के बारे में निर्देश दिए गए हैं।

मंत्रीपरिषद् के आकार में कमी करना (Reduction in size of Council of Ministers)

प्रथम प्रशासनिक सुधार आयोग ने सिफारिश की थी कि मंत्री परिषद् का आकार संसद के निचले सदन/राज्य विधानसभा के सदस्यों की कुल संख्या के 10 प्रतिशत तक सीमित होनी चाहिए। संविधान (इक्यानवें वाँ संशोधन) अधिनियम, 2003 से यह सीमा बढ़ाकर 15% कर दी गई। इसमें विचार बहुत विशाल आकार के मंत्री-मण्डल की प्रवृत्ति से बचने का है। यह काफी व्यापक मजाक का विषय बन गया था कि आंध्र प्रदेश का एक मंत्री-मण्डल उस समय शुरू हुए एयर बस वायुयान को वास्तव में भर देने के लिए काफी था।

दूसरे प्रशासनिक सुधार आयोग के अनुसार इन कदमों (उपायों) का राजनीति के अपराधीकरण, चुनावों में पैसे के गैर-कानूनी और अत्यधिक प्रयोग पर, सरकारी उपक्रमों की अध्यक्षताओं और सदस्यताओं के प्रच्छन्न रूप में प्रलोभनों व संरक्षणों पर तथा विधायकों के कार्यकारियों के तौर पर काम करने की विसंगति पर कोई प्रत्यक्ष प्रभाव नहीं पड़ा। अब हम राजनैतिक भ्रष्टाचार को कम करने के लिए प्रस्तावित या अपनाए गए महत्त्वपूर्ण उपायों पर चर्चा करेंगे।

राजनैतिक वित्त-पोषण का सुधार (Reforms of Political Funding)

निजी चन्दे राजनैतिक दलों के लिए वित्त-पोषण के प्रमुख साधन हैं। राजनैतिक दलों और चुनावों के लिए सरकारी वित्त-पोषण के तीन मॉडल हैं। ब्रिटेन, आयरलैण्ड, आस्ट्रेलिया, न्यूजीलैण्ड तथा कनाडा में अनुसरित न्यूनतमवादी मॉडल में चुनाव सामान्यतः विशिष्ट अनुदानों या राज्य सरकार द्वारा सेवाओं के माध्यम से अंशतः आर्थिक-सहायता प्राप्त होते हैं। उम्मीदवार चुनावों की सीमित अवधि के लिए खर्च के पालन, रिपोर्टिंग और प्रकटन के लिए सरकारी प्राधिकरण के प्रति उत्तरदायी होते हैं। सरकारी वित्त-पोषण का दूसरा अधिकतमवादी मॉडल, जैसाकि स्वीडन व जर्मनी में प्रचलित है, चुनावों तथा दलों की अन्य गतिविधियों; दोनों की सहायता (समर्थन) करता है। तीसरा मॉडल दल की गतिविधियों के एवं चुनावों के अंशतः वित्त-पोषण पर आधारित है जिसमें बराबर का भाग सरकार द्वारा दिया जाता है। फ्रांस, नीदरलैंड और दक्षिण कोरिया इस पैटर्न को अपनाते हैं। अमरीका में उसी का एक रूप है जिसमें चुनाव का वित्त-पोषण ज्यादातर निजी तथा कठोर रिपोर्टिंग व प्रकटन अपेक्षाओं के अधीन तथा साथ ही दोनों पर सीमाओं के साथ होता है।

अनेक लेखक भारत में राजनीतिक दलों को सरकार की ओर से वित्त-पोषण दिए जाने केलिए प्रस्ताव देते रहते हैं। भारत में इस प्रकार का वित्त-पोषण व्यवहारिक संभावनाओं के क्षेत्र में शामिल नहीं लगता। जो भी हो, यह प्रश्न नैतिक क्षेत्र से अधिक राजनैतिक क्षेत्र के अन्तर्गत आता है। हम अपनी चर्चा, इस सम्बन्ध में भारत में वर्तमान विधिक स्थिति के संक्षिप्त वर्णन तक सीमित रखेंगे।

भारतीय संदर्भ में (Indian Context)

लोक प्रतिनिधित्व अधिनियम (आर पी एक्ट) के अन्तर्गत प्रत्येक राजनैतिक दल, सरकारी कम्पनी के अलावा, किसी व्यक्ति या किसी कंपनी द्वारा स्वेच्छा से दिए अंशदान (दान) की कोई भी राशि स्वीकार कर सकता है। तथापि, कोई भी राजनैतिक दल, विदेशी अंशदान (विनियमन) अधिनियम, 1976 में यथा परिभाषित किसी विदेशी स्त्रोत से कोई अंशदान नहीं ले सकता। आ पी एक्ट के तहत, राजनैतिक दलों के लिए रु. 20,000/- से अधिक के अंशदानों (निजी व्यक्तियों और कम्पनियों, दोनों से) के विवरण घोषित करने और प्रत्येक वित्त वर्ष में उसकी रिपोर्ट तैयार करना अनिवार्य है। राजनैतिक दलों को रू. 20,000/- से अधिक के दोनों की सूची चुनाव आयोग को देनी होगी जिसमें दान-दाताओं के नाम तथा पते दिए गए होंगे। यदि वे ऐसा करने में असफल रहते हैं तो वे आर पी एक्ट के तहत टैक्स की राहत पाने के अधिकारी नहीं होंगे।

जहाँ तक राजनैतिक दलों को कारपोरेट वित्त-पोषण की बात है, 1960 के वर्षों में कांग्रेस पार्टी तथा स्वतन्त्र पार्टी (मुक्त उपक्रम को अपनी नीति का मुख्य आधार बनाते हुए सी. राजगोपालाचारी द्वारा स्थापित) बड़े समूहों यथा टाटा तथा बिड़ला से दान पाने वाले मुख्य लाभ-भोगी थे। वर्ष 1969 में, इन्दिरा गाँधी के नेतृत्व वाली सरकार ने राजनैतिक दलों के कारपोरेट वित्त पोषण पर प्रतिबंध लगा दिया। यह प्रतिबंध दिखावे के लिए राजनीति और कारोबार के बीच कड़ी को भंग करना था। प्रतिबंध से बचने के लिए राजनैतिक दल निधियाँ बटोरने (एकत्र करने) के लिए कारोबारियों के विज्ञापन छापने के लिए स्मारिकाएँ प्रकाशित करने लगे। इस अवधि (समय) में 'ब्रीफकेस पॉलिटिक्स' भी देखी गई जिसके द्वारा दान देने पर लगी रोक को हटा लिया।

कंपनी अधिनियम के अनुसार जो कम्पनी तीन वर्षों से अधिक समय से वजूद में है, वह तत्काल के पिछले तीन वर्षों में अर्जित औसत शुद्ध लाभ के 7.5 प्रतिशत तक का दान राजनैतिक दलों को दे सकती है। ऐसा अंशदान कम्पनी के निदेशक मण्डल द्वारा पारित संकल्प द्वारा पारित होना चाहिए। कोई कंपनी उपरोक्त सीमाओं के भीतर तथा निर्वाचक ट्रस्ट (न्यास) के प्रतिबंधों के अधीन रहते हुए अंशदान कर सकती है।

किसी राजनैतिक दल या निर्वाचक न्यास को व्यक्ति और कम्पनियों द्वारा दिए गए अंशदान, आयकर की देयता से छूट प्राप्त हैं। तथापि, नकद अंशदान के लिए कोई कटौती अनुमानित नहीं है।

निर्वाचक न्यास योजना, 2013 (Electoral Trusts Scheme, 2013)

निर्वाचक न्यास कम्पनी अधिनियम की धारा 25 के तहत कम्पनी है या एक लाभ रहित कम्पनी है। उनका प्रयोजन राजनैतिक दलों के चुनाव के खर्च में कार्पोरेट वित्त-पोषण में पारदर्शिता सुनिश्चित करना है। निर्वाचक न्यासों को उस अनुपात में कर का लाभ मिलता है जो वे विभिन्न राजनैतिक दलों को निधियाँ देते हैं। उन्हें किसी वित्त वर्ष में कुल प्राप्त अंशदान के 95% का वितरण उसी वर्ष में पंजीकृत राजनैतिक दलों के बीच करना होता है। वे विदेशी नागरिकों या कम्पनियों से अंशदान स्वीकार नहीं कर सकते। अंशदान स्वीकार करते समय उन्हें सभी निवासी भारतीयों के पैन नम्बर तथा एनआरआई नागरिकों के पासपोर्ट नम्बर लेने अनिवार्य हैं। निर्वाचक न्यास का प्रयोजन कोई लाभ कमाना या किसी प्रकार का प्रत्यक्ष या अप्रत्यक्ष लाभ अपने सदस्यों या अंशदाताओं को पहुँचाना नहीं है। इसका एक मात्र प्रयोजन, अपने द्वारा प्राप्त अंशदान का सम्बन्धित राजनैतिक दलों में वितरण करना है प्रत्यक्ष कर केन्द्रीय ब्यूरो (सीबीडीटी) किसी निर्वाचक न्यास को मंजूरी देने के लिए एक अधिसूचित पद्धति का पालन करता है।

निर्वाचक बॉण्ड (Electoral Bonds)

निर्वाचक बॉण्ड एक वचन-पत्र के समान है जो किसी भी भारतीय नागरिक या भारत में निगमित कम्पनी द्वारा भारतीय स्टेट बैंक की चुनी हुई शाखाओं से ख़रीदा जा सकता है। इसे ख़रीद कर नागरिक या कारपोरेट अपनी पसंद के किसी भी पात्र राजनैतिक दल को दान कर सकता है। ये बॉण्ड बैंक नोटों के समान हैं जो मांगे जाने पर धारक को देय होते हैं और ब्याज रहित होते हैं।

सरकार ने 2018 में निर्वाचक बॉण्ड अधिसूचित किए। ये बॉण्ड रू.1000/-, रू. 10,000/- रू. 1,00,000 तथा रू. 1 करोड़ के गुणक में जारी किए जाएँगे। कोई दान-कर्ता, जिसका केवाईसी अनुपालित खाता है, बॉण्ड ख़रीद सकता है और अपनी पसंद

की पार्टी या व्यक्ति को दान दे सकता है। अब, प्राप्त-कर्ता अपने सत्यापित (जाँच-शुदा) खाते के माध्यम से बॉण्ड का नकदीकरण करा सकता है। निर्वाचक बॉण्ड केवल पन्द्रह दिनों के लिए वैध होंगे।

कोई भी दल (पार्टी) जो लोक प्रतिनिधित्व अधिनियम की धारा 29 ए के तहत पंजीकृत है और अद्यतन आम चुनावों या विधान सभा चुनावों में कुल पड़े मतों के कम-से-कम एक प्रतिशत वोट प्राप्त हैं, निर्वाचक बॉण्ड प्राप्त करने का पात्र होगा। दल को भारतीय चुनाव आयोग द्वारा एक प्रमाणित खाता आबंटित किया जाएगा और निर्वाचन बॉण्ड का लेन-देन केवल इसी खाते के माध्यम से किया जा सकेगा।

निर्वाचक बॉण्ड पर दान-कर्ता का नाम नहीं होगा। इस प्रकार, राजनैतिक पार्टी को दान-दाता की पहचान नहीं होगी। निर्वाचक बॉण्ड के दान-कर्ता को अपनी कर-योग्य आय में से इसके लिए छूट मिलेगी तथा इसका प्राप्त-कर्ता या राजनैतिक दल कर विवरणिका दाखिल करने के अधीन रहते हुए कर से छूट प्राप्त करेगा।

सरकार का दावा है कि निर्वाचक बॉण्ड से राजनैतिक वित्त-पोषण में कालेधन का प्रयोग घट जाएगा। दल को दिए गए दान को तुलन पत्र में दिखाया जाएगा किन्तु ऐसे दान-कर्ताओं का विवरण जनता को बिना बताए संजोया जाएगा। निर्वाचक बॉण्ड न होने की दशा में दान-कर्ता के पास अपने कारोबार में से नकद राशि का दान करने के सिवाय कोई और विकल्प नहीं होगा।

तथापि, योजना में पारदर्शिता का अभाव है। ना तो बॉण्ड के खरीदार और ना ही दान प्राप्त करने वाले राजनैतिक दल के लिए दान-कर्ता की पहचान उजागर करने की आवश्यकता है। मतदाताओं को भी यह पता नहीं होगा कि कैसे और किसके माध्यम से राजनैतिक दल को वित्त-पोषण प्राप्त हुआ है।

इसके आलोचकों का कहना है कि बड़ी कारोबारी संस्थाओं को राजनैतिक दलों को बिना अपनी पहचान बताए धन दान देने में मदद के लिए योजना को बनाया गया है। योजना में तीन अन्य निषेधात्मक शार्ट-सर्किट दिख रहे है: विदेशी कम्पनी से दान प्राप्त करने पर प्रतिबंध, कम्पनी के तीन वर्षों के शुद्ध लाभ के 7.5 प्रतिशत के कम्पनी के अंशदान पर सीमा-रोध तथा यह अपेक्षा कि कम्पनियों को अपने राजनैतिक दानों को अपने वार्षिक लेखों के विवरण में देना होगा।

योजना के आलोचकों ने इसे सर्वोच्च न्यायालय में चुनौती दी है। चुनाव आयोग ने सर्वोच्च न्यायालय में अपने आधार (कथन) में योजना का विरोध नहीं किया परन्तु निर्वाचक बॉण्ड के माध्यम से राजनैतिक दलों को दिए गए दान में गुमनामी के विरूद्ध बात कही।

भारत में राजनैतिक दलों को सरकारी वित्त-पोषण (State Funding to political Parties in India)

वर्तमान में, भारत में राजनैतिक दलों को सीधे सरकारी वित्त-पोषण नहीं है चुनाव सुधारों पर 1990 में गठित दिनेश गोस्वामी समिति ने वस्तुओं के रूप में (नकद राशि न देकर) सीमित सरकारी सहायता की सिफारिश की जैसे वाहनों का ईंधन, माइक्रोफोनों के किराए का खर्च (शुल्क), मतदाता सूचियाँ आदि। लेकिन इसने राजनैतिक दलों को कम्पनियों द्वार दिए जाने वाले दान पर रोक की भी सिफारिश की। बाद में सर्वोच्च न्यायालय ने राजनैतिक दलों के लिए आपका तथा सम्पत्ति कर अधिनियमों के अधीन आय-विवरणियाँ (रिटर्न्स) दाखिल करना अनिवार्य कर दिया। न्यायालय ने (1966 में) लोक प्रतिनिधित्व अधिनियम के अन्तर्गत खर्च की निर्धारित सीमा के अधीन तीसरे पक्ष (पक्षों) तथा राजनैतिक दल के खर्चों को भी मिला दिया।

संसद ने दिनेश गोस्वामी समिति, इन्द्रजीत गुप्ता समिति, (1999) चुनाव में सुधार के कानून, (1999) पर भारतीय विधायी आयोग की रिपोर्टों के आधार पर राजनैतिक दलों के सरकारी वित्त-पोषण पर एक कानून 2003 में पारित किया। इसके मुख्य प्रावधान निम्नलिखित हैं:

- राजनैतिक दलों को किए गए सभी अंश-दानों पर कर की पूरी छूट।
- राजनैतिक दलों के नेताओं के यात्रा खर्च को चुनाव खर्च से अलग करना।
- रु. 20,000/- से अधिक के अंशदानों व पार्टी के वित्त प्रोषण का प्रकटन।
- मतदाता सूचियों की निःशुल्क सप्लाई (पहले से ही अनुमत तथा ऐसी मदें, जिनके लिए चुनाव आयोग केन्द्रीय सरकार के परामर्श से तय कर सकता है)

- केवल टेलीविजन नेटवर्क तथा अन्य इलैक्ट्रानिक मीडिया (निजी व सरकारी) पर मान्यता प्राप्त राजनैतिक दलों में समय आवटंन की बराबर की हिस्सेदारी।

दल-बदल विरोधी कानून का सार-संक्षेप (Summary of Anti-defection Law)

अयोग्यता (Disqualification)

यदि राजनैतिक दल से सम्बन्धित सदन का कोई सदस्य-

- राजनैतिक दल की सदस्यता या उससे सम्बन्धन को स्वेच्छा से छोड़ (त्याग) देता है;
- अपने राजनैतिक दल के निर्देश का पालन करते हुए विधान मण्डल में मतदान करता है या मतदान नहीं करता है तो वह सदन की सदस्यता के लिए अयोग्य हो जा सकता है।

  तथापि, यदि सदस्य ने किसी विशेष मुद्दे पर पहले से अनुमति ले रखी है या ऐसे मतदान या अनुपस्थिति के लिए पार्टी द्वारा 15 दिनों के भीतर माफ कर दिया गया है तो सदस्य को अयोग्य नहीं ठहराया जाएगा।

सदस्य के अयोग्य ठहराए जाने के आधार हैं:

- यदि कोई स्वतन्त्र उम्मीदवार चुनावों के बाद दल में आता है।
- यदि एक नामित सदस्य विधायिका का सदस्य हो जाने के छह महीनों के बाद किसी दल में शामिल हो जाता है।

अयोग्य ठहराने की शक्ति (Power to disqualify)

(क) सदन के अध्यक्ष या स्पीकर को किसी सदस्य को अयोग्य ठहराने का निर्णय लेने के लिए शक्तियाँ दी गई है।

(ख) यदि अध्यक्ष या स्पीकर के दल-बदल की शिकायत की जाती है तो उस सदन द्वारा चुना गया सदन का सदस्य निर्णय लेने का अधिकारी हो जाएगा।

अपवाद (Exception)

कोई व्यक्ति अयोग्य नहीं होगा यदि उसका मूल राजनैतिक दल किसी दूसरे दल में मिल जाता है तथा पहले वाले दल के अन्य सदस्यों के साथ वह नए राजनैतिक दल का सदस्य हो जाता है या वह और अन्य सदस्य ऐसे मेल हो जाने को स्वीकार नहीं करते हैं और अलग समूह के तौर पर काम करने के लिए अलग हो जाते हैं। यह विकल्प तब ही काम करेगा जब सदन में सदस्यों में से न्यूनतम दो-तिहाई सदस्य ऐसे मेल से सहमत होते हैं।

सर्वोच्च न्यायालय के निर्णय (Decisions of the Supreme Court)

अनुसूची के प्रावधान, भारत के संविधान के अनुच्छेद 105 तथा अनुच्छेद 194 का उल्लंघन नहीं करते। वे संसद या राज्य विधान सभाओं के चुने हुए सदस्यों के गणतंत्रीय अधिकारों का अतिलंघन नहीं करते।

इन शब्दों- 'स्वेच्छा से सदस्यता का त्याग' का अर्थ साधारण पद-त्याग से अधिक व्यापक है। सदस्य का आचरण तक इसमें शामिल रहेगा। उदाहरण के लिए, सदन की कार्यवाही में सदस्य का आचरण अपने दल के खिलाफ है तो इसे, उसके द्वारा दल की सदस्यता को स्वेच्छा से छोड़ देना हो सकता है। चुना हुआ सदस्य उस दल का सदस्य बना रहेगा जिसने उसे ऐसे सदस्य के तौर पर चुनावों के लिए उम्मीदवार खड़ा किया था। यह उस तथ्य का विरोध नहीं करता कि उसे दल से निष्कासित कर दिया गया हैं। (यह विचार साधारण बुद्धि के विपरीत है, किंतु यह एक कानूनी व्याख्या पर आधारित है जिसका संक्षेप में स्पष्टीकरण यहाँ रहेगा। इसमें रुचि रखने वाले पाठक वेणु सुन्दरम के लेख- 'अमर सिंह निष्कासन केस: सर्वोच्च न्यायालय ने दल-बदल विरोधी कानून की व्याख्या करने का अवसर गँवाया' देख सकते हैं। (द वायर, 05 अगस्त, 2016)

सदन के किसी सदस्य की अयोग्यता के बारे में स्पीकर अन्तिम निर्णय ले सकता है। तथापि, सर्वोच्च न्यायालय एवं उच्च न्यायालय को स्पीकर के निर्णय की समीक्षा करने की शक्ति है।

सदस्य की अयोग्यता के बारे में अपने निर्णय पर पुनर्विचार करने की शक्ति स्वीकर के पास नहीं है।

भारतीय राजनैतिक प्रणाली, दल-बदल के रोग से ग्रस्त है। अपना बहुमत सुरक्षित या पक्का करने हेतु अतिरिक्त सदस्यों की जरुरत के कारण दल, अन्य दलों के सदस्यों को अपने पक्ष में करने के प्रयास करते हैं। यह पार्टी या व्यक्तिगत (निजी) हित को बढ़ाने के लिए राजनैतिक धाोखेबाजी (व्यवहार कौशल) का एक ढंग है। दल-बदल प्रलोभनों, धमकियों और सीधे-सीधे नकद भुगतानों द्वारा कराए जाते हैं। दल-बदल स्वाभाविक रूप से राजनैतिक भ्रष्टाचार का स्त्रोत है।

सरकार ने दल बदलने वाले सदस्यों की विधायक सदस्यता अयोग्य ठहराने के लिए एक दल-बदल विरोधी कानून 1985 में पारित किया था। लेकिन यह दल बदलने वाले सदस्यों की सीमा तक सीमित था। अयोग्यता की बात तब ही लागू होती थी जब कि दल बदलने वाले सदस्यों की संख्या उस दल की विधायी संख्या के एक-तिहाई से कम हो। यदि संख्या इस सीमा से अधिक होती है तो अयोग्यता नहीं होगी। यह बहस की गई थी कि दल-बदलना, दल बदलने वालों की संख्या या राजनैतिक संदर्भ पर ध्यान न देते हुए मूल रूप से ही अनैतिक है।

1985 में किए गए प्रावधानों को 2003 में संविधाान में किए गए 91वें संशोधन से बदल कर स्थिति को सुधारा गया।

1985 के अधिनियिम (संविधान की दसवीं अनुसूची) के यथानुसार, राजनैतिक दल के चुने हुए सदस्यों में से एक-तिहाई सदस्यों द्वारा 'दल-बदलना', 'विलयन' माना जाएगा। ऐसे दल बदलने से दल बदलने वाले सदस्य अयोग्य नहीं हो जाते। चुनाव सुधारों पर बनी दिनेश गोस्वामी समिति ने, विधि आयोग ने अपनी 'चुनाव कानूनों में संशोधन' वाली रिपोर्ट मे तथा संविधान के कार्य-चालन की समीक्षा पर राष्ट्रीय आयोग (National Commission to Review the Working of the Constitution) (NCRWC) सभी ने, विभाजित हो जाने पर अयोग्यता से छूट सम्बन्धी जो प्रावधान दसवीं अनुसूची में दिए गए है, उसे हटाने की सिफारिश की है।

अन्ततः 91वें संविधान संशोधन अधिनियम, 2003 ने इसे बदल दिया। परिणामस्वरूप, कानून की नज़रों में वैधता पाने के लिए 'विलयन' के पक्ष में दल के कम-से-कम दो-तिहाई सदस्यों को होना चाहिए। दसवीं अनुसूची में कहा गया है, यदि सम्बन्धित विधायी दल के दो-तिहाई से अन्यून सदस्य ऐसे विलयन से सहमत हैं तो मूल राजनैतिक दल या सदन के सदस्य का विलयन हुआ माना जाएगा। अतः दल-बदल की प्रक्रिया बहुत कठिन हो गई है। चुनाव आयोग ने सिफारिश की है कि दल-बदल के आधार पर सदस्यों की अयोग्यता के प्रश्न पर निर्णय, चुनाव आयोग की सिफारिश पर राष्ट्रपति/राज्यपाल द्वारा भी किया जाना चाहिए। अक्सर, पेटेंट दल-बदलों के मामलों भी, विधायी निकायों में जानबूझकर विलम्ब किया जाता है सार्क (SARC) ने इस सिफारिश का समर्थन किया है।

एक गठबंधन वाली सरकार अपना नैतिक आधार खो देती है जब कार्यावधि पूरी होने से पहले ही गठबंधन वाले दल अपने साझीदार बदल लेते हैं और अवसरवादिता से प्रेरित हो एवं शक्ति की इच्छा से नए गठबंधन बना लेते हैं। चुनावों से या सरकार बनाए जाने से पहले गठबंधन के अपनाए गए समान कार्यक्रम निरर्थक हो जाते हैं। लोगों की आशा (इच्छा) को बनाए रखने के लिए, ऐसे प्रावधान बना दिए जाने चाहिए जिनसे चुनावों के बीच गठबंधनों का अवसरवादी पुनर्गठन न हो सके। ऐसा संवैधानिक संशोधन किया जाना चाहिए जिससे दलों के पुनर्गठबन्धनों से राजनैतिक संरचना में कोई परिवर्तन आने पर नए चुनाव हुआ करें।

सार संक्षेप

- भ्रष्टाचार के विरूद्ध लड़ाई में वर्तमान में जिन मुद्दों पर अधिक ध्यान है, वे हैं: (i) भ्रष्ट कर्मचारियों के विरूद्ध विभागीय (या अनुशासनात्मक) कार्रवाइयों में विलम्ब; (ii) भ्रष्ट अधिकारियों के विरूद्ध अभियोजन के लिए सरकार की पूर्व मंजूरी लेने की आवश्कता; (iii) भ्रष्टाचार के मामलों की जाँच में तेजी लाना; (iv) अपने कार्यों के लिए क्षतियों हेतु भ्रष्ट सरकारी कर्मचारियों को देनदार बनाना; (v) भ्रष्टाचार के माध्यम से प्राप्त की गई सम्पत्ति की जब्ती; (vi) बेनामी सौदों की मनाही; (vii) व्हिसल ब्लोअर्स को सुरक्षा; तथा (viii) संविधान के अनुच्छेद 311 को समाप्त करना जो सरकारी कर्मचारियों को नौकरी की अतिरिक्त सुरक्षा देता है।
- बेईमान अधिकारियों के विरूद्ध विभागीय जाँचें बहुचरणीय अर्द्ध-न्यायिक कार्रवाइयाँ होती हैं। केन्द्रीय सतर्कता आयोग ने विभागीय जाँचों के लिए तेरह चरणों की पहचान की है तथा प्रत्येक के लिए समय सीमा निर्धारित की है। लेकिन व्यवहार में इनका पालन शायद ही कभी होता हो।
- सार्क (SARC) ने सिफारिश की है कि रिश्वत माँगने या प्राप्त करने या बिना भुगतान किए या अपर्याप्त भुगतान पर मूल्यवान वस्तुएँ प्राप्त करने तथा आय के ज्ञात स्त्रोतों से बेमेल परिसम्पत्तियों के होने के मामलों हेतु मंजूरी की अनिवार्यता को समाप्त कर दिया जाए।
- दूसरे प्रशासनिक सुधार आयोग (सार्क) ने सिफारिश की थी कि केन्द्रीय सरकार के स्तर पर अभियोजन के लिए मंजूरी देते की कार्रवाई एक सशक्तिकृत समिति द्वारा की जानी चाहिए जिसमें केन्द्रीय सतर्कता आयुक्त तथा सरकार के मंत्री मण्डलीय सचिव या विभागीय सचिव शामिल होंगे।
- सुनवाई (जाँच) में तेजी लाने के लिए भ्रष्टाचार निवारण अधिनियम में विशेष न्यायाधीश की नियुक्ति, न्यायालय की कार्रवाई का प्रतिदिन होना तथा दूसरी अदालतों द्वारा सुनवाई पर रोक की मंजूरी पर प्रतिबंध।
- 2018 के इसके संशोधन से पहले इसमें सरकारी कर्मचारियों की भ्रष्ट साधनों से प्राप्त की गई सम्पत्तियों को जब्त करने या उनकी कुर्की करने का कोई प्रावधान नहीं था।
- संशोधन से, रिश्वत देना भी भ्र.नि.अ. के तहत अपराध हो गया है। पहले इसे अपराध के लिए दुष्प्रेरणा माना जाता है।
- इस संशोधन से कम्पनियाँ भी इसके कार्यक्षेत्र में आ गई हैं।
- संशोधन ने ये परिवर्तन भी किए जिनसे ईमानदार अधिकारी अपने सदाशयी उद्देश्यों के लिए दण्डित न हों।
- भ्रष्ट सरकारी कर्मचारी अपनी अवैध धन-सम्पत्ति को बेनामी सौदों के माध्यम से छुपाने की कोशिश करते हैं। इन सौदों में वे संपत्ति को किसी और के नाम से रखते हैं।
- बेनामी सौदे (प्रतिबंध) अधिनियम के नाम से कानून 1988 में पारित किया गया था।
- अधिनियम उस व्यक्ति को प्रतिबंधित करता है जो किसी अन्य के नाम सम्पत्ति प्राप्त करता है और फिर उसे अपनी कहकर उस व्यक्ति से उसकी माँग करता है। अधिनियम बेनामी सौदों की मनाही करता है और इसे प्राप्त करने वालों को बेनामीदार से पुनः प्राप्त करने की मनाही करता है। यह अधिनियम बेनामी सम्पत्ति की जब्ती की मंजूरी देता है।
- अनेक वर्ष बीत जाने के बाद भी सरकार ने इस अधिनियम के तहत नियम निर्धारित नहीं किए। वर्तमान सरकार ने नियमों को अधिसूचित किया और 1 नवम्बर, 2016 से अधिनियम को प्रभावी कर दिया।
- 'व्हिसल ब्लोअर' शब्द उस व्यक्ति का अर्थ देता है जो किसी संगठन में सावधानीपूर्वक छुपाए गए गैर-कानूनी या गहरे भेदों को जग-जाहिर करता है। 'व्हिसल ब्लोअर' से तात्पर्य सांविधिक सुरक्षा दी जाती है तो सरकार भ्रष्टाचार के बारे में काफी सूचना पा सकती है।

- किसी संगठन में गुपचुप जो चल रहा है, उसे सार्वजनिक करने वालों की असुरक्षा के सबसे बड़े उदाहरण दो होनहार युवा भारतीय, मंजुनाथ शंभुगम एवं सत्येन्द्र दुबे की दुखद हत्या है।
- व्हिसल ब्लोअर सुरक्षा अधिनियम की मुख्य बातें इस अध्याय के विवरणात्मक भाग में दी गई हैं।
- प्रशासनिक सतर्कता से भ्रष्टाचार को नियन्त्रित करना बहुत कठिन है।
- इसके लिए बहु-आयामी सोच-जनता की भागीदारी तथा व्यवस्था-बद्ध आर्थिक व प्रशासनिक सुधार की जरुरत है।
- यूएस फाल्स क्लेम एक्ट (US False Claims Act) की तर्ज पर कानून पारित किया जाना चाहिए। इस कानून के अन्तर्गत, कोई भी नागरिक सरकार की ओर से केस दायर कर सकता है यदि उसे पता चला है कि किसी ने सरकार को धोखा दिया है। यदि वह केस जीत जाता है तो उसे सरकार को मिले धन का एक भाग मिल जाता है।
- आर्थिक समस्याओं को विधि-निर्माण के माध्यम से विस्मृति में नहीं धकेला जा सकता। एक ओर हम देख सकते हैं कि यह उनके 'अधिकारों' और 'हकदारियों' के बारे में संदेहवाद पैदा करता हैं जो अब विभिन्न कानूनों के माध्यम से पैदा हो रही हैं। इसका उत्तर अवसर बचतों, निवेश, उत्पादकता, उत्पादन और रोजगार बढ़ाने में ही है।
- एक राय के अनुसार भ्रष्टाचार, मानव नैतिक कमजोरी (दुर्बलता) से उतना उत्पन्न नहीं होता जितना कि परम्परागत प्रणालीगत कमजोरियों से होता है जो भ्रष्टाचार के लिए अवसर पैदा करती हैं।
- ऐसी एक समस्या एकाधिकार हैं जो अनेक सरकारी प्रणालियों की विशेषता है। अनेक वस्तुओं और सेवाओं की सरकार अकेली आपूर्तिकर्ता है।
- चूँकि कोई प्रतिस्पर्द्धा नहीं है तो उपभोक्ताओं को और कहीं जाने की कोई जगह नहीं है। इसके कारण सरकारी कर्मचारी स्वेच्छाचारिता से काम करते हैं और लोगों से बल-पूर्वक गैर-मानूनी भुगतान प्राप्त करते हैं।
- अनेक क्षेत्रों में सरकार अकेली सेवा देने वाली है- यह एक ऐसी स्थिति है जिसमें स्वेच्छाचारिता, आत्म-संतोष और भ्रष्टाचार पनपते हैं। लोक सेवा देने के क्षेत्र में प्रतिस्पर्द्धा शुरु कर देने पर भ्रष्टाचार कम हो सकता है। इस बात को सिद्व करने के लिए टेलिकॉम क्षेत्र के विनियमन का उदाहरण दिया जाता है।
- विलम्बों तथा भ्रष्टाचार को कम करने का एक रास्ता उन चरणों (स्तरों) की संख्या कम करना होगा जिन पर मामले की कार्रवाई होती है।
- 'सकारात्मक मौन' मंजूरियाँ, नागरिकों के विचार से पद्धतियों को सरल करने का एक और उपाय होता है। इन्हें मान ली गई मंजूरियाँ भी माना जाता है। मूलत: जब एक आवेदक के अनुरोध पर निर्दिष्ट समय के भीतर निर्णय नहीं लिया जाता तो उसे मंजूरी दी गई मान लिया जाता है।
- आधुनिक प्रशासनिक राज्य (देश) के कल्याण को उन्मुखीकरण से बड़ी (विशाल) दफ्तरशाहियाँ तथा व्यापक जनसेवा पूर्ति प्रणालियाँ उत्पन्न हो गई हैं। ये प्रणालियाँ वित्तीय तथा प्रबंधकीय समस्याओं से ग्रस्त हैं। ऐसी प्रणालियों में, भ्रष्टाचार एक सामान्य समस्या है।
- स्वेच्छाचारिता से निर्णयन, भ्रष्टाचार का एक और स्त्रोत है। प्रभावी भ्रष्टाचार रोधी सुधारों से स्वेच्छाचारिता वाले लाभ कम करने होंगे जिस पर इस समय सरकारी कर्मचारियों का नियंत्रण है।
- उत्तरदायित्व (जवाबदेही) का अभाव भी भ्रष्टाचार को जन्म देता है।
- पद्धतियों को सरल करने का एक रास्ता उन सामान्य सेवाओं को एक स्थान पर तथा एक ही चरण में देना है जिनकी नागरिकों को जरुरत है। इसे 'एकल पटल क्लियरेंस' प्रणाली या 'वन-स्टॉप सर्विस केंद्र' कहते हैं। इसका एक सफल उदाहरण आंध्र प्रदेश का ई-सेवा मॉडल है।
- आई सी टी (ICT) तीव्र गति से और लगभग बिना आमने-सामने आए सूचना देकर भ्रष्टाचार को कम कर सकती है।

- प्रशासन की पारदर्शी प्रणाली से सरकार की निर्णयन प्रक्रियाओं में जनता की भागीदारी को बढ़ावा मिलता है। इससे भी भ्रष्टाचार कम होता है।
- ठेकों में भ्रष्टाचार एक बड़ी विकट समस्या है तथा सरकारी खजाने से बड़ी राशियों के अवैध सरणियों में चले जाने का साधन है।
- भ्रष्टाचार के दायरे (संभावना) को कम करने के लिए सरकारी ठेकों में सत्य निष्ठा संधियाँ जोड़ दी जाती है।
- सत्यनिष्ठा संधि, माल तथा सेवाओं को खरीदने वाली सरकारी ऐजेन्सी एवं सरकारी ठेके के बोली-दाता के बीच होने वाला समझौता है। इस संधि (समझौते) के माध्यम से बोलीदाता यह आश्वासन देते हैं कि उन्होंने प्रसंगाधीन ठेके को पाने के लिए गैर-कानूनी पारितोषण नहीं दिया है और देंगे भी नहीं। अपनी ओर से, बोलियाँ आमन्त्रित करने वाली ऐजेन्सी प्रबंधन प्रक्रिया के समान व्यवहार होने तथा ईमानदारी से काम होने को सुनिश्चित्त करने के लिए प्रतिबद्ध हो जाती है।
- एक अन्त:ग्रथित उत्तरदायित्व श्रृंखला स्थापित की जानी चाहिए जो नीचे से ऊपर तक सरकारी कर्मचारियों को प्रभावी ढंग से काम करने के लिए विवश कर देगी।
- किसी कार्यालय या संगठन में भ्रष्टाचार को नियंत्रित करने की जिम्मेदारी मुख्यत: कार्यालय के प्रधान की होनी चाहिए। सुपरवाइजिंग कर्मचारियों को अपने मातहतों में भ्रष्टाचार को न्यूनतम करने की कोशिश करनी चाहिए।
- यदि अधिकारीगण जनता के लिए आसानी से उपलब्ध हों और वे उनकी जरुरतों को तत्परता से पूरा करते हैं तो भ्रष्टाचार कम किया जा सकता है।
- जिन कार्यालयों में भारी संख्या में जनता का आना-जाना रहता है, वहाँ शिकायतों को आनलाइन संभालने की प्रणाली स्थापित होनी चाहिए।
- भ्रष्टाचार के अवसरों को कम करने के लिए, ईमानदार कर्मचारियों को प्रशासन में 'भ्रष्टाचार संभावित' क्षेत्रों में तैनात करना होगा।
- सरकार विभिन्न सामग्रियों की बड़ी-बड़ी मात्राएँ खरीदती है। खरीद पारदर्शी होनी चाहिए, खुली प्रतिस्पर्धा निविदा आधारित एवं बाजार दरों वाली होनी चाहिए।
- हाल के समय में नागरिक समाज की भागीदारी भ्रष्टाचार-रोधी आन्दोलन में होने लगी है।
- सरकार के कुछ विभाग आबादी के बड़े भाग को सेवाएँ देते हैं। इन लोगों से सम्पर्क के लिए स्वतन्त्र व्यावसायिक ऐजेन्सिओं का उपयोग करते हुए उनकी प्रतिक्रियाएँ प्राप्त करनी चाहिए। इनका प्रयोग कार्यालयों के कोटि निर्धारण के लिए किया जा सकता है।
- सामाजिक लेखा-परीक्षा के प्रावधान उन सभी योजनाओं में किए जाने चाहिए जिनके अनेक लाभ-भोगी बिखरे हुए हैं। कैग लेखा-परीक्षा के विपरीत सामाजिक लेखा-परीक्षा, लाभ-भोगियों द्वारा दी गई सूचना पर आधारित होता है।
- राजनैतिक दल चुनावों के लिए गैर-कानूनी ढंग से धन एकत्र करते हैं, अवैध धन का उपयोग चुनावों में करते हैं तथा चुनाव आयोग द्वारा तय चुनावी खर्च की सीमा से अधिक खर्च करते हैं। चुनावों के दौरान दल अनुचित साधन अपनाने लगते हैं, जैसे पर-रूपधारण, बूथ पर कब्जा, हिंसा, प्रलोभन और डराना-धमकाना। चुनावों के बाद 'फ्लोर क्रासिंग' (शक्ति प्राप्त करने के लिए सदस्यों द्वारा राजनैतिक जुड़ाव में बदलाव) तथा सरकारी कार्यालय में शक्ति का दुरुपयोग समय के साथ आम बात हो गई है। इस प्रक्रिया को राजनीति का अपराधीकरण कहा जाता है।
- भारी चुनावी खर्च भी भ्रष्टाचार को बढ़ाता है। राजनैतिक दलों को धन देने वाले लोग, राजनैतिक अनुग्रहों के माध्यम से उससे कई गुना धन कमा लेते हैं। इससे क्रमिक (चेन) प्रतिक्रिया शुरु होती है जिसमें गैर-कानूनी वित्त-पोषण तथा भ्रष्टाचार, राजनैतिक प्रक्रिया का संचालन करते हैं।

- पिछले बीस वर्षों में अनेक चुनावी सुधार आरम्भ किए गए हैं।
- सर्वोच्च न्यायालय ने निदेश दिया है कि चुनाव लड़ने के इच्छुक उम्मीदवार को यह घोषणा करनी चाहिए कि क्या वह किसी न्यायालय द्वारा दोषी ठहराया गया है और क्या उसके विरूद्ध कोई आपराधिक मामला लम्बित है।
- इस अध्याय के वर्णनात्मक हिस्से में, आर पी एक्ट तथा कम्पनी कानून अधिनियम के राजनैतिक दलों पर लागू कानूनी प्रवधानों पर चर्चा की गई है। इसमें चुनाव न्यास और चुनावी बॉण्ड्स पर भी चर्चा की गई है।
- अध्याय के खंड-I में राजनैतिक दल-बदल पर कानूनी प्रावधान दिए गए हैं।

अभ्यास प्रश्न

1. सरकार को कौन-से उपाय करने चाहिए जिनसे नागरिक समिति समूह तथा जनता, भ्रष्टाचार-विरोधी आन्दोलनों में भाग लेने लगें?
2. 'परिवर्तन तब ही होंगे जब कि भ्रष्ट प्रणाली को उखाड़ फेंकने के लिए दिए जाने वाले प्रोत्साहन, ऐसी प्रणाली को बनाए रखने के लिए वाले प्रोत्साहनों से अधिक मजबूत (प्रभावी) हो जाएँगे। भ्रष्टाचार को बिल्कुल सहन नहीं करना समय की जरूरत है।' समीक्षा कीजिए
3. झूठा दावा अधिनियम क्या है? ऐसे अधिनियमों के प्रावधान क्या हैं?
4. वित्तीय लेखा-परीक्षा तथा सामाजिक लेखा-परीक्षा की तुलना कीजिए और उनकी विषमताएँ बताइए। सरकारी कार्यक्रमों में अनियमितताओं को कम करने में सामाजिक लेखा-परीक्षा की क्या भूमिका हो सकती है?
5. "भ्रष्टाचार मानवीय नैतिक कमजोरी से उतना पैदा नहीं होता जितना कि अन्तर्निष्ठ सर्वांगी कमजोरियों से, जो भ्रष्टाचार के अवसर पैदा करती हैं।" समीक्षा कीजिए।
6. लोग मानते हैं कि भ्रष्ट लोग अपनी पाप की कमाई पर ठाठ से जमे हुए हैं। इस सम्बन्ध में क्या किया जा सकता है?
7. भ्रष्टाचार के विरूद्ध लड़ाई में बेनामी सौदा (प्रतिबंध) अधिनियम किस प्रकार मदद कर सकता है?
8. ह्विसलब्लोइंग से क्या तात्पर्य है।
9. किसी ने ह्विसलब्लोइंग की तुलना अपने साथियों के साथ गद्दारी करने से की है। क्या हम इस विचार का समर्थन कर सकते हैं? इसके कारण दीजिए।
10. ह्विसलब्लोअर्स को बचाने के कौन-कौन से तरीके हैं?
11. सीताराम अपने कार्यालय में चल रही कुछ रहस्यमय बातों के बारे में ह्विसलब्लोइंग करना चाहता था। उसकी पत्नी रूक्मणि ने उसे यह कह कर रोक दिया कि ह्विसलब्लोअर्स को बेचने के लिए अब कोई कानून या संगठन नहीं है। क्या वह सही है? यदि ऐसा है तो किस सीमा तक?
12. संक्षेप में बताइए कि वे अत्यधिक आर्थिक नियंत्रण ऐसा वातावरण कैसे बना सकते हैं जो भ्रष्टाचार को बढ़ावा देते हैं। जिन्हें सरकार लगा सकती है? इसके दो उदाहरण दीजिए।
13. सूचना तथा संचार प्रौद्योगिकी (आईसीटी) भ्रष्टाचार को कम करने में किस प्रकार सहायता कर सकती है? अपने उत्तर को दो उदाहरणों के साथ स्पष्ट कीजिए।
14. एक प्रसिद्ध (प्रमुख) विचार का तर्क है: "लोक सेवा देने में प्रतिस्पर्द्धा शुरू कर देने से भ्रष्टाचार कम हो सकता है। टेलिकॉम क्षेत्र का विनियमन एक अच्छा उदाहरण है।" क्या 2-जी घोटाला विनियमन तथा प्रतिस्पर्द्धा शुरू करने के विरुद्ध तर्क है? किस प्रणालीगत असफलता के कारण 2-जी घोटाला हुआ है?

15. भ्रष्टाचार स्केण्डल के तौर पर कोलगेट की विशिष्टताएँ क्या हैं?
16. स्व-विवेक निर्णयन से आप क्या समझते हैं? इसे अवांछनीय क्यों माना जाता है? इसे किस प्रकार कम किया जा सकता है?
17. सरकारी ठेकों (संविदाओं) में भ्रष्टाचार को एक गंभीर समस्या क्यों माना जाता है? इसे कैसे कम किया जा सकता है? ठेकों में भ्रष्टाचार के दो बड़े उदाहरण दीजिए।
18. राजनीति के अपराधीकरण से क्या तात्पर्य है? यह राजनैतिक भ्रष्टाचार से किस प्रकार जुड़ा है?
19. "भ्रष्टाचार गणतान्त्रिक निर्वाचकीय राजनीति में एक अपरिहार्य सहवर्ती है।" क्या आप इस बात से सहमत हैं? इस मामले में अपने पक्ष के लिए कारण दीजिए।
20. निम्नलिखितों पर संक्षिप्त टिप्पणी लिखिए:
    (*i*) सरकार द्वारा राजनैतिक दलों का वित्त-पोषण
    (*ii*) सत्यनिष्ठा संधियाँ
    (*iii*) पाजिटिव साइलेंस मंजूरियाँ या मान ली गई मंजूरियाँ
    (*iv*) झूठा दावा अधिनियम
    (*v*) जिम्मेदारी
    (*vi*) पद्धतियों (प्रक्रियाओं) का सरलीकरण

अध्याय

12

लोकपाल (Lokpal)

लोकपाल की ऐतिहासिक पृष्ठभूमि (Historical Background of Lokpal)

यद्यपि 'लोकपाल' अन्ना हजारे के भ्रष्टाचार विरोधी आंदोलन के कारण सुर्खियों में आ गया है, किन्तु यह अवधारणा काफी पुरानी है। भ्रष्टाचार का मुकाबला करने तथा/या लोगों की शिकायतों को दूर करने के साधन के तौर पर लोकपाल, ओमबड्समैन की अवधारणा (जो वैश्विक स्तर पर उभरी एवं विशेष रूप से स्केण्डेनेवियन देशों में) के समानान्तर है। स्वर्गीय विधिवेत्ता, लक्ष्मीमल सिंघवी ने संसद में इस संस्था के बारे में औचित्य दिया था-'ओमबड्समैन जैसी संस्था हमारे देश में स्थापित होनी चाहिए। न्याय प्राप्त करने के लिए तथा वास्तविक या काल्पनिक भ्रष्टाचार के गन्दगी भरे अस्तबल से जन-जीवन को मुक्त (साफ) करने के लिए ऐसी संस्था को स्थापित किया ही जाना चाहिए। हमारी संवेदनहीन (ठण्डी) तथा दीर्घाकालिक न्यायिक पद्धति के विकल्प के तौर पर ऐसी संस्था को स्थापित किया ही जाना चाहिए। आज हमारे सामने हर वह मानने योग्य (समझने योग्य) कारण हैं जिससे यह विचार उत्पन्न होता है कि हमारे देश में ऐसी संस्था की स्थापना काफी समय पहले हो जानी चाहिए थी।

इस प्रकार 'लोकपाल' का विचार राष्ट्रीय वैधानिक कार्य-सूची में शामिल हुआ। बाद में सरकार ने प्रशासनिक सुधार आयोग की नियुक्ति की जिसने अपनी रिपोर्ट में केन्द्र में लोकपाल तथा प्रत्येक राज्य में लोकायुक्तों की नियुक्ति की सिफारिश की। तत्पश्चात् प्रथम प्रशासनिक सुधार आयोग की सिफारिशों को लागू करने के लिए लोक सभा में समय-समय पर आठ बिल पेश किए गए। तथापि, ये सभी बिल (1985 वाले बिल को छोड़कर) सम्बन्धित लोक सभाओं के भंग होने से व्यपगत हो गए। 1985 वाला बिल बाद में वापस ले लिया गया था। इन बिलों में लोकपाल के विस्तार, ढाँचे और अधिकार क्षेत्र की विविध अवधारणाएँ थीं। हम लोक सभा द्वारा पारित 'द लोकपाल एण्ड लोकायुक्त बिल, 2011' के आधार पर मामले की जाँच करेंगे। इसमें लोकपाल की संस्था में अनेक परिवर्तन दृष्टिगत होते हैं जो बदलती हुई सामाजिक-आर्थिक दशाओं तथा वर्तमान समाज में भ्रष्टाचार की प्रकृति, स्तर व विकृति को प्रतिभासित करते हैं।

हाल ही वर्तमान का घटनाक्रम (Recent Developments)

सरकार को लोकपाल बिल के अद्यतन पाठ के बनाने पर विवश करने, का सीधा कारण अन्ना हजारे का भ्रष्टाचार-विरोधी आन्दोलन था। अन्ना हजारे तथा उनके दल के सदस्यों ने माँग की कि सरकार अपना जन लोक पाल बिल पारित करे। अन्ना हजारे से वार्ता के बाद सरकार ने लोकपाल बिल तैयार करने के लिए एक संयुक्त प्रारूप लेखन समिति (जिसमें अन्ना तथा उनके दल के चार सदस्य शामिल थे।) की नियुक्ति की। इस प्रकार तैयार किया गया मसौदा सरकारी बिल हेतु आधार था (यद्यपि इसे पूर्णत: नहीं अपनाया गया)।

समिति की बातचीत (चर्चा) के आधार पर एवं राज्यों के मुख्यमंत्रियों व राजनैतिक दलों से प्राप्त सूचना-सुझावों के आधार पर सरकार ने संशोधित लोकपाल बिल, 2011 पेश किया। इस बिल में कुछ और भी संशोधन किए गए।

बाद में संसद ने अपने अंतिम रूप में 'लोकपाल तथा लोकायुक्त अधिनियम, 2013 पारित किया। इसको राष्ट्रपति की मंजूरी 1.1.2014 को मिली और यह उसी दिन से लागू हो गया। अधिनियम ने पहले के बिल में कुछ परिवर्तन किए। ये परिवर्तन हमारी चर्चा में शामिल रहेंगे तथा अद्यतन स्थिति बताएँगे।

अधिनियम के प्रमुख प्रावधान (Main Provisions of the Act)

संरचना (Composition)

हम अधिनियम के मुख्य प्रावधान बताएँगे। लोकपाल में एक अध्यक्ष (chair person) तथा आठ सदस्य होंगे। इनमें चार न्यायिक सदस्य होंगे। इसका अध्यक्ष (*i*) भारत के सेवारत या सेवानिवृत्त मुख्य न्यायाधीश; या (*ii*) सर्वोच्च न्यायालय का सेवा-रत या सेवानिवृत्त न्यायाधीश; या (*iii*) एक प्रतिष्ठित व्यक्ति हो सकता है। न्यायिक सदस्य (*i*) सर्वोच्च न्यायालय के सेवारत या सेवानिवृत्त न्यायाधीश; या (*ii*) उच्च न्यायालय का सेवा-रत या सेवानिवृत्त मुख्य न्यायाधीश होना चाहिए। गैर-न्यायिक सदस्य निर्दोष सत्यनिष्ठा वाला और असाधारण योग्यता वाला होना चाहिए जिसे भ्रष्टाचार-विरोधी नीति, लोक प्रशासन, सतर्कता, बीमा एवं बैंकिंग सहित वित्त, कानून एवं प्रबन्धन से सम्बन्धित मामलों का ज्ञान एवं पच्चीस वर्षों से अन्यून का अनुभव होना चाहिए।

लोकपाल तथा लोकायुक्त अधिनियम में प्रावधान है कि लोकपाल के पचास प्रतिशत से अन्यून सदस्य अनुसूचित जाति, अनुसूचित जनजाति, अन्य पिछड़े वर्गों, अल्प-संख्यकों तथा महिलाओं में से होने चाहिए।

निम्नलिखित वर्गों के लोग लोकपाल के अध्यक्ष व सदस्य नहीं हो सकते:

» संसद का सदस्य या विधान सभा सदस्य
» किसी पंचायत या नगरपालिका का सदस्य
» नैतिक चरित्रहीनता के अपराध का दोषी कोई व्यक्ति
» पैंतालीस वर्ष से कम आयु का कोई व्यक्ति।
» केन्द्रीय या राज्य की सेवाओं से हटाया गया या बर्खास्त किया गया व्यक्ति
» किसी न्यास या लाभ का पदधारी व्यक्ति (उसके कार्यालय के अध्यक्ष या सदस्य के अलावा) या किसी राजनैतिक दल से जुड़ा या किसी व्यवसाय या कारोबार में लगा व्यक्ति। तथापि, किसी न्यास या कार्यालय वाले, कारोबार या व्यवसाय में लगे लोग, ऐसे धन्धों को छोड़ने पर लोकपाल में आ सकते हैं।

नियुक्ति की पद्धति: चयन समिति (Manner of Appointment: Selection Committee)

भारत के राष्ट्रपति, चयन-समिति की सिफारिशों पर लोकपाल के अध्यक्ष व सदस्यों की नियुक्ति करेंगे। चयन-समिति में निम्नलिखित होंगे:

(क) प्रधानमंत्री-अध्यक्ष;

(ख) लोक सभा अध्यक्ष- सदस्य;

(ग) लोक सभा में विपक्ष का नेता- सदस्य;

(घ) भारत के मुख्य न्यायाधीश या उसके द्वारा नामित सर्वोच्च न्यायालय का न्यायाधीश- सदस्य;

(ङ) समिति के सदस्यों (क), (ख), (ग) द्वारा यथा सिफारिश किया गया विधिवेत्ता, राष्ट्रपति द्वारा नामित किया जाना है- सदस्य।

खोज समिति (Search Committee)

चयन समिति को एक खोज समिति का गठन करना होगा जो ऐसे लोगों का पैनल (सूची) तैयार करेगी जिन पर लोकपाल के अध्यक्ष व सदस्यों की नियुक्ति पर विचार करेगा। खोज समिति में कम-से-कम सात प्रतिष्ठित लोग होंगे। वे भ्रष्टाचार-विरोधी नीति, लोक प्रशासन, सतर्कता, नीति-निर्माण, बीमा तथा बैंकिंग सहित वित्त, कानून तथा प्रबन्धन या चयन समिति द्वारा प्रासंगिक समझे गए किसी अन्य मामले के विशेषज्ञ होने चाहिए। खोज समिति के कम से कम पचास प्रतिशत से सदस्य अनुसूचित जाति, अनुसूचित जन-जाति, अन्य पिछड़े वर्गों, अल्पसंख्यकों तथा महिलाओं में से होंगे।

चयन समिति, खोज समिति द्वारा सिफारिश किए गए व्यक्तियों के अलावा अन्य किसी अन्य व्यक्ति पर भी विचार कर सकती है। चयन समिति अपने कार्य करने के लिए अपनी स्वयं की पद्धतियाँ निर्धारित करेगी। चयन समिति की सिफारिश पर अध्यक्ष व प्रत्येक सदस्य की नियुक्ति राष्ट्रपति द्वारा की जाएगी।

लोकपाल के अध्यक्ष व सदस्य 5 वर्षों तक पदों पर रह सकते हैं या उस समय तक रह सकते हैं जब वे 70 वर्ष की आयु के नहीं हो जाते। अध्यक्ष व सदस्य, केन्द्र या राज्य सरकारों में कोई भी पद पाने से प्रतिबंधित रहेंगे। वे लोकपाल में अपना कार्यकाल पूरा होने के बाद से पाँच वर्षों की अवधि तक संसद, विधानसभा या स्थानीय निकायों के चुनाव नहीं लड़ सकते।

लोकपाल का अधिकार क्षेत्र (Lokpal's Jurisdiction)

लोकपाल सरकार के सर्वोच्च से निम्नतर, सभी स्तरों के सरकारी कार्यकारियों और सरकारी कर्मचारियों के विरुद्ध भ्रष्टाचार की शिकायतों को देखने के लिए क्रिया-विधि को प्रस्तुत करता है। 'सरकारी कार्यकारों' (Public Functionaries) शब्द का प्रयोग प्रायः सरकारी कर्मचारियों के अलावा ऐसे लोगों के लिए होता है जो सरकारी पदों पर होते हैं। जैसे मंत्रीगण या अन्य राजनैतिक लोग, शिकायत ऐसे आरोपों वाली होने चाहिए जिसमें सरकारी कर्मचारी ने भ्रष्टाचार निवारण अधिनियम के अन्तर्गत दण्डनीय दोष (अपराध) किया हो। लोकपाल का अधिकार क्षेत्र ऐसे सरकारी कार्यकारियों और सरकारी कर्मचारियों के विरुद्ध शिकायतों को देखते हुए बहुत व्यापक है जो सेवा में हों या जो सेवानिवृत्त हो चुके हैं। अधिनियम में निम्नलिखित श्रेणियाँ दी गई हैं।

- » प्रधानमंत्री
- » मंत्रीगण
- » संसद सदस्य
- » समूह 'ए' तथा समूह 'बी' के अधिकारी या समक्ष या ऊपर के जो सेवा में हो या जिन्होंने केन्द्रीय सरकार की सेवा की हो।
- » किसी समूह 'सी' या समूह 'डी' के कर्मचारी या समक्ष जो सेवा में हों या जिन्होंने केन्द्रीय सरकार में सेवा की हो।
- » कोई भी व्यक्ति जो संसद के अधिनियम द्वारा या केन्द्रीय सरकार द्वारा पूर्णतः या अंशतः वित्त-पोषित या इसके द्वारा नियंत्रित किसी निकाय या बोर्ड या कारपोरेशन या प्राधिकरण या कम्पनी या समिति या न्यास या स्वायत्त निकाय (चाहे किसी भी नाम से हो) का अध्यक्ष या सदस्य या अधिकारी या कर्मचारी हो या रहा हो। यह बैंकों सहित केन्द्रीय सरकार के उपक्रमों या केन्द्रीय सरकार से वित्त-पोषण प्राप्त किसी भी (संस्था) में काम कर रहे कर्मचारियों को समाहित करता है।
- » ऐसे निकायों के कर्मचारी (जैसे निदेशक, प्रबन्धक, सचिव या अन्य अधिकारी गण) जो पूर्णतः या अंशतः सरकार द्वारा पोषित हैं और जिनकी वार्षिक आय उस राशि से अधिक की हो जो केन्द्रीय सरकार से यथा विनिर्दिष्ट हो।
- » लोगों की ऐसी प्रत्येक अन्य समिति या संघ (Association) या न्यास जो किसी विदेशी दान-कर्त्ता से एक विनिर्दिष्ट राशि से अधिक या 10 लाख रुपये से अधिक राशि प्राप्त करता है।

जाँच पक्ष तथा अभियोजन पक्ष (Inquiry wing and Prosecution wing)

परम्परागत चलन यह है कि जाँच तथा अभियोजन एजेन्सियों को सरकार के कार्यकारी (Executive) पक्ष के अधीन रखा जाता है। उदाहरण के लिए, राज्य की पुलिस, सीबीआई और प्रवर्तन निदेशालय, जाँच एजेन्सियाँ हैं। हाल के वर्षों में, भ्रष्टाचार के मामलों में राजनैतिक हस्तक्षेप को कम करने के लिए, सी बी आई को भ्रष्टाचार के मामलों हेतु केन्द्रीय सतर्कता आयोग के निदेश व अधीक्षण के अधीन ले आया गया है। सर्वोच्च न्यायालय, सी बी आई को सरकार से स्वायत्त बनाने पर विचार कर रहा है ताकि भ्रष्टाचार के मामलों की जाँचों को सरकारी प्रभाव से मुक्त किया जा सके।

भ्रष्टाचार के आरोपों की आरम्भिक जाँच करने के लिए लोकपाल में जाँच निदेशक की अध्यक्षता में इन-हाऊस जाँच पक्ष होगा। लोकपाल में एक अभियोजन पक्ष भी होगा जिसका अध्यक्ष अभियोजन निदेशक होगा। यह पक्ष लोकपाल द्वारा प्राप्त शिकायतों की जाँच कर सरकारी कर्मचारियों को अभियोजित करेगा। लोकपाल इन निदेशालयों को स्वतन्त्र रूप से गठित कर सकता है।

शिकायत पर कार्यवाही करने की पद्धति (Procedure for Complaint Handling)

अधिनियम में शिकायत पर कार्यवाही करने की पद्धति निर्धारित की गई है। लोकपाल को जब शिकायत प्राप्त होती है तो वह पहले यह निश्चय करेगा कि मामले को आगे चलाया जाए या मामले को बंद कर दिया जाए। हल्की और निराधार (Unsubstaintiated) शिकायतों को बंद कर दिया जाएगा। किन्तु यदि लोकपाल आगे कार्यवाही करना चाहता है तो यह इस बात का पता लगाने के लिए अपने जाँच पक्ष से या (सी बी आई सहित) किसी जाँच एजेन्सी से सम्बन्धित अधिकारी के विरुद्ध यह पता लगाने के लिए आरम्भिक जाँच के आदेश दे देगा कि मामले में आगे कार्यवाही के लिए प्रथम दृष्टतया कोई साक्ष्य हैं या नहीं।

लोकपाल समूह 'ए' या समूह 'बी' या समूह 'सी' या समूह 'डी' के सरकारी कर्मचारियों के विरुद्ध प्राप्त शिकायतों को मुख्य सतर्कता आयोग को भेज सकता है। शिकायत पर आरम्भिक जाँच करने के पश्चात् केन्द्रीय सतर्कता आयोग, समूह 'बी' के सरकारी कर्मचारियों के बारे में अपनी रिपोर्ट लोकपाल को भेजेगा। जहँ तक समूह 'सी' तथा समूह 'डी' के सरकारी कर्मचारियों का प्रश्न है, उनके मामले में आगे की कार्यवाही को यह स्वयं ही तय कर सकता है।

आरम्भिक जाँच में, जाँच पक्ष सी बी आई को भी शिकायत में लगाए गए अभियोगों पर सरकारी कर्मचारी और सक्षम प्राधिकारी या उसके पदमानित उच्चाधिकारी की टिप्पणियाँ लेनी होंगी। इसके बाद, रिपोर्ट लोकपाल को सौंपी जाएगी। लोकपाल के कम से कम तीन सदस्यों की पीठ (बैंच) जाँच पक्ष या सी बी आई से प्राप्त रिपोर्ट पर विचार करेगी। सरकारी कर्मचारी की अपनी बात कहने का अवसर देने के पश्चात् पीठ यह निश्चय करेगी कि क्या प्रथम-दृष्टतया मामला बनता है या नहीं और क्या कार्यवाही की जाए। यदि रिपोर्ट के आधार पर प्रथम दृष्टतया मामला बनता है तो तीन विकल्प हैं: (क) किसी एजेन्सी या सी बी आई द्वारा जाँच; (ख) सक्षम प्राधिकारी द्वारा सम्बन्धित सरकारी कर्मचारी के विरुद्ध विभागीय कार्यवाही या अन्य कोई उचित कार्यवाही शुरू करना; और (ग) सरकारी कर्मचारी के विरुद्ध कार्यवाही बंद करना। यदि शिकायत दुर्भावनापूर्ण या आधारहीन है तो शिकायतकर्ता के विरुद्ध कार्यवाही की जा सकती है।

जब लोकपाल जाँच के आदेश देता है, तो सी बी आई को छः महीने के भीतर जाँच पूरी करनी होती है और अपने निष्कर्षों सहित जाँच रिपोर्ट लोकपाल को सौंपनी होती है। तीन सदस्यों वाली पीठ द्वारा जाँच रिपोर्ट पर विचार किया जाता है। वे निर्णय कर सकते हैं कि

(क) अपने अभियोजन पक्ष या जाँच ऐजेन्सी को सरकारी कर्मचारी के खिलाफ अभियोग पत्र या केस बंद करने की रिपोर्ट विशेष अदालत के समक्ष प्रस्तुत करने की मंजूरी दी जाए;

(ख) सक्षम प्राधिकारी के माध्यम से सम्बन्धित सरकारी कर्मचारी के विरुद्ध विभागीय कार्यवाही या अन्य उचित कार्यवाही शुरू की जाए।

यदि यह अभियोग पत्र दाखिल करने का निर्णय करता है तो लोकपाल अपने अभियोजन पक्ष को विशेष अदालत में अभियोजन कार्यवाही शुरू करने का निदेश दे सकता है। लोकपाल अधिनियम में, लोकपाल द्वारा दायर किए जाने वाले मामलों की सुनवाई के लिए अदालतें स्थापित करने के प्रावधान हैं।

कोई पूर्व मंजूरी नहीं (No prior Sanctions)

सरकार ने उन वरिष्ठ अधिकारियों के संरक्षण हेतु सुरक्षाएँ स्थापित की हैं जो संवेदनशील निर्णय में भाग लेते हैं या उन्हें लेते हैं। ऐसी सामान्य कानूनी धाराएँ (खण्ड-वाक्य) हैं जो सरकारी कर्मचारियों को नेकनीयती से किए गए कार्यों के लिए संरक्षण देती हैं। ऐसे मामलों में, उनके विरुद्ध कोई कार्यवाही नहीं की जा सकती है। इसके अलावा, सम्बन्धित कानूनों में प्रावधान हैं जो यह निर्धारित करते हैं कि कुछ विशिष्ट वरीयता वाले अधिकारियों के विरुद्ध जाँच या अभियोजन, सरकार या अन्य सक्षम अधिकारी की पूर्व-मंजूरी के बिना नहीं किए जा सकते। ये प्रावधान हैं: कोड ऑफ क्रिमिनल प्रोसीजर की धारा 197, दिल्ली विशेष पुलिस स्थापना अधिनियम की धारा 6 ए तथा भ्रष्टाचार निवारण अधिनियम की धारा 19।

ये प्रावधान अक्सर दोषी अधिकारियों के विरुद्ध कार्यवाहियों में विलम्ब के बहाने बन जाते हैं। इनसे अदालती कार्यवाहियों में ऐसी कानूनी उलझनें भी पैदा हो जाती हैं जिनसे बचा जा सकता था। इन प्रावधानों को हटाने की माँग लगातार की जाती रही है। ये अपेक्षाएँ लोकपाल अधिनियम में लागू नहीं होती। जब लोकपाल द्वारा आरम्भिक जाँच या अन्वेषण या अभियोजन का आदेश दिया जाता है तब किसी प्राधिकारी की मंजूरी या अनुमोदन की जरूरत नहीं होती। यह उन लोगों पर लागू नहीं होता जो संवैधानिक पदों पर हैं और जो संविधान में अलग से निर्धारित पद्धतियों द्वारा हटाए जा सकते हैं।

अधिनियम लोकपाल को सरकारी कर्मचारी के कब्जे में के भ्रष्टाचार के धन (नकदी व अन्य सम्पत्ति) को कुर्क करने का अधिकार देता है। कुर्की 90 दिनों और विशेष अदालत की मंजूरी से, सरकारी कर्मचारी के विरुद्ध अभियोजन की अवधि के लिए की जा सकती है। यदि सरकारी कर्मचारी के विरुद्ध अभियोग सिद्ध हो जाते हैं तो कुर्क की गई राशि केन्द्रीय सरकार द्वारा जब्त की जा सकती है अन्यथा वह सरकारी कर्मचारी को लौटा दी जाती है।

विवादास्पद मुद्दे (Controversial Issues)

जैसा कि हमने पहले देखा है, लोकपाल का कानून (विधायन) अन्ना हजारे के नेतृत्व वाले लोकप्रिय भ्रष्टाचार विरोधी आन्दोलन की पृष्ठभूमि से उभरा है। लोकपाल की स्थापना ही आन्दोलनकारियों की मुख्य माँग है। उन्होंने लोकपाल की अपनी संकल्पना की और जन लोकपाल बिल का प्रस्ताव किया। यह एक ऐसी बात (Input) है जो लोक सभा द्वारा पारित अन्तिम बिल में शामिल की गई। सरकार व अन्ना हजारे के बीच कोई सौदेबाजी (बातचीत) नहीं हुई। सरकारी सदस्यों तथा अन्ना हजारे के दल के प्रतिनिधियों को मिलाकर एक संयुक्त मसौदा-लेखन समिति बनाई गई थी। अब हम उन मुद्दों पर बात करेंगे जिन पर लोकपाल कानून की माँग करने वाले समूह बँट गए।

प्रधानमंत्री को लोकपाल की परिधि में लाना (Inclusion of Prime Minister in Lokpal's Purview)

लोकपाल अधिनियम में प्रधानमंत्री के खिलाफ शिकायतों की जाँच के संबंध में कुछ संरक्षणों का प्रावधान है। इस बात पर तीव्र मतभेद हैं कि लोकपाल बिल प्रधान मंत्री पर भी लागू होना चाहिए या नहीं। अनेक बारीकियों में जाने की बजाय तीन मुख्य स्थितियों को संक्षेप में यहाँ दिया जा रहा है:

(क) प्रधानमंत्री को बिना अपवाद और बिना शर्त पूर्णत: अलग रखा जाए।

(ख) प्रधानमंत्री को बिना अपवाद और बिना शर्त शामिल किया जाए। बहुत कम लोग इस विचार से सहमत हैं।

(ग) प्रधानमंत्री को शामिल किया जाना चाहिए, किन्तु राष्ट्रीय सुरक्षा, विदेशी मामलों, परमाणु ऊर्जा और अन्तरिक्ष के मामलों को निकाल कर। कुछ परिवर्तनों व संशोधनों में 'राष्ट्रीय हित' तथा 'पब्लिक आर्डर' को भी इस सूची में जोड़ने का सुझाव दिया गया है।

संसद द्वारा पारित अधिनियम में निम्नलिखित प्रावधान हैं:

» लोकपाल प्रधानमंत्री के खिलाफ लगाए गए भ्रष्टाचार के ऐसे आरोपों की जाँच नहीं करेगा जो अन्तर-राष्ट्रीय सम्बन्धों, बाह्य तथा आन्तरिक सुरक्षा, लोक व्यवस्था (Public Order), आणविक ऊर्जा तथा अन्तरिक्ष से सम्बन्धित हैं। इसे विषयों का अपवर्जन कहते हैं।

» लोकपाल प्रधानमंत्री के खिलाफ लगाए गए भ्रष्टाचार के आरोपों की जाँच कर सकता है यदि वे उपरोक्त से भिन्न विषयों के हैं। और भी, इन मामलों में भी, इसके अध्यक्ष तथा सभी सदस्यों की पूरी पीठ को जाँच शुरू करने पर विचार करना होगा और कम-से-कम सदस्यों में से दो-तिहाई सदस्यों की ऐसी जाँच की मंजूरी देनी होगी।

» एक और संरक्षा भी है कि ऐसी जाँच एकान्त (In Camera) में होगी और यदि लोकपाल इस निष्कर्ष पर पहुँचता है कि शिकायत रद्द किए जाने योग्य है, तो जाँच के अभिलेख प्रकाशित नहीं किए जाएँगे या किसी को उपलब्ध नहीं कराए जाएँगे।

संसद में संसद सदस्यों का आचरण (Conduct of MPs inside Parliament)

इस बात पर भी राय बँटी हुई थी कि क्या संसद सदस्यों के भाषण, कार्य तथा आचरण भी लोकपाल के विचार क्षेत्र में आने चाहिए। इसका एक ठोस उदाहरण संसद सदस्य का एक विशेष प्रकार से वोट देने के लिए रिश्वत लेना है। बहुत पुरानी परम्परा के अनुसार सदन में संसद सदस्यों की गतिविधियाँ संसद द्वारा ही विनियमित होती हैं या अध्यक्ष द्वारा की जाती हैं। विधायिका या और कहीं से कोई बाहरी प्रभाव मामले में शांत (Countenanced) है। यह गणतन्त्र में संसद की सर्वोच्चता का प्रश्न है।

वास्तव में, यह बात संविधान के अनुच्छेद 105(2) में शामिल हैं। संसद सदस्यों की गतिविधियों- जैसे भाषण या संसद में मतदान करने की जाँच लोकपाल या अन्य किसी एजेन्सी द्वारा उस सीमा तक नहीं की जा सकती जहाँ तक वे संविधान के अनुच्छेद 105(2) के अन्तर्गत आती हैं। लेकिन अन्ना हजारे के दल का कहना था कि भारतीय संविधान का अनुच्छेद 105 संसद में भ्रष्ट मतदान, भ्रष्ट भाषण व भ्रष्ट कार्य का प्रतिरक्षण नहीं करता। विकल्प के तौर पर उनका कहना है कि यदि अनुच्छेद 105 को भ्रष्टाचार वाले मतदान, भाषण तथा आचरण को प्रतिरक्षण देने वाला पढ़ा जाता है तो अनुच्छेद 105 को आवश्यक रूप से बदला जाना चाहिए।

इस पर विरोधी विचार कार्मिक, लोक शिकायत, कानून तथा न्याय की स्थायी संसदीय समिति की, लोकपाल बिल, 2011 पर रिपोर्ट में संक्षेप में दिए गए हैं:

संसद में मत देने, आचरण करने या व्याख्यान देने की मंशा स्वतन्त्र विचार व कार्य को बिना बाधा के संसद में बढ़ावा देना है। इस (बात) का उद्भव (वंश) परम्परा व सततता प्राचीन एवं समय-सिद्ध है। यहाँ तक कि इस बात की जाँच कि किसी विशेष मामले में मत देने, भाषण देने या आचरण में भ्रष्टाचार है या नहीं, स्वायत्तता और स्वतन्त्रता को धीरे-धीरे कम करते हुए समाप्ति के बिन्दु तक पहुँचा देगी। संसद के सदनों में मतदान करने, भाषण देने या आचरण करने का ऐसा प्रतिरक्षण किसी भी प्रकार से आपराधिक संसद सदस्यों को दोषरहित या दण्ड से मुक्त नहीं कर देगा। इन्हें कठोर संसदीय दण्ड दिया जा सकता है और हाल ही में दिया भी गया है जिसमें, संसद में प्रश्न पूछने के लिए 10,000 रु. की मामूली रिश्वत लेने के आरोप पर संसद से बहिष्करण किया जाना भी शामिल हैं। यह संसद में भाषण देने, मत देने या आचरण करने की बाह्य राजनीतिकता ही है जिस पर अनुच्छेद 105 को आपत्ति है। यह ऐसे भाषण, मतदान या आचरण को कठोर अन्तर-संसदीय जाँच व कार्यवाही के अधीन ही नहीं छोड़ता अपितु भ्रष्ट रिवाजों (चलनों) या अन्य किसी मत, भाषण को प्रभावित भी नहीं करता।

संक्षेप में, अनुच्छेद 105 संसद सदस्यों को संसद द्वारा शुरू की गई और दी अनुशासनात्मक कार्यवाही या शास्तियों से प्रतिरक्षण या संरक्षण नहीं देता है। समिति प्रश्नों के लिए धन वाले स्कैम का हवाला देती है जिसके कारण विभिन्न राजनैतिक दलों से 11 सदस्यों को सदन से निष्कासित किया गया। अपने निष्कासन के विरुद्ध जो उन्होंने सर्वोच्च न्यायालय में चुनौती दी थी, उसे भी सर्वोच्च न्यायालय ने अस्वीकृत कर दिया था। लोकपाल अधिनियम, संसद में संसद सदस्यों के आचरण को लोक पाल की जाँच से बाहर रखता है।

अधिनियम की भाषा में-"लोकपाल संसद के किसी भी सदन के किसी सदस्य के खिलाफ भ्रष्टाचार के किसी ऐसे आरोप से सम्बद्ध मामले या उससे उत्पन्न की जाँच नहीं करेगा जो कुछ कही गई बात उसके द्वारा संसद में या संविधान के अनुच्छेद 105 के खण्ड-वाक्य (2) में दिए गए प्रावधानों के अधीन शामिल किसी समिति में किए गए मतदान से सम्बन्धित होगा।

समूह 'सी' तथा समूह 'डी' के कर्मचारियों को लोकपाल के विचार-क्षेत्र में शामिल करना (Inclusion of Group 'C' and 'D' Employees in Lokpal's Purview)

चूँकि सशस्त्र सेनाएँ-थल सेना, जल सेना तथा वायु सेना पर अलग कानून (नियम) लागू होते हैं, अत: वे लोकपाल के विचार क्षेत्र से अलग रखे गए हैं।

लोकपाल के सम्बन्ध में दूसरा विवाद समूह 'सी' तथाा समूह 'डी' को लोकपाल के अधिकार क्षेत्र में शामिल करने का है। अन्ना हजारे ने इनको शामिल करने का कहा था। पटवारियों, अन्य राजस्व कर्मचारियों और पुलिस निरीक्षकों को आम आदमी का शोषक माना जाता है। सरकार ने उनको शामिल करने की दिक्कतें बताई क्योंकि उनकी संख्या ही इतनी अधिक है कि उससे लोकपाल का काम अत्यधिक हो जाएगा। समूह 'ए' से 'डी' + रेलवे +केन्द्रीय सरकारी उपक्रम + डाक व तार विभाग के कर्मचारियों की कुल संख्या 2011 में लगभग 63 लाख या 65 लाख होने का अनुमान है। इनमें से 57 से 58 लाख 'सी' तथा 'डी' समूह के होंगे। हम इस बात को अनदेखा करते हैं कि छठे वेतन आयोग के बाद 'सी' तथा 'डी' दोनों को मिलाया जा रहा है, क्योंकि इस बात पर संख्या पर कोई प्रभाव नहीं पड़ेगा, प्रति 200 कर्मचारियों पर एक पौलिसिंग अधिकारी (Policing Officer) के रूढ़िवादी आकलन (टीम अन्ना सहित अनेक साक्ष्यों द्वारा प्रस्तुत अनुपात) के अनुसार, केन्द्रीय सरकारी कर्मचारियों को अनुशासित करने (Police) के लिए लगभग 35000 कर्मचारियों की जरूरत पड़ेगी। ऐसा पुलिसिया प्रबन्ध लोकपाल के लिए कोई व्यावहारिक प्रस्ताव नहीं है।

चयन समिति का कथन है: "इसकी स्थापना के बाद भी, इसके समानान्तर ऐसी दफ्तरशाही (कर्मचारी गण) स्थापित हो जाएगी जिसके कारण स्वेच्छाचार, परेशान करने और अनुचित व गैर-कानूनी कार्यों सहित परिणामों की शृंखला शुरू हो जाएगी जिसका अंतिम विश्लेषण करने पर इसके सिवाय कुछ नहीं मिलेगा कि यह 'ए', 'बी' तथा 'सी' श्रेणियों का मिला-जुला रूप ही होगा। जबकि समिति के कुछ सदस्यों ने हँसी में इसके बारे में कहा है कोई स्वयं लोकपाल संस्था के कर्मचारियों के लिए सुपर लोकपाल धर्मपाल बनाने के विषय पर चर्चा शुरू कर सकता है।"

अत: चयन समिति ने सुझाव दिया है कि सरकारी कर्मचारियों की 65 लाख की कुल संख्या में से 'सी' तथा 'डी' श्रेणियों को निकाल दिया जाता है तो 'ए' तथा 'बी' श्रेणी के कर्मचारियों की संख्या लगभग 7.75 लाख होगी। समिति का मानना है कि 7.75 लाख या 8 लाख की यह संख्या लोकपाल द्वारा संभाली जा सकने वाली संख्या होगी।

लोक सभा द्वारा पारित अधिनियम समूह 'सी' तथा 'डी' कर्मचारियों को लोकपाल के विचार-क्षेत्र में ले आता है। तथापि, लोकपाल उनके सम्बन्ध में आई शिकायतों को केन्द्रीय सतर्कता आयोग को भेज सकता है एवं आयोग उन शिकायतों पर अन्तिम निर्णय ले सकता है। इस मामले में अधिनियम में व्यावहारिक ढंग अपनाया गया है।

न्यायपालिका को लोकपाल के अधिकार-क्षेत्र में शामिल करना (Inclusion of Judiciary in Lokpal's Jurisdiction)

न्याय-पालिका को लोकपाल के अधिकार क्षेत्र में शामिल किया जाए या नहीं, इस प्रश्न पर भी राय बँटी हुई थी। एक पक्ष न्याय पालिका के राष्ट्र के ऐसे पृथक अंग होने पर जोर दे रहा था जो कार्य-पालिका से अलग व स्वतन्त्र है। न्याय-पालिका में सर्वोच्च न्यायालय के लगभग 31 न्यायाधीश, उच्च-न्यायालय के 800 न्यायाधीश तथा अधीनस्थ न्यायपालिका के 20,000 न्यायाधीश शामिल हैं। गणतन्त्र में स्वतन्त्र न्यायपालिका के लिए कार्यपालकों से न्यायिक शक्तियों को अलग रखना अनिवार्य है तथा भारतीय संविधान के अनुच्छेद 50 में विशेष रूप से मान्य हैं। निम्नतर न्यायपालिका (उच्च न्यायालय से नीचे) संविधान के अनुच्छेद 235 में यथा दिए गए के अनुसार उच्च न्यायालयों के अनुशासिक नियंत्रण में है। उच्च व सर्वोच्च न्यायालयों के न्यायधीशों को केवल संसद में दोषारोपण के बाद ही पद से हटाया जा सकता है। और भी, उच्च न्याय-पालिका के आचरण पर संसद में चर्चा नहीं हो सकती, सिवाय उस समय के जबकि उनको हटाने की कार्यवाही चल रही थी।

न्यायपालिका के लिए मानक निर्धारित करने तथा न्यायिक अधिकारियों एवं उच्च न्यायपालिका द्वारा भ्रष्टाचार के कार्यों हेतु आपराधिक अभियोजन के लिए प्रभावी क्रिया-विधियों सहित, न्यायपालिका की जिम्मेदारी सुनिश्चित करने हेतु व्यावहारिक कार्य-विधि बनाने के लिए जनता की जोरदार माँग रही है।

अन्ना समिति का कहना है: "न्यायपालिका को एक अलग बिल के माध्यम से भ्रष्टाचार विरोधी प्रणाली के विचार-क्षेत्र में लाया जाना चाहिए। ऐसा बिल साथ-साथ लाया जाएगा, बशर्ते इस प्रकार स्थापित न्यायिक आचार आयोग सरकार से स्वतन्त्र तथा साथ ही न्यायपालिका से भी मुक्त हो एवं इसे भ्रष्टाचार के लिए न्यायधीशों की जाँच करने एवं अभियोजन की शक्ति भी होनी चाहिए। सरकार के न्यायिक मानक तथा उत्तदायित्व बिल में न्यायधीशों की आपराधिक जाँच की बात नहीं है और ना ही यह कोई स्वतन्त्र समिति स्थापित करता है।"

तथापि, सर्वसम्मत्ति तो न्यायपालिका को लोकपाल के दायरे से बाहर रखने की थी। साथ ही, न्यायपालिका मानकों एवं उत्तदायित्वों हेतु एक व्यापक कानून की तत्काल जरूरत है। इस विषय पर एक बिल प्रस्तावित किया जा चुका है। इसमें, अनुशासनिक कार्यवाही जैसे निन्दा, चेतावनी, बर्खास्तगी, पद्च्युति से दोष-पूर्ण न्यायिक व्यवहार को संभालने के लिए स्वयं न्यायपालिका के भीतर ही क्रिया-विधि का प्रावधान है। लेकिन सचेतन अभिकल्पना के अनुसार न्यायिक मानक तथा उत्तरदायित्व बिल में भ्रष्टाचार के मुद्दे शामिल नहीं हैं।

ज्यादातर का विचार है कि न्यायपालिका में आत्म-अनुशासनात्मक क्रिया-विधि अब प्रभावी नहीं रह गई है। इसके अतिरिक्त समय बीतने के साथ-साथ न्यायिक नियुक्तियों में कार्यपालिका की भूमिका गायब होने के कगार पर पहुँच गई है। न्यायधीशों को नियुक्त करने की कॉलिजियम (Collegium) प्रणाली को कई लोग अपारदर्शी मानते हैं। चयन समिति की सिफारिश है कि: 'नियुक्ति की प्रक्रिया को 1990 के आरम्भिक वर्षों से चल रहे न्यायिक आदेश द्वारा बनाए गए स्व-नियुक्त समान कानून क्रिया-विधि के हाथों जारी नहीं रखने दिया जाएगा और जारी रहने देना भी नहीं चाहिए। न्यायिक नियुक्तियों के लिए बड़े आधार वाले एवं व्यापक मॉडल बनाने के लिए राष्ट्रीय न्यायिक आयोग का गठन किया जाना चाहिए। जरूरी होने पर भारतीय संविधान के अनुच्छेद 124 तथा 217 में बदलाव कर भी ऐसा किया जा सकता है।

कानून में लोकायुक्तों को शामिल करना (Inclusion of Lokayuktas in Law)

एक और मुद्दा जिस पर मतभेद है, एक संवैधानिक मुद्दा है। अन्ना हजारे का दल चाहता था कि बिल केन्द्र में लोकपाल तथा राज्यों में लोकायुक्तों को समाविष्ट करे। अन्यों का कहना था कि केन्द्रीय सरकार लोकायुक्तों के लिए कानून पास नहीं कर सकती जिन्हें राज्यों में काम करना है। सम्बन्धित राज्यों को लोकायुक्तों को बनाते हुए आवश्यक कानून पारित करने होंगे।

यहाँ पर दो प्रश्न उठते हैं। पहला यह कि क्या केन्द्र को राज्यों में लोकायुक्त बनाने के लिए कानून पारित करने की संवैधानिक शक्ति या विधायी योग्यता है। एक संघीय राष्ट्र होने के कारण भारत में, केन्द्र व राज्यों द्वारा जिन विषयों पर कानून पारित किए जा सकते हैं, वे संविधान में बँटे हुए हैं। एक केन्द्रीय सूची है जिसमें वे विषय दिए गए हैं जिन पर केवल केन्द्र ही कानून बना सकता है। एक सूची राज्यों के लिए भी है जिन विषयों पर केवल राज्य ही कानून बना सकते हैं। अन्त में, एक समवर्ती सूची भी है जिसमें वे मदें हैं जिन पर दोनों ही कानून बना सकते हैं। कुछ लोगों का कथन है कि, वर्तमान व्यवस्थाओं के भीतर भी केन्द्र, संविधान के एक अनुच्छेद के आधार पर लोकायुक्तों के लिए कानून बना सकता है जिसमें अन्तर्राष्ट्रीय संधियों, जिनमें वह एक हस्ताक्षरी यह भी है, को प्रभावी बनाने के लिए कानून बना सकता है। वे राष्ट्रीय तथा राज्य मानवाधिकार आयोगों के बनने के उदाहरण देते हैं जिनकी स्थापना इसी प्रावधान के अन्तर्गत हुई थी। इसी प्रकार 'लोकपाल एवं लोकायुक्त बिल, भ्रष्टाचार के विरुद्ध संयुक्त राष्ट्र सम्मेलन को अपनी विधायी योग्यता का स्रोत बताता है। इस सम्बन्ध में कानून मंत्रालय ने एक दिलचस्प टिप्पणी की है कि अन्तर्राष्ट्रीय संधियों व सम्मेलन संधियों का पालन करना, संवैधानिक प्रावधानों से ऊपर नहीं हो सकता। ऐसा करने की इच्छा के बिना, अन्तर्राष्ट्रीय संधियों के पालन के नाम पर केन्द्र, राज्यों के अधिकारों के ऊपर उपेक्षा कर सकता है।

दूसरा प्रश्न है कि पद्धति, संघीय सिद्धान्त का उल्लंघन करती है। इस मामले में लोकायुक्त का बनाना या न बनाना सम्बन्धित राज्य को देखना है। कुछ व्यावहारिक प्रश्न हैं जो यहाँ प्रासंगिक हैं। उदाहरण के लिए, ऐसे मामलों में एकरूपता बनाए रखना जरूरी है अन्यथा, एक समान काम करते हुए सरकारी कर्मचारी साथ वाले राज्यों में भिन्न नियमों से शासित होंगे। और भी, भ्रष्टाचार से निपटने की पद्धतियाँ राज्यों के बीच अलग-अलग होंगी। वर्तमान लोकायुक्तों में, अनेक ढाँचों, कार्य तथा पद्धतियों में स्पष्ट भिन्नता दिखाई देती है। एक सुझाव यह था कि केन्द्रीय कानून में एक अध्याय लोकायुक्तों पर हो जिसे राज्य अपना लें। लोकायुक्तों को शामिल करते हुए अधिनियम में निम्नलिखित प्रावधान है:

"प्रत्येक राज्य अपने लिए एक निकाय की स्थापना करेगा जो लोकायुक्त के नाम से जाना जाएगा। इसकी ऐसी स्थापना, गठन या नियुक्ति नहीं की गई हो तो अब, इस अधिनियम के शुरू होने की तारीख से एक वर्ष के भीतर, राज्य की विधायिका द्वारा बनाए कानून के अन्तर्गत, कुछ विशेष सरकारी कर्मचारियों के विरुद्ध भ्रष्टाचार से सम्बन्धित शिकायतों को निपटाने के लिए इसकी स्थापना राज्य में की जाएगी।"

अन्य महत्त्वपूर्ण प्रावधान (Other Important Provisions)

- केन्द्रीय सरकार लोकपाल अधिनियम के अन्तर्गत या भ्रष्टाचार निवारण अधिनियम, 1988 से उत्पन्न मामलों को सुनने और उन पर निर्णय देने के लिए, लोकपाल द्वारा की गई सिफारिश के अनुसार संख्या में अदालतों की स्थापना करेगी।
- प्रत्येक सरकारी कर्मचारी अधिनियम में दिए गए ढंग से अपनी सम्पत्ति व देयताओं की घोषणा करेगा।
- यदि कोई सरकारी कर्मचारी किसी विशेष अदालत द्वारा, भ्रष्टाचार निवारण अधिनियम, 1988 के तहत अपराध के लिए दोषी-सिद्ध हो जाता है तो यह उस हानि का आकलन कर सकता है, यदि कोई हुई है, जो ऐसे सरकारी कर्मचारी के कारण सरकारी राजकोष को हुई हो और जिसके लिए उसे दोषी सिद्ध किया गया हो; और इस प्रकार दोषी सिद्ध हुए सरकारी कर्मचारी से ऐसी हानि की वसूली, यदि संभव हो और मात्रा निश्चित हो सके, का आदेश दे सकता है। इसके अतिरिक्त, यदि विशेष अदालत इस निष्कर्ष पर पहुँचती है कि की गई हानि, इस प्रकार सिद्ध-दोष सरकारी कर्मचारी के कार्यों या निर्णयों के लाभ-भोगी या लाभ-भोगियों के साथ षड्यंत्र के अनुसरण में है, तो ऐसी हानि की वसूली ऐसे लाभ-भागी या लाभ-भोगियों से आनुपातिक ढंग से की जा सकती है। इस तथा अन्य मामलों के लिए, अधिनियम में सिद्ध-दोष सरकारी कर्मचारियों की गलत ढंग से प्राप्त की गई सम्पत्तियों (लाभों) को छीन लेने की सिफारिश शामिल है।

निष्कर्ष (Conclusion)

भ्रष्टाचार से लड़ाई की क्रिया-विधि में लोकपाल तथा लोकायुक्त अधिनियम एक सुखद जुड़ाव है। इस बात में संदेह नहीं है कि प्रशासन के नैतिक रंग को सुधारने में लोकपाल का हितकर (Salutary) प्रभाव होगा। यह सरकार, नागरिक समिति समूहों, राजनैतिक दलों, विशेषज्ञों एवं प्रबुद्ध जनता के बीच मतैव्य (Consensus) को प्रस्तुत करता है। यह भ्रष्टाचार रोकने के लिए पहले की गई अनेक सिफारिशों को कानूनी सहारा देता है। यह भ्रष्टाचार से लड़ने के लिए देश में एकसमान प्रणाली स्थापित करेगा।

सार संक्षेप

- यद्यपि 'लोकपाल' अन्ना हजारे के भ्रष्टाचार विरोधी आन्दोलन के कारण सुर्खियों में आ गया है, किन्तु यह अवधारणा काफी पुरानी है।
- भ्रष्टाचार का मुकाबला करने तथा/या लोगों की शिकायतों को दूर करने के साधन के तौर पर 'लोकपाल', ओमबड्समैन की अवधारणा में जो वैश्विक स्तर पर उभरी एवं विशेष रूप से स्केण्डेनेवियन देशों के समानान्तर हैं।
- प्रथम प्रशासनिक सुधार आयोग ने केन्द्र में लोकपाल तथा प्रत्येक राज्य में लोकायुक्तों की सिफारिश की।
- लोकपाल की स्थापना के लिए लोकसभा में समय-समय पर आठ बिल प्रस्तुत किए गए थे। तथापि, ये सभी बिल (1985 वाले बिल को छोड़कर) सम्बन्धित लोक सभाओं के भंग होने से व्यपगत हो गए। 1985 वाला बिल बाद में वापस ले लिया गया था। इन बिलों में लोकपाल के विस्तार, ढाँचे और अधिकार क्षेत्र की विविध अवधारणाएँ थीं।
- सीधा कारण, जिसने सरकार को लोकपाल बिल के अद्यतन पाठ को बनाने पर विवश किया, अन्ना हजारे का भ्रष्टाचार-विरोधी आन्दोलन था। अन्ना हजारे तथा उनके दल के सदस्यों ने माँग की कि सरकार अपना जन लोकपाल बिल पारित करें।
- अन्ना हजारे से वार्ता के बाद सरकार ने लोकपाल बिल तैयार करने के लिए एक संयुक्त प्रारूप-लेखन समिति (जिसमें अन्ना तथा उनके दल के चार सदस्य शामिल थे) की नियुक्ति की। इस प्रकार तैयार किया गया प्रारूप (यद्यपि इसे पूरा-पूरा नहीं अपनाया गया) सरकार के बिल का आधार बना।
- लोक सभा ने लोकपाल तथा लोकायुक्त बिल, 2011 कुछ संशोधनों के साथ पास किया। जबकि संविधान 116वाँ संशोधन बिल 2011 संवैधानिक संशोधनों के लिए अपेक्षित बहुमत के अभाव में पारित नहीं किया जा सका।
- लोकपाल तथा लोकायुक्त अधिनियम, 2013 तारीख 1.1.2014 से लागू हुआ।
- लोकपाल में एक अध्यक्ष तथा आठ तक सदस्य होंगे। इनमें से चार न्यायिक सदस्य होंगे।
- भारत के राष्ट्रपति, चयन-समिति की सिफारिशों पर लोकपाल के सदस्यों की नियुक्ति प्रधानमंत्री की अध्यक्षता में करेंगे।
- चयन समिति को एक खोज समिति का गठन करना होगा जो ऐसे लोगों का पैनल (सूची) तैयार करेगी जिन पर लोकपाल के अध्यक्ष व सदस्यों की नियुक्ति के लिए विचार किया जाएगा। खोज समिति में कम-से-कम सात प्रतिष्ठित सदस्य होंगे।
- लोकपाल का अधिकार क्षेत्र व्यापक होगा जिसमें प्रधानमंत्री, संसद सदस्य, सरकारी व सरकारी उपक्रमों के सभी वर्गों के कर्मचारी तथा सरकार से भारी वित्त-पोषण पाने वाले गैर-सरकारी संगठनों के कर्मचारी शामिल हैं।
- भ्रष्टाचार के आरोपों की आरम्भिक जाँच करने के लिए लोकपाल में जाँच निदेशक की अध्यक्षता में इन-हाउस जाँच पक्ष होगा। लोकपाल में एक अभियोजन पक्ष भी होगा जिसका अध्यक्ष अभियोजन निदेशक होगा।
- अधिनियम में शिकायत पर कार्यवाही करने की पद्धति निर्धारित की गई है। यह पद्धति अध्याय में पहले दी गई है।

- जब लोकपाल आरम्भिक जाँच या अन्वेषण या अभियोजन का आदेश देता है तो किसी प्राधिकारी की मंजूरी या अनुमोदन की जरूरत नहीं होती।
- लोकपाल विधायन पर विचार के दौरान निम्नलिखित विवादित मुद्दे उभरे थे:
  (क) प्रधानमंत्री को लोकपाल के विचार क्षेत्र में शामिल करना।
  (ख) संसद में संसद सदस्यों का आचरण।
  (ग) समूह 'सी' तथा 'डी' के कर्मचारियों को लोकपाल के विचार-क्षेत्र में शामिल करना।
  (घ) न्यायपालिका को लोकपाल के अधिकार क्षेत्र में शामिल करना।
  (ङ) लोकायुक्तों को कानून में शामिल करना।

अभ्यास प्रश्न

1. लोकपाल की संकल्पना का ऐतिहासिक उद्‌गम क्या था?
2. भारत में लोकपाल के विचार का इतिहास संक्षेप में दीजिए।
3. लोकपाल संस्था की तर्कात्मकता क्या है?
4. वे कौन-सी परिस्थितियाँ थीं जिनके कारण लोकपाल तथा लोकायुक्त बिल बनाना पड़ा?
5. कुछ आलोचकों के अनुसार, लोकपाल के लिए अन्ना का आन्दोलन एक ठंण्डी फुलझड़ी था। क्या आप इस बात से सहमत हैं? अपने विचार के समर्थन में कारण दीजिए।
6. "अन्ना ने जन लोकपाल के लिए जितना बड़ा अधिकार माँगा था, वह इतना व्यापक था कि व्यावहारिक नहीं था।" टिप्पणी कीजिए।
7. लोकपाल का गठन करने के लिए लोकपाल तथा लोकायुक्त अधिनियम में निर्धारित पद्धति को संक्षेप में बताइए।
8. लोकपाल संस्था के लिए अध्यक्ष व सदस्यों हेतु लोकपाल तथा लोकायुक्त अधिनियम में निर्धारित अर्हताएँ क्या हैं?
9. प्रधानमंत्री को लोकपाल के अधिकार क्षेत्र में लाने के पक्ष तथा विपक्ष में तर्क दीजिए।
10. समूह 'सी' तथा 'डी' कर्मचारियों को लोकपाल के विचार क्षेत्र में लाने में कौन-सी व्यावहारिक समस्याएँ हैं?
11. संसद में संसद सदस्यों के आचरण को लोकपाल या अन्य एजेन्सियों के दायरे में लाने में कौन-कौन से मुद्दे हैं?
12. लोकपाल तथा लोकायुक्त के बीच क्या अन्तर है? लोकायुक्त के लिए केन्द्रीय कानून बनाने में क्या समस्या है?
13. लोकपाल के लिए जाँच व अभियोजन के लिए इसके अपने पक्षों की जरूरत क्यों है?
14. लोकपाल की भूमिका के संदर्भ में न्यायपालिका की जिम्मेदारी के मुद्दे पर चर्चा कीजिए।

संदर्भ

- लोकपाल व लोकायुक्त अधिनियम, 2014
- लोकपाल बिल, 2011 पर कार्मिक, लोक शिकायत, कानून तथा न्याय की संसदीय स्थायी समिति की रिपोर्ट

अध्याय
13

सूचना का अधिकार अधिनियम (The Right to Information Act)

पृष्ठभूमि (Background)

सूचना के अधिकार का कानून (आर टी आई एक्ट) 2005 में लागू किया गया था। अच्छा शासन, पारदर्शिता तथा जिम्मेदारी (उत्तरदायित्व) तीन ऐसे सिद्धान्त हैं जिन पर यह टिका हुआ है। हमारा संविधान नागरिकों के लिए सूचना के अधिकार की स्पष्ट गारण्टी देता है। किन्तु संसद भी ऐसी व्यावहारिक शासन-प्रणाली बनाना जरूरी समझती है जिसका उपयोग नागरिक सरकारी प्राधिकरणों से सूचना प्राप्त करने के लिए कर सकें और जिससे सरकारी एजेन्सियों के काम-काज में पारदर्शिता और उत्तरदायित्व को बढ़ावा मिले।

सूचना की स्वतन्त्रता के लिए ढाँचा स्थापित करने में अपने प्रयासों में भारतीय विधि-निर्माताओं को अन्तर्राष्ट्रीय अनुभव ने भी प्रभावित किया है। आर टी आई एक्ट (सूचना के अधिकार का कानून) पहले के दफ्तरशाही चलनों से आमूल अलगाव को प्रस्तुत करता है। पहले, सरकारी कामकाज गोपनीयता के वातावरण में किया जाता था। सरकारी कर्मचारियों से आशा की जाती थी कि अपने सरकारी कामकाज के माध्यम से उन्हें जिन बातों की जानकारी हो जाती है, उसे वे किसी (बाहरी) व्यक्ति को नहीं बताएँगे। उन्हें सतर्क होना होता था और सूचना को 'जानने की जरूरत' के आधार पर ही लेते-देते थे। वे सूचना को केवल उन्हीं लोगों के साथ बाँट सकते थे जिन्हें अपना सरकारी काम करने में उसकी जरूरत होती थी। अनेक फाइलें रूटीन तौर पर 'गोपनीय' और 'गुप्त' वर्गीकृत कर दी जाती थीं। एक समय तो नियंत्रक व महा लेखा-परीक्षक की टीमों को सरकारी फाइलों के 'नोटिंग सैक्शन' नहीं दिखाए जाते थे। प्रसंगवश, नोटिंग सैक्शन में किसी मामले में निष्कर्ष पर पहुँचने के सरकार के अनेक स्तरों द्वारा दी गई समीक्षा होती है। नियंत्रक व महालेखा-परीक्षक को बिना यह जाने कि सरकार ने मामला किस प्रकार तैयार किया है, निर्णय को शामिल करते हुए सरकार के अन्तिम आदेश तथा विभिन्न पत्रों एवं फाइल में लगे अन्य पत्राचार के आधार पर अपनी टिप्पणी करनी पड़ती थी।

सरकार को गोपनीय प्रलेखों तथा फाइलों को अदालतों से भी गुप्त रखने की शक्ति प्राप्त थी। अभी भी सरकारी गोपनीयता अधिनियम (Official Secrets Act) आने वाला है। तथापि, समय बीतने के साथ-साथ अदालतों ने, अदालतों से सूचना रोक रखने की सरकार की शक्तियों को धीरे-धीरे घटा दिया है। इसके अतिरिक्त, 'खोजी पत्रकारिता' (Investigative reporting) ने ऐसे अनेक मामलों का रहस्योद्घाटन किया है जो पहले जनता की नजर से अलग रखें गए थे। कम्प्यूटरों, इण्टरनेट तथा मोबाइल टेलिफोन ने गोपनीयता के परम्परागत साधनों को समाप्त कर दिया है। सूचना विस्फोट के इस युग में, कुछ क्षेत्र ही रहस्यों के पर्दे में रह सकते हैं।

यह बात जोर पकड़ती जा रही थी कि सरकार में गोपनीयता, शक्ति के दुरूपयोग और भ्रष्टाचार को पनपाती है। शक्ति सम्पन्नों (कर्मचारी) को इस बात से बहुत बढ़ावा मिलेगा कि उनके काले कारनामे कभी प्रकाश में नहीं आएँगे। अनेक उदाहरण, जैसे वाटरगेट घोटाला (स्केण्डल) तथा पैंटागन पेपर्स इस विचार की पुष्टि करते हैं। सूचना की स्वतन्त्रता एवं पारदर्शिता को गणतन्त्रीय शासन के महत्त्वपूर्ण मानदण्ड माना गया है।

सूचना की स्वतन्त्रता का कानून पहली बार 1766 में स्वीडन द्वारा लागू किया गया। लेकिन इसका जन्म संसद की राजा (सम्राट) से सूचना प्राप्त करने की इच्छा के कारण हुआ था। अमरीका ने सूचना की स्वतन्त्रता का अपना पहला कानून 1966 में पारित किया। इस कानून के कारण सूचना तक पहुँच पर प्रतिबंध को उचित ठहराने का दायित्व सरकार पर आ गया। इसने सूचना हेतु अनुरोधों का उत्तर देने के लिए सरकारी अधिकारियों पर समय सीमा लगा दी। यदि गुप्त सूचना अन्य मामलों के साथ किसी फाइल में मिल गई है तो सारी गैर-गोपनीय सूचना इसकी 'कठोरता' (Severbility) के माध्यम से प्रकटनीय मानी जाती है। गलत अ-प्रकटन के लिए कर्मचारियों के विरुद्ध अनुशासनात्मक कार्रवाई का प्रावधान कानून में हैं। डेनमार्क तथा नार्वे ने सूचना के अधिकार का कानून 1970 के वर्षों में एवं ब्रिटेन ने 2000 में पारित किया। 1974 में वाटरगेट घोटाले को देखते हुए अमरीका ने 1976 में सूचना की स्वतन्त्रता का मजबूत कानून पारित किया। बाद में अनेक देशों ने इसका अनुसरण किया। राष्ट्रीय सूचना कानूनों की संख्या 1990 के कुल 13 से बढ़कर 2011 में 852 हो गई।

सूचना के अधिकार के कानून यह सुनिश्चित करते हैं कि सरकार की गतिविधियाँ पारदर्शी, उचित तथा खुली हों। रक्षा, परमाणु ऊर्जा तथा राष्ट्रीय सुरक्षा के मामलों को छोड़कर सरकार के मामलों में गोपनीयता की सामान्यत: जरूरत नहीं होती। उदाहरण के लिए, चाहे सरकार लोगों को प्रभावित करने वाला निर्णय लेती है, या वह ऐसा सौदा करती है जिसमें सरकारी सम्पत्ति की खरीद या बिक्री की जाती है, या वह कोई संविदा करती है इन सभी मामलों में सरकार को पारदर्शिता से काम करना चाहिए। अन्य शब्दों में, यदि कोई नागरिक इनमें से किसी मामले में सूचना चाहता है तो उसे इसे प्राप्त करने का अधिकार होना चाहिए। सर्वोच्च न्यायालय के न्यायधीश ने कहा है- *"हमारे जैसी उत्तदायी सरकार में, जहाँ कि जनता के सभी प्रतिनिधियों (Agents) को अपने आचरण के लिए उत्तरदायी होना चाहिए, थोड़े से ही रहस्य हो सकते हैं। इस देश के लोगों को प्रत्येक सरकारी कार्य, जो कुछ भी सरकारी तौर पर किया जाता है, उनके सरकारी कार्यकारियों द्वारा किया जाता है, बारे में जानने का हक है... सामान्य रूटीन कार्य-कलापों को गोपनीयता के पर्दे में छुपाना जनता के हित में नहीं है।"*

जैसाकि हमने पहले देखा, अंग्रेजों के शासन काल में लागू सरकारी गोपनीयता कानून (1923) (Official Secret Act) भारत में सरकारी अधिकारियें द्वारा अपने पास रखी गई सूचनाओं के प्रकटन को शासित करते थे। सूचना के अधिकार के कानून के लागू होने से पहले भारत के सर्वोच्च न्यायालय ने अनेक निर्णयों में अभिव्यक्ति व बोलने की आजादी तथा 'जीवन के अधिकार' का अनुमान लगा लिया था और जिसमें सूचना का अधिकार भी साकार हो रहा था। सर्वोच्च न्यायालय ने माना: *"सूचना प्राप्त करने के और उसे वितरित करने के साथ बोलने एवं अभिव्यक्ति की स्वतन्त्रता आत्मभिव्यक्ति के लिए जरूरी है जो कि मुक्त चेतना व आत्म-सम्पूर्णता के लिए जरूरी है।"*

इसीके समानान्तर सूचना का अधिकार, विरोधी आन्दोलन का केन्द्र बन गया। कर्मचारी सूची में अस्तित्वहीन लोगों की प्रविष्टियों का विरोध करते हुए, मध्य राजस्थान में गरीब दिहाड़ी मजदूरों के एक दल ने सूचना के अधिकार की माँग की। मजदूरी के भुगतान की आड़ में सरकारी (जनता का) पैसे को लेने के लिए कर्मचारियों की झूठी सूची (हाजरी रजिस्टर) में काम पर बढ़ा-चढ़ा कर उपस्थिति दिखाई जाती है। ये उपस्थिति सूचियाँ उन सूखा राहत कार्यों की होती है जिन्हें सूखाग्रस्त गाँवों के लोगों को मजदूरी वाला रोजगार देने के लिए सरकार द्वारा शुरू कराया जाता है। इस प्रकार के भ्रष्टाचार को रोकने के लिए आन्दोलनकारियों ने सूखा राहत कार्य से सम्बन्धित मजदूरों की सरकारी सूची की अभिलेखित सूचना माँगी। इससे उन्हें कदाचारों की पोल खोलने में स्वाभाविक मदद मिलने वाली थी। यह आन्दोलन राजस्थान के अन्य भागों में भी फैल गया जिससे सूचना के अधिकार तथा उससे सम्बन्धित राज्य कानूनों हेतु राष्ट्रव्यापी आन्दोलन उत्पन्न हो गया। वास्तव में, ये तमिलनाडु (1997), गोवा (1997) तथा राजस्थान (2000) जैसे राज्य थे जिन्होंने सबसे पहले सूचना के अधिकार के कानून को लागू किया।

राष्ट्रीय सूचना के अधिकार कानून हेतु माँग, नेशनल केम्पेन ऑन पीपुल्स राइट टू इन्फार्मेशन (एन सी पी आर आई) के नेतृत्व में शुरू हुई। केन्द्रीय सरकार ने इस कानून की महत्ता को माना। सूचना की स्वतन्त्रता बिल (2000) को संसद द्वारा 2002 में पारित किया गया। लेकिन चूँकि सरकार ने राजपत्रित अधिसूचना जारी नहीं की, यह कानून कभी प्रभावी नहीं हुआ। बाद में 2005 में, सूचना का अधिकार अधिनियम पारित किया गया था।

सूचना का अधिकार अधिनियम (RTI Act)

प्रस्तावना (Preamble)

2005 में पारित सूचना के अधिकार की प्रस्तावना में इसे लागू करने के निम्नलिखित कारण दिए गए थे:

- जानकार नागरिक वर्ग तथा सूचना की पारदर्शिता, गणतन्त्र के परिचालन के लिए महत्त्वपूर्ण हैं।
- वे भ्रष्टाचार को रोकने एवं सरकारों तथा उनके सहायककर्ताओं को शासितों (लोगों) के प्रति उत्तरदायी ठहराने के लिए भी जरूरी है।
- वास्तविक व्यवहार में, सूचना के प्रकटन सरकारों के कार्य-चालनों सीमित आर्थिक साधनों के अधिकतम प्रयोग तथा संवेदनशील सूचना की गोपनीयता को बनाए रखने सहित अन्य लोक हितों से टकराव हो सकता है।
- गणतांत्रिक आदर्शों की सर्वोच्चता को बनाए रखते हुए इन टकराते हुए हितों को सुसंगत करना जरूरी है।

अब हम सूचना के अधिकार के कानून के मुख्य प्रावधान संक्षेप में दे रहे हैं:

प्रमुख प्रावधान (Main Provisions)

सूचना (Information)

सूचना के अधिकार का कानून सरकारी अधिकारियों द्वारा जनता को सूचना उपलब्ध कराता है। सूचना के अधिकार के कानून के अनुसार सूचना किसी भी रूप में सामग्री होती है जिसमें अभिलेख, प्रलेख, ज्ञापन, ई-मेल, राय, सलाह, प्रेस विज्ञप्तियाँ, परिपत्र, आदेश, लॉग बुक्स, संविदाएँ (ठेके), रिपोर्ट, कागजात, नमूने, मॉडल्स तथा किसी भी इलैक्ट्रॉनिक रूप में रखे गए आँकड़े/सामग्री शामिल हैं। इसमें वह सूचना भी शामिल है जो किसी निजी निकाय से सम्बन्धित है और जो किसी अन्य कानून के अन्तर्गत सरकारी प्राधिकारी द्वारा प्राप्त की जा सकती या उस तक पहुँचा जा सकता है।

मूल संकल्पनाएँ (Key Concepts)

अधिनियम की मूल संकल्पनाएँ निम्नलिखित हैं:

- प्रत्येक सरकारी प्राधिकरण के कार्य-चालन में पारदर्शिता तथा जिम्मेदारी।
- सूचना माँगने का भारतीय नागरिक का अधिकार और उसके मेल में सरकार का छूट प्राप्त सूचना के सिवाय, उसे देने का कर्त्तव्य। जैसाकि हम यहाँ आगे देखेंगे, सूचना के अधिकार का कानून किसी रहस्य (गोपनीय बात) तथा संवेदनशील प्रकृति की सूचना को जनता के अधिकार के दायरे से अलग रखने की अनुमति देता है। तथापि, यह सरकार पर कर्त्तव्य का भार डालता है कि वह महत्त्वपूर्ण सूचना सभी को उपलब्ध कराने के लिए पूर्व-सक्रिय रहे।
- सूचना के अधिकार का कानून इसके कार्यान्वयन का उत्तरदायित्व समाज के सभी वर्गों पर डालता है-नागरिक-वर्ग, गैर-सरकारी संगठन (एनजीओ) तथा मीडिया।

सूचना के अधिकार की मुख्य रणनीति (RTI's Main Strategy)

प्रकटन (Disclosure)

- अधिनियम, शासन व्यवस्था में तर्क-वितर्क को इस बात से हटाकर कि जनता को क्या बताया जाए, इस पर ले गया है कि जनता से क्या गुप्त रखा जाए। यह कानून (अधिनियम) भारतीय प्रजातन्त्र की ताकत को प्रतिभासित करता है।

» केन्द्रीय सूचना आयोग प्रत्येक सरकारी प्राधिकरण के लिए 'खास सूचना या विशेष प्रकार की सूचनाओं को प्रकाशित करना' इस अधिनियम के तहत अनिवार्य कर सकता है। यदि सरकारी प्राधिकारी इसका पालन नहीं करता है तो आयोग अधिनियम के अन्तर्गत निर्धारित दण्ड लगाने के लिए अपनी शक्तियों का प्रयोग कर सकता है।

उत्तरदायित्व (Obligations)

पहली बात तो यह है कि प्रत्येक सरकारी प्राधिकरण को अपने सभी अभिलेख इस प्रकार विधिवत सूचीबद्ध तथा अनुक्रमित तथा ऐसे रूप में रखने होंगे जिससे सूचना के अधिकार की सुविधा हो सके। दूसरी बात यह है कि इसे यह सुनिश्चित करना होगा कि जिन अभिलेखों को कम्प्यूटरीकृत किया जा सकता है, उन सभी को उचित समय के भीतर इलैक्ट्रॉनिक रूप में बदल दिया जाए और यह साधनों (स्रोतों) की उपलब्धता के अधीन हो। तीसरी बात यह है कि सरल पहुँच की सुविधा के लिए कम्प्यूटरीकृत सूचना को सम्पूर्ण देश में नेटवर्क के जरिए जोड़ दिया जाए।

सूचना के अधिकार के अंतर्गत सरकारी प्राधिकरण की परिभाषा (Definition of Public Authority under RTI Act)

कोई भी कानून कुछ विशेष कर्मचरियों और संगठनों के ऊपर कर्त्तव्यों को डाल देता है तथा व्यक्तियों या व्यक्तियों के वर्गों को अधिकार देता है। इन दोनों ही वर्गों को कानून में परिभाषित किया जाता है। अन्यथा, अदालतों में भ्रांतियाँ हो सकती हैं, जिन्हें कानून को परिभाषित करना होता है। हमें मामले की विधिक तकनीकी बातों में जाने की जरूरत नहीं है। तथापि, हमें मोटे तौर पर जानने की जरूरत है कि: (क) सूचना देने वाले कौन हैं? (ख) वे किस प्रकार की सूचना दे सकते हैं? (ग) वे किस प्रकार की सूचनाओं को रोक सकते हैं? तथा (घ) कोई व्यक्ति सूचना कैसे पा सकता है?

सूचना के अधिकार के कानून के अन्तर्गत सरकारी प्राधिकरणों को सूचना देनी होगी। सरकारी प्राधिकरण 'शब्द को व्यापक अर्थ दिया गया हैं। सरकारी प्राधिकरण' से तात्पर्य किसी भी ऐसे प्राधिकरण या निकाय या स्व-सरकार (Self-Employment) की संस्था से है जो

(क) संविधान द्वारा या संविधान के अधीन;

(ख) संसद द्वारा बनाए गए किसी अन्य कानून द्वारा;

(ग) राज्य विधायिका द्वारा बनाए किसी अन्य कानून द्वारा;

(घ) उचित सरकार द्वारा जारी अधिसूचना या आदेश द्वारा, और इसमें शामिल हैं:

- (*i*) कोई निकाय जो उचित सरकार के स्वामित्व में है, नियंत्रित या पर्याप्त वित्त-पोषित हैं;
- (*ii*) गैर-सरकारी संगठन जो उचित सरकार द्वारा उपलब्ध कराई गई निधियों से प्रत्यक्ष तौर पर या अप्रत्यक्ष रूप से पर्याप्तत: वित्त-पोषित हैं; स्थापित या गठित हैं।

उपरोक्त परिभाषा में (क) उन संवैधानिक निकायों या संस्थाओं को बताता है जिनका उल्लेख संविधान में है। उदाहरण के लिए, चुनाव आयोग (क) के अन्तर्गत आता है। केन्द्रीय कानून के अधीन स्थापित संवैधानिक निकाय (ख) में आते हैं। उदाहरण के लिए केन्द्रीय विद्युत विनियमन आयोग (ख) में आता है। राज्यों के कानून के अन्तर्गत स्थापित सांविधिक निकाय (ग) में आते हैं। सभी सरकारी विभाग व एजेन्सियाँ (घ) (*i*) में आती हैं। तकनीकी दृष्टि से (घ) उन एजेन्सियों को समाविष्ट करता है जो सरकार के कार्यकारी आदेशों के अधीन बनती हैं। ये आदेश सरकारी राजपत्र में प्रकाशित होते हैं जिसे अधिसूचना कहते हैं। योजना आयोग ऐसी संस्था का उदाहरण है जो एक कार्यकारी आदेश के अधीन स्थापित किया गया है। अन्त में, सूचना के अधिकार का कानून, गैर-सरकारी एजेन्सियों पर लागू होता है जिन्हें सरकार से काफी वित्त-पोषण मिलता है।

केन्द्रीय सूचना आयोग (सीआईसी) (Central Information Commission—CIC)

सूचना के अधिकार का अधिनियम इसकी मॉनीटरिंग व कार्यान्वयन का उत्तरदायित्व केन्द्रीय सूचना आयोग को सौंपता हैं। केन्द्रीय

सूचना आयोग, सूचना के अधिकार के कानून के कार्यान्वयन पर वार्षिक रिपोर्ट तैयार करता है। राज्य सूचना आयोग (एसआईसी) इसी प्रकार के कार्य राज्य स्तर पर करते हैं।

सूचना के अधिकार का सारांश (Content of Right to Information)

सूचना के अधिकार के भाग के रूप में कोई-

(*i*) निर्माण, प्रलेखों तथा अभिलेखों की प्रमाणित प्रतियाँ ले सकता है।

(*ii*) नोट्स, उद्धरण या प्रलेखों व अभिलेखों की प्रमाणित प्रतियाँ ले सकता है।

(*iii*) सामग्री की प्रमाणित प्रतियाँ ले सकता है।

(*iv*) सूचना को प्रिंटआउट, डिस्केट्स, फ्लॉपीज, टेप्स, वीडियो केसेट्स या अन्य किसी प्रकार के इलैक्ट्रॉनिक साधन के रूप में प्राप्त कर सकता है।

कार्य-तन्त्र (Machinery)

सूचना सप्लाई करने के लिए अधिनियम (कानून) ने विस्तृत कार्य-तन्त्र (मशीनरी) स्थापित किया है। इसमें जन सूचना अधिकारी, सहायक जन सूचना अधिकारी, विभागीय अपीलीय प्राधिकारी, स्वतन्त्र केन्द्रीय सूचना आयोग तथा स्वतन्त्र राज्य सूचना आयोग शामिल हैं।

पद्धतियाँ (Proceses)

» निर्धारित शुल्क के साथ आवेदन लिखित रूप में या इलैक्ट्रानिकली विभाग या एजेन्सी के जन सूचना अधिकारी को दिया जा सकता है।

» जन सूचना अधिकारी अनुरोध प्राप्त करने और सूचना देने के लिए प्राधिकृत है। उप-जिला स्तर पर, सहायक सूचना अधिकारी आवेदन/अपीलें/शिकायतें प्राप्त करता है। जहाँ जरूरी हो, वह उन्हें सम्बन्धित जन सूचना अधिकारियों के पास भेज देता है। सेवा-रत (काम करने वाले) विभागीय/एजेन्सी अधिकारियों को जन सूचना अधिकारी/सहायक जन सूचना अधिकारी के तौर पर पदनानित किया जाता है। वे नव-नियुक्त नहीं होते।

» अधिनियम में विभिन्न प्रकार के मामलों में सूचना देने के लिए समय सीमाएँ विनिर्दिष्ट हैं। साधारण मामलों में सूचना उपलब्ध कराने की समय सीमा 30 दिनों की है। जहाँ जीवन या स्वतन्त्रता का प्रश्न होता है। वहाँ सूचना 48 घण्टों में दी जानी होगी। जहाँ अनुरोध सहायक जन-सूचना अधिकारी को दी गई हो, वहाँ समय सीमा 35 दिनों की है, जहाँ तीसरा पक्ष लिप्त हो, वहाँ सीमा 40 दिनों की है तथा जहाँ सूचना विनिर्दिष्ट सुरक्षा/आसूचना ऐजेन्सियों से मानवाधिकारों के उल्लंघन के बारे में लेनी हो तो समय-सीमा 45 दिनों की होगी।

» यदि आवेदन पर 30 दिनों तक कोई कार्रवाई नहीं की जाती है तो यह माना जाता है कि सूचना देने से इंकार कर दिया गया है।

प्रकटन से छूट-प्राप्त सूचना (Information Exempted from Disclosure)

निम्नलिखित मामलों को प्रकटन से छूट है-

» ऐसी सूचना जिससे भारत की प्रभुसत्ता और अखण्डता, सुरक्षा, देश के महत्त्वपूर्ण, वैज्ञानिक या आर्थिक हित; विदेशों से सम्बन्ध प्रतिकूलत: प्रभावित होते हों या जो किसी अपराध को भड़काती है।

» ऐसी सूचना जिसको प्रकाशित करने से किसी अदालत या ट्रिब्यूनल द्वारा स्पष्ट रूप से मना किया गया हो या जिसका प्रकाशन अदालत की अवमानना होती हो।

» ऐसी सूचना जिसके प्रकाश में आने पर संसद या राज्य विधायिका की विशेषाधिकारों के हनन होगा।

» वाणिज्यिक गोपनीयता, व्यापार के रहस्यों या बौद्धिक सम्पत्ति सहित ऐसी सूचना जिसके प्रकटन से तीसरे पक्ष की प्रतिस्पर्द्धानीयता की हानि होगी, यदि अन्यथा सक्षम प्राधिकारी संतुष्ट है कि व्यापक जन हित में ऐसा प्रकटन होना चाहिए।

» अपने विश्वासजन्य सम्बन्धों में किसी व्यक्ति को उपलब्ध सूचना; जब तक कि सक्षम प्राधिकारी संतुष्ट है कि व्यापक जनहित में ऐसा प्रकटन होना चाहिए।

» विदेशी सरकार से (गोपनीय) विश्वास के कारण प्राप्त सूचना।

» ऐसी सूचना जो जाँच की प्रक्रिया में या दोषियों की गिरफ्तारी या अभियोजन में बाधा डालती है।

» मंत्री परिषद्, सचिवों तथा अन्य अधिकारियों की चर्चाओं को अभिलेखों सहित मंत्री-मण्डल के कागजात।

» निजी जानकारी वाली सूचना जिसके प्रकटन का किसी सार्वजनिक गतिविधि या हित से कोई सम्बन्ध नहीं है या जिसका प्रकाशन व्यक्ति की एकान्तता (गोपनीयता) में अवांछनीय दखलंदाजी होगा या जो किसी कॉपीराइट का उल्लंघन करती होगी।

» जहाँ व्यावहारिक हो, वहाँ अभिलेख का भाग जारी किया जा सकता है।

» भ्रष्टाचार व मानवाधिकारों के उल्लंघन के मामलों को छोड़कर, आसूचना (Intelligence) एवं सुरक्षा एजेन्सियों को सूचना के अधिकार के कानून से छूट प्राप्त है।

» तीसरे पक्ष की सूचना, सम्बन्धित तीसरे पक्ष को सूचना देकर प्रकाशित की जा सकती है।

» सर्वाधिक छूट प्राप्त सूचना 20 वर्षों बाद जारी की जा सकती है (कुछ अपवादों के साथ)।

» ऐसी सूचना जिसके लिए संसद या राज्य विधायिका को इंकार नहीं किया जा सकता, किसी व्यक्ति को देने से इंकार नहीं किया जाएगा।

» कानून (Act) में एक अभिभावी (Overriding) प्रावधान है कि सरकारी गोपनीयता अधिनियम, 1923 (Official Secrets Act, 1923) में की किसी बात का विरोध न करते हुए या उपरोक्त छूटों में से किसी का विरोध न करते हुए सरकारी प्राधिकारी सूचना तक पहुँच की अनुमति दे सकता है यदि उसमें जनता का हित, संरक्षित हितों से अधिक महत्त्व का हो जाता है।

सूचना का अधिकार कानून के अन्तर्गत शिकायतें (Complaints Under RTI Act)

शिकायतें केन्द्रीय सूचना आयोग को की जा सकती हैं जो नागरिकों से प्राप्त होने वाली शिकायतों की जाँच के लिए बना स्वायत्त निकाय है। शिकायतों के विषय निम्नलिखित हो सकते हैं:

» सूचना प्राप्ति के लिए इंकार।

» सूचना के लिए किए गए अनुरोध पर सरकारी अधिकारियों द्वारा ठीक प्रकार से कार्यवाही न करना, जैसे समय सीमा के भीतर अनुरोध का उत्तर न देना या समय सीमा बढ़ाने के कारण बताने में असफल रहना या निर्धारित समय के भीतर उचित सलाह या मदद देने में असफल रहना।

» सूचना को माँगे गए रूप में या ढंग से देने में असफल रहना।

» सूचना देने से इंकार करने के कारण ठीक ढंग से बताने में असफल रहना।

दण्ड (Penalties)

सूचना आयोग अनुचित विलम्ब के लिए जन सूचना अधिकारी पर या जन सूचना अधिकारी की सहायता के लिए जिस अधिकारी को कहा गया है, उस पर अनुचित विलम्ब के लिए 250 रुपये प्रतिदिन का और 25000 रुपये तक का जुर्माना लगा सकता है। आवेदन को स्वीकार करने से अवैध ढंग से मना करने पर, दुर्भावना से मना करने, जानबूझ कर झूठी सूचना देने तथा सूचना को

नष्ट करने के लिए यह 25000 रुपये तक का जुर्माना लगा सकता है। लगातार व गंभीर उल्लंघनों के लिए आयोग विभागीय कार्यवाही के लिए भी सिफारिश कर सकता है। तथापि, सूचना के अधिकार के कानून के अन्तर्गत कोई आपराधिक जिम्मेदारी नहीं है। यह सद्भाव में की गई कार्यवाही (कार्य) के लिए विधिक कार्यवाही से प्रतिरक्षण भी देता है।

पहुँच (Access)

अधिनियम (कानून) में व्यापक पहुँच, विशेष रूप से गरीबों के लिए, न्यून शुल्क के साथ, का प्रावधान है। गरीबी रेखा से नीचे वालों के लिए कोई शुल्क नहीं है। सहायक जनसूचना अधिकारी, उप-जिला स्तरों पर आवेदन/अपील देने में लोगों की मदद के लिए हैं। अपने मौखिक अनुरोधों को लिखित रूप देने में लोगों की मदद की जाएगी। सभी प्रकर की अपेक्षित सहायता देने का प्रावधान है जिनमें विकलांग लोगों के लिए सहायता भी शामिल है। जहाँ जरूरी है, वहाँ सूचना स्थानीय भाषा में दी जाती है। सूचना माँगने के कारणों को बताना या पत्राचार के लिए जरूरी के अलावा अन्य निजी विवरण देना जरूरी नहीं है।

सरकारी प्राधिकारियों के उत्तरदायित्व (Responsibility of Public Authorities)

सरकारी प्राधिकारियों (प्राधिकरणों) को निम्नलिखित कार्य करने होंगे:

» सूचना के अधिकार के कानून के लागू होने के 100 दिनों के भीतर जन सूचना अधिकारियों/सहायक जन सूचना अधिकारियों को नियुक्त करना।

» अभिलेखों का रख-रखाव, सूची बंधन, अनुक्रमण, कम्प्यूरीकरण तथा नेटवर्किंग।

» लागू होने के 120 दिनों के भीतर सूचना के पूरे सैट का प्रकाशन करना तथा उसे हर साल अद्यतन करना।

» लोगों को प्रभावित करते हुए महत्त्वपूर्ण नीतियाँ बनाते या घोषित करते समय सभी सम्बन्धित तथ्यों का प्रकाशन करना।

» प्रभावित लोगों को अपने प्रशासनिक या अर्ध-विधिक निर्णयों के कारण बताना।

» इसे इण्टरनेट पर दे कर अपनी ओर से ही सूचना उपलब्ध कराना।

» सूचना आयोग को सूचना (जानकारी) देना।

» जागरूकता पैदा करना, शिक्षा व प्रशिक्षण देना।

» सूचना के गाइड को 18 महीनों में संग्रहित करना और स्थानीय भाषा में नियमित रूप से उसे अद्यतन करना।

जन-जागरूकता तथा शैक्षिक कार्यक्रम (Public Awareness and Educational Programme)

इनका उद्देश्य है-

» सूचना के अधिकार का उपयोग करने के लिए जनता, विशेष रूप से अलाभ-प्राप्तों की समझ को बढ़ाने के लिए शैक्षिक कार्यक्रमों को तैयार करना और चलाना।

» कार्यक्रमों में भाग लेने के लिए सरकारी अधिकारियों को बढ़ावा देना; उनकी गतिविधियों पर समय पर/प्रभावी रूप से सही-सही सूचना का प्रसरण करना।

केन्द्रीय सूचना आयोग के युगांतकारी निर्णय (Landmark Judgments by Central Information Commission)

केन्द्रीय सूचना आयोग के प्रमुख निर्णयों में से कुछ नीचे दिए जा रहे हैं:

» केन्द्रीय सूचना आयोग ने संघ लोक सेवा आयोग को 2400 उम्मीदवारों द्वारा अलग-अलग प्राप्त अंक घोषित करने तथा प्रत्येक विषय हेतु 'कट ऑफ' अंक घोषित करने का निर्देश दिया। (सीआईसी/डब्ल्यूबी आदेश, 13 नवम्बर, 2006)

» परमवीर सिंह बनाम पंजाब विश्वविद्यालय वाले मामले में, आवेदक ने विश्वविद्यालय में किसी विशिष्ट पद के लिए उम्मीदवारों के चयन की योग्यता सूची के बारे में सूचना माँगी थी। तथापि, कोई उचित सूचना नहीं दी गई थी। आयोग ने माना कि प्रत्येक सरकारी प्राधिकरण को अपने कार्यालय में प्रभावी अभिलेख प्रबन्धन के सभी उपाय करने चाहिए ताकि सूचना के लिए अनुरोधों पर शीघ्रता से और सही-सही कार्यवाही हो सके।

» श्याम यादव बनाम कार्मिक तथा प्रशिक्षण विभाग वाले मामले में आवेदक ने अधिकारियों द्वारा फाइल किए गए सम्पत्ति के विवरणों का ब्यौरा माँगा था। (सी आई सी/डब्ल्यू बी/ए/2009/000669, 17 जून, 2009)। आयोग ने फैसला दिया कि सरकारी कर्मचारियों द्वारा दिए गए सम्पत्ति के विवरण गोपनीय नहीं हैं तथा सूचना के अधिकार के अधिनियम के प्रावधानों के अनुसार सम्बन्धित अधिकारियों/कर्मचारियों के विचार लेकर उन्हें प्रकट किया जा सकता है।

» रामभज बनाम दिल्ली सरकार के मामले में आवेदक ने इस बारे में सूचना माँगी थी कि क्या दिल्ली सराकर ने जनता की शिकायतों को विनिर्दिष्ट समय-सीमा के भीतर निपटाने के बारे में कार्मिक तथा प्रशिक्षण विभाग द्वारा जारी मार्ग-निर्देशों को अधिसूचित कर दिया है। (सी आई सी/एस जी/ए/2010/000537+000538/7492, तारीख 19 अप्रैल, 2010) केन्द्रीय सूचना आयोग ने दिल्ली सरकार को, जनता की शिकायतों को निपटाने की अपेक्षित समय-सीमा के बारे में आम जनता को बताने का निर्देश दिया।

» अभी हाल ही में, केन्द्रीय सूचना आयोग ने निर्णय किया कि राजनैतिक दल भी सूचना के अधिकार के कानून के अन्तर्गत उत्तरदायी (जबावदेह) हैं। इसने सूचना के अधिकार को कांग्रेस, भाजपा, सी पी आई-एम, सी पी आई, एन सी पी तथा बी एस पी पर लागू कर दिया। कुछ आवेदकों ने सूचना के अधिकार कानून के तहत इन दलों से सूचना माँग ली। सूचना उनकी वित्त-व्यवस्था, उनके द्वारा प्राप्त किए जाने वाले स्वैच्छिक अंशदान देने वालों के नाम तथा पते और कुछ अन्य विवरणों से सम्बन्धित थी। दलों ने उत्तर दिया कि वे सूचना के अधिकार के कानून के अन्तर्गत नहीं हैं। केन्द्रीय सूचना अयोग ने इन राजनैतिक दलों को जनसूचना अधिकारी नियुक्त करने तथा सूचना के अधिकार के प्रश्नों के उत्तर देने का निदेश दिया। केन्द्रीय सूचना आयोग ने उनसे सूचना के अधिकार के कानून की अनिवार्य पूर्व-सक्रिय प्रकटन शर्तों के प्रावधानों का पालन करने के लिए और सूचना अपने वेबसाइट पर दिखाने के लिए कहा। केन्द्रीय सूचना आयोग ने इस तथ्य को संज्ञान में लिया कि उन्होंने (दलों ने) भूमि, भवन, रेडियो वार्ता समय के रूप में सरकार से भारी आर्थिक सहायता प्राप्त की है। वे चुनाव आयोग के विचार क्षेत्र में आते हैं। वे लोगों के जीवन को प्रत्यक्ष व अप्रत्यक्ष रूप से प्रभावित करते हैं। सम्बन्धित राजनैतिक दलों ने फैसले का विरोध किया। सरकार सूचना के अधिकार के कानून में संशोधन कर राजनैतिक दलों को इसके विचार क्षेत्र से छूट देना चाहती थी। लेकिन बाद में उसने यह विचार त्याग दिया।

सरकारी गोपनीयता अधिनियम (The Official Secrets Act)

सूचना के अधिकार के अनेक कार्यकर्ता सरकारी गोपनीयता अधिनियम (OSA) को समाप्त करने या उसमें भारी बदलाव की माँग करते रहे हैं। सन् 2006 में द्वितीय प्रशासनिक सुधार आयोग ने ओ. एस. ए को निरस्त करने तथा जासूसी से निपटने के लिए राष्ट्रीय सुरक्षा अधिनियम में एक नया अध्याय जोड़ने के लिए सिफारिश की। बाद में सुधारों के एक कोर ग्रुप ने प्रशासनिक सुधार आयोग की सिफारिशों का अध्ययन किया, जिसे तब निर्णय करने हेतु प्रणव मुखर्जी की अध्यक्षता वाले मंत्रियों के समूह को अग्रेषित किया गया। मंत्रियों के समूह ने अनेक सिफारिशों को स्वीकार किया। किन्तु ओ. एस. ए. को निरस्त करने के सुझाव को अस्वीकृत कर दिया। बल्कि इसने 'गुप्त (गोपनीय)', 'जासूसी' तथा 'शत्रु देश' शब्दों को परिभाषित करने में आई विसंगति को दूर करने के लिए एवं इस प्रकार सूचना को रोकने में अधिनियम के प्रयोग के विरुद्ध सुरक्षा हेतु ओ. एस. ए. में संशोधनों की माँग की। ऐसा प्रतीत होता है कि गृह मंत्रालय का मत है कि 1923 का जासूसी-विरोधी कानून समयसिद्ध है तथा इसके प्रावधानों में परिवर्तनों को उचित ठहाराने के लिए इसके प्रावधानों का कोई विशेष दुरूपयोग नहीं किया था।

सूचना के अधिकार कानून के जोखिम के शिकार व्यक्ति (RTI Victims)

- सूचना के अधिकार कानून का उपयोग करने वालों (एक्टिविस्ट) को कुछ खास परिस्थितियों में गंभीर धमकियों का सामना करना पड़ता है। आरटीआई के कार्यकर्ता अमित जेठवा की जुलाई, 2010 में अहमदाबाद उच्च न्यायालय के बाहर हत्या कर दी गई। जेठवा ने गिर वन के विस्तार में अवैध खनन का पर्दाफाश करते हुए एक संसद सदस्य का नाम लिया था।
- एक और शिकार दत्ता पाटिल, इचलकरंजी में मार डाले गए थे। पाटिल ने एक भ्रष्टाचार के रैकिट का भण्डाफोड़ किया था जिससे पुलिस के एक उपपुलिस अधीक्षक को अपने पद से हटा दिया गया तथा इचलकरंजी के कारपोरेशन के कर्मचारियों के विरुद्ध कार्यवाही हुई।
- विट्ठल गीता, एक शिक्षा कार्यकर्त्ता थीं जिसने बीड के गाँव के स्कूल में अनियमितताओं को उजागर किया था। इन्हें अप्रैल, 2010 को औरंगाबाद में मार डाला गया था।
- बिहार में बेगुसराय के शशिधर मिश्रा ने पंचायत तथा ब्लॉक स्तरों पर भ्रष्टाचार का भण्डाफोड़ किया। इनकी हत्या किसी अनजान हत्यारे ने फरवरी, 2010 में कर दी।
- अरुण सावंत ने सूचना के अधिकार के तहत बादलपुर म्यूनिसिपल कारपोरेशन के बारे में अनेक आवेदन किए, इन्हें फरवरी, 2010 में गोली मार दी गई।
- अहमदाबाद के विश्राम लक्ष्मण दोदिया ने एक प्राइवेट फर्म द्वारा बिजली के गैर-कानूनी कनैक्शन के बारे में विवरण माँगने के लिए इस कानून के तहत आवेदन दिया था। उनकी हत्या फरवरी, 2010 में कम्पनी के अधिकारियों से मुलाकात के तुरन्त बाद कर दी गई।
- आंध्र प्रदेश के सोला रंगा राव ने गाँव की ड्रेनेज प्रणाली के लिए मंजूरशुदा राशि व खर्च की गई राशि के बारे में मण्डल परिषद् डेवेलपमेण्ट ऑफिस से सूचना माँगते हुए अनेक आवेदन दिए थे। उनकी हत्या अप्रैल, 2010 में कर दी गई।
- सूचना के अधिकार का उपयोग करने वाले रामदास घडेगावकर ने नानडेड में बालू (रेत) माफिया का खुलासा किया तो अगस्त, 2010 में वे रहस्यमय परिस्थितियों में मृत पाए गए। मध्य प्रदेश के मुरैना जिले की ग्राम पंचायत सुमावली में फैले भ्रष्टाचार को आरटीआई के जरिए उजागर करने वाले मुकेश दुबे की सितंबर 2017 में अपहरण के बाद दबंगों ने हत्या कर दी।

व्हिसलब्लोअर्स को संरक्षण (Protection for Whistleblowers)

व्हिसलब्लोअर्स के संरक्षण के मुद्दे की ओर सम्पूर्ण राष्ट्र का ध्यान तब गया जब भारतीय राष्ट्रीय राजमार्ग प्राधिकरण के अभियन्ता, सत्येन्द्र दुबे की उस समय हत्या कर दी गई जब उन्होंने राजमार्गों के निर्माण में भ्रष्टाचार का विवरण देते हुए तत्कालीन प्रधानमंत्री के कार्यालय को पत्र लिखा। दुबे की हत्या से, उन्हें बचाने में असफल रहने पर जनता ने बड़ा बवाल मचाया। परिणामस्वरूप, अप्रैल, 2004 में सर्वोच्च न्यायालय ने सरकार पर एक कार्यालय आदेश 'पब्लिक इण्टरेस्ट डिस्क्लोजर्स एण्ड प्रोटेक्शन ऑफ इन्फासर्स रेजोलूशन, 2004' जारी करने का दबाव डाला जिसमें भ्रष्टाचार से सम्बन्धित शिकायतों को देखने के लिए नोडल एजेन्सी के रूप में केन्द्रीय सतर्कता आयोग को पदनामित किया गया था। तथापि, ऐसी दुर्भाग्यपूर्ण घटनाएँ होती रहीं और व्हिसलब्लोअर्स को बचाने की जरूरत पर नए सिरे से ध्यान दिया जाने लगा। इस प्रकार 'पब्लिक इण्टरेस्ट डिस्क्लोजर (प्रोटैक्शन ऑफ इन्फारमर्स' बिल, 2010 लोक सभा में 26 अगस्त, 2010 को पेश किया गया था। बिल में किसी सरकारी कर्मचारी के विरुद्ध भ्रष्टाचार के किसी आरोप, शक्ति या स्व-विवेक के जान-बूझ कर दुरुपयोग के आरोपों की शिकायतों को रजिस्टर करने की क्रिया-विधि स्थापित करने की क्रिया-विधि स्थापित करने को कहा गया था। बिल में शिकायतकर्ता के (उत्पीड़न के) शिकार बनने के विरुद्ध संरक्षण देने की बात थी। अब व्हिसलब्लोअर्स सुरक्षा अधिनियम, 2014 में इस प्रयोजन के लिए आवश्यक प्रावधान कर दिए गए हैं।

सूचना का अधिकार अधिनियम की क्रिया–विधि (Working of RTI Act)

बैंकों सहित सभी सरकारी विभागों, एजेन्सियों और उपक्रमों में, सूचना के अधिकार के अनुरोधों का काम करने के लिए पदनामित जन सूचना अधिकारी होते हैं। सरकार के इस खुलेपन से जन-जागरुकता बढ़ी है। लेकिन सूचना के अधिकार में अभी भी अनेक कठिनाइयाँ हैं। संक्षेप में समस्याएँ निम्नलिखित हैं:

» अधिनियम (कानून) के बारे में लोगों की जागरूकता कम होना।

» जन-सूचना अधिकारियों की अपर्याप्त कुशलता।

» राज्य सूचना आयोगों की अपर्याप्त संख्या।

» सरकारी अधिकारियों द्वारा पूर्व-क्रियाशील प्रकटनों का अभाव।

» जन सूचना अधिकारियों की अपर्याप्त संख्या तथा वित्त-पोषण।

» पहले से तैयार उपलब्ध कम्प्यूटरीकृत सूचना की कमी।

» धमकियाँ, जिनका सामना सूचना के अधिकार के कार्यकर्ता को करना पड़ता है।

प्रभाव का सिंहावलोकन (Overview of the Impact)

इस कानून (अधिनियम) ने गरीबों व सीमान्तकों के जीवन की गुणवत्ता में सुधार किया है। इसने भ्रष्टाचार को कुछ सीमा तक अवश्य रोका होगा। इससे सरकारी कर्मचारियों की जवाबदेही बढ़ गई है। अनेक मामलों में केन्द्रीय सूचना आयोग ने निर्णयन प्रक्रियाओं के प्रकटन के आदेश दिए हैं। इनमें शामिल हैं: फाइल की नोटिंग्स, मंत्रीमण्डल के कागजात, कर्मचारियों की भर्ती व पदोन्नति के अभिलेख, तथा निविदाओं एवं प्रापण पद्धतियों से सम्बन्धित कागजात।

इसके अतिरिक्त सरकार की आर्थिक-सहायता प्राप्त योजनाओं के लाभभोगियों का विवरण भी सार्वजनिक किया गया। इसमें शामिल योजनाएँ हैं: जन वितरण प्रणाली (पी डी एस); पानी, बिजली तथा घरेलू गैस के कनैक्शन; शिक्षा तथा स्वास्थ्य के लाभ; एवं 'मनरेगा' के अन्तर्गत उपस्थिति पंजिका। ऐसी महत्त्वपूर्ण सूचनाओं के प्रकटन से, सेवाओं के देने में भ्रष्ट आचरणों पर रोक लगी है तथा गरीबों तक उनके प्राप्यों की पहुँच सुनिश्चित हुई है।

सूचना के अधिकार के आवेदनों को देने को और सुविधाजनक बनाने के ठोस कदम उठाए जाने की जरूरत है। विभिन्न अध्ययनों के माध्यम से ज्ञात की गई सरकार की भूमिका के बारे में कुछ सिफारिशें इस प्रकार हैं:

» अधिनियम (कानून) के विशिष्ट प्रावधानों के कार्यान्वयन के लिए विशिष्ट उत्तदायित्व निर्धारित करना।

» केन्द्र तथा राज्यों, दोनों में जन-जागरूकता अभियानों का आयोजन। इनका मुख्य उद्देश्य जनता की जागरूकता को बढ़ाना; जनता की भागीदारी को बढ़ावा देना; तथा सरकार में पारदर्शिता बढ़ाना होना चाहिए।

» सभी सरकारी प्राधिकरणों व प्रशिक्षण संस्थानों को सूचना के अधिकार पर प्रशिक्षण मॉड्यूल्स को सभी प्रशिक्षण कार्यक्रमों में शामिल करने का निर्देश।

» नियमों के ऐसे समान समूह (सैट) पर सहमति विकसित करना जिससे एक राज्य में रहने वाले आवेदक, प्रत्येक राज्य तथा सक्षम प्राधिकारी की स्थिति का पता पहले लगाए बिना, अध्ययन किए बिना तथा नियमों की जानकारी लिए बिना ही किसी और राज्य से भी सूचना के लिए आवेदन कर सकें।

निष्कर्षत: हम सूचना के अधिकार के अधिनियम के बारे में सावधानी हेतु चेतावनी देते हैं :

सूचना की आजादी के लिए व्यापक उत्साह पर हम सवाल उठाना नहीं चाहते। तथापि, किसी को पश्चिमी देशों में चलाए जा रहे (पैदा हुए) आदर्शवादी आन्दोलनों के प्रभाव में नहीं आ जाना चाहिए। पश्चिमी देशों के लोग भिन्न सामाजिक व

सांस्कृतिक वातावरण में रहते हैं। पश्चिमी विचारों को भारी मात्रा (संख्या) में भारतीय धरती पर जमाना अक्सर कठिन होता है। अनेक कार्यकर्ता और सरकारें तथा न्यायपालिका तक ऐसे विचारों की इन्तहा करने की प्रवृत्ति रखती हैं। ऐसा प्रतीत होता है कि जैसे हम तथाकथित उदार आदर्शों का समर्थन करने में पश्चिमी गणतन्त्रों को पीछे छोड़ देना चाहते हैं। वास्तव में, सूचना की आजादी के अन्तर्गत बनाई गई (दी गई) सूचना यू एस ए में अक्सर सम्पादित होती है। इसका अर्थ यह है कि गोपनीय माने गए अनेक अंश 'ब्लैक आउट' कर दिए जाते हैं। लेकिन औसत भारतीय शायद यह सोचता है कि यू एस ए में सरकारी कर्मचारी जरा-सा इशारा मिलते ही सूचना दे देते हैं। कानूनों और उनके कार्यान्वयन के बीच बहुत बड़ा अन्तर है। हमारा उद्देश्य सूचना के अधिकार के अधिनियम की उपयोगिता या जरुरत पर सवाल उठाना नहीं है। लेकिन अनुभव यही बताता है कि इसे संतुलित भाव और उपयुक्त समानुपात के साथ कार्यान्वित एवं व्याख्यायित करने की जरुरत है।

सार संक्षेप

- सूचना के अधिकार का अधिनियम (कानून) 2005 में लागू किया गया था।
- पहले, सरकारी कामकाज गोपनीयता के वातावरण में किया जाता था। सरकारी कर्मचारियों से आशा की जाती थी कि अपने सरकारी कामकाज के माध्यम से उन्हें जिन बातों की जानकारी हो जाती है, उसे वे किसी व्यक्ति को नहीं बताएँगे।
- तथापि, समय बीतने के साथ-साथ अदालतों ने, अदालतों से सूचना रोक रखने की सरकार की शक्तियों को धीरे-धीरे घटा दिया हैं। खोजी पत्रकारिता, इण्टरनेट तथा अन्तरराष्ट्रीय पहलों (कार्यों) ने पारदर्शिता को बढ़ावा दिया है।
- यह बात जोर पकड़ती जा रही थी कि सरकार में गोपनीयता, शक्ति के दुरूपयोग और भ्रष्टाचार को पनपाती है।
- सूचना की स्वतन्त्रता के कानून यह सुनिश्चित करते हैं कि सरकार की गतिविधियाँ पारदर्शी, उचित तथा खुली हों, रक्षा, परमाणु ऊर्जा तथा राष्ट्रीय सुरक्षा के मामलों को छोड़कर सरकार के मामलों में गोपनीयता की सामान्यत: जरूरत नहीं होती।
- सूचना के अधिकार के कानून के लागू होने से पहले भारत के सर्वोच्च न्यायालय ने अनेक निर्णयों में अभिव्यक्ति व बोलने की आजादी तथा 'जीवन के अधिकार' का अनुमान लगा लिया था जिसमें सूचना का अधिकार भी साकार हो रहा था।
- साथ-साथ सूचना का अधिकार, राजस्थान में विरोधी आन्दोलन का केन्द्र बिन्दु हो गया जो बाद में अन्य राज्यों में भी फैल गया।
- वास्तव में यह तमिलनाडु (1997), गोवा (1997), तथा राजस्थान (2000) जैसे राज्य थे जिन्होंने सबसे पहले सूचना के अधिकार के कानून को लागू किया।
- अधिनियम की प्रस्तावना में इसको लागू करने के कारण बताए गए हैं।
- सूचना के अधिकार का अधिनियम, सरकारी अधिकारियों द्वारा लोगों को सूचना उपलब्ध कराने के बारे में है।
- 'सरकारी अधिकारियों (प्राधिकरणों)' जिन्हें जनता को सूचना देने के लिए उत्तरदायी बनाया गया है, की परिभाषा बहुत व्यापक है।
- सूचना के अधिकार का मुख्य योजना कौशल, सूचना के प्रकटन पर आधारित है।
- सूचना के अधिकार व कानून सरकारी प्राधिकारियों पर सूचना के प्रकटन का व्यापक उत्तरदायित्व डालता है।
- सूचना के अधिकार के कानून को समझने के लिए हमें मोटे तौर पर यह जानने की जरूरत है कि (क) सूचना देने वाले कौन हैं, (ख) वे किस प्रकार की सूचना दे सकते हैं, (ग) वे किस प्रकार की सूचनाओं को रोक सकते हैं, तथा (घ) कोई व्यक्ति सूचना कैसे पा सकता है?

- सूचना वितरित करने के लिए अधिनियम (कानून) ने विस्तृत कार्य-तन्त्र (मशीनरी) स्थापित किया है। इसमें जन सूचना अधिकारी, सहायक जन सूचना अधिकारी, स्वतन्त्र केन्द्रीय सूचना आयोग तथा स्वतन्त्र राज्य सूचना आयोग शामिल हैं।
- सूचना के अधिकार का कानून, इसकी (अधिनियम) मॉनीटरिंग व कार्यान्वयन का उत्तरदायित्व केन्द्रीय सूचना आयोग को सौंपता है। केन्द्रीय सूचना आयोग, सूचना के अधिकार के कानून के कार्यान्वयन पर वार्षिक रिपोर्ट तैयार करता है। राज्य सूचना आयोग इसी प्रकार के कार्य राज्य स्तर पर करते हैं।
- सूचना के अधिकारी के अन्तर्गत शिकायतें, निम्नतम पदमानित (निर्धारित) स्तर से शुरू करके विभिन्न अधिकारियों को चरण-अनुसार फाइल की जा सकती हैं।
- अधिनियम (कानून) में उन लोगों पर दण्ड लगाने का प्रावधान है जो निर्धारित समय के भीतर सूचना देने में असफल रहते हैं।
- सूचना के अधिकार का कानून, सरकारी प्राधिकरणों पर सूचना के कम्प्यूटरीकृत फार्मेट्स में अन्त:-योजित नेटवर्क्स पर बनाए रखने की जिम्मेदारी विनिर्दिष्ट करता है।
- बैंकों सहित सभी सरकारी विभागों, एजेन्सियों और उपक्रमों में सूचना के अधिकार के अनुरोधों का काम करने के लिए पदनामित जन सूचना अधिकारी होते हैं। सरकार की प्रक्रिया के जनता के सामने खुलेपन के साथ जन जागरूकता बढ़ी है। इससे सरकार की जवाबदेही बढ़ी है एवं भ्रष्टाचार को कुछ सीमा तक अवश्य रोका गया है। इस कानून ने गरीबों तथा सीमान्तकों के जीवन की क्वालिटी में सुधार किया है। केन्द्रीय सूचना आयोग ने सरकार के खुलेपन व पारदर्शिता में भारी वृद्धि की है।
- सूचना के अधिकार का उपयोग करने वाले अनेक कार्यकर्ता हिंसा का शिकार हो गए हैं।
- सरकार विचार करती रही है कि सरकारी गोपनीयता अधिनियम को निरस्त करे या जारी रखे। इस मामले की वर्तमान स्थिति पहले बताई गई है।

अभ्यास प्रश्न

1. सरकार सूचना को किस प्रकार संभाले, इस पर परम्परागत विचार क्या है?
2. वे कौन-सी परिस्थितियाँ थीं जिनके कारण सरकारों द्वारा सूचना को संभालने के ढंग में परिवर्तन करना जरूरी हो गया?
3. सूचना के अधिकार का अधिनियम किन मुख्य विचारों पर आधारित है?
4. सूचना के अधिकार का अधिनियम किस प्रकार सरकार के काम-काज में पारदर्शिता को शुरू करता है?
5. संक्षिप्त नोट लिखिए: (क) जन प्राधिकरण (Public Authority) (ख) सूचना; (ग) छूट-प्राप्त सूचना।
6. सूचना के अधिकार का कानून नागरिकों को सूचना देने के लिए जिस प्रकार की संगठनात्मक व्यवस्था का निर्माण करता है, उसके बारे में संक्षेप में बताइए।
7. सूचना के अधिकार के अधिनियम की मुख्य उपलब्धियों का उल्लेख कीजिए।
8. मुख्य सूचना आयोग के महत्त्वपूर्ण निर्णय कौन-से हैं?
9. राजनैतिक दलों द्वारा सूचना के प्रकटन पर मुख्य सूचना आयुक्त के हाल ही के निर्णय बताइए और उनकी चर्चा कीजिए।

10. क्या सरकारी गोपनीयता अधिनियम की अभी भी कोई प्रासंगिकता है?

11. एक विचार यह है कि सूचना के अधिकार के कानून का प्रयोग राष्ट्र-विरोधी ताकतों द्वारा संवदेनशील एवं महत्त्वपूर्ण राष्ट्रीय रहस्यों को उद्घाटित करने में किया जा सकता है। क्या आप इस विचार से सहमत हैं? सूचना के अधिकार को कानून में इस सम्बन्ध में, यदि कोई हों, क्या पूर्वोपाय किए गए हैं?

12. कुछ लोगों का कहना है कि सूचना के अधिकार के कानून के कारण वरिष्ठ अधिकारियों ने अपने विचार फाइल पर खुलकर लिखने छोड़ दिए हैं। इस विचार की समीक्षा कीजिए।

संदर्भ

- शैलेश गाँधी, द राइट टू इन्फार्मेशन एक्ट, 2005 (ए पॉवर प्वॉइंट प्रेजेन्टेशन)
- सैन्ट्रल इन्फॉर्मेशन प्रेजेन्टेशन ऑन आर टी आई (वेबसाइट पर उपलब्ध)

अध्याय 14

नागरिक अधिकार पत्र (Citizen's Charter)

प्रस्तावना (Introduction)

सरकार के कामकाज को दो बड़े शीर्षकों में रखा जाता है: प्राधिकार का विधिक प्रयोग एवं सेवाओं का प्रदान करना। आधुनिक राष्ट्र, कल्याण राष्ट्र-राज्य हैं और वे अपने नागरिकों को अनेक प्रकार की सेवाएँ उपलब्ध कराते हैं। सेवाओं में शिक्षा, स्वास्थ्य, आवास तथा परिवहन जैसे क्षेत्र शामिल होते हैं। सेवाओं में ऐसी जरूरतें भी शामिल होती हैं, जैसे ड्राइविंग लाइसेंस, टेलिफोन कनैक्शन, गैस कनैक्शन, कर की वापसी, आधार कार्ड, पासपोर्ट, तथा व्यक्ति की जायदाद, शैक्षिक अर्हता तथा जन्म की तारीख के सरकारी अभिलेख से उद्धरण लेना। सरकारी एजेन्सियों से समय पर, भरोसेमंद व गुणवत्ता की सेवाएँ लेने में नागरिकों को अक्सर काफी मुश्किलों का सामना करना पड़ता है। नागरिक अधिकार-पत्र (चार्टर) उन समस्याओं को हल करने का साधन है जिनका सामना नागरिक, सरकारी सेवाएँ देने वाले संगठनों से व्यवहार करने में करते हैं।

जॉन मेजर के नेतृत्व में कंजरवेटिव पार्टी सरकार (सिटिजन चार्टर) नागरिक अधिकार-पत्र शुरू करने वाली पहली सरकार थी। नागरिक अधिकार-पत्र लोगों के लिए सरकारी सेवाओं की गुणवत्ता में लगातार सुधार करने की कोशिश करते हैं ताकि उनकी जरूरतों एवं इच्छाओं को पूरा किया जा सके। टोनी ब्लेयर की लेबर सरकार ने 1998 में 'सर्विसिज फर्स्ट' के नाम से नागरिक अधिकार-पत्र को पुनः चालू किया।

नागरिक अधिकार-पत्र के मूलतः बनाए गए छः सिद्धान्त इस प्रकार थे:

(*i*) **गुणवत्ता**: सेवाओं की गुणवत्ता सुधारना;

(*ii*) **चयन (विकल्प)**: जहाँ कहीं भी संभव हो, दिया हो;

(*iii*) **मानक/स्तर**: विनिर्दिष्ट करना कि क्या आशा की जाए और यदि मानक (स्तर) पूरा नहीं होता है तो कैसे प्रतिक्रिया करनी है;

(*iv*) **मूल्य**: करदाताओं के धन के लिए;

(*v*) **उत्तरदायित्व**: व्यक्तियों व संगठनों का; तथा

(*vi*) **पारदर्शिता**: नियमों/पद्धतियों (प्रक्रियाओं)/योजनाओं/शिकायतों की।

बाद में, लेबर सरकार ने इन्हें सेवा प्रदान करने के निम्नलिखित नौ सिद्धान्तों तक बढ़ा दिया:

(*i*) सर्विस के निर्धारित मानक (स्तर);

(*ii*) खुलापन रखें ओर पूरी सूचना दें;

(*iii*) परामर्श लें और भागीदार बनाएँ;

(*iv*) पहुँच को बढ़ावा दें एवं विकल्प को बढ़ाएँ;

(*v*) सभी के साथ उचित व्यवहार करें;

(*vi*) जब बातें गलत हो रही हों तो उन्हें ठीक करें;

(*vii*) साधनों का उपयोग प्रभावी ढंग से करें;

(*viii*) कुछ नया करें तथा सुधार करें;

(*ix*) सेवा देने वाले अन्यों के साथ मिलकर काम करें।

ब्रिटेन के नागरिक अधिकार-पत्र की पहल का अनुसरण अन्य देशों, जैसे आस्ट्रेलिया, बेल्जियम, कनाडा, फ्रांस, भारत, जमाइका, मलेशिया, पुर्तगाल तथा स्पेन ने इसी प्रकार के कार्यक्रमों को चलाकर किया। इनमें से कुछ देशों ने 'टोटल क्वालिटी मैनेजमेण्ट' आन्दोलन (टी एम क्यू) (सम्पूर्ण गुणवत्ता प्रबन्धन) के सर्विस क्वालिटी मॉडल को अपना लिया। लोक सेवाओं को बेहतर बनाने के लिए कुछ देशों ने 'बिजनेस एक्सीलैन्स मॉडल, चार्टर' मार्क तथा आई एस ओ 9000 जैसी पद्धतियों का प्रयोग किया है।

भारतीय परिदृश्य (Indian Scenario)

24 मई, 1997 को मुख्यमंत्रियों के सम्मेलन में 'एक्शन प्लान फॉर इफैक्टिव एण्ड रेस्पोंसिव गवर्नमेंट' (प्रभावी तथा प्रतिक्रियाशील सरकार के लिए कार्य-योजना) केन्द्र तथा राज्यों के स्तर पर अपनाई गई। यह निश्चय किया गया कि केन्द्रीय तथा राज्य सरकारें नागरिक अधिकार-पत्र तैयार करेंगी और इसका आरम्भ उन क्षेत्रों से होगा जिनमें जनता का व्यवहार अधिक होता है (जैसे रेलवे, टेलिकॉम, डाक, जन वितरण प्रणाली, और इसी प्रकार के अन्य)।

अधिकार-पत्रों में एक संगठन के विभिन्न पहलू शामिल होंगे। हम उन पर नीचे चर्चा कर रहे हैं:

दूर-दृष्टि व मिशन के कथन (Vision and Mission Statement)

नागरिक अधिकार-पत्र का आरम्भ दूर-दृष्टि (Vision) के स्पष्ट कथन से शुरू होना चाहिए। दूर-दृष्टि किसी संगठन के अन्तिम उद्देश्यों तथा उनको प्राप्त करने के ढंग को प्रतिभासित करता है। एक स्पष्ट दूर-दृष्टि संगठन को अपने लक्ष्यों के लिए योजना बनाने तथा उन्हें प्राप्त करने में मदद करती है। संगठन की दूर-दृष्टि की इसके कर्मिकों तथा उन नागरिकों को जानकारी होनी चाहिए जिनको यह सेवा दे रहा है। सरकारी निकायों को अपनी दूर-दृष्टि को परामर्शी प्रक्रिया से तैयार करना चाहिए जिसमें संगठन की अनेक बातें (बिन्दु) होंगी तथा नागरिकों, ग्राहक वर्गों एवं पणधारियों की भागीदारी होगी। इससे दूर-दृष्टि की पर्याप्त स्वीकार्यता सुनिश्चित हो जाएगी।

मिशन कथन (Mission Statement)

मिशन के कथन में विशिष्ट उद्देश्यों का विवरण दिया जाता है जो संगठन को इसकी दूर-दृष्टि के मेल में संचालित करते हैं। संगठन को उस ढंग के बारे में सोच लेना चाहिए जिसके द्वारा दूर-दृष्टि (विजन) स्वप्न को वास्तविकता का रूप दिया जाना है। इससे उनको अपने मिशन को हल्के-फुल्के रूप में स्थापित करने की बजाय ठोस रूप देने में मदद मिलेगी।

सेवाओं की पहचान करना (Identification of Services)

अधिकार-पत्र में उन सेवाओं को स्पष्ट रूप से विनिर्दिष्ट किया जाना चाहिए जो एक संगठन अपने मिशन तथा दूर-दृष्टि को प्राप्त करने के लिए उपलब्ध कराएगा। इसमें उन सभी सेवाओं की सूचनी होगी जो विभिन्न एजेन्सियों द्वारा उपलब्ध कराई जाएँगी। कुछ अधिकार-पत्र 'संगठन द्वारा किए जा रहे व्यापारी कार्यों के विवरणों के बारे में सूचना देते हैं। कोई एजेन्सी अन्य अभिव्यक्तियों जैसे 'अवर फंक्शन्स' (हमारे कार्य/हमारी गतिविधियाँ) 'अवर ड्यूटीज एंड रेस्पोंसिबिलिटीज' (हमारे कर्तव्य तथा उत्तरदायित्व) का प्रयोग कर सकती हैं। लेकिन मुख्य बिन्दु (बात) यह है कि सभी सेवाओं को दूर-दृष्टि में स्पष्टत: दिया जाना है।

स्तरों की पहचान (Identification of Levels)

संगठन अनेक स्तरों पर काम करते हैं; उत्तरदायित्वों एवं अधिकारों के आबंटन के आधार पर विशिष्ट स्तर, विशिष्ट समूहों/उपयोग-कर्ताओं/पणधारियों के काम देखता है। चाहे संगठन अपने अधिकार-पत्रों में 'डिटेल्स ऑफ बिजनेस' (कारोबार के विवरणों), 'कमिटमैण्ट्स' (प्रतिबद्धताओं), 'फंक्शन्स' (कार्य), या 'सर्विसेज' (सेवाओं) का उल्लेख करें या न करें, उनमें इस बात का स्पष्ट उल्लेख होना चाहिए कि कौन-सी विशिष्ट सेवा किस स्तर (विभाग) द्वारा दी जाएगी। नागरिक/ग्राहक यह जान जाएँगे कि वे किसी विशिष्ट सेवा के लिए किस स्तर से सम्पर्क करें और डिलीवरी प्वाइंट (काम होने के स्थान) को तलाशने में अपना समय और ऊर्जा बर्बाद न करें। अधिकार-पत्र में यह बात स्पष्ट रूप से उल्लिखित होनी चाहिए कि क्या यह मंत्रालय या विभाग के अधीनस्थ सभी एजेन्सियों पर लागू होता है या एजेन्सियों के अपने-अपने विशिष्ट अधिकार-पत्र हैं।

ग्राहक समूहों/पणधारियों/उपयोगकर्ताओं की पहचान (Identification of Client Groups/Stake-holders/Users)

नागरिक अधिकार-पत्र में अपने ग्राहक समूहों/पणधारियों/उपयोगकर्ताओं का स्पष्ट उल्लेख होना चाहिए। इससे उनको बेहतर सेवाएँ मिलेंगी तथा उनसे व्यवहार भी अधिक होगा। नागरिक अधिकार-पत्रों की एक सामान्य कमजोरी उनकी दी जाने वाली सेवाओं के संदर्भ में ग्राहक समूहों/पणधारियों/उपयोगकर्ताओं को स्पष्टत: निश्चित करने (पहचान करने) में असफलता है। इस कमजोरी को दूर करने का उपाय किया जाना चाहिए। कभी-कभी संगठनों के पास वे विशिष्ट ग्राहक समूह नहीं आते हैं जिनके साथ उनका नियमित व्यवहार रहता है। कुछ संगठनों में सीधे ग्राहक आ सकते हैं जो प्राप्त सेवाओं के लिए भुगतान करते हैं। लेकिन अन्यों के पास ऐसे उपयोग करने वाले हो सकते हैं जो नागरिक होने के कारण सेवा पा सकते हैं। कुछ मामलों में, किसी सेवा के उपयोगकर्ता न होने पर भी, नागरिक या समूह संगठनात्मक निर्णयों के बारे में चिन्तित हो सकते हैं क्योंकि उन्हें निर्णयों के परिणामों को झेलना पड़ता है, जैसाकि औद्योगिक या खनन परियोजनाओं से सम्बंधित अनेक निर्णयों के मामले में हुआ है, जो स्थानीय लोगों को प्रभावित करते हैं, चाहे वे उपयोग करने वाले या ग्राहक न भी हों। लेकिन सरकारी संगठनों को सभी नागरिकों को सेवा देनी होगी चाहे उनकी स्थिति संगठन के ग्राहकों के तौर पर कुछ भी हों।

अनेक ग्राहक-समूहों के साथ बड़े संगठनों में विभिन्न ग्राहकों के लिए विभिन्न सेवाएँ हो सकती हैं। ऐसी स्थिति में, अधिकार-पत्र में प्रत्येक समूह के लिए सेवाओं तथा इनमें से प्रत्येक सेवा के लिए 'प्रतिबद्धताओं' को बताना चाहिए। संगठन के प्रत्येक स्तर पर विशिष्ट 'प्रतिबद्धताओं' को निर्दिष्ट कर एवं अनुसूचित जाति, अनुसूचित जन-जाति, धार्मिक अल्पसंख्यकों एवं कमजोर वर्गों जैसे विशेष ग्राहक समूहों के लिए 'प्रतिबद्धताओं' को निर्दिष्ट कर इसे और परिष्कृत किया जा सकता है।

प्रत्येक सेवा के लिए समय-सीमाओं के विनिर्देश (Specification of Time Frames for Each Service)

अधिकार-पत्र में यह बताना होगा कि कोई विशिष्ट सेवा कितने समय में दी जाएगी। समय का उल्लेख कर संगठन जनता की अनपेक्षित आशाओं से बचाव करेगा और उचित कार्य-क्रम के भीतर काम कर सकेगा। नागरिक भी अपने कार्यक्रम तदनुसार बना सकते हैं और जहाँ कहीं भी उपलब्ध हों, विकल्पों की तलाश कर सकते हैं। यह देखा गया है कि कुछ सेवाएँ हमेशा रहने वाली हैं। इसका उदाहरण वे सेवाएँ हैं जो टेलिकम्यूनिकेशन विभाग, भारतीय रेलवे, डाक तथा तार विभाग, पेय जल विभाग देते हैं। तथापि, कुछ सेवाएँ जैसे डाक का वितरण, डाक जमाओं का भुगतान तथा टेलिफोन कनैक्शन्स का लगाया जाना, रेलवे के टिकटों का आरक्षण/रद्द कराना भी समयबद्ध हो सकते हैं।

प्रत्येक स्तर के लिए समय-सीमाओं के विनिर्देश (Specification of Time Frame at Each Levels)

प्रत्येक उस स्तर के लिए सेवा देने हेतु समय सीमा जरूरी है जिस पर विशिष्ट सेवाएँ दी जानी हैं। उनका पालन करने की जरूरत है। आदर्श रूप से, संगठनों को प्रत्येक स्तर पर समय के पालन की सीमा बताते हुए सूचना प्रकाशित करनी चाहिए। संगठन के विभिन्न स्तरों से सर्विस देने की तुलनात्मक स्थिति को जनता के जानने से निष्पादन में प्रतिस्पर्द्धा एवं सुधार हो सकता है।

सेवा की क्वालिटी मानकों के विनिर्देश (Specification of Service Quality Standard)

संगठनों को अधिकार-पत्रों में सेवा क्वालिटी मानकों को दिखाना चाहिए। इस सूचना के आधार पर नागरिक, सेवा के अन्य उपलब्ध स्रोतों को तलाश सकते हैं या प्रस्तावित मानकों में बढ़त ढूँढ सकते हैं। संगठन भी अपने घोषित मानकों के आधार पर आन्तरिक नियन्त्रणों का प्रयोग कर सकते हैं। मानकों की घोषणा करते समय, संगठनों को जननीति की अपेक्षाओं और ग्राहकों के हितों का पालन करना होगा। उदाहरण के लिए, पासपोर्ट की डिलीवरी में, ग्राहक गति चाहते हैं, लेकिन जन नीति के हितों के लिए उचित जाँच जरूरी है।

सेवा देने के मानकों के विनिर्देश (Specification of Service Delivery Standards)

नागरिक अधिकार-पत्रों में सेवा देने के मानकों जैसे समय-सीमा, पहुँच, सही होना, भरोसेमंद, (दे सकने में) समर्थ होना, प्रतिक्रियात्मकता, उचितता तथा शिष्टाचार पर स्पष्ट रूप से प्रतिबद्धताएँ शामिल होनी चाहिए। इन मानकों को केवल लक्ष्यों के रूप में नहीं अपितु प्रतिबद्धताओं के रूप में दिया जाना चाहिए। मानक मापनीय होने चाहिए ताकि संगठन अपने कार्य-संपादन को ठोस रूप में प्रस्तुत कर सके। मानकों का व्यापक प्रचार किया जाना चाहिए तथा लोगों को उपयुक्त मीडिया विज्ञापनों के माध्यम से बताए जाने चाहिए।

जन-शिकायत दूर करने की पद्धतियों के बारे में सूचना देना (Providing Information about the Public Grievance Redressel Procedures)

शिकायतों को दूर करने से संगठन को अपने कार्य-संचालन को ठीक करने में मदद मिलती है। अधिकार-पत्र में नागरिकों/ग्राहकों को अपनी शिकायतों पर खुले आम चर्चा करने के लिए बढ़ावा दिया जाना चाहिए। इसमें शिकायतें दूर करने की पद्धतियाँ स्पष्ट रूप से निर्धारित की गई होनी चाहिए ताकि वे नागरिक/प्रयोक्ता/ग्राहक/पणधारी, जिन्हें कोई शिकायत होगी तो वे उसे दूर करवा सकते हैं। इस क्रिया-विधि को गंभीरता से लिया जाना चाहिए क्योंकि नागरिकों की शिकायतें दूर न करने से संगठन की छवि खराब हो सकती है।

जनशिकायत दूर करने के तंत्र के बारे में सूचना देना (Providing information about the Public Grievance Mechanism)

शिकायतों को दूर करने के लिए विभिन्न स्तरों पर उपलब्ध क्रिया-विधियों के बारे में नागरिकों को जानकारी होनी चाहिए। शिकायतों को आमंत्रित करने तथा उन्हें दूर करने के लिए, शिकायतों पर कार्यवाही करने का उत्तरदायित्व एक वरिष्ठ अधिकारी को सौंपा जाना चाहिए। उसका नाम, पदनाम, कार्यालय कक्ष व टेलिफोन नम्बर तथा ई-मेल पता, अधिकार-पत्र में दिया जाना चाहिए। शिकायतों के प्रभारी अधिकारी को यह सुनिश्चित करना चाहिए कि वे प्राप्त की जाती हैं, डायरी में दर्ज की जाती हैं। एक-दो दिन में उनकी पावती दे दी जाती है और उनकी जाँच हो जाती है। संगठनों में, विभिन्न स्तरों पर सम्बंधित अधिकारियों के साथ, समीक्षा, साप्ताहिक या मासिक बैठकों हेतु समिति तथा प्राप्त शिकायतों की संख्या व प्रकारों पर रिपोर्टें जैसी क्रियाविधियाँ होनी चाहिए।

जनशिकायत को दूर करने के लिए समय सीमा के बारे में सूचना (Information about the Time Frame for Public Grievance Redressal)

शिकायतों पर कार्यवाही करने हेतु समय सीमा, नागरिक अधिकार-पत्र की महत्त्वपूर्ण मद है। शिकायतों को दूर करने हेतु निर्धारित समय-सीमा वास्तविक होनी चाहिए और संगठनों को उसका पालन करना चाहिए अन्यथा यह प्रणाली अपनी साख खो देगी। एक शिकायत अन्ततः स्वीकार या अस्वीकार की जा सकती है। यदि कोई शिकायत अस्वीकृत हो जाती है तो उसकी अस्वीकृति के कारण स्पष्ट रूप से बताए जाएँगे। ऐसे नागरिकों के लिए अपील करने का प्रावधान बनाया जाना चाहिए जो शिकायत के अस्वीकृत होने के बावजूद अपनी शिकायत पर कार्यवाही कराना चाहते हैं।

संक्षेप में कह सकते हैं कि नागरिक अधिकार-पत्र (चार्टर) में शामिल हैं: दूरदृष्टि व मिशन कथन; सेवाओं की पहचान; स्तरों की पहचान; ग्राहक समूहों/पणधारियों/उपयोगकर्ताओं की पहचान; प्रत्येक सेवा के लिए समय-सीमा का विनिर्देश; प्रत्येक

स्तर के लिए समय-सीमाओं का विनिर्देश; सेवा की क्वालिटी के मानकों का विनिर्देश; सेवा देने के मानकों का विनिर्देश; तथा शिकायतों को दूर करने की पद्धतियों के बारे में सूचना देना।

प्रभावी बनाने के लिए नागरिक अधिकार-पत्र में निम्नलिखित के लिए स्पष्ट सूचना देने की जरूरत है:

» फार्मों एवं शुल्कों के बारे में जानकारी के साथ सेवाओं को प्राप्त करने की प्रक्रियाएँ/पद्धतियाँ।
» पते, टेलिफोन नम्बरों तथा ई-मेल सहित सेवा देने वालों तक पहुँचने के लिए सम्पर्क स्थल (प्वाइंट)।
» सूचना देने वाले पटलों की अवस्थिति तथा कार्य।
» सूचना के अधिकार अधिनियम, 2005 के अंतर्गत प्रकाशित योजनाओं की हैण्डबुक।
» नागरिकों के अधिकार-पत्रों हेतु मॉनीटरिंग क्रिया-विधि।
» जनता से सुझाव व विचार प्राप्त करने के लिए पद्धति।

नागरिक अधिकार पत्र के विविध पहलू (Aspects of a Citizen's Charter)

तर्कपरकता (Rationale)

नागरिक अधिकार-पत्र (चार्टर) नागरिकों तथा जन सेवा उपलब्ध कराने वाले के बीच समझ (understanding) को व्यक्त करता है। सेवा उपलब्ध कराने वाला प्राय: सरकारी विभाग या वह एजेन्सी होती है जो कोई विशिष्ट सेवा देती है। यदि कोई सेवा बाहर गैर-सरकारी एजेन्सी को दी जाती है तो वह एजेन्सी सेवा देने वाली बन जाती है। उदाहरण के लिए, जन्म का प्रमाण-पत्र, गाँव की पंचायत या म्युनिसिपैल्टी या शहर के निगम द्वारा दिया जा सकता है। नागरिक अधिकार-पत्र में सेवा की क्वालिटी तथा इसे उपलब्ध कराने के समय का उल्लेख होना चाहिए। यह जनता के अधिकारों एवं सरकारी कर्मचारियों के उत्तरदायित्वों का विवरण है।

नागरिकों को ऐसी विशिष्ट क्वालिटी की सेवा पाने का हक है जो उनकी जरूरतों को पूरा करती हो और उचित लागत पर कुशलतापूर्वक दी जाती है। नागरिक अधिकार-पत्र, सेवा उपलब्ध कराने वालों द्वारा की गई लिखित, स्वैच्छिक घोषणा है। यह सम्बंधित सेवाओं के स्तरों, क्वालिटी या मानक को विनिर्दिष्ट करता है। यह लोगों को उपलब्ध विकल्पों को बताता है या यह बताता है कि क्या लोग ऐसी सेवाएँ अन्य सेवाप्रदाताओं से प्राप्त कर सकते हैं या नहीं। अधिकार-पत्र (चार्टर) उस पद्धति को भी बताता है जिससे नागरिकगण सेवाप्रदाता से सेवा प्राप्त कर सकते हैं। यह इस बात के प्रति आश्वस्त करता है कि सभी पात्र लोगों को बिना किसी भेद-भाव के सेवा दी जाएगी। सेवा के बारे में सम्बंधित विवरण सार्वजनिक किए जाते हैं और पारदर्शिता सुनिश्चित करने के लिए पूरी तरह प्रकाशित किए जाते हैं। इसके विवरण जनता के सामने रखे गए हैं ताकि सब लोग उसके बारे में जान सकें। इसके बारे में कुछ भी गुप्त या छुपा कर नहीं रखा गया है। अन्त में, नागरिक अधिकार-पत्र में उत्तरदायित्व की शर्तें (खण्ड-वाक्य) होती हैं। यह सेवा देने वाले व्यक्तियों को विनिर्दिष्ट करता है तथा वह यह भी बताता है कि वायदे के अनुसार सेवा न पाने पर शिकायत के लिए नागरिक किससे मिल सकते हैं।

नागरिक अधिकार-पत्र ने उपभोक्ता सेवा का विचार निजी क्षेत्र से लिया है। संतुष्ट ग्राहक आधार के बिना कोई व्यापार नहीं चल सकता। सफल कारोबार (व्यापार) उत्पाद की क्वालिटी, बिक्री के बाद की सर्विस तथा ग्राहकों की शिकायतों को दूर करने पर ध्यान संकेद्रित करता है। नागरिक अधिकार-पत्र सफल निजी उपक्रमों के प्रबन्धकीय मॉडल पर सरकार (शासन) को पुन: आविष्कृत करने की संकल्पना को लागू करने को प्रस्तुत करता है। इस मॉडल में, सर्विस देने वाले विभाग या इसके कर्मचारियों को प्रबंधक की भूमिका दी जाती है। उस सेवा के लिए नागरिकों को विभाग के ग्राहक माना जाता है। सेवा वह उत्पाद हो जाती है जो वह विभाग उपलब्ध कराता है। सेवा की क्वालिटी, व्यापारिक शब्दावली के उत्पाद मानक के समान लगती है।

सेवा देने के इस मॉडल से सरकारी कर्मचारियों के रवैये में बदलाव भी आने की आशा है। परम्परागत रूप से, भारत में सरकारी कर्मचारी स्वयं को सरकारी शक्ति के प्रयोग करने वाले एजेण्ट मानते हैं। वे इसे लोगों पर लागू कर शासन करना पसंद करते हैं। सेवा देने का मॉडल सरकारी कर्मचारियों को, लोगों को सेवा देने वालों की भिन्न भूमिका में ढाल देते हैं। उन्हें सेवा, सहानुभूति के साथ देनी है और लोगों की संतुष्टि सुनिश्चित करनी है। लोग कर देते हैं और सेवा देते समय यह सुनिश्चित करना होगा कि लोग अपने पैसे का मूल्य पाएँ।

नागरिक अधिकार-पत्र में ऐसे वायदे नहीं करने चाहिए जो पूरे नहीं किए जा सकते। इसमें उन्हीं सेवाओं का उल्लेख होना चाहिए जो कार्यक्रम के अनुसार या नीति के मार्ग-निर्देशों के अनुसार हों तथा उपलब्ध साधनों के भीतर हों। इसमें केवल आश्वासन या धुँधले से वायदे नहीं होने चाहिए। इसमें सेवा की प्रकृति के आधार पर उपयुक्त पद्धतियों को अपनाया जाना चाहिए। नागरिक अधिकार-पत्र मानकों तथा सेवा देने के स्तरों को सर्वाधिक उपयुक्त ढंग से बढ़ाने एवं जनता की भागीदारी में वृद्धि करने के विचारों का सैट है। यदि इसे सही ढंग से लागू किया जाए तो नागरिक अधिकार-पत्र से पारदर्शिता एवं जवाबदेही बढ़ेगी।

नागरिक अधिकार-पत्र से हो सकता है:

» बेहतर सेवा देना।

» लोगों के प्रति कर्मचारियों की और अधिक जिम्मेदारी, तथा।

» सेवाओं से वृहतर जन संतुष्टि।

नागरिक अधिकार-पत्र बनाने की अवस्थाएँ (Steps in formulation of a Citizen Charter)

नागरिक अधिकार-पत्र (charter) बनाने के लिए निम्नलिखित कदम उठाए जाने जरूरी हैं:

(*i*) कार्य दल का गठन करना जिसमें अधिकार-पत्र (charter) तैयार करने के लिए सम्बंधित कर्मचारी होंगे।

(*ii*) उन मुख्य सेवाओं को सूचीबद्ध करना जो संगठन देगा तथा जिन्हें सेवाएँ दी जाएँगी (व्यापारी शब्दावली में क्लाइंट या ग्राहक)

(*iii*) क्लाइंटस (ग्राहकों)/पणधारियों/कर्मचारियों तथा उनके प्रतिनिधि एसोसिएशन्स के साथ सलाह-मशविरा (मुख्यतः कटिंग ऐज स्तर पर या कार्यान्वयन स्तर पर)।

(*iv*) अधिकार-पत्र का मसौदा (प्रारूप) तैयार करना

उनकी टिप्पणियाँ/सुझाव पाने के लिए सभी सम्बंधितों के बीच अधिकार-पत्र के मसौदे का परिचालन;

सुझावों पर विचार करने के पश्चात् अधिकार-पत्र में संशोधन।

(*v*) कोर ग्रुप द्वारा अधिकार-पत्र पर विचार करना (कोर ग्रुप कर्मचारियों का एक और दल है जो अधिकार-पत्र की संतुलित समीक्षा करता है)।

(*vi*) कोर ग्रुप के सुझावों/टिप्पणियों के आधार पर मंत्रालय/विभाग द्वारा अधिकार-पत्र का संशोधन।

(*vii*) प्रभारी मंत्री द्वारा अनुमोदन।

(*viii*) अधिकार-पत्र की प्रति, प्रशासनिक सुधार तथा लोक शिकायत विभाग को प्रस्तुत करना (राज्य सरकारों में, प्रति राज्य प्रशासन सुधार विभाग को भेजी जाएगी)।

(*ix*) अधिकार-पत्र को औपचारिक रूप से जारी करना निर्मोचित करना, और इसे वेबसाइट पर अपलोड करना।

(*x*) जनता के प्रतिनिधियों (People's Representatives) तथा सभी पणधारियों को प्रतियाँ भेजना।

(*xi*) प्रभावी कार्यान्वयन सुनिश्चित करने के लिए एक नोडल अधिकारी की नियुक्ति।

आदर्श मार्ग-निर्देश (Model Guidelines)

नागरिक अधिकार का उद्देश्य सरकारी विभागों तथा सरकारी उपक्रम हस्तियों (संस्थाओं) द्वारा दी जा रही सेवाओं की क्वालिटी के बारे में नागरिकों/उपभोक्ताओं/ग्राहकों की असंतुष्टि को कम करना है। इस प्रयोजन की सिद्धि के लिए नागरिक अधिकार-पत्र हेतु निम्नलिखित मार्ग-निर्देशों को अपनाना चाहिए।

(*i*) अधिकार-पत्र (चार्टर) सरल होना चाहिए।

(*ii*) अधिकार-पत्र को तैयार करते समय वरिष्ठ अधिकारियों या विशेषज्ञों को इसे लागू करने वाले (कटिंग ऐज) कर्मचारियों तथा इसका प्रयोग करने वाले नागरिकों (या उनके प्रतिनिधियों) से परामर्श कर लेना चाहिए।

(*iii*) नागरिक अधिकार-पत्र को कार्यालय के सूचना-पट पर लगा देने मात्र से सेवा देने वाले कर्मचारियों के रवैये में परिवर्तन नहीं आएगा। आवश्यक वातावरण बनाने के लिए नियमित प्रशिक्षण और कर्मचारियों का उत्प्रेरण जरूरी है।

(*iv*) अधिकार-पत्र में, दी जाने वाली सेवाओं को स्पष्ट रूप से बताया जाना चाहिए।

(*v*) प्रत्येक उपलब्ध सेवा के लिए अधिकार-पत्र में, इसके पात्र लोगों, उपभोक्ताओं की हकदारी, सेवा के मानक (स्तर) तथा मानकों के भंग होने पर उपभोक्ताओं को उपलब्ध सुधारात्मक उपायों का उल्लेख होना चाहिए।

(*vi*) सेवाओं का लाभ उठाने की पद्धतियों व देय शुल्कों का वेबसाइट/डिसप्ले बोर्डों/बुकलैट्स/पूछताछ खिड़कियों पर प्रदर्शन होना चाहिए।

(*vii*) यह स्पष्ट कर दिया जाना चाहिए कि सेवाएँ, यथासंभव अधिकार-पत्र में दिए गए के नियम के अनुसार देने के पूरे प्रयास किए जाएँगे लेकिन वे वाद-योग्य नहीं हैं (या अदालतों द्वारा लागू नहीं किए जा सकते)।

(*viii*) अनुभव के आधार पर हर छः महीनों में अधिकार-पत्र की समीक्षा करने के लिए कार्यक्रम सहित उसमें प्रतिक्रियाएँ (feedback) प्राप्त करने, निष्पादन लेखा-जोखा (जो बताता है कि क्या सेवाएँ अधिकार-पत्र में किए वायदे के अनुसार दी जा रही हैं या नहीं) लेने के प्रावधान होने चाहिए।

(*ix*) यदि कोई संगठन कोई विशिष्ट सेवाएँ प्रदान करता है तो प्रत्येक विशिष्ट सेवा क्षेत्र के लिए अलग-अलग अधिकार-पत्र तैयार किए जा सकते हैं।

सामान्य ढाँचा (General Structure)

नागरिक अधिकार-पत्र के संघटकों का उल्लेख हम पहले कर चुके हैं। अधिक व्यापक अर्थों में, अधिकार-पत्र का आरम्भ दी जाने वाली सेवाओं के संक्षिप्त विवरण से होना चाहिए। इसमें सेवा के लोकस्वरूप (व्यवहार) का उल्लेख होना चाहिए, जैसे रेलवे में टिकट आरक्षण, या यात्री-सुविधाएँ, डाक डिलिवरी या डाक विभाग की प्रीमियम सेवाएँ। मानकों के प्रति प्रतिबद्धता समय सीमाओं एवं सेवा की क्वालिटी को विनिर्दिष्ट करती है। अधिकार-पत्र उन कर्मचारियों या सेवा-प्रदाताओं को विनिर्दिष्ट करेगा। वे कहाँ मिल सकते हैं तथा उनसे क्या प्रत्याशित है। अधिकार-पत्रों को लोगों को सूचित (सूचना-प्राप्त) रखना चाहिए तथा उस सूचना का विशेष ध्यान रखना चाहिए जिनकी जरूरत लोगों को सेवा प्राप्त करने के लिए पड़ेगी। अधिकार-पत्र में ऐसी किसी समस्या का भी ध्यान रखना चाहिए जिसके कारण सेवा देने में असफलता उत्पन्न हो सकती है और लोगों को बताना चाहिए कि ऐसी आकस्मिकता में, इस प्रयोजन के लिए पदनामित कर्मचारियों से वे कैसी मदद पा सकते हैं। इसमें इस बात का भी उल्लेख हो सकता है कि नागरिक किस प्रकार अपने सुझावों से या अन्य किसी प्रकार से संगठन की मदद कर सकते हैं।

अधिकार-पत्रों के कार्यान्वयन हेतु करणीय व अकरणीय (Do's and Don'ts for Implementing the charter)

नागरिक अधिकार-पत्रों के कार्यान्वयन के अनुभव के आधार पर, प्रशासनिक सुधार विभाग ने, इनके कार्यान्वयन के लिए निम्नलिखित सकारात्मक तथा नकारात्मक मार्ग-निर्देश बनाए हैं:

1. स्थिर गति से आगे बढ़िए।
2. व्यवहार (Interface) के क्षेत्रों की सूची बनाइए।
3. अधिकार-पत्र को छोटे-छोटे चरणों में आरम्भ कीजिए।
4. नागरिक अधिकार-पत्रों को बनाने व लागू करने में ग्राहकों और कर्मचारियों को जोड़िए।
5. अधिकार-पत्र को बनाने व पाँच वर्षों तक लागू करने के लिए मास्टर प्लान बनाइए और साथ ही इस अवधि के लिए बजट भी बनाइए।
6. छोटे-छोटे और अत्यन्त मुखर उपायों से ग्राहकों का विश्वास जीतिए।
7. अनुभव के आधार पर अधिकार-पत्र में संशोधन करने के लिए तत्पर रहिए।
8. प्रस्तावित प्रतिबद्धताओं की सूचना लोगों को दें।

9. सरल भाषा का प्रयोग कीजिए।
10. सम्बंधित कर्मचारियों को प्रशिक्षित कीजिए।
11. शक्तियों का प्रत्यायोजन कीजिए।
12. प्रतिक्रिया (फीडबैक) तथा स्वतन्त्र जाँच हेतु प्रणालियाँ स्थापित कीजिए।

अधिकार-पत्रों को तैयार करते समय निम्नलिखित त्रुटियों से बचना चाहिए:

» अधिकार-पत्रों में जल्दबाजी करना।
» अवास्तविक (अव्यावहारिक) होना।
» अधिक प्रतिबद्धताएँ ले लेना।
» कार्य-सम्पादन स्तरों से सूचनाएँ लिए बिना निर्माण (Topdowns) व कार्यान्वयन पूरा करना।
» सम्पूर्ण मंत्रालय/विभाग/संगठन के लिए एक पैकेज तैयार करना।
» जो कर सकते हैं, उससे अधिक का वायदा करना।
» नागरिक अधिकार-पत्र, को अन्तिम परिणाम के साथ एक बार किए जाने वाले कार्य के रूप में देखना।
» सेवा देने की स्थिति में होने से पहले ही नागरिकों को सूचित कर देना।
» केन्द्रीकरण।
» निष्पादन (कार्य-सम्पादन) की नियमित आवधिक समीक्षा के बिना अन्धाधुंध जारी रखना।

अच्छे अधिकार-पत्र की विशेषताएँ (Features of a Good Charter)

अच्छे अधिकार-पत्र के घटक हैं:

(*i*) उपभोक्ता की जरूरतों पर ध्यान केन्द्रित करना;
(*ii*) सरल भाषा;
(*iii*) सेवा के मानक;
(*iv*) प्रभावी उपाय;
(*v*) प्रशिक्षण;
(*vi*) प्रत्यायोजन;
(*vii*) प्रतिपुष्टि (Feedback) क्रियाविधि;
(*viii*) गहन मॉनीटरिंग;
(*ix*) आवधिक समीक्षा;

नागरिकों की प्रत्याशाएँ (Citizen's Expectations)

नागरिकों को सरकारी विभागों/सेवा प्रदाताओं से निम्नलिखित प्रत्याशाएँ होती हैं:

(*i*) कार्य-सम्पादन में विश्वसनीयता या सततता;
(*ii*) प्रतिक्रियाशीलता या समय पर सेवा देना;
(*iii*) विश्वसनीयता या ग्राहक के हितों को दिल में रखना;
(*iv*) समानुभूति या ग्राहक की जरूरतों पर ध्यान देना;
(*v*) विनम्रता व परवाह करना या सेवा करने की इच्छा की भौतिक अभिव्यक्ति।

समाप्त करते हुए, नागरिक अधिकार-पत्र के छ: सिद्धान्त हैं: प्रकाशित मानक; खुलापन तथा सूचना की स्पष्टता; चयन तथा परामर्शन; विनम्रता तथा मददगार होना; गड़बड़ (खराबी) हो जाने पर सुधार करना; तथा पैसे के लिए मूल्य;

नागरिक अधिकार-पत्रों की कार्यप्रणाली (Working of Citizen's Charters)

नागरिक अधिकार-पत्रों के विभिन्न मूल्यांकन हुए हैं। इनके निष्कर्ष सामान्यत: नकारात्मक रहे हैं। लेकिन साथ ही उल्लेखनीय सफलताएँ भी मिली हैं। इसके सफल उदाहरण, जिनका उल्लेख कार्मिक मंत्रालय के एक सरकारी प्रलेख में हुआ है, वे हैं: क्षेत्रीय परिवहन कार्यालय, हैदराबाद; जन सेवा केन्द्र, अहमदाबाद; चेन्नई महानगरीय जल पूर्ति और मल-जल बोर्ड, चेन्नई; तथा हैदाराबद जलपूर्ति व मल-जल बोर्ड। तथापि, इसके अतिरिक्त अनेक सफलता की कहानियाँ हो सकती हैं। कम-से-कम इतना तो है कि नागरिक अधिकार-पत्र की अवधारण सरकारों व नागरिकों के दिमाग में पक्की तौर पर जम गई है। जनवरी, 2011 तक केन्द्रीय सरकार के विभागों ने 131 नागरिक अधिकार-पत्रों को अन्तिम रूप दे दिया है और राज्य सरकारों के विभागों ने 729 नागरिक अधिकार-पत्रों को तैयार किया है।

कार्मिक मंत्रालय द्वारा किए गए पहले के अध्ययन में निम्नलिखित कमियाँ सामने आई हैं। नागरिक अधिकार-पत्रों का प्रभाव सेवा देने के घटिया मानकों एवं अव-कार्य-सम्पादन के कारण कम हो गया था। सेवाओं की क्वालिटी के बारे में नागरिकों से अपर्याप्त प्रतिक्रियाएँ प्राप्त हुईं जिससे अधिकार-पत्र का प्रभाव सीमित हो गया। चमक-रहित निष्पादन (कार्य-सम्पादन) के लिए अनेक कारण खोजे जा सकते हैं, जैसे

- प्रचार के प्रति योजनाबद्ध सोच का अभाव।
- सीमित प्रशिक्षण तथा पणधारियों की सीमित भागीदारी।
- अधिकार-पत्र को अनेक प्रयासों (पहलों) में से एक मानना।
- काम करने का दफ्तरशाही ढंग।
- पणधारियों की कोई प्रणालीबद्ध पहचान न होना।
- नागरिक मैत्री वाली सोच का अभाव तथा पणधारियों के लिए चर्चा करने या प्रतिक्रिया देने के लिए रास्तों का न होना।
- शिकायतों को निपटाने की घटिया प्रणालियाँ।
- स्थापित प्रणालियों का घटिया होना।
- पुरानी पड़ गई पद्धतियाँ।
- कर्मचारियों का अपर्याप्त प्रशिक्षण।
- केन्द्रीयकरण।
- पारदर्शिता की कमी।
- सम्प्रेषण की असफलता।
- विश्वसनीयता की कमी तथा प्रणाली में विश्वास की कमी।

समाधान (Solutions)

- प्रेस, इलैक्ट्रॉनिक मीडिया के माध्यम से प्रचार हेतु होलिस्टिक सोच तथा प्रयोक्ता की भागीदारी।
- विभागों द्वारा 'नागरिक मिलन' कार्यक्रमों का आयोजन करना।
- कोचिंग, प्रशिक्षण तथा प्रोत्साहन प्रणालियों का आयोजन कर अधिकारियों व कर्मचारियों के व्यवहार में परिवर्तन लाना।
- कार्यालयों में ग्राहक-मित्रता वाले वातावरण का निर्माण।
- अधिकारियों तथा कर्मचारियों तक पहुँच को सुगम बनाना।
- सभी स्तरों पर कर्मचारियों को प्रशिक्षण।

- » शक्तियों का विकेन्द्रीकरण तथा प्रत्यायोजन।
- » प्रौद्योगिकी उन्नयन।
- » प्रक्रिया की समीक्षा तथा पुनर्गठन।
- » ग्राहक विश्वासोत्पादक उपाय, सूचना तथा रिपोर्टों को सेवा के प्रयोक्ताओं के साथ बाँटना।
- » नकारात्मक प्रतिक्रियाओं को माँगना तथा ग्राहकों के मन से भय को दूर करते हुए परामर्शी समितियों का गठन।
- » जनता को आश्वस्त करना कि प्रतिक्रिया से प्राप्त सूचना का उपयोग सेवाओं को सुधारने में किया जाएगा।

सामान (वस्तुओं) तथा सेवाओं की समयबद्ध डिलिवरी हेतु नागरिकों के अधिकार का बिल तथा उनकी शिकायतों को दूर करना (Bill on the Right of Citizens for time bound delivery of Goods and services and redressal of their grievances)

अब सरकार ने प्रत्येक लोक प्राधिकरण के लिए नागरिकों के प्रति उत्तरदायित्व निर्धारित करने के लिए कानून पारित करने का निश्चय किया है जिसमें सामान और सेवाओं को समयबद्ध ढंग से देने तथा नागरिक अधिकार-पत्र के पालन न करने के लिए शिकायत दूर करने की क्रियाविधि विनिर्दिष्ट की गई है। इस प्रयोजन के लिए संसद में 2011 में एक बिल प्रस्तुत किया गया था।

पृष्ठभूमि (Background)

वह बिल नागरिकों के दो अधिकारों के बारे में था। पहला, वस्तुओं और सेवाओं की समयबद्ध डिलिवरी का है। दूसरा शिकायतों को दूर करने का है। बिल में नागरिक अधिकार-पत्र का उल्लेख है: यह वह प्रलेख है जो सेवाओं के उस मानक को बताता है जो एजेन्सी देती है। यह सामान और सेवायें देने के लिए समय सीमा भी बताता है।

सन् 2007 में, द्वितीय प्रशासनिक सुधार आयोग ने सिफारिश की थी कि नागरिक अधिकार-पत्र का पालन न करने पर दण्ड निर्धारित होना चाहिए। 2008 में संसदीय स्थायी (कार्मिक, लोक शिकायत, (कानून) विधि तथा न्याय) समिति ने शिकायत दूर करने की क्रियाविधियों को सांविधिक स्थिति देने की सिफारिश की थी। केन्द्रीय सूचना आयोग ने भी सिफारिश की कि लोगों की अपनी शिकायतों को हल करने के लिए सूचना के अधिकार के अधिनियम को प्रयोग करने की प्रवृत्ति को कम करने के लिए, शिकायत दूर करने की प्रणालियों को, मजबूत किया जाना चाहिए। यह देखा गया है कि आवेदक आर टी आई अधिनियम का सहारा, सूचना पाने के लिए नहीं अपितु अपनी समस्याओं को हल करवाने के लिए लेते हैं। राष्ट्रपति ने 2009 में संसद को अपने अभिभाषण में कहा था कि सरकार लोक सेवाओं की प्रभावी डिलीवरी सुनिश्चित करने पर ध्यान देगी। लोकपाल बिल, 2011 की जाँच करने वाली स्थायी समिति ने नागरिक अधिकार-पत्र एवं शिकायत दूर करने का काम करने के लिए एक अलग कानून बनाने की सिफारिश की थी। संसद ने 27 अगस्त, 2011 को लोकपाल पर 'सेंस ऑफ द हाऊस' संकल्प को अपनाते हुए सिद्धान्त रूप से नागरिक अधिकार-पत्र बनाने के लिए सहमति दे दी थी। वर्तमान में, सरकारी विभाग शिकायतों को आन्तरिक तौर पर ही निपटा रहे हैं। लोग याचिका दायर कर उच्च न्यायालय का दरवाजा भी खटखटा सकते हैं। इसके अतिरिक्त, मार्च 2012, को यथा-स्थिति, अनेक राज्यों ने शिकायतें दूर करने की क्रियाविधियों को देने के लिए कानून लागू किए हैं।

बिल के मुख्य प्रावधान (Main Provisions of the Bill)

- » बिल की अपेक्षा है कि बिल के लागू होने के छ: महीनों के भीतर सरकारी अधिकारियों को नागरिक अधिकार-पत्र को प्रकाशित करना होगा।
- » अधिकार-पत्र में विनिर्दिष्ट होना चाहिए कि सरकारी प्राधिकरण द्वारा दी जाने वाली सेवाएँ कौन-सी हैं तथा उनकी गुणवत्ता क्या है?
- » प्रभागों के अध्यक्ष, नागरिक अधिकार-पत्र के वितरण और अद्यतनीकरण के लिए उत्तरदायी हैं।

» सरकारी प्राधिकरणों में शामिल हैं: (क) संवैधानिक तथा सांविधिक प्राधिकरण; (ख) किसी सरकारी अधिसूचना के अंतर्गत स्थापित संस्थाएँ (ग) निजी-सरकारी साझेदारी। इनमें वे गैर-सरकारी संस्थायें भी शामिल हैं जिन्हें पर्याप्त सरकारी वित्त-पोषण मिलता है, सरकारी कम्पनियाँ तथा वे कम्पनियाँ जो लाइसेंस या सांविधिक उत्तरदायित्व के तहत सेवाएँ उपलब्ध कराती हैं।

» सेवाओं की कुशल व प्रभावी डिलीवरी करने तथा शिकायतों को दूर करने के लिए सरकारी संस्थाओं को सूचना सुविधा केन्द्रों (Information Facilitation Centre) की स्थापना करनी चाहिए। सूचना सुविधा केन्द्रों में कॉल सेंटर्स, सहायता डेस्क तथा लोक सहायता केन्द्र शामिल हो सकते हैं।

लोक शिकायत सुधार आयोग (Public Grievance Redressal Commission)

» बिल, केन्द्रीय व राज्य शिकायत सुधार आयोगों की स्थापना करता है। प्रत्येक आयोग में एक मुख्य आयुक्त और 10 तक आयुक्त होंगे। आयुक्तों की नियुक्ति राष्ट्रपति (राज्यपाल) द्वारा चयन समिति की सिफारिश पर की जाएगी।

» इस समिति में प्रधानमंत्री (मुख्यमंत्री), लोक सभा (विधान सभा) में विपक्ष का नेता तथा सर्वोच्च न्यायालय (उच्च न्यायालय) का पीठासीन न्यायाधीश शामिल होगा।

» आयुक्तों के पद पर नियुक्तियों के लिए व्यक्तियों को: (क) केन्द्रीय (राज्य) सरकार का वर्तमान या पूर्व सचिव; (ख) सर्वोच्च न्यायालय के वर्तमान या पूर्व न्यायाधीश या उच्च न्यायालय के वर्तमान या पूर्व मुख्य न्यायाधीश (10 वर्षों तक जिला जज या उच्च न्यायालय के न्यायाधीश); या ऐसे प्रतिष्ठित व्यक्ति जिन्हें सामाजिक क्षेत्रों में कम-से-कम 20 वर्षों (15 वर्ष) का अनुभव हो तथा सम्बंधित क्षेत्र में स्नातकोत्तर सनद (डिग्री) हो।

» आयुक्तों को विशेष परिस्थितियों में राष्ट्रपति (राज्यपाल) के आदेश से हटाया जा सकता है।

शिकायतें दर्ज करने की कार्यविधि (Complaint Mechanism)

शिकायत (Complaint)

कोई भी नागरिक इन विषयों पर शिकायत दर्ज करा सकता है:

(क) नागरिक अधिकार-पत्र में दी गई वस्तुओं (सामान) या सेवाओं को देने में असफलता;

(ख) सरकारी प्राधिकरण का कार्य-प्रचालन; तथा

(ग) किसी कानून, नीति, कार्यक्रम, आदेश या योजना का उल्लंघन (पालन न करना)। शिकायतों को 30 कार्य दिवसों के भीतर ठीक (दूर) किया जाना चाहिए।

शिकायतें, शिकायत सुधार अधिकारी (Grievance Redressal Officer / GRO) को की जानी चाहिए। शिकायत सुधार अधिकारियों की नियुक्ति केन्द्रीय, राज्य, जिले, उप-जिले, म्यूनिसिपैलिटी तथा पंचायतों के स्तर पर की जानी चाहिए।

» **शिकायत सुधार अधिकारी को:** (क) सुनिश्चित करना है कि शिकायतें 30 कार्य दिवसों में दूर की जाएं; (ख) सुनिश्चित करना है कि लापरवाही से काम करने वाले दोषी अधिकारी के खिलाफ अनुशासनात्मक कार्यवाही की जाती है। (ग) ऐसे मामलों में दण्ड और क्षतिपूर्ति की सिफारिश करेगा जहाँ किसी व्यक्ति ने जानबूझकर सेवा देने की अनदेखी की है या जहाँ भ्रष्टाचार निवारण अधिनियम, 1988 के तहत प्रथम-दृष्टया आधार पर मामला बनता है। शि. सु. अ. को शिकायतकर्ता को, शिकायत पर की गई कार्यवाही की सूचना देनी होगी।

» **अपील:** शि. सु. अ. के आदेशों के विरुद्ध पदमानित प्राधिकारी के समक्ष अपील की जा सकती है। ऐसा पदमानित प्राधिकारी, शि. सु. अ. के ऊपर के दर्जे (पद) का होगा और सम्बंधित सरकारी प्राधिकरण से बाहर का होगा।

» पदमानित प्राधिकारी प्राप्त होने के 30 कार्य दिवसों के भीतर अपीलों को निपटा देगा। यदि शिकायत सुधार अधिकारी के पास की अपीलों को 30 कार्य दिवसों के भीतर नहीं निपटाया जाता है तो शि.सु.अ. को उन्हें अपीलों के तौर पर पदमानित अधिकारी के पास भेजना होगा। पदमानित प्राधिकारी, दोषी शि. सु. अधिकारियों को दण्डित कर सकता है।

» **दूसरी अपील:** पदमानित प्राधिकारी के आदेशों के विरुद्ध अपील, केन्द्रीय या राज्य लोक शिकायत सुधार आयोग को 30 कार्य दिवसों के बीच की जा सकती है। केन्द्रीय (राज्य) विभागों के कार्य-सम्पादन से उत्पन्न शिकायतें केन्द्रीय (राज्य) आयोग के सामने रखी जाएँगी। आयोगों को अपील 60 कार्य दिवसों में निपटानी होगी।

» **तीसरी अपील:** भ्रष्टाचार निवारण अधिनियम, 1988 के तहत अपराध के लिए आयोगों के निर्णय पर अपील लोकपाल या लोकायुक्त से की जा सकेगी।

» **स्व-संज्ञान कार्यविधि:** केन्द्रीय तथा राज्य आयुक्त वस्तुओं व सेवाओं को उपलब्ध न कराने से सम्बंधित मामलों का स्वयं संज्ञान लेकर उन्हें सरकारी विभागों के अध्यक्षों को भेज सकते हैं। आयुक्त स्वयं संज्ञान लेते हुए स्वयं ही जाँच शुरू कर सकते हैं। यदि उनको विश्वास है कि मामले की जाँच करने के लिए पर्याप्त (उचित) आधार हैं।

» कुछ मामलों में शिकायत, आयोगों से भी की जा सकती हैं। ऐसे व्यक्तियों की शिकायतों की जाँच करना आयोगों का कर्त्तव्य है।

(क) जो पदमानित प्राधिकारी के समक्ष अपील करने में समर्थ नहीं है; (ख) जिन शिकायतों को दूर करने से इंकार कर दिया गया है; (ग) जिनकी शिकायतों को 30 दिनों के भीतर निपटाया नहीं गया है; (घ) जिनकी पहुँच नागरिक अधिकार-पत्र तक नहीं हो पाई है क्योंकि उसे तैयार नहीं किया गया है या जिसका व्यापक वितरण नहीं किया गया है।

दण्ड (Penalties)

» **शिकायत सुधार अधिकारी (जी आर ओ):** बिल के मुताबिक शि. सु. अ. को पदमानित प्राधिकारी से दण्ड की सिफारिशें करनी चाहिए जब (क) वह आश्वस्त है कि गलती (चूक) अधिकारी द्वारा जानबूझकर की गई लापरवाही के कारण हुई है; या (ख) जहाँ प्रथम दृष्टया भ्रष्टाचार का साक्ष्य है।

» **पदमानित प्राधिकारी तथा आयोग:** बिल, पदमानित प्राधिकारी को एवं आयोगों को दोषी अधिकारियों एवं शि. सु. अ. पर 50,000 रुपये का अधिकतम दण्ड लगा सकते हैं। दोषी अधिकारियों के विरुद्ध दण्ड लगाए जा सकते हैं जब उन्होंने दुर्भावनापूर्ण ढंग से काम किया है या वे अपने कर्तव्यों का पालन ठीक प्रकार से करने में असफल रहे हैं। दण्ड की राशि का एक भाग, क्षतिपूर्ति के तौर पर शिकायतकर्ता को दिया जा सकता है।

» यदि दोषी अधिकारी के विरुद्ध भ्रष्टाचार के साक्ष्य हैं तो पदमानित प्राधिकारी तथा अयोग को मामला उचित प्राधिकारियों को भेजना होगा। इसके अलावा, पदमानित प्राधिकारी ऐसे मामलों में कार्यवाही शुरू कर सकता है।

» दोषी अधिकारी के विरुद्ध शि. सु. अ., पदमानित प्राधिकारी और आयोगों द्वारा अनुशासनात्मक कार्यवाही शुरू की जा सकती है यदि दुर्भावनापूर्ण कार्य करने का साक्ष्य है।

» अपील की किसी कार्यवाही में, जहाँ आरोप यह है कि शि. सु. अ. द्वारा शिकायत को दूर नहीं किया गया है, साक्ष्य जुटाने का भार शि. सु. अधिकारी पर होगा।

मुख्य मुद्दे (Main Issues)

आलोचकों ने बिल के प्रावधानों में कुछ कानूनी एवं अन्य मुश्किलों की ओर संकेत किया है। इन्हें यहाँ संक्षेप में दिया जा रहा है:

» राज्य के सरकारी कर्मचारियों की कार्य-पद्धति को नियमित करने का अधिकार क्षेत्र संसद का नहीं हो सकेगा क्योंकि राज्य लोक सेवा, राज्य विधायिका के विचार क्षेत्र में आती है।

» यह बिल एक समानान्तर शिकायत सुधार क्रियाविधि की स्थापना कर सकता है क्योंकि अनेक केन्द्रीय व राज्य कानूनों के तहत इसी प्रकार की क्रियाविधि स्थापित की जा चुकी हैं।

» जो कम्पनियाँ किसी सांविधिक उत्तरदायित्व या लाइसेंस के तहत सेवा देती हैं, उनके लिए नागरिक अधिकार-पत्र को प्रकाशित करना और शिकायत सुधार क्रियाविधि उपलब्ध कराना जरूरी है।

» आयुक्तों को दुर्व्यवहार या असमर्थता के आरोप पर न्यायिक जाँच के बिना भी हटाया जा सकता है। यह अन्य विधायकों की कार्यविधि से अलग है।

» भ्रष्टाचार के मामलों पर आयोग के निर्णयों पर अपील लोकपाल या लोकायुक्तों के सामने की जाएगी। लोकपाल अधिनियम हाल ही में लागू हुआ है और कुछ लोकायुक्त भी स्थापित नहीं किए गए हैं।

सार संक्षेप

» सरकार के कामकाज को दो बड़े शीर्षों में रखा जाता है: प्राधिकार का विधिक प्रयोग एवं सेवाओं का प्रदान करना। आधुनिक राष्ट्र, कल्याण राष्ट्र-राज्य हैं और वे अपने नागरिकों को अनेक प्रकार की सेवाएँ उपलब्ध कराते हैं।

» सेवाओं में शिक्षा, स्वास्थ्य, आवास और परिवहन जैसे क्षेत्र शामिल हैं। सेवाओं में ऐसी जरूरतें भी शामिल होती हैं जैसे ड्राइविंग लाइसेंस, टेलिफोन कनैक्शन, गैस कनैक्शन, कर की वापसी, आधार कार्ड, पासपोर्ट तथा व्यक्ति की जायदाद, शैक्षिक अर्हता तथा जन्म की तारीख के सरकारी अभिलेख से उद्धरण लेना।

» सरकारी एजेन्सियों से समय पर, भरोसेमंद व क्वालिटी सेवाएँ पाने में नागरिकों को काफी कठिनाई का सामना करना पड़ता है।

» नागरिक अधिकार-पत्र (चार्टर) उन समस्याओं को हल करने का साधन है जिनका सामना नागरिक सरकारी सेवाएँ देने वाले संगठनों से व्यवहार करने में करते हैं।

» जॉन मेजर के नेतृत्व में कंजरवेटिव पार्टी सरकार (सिटिजन चार्टर) नागरिक अधिकार-पत्र (1991) शुरू करने वाली पहली सरकार थी।

» टोनी ब्लेयर की लेबर सरकार ने 1998 में 'सर्विसेज फर्स्ट' के नाम से नागरिक अधिकार-पत्र को पुन: चालू किया।

» नागरिक अधिकार-पत्र के मूलत: बनाए गए छ: सिद्धान्त थे क्वालिटी, चयन (विकल्प), मानक, मूल्य, उत्तरदायित्व तथा पारदर्शिता।

» नागरिक अधिकार-पत्र (Citizen's charter) में शामिल हैं; दूर-दृष्टि व मिशन कथन; सेवाओं की पहचान; स्तरों की पहचान; ग्राहक समूहों का विनिर्देश; प्रत्येक स्तर के लिए समय-सीमाओं का विनिर्देश; सेवा की क्वालिटी के मानकों का विनिर्देश; सेवा देने के मानकों का विनिर्देश; तथा शिकायतों को दूर करने की पद्धतियों के बारे में सूचना देना।

» नागरिक अधिकार-पत्र सफल निजी उपक्रमों के प्रबन्धकीय मॉडल पर सरकार (शासन) को पुन: आविष्कृत करने की संकल्पना को लागू करने को प्रस्तुत करता है। इस मॉडल में, सर्विस देने वाले विभाग या इसके कर्मचारियों को प्रबन्धक की भूमिका दी जाती है। उस सेवा के लिए नागरिकों को विभाग के ग्राहक माना जाता है। सेवा वह उत्पाद हो जाती है जो वह विभाग उपलब्ध कराता है। सेवा की क्वालिटी, व्यापारिक शब्दावली के उत्पाद मानक के समान लगती है।

» सेवा देने का मॉडल सरकारी कर्मचारियों को, लोगों को सेवा देने वालों की भिन्न भूमिका में ढाल देता है। उन्हें सेवा, सहानुभूति के साथ देनी है और लोगों की संतुष्टि सुनिश्चित करनी है।

» नागरिक अधिकार-पत्र में ऐसे वायदे नहीं करने चाहिए जो पूरे नहीं किए जा सकते।

» नागरिक अधिकार-पत्र तैयार करने के चरण पहले बताए जा चुके हैं।

» हमने नागरिक अधिकार-पत्र तैयार करने के लिए मॉडल मार्गनिर्देशों की रूपरेखा दे दी है।

» हमने अधिकार-पत्र को लागू करने के लिए करणीय व अकरणीय बातें बता दी हैं।

» हमने नागरिक अधिकार-पत्र का आदर्श प्रारूप दे दिया है। विद्यार्थी इसे पृष्ठभूमि एवं अधिकार-पत्र की अनुभूति के लिए देख सकते हैं। इसके विवरण का उतना महत्व नहीं है।

» नागरिक अधिकार-पत्रों के विभिन्न मूल्यांकन हुए हैं। इनके निष्कर्ष सामान्यत: नकारात्मक रहे हैं। चूँकि हमने इनके निष्कर्षों को बिन्दुओं के रूप में दे दिया है, अत: उन्हें यहाँ दोहराने की जरूरत नहीं है।

» सरकार ने सामान (वस्तुओं) और सेवाओं को समयबद्ध ढंग से देने तथा उनकी शिकायतों को दूर करने के लिए 'नागरिकों का अधिकार' शीर्षक से एक बिल प्रस्तुत किया है।

» **बिल के मुख्य प्रावधान इस प्रकार हैं:**

(*i*) सरकारी प्राधिकारियों को नागरिक अधिकार-पत्र को प्रकाशित करना चाहिए।

(*ii*) उन्हें दी जाने वाली सेवाओं को तथा उनकी क्वालिटी को विनिर्दिष्ट करना होगा।

(*iii*) प्रभागों के प्रमुख (अध्यक्ष), नागरिक अधिकार-पत्र के वितरण और अद्यतनीकरण के लिए उत्तरदायी हैं।

(*iv*) 'सरकारी प्राधिकरणों' की व्यापक परिभाषा दी गई है। जिसमें सभी सरकारी या सरकार द्वारा प्रायोजित सर्विस-प्रदाता शामिल हैं।

(*v*) प्रत्येक सरकारी प्राधिकरण द्वारा सूचना सुविधा केन्द्रों की स्थापना करनी होगी।

(*vi*) बिल, केन्द्रीय व राज्य शिकायत सुधार आयोगों की स्थापना करता है।

(*vii*) आयुक्तों की नियुक्ति राष्ट्रपति (या राज्यों में राज्यपाल द्वारा) चयन समिति की सिफारिश पर की जाएगी।

(*viii*) शिकायतों पर कार्यवाही करने के लिए क्रियाविधि बिल में शामिल है।

(*ix*) इसमें तीन अपीलों का प्रावधान है।

(*x*) इसमें दण्डों के प्रावधान भी हैं।

(*xi*) भ्रष्टाचार निवारण अधिनियम, 1988 के तहत अपराध के लिए आयोगों के निर्णय पर अपील लोकपाल या लोकायुक्त से की जा सकेगी।

(*xii*) हमने बिल में विचारित प्रणालियों से उत्पन्न होने की संभावना वाले कुछ मुद्दों की रूप-रेखा दी है।

अभ्यास प्रश्न

1. नागरिक अधिकार-पत्र (Citizen's Charter) क्या है? इससे लोगों को कैसे मदद मिलेगी? नागरिक अधिकार-पत्रों एवं पुन: आविष्कृत सरकार (reinvented government) की संकल्पना में क्या सम्बंध है?
2. जॉन मेजर द्वारा शुरू किए गए मूल अधिकार-पत्र आधार बनाने वाले छ: सिद्धान्त कौन-से हैं?
3. नागरिक अधिकार-पत्र के मुख्य संघटक कौन-से हैं?
4. नागरिक अधिकार-पत्र तैयार करने के चरण (अवस्थाएँ) कौन-से हैं?
5. नागरिक अधिकार-पत्र तैयार करने में महत्त्वपूर्ण करणीय व अकरणीय कौन-से हैं?
6. नागरिक अधिकार-पत्रों के विभिन्न मूल्यांकनों के मुख्य निष्कर्ष क्या हैं?
7. सामान (वस्तुओं) व सेवाओं की समयबद्ध डिलिवरी के लिए तथा उनकी शिकायतों को दूर करने के बिल के नागरिक अधिकार-पत्र में मुख्य प्रावधान बताइए।

संदर्भ

▸ कार्मिक, लोक शिकायत तथा पेंशन मंत्रालय की वेबसाइट पर नागरिक अधिकार-पत्र (पर उपलब्ध) की सामग्री।

▸ भारतीय लोक प्रशासन संस्था का 'पेपर ऑन सिटिजन चार्टर'।

अध्याय 15

कार्पोरेट अभिशासन (Corporate Governance)

परिचय (Introduction)

''पुणे स्थित इण्डिया फोरेन्सिक कंसल्टेंसी सर्विसिज (आई सी एस) द्वारा तैयार की गई रिपोर्ट के अनुसार, स्वदेशी स्टॉक एक्सचेंज में सूचीबद्ध कम-से-कम 1200 फर्में बेंचमार्क सेंसेक्स तथा निफ्टी इण्डाइसिस (Indices) में शामिल हैं। 'अर्ली वार्निंग सिग्नल्स ऑफ कार्पोरेट फ्राड्स (Early Warning Signals of Corporate Frauds) नामक अध्ययन में यह आरोप लगाया गया है कि ऐसे गलत लेखांकन में राजस्व को (राजस्व के भुगतान को) स्थगित करवाना तथा खर्चों को बढ़ा-चढ़ा कर दिखाना शामिल है।''

''यह संभवत: भारत की सबसे बड़ी कार्पोरेट धोखाधड़ी का मामला था जब मै० सत्यम कम्प्यूटर सर्विसिज लिमिटेड ने अपने निवेशकों को 14162 करोड़ रु० की हानि करवा दी। कम्पनी के प्रमुख, रामलिंग राजू तथा उसके परिवार के सदस्यों ने 2743 रु० करोड़ के भारी गैर-कानूनी लाभ अनेक तरकीबों से कमाए। धोखाधड़ी झूठी बिक्री बीजकों तथा कम्पनी के अनेक सांविधिक व आंतरिक लेखा-परीक्षकों के साथ साठ-गाँठ कर बैंक की जाली विवरणियाँ तैयार कर मेल खाता हुआ लाभ दिखाकर की गई थी। बढ़ाकर दिखाई गई आय के साथ कम्पनी के वार्षिक विवरण अनेक वर्षों तक प्रकाशिक किए गए जिसके परिणामस्वरुप बाजार में उसके शेयरों के दाम ऊँचे हो गए। इस प्रक्रिया में, निर्दोष निवेशक कम्पनी में निवेश के लिए आकर्षित किए गए। धोखाधड़ी को रिश्तेदारों की कम्पनियों का अधिग्रहण कर छुपाया गया था केंद्रीय अन्वेषण ब्यूरो।''

सत्यम कम्प्यूटर लिमिटेड में बड़े कार्पोरेट घोटाले के बाद, नैतिक ध्वनियों के साथ वृहद् रिपोर्टों के अपेक्षाकृत आर्केन (Arcane) मूल-विषय, कार्पोरेट अभिशासन ने अपने को मीडिया की चकाचौंध में खड़ा पाया। यह बुलंद हैडलाइंस, ऊँचे स्वर में टी वी परिचर्चा तथा (शासन वाले) शासनिक संपत्तियों का विषय बन गया। इस घोटाले ने न केवल निवेशकों का विश्वास हिला दिया दिया, अपितु सरकार तथा भारतीय कार्पोरेट्स को भी हिला डाला। सत्यम, जैसे कहा जा सकता है, भारतीय साफ्टवेयर उद्योग के 'पोस्टर ब्वायज' में से एक था। वास्तव में सत्यम धोखाधड़ी, कम्पनी अधिनियम के नवीकरण सहित कार्पोरेट अधिशासन सुधार को संचालित करने वाले कारणों में से एक था जिसने एक लंबे इंतजार के बाद नव प्रभात के दर्शन किए।

अध्याय का परिचयात्मक कथन उस उच्च नियंत्रित धोखाधड़ी के प्रकार का उल्लेख करता है जिसे कार्पोरेट अधिशासन पहले से ही रोक देना चाहता है। कथन में धोखाधड़ी के करने वालों, उनके सहयोगियों, उन संरक्षकों का जो चौकीदारी के स्थान पर सोते रहते हैं, धोखाधड़ी के ढंगों और उसके शिकारों का उल्लेख है। धोखाधड़ियाँ सामान्यत: वित्तीय और उनके लेखों में गड़बड़ कर की जाती है या 'रचनात्मक लेखांकन' होता है। इसी कारण से लेखाकारों एवं वॉच डॉग (प्रहरी) लेखा-परीक्षकों का कार्पोरेट अधिशासन में इतना महत्त्व है। इन मामलों को समझाने के लिए, हमें कार्पोरेट्स के ढाँचे और प्रक्रियाओं की थोड़ी-सी पृष्ठभूमि को जानना होगा। अत: हम इन आरंभिक बातों से अपना विषय शुरू करते हैं।

कम्पनियों का ढाँचा और प्रक्रियाएँ (Structure and Process of Companies)

कम्पनियाँ ऐसे निकाय हैं जो कम्पनी अधिनियम के अंतर्गत निगमित हुए हैं। कम्पनियाँ, कम्पनी अधिनियम द्वारा विनियमित होती हैं और अपने अंतर-नियमों एवं उद्देश्यों/प्रयोजनों के बहिर्नियमों (Articles of Association and Memorandums of Objective/Purpose) से संचालित होती हैं। यदि वे स्टॉक एक्सचेंज में सूचीबद्ध हैं तो सिक्योरिटीज एण्ड एक्सचेंज बोर्ड ऑफ इण्डिया (सेबी) उनके कुछ कार्यों पर नजर रखता है, विशेष रुप से छोटे शेयरधारियों के हितों को बचाने के लिए (जिनको, ऐसा माना जाता है, कम्पनियाँ मूर्ख समझती हैं)।

कम्पनियों का स्वामित्व शेयरधारियों का होता है। कम्पनियों को अपना काम शुरू करने और बाद में उसे चलाने के लिए आरंभिक पूँजी की जरुरत होती है। कम्पनियाँ अर्थव्यवस्था के अनेक क्षेत्रों, जैसे अवस्थापना, उत्पादन, वित्त, बैंकिंग, व्यापार व सेवाओं में काम करती हैं। उन्हें जिन उपकरणों, मशीनों, फैक्ट्री के स्थान, कार्यालय तथा अन्य सुविधाओं की जरूरत होती है, उनके प्रकार उनके कार्यों की प्रकृति पर निर्भर होते हैं। कम्पनियों को इन सुविधाओं की स्थापना के लिए आरंभ में ही पूँजीगत खर्च करना पड़ता है। कम्पनियाँ जो कुछ भी कुछ भी उत्पादन करती हैं या सेवाएँ देती हैं, उन्हें देकर बेचकर वे राजस्व या नकद धन प्राप्त करती हैं। अपने कार्यों से धन प्राप्त करने से पहले कम्पनियों को पूँजीगत व्यय करना पड़ता है।

कम्पनियाँ उद्यमियों या प्रमोटरों द्वारा खोली जाती हैं। वे उसमें कुछ अपना धन लगाते हैं और शेष वे दूसरों से प्राप्त करते हैं। इसे शेयर पूँजी या इक्विटी कहते हैं। यह राशि इकाइयों (सामान्यत: रु० 10/- या रु० 100/- प्रत्येक मूल्य वाली) में बँटी रहती है। प्रत्येक अंशदाता या शेयरधारी अपनी इक्विटी के अनुपात में शेयर प्राप्त करता है। यदि 'एक्स' रु० 10,000/- का अंशदान करता है और प्रत्येक शेयर का मूल्य रु० 10/- है तो उसे 1000 शेयर मिलेंगे। लोग शेयरों में निवेश करते हैं क्योंकि उन्हें वार्षिक लाभांश के रूप में आय मिलती है और इस कारण भी कि उन्हें शेयरों के दाम बढ़ने की आशा (संभावना) रहती है। हमारे उदाहरण में शेयर की रु० 10/- की कीमत, शेयर की आरंभिक 'बुक वैल्यू' है। यदि कम्पनी अच्छी चलती है और लाभ कमाती है तो शेयर की कीमत बढ़ जाती है। यदि कंपनी स्टॉक एक्सचेंज में सूचीबद्ध है तो शेयर, उदाहरण के लिए रु० 50/- प्रति शेयर के हिसाब से बिक सकता है। यह इसका बाजार मूल्य है।

सामान्यत: शेयर पूँजी का बड़ा भाग प्रमोटरों तथा संस्थागत निवेशकों से आता है। ये हैं भारतीय जीवन बीमा निगम लिमिटेड; जनरल इन्श्योरेंस कम्पनियाँ, भविष्य निधि, न्यास (अनुमत सीमा तक), पेंशन निधियाँ, निवेश निधियाँ तथा बचाव (hedge) निधियाँ। कोई भी परियोजना पूर्णत: इक्विटी से वित्त-पोषित नहीं होती। प्रामोटर बैंकों तथा अन्य संस्थाओं से धन उधार लेते हैं। सामान्यत: परियोजनाओं का वित्त-पोषण 30% शेयर पूँजी से तथा 70% ऋण या देयताओं से होता है। ऋणों को कंपनियों के कार्यों से उत्पन्न आय से निश्चित समय के भीतर वापस कर दिया जाता है।

कम्पनियाँ, कार्पोरेट गणतन्त्र के आधार पर चलती हैं। गणतन्त्र में प्रत्येक वयस्क का एक मत होता है। लेकिन एक कम्पनी में 'मत की शक्ति', प्राप्त शेयर पूँजी होल्डिंग (धारिता) पर निर्भर करती है। यदि किसी व्यक्ति या संस्था के पास 10% शेयर पूँजी हो तो उसे 10% वोटों का अधिकार है। प्रमोटर तथा उनके साझीदार, प्रबंधकीय नियंत्रण तथा आवश्यक निर्णय लेने के लिए सामान्यत: शेयरों का अपेक्षित प्रतिशत अपने पास रखते हैं। हम यहाँ सीधे-सीधे एक समस्या देख सकते हैं। चूँकि प्रमोटरों के पास शेयरों का नियंत्रक स्वामित्व होता है, वे (संस्थागत निवेशकों के साथ) अपनी मर्जी चलाते हैं। इस प्रक्रिया में छोटे निवेशकों के हितों की अनदेखी हो जाती है।

कम्पनी का कामकाज निदेशक-मंडल द्वारा चलाया जाता है। यही है वह जिसका मतलब है- 'बोर्ड रूम' (मंडल कक्ष)। एम बी ए पास करने वालों एवं अन्य व्यवसायियों का सपना इस परम-पावन मंदिर गर्भ तक पहुँचाने का रहता है। प्रबन्ध निदेशक वह मुख्य कार्यकारी है जो रोजमर्रा के काम-काज चलाता है। वह निदेशक मंडल के प्रति उत्तरदायी है। निदेशकों को तीन समूहों में बाँटा गया है: (i) जो प्रमोटरों का प्रतिनिधित्व करते हैं, (ii) नामित निदेशक, जो वित्तीय संस्थाओं का प्रतिनिधित्व करते हैं तथा (iii) स्वतंत्र निदेशक। स्वतन्त्र निदेशकों को उनकी विशेषता, अनुभव, प्रमाणित कार्य-संपादन के रिकॉर्ड तथा निर्दोष सत्यनिष्ठा के आधार पर चुना जाता है। स्वतन्त्र निदेशकों की कार्पोरेट नैतिकताओं के संरक्षक के तौर पर विशेष भूमिका है। इन इस पर विस्तार से बाद में चर्चा करेंगे।

एक लेखक ने निदेशक मंडल को कम्पनी के कार्यों का अधिकेंद्र (Epiccentre) कहा है। मंडल वास्तव में ज्यादातर एक नीति-निर्धारक निकाय है। यह कम्पनी के रोजमर्रा के काम-काज नहीं चलता। मंडल कम्पनी की दीर्घावधि कार्य-रणनीति बनाता है, संगठनात्मक ढाँचा बनाता है, मण्डल नीतियाँ निर्धारित करता है, जरुरी प्रक्रियाएँ निर्धारित करता है तथा बाहरी एवं आंतरिक नियंत्रण के उपयुक्त क्रिया-विधियाँ बनाता है। सामान्यत: यह निष्पादन की समीक्षा करने तथा आवश्यक नीतिगत निर्णय लेने के लिए हर महीने बैठक करता है।

कम्पनी के कार्य, उसकी गतिविधियों की प्रकृति के आधार पर विभिन्न क्षेत्रों में बाँटे गए हैं। सामान्य प्रभाग हैं उत्पादन, विपणन, वित्त, संभार-तंत्र, मानव संबंध, संचार तथा कम्पनी लॉ। इसके ढाँचे में वरिष्ठ, मध्य तथा जूनियर स्तरों पर प्रबंधक होते हैं। प्रबंधक विभिन्न क्षेत्रों में कार्य-संपादन करते हैं। कार्पोरेट अभिशासन के लिए तीन क्षेत्र विशेष महत्त्व के हैं वित्त, लेखा-परीक्षा तथा कार्पोरेट कानून (जो विनियमों के अनुपालन को सुनिश्चित करता है) मुख्य वित्त अधिकारी तथा कम्पनी सचिव की कार्पोरेट अधिशासन में महत्त्वपूर्ण भूमिका होती है।

वित्त वर्ष के लिए कम्पनी के कार्यों के परिणाम अनुमोदन के लिए शेयरधारियों की आम सभा में प्रस्तुत किए जाते हैं। परिणाम, वर्ष के लिए लाभ तथा हानि लेखे तथा (वित्त वर्ष के अंत में 31 मार्च को यथास्थिति) तुलन-पत्र में दिखाए जाते हैं। लाभ तथा हानि लेखा सभी प्राप्तियों (राजस्व)तथा व्ययों एवं परिणामत: किसी लाभ को दिखाता है। लेखों की लेखा-परीक्षा आंतरिक तथा बाहरी, दोनों लेखा-परीक्षकों द्वारा की जाती है।

इस आरंभिक वर्णन को समाप्त करने से पहले हम देख सकते हैं कि लेखों की धोखेबाजी में अनेक अवचार (गलत काम) होते हैं। लेखों में कम्पनी की वित्तीय स्थिति की सच्ची और सही-सही तस्वीर प्रस्तुत करनी चाहिए। इंस्टीट्यूट ऑफ चार्टर्ड एकाउण्ट्स ने 'लेखांकन मानक' या लेखों को तैयार करने का सही ढंग बताया है। इसे सरल शब्दों में से बताते हुए, किसी कम्पनी का लाभ हजारों प्राप्तियों तथा व्यय कारकों (या जमाओं एवं घटाओं) के समाकलन से प्राप्त परिणामत: आँकड़ा है। ऐसे कारकों को विभिन्न प्रकारों (ढंगों) से दिखाने से आय तथा खर्च के स्तर बदले जा सकते हैं।

संख्याओं को तोड़-मरोड़कर लाभ को केवल थोड़ी-सी सीमा तक बढ़ाया या घटाया जा सकता है। लेखा-परीक्षक ऐसी पद्धति को स्वीकार नहीं कर सकेंगे यदि वे सामान्य लेखांकन परम्पराओं से हट कर हों। हमें लेखांकन की पेचीदगियों के विवरणों में जाने की जरूरत नहीं है। लेकिन हम देख सकते हैं कि ज्यादा लाभ दिखाने के लिए लेखों की जरा-सी धोखेबाजी की जा सकती है। आजकल, कई विश्लेषक कम्पनियों के निष्पादन की खोज खबर रखते हैं और लाभ का आकलन कर बताते हैं। यदि कम्पनी का लाभ ऐसे आकलनों से नीचे का होता है तो स्टॉक बाजार में इसके स्टॉक का भाव गिर जाता है और जिससे इसके शेयरधारियों का धन कुछ घट जाता है। यह एक कारण है जिससे लेखों की कुछ सीमा तक धोखेबाजी की जाती है।

यह स्वाभाविक तौर पर गलत है। इससे भी अधिक बुरे उद्देश्य हो सकते हैं, जैसे भोले-भाले छोटे निवेशकों को बेचने हेतु बाजार में शेयर के दामों को बढ़ा देना। लेकिन समय के साथ जब स्टॉक का मूल्य इसके वास्तविक स्तर तक गिरेगा तो उन्हें हानि ही होगी। अन्य अनेक प्रकार की अनियमितताएँ हो सकती हैं जैसे गबन, धन को निजी प्रयोग में लगाना तथा खरीदों व बिक्रियों में धन लेना। प्रसंगवश, कम्पनी अधिनियम, शुद्ध लाभ का हिसाब लगाने के लिए पद्धति निर्धारित करता है। लाभों का हिसाब लगाने की पद्धति में भी लेखांकन मानकों का प्रयोग होता है।

आगे बढ़ने से पहले, हम कुछ उदाहरण देखेंगे जिनमें गलत वित्तीय काम किए गए हैं:

मामले (Case Studies)

मामला-1 (Case-1)

जानकीरमन एक कम्पनी में एसोसिएट जनरल मैनेजर है। कम्पनी रूटीन तौर पर मुख्यालय एवं अन्य कार्यालयों में प्रयोग के लिए भारी संख्या में कन्ज्यूमेबल्स खरीदती है। जानकीरमन कम्पनी में यह काम करता है और जनरल मैनेजर को रिपोर्ट करता है।

जानकीरमन का एक साला है- वरदराजन जो कार्यालय की लेखन-सामग्री एवं कन्ज्यूमेबल्स का व्यापार करता है। जानकीरमन की पत्नी उससे अपने भाई की फर्म (एक्स) को आर्डर देने के लिए कहती है। कम्पनी की नीति है जिसमें निर्धारित है कि खरीद, क्वालिटी तथा मूल्यों को देखते हुए, सर्वोत्तम ऑफर को चुनकर एवं चार बोलीदाताओं से बंद लिफाफों में प्राप्त ऑफर्स प्राप्त कर ली जाएंगी। खरीदों के मामलों में, एक खास सीमा के बाद, अखबारों के माध्यम से खुली निविदाएँ आमंत्रित की जानी जरूरी हैं। इस बार ढेर सारी खरीद का विचार है जिसके लिए जानकीरमन को खरीद की प्रक्रिया शुरू करनी है।

प्रश्न (Question)

उसके मन में निम्नलिखित कार्यवाहियाँ आई हैं। उसे क्या करना चाहिए?

1. उसको तो उसके वर्तमान कार्य से बहुत बेहतर नौकरी एक बड़ी बहु-राष्ट्रीय कम्पनी में मिलने की संभावना है। ऑफर पर बातचीत हो चुकी है और तय होने के करीब है। वह फर्म एक्स को सीधे ही आर्डर दे सकता है।
2. यदि आर्डर के संभावित मूल्य के कारण नीति के अनुसार खुली निविदा मँगाने की जरूरत नहीं है तो वह फर्म एक्स को सीधे ही आर्डर दे ही सकता है।
3. आर्डर की मात्रा ऐसी है कि अखबार के माध्यम से निविदा मँगवाने की जरूरत नहीं है। उसे तीन परिचित डीलरों से बाजार मूल्यों से ऊपर के ऑफर देने के लिए कहना चाहिए और फर्म एक्स को बाजार मूल्यों के बराबर ऑफर देने को कहना चाहिए। इससे अपेक्षित परिणाम प्राप्त हो जाएगा।
4. उसे निजी व कार्यालयी जिन्दगी को आपस में नहीं मिलाना चाहिए तथा अपने साले को प्रतिस्पर्द्धा में सामान्य तौर पर भाग लेने की सलाह देनी चाहिए।

परिचर्चा (Discussion)

1. व्यावसायिक कैरियर एक गंभीर यात्रा है। यह शहर की गलियों में सब्जी बेचने की तुलना में बहुत अलग है। किसी ग्राहक को आज बेची गई सब्जी उस ग्राहक को कल याद नहीं रहेगी। चाहे अखबार में निविदा देने की जरूरत है या नहीं है, उसे कम-से-कम चार असली ऑफर्स आमंत्रित करने हैं, ऑफर्स की तुलना करनी है, जरूरत हुई तो सौदेबाजी करनी है, तब सप्लाई के लिए विक्रेताओं को चुनना है। यदि वह सीधे ही फर्म एक्स को आर्डर दे देता है तो यह कम्पनी की नीति का उल्लंघन होगा। कम्पनी के साथ काम करने वाले सप्लायर्स शिकायत कर सकते हैं या जानकीरमन के उच्च अधिकारियों के कानों तक बात पहुँचा सकते हैं। तब विवाद पैदा हो सकता है। बहु-राष्ट्रीय कम्पनियाँ अन्तिम रूप से ऑफर देने से पहले गुप्त रूप से उम्मीदवार की पृष्ठभूमि की जाँच करती हैं। यदि जाँच में ऐसी लापरवाही वाली बात सामने आती है तो संभावित ऑफर भी झँझट में पड़ सकते है। उसे इस प्रलोभन से बचना करना चाहिए।
2. इस विकल्प में भी कम्पनी की नीति का उल्लंघन है। नीति सरलता से समझी जा सकती है तथा कोई भी वरिष्ठ प्रबन्धक इस प्रकार की खरीद पद्धति से अपरिचित नहीं होगा। मामले के कथन तथा इस विकल्प में बहुराष्ट्रीय कम्पनी का कोई उल्लेख नहीं है इसलिए आपको कल्पना नहीं कर लेनी चाहिए। इस प्रकार का उल्लंघन निश्चित रूप से उसके सीधे मातहतों (विभाग में जूनियर) के ध्यान में आ जाएगा। यदि ऊपर के अधिकारियों को पता चलता है तो, ज्यादा नहीं तो उसकी योग्यता सम्बन्धी छवि तो खराब होगी ही अतः यह विकल्प स्वीकार्य नहीं है।
3. सामान्य सिद्धान्त है कि नैतिक दृष्टि से जो काम गलत है, उसे सही दिखाने के छलपूर्ण व्यवहार द्वारा ठीक नहीं किया जा सकता। किसी प्रबन्धक को कम्पनी के सर्वोत्तम हित में काम करना चाहिए। अतः उसे केवल वे ही ऑफर्स स्वीकार करने चाहिए जो बाजार में प्रतिस्पर्द्धा के परिणामस्वरूप आए हैं। यही नीति का सार है। कोई भी उल्लंघन अनैतिक होगा।

   इसके अलावा वह कभी भी इस बात के लिए आश्वस्त नहीं हो सकता कि जो विक्रेता उसकी मदद करने के इच्छुक हैं वे बाद में बोलेंगे नहीं। वे संदेश को फैला सकते हैं और पता लगा सकते हैं कि वह किसे बचाने का प्रयास कर रहा है।

यदि किसी तरह सत्य बाहर आ जात है तो वह जो उपयुक्तता का दिखावा कर रहा है, टुकड़े-टुकड़े हो जाएगा। उसे इस छल-कपट योजना से बचना चाहिए।

4. शिक्षा यही है कि प्रबन्धकीय कैरियर तथा निजी जीवन एक-दूसरे से मिला नहीं दिए जाने चाहिए। उसे अपनी पत्नी से कहना चाहिए कि वरदराजन का प्रतिस्पर्द्धा में अन्य विक्रेताओं के समान स्वागत है। हम यह मान रहे हैं कि यह रूटीन प्रकार का निर्णय है जहाँ रिश्तेदारी जानकीरमन के लिए देनदारी (बोझ) नहीं होगी। यदि ऐसा होता है और उसे ऑफर्स का कठोर मूल्यांकन करना पड़ता है तो उसे यह काम प्रबन्धन में अगले स्तर पर किसी को दे देना चाहिए ताकि 'मेरे सामने नहीं' वाला सिद्धान्त) अर्थात किसी ऐसे मामले को सुलझाना जिसमें हितों का टकराव हो, लागू हो सके।

मामला-2 (Case-2)

विष्णु मोहन एक तेजी से उभरती रिटेल सेल्स चेन में गतिशील, उत्साही प्रबंध निदेशक है। उसने अपने वेतन का एक भाग कम्पनी के शुद्ध लाभ के प्रतिशत के रूप में पाने के लिए निदेशक मंडल के साथ समझौता (सौदा) कर लिया है। यद्यपि कम्पनी अच्छी चल रही है, बिक्री एवं लाभ की वृद्धि मध्यम रही है। विष्णु मोहन ने महसूस किया कि उसका वेतन अपने उन साथियों से कम है जो लाभ में भागीदारी के बिना ही वेतन ले रहे हैं। ऐसे में तब उसने मुख्य वित्त अधिकारी, सरिता गोहिल से बात की। उसने उसे बताया कि अध्यक्ष ने, प्रस्तावित विस्तारण योजनाओं के लिए बैंकों से निधियाँ जुटाने की जरूरत को देखते हुए कम्पनी की लाभकारिता के स्तरों के बारे में अपनी चिंता जताई है। वह सोच में पड़ गया है कि वे किस प्रकार लाभ को एक आकर्षक स्तर तक पहुँचा सकेंगे।

सरिता जानती थी कि लाभ को बढ़ा देना एक कृत्रिम कार्य होगा। लेकिन उसने इस फर्म में अभी-अभी नौकरी शुरू की थी और वह अपने बॉस पर अच्छा प्रभाव डालना चाहती थी। उसने यह भी सोचा कि अध्यक्ष की भावनाओं को, विस्तारण की योजनाएँ को देखते हुए, अनदेखा नहीं किया जा सकता। वह यह भी जानती थी कि कम्पनी के कारोबार में वृद्धि अन्ततः उसे किसी ब्लू चिप कम्पनी में जाने में मददगार होगी।

प्रश्न (Question)

सरिता को इस परिस्थिति में क्या करना चाहिए?

1. सरिता को महसूस कर लेना चाहिए कि वह आग से खेल रही है और उसे नम्रता के साथ एम डी को समझा देना चाहिए कि सभी महत्त्वपूर्ण छल-योजनाएँ, आई सी ए आई द्वारा निर्धारित लेखांकन मानकों द्वारा स्पष्ट रूप से बाधित कर दी गई हैं। बैंक निश्चित रूप से ऐसी चाल को समझ जाएँगे जब वे और आगे पेशगी देने से पहले मामले पर भली प्रकार परिश्रम करेंगे।
2. सरिता जानती है कि लाभकारिता बढ़ाने के ढंग हैं जैसे मूल्यह्रास को करना, अप्राप्य प्राप्तियोग्यों को बट्टे खाते डालने से इंकार करना एवं ताजा सौदेबाजी आदि के बहाने देयतओं को कम करना। ऐसे समायोजन उसके विचार से, लाभ बढ़ाने की एवं उसके कैरियर के आगे बढ़ने की तत्काल आवश्यकता को पूरा करेंगे।
3. सरिता सोचती है कि ऊपर बताई गई छल-योजनाओं को शेयरधारियों द्वारा आसानी से नहीं पकड़ा जाएगा और इससे कोई समस्या उत्पन्न नहीं होगी।
4. सरिता वास्तव में इन कदमों का सुझाव एम डी को दे सकती है और उसकी अनौपचारिक अनापत्ति माँग सकती है।

परिचर्चा (Discussion)

1. यही एकमात्र सही कार्यवाही है। एक समझदार एम डी समझ जाएगा। वैसे भी, एम डी अपने मुख्य वित्त अधिकारी को लेखों की गड़बड़ करने के लिए दबाव नहीं डाल सकता। एम डी के पास भेजे जाने से पहले लेखांकन विवरणों पर मुख्य वित्त अधिकारी को हस्ताक्षर करने होते हैं।

2. याद रखिए कि नैतिकता एक खूबसूरत विषय है जो किसी कार्य के एकदम शुरू से ही चालू हो जाता है। किसी कार्य के करने के बारे में केवल सोच लेना नैतिक सिद्धान्तों को आकर्षित करता है। सरिता के लिए स्पष्ट होना चाहिए कि लाभ को बढ़ाकर दिखाने वाला कार्य शेयरधारियों के हित में नहीं है क्योंकि यह कार्यों की सच्ची व निष्पक्ष तस्वीर पर आवरण डालता है। शेयरधारी ऐसे लेखों के आधार पर सही निर्णय नहीं ले सकते। साथ ही एम डी लाभकारिता बढ़ाए बिना ही बढ़ा हुआ प्रोत्साहन ले जाएगा और इस प्रकार शेयरधारियों का नुकसान करेगा।

   कैरियर के लक्ष्यों के लिए प्रयास करना उचित है लेकिन यह शेयरधारियों और उधारदाताओं को बेवकूफ बना कर नहीं होना चाहिए। यह बुरा कारपोरेट अभिशासन है।

3. सरिता सपनों की दुनिया में रह रही होगी यदि वह यह सोचती है कि ऐसी छल-योजना को शेयरधारी-गण नहीं पहचानेंगे। लेखा-परीक्षक, विशेष तौर पर बाहरी लेखा-परीक्षक इस बनावटी सजावट का कुछ-न-कुछ जरूर पता लगा लेंगे। यह बात लेखा-परीक्षा रिपोर्ट में आएगी और शेयरधारीगण, विशेष रूप से चुस्त लोग इसकी गंध पा लेंगे। यह 'मूर्खों की दुनिया' (Dumb World) की कल्पना है। (यह विश्वास है कि लोग गधे हैं) और कोई परिपक्व प्रबन्धक को उस आधार पर काम आगे नहीं बढ़ाना चाहिए।

4. इस विकल्प में, बुरा (दुष्ट) विचार स्वयं व्यक्त हो रहा है। एक बार प्रस्ताव देने से एम डी स्व-हित में शीघ्र राजी हो जाएगा, तब सरिता इससे बाहर निकलने का रास्ता खो देगी। वह इसमें आगे होने वाली जटिलताओं से स्वयं को नहीं छुड़ा पाएगी। यदि वह ऐसा करके एक वर्ष के भीतर बची भी रहती है तो एम डी अगले वर्ष भी इसी मार्ग पर और आगे चलना चाहेगा और इस प्रकार उसकी समस्या को बढ़ा देगा। यदि रखिए, एम डी के पास ऐसा करने के लिए जबरदस्त प्रोत्साहन है।

कार्पोरेट अभिशासन (Corporate Governance)

उपरोक्त पृष्ठभूमि के साथ हम कार्पोरेट अभिशासन की अवधारणा पर विचार कर सकते हैं। पहले, कार्पोरेट अभिशासन के सामान्य अर्थों पर चर्चा करेंगे तथा फिर देखेंगे कि इसे भारत में किस प्रकार लागू किया जा रहा है।

''कार्पोरेट अभिशासन उन प्रक्रियाओं, तथा संबंधित संगठनात्मक ढाँचों का अर्थ देता है जिनसे संगठन निदेशित, नियंत्रित किए व जिम्मेदार ठहराए जाते हैं। इसमें "संगठन के प्रबंधन, इसके निदेशक मंडल, इसके शेयरधारियों एवं अन्य पणधारियों के बीच संबंधों का समुच्चय होता है। कार्पोरेट अभिशासन ऐसा ढाँचा भी देता है जिससे संगठन के उद्देश्य निश्चित किए जाते हैं तथा उन उद्देश्यों को प्राप्त करने के लिए तथा निष्पादन की मानिटरिंग हेतु साधन तय किए जाते हैं।" इसे उन कानूनों, नियमों, विनियमों, प्रणालियों, सिद्धांतों तथा पद्धतियों के तौर पर भी देखा जाता है जो कम्पनी का विनियमन करते हैं।''

कार्पोरेट अभिशासन निम्नलिखित के साथ भी निकटता से जुड़ा है

- शेयरधारियों तथा निवेशकों के हितों को आगे लाना।
- कम्पनी की अभिशासन क्रिया-विधि को समाज की कार्पोरेट जिम्मेदारी की अवधारणा से जोड़ना।
- मूल्यों, नैतिकतापूर्ण व्यापारिक आचरणों के प्रति प्रतिबद्धता तथा निजी एवं कार्पोरेट निधियों के बीच अंतर का कठोरता से पालन करना।
- कम्पनी की नीतियों में औचित्य, पारदर्शिता तथा उत्तरदायित्व को बढ़ावा देना।
- कारपोरेट सामाजिक उत्तरदायित्व (सी एस आर) के सिद्धान्तों का पालन करना।

कार्पोरेट अभिशासन कम्पनियों की निम्नलिखित विधियों से वित्तीय सहायता कर सकता है

- » कार्पोरेट निष्पादन में सुधार लाना
- » वित्तीय व जन संसाधनों को आकर्षित करना
- » अंतर्राष्ट्रीय वित्त बाजारों का लाभ उठाना
- » जोखिमों को संभालना (का प्रबन्धन)।
- » कार्पोरेट असफलताओं से बचना

कार्पोरेट अभिशासन का विचार 1980 के अंतिम वर्षों तथा 1990 के आरंभिक वर्षों में उभरा। इस संबंध में, अमरीका में 'नेशनल कमीशन ऑन फ्राडुलैंट फाइनेंशियल रिपोर्टिंग (ट्रीडवे कमीशन)' तथा ब्रिटेन में 'कमेटी ऑन द फाइनेंशियल आस्पैक्ट्स ऑफ कार्पोरेट गवर्नेन्स (केडेबरी कमेटी)' ने पथ-प्रदर्शक का काम किया। कार्पोरेट अभिशासन के ओ ई सी डी सिद्धांत अप्रैल, 2004 में प्रकाश में आए।

कैडबरी समिति (Cadbury Committee)

1980 के अंतिम व 1990 के आरंभिक वर्षों में विश्व भर में कार्पोरेट क्षेत्र में घोटालों व असफलताओं की भारी समस्याओं से निबटने के विचार से 'कैडबरी समिति' का गठन मई, 1991 में किया गया था। कैडबरी समिति ने अपनी सिफारिशें तीन सिद्धांतों पर आधारित कीं: पारदर्शिता, सत्यनिष्ठा एवं उत्तरदायित्व। अपनी प्रतिस्पर्द्धी स्थिति द्वारा निर्धारित सीमाओं के भीतर सूचना के प्रकटन में कम्पनियों का खुलापन (पारदर्शिता), "उस विश्वास का आधार है जिसका व्यापार तथा उन सभी के बीच रहना जरूरी है जो इसकी सफलता में जोखिमधारी (पणधारी) हैं।''

सत्यनिष्ठा से जो तात्पर्य समझा गया, वह था "निष्कपट व्यवहार तथा पूर्णता"। रिपोर्ट में कहा गया है कि वित्तीय रिपोर्टिंग 'ईमानदार तथा ..... कम्पनी के मामलों की संतुलित तस्वीर प्रस्तुत करने वाली होनी चाहिए। जहाँ तक उत्तरदायित्व का प्रश्न है, कैडबरी समिति का मानना है कि 'निदेशक मंडल अपने शेयरधारियों के प्रति उत्तरदायी है तथा उत्तरदायित्व को प्रभावी बनाने के लिए' दोनों को अपनी-अपनी भूमिकाएँ अदा करनी चाहिए, "पहले वालों को उस सूचना की क्वालिटी के माध्यम से जो वे देते हैं। तथा दूसरे वालों को अपने उत्तरदायित्वों को निभाने की इच्छा के माध्यम से।

सभी सूचीबद्ध कम्पनियों के निदेशक मंडलों द्वारा अनुपालन किए जाने के लिए समिति ने सर्वोत्तम चलनों की संहिता चार भागों में तैयार की है।

(i) निदेशक मण्डल (Board of Directors)

मण्डल की बैठक नियमित रूप से होनी चाहिए तथा कम्पनी पर इनका पूरा तथा प्रभावी नियंत्रण बनाए रखना चाहिए एवं कार्यकारी प्रबंधन पर निगाह रखनी (मॉनीटर) चाहिए। जिम्मेदारियों का बँटवारा होना चाहिए ताकि कोई अकेला व्यक्ति निर्णयन की निर्बाध शक्ति न रख सके। जहाँ अध्यक्ष ही मुख्य कार्यकारी हो, वहाँ मंडल में एक मजबूत एवं स्वतंत्र सदस्य होना चाहिए। सभी निदेशकों की कम्पनी सचिव तक पहुँच होनी चाहिए जो यह सुनिश्चित करने के लिए मंडल के प्रति उत्तरदायी है कि मंडल की पद्धतियों का पालन किया जाता है और यह कि लागू नियमों एवं विनियमों का पालन किया जाता है।

(ii) गैर-कार्यकारी निदेशक (Non-Executive Directors)

गैर-कार्यकारी निदेशकों को व्यापार-कौशल-नीति, निष्पादन के मामलों पर प्रभाव डालने वाले स्वतंत्र निर्णय देने चाहिए जिनमें महत्त्वपूर्ण नियुक्तियाँ तथा आचरण के मानक भी शामिल हैं। गैर-कार्यकारी निदेशकों की अधिक संख्या, प्रबंधन से स्वतंत्र होनी चाहिए तथा ऐसे किसी भी कारोबारी या अन्य संबंध से भी मुक्त होनी चाहिए जो उनकी फीस तथा शेयरधारिता के अतिरिक्त उनके स्वतंत्र निर्णयन में महत्त्वपूर्ण ढंग से दखलंदाजी कर सके। निदेशकों को किसी भी रूप में प्रदत्त कुल परिलब्धियों का पूरा एवं स्पष्ट प्रकटन होना चाहिए।

(iii) वित्तीय रिपोर्टिंग तथा नियंत्रण (Financial Reporting and Controls)

मंडल को कम्पनी की स्थिति का संतुलित व समझ में आने योग्य (सरल) आकलन प्रस्तुत करना चाहिए। वित्तीय रिपोर्टिंग को सच्ची व उचित तस्वीर प्रस्तुत करनी चाहिए।

लेखा-परीक्षकों की भूमिका (Role of Auditors)

वार्षिक लेखा-परीक्षा, कार्पोरेट अधिशासन की आधारशिलाओं में से एक है। यह वित्तीय विवरणियों को तैयार करने तथा कम्पनी के निदेशकों द्वारा उसे प्रस्तुत करने की विधियों पर बाहरी व वस्तुपरक नियंत्रण (निगाह) रखती है। कैडबरी समिति ने सिफारिश की है कि निदेशक मंडल तथा लेखा-परीक्षकों के बीच व्यावसायिक व वस्तुपरक (उद्देश्यपूर्ण) सम्बंध बने रहना चाहिए ताकि सबके लिए कम्पनी की वित्तीय विवरणियों के सच्चे व उचित रूप दिए जा सकें। लेखा-परीक्षकों का कर्त्तव्य लेखा-परीक्षा को ऐसा बनाना है जिससे यह इस बात का उपयुक्त आश्वासन दे कि वित्तीय विवरणियाँ महत्त्वपूर्ण अव-कथनों (misstatements) से मुक्त हैं। दूसरे, प्रत्येक सूचीबद्ध कम्पनी को एक लेखा-परीक्षा समिति का गठन करना चाहिए जो लेखा-परीक्षकों को मंडल के गैर-कार्यकारी सदस्यों तक सीधी पहुँच देती है। समिति ने और आगे सिफारिश की कि लेखा-परीक्षकों एवं प्रबंधन के बीच अस्वस्थ सम्बंधों से बचने के लिए लेखा-परीक्षा साझीदारों का नियमित क्रमावर्तन किया जाए। इसने यह सिफारिश भी की कि लेखा-परीक्षा के अलावा लेखा-परीक्षकों द्वारा कम्पनी को दी गई सेवाओं के लिए उन्हें किए गए भुगतानों को भी प्रकट करना चाहिए।

(iii) शेयरधारियों के अधिकारों और उत्तरदायित्वों का व्यवहार करना (Dealing with the Rights and Responsibilities of Shareholders)

कम्पनी के स्वामियों के तौर पर शेयरधारी, अपनी ओर से कारोबार चलाने के लिए निदेशकों को चुनते हैं और प्रगति के लिए उन्हें जिम्मेदार ठहराते हैं। वे निदेशकों की वित्तीय विवरणियों पर बाहरी जाँच के लिए लेखा-परीक्षकों को नियुक्त करते हैं। समिति की रिपोर्ट में विशेष रूप से जोर दिया गया है कि मंडल को, शेयरधारियों को कम्पनी की उचित व सही-सही रिपोर्ट देनी चाहिए। संस्थागत निवेशकों/शेयरधारियों को अपने मताधिकारों का वृहत्तर प्रयोग करना चाहिए तथा मंडल के कार्य-चालन में सकारात्मक रुचि लेनी चाहिए। शेयरधारियों तथा निदेशक मंडल, दोनों को इस पर विचार करना चाहिए कि शेयरधारियों के प्रति निदेशक मंडल की जिम्मेदारी को किस प्रकार सुदृढ़ किया जाए।

जोखिम प्रबंधन (Risk Management)

विकसित अर्थव्यवस्थाओं में कार्पोरेट अधिशासन को जोखिम प्रबंधन के परिप्रेक्ष्य से भी देखा गया था। लेहमन ब्रदर्स के पतन, बैंकों द्वारा उठाई गईं भारी हानियों तथा लाभों एवं बोनसों की खोज में मैनेजरों द्वारा अंधाधुंध जोखिम ट्रेडिंग की घटनाओं ने निदेशक मंडलों के लिए बेहतर जोखिम प्रबंधन को सुनिश्चित करना जरूरी बना दिया। टर्नबुल ने ब्रिटेन में कम्पनियों को इस मामले में सहायता दी। सितम्बर, 2011 में 'फाइनेंशल रिपोर्टिंग काउंसिल, यू. के. ने इस प्रश्न पर और आगे विचार किया। निदेशक मंडलों को जोखिमों को किस प्रकार संभालना चाहिए, इस पर इसके जो निष्कर्ष हैं, वे यहाँ नीचे दिए जा रहे हैं

- निदेशक मंडल को, जोखिम आवरक (Covering), जोखिम की पहचान, जोखिम प्रबंधन चूक तथा संकट प्रबंधन के प्रति कम्पनी की सोच को निश्चित करना चाहिए।
- मंडल को उन जोखिमों पर ध्यान संकेन्द्रित करना चाहिए जिनमें कम्पनी का व्यापार-कौशल नीति या दीर्घावधि लाभकारिता या इसकी प्रतिष्ठा की हानि करने की क्षमता है।
- शेयरधारियों को जोखिम पर कम्पनी के व्यापार मॉडल, व्यापार कौशल नीति, मुख्य जोखिमों तथा न्यूनीकरण के समाकलित विवरण के माध्यम से अर्थपूर्ण रिपोर्टें देनी चाहिए।
- अच्छे जोखिम प्रबंधन के लिए अच्छी कार्पोरेट संस्कृति अनिवार्य है।

» मण्डल को जोखिम प्रबन्धन तथा आन्तरिक लेखा-परीक्षा कार्यों को जोड़ देना चाहिए।

» प्रभावी जोखिम प्रबंधन के लिए संपूर्ण संगठन में पारदर्शिता तथा उत्तरदायित्व की स्पष्ट रेखाएँ अनिवार्य हैं।

» मंडल को महत्त्वपूर्ण अलग-अलग जोखिमों के लिए अपनी चाहत (भूख) या सहनशीलता स्पष्ट कर देनी चाहिए।

» लेखा-परीक्षा समिति तथा मंडल के बीच तथा लेखा-परीक्षा एवं जोखिम समिति के बीच सटीक विभाजक रेखा बताई जानी चाहिए।

भारत में कार्पोरेट अभिशासन का उदय (Evolution of Corporate Governance in India)

कार्पोरेट अभिशासन की नीतियों में भारत में उसी प्रकार के पथ का अनुसरण किया गया है जिसका अनुसरण पश्चिम में किया गया था। भारतीय नीतियों में छोटे शेयरधारियों को बचाने पर, धोखाधड़ी एवं अवचारों से बचाव तथा कार्पोरेट सामाजिक उत्तरदायित्व पर बल दिया गया कहा जा सकता है। कार्पोरेट अभिशासन के संघटक, अभी हाल ही में पारित कम्पनी अभिनियम में शामिल हैं। कार्पोरेट अभिशासन के अनेक अलग-अलग कारक (तत्व), जो पहले अलग-अलग विनियमों तथा स्वैच्छिक संहिता में आ चुके हैं, अब कम्पनी अभिनियम के भाग बन चुके हैं।

कम्पनी अभिनियम में दिए गए प्रावधान (Provisions Contained in the Companies Act)

अब हम उन विभिन्न बातों (बिन्दुओं) की चर्चा करेंगे जो कार्पोरेट अभिशासन को शामिल करते हैं और जिन्हें हाल ही में कम्पनी अधिनियम में शामिल किया गया है।

1. राष्ट्रीय वित्तीय रिपोर्टिंग प्राधिकरण (National Financial Reporting Authority)

राष्ट्रीय वित्तीय रिपोर्टिंग प्राधिकरण की स्थापना की जाएगी। पहले इन्स्टीट्यूट ऑफ चार्टर्ड एकाउण्टेण्ट्स ऑफ इंडिया के पास अनेक ऐसी शक्तियाँ थीं जो वित्तीय रिपोर्टिंग प्राधिकरण के पास वाली हैं। यह प्राधिकरण लेखांकन व लेखा-परीक्षा मानक बनाएगा। यह इन मानकों के अनुपालन को मॉनीटर करेगा और लागू करेगा। इसके लिए, यह लेखांकन, लेखा-परीक्षा एवं इन मामलों से सम्बंधित वित्तीय विश्लेषणों जैसे व्यवसायों की गुणवत्ता पर नजर रखेगा। प्राधिकरण उन व्यावसायिक एवं अन्य अवचारों का अन्वेषण करेगा जो चार्टर्ड लेखाकार या उनकी फर्में कर सकते हैं।

2. लेखा-परीक्षा तथा लेखा-परीक्षक (Audits and Auditors)

प्रत्येक कम्पनी के लिए लेखा-परीक्षक नियुक्त करना अनिवार्य है। सूचीबद्ध व अन्य विनिर्दिष्ट कम्पनियाँ एक लेखा-परीक्षक को पाँच वर्ष के कार्यकाल हेतु तथा एक फर्म पाँच वर्ष प्रत्येक की दो अवधियों के लिए दो लगातार कार्यकालों के लिए लेखा-परीक्षक को नियुक्त कर सकती है। कोई भी फर्म जिसमें वही साझीदार हो या हों, उसके स्थान पर नियुक्ति नहीं की जा सकेगी। लेखा-परीक्षकों का पारिश्रमिक कम्पनी द्वारा अपनी आम बैठक में तय किया जाएगा। इसका मतलब यह है कि यह निर्णय न तो प्रबंधन द्वारा किया जा सकता है और न मण्डल द्वारा, बल्कि केवल शेयरधारियों की आम सभा द्वारा ही किया जा सकता है। इससे प्रबंधन व लेखा-परीक्षकों के बीच मिलीभगत होने के अवसर समाप्त हो जाते हैं।

कम्पनी को प्रत्येक लेखा-परीक्षक को कम्पनी के बहीखातों (लेखा-पुस्तकों) एवं रसीदों (किए गए भुगतानों की हस्ताक्षरित रसीदें) को कभी भी देखने का अधिकार होगा। लेखा-परीक्षक (अधिकार के तौर पर) कम्पनी के कर्मचारियों से ऐसी सूचना एवं स्पष्टीकरण माँग सकता है जो वह लेखा-परीक्षक के कर्तव्यों का पालन करते हुए आवश्यक मानता है। कानून लेखा-परीक्षकों को कुछ मामलों हेतु आदेश देता है कि उन्हें विशेष जाँच करनी चाहिए तथा अपनी रिपोर्ट में शामिल करनी चाहिए।

कम्पनी अधिनियम, कम्पनी के लेखा-परीक्षकों, प्रैक्टिस कर रहे कम्पनी सचिवों तथा लागत लेखाकारों पर विशेष उत्तरदायित्व डालता है। यदि अपने कर्तव्यों का पालन करने के दौरान वे देखें कि कम्पनी के किसी अधिकारी द्वारा कम्पनी के विरुद्ध कोई धोखाधड़ी की जा रही है या की गई है तो उसे इस मामले की रिपोर्ट केंद्रीय सरकार को देनी होगी। ऐसी रिपोर्ट देने के लिए समय-सीमा व पद्धति, सरकार द्वारा निर्धारित की जाएँगी। कानून लेखा-परीक्षकों को, कम्पनी को बैंकिंग, वित्तीय या इसी प्रकार की सेवाएँ देने से मना करता है। इसका आशय हितों के टकराव को रोकना तथा लेखा-परीक्षकों की स्वतंत्रता बनाए रखने का है। अन्यथा कम्पनी लेखा-परीक्षकों को लुभावने वित्तीय कार्यों से लुभा सकती हैं।

मामला-3 (Case-3)

निकुंज एक फर्म की लेखा-परीक्षा कर रहा है जिसके कुछ साझीदार हैं। लेखों से पता चला कि दो करोड़ रुपए बैंकों में सावधि जमा हैं। वह इन सावधि जमाओं की रसीदें देखना चाहता है। लेकिन प्रबंध साझीदार ने अपने साझीदारों को बताए बिना उन रसीदों को एक बैंक में गिरवी (जमानत) रख दिया है तथा ऋण ले लिया है। नंदिता, मुख्य लेखाकार, प्रबंध साझीदार के पास जाती है और उसे निकुंज की माँग के बारे में बताती है। वह दुविधा में पड़ जाता है और सोचता है कि क्या किया जाए। नंदिता उसकी सहायता करने को कहती है कि वह बैंक मैनेजर को अच्छी तरह जानती है और वह रसीदों की फोटोप्रतियाँ ले आएगी। वह प्रतियाँ प्राप्त कर लेती है तथा उन्हें यह बहाना बनाकर निकुंज को दिखा देती है कि मूलप्रतियाँ दूर के उपनगर के सेफ डिपाजिट वॉल्ट में रखी हैं। निकुंज बिना संदेह किए उसकी बात पर विश्वास कर लेता है।

प्रश्न (Question)

आप निम्नलिखित में से कौन-सी टिप्पणी के साथ सहमत हैं?

1. निकुंज या तो अयोग्य है या भ्रष्ट है।
2. पार्टनरशिप फर्म के फिक्स डिपाजिट्स के आधार पर निजी ऋण लेकर मैनेजिंग पार्टनर ने भरोसे को तोड़ा है।
3. लाभदा बैंक का प्रबन्धक भ्रष्ट होगा।
4. केवल (1) तथा (2)

परिचर्चा (Discussion)

उक्त (1) के सम्बन्ध में इस निष्कर्ष पर पहुँचने के लिए हमारे पास कोई साक्ष्य नहीं है कि निकुंज भ्रष्ट है। उसे नन्दिता से पूछना चाहिए था कि वह फिक्स्ड डिपाजिट्स रसीदों की फोटो कापियाँ क्यों दिखा रही है। फिक्स्ड डिपाजिट्स को दूर के स्थान पर सेफ वालट में रखने की क्या अनिवार्यता या दबाव है? उसे नन्दिता को मूल रसीदें लाने और दिखाने का समय देना चाहिए था। तब नन्दिता उसे धोखा नहीं दे सकती थी क्योंकि लाभदा बैंक या अन्य कोई भी बैंक उन रसीदों को नहीं देगा जिन पर ऋण लिया गया है।

मैनेजिंग पार्टनर ने भरोसे को तोड़ा है। इसमें कोई संदेह नहीं है। अन्य पार्टनरों के साथ वह भरोसे की स्थिति में है। उन्होंने फर्म का प्रबन्धन उसे सौंपा हैं वह पार्टनरशिप की सम्पत्ति को अपने लिए ऋण हेतु प्रतिभूति के तौर पर प्रयोग नहीं कर सकता। पार्टनरशिप फर्म का मैनेजिंग पार्टनर से अलग अस्तित्व है। कोई यह गलत तर्क दे सकता है कि फर्म को कोई हानि नहीं हुई है क्योंकि बैंक के लिए जमाओं का मूल्य वसूलने का कोई अवसर नहीं आया है। ना ही फर्म को पैसे के प्रयोग से वंचित किया गया है। तथापि, नैतिकता की दृष्टि से हमें कार्य के परिणाम को देखने की जरूरत नहीं है। हानि होने की संभावना का होना ही नैतिक मूल्यांकन के लिए पर्याप्त है।

हमारे पास इस निष्कर्ष पर पहुँचने को कोई आधार नहीं है कि लाभदा बैंक का प्रबन्धक भ्रष्ट है। मालिकों या उनके प्रतिनिधियों को फोटो कापी देना अनुमत है। जिस प्रबन्धक ने मैनेजिंग पार्टनर को निजी ऋण मंजूर किया है, उसने गलत काम किया है। तथापि, ऐसा कोई कथन नहीं है कि उसी प्रबन्धक ने सावधि जमा रसीदों की फोटो प्रतियाँ लेने की अनुमति दी हो। अतः (3) सही कथन नहीं है।

3. निदेशक (Directors)

प्रत्येक सूचीबद्ध कम्पनी तथा निर्धारित श्रेणियों की कम्पनियों में निदेशकों की कुल संख्या की एक-तिहाई संख्या स्वतंत्र निदेशकों की होनी चाहिए। पहली बार, कम्पनी अधिनियम ने 'स्वतंत्र निदेशक' शब्दों की परिभाषा दी है। एक स्वतंत्र निदेशक को मंडल को स्वतंत्रता की वार्षिक घोषणा देनी पड़ती है। उसे स्टॉक का विकल्प (अर्थात् किसी भावी तारीख पर, पूर्व-निर्धारित मूल्य पर कम्पनी के शेयर खरीदने या अंशदान करने का लाभ या अधिकार) नहीं मिल सकता, किन्तु वह पारिश्रमिक तथा खर्चों की प्रतिपूर्ति पा सकता है। एक स्वतंत्र निदेशक पाँच साल के लगातार वर्षों का कार्यकाल भोग सकता है। तथापि, वह लगातार दो कार्यकालों से अधिक पद पर नहीं रह सकता है। लेकिन वह तीन वर्षों के अंतराल के बाद नियुक्ति का पात्र हो जाता है। स्वतंत्र निदेशक चक्रण से सेवानिवृत्ति के प्रावधान के अधीन नहीं होगा।

कम्पनी अधिनियम में स्वतंत्र निदेशकों की अर्हताएँ तथा उनकी नियुक्ति की पद्धति निर्धारित की गई हैं। उनकी नियुक्ति का आम सभा में अनुमोदन होना जरूरी है। स्वतंत्र निदेशकों को चुनने में मदद करने के लिए, एक डाटा बैंक रखा जाएगा जिसमें पात्र तथा इच्छुक लोगों के नाम, पते व (शैक्षिक) योग्यताएँ रहेंगी।

स्वतंत्र निदेशक, कार्पोरेट अभिशासन के अभिरक्षा तथा निदेशक मंडल की चेतना को बनाए रखने वाले होते हैं। कम्पनी अधिनियम में स्वतंत्र निदशकों के लिए व्यावसायिक आचरण के मार्गनिर्देश के तौर पर एक संहिता शामिल है। स्वतंत्र निदेशकों द्वारा इनका अनुपालन तथा अपनी जिम्मेदारियों को व्यावसायिक एवं ईमानदार ढंग से करने से निवेशक समुदाय का, विशेष रूप से अल्पसंख्यक शेयरधारियों, विनियामकों तथा (Regulations) कम्पनियों का स्वतंत्र निदेशक समुदाय में विश्वास बढ़ेगा।

एक स्वतंत्र निदेशक के आशयित (अपेक्षित) गुणों में शामिल हैं: सत्यनिष्ठा एवं ईमानदारी; वस्तुपरक एवं संरचनात्मक सोच; सदाशयित कार्य; उद्देश्यों के लिए खतरनाक बाह्य विचारों को समाप्त करना; स्वतंत्र निर्णय; अपने पद के दुरुपयोग से बचना तथा ऐसे किसी कार्य को न करना जिससे उसकी स्वतंत्रता की हानि हो।

सूचीबद्ध कम्पनी में छोटे शेयरधारियों द्वारा चुना गया एक निदेशक हो सकता है। एक छोटा शेयरधारक 20,000 रुपये तक मूल्य के शेयर रखता है। निर्धारित श्रेणी या श्रेणियों की कम्पनियों में कम-से-कम एक महिला निदेशक होगी।

कम्पनी के अंतर्नियमों में, कम्पनी के निदेशकों की कुल संख्या के दो-तिहाई से कम की नियुक्ति आनुपातिक प्रतिनिधित्व के आधार पर करने का प्रावधान हो सकता है। कम्पनी अधिनियम में उल्लिखित निदेशकों के कर्तव्यों में शामिल हैं सद्‌भावना, समुचित व पर्याप्त ध्यान देना, कुशलता व परिश्रम, स्वतंत्र निर्णय तथा हितों का कोई प्रत्यक्ष या अप्रत्यक्ष टकराव नहीं। कर्तव्यों का उल्लंघन दण्डनीय है और इसके लिए एक लाख से पाँच लाख रुपये तक का जुर्माना लगाया जा सकता है।

मामला-4 (Case-4)

मुन्नालाल ने मामूली से कारोबार से काम शुरू किया और वह धीरे-धीरे मध्यम दर्जे की इंजीनियरिंग कम्पनी का बड़ा मालिक बन गया। जब कम्पनी के तकनीकी निदेशक ने दूसरी नौकरी लेने के लिए पद-त्याग किया तो वह पद खाली हो गया। जब मुन्नालाल ने प्रस्ताव किया कि उसका युवा पुत्र किशोरी लाल तकनीकी निदेशक बना दिया जाए तो निदेशक मंडल को आश्चर्य हुआ। एक निदेशक ने तो इस प्रस्ताव का खुलकर विरोध किया और किशोरी लाल के प्रत्यायक (credential) पर संदेह किया। मुन्नालान ने कहा कि उसके पुत्र ने इंजीनियरिंग की पढ़ाई रिमोट वैस्टबुक टेक्निकल यूनिवर्सिटी से की है। एक सदस्य के पूछे जाने पर उसने यह भी कहा कि रिमोट वैस्टबुक टेक्निकल यूनिवर्सिटी न्यू मैक्सिको में मान्यता प्राप्त विश्वविद्यालय है। उसने यह भी बताया कि किशोरी लाल ने डैट्राइट के पास कुछ वर्कशाप्स में प्रशिक्षण भी लिया है। उसका फिर भी विरोध किया गया तो उसने याचना की कि उसका स्वास्थ्य ठीक नहीं है और यह कि यदि वह बीमार पड़ जाए तो वह चाहेगा कि उसके परिवार से कोई कारोबार की बागडोर संभाले। उसने यह और कहा कि उसके शेयरधारिता के बल पर किशोरी लाल सदस्य चुन लिया जाएगा।

प्रश्न (Question)

मान लीजिए कि आप अनेक वर्षों से कम्पनी के सचिव हैं और मुन्ना लाल के सलाहकार हैं। आप मुन्नालाल को क्या सलाह देंगे?

1. क्या आप मुन्ना लाल को सलाह देंगे कि स्वतन्त्र निदेशकों की ओर से इस प्रकार का विरोध कार्पोरेट जीवन में रूटीन-सा है। मुन्ना लाला को अपनी स्थिति नहीं बदलनी चाहिए।
2. आपकी सलाह होगी कि किशोरी लाल को शॉप फ्लोर से शुरुआत करनी चाहिए और क्रमश: उच्चतर उत्तदायित्व लेना चाहिए।
3. कम्पनी को किसी प्रबन्धन के अनुभव वाले, बड़ी आयु वाले ऐसे टैक्नोक्रैट को नियुक्त करना चाहिए जो सेवानिवृत्ति के करीब पहुँच रहा हो और उसे किशोरीलाल को काम सिखाने के विशेष मिशन के साथ नियुक्त किया जाना चाहिए।
4. आपको अलग रहना चाहिए क्योंकि परिवार के मामलों में लोग तार्किकता की बात पर ध्यान नहीं देते।

परिचर्चा (Discussion)

1. सचिव के तौर पर आपको कम्पनी के हित में काम करना चाहिए। मुन्ना लाल को खुश रखना आपको अपने कैरियर को आगे बढ़ाने हेतु महत्त्वपूर्ण होगा, किन्तु स्वतन्त्र निदेशकों की नियुक्ति प्रमोटरों के हितों एवं कम्पनी के कार्यों को नियन्त्रित न कर रहे अन्य शेयरधारियों के हितों के बीच संतुलन बनाए रखने के ही प्रयोजन से की जाती है। सचिव को स्वतन्त्र निदेशकों की मूल्यवान राय पर ध्यान देना चाहिए। स्पष्टत: किशोरी लाल को अपेक्षित अनुभव नहीं है और इतनी शिक्षा भी नहीं मिली है कि वह प्रबन्धन के स्तर से काम शुरू कर सकें। संक्षेप में यहाँ यही मामला है।
2. मुन्ना लाल एक निश्चित समय के भीतर वास्तविक परिणाम देखना चाहेगा क्योंकि उसका स्वास्थ्य अच्छा नहीं होगा और वह परिवार से एक उत्तराधिकारी पाने के लिए चिन्तित है। यह राय कुछ अस्पष्ट-सी है क्योंकि किशोरी लाल पद-क्रम में उन्नति करने में लम्बा समय लेगा। यह विकल्प परिस्थिति की जरूरत को पूरा नहीं करता।
3. यह विकल्प सही है। कम्पनी जब दीर्घ अनुभव और परिपक्वता वाले एक्जेक्यूटिव को लाती है तो काम का नुकसान नहीं होगा। चूँकि पदधारी सेवानिवृत्ति के निकट होगा तो वह अपने कैरियर का क्षितिज बढ़ाने का प्रयास नहीं करेगा अपितु किशोरी लाल ईमानदारी से काम सिखाएगा। लगभग दो वर्षों में किशोरी लाल को तैयार करना संभव होगा। इसके बाद किशोरी लाल बड़ी जिम्मेदारी संभाल सकता है। यदि पदधारी इसके बाद भी कुछ और समय रहना चाहता है तो उसे कोई सलाहकारी का पद दिया जा सकता है जिससे भी वह किशोरी लाल की सहायता कर सकता है। यह बुद्धिमत्तापूर्ण कार्य होगा।
4. इसमें संदेह नहीं है कि मुन्नालाल इस मामले में निजी तौर पर सम्बन्धित है। तथापि, यह मामला पूरी कम्पनी को प्रभावित करता है। क्योंकि मुन्नालाल का कम्पनी में नियन्त्रण वाला हित जुड़ा है और उसका स्वास्थ्य अच्छा नहीं है, तो उत्तराधिकार की चिन्ता समझ में आती है। इस स्थिति में अच्छी सलाह का निश्चित रूप से मूल्य है। यदि सचिव ऐसी सलाह देने से कतराता है तो वह अपने कर्त्तव्य-पालन में असफल होगा। वह कम्पनी या मुन्नालाल के लिए अजनबी नहीं है। वह मूक दर्शक बना नहीं रह सकता।

4. निदेशक मंडल की समितियाँ (Committees of the Board of Directors)

प्रत्येक सूचीबद्ध कम्पनी तथा कुछ अन्य विनिर्दिष्ट कम्पनियों को एक लेखा-परीक्षा समिति का गठन करना पड़ता है। लेखा-परीक्षा समिति में कम-से-कम तीन स्वतंत्र निदेशक होंगे; उनमें से कम-से-कम दो को वित्तीय विवरणियों जैसे तुलन-पत्र, लाभ तथा हानि खाता, रोकड़ प्रवाह विवरण तथा इक्विटी में परिवर्तनों के विवरण समझने की योग्यता होनी चाहिए। इसके अध्यक्ष में यह योग्यता होनी चाहिए। काम करने की शर्तों या लेखा-परीक्षा समिति के अधिकार क्षेत्र में वित्त, लेखे, वाणिज्यिक लेन-देन (सौदे), निवेश तथा लेखा-परीक्षा शामिल हैं।

लेखा-परीक्षा समिति को इन सभी मामलों में अन्वेषण करने की शक्ति होगी। लेखा-परीक्षकों तथा महत्त्वपूर्ण प्रबंधकीय कर्मचारियों को लेखा-परीक्षा समिति में सुने जाने (बोलने) का अधिकार होगा। जहाँ मंडल लेखा-परीक्षा समिति की किसी सिफारिश को नहीं मानता है तो इसे प्रकट किया जाएगा।

अधिनियम में सतर्कता क्रिया-विधि का प्रावधान है ताकि निदेशक व कर्मचारी अपनी वास्तविक चिंताएँ या कम्पनी में हो रहीं बातों के बारे में अपनी आशंकाओं की रिपोर्ट कर सकें। कोई व्यक्ति जो इस क्रियाविधि का प्रयोग करता है, लेखा-परीक्षा समिति के अध्यक्ष तक सीधा पहुँच सकता है। यह एक व्हिसलब्लोअर वाले प्रावधान के समान है।

5. नामांकन व पारिश्रमिक समिति, जोखिमधारी (पणधारी) सम्पर्क समिति (Nomination and Remuneration Committee, Stakeholders Relationship Committee)

अधिनियम में नामांकन व पारिश्रमिक समिति तथा जोखिमधारी संबंध समिति के गठन के प्रावधान हैं। नामांकन तथा पारिश्रमिक समिति उन लोगों की पहचान करेगी जो निदेशक बनने के लिए अर्हता प्राप्त हैं और जो वरिष्ठ प्रबंधन वर्ग में नियुक्त किए जा सकते हैं। एक वित्त वर्ष में किसी भी समय एक हजार से अधिक शेयरधारियों, डिबेंचरधारकों, जमा-धारकों तथा अन्य किसी प्रकार की सिक्योरिटी के धारकों वाली कम्पनी के निदेशक मंडल को जोखिमधारी-संबंध समिति का गठन करना होगा।

6. सम्बन्धी पार्टी के लेनदेन (Related Party Transactions)

सम्बन्धी पार्टी के लेनदेन वे हैं जिनमें मण्डल के निदेशक या उनके निकट के परिवार-सदस्यों की निजी वित्तीय रुचि (हित) रहती है। वे उन्हें हितों के टकराव की स्थिति में डाल देते हैं। उनका लाभ कम्पनी की हानि पर निर्भर करता है। यह एक आधारभूत सिद्धान्त है कि उन्हें ऐसे लेन-देन (सौदों) से सुरक्षित दूरी पर रहना चाहिए। या उन्हें उनसे व्यवहार करते समय 'पर्याप्त' बनाए रखनी चाहिए।

इस मामले में कम्पनी अधिनियम में सुरक्षा उपाय शामिल हैं। कोई कम्पनी, निदेशक मण्डल की संकल्प द्वारा दी गई सहमति के बिना सम्बन्धी पार्टी के साथ कोई संविदा या कारनामा नहीं कर सकती। यदि लेन-देन (सौदा) एक खास सीमा से आगे बढ़ जाता है तो इसके लिए आम सभा में विशेष संकल्प द्वारा कम्पनी की पूर्व मंजूरी की जरूरत होगी। कोई भी सदस्य जो इस लेन-देन में रुचि रखता है, ऐसे विशेष संकल्प में मत दे सकता है। तथापि, कोई मंजूरी जरूरी नहीं है यदि लेन-देन 'एक हाथ की दूरी से' अर्थात् पूरे बाजार मूल्य पर किया जाता है। मण्डल को प्रत्येक सम्बन्धी पार्टी वाले लेन-देन (सौदों) की जानकारी अपनी रिपोर्ट में शेयरधारियों को देनी चाहिए। कम्पनी को एक ऐसा रजिस्टर रखना होगा जिसमें वे संविधाएं व करारनामे दिखाए जाएंगे जिनमें निदेशक रुचि रखते हैं।

7. सचिवालीय लेखा-परीक्षा (Secretarial Audit)

प्रत्येक सूचीबद्ध कम्पनी और या विनिर्दिष्ट कम्पनी को अपने शेयरधारियों हेतु अपनी मंडल की रिपोर्ट के साथ, कार्यरत कम्पनी सचिव द्वारा दी गई सचिवालीय लेखा-परीक्षा रिपोर्ट संलग्न करनी पड़ती है। कम्पनी सचिव, जो कम्पनी के सचिवालय का प्रमुख होता है, का काम यह सुनिश्चित करना है कि कम्पनी उन सभी कानूनी अपेक्षाओं का पालन करती है जो कम्पनी अधिनियम और अन्य सम्बंधित कानूनों में विनिर्दिष्ट हैं। सचिवालीय लेखा-परीक्षक, कम्पनी के कानून (विधि) प्रभाग के कामकाज की लेखा-परीक्षा करेगा जिसका काम यह सुनिश्चित करना है कि कम्पनी द्वारा सभी लागू होने वाले नियमों व विनियमों का पालन किया जाता है। सचिवालीय लेखा-परीक्षक जिन मुद्दों पर रिपोर्ट करेगा, वे हैं: (क) क्या कम्पनी ने कम्पनी अधिनियम एवं उस पर लागू कानूनों का पालन किया है? (ख) क्या कम्पनी का विधि प्रभाग या सचिवालय उचित व्यावसायिक मानकों का पालन कर रहा है?

8. वर्ग कार्रवाई (Class Action)

कम्पनी अधिनियम ने भारत में पहली बार वर्ग कार्रवाई की अवधारणा शुरू की है। वर्ग कार्रवाई उस कानूनी कार्यवाही से भिन्न होती है जो व्यक्तिगत वादकारी करते हैं। एक अकेला वादकारी या वादकारियों का एक समूह अपनी-अपनी ओर से वाद कर सकते हैं। उदाहरण के लिए, जब औद्योगिक गंदा पानी (मल-जल) किसानों के खेतों में घुस जाता है तो किसानों को नुकसान होता है। इनमें से एक किसान अदालत में दावा दायर कर देता है और क्षतिपूर्ति पा जाता है। यह एक व्यक्ति की कानूनी कार्यवाही है। इसका फैसला अन्य किसानों पर लागू नहीं होगा, यद्यपि वे उसी श्रेणी या समूह से हैं जिसे हानि हुई है। तथापि, अमरीका जैसे देशों में वर्ग कार्रवाई मुकद्दमे दायर करने का प्रावधान है। ऐसे मुकदमों में, निर्णय एकसमान परिस्थिति में पड़े सभी लोगों पर लागू हो जाएँगे, चाहे वे मुकदमे में शामिल न भी हुए हों।

कम्पनी अधिनियम ने इसी प्रकार का प्रावधान दिया है। जब सदस्यों, जमाकर्ताओं (निक्षेपकों) या उनके किसी वर्ग की राय है कि कम्पनी के मामले जिस ढंग से चलाए जा रहे हैं, वे इसके सदस्यों या जमाकर्ताओं के हितों के विरुद्ध हैं, तो वे ट्रिबूनल के समक्ष आवेदन दे सकते हैं। वर्ग कार्रवाई में लेखा-परीक्षकों को भी शामिल किया गया है।

9. कार्पोरेट सामाजिक उत्तरदायित्व (सीएसआर) (Corporate Social Responsibility)

(i) यदि किसी कम्पनी का/की एक वित्त वर्ष में

(क) शुद्ध मूल्य पाँच सौ करोड़ रुपए या अधिक का है, या (ख) कारोबार एक हजार करोड़ रुपए या अधिक का है, या (ग) शुद्ध लाभ पाँच करोड़ रुपए या अधिक है तो इसे मण्डल कार्पोरेट सामाजिक उत्तरदायित्व समिति का गठन करना पड़ता है। समिति में 3 या अधिक निदेशक होने चाहिए, कम-से-कम एक स्वतंत्र कार्पोरेट सामाजिक उत्तरदायित्व समिति की संरचना प्रकाशित की जानी चाहिए।

(ii) कार्पोरेट सामाजिक उत्तरदायित्व समिति के निम्नलिखित कार्य हैं

(क) कम्पनी अधिनियम में विनिर्दिष्ट गतिविधियों के लिए एक कार्पोरेट सामाजिक उत्तरदायित्व नीति बनाना और मंडल से उसकी सिफारिश करना।

(ख) सी एस आर पर खर्च की जाने वाली राशि की सिफारिश करना; तथा

(ग) कम्पनी के कार्पोरेट सामाजिक उत्तरदायित्व को मॉनीटर करना।

(iii) कम्पनी के निदेशक मंडल को, सी एस आर समिति की सिफारिशों पर विचार करने के बाद, कार्पोरेट सामाजिक उत्तरदायित्व नीति को मंजूर करना होगा। नीति को शेयरधारियों के लिए तैयार अपनी रिपोर्ट में शामिल किया जाएगा और उसे कम्पनी की बेबसाइट पर भी डाला जाएगा। मंडल को सी एस आर नीति में शामिल गतिविधियों का कार्यान्वयन सुनिश्चित करना होगा।

(iv) जिस कम्पनी पर सी एस आर लागू होता है, उसे साथ के पिछले तीन वित्त वर्षों के औसत शुद्ध लाभ का कम-से-कम दो प्रतिशत, हर वित्त वर्ष में इस पर खर्च करना होगा। कम्पनी अपनी सी एस आर नीति में उन स्थानीय क्षेत्रों को प्राथमिकता देगी जहाँ यह काम करती है। यदि कम्पनी सी एस आर धन को खर्च नहीं कर पाती है तो उसे इसके कारण शेयरधारियों को अपनी रिपोर्ट में बताने चाहिए।

(v) कार्पोरेट सामाजिक उत्तरदायित्व में निम्नलिखित कार्यक्रम शामिल हो सकते हैं

(क) उत्कट भूख और गरीबी को मिटाना;

(ख) शिक्षा का संवर्द्धन;

(ग) लैंगिक समता को बढ़ावा देना तथा महिलाओं का सशक्तिकरण;

(घ) शिशु मृत्यु दर को कम करना तथा मातृ स्वास्थ्य में बेहतर सुधार;

(ङ.) मानव रोगप्रतिरोध-शक्तिहीनता विषाणु, संक्रमित रोग-प्रतिरोध कमी संलक्षण, सिंड्रोम, मलेरिया व अन्य बीमारियों का मुकाबला करना;

(च) पर्यावरण को बनाए रखने को सुनिश्चित करना;

(छ) रोजगार बढ़ाने वाले व्यावसायिक कौशलों का प्रशिक्षण;

(ज) सामाजिक कार्य परियोजनाएँ

(झ) प्रधानमंत्री राष्ट्रीय सहायता निधि में या केंद्रीय सरकार या राज्य सरकारों द्वारा कमजोर वर्गों के सामाजिक, आर्थिक विकास और सहायता के लिए स्थापित निधियों में अंशदान।

विषय को समाप्त करते हुए, नए कम्पनी अधिनियम में अच्छे कार्पोरेट अधिशासन के अनेक पहलू शामिल हैं, जैसे मंडल में स्वतंत्र निदेशक, प्रकटन के बढ़े हुए मानदण्ड; प्रबंधन की बढ़ी हुई जिम्मेदारी; कठोरता अनुपालन (लागू करना); लेखा-परीक्षा वाला उत्तरदायित्व; अल्पसंख्या वाले शेयरधारियों की संरक्षा; निवेशकों की संरक्षा तथा सक्रियतावाद एवं कार्पोरेट सामाजिक उत्तरदायित्व।

यू.एन.जी.सी. : कार्पोरेट अभिशासन की आधारशिला (UNGC: Modern Cornerstone of Corporate Governance)

यह मानते हुए कि समाज द्वारा जिन सर्वाधिक मूलभूत चुनौतियों का सामना किया जाता है, उनके समाधान के लिए यू एन ने, महासचिव द्वारा यूनाइटेड नेशन्स ग्लोबल कम्पैक्ट (यू एन सी जी) को आरम्भ करने के साथ ही 2000 में कारपोरेट सस्टेनेबिलिटी रियलम (कार्पोरेट बने रहने वाला राज्य) में प्रवेश किया।

यू एन जी सी एक यूनाइटेड नेशन्स की पहल (उपक्रम) है जो बनाए रखने योग्य तथा सामाजिक दृष्टि से उत्तरदायी नीतियों को अपनाने व उनके कार्यान्वयन पर रिपोर्ट देने के लिए विश्वभर में कारोबारों को बढ़ावा देती है। द ग्लोबल कम्पैक्ट, कारोबारों के लिए सिद्धान्त-आधारित ढाँचा है जो मानवाधिकारों श्रम, पर्यावरण तथा भ्रष्टारचार विरोध के क्षेत्र में दस सिद्धान्त बताता है। ग्लोबल कम्पैक्ट के अधीन कम्पनियों को यू एन ऐजेन्सियों को श्रमिक वर्गों तथा सिविल सोसायटी के साथ लाया जाता है।

यू.एन.जी.सी. विश्व का सबसे बड़ा कारपोरेट नागरिकता पहल है। जिसमें 130 से अधिक देशों से 10,000 कार्पोरेट भागीदार और अन्य पणधारी हैं जिसके दो उद्देश्य हैं: विश्व भर में कारोबारी गतिविधियों में दस सिद्धान्तों को मुख्य धारा बनाना 'तथा 'यू एन के व्यापक लक्ष्य, जैसे मिलेनियम डेवेलपमेण्ट गोल्स (एम.डी.जी) के समर्थन में उत्प्रेरक कार्य।"

यू.एन.जी.सी. के प्रवर्तन का प्राक्कथन, यू.एन. महासचिव, कोफी अन्नान की एक घोषणा में था जो उनके विश्व आर्थिक फोरम में 31 जनवरी, 1999 को दिए भाषण में शामिल था तथा यू.एन.जी.सी. की औपचारिक शुरुआत 26 जुलाई, 2000 को न्यूयार्क में यू.एन. मुख्यालय में की गई थी।

ग्लोबल कम्पैक्ट कार्यालय को सात यू एन ऐजेन्सियों का समर्थन प्राप्त है: जलवायु परिवर्तन पर यूनाइटेड नेशन्स फ्रेमवर्क कन्वैन्शन; मानव अधिकारों का यूनाइटेड नेशन्स हाई कमिशनर; यूनाइटेड नेशन्स एन्वायरनमेण्ट प्रोग्राम; इण्टरनेशनल लेबर आर्गेनाइजेशन; यूनाइटेड नेशन्स डेवेलपमेण्ट प्रोग्राम; यूनाइटेड नेशन्स इण्डस्ट्रियल डेवेलपमेण्ट आर्गेनाइजेशन; तथा यूनाइटेड नेशन्स आफिस ऑन ड्रग्स एण्ड क्राइम।

द यू एन ग्लोबल कम्पैक्ट हर स्थान पर सभी कम्पनियों को आहवान करता है कि वे-

1. मानवाधिकारों, श्रम, पर्यावरण तथा भ्रष्टाचार निरोधन के क्षेत्रों में, अपने कार्यों एवं योजना-कौशलों को स्वैच्छिक रूप से दस वैश्विक स्तर पर स्वीकार दस सिद्धान्तों की संगत में लाएं; तथा
2. मिलेनियम डेवेलपमेन्ट गोल्स सहित यू एन के ध्येयों के समर्थन में कार्यवाही करें।

ऐसा करके कारोबार यह सुनिश्चित करने में सहायता कर सकता है कि बाजार ऐसे रास्तों पर बढ़ सकते हैं जिससे हर जगह अर्थव्यवस्थाओं एवं समाजों को लाभ हो। मुख्य कार्यकारियों द्वारा समर्पित यू एन ग्लोबल कम्पैक्ट, विकास, कार्यान्वयन तथा उत्तरदायी कार्पोरेट नीतियों व प्रचलनों के प्रकटन के लिए एक नेतृत्व मंच है। पहल (उपक्रम) मुख्य शेयरधारी समूहों के साथ कम्पनियों को साथ लाती है जिनमें शामिल हैं: सरकार, सिविल समाज, श्रम, निवेशक, शिक्षा-शास्त्री एवं यूनाइटेड नेशन्स।

ग्लोबल कम्पैक्ट कम्पनियों से अपने-अपने प्रभाव के क्षेत्रों में, मानव अधिकारों, श्रम मानकों, पर्यावरण तथा भ्रष्टाचार निरोधन के क्षेत्रों में मूल (केन्द्रिक) मूल्यों के सैट को स्वीकार करने, समर्थन करने और कार्यान्वित करने का आग्रह करता है। दसों सिद्धान्तों को सार्वभौमिक सर्वसम्मति प्राप्त है तथा इन्हें मानव अधिकारों की सार्वभौमिक घोषणा, मूलभूत सिद्धान्तों एवं काम के अधिकार पर अन्तरराष्ट्रीय श्रम संगठन की घोषणा, पर्यावरण तथा विकास पर रियो घोषणा तथा भ्रष्टाचार के विरुद्ध यूनाइटेड नेशन्स सम्मेलन से लिया गया है।

मानव अधिकार

कारोबार (व्यापार) को-

सिद्धान्त- 1: अन्तर्राष्ट्रीय स्तर पर लागू मानव अधिकारों की सुरक्षा का समर्थन व आदर करना चाहिए; तथा

सिद्धान्त- 2: सुनिश्चित करना चाहिए कि वे मानव अधिकारों के दुरूपयोग के साथ सह अपराधी न हो जाएँ।

श्रम

कारोबार (व्यापार) को-

सिद्धान्त- 3: एसोसिएशन की आजादी का समर्थन करना चाहिए तथा सामूहिक सौदेबाजी के अधिकार को प्रभावी ढंग से मानना चाहिए।

सिद्धान्त- 4: सभी प्रकार के बलात और अनिवार्य श्रमों के सभी प्रकारों का उन्मूलन करना चाहिए तथा

सिद्धान्त- 5: बाल श्रम का प्रभावी ढंग से उन्मूलन करना चाहिए; तथा

सिद्धान्त- 6: रोजगार तथा धन्धों में भेदभाव की समाप्ति करनी चाहिए।

पर्यावरण

कारोबार (व्यापार) को-

सिद्धान्त- 7: पर्यावरणीय चुनौतियों के प्रति पूर्वसावधानी सोच को समर्थन देना चाहिए;

सिद्धान्त- 8: बृहद्तर पर्यावरणीय उत्तरदायित्व को बढ़ाने के लिए कार्यवाही करनी चाहिए; तथा

सिद्धान्त- 9 पर्यावरण की दृष्टि से अनुकूल प्रौद्योगिकियों को लागू करने तथा फैलाव को बढ़ावा देना चाहिए।

भ्रष्टाचार निरोधन

सिद्धान्त- 10: भ्रष्टाचार के हर रूपों, जिसमें उगाही तथा रिश्वतखोरी शामिल हैं, के विरुद्ध काम करना चाहिए।

मामला-5 (Case-5)

स्टाइल मेकर्स पी एल सी. यू. के., इंगलैंड, यूरोप तथा उत्तरी अमरीका में गार्मेण्ट उत्पादन और रिटेलिंग कारोबार में उभरता हुआ सितारा है। कम्पनी भारत और बंगलादेश सहित अनेक विकासशील देशों में डिजाइन की आपूर्ति करती है और कपड़े सिलवांती है। बांग्लादेशी फर्म एक्स, स्टाइलमेकर्स से आर्डर लेती है तथा उनके आर्डर व कार्यक्रम के अनुसार स्टाइलमेकर्स को सिले हुए कपड़े की आपूर्ति करती है।

X नामक फर्म स्वयं इन कपड़ों को नहीं सिलती बल्कि यह कार्य वह कई छोटी-छोटी फर्मों के सहयोग से करती है। इसी प्रकार ठेके पर यहाँ काम करने वाली एक विनिर्माता कम्पनी, जो एक बहुमंजिला इमारत गोल्डन प्लाजा में कार्य कर रही थी। परन्तु यह इमारत ढांचागत विसंगति के कारण धराशायी हो जाती है। इस भीषण दुर्घटना में एक हजार से भी अधिक लोग अपनी जान गंवा बैठते हैं तथा इससे कहीं अधिक लोग घायल हो गए हैं। अधिकांश श्रमिक निर्धन थे तथा उनके आश्रित इस नौकरी से प्राप्त धन से अपना गुजारा कर रहे थे। गोल्डन प्लाजा में न सिर्फ स्टाइलमेकर्स पी.एल.सी. के कर्मचारी सिलाई का कार्य कर रहे थे, बल्कि अन्य कई बहुराष्ट्रीय कम्पनियों के कर्मचारी भी यहाँ कार्य कर रहे थे।

मि० एलेक्स ब्रैण्डफोर्ड कम्पनी के सी ई ओ हैं। वे बाहर के काम करने वाले देशों, विशेष रूप से बांग्लादेश के कर्मचारियों की दशा के बारे में काफी जानते हैं उन्होंने इसी बिजनेस के लिए उस देश की यात्रा भी की है क्योंकि बांग्लादेश स्टाइलमेकर्स पी एल सी का बड़ा सप्लायर है। जब इस बड़ी दुर्घटना की खबर ग्लोबल मीडिया में आई और उन्होंने फूटेज देखा तो उनके दिमाग में निम्नलिखित कार्यवाहियाँ आईं। आप उनसे किस कार्यवाही के लिए सिफारिश करेंगे?

कार्यवाहियाँ (Course of Action)

1. स्टाइलमेकर्स पी एल सी. बांग्लादेश में प्रत्यक्ष रूप से कोई कर्मचारी भर्ती नहीं करता है। यहाँ तक कि फर्म एक्स भी काम करवाने के लिए ठेकेदार लगाती है। अतः स्टाइलमेकर्स पी एल सी. को मामले में चिन्ता नहीं करनी चाहिए।
2. यद्यपि स्टाइलमेकर्स कर्मचारियों के साथ सीधी तौर पर जुड़ा नहीं है, किन्तु इसका मानवीय कर्त्तव्य है और इस प्रकार मारे गए व घायलों के प्रति सहानुभूति तथा चिन्ता व्यक्त करे।
3. स्टाइलमेकर्स को यू एन जी सी सिद्धान्तों के प्रति अपनी प्रतिबद्धता को देखते हुए, बांग्लादेश की सरकार की नीति के अनुसार परिवारों को मुसीबत में तत्काल सहायता देने के लिए फर्म एक्स को सहायता देनी चाहिए।
4. स्टाइलमेकर्स पी एल सी. को मरने वालों तथा घायलों के परिवारों को उसी पैमाने वाले लाभ देने चाहिए जैसे कि दुर्घटना यू. के. या यू. एस. ए. में हुई है।

परिचर्चा (Discussion)

उत्तर का पहला चयन सही नहीं है। स्टाइलमेकर्स इस बहाने उत्तरदायित्व से नहीं बच सकता कि श्रमिक उसके प्रत्यक्ष कर्मचारी नहीं हैं। मुख्य व्यक्ति जो अपने डिजाइन तथा कार्यक्रम के अनुसार काम करवा रहा है, उसकी कार्पोरेट अभिशासन ढाँचे में जिम्मेदारी होती है। दुर्घटना कमजोर ढाँचे में घटिया निर्माण तथा मशीनों एवं कारीगरों की भीड़-भाड़ के कारण हुई थी अतः जिम्मेदारी स्टाइलमेकर्स पी एल सी पर आती है।

उत्तर का दूसरा विकल्प एक अपर्याप्त उत्तर है। दु:ख व सहानुभूति का प्रकटीकरण नितान्त जरूरी है पर पर्याप्त नहीं है। दुर्घटना के शिकार या उनके परिवार को क्षतिपूर्ति मिलनी चाहिए ताकि अपनी खण्डित जीवन को फिर से शुरू कर सकें।

स्वाभाविक रूप से विकल्प (3) उचित है। संभव है कि ऐसी आपदाओं के शिकार व्यक्तियों के लिए लाभों का स्केल हो। कम्पनी को उस निर्धारित नीति में न्यूनतम का पालन करते हुए क्षतिपूर्ति देनी चाहिए।

उत्तर (4) वस्तुतः अनावश्यक है सबसे पहले तो किसी विकसित देश में ऐसी दुर्घटना होने की संभावना ही नहीं हो सकती। दूसरे, विकसित देश में जीवन यापन का खर्च, बांग्लादेश वाले खर्च से बहुत अलग होता है। अतः यू के या यू एस ए के स्केल (पैमाने) पर क्षतिपूर्ति देना व्यावहारिक नहीं होगा। सी ई ओ को इतनी दूर जाने की जरूरत नहीं है, चाहे इसके लिए उनके दिल से आवाज आ रही है।

सार संक्षेप

कम्पनियाँ वे निकाय हैं जो कम्पनी अधिनियम के अधीन निगमित होती हैं। वे इस अधिनियम के अंतर्गत तथा सेबी द्वारा विनियमित होती हैं।

- कम्पनियों का स्वामित्व शेयरधारकों को होता है। कम्पनियाँ उद्यमियों या प्रमोटरों द्वारा खोली जाती हैं। वे उनमें कुछ अपना धन लगाते हैं और शेष वे दूसरों से प्राप्त करते हैं। इसे शेयर पूँजी या इक्विटी कहते हैं।
- सामान्यतः शेयर पूँजी का बड़ा भाग प्रमोटरों तथा संस्थागत निवेशकों के इक्विटी में अंशदान से आता है।
- कम्पनी में 'मतदान की शक्ति'- जो अन्ततः प्रबंधन नियंत्रण देती है- शेयर पूँजीधारिता पर निर्भर करती है।

- प्रमोटर तथा उसके साझीदार प्रबंधकीय नियंत्रण तथा आवश्यक निर्णय लेने के लिए सामान्यत: शेयरों का अपेक्षित प्रतिशत अपने पास रखते हैं। वे छोटे निवेशकों के हितों की अनदेखी कर सकते हैं या उन पर ध्यान नहीं दे सकते।
- कम्पनी का काम-काज निदेशक मंडल द्वारा चलाया जाता है। उन्हें तीन समूहों में बाँटा जाता है: (i) जो प्रमोटरों का प्रतिनिधित्व करते हैं, (ii) नामित निदेशक, जो वित्तीय संस्थाओं का प्रतिनिधित्व करते हैं; तथा (iii) स्वतंत्र निदेशक।
- वित्त वर्ष के लिए कम्पनी के कार्यों के परिणाम, अनुमोदन के लिए शेयरधारियों की आम सभा में प्रस्तुत किए जाते हैं जिसे सालाना आम बैठक के नाम से जाना जाता है।
- लाभ तथा हानि खाते में सभी प्राप्तियाँ एवं खर्च तथा कोई परिणामत: होने वाला लाभ दिखाया जाता है। तुलन-पत्र में कम्पनी की वित्त वर्ष के 31 मार्च को यथास्थिति परिसम्पतियाँ और देयताएँ दिखाई जाती हैं।
- लेखों में कम्पनी की वित्तीय स्थिति की सच्ची और सही-सही तस्वीर प्रस्तुत करनी चाहिए। इन्स्टीट्यूट ऑफ चार्टर्ड एकाउण्ट्स ने 'लेखांकन मानक' या लेखों को तैयार करने का सही ढंग निर्धारित किया है।
- संख्याओं को तोड़-मरोड़ कर लाभ को केवल थोड़ी-सी सीमा तक बढ़ाया या घटाया जा सकता है।
- लेखों में धोखेबाजी करने के लिए अनेक अवचार किए जाते हैं वित्तों के गलत प्रस्तुतिकरण से घोटाले तक।
- कार्पोरेट अभिशासन का सार नैतिक मानदण्डों के पालन में है।
- यह मूल्यों, नैतिक कारोबारी आचरण, कानून का पालन एवं सी एस आर से प्रतिबद्धता बताता है कैडबरी समिति का कहना है कि कारपोरेट अभिशासन, कम्पनी नीतियों में उचितता, पारदर्शिता तथा उत्तरदायित्व पर आधारित है।
- कार्पोरेट अभिशासन कम्पनी की कुशलता व वित्तीय निष्पादन में सुधार कर सकता है।
- कैडबरी समिति ने खुलेपन या पारदर्शिता को, कम्पनी की प्रतिस्पर्द्धी स्थिति द्वारा स्थापित सीमाओं के भीतर, अपने जोखिमधारियों को सूचना देने के तौर पर परिभाषित किया है।
- सत्यनिष्ठा से जो तात्पर्य समझा गया, वह था निष्कपट व्यवहार तथा कम्पनी के मामलों की संतुलित तस्वीर प्रस्तुत करना।
- निदेशक मंडल अपने शेयरधारियों के प्रति उत्तरदायी है तथा उत्तरदायित्व को प्रभावी बनाने के लिए दोनों की अपनी-अपनी भूमिकाएँ अदा करनी चाहिए।
- केडबरी समिति ने कार्पोरेट अभिशासन को बढ़ाने में निदेशक मंडल; लेखा-परीक्षकों एवं शेयरधारियों की भूमिकाओं को रेखांकित किया है।
- विकसित अर्थव्यवस्थाओं में कार्पोरेट अभिशासन को जोखिम प्रबंधन के परिप्रेक्ष्य से भी देखा गया था। लेहमन ब्रदर्स के पतन, बैंकों द्वारा उठाई गई भारी हानियों तथा लाभों एवं बोनसों की खोज में मैनेजरों द्वारा अंधाधुंध जोखिम ट्रेडिंग की घटनाओं ने निदेशक मंडलों के लिए बेहतर जोखिम प्रबंधन को सुनिश्चित करना जरूरी बना दिया। 'फाइनेंशल रिपोर्टिंग कमेटी, ब्रिटेन ने इस प्रश्न पर और विचार किया तथा मंडलों के व्यापार-संबंधी जोखिमों को संभालने के लिए मार्ग-निर्देश दिए।
- भारतीय नीतियों में छोटे शेयरधारियों को बचाने पर, धोखाधड़ी व अवचारों से बचाव, तथा कारपोरेट सामाजिक उत्तरदायित्व पर बल दिया गया कहा जा सकता है। कारपोरेट अभिशासन के संघटकों को, अभी हाल ही में पारित कम्पनी अधिनियम में शामिल किया गया हैं।
- नए कम्पनी अधिनियम में अच्छे कार्पोरेट अभिशासन के अनेक पहलू शामिल हैं, जैसे मंडल में स्वतंत्र निदेशक, प्रकटन के बढ़े हुए मानदण्ड, प्रबंधन की बढ़ी हुई जिम्मेदारी; कठोरतर अनुपालन; लेखा-परीक्षा वाला उत्तरदायित्व; अल्पसंख्या वाले शेयरधारियों की संख्या; निवेशकों की संरक्षा तथा सक्रियतावाद एवं कार्पोरेट सामाजिक उत्तरदायित्व।
- लेखांकन मानकों को निर्धारित व लागू करने के लिए इसने राष्ट्रीय वित्तीय रिपोर्टिंग प्राधिकरण की स्थापना की।
- इसने लेखा-परीक्षकों को तथा लेखा-परीक्षकों की स्वतंत्रता को मजबूत किया है।

- यदि अपने कर्तव्यों का पालन करने के दौरान चार्टर्ड लेखाकार, कार्यरत कम्पनी सचिव या लागत लेखाकार देखें के कम्पनी के अधिकारियों या कर्मचारियों द्वारा कम्पनी के विरुद्ध कोई धोखाधड़ी की जा रही है या की गई है तो उन्हें इस मामले की रिपोर्ट केंद्रीय सरकार को देनी चाहिए।
- स्वतंत्र निदेशक, कार्पोरेट अभिशासन के अभिरक्षक तथा निदेशक मंडल की चेतना को बनाए रखने वाले होते हैं। कम्पनी अधिनियम में स्वतंत्र निदेशकों के लिए व्यावसायिक आचरण के मार्ग-निर्देश के तौर पर एक संहिता शामिल है। स्वतंत्र निदेशकों द्वारा इनका अनुपालन तथा अपनी जिम्मेदारियों को व्यावसायिक एवं ईमानदार ढंग से करने से निवेशक/समुदाय, विशेष रुप से अल्पसंख्यक शेयरधारियों, विनियामकों तथा कम्पनियों का स्वतंत्र निदेशक समुदाय में विश्वास बढ़ेगा।
- एक स्वतंत्र निदेशक के आशयित गुणों में शामिल हैं: सत्यनिष्ठा एवं ईमानदारी; वस्तुपरक एवं सरंचनात्मक सोच; सदाशयित कार्य; उद्देश्यों के लिए खतरनाक बाह्य विचारों को समाप्त करना; स्वतंत्र निर्णय; अपने पद के दुरुपयोग से बचना तथा ऐसे किसी कार्य को न करना जिससे उसकी स्वतंत्रता की हानि हो।
- लेखा-परीक्षा समिति एक महत्त्वपूर्ण निकाय है, जो कम्पनी के वित्तीय लेन-देन के औचित्य पर निगाह रखती है।
- इसमें एक व्हिसब्लोअर प्रकार का प्रावधान है जिसके अधीन निदेशक तथा कर्मचारी, लेखा-परीक्षा समिति के अध्यक्ष के सामने अपनी चिंता व्यक्त कर सकते हैं।
- संबंद्ध पार्टी लेन-देनों पर कठोरता से नियंत्रण होता है।
- सचिवालय लेखा-परीक्षा कम्पनी द्वारा नियमों तथा विनियमों के पालन को सुनिश्चित करती है।
- कम्पनी अधिनियम ने भारत में पहली बार वर्ग कार्रवाई की अवधारणा शुरू की।
- जिस कम्पनी पर सी एस आर लागू होता है, उसे साथ के पिछले तीन वित्त वर्षों के औसत शुद्ध लाभ का कम-से-कम दो प्रतिशत हर वित्त वर्ष में इस पर खर्च करना होगा।
- सी एस आर नीति, निदेशक मण्डल की सी एस आर समिति द्वारा बनाई व मॉनीटर की जाएगी।
- कार्पोरेट सामाजिक उत्तरदायित्व में स्वास्थ्य, शिक्षा, गरीबी-विरोधी, कुशलता विकास तथा इसी प्रकार के अन्य कार्यक्रम शामिल हैं, जो गरीबों तथा जरूरतमंदों की मदद करते हैं।
- यू एन जी सी की सोच, कारपोरेट अभिशासन के लिए महत्वपूर्ण मार्ग-दर्शक हो सकती है।

अभ्यास प्रश्न

1. कार्पोरेट अभिशासन पर प्रकाश डालिए।
2. "कार्पोरेट अभिशासन तो केवल कार्पोरेट बॉसिस या होन्चोस (honchos) की छवि को चमकाने के लिए जन सम्पर्की नौटंकी (gimmic) है।"

   इस कथन पर टिप्पणी कीजिए।,
3. कार्पोरेट अभिशासन के संघटक क्या हैं? उनकी तर्कसंगतता क्या है?
4. कार्पोरेट अभिशासन सुनिश्चित करने में लेखा-परीक्षा समिति का क्या महत्त्व है?
5. 'स्वतंत्र निदेशकों को कम्पनी में नैतिक पुलिस का काम (Policing) करना चाहिए।' चर्चा कीजिए।
6. इन पर संक्षिप्त टिप्पणी लिखिए: (क) राष्ट्रीय वित्तीय रिपोर्टिंग प्राधिकरण; (ख) सम्बंधी पार्टी लेन-देन (सौदे) (ग) एक हाथ की दूरी वाला व्यवहार, तथा (घ) सचिवालय लेखा-परीक्षा।

7. "कार्पोरेट सामाजिक उत्तरदायित्व लोकप्रिय राजनैतिक ऐजेण्डों को चलाने, कार्पोरेटस को निवेशनीय साधनों से वंचित रखने तथा शेयरधारकों के हितों की हानि करते हुए छद्मावरण है।" इस कथन द्वारा अपने विचार, समर्थन में तर्क देते हुए दीजिए।
8. हाल के वित्तीय संकट के बाद, विकसित अर्थव्यवस्थाओं में विनियामकों ने अनेक आदेश दिए हैं कि कम्पनियों के निदेशक मंडलों को अपने कार्यों से सम्बंधित जोखिमों को कैसे संभालना चाहिए। क्या आप सोचते हैं कि यह घोड़ों के भाग जाने के बाद अस्तबल के दरवाजे बंद करने के समान है?
9. भारत में लागू कार्पोरेट सामाजिक उत्तरदायित्व नीति की मुख्य विशेषताओं के बारे में संक्षेप में बताइए।
10. एक स्वतंत्र निदेशक के दिल एवं दिमाग की क्या विशेषताएँ होनी चाहिए?
11. उन मुख्य उपायों या मार्गों को संक्षेप में (एक या दो वाक्यों में) बताइए जो कम्पनियों में कार्पोरेट अभिशासन को बढ़ा सकते हैं।

संदर्भ

- कम्पनी अधिनियम
- कार्पोरेट गवर्नेन्स इन इण्डिया: ए लीगल एनेलेसिस प्रभाग दाली; परिधि तुलस्यान तथा शिखर मारवी।
- कार्पोरेट गवर्नेन्स ऑफ पब्लिक बॉडीज: हाँगकाँग इन्स्टीट्यूट ऑफ सर्टिफाइड एकाउण्टेण्ट्स
- द केडबरी कमेटी रिपोर्ट, 1992

अध्याय 16

अभिरुचियाँ (Attitudes)

अभिरुचि (Attitude)

परिभाषा एवं विस्तरण (Definition and Elaboration)

मनोवैज्ञानिकों के अनुसार अभिरुचि वस्तुओं का एक विशिष्ट ढंग से मूल्यांकन करने की विद्वतापूर्ण प्रवृत्ति है। इसमें लोगों, वस्तुओं, मुद्दों या घटनाओं के मूल्यांकन शामिल हैं। ऐसे मूल्यांकन अक्सर सकारात्मक या नकारात्मक हो सकते हैं पर वे कभी-कभी अनिश्चित भी होते हैं। इसलिए हम किसी व्यक्ति के लिए 'मिली-जुली अनुभूति' की बात करते हैं। अभिरुचि एक व्यक्ति, स्थान या घटना (या अभिरुचि का विषय) के प्रति सकारात्मक या नकारात्मक होने की अभिव्यक्ति होती है। **गॉरडन ऑलपोर्ट** (Gordon Allport) ने एक बार अभिरुचि को-'समकालीन सामाजिक मनोविज्ञान में सर्वाधिक विशिष्ट तथा अपरिहार्य अवधारणा' कहा था।

मनोवैज्ञानिकों ने भी इस परिभाषा को परिष्कृत किया है। ईगली व चाइकन (Eagly and Chaiken) के अनुसार अभिरुचि 'एक मनोवैज्ञानिक प्रवृत्ति है जो किसी खास व्यक्तित्व का कुछ अंशों तक सकारात्मक या नकारात्मक मूल्यांकन करने में अभिव्यक्त होती है।" लोग जो मूल्यांकन करते हैं, वे नितांत नकारात्मक से नितान्त सकारात्मक तक हो सकते हैं या अधिक संतुलित हो सकते हैं। एक ही वस्तु के प्रति अभिरुचियाँ मिश्रित हो सकती हैं, समय-समय पर भिन्न हो सकती हैं।

अभिरुचियाँ, सुस्पष्ट तथा अस्पष्ट के तौर पर बँटी हुई हैं। यदि व्यक्ति अपनी अभिरुचियाँ के प्रति जागरूक है और वे उसके व्यवहार एवं विश्वासों को प्रभावित करती हैं तो उसकी अभिरुचियाँ सुस्पष्ट हैं। सुस्पष्ट अभिरुचियाँ शुद्ध अंत:करण से बनती हैं। व्यक्ति अपनी सुस्पष्ट अभिरुचियाँ के प्रति जागरूक नहीं भी हो सकता यद्यपि इनका उसके आचरण व व्यवहार पर कुछ प्रभाव होगा। सुस्पष्ट अभिरुचियाँ अर्ध-चेतन अभिरुचियाँ हैं।

मनोविश्लेषण के संस्थापकों में से एक, कार्ल जंग ने अभिरुचियाँ को- 'मन की एक विशेष प्रकार से क्रिया या प्रतिक्रिया करने की तत्परता के तौर पर परिभाषित किया है। जंग के अनुसार, अभिरुचियाँ जोड़ों में उत्पन्न होती हैं जिनमें एक सचेतन तथा दूसरी अचेतन होती है। इस व्यापक परिभाषा के भीतर जंग अनेक अभिरुचियाँ को परिभाषित करता है। वह अभिरुचियाँ के निम्नलिखित युग्मों की पहचान करता है:

सचेतन	अचेतन
बहिर्मुखी	अंतर्मुखी
तर्कात्मक	तर्कहीन
निजी/व्यक्तिगत	सामाजिक
सामान्य	रचनात्मक

आधुनिक मनोवैज्ञानिक अभिरुचि को जटिल, बहु-आयामी रचना मानते हैं। रचना (Construct) का अर्थ है व्यवहारिक संकल्पना। इस संदर्भ में, 'रचना' शब्द का अर्थ है कि इसे एक व्यवस्था के व्यवसायियों ने बनाया है। एक रचना, सामाजिक चलन (व्यवहार) से भी उत्पन्न हो सकती है या उस ढंग से भी जिससे लोग आम भाषा का प्रयोग करते हैं। एक रचना कोई साधारण (प्राकृतिक या सामाजिक) घटना या मौका (ईवेंट) या कथन नहीं है; यह कुछ ऐसी वस्तु है जिसे सिद्धान्ततः बनाया गया है। इस प्रकार सामाजिक तथ्य (प्रतिमास) के विश्लेषण के लिए समाज-शास्त्रियों ने सामाजिक रचना का निर्माण किया। रचना समाज-शास्त्रियों द्वारा किए गए कथनों और उनको स्पष्ट करने के उनके तरीकों की अवधारणा के बीच मध्यस्थता करती है। बहुआयामी से तात्पर्य एक या अधिक घटक या तत्व वाली व्यवहारिक संकल्पना है।

संरचना (Structure)

अभिरुचि में तीन (अवयव) घटक होते हैं। ये संघटक/अवयव संज्ञानात्मक, भावनात्मक और क्रियात्मक हैं। संज्ञानात्मक भाग में व्यक्ति के विचार तथा अभिवृत्ति के विषय (पदार्थ) के बारे में मान्यता (विश्वास) होते हैं। 'संज्ञानात्मक' का अर्थ तर्कणा (बुद्धि), सहज बुद्धि एवं प्रत्यक्ष ज्ञान के माध्यम से ज्ञान प्राप्त करने की प्रक्रिया से सम्बंधित से है। भावनात्मक (या भावात्मक) भाग में वह अनुभूति होती है जो पदार्थ (वस्तु), व्यक्ति, मुद्दा या घटना से पैदा होती है। रागात्मक (Affective) का मतलब भावात्मक है। व्यवहारगत भाग में वह ढंग आता है जिससे अभिरुचि किसी व्यक्ति के व्यवहार को प्रभावित करती है। 'क्रियात्मक' का मनोविज्ञान में अर्थ वह मानसिक प्रक्रिया है जिसमें इच्छा, आवेग, कामना या संकल्प आते हैं। सरल शब्दों में, इसका मतलब है व्यवहारगत (Behavioural)।

विलियम जे मैकगुरे ने अभिरुचि के इस क्लासिक, त्रिपक्षीय विचार का प्रस्ताव किया है।

जिन अनुसंधानकर्ताओं ने अनुभवजन्य अध्ययन किए थे, वे भी एक विशिष्ट अभिरुचि से सम्बद्ध विचारों और व्यवहारगत आशयों को स्पष्टतः अलग नहीं कर सके। जैसाकि अभिरुचि के त्रिपक्षीय विचार से जरूरी है, संज्ञानात्मक, भावानात्मक तथा व्यावहारिक सरोकारों के बीच सततता नहीं होती हैं। कुछ मनोवैज्ञानिकों का विचार है कि अभिरुचि के ढाँचे में संज्ञानात्मक एवं व्यावहारिक संघटक, भावनात्मक संघटक के प्रतिफल (उत्पाद) हैं तथा व्यवहार, आधारभूत विश्वासों से संचालित होता है।

यद्यपि अभिरुचियों के किसी विशिष्ट ढाँचे (बनावट) पर असहमति है, साक्ष्य बताते हैं कि वे किसी विशिष्ट वस्तु के सकारात्मक व नकारात्मक मूल्यांकनों से कुछ अधिक प्रतिभासित करते हैं। और भी, अन्तर-अभिरुच्यात्मक ढाँचे, विभिन्न अभिरुचियों को एक-दसूरे से एवं गहन मनोवैज्ञानिक ढाँचों, जैसे मूल्यों व आदर्शों से जोड़ता है।

कार्य (Functions)

मनोविज्ञान (तथा समाजविज्ञान में) में कार्य-चालनवाद का तात्पर्य एक विशेष सोच से है जो सिद्धान्तवादी लोग, सामाजिक या मनोवैज्ञानिक घटना-क्रिया (Phenomena) को समझने के लिए अपनाते हैं। सरल शब्दों में, वे उस प्रयोजन को समझने की कोशिश करते हैं जिसे अध्ययनगत घटना-क्रिया (Phenomena) समाज या व्यक्ति के व्यक्तित्व में पूरा करती है। उदाहरण के लिए समाजशास्त्री धर्म का अध्ययन उस प्रकार से नहीं करते जिस ढंग से ईश्वर मीमांसक करते हैं। ईश्वर मीमांसक धार्मिक सिद्धांत, इसकी उत्पत्ति, तथा यह कि यह किस प्रकार अपने अनुयायियों को योगदान दे सकता है, के विवरणों का अध्ययन कर सकते हैं। समाजशास्त्री इसका अध्ययन भिन्न प्रकार से करेंगे। वे इस बात की जाँच करेंगे कि धर्म किस प्रकार सामाजिक स्थिरता में योगदान देता है। यही धर्म का समाज में कार्य है।

मनोवैज्ञानिक अभिरुचियों का अध्ययन उसी प्रकार करते हैं जैसे इसका कि अभिरुचियाँ किस प्रकार व्यक्ति के समग्र कल्याण में योगदान देती हैं। अभिरुचियाँ व्यक्ति के मनोवैज्ञानिक तथा मानसिक लाभ के लिए विभिन्न कार्य करती हैं। व्यक्ति की अभिरुचियाँ अक्सर उसकी विशेष मनोवैज्ञानिक जरूरतों को संतुष्ट करती हैं। इस प्रकार, लोगों को आत्म-सम्मान (स्वयं का महत्त्व) के बोध की जरूरत होती है। अन्यथा, वे हतोत्साहित हो जाएँगे। यह अभिरुचि का कार्यकारी पहलू हैं क्योंकि यह व्यक्ति के लिए एक मनोविज्ञानी कार्य करता है। मनोवैज्ञानिक, लोगों की सामान्य और विशिष्ट अभिरुचियों की खोज उस ढंग पर विचार कर करते

हैं जिससे व्यक्ति की अभिरुचियाँ उसे प्रभावित करती हैं। वे प्रश्न करते हैं- "व्यक्ति की जैसी अभिरुचियाँ होती हैं, वे मनोवैज्ञानिक अर्थों में किन प्रयोजनों को सिद्ध करती हैं?"

अभिरुचि के व्यवहारिक सिद्धान्तों के अनुसार, मानव के मनौवैज्ञानिक कार्य-चालन के लिए अभिरुचियाँ महत्वपूर्ण है। अभिरुचियाँ वे रचनाएँ हैं जो लोगों ने अपनी दैनिक, सामाजिक और भावनात्मक जरुरतों को पूरा करने के लिए बना लेते हैं।

डेनिअल काट्ज के विचार से, अभिरुचियाँ अनेक कार्य करती हैं। पहला तो यह कि अभिरुचियाँ ज्ञान का कार्य करती हैं जिससे लोग अपने माहौल (पर्यावरण) को समझ पाते हैं और अपने विचारों व सोच में सुसंगत रहते हैं। अधिकांश अभिरुचियां कुछ परिमाण तक यह मूल कार्य करती हैं। दूसरे, अनेक अभिरुचियाँ उपयोगितावादी कार्य करती हैं। वे लोगों को अन्य लोगों, समूहों और अपने माहौल में बातचीत करते हुए अपने लाभ अधिकतम करने एवं हानियों को न्यूनतम करने में सहायता करती हैं। उपयोगितावादी अभिरुचियाँ व्यवहार को व्यक्ति के हितों को सर्वोत्तम (सर्वाधिक) फलदायी बनाने की ओर ले जाती है।

तीसरे, अभिरुचियाँ सामाजिक भूमिका भी निभाती है। व्यक्ति की आत्माभिव्यक्ति और सामाजिक वार्तालाप में सहायता करती है। व्यक्ति के मूल महत्व को अभिव्यक्त करने हेतु महत्वपूर्ण संदर्भ के साथ अभिरुचियों के प्रदत्त संकेत-समूह से व्यक्ति की पहचान स्थापना में सहायता मिलती है। अभिरुचियों की यह सामाजिक भूमिका, सामाजिक पहचान का कार्य कहलाती है। इसकी जड़ में व्यक्ति की अपनी निजी व सामाजिक पहचान स्थापित करने की इच्छा होती है।

चौथे, अभिरुचियाँ व्यक्ति के आत्म-सम्मान को बढ़ाती और बनाए रखती हैं। जैसा कि हम जल्दी ही देखेंगे, मनोवैज्ञानिकों ने उस मनो-गतिक क्रिया-विधि का पता लगा लिया है जिससे अभिरुिचियाँ आत्म-सम्मान को सहारा देती हैं। इस पहलु से पता चलता है कि अभिरुचियाँ, व्यक्ति के आन्तरिक मानसिक संघर्ष को संभालने के लिए रक्षक कार्यविधि की तरह बन सकती है। ये संघर्ष व्यक्ति की मनश्चेतना में तनाव को बताते हैं। रक्षा कार्य-विधियां व्यक्ति की सच्ची अभिप्रेरणा को स्वयं से छुपाती हैं या विद्रोही या धमकी भरे माने गए समूहों से उसे मनोवैज्ञानिक तौर पर अलग-थलग कर देती हैं। मनोरुचियाँ आत्म-सम्मान को अन्य तरह से भी बनाए रखती हैं। व्यक्ति की अनेक वस्तुओं के प्रति अभिरुचियाँ इस बात पर उसके विचार से ही प्रभावित हैं कि वे उसके अपने स्व-मूल्यांकन को किस प्रकार प्रभावित करती हैं। उदाहरण के लिए, अपने मित्रों के प्रति और सामाजिक जान-पहचान वालों के लिए हमारी अभिरुचियाँ इस बात पर निर्भर करती हैं कि हम ऐसे जुड़ाव (परिचय) को अपनी सामाजिक स्थिति को बढ़ाने वाला मानते हैं या गिराने वाला मानते हैं। सफल व्यक्तियों के साथ जुड़ने के लिए प्रेरित करने वाली अभिरुचियाँ, 'चमकते प्रकाश में चमकने' के द्वारा अपने आत्म-सम्मान को बढ़ाने के लिए अवचेतन इच्छा द्वारा प्रेरित हो सकती है।

शैरन शैविट, मिचेल आर. नेल्सन की परसुएशन ऐंड सोशल जजमेंट में 'रोल ऑफ एटीट्यूड फंक्शन्स' पर आधारित।

मामले (Case Studies)

मामला-1 (Case-1)

एक खास पिछड़ी जाति में, बालिका विवाह का प्रचलन है। सरकार ने पाया कि इस रिवाज की जड़ें बहुत गहरी हैं। इस जाति के लोग इस चलन को छोड़ने के इच्छुक नहीं हैं। सरकार इस पुराने रिवाज को बदलने के लिए जाति के सदस्यों को मनवाने हेतु रणनीति और अभियान बनाने के लिए किसी मनोवैज्ञानिक को लगाती है। उसका सुझाव है कि संदेश ऐसा बनाया जाना चाहिए जो बालिका वधुओं के पिताओं के अहम् की संरक्षा के तंत्र को प्रेरित करे।

प्रश्न (Question)

निम्नलिखित में से कौन-सा संदेश सामाजिक मनोवैज्ञानिक की सलाह के अनुरूप होगा?

1. इस बात को रेखांकित करना कि बाल विवाह आधुनिक प्रगतिशील समाजों मे बेमानी है।
2. **'स्वयंवर'** जैसे पुराने रिवाजों को रेखांकित करना जिसमें लड़कियों को अपना पति चुनने की अनुमति होती थी।

3. संदेश के प्रसार के लिए गैर-सरकारी संगठनों को लगाना।
4. लड़कियों की जल्दी शादी से हाने वाले बुरे प्रभावों को रेखांकित करना तथा अपील करना कि प्यार करने वाले पिता के कारण उन्हें अपनी पुत्रियों को ऐसे परिणामों में नहीं धकेलना चाहिए।

परिचर्चा (Discussion)

पहले विकल्प में एक महत्त्वपूर्ण तथ्य की ओर संकेत है, किन्तु इससे कोई बात माता-पिताओं के दिलों को छूएगी, इसकी संभावना बहुत कम है। क्योंकि वे पिछड़े तथा निरक्षर हैं, जो जाति की एक और विशेषता है, उनके अनुभव से बाहर की किसी भी बात का उन पर कोई प्रभाव नहीं होगा।

दूसरा विकल्प संदेश को पहले प्रचलित सामाजिक रीति से जोड़ता है और जिसका उल्लेख परम्परागत किस्सों में पाया जाता है। लेकिन इन परम्पराओं में अब दम नहीं रहा है और बताई गई स्थिति में इनका कोई सरोकार भी नहीं है।

तीसरा विकल्प सुझाव देता है कि संदेश गैर-सरकारी संगठनों के माध्यम से दिया जाना चाहिए। यह संदेश को अहम् की संरक्षा के तंत्र से जोड़ने के बारे में नहीं, अपितु संदेशवाहक के बारे में है।

अन्तिम विकल्प संदेश को पिताओं की मनोवैज्ञानिक भावनाओं से जोड़ता है। यह बालिका विवाह की उनकी पक्षधारिता को जय करने के लिए पिताओं के 'अहम संरक्षा' तन्त्र को अपील करता है। अहम् का मतलब है अपने को सर्वश्रेष्ठ मानना तथा प्रत्येक में शालीनता का भाव होता है। अहम् संरक्षा अभिवृत्ति उसकी अपनी शालीनता के भाव को बनाए रखने में मदद करती है। पिता स्वयं को पुत्रियों के प्रति गहन स्नेह (प्यार) का भाव रखने वाले तथा उनके कल्याण के प्रति चिन्तित मानते हैं। यदि लड़की को विवाह से होने वाली हानियाँ (उसको जीवने के अनेक अवसरों से वंचित करना) रेखांकित की जाती हैं तो संभव है कि जो लोग अपने को प्यार करने वाला पिता मानते हैं, वे अपने विचार बदल लें। व्यक्ति की प्यार करने वाले पिता की आत्म छवि को अपील कर उसकी अभिवृत्ति को उसकी आत्म-छवि के ज्यादा अनुसार बदलना संभव हो सकेगा।

मामला-2 (Case-2)

अन्तर्राष्ट्रीय बाजारों में चीनी के दाम चढ़ गए हैं। निर्यातक व्यापारी इससे लाभ कमाने का अवसर देख रहे हैं। चीनी के निर्यात पर प्रतिबन्ध है। वे निर्यात प्रतिबन्धों में ढील माँगने के लिए सरकार से अनुरोध करते हैं।

प्रश्न (Question)

इस मामले में निर्यातकों की मनोवैज्ञानिक अभिरुचि को किस प्रकार वर्गीकृत किया जा सकता है?

1. यह संज्ञानात्मक है क्योंकि यह उस ज्ञान पर आधारित है कि निर्यातों से देश का विदेशी मुद्रा भण्डार बढ़ेगा।
2. यह अहम् संरक्षा तंत्र पर आधारित है क्योंकि यह उनके स्वहित को बढ़ाता है।
3. यह उस प्रत्यक्ष ज्ञान पर आधारित है कि परिस्थितियाँ उन्हें विदेशी बाजारों में प्रवेश करने व अपनी स्थिति मजबूत करने का अवसर प्रदान कर रही हैं।
4. उनकी अभिरुचि उपयोगितावादी है क्योंकि वे अनिवार्यतः अपने आर्थिक लाभों को बढ़ा रहे हैं।

परिचर्चा (Discussion)

पहला विकल्प इस प्रकार से सही है क्योंकि निर्यातकों का अनुरोध उनकी बाजार की परिस्थितियों की जानकारी पर आधारित है। लेकिन उनकी अभिवृत्ति देश के विदेशी मुद्रा के भण्डार में वृद्धि के तौर पर वर्गीकृत नहीं की जा सकती।

दूसरा विकल्प सही नहीं है। जैसा कि हमने मामला-1 में चर्चा की थी, व्यक्ति का अहम् संरक्षा तंत्र उसकी आत्म-छवि से जुड़ा रहता है तथा प्रत्यक्षतः ही आत्म-हित को बढ़ाने से नहीं।

तीसरा विकल्प निर्यातकों के आर्थिक उद्देश्यों में से एक को बताता है। लेकिन यह उनकी अभिरुचि के आधार पर तत्काल लक्ष्य की ओर संकेत नहीं करता।

चौथा विकल्प सही है। जैसा कि हमने उल्लेख किया है। अभिरुचि का वर्गीकरण उनके कार्यों के आधार पर चार वर्गों में किया जा सकता है: उपयोगितावादी, ज्ञान, अहम्-संरक्षण तथा मूल्य-अभिव्यक्तक (Value-expressive)। मोटे तौर पर उपयोगितावादी अभिरुचियाँ लोगों की भौतिक दृष्टि से सहायता करती हैं या हानियों से बचाने व लाभ कमाने में मदद करती हैं। वे आत्म-हितों पर आधारित होती हैं।

मामला-3 (Case-3)

पुराने समय में लोग मानते थे कि छोटी माता (Chickenpox) जैसे रोग देवियों का प्रकटीकरण है। देवताओं को प्रसादित करने के लिए वे अनेक प्रकार के अनुष्ठान करते थे। वे सरकार द्वारा आयोजित टीकाकरण उपायों का विरोध करते थे।

प्रश्न (Question)

अपने बच्चों को टीका लगवाने के लिए माता-पिताओं को तैयार करने हेतु सरकार को क्या सोच अपनानी चाहिए?

1. ग्रामीण क्षेत्रों में औषधियों की जानकारी वाले प्रोफेसरों के भाषण दौरों को प्रबन्ध कर ग्रामीणों के बीच आधुनिक जानकारी फैलाना।
2. बच्चों के टीकाकरण की सिफारिश करते हुए प्रसिद्ध व्यक्तियों के ऑडियो क्लिप्स दिखाना।
3. पहले कुछ माँ-बापों को अपने बच्चों को टीका लगवाने के लिए तैयार करना तथा फिर उनका उपयोग अन्य माँ-बापों के बीच संदेश फैलाने के लिए करना।
4. प्रसिद्ध धार्मिक प्रचारकों के उपदेशों का प्रबन्ध करना।

परिचर्चा (Discussion)

पहला विकल्प अनुपयुक्त है क्योंकि गाँव वाले समझ नहीं पाएँगे कि प्रोफेसर लोग क्या कह रहे हैं। प्रोफैसर लोग तो मेडिकल के विद्यार्थियों को भाषण देते हैं, गाँव वालों को नहीं।

दूसरा विकल्प सही नहीं है। चूँकि टीकाकरण के प्रति अनिच्छा एक अंधविश्वास है, प्रसिद्ध व्यक्तियों की अपीलें काम नहीं करेंगी।

तीसरा विकल्प सबसे उपयुक्त है। एक बार यदि गाँव के कुछ वासियों को अपने बच्चों के टीकाकरण के लिए तैयार कर लिया जाता है और उसके लाभ सामने आते हैं तो गाँव के अन्य लोग भी मानने लगेंगे। साथी गाँव वालों के कहने का भारी प्रभाव होगा। यह सोच टीकाकरण के लाभों को वास्तव में प्रदर्शित करने पर आधारित है।

चौथा विकल्प अकेले काम नहीं कर सकता। प्रचारक लोग धार्मिक उपदेश दिया करते हैं। छूत की बीमारियों की क्रिया-विधि तथा जरूरी बचाव के उपायों को समझाना उनका काम नहीं है।

मामला-4 (Case-4)

प्रियंवदा का पति प्रभु उसके प्रति वफादार नहीं है। किसी प्रकार वह विवाह के वचनों का पालन नहीं कर सका और अपनी पत्नी के प्रति वफ़ादार नहीं रहा। उसके अनेक स्त्रियों से सम्बन्ध थे। वह हल्के-फुल्के बहानों से प्रियंवदा को मामला समझा देता था। एक दिन प्रियंपदा की मित्र जलजा ने उसे अपनी किसी महिला मित्र के साथ देर रात किसी रेस्टोरेण्ट में देखा। वह प्रियंवदा को सचेत कर देती है और उसे प्रभु को नियंत्रण में रखने को कहती है। प्रियंवदा नाराज हो जाती है जोरदार ढंग से प्रभु का बचाव करती है।

प्रश्न (Question)

आप प्रियंवदा के व्यवहार को कैसा समझते हैं?

1. वह पतिव्रता एवं भरोसा करने वाली पत्नी की भूमिका निभाने का काम कर रही है।
2. कुछ स्त्रियों के समान प्रियंवदा में भी अपने पति के सम्बन्ध में पायदान की तरह व्यवहार करने की प्रवृत्ति है।
3. वह सचमुच विश्वास करीती है कि प्रभु का मेलजोल आध्यात्मिक संबंध है।
4. मनोवैज्ञानिक दृष्टि से वह नकारने की स्थिति में हैं।

परिचर्चा (Discussion)

पहला उत्तर आंशिक रूप में सत्य हो सकता है। किन्तु प्रियंवदा सत्य को देखने से इंकार कर रही है। स्वामिभक्ति व विश्वास दोतरफा सम्बन्ध होते हैं। बिना प्रत्युत्तर के स्वामिभक्ति या विश्वास जताना दोषपूर्ण व्यवहार है।

दूसरा विकल्प ऐसी प्रवृत्ति की ओर संकेत करता है जो कुछ महिलाओं में उनके द्वारा भोगे गए अनुभवों के कारण उनमें घर कर गई हैं। वे दूसरों के स्वीकार न किए जाने योग्य व्यवहार को तत्काल स्वीकार कर लेती हैं और अपना लेती हैं। यह एक कमजोरी है। लेकिन इस मामले में, हमें अपने पति की बेवफाई पर प्रियंवदा की प्रतिक्रिया पर विशेष रूप से विचार करना है।

तीसरा विकल्प एक संभावना हो सकती है। लेकिन उसके पास इस मेलजोल को निर्दोष मित्रता मानने का वास्तव में कोई कारण नहीं है। प्रभु महिलाओं से मिलता-जुलता रहता है और वह उसके इधर-उधर के स्पष्टीकरणों को कोई आलोचनात्मक अभिवृत्ति प्रदर्शित किए बिना शीघ्र स्वीकार कर लेती है।

चौथा उत्तर सर्वाधिक उपयुक्त है। प्रियंवदा की प्रतिक्रिया अहम् संरक्षा तंत्र के काम करने को बताती है जिसे 'नकारना' कहा जाता है। जैसा कि हमने पहले देखा, अहम् संरक्षा तन्त्र मनोवैज्ञानिक साधन है जिसका प्रयोग लोग मनोवैज्ञानिक हानि से बचने के लिए करते हैं। अन्य शब्दों में, वे स्वयं की आँखों में गिरना नहीं चाहते। अद्भुत बात है कि ये तंत्र ऐसी परिस्थितियों में काम करने लगते हैं जिसमें व्यक्ति अपमान, शर्म, मान-भंग तथा आत्म-सम्मान की हानि का अनुभव करते हैं। प्रियंवदा जिस स्थिति का सामना करती है यह वही है। लेकिन प्रभु की बेवफाई की वास्तविकता का मुकाबला करने और उससे सीधे निबटने की बजाय वह नकारने की स्थिति में चली गई है। वह प्रभु की धोखेबाजी की वास्तविकता देखने से इंकार करती है और भ्रांति का आश्रय लेती है।

मामला-5 (Case-5)

'एक्स' एक व्यक्ति 'वाई' को बिल्कुल पसंद नहीं करता। चूँकि 'वाई' एक प्रभावशाली और अमीर राजनेता है, 'एक्स' अपनी असली भावनाओं को व्यक्त नहीं कर पाता। धीरे-धीरे वह मामूली-सी बातों से स्वयं को यह मनवा लेता है कि 'वाई' उसको पसंद नहीं करता।

प्रश्न (Question)

'एक्स' के इस भाव का कि 'वाई' उसे पसंद नहीं करता, क्या कारण हो सकता है?

1. वाई के किसी व्यवहार के कारण एक्स में यह भाव आया होगा।
2. एक्स ने वाई के अपने प्रति किए गए व्यवहार को गलत समझा होगा या उसके शारीरिक हावभाव का सही अर्थ नहीं लगाया होगा।
3. एक्स किसी स्वैच्छिक निष्कर्ष पर पहुँच गया प्रतीत होता है।
4. यह भाव एक्स की ओर से एक मनोवैज्ञानिक प्रक्षेपण हो सकता है।

परिचर्चा (Discussion)

उत्तरों में पहला चयन गलत है क्योंकि एक्स मामूली आधारों पर इस निष्कर्ष पर पहुँचा है।

इसी कारण दूसरा विकल्प भी छोड़ दिया जा सकता है।

तीसरे विकल्प में, उस भाव को स्पष्ट करने का कोई संकेत नहीं है जो एक्स ने बना लिया है। यह एक्स के भाव के लिए कोई कारण या वजह (सुझाव) नहीं देता।

चौथा विकल्प उचित है। उसने अपने भावनाओं को वाई को अन्तरित कर दिया है। यह कहा जा सकता है कि उसने वाई के प्रति अपनी नापसंदगी को इस बेबुनियाद भाव में बदल दिया है कि वाई उसे पसंद नहीं करता। प्रक्षेपण व्यक्ति को इच्छा या मनोवेग की अभिव्यक्ति करने देता है किन्तु इस प्रकार ही जिससे अहम् पकड़ में न आए। यह व्यक्ति के वास्तविक भावों को उसी से छुपाता है। इस प्रकार यह चिन्ता को कम कर देता है।

मामला-6 (Case-6)

ईसप की कथाओं में से एक में लोमड़ी लता से लटकते हुए अंगूर के गुच्छों की तरफ आकर्षित होती हैं। उन्हें पाने के लिए वह कई बार उछलती है। लेकिन वे उसकी पहुँच से दूर लटके हैं। अंगूरों तक पहुँचने में नाकाम रहने पर लोमड़ी अपने आपको यह सोचकर तसल्ली देती है कि अंगूर खट्टे हैं।

प्रश्न (Question)

हम इस कहानी को मनोविज्ञान की भाषा में कैसे प्रस्तुत कर सकते हैं?

1. यह बच्चों के मनोरंजन के लिए लिखी कहानी है जिसमें कोई गुप्त मनोवैज्ञानिक अन्तर्दृष्टि नहीं है।
2. जब हम अपनी इच्छित वस्तु प्राप्त नहीं कर पाते हैं तो हमें इस विचार से तसल्ली कर लेनी चाहिए कि इसको पाने से हमें कोई विशेष अन्तर नहीं पड़ता।
3. व्यक्ति को प्राप्त न होने वाले ध्येयों के लिए अयथार्थरूप से प्रयास नहीं करने चाहिए।
4. लोमड़ी की प्रतिक्रिया तर्कपरकता का एक रूप है।

परिचर्चा (Discussion)

उत्तर का पहला चयन सही नहीं है। कहानी में एक महत्त्वपूर्ण अन्तर्दृष्टि है। यह व्यंग्यात्मक रूप से बताती है कि जब हम इच्छित लक्ष्य तक पहुँचने में असफल रहते हैं तो हम अक्सर इसका महत्त्व (मूल्य) कम कर देते हैं। इस प्रकार वह व्यक्ति जो धन-दौलत प्राप्त करने में किए गए अपने प्रयासों में असफल रहता है, इस विचार के साथ बैठ जाता होगा कि धन-दौलत के फायदे बहुत अधिक बढ़ा-चढ़ा कर बताए जाते हैं।

दूसरा विकल्प भी गलत है। यह कहता है कि हमें अपनी असफलताओं को किसी प्रकार से तर्कपरक बना देना चाहिए। इससे हम असफलताओं के साथ रह सकते हैं, लेकिन उस ढंग से जो बौद्धिक दृष्टि से बेईमानी का है।

तीसरा विकल्प निराशा को अवसरों को कम करने का विवेकपूर्ण परामर्श है। लेकिन जीवन में हमें प्राप्त करने योग्य (मूल्यवान) ध्येयों को इसलिए नहीं छोड़ देना चाहिए कि उनको प्राप्त करने के प्रयासों में असफलता का डर है। मानव को सफलता एवं असफलता को समान रूप से स्वीकार करना चाहिए। अन्यथा हम कुछ भी प्राप्ति के योग्य नहीं होंगे।

चौथा विकल्प सही है। लोमड़ी स्वाभाविक रूप से निराश अनुभव करती है। अपनी निराशा से निजात पाने के लिए यह एक निराधार अटकल लगाती है कि अंगूर खट्टे हैं। यह एक काल्पनिक विचार से तसल्ली पा रही हैं। इस प्रकार से, यह अनुभव करती है कि इसने कुछ गँवाया नहीं है तथा यह कि पछताने का कोई कारण नहीं है। वह तर्कपरकता की इस प्रक्रिया से

मनोवैज्ञानिक तसल्ली प्राप्त करती है। शब्द 'तर्कपरकता' (Rationalizing) 'तर्कपरक' (Rational) (जिसका अर्थ है- तर्क पर आधारित)शब्द से शाब्दिक समानता होने के बावजूद विपरीत अर्थ देता है। तर्कपरकता (Ratinalizing) का अर्थ यह है कि हम एक घटना के लिए झूठा स्पष्टीकरण दे रहे हैं, ऐसा स्पष्टीकरण है, जो हमें भावनात्मक तसल्ली देता है लेकिन वास्तविकता की अनदेखी करता है। चूँकि यह वास्तविकता को अनदेखा करता है, तर्कपरकता एक अस्वस्थ प्रवृत्ति है।

मामले 4-6 क्रमशः अहम (स्व)-रक्षा कार्य-विधि नकार, बहिर्निवेश एवं बुद्धिसंगतता को दर्शाते है।

अभिरूचि परिवर्तन का अधिगम सिद्धांत (Learning Theory of Attitude Change)

संस्थापित अनुकूलन (Classical Conditioning)

मनोवैज्ञानिकों ने अभिरुचि परिवर्तन के तीन अधिगम सिद्धांतों का उल्लेख किया है: संस्थापित अनुकूलन; सक्रिय अनुकूलन; तथा अवलोकनात्मक अधिगम। ईवान पावलोव (Evan Pavlob), एक रूसी जीव-विज्ञानी ने संस्थापित अनुकूलन की खोज की। एक कुत्ते को खाना खिलाते हुए उसके सामने एक रोचक तथ्य आया। जब कभी भी खाना कुत्ते के पास लाया जाता था, तो उसकी गंध से कुत्ते की लार टपकने लगती थी। यहाँ, भोजन की गंध को अनुकूलनरहित उद्दीपक कहा जाता है। यह प्राकृतिक रूप से स्वतः ही लार बना देता है और अनुकूलन-रहित प्रतिक्रिया के रूप में जाना जाता है। इस पर पावलोव ने कुत्ते के पास खाना लाते समय घंटी बजाना शुरू कर दिया। घण्टी की ध्वनि एक निष्प्रभावी उद्दीपक माना जाता है। इस प्रकार से, पावलोव ने एक निष्प्रभावी उद्दीपक को अनुकूलन-रहित उद्दीपक (भोजन की गंध) से जोड़ दिया। पावलोव ने पाया कि खाना न होते हुए भी घण्टी की ध्वनि से कुत्ते की लार टपकने लगी। अनुकूलन में, पिछले निष्प्रभावी उद्दीपक (जैसे कि घण्टी की ध्वनि) को अनुकूलनरहित उद्दीपक (खाने के स्वाद) के साथ जोड़ना (जोड़ी बनाना) है। अब घण्टी की आवाज अनुकूलित उद्दीपक है और घण्टी की प्रतिक्रिया में लार टपकना अनुकूलित प्रतिक्रिया है।

संस्थापित अनुकूलन का प्रयोग, लक्षित पदार्थ के प्रति सकारात्मक भावना को जोड़कर किसी व्यक्ति पदार्थ या घटना के प्रति सकारात्मक भावनात्मक प्रतिक्रिया पैदा करने में किया जा सकता है। व्यापारिक विज्ञापनों में, पाठकों या दर्शकों के मन में उत्पाद के प्रति सकारात्मक (अनूकूल) प्रभाव बनाने के लिए संस्थापित अनुकूलन का प्रयोग किया जाता है। उदाहरण के लिए, इसमें लोकप्रिय क्रिकेट सितारों को किसी खास ब्राण्ड का सोडा पीते और मस्ती करते हुए दिखाया जाता है। यह दर्शकों की अपने पसंदीदा क्रिकेट खिलाड़ियों के बारे में अपनी अनुकूल भावनाओं को विशेष ब्राण्ड के सोडा पर ले जाती है।

सक्रिय अनुकूलन (Operant Conditioning)

सक्रिय अनुकूलन एक और क्रिया-विधि है जिससे अभिवृत्ति की रचना होती है। सक्रिया अनुकूलन को **कारक अनुकूलन** (instrumental conditioning) के नाम से भी जाना जाता है। बी. एफ. स्किनर (B. F. Skinner) ने यह शब्द सक्रिय अनुकूलन (Operant Conditioning) बनाया; इसका मतलब है- पुनर्बलन के प्रयोग से, जिसे अपेक्षित प्रतिक्रिया के बाद दिया जाता है। व्यवहार में परिवर्तन **सकारात्मक पुनर्बलन** वे सकारात्मक घटनाऐं हैं या परिणाम हैं जो प्रशंसा या पुरस्कार जैसे व्यवहारों के बाद उत्पन्न होते हैं। **नकारात्मक पुनर्बलन** में अपेक्षित व्यवहार के प्रदर्शन के बाद प्रतिकूल (unfavourable) घटना या परिणाम को हटा दिया जाता है। इन परिस्थितियों में, नापसंद कुछ को हटाकर प्रत्यष्टत्तर/प्रतिक्रिया को मजबूत किया जाता है। ये दोनों ही व्यवहार के भविष्य में होने को सुदृढ़ करते हैं। दूसरी ओर **दण्ड** उस विपरीत घटना या परिणाम का प्रस्तुतिकरण है जो उस व्यवहार में कमी करने वाले व्यवहार के बाद होता है।

इस विधि में अधिगम (learning), व्यवहार हेतु पुरस्कार या दण्ड के माध्यम से होता है। व्यवहार तथा उस व्यवहार के परिणाम के बीच एक सम्बन्ध सक्रिय अनुकूलन से बनाया जाता है। व्यवहार, जिसे पुनर्बलित किया जाता है, दोहराया जाने लगता है (अर्थात् पुनर्बलित है); जो व्यवहार व्यवहार पुनर्बलित नहीं है, वह धीरे-धीरे मर जाता (समाप्त हो जाता) या बुझा दिया जाता है (अर्थात् कमजोर कर दिया जाता है)। स्किनर का सिद्धान्त यह बताता है कि हमने अधिगमित व्यवहार कैसे प्राप्त किए।

मामला-7 (Case-7)

(क) छोटे बच्चे कक्षा में शोर मचा रहे हैं। अध्यापिका उन्हें चुप कराने की कोशिश करती है। लेकिन वे इतने उत्तेजित थे कि उसको वह चुप न करा सकी। तब उसने बच्चों को चॉकलेट्स देने का वायदा किया यदि वे चुप रहेंगे। वे जल्दी ही चुप हो गए।

(ख) एक डॉग ट्रेनर बाल फैंक रहा था और कुत्ते से उसे वापस लाने के लिए कह रहा था जब भी कुत्ता चुस्ती से भागता और बॉल ले आता, वह उसे प्यार से थपथपा देता। जब वह ढिलाई दिखाता, वह उसको उदासीन नजरों से देखता और उसको अनेदखा करता। लंबे ट्रेनिंग सैशन के बाद कुत्ता उसके बॉल फैंकते ही तुरन्त तेजी से भागने लगा।

प्रश्न (Question)

आपके विचार से उपरोक्त उदाहरणों में पढ़ाने (या सीखने) की पद्धति लागू (प्रयोग) की गई है, वह क्या है?

1. यह सामान्य चलन है जिसका प्रयोग अध्यापक तथा प्रशिक्षक अपने व्यावहारिक अनुभव के आधार पर करते हैं।
2. उदाहरण बताते हैं कि किस प्रकार प्रशिक्षुओं को अपना व्यवहार बदल देने के साधन के तौर पर पुरस्कारों का प्रयोग किया जा सकता है।
3. उदाहरण बताते हैं कि किस प्रकार कारगर अनुकूलन का प्रयोग प्रशिक्षण में किया जाता है।
4. उदाहरण बताते हैं कि किस प्रकार संस्थापित अनुकूलन का प्रयोग प्रशिक्षण में किया जाता है।

परिचर्चा (Discussion)

पहला विकल्प सामान्यत: उन वास्तविक पद्धतियों की पहचान किए बिना ऐसी आम रीतियों को बताता है जो ऐसी रीतियों का आधार बनते हैं। यह विशिष्ट उत्तर नहीं है।

दूसरा विकल्प उत्तर के पास का है, किन्तु यह पद्धति का विशिष्ट उल्लेख करने में असफल है।

तीसरा विकल्प सही है। अध्यापक, माता-पिता, मनोवैज्ञानिक, पशु-प्रशिक्षक तथा अन्य लोग संस्थापित एवं कारगर अनुकूलनों का प्रयोग अनेक प्रयोजनों के लिए करते हैं। इस पद्धति में, सीखने का कार्य व्यवहार के लिए पुरस्कारों एवं दण्डों के माध्यम से होता है। कारगर अनुकूलन के माध्यम से व्यवहार एवं उस व्यवहार के परिणाम के बीच सम्बन्ध स्थापित किया जाता है। प्रबलित व्यवहार दोहराने के लिए प्रवृत्त किया जाता है (अर्थात् मजबूत किया जाता है); जिस व्यवहार को प्रबलित नहीं किया जाता वह समाप्त हो जाता है या ठण्डा पड़ जाता है (अर्थात् कमजोर हो जाता है)।

चौथा विकल्प सही नहीं है। जैसाकि हमने पहले देखा, संस्थापित अनुकूलन में व्यवहार अनैच्छिक (अनजाने) में होता है। संस्थापित अनुकूलन में अनैच्छिक प्रतिक्रिया एवं उत्प्रेरक के बीच सम्बन्ध बनाया जाता है जबकि कारगर अनुकूलन में स्वैच्छिक व्यवहार एवं परिणाम के बीच सम्बन्ध बनाया जाता है। कारगर अनुकूलन में कोई पुरस्कार नहीं होते। संस्थापित अनुकूलन में प्रशिक्षु निष्क्रिय है। कारगर अनुकलून में, प्रशिक्षु सक्रिय है तथा वह पुरस्कृत या दण्डित किया जाता है।

अवलोकनात्मक अधिगम (Observational Learning)

लोग अपने आस-पास के लोगों को देखकर अपनी अभिरुचि बनाते हैं। लोग विशेष रूप से उन लोगों की अभिरुचियों से प्रभावित होते हैं जिसके वे प्रशंसक होते हैं। बच्चे अपने माँ-पिता की अभिरुचियाँ देखते हैं और अभिरुचियों सहित उनके तौर-तरीके की नकल करते हैं। कुछ मनोवैज्ञानिकों का मानना है कि अवलोकनात्मक अधिगम हमारी अधिकतर अभिरुचियों का स्रोत हैं।

अनुनय (राजी करने) का सिद्धांत (Theory of Persuasion)

अनेक वाणिज्यिक तथा प्रशासनिक परिस्थितियों में, हम लोगों से अपनी अभिरुचियाँ, विश्वास (मान्यताएँ) और आदतें बदलने का अनुनय करना चाहते हैं। बालों को सँवारने के नए ब्राण्ड को प्रस्तुत करने वाली फर्म महिलाओं को अन्य ब्राण्डों से छुड़ाने की कोशिश करेगी। एक नया आस्ट्रेलियन विश्वविद्यालय विद्यार्थियों को अपने यहाँ आने के लिए अनुनय करने की कोशिश करेगा। सरकारें विद्यार्थियों को अपने यहाँ आने के लिए अनुनय करने की कोशिश करेंगी। सरकारें ग्रामीण इलाकों में माँ-पिताओं को अपने बच्चों को प्राइमरों स्कूलों में दाखिल कराने के लिए लालायित करने की कोशिश करेंगी। अनुनय के सिद्धांत लोगों को अपने विश्वास, अभिरुचियों तथा आदतें बदलने के लिए अनुनय करने के आदर्श साधन बताते हैं। अनुनय के सिद्धांत को, अभिरुचि के विस्तारण संभावना (Elaboration Likelihood) सिद्धांत के तौर पर भी जाना जाता है।

यह सिद्धांत मान लेता है कि किसी भी विषय पर लोगों की अभिरुचियाँ, उन्हें उचित रूप से सूचना देकर बदली जा सकती हैं। किसी भी विषय पर लोगों की अभिरुचियाँ बदलने के लिए अनुनय करने का प्रयास करने में अनेक पहलू प्रासंगिक हैं। वे ये हैं:

(*i*) अभिरुचि की वस्तु (विषय), अर्थात् वस्तु, व्यक्ति, समूह या वह विचार जिस ओर अभिरुचि अभिमुख है;

(*ii*) संदेश या सूचना

(*iii*) ढंग, जिसमें यह दिया/दी गया/गई है;

(*iv*) संदेशवाहक; तथा

(*v*) लक्षित श्रोतागण/दर्शक, अर्थात् वे लोग जिनकी अभिवृत्तियाँ बदलनी हैं।

विज्ञापन उस कोशिश का एक सरल उदाहरण है जो उपभोक्ताओं को एक वस्तु के एक विशेष ब्राण्ड को खरीदने के लिए तैयार करने (अनुनय) के लिए की जाती है- जैसे जीन्स। इसमें अनुनय के उपरोक्त सभी पहलू परिलक्षित होते हैं। अब हम विस्तारण संभावना सिद्धांत पर विस्तार से चर्चा करेंगे।

लोगों को तैयार करने (अनुनय) में सफलता, उन विभिन्न पहलुओं की अन्योन्यक्रिया पर निर्भर करती है जिन्हें हम ऊपर बता चुके हैं। ये हैं

(*i*) लक्षित श्रोतागण/दर्शकों की विशेषताएँ

(*ii*) संदेशवाहक या संदेश के स्रोत की विशेषताएँ

(*iii*) संदेश की विशेषताएँ; तथा संज्ञानात्मक मार्ग

श्रोताओं/दर्शकों/पाठकों की विशेषताएँ (Audience Characteristics)

किसी वस्तु के बारे में लोगों की अभिरुचि को बदलने के लिए, उन्हें ऐसी सूचना देनी होगी जो उनके पास नहीं है। अन्य शब्दों में, उन्हें एक संदेश दिया जाना है। संदेश जो अभिरुचियों को बदलने के लिए बनाया गया है, की सफलता सबसे पहले तो श्रोताओं/दर्शकों की विशेषताओं पर निर्भर करती हैं। ये श्रोता/दर्शक ही हैं जो सूचना को प्राप्त करेंगे और उसे समझेंगे (Process)। यह काम करने की उनकी योग्यता, उनकी बुद्धिमता पर निर्भर करती है। अनुसंधानकर्ताओं ने यह पता लगाने के लिए दर्शकों/श्रोताओं की विभिन्न विशेषताओं (गुणों) का अध्ययन किया है कि वे संदेश के प्रति उनकी (दर्शकों/श्रोताओं) प्रतिक्रिया को किस प्रकार प्रभावित करते हैं।

प्रयोगों से पता चलता है कि उच्च बुद्धिमत्ता वाले लोगों को एकतरफा संदशों से तैयार (अनुनयित) करने की संभावना नहीं होती। अनुसंधानकर्ताओं ने लोगों के आत्म-सम्मान तथा उनकी तैयार (अनुनयित) होने की इच्छा के बीच सह-सम्बंध का भी अध्ययन किया है। परंपरागत विचार यह है कि नई अभिरुचियों को स्वीकार करने के लिए उच्च आत्म-सम्मान वाले लोगों को

तैयार करना मुश्किल है। लेकिन आत्म-सम्मान तथा अपनी अभिवृत्ति को बदलने की इच्छा के बीच सम्बंध वक्ररेखी (Curvilinear) है, जिसका अर्थ यह है कि औसत स्तर के आत्म-सम्मान वाले अपनी अभिरुचियाँ बदलने के लिए उनसे अधि क राजी होते हैं जो उच्च या निम्न आत्म-सम्मान वाले होते हैं। लक्षित श्रोताओं/दर्शकों की दिमागी स्थिति तथा मन:स्थिति (डववक) भी उस ढंग को प्रभावित करती हैं जिसमें वे संदश के लिए प्रतिक्रिया देते हैं।

स्रोत की विशेषताएँ (Source Characteristics)

इसका सम्बंध उस व्यक्ति से है जो संदेश दे रहा है। वे परिवर्तित, जो यह तय करते हैं कि संदेश देने वाला व्यक्ति कितना प्रभावी होगा, वे हैं उसकी विशेषज्ञता, भरोसेमंदी (विश्वसनीयता) तथा श्रोताओं/दर्शकों के लिए आकर्षण। अपनी बात मनवाने के लिए दर्शकों/श्रोताओं को यह भरोसा दिलाना पड़ेगा कि संदेश प्राधिकृत है तथा असली है। कोई व्यक्ति किसी वैज्ञानिक विषय पर दी गई सूचना पर अधिक भरोसा करना चाहेगा यदि वह 'नेचर' में छपी रचना में दी गई है, बनिस्पत उसके, जो किसी टी वी वार्ता कार्यक्रम में दी गई है। यद्यपि यह प्रवृत्ति सामान्यत: बनी रहती है (स्वीकार रहती है) किन्तु अपवाद हो सकते हैं। इस सम्बंध में, मनोवैज्ञानिक 'द स्लीपर इफैक्ट' (The Sleeper Effect) का उल्लेख करते हैं जिसके अनुसार लोगों को सूचना के विश्वसनीय स्रोत के बारे में बताने का प्रभाव कुछ समय बाद गायब हो जाता है। ऐसा हो सकता है कि यदि लोग सुनने से पहले ही संदेश के स्रोत के बारे में जानते हैं तो वे तथ्य की अनदेखी नहीं करेंगे। लेकिन 'स्लीपर इफैक्ट' तभी काम करेगा जब उन्हें पहले सूचना दी जाती है और फिर उसके स्रोत के बारे में बताया जाता है।

प्रभावनीय श्रोता/पाठक भी संदेश-वाहक के व्यक्तित्व या आकर्षण से प्रभावित हो जाते हैं।

मामला-8 (Case-8)

एक कम्पनी कपड़े धोने के लिए तरल साबुन को बाजार में उतारने हेतु विज्ञापन अभियान चलाने पर काम कर रही है। विज्ञापन सलाहकार सलाह देता है कि संदेश (विज्ञापन) किसी स्त्री की आवाज में दिया जाना चाहिए जो उपभोक्ताओं वाले श्रोताओं। दर्शकों (लक्षित लोगों) को अधिक अपील करेगा। चुनाव एक गृहिणी, एक नर्स एक प्रसिद्ध महिला फिल्मी सितारे और एक फाइनांस एक्जेक्यूटिव के बीच किया जाना है।

प्रश्न (Question)

उपयुक्त पात्र को चुनिए तथा उसके लिए कारण भी बताइए।

1. नर्स
2. लोकप्रिय फिल्मी सितारा
3. वित्त एक्जूक्यूटिव
4. गृहिणी

परिचर्चा (Discussion)

पहला विकल्प अनुपयुक्त है। नर्सें यद्यपि अक्सर सफेद-पोशाक में दिखाई देती हैं, लोगों के दिमाग में अस्पतालों, इन्जैक्शनों व अन्य चिकित्सा संदर्भों से जुड़ी रहती हैं। इस कारण विज्ञापन का संदेश लक्षित लोगों पर गहराई से अंकित नहीं होगा।

इसी प्रकार के कारणों से, दूसरा विकल्प अलग किया जा सकता है। लोकप्रिय फिल्म स्टार रोमांस, एडवेंचर, ड्रामे, नष्टत्य तथा संगीत के लिए दर्शकों के दिमाग में अंकित रहते हैं। एक तड़क-भड़क वाला फिल्मी चरित्र गंदे कपड़े धोते हुए घरेलु दृश्य में दिखाई देता है तो वह दर्शकों के दिमाग में असंगति पैदा करेगा। उनके लिए यह कल्पना करना कठिन होगा कि ऐसी अभिनेत्री अपने कपड़े धो रही है। उसकी भूमिका में सच्चाई नहीं होगी तथा वह निष्प्रभावी होगा।

फाइनेंस एक्जूक्यूटिव भी लक्षित लोगों में आवश्यक मानसिक प्रतिक्रिया पैदा करने में असफल रहेगा। वे उसे लेखों, निवेशों, करों और इसी प्रकार के अन्य विषयों से जोड़कर देखेंगे।

अंतिम विकल्प सबसे अधिक उपयुक्त है। एक गृहिणी इस भूमिका में खूब जमेगी क्योंकि लोग उसे उसके रोजमर्रा के कामकाज के दौरान कपड़े धोते हुए देखेंगे। उसे लोग संदेश के बारे में जानकार मानेंगे। वह लक्षित लोगों के लिए विश्वास का पात्र होगी।

संदेश की विशेषताएँ (Message Characteristics)

संदेश की प्रकृति की अनुनय (लोगों को तैयार करने में) में भूमिका होती है। उदाहरण के लिए यह सरल, सीधी और एकतरफा हो सकती है। ऐसे फार्मेट, संदेश को भटकाने वाले विवरणों से दूषित किए बिना श्रोताओं/पाठकों तक पहुँचाते हैं। लेकिन ये परिष्कृत रुचि वाले श्रोताओं/दर्शकों को प्रभावित नहीं भी कर सकते।

कभी-कभी कहानी के दोनों पहलुओं को प्रस्तुत कर देना अभिरुचियों के बदलाव में सहायक होता है। जब लोग संदेश को समझने के लिए प्रेरित नहीं किए जाते हैं। एक मनुहार वाले संदेश में प्रस्तुत तर्कों की संख्या, अभिवृत्ति के बदलाव को प्रभावित करती हैं। क्योंकि तर्कों की अधिक संख्या से अभिवृत्ति में बड़ा बदलाव आएगा। अन्य शब्दों में, संदेश में ढेर-से ऐसे अनुकूल तर्क (बातें) होने चाहिए जो अभिरुचि में सुझाए गए परिवर्तन का औचित्य सिद्ध करते हैं।

संज्ञानात्मक मार्ग (Cognitive Routes)

अभिरुचि में बदलाव के लिए आशयित संदेश, व्यक्ति की बुद्धि या बौद्धिक गुण को अपील कर सकता है। यह अपील या तो केन्द्रीय रास्ते से या चक्कर (परिधीय) रास्ते से हो सकती है। अनुनय के केंद्रीय रास्ते में व्यक्ति को आँकड़े (तथ्य) बताए जाते हैं और उसे उन आँकड़ों का मूल्यांकन करने तथा अभिवृत्ति के परिवर्तन वाला निष्कर्ष प्राप्त करने के लिए प्रोत्साहित किया जाता है। 'परिधीय रास्ते' से अभिरुचि परिवर्तन में, व्यक्ति को विषय-वस्तु को देखने को नहीं, अपितु स्रोत को देखने के लिए प्रोत्साहित किया जाता है। यह बात आधुनिक विज्ञापनों में आम देखी जा सकती है जिनमें प्रसिद्ध व्यक्ति दिखाए जाते हैं। आप से एक स्पोर्ट्स शू इसलिए खरीदने के लिए कहा जाता है कि विराट कोहली उन्हें पहनता है। कुछ मामलों में, चिकित्सक, प्रभावशीलता बढ़ाने हेतु डॉक्टर या विशेषज्ञों का प्रयोग किया जाता है। अन्य मामलों में अपने आकर्षण के लिए फिल्मी सितारों का प्रयोग किया जाता है।

अब तक हमने अनुनय के सिद्धांत को संक्षेप में बताया है। वास्तविक व्यवहार में, यह विस्तार में तथा अनेक प्रकार से परिष्कृत हो सकती है। लेकिन अपने सरल रूप में भी प्रशासनिक परिस्थितियों में इसके अनेक प्रयोग हैं। 1950 के वर्षों में, सरकार ने देशभर में सामुदायिक विकास कार्यक्रम चलाए। इसका लक्ष्य अनेक क्षेत्रों में, कृषि के तरीकों से लेकर परिवार नियोजन तक गाँव वालों की अभिरुचियों में बदलाव लाना था। इसके तरीके को 'विस्तारण' (Extension) कहा गया था। इसने चीजों के प्रति उनकी परंपरागत अभिवृत्तियों को बदलने के लिए लोगों को तैयार करने की कोशिश की।

इस समय, सरकार गरीबों व जरूरतमंदों के लिए अनगिनत आर्थिक व सामाजिक कार्यक्रम चला रही है। ऐसे कार्यक्रमों के कार्यान्वयन में, उनके आशयित लाभभोगियों को शामिल किया जाना है। उन्हें कार्यक्रमों के लाभों के द्वारा राजी कर उनका भाग लेना सुनिश्चित करना जरूरी है। लोगों की भागीदारी को सुनिश्चित करने के लिए अनुनय (तैयार करने) के उपरोक्त सिद्धांत में वर्णित विभिन्न पहलुओं को ध्यान में रखना होगा।

अभिरुचियाँ, विश्वास मान्यताएँ तथा कार्य (Attitudes, Beliefs and Actions)

समाज मनोवैज्ञानिक, व्यक्ति की मनोरुचियों, विश्वासों (या विचारों) और कार्यों के बीच के सम्बंधों का अध्ययन करते हैं। पहले, समाज-शास्त्रियों का विचार था कि व्यक्ति की अभिरुचि, अनुरूप (संगत) विश्वासों और कार्यों में परिणत होती है।

मामला-9 (Case-9)

रेवती अपने मित्रों से कहती रहती है कि उसे शास्त्रीय संगीत का शौक है। तथापि, उसके दोस्तों ने देखा कि वह शास्त्रीय संगीत समारोहों में नहीं जाती है। उसकी एक मित्र एक संगीत ग्रुप से जुड़ी हुई है और अक्सर शास्त्रीय संगीत के कार्यक्रमों का आयोजन करती रहती है। उसने कुछ अवसरों पर उसे कार्यक्रमों के टिकट भी दिए हैं। लेकिन वह उनमें कोई रुचि नहीं दिखाती।

प्रश्न (Question)

उसके व्यवहार के लिए क्या संभावित स्पष्टीकरण दिया जा सकता है?

1. वह ढोंगी हो सकती है जो एक कला का प्रेम भी बनने का नाटक करती है।
2. वह सुस्त (आलसी) हो सकती है।
3. इस प्रकार की विसंगति सामान्य है क्योंकि लोगों में अपनी रुचियों का पालन करने की ऊर्जा तथा प्रबल प्रेरणा की कमी होती है।
4. रेवती अपने अन्य कार्यों में बहुत व्यस्त हो सकती है जिससे उसे शास्त्रीय संगीत के कार्यक्रमों में जाने का समय नहीं मिल पाता है।

परिचर्चा (Discussion)

पहला विकल्प एक संभावना हो सकती है। लेकिन यह मान लेने का कोई कारण नहीं है कि उसके इस दिखावे से उसे कोई लाभ होगा। अतः इसे छोड़ा जा सकता है।

दूसरा उत्तर सच हो सकता है किन्तु यह बहुत सामान्य है और अनेक परिस्थितियों में लागू हो सकता है। यह इस मामले में उसके आचरण के लिए अपर्याप्त स्पष्टीकरण है।

तीसरे तथा चौथे विकल्पों को संभावित स्पष्टीकरणों के तौर पर स्वीकार किया जा सकता है। तीसरा विकल्प लोगों के विश्वास, अभिरुचियों एवं रुचियों तथा उनके व्यवहार के बीच सह-सम्बन्ध की आम तौर पर पाए जाने वाली कमी दिखाता है। रेवती का व्यवहार उसकी अपने स्वीकृत रुचि तथा व्यवहार के बीच अनुकूलता की इस कमी को दिखाता है। तीसरा कारण मनोवैज्ञानिक है। चौथा कारण उसके व्यवहार को अपने अन्य काम-धंधों से जोड़ता है और यह एक सत्याभासी स्पष्टीकरण हो सकता है।

संज्ञानात्मक संगति (Coginitive Consistency)

सामान्यतः हम व्यक्ति से आशा करते हैं कि उसके विचार, उसकी अभिरुचि की संगत में हैं। हमारा विश्वास है कि व्यक्ति की सोच की विशेषता उसकी अभिवृत्ति की संगत में होगी। यह सिद्धांत है कि लोग अपनी अभिरुचियों, विचारों और अपने व्यवहार में संगति बनाए रखने का प्रयास करते हैं।

मामला-10 (Case-10)

मान लीजिए कि (एक्स) रिटेल व्यापार में विदेशी प्रत्यक्ष निवेश एवं श्रमिक कानूनों में छूट का समर्थन करता है। एक दिन वह अपने मित्रों के साथ भारत के भुगतान संतुलन की स्थिति पर चर्चा कर रहा था। यह वर्तमान लेखे में बड़ा घाटा दिखा रहा है। विश्लेषण से पता चलता है कि बड़ी मात्रा में सोने के आयात इस बड़े घाटे के कारण हैं। उन्होंने पाया कि सरकार, निर्यातों के लिए गहने बनाने हेतु इसके उपयोग को छोड़ सोने के निर्यात पर प्रतिबन्ध लगाने पर विचार कर रही है।

प्रश्न (Question)

कोई ऐसा क्या कह सकता है जो 'एक्स' के लिए चर्चा में संगत आधार बन सकता है और क्यों?

1. एक्स को भुगतान संतुलन में वर्तमान लेखा घाटे को कम करने के साधन के तौर पर सोने के आयातों पर प्रतिबन्धों का समर्थन करना चाहिए।
2. एक्स को सोने के आयातों पर किसी भी प्रकार के प्रतिबन्धों का विरोध करना चाहिए।
3. यद्यपि एक्स आर्थिक सुधारों का समर्थन करता होगा पर उसे इसके सभी कारकों का समर्थन करने की जरूरत नहीं है।
4. एक्स को मामले पर टिप्पणी नहीं करनी चाहिए जब तक कि उसमें उसकी रुचि न हो।

परिचर्चा (Discussion)

पहला उत्तर एक्स की आर्थिक विचारधारा की संगत में नहीं है। मामले का पहला वाक्य बताता है कि एक्स सुधारवादी आर्थिक एजेन्डे का समर्थन करता है। इस स्थिति में एक्स से यह सिफारिश करने की आशा नहीं की जा सकती कि सरकार सोने के आयातों को कम करने के लिए प्रत्यक्ष आयात नियन्त्रणों को लागू कर दे। क्योंकि ऐसा करना उसके अन्य विश्वासों के आधार तर्कों या मूल्यों की संगत में नहीं होगा। आर्थिक सुधार आर्थिक क्षेत्र में सरकार के प्रत्यक्ष हस्तक्षेप का विरोध करते हैं। उनका कहना है कि बाजार की ताकतों को अर्थव्यवस्था में स्वतन्त्र रूप से व्यवहार करने देना चाहिए।

दूसरा विकल्प सही है क्योंकि इसमें एक्स की विचारधारा है। यह युक्ति-युक्त प्रकार से उसकी विश्वास प्रणाली की संगत में रहेगा।

तीसरा विकल्प एक अर्थ में सही है। यद्यपि व्यक्ति कोई भी विचारधारा अपना सकता है, वह उसके सभी सिद्धान्तों से सहमत नहीं भी हो सकता है। किन्तु इस मामले में प्रश्न एक सतत आधार का है। अतः दूसरे विकल्प को प्राथमिकता देनी होगी।

चौथा विकल्प प्रश्न का उत्तर नहीं देता। यह विषय से परे चला जाता है और असम्बद्ध उत्तर सुझाता है। उत्तर तो प्रश्न की शर्तों के भीतर रहना चाहिए जो कि इस बारे में है कि एक्स का सतत आधार क्या होगा।

मामला-11 (Case-11)

नकुल पटेल अमरीका में पढ़ाई करना चाहता है। दुर्भाग्य से, उसका शिक्षा का रिकार्ड अच्छा नहीं था। वह जी आर ई तथा टी ओ एफ ई एल में भी बैठा नहीं था। उसके चाचा कुशाल पटेल जब भारत घूमने आए तो उन्होंने नकुल को टूरिस्ट वीसा पर अमरीका आने की सलाह दी। कुशाल पटेल अल्बामा में कुछ किरयाने के स्टोर चलाते हैं। वे नकुल को आश्वस्त करते हैं कि वे उसे एक विश्वविद्यालय में प्रवेश दिला देंगे और यह कि अमरीका पहुँचने वाला कोई भी विद्यार्थी वहाँ अच्छा ही चलेगा। नकुल अपने पिता से पैसे लेता है और अमरीका पहुँच जाता है। लेकिन जी आर ई एवं टी ओ एफ ई एल में बहुत बुरा प्रदर्शन करता है। वह देखता है कि उसके चाचा तो दुकानों को चलाने में बुरी तरह से व्यस्त हैं।

प्रश्न (Question)

आप उस स्थिति का कैसे मूल्यांकन करेंगे जिसमें नकुल पहुँच गया है?

1. हमेशा वैसा ही नहीं होता जैसा कि हम सोचते हैं।
2. कुशाल पटेल की नकुल को सलाह अनुपयुक्त थी।
3. नकुल ने अपनी योजना ध्यान से नहीं बनाई और अपने ध्येय को पाने के लिए काम नहीं किया।
4. भाग्य नकुल के साथ नहीं था।

परिचर्चा (Discussion)

पहला विकल्प एक सामान्य कथन है जो यद्यपि सच है किन्तु मामले की विशिष्ट बातों को सुलझाने में असफल है। जैसा कि हम देखेंगे, नकुल के पास अपने चुने हुए ध्येय को पाने के लिए उचित योजना नहीं है।

दूसरा विकल्प आंशिक रूप से सत्य है किन्तु वास्तव में नकुल की दुर्दशा को नहीं बताता। किरयाना स्टोर का मालिक होने के कारण कुशाल की पृष्ठभूमि नकुल को अमरीका में पढ़ाई के बारे में सलाह देने की नहीं है। कुशाल का यह कहना सही है कि अमरीका में भारतीय विद्यार्थी अच्छा प्रदर्शन करते हैं लेकिन उन्हें उस तैयारी की जानकारी नहीं है जो वे अमरीका जाने से पहले करते हैं एवं जो प्रयास उन्हें बाद में करने पड़ते हैं। नकुल को चाहिए था कि वह योजना बनाता और अमरीका में शैक्षिक कैरियर हेतु तैयार होता।

तीसरा विकल्प सही है। यह उन गलतियों को पकड़ता है जो नकुल ने की हैं। चूँकि नकुल का शैक्षिक रिकार्ड अच्छा नहीं था, उसे अपनी कुशलता और ज्ञान सुधारने के लिए काम करना चाहिए था। उसे अमरीका जाने से पहले आवश्यक परीक्षाएँ उत्तीर्ण कर लेनी चाहिए थीं। उसे अपने अध्यापकों और मित्रों से परामर्श करना चाहिए था। संक्षेप में, उसने अमरीका में पढ़ाई करने के लिए स्वयं को पर्याप्ततः तैयार नहीं किया था। उसने अपनी सोच पर अपने सपनों को हावी हो जाने दिया। अपनी तर्कपरकता और इच्छाजनित व्यवहार, दोनों ही अभिवृत्तियों के आधार पर विवेकहीन ढंग हैं। अतः सफलता के अवसर शुरू से ही कम थे।

भाग्य या किस्मत, सफलता में अवसरी या अन्तिम कारक है। यह हमारे हाथों में नहीं लेता। यदि परिश्रमपूर्वक किए गए प्रयासों के बावजूद व्यक्ति को सफलता नहीं मिलती है तो वह असफलता को भाग्य जैसी बातों पर डाल देता है। लेकिन नकुल ने आवश्यक प्रयास नहीं किए। यहाँ, हमें प्रसिद्ध कहावत याद आती है कि भाग्य उसी का साथ देता है जो पुरुषार्थ करते हैं।

संज्ञानात्मक असंगति सिद्धांत (Coginitive Dissonance Theory)

अब तक हमने, विश्वासों (या विचारों) तथा कार्यों (या व्यवहारों) को देखा है, जैसाकि वे अभिरुचियों से लगातार निसृत होते रहते हैं। लिओन फेस्टिन्जर (Leon Festinger) ने बताया कि सम्बंध विपरीत दिशा से भी काम कर सकता है। इसको यों भी कह सकते हैं कि जैसे अभिरुचियाँ व्यवहार को प्रभावित कर सकती हैं, वैसे ही व्यवहार भी अभिरुचियों को प्रभावित कर सकता है। इसे संज्ञानात्मक असंगति का सिद्धांत कहते हैं। असंगति (Dissonance) का अर्थ है असामंजस्य या संगतिहीनता। जब किसी व्यक्ति के विश्वास और अभिरुचियाँ एक-दूसरे के विपरीत होते हैं या व्यवहार के विपरीत होते हैं तो वह मनोवैज्ञानिक तनाव या बैचेनी महसूस करता है। तब वह व्यवहार या संज्ञान में बदलाव लाकर असंगति को कम करने के लिए प्रेरित होता है।

मामला-12 (Case-12)

वैशाली शास्त्रीय संगीत सीखने की इच्छुक है। लेकिन उसका अध्यापक वैशाली के निवास स्थान से दूर रहता है। उसके पिता उससे परिवार के कारोबार में काम करवाते हैं। वे इस बात पर भी जोर दे रहे हैं कि वह अपना पोस्ट-ग्रेजुएशन जारी रखे। वैशाली शास्त्रीय संगीत के प्रति अपने लगाव एवं अपनी अन्य व्यस्तताओं के बीच टकराव में फँसी है। उसने अपने शिक्षा के सेशन्स (सत्र) कम करके आधे करने का निर्णय किया।

प्रश्न (Question)

वैशाली के व्यवहार को निर्देशित करने वाली मनोवैज्ञानिक संकल्पना कौन-सी है?

1. वह अपने पिता पर अत्यधिक निर्भरता दिखा रही है तथा उन्हें उसे अपने ढंग से चलाने दे रही है।
2. शास्त्रीय संगीत में उसको वास्तव में कोई रुचि नहीं है।
3. उसने अपने सिर पर कई काम ले रखे हैं।
4. अपने कार्य द्वारा वैशाली ने अपनी संज्ञानात्मक विसंगति को कम कर लिया है जिसे वह अनुभव कर रही थी।

परिचर्चा (Discussion)

पहला चयन किया उत्तर अनुपयुक्त है। यह विश्वास करने का कोई कारण नहीं है कि वह अपने पिता पर अत्यधिक निर्भर है। उसे अपनी पोस्ट ग्रेजूएशन की पढ़ाई जारी रखने तथा परिवार के कारोबार को समझने के लिए उनका कहना समझ में आता है।

दूसरा विकल्प रद्द किया जा सकता है क्योंकि वैशाली ने अपनी अन्य अनिवार्य जिम्मेदारियों के बावजूद शास्त्रीय संगीत सीखना छोड़ा नहीं है।

तीसरा विकल्प एक सामान्य कथन है। वास्वत में, हमें अनेक कार्य करने पड़ते हैं और जीवन में अनेक भूमिकाएँ साथ-साथ अदा करनी पड़ती हैं। यह एक सामान्य स्थिति है। विभिन्न काम करने की कुशलता जिन्दगी में जरूरी है और व्यवसायों में भी।

चौथा विकल्प वैशाली के निर्णय की मनोवैज्ञानिक तर्कसंगतता को सही प्रकार से बताता है। वह विभिन्न काम कर रही है जिसमें उसका समय व प्रयास लगते हैं। सभी कार्य महत्त्वपूर्ण हैं। लेकिन कामों का उसे अपनी ओर खींचना तथा समय (की कमी) का दबाव उसके लिए संज्ञानात्मक विसंगति की स्थिति पैदा कर रहे हैं। इससे मानसिक तनाव होता है। उसने विभिन्न कार्यों को दिए जाने वाले समयों के बीच संतुलन बनाकर संज्ञानात्मक तनाव को पराजित किया है। उसका निर्णय गैर-मनोवैज्ञानिक शब्दों में भी संकल्पनित किया जा सकता है। उस दशा में, (व्यक्ति) उन सापेक्षित प्राथमिकताओं के बारे में बोलता है जिन्हें उसे उन विभिन्न कामों से जोड़ना चाहिए जो वह कर रही है।

सामान्य अभिरुचियाँ, व्यवहार के प्रति अभिरुचियाँ (General Attitudes, Attitudes towards Behaviours)

आगे बढ़ने से पहले, हमें दो प्रकार की अभिरुचियों के बीच अंतर पर ध्यान देना होगा। पहली श्रेणी में भौतिक पदार्थों (गेटवे ऑफ इंडिया या विक्टोरिया मेमोरियल); भाषिक, मानव-जातीय या अन्य सामाजिक समूह (आंध्र या भील जन-जाति के लोग); संस्थाएँ (केंद्रीय सतर्कता आयोग या केंद्रीय अन्वेषण ब्यूरो); नीतियाँ (समान नागरिक संहिता या रिटेल व्यापार में प्रत्यक्ष विदेशी निवेश); घटनाएँ (मुम्बई पर आतंकी हमला या बटाला हाउस एन्काउंटर) या इसी प्रकार के सामान्य लक्ष्य के प्रति सामान्य अभिरुचियाँ आती हैं। दूसरी श्रेणी में, किसी पदार्थ या लक्ष्य के लिए विशिष्ट क्रिया व व्यवहारों के करने के प्रति अभिरुचियाँ आती हैं। (किसी कला-दीर्घा में जाना या जरूरतमंद विद्यार्थी की मदद करना) मनोविज्ञान में, इन्हें सामान्यत: "व्यवहार के प्रति अभिरुचियाँ" कहते हैं।

अभिरुचि-व्यवहार का बेमेल होना (Attitude-behvaviour mismatch)

जैसा कि पहले कहा जा चुका है, कभी-कभी सरकारें लोगों के परम्परागत विश्वासों और अभित्तियों को बदलना चाहती हैं। यह आधुनीकीकरण के प्रयासों से जुड़ा है। रूढ़ विश्वास और व्यवहार, विकास एवं सामाजिक परिवर्तन में बाधक हो सकते हैं। इस प्रकार लोग परिवार नियोजन का विरोध कर सकते हैं; अपनी कन्याओं को स्कूल भेजने से इंकार कर सकते हैं या खेती की नई प्रौद्योगिकियों को अपनाने में असफल रह सकते हैं। तब सरकार लोगों को नई अभिरुचियाँ अपनाने तथा आर्थिक विकास बढ़ाने वाले कार्य करने के लिए कैसे अभिप्रेरित कर सकती है? अभिरुचियों पर जोर देना इस विचार के कारण शुरु होता हैं कि वे सहवर्ती कार्यों की ओर ले जाती है।

दो महत्त्वपूर्ण अध्ययन (Two Crucial Studies)

आश्चर्य की बात है कि यह सामान्य समझ को अनुभव-जन्य अध्ययनों में कोई समर्थन नहीं मिला। शुरू में मनोवैज्ञानिकों ने यह मान लिया था कि लोगों की अभिरुचियाँ उनके व्यवहार को अनुशासित करती है। दो प्रसिद्ध अध्ययनों के परिणामों के कारण यह विचार संदेहास्पद लगता है। पहले अध्ययन से पता चला कि लोग अपनी कही गई अभिरुचियों के अनुसार व्यवहार नहीं करते। 1930 के आरंभिक वर्षों में लॉपियर (La piere) एक चीनी जोड़े के साथ रहे जो अमरीका की यात्रा करने आया था, और उन्होंने देखा कि क्या मोटलों, रेस्टोरेण्ट्स या होटलों में उनके साथ कोई जातीय पूर्वाग्रह का व्यवहार तो नहीं किया जाता। यह बात ध्यान देने की है कि उस समय अमरीका में चीनी लोगों को भेदभाव का सामना करना पड़ता था। उन्होंने पाया कि उनके साथ अच्छा व्यवहार किया जाता था। इसके बाद उन्होंने इन रेस्टोरेण्ट्स-होटलों आदि को एक प्रश्नावली भेजकर उनसे जानना चाहा कि क्या वे चीनी मेहमानों का स्वागत करेंगे। आश्चर्यजनक बात यही रही कि अधिकांश उत्तरदाताओं ने कहा कि वे चीनी लोगों को पसंद नहीं करेंगे। इस प्रकार यद्यपि व्यवसायियों ने चीनियों के साथ अच्छा व्यवहार किया, उन्होंने प्रश्नावली में एक भिन्न ही अभिरुचि का प्रदर्शन किया। अन्य शब्दों में, लोग अपने कही गई अभिरुचि के अनुसार व्यवहार नहीं करते।

दूसरा अध्ययन कोरे (Corey) द्वारा किया गया था। सत्र शुरु होने के बाद कोरे ने परीक्षा में धोखाधड़ी करने के लिए विद्यार्थियों की अभिरुचि को मापने का पैमाना बनाया। पैमाने से पता चला कि विद्यार्थियों का रुझान परीक्षा में नकल करने का था। सत्र

के दौरान उन्होंने अनेक जाँच-प्रयोग किए और परीक्षा में नकल के लिए विद्यार्थियों को काफी अवसर (स्कोप) दिया। यहाँ भी, निष्कर्ष नकारात्मक था। यद्यपि विद्यार्थियों ने कहा कि वे परीक्षा में नकल करना चाहते हैं, पर वास्तव में उन्होंने ऐसा कुछ नहीं किया। परिणामत: अनुभवमूलक अध्ययनों ने इस बात की पुष्टि की कि अभिरुचि अपनी संगत वाले व्यवहार में नहीं बदलती। एक समाज मनोविज्ञानी विकर (Wieker) ने वास्तव में सुझाव भी दिया कि संकल्पना या निर्माण अभिरुचि अनुसंधान का बेकार साधन है और इसे त्याग देना चाहिए।

इस बीच समाज मनोविज्ञानियों ने अभिरुचियों के अध्ययन के लिए भरोसेमंद साधन विकसित करने शुरू कर दिए। अनुसंधानकर्ताओं ने भी अभिरुचि के बनने और उसके बदलने की प्रक्रिया का अध्ययन शुरू कर दिया। और भी, दूसरे विश्व-युद्ध के दौरान अमरीकी सेना द्वारा फिल्मों तथा मास मीडिया के प्रयोग से, संचार और अनुनय (Persuasion) में रुचि बढ़ गई। निष्कर्षों का विरोध न करते हुए, संचार सिद्धांतों का प्रयोग करने वालों ने इस मान्यता पर भरोसा किया कि अभिरुचियों में बदलाव से व्यवहार भी बदल जाएगा।

असंगति का स्पष्टीकरण (Explaning Inconsistancy)

अभिरुचि व्यवहार विसंगति के साक्ष्य को देख कुछ अनुसंधानकर्ताओं ने सर्वेक्षण की पद्धतियों एवं नमूनों की उपयुक्तता की वैधता में संदेह किया। कुछ अनुसंधानकर्ताओं का कहना था कि नमूनों में तथा सर्वेक्षण में शामिल किए गए लोग आम आबादी का प्रतिनिधित्व करने वाले नहीं थे। मौखिक अभिरुचि उपायों (या सर्वेक्षित लोगों द्वारा जैसा कहा गया) के बारे में संदेह व्यक्त किए गए थे। सर्वेक्षण में शामिल व्यक्तियों ने पक्षपातपूर्ण प्रतिक्रिया दिखाई; प्रश्नावली ने उनकी अभिरुचि एवं व्यक्तित्व की विशेषताओं का पता लगाने का प्रयास किया था, किन्तु उन्होंने अपने ऐसे उत्तर दिए जो समाज द्वारा स्वीकृत थे। उन्होंने अच्छा बनने की कोशिश की तथा उन्होंने अपनी असली भाव छुपाए। कोई भी व्यक्ति बुरे बनने की छाप नहीं छोड़ना चाहता।

ऐसी समस्याओं को हल करने के लिए अनुसंधानकर्ताओं ने, विलेख या प्रश्नावली के वास्तविक प्रयोजन पर पर्दा डालते हुए छद्‌मवेशित मौखिक पद्धतियों को अपनाया। अन्य पद्धतियाँ मनोवैज्ञानिक प्रतिक्रियाओं जैसे दिल की धड़कनों की गति, हथेलियों में पसीना तथा गल्वनीकृत त्वचा वाली प्रतिक्रिया (चेहरा तमतमा जाना/लाला हो जाना) पर आधारित हैं। तथापि, दोनों ही पद्धतियाँ असंतोषजनक निकलीं।

अनुसंधानकर्ताओं ने एक और रास्ता अपनाया। उस समय प्रयुक्त परंपरागत अभिरुचि मापन तकनीकें, अभिरुचि के पदार्थ के प्रति उत्तरदाता (प्रतिक्रिया देने वाला) के समग्र सकारात्मक या नकारात्मक प्रतिक्रिया को प्रस्तुत करते हुए एकल स्कोर (अंक) पा सकीं। अनेक सिद्धांतशास्त्रियों ने देखा कि अभिवृत्ति के मापक, व्यवहार के तीन संघटकों में से केवल एक को ही प्रतिभासित करते हैं। अधिकतर समय अभिरुचि मापक केवल भावात्मक या भावनात्मक संघटकों पर आधारित था तथा संज्ञानात्मक एवं क्रियात्मक या व्यवहारात्मक संघटकों को अलग छोड़ दिया गया था। तीन संघटकों को कवर करने के लिए मापक बनाने के प्रयास किए गए थे। तथापि, तीन-संघटकों का मार्ग भी अभिरुचि व्यवहार असंगतियों को समझाने में असफल रहा।

असंगतियों के दो प्रकार (Two Kinds of Inconsistency)

अपने अध्ययनों में जाँच-कर्ताओं ने दो प्रकार की विसंगतियों की जाँच की है एवं अनेक संभावनाओं की छान-बीन की है। एक सोच, सर्वेक्षणों और गवेषणात्मक पद्धतियों को परिष्कृत करने पर भरोसा करती है। दूसरी सोच उन तर्कों को देखती है जो लोगों को अपनी अभिरुचियों के पूरी तरह से अनुसार कार्य करने से रोकते हैं। सामाजिक मनोवैज्ञानिकों ने भी उन परिस्थितियों की छान-बीन की है जो अभिरुचियों एवं व्यवहारों के बीच बेहतर सम्बन्ध (जुड़ाव) दिखाती है। उन्होंने उन सिद्धान्तों को प्रस्तुत जिन में अतिरिक्त व्याख्यात्मक परिवर्ती शामिल थे। हम इन विचारों को संक्षेप में बताएँगे। एक प्रकार की असंगति उन लोगों में होती है जो अपनी घोषित व्यवहारगत मंशाओं के अनुसार कार्य नहीं कर पाते हैं। यह बात मनोवैज्ञानिक शब्दावली में बताई गई है। सरल भाषा में, सर्वेक्षण के दौरान वे जाँचकर्त्ता को बताएँगे कि वे 'एक्स' करेंगे (कार्य या व्यवहार के लिए आम प्रतीक) या 'एक्स' नदी करेंगे। किन्तु व्यवहार में, वे इसका उल्टा करेंगे (या कुछ भी नहीं करेंगे)।

मनोवैज्ञानिक लोगों के व्यवहार के किसी निश्चित पदार्थ (विषय) के प्रति उनके सामान्य (मूल्यांकनात्मक) अभिरुचियों का पता लगाने के लिए प्रश्नावलियों या सर्वेक्षणों का प्रयोग करते हैं। उनका मानना है कि सकारात्मक व्यवहार, पदार्थ के प्रति सकारात्मक प्रतिक्रियाएँ उत्पन्न करेगा तथा नकारात्मक व्यवहार, नकारात्मक प्रतिक्रियाओं को जन्म देगा। असंगति तब पैदा होती है जब सामान्य अभिवृत्ति अन्वेषणाधीन विशिष्ट व्यवहार के साथ सह-सम्बंध स्थापित नहीं कर पाती है। इसे मूल्यांकनात्मक असंगति कहते हैं क्योंकि मौखिक अभिरुचियों (या जो कहा गया है) में अभिव्यक्त मूल्यांकन, वास्तविक व्यवहार से मेल नहीं खाता।

अभिरुचि व्यवहार असंगति के अधिकतर मामले इसी श्रेणी में आते हैं। समस्या को समझने के लिए हमें: (क) सामान्य अभिरुचि; (ख) अभिरुचि के लक्षित व्यक्ति, समूह, वस्तु या घटना (अर्थात् अभिवृत्ति की वस्तु); तथा (ग) अभिवृत्ति की वस्तु के प्रति विशिष्ट व्यवहार पर विचार करना होगा। असंगति यह है कि (क) हमें (ख) के पास नहीं पहुँचाता। एक उदाहरण उस व्यक्ति का है जो यह कहता है कि वह बहुत धार्मिक (प्रवृत्ति का) है किन्तु वह मंन्दिरों में नहीं जाता।

संतुलित कारक (Moderating Factors)

सामान्य अभिरुचि और व्यक्तिगत व्यवहार के बीच सम्बन्ध की जटिलता से मूल्यांकनी असंगति उत्पन्न होती है।

कुछ अनुसंधानकर्त्ताओं के अनुसार अभिरुचि और व्यवहार कुछ परिनियमित कारकों के कारण अपसहित (विचलन) हो जाते हैं। ये (क) व्यवहार कर रहे व्यक्ति के विशेषकों, (ख) परिस्थिति, जिसमें यह किए जाते हैं, तथा (ग) स्वयं अभिरुचि की अपनी विशेषताओं से जुड़े हुए हैं। व्यक्तियों के बीच अन्तरों के बारे में अनुसंधानकर्त्ता तीन अलग-अलग व्यक्तिगत अन्तरों की बात करते हैं: आत्म निगरानी की प्रवृत्ति, आत्म सचेतना या आत्म जागरुकता तथा संज्ञान की जरुरत।

(क) उच्च आत्म-मॉनीटरिंग वाले लोग, परिस्थिति की सामाजिक या अंतर्वैयक्तिक प्रासंगिकता के आधार पर उचित ढंग से बोल या कार्य कर सकते हैं। वे अपनी वास्तविक अभिरुचियों को पारिस्थितिक जरूरतों के मुताबिक बना लेते हैं। वे अपनी असली भावनाओं को छुपा जाते हैं। लेकिन जो व्यक्ति बहुत आत्म-सचेतन नहीं हैं, वे ऐसी बातें कह या कर जाते हैं जो उनकी अपनी अभिरुचियों, गुणों, भावनाओं या अन्य वर्तमान आंतरिक स्थितियों को सही-सही व्यक्त कर देती हैं। वे अभिवृत्ति व्यवहार की अधिक संगति का प्रदर्शन करते हैं। और भी, लोग अपनी अभिरुचियों के अनुसार कार्य करेंगे यदि विषय में उनकी अपनी रुचि होगी या उन्हें अपनी अभिरुचियों पर विश्वास होगा या वे अभिरुचि की वस्तु को महत्त्वपूर्ण मानते होंगे।

(ख) अभिरुचि व्यवहार सम्बंधों के पारिस्थितिक संतुलनों में समय का दबाव और व्यवहारगत परिस्थिति में दर्पण का होना या न होना शामिल है। समय का दबाब व्यक्ति को तेजी से सोचने के लिए बाध्य करता है। दर्पण के होने से विषय (व्यक्ति) की आत्म-जागरुकता बढ़ती है। दोनों ही कारक, सामान्य अभिरुचि और विशिष्ट व्यवहार के बीच और अधिक संगतता पैदा करते हैं।

(ग) जहाँ तक उन अभिरुचियों की विशेषताओं से है जो अभिरुचि-व्यवहार सम्बंध की मजबूती को संतुलित कर सकती है, अन्वेषकों ने तीन पहलुओं की जाँच की। पहला पहलू अभिरुचि के संज्ञानात्मक तथा भावनात्मक संघटकों के बीच संगति की डिग्री (अंश का) है। यदि दोनों में सह-सम्बंध हो जाता है, तो व्यवहार अभिरुचि का अनुसरण करेगा। जब वे अन्य माध्यम से मिली सूचना (Secondhand information) के स्थान पर सीधे अनुभव पर आधारित होंगे। केंद्रीय प्रक्रिया (मार्ग) के परिणामस्वरूप बनी अभिरुचि से मेल खाते हुए व्यवहार के होने की अधिक संभावना है, बजाय उसके जो वृतिक प्रक्रिया से बनी अभिरुचि से होगा। जैसाकि हमने पहले देखा, केंद्रीय संसाधन में सूचना की बौद्धिक (तार्किक) वैधता तथा तथ्यात्मक सत्यवादिता की निकट से जाँच की जाती है। परिधीय संसाधन में, प्रतिभागी सूचना की कठोरता से जाँच नहीं करता।

रुचि का अधिकार क्षेत्र तथा व्यवहारों का सैट (Domain of Internal and Set of Behaviours)

उपरोक्त संतुलक (Moderators) अभिरुचि-व्यवहार के अपसरन को कुछ सीमा तक समझा सकते हैं। तथापि, मनोवैज्ञानिक किसी व्यक्ति की सामान्य अभिरुचि से उसका निजी व्यवहार या क्रिया (कार्य) की सही-सही भविष्यवाणी कर सकते हैं। एक

ओर व्यक्ति की अभिरुचि है; दूसरी ओर उसकी अभिरुचि से पैदा हो सकने वाला उसका निजी व्यवहार हैं। कभी-कभी दूसरे को कार्यानवयित नहीं कर सकते क्योंकि सामान्य अभिरुचियाँ अनगिनत ढंगों से अभिव्यक्त हो सकती हैं।

उदाहरण के लिए 'धर्मपरायणता' (Religiosity) एक आम अभिरुचि नहीं है। इससे कोई अकेला, विशिष्ट व्यवहार निसृत नहीं होगा। एक धार्मिक व्यक्ति मंदिरों में नियमित रूप से नहीं जाता होगा। तथापि, वह भजन सुनता होगा, टी वी पर धार्मिक उपदेशों को सुनता होगा, धार्मिक रचनाएँ पढ़ता होगा और ध्यान लगाता होगा। हम ऐसी अनेक धार्मिक गतिविधियाँ गिना सकते हैं। यह पाया जाएगा कि पृथक्-पृथक् धार्मिक कृत्यों के सैट या समूह उसकी धर्म-परायणता को प्रतिभासित करेंगे।

इससे जो पता लगता है, वह यह है कि यदि हम सभी उन व्यक्तिगत व्यवहारों को व्यापक रुप से गिनाएँ जो एक अभिरुचि से निसृत हुए हैं तो हम भविष्य-कथन कर सकते हैं कि उस अभिरुचि वाले सभी व्यक्ति कुछ सम्बद्ध निजी व्यवहारों का प्रदर्शन करेंगे। तथापि, हम अवसर अक्सर की व्यापक बहु-क्रिया जटिलता में रुचि नहीं रखते पर भविष्य कथन में रखते हैं कि कब व्यक्तिगत व्यवहार उत्पन्न होते हैं। हम उन कारकों को जानना चाहते हैं जिनसे ऐसे व्यक्तिगत व्यवहार उत्पन्न होते हैं जिनमें हमारी रुचि होती है।

मॉड (निर्धारकों के तौर पर अभिप्रेरण तथा अवसर) मॉडल (The Mode Motivation and Opportunity as Determinants Model)

इस मॉडल में फाबियो (Fabio) बताता है कि किस प्रकार लोगों की अभिरुचियाँ, लोगों और घटनाओं के उनके मूल्यांकन को प्रभावित करती हैं। पक्षपात, लोगों की अभिरुचियों की मजबूती पर निर्भर होता है।

यह मॉडल बताता है कि पक्षपात कैसे पैदा होता है और लोगों के दो समूहों में कैसे काम करता है। पहले समूह में अत्यधिक बुद्धिमान और प्रोत्साहित लोग होते हैं; दूसरे में कम बुद्धिमान व प्रोत्साहित लोग होते हैं। जब तक अभिरुचि क्रियाशील नहीं की जाती, पक्षपात दोनों समूहों में पैदा नहीं होगा।

ग्रामीण सौराष्ट्र में स्वच्छ भारत का परिकल्पित उदाहरण (Hypothetical Example of Swachh Bharat in Rural Saurashtra)

अब हम सौराष्ट्र के गाँव में स्वच्छ भारत कार्यक्रम पर चर्चा करेंगे। हम वहां के लोगों की इसके प्रति प्रतिक्रिया को किस प्रकार बता सकते हैं? सौराष्ट्र की ग्रामीण महिलाओं की सफाई के प्रति बहुत सकारात्मक अभिरुचि होती है। छोटे-से घरों में भी, एकल बैठक साफ रखी जाती है; मामूली सा फर्नीचर तथा वस्तुएँ करीने से रखी जाती हैं। रसोई बनी-ठनी साफ होती है जिसमें ताँबे के चमचमाते बर्तन लाइन से रखे रहते हैं।

तथापि, सफाई की यह अभिरुचि स्वच्छ भारत कार्यक्रम के लिए जरुरी व्यक्तिगत व्यवहार को उभारने (सामने लाने) के लिए अपर्याप्त हो सकती है। जबकि घर अन्दर से दाग-रहित साफ है, इसके चारों ओर का सार्वजनिक क्षेत्र उपेक्षित ही है। लोग शौचालय के लिए खुले स्थानों पर जाना ही पसंद करते हैं। वे निजी-शौचालयों में निवेश के लिए संसाधनों की कमी के कारण अनिच्छुक हो सकते हैं। साथ ही इस दौरान कार्यक्रम का प्रचार करने वाले अधिकारियों के सामने वे इसका स्वागत करेंगे।

चुनौती यह है कि अभिरुचि को उचित व्यक्तिगत व्यवहार में कैसे बदला जाए। इसी प्रकार, लोग पर्यावरण के लिए सामान्य चिन्ता जता सकते हैं लेकिन अक्सर इसके साथ व्यक्तिगत व्यवहार जैसे पानी का संरक्षण, बिजली की खपत में कमी करना या कूड़े का पुन: चक्रण नहीं होता।

प्रशासकों की समस्या अक्सर सामान्य अभिरुचियों के आधार पर एक खास अपेक्षित ढंग से कार्य (व्यवहार) करने के लिए लोगों को लालायित करना है। समस्या को दूसरे ढंग से देखा जा सकता है: लोग अपनी अभिरुचि के अनुसार कार्य कर सकते हैं। सामाजिक मनोवैज्ञानिक अंशत: सैद्धान्तिक उत्तर देते हैं। हम उन्हें व्यवहारिक शब्दों में व्यक्त करने की कोशिश करते हैं।

एकल व्यवहार में किसी लक्ष्य के निमित्त क्रिया (कार्य) होती है जो एक विशेष संदर्भ में और एक खास समय (अवसर) पर की जाती है। अधिकारी यह जानना चाहता है कि गाँववाले एक खास समय में (खेती न करने का मौसम) अपने गाँव (संदर्भ) में स्वच्छ भारत कार्यक्रम (लक्ष्य) में क्यों भागीदार बनेंगे या क्यों नहीं बनेंगे। यहाँ पर हमने स्पष्ट तौर पर चार तत्व बताए हैं। यदि कोई अभिरुचि और व्यक्तिगत व्यवहार में संगति में शौचालय निर्माण संगत चाहता है तो दोनों की क्रिया (कार्य), लक्ष्य और समय कारक एक ही होने चाहिए। इस उदाहरण में संदर्भ को वित्तीय प्रावधान, तकनीकी परामर्श एवं सुपरविजन (देखभाल) के प्रावधान सहित व्यापक रूप से समझना होगा। इसमें कार्यक्रय में शामिल होने की इच्छा को प्रभावित करने वाले कारक भी होंगे। यदि अभिरुचि को व्यक्तिगत व्यवहार में बदलने वाले ये चारों तत्व पूरे होते हैं तो कार्यक्रम शुरु हो जाएगा। सरल शब्दों में, लोगों पर प्रतिबंधात्मक क्रियाएं तथा अपेक्षित कार्य को रोकने वाली बाधाओं को हटाना होगा।

अभिरुचि दो प्रकार से क्रियाशील की जा सकती है: नियंत्रित या विचारात्मक ढंग से और एक स्वचालित या स्वतः ढंग से। बुद्धिमान तथा प्रोत्साहित लोग सूचना का विचारात्मक ढंग से विश्लेषण करते हैं। कम बुद्धिमान व कम उत्साहित लोग सूचना का अर्थ (संसाधन) अनायास ही निकाल लेते (करते) हैं।

पक्षपात उत्पन्न होने के लिए दूसरे समूह में, उनकी याद्दाशत में अभिरुचियों तैयार उपलब्ध होनी चाहिए। जब लोगों में प्रोत्साहन व सूचना को सावधानीपूर्वक संसाधित करने की योग्यता का स्तर ऊँचा होता है तो ऐसा होना जरूरी नहीं है। स्मृति से अभिरुचियाँ तत्काल उपलब्ध हों। वे उन्हें मानसिक प्रयास से सक्रिय कर सकते हैं। अन्य व्यक्तियों के लिए, अभिवृत्तियों का स्मृति में रहना जरूरी है ताकि उन्हें स्वतः ही सक्रिय किया जा सके। जिस किसी भी ढंग से सामान्य अभिवृत्ति सक्रिय की जाती है, यह पक्षपात को उत्पन्न कर सकती है।

अनुकूल अभिरुचियों वाले लोग वस्तु की सकारात्मक विशेषताओं पर ध्यान देंगे तथा उन्हें तैयार (संसाधित) कर सकते हैं। वस्तु के प्रति नकारात्मक अभिरुचियों वाले लोग उसके नकारात्मक पहलुओं पर ध्यान देंगे। संदर्भगत विशेषताओं के साथ ये प्रत्यक्ष ज्ञान (Perceptions), सामाजिक मानदण्डों के समान व्यक्ति की घटनाओं की परिभाषा को प्रभावित कर सकते हैं। यद्यपि प्रत्यक्ष-बौध, व्यवहार को संचालित कर सकते हैं, लोग ऐसे प्रत्यक्ष-बोधों के अनुरूप कार्य करने के संभावित परिणामों में भी कारक होंगे।

अभिरुचि का सक्रिय करना अधिक कठिन है जब व्यक्ति का प्रोत्साहन (उत्साह) या संज्ञानात्मक क्षमता उस समय से कम होती है जबकि यह उस समय उच्च हो जब व्यक्ति इसे सरलता से पुनः प्राप्त नहीं कर सकता या इसे बना नहीं सकता। तथापि, अभिरुचियाँ तब ही उपलब्ध होंगी जबकि वे स्वतः सक्रिय होती हैं। ऐसे मामलों में अभिरुचियाँ बल होगी तथा स्मृति में मिल सकेंगी। स्वतः प्रवर्तित संसाधन विधि में, कमजोर अभिरुचियाँ सक्रिय नहीं होंगी और इस प्रकार घटना के अर्थों या व्यवहार के संचालन में पक्षपाती नहीं हो सकेंगी।

इस प्रकार जब अभिरुचियाँ सबल हों तो स्वतःचालित या स्वतः प्रवर्तित सक्रियता जन्म लेती है इस सदर्भ में अभिवृत्ति से तात्पर्य, एक पदार्थ (वस्तु) एवं एक वस्तु के सकारात्मक या नकारात्मक मूल्यांकन के बीच, स्मृति में जाने गए (अधिगमित) सम्बन्ध से है तथा अभिरुचि की सबलता, इस सम्बन्ध की सबलता के बराबर है। स्व-चालित सक्रियता उस समय होती है जब अभिरुचि-वस्तु तथा सकारात्मक या नकारात्मक मूल्यांकन के बीच स्मृति में मजबूत कड़ी जुड़ जाती है। अभिरुचि जितनी सबल होगी, उतनी ही अधिक संभावना इसके स्वतः ही सक्रिय हो जाने की होगी तथा इसलिए यह स्मृति से चिरकालिक पहुँच योग्य होगी। इसके अतिरिक्त, सूचना के पक्षपातपूर्ण प्रत्यक्ष बोध, व्याख्या के कारण, परिवर्तन के प्रति मजबूत (प्रबल) अभिरुचियों के कमजोर अभिरुचियों की तुलना में प्रतिरोधी होने की अधिक संभावना है। यह इस सामान्य विचार की संगत में है कि मजबूत (सबल) अभिवृत्तियों में निजी सरोकार के मुद्दे होते हैं और बड़ी मान्यता या निश्चितता के साथ माने जाते हैं। परिणामस्वरूप, उन्हें (सतत) माना गया है तथा आक्रमण के लिए प्रतिरोधी प्रत्यक्ष बोधों तथा निर्णयों को प्रभावित करने वाला तथा खुले व्यवहार को चलाने वाला माना गया है।

यदि कोई दक्षिण पंथी विचारक है पर सरकारी नौकरी कर रहा है तो काम के दबाव के कारण तथा अपने सह-कर्मियों के साथ बिताए समय की वजह से उसका पक्षपात पीछे धकेल दिया जाएगा। लेकिन यदि उसने वामपंथी रुझान के साथ लिखा कोई लेख पढ़ लिया है या हल्के वामपंथी प्रभाव वाला कोई नीति का प्रस्ताव देख लिया है तो वह दोनों के वामपंथी स्वरों को अनदेखा नहीं करेगा। उसकी बुद्धिमत्ता और प्रेरणा, उसकी आदर्शक अभिरुचि को जगाने के लिए काम करेगी। किन्तु एक कम बुद्धिमान या प्रेरित व्यक्ति उन दोनों में विचार-धारात्मक बकवास को मिस कर देगा।

मोड (MODE) मॉडल उन पद्धतियों व दशाओं को निर्धारित करता है जो यह तय करता है कि वस्तुओं (पदार्थों) के प्रति सामान्य अभिरुचियाँ, विशिष्ट व्यवहारों को निष्पादन को प्रभावित करेंगी या नहीं करेंगी। इस सिद्धान्त को भी अनुभूतिमूलक रूप से परखा गया है। फिर भी, निम्नलिखित आधारों पर इसकी आलोचना होती है

» इस सिद्धांत में यह मान लिया जाता है कि केवल अवलोकन मात्र से सिर्फ सबल अभिरुचियाँ ही स्वत: सक्रिय होती हैं। लेकिन प्रयोगों से पता चला है कि उनकी सबलता या उन तक पहुँच का ध्यान न करते हुए, सभी अभिवृत्तियाँ स्व-चालित रूप से सक्रिय हो जाती हैं।

» सिद्धांत में कहा गया है कि अभिरुचि-व्यवहार के सम्बंध की सबलता, अभिरुचि तक पहुँच पर निर्भर है। तथापि, यह सम्बंध अन्य सह-सम्बंधित कारकों जैसे निश्चितता, ज्ञान की मात्रा या अभिरुचि की सांसारिक स्थिरता द्वारा भी कम कर दिया जाता है।

» मोड (Model) मॉडल में सामान्य अभिरुचियों को विशिष्ट व्यवहारों से जोड़ने की प्रक्रियाएँ, स्वत: प्रवर्तित संसाधन विधि हेतु विस्तार से नहीं दी गई हैं। यह बताया गया है कि क्रियाशील अभिरुचि, व्यक्ति के तात्कालिक प्रत्यक्ष बोधों को रंग देती है और परिणामस्वरूप अभिरुचि वस्तु के प्रति उसके व्यवहार को प्रभावित करती है। मॉडल में विस्तार से बताया गया है कि किस प्रकार सामान्य अभिवृत्ति, विचारात्मक संसाधन विधि में व्यवहार को संचालित करती है।

अभिप्राय तथा व्यवहार (Intention and Behaviour)

अनेक सिद्धांत शास्त्री मानते हैं कि वास्तविक व्यवहारिक निष्पादन का निकटतम संज्ञानात्मक पूर्व-वृत्त कर्ता (Agent) की अभिरुचि से अधिक उसका अभिप्राय है। इसका अर्थ यह हुआ कि कोई व्यक्ति, क्रिया कर्ता के कर्ताओं के अभिप्रायों (इरादों) से विशिष्ट व्यवहार का ठीक-ठीक पूर्व-कथन कर सकता है। अनेक अध्ययनों ने व्यावहारिक अभिप्रायों (इरादों) की भविष्यकथनीयता का समर्थन किया है।

फिर भी, लोग अक्सर अभिप्रायों को कार्यों में बदल देने में असफल रह जाते हैं। लोग कार्यान्वियन की असफलता को अन्यमनस्कता पर डाल देते हैं। ऐसे मामलों में, उनसे कार्यान्वियन वाले अभिप्राय (इरादा) को बनाने के लिए कहना चाहिए। उनसे यह बताने के लिए कहा जाना चाहिए कि वे कब, कहाँ तथा कैसे कुछ करेंगे। यह पद्धति प्रभावी है क्योंकि यह लोगों से वायदा माँगती है। लोग अपने वायदों (वचनों) को पूरा करने की कोशिश करते हैं।

कोई व्यवहार करने तथा ध्येय को प्राप्त करने में महत्त्वपूर्ण अंतर है। व्यवहार पर व्यक्ति का नियंत्रण रहता है। लेकिन ध्येय को प्राप्त करना बाहरी कारकों पर भी निर्भर होता है। व्यक्ति वजन कम करने (ध्येय) के लिए कसरत कर सकता है और खाना नियंत्रित कर सकता है (व्यवहार)। लेकिन वजन का कम होना शारीरिक दशाओं (अवस्थाओं) पर भी निर्भर होता है जिन पर किसी का वश नहीं होता। अभिप्राय (इरादे) व्यवहार के निकटस्थ पूर्ववृत। जब लोग अनुभव करते हैं कि ध्येय ऐसे अनेक कारकों पर निर्भर है जो उनके नियंत्रण से बाहर के हैं तो वे क्रिया (कार्य) करने से मना कर सकते हैं। या, अभिप्राय, आशयित व्यवहार पैदा करने में असफल रहता है।

हम अभिप्रायों तथा व्यवहार से सम्बंधित दो अन्य पहलुओं को नोट कर सकते हैं। पहला यह कि अभिप्रायों को स्थिर रहना होगा यदि उन्हें आशयित व्यवहार उत्पन्न करना है। अन्वेषकों ने जिन अभिप्रायों को रिकार्ड किया था, उनमें समय बीतने के साथ बदल जाने की प्रवृत्ति थी। दूसरे, अभिप्राय एवं व्यवहार के मापकों के बीच संगति योग्यता होनी चाहिए। उदाहरण के लिए, एक प्रश्न कि क्या 'एक्स' भविष्य में कसरत करना चाहता है, में संगति योग्य व्यवहार मापक नहीं है। किन्तु इस प्रश्न कि क्या 'एक्स' आगे आने वाले आठ सप्ताहों में, सप्ताह में चार बार सैर करेगा", से जो उत्तर निकलेगा, वह 'एक्स' के व्यायाम वाले व्यवहार से मेल खाता हुआ होगा।

युक्तियुक्त क्रिया के मॉडल (Models of Reasoned Action)

अब हम युक्तिकरण क्रिया के सिद्धांत पर चर्चा करेंगे। योजनागत व्यवहार का सिद्धांत इस सिद्धांत का रूपांतर है। ये सिद्धांत व्यवहार के भविष्य-कथन से आगे चलते हैं, वे उन कारकों की चर्चा करते हैं जिनसे अभिप्राय (इरादे/मंशा) बनते हैं।

एक विशिष्ट व्यवहार को अपनाने का निर्णय निम्नलिखित से निश्चित होगा:

(*i*) व्यवहार के सकारात्मक या नकारात्मक परिणाम;

(*ii*) प्रतिष्ठित व्यक्तियों या समूहों द्वारा व्यवहार को स्वीकारना या नकाराना; तथा

(*iii*) वे कारक जो व्यवहार को सुकर बना सकते हैं या उसमें बाधा डाल सकते हैं।

व्यवहार के सकारात्मक या नकारात्मक परिणामों को 'व्यवहारगत विश्वास' या परिणाम की संभावनाएँ तथा लागत एवं लाभ भी कहते हैं। एक व्यक्ति की एक विशिष्ट व्यवहार के प्रति अनुकूल अभिवृत्ति होगी यदि इसके अवबोधित लाभ इसकी लागतों से वजनी (बड़े/ होंगे। यदि अवबोधित लाभ, लागतों से कम हैं तो उसकी अभिवृत्ति अनुकूल नहीं होगी।

आदर्शात्मक विश्वास, किसी विशिष्ट व्यवहार के लिए परिवार, मित्रों, सहकर्मियों और इसी प्रकार के अन्यों से संभावित स्वीकृति या अस्वीकृति को बता सकते हैं। वे व्यवहार से बचने या उसमें संलग्न होने के लिए सामाजिक दबाव या मानदण्ड बनाते हैं। जब प्रतिष्ठित लोग या समूह किसी समूह किसी विशेष व्यवहार की आशा करता है या उसको अस्वीकृत करता है तो यह दबाव व्यवहार को सकारात्मक रूप से या नकारात्मक रूप से प्रभावित करता है। इसी प्रकार सामाजिक दबाव भी काम करते हैं जब प्रतिष्ठित व्यक्ति या समूह (आजकल जो 'रोल मॉडल' कहलाते हैं) किसी खास व्यवहार को अपना लेते हैं या त्याग देते हैं।

नियंत्रण वाले विश्वास उन अभिकल्पित कारकों द्वारा निश्चित किए जाते हैं जो व्यवहार के निष्पादन (क्रियान्वयन) में सहायता करते हैं या उसमें बाधा उत्पन्न करते हैं। वे यह विश्वास कराते हैं कि व्यक्ति में व्यवहार करने की क्षमता है या नहीं है। नियंत्रण वाले विश्वास, आत्म-क्षमता और निजी एजेन्सी या अभिकल्पित व्यवहार नियंत्रण को निर्दिष्ट करते हैं। आत्म-क्षमता (Self-Efficacy) इस भावना से पैदा होती है कि व्यक्ति के पास काम को पूरा करने के लिए आवश्यक कुशलताएँ व साधन हैं। व्यवहार नियंत्रणों का अर्थ उसके नियंत्रण में के वे कारक हैं जो सफलता या असफलता निश्चित करते हैं।

युक्तियुक्त क्रिया माडल को पद्धतिगत रूप में नीचे दिखाया गया है-

इससे विद्यार्थियों को सिद्धान्त एवं उनके सम्बन्धों में प्रयुक्त शब्दावली का अनुसरण करने में सहायता मिलेगी। स्वाभाविक ही है कि इसे उत्तर में (यदि इस पर कोई प्रश्न आता है) पुनः प्रस्तुत करने के लिए ना तो समय होगा और न स्थान। किन्तु आरेख में दिखाया गया है कि इसके तुरन्त बाद ही मंशा में व्यवहार को खोजा जा सकता है। मंशा को अभिरुचि के उन तीन संघटकों तक पलट कर पाया जा सकता है जो स्वयं विश्वास से जुड़े हैं। अन्त में, पृष्ठभूमि वाले अनेक कारक, व्यवहार की ओर ले जाने वाले मध्यवर्ती परिवर्तियों को प्रभावित करते हैं। विद्यार्थी इस व्यापक परिप्रेक्ष्य को अनेक संदर्भों में प्रयोग कर सकते हैं।

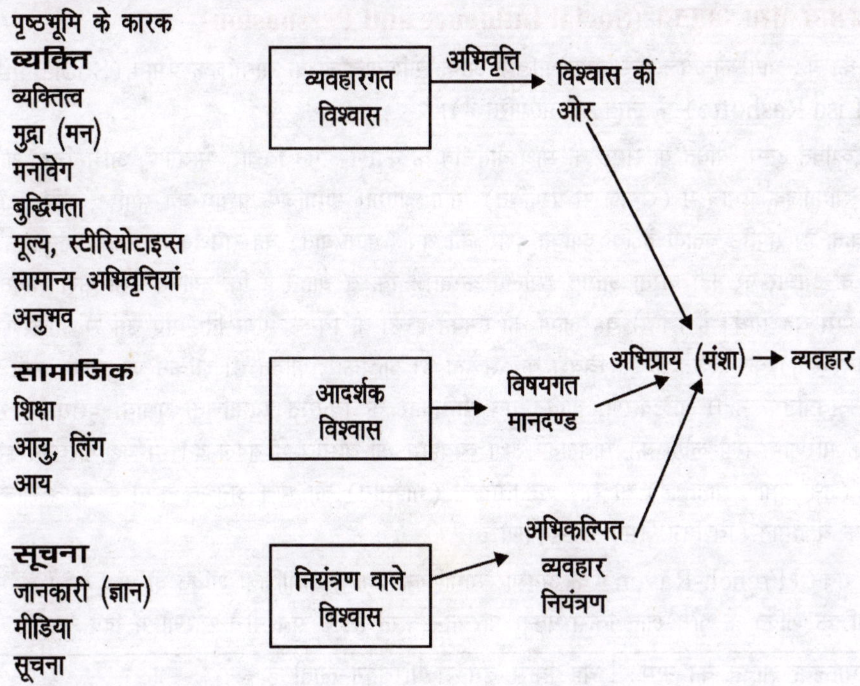

पृष्ठभूमि के कारक व्यक्तिपरक, सामाजिक और सूचना देने वाले हैं। उनसे व्यवहार, मानदण्ड और नियंत्रण को शामिल करते हुए विश्वासों की रचना होती है। ये विश्वासों, मानदण्डों और अभिकल्पित व्यवहार नियंत्रण के प्रति अभिरुचियों का निर्माण करते हैं। इस पर इनसे अभिप्राय (मंशा) व क्रिया (कार्य) पैदा होते हैं।

इस मॉडल में यह मान लिया गया है कि

1. अभिप्राय (मंशा), वास्तविक व्यवहार का तात्कालिक पूर्व-वृत्त है।
2. दूसरी ओर अभिप्राय, व्यवहार के प्रति अभिरुचि विषय-गत मानदण्ड तथा अभिकल्पित व्यवहार नियंत्रण द्वारा निश्चित किया जाता है।
3. ये निर्धारक स्वयं में क्रमशः आधारभूत व्यवहार, आदर्शक, तथा नियंत्रण विश्वासों के कार्य हैं।
4. व्यावहारिक, आदर्शात्मक तथा नियंत्रण विश्वास, पृष्ठभूमि के कारकों की विस्तृत रेंज के कार्य के तौर पर भिन्न-भिन्न हो सकते हैं।

इन विश्वासों (Believes) का सच होना जरुरी नहीं है: ये गलत, पक्षपातपूर्ण (पूर्वाग्रहयुक्त) और अविवेकपूर्ण तक हो सकते हैं। तथापि, एक बार जब विश्वासों का सैट बन जाता है, तो इससे वे संज्ञानात्मक आधार बनते हैं जिनके लिए माना जाता है कि उनका अनुसरण अभिरुचियों, अभिकल्पित सामाजिक मानदण्डों तथा नियंत्रण की अभिकल्पनाओं में उचित व सतत रीति (फैशन) से किया जाता है।

लोग किसी निश्चित व्यवहार के निष्पादन (कार्य) के बारे में जो व्यवहारगत आदर्शक और नियंत्रण विश्वास रखते हैं, उन पर अनेक सांस्कृतिक, निजी एवं पारिस्थितिक कारकों का प्रभाव पड़ता है। इसलिए, हमें पुरुषों एवं स्त्रियों, युवा व वृद्धों, श्याम व श्वेतों, शिक्षित व अशिक्षितों, निर्धन व धनियों, दबंगों व दब्बुओं, शर्मीले व संकोचहीनों तथा व्यक्तिपरक उन्मुखन वाले और समष्टिवादी उन्मुखन वाले लोगों के बीच अंतर मिलते हैं। इसके अलावा, वे भौतिक वातावरण, सामाजिक वातावरण, सूचना के प्रभावन, साथ ही मूल्यों व पूर्वाग्रहों जैसे व्यापक अभिरुचियों से प्रभावित हो सकते हैं।

सामाजिक प्रभाव तथा अनुनय (Social Influence and Persuasion)

(अध्याय का यह भाग ब्लैकवैल एन्सायक्लोपीडिया ऑफ सोशियोलॉजी के सामाजिक प्रभाव (Social influence) पर लीसा रशॉट (Lisa Rashotte) के लेख पर आधारित है)।

यदि कोई व्यक्ति अन्य व्यक्ति या समूह के साथ बातचीत के कारण अपने विचार, भावनाएँ, अभिरुचियाँ या व्यवहार बदल लेता है तो वह सामाजिक प्रभाव में (समाज से प्रभावित) माना जाएगा। सामाजिक प्रभाव को संपुष्टि, शक्ति और प्राधिकार से पहचाना जा सकता है। संपुष्टि बताती है कि व्यक्ति दूसरों की राय (भाषा/बात) का समर्थन या उनका अनुगमन वास्तविक तौर पर दृढ़ धारणा के आधार पर नहीं करता अपितु इसलिए करता है कि वे चाहते हैं कि व्यक्ति ऐसा करे। शक्ति यह बताती है कि व्यक्ति के पास वह साधन हैं जिनसे वह लोगों को उनकी इच्छा के विरूद्ध एक दिए गए ढंग से आचरण करने के लिए बल-प्रयोग (जबरदस्ती) कर सकता है या विवश कर सकता है। प्राधिकार, शक्ति है। लेकिन जो इसके भोगी होते हैं, वे इसे वैध मानते हैं, अवपीडक नहीं। पुष्टिकरण, शक्ति एवं प्राधिकार के विपरीत सामाजिक प्रभाव, दूसरों के साथ बात-चीत (मेल-जोल) के परिणामस्वरुप लोगों की भावनाओं तथा व्यवहारों को वास्तव में बदल देते हैं। यह परिवर्तन इसलिए आता है कि लोग दूसरों (उन्हें प्रमाण मानते हैं) के साथ एकात्मकता (भाईचारा) का भाव अनुभव करते हैं या वे सोचते हैं कि अन्य ऐसे लोग अधिक बुद्धिमान (विशेषज्ञ जैसे) या सद्‌गुणी हैं।

फ्रेंच तथा रावेन (French-Raven) के अनुसार सामाजिक प्रभाव, सामाजिक शक्ति के पाँच स्रोतों के माध्यम से काम करता है। सामाजिक शक्ति के पाँच स्रोत किस प्रकार परिवर्तन करते हैं, ये सब नीचे सारणी में दिए गए है:

सामाजिक शक्ति का नाम	यह किस ढंग से परिवर्तन लाती है
पुरस्कार की शक्ति	लोगों को लाभ देकर उनके विचार बदलती है।
अवपीड़क शक्ति	लोगों को अपने विचारों को बदलने पर मजबूर कर देती है।
वैध शक्ति	लोगों को यह अनुभव कराती है कि वे न्याय संगत और उचित नियमों/आदेशों का पालन कर रहे हैं।
विशेषज्ञ की शक्ति	यह पाण्डित्य, व्यवसायिक ज्ञान और कौशल के प्रति आदर पैदा करती (बढ़ाती) है।
निर्देशात्मक शक्ति	यह अपने समकक्ष सामाजिक समूह के साथ एकात्मकता की भावना एवं उस समूह के बहुमत के अनुसार राय को बदलने की इच्छा उत्पन्न करती है।

सामान्य प्रयोग के विपरीत फ्रेंच तथा रावेन, राय या अभिरूचि (संपुष्टि) में हुए परिवर्तन को सामाजिक प्रभाव की घटना मानते हैं, यद्यपि यह वास्तव में ह्रदय-परिवर्तन नहीं हो सकता है। फ्रेंच तथा रावेन के मूल अनुसंधान के विन्यास ऐसी परिस्थितियाँ थीं जिनमें एक सुपरवाइज़र काम करते हुए वर्कर को प्रभावित करता हैं। बाद के अध्ययनों में अनेक अन्य सामाजिक पारस्परिक क्रियाएँ (मेलजोल) जैसे परिवार, कक्षां, डाक्टर तथा उनके रोगी, सेल्समैन तथा ग्राहक और राजनीति के लोग कवर किए गए हैं। बाद के अनुसंधान, वास्तविक सामाजिक प्रभाव द्वारा उत्पन्न परिवर्तनों को उन से अलग करते है जो बलात् लोक स्वीकृति (संपुष्टि) या पुरस्कार दिए जाने के फलस्वरूप या अवपीड़क शक्ति का प्रयोग करने से उत्पन्न होते हैं।

वर्तमान में सामाजिक प्रभाव का अध्ययन पाँच प्रमुख क्षेत्रों के संदर्भ में किया जाता है: (1) अनुनय पर अनुसंधान (2) गत्यात्मक सामाजिक प्रभाव का सिद्धान्त; (3) सामाजिक प्रभाव हेतु ढाँचा-गत सोच; (4) समूह संरचना पर अल्प-संख्यक प्रभाव तथा (5) संभावना की दशाओं के सिद्धान्त में सामाजिक प्रभाव। यद्यपि हमने इन विषयों के कुछ पहलुओं पर पहले भी विचार किया है, हम उन्हें सामाजिक प्रभाव के संदर्भ में संक्षेप में दोहराऐंगे।

अनुनय के दो सिद्धान्त (Two Theories of Persuasion) अनुनय का अर्थ है अन्यों से प्राप्त सूचना के आधार पर अभिरुचियों या विश्वासों में परिवर्तन आ जाना; जैसा कि हमने पहले देखा है, इसका अध्ययन स्रोतों से प्राप्तकर्ता को भेजे गए वाचिक या लिखित संदेशों के दायरे में ही घूमता रहता है। अनुनय के दो मुख्य सिद्धान्त हैं- विस्तारण संभावित मॉडल (ई एल एम) तथा स्वत:शोध-प्रणाली मॉडल (एच एस एम)। वे इस बात की चर्चा करते हैं कि संदेश के प्राप्त-कर्ता उन्हें किस प्रकार लेते हैं। इन दो सिद्धान्तों के अनुसार संदेशों को दो प्रकार से लिया (उसके प्रति प्रतिक्रिया करना) जाता है और इसलिए इन्हें दोहरी-प्रक्रिया मॉडल कहा जाता है। ये दो प्रक्रिया वाले मार्ग हैं केन्द्रीय तथा बाहय या (परिधीय)।

अनुनय के केन्द्रीय मार्ग में, प्राप्त-कर्ता संदेश के अर्थ को ध्यान से और परिश्रम समझने की कोशिश करते हैं, इसके तर्कों, केन्द्रीय प्रक्रिया मोड़ में, विचारों और विषय-वस्तु पर गंभीरता से विचार करते हैं। प्राप्त कर सोचने-समझने की केन्द्रीय प्रक्रिया केवल तब ही हो सकती है जब प्राप्त-कर्ता संदेश और इसके विषय (शीर्षक) को समझने की योग्यता व प्रेरणा रखता हो। प्राप्त-कर्ता अनुनय की प्रक्रिया में सक्रिय भागीदार की तरह कार्य करता है। स्वत: शोध प्रणाली प्रक्रिया मार्ग में, प्राप्त-कर्ता संदेश में दी गई सूचना या तर्क (बात) पर ज्यादा ध्यान नहीं देते। तब वे करते क्या हैं? वे विशेषज्ञों द्वारा दिए गए संदेशों या प्रसिद्ध व्यक्तियों द्वारा समर्पित संदेशों के साथ सहमत हो सकते हैं। संदेश की विषय-वस्तु और तर्क की तुलना में ये कारक उन्हें अधिक प्रमाणित करते हैं।

परिधीन या स्वत: शोध प्रक्रिया (विधि) में, केन्द्रीय मार्ग वाली प्रक्रिया से अभिरूचि में अधिक स्थायी परिवर्तन होता है; ऐसे परिवर्तनों से व्यवहार में समकक्ष बदलाव आ जाते हैं तथा ये बदलाव प्रति-अनुनय के प्रति अधिक प्रतिरोधी भी होते हैं। एच एस एम तथा इ एल एम दोनों ही 1980 के आरम्भिक वर्षों में प्रस्तुत किए गए थे और ये अनेक संकल्पनाओं तथा विचारों को शेयर करते हैं। दो सिद्धान्तों के बीच स्पष्ट अन्तर करना कठिन है क्योंकि दोनों ही दोहरी सूचना प्रक्रिया मॉडलों पर आधारित है। तथापि, स्वत:शोध प्रणाली सिद्धान्त, परिधीय प्रक्रिया मार्ग को अधिक महत्व देती है। यह सिद्धान्त मानता है कि व्यक्ति अपने संज्ञानात्मक स्रोतों के प्रयोग को न्यूनतम रखने की प्रवृत्ति वाले होते हैं, और यह प्रवृत्ति इस बात को प्रभावित करती है कि वे संदेश को कैसे प्राप्त करते हैं और समझते हैं। सरल शब्दों में, लोग आलसी सोच के होते हैं। वे संदेशों को यूं ही ले लेते हैं और उन पर मामूली रूप से ध्यान देते हैं। यह जरूरी है कि ऐसी बात व्यक्तियों पर और उनके काम करने की परिस्थितियों पर निर्भर रहती है। एच एस एम यह पता लगाने की कोशिश करता है कि कौन-सी किसी सामाजिक परिवेश में बात लोगों को कुछ संदेशों को औरों से अधिक वैध (महत्वपूर्ण/विश्वसनीय) मानने के लिए अभिप्रेरित करती है।

सामान्यत: व्यक्ति किसी संदेश किस सीमा और प्रकार से सोचता है, यह बात उसकी अनुनय की शक्ति (प्रभावशीलता) को प्रभावित करेगी। जैसा कि हमने पहले देखा है, संदेश सम्बन्धी मॉडलों के लिए महत्वपूर्ण अन्य मानदण्डों में स्रोत, संदेश और प्राप्त-कर्ता, प्रभाव डालना (भावनाएँ), सरणी (मार्ग) और संदर्भ शामिल हैं। संदेश का प्राप्त-कर्ता के साथ निजी सरोकार महत्वपूर्ण है।

सामाजिक प्रभाव का सिद्धान्त (Social Impact Theory)

सामाजिक प्रभाव उन परिवर्तनों को बताता है जो एक व्यक्ति, अन्य व्यक्ति की ऐसी उपस्थिति या कार्यों (क्रियाओं) के कारण अनुभव करता है जो वास्तविक, काल्पनिक या अर्न्तनिहित हैं। सामाजिक प्रभाव के सिद्धान्त के अनुसार तीन कारक किसी सूचना-स्रोत के प्रभाव को निश्चित करते हैं: स्रोत में अन्यों की संख्या, उनकी निकटता और उनकी शक्ति या प्रभावकारिता। तीनों में से किसी भी कारक के प्रभाव में रुकावटें, परिणाम को कम कर देंगी।

सामाजिक प्रभाव का सिद्वान्त समाज में विश्वासों के वितरण (फैलाव) को वर्णित करने और उसके लिए भविष्य-कथन करने में मदद करता है। यह सिद्धान्त सामाजिक ढाँचे को एक गत्यात्मक तथा व्यक्तियों का परस्पर क्रियाशील ढंग से एक-दूसरे को प्रभावित करने का परिणाम मानता है। दूरस्थ की बजाय किसी पास वाले से प्रभावित होने की संभावना (उपरोक्त निकटन कारक),

संचार नेटवर्क के भीतर स्थानीय-कृत संस्कृतियों को उत्पन करती है। इस प्रकार, प्रारंभ में बिखरी हुई अभिरुचियाँ और विश्वास जमा हो जाते हैं या सह-सम्बन्धित हो जाते हैं। कम लोकप्रिय विश्वास, अल्प उप-संस्कृतियों में स्थापित हो जाते हैं। गत्यात्मक सामाजिक प्रभाव सिद्धान्त समाज को ऐसी स्व-संगठित प्रणाली के रूप में देखता है जिसमें व्यक्ति एक-दूसरे से बात करते हैं तथा एक-दूसरे के विश्वासों को प्रभावित करते हैं।

सामाजिक प्रभाव के लिए ढाँचागत सोच (Structural Approach to Social Influence)

ढाँचागत सोच में इस का भी अध्ययन होता है कि एक अपेक्षाकृत बड़े सामाजिक नेटवर्क में लोग एक-दूसरे को किस प्रकार प्रभावित करते हैं। इस नेटवर्क में, लोगों की अभिरुचियाँ तथा मत उनके ऐसे 'संदर्भित अन्य' की अभिरुचियों एवं रायों को प्रतिबिम्बित करती हैं जिनके लिए उनमें जुड़ाव का भाव होता है। व्यक्ति का समाजीकरण (अर्थात् सामाजिक मानदण्डों एवं लोकाचार का आदी हो जाना) तथा पहचान (अर्थात् जुड़ाव या एकजुटता का भाव) अन्त: वैयक्तिक प्रभाव पर निर्भर करते हैं। सामाजिक प्रभाव को ऐसी प्रक्रिया के रुप में देखा जाता है जिससे कर्ताओं का एक समूह, सामाजिक ढाँचागत फ्रेमवर्क मे रहते हुए अपने संदर्भित समूह के मुख्य (नेतृत्व वाले) सदस्यों की रायों का मूल्यांकन करेंगे और उन्हें स्वीकार करेंगे। ढाँचा, समूह के भीतर समूह के सदस्यों के विचारों तथा अन्तर-वैयक्तिक प्रभावों के आरम्भिक सैट का निर्माण करता है। संक्षेप में, लोग अपने स्वयं के मूल विश्वासों को बड़े सामाजिक ढाँचे के प्रभावशील मत के साथ मिला लेते हैं। वे अपने प्रारंभिक मत तथा नेटवर्क मानदण्डों को मिला कर मत का एक नया सैट बना लेते हैं।

अल्पसंख्यक प्रभाव (Minority Influence)

जब एक अल्पसंख्यक उप-समूह, बहुसंख्यक को बदलने के प्रयास करता है तब अल्पसंख्यक प्रभाव कार्य करता है। उदाहरण के लिए, अध्यापक अक्सर अपने विद्यार्थियों के विश्वासों को प्रभावित करते हैं तथा राजनैतिक एवं धार्मिक नेतागण अपने अनुयायिओं के व्यवहार को बार-बार (निरन्तर) प्रभावित करते हैं। पहले सामाजिक प्रभाव की प्रक्रिया को बहुसंख्यक द्वारा अल्प-संख्यक को दबा लेना माना जाता था। लेकिन अनेक लेखकों का मानना है कि समूह का प्रत्येक सदस्य किसी-न-किसी परिमाण में (मात्रा में) अन्य को प्रभावित कर सकता है। यह बात खास तौर पर सत्य प्रतीत होती है अल्प संख्यक समूह अपनी उस बात पर बना (टिका) रहता है जो वह बहुसंख्यक समूह को बता रहा है। इसके अतिरिक्त यह माना जाता है कि बड़े समूह में अल्पसंख्यक समूहों की उपस्थिति से अधिक रचनात्मक सोच-विचार हो पाता है और सामूहिक कार्यों के बेहतर समग्र हल (समाधान) संभव हो जाते हैं।

प्रत्याशा की अवस्थाओं का सिद्धान्त (Expenctation States Theory)

सामाजिक प्रभाव के प्रत्याशा की अवस्था के सिद्धान्त में, समूह में व्यक्तियों के सम्बन्धित प्रभावों को लिया जाता है एवं यह बेल्स (Bales, 1950) के अध्ययन पर आधारित है। बेल्स मानता है कि चाहे समूह की बैठक के आरम्भ में समूह के सदस्यों की स्थिति बराबर की रहती है, लेकिन बाद में कुछ सदस्य अन्य सदस्यों से अधिक प्रभावशाली हो जाते हैं। समूह के सदस्यों के व्यवहार के आधार पर एक पदानुक्रम उभरेगा। यदि सदस्यगण आरम्भ में ही असमान स्थितियों वाले हैं तो यह दिखाएगा कि बड़ा समाज (जिससे समूह के सदस्य सम्बन्धित हैं) आयु या लिंग या जाति पर आधारित है।

बरजर (Berger) तथा अन्यों ने बेल्स के इस शोध को समझाने के लिए प्रत्याशा की अवस्थाओं के सिद्धान्त का प्रतिपादन किया कि समान स्थितियों के सदस्यों वाले समूह, प्रभाव में असमानताएँ विकसित कर लेंगे। इस सिद्धान्त के अनुसार, समूह के सदस्यों को (कुछ) प्रत्याशाएँ होती हैं कि उनके सहित समूह के सभी सदस्य कैसी बात (निष्पादन) कर सकते हैं। ये प्रत्याशाएँ समूह में होने वाली चर्चा (बातचीत) को दिशा देती है। वास्तव में, प्रत्याशाएँ ही चर्चा को दिशा देती हैं और बनाए रखती हैं। समूह के वे सदस्य जिनसे सर्वाधिक प्रत्याशाएँ होंगी, समूह की चर्चा में सर्वाधिक प्रभावशाली होंगे।

सामाजिक प्रभाव में प्रत्याशा की अवस्थाओं की सोच का अध्ययन सैटिंग्स जैसे कक्षा कक्ष, जूरी के कमरे और कार्यस्थल में किया गया है। उन स्थिति की विशेषताओं की पहचान कर ली गई है और लिंग, जाति तथा भौतिक आकर्षण के साथ उनका गहराई से अध्ययन कर लिया गया है।

सार संक्षेप

- अभिरुचि एक मनोवैज्ञानिक प्रवृत्ति है जो किसी खास हस्ती का कुछ अंशों तक सकारात्मक या नकारात्मक मूल्यांकन करने में अभिव्यक्त होती है।
- मनोविश्लेषण के संस्थापकों में से एक-कार्ल जंग ने अभिरुचि को "मन की एक विशेष प्रकार से क्रिया या प्रतिक्रिया करने की तत्परता" के तौर पर परिभाषित किया है। जंग के अनुसार, अभिरुचियाँ जोड़ों में उत्पन्न होती हैं जिनमें एक सचेतन तथा दूसरी अचेतन होती है।
- अभिरुचियाँ सुस्पष्ट (जिन्हें व्यक्ति जानता है) तथा अस्पष्ट (जिन्हें व्यक्ति नहीं जानता) हो सकती हैं।
- जंग बुद्धिपरक अभिरुचियों को दो मनोवैज्ञानिक कार्यों में बाँटता है, अर्थात् सोच व अनुभूति।
- जंग अविवेकपूर्ण अभिरुचियों को बोधन (Sensing) तथा सहज-बुद्धि (Intution) के मनोवैज्ञानिक कार्यों में विभाजित करता है।
- अभिरुचि के तीन संघटक होते हैं: संज्ञानात्मक, भावनात्मक और क्रियात्मक।
- संज्ञानात्मक भाग में विषय के बारे में, व्यक्ति के विचार तथा मान्यता (विश्वास) होते हैं।
- भावनात्मक (या भावात्मक) भाग में वह अनुभूति होती है जो पदार्थ (वस्तु), व्यक्ति, मुद्दा या घटना से पैदा होती है।
- व्यवहारगत भाग में वह ढंग आता है जिससे अभिरुचि किसी व्यक्ति के व्यवहार को प्रभावित करती हैं।
- अभिरुचियाँ व्यक्ति के मनोवैज्ञानिक तथा मानसिक लाभ के लिए विभिन्न कार्य करती हैं।
- मनोवैज्ञानिक प्रश्न करते हैं, 'व्यक्ति की जैसी अभिरुचियाँ होती हैं, वे मनोवैज्ञानिक अर्थों में किन प्रयोजनों को सिद्ध करती हैं?
- प्रसिद्ध मनोवैज्ञानिक डेनियल काट्ज (Daniel Katz) के अनुसार, अभिरुचियाँ सहायकीय, समायोजनीय या उपयोगितावादी, अहम् रक्षण (Ego-Definsive), मूल्य-अभिव्यक्तक तथा ज्ञान के कार्य करती हैं।
- ज्ञान हमें संसार को समझने तथा अपने आसपास की वस्तुओं एवं घटनाओं के प्रति उपयुक्त प्रतिक्रिया करने की योग्यता देता है।
- अहम्-रक्षण अभिरुचियाँ, जैसाकि नाम से ही पता चलता है, रक्षा क्रियाविधियों का प्रयोग करते हुए मनोवैज्ञानिक प्रतिक्रियाओं की ओर संकेत करती है।
- अहम्-रक्षण क्रियाविधियाँ वे मनोवैज्ञानिक साधन हैं जिनका प्रयोग लोग मनोवैज्ञानिक हानि रोकने के लिए करते हैं। अन्य शब्दों में, वे अपनी ही नजरों में गिरना नहीं चाहते। विशिष्टता यह है कि वे ऐसी परिस्थितियों में शामिल हो जाते हैं जिसमें लोग अनादर, लज्जा, अपमान तथा आत्म-सम्मान की हानि के भावों का अनुभव करते हैं।
- इन क्रियाविधियों में शामिल हैं नकारना, दमन (निरोध), प्रक्षेपण तथा बुद्धि-संगतता।
- इंकार करने(नकारना) का सरल अर्थ है कि व्यक्ति फैली हुई वास्तविकता को देखने से मना कर देता है।
- मूलत: ये क्रियाविधियाँ व्यक्ति को कठोर वास्तविकता को नकारने एवं भ्रांतियों में शरण ढूँढने में मदद करती हैं। इन क्रियाविधियों का प्रयोग व्यक्ति के मानसिक असंतुलन का लक्षण है।
- दमन (निरोध) से तात्पर्य है कि वह व्यक्ति जो सदमे से गुजरा है, उसके बारे में पूरी तरह भूल जाता है। वह इसे अपनी सचेतन स्मृति से हटा देता है ताकि यह दबी हुई पड़ी रहे, उसके अपने अवचेतन मस्तिष्क के लिए भी अज्ञात रहे।

- प्रक्षेपण एक रक्षा क्रियाविधि है जिसमें व्यक्ति अपने स्वयं के अस्वीकारणीय गुणों या भावनाओं को अन्य लोगों पर आरोपित करता है।
- बुद्धिसंगतता, आत्म-वंचना का एक रूप है। इससे व्यक्ति को किसी अयाचित परिस्थिति या परिणाम को, या इसे झूठ-मूठ में अपने लाभ के रूप में देखकर समायोजित करने (संभालने) की योग्यता मिलती है।
- मूल्य-अभिव्यक्तिपरक अभिरुचियाँ व्यक्ति के मूल मूल्यों और आत्म-छवि को संवारती है। मूल अभिरुचि दो प्रयोजनों को पूरा करती हैं: (1) व्यक्ति की पहचान को स्थापित करती हैं, यह दिखाते हुए कि वह क्या है और उसकी विशेषता क्या है; तथा (2) उसको सामाजिक स्वीकृति दिलाती है।
- हमारी अभिरुचियाँ, हमारे अनुभवों से निसृत होती हैं (1) सीधे अनुभव से; या (2) देखकर (अवलोकन से)।
- मनोवैज्ञानिकों ने अभिरुचि परिवर्तन के तीन अधिगम सिद्धान्तों का उल्लेख किया है: संस्थापित अनुकूलन; सक्रिय अनुकूलन तथा अवलोकनात्मक अधिगम।
- संस्थापित अनुकूलन का प्रयोग, लक्षित पदार्थ के प्रति सकारात्मक भावना को जोड़कर किसी व्यक्ति, पदार्थ या घटना के प्रति सकारात्मक भावनात्मक प्रतिक्रिया पैदा करने में किया जा सकता है।
- सक्रिय अनुकूलन का अर्थ है पुनर्बलन के प्रयोग से व्यवहार में परिवर्तन जो अपेक्षित प्रतिक्रिया मिलने के बाद दिया जाता है। इस पद्धति में, अधिगम (Learning), व्यवहार हेतु पुरस्कार या दण्ड के माध्यम से होता है।
- संस्थापित अनुकूलन में, व्यवहार अनैच्छिक होता है।
- सक्रिय अनुकूलन में, सीखने वाला सक्रिय है और वह पुरस्कृत या दण्डित किया जाता है।
- लोग अपने आस-पास के लोगों को देखकर भी अभिरुचियाँ बनाते हैं।
- अनुनय के सिद्धांत में मान लिया जाता है कि किसी भी विषय पर लोगों की अभिरुचियाँ, उन्हें उचित रूप से सूचना देकर बदली जा सकती हैं। किसी भी विषय पर लोगों की अभिरुचियाँ बदलने के लिए अनुनय करने का प्रयास करने में अनेक पहलु प्रासंगिक हैं। ये हैं-
    - (*i*) अभिरुचि की वस्तु (विषय), अर्थात् वस्तु, व्यक्ति, समूह या वह विचार जिस ओर अभिरुचि अभिमुख हैं;
    - (*ii*) संदेश या सूचना;
    - (*iii*) ढंग, जिसमें यह दिया गया/ दी गई है;
    - (*iv*) संदेशात्मक; तथा
    - (*v*) लक्षित श्रोतागण/दर्शक, अर्थात् वे लोग जिनकी अभिरुचियाँ बदलनी है।
- अनुनय हेतु यह कोशिश या तो केंद्रीय रास्ते से या परिधीय रास्ते से की जा सकती है। केन्द्रीय रास्ते में व्यक्ति को आँकड़े बताए जाते हैं और उसे उन आँकड़ों का मूल्यांकन करने तथा अभिरुचि के परिवर्तन वाला निष्कर्ष प्राप्त करने के लिए प्रोत्साहित किया जाता है। परिधीय रास्ते से अभिरुचि परिवर्तन में, व्यक्ति को विषय-वस्तु को देखने को नहीं, अपितु स्रोत को देखने के लिए प्रोत्साहित किया जाता है।
- लोगों की भागीदारी को सुनिश्चित करने के लिए, अनुनय के उपरोक्त सिद्धांत में वर्णित विभिन्न पहलुओं को ध्यान में रखना होगा।
- समाज मनोवैज्ञानिक, व्यक्ति की अभिरुचियों, विश्वासों (या विचारों) और कार्यों के बीच के सम्बंधों का अध्ययन करते हैं। पहले, समाजशास्त्रियों का विचार था कि व्यक्ति की अभिरुचि, अनुरूप (संगत) विश्वासों और कार्यों में परिणत होती है।
- संज्ञानात्मक संगति का सिद्धांत है कि लोग अपनी अभिरुचियों, विचारों और अपने व्यवहार में संगति बनाए रखने का प्रयास करते हैं।

- सिद्धांत रूप में, व्यक्ति के विश्वासों तथा व्यवहार के बीच संगति, बुद्धिपरक संगति हेतु भावना से प्राप्त की जाती है।
- इच्छा-जनित विश्वास का अर्थ है कि हमारी सोच, वास्तविकता और तर्क (बुद्धि) के धरातल पर न होकर हमारी इच्छाओं से संचालित होती है।
- जब किसी व्यक्ति के विश्वास और अभिरुचियाँ एक-दूसरे के विपरीत होते हैं या व्यवहार के विपरीत होते हैं तो वह मनोवैज्ञानिक तनाव या बैचेनी महसूस करता है। तब वह व्यवहार या संज्ञान में बदलाव लाकर असंगति को कम करने के लिए प्रेरित होता है। यह संज्ञानात्मक असंगति का सिद्धांत कहलाता है।
- आरंभिक समाज मनोवैज्ञानिकों के लिए यह लगभग आस्था का विषय था कि मानवीय व्यवहार, सामाजिक अभिरुचियों से संचालित होता है।
- बाद के अनुसंधान से अभिरुचि तथा परिणामत: व्यवहार के बीच के सरल सम्बंध में काफी बदलाव आया है।
- अभिरुचि व्यवहार सम्बंध को समझने की कोशिश में समाज मनोवैज्ञानिकों ने नए सिद्धांत प्रस्तावित किए और ऐसे सिद्धांतों की अभिमूलक वैधता के लिए अध्ययन किए।
- समाज मनोवैज्ञानिक अभिरुचियों को दो श्रेणियों में बाँटते हैं। पहली श्रेणी में भौतिक पदार्थों, भाषिक, मानव-जातीय या अन्य सामाजिक समूह, संस्थाएँ, नीतियाँ या इसी प्रकार के सामान्य लक्ष्य के प्रति सामान्य अभिरुचियाँ आती हैं
- दूसरी श्रेणी में किसी कार्य, पदार्थ या लक्ष्य के लिए विशिष्ट क्रिया व व्यवहारों के करने के प्रति अभिरुचियाँ आती हैं।
- मनोवैज्ञानिक, व्यापक व्यावहारिक वर्गों या बहु-क्रिया समूहों एवं एकल व्यवहारों के बीच अंतर भी करते हैं। व्यापक व्यवहार में अनेक अलग-अलग संघटक हैं, जो इसके पृथक प्रकटन (रूप) हैं।
- मनोवैज्ञानिक अभिरुचि-व्यवहार सम्बंध को दो तरह से विश्लेषित करना चाहते हैं- (i) सामान्य व्यवहार तथा बहु-कार्य समष्टि के बीच सम्बंध; तथा (ii) व्यवहार विशिष्ट अभिवृत्तियों व एकल व्यवहार के बीच सम्बंध।
- जैसाकि हमने पहले कहा था, शुरू के मनोवैज्ञानिकों ने यह मान लिया था कि लोगों की अभिरुचियाँ उनके व्यवहार को अनुशासित करती हैं। दो प्रसिद्ध अध्ययनों के परिणामस्वरुप यह विचार संदेहास्पद लगता है।
- अभिरुचि-व्यवहार विसंगति के साक्ष्य को देखकर कुछ अनुसंधानकर्ताओं ने सर्वेक्षण की पद्धतियों एवं नमूनों की उपयुक्तता की वैधता में संदेह किया।
- अभिरुचि-व्यवहार विसंगति के दो प्रकार हैं। जब कोई अपने घोषित व्यावहारिक अभिप्राय (मंशा) के अनुसार कार्य नहीं कर पाता है तो यह शाब्दिक (सीधे-सीधे) विसंगति होगी। मूल्यांकनात्मक विसंगति तब होती है जब मौखिक अभिव्यक्यिों (या जो कहा गया है) में अभिव्यक्त मूल्यांकन, वास्तविक व्यवहार से मेल नहीं खाता।
- कुछ अनुसंधानकर्ताओं के अनुसार अभिरुचि और व्यवहार, व्यवहार करने वाले व्यक्ति से सम्बंधित कारकों के प्रभावों के संतुलनीकरण, परिस्थिति जिसमें यह किए जाते हैं या स्वयं अभिरुचि की विशेषताओं के कारण अपसरित (विचलन) हो जाते हैं।
- बेहतर परिणाम तब प्राप्त हुए जब अन्वेषकों ने अभिरुचि-व्यवहार सततता के रूप में रुचि के क्षेत्र को चुना तथा उसी व्यवहारगत क्षेत्र का व्यापक तौर पर प्रतिनिधित्व करने वाले व्यवहारों के सैट की पहचान की। यह पद्धति समूहन का उदाहरण है।
- संगति के सिद्धांत के अनुसार, अभिरुचि एवं व्यवहार के मापकों में कार्य, लक्ष्य, संदर्भ तथा समय के बिल्कुल वही कारक होने चाहिए। तब अभिरुचि एवं व्यवहार में संगति होगी।
- मोड (MODE) मॉडल यह बताता है कि अभिरुचियाँ प्रत्यक्ष-ज्ञान और निर्णयों को प्रभावित करती हैं। वह व्यक्तियों के दो प्रकारों तथा सामान्य अभिवृत्तियों की क्रियाशीलता की दो विधियों की बात करता है (बताता है) जिनसे अनुकूल या प्रतिकूल पूर्वाग्रह बनते हैं।

- अनेक सिद्धांतशास्त्री मानते हैं कि वास्तविक व्यावहारिक निष्पादन का निकटतम संज्ञानात्मक पूर्व-वृत्त, कर्ता (Agent) की अभिरुचि से अधिक उसका अभिप्राय है। इसका अर्थ यह हुआ कि कोई व्यक्ति, क्रिया (कार्य) के कर्ताओं के अभिप्रायों (इरादों) से विशिष्ट व्यवहार का ठीक-ठीक पूर्व-कथन कर सकता है।
- युक्तियुक्त संगत कार्य के मॉडल (Models of Reasoned Actions), संभावित व्यवहार के भविष्य-कथन से आगे निकल जाते हैं; वे उन कारकों की चर्चा करते हैं जिनके कारण अभिप्राय बनते हैं।
- वे यह मान कर चलते हैं-
  - अभिप्राय (मंशा), वास्तविक व्यवहार का तात्कालिक पूर्व-वृत्त है।
  - दूसरी ओर अभिप्राय (मंशा), विषयगत मानदण्ड तथा अभिकल्पित व्यवहार नियंत्रण के प्रति अभिरुचि द्वारा निश्चित किया जाता है।
  - ये निर्धारक स्वयं में, क्रमश: आधारभूत व्यवहार, आदर्शक तथा नियंत्रण विश्वासों के कार्य हैं।
  - व्यावहारिक, आदर्शक तथा नियंत्रण विश्वास, पृष्ठभूमि के कारकों की विस्तृत रेंज के कार्य के तौर पर भिन्न हो सकते हैं।
  - सरकारी कर्मचारियों को स्टीरियो प्रकार के व्यक्ति एवं संभावित पूर्वाग्रह की जोखिम से बचना चाहिए।
  - अभिरुचियों को बदलने के कारणों के तौर पर सामाजिक प्रभाव और अनुनय को सामाजिक संपुष्टि, शक्ति और प्राधिकार को अन्तर करने की जरुरत है।
  - अभिरुचियों को बदलने में सामाजिक शक्ति, पुरस्कार, अवपीड़न, प्राधिकार, विशेषज्ञता तथा प्राधिकार-समूहों की क्रिया-विधि के माध्यम से काम कर सकती है।
  - हमने ऐसे पाँच क्षेत्रों का भी उल्लेख किया है जिनके सम्बंध में अब सामाजिक प्रभाव का अध्ययन किया जाता है।

अभ्यास प्रश्न

1. अभिरुचि की परिभाषा दीजिए। अभिवृत्तियों के निर्माण की प्रक्रिया क्या है?
2. अभिरुचियों के ढाँचे (बनावट) से आप क्या समझते हैं?
3. अभिरुचियों के मनोवैज्ञानिक कार्यों को संक्षेप में बताइए।
4. निम्नलिखित पर संक्षेप में नोट लिखिए-

   (i) बुद्धि-संगतता,

   (ii) नकारना,

   (iii) दमन (निरोध),

   (iv) प्रक्षेपण

   (v) अहम्-रक्षण क्रियाविधि

   (vi) इच्छाजनित विश्वास

   (vii) संज्ञानात्मक असंगति

   (viii) स्टीरियोटाइपिंग
5. इनसे आप क्या समझते हैं?

   (क) संस्थापित अनुकूलन तथा (ख) सक्रिय अनुकूलन?

   आप इन दोनों में किस प्रकार अंतर करेंगे तथा प्रशासनिक स्थिति में इनमें से कौन-सा अधिक प्रासंगिक है?

6. अनुनय (Persuasion) के सिद्धांत की मुख्य विशेषताएँ बताइए। क्या सरकारी कर्मचारियों के लिए इनका कोई व्यावहारिक उपयोग है?
7. संज्ञानात्मक संगतता क्या है?
8. वे दो प्रसिद्ध अध्ययन कौन-से हैं जिनमें लोगों की आत्म-घोषित अभिरुचियों तथा उनके वास्तविक व्यवहार के बीच असंगति बताई गई है?
9. वे कौन-से कारण हैं जो लोगों को किसी मामले में अपनी अभिरुचियों के अनुसार कम करने से रोकते हैं?
10. अभिरुचियों व व्यवहारों के बीच और अधिक अभिसरण (Convergence) पैदा करने के लिए समाज मनोवैज्ञानिकों ने पद्धतिगत प्रक्रियाओं में संशोधन किस प्रकार किया? समूहन के सिद्धांत तथा संगतता के संदर्भ में इस बात को स्पष्ट कीजिए।
11. मोड (MODE) मॉडल को स्पष्ट कीजिए। यह क्या बताना चाहता है?
12. युक्ति-संगत कार्य का सिद्धांत बताइए (जिसे योजनाबद्ध व्यवहार का सिद्धांत भी कहा जाता है।) यह किस प्रकार अभिरुचि और व्यवहार के बीच सम्बंध को स्पष्ट करने में पहले के सिद्धांतों से आगे बढ़ गया है?

संदर्भ

- चार्ल्स स्टेंगर, इण्ट्रोडक्शन टू सॉयकोलॉजी।
- सेलर यूआरएल (URL) एच टी टी पी://डब्ल्यू डब्ल्यू. सेलोर. ओ आर ली/ बुक्स प्रिंसिपल्स ऑफ सोशल सॉयकोलोजी।
- मनोविज्ञान पर एन सी ई आर टी के कक्षा XI तथा XII के पाठ (ये इण्टरनेट पर उपलब्ध हैं)
- विकीपीडिया, द फ्री एन्सायक्लोपीडिया से निम्नलिखित विषयों पर लेख-
  - अभिरुचि (मनोविज्ञान)
  - संज्ञानात्मक असंगति
  - एलेबोरेशन लाइकलीहुड मॉडल
  - अनुनय (Persuasion)
  - युक्तियुक्त कार्य का सिद्धांत
  - योजनाबद्ध कार्य का सिद्धांत
  - व्यवहारगत बदलाव के सिद्धांत
  - एक्सपैक्टेंसी: वैल्यू थ्योरी
  - समाज मनोविज्ञान
  - केन्द्रा चैरी (Kendra Cherry), अबाउट.कॉम एटिट्यूड्स-हॉऊ एटिट्यूड्स फौर्म, चेंज एण्ड शेप अवर बिहेवियर
  - जे. कूपर एण्ड के. एम. कार्लस्मिथ, कॉगनीटिव डिस्सोनेंस
  - लीसा रशोट : सोशल इन्फ्लूऐंस ब्लैकवैल एन्सायक्लोपीडिया ऑफ सोशियोलाजी
  - शरोन शेविट एण्ड मिशैल आर. नेल्सन : द रोल ऑफ एटिट्यूड फंक्शन इन परसुएशन एण्ड सोशल जजमैण्ट

अध्याय 17

राजनैतिक मनोवृत्ति (Political Attitude)

परिचय (Introduction)

लोक मुद्दों पर लोगों के भिन्न-भिन्न विचार होते हैं। उदाहरण के लिए, वे (क) जल्लीकट्टू, (ख) केरल में सबरीमाला पहाड़ी मंदिर में स्त्रियों के प्रवेश (ग) तीन तलाक, (घ) खुदरा व्यापार में विदेशी प्रत्यक्ष निवेश, (ङ) मृत्यु दण्ड, तथा (च) पाकिस्तान के साथ भरोसा पैदा करने के उपाय जैसे कार्यों और नीतियों का समर्थन कर सकते हैं या विरोध भी कर सकते हैं। लोगों द्वारा अपनी राय बनाने का एक रास्ता प्रत्येक मुद्दे को अलग से जाँचने तथा 'अकेला' रह कर सोचने का आधार है या वे उनको अपने राजनैतिक या दल या विचारधारा के प्रिज्म से देख सकते हैं और अपनी राय बना सकते हैं। इस प्रकार, वे लोग जो स्वयं को वामपंथी, लोक तांत्रिक, प्रगतिवादी और धर्म-निरपेक्ष' कहते हैं; वे (क), (घ) तथा (ङ) का विरोध करेंगे, (ग)पर चुप रहेंगे तथा (ख) एवं (च) का समर्थन करेंगे। जिन लोगों का रूझान दक्षिण की ओर हैं, वे (क), (घ), तथा (ङ) का समर्थन करेंगे, (ग) का एवं (च) का विरोध करेंगे तथा (ख) के बारे में द्वैधावस्था में रहेंगे।

अपने प्रयोजन के लिए हमें ऐसी रायों (विचारों) को जाँचने की जरूरत नहीं है। लेकिन जरूरी बात यह मानना है कि ऐसी रायें राजनैतिक मनोवृत्तियों पर आधारित होती हैं। लोग मुद्दों को केवल उनके गुण-दोषों के आधार पर नहीं पर रखते। लोग मुद्दों को अपनी विचारधारात्मक झुकावों से उत्पन्न विशिष्ट सम्मान के साथ जाँचते-परखते हैं। इसी कारण राजनैतिक मनोवृत्तियाँ महत्वपूर्ण हैं; वे लोगों को मामलों को एक खास कोण से देखने के लिए प्रवृत्त करती हैं। विद्यार्थीगण ने यह बात संसद या टी. वी. पर हुई बहसों को सुनते हुए महसूस की होगी।

इस अध्याय में हम राजनैतिक मनोवृत्तियों व विचारधाराओं पर चर्चा करेंगे। ये अर्थ-शास्त्र में किए गए अध्ययन हैं। लेकिन इन अध्ययनों के सूत्र आपस में एक-दूसरे को काटते हैं और इसमें कोई भी एकल कारक स्पष्टीकरण पर्याप्त नहीं है। हम राजनैतिक मनोवृत्तियों एवं विचारधाराओं को राजनीति विज्ञान के सरल (साधारण) विचारों पर भरोसा करते हुए बता रहे हैं।

लोगों की राजनैतिक मनोवृत्तियाँ एवं विचारधारात्मक अभिमुखन, मुद्दों पर उनकी सोच को प्रभावित करते हैं।

राजनैतिक वर्णक्रम (Political Spectrum)

राजनैतिक मनोवृत्तियों को राजनैतिक वर्णक्रम की सोच के आधार पर सर्वोत्तम रूप से समझा जा सकता है। विद्यार्थी रंगों के वर्णक्रम (Spectrum) की संकल्पना से परिचित होंगे जिसमें एक प्रिज़्म के बीच से गुजारे जाने पर सफेद प्रकाश बँट जाता है। राजनैतिक वर्णक्रम ग्राफिक है और सूक्ष्मता से, कहा जाए तो एक सीधी रेखा है जिस पर राजनैतिक स्थितियाँ बाएँ से दाएँ दिखाई जाती

हैं। ये स्थितियाँ उग्र सुधारवादी, उदारवादी, नरमपंथी, रूढिवादी तथा प्रतिक्रियात्मक होती हैं। ये शब्द राजनैतिक मनोवृत्तियों का प्राकृतिक विवरण हैं। वे विशिष्ट विचारधाराओं को भी बताते हैं। राजनैतिक मनोवृत्तियों के वर्णक्रम को नीचे दिए गए क्रम के समान दिखाया जा सकता है।

उग्र सुधारवादी　　बाएँ उदारवादी　　नरम-पंथी　　रूढ़िवादी　　दाएँ प्रतिक्रियावादी

आरेख-1: राजनैतिक वर्णक्रम

बाएँ (left) तथा *दाएँ (right)* फेंच मूल के शब्द हैं। सम्राट के समर्थक उसके दाएँ (right) बैठते थे तथा वर्तमान व्यवस्था में परिवर्तनों की बात कहने वाले उनके विरोधी उसके बाएँ (left) बैठते थे। उपरोक्त पाँच शब्दों के अर्थों पर विचार करने से पहले हमें कुछ महत्त्वपूर्ण बातों को देख लेना चाहिए। पाँच शब्द उन राजनैतिक मनोवृत्तियों को पूर्व-निश्चित करते हैं जो (क) वर्तमान राजनैतिक व्यवस्था में परिवर्तन चाहती हैं तथा (ख) जो कुछ विशिष्ट राजनैतिक मूल्यों का समर्थन करती हैं। एक अन्य देखने लायक बात यह है कि इन शब्दों का एक निर्धारित समाज के लिए विशिष्ट अर्थ है। इस प्रकार वे अमेरिका, सऊदी अरब और भारत में भिन्न-भिन्न विचारों का अर्थ देते हैं। किन्तु इन देशों के बीच राजनैतिक विचारों के सैट्स को वर्गीकृत करने के लिए इन पाँच शब्दों का प्रयोग किया जा सकता हैं। हम साम्यवाद, समाजवाद तथा उदारवाद को जैसी विचारधाराओं के रूप में समझते हों, ये इन पाँच शब्दों में समा सकती हैं। वर्णक्रम के सम्बंध में, उग्र सुधारवादी एमदम बाएँ हैं और प्रतिक्रियावादी एकदम दाएँ हैं, अन्य मध्य की स्थिति में हैं। राजनैतिक विज्ञान में, उग्र सुधारवादी से तात्पर्य हैं वह व्यक्ति जो राजनैतिक वर्णक्रम के एकदम बाएँ में है।

राजनैतिक बदलाव (Political Changes)

उग्र सुधारवादी, उदारवादी, नरमपंथी, रूढ़िवादी एवं प्रतिक्रियावादी (जिन्हें इसके आगे हम पाँच 'पाँच समूह' कहेंगे।) की इस बात पर भिन्न-भिन्न मनोवृत्तियाँ हैं कि क्या वर्तमान राजनैतिक प्रणाली या यथा स्थिति को बदला जाना चाहिए और/या कितना बदला जाना चाहिए। प्रणाली को बदलने की नीतियों या जरूरी कार्रवाइयों पर भी उनके मत भिन्न हैं। यथा-स्थिति (Status-quo) का अर्थ है वर्तमान सामाजिक, आर्थिक तथा राजनैतिक व्यवस्थाएँ। यथा-स्थिति को छेड़ने का अर्थ इसकी मरम्मत करना (सुधार करना) नहीं है अपितु गहरे जमी मान्यताओं में आधारभूत संस्थाओं में मूलभूत परिवर्तन करना है। हमें साधारण परिवर्तनों को मूलभूत सामाजिक रूपान्तरण से अलग रखना होगा। एक प्रजातान्त्रिक देश में चुनावों के कारण सत्ताधारी दल विस्थापित हो जाता है; तो नई सरकार यथा-स्थिति का प्रतिनिधित्व करेगी। कुछ दिखावटी (रस्मी) परिवर्तन किए जाएँगे; पुरानी शराब नई बोतलों में डाली जाएगी। यह बात मुख्य धारा वाले पश्चिमी मीडिया के बावजूद अमरीकी राष्ट्रपति पद के लिए डोनाल्ट ट्रंप के चुनाव के बाद देखी गई थी।

राजनैतिक परिवर्तन की दिशा (Direction of Political Changes)

पाँच समूहों से राजनैतिक परिवर्तन के बीच अन्तरों को स्पष्ट करने के लिए राजनैतिक विचारक चार पहलुओ का प्रयोग करते हैं। पहला पहलू है परिवर्तन की दिशा' या प्रस्तावित परिवर्तन समाज को आगे ले जाएगा या पीछे ले जाएगा। आगे ले जाने वाला परिवर्तन प्रगतिशील है तथा पीछे ले जाने वाला परिवर्तन पश्चगामी (पतनोन्मुख) है। तथापि, हमें यहाँ सावधान रहना होगा क्योंकि ये शब्द अर्थ-भारित (value loaded) हैं। 'अग्रगामी' (Forward) और प्रगतिशील (Progressive), जार्ज सबाइन (George sabine) की अभिव्यक्ति के अनुसार, 'सम्मान-सूचक (hornorific) हैं या सरल भाषा में कहें तो 'गुलाबों की खुशबू' हैं। लेकिन हमें इन शब्दों से कोई जटिल (दुर्बोध) महत्व (मूल्य) जोड़ना नहीं चाहिए। हमें प्रगतिशील परिवर्तन को केवल उस समाज में यथा-स्थिति से कुछ नए और भिन्न परिवर्तन के रूप में ही सोचना चाहिए। इसी प्रकार हमें पश्चगामी परिवर्तन को उस नीति या संस्था को वापसी के तौर पर समझना होगा जो उस समाज में विगत में वर्तमान थी।

प्रगतिशील तथा पश्चगामी परिवर्तन के बीच सीमा-रेखा वर्णक्रम के रूढिवादी व प्रतिक्रियावादी खण्डों के बीच रहती है। इन दो खण्डों के बीच रेखा किसी महत्वपूर्ण परिवर्तन के न होने या यथा-स्थिति बनाए रखने को प्रस्तुत करती है। प्रतिक्रियावादी

खण्ड के बाएँ ओर हर कोई प्रगतिशील है। विद्यार्थीगण सोचते होंगे कि क्या रूढ़िवादियों को किसी भी अर्थ में प्रगतिशील कहा जा सकता है। रूढ़िवादी भी कुछ सीमा तक प्रगतिवादी हैं; यद्यपि वे यथा-स्थिति से बहुत अधिक छेड़-छाड़ पसंद नहीं करते वे थोड़ी-सी संस्थागत नवीनताओं को स्वीकार करते हैं। केवल प्रतिक्रियावादी ही यथा-स्थिति से उस कुछ में परिवर्तन चाहते हैं जो पहले था।

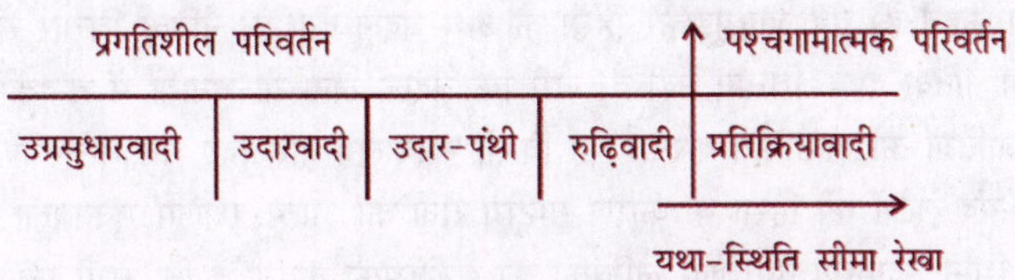

(Figure 2: The position of status quo on the political spectrum)

आरेख-2: राजनैतिक वर्णक्रम में यथा स्थिति की स्थिति

ज्यादातर लोगों को किसी अकेले समूह में नहीं रखा जा सकता क्योंकि मुद्दों पर उनकी मनोवृत्तियाँ वर्णक्रम में दो या अधिक खण्ड़ों वाली होंगी। प्रबल रूढ़िवादियों के भी कुछ विचार उदार हो सकते हैं। मंदिर के आस-पास सफाई की जरूरत की बात पर तथा पुरुषों के समान ही मंदिरों में स्त्रियों के प्रवेश पर वे सहमत हो सकते हैं। लेकिन हम एक सामान्य प्रवृत्ति देख सकते हैं; कुछ लोग अन्य नीतियों की अपेक्षा ज्यादातर रूढ़िवादी नीतियों का समर्थन करते हैं परिणामस्वरूप हम उन्हें रूढ़िवादी कह सकते हैं। केवल सिद्धांतों से संबंधित लोग तथा दल के प्रवक्ता ही अपनी राजनैतिक मनोवृत्तियों में अत्यन्त संगत हो सकते हैं।

राजनैतिक बदलाव की गहनता (Depth of political change)

पाँचों समूह (जैसा उपरोक्त आरेख-2 में बताया गया है) उन 'राजनैतिक बदलाव की गहराई' पर भी भिन्न राय रखते हैं जिन्हें वे लाना चाहते हैं। कुछ तो वर्द्धमान बदलावों या मामूली सामाजिक समायोजनों से संतुष्ट हो जाएँगे। इनसे कोई हलचल नहीं होगी। अन्य समाज में मूलभूत बदलाव या आमूल-चूल परिवर्तन चाहते हैं। वे उनके बेसिक राजनैतिक संस्थाओं को उलट देना तथा नई स्थापित करना चाहते हैं। ऐसे बदलावों से उनकी विचार-धारा को अप्रत्याशित और अनियंत्रणीय परिणामों का सामना करना पड़ेगा। उदाहरण के तौर पर शिक्षा संबंधी अनेक सुधार, आज की वर्तमान प्रणाली को उल्टे बिना उनमें जोड़े जा सकते हैं। तथापि, मूलभूत अधिकारों या न्याय-पालिका की शक्तियों को कम करना प्रणाली (व्यवस्था) में भारी परिवर्तन होगा।

परिवर्तन की दिशा के समान ही, परिवर्तन की गहनता में सीमा-रेखा, रूढ़िवादी व प्रतिक्रियावादी स्थितियों के मध्य या वर्ण-क्रम में यथा-स्थिति वाले बिन्दु पर है। लोग यथा-स्थिति से जितने दूर होंगे, वर्तमान व्यवस्था से उनकी असंतुष्टि उतनी ही अधिक होगी और उतना ही कठोर परिवर्तन वे चाहेंगे।

राजनैतिक परिवर्तन की गति (Speed of Political change)

अब तक हमने राजनैतिक परिवर्तन की दिशा व गहनता के प्रति पाँचों समूहों की मनोवृत्तियों पर विचार किया है। तीसरा आयाम बताता है कि लोग परिवर्तन के लिए कितने उत्सुक हैं या वे कितनी जल्दी परिवर्तन देखना चाहते हैं। स्पष्ट हैं कि लोग यथा-स्थिति से जितने अधिक अप्रसन्न हैं उतने ही अधिक वे बेचैन रहेंगे। अत: वे परिवर्तन का तेजी से होना पसंद करेंगे। अन्य शब्दों में, राजनैतिक वर्ण-क्रम के एकदम से सिरों पर स्थित लोग तेजी से परिवर्तन चाहेंगे।

परिवर्तन को कार्यान्वित करने के ढंग (Methods of effecting change)

राजनैतिक परिवर्तनों को कार्यान्वित करने के उपयुक्त ढंगों पर अन्ततः पाँचों समूह भिन्न मत वाले हैं। राजनैतिक परिवर्तन अनेक प्रकार से हो सकता है, औपचारिक तौर पर या अनौपचारिक तौर पर, कानूनी रूप से या गैर-कानूनी रूप से/अतिरिक्त कानूनी रूप से धीरे-धीरे (क्रमशः) या एक दम से; शांतिपूर्वक या हिंसा के साथ। अतिवादी राजनैतिक समूहों के साथ हम हिंसा के प्रयोग की ओर प्रवृत्त होते हैं।

यहाँ हम लौटकर विद्यार्थियों को कुछ गलत व्याख्याओं के प्रति सावधान कर रहे हैं जो सामान्य शब्दों की उलट-फेर कर या उनसे खिलवाड़ कर की गई हैं। कुछ वामपंथी विचारकों का आरोप है कि हर प्रकार की राजनीति के लोग हिंसा का प्रयोग करते हैं। वे उदाहरण के तौर पर मृत्यु दण्ड, सम्पत्ति का स्वामित्व-हरण, श्वासरोधक (अमरिका में संदिग्ध अपराधियों को निश्चल करने के लिए प्रयुक्त ढंग) और पुलिस द्वारा प्रयुक्त तकनीकों की बात करते हैं। वे इसे 'फैन्सी पैण्ट्स थ्योराइजिंग' (Fancy pants theorizing) का उदाहरण कहते हैं। यह जानबूझकर हिंसा के अर्थ बदल देता है। नैतिक विचार से निदंनीय हिंसा, निजी हिंसा है जिसकी कोई विधिक या नैतिक दण्ड-विधान नहीं है, जैसे कि बदला लेना या चुनावों में बन्दूकों का प्रयोग करना या उनकी आजादी के नाम पर जन-जातियों को आंतकित करना। यह किसी न्यायालय द्वारा दिए गए मृत्यु-दण्ड के साथ हत्यारों की हिंसा के बराबर है। यह हथियार-बंद लुटेरों की हिंसा के कारण राष्ट्रीय सेना का आत्म-रक्षा में मुकाबला करने हेतु कार्रवाई को इसके समकक्ष बना देता है। एक भिन्न उदाहरण नारीवादी लेखिका का है जिसका कहना है कि सभी प्रकार की काम-क्रिया बलात्कार हैं। उत्तेजक होने के बावजूद यह कथन मूर्खतापूर्ण है; बलात् काम-क्रिया की तुलना हँसी-खुशी साथ रह-रहे विवाहित जोड़े से कैसे की जा सकती है? यह दुख की बात है कि विद्यार्थियों को बहकाते हुए 'आजादी' हेतु अनेक प्रदर्शनों में तर्क व गणतंत्रीय आदर्शों की आड में इसी प्रकार की विकृतियों का प्रयोग किया जाता है।

राजनैतिक वर्ण-क्रम के किसी भी अन्त में रहने वाले लोग समाज के कायदों की दृष्टि से, उनसे बेमेल हैं। ऐसा इसलिए है कि कानून उद्देश्यों, ध्येयों या समाज के ढाँचों के पक्ष में है। वे मोटे तौर पर वर्तमान सामाजिक प्रकृति (ethos) का कलेवर बनाते हैं। मूल्यों, ध्येयों या समाज के ढाँचों के विरोधी, कानूनों का भी विरोध करेंगे। इसके विपरीत, सामाजिक मूल्यों के संगत में रुढ़िवादी कानून को मानने वाले तथा देश-भक्त होते हैं क्योंकि वे व्यवस्था से संतुष्ट हैं। अतिवादी तथा प्रतिक्रियावादी एवं कुछ सीमा तक उदारवादी अपने राजनैतिक उद्देश्यों को पाने के लिए कानून या वर्तमान न्याय प्रणाली का समर्थन नहीं भी कर सकते हैं। संभव है कि रूढ़िवादी अमीर लोग कानून से आहत हों। तब वे कानूनों का उल्लंघन कर सकते हैं। इसका उदाहरण वे कारपोरेशन हैं जो स्वास्थ्य और सुरक्षा उपेक्षाओं की अनदेखी करते हैं या वे स्टॉफ मार्केट के धोखेबाज लोग हैं जो छोटे निवेशकों को ठगते हैं।

अब हम आरेख-1 में उल्लिखित पाँचों समूहों के मूल्यों, कार्यक्रमों, तथा विश्व दृष्टियो, अपेक्षित समाज की उनकी संकल्पनाओं और अपने ध्येयों को प्राप्त करने के लिए अनेक तरीकों (विधियों) पर विचार करेंगे।

उग्र-सुधारवादी (Radicalism)

'उग्र-सुधारवाद' ऐसे लोगों, दलों और आन्दोलनों को बताता है जो किसी भी वर्तमान रिवाज, संस्था या सामाजिक व्यवस्था में उग्र (तीव्र) परिवर्तन चाहते हैं। चूँकि उग्र-सुधारवादी समाज से अत्यन्त असंतुष्ट हैं, वे तत्काल एवं क्रांतिकारी परिवर्तन चाहते हैं। कट्टर वामपंथी समाज के सर्वाधिक समादृत मूल्यों व मान्यताओं को चुनौति देते हैं। वे शासन की संस्थाओं को नहीं मानते तथा और अधिक मानवीय, समतावादी एवं आदर्शवादी सामाजिक व राजनैतिक व्यवस्था चाहते हैं। अनेक लोग ऐसे आदर्शो के हामी हो सकते हैं। लेकिन उनमें आदर्शवाद की कमी होगी, वे अधिक स्वार्थी होंगे एवं जड़ता से ग्रसित होंगे।

अनेक उग्र-सुधारवादी हिंसा का समर्थन करते हैं। कुछ लेखक शांतिवादियों को भी उग्र-सुधारवादी मानते हैं। शांतिवादी न्याय पाने के साधन के रूप में हिंसा को पूर्णत: नकारते हैं। वे मानव-अधिकारों का समर्थन करते हैं तथा मानते हैं कि किसी ध्येय को पाने के लिए किसी को भी चोट पहुचाने या मार डालने का अधिकार किसी को नहीं है। कुछ लेखक गाँधी तथा डॉ. मार्टिन लूथर किंग को अंहिसा से जुडे उग्र-सुधारवादियों के तौर पर उद्धृत करते हैं। यद्यपि गाँधीजी का ध्येय गंभीर राजनैतिक एवं सामाजिक परिवर्तनों का प्रतिपादन था किन्तु अनेक बातों में वे रुढ़िवादी भी थे।

उग्र-सुधारवाद तथा इसके रूपों के आदि कारण एवं ध्येय हाल के समय में बदल गए हैं। पहले उग्र-सुधारवाद, अराजकतावाद से जुड़ा था और-सरकारों के वजूद का विरोधी था। भारत में, हमारा रूझान उग्र-सुधारवाद को अति वामपंथी आन्दोलनों से जोड़ने का हैं। पश्चिम में उग्र-सुधारवाद, हाल के विगत में हुए विभिन्न आन्दोलनों का समर्थक रहा हो।

• शीत युद्ध के दौरान सम्बद्ध उग्र-सुधारवाद, पूँजीवादी आर्थिक व सामाजिक प्रणाली में मूलभूत बदलाव से संबंध था।

• 1960 के वर्षों में अमरीका में गृह-युद्ध आन्दोलन तथा बीट संस्कृति आन्दोलन ने, सी. राइट मिल्स के शब्दों में, एक नए वामपंथ को जन्म दिया।

• 1960 के वर्षों में पश्चिम के विद्यार्थी आन्दोलन में सक्रियरूप में भागीदारी वाले गणतंत्र एवं समाज के आमूल-चूल पुनर्गठन की वकालत की गई जो या तो सामाजिक क्रांति या 'टर्निंग इन, टर्निंग ऑन, एण्ड ड्रापिंग आउट' ढंग से हो सकता है। 'बीट' आन्दोलन बढ़कर बड़े पैमाने पर 'हिप्पी' 'प्रति-संस्कृति' हो गया जो 'वैकल्पिक निवास व्यवस्था एवं जीवन दर्शनों की हिमायती थी।

• नारी वादी महिलाओं को काम के अवसरों को नकारने का विरोध करते थे तथा घरों में महिलाओं की स्थिति में परिवर्तन की वकालत करते थे। वे गर्भपात के अधिकारों तथा पुरुषों के समान ही महिलाओं को बराबर के अधिकारों के लिए भी लड़े थे।

• सामाजिक उग्र-सुधारवाद के कारण 1960 के वर्षों में उपभोक्ता तथा पर्यावरण विषयक आन्दोलन उत्पन्न हुए। राल्फ नाडर (Ralph Nader) ने कारपोरेट शक्ति को उजागर करने एवं उसके दुष्प्रयोग को चुनौती देने के लिए सक्रिय अनुसंधान कर्त्ताओं तथा वकीलों को बढ़ावा दिया।

• 1980 के वर्षों में, उग्र-सुधारवादियों एवं उदारवादियों के गठबन्धनों ने आणविक विद्युत उद्योग को चुनौति दी व उसे धीमा कर दिया, आणविक अवरोधक की माँग की और अल्पसंख्यकों व महिलाओं के लिए आरक्षण की वकालत की तथा राष्ट्रपति रोनाल्ड रीगन के 'स्टार वार्स' प्रस्ताव का विरोध किया।

इन कार्यक्रमों में से अनेक पश्चिम में उदारवादी डेमोक्रेटिक कार्यक्रम (एजेण्डा) के भाग हो गए हैं। उग्र-सुधारवाद के ये रूप उच्चवर्ग के प्राधान्य के प्रति प्रतिक्रियाएँ हैं। एक लेखक का कहना है *"इन्होंने (उग्र-सुधारवादी) डेमोक्रेटिक शब्दाडम्बर और असली जीवन की वास्तविकता के बीच के अन्तर के विरूद्ध विरोध प्रकट किया। उन्होंने आत्मसंतोष को चुनौति दी, पहले जिसकी कल्पना नहीं की जाती थी उसके बारे में सोचा तथा समाज की मुख्य धारा को अपने तरीके बदलने के लिए तैयार किया।"* इन विचारों ने भारतीय विरोध प्रदर्शनों जैसे कुदमकुलम आणविक विद्युत परियोजना के विरुद्ध किया गया आन्दोलन तथा स्त्रियों का मन्दिरों में पुरुषों के समान प्रवेशाधिकार पाने हेतु किए गए आन्दोलनो की प्रेरणा दी।

उदारवाद (Liberalism)

उग्र सुधारवादियों के विपरीत, उदारवादी समाज की मूल मूल्यों का समर्थन करते हैं। लेकिन उदारवादी समाज की खराबियों (दोषों) को सुधारने के लिए तैयार है। इतिहास को देखा जाए तो उदारवादियों ने इंगलैंड में राजनैतिक, सामाजिक तथा आर्थिक सुधारों की पहल की। कानूनों को मानने में भी उदरवादी, उग्र-सुधारवादियों से भिन्न हैं। उग्र-सुधारवादी कानून को ऐसे साधनों के रूप में देखते हैं जिन्हें ऊँचे लोग अपना प्राधान्य सुनिश्चित करने के लिए प्रयोग करते हैं। उदारवादी कानून को व्यक्तिगत स्वतंत्रता तथा व्यवस्थित सामाजिक जीवन की सुरक्षा के लिए अनिवार्य मानते हैं। जबकि वे कुछ कानूनों को बदलने की कोशिश करेंगे, किन्तु कुल मिला कर वे कानून का सम्मान करते हैं। अन्य विचारधाराओं के समान उदारवाद भी समय के साथ बदला है। हम *सक्षेप में इन परिवर्तनों का उल्लेख करेंगे।*

उदारवाद मूलभूत से व्यक्ति की स्वतंत्रता की रक्षा करने और बढ़ाने को लक्षित करता है। उदारवादी मानते हैं कि व्यक्तियों को दूसरों से की जाने वाली हानियों से बचाने के लिए सरकार जरूरी है; लेकिन उन्हें यह डर भी है कि अधिक शक्ति का प्रयोग कर सरकार स्वयं भी व्यक्ति की स्वतत्रंता को खतरा पैदा कर सकती है। समय बीतने के साथ-साथ उदारवाद दो रूपों में बँट गया- *संस्थापित/प्राचीन उदारवाद* और *आधुनिक उदारवाद।* प्राचीन या संस्थापित उदारवाद का कहना है कि सरकार को केवल व्यक्ति की स्वतंत्रता की रक्षा करनी चाहिए। आधुनिक उदारवाद मानता है कि सरकार को गरीबों द्वारा इसका आनन्द लेने की परिस्थितियों को बढ़ावा देकर व्यक्ति की स्वतन्त्रता को बढ़ाना चाहिए। प्राचीन उदारवाद को नकारात्मक स्वतंत्रता पर आधारित तथा आधुनिक उदारवाद को सकारात्मक स्वतंत्रता पर आधारित कहा जाता है।

प्राचीन/संस्थापित उदारवाद (Classical Liberalism)

राजनैतिक आधार (Political Foundation)

संस्थापित उदारवाद के संस्थापक जॉन लोके (John Locke) का कहना है कि नितान्त (पूर्ण) राजतन्त्र, राजनैतिक प्राधिकार के आधार को ही और औचित्य को नकार देता है। इसका उद्देश्य लोगों के जीवन तथा सम्पत्ति की रक्षा करना तथा उनके विचारों बोलने तथा पूजा करने की स्वतंत्रता के प्राकृतिक अधिकार की गारण्टी देना है। आरम्भिक उदारवादियों का लक्ष्य लोगों को दो प्रकार की सामाजिक बाधाओं से मुक्त करना था- धार्मिक संपुष्टि तथा अभिजातीय विशेषाधिकार से। ये दोनों ही राज्य की शक्ति द्वारा लागू किए जाते थे। राज्य की शक्ति को व्यक्ति की शक्ति की अपेक्षा सीमित करने के प्रयास करते हुए आरम्भिक उदारवादी, सरकार का लोगों के प्रति उत्तरदायी होना चाहते थे। इसके लिए बहुमत के शासन वाली सरकार की जरूरत थी जिसमें सरकार मतदाताओं के बहुमत की व्यक्त इच्छा को लागू करती। इसका अर्थ यह हुआ कि सरकार का आवधिक चुनाव पापुलर वोट से हो। इस प्रकार उदारवाद गणतंत्र का प्रजनक है।

आरम्भिक उदारवादियों को लोकप्रिय प्रभुसत्ता या जिसे वे भीड तन्त्र (भीड का शासन) कहते थे, का डर था। उनके मतानुसार शक्ति, सम्पत्ति के मालिकों और प्राकृतिक रूप से उच्च वर्ग के पास होनी चाहिए। जैसे ही उन्होंने जन-समूह के संभावित प्रभुत्व को देखा, उन्होंने व्यक्तिगत स्वतंत्रताओं की रक्षा के लिए क्रिया-विधियाँ बनाई। उन्होंने शक्ति के पृथक्कन या सरकार शक्ति को तीन पक्षों में बाँटने की वकालत की। ये तीन पक्ष थे- विधायिका, कार्य-निष्पादक तथा न्यायपालिका। और भी, वे आवधिक चुनाव चाहते थे। तीसरा पूर्वोपाय तीन प्रकार के व्यक्तिगत अधिकारों की स्थापना था। अधिकारों के पहले सैट में बोलने की आजादी तथा स्वतंत्रता से लिखना, जुड़ने व संगठित करने (आयोजना करने) की स्वतंत्रता तथा सर्वोपरि बात- प्रतिशोध के भय से मुक्ति दी गई है। लेकिन नागरिक के तौर पर अपनी भूमिका के अलावा भी व्यक्ति के अधिकार भी हैं। उसके ये अधिकार उसकी निजि सुरक्षा को सुनिश्चित करते हैं और इस प्रकार उसे स्वेच्छाचारिता से गिरफ्तारी एवं दण्ड से बचाते हैं। अधिकारों का तीसरा प्रकार व्यक्तिगत एकान्तता के बड़े क्षेत्र को बनाए रखता है। उदार-गणतंत्र में ये वे मुद्दे हैं जिनसे राज्य का सरोकार नहीं है जैसे धर्म का निर्वहन, कला का सृजन तथा माता-पिता द्वारा अपने बच्चों का लालन-पालन।

आर्थिक आधार (Economic Foundation)

औद्योगिक क्रांति के आरंभ में आर्थिक नीति वाणिज्यवाद द्वारा संचालित थी जो आन्तरिक व बाह्य तौर पर अर्थ-व्यवस्था को नियमित करता है। वाणिज्यवाद अन्तर-राष्ट्रीय व्यापार को 'जीरो-सम गेम' (Zero-sum game) मानता था जिसमें एक देश को लाभ का अर्थ दूसरे के लिए हानि था। मूल्यों को निर्धारित करने, विदेशी मुकाबले से अपने उद्योग को बचाने तथा आर्थिक सूचना को साझा करने से बचने के लिए राष्ट्रीय सरकारें दस्तंदाजी करती थी। उदारवादियों ने इन नीतियों को चुनौति दी। फिजिओक्रेट्स (भौतिकशाह) के तौर पर जाने वाले फ्रांसिसी विचारकों का कहना है कि धन-सम्पत्ति बढ़ाने का सर्वोत्तम उपाय अनियन्त्रित आर्थिक प्रतिस्पर्द्धा को होने देना है। उनकी सरकार को सलाह थी- ('Laissez fair, Laissez passer)' 'इसे यूँ ही होने दो, इसे अकेला छोड़ दो।

एडम स्मिथ ने अपने 'Laissez fair' सिद्धांत का प्रतिपादन 'द वैल्थ ऑफ नेशन्स (The wealth of Nations) (1776) में किया है। वह मुक्त व्यापार तथा बाजारों का हिमायती था। यदि आर्थिक ऐजेण्टों को बाजार की अर्थ-व्यवस्था में अपने आत्म-हित का अनुसरण करने की छूट दी जाती है तो सभी का कल्याण (लाभ) अधिकतम हो जाएगा। आत्म-हित देखने वाला व्यक्ति जन हित को भी बढ़ाता है क्योंकि बाजार की अर्थव्यवस्था में अपने लाभ के लिए उसे अपने लाभ के लिए दूसरों को लाभ देना (सेवा) पड़ता है। एडम स्मिथ एक 'अदृश्य हाथ' की बात करता है जो निजी हित को जन हित में बदल देता है। तथापि, एक सच्चा मुक्त बाजार ही यह आनन्ददायी परिणाम दे सकता है; अन्य प्रबंध, चाहे राज्य के नियंत्रण में हो या एकाधिकार के हों, नए प्रयासों को अशक्त कर देते हैं (चूस लेते है) और अकुशलता एवं आर्थिक अवरोधन पैदा करते हैं।

किसी भी आर्थिक प्रणाली (व्यवस्था) का काम माल का उत्पादन करना एवं माल व सेवाओं का लोगों में वितरण करना है इस प्रक्रिया से धन दौलत तथा आय का एक खास वितरण भी हो जाता है। बाजार अर्थ-व्यवस्था में, मूल्य-निर्धारण क्रिया-विधि

उत्पादन व वितरण को संचालित करती है। अच्छी तरह चल रहे बाजार उत्पादन मूल्यों व वितरण के सर्वोत्तम परिणाम देते हैं। वे उपभोक्ता के चयन में कारक होते हैं। बाजार धन-दौलत के पैटर्न्स उत्पन्न करते हैं जो मैरिट (योग्यता) के अनुसार पुरस्कार को सुनिश्चित करते हैं। आर्थिक ऐजेण्ट्स विवेकपूर्ण ढंग से और आत्म-रूचि से लागतों को न्यूनतम एवं लाभों को अधिकतम करते हैं।

चूँकि प्रत्येक व्यक्ति जानता है कि उसके लिए सर्वोत्तम क्या है, उसकी आर्थिक गतिविधियों में सरकारी दखलंदाजी केवल बाधा उत्पन्न करेगी और उसके हितों को कभी नहीं बढ़ाएगी।

इस प्रकार राजनैतिक व आर्थिक, दोनों ही दृष्टियों से उदारवादी, सरकार की गतिविधि को सीमित करना चाहते थे। राज्य को जेरेमी बेंथम (Jeremy Bentham) की एकमात्र सलाह थी- 'शांत रहो' (Be quiet)। पुरातन उदारवादियों ने तथापि यह माना कि सरकार को शिक्षा, सफाई, कानून लागू करना, डाक-व्यवस्था तथा अन्य जन सेवाएँ देनी चाहिए जो किसी निजी ऐजेंसी की सामर्थ्य से परे है। लेकिन इन कार्यों के अलावा, सरकार को लोगों के लिए वह सब नहीं करना चाहिए जो वे स्वयं के लिए कर सकते हैं।

आधुनिक उदारवाद (Modern Liberalism)

बाजार की अर्थ-व्यवस्थाओं की समस्याएँ (Problems of Market Economics)

आद्यौगिक क्रांति के गंभीर अप्रत्याशित परिणामों के कारण 19 वीं शताब्दी में लोगों का पुरातन उदारवाद से मोह-भंग हो गया। कुछ लोग अत्यधिक धनवान हो गए, अनेक दयनीय रूप से गरीब हो गए तथा औद्योगिक नगरों में बड़े-बड़े स्लम उभर आए। व्यापार चक्र भारी उतार-चढ़ाव के साथ चलने लगा- जिसमें उतार के कारण भारी संख्या में लोग बेरोजगार हो गए। अमीर लोग भृष्टाचारी हो गए और सरकारों पर उनका नियंत्रण हो गया।

टी. एच. ग्रीन (T.H. Green) का कहना था कि सरकार की अतिरिक्त शक्ति, जो पहले आजादी में रूकावट पैदा करती थी, 19वीं शताब्दी के मध्य तक काफी कम हो गई। लेकिन अन्य बाधाएँ, जैसे गरीबी, बीमारी, भेद-भाव एवं अज्ञान उभर आई। इन समस्याओं से निबटने तथा अपनी आजादी का आनंद लेने के लिए सरकार को ऐसे जरूरतमंद लोगों की सकारात्मक रूप से मदद करनी चाहिए। आधुनिक उदारवाद चाहता है कि सरकार पब्लिक स्कूल व हस्पताल स्थापित करे, जरूरतमंदों की मदद करे तथा कामगारों के स्वास्थ्य को सुधारने व उनके कल्याण हेतु उनके काम की दशाओं को नियमित करे। केवल जनता के सहयोग-समर्थन से ही गरीब व शक्ति-हीन लोग वास्तव में स्वतंत्र हो पाएँगे। यह तर्क गरीब-समर्थन तथा समावेशी विकास नीति कौशल का समर्थन करता है। आधुनिक उदारवाद ने अनेक बातें (तत्व) समाजवाद से ले ली हैं। इसकी सोच रूढ़िवाद से अधिक समाजवादी हैं।

बीसवीं शताब्दी में उदारवाद (Liberalism in Twentieth Century)

पहले विश्व युद्ध तथा उसके बाद की उथल-पुथल ने अनेक उदारवादी भ्रान्तियों को भंग कर दिया। दो बड़े युद्धों के बीच लोग गणतंत्र विरोधी हो गए तथा राजनैतिक वर्ण-क्रम की चरम-सीमाओं पर उदारवाद-विरोधी विकल्पों की ओर-उन्मुख हो गए। जर्मनी, इटली तथा स्पेन फासीवादी (fascist) तानाशाही बन गए। रूस साम्यवादी हो गया। 1930 के वर्षों में भीषण मंदी (Great depression) ने दुनिया की अर्थ-व्यवस्था पर प्रहार किया। अमरीकी राष्ट्रपति रूजवैल्ट ने मंदी को संभालने के लिए सरकार का बड़े-बड़े हस्तक्षेपों वाला 'न्यू डील' (New Deal) (1933-39) प्रवृत्त किया। ब्रिटिश अर्थ-शास्त्री जे. एम. केनीज (J.M. Keynes) ने एक आर्थिक सिद्धांत का प्रतिपादन किया कि अर्थ-व्यवस्था का सरकारी प्रबंधन ही न्यूनतम बेरोजगारी के साथ, न्यूनाधिक सतत वृद्धि (विकास) जारी रखने हेतु व्यापार चक्र के उतार-चढ़ाव ऊँच-नीच को सरल बनाए रख सकता हैं।

युद्ध के बाद के काल में उदारनीतियों से पश्चिमी योरोप, उत्तरी अमरीका तथा जापान में असाधारण वृद्धि हुई। पश्चिमी औद्योगीकरण-कृत देशों ने पूर्ण रोजगार, औद्योगिक क्षमता के अधिकतम उपयोग तथा लोगों की क्रय शक्ति को अधिकतम करने का लक्ष्य रखा। 'धन-दौलत को बॉट' लेने की पुरानी नीति की बजाय उदारवादियों ने सरकार की शक्ति का प्रयोग उधार लेने, कर देने, व न केवल व्यापारिक चक्र के संकुचनों का मुकाबला करने के लिए अपितु अर्थ-व्यवस्था के विस्तार को बढ़ावा देने देने के किया। इससे गणतन्त्र के लिए अनिवार्य वर्ग-सद्भाव एवं बेसिक मतैक्य पैदा हुआ प्रतीत होता है।

बाजार में सीमित हस्तक्षेप (Limited Intervention in the Market)

आधुनिक उदारवादियों ने बाजार प्रणाली की उपलब्धियों को पहचाना। वे इसका उन्मूलन करने की बजाय प्रणाली में संशोधन करने एवं उस पर नियन्त्रण करना चाहते हैं। केन्द्रीय रूप से आयोजित सोवियत शैली की अर्थ-व्यवस्थाओं में अनुशासन तथा मिश्रित अर्थ-व्यवस्था में भी दफतरशाहीकरण ने उन्हें एक सर्वशक्तिमान राज्य हेतु बाजार को छोड़ देने से विरत कर दिया। *किन्तु पुरातन उदारवाद के विपरीत, आधुनिक उदारवाद निम्नलिखित कारणों से बाजार में हस्तक्षेप करता है:*

- बाजार द्वारा दिए जा रहे लाभ, अधिकतर लोगों द्वारा समाज को दिए योगदान को सही-सही मापने में असफल रहे।
- बाजार ऐसे लोगों की जरूरतों की उपेक्षा करता है जिनके पास अवसर नहीं हैं या जिनका आर्थिक शोषण होता है।
- उत्पादन में व्यय की गई भारी लागत बाजार मूल्यों में दिखाई नहीं देती तथा साधन अक्सर बर्बाद कर दिए जाते हैं।
- बाजार मानवीय एवं भौतिक साधनों को ग्राहकों की जरूरतों को पूरा करने में लगाता है, जैसे आटोमोबील्स, घरेलू उपकरण या फैशन वाले वस्त्र। यह अक्सर बेसिक जरूरतों जैसे स्कूल, मकान, जन परिवहन एवं सीवेज प्रणालियों को अनदेखा कर देता है।
- यद्यपि मूल्य, वेतन तथा लाभ सम्बधित पार्टियों के बीच बातचीत बाजार के रूझानों पर आधारित होनी चाहिए, अर्थ-व्यवस्था को समग्र रूप से प्रभावित करने वालों का लोक (जन) नीति से मिलान किया जाना चाहिए।

धन-दौलत तथा आय की वृहत्तर समानता (Greater equality of wealth and income)

उदारवादी असमानता को न्यूनतम करने के लिए सामान्यत: निम्नलिखित सोच पर भरोसा करते हैं:

- अपने नियोक्ताओं से सौदेबाजी करने की अपनी शक्ति बढ़ाने के लिए कार्मिकों को ट्रेड यूनियन में संगठित करना
- गरीबों की मदद के लिए सरकार द्वारा वित्त-पोषित अनेक प्रकार की सामाजिक सेवाओं को संभालना
- प्रगतिशील कराधान
- रोजगार व आय पैदा करने वाले कार्यक्रम बनाना तथा, जैसे भारत में है, मकानों, स्वास्थ्य, सफाई, एवं शिक्षा संबंधी न्यूनतम जरूरतों की व्यवस्था।

समसामयिक उदारवाद (Contemporary Liberalism)

पुरातन उदारवाद का पुन: प्रवर्तन (The revival of classical Liberalism)

पश्चिमी अर्थ-व्यवस्थाओं में 1970 के बीच के वर्षों में आधुनिक उदारवाद को गिरती हुई आर्थिक वृद्धि की समस्या का सामना करना पड़ा। आर्थिक अवरोधन तथा कल्याण राज्य के सामाजिक लाभों के ऊँचे खर्चों ने सरकारों को कराधान व ऋणों के अस्थिर स्तरों की ओर धकेल दिया। केनेशियन (Keynesian) उपायों की उपादेयता खत्म हो गई।

इनसे पुरातन उदारवाद का पुन: प्रवर्तन हुआ जिसे फ्रेडरिक वॉन हयाक (Friedrich von Hayek) तथा मिल्टन फ्रॉइडमैन (Milton Firedman) ने विशेष रूप से अंजाम दिया। हयाक का कहना था कि धन-दौलत के पुनर्वितरण को लक्षित दखलंदाजी वाले उपाय अपरिहार्य रूप से सर्व-सत्तावाद की ओर ले गए। अर्थशास्त्र के आधुनिक मौद्रिक वाद (Monetarist School) के संस्थापक फ्रॉयडमैन का मानना था कि व्यापार चक्र मुख्यत: धन की पूर्ति एवं ब्याज की दरों से निश्चित होता है, न कि केनीज (Keynes) और उसके अनुयायियों के बहुत समय से चले आ रहे विचार के विपरीत सरकार की वित्तीय नीति से। विद्यार्थियों को ध्यान देना चाहिए कि ये वास्तव में रूढ़िवादी तर्क हैं जो बाजारों के आदर्श का गुणगान करते हैं एवं सरकारों को तेजी से सीमित कर देते हैं। ब्रिटेन में प्रधानमंत्री मार्गरेट थैचर (1979-90) तथा अमरीका में राष्ट्रपति रोनाल्ड रीगन (1981-89) ने इन विचारों को अपनाया। ये विचार नव-उदारवाद का प्रतिनिधित्व करते हैं जो रूढ़िवाद का एक रूप है। प्रसंगवश, हमारे 1991 के आर्थिक सुधार नव-उदारवाद एवं वाशिंगटन सहमति पर आधारित हैं, यद्यपि पी. वी. नरसिंहराव के शब्दों में यह एक मानवीय चेहरे के साथ हैं।

विद्यार्थियों को शब्दों के अर्थ समझने चाहिए जो भ्रामक तरीकों से बदल गए हैं। पुरातन उदारवाद, आधुनिक रुढ़िवाद एवं नव-उदारवाद के बराबर है। आधुनिक उदारवाद, कल्याण राज्य पर भी जोर के साथ समाजवाद बन गया है। और भी, अनेक उग्र सुधारवादी विचार समाजवाद में आ गए हैं एवं आधुनिक उदारवाद में चले आए हैं। शब्दों के अर्थ-विस्तार अस्पष्ट या द्विअर्थक हो गए हैं। जैसा कि हम देखेंगे, ये विचारधारात्मक उन्मुखन उन स्थितियों को बताते हैं जिनको लेकर बुद्धिजीवी तथा पत्रकार भारत में वर्तमान विवादों में बोलते हैं। आधुनिक उदारवाद प्रबल सैद्धान्तिक शास्त्र-सम्मतता (Orthodoxy) बन चुका है।

नागरिक अधिकार तथा सामाजिक मुद्दे (Civil Rights and Social Issues)

समसामयिक उदारवाद ने व्यक्तिगत अधिकारों को नई दिशा की ओर बढ़ाने का प्रयास किया। उदारवादी अधिकारों को तानाशाही एवं दमन के विरुद्ध एक परकोटे (सुरक्षा) के रूप में देखते हैं; 20 वीं शताब्दी के बाद के वर्षों में अधिकारों के लिए दावों को सामाजिक न्याय के लिए संघर्ष का साधन बनाया गया। इस प्रकार 1950 तथा 60 के वर्षों के अमेरिकी नागरिक अधिकार आन्दोलन के फलस्वरूप अफ्रीकी अमेरिकनों के विरूद्ध भेद-भाव के निषेध के कानून बने; महिलाओं सम-लैंगिक पुरूषों, समलैगिकों, शारीरिक या मानसिक तौर पर विकलांगों अन्य अल्प-संख्यकों या अलाभ-भोगी सामाजिक वर्गों के लिए समान अधिकार के लिए आन्दोलन हुए। इस प्रकार उदारवाद, ऐतिहासिक दृष्टि से जीवन के विभिन्न मार्गों (ढंगों) की बहुलता या 'अच्छे जीवन' की भिन्न-भिन्न संकल्पनाओं का पोषण करता हैं जिसके लिए वह पहले मध्यम वर्ग और धार्मिक अल्प संख्यकों एवं तब कर्मी वर्ग (Working class) तथा गरीब के अधिकारों व हितों की रक्षा करता है अन्त में वह जातीय अल्प संख्यकों, महिलाओं, समलैगिंक पुरुषों, समलैंगिक महिलाओं तथा शारीरिक या मानसिक तौर पर विकलांगों के भी अधिकारों व हितों की रक्षा करता है।

उदारवाद ने पश्चिमी समाज को अन्य प्रकारों से भी बदला है। इसने व्यक्ति की पसंद के अधिकार के अनुसार निरोध (Contraception), तलाक, गर्भपात तथा समलैंगिकता पर प्रतिबन्धों को हटा दिया। बोलने की आजादी पर जोर दिए जाने से कला एवं संस्कृति की रचनाओं में काम संबंधी बातें दिखाने पर प्रतिबंध कम हो गया। विद्यार्थियों को फिल्मों के सेंसरशिप एवं समलैंगिकता पर अक्सर होने वाली चर्चाओं को पश्चिम से आए उदार विचारों के साथ देखना चाहिए।

नरम-पंथी (Moderates)

नरम-पंथी राजनैतिक स्थितियों की विशेषता बताना या उनसे जुड़े राजनैतिक समूहों की पहचान करना कठिन है। बहुत समय पहले अरस्तू ने नरम-पंथी (moderation) या सुनहरी मध्य (golden mean) के गुण की बात की थी। लेकिन यह राजनैतिक सिद्धांत के स्थान पर मानव मिजाज से जुड़ा है। तब भी राजनैतिक चर्चा में 'नरमपंथ' का लेबल अक्सर सामने आ जाता है।

नरम-पंथी उन समूहों से जुड़े हो सकते हैं जो दो कठोर प्रणालियों या मतों से तत्वों को लेकर मिला लेते हैं। पूँजीवाद से यह गणतंत्र तथा व्यक्ति की स्वतन्त्रता एवं समाजवाद से उत्पादन के साधनों के समग्र स्वामित्व, सरकारी उपक्रम एवं आयोजना लेता है। यह एक बीच का रास्ता हैं। नरमपंथी बड़े बदलाव करने के अनिच्छुक हैं। वे समाज की हालत के विषय में बहुत अधिक फिकरमंद नहीं हैं।

उसी दल या संगठन (संस्था) में कठोरपंथी और नरम-पंथी हो सकते हैं। उदाहरण के लिए अमरीका में डेमोक्रकेटिक पार्टी, बर्नी सैण्डर्स (BernieSanders) पार्टी के बिल्कुल वाम (left) में है। पत्रकार लोग अमरीका या रूस की विदेश नीति की स्थापनाओं (कार्यालयों) में बाजों (hawks) तथा कबूतरों (doves) की बात करते हैं। विश्लेषक कठोर नीति (hard line) और भद्र इस्लामियों की भी बात करते हैं। अनेक अवसरों पर ऐसा अन्तर केवल लेखकों के दिमाग में रहता हैं।

यद्यपि नरमपंथी बदलाव के लिए उत्साही नहीं होते हैं, वे रूढिवादियों की अपेक्षा बड़ी नवीनताओं के लिए सहमत होते हैं। वे एक असुविधाजनक अधूरे मकान में रहते हैं तथा दल की वैचारिकी के प्रति समर्पण के लिए प्रशंसा पाते हैं। वे हिचकिचाने वाले और कमजोर दिमाग वाले बताए जाते हैं। मार्गरेट थाचर अपने कम तेज-तर्रार समर्थकों को 'भीगी बिल्ली' (wets) कहती थी। तथापि, नरमपंथी अक्सर मतों के कठोर व कड़े रूपों का विरोध करते हैं। वे अधिक मानवीय हैं तथा मानवीय सोच-विचारों

का उल्लंघन करते हुए नीतिगत उपायों को लागू करने का विरोध करते हैं। उनकी सोच को इस वाक्य में सूत्र रूप में कहा जा सकता है- राजनीति संभाव्य की कला है। (Politics is the art of possible)

हम स्टालिन के रूस से दो उदाहरणों, की सोच सकते हैं कि किस प्रकार नरम-पंथी बड़ी हानि को बचा सकते थे। यदि कृषि का सामूहिकीकरण कम निर्दयता से किया जाता, तो लाखों जानें बच जातीं। सोवियत राज्य राजनैतिक विरोधियों को फायरिंग स्क्वैड के सामने पक्तिबद्ध कर या उन्हें जबरदस्ती साइबेरिया में लेबर कैंपों में भेज कर उनका दमन नहीं करते। विगत की ऐसी दु:खद घटनाओं के लिए हमारा पछतावा बेकार है क्योंकि इतिहास (समय) वापस नहीं आता और उसमें 'हो सकता था' का कोई स्थान नहीं है। हमें सावधान रहना चाहिए और समय रहते चेत जाना चाहिए

रूढ़िवाद (Conservation)

रूढ़िवाद ऐसा राजनैतिक सिद्धांत (मत) है जो परम्परागत संस्थाओं व रिवाजों (चलनों) के महत्त्व (मूल्य) पर जोर देता है। यह समाज को एक जीवित प्राणी मानता है जिसके अंग भीतरी तौर पर सहज रूप में जुड़े हुए हैं। रूढ़िवादी ऐसी संस्थाओं को मान देते हैं जो धीरे-धीरे बनती हैं क्योंकि वे सामाजिक स्थिरता और सतता को बढ़ाती हैं। सरकार को जीवन की वर्तमान शैली की रक्षा करनी चाहिए और समाज को तेजी से बदलने की कोशिश नहीं करनी चाहिए। सरकार की क्रियाशीलता का संदेह रूढ़िवाद को उदारवाद एवं उग्र-सुधारवाद से अलग करता है।

रूढ़िवाद का सर्वप्रथम प्रतिपादन 18 वीं शताब्दी के बाद के वर्षो में पद्धति-गत सिद्धांत (मत) के तौर पर किया गया था। रूढिवाद से जुड़े दो प्रसिद्ध विचारक फ्रांस के शताऊब्रिआण्ड (Chaterbriand) तथा इंगलैंड में एडमण्ड बर्के (Edmund Burke) हैं। उनके अनुसार हिंसक, गैर-परम्परात्मक एवं विघ्नकारी पद्धतियों ने फ्रांसिसी क्रांति के उदार सिद्धान्तों को दूषित कर दिया।

सामान्य विशेषताएँ (General Characteristics)

रूढ़िवादियों ने मानवीय पूर्णता में आशावादी प्रबुद्धन को नकार दिया। वे इस बात से इंकार करते हैं कि मानव-गण को राजनैतिक व सामाजिक बदलावों से नैतिक दृष्टि से सुधारा जा सकता है। वे इस बात की ओर संकेत करते हैं कि अधिकतर राजनैतिक एवं सामाजिक परिस्थितियों के अन्तर्गत मानवीय इतिहास ने बड़ी-बड़ी बुराइयाँ देखी हैं। मानव न तो अच्छा (श्रेष्ठ) है और न ही बुद्धि संगत। इसके विपरित वह वासनाओं व इच्छाओं से संचालित है और कुदरती तौर पर स्वार्थी, बेतरतीब, अविवेकी और हिंसक है, मानव की मूल एव विनाशकारी सहज-वृत्तियों को रोकने के लिए परम्परागत राजनैतिक एवं सांस्कृतिक संस्थाओं की जरूरत है। बर्के (Burke) का कहना है कि आदमी को 'अपनी वासनाओं पर पर्याप्त नियन्त्रण' की जरूरत है तथा यह सरकार का कर्तव्य है कि वह 'लगाम कसे तथा उसे ठण्डा करे'। परिवारों, चर्चों तथा स्कूलों को चाहिए कि वे आत्म-अनुशासन के मूल्यों की शिक्षा दें। सरकार एवं कानून नैतिक दोषियों को सजा दें। रूढ़िवादियों का मानना है कि इन संस्थाओं की रोक के बिना कोई नैतिक व्यवहार नहीं हो सकता एवं स्वतंत्रता का उत्तरदायित्व युक्त उपयोग भी नहीं हो पाएगा।

रूढ़िवाद केवल राजनैतिक मत ही नहीं है अपितु एक स्वभाव भी है। पहले, रूढिवादी मानव प्रकृति का भरोसा (विश्वास) नहीं करते, आधार-रहित (निर्मूल) लोग परम्परागत सामाजिक मूल्यों एवं आजमाए नहीं गई नवीनताओं से कट जाते हैं। वे अटूट ऐतिहासिक सततता पर भरोसा करते हैं तथा मानते हैं कि मानवीय बातें (मामले) परम्परागत ढाँचों के भीतर ही की जानी चाहिए। ये राजनैतिक, सांस्कृतिक या धार्मिक हो सकती हैं। दूसरे, रूढिवादी स्वभाव अमूर्त तर्क एवं सिद्धान्तिकरण से घृणा करते हैं। उनका कहना है कि दार्शनिकों एवं क्रांतिकारियों द्वारा केवल तर्कणा के आधार पर प्राप्त राजनैतिक सिद्धान्तों का प्रयोग करते हुए समाज की अग्रिम आयोजना करने के प्रयास गलत दिशा वाले हैं और उनका अंत विनाश में हो सकता हैं।

रूढ़िवादी और उदारवादी इस मामले में एक-दूसरे से बहुत अधिक भिन्न हैं। जबकि उदारवादी अमूर्त सिद्धांतों को पसंद करते हैं, रूढिवादी ठोस परम्पराओं को चाहते हैं। अत: रूढ़िवादी सामाजिक या आर्थिक वास्तविकताओं में सरकार की दखलअंदाजी का विरोध करते हैं और मानते हैं कि सामाजिक इंजीनियरिंग बेकार है और खतरनाक है। समाज को समझने के लिए व्यक्ति को इसकी इतिहास और परम्परा को सीखना चाहिए क्योंकि लोग विरासत में मिले व्यवहार, नैतिकता तथा

संस्कृति का पालन करते हैं। राजनीतिज्ञों को उस समाज की परम्पराओं में स्वयं को निम्मजित कर लेना चाहिए जिस पर वे नियन्त्रण चाहते हैं।

ऐतिहासिक प्रवृत्ति (Historical Trends)

कुछ ऐतिहासिक मील के पत्थर (विशिष्ट बातें) सरंक्षणवाद का लघु चित्र प्रस्तुत करेंगे। फ्रांसिसी क्रांति की भारी विस्थापनाओं (अव्यवस्थाओं) और हलचल की जोरदार रूढ़िवादी प्रतिक्रिया हुई। नेपोलियन वाले युद्ध के अन्त के समय वीयना कांग्रेस का आयोजन हुआ। यह परम्परावाद तथा वैधतावाद के रूढ़िवादी सिद्धान्तों (एकमात्र विधिक शासन के तौर पर पुश्तैनी तानाशाही तथा फ्रंसिसी क्रांति के दौरान अपदस्य किए गए राजाओं को पुनः स्थापित करना) पर आधारित था। उदार शहरी आबादी में असंतोष के कारण राजनैतिक व्यवस्थापन तर्क-संगत सिद्ध नहीं हुआ। 1830 से 1848 के बीच अनेक बार क्रांतियाँ हुईं।

कृषि वाले रूढ़िवादी सामाजिक वर्ग की आबादी कम होने लगी। औद्योगिक क्रांति के कारण शहरी रहवासी संख्या में बढ़ गए । रूढ़िवादियों को विधायिका में बहुमत जीतने से मुश्किल होने लगी। इस परिस्थिति में, रूढ़िवादियों ने बढ़ते हुए देशभक्तिवाद की ताकतों से हाथ मिला लिया। जहाँ इससे उनको शक्ति (शासन) पाने में मदद मिली, कुछ लेखकों के मतानुसार इस से पहला विश्व युद्ध छिड़ गया।

प्रथम विश्व युद्ध के परिणामस्वरूप रूस, आस्ट्रिया-हँगरी, जर्मनी तथा औटोमान टर्की में चार महान शाही राजवंशों का पतन हो गया। ये रूढ़िवाद के अन्तिम गढ़ थे जो सामन्तशाही, भूमि वाले अभिजात -तन्त्र तथा चर्च पर आश्रित थे। युद्ध के बाद रूढ़िवादी दलों ने जर्मनी , इटली तथा अन्य देशों में विफल राष्ट्रवाद का समर्थन किया। 1930 के वर्षों से आरंभ केन्द्रीय तथा पूर्वी थोरोप में रूढ़िवादी दल नष्ट हो गए या नाजियों द्वारा सहयोजित कर लिए गए।

दूसरे विश्व युद्ध के बाद अनेक यूरोपी, रूढ़िवादी-नीतियों की ओर चल पड़े जो आर्थिक विकास एवं गणतांत्रिक स्वतंन्त्रताएँ दोनों देने वाली प्रतीत होती है। इस पुनर्जीवित रूढ़िवाद ने अपना पुराना कुलीन-वर्गीय साहचर्य छोड़ दिया। इसके स्थान पर इसने बाजार की अर्थ-व्यवस्था एवं राज्य द्वारा अनेक प्रकार की सामाजिक सेवाओं के प्रावधानों के माध्यम से जीवन-यापन के स्तर उठाने पर जोर दिया। वास्तव में उदारवाद तथा रूढ़िवाद के बीच का वैचारिक अन्तर काफी कम हो गया।

तथापि, 1970 के वर्षों में युद्ध के बाद की आर्थिक प्रगति (वृद्धि) कम होनी शुरू हो गई जिसके भरोसे अमरीका तथा अन्य पश्चिमी देश सामाजिक कल्याण कार्यक्रमों का वित्त-पोषण करना चाहते थे। इस समय एक नया वर्ग, मुख्यतः अमरीकी रूढ़िवादियों का, नव-रूढिवादियों का उभर आया। उन्होंने ऊँचें कराधान तथा सरकार द्वारा निजी उद्यम में दखलंदाजी वाले विनियमों को आर्थिक प्रगति में बाधा माना। सामाजिक कल्याण नीतियाँ अपने लाभ-भोगियों को सरकार पर उत्तरोत्तर निर्भर बना रही थी। नव-रूढ़िवादी ने मध्य-वर्गी गुणों जैसे बचत, परिश्रम तथा आत्म-नियन्त्रण का बचाव किया जबकि ये यौन स्वतंत्रता और 1960 के वर्षों की ढ़ीली-ढ़ाली जीवन-शैली के कारण ढीले हो गए थे। वे विश्व के मैदान में अमरीकी हस्तक्षेप पसंद करते थे तथा अमरीकी गणराज्य को ऐसे मॉडल के तौर पर मानते थे जिसे अन्य लोगों को अपनाना चाहिए।

प्रतिक्रियावादी (Reactionaries)

प्रतिक्रियावादियों की सोच पिछली तथा सामान्यतः पुरानी पड़ गई राजनैतिक या सामाजिक व्यवस्था की पुनस्थापना की हिमायती है। प्रतिक्रियावादी एक ऐसे समाज के लिए लालायित हैं जिसका काल बीत चुका हो। यह विगत के प्रति मोह (याद) का एक रूप है। राजनैतिक व सामाजिक परिवर्तन (बदलाव) अनेक ताकतों के कारण होते हैं। एक बार जब कुछ संस्थाऐं या विचार अपदस्थ कर दिए जाते हैं तो उन्हें पुनस्थापित नहीं किया जा सकता है।

मार्क्सवादी इस 'प्रतिक्रियावादी' शब्द को गाली के तौर पर प्रयोग करते हैं। प्रतिक्रियावादियों को प्रगति करते हुए, नए वर्गों को शक्ति (शासन) की ओर ले जाते हुए गतिशील ताकतों के साथ चन्द्रावल (rearguard) वाला युद्ध करते हुए देखा जाता है। प्राचीन तथा नवीन सामाजिक व्यवस्थाओं के बीच युद्ध में प्रतिक्रियावादी युद्ध हारने वाले पक्ष में हो सकते हैं। वे प्राचीन व्यवस्था

के लाभ-भोगी हो सकते हैं। जागीरों के उन्मूलन के काल के दौरान जमीदार तथा जागीरदारों को उन उभरते हुए कृषक स्वामियों के लिए रास्ता छोड़ना पड़ा जिन्होंने स्वतंत्रता आन्दोलन में कांग्रेस का समर्थन किया था। देसी राज्यों का भारत में विलय होने के समय कुछ शासक इससे बाहर रह गए। एक प्रकार से वे स्वतंत्रतापूर्व की व्यवस्था वाले अपने स्वार्थी हितों को बचाने का प्रयास कर रहे थे। प्रथम विश्व युद्ध के बाद राजतंत्री वर्गों, अभिजातीयता, चर्च एवं सैनिक वर्ग ने यूरोप में अपनी शक्ति खो दी। उन्होंने अपनी खोई हुई सामाजिक स्थिति को पुन: प्राप्त करने की बड़ी कोशिश की। उनकी सोच प्रतिक्रियावादी है।

हम यूरोपीय इतिहास के दो उदाहरणों को देख सकते हैं। फ्रांसिसी लेखक ज़ोजैफ द मैस्त्र (Joseph de Maistre) ने 19वीं शताब्दी को शुरू में नितान्त रूढिवाद की वकालत की। मैस्त्र ने क्रांति को, परम्परागत प्राधिकार-विशेष तौर पर राजतंत्र एवं चर्च के प्राधिकार के पक्ष में अस्वीकार कर दिया। मैस्त्र ने यूरोप की क्रांतिकृत गड़बड़ी को हानिकारक प्रबुद्धन के विचारों के ऊपर डालते हुए, प्रबोधन की सम्पूर्ण परम्परा को अस्वीकार कर दिया। फ्रांसिसी क्रांति के नारे 'स्वतंत्रता, समता और भाईचारा' के विरूद्ध मैस्त्र (Maistre) ने थ्रोन एण्ड अल्तार (Throrne and Altor) (राजा तथा पुजारी) का मान (मूल्य) उद्‌घोषित किया। चूँकि मैस्त्र (Maisntre) ने परम्परागत अभिजात वर्ग की शक्ति पर जोर दिया, उसे रूढ़िवादी न कह कर प्रतिक्रियावादी कहा जा सकता है।

वियना कांग्रेस का शांति समझौता (1815), जिसका अंत नोपोलिओनिक (Nepoleonic) युद्धों में हुआ, प्रतिक्रियावाद था क्योंकि इसका लक्ष्य वह राजनैतिक एवं सामाजिक व्यवस्था थी जो फ्रांसिसी क्रांति से पहले वर्तमान थी। फिर भी, फ्रांस, आस्ट्रिया तथा स्पेन में पुनस्थापित राजतंत्रों ने उदारवादी भावनाओं को शांत करने के लिए संसदीय संस्थाएँ बनाना ही समझदारी समझा।

विचार-धारा (Ideology)

अब तक हमने उदार तथा रूढिवादी विचारधाराओं के अलावा राजनैतिक वर्ण-क्रम पर स्थितियों की चर्चा की है। अब हम विचार-धारा की संकल्पना एवं इसके संज्ञानात्मक मुद्धों पर विचार करेंगे। विचार-धाराएँ भारत में होने वाली वर्तमान जन परिचर्चाओं को गहराई तक समझने में मदद करती हैं।

परिभाषा (Definition)

राजनैतिक विचारधारा सामाजिक या राजनैतिक दर्शन का एक प्रकार है जो सिद्धांत एवं व्यवहार को मिला देता है। यह उन विचारों की प्रणाली है जो दुनिया को समझाने एवं उसे बदलने, दोनों ही बातें करना चाहती है। विचारधारा की विशेष श्रेणियाँ हैं- समाजवाद, साम्यवाद, अराजकतावाद, फासीवाद, राष्ट्रवाद, उदारवाद तथा रूढ़िवाद। डेशत्यू द त्रासी (Destutt de Tracy) ने फ्रांसिसी क्रांति के दौरान विचारधारा (Ideology) शब्द बनाया था। विचारधाराएँ मजबूत संबंध एवं घोर प्रतिक्रिया, दोनों को उत्पन्न करती हैं।

क्रिया-उन्मुख सिद्धांत या विचारों की प्रणाली पर आधारित राजनीति की सोच के तौर पर 'विचारधारा' शब्द को थोडी शिथिलता से परिभाषित किया जा सकता है। डेशट्ट द ट्रेसी (Destutt de Tracy) की मूल संकल्पना में विचारधारा की पाँच विशेषताएँ हैं-

- इसमें मानवीय अनुभव तथा बाह्य दुनिया के बारे में व्यापक व्याख्यात्मक सिद्धान्त होता है।
- यह सामाजिक व राजनैतिक संस्थाओं के लिए एक समान (सामान्य) कार्यक्रम प्रस्तावित करती है।
- इसका विश्वास है कि कार्यक्रम को मूर्तरूप केवल संघर्ष से ही दिया जा सकता है।
- यह न केवल निष्ठावान समर्थकों को तैयार करती (मनुहार करना) है अपितु प्रतिबद्धता वाले समर्थकों को भर्ती भी करती है।
- यह व्यापक जनसमूह को सम्बोधित करती है किन्तु बुद्धि-जीवियों को नायकतत्व की विशेष भूमिका देती हैं।

विचारधारा तथा ज्ञान का समाज शास्त्र (Ideology and sociology of knowledge)

यह आश्चर्यजनक लग सकता है, हेगल (Hegel) तथा मार्क्स (Marx) ने 'विचारधारा' को अर्थापकर्षक अर्थ में प्रयोग किया है।

इनके अर्थों में विचारधारा मान्यताओं का ऐसा सैट है जिससे लोग अपने आप को धोखा देते हैं; यह ऐसा सिद्धांत है जो उस बात को व्यक्त करता है जिसे सोचने के लिए उन्हें प्रेरित किया जाता है और जो सत्य के विपरित है; यह मिथ्या चेतनता है। विचारधारा का प्रयोग मैक्स वैबर (Max Weber) तथा कार्ल मन्हेम (Karl Mannheim) सहित, ज्ञान के समाज शास्त्र के प्रतिपादकों द्वारा इस अपमान-जनक ढंग से किया गया है।

वे विचारों की प्रणालियों को कुछ खास रूचियों के परिणाम या अभिव्यक्ति मानते हैं। विचारधाराओं की वास्तविक प्रकृति उनके अनुयायियों से छुपी हुई है; मन्हेम (Mannheim) का विचार है कि, सामाजिक अनुसंधान को विचारधाराओं को उत्पन्न करने वाली जीवन की दशाओं, को अनावरित करना चाहिए। एक उदाहरण से हम विचारधाराओं की धोखे वाली प्रकृति और उन्हें अनावृत करने की जरूरत को समझ सकते हैं। इस प्रकार एडम स्मिथ के आर्थिक सिद्धांत को एक स्वतंत्र बौद्धिक सरंचना नहीं समझना चाहिए या इसको सत्य, संगत, या स्पष्टता के लिए नहीं जाँचा जाना चाहिए। बल्कि इसे पूँजीवाद की विचारधारा के भाग के रूप में, बुर्जुआ रूचियों की अभिव्यक्ति के तौर पर देखा जाना चाहिए। ज्ञान के समाज-विज्ञान ने बाद में फ्रॉयडी मनोविज्ञान विशेष रूप से अचेतन तथा बुद्धि (संगतता की संकल्पना) से समर्थन इस लिए माँगा ताकि वह यह कह सके कि विचारधाराएँ वर्ग रूचियों की अवचेतन बुद्धि संगतताएँ हैं।

ना ही वैबर और न ही मन्हेम (Mannheim) ने 'विचारधारा' का लगातार प्रयोग किया। वैबर ने मार्क्स के सिद्धान्त कि सभी विचार प्रणालियाँ आर्थिक ढाँचों के परिणाम हैं, का विरोध किया। उसका कहना है कि कुछ आर्थिक ढाँचे, विचार प्रणालियों द्वारा उत्पन्न होते हैं। इस रीति से उसका तर्क था कि (उचित उपक्रमीय धारणा को बढ़ावा देकर) प्रोटैस्टैन्ट ने पूँजीवाद को जन्म दिया है, पूँजीवादी प्रोटेस्टैन्टवाद को नहीं। दूसरी ओर मन्हेम (Mannhem) ने मार्क्स के इस विचार को पुनस्थापित करने का प्रयास किया कि विचारधाराओं का जन्म सामाजिक ढाँचे से होता है। तथापि, मन्हेम (Mannhem) ने चर्चा को धुधँला कर दिया कि 'विचार-धारा' शब्द को रूढ़िवादी विचार प्रणाली के लिए आरक्षित कर दिया जाना चाहिए तथा क्रांतिकारी या सहसाब्दिक विचार प्रणालियों के लिए आदर्श राज्य (utopia) शब्द का प्रयोग किया जाना चाहिए।

लेकिन आस्था वाले के अवचेतन मस्तिष्क के लिए सिद्धान्त या विचार देने वाली इस प्रकार की सोच विवादों में घिर गई। क्योंकि ज्ञान का समाजविज्ञान का सिद्धांत स्वयं ही अवचेतन बुद्धिपरकता हो जाता है। मन्हेम (Mannhem) ने इस मुश्किल को अप्रत्यापक ढंग से बुद्धिजीवियों के श्रेणी रहित वर्ग 'सामाजिक तौर पर असंबंध बुद्धिवादी-वर्ग, की अभिधारणा से दूर करने का प्रयास किया जो किसी वर्ग की रूचि या संबंधता से अपनी स्वतंत्रता की विशेषता के कारण स्वतंत्र रूप से सोचने योग्य है। भारतीय जन चर्चाओं में इस समस्या के प्रति जागरूकता दिखाई नहीं देती। प्रत्येक पक्ष जिसमें एक दूसरे से कम नहीं है, अक्सर अवचेतन वैचारिक अभिरूचि का बंधक रहता है।

क्या विचार-धाराएँ युक्ति-युक्त हैं या अ-युक्ति युक्त? (Are ideologies rational or irrational)

राजनैतिक सिद्धान्ती इस बात पर बँटे हुए कि विचार-धाराएँ युक्ति-युक्त हैं या अ-युक्तिक। कुछ लोग मुक्त अनुभव की बजाय अमूर्त विचार के माध्यम से राजनीति समझने की छूट ले लेते हैं। वे किताबी ज्ञान पर आधारित राजनैतिक पण्डिताई पर भरोसा नहीं करते। तथापि, माइकल ओकशॉट (Michal Oakeshott) का विचार है कि विचार-धाराएँ युक्ति-युक्त (बुद्धिपरक) हो सकती हैं। उदाहरण के तौर पर वह लोके (Locke) के राजनैतिक स्वतन्त्रता के सिद्धान्त को इंगलिशमैन की स्वतंत्रता की परम्परागत समझ का 'संक्षेपण' बताता है। यदि ऐसी संकल्पना को इसकी मूल परम्परा से लिया जाता है तो यह युक्ति-युक्त (बुद्धिपरक) सिद्धान्त या तात्विक सार बन जाता है, जैसे कि मानव अधिकारों की घोषणा में स्वतन्त्रताएँ होती हैं।

दूसरी ओर, एडवर्ड शिल्स (Edward Shils) विचारधारा को अ-यूक्ति-युक्त मानता है जिसकी जड़े नितान्त रूमानीवाद में हैं। रूमानीवाद, प्रबोधन के विश्वास कों सभी ज्ञानों के आधार के तौर पर तर्क (में) मानने से नकारता है। रूमानिक्स भावनात्मक संवदेनशीलता और व्याक्तिगत व्यक्ति-निष्ठता तथा कल्पनाशीलता के महत्व पर जोर देता है। यह श्रेण्यवाद एवं अ-श्रेण्यवाद की व्यवस्थ तथा निग्रहों के विरूघ प्रतिक्रिया को प्रस्तुत करता है। यह उस बुद्धिवाद को नकारता हैं जो प्रवोघन की विशेषता बताता

है। उसका कहना है कि रूमानीवाद, इसके विचार की निष्ठा से एवं वास्तविक के लिए इसके तिरस्कार के साथ विचार-धारात्मक राजनीति को प्रभावित करता है। यह राजनैतिक हिसाब-किताब एवं समझौते पर आधारित तिरस्कार पर जमा रहता है। चूँकि राजनीति समझौता समझदारी पूर्ण आत्म-नियंत्रण एवं उत्तरदायित्व-पूर्ण सावधानी माँगती हैं, रूमानीवाद द्वारा संचालित विचारधाराएँ नागरी राजनीति को पसंद नहीं करती।

विचार-धारा तथा हिंसा (Ideology and Violence)

अनेक आलोचकों, विशेष रूप से हनाह आरेन्डेण्ट (Hannah Arendent) तथा कार्ल पॉपर (Karl popper) ने विचार-धारा की 'कुल' विशेषता, इसकी उत्कटता और हिंसा का विश्लेषण किया। क्रांतिकारी हिंसा का विरोध करते हुए कामू (Camus) मानता है कि वास्तविक विद्रोही- (या भिन्न मतावलम्बी) किसी क्रांतिकारी विचारधारा की प्रामाणिकता की पुष्टि नहीं करता। वास्तविक विद्रोही सुधारों की राजनीति पसंद करेगा, जैसे ट्रेड-यूनियन समाजवाद मार्क्सवादी या ऐसे ही आन्दोलनों की सर्वसत्तावादी राजनीति की तुलना में तक। वह विचारधारा की पद्धतिबद्ध हिंसा या इसके नाम पर किए गए अपराधों को नकारता है। वह मानता है कि आधुनिक दुनिया में विचारधारा का उदय मानवीय दुखों (पीड़ाओं) को बहुत बढ़ा देता है।

कार्ल पॉपर (Karl Popper) समग्र विचारधाराओं की बजाय 'टुकड़े-टुकड़े सामाजिक इंजीनियरिंग' (Piecemeal social engineering) की वकालत करता है। पॉपर का मानना है कि विचारधारा उस तर्क-संगत त्रुटि पर टिकी होती है जिसमें इतिहास को विज्ञान में परिवर्तित किया जा सकता है। विचारधारा, इतिहास में निश्चितता चाहती है तथा विज्ञान-संबंधी भविष्य-कथनों के समान ही ऐतिहासिक भविष्य-कथनों को लक्षित करती है। चूँकि विचारधाराएँ विज्ञान की प्रकृति के बारे में गलत धारणा रखती हैं, वे ऐसी भविष्यवाणियाँ करती हैं जो न तो वैज्ञानिक भविष्य-कथन होते हैं और ना ही उनकी कोई वैज्ञानिक वैधता होती है।

सभी विचारधाराएँ हिंसा का समर्थन नहीं करती। तथापि, विचारधाराओं संबंधी लेख सैनिक व युद्ध वाली भाषा से भरपूर होते हैं। युद्ध जैसे शब्द जैसे संघर्ष, मुकाबला, मार्च, विजय और कब्जा कर लेना जैसे शब्द अक्सर प्रयोग किए जाते हैं। शब्दावली से पता चलता है कि एक विचारधारा के प्रति वचनबद्धता सेना में शामिल होने के बराबर है या किसी विचारधारा से जुड़ना एक लड़ाका या समर्थक हो जाना है।

अनेक विचारधारात्मक लेखक भाषा के प्रयोग से आगे निकल जाते हैं और हिंसा का अनुमोदन करते हैं उदाहरण के लिए, जॉर्ज सोरल (George Sorel) ने प्रथम विश्व युद्ध से पहले अपनी पुस्तक 'रिफ्लैक्शन्स ऑन वायलेंस' (Reflections on Violence) में ऐसा ही किया है। कुछ लेखकों के अनुसार सोरल ने 'हिंसा' शब्द का प्रयोग बम फेंकने या भवनों को जलाने के लिए नहीं अपितु मनोवेग के अर्थों में किया है। 1960 के आरंभ के अश्वेत लड़ाकू लेखक जैसे फ्रन्ट्ज फनॉन (Frontz Fanon) हिंसा की वकालत करता है। जीन-पॉल सार्त्रे (Jean-Paul Sartre) की ड्रामाई रचनाओं में इसे प्रमुखता से लिखा गया है कि 'गंदे हाथ' (dirty hands) राजनीति में जरूरी हैं और यह कि खून-खराबे के विषय में बुर्जुआ निरोध के साथ कोई व्यक्ति क्रांतिकारी उद्देश्य को उपयोगी ढंग से पूरा नहीं कर सकेगा। क्रांति की विचारधारा से सार्त्रे का जुड़ाव उनकी उम्र बढ़ने के साथ-साथ बढ़ता रहा और अपने बाद की रचनाओं में उसने कहा कि हिंसा अपने आप में भी एक अच्छी-वस्तु होगी।

विचारधारा तथा उपयोगितावाद (Ideology and Pragmatism)

अनेक लेखक राजनीति के लिए विचारधारात्मक एवं उपयोगितावादी सोच के बीच अन्तर करते हैं। उपयोगितावाद समस्याओं की जाँच सैद्धान्तिक, पूर्व संकल्पित उपायों को लागू करने के प्रयासों के बिना, उनके मैरिट के आधार पर करता है। कुछ विचारकों का सोचना है कि राजनीति कम सैद्धान्तिक हो गई है और वे सैद्धान्तिकता के अन्त की बात करते हैं। उनका विचार है कि सैद्धान्तवाद से उपयोगितावाद बेहतर है। पचास वाले वर्षों में लोगों पर विचार-धाराओं की पकड़ में गिरावट आई थी। लेकिन साठ के वर्षों में अनेक वामपंथी समूह उग आए थे।

विचारधाराओं से पीछा छुड़ाना मुश्किल है। राजनीति पर कोई भी सोच विश्वासों की प्रणाली वाली होती है। इनमें से कुछ अन्यों की तुलना में अधिक व्यवस्थित होते हैं। यद्यपि एक सैद्धान्तिकी एक विश्वास प्रणाली है, लेकिन सभी विश्वास प्रणालियाँ

सैद्धान्तिकी नहीं होती। शिथिल रूप में सैद्धान्तिकी वेल्टनशोअंग (Weltonschaung) या 'व्यू ऑफ द वर्ल्ड (View of the world) हैं।

विचारधारा एवं अन्तर-राष्ट्रीय संबंध (Ideology and international relations)

राजनैतिक विचारकों का मानना है कि 20वीं शताब्दी में विचारधारा ने राजनय (diplomacy) को प्रभावित करना शुरू कर दिया था। पहले विश्व-युद्ध में भारी नर-संहार हुआ और उसके लिए औचित्य सिद्ध करने की जरूरत थी। पहले सैनिक ताज तथा राष्ट्र के लिए लड़ते थे। यहाँ संयुक्त सेना गणतंत्र हेतु विश्व को सुरक्षित करने एवं जर्मनी की पाशविकता के विरुद्ध सभ्यता के संघर्ष के तौर पर लड़े। साम्यवाद व फासीवाद के उभरने से विश्व की राजनीति वैचारिक दृष्टि से अधिक प्रतिस्पर्द्धात्मक हो गई। शीत युद्ध, मुक्त विश्व एवं साम्यवादी ब्लॉक के बीच टकराव था। 20वीं शताब्दी का अधिकतर समय 'वादों' बहुल रहा। युद्ध लड़े गए, गठबंधन किए गए तथा वैचारिक आधार पर संधियाँ की गई थीं। लेकिन हाल के समय में राष्ट्र व्यावहारिक आर्थिक हितों के आधार पर संबंध बनाने की ओर वापस आ गए हैं।

साम्यवाद (Communism)

परिचय (Introduction)

राजनैतिक वर्ण-क्रम में साम्यवाद एकदम बाएँ रहता है। साम्यवाद (Communism) शब्द 1940 के वर्षों के आसपास वजूद में आया। यह लेटिन शब्द 'Communis' से लिया गया है जिसका अर्थ है समाज के साझेदारी वाले' (shared) या 'समान' (common) विचार। साम्यवाद एक राजनैतिक एवं आर्थिक सिद्धांत (मत) है जो निजी सम्पत्ति और जनता के स्वामित्व वाले लाभ आधारित अर्थ-व्यवस्था को बदलना और उत्पादन के बड़े साधनों (जैसे खानें, मिलें और फैक्ट्रियाँ) तथा समान के प्राकृतिक संसाधनों का नियन्त्रण चाहता है।

कार्ल मार्क्स (Karl Marx) साम्यवाद का मुख्य सिद्धांत-शास्त्री है। उसके सिद्धांत के तीन मुख्य पहलु हैं (1) इतिहास की भौतिकता वाली संकल्पना (2) पूँजीवाद व इसके कार्य-संचालन की आलोचना तथा (3) पूँजीवाद का क्रांतिकारी तख्तापलट तथा अन्ततः उसके स्थान पर साम्यवाद की प्रतिष्ठा।

ऐतिहासिक भौतिकवाद (Historical Materialism)

भौतिकवादी सिद्धांत इतिहास को वर्ग संघर्षों और क्रांतिकारी उतार-चढ़ावों की श्रृंखला मानता है जिसका अंत सभी के लिए आजादी में होता है। पहले, हीगल ने इतिहास को 'आत्मा' का द्वन्द्वात्मक (तर्क-संगत या युक्ति-युक्त) आत्म-विकास माना है। मार्क्स ने इसके स्थान पर भौतिक अर्थ दे दिए। मार्क्स के अनुसार भौतिक उत्पादन (i) "उत्पादन हेतु भौतिक शक्तियाँ" औजार, प्रौद्योगिकी और कच्चा माल-तथा (ii) "उत्पादन हेतु सामाजिक संबंध" अर्थ-व्यवस्था में उत्पादन की व्यवस्था। ज्ञान जानकारी एवं प्रौद्योगिकी की उन्नति ने उत्पादन की भौतिक शक्तियों में क्रांति ला दी है। किन्तु सहवर्ती बदलाव के न होने पर सामाजिक व आर्थिक ढाँचे, गत्यात्मक प्रौद्योगिकी में बाधक बने हुए हैं। यह विसंगति दूर हो सकती है जब समाज में सामन्तशाही से पूँजीवाद का क्रांतिकारी परिवर्तन होता है।

औद्योगिक पूँजीवाद ऐसी आर्थिक प्रणाली है जिसमें एक वर्ग - सत्तासीन बुजुर्गवाद का उत्पादन के साधनों का स्वामित्व होता है। कामगार (Working) वर्ग या श्रमजीवी प्रभावी तौर पर अपनी स्वतत्रंता खो देता हो। कामगार, उत्पादन के साधन हो जाते हैं मात्र 'मशीन के अनुलग्नक' के समान।

पूँजीवाद के मार्क्सवादी आलोचक (Marxist Critique of Capitalism)

मार्क्स का मानना है कि मानव इतिहास अनेक अवस्थाओं से गुजरा है, पुराने दासत्व वाले समाज से राजतन्त्रीय और उससे पूँजीवाद में आया है। प्रत्येक अवस्था में, कामगारों के बड़े वर्ग के श्रम का दोहन करने के लिए प्रबल वर्ग ने उत्पादन के साधनों पर अपने

नियन्त्रण का प्रयोग किया है। लेकिन प्रत्येक अवस्था आन्तरिक तनावों या 'विरोधाभासों' के परिणामस्वरूप उत्तराधिकारी ने शासक वर्ग का तख्ता पलट दिया और उसका स्थान ले लिया। इस प्रकार बुर्जुआ ने अभिजात-वर्ग को उखाड़ फेंका तथा राजतंत्र के स्थान पर पूँजीवाद को स्थापित कर दिया। इसी प्रकार, मार्क्स ने भविष्य-कथन किया कि श्रमजीवी वर्ग द्वारा बुर्जुआ वर्ग उखाड़ फेंका जाएगा तथा पूँजीवाद का स्थान साम्यवाद ले लेगा।

पूँजीवाद विकास की एक अनिवार्य अवस्था थी। इसके कारण उल्लेखनीय वैज्ञानिक व प्रौद्योगिकीय परिवर्तन हुए और धन-दौलत में भारी वृद्धि हुई। लेकिन यह धन-दौलत-तथा इसके साथ चलती रहने वाली शक्ति व आर्थिक अवसर-अनुचित ढंग से वितरित किए गए थे। पूँजीवादी लाभ कमाते थे जबकि वे श्रमिक वर्ग को उसके लम्बे समय तक किए गए कठोर परिश्रम के लिए मामूली-सा धन देते थे। इस धन-दौलत के बल पर बुर्जुआ वर्ग सरकार या राज्य को नियंत्रित भी कर सकते हैं जो कि गरीब या कमजोर (शक्तिहीन) के लिए हानिकारक रहते हुए धनाढ्यों व शक्तिशालियों का कहा करते हैं। लेकिन समाज की दबंग सोच इन तथ्यों को छुपाती है। धर्म, जिसे मार्क्स 'लोगों की अफीम' (The opiclm of the people) कहता है, वैचारिक धुँधलापन पैदा करता है। यह तार्किक क्षमता को कुन्द करता है और मजदूरों को अपनी बिगड़ी दशा को भगवान की इच्छा मान लेने को प्रेरित करता है। असमानता, गरीबी एवं आत्म मिथ्या-चेतनता के अलावा पूँजीवाद, कर्मियों में असम्बद्धता पैदा करता है।

क्रांति तथा साम्यवाद (Revolution and communism)

मार्क्स का मानना है कि पूँजीवाद एक उड़न शील (क्षणमंगुर) आर्थिक प्रणाली है जो लगातार होने वाले बुरे संकटों-मंदी और दबाव-की श्रृंखला से ग्रसित रहेगी जिससे औद्योगिक श्रमजीवियों के बीच बड़ी बेरोजगारी, कमतर वेतन तथा बढ़ती तंगहाली पैदा होगी।

इन संकटों से श्रमजीवी मानने लेंगे कि शासक बुर्जुआओं की तुलना में, एक वर्ग के रूप में उनके अपने हित अविश्वसनीय हैं। क्रांतिकारी वर्ग-चेतना से युक्त श्रमजीवी वर्ग, राज्य की शक्ति की संस्थाओं, जैसे पुलिस, अदालतें, कारगार और इसी प्रकार के अन्यों के साथ उत्पादन के बड़े साधनों पर कब्जा कर लेंगे तथा ऐसे समाजवादी राज्य की स्थापना करेंगे जिसे मार्क्स श्रमिकों की क्रांतिकारी तानाशाही कहता है। इस प्रकार श्रमिक-वर्ग अपने वर्ग के हितों में शासन करेगा, जैसे कि पहले बुर्जुओं ने किया। ऐसा श्रमिक विस्थापित बुर्जुओं द्वारा किए जाने वाली प्रति-क्रांति से बचने के लिए करेंगे। तथापि, जब ऐसी आशंका गायब हो जाती है, तब राज्य की जरूरत भी समाप्त हो जाएगी। इस प्रकार अन्तरिम राज्य धीरे-धीरे समाप्त हो जाएगा और उसके स्थान पर वर्ग-रहित समाज की स्थापना हो जाएगी।

मार्क्स की साम्यवादी समाज की कल्पना विशेष तौर पर (और शायद जानबूझ कर) अस्पष्ट है। पहले के यूरोपियन समाजवादियों के विपरीत जिन्हें मार्क्स तथा एजल्स (engles) ने अवैज्ञानिक और अव्यवहारिक करार दिया था, मार्क्स ने भावी समाज की विस्तृत रूपरेखा प्रस्तुत नहीं की थी। उसका कहना था कि भविष्य की रसोई के लिए व्यंजन विधियाँ लिखना मेरा काम नहीं हैं।

हमें उन पेचिदगियों और मोड़ों की चर्चा करने की जरूरत नहीं है जिनसे साम्यवाद बाद में गुजरा। पहले संशोधनवादी (revisionist) बनर्सटीन (Bernstein) द्वारा संचालित एक वर्ग का आग्रह है कि साम्यवाद को ट्रेड यूनियनवाद का संसदीय मार्ग पकड़ लेना चाहिए। लेनिन ने क्रांति की जरूरत के तौर पर मार्क्सवाद को परिवर्तित किया। मार्क्सवाद-लेनिनवाद ने प्रतिपादित किया कि-

(i) समाज को एक केन्द्रीकृत, हरावली (सैनिक) दल की जरूरत है और इसे शांतिपूर्ण कानूनन राजनैतिक भागीदारी के माध्यम से बहु-दलीय प्रतिस्पर्धा की जरूरत नहीं है।

(ii) साम्राज्यवाद ने पूँजीवाद के विकास को आकार दिया है एवं मार्क्स द्वारा बताई गई द्वारा क्रांतिकारी संघर्ष की शर्तों को बदल दिया; मार्क्स क्रांतियाँ कम विकसित पूँजीवादी अर्थ-व्यवस्थाओं में होने की अधिक संभावना है।

बीसवीं शताब्दी में मार्क्सवाद (Marxism in Twentieth Century)

बीसवीं शताब्दी में मार्क्सवादी विचारधारा, प्राचीन मार्क्सवाद से काफी हट गई। मार्क्सवाद का यह नया रूप अनेक नए नामों (संज्ञाओं) से जाना जाता है, जैसे सांस्कृतिक मार्क्सवाद, नव-मार्क्सवाद, इच्छास्वातंत्रवादी-मार्क्सवाद, अस्तित्वात्मक-मार्क्सवाद या पश्चिमी मार्क्सवाद। इसने अब प्रबल वामपंथी उदार अतिवादी पश्चिमी विचारधारा को प्रभावित किया। सांस्कृतिक मार्क्सवाद का उद्‌गम एन्थनी ग्रामस्की (Anthony Gramsci) के लेखन में तथा फ्रेंकफर्ट स्कूल में हुआ।

ग्रामस्की ने अपनी रचना 'द प्रिजन नोटबुक्स' में इस बात का उत्तर दिया है कि क्रांतिकारी मार्क्सवादी सिद्धान्त पश्चिमी यूरोप में क्यों नहीं पनप पाए। इसका कारण 'सिविल सोसायटी' की संस्थाओं जैसे परिवार, चर्च, ट्रेड यूनियनों और शिक्षा प्रणाली में पूँजीवादी विचार लगातार जमे रहे। उनसे समाज मे मतैक्य हो जाता है। वे 'राजनैतिक सोसायटी', जिस में पुलिस, सेना तथा विधिक प्रणाली शामिल है, से अलग (स्वतन्त्र) हैं। जबकि मार्क्स का मानना है कि आर्थिक अस्तित्व (सत्ता) ("द बेस") ही इसकी संस्कृति सहित समाज ('द सुपरस्ट्रक्चर') के अन्य सभी पहलुओं को तय (निश्चित) करता है। ग्रामस्की का कहना है कि यह संस्कृति ही है जो किसी समाज के आर्थिक ढाँचे को तय करती है। अत: इससे आगे यह होता है कि आर्थिक ढाँचे में परिवर्तन उन सांस्कृतिक संस्थाओं में पहले किए जाने वाले परिवर्तन पर निर्भर करेगा, जो लोगों में पूँजीवादी विचारों का रोपण करते हैं। ऐसा करने का एकमात्र रास्ता पश्चिमी सभ्यता के विशेष तौर पर ज्यूडियो-क्रिस्चन (Judeo-Christian) धार्मिक मूल्यों की जड़ों को काटना है। ग्रामस्की का कहना है कि, "नई व्यवस्था में, समाजवाद स्कूलों, विश्वविद्यालयों, चर्चों और मीडिया में घुसपैठ कर संस्कृति पर कब्जा और समाज की संचेतना को बदल कर विजयी होगा।"

द फ्रेंकफर्ट स्कूल के थियोडोर एडोर्नो तथा हर्बर्ट मार्कस ने मार्क्सवाद में फ्राइडियन मनोविज्ञान मिश्रित कर दिया तथा पश्चिमी संस्कृति को साम्यवाद के प्रति अनुकूल बनाने का प्रयास किया। इस स्कूल ने 'क्रिटिकल थ्योरी' (महत्वपूर्ण सिद्धान्त) का भी निर्माण किया जो एक उग्र सामाजिक आलोचक था और जो स्थिति बनाए रखने के मूल में जाने के लिए लक्षित था। क्रिटिकल थ्योरी दमनकारी या विमानवीकरण मानी जाने वाली पश्चिमी संस्कृति के सभी पहलुओं पर तीखा और अनवरत हमला करती है। यह मानती है कि यह आक्रामकता उस ओद्योगिकतर समाज के लिए जिम्मेदार है जिसकी विशेषताएँ दमन (उत्पीड़न), प्रजातीयता, दासता, वर्गवाद और लिंगवाद हैं। कुछ लेखकों का विचार है कि इसने पश्चिम में 'राजनैतिक परिशुद्धता, बोलने की आजादी, क्रैकडाउन, नो-प्लाट फोरमिंग (या उस संस्कृति को रद्द करना जिसमें सामाजिक मंचों एवं मीडिया साइट्स से अरुचिकर विचारों को हटाया जाता हो तथा विश्वविद्यालयों के असभ्य एवं वंचना वाले प्रदर्शन, भ्रांतिपूर्ण 'फासिस्टों' के विरूद्ध लक्षित डराना-धमकाना व हिंसा जैसे अत्यधिक वाम-पक्षीय उग्रवाद के विचारों एवं चलनों को बढ़ाया है। ऐसे चलन (प्रवृत्तियाँ) ही हैं जिनसे भारतीय वामपंथ की वर्णनात्मक एवं तर्कात्मक स्थिति (अवस्था) की प्रेरणा मिलती है।

समाजवाद (Socialism)

'समाजवाद' शब्द 1800 के शुरूआती वर्षों में बनाया गया था। यह ऐसी राजनीति की वकालत करता है जो व्यक्तियों की जरूरतों को पूरा करने की बजाय पूरे समाज की बेसिक जरूरतों को पूरा करती है। समाजवाद उन प्रतिस्पर्धी विचारधाराओं (जैसे पुरातन उदारवाद) का विरोध करता है जो अपनी राजनैतिक प्राथमिकताओं में व्यक्तिवाद को लोक हित (Common good) के ऊपर रखती हैं। सेंट साइमन (Saint-simon) (1760-1825), रॉबर्ट ओवन (Robert owen) (1771-1859) तथा चार्लस फोरियर (Charles Fourier) (1772-1837) आरम्भिक समाजवादी थे। उनका कहना था कि प्रतिस्पर्द्धी समाजों ने समेकित सद्‌भाव की संभावना को नष्ट कर दिया है। उनका आग्रह था कि व्यक्ति सहकार के साथ रहने में सक्षम हैं तथा समाजवादी समाज यह बात सिद्ध करेगा। सेंट-साइमन ने समाजवाद को एक विस्तृत संश्लिष्ट सामाजिक प्रणाली माना है। इसमें, वैज्ञानिक योजनाकार बिल्कुल उपयुक्त मात्रा में माल बनाने तथा बिना छीजन या कमियों के उसे बराबर से समाज में वितरित करने के लिए आर्थिक गतिविधि का समन्वयन करेंगे। ओवन (Owen) तथा फोरियर (Fourier) छोटी आत्म-सम्पूर्ण सहकारी समाजों में विश्वास करते हैं। इन समाजों में, समुदाय के सभी सदस्य श्रम तथा इससे उत्पादित धन-दौलत, दोनों में भागीदारी रखते हैं।

बाद में, समाजवादियों को लोकतंत्रवादी या लोकतांत्रिक समाजवादी कहा जाता था। वे मार्क्सवाद-लेनिनवाद को नकारते थे। वे इसकी हरावल दल की वकालत सत्तावादी के रूप में देखते थे। सामाजिक लोकतंत्रवादी, समाजवाद व गणतंत्र को मिला देने में विश्वास करते हैं। मार्क्सवादियों लेनिनवादियों के विपरित सामाजिक लोकतन्त्रवादी समाजवाद के लिए शांतिपूर्ण कानूनी प्रयासों का समर्थन करते हैं तथा बहु-दलीय प्रतिस्पर्द्धा एवं नागरिक स्वतंत्रता में विश्वास करते हैं। वे समाजवाद को समाज को संगठित करने के ढंग के तौर पर देखते हैं ताकि सभी वर्गों को कुछ स्तर तक सामाजिक कल्याण एवं आर्थिक सुरक्षा की गारण्टी मिल सके। वे समाज के वैभव को आबादी के सभी क्षेत्रों में बाँटने का प्रस्ताव करते हैं जिसके लिए वे आधुनिक उदारवाद द्वारा समर्थित के समान जन नीतियों को लागू करना चाहते हैं। वास्तव में, सामाजिक लोकतंत्रवादी व्यापक कल्याण कार्यक्रमों का समर्थन करते हैं जिसके लिए उनका विश्वास है कि वे आर्थिक स्व-निर्णयन को बढ़ावा देते हैं जैसे कि गणतंत्र आत्म-निर्णयन को बढ़ावा देता है। जैसा कि हमने पहले कहा है, समाजवादी एवं उदारवादी नीतियाँ यूरोप व अमरीका में एक-दूसरे के नजदीक आई हैं।

अराजकतावाद (Anarchism)

समाजवाद के तत्व आधुनिक पूँजीवाद मे कल्याण उपायों के रूप में समाहित हैं। इस प्रकार, बाज़ार-उन्मुख न होने पर भी पश्चिमी समाज, कल्याण राज्य हैं। वे निःशुल्क विद्यालयी शिक्षा, स्वास्थ्य की देखभाल, बेरोजगारी लाभ, वृद्धावस्था पेंशन, शिशु पालन सहायता, आर्थिक सहायता प्राप्त लोक परिवहन और इसी प्रकार के कार्यो के लिए बजटीय प्रावधान करते है। ये राष्ट्र (अमरीका को छोड़कर) अक्सर सामाजिक गणराज्य बताए जाते हैं। अमरीका में तथा कुछ कम सीमा तक यूरोप में सामाजिक कल्याण के कार्यक्रमों का वित्त-पोषण जनता से उधारी के बड़े-बड़े कार्यक्रम चला कर किये जाते है। अनेक अर्थशास्त्रियों का कथन है कि मॉडल ज्यादा चलने वाला नहीं है।

अराजकतावाद या अराजक साम्यवाद न केवल सम्पत्ति के सामूदायिक स्वामित्व की वकालत करता है बल्कि राज्य के उन्मूलन की भी बात करता है। महत्वपूर्ण अराजक-साम्यवादी इंगलैंड में विलियम गॉड विन (William Godwin), रूस में मिखाइल बाकूनिन (Mikhail Bakunin) तथा पीटर क्रोपोत्किन (Peter Kropotkin) थे (यद्यपि दोनों ही निष्कासित हो गए थे) तथा अमरीका में एम्मा गोल्डमैन (Emma Goldman) थे।

उनका कहना था कि सरकार की और निजी सम्पत्ति परस्पर अन्योन्याश्रित संस्थाएँ हैं। राज्य निजी सम्पत्ति की रक्षा के लिए होता है तथा निजी सम्पत्ति के स्वामी राज्य की रक्षा करते हैं। यदि सम्पत्ति का स्वायित्व सामुदायिक होना है और वह बराबर बाँटी जानी है तो राज्य को सदा के लिए समाप्त कर देना चाहिए। अपनी रचना 'स्टेटिज्म एण्ड अनार्की (Statism and Anarchy) में बकुनिन (Bakunin) ने मार्क्स के इस विचार पर हमला किया कि परिवर्तित राज्य- श्रमजीवी वर्ग की तानाशाही-बुर्जुआ प्रति-क्रांति से बचाव के बाद गायब हो जाएगा। उसने तर्क दिया कि कोई भी राज्य कभी गायब नहीं हुआ है और ना ही कभी होगा। दूसरी ओर राज्य की प्रकृति है कि वह अपनी प्रजा पर अपना नियंत्रण फैलाए, अपने जीवनों पर प्रजा को कुछ आजादी थी, उसे सीमित करके एवं अन्ततः उसे समाप्त कर दे। मार्क्स का अन्तरिम राज्य वास्तव में श्रमजीवी वर्ग के ऊपर तानाशाही होगी। इस प्रकार इस संबंध में बकुनिन (Bakunin) मार्क्स से अधिक दूरदर्शी सिद्ध होता है।

फासीवाद (Fascism)

फासीवाद, सर्वसत्तावादी विचार धारा है। यह उदारवाद, रूढिवाद तथा समाजवाद का विरोध करता है। फासीवाद आधुनिक सामाजिक एवं राजनैतिक समस्याओं का सर्वोत्कृष्ट हल है जो अन्य विचार-धाराएँ देने में असफल रही हैं। मुसोलिनी व हिटलर सप्रसिद्ध तानाशाह रहे हैं।

फासीवाद की मुख्य विशेषताएँ हैं

(i) एक सर्वसत्तावादी राज्य की जरूरत है जो राजनीति से सम्बद्ध माने जाने वाले जीवन के सभी भागों को विनियमित करे।

(ii) यह विश्वास कि व्यक्ति से अधिक महत्वपूर्ण राज्य है।

(iii) इस विचार को अस्वीकार करना कि राज्य की शक्ति को सीमित रखने और राज्य के कानून की आलोचना करने के लिए नागरिक संस्थाएँ जरूरी हैं।

(iv) दृढ़ कथन कि लोग मनोवैज्ञानिक ढंग से एक सर्वसत्तावादी राज्य से जुड़े होने और इसकी सेवा में स्वयं को समर्पित कर देने के भाव से अपना प्रयोजन का भाव प्राप्त करते हैं।

(v) समानता के सिद्धांत को अस्वीकार करना।

(vi) राष्ट्रवाद और/या जातिवाद की वकालत।

फासीवाद एक खतरनाक नस्ल है, किन्तु अपने विरोधियों को फासीवादी कह कर इसके ओछेपन से बचना चाहिए।

लोग विचारधाराओं का चुनाव कैसे करते हैं (How do People Choose Ideologies)

लोगों की राजनैतिक मनोवृत्तियाँ एवं वैचारिक जुड़ाव तय करने के कई कारक हैं।

मूल्य/मान (Value)

कुछ उदाहरणों से पता लग जाएगा कि किस प्रकार मूल्य लोगों को खास वैचारिक पसंदों की ओर पूर्व-प्रवृत्त कर देते हैं। व्यक्ति की निजता तथा स्त्री की निजी स्वतंत्रता के अधिकार में विश्वास के कारण उदारवादी गर्भ-पात का समर्थन बेरोकटोक कर सके। जीवन की पवित्रता में विश्वास इस रूढ़िवादी विचार को रेखांकित करना है कि गर्भवती महिलाएँ अपने बच्चों को धारण करने के लिए नैतिक दृष्टि से उत्तरदायी हैं और अत्यधिक खराब स्थितियों को छोड़ उन्हें गर्भपात करवाने का कोई अधिकार नहीं है। उदारवादियों ने सम-लैंगिकता की व्यक्ति की स्वतन्त्रता को फिर से लागू कर दिया। रूढ़िवादी इसका विरोध करते हैं क्योंकि यह प्राकृतिक प्रक्रिया को एवं परिवार के मूल्यों को नकारता है।

उदाहरणों को बढ़ाने की कोई जरूरत नहीं है। हमने अनेक विचारधाराओं पर विचार किया है और उनके आधार बने सिद्धान्तों पर चर्चा की है। प्रत्येक वैचारिकी अनेक (विचारधारा) सामाजिक, राजनैतिक तथा आर्थिक मुद्दों पर अपना पक्ष रखती है। प्रत्येक, विचारधारा एक ऐसे पैकेट के समान है जिसमें मनोवृत्ति के विषय तथा प्रत्येक विषय के प्रति उचित मनोवृत्ति बंधी है। अतः वैचारिकी-कथन अपनी पूर्व-निश्चित मनोवृत्ति वाले सैट को छोड़ पाने में असमर्थ हैं।

व्यक्तित्व की विशेषताएँ (Personality Traits)

व्यक्ति की मनोवैज्ञानिक विशेषताएँ भी उसके वैचारिक सम्मान को प्रभावित करती हैं। व्यक्ति के व्यक्तित्व का निर्माण उसके परिवार, शिक्षा, संस्कृति तथा कार्य से होता है। मनोवैज्ञानिकों का मानना है कि पाँच व्यक्तिगत विशेषताएँ उसकी वैचारिक पसंद को प्रभावित करती हैं।

बर्हिमुखता (Extraversion) सामाजिक दुनिया के प्रति एक क्रियाशील एवं ऊर्जात्मक सोच को बताती है। इसमें मिलनसारिता, क्रियाशीलता, निश्चयात्मक, सकारात्मक मनोभावना या खुशमिजाजी, आशावादी दृष्टिकोण जैसे गुण शामिल हैं।

सहमत होना (Agreableness) सामाज-समर्थक व समुदायोन्मुखन (प्रतिरोध का विपरतार्थक) का अर्थ देता है और इसमें विनम्रता, परहितवाद, कोमल सोच और भरोसेमंदी जैसे गुण शामिल होते हैं।

कर्तव्य-निष्ठा (Conscintiousness)

सामाजिक दृष्टि से मनोवेगों के उस नियंत्रण का अर्थ देती है जो ध्येय-लक्षित व्यवहार को सुकर बनाता है। इसमें शामिल गुण हैं- कुछ करने से पहले सोचना, परितोषण में विलम्ब करना, मानदण्डों व नियमों का पालन करना तथा कामों के लिए योजना बनाना, व्यवस्था करना और उन्हें अग्रता के क्रम में रखना।

भावात्मक स्थिरता (Emotional Stability)

यह समबुद्धि (धैर्य) का अर्थ देती है एवं नकारात्मक मनोभावनात्मकता के विपरीत है। जिन नकारात्मक मनोभावों से यह बचती है, उनमें उद्धिग्नता महसूस करना, घबरा जाना, दुखी होना या तनाव-ग्रस्त या क्रोधित होना शामिल हैं।

अनुभवों के प्रति खुलापन (Openness to experience)

यह संकीर्ण-मानसिकता के विपरीत व्यक्ति के अनुभव-युक्त नैतिक जीवन के विस्तार,गहराई, मूलता एवं जटिलता को बताता है।

राजनैतिक मनोवृत्तियाँ ऐसे विशिष्ट रूपान्तर हैं जो अनिवार्य व्यवस्थागत गुणों एवं पर्यावरण के बीच बातचीत (व्यवहार) से उत्पन्न होते हैं। व्यक्ति सामाजिक पर्यावरण में राजनैतिक मुद्दों एवं वैचारिक लेबलों को देखते हैं। पाँच बड़े व्यवस्थात्मक गुण (विशेषताएँ) ऐसे मुद्दों के लिए प्रतिक्रिया तय करते हैं और जिससे राजनैतिक मनोवृत्तियाँ बनती हैं। अमरीकी राजनीति शास्त्री वैज्ञानिकों ने अध्ययन किए और उनसे इन व्यवस्थागत गुणों एवं राजनैतिक मनोवृत्तियों के बीच संबंध का पता चला। कर्तव्यनिष्ठा, रूढिवादी सोच को बढ़ाने वाली देखी गई। अनुभवों के प्रति उद्घोषित खुलेपन वाले लोग उदारवाद को पसंद करते हैं और वामपंथी विचारों के होते हैं। जिन लोगों की प्रकृति चिन्ता (उदविग्नता) की होती है वे सत्तावादी विचारों को चुनते हैं। तथापि, अनेक लेखक अभी भी यह सोचते हैं कि राजनैतिक मनोवृत्तियाँ आर्थिक जड़ों से फूटती हैं।

मनोवैज्ञानिक कारण (Psychological reason)

व्यवस्थागत गुणों के अतिरिक्त, कुछ लोग अन्यों की तुलना में उदारवाद या रूढिवाद से अधिक मनोवैज्ञानिक ढंग से अधिक अनुकूल हैं। एक उदारवादी को गड़बड़ी के प्रति बेहतर ढंग से सहनशील होना चाहिए। अनेक लोग इतने झुकाव वाले नहीं है; अतः यद्यपि प्रणाली (व्यवस्था) में उनका कोई अधिक दाँव (जोखिम) नहीं है, वे परिवर्तन का विरोध करते हैं क्योंकि वे गडबड़ी (अव्यवस्था) से डरते हैं। फिर भी, कुछ लोग लगभग लगातार बदलाव के लिए लालायित रहते हैं; यथा-स्थिति से वे कमी भी संतुष्ट नहीं होते।

आयु (Age)

राजनैतिक मनोवृत्तियों के बनने में आयु की भूमिका महत्वपूर्ण है। साधारण तौर पर युवा, वयोवृद्धों से अधिक उदार होते हैं। एक कारण यह भी हो सकता है कि वृद्ध लोगों का यथा-स्थिति में नीहित स्वार्थ होता है जबकि युवाओं को अभी इसका ज्ञान नहीं होता। युवाओं के दिल में वचन-बद्धता व जुड़ाव की भावना उतनी प्रबल नहीं होती। बड़ी आयु के लोग समाज, दल में भागीदारी रखते हैं, अंशतः इसलिए कि उन्होंने इसको बनाने में योगदान दिया है और अंशतः इसलिए कि उनको इसकी आदत पड़ चुकी है। युवाओं के मामले में ये दोनों ही कारण कोई विशेष प्रभाव नहीं रखते।

मानव प्रकृति की दृष्टि (View of Human Nature)

कोई व्यक्ति वामपंथी होगा या दक्षिण पंथी, इस बात का एक महत्वपूर्ण निर्धारक कि यह है कि वह मानव प्रकृति को कैसे देखता है। यदि वह मानता है कि लोग बुरे, स्वार्थी और आक्रामक हैं तो उसके रूढ़िवादी होने की संभावना है। कोई यह सोचे कि लोग जन्म जात बुरे हैं तो वह दोषपूर्ण व्यवहार को नियंत्रित करने के लिए दोषियों के विरुद्ध कठोर कानून और दण्ड पर भरोसा करेगा। दूसरी ओर, जो लोग विश्वास करते हैं कि मानव सदाशयी और बुद्धिवादी हैं तो उसका रूझान वामपंथ की ओर होगा। वे 'अनावश्यक' कठोर कानूनों द्वारा मानव स्वतंत्रता कम करने का प्रयास करेंगे। अन्तर, मानव प्रकृति के बारे में संकल्पनाओं में होता है कि क्या लोग अच्छे हैं या बुरे।

आर्थिक निर्धारकवाद (Economic Determinism)

परम्परागत ढंग से, आर्थिक कारकों को राजनैतिक मनोवृत्तियों के मुख्य निधारकों के तौर पर देखा जाता है। अधिक विशिष्ठिता में यह सोचा गया था कि व्यक्ति का आर्थिक वर्ग उसके राजनैतिक मान्यताओं को तय करता है। यह कहा गया था कि भिन्न आय वर्ग से लोग सामान्यतः भिन्न-भिन्न राजनैतिक हित (दृष्टि) रखते हैं एवं यही भिन्न-भिन्न राजनैतिक दृष्टिकोण बन जाते

हैं। व्यक्ति की वर्ग स्थिति तथा वर्ग रूचि ही उसकी राजनैतिक मनोवृत्ति को निश्चित करती है। राजनैतिक विचारों को निश्चित करने में आर्थिक हितों की भूमिका को छुपाते हुए मैक्स वैबर (Max Weber) का विचार था कि मार्क्स ने व्यक्तियों व उत्पादन के साधनों के बीच संबंधों पर बहुत अधिक जोर दिया था। वैबर का कहना था कि अच्छा वेतन पाने वाला कर्मचारी पूँजीवादियों के साथ, कम वेतन पाने वाले कर्मियों से अधिक समानता रखता है। यह कर्मियों के बीच बंधन नहीं है जो प्राथमिकताओं के साझा सैट का निर्माण करता है, अपितु यह कार्य धन-दौलत एवं उपभोग के समान स्तरों के बीच बंधन का है।

दूसरे विश्व युद्ध के बाद, औद्योगिक समाजों के पुरातन विवरण समयातीत हो गए। बड़ी संख्या में लोगों की सम्पन्नता से धनी वर्ग का उदय हुआ तथा समाज के बुर्जुआ चरित्र की वृद्धि हो गई। कामगारों एवं पूँजी के स्वामियों के बीच अन्तर या धनाढ्यों और गरीबों के बीच साधारण अन्तर बिगड़ गया। आर्थिक व सामाजिक ढ़ाँचे के बीच पारस्परिक क्रिया की सूक्ष्म समझ एवं औद्योगिक दृष्टि से विकसित गणतंत्रों की बढ़ी हुई जटिलता के आधार पर नए सिद्धान्त उभर आए। समाज के छोटे-से हिस्से में मध्य-वर्ग का नया वर्ग पैदा हो गया तथा यह वर्ग कभी तो परम्परांगत कामगारों के पक्ष में तथा अन्य अवसरों पर संभ्रान्तों का पक्ष लेने लगा।

भारतीय राजनीति में जाति, धर्म और क्षेत्रीय पहचान भी राजनैतिक पहचानों को निश्चित करते हैं। ये राजनैतिक संघटन प्रक्रिया में महत्वपूर्ण आस्थाएँ हैं। इन आस्थाओं में आर्थिक हित झलकते हैं। भारतीय मार्क्सवादी अक्सर वर्ग को जाति से जोड़ते हैं। इससे अजीब निष्कर्ष निकलते हैं जब एक गरीब ब्राम्हण पुजारी को गाँव में दबंग बुर्जुआ विचारधारा के मूर्त-रूप के तौर पर देखा जाता है। विद्यार्थीगण स्वयं सोच सकते हैं कि अन्य दो आस्थाएँ राजनैतिक अभिवृत्तियों को किस प्रकार प्रभावित करते हैं।

भारतीय संदर्भो से राजनैतिक मनोवृत्तियों का जुड़ाव (Connecting Political Attitudes to Indian Contexts)

इस खण्ड में हम राजनैतिक मनोवृत्तियों के सैद्धान्तिक विवरण तथा विचार-धाराओं को भारतीय संदर्भों से जोड़ने के प्रयास करते हैं। मूलतः ये मामले राजनैतिक विज्ञान में आते हैं। किन्तु संघ लोक सेवा आयोग के प्रश्न-पत्र में ऐसे प्रश्न रहते हैं जो पाठ्यक्रम के सिद्धान्त वाले अंशों को वर्तमान भारतीय समस्याओं से जोड़ते हैं। ऐसे प्रश्नों के लिए विद्यार्थियों की सहायता हेतु हम कुछ टिप्पणियाँ करते हैं जो विस्तृत खुलासों की तुलना में उदाहरण के माध्यम से की गई हैं। हम यह बताते हैं कि वर्तमान विवादों से संबंधित प्रश्नों का किस प्रकार सर्वोत्तम हल किया जा सकता है।

भारतीय राजनैतिक संदर्भ (Indian Political Context)

भारतीय आजादी आन्दोलन को मुड़ कर देखने पर हम पाते हैं कि यह न तो अतिवादी था और ना हीं क्रांतिकारी। यह विस्मित कर देने तक शांति-पूर्ण था। भगत सिंह, राजगुरू एवं बंगाली क्रांतिकारियों द्वारा क्रांतिकारी हिंसा की बहुत थोड़ी-सी घटनाएँ हुई थीं। नेताजी सुभाष चन्द्र बोस ने भी हमारे स्वतंत्रता आन्दोलन के अतिवाद के अंश का प्रदर्शन किया, यद्यपि उन्होंने हिटलर से मदद ली थी। लेकिन यह बोस की महानता को कम नहीं करती है। यहाँ तक कि महा रूढ़िवादी चर्चिल ने कहा कि वह ब्रिटेन को बचाने के लिए शैतान से भी हाथ मिलाने को तैयार रहेंगे।

स्वतंत्रता आन्दोलन से ब्रिटिश मॉडल पर आधारित गणतंत्री विरोध प्रदर्शन की राजनीति शुरू हो गई। यह आन्दोलन अधिकांश रूप से मध्यक वर्ग एवं शहर केन्द्रित था। तथापि, गाँधी ने इसमें जन राजनीति के तत्व शुरू कर दिए। यह ज्यादातर शांतिपूर्ण रहा, कानून के अन्तर्गत चलता रहा और उन मानदण्डों का प्रयोग करने वाला बना रहा जो गणतंत्र के अन्तर्गत स्वीकार्य थे। (स्वतंत्रता आन्दोलन की शांति-पूर्ण प्रकृति को स्वीकार करते हुए हमें बँटवारें के समय को नहीं भूलना चाहिए जिसमें मानव इतिहास का सबसे बड़ा नरसंहार देखा था।) भारतीय स्वतंत्रता आन्दोलन राजनैतिक वर्ग-क्रम के बीच के खण्ड में स्थित है।

भारतीय राजनीति अनिवार्यतः केन्द्रित या मध्यम है। स्वतंत्रता के तुरंत बाद ही तेलंगाना व आंध्र में कम्यूनिस्ट बगावतों के असफल प्रयास किए गए थे। किन्तु नक्सली अब तक तीव्र-सुधारवाद के इस दबाव को अब तक बनाए हुए हैं जिसमें वे हिंसा करते हैं और समाज का सम्पूर्ण पुनः कल्पन (Overhaul) चाहते हैं। नक्सलों को सरकार ने सीमित कर दिया है। कोई भी राजनैतिक दल उन्हें खुली छूट देने के लिए तैयार नहीं है।

संसदीय गणतांत्रिक मॉडल से प्राप्त की गई भारतीय राजनीति की मध्यम (नाम) प्रकृति को कम्यूनिस्टों सहित सभी दलों ने अपना लिया है। कम्यूनिस्टों ने इस बुरे सौदे से सर्वोत्तम पाने की कोशिश की। चूँकि वे शासन की शक्ति प्राप्त करने की आशा नहीं कर सकते, वे इस शक्ति में भागीदार होने के लिए राजी हो गए। उन्होंने ताकतवर दलों की पीठ पर पिग्गी राइड्स लेने के लिए प्रगतिशील, गणतांत्रित तथा धर्म-निरपेक्ष ताकतों के साथ गठबंधन जैसे बुद्धि संगतता (बुद्धिमानी) का प्रयोग किया। चूँकि दल विभिन्न हितों वाले अनेक समूहों पर निर्भर करते हैं, उन्हें समझौते वाले हल तलाशने पड़ते हैं। कुछ लोगों का मत हैं कि विविधता भारतीय समाज की अस्तित्वात्मक विशेषता है।

गणतंत्र कानून के नियम पर आधारित है तथा तीव्र या अचानक होने वाले परिवर्तनों के अनुकूल नहीं हैं। अपनी पीठ और थपथपाने के स्वर में हमने देखा है कि कुछ अवसरों पर मनोवेगी उफानों को छोड़ कर लोग अतिरेकों को छोड़ते हैं और शांति-प्रिय हैं। हल्के पक्ष में वे अकर्मण्य और उत्साह-हीन प्रतीत होते हैं।

भारतीय आर्थिक संदर्भ (Indian Economic Context)

भारत राज्य की आर्थिक नीतियाँ मध्यम मार्ग पर चलती हैं। नेहरू समाजवादी थे, और विकास के सोवियत मॉडल से प्रभावित थे। उन्होंने कांग्रेस को समाजवादी प्रकार के समाज के पक्ष में संकल्प पारित करने के लिए तैयार कर लिया। नेहरू के अन्य अनेक विचारों के समान यह संकल्पना धुँधली और ख्वाबी ही रहा। तथापि, सरकार ने कुछ समाजवादी सिद्धांत और नीतियाँ अपनाईं, जैसे आयोजना, बड़े सरकारी उपक्रम-क्षेत्र के साथ राज्य पूँजीवाद, आर्थिक विनियम, आत्म-निर्भर औद्योगिकरण तथा विदेश व्यापार पर कठोर नियंत्रण, प्रगतिशील कर तथा इसी प्रकार की अन्य बातें। इनसे भारत की प्रगति पिछड़ जाती। लेकिन हमें उनके पुरोगामी प्रयासों, विज्ञान तथा प्रौद्योगिकी पर बल देने तथा सर्वोच्च स्तर की संस्थाएँ जैसे आई आई टी, आई आई एम तथा अनुसंधान निकायों की स्थापना के लिए उचित श्रेय देना चाहिए। यह कहना अस्वाभाविक नहीं होगा कि इसरो की हाल की सफलता का संबंध उनकी भविष्य-दर्शिता से जोड़ा जा सकता है।

नेहरूवादी आर्थिक नीतियाँ केन्द्र के वाम में थी। लेकिन उनका विरोध हुआ। राजाजी से स्वतंत्र दल की स्थापना की जो रूढ़िवादी था। राजाजी ने योजना बनाने की सोवियत शैली का विरोध किया और स्वतंत्र उपक्रमण का पक्ष लिया। उन्होंने, लाइसेंस, कोटा, परमिट राज, बताते हुए आर्थिक नियन्त्रणों का विरोध किया। एक किसान नेता, चौधरी चरण सिंह को एक और रूढ़िवादी विपक्ष का उदाहरण माना जा सकता है। उन्होंने विशेष रूप से राज्य स्तरीय खेती (State farming) सामूहिक फार्मिंग तथा सहकारी फार्मिंग जैसे विचारों का विरोध किया। उनका संबंध रूढ़िवादी वर्णक्रम (Spectrum) से था और वे स्वतंत्र खेतिहर किसानों के आदर्श का प्रतिनिधित्व करते थे।

सरकार ने 19वीं शताब्दी के वर्षों में पुराने आर्थिक मॉडल को छोड़ दिया। लेकिन नए आर्थिक रास्ते पर आने के लिए प्रेरित करने वाला कोई वैचारिक उत्साह नहीं था। अर्थ-व्यवस्था भीषण तंगहाली में चली गई थी, विदेशी मुद्रा समाप्त हो गई थी एवं आयातों के लिए जरूरी विदेशी मुद्रा भी नहीं थी। सरकार को आर्थिक सुधार लागू करने पड़े जिन्हें संक्षेप में उदारीकरण, निजी करण एवं वैश्वीकरण कह सकते हैं। इसमें व्यावहारिक विकल्प अपनाया गया। दोष दर्शियों ने इस पर टिप्पणी कि की आवश्यकता को एक विशेषता (गुण) बना दिया गया।

वर्तमान आर्थिक नीतियों के लिए भारत में सहमति है। वामपंथी सुधारों का विरोध करते हैं, पर बहुत जोरदार ढंग से नहीं। प्रमुख राजनैतिक दल मोटे तौर पर सुधारों से सहमत हैं जी एस टी (संसद में मची हाय-तौबा के बावजूद) पास होना और लागू होना विवाद पर राजनैतिक समझौते की जीत हैं। यह हमारी भावी राष्ट्रीय प्रगति के रास्ते की ओर संकेत करती है।

कुछ विवाद (Some Controversies)

परिचय (Introduction)

पिछले खण्ड में हमने उन वैचारिक सूत्रों को संक्षेप में खोजने का प्रयास किया जो भारतीय राजनैतिक एवं आर्थिक ढाँचे में फैले हैं। आजकल के विवादों पर अनेक चर्चाएँ (वाद-विवाद) वैचारिकियों से चलती हैं। ये चर्चाएँ टी. वी. पर होती है; विरोधी स्थितियों

पर प्रेस में रचनाएँ भी प्रकाशित होती हैं। हमें इन विवादों के बीच प्रवेश करने की कोई जरूरत नहीं हैं। यह उन क्षेत्रों में जाना होगा जहाँ फरिश्ते भी जाते हुए डरते हैं।

फिर भी, कुछ कारणों से हम इन विवादों की चर्चा कर रहे हैं। इन विवादों पर सं. लो. से. आ. की परीक्षाओं में प्रश्न पूछे जा सकते हैं। विद्यार्थियों को सबरीमला मंदिर में स्त्रियों के प्रवेश जैसे प्रश्नों पर संतुलित दृष्टिकोण अपनाना चाहिए। ऐसे मामलों की संतुलित समझ हेतु पद्धति की जानकारी हम दे रहे हैं।

ऐसा करने से पहले, कुछ उदाहरण देकर हम बता रहे हैं कि कैसे विचार-धाराओं से विवाद संचालित होते हैं। पश्चिमी उदारवाद अब विश्वविद्यालयों और मीडिया में प्रमुख प्रामाणिकता है। जैसा कि हमने देखा, पश्चिमी उदार विचार-धाराएँ अन्य बातों के साथ-साथ यौन स्वतंत्रता की पक्षधर हैं; वे परम्परागत शादी के बन्धन को ढीला करने, वैकल्पिक जीवन शैलियों और बेरोकटोक गर्भपात के भी पक्ष में हैं। वे कला, साहित्य और सिनेमा में यौन-व्यवहार को अबाध दिखाए जाने पर किसी प्रतिबन्ध या सेंसरशिप का भी विरोध करते हैं। इस सोच के अनेक भारतीय टिप्पणीकार इन विचारों का समर्थन करते हैं।

अनेक इलैक्ट्रानिक एवं प्रिंट मीडिया ऐसे मुद्दों के विवरण तरफदारीपूर्ण तथा वैचारिक रंगीनियों के साथ प्रस्तुत करते हैं। आलोचनात्मक दृष्टि से मीडिया के पाठों को देखने पर विद्यार्थी सरलता से देख सकते हैं कि अनेक लेख पश्चिमी उदार-मनोवृत्तियों की यांत्रिक और अविवेकपूर्ण नकल हैं जिसमें राष्ट्रीय परिदृश्य व सामाजिक प्रकृति के लिए कोई सरोकार (चिन्ता) नहीं होता। वैचारिक सोच ऐसे मामलों में कैसे काम करती है; यह दिखाने के लिए हम तीन उदाहरण देखेंगे।

सिनेमा में अश्लीलता (Vulgarity in Cinema)

टीवी पर परिचर्चा आमतौर पर किसी अश्लील फिल्म के सेंसरशिप के चारों ओर घूमती है। निर्देशक फिल्म को प्रेम या जीवन के उल्लास की या मानवीय कामुकता में विविधता के नाजुक, संवेदनशील एवं कलात्मक चित्र के तौर पर प्रस्तुत करता है। फिल्मों में विवर्ण काम दृश्यों के लिए कलात्मक, रचनात्मकता और स्वतंत्रता के नाम पर वकालत की जाती है। कुछ यौन कट्टरपंथी फिल्म सेंसर बोर्ड व उदार तत्वों पर हमला करते हैं। परिचर्चा में उसे मूर्ख बना दिया जाता है जो काम संबंधी विषयों को परिष्कृत रूप में प्रस्तुत करने के लिए बोलता है। उन्मत कथन होते हैं कि स्वतंत्रता के दीप बुझाए जा रहे हैं या बर्बर लोग दरवाजे पर खड़े हैं।

सेंसरशिप में अन्य बातों के साथ-साथ कला तथा अश्लीलता की परिभाषा भी शामिल होती है। साहित्य की परिभाषा करना कठिन है। यह जीवन की प्रामाणिक परिष्कृत प्रस्तुति है। साहित्य वैचारिक है और जीवन एवं संस्कारों की आलोचना है। साहित्य उच्च सौन्दर्यशास्त्रीय धरातल पर टिका है। उदाहरण के लिए अनेक उपन्यासों और फिल्मों में जारकर्म (Adultery) दिखाया गया है। लेकिन वे तॉल्सतॉय की अन्ता करने या गुस्ताव फ्लोबर्ट की 'मादाम बोवारी' की कलात्मक ऊँचाइयों को नहीं छूती। 'आक्सफोर्ड लैक्चर्स ऑन पोएट्री' में ए. सी. ब्रेडले (A. C. Bradley) का कहना है कि कला की सच्ची रचना ऐसी होनी चाहिए जो पाठकों को हल्की (घटिया) करूणा, विकृत-गंधी मनोभाव, अश्लील मजाक, नंगी वासना, लोलुप मिथ्याभियान जैसे अपरिष्कृत मनोभावों से छुटकारा, दिलाए। यह बात सामान्य पाठकों के लिए कुछ अधिक ऊँची रोक है। लेकिन हम तो बस यह बताना चाहते हैं कि कला का अर्थ क्या हैं?

सेंसर के साथ विवादों में कला तथा साहित्य को लाना बहुत आम बात है। अक्सर फिल्में ऐसी होती हैं जिनके पक्ष में कला की स्वतंत्रता का बात का दूर-दूर तक कोई संबंध नहीं होता, विशेष तौर पर उपरोक्त मानदण्डों को देखते हुए तो बिल्कुल नहीं। बात थोड़ी भिन्न है। सेंसर बोर्ड को कुछ मानदण्डों का पालन करना होता है ताकि फिल्मों में सामान्य शिष्टता का उल्लंघन न हो जनता के किसी वर्ग की भावनाओं को ठेस न पहुँचे। अश्लीलता क्या होती है इसके मायनों में समय बीतने के साथ काफी नरमी (हल्कापन) आ गई है। लेकिन फिर भी, फिल्मों में प्रदर्शनों व भाषा के लिए कोई सीमा तो बनानी ही होगी। ये उचित प्रतिबंधन हैं जिन पर कोई हाय-तौबा नहीं होनी चाहिए। इस मामले में पश्चिमी उदार-विचार-धाराएँ, अभी भी रूढ़िवादी भारतीय समाज के अनुकूल नहीं हैं।

घर से भागी हुई लड़कियाँ (Runaway Girls)

जब एक आशु-प्रभावित लड़की अपने किसी पुरूष-मित्र के साथ भाग जाती है, तो उसके माता-पिता भयानक दुविधा में पड़ जाते हैं। लेकिन अक्सर टी. वी. के शो में ऐसे एपिसोड खुशी के अवसर बन जाते हैं। ये गलत-रास्ते गई लड़कियाँ (एक दो दिन के लिए) आदर्श के तौर पर दमनशील सामाजिक परम्पराओं के विरूद्ध विद्रोह कर व्यक्ति की स्वतंत्रता का उपयोग करने वाली बहादुर मॉडल मानी जाती हैं। टी वी परिचिर्चा में यदि कोई प्रतिभागी लड़कियों को सतर्क रहने के लिए कहता है तो लैंगिक भेदभाव का दोषी, संकीर्ण सोच वाला और पितृ-सत्तात्मक सोच का कहा जाता है। ऐसी अनेक लड़कियाँ ढीठ होती हैं और अपना जीवन बर्बाद कर लेती हैं।

उन्हें माँ-बाप द्वारा परामर्शन की जरूरत होती है जिससे वे समस्या को रचनात्मक ढंग से हल कर सकें। वैचारिक उत्सव मनाने या अनेक मूर्खतापूर्ण कृत्य को अमान्य करने से कोई बात नहीं बनती। यदि कोई बंधुआ मजदूर मुक्त किया जाता है, वह आजाद हो जाता है और यह बात वैचारिक दृष्टि से प्रशंसनीय है किन्तु प्यार की पहली चमक में बेवकूफी का काम करने वाली लड़की अपनी आजादी का प्रयोग नहीं कर रही है, अपितु सभी संभावनाओं में बेवकूफी कर रही हैं।

विवाह किए बिना साथ रहना (Live-in relationship)

इसी प्रकार की परिचर्चा उस समय होने लगती है जब एक 'लिव इन' संबंध खट्टा हो जाता है। लेकिन इस चलन की उदार विचार-धारा के लोग जोरदार ढंग से वकालत करते हैं। अक्सर 'लिव इन' संबंध लड़कियों के लिए समस्याएँ खड़ी कर देते हैं। जब बात बिगड़ जाती है तो उन दोनों के हाथों में दोष की गंदगी के सिवाय कुछ नहीं होता। उस दुर्दशा में समाज के लैंगिक पूर्वाग्रह को भला-बुरा कहने से उन्हें कोई लाभ नहीं होता। कुछ कानूनी फैसलों के बावजूद उनकी स्थिति किसी भी तरह से कानूनन विवाहित स्त्री के समकक्ष नहीं होती। यदि लड़कियाँ अपने पुरुष मित्रों के प्रति इतना ही अनुरक्त हैं तो उन्हें इतना ही करना होता है कि वे सबसे नजदीकी मैरिज रजिस्टरार के कार्यालय में चली जाएँ। यदि और कुछ नहीं भी हो, तो भी उन्हें कानून की सुरक्षा तो मिल ही जाएगी।

इन परिचर्चाओं में यह भी होता है कि इन वैकल्पिक जीवन-यापन शैलियों के खतरों के प्रति सावधान करने वाले व्यक्ति को नवीनता का विरोधी (Antediluvian) और मध्य युगीन काल में फेंका हुआ बताया जाता है। कई बार, कुछ लड़कियाँ लम्बे समय तक साथ रहने के बाद अपने साझीदारों को बलात्कार करने का दोष देती हैं। यद्यपि उनकी दुर्दशा पर दया आती है, किन्तु उनके लिए कोई कानूनी हल शायद ही होता हो। अदालतों में कानूनों को ठण्डे-पन से, कठोरता से, साक्ष्य के नियमों के अनुसार लागू किया जाता है। लड़कियों को इतनी स्पष्ट हानि के बावजूद उदारवादी स्वतंत्रता के नाम पर ऐसे 'लिव-इन' सम्बधों के चलन का समर्थन करते हैं।

कुछ मंदिरों में महिलाओं के प्रवेश पर प्रतिबंध (Restrictions on entry of Women to Some Temples)

1. धर्म में भी कभी-कभी सुधार की जरूरत होती है। धर्मों में हानिकारक विश्वास एवं चलन घर कर गए हैं जैसे सती प्रथा या मानव बलि या खतरनाक अनुष्ठान। ये सब मानव अधिकारों का उल्लंघन करते हैं। धर्मों ने अवांछित रिवाज चला दिए हैं जैसे बाल विवाह और दकियानूसी/ अंध-विश्वासी आस्थाएँ। इन्हें हतोत्साहित किया जाना चाहिए। ऐसे धार्मिक सिद्धांत जो परिवार की सम्पत्ति में महिलाओं को बराबर का हिस्सा पाने से इंकार करते हैं; बदलने की जरूरत है। उन्नीसवीं शताब्दी के अन्त के वर्षों में भारत में आई जागृति धार्मिक सुधारों के कारण ही हुई। लेकिन व्यक्ति के कल्याण (जैसे काँवड़ियों की जल उठाकर इलाहाबाद से वाराणसी पैदल यात्रा) को प्रभावित करने वाले धार्मिक विश्वास (अवस्था) को अकेला छोड़ देना चाहिए।
2. महिलाओं के मंदिर में प्रवेश के आंदोलन के पीछे उदारवादी-कार्यकर्त्ता दल हैं। उनके उपक्रम में स्पष्ट विसंगति एवं विडम्बना है। लेकिन सौभाग्यवश वे इसके प्रति अनभिज्ञ हैं। यह उनकी विचार-धारा के ढाँचे में ठीक नहीं बैठता। रूढ़िवादियों के विपरीत,

उदारवादी धर्म पर ज्यादा आशा नहीं रखते। अधिकांश उदारवादी एवं सक्रीय लोग बुद्धि-परक व सुरूचिसम्पन्न लोग हैं। अदालती भाषा में, ऐसी बातें उठाना उनके दिमाग में आ ही नहीं सकता। धर्म के लिए उदार स्थिति का क्या मतलब है?

3. ईश्वर में विश्वास कभी दर्शन शास्त्र में एक मुख्य मोर्चा (Plank) रहा है। सेंट थॉमस एक्विनास ने ईश्वर का वजूद सिद्ध करने के लिए अनेक युक्ति-संगत तर्क दिए हैं। तथापि, इमैनुअल कांट (Immanuel Kant) (ए क्रिटिक ऑफ प्योर रीजन) ने ईश्वरवाद के लिए सभी दार्शनिक तर्कों को सदा-सर्वदा के लिए नष्ट कर दिया। आधुनिक विज्ञान ईश्वर का नाम नहीं लेता। ईश्वर में पहले के अनेक विश्वास मानव द्वारा ब्रहमाण्ड के बारे में अपनी धारणाओं में अनुभव की गई समस्याओं से पैदा हुए। उन्होंने अनुभव किया कि ब्रहमाण्ड का अस्तित्व, प्राकृतिक परिदृश्य (घटनाएँ) जैसे ग्रहों की चाल तथा जीवों सहित मनुष्य की उत्पत्ति, किसी कर्त्ता या दैवी ऐजेन्सी की अवधारणा से ही समझाई जा सकती हैं। जब विज्ञान ने इन प्राकृतिक घटनाओं को प्रकृति के नियमों के माध्यम से समझाना शुरू किया तो ब्रहमाण्ड के एवं प्राकृतिक घटनाओं के सृजन और चलाने वाले के तौर पर ईश्वर की जरूरत गायब हो गई। इसके कारण पश्चिम में धार्मिक आस्था कम हो गई। कुछ वैज्ञानिक अब ईश्वरवादी हैं। 18वीं शताब्दी में भी एक ज्योतिषी ने सम्राट को बताया कि ईश्वर खगोल-विज्ञान के लिए अनावश्यक व निराधार परिकल्पना है।

4. इस प्रकार नितान्त बुद्धिपरकता विचार से सभी धर्म मिथ्या विश्वास की पद्धतियाँ हैं। उनके आतंरिक व्यवहार तथा पद्धतियाँ, कार्य के तर्क-संगत दायरे में नहीं आते। यदि ईश्वर है ही नहीं, (जैसा कि उदारवादी सोचते हैं), तो इस बात से क्या अन्तर पड़ता है कि एक स्त्री अपनी प्रार्थना कहाँ करती है। जो हो, वह अपने पुरुष जोड़ीदारों के साथ भ्रमों को पाल रही है। तर्क-संगत संगतता की माँग है कि बुद्धिवादियों को पूजा करने के भ्रामक अधिकारों को महिलाओं को सौंपने पर ध्यान केन्द्रित न कर उनके दिमाग से तर्कहीन कूड़ा निकालने पर ध्यान देना चाहिए।

5. यहाँ एक अजीब पहलु भी है। मान लीजिए कि कोई व्यक्ति ईश्वरवादी (अस्तिक) है। तब यह बड़ा अजीब लगेगा जब वह बद्रीनाथ या तिरूपति में पुजारी को यह बताए कि धार्मिक कृत्य (सेवाएँ) कैसे किए जाएँ। यह और भी अजीब है कि हिन्दू स्त्रियों के लिए मोक्ष हेतु मुद्दा भी भारतीय उदारवादियों के लिए एक संवेदी मामला है। वे राजनीति की अधिकारों व बराबरी की धर्म निरपेक्ष संकल्पनाओं को उत्सवी धार्मिक रिवाजों पर लागू कर रहे हैं।

6. धार्मिक रिवाजों के सूत्र पौराणिक कथाओं, दन्त कथाओं व कहानियों में मिलते हैं। वे कभी भी तर्क-संगतता के चौखटे में सही नहीं बैठते हैं। उनका ऐतिहासिक स्रोत तलाशा जा सकता है। धार्मिक रिवाजों का मूलाधार परम्परागत होता है, तर्क-संगत नहीं। उन्हें आधुनिक विचारों (दृष्टि) या मानकों से निश्चित करने का प्रयास करना, उन्हें उन परम्पराओं से अलग करना होगा जिनसे वे गैर-ऐतिहासिक पद्धति से उपजे थे। इन्हें वर्तमान मानकों एवं मूल्यों से हट कर देखना चाहिए। या तो हम परम्परा को बर्दाश्त करने को तैयार हैं या उसे त्याग देने के लिए तैयार हैं। उदारवादी इसका विरोध समता (बराबरी) के नाम पर करते हैं। लेकिन यदि परम्पराएँ असह्य अन्याय की स्रोत हैं, तो राज्य को उनको अकेला छोड़ देना चाहिए।

7. धार्मिक नेता हमेशा ही पुरुषों पर स्त्रियों के प्रभाव के प्रति खबरदार रहे थे। वे स्त्रियों को ऐसी मोहनी मानते जो पुरुषों को आध्यात्मिक मार्ग से विचलित कर सकती हैं। राम कृष्ण परमहंस अपने भक्तों से कहा करते थे कि कामिनी (स्त्री) और कंचन (सोना) से बच कर रहें। यह बात नारी-वादियों में परेशानी पैदा कर सकती है जो तर्क करते हैं कि यह पुरुष ही है जो स्त्री को पाप में घसीट लेता है। अब जैसी भी बात है, हमने देखा है कि इतिहासकारों ने ऐसे मिश्रित होस्टलों की पहचान की है जो बौद्ध भिक्षुओं और भिक्षुणियों के लिए था। इसी कारण बौद्ध धर्म का पतन हुआ।

8. एक अंतिम बात यह है कि इस प्रकार के मुद्दों को विधायिका पर छोड़ देना चाहिए। वे जनता के प्रतिनिधि होते हैं। यदि वे परम्परा को बदलना चाहते है तो वे राजनेताओं पर दबाव डालेंगे। इस परम्परा में न्याय-पालिका का न्यायिक हस्तक्षेप, न्यायिक अतिशयता का उदाहरण होगा। कभी-कभी न्याय-पालिका स्वयं को छद्म-मुद्दों में खींच लिए जाने देती है। उनको धार्मिक समारोहों और भजनों के पाठों पर प्रश्नों में फँस जाने का खतरा है। अ-हस्तक्षेप कभी-कभी न्याय-पालिका के लिए एक गुण हो सकता है जो सरकार में होने के गुण से किसी प्रकार कम नहीं है।

9. हमारी इस संक्षिप्त टिप्पणी का उद्देश्य मंदिर में प्रवेश संबंधी परिचर्चा से संबंधित असंगतियों को सामने लाना था। यह चलन कुछ ही मंदिरों तक सीमित है और कुछ पौराणिक कथाओं से जुड़ा हुआ है। सामान्यत: स्त्रियाँ मंदिरों में आजादी से आ-जा सकती हैं। आम तौर पर महिला भक्त, पुरुष भक्तों से अधिक हो जाती हैं। शेष कुछ पाबन्दियाँ अनोखी हैं और उनसे निपटा जा सकता है। हमें आशा करनी चाहिए कि इस परिचर्चा से हिन्दू महिलाओं में रंग-बिरंगी परंपरागत या जातिगत पोशाक पहन कर व अपने माथे पर बिन्दी सजा कर मंदिरों में जाने का और अधिक उत्साह पैदा होगा।

वैचारिक सोच की समस्याएँ (Problems of An Ideological Approach)

ये उदाहरण वैचारिक सोच की समस्याओं की ओर इंगित करते हैं। वैचारिक कथनों में सामान्य सिद्धान्तों को सभी के लिए और प्राय: लागू नहीं हो सकने वाली स्थिति के लिए भी लागू करने की प्रवृत्ति देखी गई है। वे यह नहीं देख पाते कि एक युवा लड़की की आजादी उसकी अपनी सुरक्षा व भले के लिए उसके माँ बाप द्वारा विनियमित की जानी चाहिए। स्वतंत्रता अनेक परिस्थितियों में महत्वपूर्ण है। यह तो है कि व्यक्ति को मत अपनी इच्छा के अनुसार देना चाहिए। लेकिन व्यक्तिगत आजादी, किशोरावस्था वाली लड़कियों के जीवन के चयन हेतु एक हानिकारक गुण नहीं होनी चाहिए। उनको उतावलेपन से उठाए गए कदमों एवं बुरा करने वालों से बचाने के लिए माता-पिता का मार्ग-दर्शन व देख-रेख अपरिहार्य है। बड़ी लड़कियाँ बॉर में जा सकती हैं। लेकिन किसी मुसीबत में पड़े बिना उन्हें आजादी को सावधानी से भोगना चाहिए। ये मामले मामूली समझदारी व सहज बुद्धि के हैं। आजाद सिद्धान्तों के पैरोकार, स्वतन्त्रता के नाम पर लड़कियों को अरक्षित छोड़ देने के इच्छुक हैं। ऐसे खतरनाक व्यवहार पर कुछ रोक लगाने के प्रयासों पर नैतिक नीतिकार हाय-तौबा मचाने लगते हैं।

भण्डारित उत्तर (Stock Responses)

वैचारिक-कथनों में अनेक मुद्दों के लिए पूर्व-निश्चित उत्तर होते हैं। अनेक नीतियों, कार्यों और व्यवहारों पर वैचारिकी लागू होती है। वैचारिकी एक बड़े पैकेज के समान है जिसमें अनेक भेद हैं जिन में से प्रत्येक पर मंजूरी या नामंजरी लिखा हुआ है। इसके निष्ठावान अनुयायियों को इन लिखे हुओं के मुताबित प्रतिक्रिया देनी होती है। आइए, देखें कि विचारों एवं कार्यो के सैट को वामपंथियों तथा उदारवादियों से बिना विचारे (A) मंजूरी (approval) या (D) नामंजूरी मिलती है। राष्ट्र-विरोधी नारे लगाना (A); आतंकवादियों के खिलाफ पुलिस की कार्रवाइयाँ (D); अपराधियों के अधिकारों का पुलिस द्वारा उल्लंघन किए जाने का आरोप (D); भारत में मानव अधिकारों के उल्लंघन के बारे में विदेशी ऐजेन्सियों की रिपोर्ट-(A); तथा राष्ट्रगान के लिए खड़ा होना (D); इन सभी प्रश्नों पर वामपंथियों/ उदारवादियों के पास भण्डारित उत्तर हैं जो अनुकूलित प्रतिक्रियाओं से समानता रखते हैं। उनके विचार उनकी वैचारिक अभिरूचियों से निस्तृत होते हैं, वे हैं- राष्ट्रवाद से अरुचि, राज्य/पुलिस की शक्तियों का विरोध, मानव अधिकारों के प्रति आस्था तथा देशभक्ति के प्रतीकों से भय। इन सामान्य सिद्धान्तों के प्रति वचनबद्धता उन्हें अलग-अलग परिस्थितियों या घटनाओं का विषयपरक मूल्यांकन करने से रोकती हैं।

समूह वाली सोच (Group Thinking)

जैसा कि वैबर (Weber) तथा मनहैम (Mannheim) ने माना है, वैचारिक सोच आत्म-वंचना और आत्म-सेवा (Self-serving) है। आत्म-प्रवंचना व्यक्ति को अपनी भ्रांतियों के साथ निजी या समूह के (भाग के) बुलबुले में रहने में मदद करती है। भाग के ये बुलबुले अमरीका व पश्चिम में बुद्धि जीवियों व मीडिया में बहुत विशाल हो गए हैं। भारत में भी इसी प्रकार के बुलबुले बन गए हैं। उनमें से कुछ वर्तमान वैचारिकीय शैक्षिक फैशनों व सनकों (fads) का प्रतिनिधित्व करते हैं।

इससे विश्व-विद्यालयों में वैचारिक-कथनों के सम-रूचि वाले समूह बन गए हैं। निष्ठा के भयानक कोड्स के साथ वे गली के गुण्डा-दल लगते हैं। अलग ढंग से सोचने वालों के लिए वे हिंसक विरोधी हैं। लेकिन अपने समूह के भीतर मूल सिद्धान्त में मामूली से परिवर्तन पर शैक्षिक परिचर्चा व विरोध (असहमति) का सजावटी (दिखावटी) वातावरण बनाने की अनुमति है। अन्यथा समूह के भीतर वैचारिक शुद्धता स्टालिन शैली में बनाई रखी जाती है। वास्तविक विरोध को धोखाधड़ी माना जाता है और विरोधियों को गद्दार माना जाता है। इस भाग-दौड़ (गडबड़) में, समाज-शास्त्र विभाग प्रतिध्वनि कक्ष बन गए प्रतीत होते हैं जो उसी प्रकार के शोर को प्रतिध्वनित करते हैं।

अमेरीका तथा अन्य पश्चिमी विश्वविद्यालयों में जिस मुख्य विचारधारा की लहर चल रही है, वह उदार, गणतंत्रीय, मानवीय, धर्म-निरपेक्ष, सहिष्णु तथा बहु-सांस्कृतिक बताई जाती है। इसी प्रकार का चलन भारत में भी देखा जाता है। तथापि, सहिष्णुता विरोधी वैचारिक विचारों तक नहीं पहुँचती। इस प्रकार हार्वर्ड विश्वविद्यालय ने उनके द्वारा व्यक्त कुछ विचारों के कारण डॉ. सुब्रहमणियम स्वामी का पढ़ाने का कॉण्ट्रैक्ट समाप्त कर दिया। हम न तो डॉ. स्वामी के शैक्षिक स्थिति की जाँच करने के लिए सक्षम हैं और न ही उनके उन विचारों का संज्ञान लेने योग्य हैं जिन्होंने हार्वर्ड विश्वविद्यालय के प्रशासन को नाराज कर दिया। हमारा सीमित विचार यह है कि उनकी यह कार्रवाई ऐसी संस्था में शैक्षिक आजादी को नकारती है जो बेशक दुनिया के थोड़े-से शैक्षिक केन्द्रों में से एक है। यह आत्म-हित से मुक्त नहीं हो सकता और संभावित दानियों को नाराज करने के लिए नहीं बना है। उदार वैचारिकी को अस्थायी धक्का ब्रिक्जिट (Brexit) तथा ट्रम्प के चुनाव से लगा, लेकिन यह इस बाधा को पार कर जाएगी। यह अमरीकी अपवाद-वाद के अंत का तथा पास आते अंत का भी लक्षण हो सकता है।

हम एक क्षण के लिए भी यह नहीं कह रहे हैं कि विद्यार्थियों को अमरीकी विश्वविद्यालयों से विमुख हो जाना चाहिए। वैचारिक दृष्टि से किए गए विपथन, विशेष रूप से समाज विज्ञानों में, के बावजूद आईवी लीग अमरीकी विश्वविद्यालय (ivy league) संसार में सर्वश्रेष्ठ हैं। भारतीय विद्यार्थियों को यह भी ध्यान में रखना चाहिए कि ज्ञान की खोज की हमारी राष्ट्रीय वचन-बद्धता हमारे पुराने इतिहास से चली आ रही है। तथापि, उन्हें पाखण्डी राग में शामिल नहीं होना चाहिए।

वैचारिकयों के प्रति विद्यार्थियों की अति-संवेदनशीलता (Vulnerability of students to ideoligies)

विचार-धारात्मक विचारों के फंदे में फँसने के लिए विद्यार्थीगण अति संवेदशील हैं। आदर्शवादी विद्यार्थी/ मार्क्सवाद जैसे वामपंथी महा सिद्धांत के अपने पहले परिचय द्वारा सम्मोहित हो जाते हैं। यह प्रेम में पड़ने जैसा है। सामाजिक तथा आर्थिक समस्याओं के बारे में सभी जटिलताओं तथा विद्यार्थियों की शंकाओं के लिए वैचारिकी 'एक मास्टर' की प्रतीत होती है। यह तथ्यों या विश्लेषण के कठिन संग्रहण की जरूरत को समाप्त कर देती है। वे प्रबोधित होने या धार्मिक जागरण के भाव को अनुभव करते हैं। वास्तव में, शमपीटर (Sehumpeter) जैसे लेखक ने इंगित किया है कि मार्क्सवाद न केवल एक वैचारिक सिद्धांत है, अपितु यह एक सहस्राब्दिक धर्म हैं जो अपने अनुयायियों को धरती पर ही स्वर्ग का वायदा करता है।

विचार-धाराएँ अधिकतर गलत विचारों के संग्रह सिद्ध हुई हैं। उदाहरण के लिए मार्क्स की ज्यादातर भविष्यवाणियाँ गलत साबित हुई हैं। किसी भी वैचारिकी के व्यक्तिगत विचार मुश्किल से ही कभी वैज्ञानिक जाँच में खरे उतरते हैं। विचार-धाराओं में अनेक मूल्यवान निर्णय हो सकते हैं। ये न तो सच हैं और न झूठ कुछ लोग उन्हें अपना लेते हैं और अन्य उन्हें अस्वीकार कर लेते हैं। लेकिन अनेक शिक्षक धार्मिक कथाओं के समान उनकी शिक्षा देते हैं।

राजनैतिक स्थितियों से जुड़ जाना (Getting hooked to political positions)

राजनैतिक दलों के कार्यक्रमों में वैचारिक तत्व शामिल होते हैं। इससे राजनैतिक दलों एवं शैक्षिक-विद्वानों के बीच घनिष्ठ संबंध हो जाता है जिसमें दोनों समान वैचारिकीय विचारों का समर्थन करते हैं। ये शैक्षिक विद्वान अपनी तटस्थता एवं उद्देश्य-परकता को खो देते हैं। वे राजनैतिक स्थितियों के रूचि लेने वाले वकालती बन जाते हैं। शैक्षिक विद्वानों को टी. वी. पर आते तथा बेहूदे शैक्षिक व राजनैतिक जुगलबंदी से दलों की स्थितियों का समर्थन करते हुए देखना आम बात हो चुकी है। उनके विचारों पर बिल्कुल ध्यान नहीं देना चाहिए।

सामाजिक मुद्दों पर सिद्धांतों को जल्दबाजी में लागू करना (Hasty application of theories to social issues)

अमरीकी विद्वानों ने सामाजिक समस्याओं के अपने अध्ययन की पहल की थी। उन्होंने सामाजिक समस्याओं का अध्ययन आनुभाविक, व्यावहारिक तथा सांख्यिकीय एवं तथ्याधारित जमीनी सोच के साथ किया। यह विशुद्ध तर्क और चिन्तन पर आधारित सैद्धान्तिक सोचों से बिल्कुल विपरित है। ज्ञान का यह व्यावहारिक प्रयोग एवं सिद्धांतों एवं वैचारिकियों की नापसंदगी, अंशतः बड़ी अमरीकी वैज्ञानिक व प्रौद्योगिकीय उपलब्धियों को बताती है- और जो अब भी जारी है।

लेकिन सिद्धांत तथा व्यावहारिकता को तेजी से मिलाने की इस सोच से सामाजिक अध्ययनों में कठिनाइयाँ भी पैदा हो सकती हैं। यह प्रयोगात्मक और लागू करने के सिद्धान्त पर आधारित ज्ञान के लिए सर्वोत्तम रह सकता है। इसकी जीवन वास्तविक मामलों के अध्ययन की पद्धतियाँ भी संभवत: प्रबंध अध्ययनों व शिक्षण में अच्छा काम करती हैं। किन्तु औषधियों या फार्मेसी या प्रबन्धन के विपरीत सामाजिक समस्याओं हेतु सिद्धान्तों को फॉरी तौर पर लागू नहीं किया जा सकता। सामाजिक समस्याओं की जटिलता ऐसे फॉरी उपयोग (लागू करने) को रोक देती है।

इस बात को एक सरल उदाहरण से समझाया जा सकता है। लोग शिकायत करते हैं कि इंगलैण्ड में विदेशियों के विरुद्ध शत्रुता वाले काम ब्रिग्जिट (Brexit) के बाद बढ़ गए हैं। वे इसको ब्रिग्जिट की वकालत करने वालों, जैसे नीगल फरजे (Nigel Farage) के नफरत भरे भाषणों से जोड़ते हैं। प्रसंगवश, वह कोई आग उगलने वाला अजदहा (Xenophobe) नहीं हैं। चूँकि भारतीय मूल के अनेक लोग ब्रिटेन में रहते हैं, हमें उनकी चिन्ता के लिए सहनशील ब्रिटिशों के प्रति आभारी होना चाहिए। लेकिन हम यहाँ उनके प्रशंसनीय मनोभावों पर नहीं अपितु एक प्रणाली-विज्ञानी बात पर विचार कर रहे हैं।

हम ऐसे कथनों का आजकन, किसी भी शहर में ब्रिग्जिट (Brexit) के पहले और बाद के तुलनीय समय में विदेशियों के खिलाफ हुए अपराधों की तुलना कर नफरत से किए गए अपराधों में ऐसी वृद्धि का मोटा-मोटा अंदाज लगा सकते हैं। मुश्किल यह है कि वृद्धि है, तो भी उसके लिए नफरत वाले भाषणों को तपाक से दोषी नहीं माना जाएगा। अनेक मध्यवर्ती परिवर्ती हैं, जैसे अपराध विशेष की परिस्थितियाँ, अपराधी को प्रेरणा तथा अपराध स्थल का सामाजिक परिवेश। किसी आरंभिक सांख्यिकी पुस्तक में परिकल्पना जाँच के अध्यायों को उलट-पलट कर विद्यार्थी-गण इस समस्या को सरलता से समझ सकते हैं। लेकिन शिक्षा से जुड़े लोग (जिनके लिए माना जाता है कि उन्हें अधिक जानकारी है) निर्बाध रूप से घटनाओं को अपने कल्पित कारणों से जोड़ देते हैं।

विचार-धाराओं के माध्यम से ऐजेण्डों का वाद्यवृन्दीकरण (Orchestrating agendas through ideologies)

वैचारिक सम्मोह के कारण अनेक वास्तविक किन्तु पथ-भ्रष्ट लोग अलोकप्रिय ऐजेण्डों का समर्थन करते हैं। लेकिन अक्सर घटनाएँ, विशेष रूप से वे जिनमें विद्यार्थी लुभा लिए जाते हैं, निर्दोष नहीं होती। जो दिखाई देता है, वास्तविकता कुछ अधिक ही होती है। अपना हित देखने वाले तथा दुर्भावना वाले लोग इन ऊँची सोच के लगने वाले आन्दोलनों का उपयोग अपने नीहित स्वार्थो के लिए करते हैं। आदर्शवादी युवाओं एवं पथभ्रष्ट वैचारिक कथनों को लक्षित करने को वे आसान समझते हैं। वे चालक लोग पीछे से लीवर खींचते हैं और इनकी विद्यार्थियों या गणतंत्र में या अधिकारों में कोई रुचि नहीं होती। वे इन मंचों तथा अवसरों का उपयोग राष्ट्र की हानि करने के लिए करते हैं। विद्यार्थियों को ऐसी ताकतों से सावधान रहना चाहिए। उन्हें अपना ध्यान पढाई में लगाना चाहिए। उन्हें मुद्दों को अलगाव तथा विषय-निष्ठता के भाव से देखना चाहिए तथा जेनेट येलन (Janet Yellen) के शब्दों में- डाटा आधारित सोच को अपनाना चाहिए।

कुछ विद्यार्थी अनुभव कर सकते हैं कि हम वामपंथियों पर कठोर हो रहे हैं और रूढ़िवादी अधिकार का उल्लेख भी नहीं कर रहे। अन्य हमें मैडोन्ना (Madonna) के गीत Papa don't Preach की याद दिला सकते हैं। हम मानते हैं कि हम वाम-पंथियों के जरा ज्यादा आलोचक रहे हैं। मुख्यत: इस कारण कि यह प्रामाणिक विचार-धारा बन चुका है। लोग इसे बिना-विचारे अपनाने को उसी तरह तैयार हो जाते हैं जैसे कि वे चालू फैशनों को अपनाते हैं। किसी तरह वाम-पंथी अतिवादी अनेक मामलों में राष्ट्र-विरोध अवस्थिति में फँस चुके हैं। यह देश-भक्ति के किसी भी रूप से परहेज करते हैं और आत्म-प्रशंसा को बढ़ाते हैं। ये सभी अस्वस्थ मनोवृत्तियाँ हैं।

इस के साथ ही हम एकदम मानते हैं कि दक्षिणपंथी विचार-धाराएँ अक्सर सामाजिक दृष्टि से अधोगामी होती हैं गैर बुद्धि परक तथा बीते हुए सुनहरे दिनों का राग अपालने वाली होती हैं। वे दकियानूसी धार्मिक व सामाजिक रिवाजों के लिए प्रभामण्डल बना देती है।

विवाद-ग्रस्त मुद्दों का विश्लेषण कैसे करें (How to Analyse Controversial Issues)

हमने कोई उपदेश तो दिए नहीं है। कुछ जातो के प्रति विद्यार्थियों को सावधान किया है। हम यह नहीं चाहते कि विद्यार्थियों को बताएँ कि उन्हें क्या सोचना चाहिए। यह काम उन्हीं का है। बलिक हम इस पर ध्यान देते हैं कि उनको मुद्दों के बारे में कैसे सोचना चाहिए। सारांश में हम समझाते हैं कि वर्तमान विवादों पर प्रश्नों को विद्यार्थी कैसे हल करें।

विद्यार्थियों ने ध्यान दिया होगा कि हमने आधुनिक नैतिक समस्याओं को हल करते हुए क्या सोच (मार्ग) अपनाई थी? उस अध्याय में हमने जिस पैटर्न को अपनाया था, उसका अनुसरण करते हुए विद्यार्थियों को किसी भी ज्वलन्त मुद्दे के निम्नलिखित पाँच पहलुओं पर विचार करना चाहिए-

- संबंधित तथ्य एवं मुद्दे
- इनको प्रभावित करने वाले संबंधित सिद्धांत
- मुद्दों पर मुख्य विचार-धाराओं का रूख
- इस पर यदि कोई हो, सर्वोच्च-न्यायालय/उच्च न्यायालय के फैसले।
- मुद्दे पर सरकार का रूख

पहले तीन पहलुओं के बारे में पढते हुए, उन्हें अन्तिम दो पहलुओं के आधार पर अपनी राय बनानी चाहिए।

जैसा कि हम पहले कह चुके हैं, विद्यार्थियों को क्षणिक भावुकताओं या भीड़ की मानसिकता या समूह की सोच के प्रभाव/दबाव में आए बिना मुद्दों पर बुद्धिपकता और विषय-निष्ठा के साथ विचार करना चाहिए। ना ही उन्हें ऐसे विवादों को बे-बुनियाद निजी राय जाहिर करने या नारे लगाने के अवसर के तौर पर देखना चाहिए। यह भावी विद्वानों प्रबंधकों या सरकारी कर्मचारियों के लिए कोई धन्धा नहीं है। अपितु यह मुद्दों पर शांति से विचार करने का व उनका विश्लेषण करने का है। यही वह भावना है जिससे हमने कुछ विवादों का उल्लेख किया और उन पर विचारों की वैचारिक जड़ों तक पहुँचे।

सार-संक्षेप (Summary)

- राजनैतिक मनोवृत्तियों को राजनैतिक वर्ण-क्रम की सोच के आधार पर सर्वोत्तम रूप से समझा जा सकता है।
- राजनैतिक वर्ण-क्रम बाएँ से दाएँ उग्र-सुधारवादी, उदारवादी, रूढ़िवादी तथा प्रतिक्रियात्मक विचारों का चित्रण है।
- पाँच शब्द राजनैतिक मनोवृत्तियों को पूर्व-निश्चित करते हैं जो (क) वर्तमान राजनैतिक व्यवस्था में परिवर्तन चाहती है तथा (ख) जो कुछ विशिष्ट राजनैतिक मूल्यों का समर्थन करती है।
- पाँचों समूहों के राजनैतिक बदलाव, बदलाव की दिशा, उनके द्वारा अपेक्षित राजनैतिक बदलाव, राजनैतिक बदलाव की गति तथा बदलावों को लागू करने की पद्धतियों पर विचार भिन्न-भिन्न हैं।
- 'उग्र सुधारवाद' ऐसे लोगों, दलों और आन्दोलनों को बताता है जो किसी भी वर्तमान रिवाज, संस्था या सामाजिक व्यवस्था में उग्र (तीव्र) परिवर्तन चाहते हैं। चूँकि उग्र-सुधारवादी समाज से अत्यन्त असंतुष्ट हैं, वे तत्काल व क्रांतिकारी परिवर्तन चाहते हैं हिंसा का समर्थन करते हैं।
- उग्र सुधारवाद तथा इसके रूप हाल के समय में बदल गए हैं। इनमें से अनेक कार्यक्रम पश्चिम में उदारवादी गणतांत्रिक एजेण्डा का भाग बन गए हैं।
- उदारवाद मूलभूत रूप से व्यक्ति की स्वतंत्रता की रक्षा करने पर लक्षित हैं तथा सरकार की ज्यादाती के डर से सरकार की शक्ति को सीमित करना चाहता है।
- समय बीतने के साथ-साथ उदारवाद संस्थापित/पुरातन उदारवाद एवं आधुनिक उदारवाद में बँट गया। संस्थापित पुरातन उदारवाद का कहना है कि सरकार को केवल व्यक्ति की स्वतंत्रता की रक्षा करनी चाहिए। आधुनिक उदारवाद मानता है कि सरकार को गरीबों द्वारा इसका आनंद लेने की परिस्थितियों को बढ़ावा देकर व्यक्ति की स्वतंत्रता को बढ़ाना चाहिए।

- सरकार की जवाबदेही सुनिश्चित करने के लिए उदारवादी, लोकप्रिय मत से आवधिक चुनावों के माध्यम से बहुमत के शासन वाली सरकार की वकालत करते हैं।
- राज्य की शक्ति को कम करने एवं व्यक्ति की स्वतंत्रता बचाने के लिए उदारवादी शक्ति के पृथ्कीकरण, आवधिक चुनावों एवं व्यक्ति के अधिकारों के बनाए जाने की वकालत करते हैं।
- उदारवादी सामान्यत: बाजार में राज्य का हस्तक्षेप पसंद नहीं करते।
- वे मानते हैं कि उत्पादन को अधिकतम कर तथा ऐजेण्टों को उचित पुरस्कार दे कर मुक्त बाजार अधिकतम परिणाम देते हैं।
- अनिगमित उद्योगवाद से आय में असमानताएँ, गरीबी होने व सलम्स बन जाने के कारण प्रश्न खड़े हो गए।
- पहले महायुद्ध व उसके तूफानी उथल-पुथल ने अनेक उदरवादी भ्रातियों को भंग कर दिया। दो बड़े युद्धों ने लोगों को गणतंत्र-विरोधी एवं उदारवाद विरोधी विकल्पों की ओर ढकेल दिया।
- जे. एम. केनीज (J.M Keynes) ने आर्थिक सिद्धान्त का प्रतिपादन किया कि अर्थ-व्यवस्था का सरकारी प्रबंध ही न्यूनतम बेरोजगारी के साथ, न्यूनाधिक सतत विकास जारी रखने हेतु व्यापार चक्र के उतार-चढ़ाव को सरल बनाए रख सकता है।
- युद्ध के बाद के काल में उदार नीतियों से विकसित बाजार अर्थ-व्यवस्थाओं में असाधारण वृद्धि हुई। लेकिन 1970 के वर्षों से वृद्धि धीमी हो गई।
- उदारवादी चाहते हैं कि बाजार की कमजोरी को दूर करने के लिए बाजार में सरकार का हस्तक्षेप सीमित होना चाहिए।
- धन-दौलत तथा आय में और अधिक समानता लाने के लिए वे प्रगतिशील कर का प्रयोग करते हैं।
- समसामयिक उदारवाद ने व्यक्ति के अधिकारों को नई दिशाओं की ओर मोड़ने का प्रयास किया।
- इस से अफ्रीकी अमेरिकों के विरूद्ध भेदभाव के कानून बने, महिलाओं, समलैगिक पुरुषों, समलैगिकों शारीरिक या मानसिक तौर पर विकलांगों अन्य अल्प संख्यकों या अलाभ-भोगी सामाजिक वर्गों के लिए समान-अधिकार हेतु आन्दोलन हुए। उदारवाद ऐतिहासिक दृष्टि से जीवन के विभिन्न मार्गों की बहुलता या अच्छे जीवन की भिन्न-भिन्न संकल्पनाओं का पोषण करता है।
- व्यक्ति के चयन के अधिकार के आधार पर उदारवाद ने विरोध, तलाक, गर्भपात तथा सम-लैंगिकता को बढ़ावा दिया। बोलने की आजादी पर जोर दिए जाने के कारण कला तथा संस्कृति की रचनाओं में काम संबंधी बातें दिखाने पर प्रतिबंध कम हो गया।
- नरमपंथी उन समूहों से जुड़े हो सकते हैं जो दो कठोर प्रणालियों या मतों (सिद्धांतों) से तत्वों को लेकर मिला लेते हैं।
- नरम-पंथी राजनैतिक स्थितियों की विशेषता बताना या उनसे जुड़े राजनैतिक समूहों की पहचान करना कठिन है।
- वे एक असुविधाजनक अधूरे मकान में रहते हैं तथा दल की वैचारिकी के प्रति समर्पण के लिए प्रशंसा पाते हैं।
- सरकार की क्रियाशीलता का संदेह रूढ़िवाद को उदारवाद एवं उग्र-सुधारवाद से अलग करता है।
- रूढ़िवाद से जुड़े दो प्रसिद्ध विचारक फ्रांस के शताऊब्रिआण्ड (Chateaubriand) तथा इंगलैण्ड के एडमण्ड बर्के (Edmund Barke) हैं।
- रूढ़िवादियों के अनुसार मनुष्य न तो अच्छा है और न ही बुद्धि-परक। इसके विपरीत वे वासनाओं एवं इच्छाओं से संचालित होते हैं और कुदरती तौर पर स्वार्थी, बेतरतीब, अविवेकी तथा हिंसक हैं।

- रूढ़िवादी, मानव प्रकृति पर भरोसा नहीं करते, आधार-रहित (निर्मूल) लोग परम्परागत सामाजिक मूल्यों एवं आजमाए नहीं गई नवीनताओं से कट जाते हैं।
- मनुष्य के आधार व विनाशक सहज-वृत्ति को रोकने के लिए परम्परागत राजनैतिक एवं सांस्कृतिक संस्थाओं की जरूरत है।
- रूढ़िवादी मिजाज अमूर्त तर्क व सिद्धान्त से घृणा करते हैं।
- नव-रूढ़िवादियों ने मध्य वर्गों गुणों जैसे बचत, परिश्रम तथा आत्म-नियंत्रण का बचाव किया जो यौन-स्वतंत्रता और 1960 के वर्षों की ढीली-ढाली जीवन-शैली के कारण ढीले हो गए थे।
- उन्होंने ऊँचे कराधान तथा सरकार द्वारा निजी उद्यम में दखलंदाजी वाले विनियमों को आर्थिक प्रगति में बाधा माना।
- वे मानते हैं कि सामाजिक कल्याण नीतियाँ अपने लाभ-भोगियों को सरकार पर उत्तरोत्तर निर्भर बना रही हैं।
- प्रतिक्रियावादी सोच पिछले तथा सामान्यत: पुरानी पड़ गई राजनैतिक या सामाजिक व्यवस्था की पुनर्स्थापना की हिमायती है। प्रतिक्रियावादी एक ऐसे समाज के लिए लालयित हैं जिसका काल बीत चुका है।
- राजनैतिक विचार-धारा सामाजिक या राजनैतिक दर्शन का एक प्रकार है जो सिद्धान्त एवं व्यवहार को मिला देता है। यह उन विचारों की प्रणाली है जो दुनिया को समझाने व उसे बदलने, दोनों ही बातें करना चाहती हैं।
- डेशट्ट द ट्रेसी (Destutt de Tracy) की मूल संकल्पना में विचारधारा की पाँच विशेषताएँ हैं। विचारधारा की विशेष श्रेणियाँ हैं समाजवाद, साम्यवाद, अराजकतावाद, फासीवाद, राष्ट्रवाद, उदारवाद तथा रूढ़िवाद।
- हीगल तथा मार्क्स की एक संकल्पना में, वैचारिकी (विचारधारा) मान्यताओं का ऐसा सैट है जिससे लोग अपने-आप को धोखा देते हैं; यह मिथ्या चेतनता है।
- ज्ञान का समाज-विज्ञान (वैबर तथा मन्हेम द्वारा निरूपित) विचारों की प्रणालियों को कुछ खास रूचियों के परिणाम या अभिव्यक्ति मानता है। विचार धाराओं की वास्तविक प्रकृति उनके अनुयायियों से छुपी रहती है।
- लेकिन आस्था वाले के अवचेतन के लिए सिद्धांत या विचार देने वाली इस प्रकार की सोच विवादों में घिर गई हैं क्योंकि ज्ञान का समाज-विज्ञान का सिद्धांत स्वयं ही अवचेतन बुद्धि-परकता हो जाता है। मन्हेम (Mannerheim) ने इस मुश्किल को बुद्धि जीवियों के श्रेणी-रहित वर्ग 'सामाजिक तौर पर असम्पृक्त' को अप्रत्यापक ढंग से अभिगृहीत कर दूर करने की चेष्टा की। सामाजिक तौर पर असंबंध बुद्धिवादी वर्ग की अवधारणा को दूर किया।
- राजनैतिक सिद्धान्ती इस बात पर बँटे हुए हैं कि विचार-धाराएँ युक्ति-युक्ति हैं या अयुक्ति-युक्त।
- अनेक आलोचकों, विशेष रूप से अल्बर्ट कामू तथा कार्ल पॉपर ने विचार-धारा की कुल विशेषता का विश्लेषण किया और इसकी उत्कटता व हिंसा का विरोध किया। कामू ने विचार-धारा की पद्धतिबद्ध हिंसा या इसके नाम पर किए गए बुद्धि के अपराधों को नकारा है।
- विचार-धाराओं से संबंधित लेखों की भाषा सैनिकों व युद्ध वाली होती है।
- अनेक विचार-धारात्मक लेखक भाषा के प्रयोग से आगे निकल जाते हैं और हिंसा का अनुमोदन करते हैं।
- अनेक लेखक राजनीति के लिए विचार-धारात्मक व उपयोगितावादी सोच के बीच अन्तर करते हैं। उनका विचार है कि विचारधारा से उपयोगितावाद बेहतर है।
- 20वीं शताब्दी के अधिकांश भाग में 'वादों' की प्रधानता रही। अन्तर-राष्ट्रीय राजनय विचार-धाराओं के चारों ओर ही घूमते रहे।

- साम्यवाद एक राजनैतिक एवं आर्थिक मत है जो निजी सम्पत्ति और जनता के स्वामित्व वाली लाभ आधारित व्यवस्था को बदलना और उत्पादन के साधनों तथा समाज के प्राकृतिक संसाधनों का नियंत्रण चाहता है।
- मार्क्स (Marx) साम्यवाद का मुख्य सिद्धान्त शास्त्री है। इसके सिद्धांत के तीन प्रमुख पहलू हैं (i) इतिहास की भौतिकता वाली संकल्पना (ii) पूँजीवाद व इसके कार्य-संचालन की आलोचना तथा (iii) पूँजीवाद का क्रांतिकारी तख्तापलट तथा अन्ततः उसके स्थान पर साम्यवाद की प्रतिष्ठा। बाद के विचारकों ने मार्क्सवादी विचारों का संशोधन किया है।
- समाजवादी ऐसी राजनीति की वकालत करते हैं जो व्यक्तियों की जरूरतों को पूरा करने की बजाय पूरे समाज की बेसिक जरूरतों को पूरा करती है।
- बाद में समाजवादी, सामाजिक गणतंत्री (लोकतंत्रवादी) या लोकतांत्रिक समाजवादी कहलाए। उन्होंने मार्क्सवाद-लेनिनवाद को नकार दिया।
- सामाजिक लोकतंत्रवादी समाजवाद के लिए शांतिपूर्ण, कानूनी प्रयासों का समर्थन करते हैं तथा बहु-दलीय प्रतिस्पर्द्धा एवं नागरिक स्वतंत्रता में विश्वास करते हैं।
- अराजक-साम्यवादी का कहना है कि सरकार की एवं निजी सम्पति अन्योन्याश्रित संस्थाएँ हैं। राज्य निजी सम्पत्ति की रक्षा के लिए होता है तथा निजी सम्पत्ति के स्वामी राज्य की रक्षा करते हैं। यदि सम्पति का स्वामित्व सामुदायिक होना है और वह बराबर बाँटी जानी है तो राज्य को सदा के लिए समाप्त कर देना चाहिए।
- फासीवाद एक सर्वसत्तावादी विचार-धारा है। यह उदारवाद, रूढ़िवाद तथा समाजवाद का विरोध करता है। फासीवाद आधुनिक सामाजिक एवं राजनैतिक समस्याओं का सर्वोत्कृष्ट हल है जो अन्य विचार धाराएँ देने में असमर्थ रही हैं।
- लोगों के राजनैतिक विचार-धाराओं को चुनने में अनेक कारकों का प्रभाव रहता है। इसमें शामिल हैं-मूल्य, मनोवैज्ञानिक विशेषताएँ, आयु, मनोवैज्ञानिक कारण और मानव प्रकृति के प्रति उनकी दृष्टि उनका सामाजिक परिवेश एवं आर्थिक हित।
- हमने यह दिखाने के लिए उदाहरण दिए हैं कि किस प्रकार वैचारिक सोच वर्तमान मुद्दों पर बहस को प्रभावित करती है।
- हमने उल्लेख किया है कि उदार पश्चिमी विचार-धाराओं ने वर्तमान मुद्दों पर प्रत्यक्ष बोध को खराब किया है।
- विद्यार्थियों को ज्वलंत मुद्दों का विश्लेषण तथ्यों व तर्क, संबंधित सिद्धान्तों, मुद्दों पर मुख्य विचारधाराओं की स्थिति, मुद्दे पर प्रभाव रखने वाले सर्वोच्च न्यायालय/उच्च न्यायालय के निर्णय, यदि कोई हों, तथा मुद्दे पर सरकार के रवैये के आधार पर करना चाहिए।
- विद्यार्थियों को तथ्यों व तर्कों के आधार पर सोचना चाहिए और अप्रमाणिक विचार-धाराओं पर भरोसा नहीं करना चाहिए।

प्रश्न (Questions)

(उनके भागों सहित प्रत्येक प्रश्न का उत्तर 150 शब्दों में दीजिए)

(1) राजनैतिक मनोवृत्ति के वर्ण-क्रम से क्या अभिप्रेत है? राजनैतिक मनोवृत्तियों की पाँच मुख्य श्रेणियाँ (वर्ग) कौन-से हैं? वे दो पहलु कौन-से हैं जिन पर उनमें मत भेद है?

(2) यथा-स्थिति क्या है? स्थापना क्या है?

(3) राजनैतिक मनोवृत्तियाँ तथा विचार धाराएँ (वैचारियाँ) किस प्रकार संबंधित हैं? तीव्र सुधारवाद की मुख्य विशेषताएँ क्या हैं?

(4) आप उदारवाद-पुरातन उदारवाद व आधुनिक उदारवाद को कैसे परिभाषित करेंगे?

(5) नव-उदारवाद क्या है? क्या यह आधुनिक उदारवाद-एवं रूढ़िवाद से भिन्न है? यदि है तो किस प्रकार से भिन्न है?

(6) रूढिवाद की मुख्य विशेषताएँ (गुण) क्या हैं भारतीय सामाजिक संदर्भ में आप रूढ़िवाद मूल्य के तौर पर किसे (क्या) मानेंगे? क्या उनका कोई सरोकार है?

(7) आधुनिक उदारवादी-अधिकारों व हकदारियों को सामाजिक न्याय के लिए लड़ने में साधन के तौर पर प्रयोग करते है। चर्चा कीजिए बताइए कि किस प्रकार मनरेगा (MANREGA) तथा स्कूली शिक्षा पर हाल ही की कार्रवाई में यह सोच कैसे प्रतिबिम्बित हो रही है?

(8) हाल ही में एक सामाजिक कार्यकर्ता अश्लील इण्टरनेट साइट्स पर प्रतिबंध माँगने के लिए सर्वोच्च न्यायालय पहुँचा था। इस मुद्दे का उदार एवं रूढ़िवादी दृष्टिकोण से विश्लेषण कीजिए।

(9) हाल के एक समाचार पत्र के सम्पादकीय में सुझाव दिया गया कि फिल्म सेंसर बोर्ड समाप्त कर दिया जाना चाहिए। इस प्रस्ताव पर मुख्य विचार-धाराओं एवं भारतीय नीति निर्धारकों के दृष्टिकोण से चर्चा कीजिए।

(10) वे तीन विषय बताइए जो पहले उग्र सुधारवादी माने जाते थे किन्तु अब पश्चिम में उदारवादी ऐजेण्ड के भाग बन गए हैं। उदाहरण सहित समझाइए कि यह प्रवृत्ति (चलन) भारत में कुछ समाजिक मुद्दों के प्रति अच्छी या बुरी मनोवृत्तियों को पैदा कर रहे हैं?

(11) आप वैचारिकी (विचारधारा) को कैसे परिभाषित करेंगे? कुछ महत्वपूर्ण वैचारिकियों और राजनैतिक वर्ण-क्रम में उनकी स्थिति की जानकारी दीजिए।

(12) क्या विचार-धाराएँ मिथ्या चेतना के विचार हैं? इस प्रश्न पर ज्ञान के समाज-शास्त्र का पक्ष (विचार) क्या है?

(13) इन में से प्रत्येक पर 50-50 शब्दों के संक्षिप्त नोट लिखिए:

(i) वैचारिकी और तर्क-परकता; (ii) वैचारिकी एवं हिंसा; (iii) वैचारिकी एवं व्यवहारिकतावाद तथा (iv) वैचारिकी एवं 20वीं शती का राजनय।

(14) साम्यवाद के मार्क्स के सिद्धान्त के मुख्य सूत्र क्या हैं? इसमें लेनिन ने क्या-क्या परिवर्तन किए?

(15) आप साम्यवाद का सामाजिक गणतन्त्र से कैसे अन्तर करेंगे? भारतीय आर्थिक नीतियों के समाजवादी घटक कौन-से हैं? आर्थिक सुधारों के बाद जो अब भी शेष रह गए है; उनके नाम बताइए।

(16) फासीवाद की मुख्य विशेषताएँ क्या हैं? इसे ख़तरनाक सिद्धान्त (मत) क्यों माना जाता है?

(17) वे कारक कौन-से हैं जो व्यक्ति की राजनैतिक मनोवृत्ति को प्रभावित करते हैं? आर्थिक तथा मनोवैज्ञानिक कारकों को आप कितना महत्व देंगे?

(18) विवादास्पद मुद्दों के विश्लेषण हेतु सम्बद्ध पहलु कौन-से हैं? क्या सरकारी कर्मचारियों को निजी मान्यताओं या प्रबल वैचारिकियों से प्रभावित होना चाहिए या कानून एवं न्यायालय के निणयों से?

(19) उदाहरणों के साथ चर्चा कीजिए कि पश्चिमी उदार विचारधाराओं ने राष्ट्रीय और सामाजिक समस्याओं पर हमारी सोच को किस प्रकार से प्रभावित किया है। भारतीय राजनैतिक व सामाजिक परिस्थितियों के संदर्भ में इन विचार-धाराओं का सरोकार तथा सीमाएँ क्या हैं?

(20) चीनी साम्यवादी एवं मीडिया वाले अपनी देशभक्ति वाले और राष्ट्रीय जोश को गर्व के साथ प्रदर्शित करते हैं और विश्व में अपनी स्थिति एवं प्रबलता का जश्न मनाते हैं। भारत में साम्यवादी लोग राष्ट्रवाद के बारे में क्षमा-याचक और शंकाशील हैं। दो देशों में इस प्रकार एक ही विचार-धारा से विपरीत मनोवृत्तियाँ पैदा होने का स्पष्टीकरण क्या हो सकता है?

संदर्भ

- द स्पैक्ट्रम ऑफ पॉलीटिकल एटीट्यूड्स (अध्याय 2): इण्ट्रसेट पर उपलब्ध है पर किताब के शीर्षक या लेखक का कोई उल्लेख नही हैं।
- एनेलाइनिंग पॉलीटिक्स : एन इण्ट्रोडक्शन टू पॉलीटिकल साइंस, एलन ग्रिग्सबी (इंटरनेट पर उपलब्ध)
- आइडियोलॉजी : मौरिस क्रैन्सटन एन्सायक्लोपीडिया ब्रिटानिका
- रेडिकल्स एण्ड रेडिकलउज्म डिक्शनरी ऑफ अमेरिकन हिस्ट्री
- लिबरलिज्म : टेरेन्स बाल, हैरी के गिरवेज, केनथ मिनोग, रिचर्ड डागर एसायकलोपीडिया ब्रिडानिका

अध्याय 18

आधुनिक नैतिक समस्याएँ (Modern Ethical Conundrums)

परिचय (Introduction)

इस अध्याय में हम उन नैतिक समस्याओं पर चर्चा करेंगे जो हाल ही के समय में प्रमुखता से उभर आई है। उनको दो मुख्य स्रोतों से जोड़ा जा सकता है : मानवीय कामवासना के प्रति सामाजिक मनोवृत्तियों या सोचों में परिवर्तन; तथा उत्पति मूलक एवं आणविक जीव-विज्ञान में प्रगति के परिणाम। इन परिवर्तनों के होने से उत्पन्न नई समस्याओं के महत्वपूर्ण नैतिक व विधिक पहलु हैं। हमारी चर्चा का दूसरा क्षेत्र आतंकवाद होगा। हम आतंकवाद, मानव अधिकार तथा राज्य की सत्य-निष्ठा पर वर्तमान सोच को प्रभावित करने वाले सिद्धान्तों, विचार-धाराओं विश्व के विचारों को कवर करेंगे। हमने इन सभी समस्याओं पर प्रभाव डालने वाले भारतीय कानूनों का रूप-रेखा तैयार की है। इस अध्याय में शामिल अनेक समस्याओं (तथा इसी प्रकार की अन्यों पर भी) 'applied ethics' (व्यावहारिक नीति शास्त्र) पर रुबिक के तहत अमरीका की पाठ्य-पुस्तकों में चर्चा की गई है क्योंकि इन समस्याओं के विश्लेषण के लिए नैतिक सिद्धान्तों व मतों का प्रयोग किया जाता है।

समलैंगिकता (Homosexuality)

परिचय (Introduction)

मानव प्राणी अपने विपरीत लिंगी के प्रति काम-वासनात्मक आकर्षण अनुभव करते हैं। इस बात को आमतौर पर सार्वभौमिक मानक माना जाता है। लेकिन कुछ पुरुष (जिन्हें समलैंगिक या 'गे' कहा जाता है) किसी दूसरे पुरुष के प्रति काम-वासनात्मक आकर्षण अनुभव करते हैं। इसी प्रकार कुछ स्त्रियाँ (जिन्हें स्त्री समलैंगिक कहते हैं) पुरुषों के प्रति नहीं अपितु स्त्रियों के प्रति काम-संबंधी आकर्षण रखती हैं।

धार्मिक तथा सामाजिक रीति-रिवाज सामान्यत: समलैंगिकता की निन्दा करते हैं। उदाहरण के लिए, बाइबिल पुरुषों एवं स्त्रियों को आदेश देती है : 'फलवान बनो और गुणित हो' (अर्थात संतान उत्पन्न कर संख्या में बढ़ो)। स्पष्ट है कि विपरीत लिंगियों के बीच, इतरलिंगकामी मिलन (heterosexuality union) के विपरीत, समलैंगिकता से गर्भधारण नहीं हो सकता। बाइबिल समलैंगिकता की 'जुगुप्सा' (abomination) के तौर पर निन्दा करती है। हिन्दूवाद तथा अन्य धर्म, विवाह एवं संतानोत्पत्ति को मानव जीवन का अनिवार्य चरण मानते हैं।

यद्यपि समलैंगिकता मानव इतिहास के शुरू में भी जानी जाती थी किन्तु इसे समाज का बड़ा कलंक माना जाता था। अनेक समाजों में इसे अपराध मानते हैं। समलैंगिक एक अँधियारे, कुत्सित संसार में रहते थे। पहले के समय में, यदि किसी व्यक्ति की

समलैंगिकता का पता चल जाता था तो उसकी सरेआम निन्दा की जाती थी। प्रसिद्ध साहित्यिक व्यक्ति ऑस्कर वाइल्ड को अपनी समलैंगिकता के कारण जेल जाना पड़ा था। अन्य लोग जैसे ई.एम. फोरेस्टर एवं एण्ड्रे गाइड (EM. Forester, Andre Gide) को अपनी समलैंगिकता छुपानी पड़ी थी। पश्चिमी समाज में, समलैंगिकता अब वर्जित-कर्म नहीं है। समलैंगिकों, समलैंगिक स्त्रियों, उभय-लिंगियों और किन्नरों (जो न पुरुष होते हैं और न स्त्री) के विरूद्ध पूर्वाग्रह काफी सीमा तक गायब हो रहा है। अमेरिका के अनेक राज्य समान लिंगियों के बीच विवाह की अनुमति दे रहे हैं।

ऐसी बदलती हुई मनोवृत्तियों के बावजूद समलैंगिकों को अनेक समस्याओं का सामना करना पड़ता है। भारत में, समलैंगिकता एक अपराध है, हाँलाकि इसमें अभियोजन अभी नगण्य हो रहे हैं। अनेक समूह जो स्वयं को उदार, धर्म-निरपेक्ष, प्रगतिशील और आधुनिक मानते हैं, इस संबंध में, समलैंगिकता की नैतिकता पर जीवन्त चर्चाएँ होती हैं। इसके आगे हम (*i*) समलैंगिकता के पक्ष तथा विपक्ष में तर्क, (*ii*) कानून के अन्तर्गत इसकी स्थिति, तथा (*iii*) इसके प्रति संभव अवस्थिति पर चर्चा करेंगे।

समलैंगिकता के विरुद्ध तर्क (Arguments against Homosexuality)

समलैंगिकता अप्राकृतिक व विकृत है। यह मानव जाति की वृद्धि के प्राकृतिक मार्ग का उल्लंघन करती है। अत: समलैंगिकता प्रकृति के नियमों के विरुद्ध है; यह प्रकृति के आचरणों का विरोध करना है।

समलैंगिकता दैवी आज्ञाओं के विरुद्ध है। यदि हम दैवी आज्ञाओं के मूल पर प्रश्न भी उठाएँ, समलैंगिकता अब भी उन नैतिक सिद्धान्तों का उल्लंघन करती है जिनका समर्थन सर्वाधिक धर्म करते हैं। लिंगों के बीच विवाह और परिवार में बच्चों को पालना महत्त्वपूर्ण परम्परा है। इनसे न केवल काम सम्बन्धी व्यवहार विनियमित होता है अपितु बच्चों का लालन-पालन सहज और नैतिक घरेलु वातावरण में होता है। समलैंगिकता, स्थिर सामाजिक जीवन के इन लंगरों को नष्ट कर देगी।

समलैंगिकता परम्परागत पारिवारिक व सांस्कृतिक मूल्यों को कमतर कर बच्चों के लिए बुरा उदाहरण प्रस्तुत करती है। यदि बच्चों के बीच समलैंगिकता वाला व्यवहार स्थापित हो जाता है और यह काफी फैल जाता है तो मानवता बची नहीं रहेगी। यदि यह डर दूर की कौड़ी भी हो, तो भी समलैंगिकों द्वारा बच्चों पर आक्रमण का डर तो वास्तविक है ही।

अनेक लोगों का विश्वास है कि समलैंगिकता के चलन से एच. आई. वी. (HIV) तथा एड्स (AIDs) तेजी से फैली हैं। समलैंगिकों को सरकारी तौर पर एच. आई. वी. तथा एड्स फैलाने में उच्च जोखिम वाला समूह माना गया है। अत: समलैंगिकता केवल निजी नहीं अपितु जनता के लिए स्वास्थ्य को ख़तरा है।

हम सब ऐसे समाजों में रहते हैं जो प्रमुखता से इतरलिंगकामी (heterosexual) हैं। ईमानदारी की बात यह है कि समलैंगिकता के नाम से अधिकतर लोग बहुत घृणा और कुरुचि की प्रतिक्रिया व्यक्त करते हैं। समलैंगिकता बहुत थोड़े अल्प-संख्यकों (कम संख्या में) तक सीमित है। इसे मुख्य धारा की घटना मानने की जरूरत नहीं है।

इन आधारों पर यह कहा जा सकता है कि बच्चों और परिवारों, संस्कृति तथा नैतिक मूल्यों को बचाने एवं मानव-जाति को बनाए रखने के लिए समलैंगिकता पर प्रतिबंध लगाया जाना चाहिए।

समलैंगिकता के पक्ष में तर्क (Arguments in favour of homosexuality)

समलैंगिकता न तो अप्राकृतिक है और न ही अनैतिक। कुछ लोग प्रकृति से ही ऐसे पैदा हुए हैं। इसे विपथगामी या पथभ्रष्ट व्यवहार नहीं माना जाना चाहिए। मनोवैज्ञानिकों की इस बात पर एक राय नहीं है कि क्या समलैंगिकता कुछ परिस्थियों में सामान्य है। अमेरिकी मनोवैज्ञानिक एसोसिएशन ने अपनी मानसिक रोगों की सूची में से समलैंगिकता को हटा दिया है।

क्योंकि एक समाज मुख्यत: इतरलिंग कामी है, समलैंगिकों को अनैतिक नहीं कहा जा सकता। ऐसा कोई निष्कर्ष वैधता के साथ नहीं निकाला जा सकता। कोई दैवी आज्ञा भी वास्तव में सिद्ध नहीं की जा सकती क्योंकि उनके लिए कोई अनुभव-जन्य कभी नहीं हो सकता। वे सब धार्मिक आस्था के मामले हैं। किसी विशेष धर्म के श्रृद्धालुओं द्वारा स्वीकार किए जा सकते हैं लेकिन अन्य धर्मों के अनुयायियों या विखण्डवादियों या नास्तिकों पर बाध्यकर नहीं हैं।

यह सत्य है कि व्यवहार या कर्ता वाले स्रोतों (husbanding resources) के विवेकपूर्ण नियम को प्रकृति से लिया जा सकता है। लेकिन उनके लिए तर्कसंगत प्रदर्शन की प्रबल शक्ति नहीं होती है। और भी, प्रकृति के तथ्यों से नैतिक सिद्धान्त निकालना अनअनुज्ञेय है। इसे तथ्यपरक आधार-वाक्यों से नैतिक निष्कर्ष या तथ्यों से मूल्यों को प्राप्त करने की कोशिश करना कहते हैं।

समलैंगिकता उन दो व्यस्कों के बीच होती है जो इसके लिए सहमत होते हैं तथा माना जाता है कि वे जानते हैं कि उनके लिए अच्छा क्या है। जब तक ऐसे व्यवहार से दूसरों को हानि नहीं होती है, इस पर कोई आपत्ति नहीं की जा सकती। समलैंगिक व्यवहार से एच. आई. वी. तथा एड्स का फैलना, ऐसे सम्बन्धों से होने वाले खतरों के प्रति समलैंगिकों के अज्ञान के कारण हो रहा है। इसके बाद तो समलैंगिकों ने सुरक्षात्मक उपाय अपना लिए हैं तथा एच. आई. वी. एवं एड्स के फैलने के जोखिम को काफी कम कर दिया है। इस बारे में वे नशे के आदियों से अधिक जिम्मेदारी से व्यवहार करते हैं।

समलैंगिकता को स्वीकारने का अर्थ बच्चों पर हमला कर देने को क्षमाकर देना नहीं है। वास्तव में बच्चों का शिकार करने वाले ज्यादातर इतरलिंगकामी होते हैं। यह नैतिक भ्रष्टता है जिसका सम्बन्ध समलैंगिकता से नहीं है।

समलैंगिकता परिवारिक मूल्यों के लिए ख़तरा नहीं है। अमेरिका में अनेक स्त्री-समलैंगिक व 'गे' (पुरुष समलैंगिक) जोड़े बच्चों को गोद ले रहे हैं। वे उनकी परवरिश अच्छे पारिवारिक परिवेश में कर रहे हैं। अनेक अमेरिकी राज्यों ने ऐसे विवाहों को कानूनी कर दिया है।

समलैंगिक मानव जीव हैं, हमारे नैतिक समुदाय के भाग हैं। यह सच है कि उनका काम-विषयक झुकाव या व्यवहार अन्यों से भिन्न है, उनके प्रति मानवीय व्यवहार के उनके अधिकार में रुकावट नहीं डाल सकता।

भारतीय संदर्भ में समलैंगिकता (Homosexuality in Indian Context)

भारतीय दण्ड संहिता (IPC) की धारा 377 के अनुसार समलैंगिक काम-क्रिया के लिए आजीवन कारावास की सज़ा हो सकती है। अमर्त्यसेन, विक्रम सेठ और अन्यों ने 'मानवता और हमारे संविधान' के नाम पर इस क्रूर एवं भेदभावपूर्ण कानून को समाप्त करने की माँग की थी। विधि आयोग (Law Commission) ने अपनी 42 वीं तथा 156 वीं रिपोर्ट में धारा 377 को बनाए रखने की सिफारिश की, किन्तु अपनी 172 वीं रिपोर्ट में इसे निरस्त कर देने की सिफारिश कर दी। तत्कालीन स्वास्थ्य मंत्री (2009) ने धारा 377 को समाप्त कर देने का पक्ष लिया। लेकिन गृह मंत्रालय ने राय दी कि इसे समाप्त कर देने से छिछोरेबाजी के आपराधिक मामले या लड़कों के लैंगिक दुरूपयोग के अपराध बढ़ जाएँगे।

संयुक्त राष्ट्र ने भारत से समलैंगिकता को अपराध न मानने का आग्रह किया। इससे एच. आई. वी./एड्स विरोधी आन्दोलन को बल मिलेगा। चूँकि समलैंगिकता आपराधिक कार्य है, इसलिए समलैंगिकों को अनिवार्य एच. आई. वी., स्वास्थ्य तथा सामाजिक सेवाएँ नहीं दी जा सकतीं।

अदालत की कार्यवाइयाँ (Court proceedings)

दिसम्बर, 2002 में नाज़ फाउण्डेशन ने धारा 377 को चुनौती देते हुए दिल्ली उच्च न्यायालय में जन हित याचिका दाखिल की। 2 जुलाई, 2009 को दिल्ली उच्च न्यायालय ने धारा 377 के अधिकांश को असंवैधानिक करार देते हुए रद्द कर दिया। 11 दिसम्बर, 2013 को सुरेश कुमार कौशल तथा अन्यों द्वारा दायर की गई अपील में सर्वोच्च न्यायालय ने भारतीय दण्ड संहिता की धारा 377 के प्रावधानों की संवैधानिकता को बरकरार रखा। तथापि, सर्वोच्च न्यायालय ने घोषणा की कि धारा 377, जहाँ तक यह बालिगों द्वारा आपसी राजी से की गई काम सम्बन्धी क्रियाओं को अपराधी ठहराती है, संविधान के अनुच्छेद 21, 14 तथा 15 का उल्लंघन करती है। लेकिन इसने बिना-रज़ामंदी के अव्यस्कों के साथ की समलैंगिकता एवं समलैंगिक काम-क्रिया को कवर करने वाली धारा 377 के प्रावधानों को बनाए रखा। सर्वोच्च न्यायालय ने यह भी सुझाव दिया कि संसद को धारा 377 में उपयुक्त संशोधन करना चाहिए।

धारा 377 का समर्थन करते हुए फैसले का धार्मिक नेताओं ने स्वागत किया। तथापि, कुछ धार्मिक नेता जैसे श्री श्री रविशंकर की राय थी कि आपसी रजामन्दी से दो वयस्कों के बीच की गई काम-क्रिया को स्वीकार कर लेना (सहन कर लेना) चाहिए। समलैंगिकता को अपराध न मानने वाले निजी सदस्य बिल को संसद ने अस्वीकार कर दिया था। अगस्त, 2016 में मंत्री-मण्डल ने वाणिज्यिक सरोगेसी (Sarrogacy) (जिस पर चर्चा बाद में की गई है) पर प्रतिबंध के मसौदा कानून को मंजूरी दे दी। इस बिल के अनुसार समलैंगिक सरोगेसी के द्वारा बच्चे प्राप्त नहीं कर सकते थे। इस संदर्भ में दिवंगत केंद्रीय मंत्री सुषमा स्वराज जी का कथन था "हम 'लिव-इन' तथा समलैंगिक सम्बन्धों को नहीं मानते ... यह हमारे लोकाचार (ethics) के विरुद्ध है।" 24 अगस्त, 2017 को सर्वोच्च न्यायालय अपने 2013 के फैसले पर पुनर्विचार करने के लिए तैयार हो गया; उसने कहा कि धारा 377 को समाप्त करने की याचिकाओं को वह पाँच सदस्यों वाली संवैधानिक पीठ को भेजेगा।

24 अगस्त, 2017 को, सर्वोच्च न्यायालय के निर्णय में कहा गया- *''किसी व्यक्ति के यौन रुझान के आधार पर भेदभाव करना व्यक्ति के सम्मान और आत्म-महत्व के लिए अत्यधिक अपमान-जनक (आक्रामक) है। बराबरी के मंच पर समानता का तकाज़ा है कि समाज में प्रत्येक व्यक्ति के यौन रुझान की रक्षा की जानी चाहिए। निजता तथा यौन रुझान का अधिकार, संविधान के अनुच्छेद 14, 15 तथा 21 में दिए गए मूलभूत अधिकारों के मूल में है।''*

10 जुलाई, 2018 को सर्वोच्च न्यायालय ने एल जी बी टी समुदाय के अधिकारों के महत्व का समर्थन किया। न्यायालय ने और आगे निर्णय किया कि अपने साथी को चुनना व्यक्ति का मौलिक अधिकार है।

6 सितम्बर, 2018 को सर्वोच्च न्यायालय ने अनुच्छेद 377 के एक भाग को हटा दिया जो सहमति से हुए समलैंगिक गतिविधियों का अपराधीकरण करने से सम्बन्धित था। न्यायालय ने अनुच्छेद 377 के अन्य पहलुओं का समर्थन किया जो अल्प-व्यस्कों (नाबालिग) और पशुओं के साथ अप्राकृतिक यौन-क्रिया का अपराधीकरण करते है।

गर्भपात (Abortion)

प्रजनन जीव-विज्ञान की सरसरी समीक्षा (A Cursory Review of Reproductive Biology)

यह पृष्ठभूमि जान लेने से न केवल गर्भपात पर परिचर्चा को समझने में आसानी होगी अपितु भ्रूणीय स्टैम सैल (embryonic stem cell) अनुसंधान को भी सरलता से समझा जा सकेगा।

गर्भधारण या निषेचन तब होता है जब एक नर जर्म सैल या शुक्राणु, मादा जर्म सैल या डिम्ब का भेदन करता है। इसका परिणाम एक एकल सैल बनना होता है। जिसमें छियालीस क्रोमासोम्स (Cromosomes) होते हैं जिसे युग्मनज (ज़ाइगोट) कहते हैं। सामान्य तौर पर 2-3 दिनों में युग्मनज फैलोपियन ट्यूब से नीचे आ जाता है जो डिम्बों (ova) को ओवरी से गर्भाशय में ले जाती है। गर्भाशय में पहुँचने के बाद, बहु सैल युग्मनज गर्भाशय में द्रव्य में तैरने लगता है और एक बीज कृमि-कोष (blastocyst) में विकसित हो जाता है। बीज कृमि-कोष अभिन्न सैल्स के अति सूक्ष्म गोले (balls) हैं। दूसरे सप्ताह के अन्त में, ये बीज कृमि-कोष गर्भाशय की दीवार से चिपक जाते हैं। दूसरे सप्ताह के अन्त से आठवें सप्ताह के अंत तक अजन्मा जीव भ्रूण (या गर्भक) कहलाता है। चौथे से पाँचवें सप्ताह तक अवयवों का विकास होने लगता है और-भ्रूण, मानव की बाह्य रूप-रेखा दिखा देता है।

आठवें सप्ताह में मस्तिष्क की क्रियाशीलता पता चलने लगती है। इस आयु से किया हुआ गर्भधारण, भ्रूण कहलाने लगता है जबकि आम बोलचाल की भाषा में इसका प्रयोग गर्भधारण करने के समय से ही किया जाता है। भ्रूण के विकास को नाम देने के लिए दो और शब्द महत्त्वपूर्ण हैं। एक 'Quickening' है जो उस अवस्था को बताता है जब माँ भ्रूण की हलचल अनुभव करने लगती है। दूसरा शब्द 'Viability' है जो उस अवस्था को बताता है जब भ्रूण स्वतन्त्र रूप से गर्भाशय से बाहर जीवित रहने योग्य हो जाता है।

गर्भावस्था के प्रमुख चरण और उनकी समय रेखाएँ निम्नलिखित सारणी में दिखाई गई है।

विकासात्मक समय सारणी	
चरण	**समय (अवधि)**
युग्मनज (Zygote)	1-3 दिन
बीज कृमि-कोष (Blastocyst)	दूसरे दिन से दूसरे सप्ताह के अंत तक
भ्रूण (Embryo)	तीसरे सप्ताह से आठवें सप्ताह तक
भ्रूण/गर्भ (Foetus)	नौवें सप्ताह से जन्म तक
क्विकनिंग (Quickening)	तेरहवें से बीसवें सप्ताह तक
जीवन क्षमता (Vrability)	चौबीसवें सप्ताह से

गर्भपात से तात्पर्य अजन्मे प्राणी की समाप्ति (या गर्भ गिरना) से है जो उपरोक्त में से किसी भी चरण में हो सकता है। कभी-कभी गर्भपात, गर्भवती महिला को आन्तरिक जैवी-रासायनिक प्रक्रियाओं के कारण या उसे चोट लग जाने के कारण भी हो जाता है। इन्हें गर्भ-स्राव (miscarriage) कहते हैं और इनसे कोई नैतिक मुद्दे नहीं बनते। गर्भ-पात पर परिचर्चाएँ प्रेरित (जबरन) किए गए गर्भपातों पर केन्द्रित होती हैं जो मानव-क्रिया द्वारा किए जाते हैं।

गर्भ-पात की प्रक्रियाएँ (Procedures for abortion)

गर्भ-पात की प्रक्रियाओं की संक्षिप्त रूप-रेखा यह समझने में मदद करेगी कि कुछ परिस्थितियों में इससे इतनी परेशानी क्यों पैदा हो जाती है।

बहुत आरम्भिक अवस्था में गर्भपात 'morning-after pill' देकर प्रेरित किया जाता है। यह बीज-कृमिकोष (blasto cyst) को गर्भाशय की दीवार पर जमने नहीं देती।

वैक्यूम से खींचने की प्रक्रिया का प्रयोग 12 वें सप्ताह (पहली तिमाही) तक किया जाता है। इस प्रक्रिया में गर्भाशय के तंग मुँह (cervix) को ढीला किया जाता है; गर्भाशय में एक छोटी वैक्यूम नली डाली जाती है; और इसके अन्दर के पदार्थ को चूषण-विधि से बाहर निकाल लिया जाता है।

ढीला कर बाहर निकाल लेने (डी. एण्ड ई.) विधि का प्रयोग गर्भधारण करने के 12 वें हफ्ते के बाद गर्भपात के लिए आमतौर पर किया जाता है। इस विधि में भी गर्भाशय के मुख को ढीला किया जाता है लेकिन गर्भाशय को खाली करने के लिए चूषण नली के स्थान पर डाक्टरों को सर्जिकल औजारों का प्रयोग करना पड़ता है। गर्भावस्था के 15 वें सप्ताह तक भ्रूण के ऊतक सरलता से तोड़े जा सकते हैं; तथा गर्भाशय की दीवारों को खुरचने के लिए चम्मच के आकार के औजार (Curette) का प्रयोग यह सुनिश्चित करने हेतु किया जाता है कि भ्रूण का कोई ऊतक वहाँ लगा न रह जाए। इसके बाद भ्रूण इतना विकसित (बड़ा) हो जाता है कि वह गर्भाशय के मुख्य से गुजर नहीं सकता; हड्डियाँ कठोर हो जाती हैं और उन्हें तोड़ना कठिन होता है। निकासी के लिए यह जरूरी है कि भ्रूण को काट लिया जाए (खण्डित कर लिया जाए) ताकि इसे अंशो में गर्भाशय से बाहर खींचा जा सके। थोड़ी देर बाद, यह प्रक्रिया बहुत झंझट वाली हो जाती है जिसमें खोपड़ी को तोड़ने की जरूरत होगी।

ढीला कर बाहर निकाल लेने (डी. एण्ड ई.) के लोकप्रिय होने से पहले, गर्भपात सेलाइन (Saline) इंजेक्शन देकर अर्थात् गर्भाशय में नमक का पानी डाल कर प्रेरित किया जाता था। माताओं के लिए सुरक्षित न होने के कारण इसका प्रयोग बंद कर दिया गया।

गर्भपात की एक और विधि माइफप्रिस्टोन एवं माइसोप्रोस्टॉल (Mifepristone and Misoprostol) दवाएं है जो गर्भपात कराने की गोली है। यह प्रोजेस्टेरोन (Progesterone) की क्रिया को रोककर काम करती है जो एक ऐसा स्टेरॉयड हार्मोन है जो गर्भ-धारण को बनाए रखने के लिए जरूरी है। प्रसंगवश, यह गोली महिला की पिछली मासिक अवधि के पश्चात् गर्भ रहने के 7 वें सप्ताह के बाद प्रयोग नहीं की जा सकती।

गर्भपात से संबन्धित नैतिक मुद्दे (Moral issues surrounding abortion)

इतिहास में लम्बे समय तक स्त्रियों के पास अवांछित गर्भ को गिराने के लिए सुरक्षित चिकित्सकीय विकल्प नहीं था। किन्तु गर्भपात की सुरक्षित प्रक्रियाओं की खोज हो जाने के बाद स्त्रियों के लिए यह निर्णय करना संभव हो गया कि अवांछित गर्भ को समाप्त किया जाए या नहीं। अनेक देशों ने गर्भपात को कानूनी दर्जा दे दिया है और गर्भपात के लिए क्लिनिक्स बना दिए हैं। अत: गर्भपात संबंधी परिचर्चा ने पहले की कुछ तेजी खो दी है। तथापि, गर्भपात-विरोधी (जीवन-समर्थक कहे गए) अभी भी कानूनों एवं अदालती मामलों के माध्यम से महिलाओं के गर्भपात के अधिकार को प्रतिबंधित करने की कोशिश करते हैं। तथा गर्भपात समर्थक ('प्रोच्वाइस' के तौर पर जाने जाने वाले) गर्भपात पर सभी प्रतिबन्ध हटाने और इसके लिए पूरा जन वित्त-पोषण देने की कोशिश में लगे हैं।

गर्भपात पर परिचर्चा दो बड़े मुद्दों को लेकर होती है : (*i*) माँ तथा भ्रूण, दोनों के जीवन का मूल्य; तथा (*ii*) व्यक्ति की स्वतंत्रता का अधिकार तथा अपने शरीरों पर स्त्रियों के अधिकार। इन परिचर्चाओं में भ्रूण या अजन्मे बच्चे के अधिकार, मानव जीवन की परिभाषाएँ तथा वह समय (बिन्दु) जब से जीवन शुरु होता है, जैसे विषयों पर भी चर्चा होती है।

गर्भपात के विरुद्ध तर्क (Arguments against abortion)

1. मानव जीव का उत्पत्तिमूलक आकृति बनना (संगठन) नर वीर्य के क्रोमोसोम्स एवं मादा डिम्ब के मिलते ही शुरू हो जाता है। एक बार जब यह मिलन हो जाता है तो इससे अप्रतिम मानव की रचना हो जाती है। अत: गर्भ-धारण को पूरे मानव का स्थान प्राप्त है।
2. प्रत्येक अजन्मे, अबोध शिशु के पूरे मानवाधिकार उसके गर्भ में आने के समय से उसे प्राप्त हो जाते हैं। इसका जीवन उतना ही परम पवित्र है जितना कि किसी अन्य मानव जीव का। जीवन का इसका अधिकार निर्बाध है, अर्थात गर्भवती महिला के अधिकारों से भी ऊपर है।
3. अपनी प्रत्येक अवस्था व चरण में मानव जीवन के प्रति सम्मान मुख्य सिद्धान्त है। एक बार यदि शुरूआती जीवन के प्रति असम्मान दिखाया जाता है तो यह सैद्धान्तिक तौर पर मानव जीवन के लिए सिद्धान्त या लागू होने लगता है। मानव जीवन का मूल्य व महत्व कम हो जाएगा। इस कारण निर्दयी व जालिम उपायों को अपनाया जाएगा, जैसा कि नाजी जर्मनी का अनुभव बताता है।
4. गर्भपात की प्रक्रियाएँ स्त्री के शारीरिक और मनोवैज्ञानिक स्वास्थ्य के लिए जोखिम भरी है। जैसा कि हमने पहले देखा था, बारहवें सप्ताह के बाद गर्भपात की प्रक्रिया स्त्री के सन्तोत्पत्ति की प्रणाली को हानि पहुँचा सकती है। इससे स्त्रियों में भावी गर्भ-स्रावों के लिए कमजोरी आ जाती है। कुछ स्त्रियों को लग सकता है कि गर्भपात में एक 'भावी बच्चे' की हत्या होती है। यह विचार का भाव स्त्री के दिमाग में अपराध-बोध जगा सकता है और एक मनोवैज्ञानिक दबाव पैदा कर सकता है।
5. आजकल गर्भ रहने से बचाव के लिए अनेक सरल गर्भ-निरोधक उपलब्ध हैं। अनैच्छिक या अवांछित गर्भ स्त्री की लापरवाही या गैर-जिम्मेदारी के कारण रह जाता है। एक बार जब गर्भ ठहर जाता है, माँ-बाप को अपने उत्तरदायित्व को स्वीकार करना चाहिए और बेकसूर जीवन को शिकार नहीं बनाना चाहिए।
6. गर्भपात के कई विकल्प हैं। अनेक बे-औलाद जोड़े बच्चों को गोद लेने को तैयार हैं। वे अवांछित शिशुओं का अपने घरो में स्वागत खुशी से करेंगे। ये दो विकल्प उन गरीब माँ-बापों के लिए खुले (उपलब्ध) हैं जो एक और बच्चे का खर्च उठाने में असमर्थ हैं।
7. ज्यादातर धर्म गर्भपात के सभी रूपों का विरोध करते हैं। चूँकि अधिकतर लोग धार्मिक आस्थाएँ रखते हैं, वे गर्भपात को पसंद नहीं करेंगे। जो माँ-बाप आर्थिक हालात की वजह से गर्भपात कराने के लिए विवश होते हैं, वे संज्ञानात्मक निसंगतता का अनुभव कर सकते हैं।

गर्भपात के पक्ष में तर्क (Arguments in favour of abortion)

(1) पिसन्तानोत्पत्ति के अधिकारों सहित स्त्रियों को अपने शरीरों पर अबाध अधिकार प्राप्त हैं। यदि वे दुर्घटनावश गर्भवती हो जाती हैं तो वे गर्भपात करा सकती हैं। यह गर्भ निरोध की एक और पद्धति है जो अन्यों के असफल रह जाने पर प्रयोग की जा सकती है। इस सोच में गर्भधारण स्त्री के शरीर का एक और हिस्सा है जब तक कि वह पैदा नहीं हो जाता। उसके पास यह निर्णय करने का अबाध अधिकार हो कि वह गर्भ को बनाए रखे या न रखे। और भी, केवल अकेले गर्भवती महिला को ही यह निर्णय करने की अनुमति होनी चाहिए। कि गर्भपात कराया जाए या नहीं।

(2) पितृ-सत्तात्मक सोच के कारण गर्भपात के नियम कठोर बने। चूँकि पुरुष ने गर्भ की परेशानियाँ और प्रसव-पीड़ाओं का कभी अनुभव नहीं किया, वे अजन्मे जीवन के लिए लगाव (प्यार) की झूठी भावना दिखा सकते हैं। अवांछित गर्भों से महिला के भविष्य की योजनाएँ और सपने पूरी तरह से बाधित हो सकते हैं। तब वह निर्णय कर सकती है कि गर्भपात कराए या न कराए।

(3) भ्रूण कोई व्यक्ति तो है नहीं और इसलिए ऐसा प्राणी नहीं है जिस के लिए मानवीय अधिकार लागू हों। यहाँ पर हमें मानवता की मनोवैज्ञानिक या नैतिक संकल्पना से जैविक या उत्पत्ति-जनक संकल्पना का अन्तर करना होगा। यह विचार कि मानवों द्वारा जो कोई भी गर्भधारण कर लेता है, वह गर्भ-धारणा पर तत्काल ही मानव हो जाता है, तर्क-संगत नहीं है। इसमें काफी समय लगता है जब कि गर्भधारण मानव आकृति का मात्र प्रतिरूप प्राप्त कर पाती है। बहुत आरम्भ के चरणों (अवस्थाओं) में इसमें मस्तिष्क की संरचना तक नहीं होती और इसलिए उसमें कोई संवेदनाएँ या भावनाएँ नहीं होतीं।

(4) मनोवैज्ञानिक मानवता या व्यक्तित्व की संकल्पना में निम्नलिखित गुण (विशेषताएँ) होती हैं :

- बाहरी दुनिया के प्रति सजगता व पीड़ा अनुभव करने की क्षमता।
- तर्क करने की योग्यता
- जन्म-मूलक या बाहरी नियन्त्रण से स्वतन्त्र आत्म-प्रेरित गतिविधि
- संप्रेषण (बात-चीत करना) की क्षमता
- आत्म-संकल्पन व आत्म-बोध का होना

मनोवैज्ञानिक या नैतिक मानवीयता का निर्माण करने वाले ये गुण गर्भ-धारण में नहीं पाए जाते। अतः इसमें मानवीयता की कोई विशेषता नहीं है।

(5) यदि गर्भपातों पर निषेध हो या कठोर प्रतिबन्ध होगा तो स्त्रियाँ गैर-कानूनी और जोखिम भरे गली के पिछवाड़े होने वाले गर्भपातों पर भरोसा करेंगी, निर्भर रहेंगी। और भी, गरीब स्त्रियाँ जो ऊँचे दर्जे की गर्भपात की सुविधा का खर्च वहन नहीं कर सकतीं, वे गैर-कानूनी गर्भपातों की जोखिम व परेशानियों का दंश झेलेंगी।

(6) भ्रूण में किसी गंभीर जन्म से आई खराबियों या खतरनाक चिकित्सकीय दशाओं का पता सामान्यतः गर्भावस्था के नौवे सप्ताह में चल सकता है। ऐसी स्थिति में, प्रकृति की ओर से निराकृत मानव को कमजोर करने वाली या ख़तरनाक वंशगत बीमारी झेलने के कष्ट से बचाने के लिए उस के जन्म से बचाव का एकमात्र रास्ता गर्भपात ही है।

(7) नए उत्पन्न शिशुओं को गोद लेने के लिए प्रस्तुत करना या जनता के धमार्थ अनाथालयों में उन्हें रखना, आकर्षक विकल्प नहीं है। यह तर्क देना कि स्त्री को अपनी गर्भावस्था उस स्थिति तक बनाए रखनी चाहिए जब तक वह इन प्रयोजनों तक पहुँचने योग्य नहीं हो जाती, मानने योग्य नहीं है। पहली बात तो यह है कि ऐसे गर्भ स्त्री को पहली अवस्था के गर्भपात से अधिक दबाव (तनाव) देते हैं। दूसरी बात यह कि अनाथों के लिए बने पब्लिक होम्स में निजी एवं मानवीय स्पर्श नहीं होता और ये स्थान बढ़ते बच्चों के लिए अप्रीतिकर घटना-स्थल होते हैं। गोद लेने की अपनी समस्याएँ हैं जिसमें इस प्रकार गोद लेने वाले माता-पिता अपने गोद लिए बच्चों में रुचि खो देते हैं।

(8) कुछ परिस्थितियों में, गर्भपात ही वस्तुत एक मात्र रास्ता होता है। बलात्कार के कारण ठहरा गर्भ; माँ के जीवन के लिए खतरा बना गर्भ; तथा भ्रूण में जन्म से ही ऐसी खराबी जिसकी कोई चिकित्सा नहीं हो सकती।

(9) आधुनिक समय में गर्भपात बहुत सुरक्षित है और इससे, विशेष रूप से प्रारम्भिक अवस्था में किसी प्रकार का मानसिक कष्ट (रोग) होने की संभावना नहीं है। योजना बनाकर माता-पिता बनने के कार्यक्रमों में शामिल पद्धतियों में से यह एक है।

बात समाप्त करते हुए हम कह सकते हैं कि जोड़ों (माता-पिता) को अवांछित गर्भ से बचने के लिए निरोधी विधियों का प्रयोग करना चाहिए। यदि गर्भपात कराना जरूरी हो ही जाए तो इसे गर्भावस्था के आरम्भ में ही करा लेना चाहिए।

गर्भपात के लिए भारतीय कानून (Indian Law on Abortion)

१९७१ के बाद की स्थिति

भारत में अब गर्भपात, गर्भ की चिकित्सकीय समाप्ति अधिनियम, 1971 (Medical Termination of Pregnancy (MTP Act, 1971)) के अंतर्गत आती है। इस अधिनियम के अनुसार 12 सप्ताहों से अनधिक के गर्भ को भले विश्वास में, एकल डाक्टर की राय पर समाप्त किया जा सकता है। बारह सप्ताह से अधिक के तथा बीस सप्ताह से कम का गर्भपात दो डॉक्टरों की भले विश्वास में दी गई राय जरूरी है। गर्भपात केवल बीस सप्ताहों के गर्भ के लिए ही कानूनी है।

गर्भ की चिकित्सकीय समाप्ति अधिनियम, में उस व्यक्ति को विनिर्दिष्ट किया गया है जो गर्भ-पात कराने की अर्हता रखता है। साथ ही, उन स्थानों को भी निश्चित किया गया है जहाँ गर्भपात किए/कराए जा सकते हैं। इसके अनुसार गर्भपात निम्नलिखित परिस्थितियों में किया/कराया जा सकता है :

- जब गर्भ धारण करने से स्त्री के शारीरिक और या मानसिक स्वास्थ्य को ख़तरा हो।
- जब गर्भ से संभावित विकलांग या दोष-पूर्ण बनावट वाला बच्चा पैदा होने की संभावना हो।
- बलात्कार के परिणामस्वरूप हुआ गर्भ
- अठारह वर्ष से कम आयु की अविवाहित लड़कियों की गभविस्था, माँ-बाप की रज़ामन्दी से।
- पागलों का गर्भ, उसके संरक्षकों की अनुमति से
- बन्ध्यकरण असफल रह जाने पर ठहरा गर्भ

व्यस्क स्त्री को अपने सिवाय किसी अन्य व्यक्ति की सहमति की आवश्यकता नहीं है। हाल ही में सर्वोच्च न्यायालय ने बलात्कार की शिकार को 24 सप्ताह के गर्भ को गिरवाने की अनुमति दे दी जो उपरोक्त अधिनियम के अंतर्गत 20 सप्ताह की अनुमेय अवधि से अधिक है।

लिंग के चयन के कारण गर्भपात (Sex Selective Abortions)

भारतीय जोड़े नर बच्चे की बहुत इच्छा रखते हैं। इस पसंद के कारण मादा भ्रूणों को गिरवाने के लिए एम. टी. पी. अधिनियम के प्रावधानों का दुरुपयोग किया जाता है। बाद में, नई तकनीक जैसे सोनोग्राफी से लिंग का पता लगाना सरल हो गया है और इससे लिंग के चयन के कारण होने वाले गर्भपातों की संख्या बढ़ गई है। इन गर्भपातों को नियन्त्रित करने के लिए प्रसव-पूर्व डॉयग्नोस्टिक टैक्नीक्स (पी एन डी टी) अधिनियम को 1994 में पारित किया गया था।

प्रसव-पूर्व डॉयग्नोस्टिक टैक्नीक्स (पी एन डी टी) अधिनियम (PNDT Act)

प्रसव-पूर्व डॉयग्नोस्टिक टैक्नीक्स अधिनियम में निम्नलिखित प्रावधान है :

- गर्भ-धारण से पहले तथा बाद में लिंग के चयन का निषेध।
- प्रसव-पूर्व डॉयग्नोस्टिक टैक्नीक्स (अर्थात् एम्नियोसेंटेसिस (amniocentesis) तथा अल्ट्रासोनोग्राफी, जिनका प्रयोग उत्पत्ति-जनक असामान्यताओं का पता लगाने के लिए किया जाता है, का प्रयोग पंजीकृत संस्थाओं द्वारा सीमित करते हुए उनका विनियमीकरण।

- इन तकनीकों का प्रयोग केवल पंजीकृत स्थानों पर विनिर्दिष्ट प्रयोजन के लिए एवं इस प्रयोजन के लिए पंजीकृत अर्हता प्राप्त व्यक्ति द्वारा किया जाना।
- गर्भाधान से पूर्व व बाद में लिंग का चयन करने के लिए ऐसी तकनीकों के दुरुपयोग को रोकना
- लिंग के चयन व लिंग का पता लगाने के लिए प्रयुक्त किन्ही तकनीकों के विज्ञापनों पर रोक लगाना
- उन लोगों को अल्ट्रासाउण्ड मशीनों की बिक्री पर प्रतिबन्ध लगाना जो अधिनियम के अंतर्गत पंजीकृत नहीं हैं।
- अधिनियम का उल्लंघन दण्ड-योग्य, गैर जमानती तथा अ-समाधेय है और इसके लिए कठोर कारावास तथा जुर्माना हो सकता है।

क्लोनिंग (Cloning)

अब हम ऐसी नैतिक समस्याओं पर चर्चा करेंगे जो उत्पत्ति-मूलक इंजीनियरिंग के कारण इस क्षेत्र में तीव्र विविधता (relief) आ गई हो। हम ऐसे मुद्दों पर विकसित प्रौद्योगिकी के तीन क्षेत्रों को लेकर विचार करेंगे : क्लोनिंग (cloning), स्टैम सैल अनुसंधान (stem cell research) तथा किराए की कोख (surrogate motherhood)। क्लोनिंग, स्टैम सैल रिसर्च और गर्भपात से उत्पन्न कुछ और समस्याएँ परस्पर अति-व्यापि (overlap) हैं। किन्तु क्लोनिंग तथा स्टैम सैल रिसर्च अधिक जटिल धर्म-विज्ञानी तथा तात्विक प्रश्नों को जन्म दिया है। क्लोनिंग व स्टैम सैल रिसर्च पर संक्षिप्त जैविक पृष्ठभूमि इन मुद्दों को समझने में सहायक होगी।

जैविक पृष्ठभूमि (Biological background)

एक क्लोन किसी अणु (molecule), कोष (cell), पौधे (plant), या पशु (animal) की हुबहू उत्पत्ति-मूलक नकल है। यह कोई नया चमत्कार नहीं है अपितु प्रकृति में आम है। जब कभी भी बैक्टीरिया जैसा एकल कोष (cell) जीव कोष विखण्डन द्वारा पुनर्उत्पादन करता है तो परिणामतः प्राप्त कोष, मुख्य कोष के क्लोन होते हैं। इसी प्रकार, जब एक कीड़े को दो भागों में बाँट दिया जाता है तो प्रत्येक भाग मूल कीड़े का पूरा उत्पत्ति-मूलक नकल में पुनः उत्पन्न हो जाता है। गर्भाशय में अलग-अलग भ्रूणों से उत्पन्न होने वाले जुड़वाँ बच्चे प्राकृतिक क्लोन हैं।

क्लोनिंग में जैविक जीव की अनुवांशिक रूप में हूबहू नकल (कृत्रिम रूप से) उत्पन्न करने की विभिन्न प्रक्रियाओं (पद्धतियों) को बताया जाता है। क्लोन एक नकल है जो मूल के ही अनुर्वंशिक बनावट का होता है। वैज्ञानिकों ने जैविक सामग्रियों यथा कोषों, ऊतकों और सम्पूर्ण अवयव-संस्थान की क्लोनिंग की है।

कृत्रिम क्लोनिंग के तीन भिन्न-भिन्न प्रकार हैं: जीन क्लोनिंग, पुनुर्त्पादन क्लोनिंग तथा चिकित्सकीय क्लोनिंग। जीन क्लोनिंग, डी.एन.ए के खण्डों या जीन्स की नकलें (प्रतियाँ) उत्पन्न करती है। जीन क्लोनिंग को डी.एन.ए क्लोनिंग भी कहते हैं। प्रजनन क्लोनिंग पूरे पशुओं की नकलें उत्पन्न करती है। चिकित्सकीय क्लोनिंग, क्षतिग्रस्त या रूग्ण ऊतकों को बदलने के लिए ऊतकों के निर्माण हेतु प्रयोगों के लिए भ्रणीय स्टेम सेल बनाती है। जेन क्लोनिंग, प्रजनन और चिकित्सकीय क्लोनिंग से बहुत अलग पद्धति (प्रक्रिया) होती है। प्रजनन तथा चिकित्सकीय क्लोनिंग में एक ही तकनीक होती है किन्तु प्रक्रियाएँ भिन्न होती हैं।

जीन क्लोनिंग (Gene Cloning)

वैज्ञानिक जिन जीन्स का अध्ययन करना चाहते हैं, वे उनकी नकलें तैयार करने के लिए जीन क्लोनिंग का प्रयोग करते हैं। इस प्रक्रिया में एक अवयवी (जिस बाह्य या विदेशी डी.एन.ए कहते हैं) से जीन लेकर वैक्टर कहे जाने वाले वाहक के जननिक सामग्री में प्रतिष्ठापित कर दिया जाता है। वैक्टरों (रोग-वाहकों) में बैक्टीरिया, वीस्ट कोशिकाएँ, विषाणु या प्लासमिड्स होते हैं जो बैक्टीरिया द्वारा वाहनित छोट-छोटे डी.एन.ए गोलक होते हैं। जीन के प्रतिष्ठापन के पश्चात्, रोग-वाहक (वैक्टर) को प्रयोगशाला में बहुगुणित किया जाता है ताकि जीन की बड़े पैमाने पर नकलें की जा सकें।

प्रजनन क्लोनिंग (Reproductive Cloning)

प्रजनन क्लोनिंग में अनुसंधान-कर्ता उस पशु से परिपक्व कायिक कोशिका निकाल लेते हैं। कायिक (Somatic) कोशिकाएँ, वीर्य या अण्ड कोशिकाओं के अलावा वे सभी कोशिकाएँ होती हैं जो अवयवी का निर्माण करती हैं तब अनुसंधान-कर्ता दाता पशु के कायिक कोशिका के डी.एन.ए को एक अण्डाणु कोशिका या युग्मक-पुटी (Oocyte) में डाल देते हैं जिसका केन्द्रक एवं डी.एन.ए निकाल दिया गया होता है। अण्डाणु तब बढ़ कर भ्रूण बन जाता है जिसमें वही जीन होते हैं जो दाता के थे। तब भ्रूण को व्यस्क मादा की बच्चेदानी में विकसित होने के लिए प्रतिष्ठापित कर दिया जाता है। समय आने पर, वयस्क मादा ऐसे पशु को जन्म देती है जिसकी अनुवांशिक बनावट (makeup) वही होती है जो भ्रूण कोशिका दाता पशु का था। प्रजनन क्लोनिंग में अपनी कोख किराए पर देने वाली माँ की जरुरत होती है जो क्लोन किए गए भ्रूण को अपने में विकसित होने देती है। सर्वाधिक प्रसिद्ध क्लोन जीव, डौली नाम की भेड़ इसी प्रक्रिया से, इसी प्रकार अस्तित्व में आई थी। क्लोनिंग से उत्पन्नों में, उनके क्रोमोसोन्स वाले भाग - उनके शरीरों की प्रत्येक कोशिका के नाभिक में जीन्स के सैट होते हैं। इस प्रकार दो क्लोनों में डी.एन.ए समान होते हैं और उनके नाभिकों में वही जीन्स होते हैं।

चिकित्सकीय क्लोनिंग (Therapeutic Cloning)

चिकित्सकीय क्लोनिंग में, दाता की कोशिका के डी.एन.ए के साथ भ्रूणीय वंश कोशिकाएँ उत्पन्न करने के लिए ही क्लोन किए गए भ्रूण बनाए जाते हैं। वंश-कोशिकाओं में बार-बार विभाजित होने तथा विशिष्ट कोशिकाओं एवं और अधिक वंश-कोशिकाओं को बढ़ाने की योग्यता होती है। भ्रूणों से ली गई वंश-कोशिकाएँ, भ्रूणीय वंश कोशिकाएँ कहलाती हैं। भ्रूणीय वंश कोशिकाएँ बहु-प्रजनन-क्षम भी कहलाती हैं क्योंकि उनकी संतति में वे सभी प्रकार की कोशिकाएँ शामिल होती हैं जो रोपण के बाद भ्रूण में पाई जाती हैं, उनमें एक भ्रूण (Feuts) तथा एक पूर्ण विकसित अवयवी संस्थान होता है। इन्हें प्रारम्भिक भ्रूण (बीजकोष) के भीतरी कोशिकीय पिण्ड से प्राप्त किया जाता है। इन वंश कोशिकाओं का उपयोग रोगों को समझने और रोगों की चिकित्साओं को विकसित करने के लिए किया जा सकता है।

भ्रूणीय वंश कोशिकाओ का सबसे भरपूर स्त्रोत वह ऊतक है जो अंडाणुओं के विभाजित होना शुरु होने के पाँच दिनों के दौरान बनता है। विकास की इस अवस्था, जो कि बीज-कोष कहलाती है, भ्रूण में लगभग 100 कोशिकाओं का क्लस्टर होता है जो किसी भी प्रकार की कोशिका हो सकता है। विकास के इस चरण में एवं परख नली में रहते हुए भ्रूण के नष्ट होने के परिणामस्वरुप क्लोनित भ्रूण से वंश कोशिकाएँ उत्पन्न होती (पनपती) हैं।

चिकित्सकीय क्लोनिंग के संभावित प्रयोग (Potential applications of Therapeutic Cloning)

अनुसंधान-कर्ताओं को आशा है कि भ्रूणीय वंश कोशिकाओं, जिनमें एक अवयवी-संस्थान में सभी प्रकार की कोशिकाओं को उत्पन्न करने की वास्तव में योग्यता है, का प्रयोग वे स्वस्थ कोशिकाओं को उत्पन्न करने के लिए प्रयोगशाला में कर सकते हैं। इनका उपयोग घायल या रोग-ग्रस्त ऊतकों को बदलने के लिए किया जा सकता है। इसके अतिरिक्त, विभिन्न रोगों से ग्रस्त पशुओं या मनुष्यों की कोशिकाओं से क्लोन किए गए भ्रूणों से भ्रूणीय वंश कोशिका अनुक्रम का अध्ययन कर रोग के आणविक कारणों के बारे में और अधिक जाना जा सकता है। अन्त में, भ्रूणीय वंश कोशिकाओं से प्राप्त किए गए भिन्नित ऊतक, नई चिकित्सकीय औषधियों के प्रयोग हेतु सर्वोत्तम साधन हैं।

चिकित्सकीय क्लोनिंग की जोखिमें (Risks of therapeutic Cloning)

वंश कोशिका, कैंसर की कोशिकाओं से बहुत मिलती-जुलती हैं। दोनों ही प्रकार की कोशिकाओं में अनन्त समय तक प्रचुर मात्रा में उत्पन्न होने की योग्यता है। कुछ अध्ययनों से पता चलता है कि कोशिका विभाजन के 60 चक्रों के बाद वंश कोशिका उत्परिवर्तनों (mutations) को एकत्र कर सकती है जिससे कैंसर हो सकता है। अत: यदि मानव के रोगों की चिकित्सा में वंश कोशिकाओं का प्रयोग किया जाना है तो वंश कोशिकाओं तथा कैंसर कोशिकाओं के अन्त को और अधिक स्पष्ट रूप से समझने की आवश्यकता है।

जहाँ तक मानवों की बात है, क्लोनिंग की अनुमति नहीं है। इस समय यथा-स्थिति मानव क्लोनिंग एक चिकित्सकीय संभावना है। मानव क्लोनिंग पर नैतिक चर्चाएँ भविष्य के परिदृश्यों पर निर्भर हैं।

क्लोनिंग के पक्ष में तर्क (Arguments in favour of cloning)

(1) मनोविज्ञान में एक महत्त्वपूर्ण अनसुलझी समस्या यह जानना है कि मानव अपने चरित्र की विशेषताओं को किस प्रकार प्राप्त करता है। क्या ये गुण या विशेषताएँ मुख्यत: किसी के जैविक मेक-अप (बनावट) से आते हैं या ये उस वातावरण के परिणाम हैं जिनमें किसी का पालन-पोषण किया जाता है या यह संयोगवश हो गया होता है? इस ज्ञान (जानकारी) से शिशु विकास के प्रति उचित सोच को विकसित करने में मदद मिलेगी। बच्चे स्वस्थ, खुशमिजाज व्यस्क बनेंगे तथा अपनी क्षमताओं को अनुभव कर सकेंगे।

(2) क्लोनिंग से महान वैज्ञानिकों, कलाकारों और खिलाड़ी पुरुषों/महिलाओं के क्लोन बनाकर समाज का लाभ हो सकता है। यह सोचना एकपदीय होगा कि मैक्स प्लैंक (Max Planck) या कार्ल गौस (Carl Gauss) जैसे महान वैज्ञानिक या गणितज्ञ क्लोनिंग से पुन: उत्पन्न किए जा सकते हैं। सहज कुशाग्र-बुद्धि के अलावा अन्य कारक जैसे आरम्भिक अप्रतिम जीवन वाला वातावरण और फलदायक अनुसंधान के क्षेत्रों में रूचि, महान वैज्ञानिक उपलब्धि को बताते हैं। स्वाभाविक है कि ये नकल नहीं है। तथापि, रचनात्मकता बढ़ाने वाले कारक जैसे दृढ़ निश्चय, ध्यान संकेन्द्रण, दृढ़ता और स्वयं पर विश्वास अनुवांशिकता व वातावरण के सही मिश्रण से कुछ सीमा तक पैदा किए जा सकते हैं।

(3) व्यक्ति का स्वस्थ व प्रसन्न जीवन उसकी अनुवांशिकता पर बहुत निर्भर करता है। यह उसे लम्बा, रोग-रहित जीवन व खुश-मिजाजी दे सकता है या यह व्यक्ति का जीवन छोटा और शारीरिक व मनोवैज्ञानिक तौर पर तकलीफ भरा बना सकता है। क्लोनिंग द्वारा ऐसे व्यक्ति उत्पन्न किए जा सकते हैं जो किसी बड़ी दुर्बल कर देने वाली या अवसाद जैसी मनोवैज्ञानिक समस्याओं से ग्रसित न होकर स्वस्थ और प्रसन्न-वदन व्यक्ति बनें।

(4) अनेक माता-पिता चाहते हैं कि उनके बच्चों में विशिष्ट कौशल या गुण होने चाहिए। वे अपने बच्चों में किसी दिशा में वैज्ञानिक या कलाकारी कौशल चाहते हैं। कुछ परिमाण (सीमा) तक क्लोनिंग ऐसे बच्चों को पैदा कर सकती है।

(5) भविष्य में क्लोनिंग बच्चा पैदा करने में असमर्थ माता-पिता की समस्या का हल हो सकता है। लेकिन हमने देखा है कि इस समय इस प्रयोजन के लिए क्लोनिंग की मनाही है। इससे अनेक षड्यंत्री नीति-परक मुद्दे उठ खड़े होंगे।

(6) यद्यपि पुर्नउत्पन्न करने वाली क्लोनिंग गैर कानूनी है, लेकिन ऊतकों को बदलने या शरीर के लिए अवयवों हेतु क्लोनिंग के लिए बड़ी संभावनाएँ हैं। प्रत्यारोपण के लिए किसी अवयव को बनाने हेतु एक भ्रूण बनाया जा सकता है।

क्लोनिंग के विरोध में तर्क (Arguments against cloning)

(1) क्लोनिंग, क्लोन से जीव-उत्पत्ति के अनुसार एक अप्रतिम व्यक्ति होने के अधिकार को छीन लेता है। यह व्यक्ति की अप्रतिमता (अपना अनोखापन) को समाप्त करती है और तात्विक तौर पर अनैतिक है। तथापि, इस बात पर दार्शनिक मतभेद रखते हैं। एक समकक्ष प्राणी की मात्र उपस्थिति जो न जाने दूर की धरती या ग्रह पर कहाँ है किसी व्यक्ति को किसी भी प्रकार से प्रभावित नहीं कर सकती। चाहे व्यक्ति को उसके जुड़वाँ या उत्पत्ति-जनक नकल के होने का ज्ञान है, उस पर इस बात का कोई प्रभाव नहीं पड़ता। और भी, क्लोनिंग ऐसे एक और व्यक्ति को जैविकीय विधि से उत्पन्न नहीं कर सकती जो मूल से भेद करने लायक नहीं हो। ऐसा निम्नलिखित सारणी से देखा जा सकता है :

सम्बन्ध	गुणों/विशेषताओं का सह-सम्बन्ध, प्रतिशत में
समरूप जुड़वाँ *	50
सहोदर जुड़वाँ *	25
गैर-जुड़वाँ बच्चे	11
अज़नबी	शून्य के नज़दीक

* **सहोदर जुड़वाँ** "द्वि-युग्मनज" (dizygotic) होते हैं जिसका अर्थ है कि वे दो भिन्न अण्ड से, दो भिन्न वीर्य कोषिकाओं द्वारा उर्वारित हैं, जबकि 'एकल-युग्मनज' (monozygotic) समरूप जुड़वाँ है, अर्थात् वे ऐसे एकल उर्वारित अण्ड से विकसित हुए हैं जो दो भागों में फट गया था।

(2) क्लोनिंग के प्रति एक अन्य आपत्ति जिस आधार पर है, उसे 'an open future argument' (खुला भावी तर्क) या 'एक विशेष प्रकार की अज्ञानता का अधिकार (right to ignorance of a certain sort) कहा जा सकता है। इस तर्क के अनुसार, एक क्लोन का भविष्य उसे पहले के जीवन की वापसी प्रतीत होता है। यह पुनः चमकाए हुए मॉडल के समान लगता है। क्लोन को नए पन की अनुभूति नहीं होगी तथा उसे आश्चर्य भी नहीं हुआ करेंगे जो कि सामान्य जीवन के भाग हैं। उसे जीवन के घिसे-पिटे रास्ते पर चलने की अनुभूति होगी। मूल व्यक्ति द्वारा जीवन के अनुभव का ज्ञान, जीवन में उसकी सफलताएँ तथा विफलताएँ क्लोन के भविष्य को निरूद्ध कर देंगी; यह अनेक ऐसी अनुभव जन्य जीवन की गतिविधियों से परे रहेगा जो वह कर सकता था। उत्तर में, यह तर्क दिया जाता है कि ऐसे भय बढ़ा-चढ़ाकर बताए गए हैं। व्यक्ति के उत्पत्ति जनित मेक-अप के अतिरिक्त बाहरी परिस्थितियाँ उसके जीवन के मार्ग को प्रभावित करेंगी। समरूप जुड़वाँ को प्राकृतिक क्लोन्स के जीवन इतिहास प्रायः बड़े भिन्न होते हैं।

(3) और आगे यह दावा किया जाता है कि निजी पहचान के लिए या खुले भविष्य हेतु तर्कों में छूट दे दें तो भी क्लोन को मनोवैज्ञानिक कष्ट होगा। वह स्वयं को नकल (duplicate) या व्यक्तित्व बिना फोटोकॉपी से अधिक कुछ नहीं मान सकता है। और यह भी कि वह जीवन के खुले क्षितिजों की संभावनाओं से वंचित है। इस बात का जवाब पहले दिया जा चुका है। हम यह और देख सकते हैं कि चूँकि ये अनुभूतियाँ बुद्धि-परक नहीं हैं और-गलत हैं, इन पर विचार नहीं किया जाना चाहिए।

(4) यद्यपि पुनः पैदा करने वाली क्लोनिंग पर प्रतिबन्ध है, अनेक लेखकों ने भविष्य की संभावनाओं के प्रति ख़तरे की घण्टी बजा दी है। इन्हें 'brave new world' (शूरवीर नई दुनिया) चिन्ताएँ कहा जा सकता है। एल्डस हक्सले (Aldeus Huxley) ने अपने उपन्यास 'ब्रेव न्यू वर्ल्ड' (Brave New World) में ऐसे समाज की कल्पना की है जिसमें विभिन्न सामाजिक वर्ग जैसे सर्वहारी (श्रमजीवी), बाबू लोग, बुद्धिजीवी कर्मचारी और राजनैतिक नेता गण टैस्ट-ट्यूब बच्चों की तरह उत्पत्ति-मूलक पद्धति से पैदा किए (बनाए) जाते हैं। वे प्री-प्रोग्राम्ड (पहले से प्रोग्राम किए हुए) हैं तथा प्रत्येक अपने-अपने सामाजिक स्थान (station) में पूरी तरह फिट बैठता है और उन्हें कोई असंतोष या शिकायत का अहसास नहीं होता। जालिम फौजों हेतु कोई भी अनेक हिटलर या हत्यारे सैनिक जीरॉक्स कर सकता है। इस प्रकार के भय किसी संभावित वास्तविकता की अपेक्षा विज्ञान की कथाओं से अधिक सम्बन्ध रखते हैं।

(5) मानव जीवों को अपने-आप में एक ध्येय माना जाना है, किसी अन्य उद्देश्य की प्राप्ति का साधन नहीं जो कि मानव की कीमत (का महत्त्व) गिरा देता है। यह विचार दार्शनिकों में व्यापक रूप से स्वीकार किया गया है। जबकि यह पुनः उत्पन्न करने के लिए क्लोनिंग पर लागू होता है, इसकी शक्ति जीन चिकित्सा की सैटिंग्स में काफी कम कर दी गई है।

(6) क्लोनिंग व्यक्ति की निजी स्वायत्तता के सिद्धान्त का उल्लंघन लग सकती है। जब क्लोन का निर्माण अनेक प्रवृत्तियों के साथ किया गया है तो अब वह एक मुक्त स्वतः प्रवर्तित प्राणी में विकसित नहीं हो सकता। यह बात अंशतः वैध है। लेकिन जो भी कहा या किया गया हो, क्लोनिंग व्यक्तियों में विशेष गुण (विशेषताएँ) तथा मनोवृत्तियाँ पैदा कर देती है। ये सब संभावनाएँ हैं और एक व्यक्ति द्वारा विविध तरीकों से प्रयोग की जा सकती हैं।

(7) लेखक क्लोनिंग के कुछ अन्य खतरों की ओर भी इशारा करते हैं। इससे मानव जीवों में विविधता कम हो जाएगी जबकि प्रकृति ने ऐसी व्यवस्था की है। इससे एक प्रकार की एकल-संस्कृतियों (monocultures) का निर्माण हो जाएगा। क्लोनिंग न केवल पुनः उत्पन्न करने के लिए नहीं अपितु मानवजीवों को उत्पन्न करने के अधिकार का उपयोग बनती है जिसको कभी भी उचित नहीं ठहराया जा सकता। क्लोनिंग से इस बात का ख़तरा शुरू हो जाएगा कि लोगों के जाने बिना ही और उनकी अनुमति के बिना क्लोन तैयार होने लेगेंगे। क्लोनिंग से पारिवारिक सम्बन्ध गड़बड़ा जाएँगे। यदि कोई स्त्री अपने पति का क्लोन धारण करती है तो वह उस स्त्री के होने वाले बेटे का पिता होगा या उसका जुड़वाँ भाई होगा?

(8) माइकाहेल जे. सण्डल (Micahel J. Sandal) के अनुसार क्लोनिंग प्रकृति के प्रति हमारे परिप्रेक्ष्य को बदल देता है और महत्त्वपूर्ण मानवीय मूल्यों को कम कर देता है। मानव, प्रकृति की संताने हैं और उनकी जैविक संरचना में उनकी कोई भूमिका नहीं है। जो भी प्राकृतिक योग्यताएँ या गुण या कौशल उनमें हैं, वे उन्हें प्रकृति की देन हैं। ये सब होने के पहलुओं हेतु हम इनका श्रेय ईश्वर, प्रकृति या भाग्य को देते हैं। इससे हमारे मन में प्रकृति के प्रति दीनता एवं श्रद्धा का भाव पैदा होता है। यदि हम प्रकृति के इन कार्य को अपने नियन्त्रण में ले लेते हैं तो हम अपना जैविक भाग्य अपने हाथ में ले लेंगे।

यह कोई अमिश्रित आशीर्वाद तो नहीं हो सकता। वर्तमान में, हम अपने जैविक प्रतिभा-सम्पन्नता को समर्पण के भाव से ग्रहण करते हैं। नई प्रौद्योगिकियाँ माँ-बापों को अपने बच्चों के गुणों के लिए कम-से-कम अंशतः जिम्मेदार तो बना सकती हैं और इस प्रकार उनके लिए नैतिक दुविधा उत्पन्न कर सकती हैं। उनके चयनों या अक्रियाशीलता का दोष इसे दिया जा सकता है। क्लोनिंग हमारे कम भाग्यशाली साथी मानवों के प्रति हमारी एकजुटता की भावना को कम कर सकती है। हम उनके दुर्भाग्य या असफलताओं को भाग्य या संयोग के नाम डाल देते हैं। एक बार जब चरित्र व सफलता हमारी इच्छा शक्ति के तत्व बन उस में शामिल हो जाते हैं तो हम दूसरे की असफलताओं को उनकी अपनी अक्षमता पर डाल सकते हैं। इस प्रकार हम उनके साथ समानुभूति खो देते हैं। संक्षेप में, बुद्धि-सम्पन्न प्रकृति के आजमाए व परखे हुए तरीकों में सुधार करने में भारी ख़तरा हो सकता है।

सारांश में, हम देख सकते हैं कि क्लोनिंग अभी प्रयोग की स्थिति में है। क्लोनिंग को विनियमित करते हुए पहला कानून यू. के. का ह्युमन फर्टिलाइजेशन एम्ब्रायोलॉजी एक्ट (1990) (Humna Enrtilisation Embryology Act) है। यह केवल बहुत सीमित प्रयोजनों के लिए मानवीय भ्रूणों का प्रयोग करते हुए लाइसेंस-शुदा अनुसंधान की अनुमति देता है जिसमें बांझपन की चिकित्सा, जन्म-गत रोगों तथा गर्भस्त्रावों के कारणों, गर्भ-निरोधक तकनीकों तथा उत्पत्ति-मूलक असामान्यताओं का अध्ययन शामिल होगा।

जीन चिकित्सा (Gene Therapy)

जीन चिकित्सा (Gene Therapy)

संक्षिप्त जैविक पृष्ठभूमि (Brief Biological Background)

- जीन्स में प्रोटीन के अलावा डिऑक्सिराइबोन्यूक्लिक अम्ल (डी एन ए) होता है।
- शरीर में एक या अधिक प्रकार की कोशिकाओं में काम करने वाले विशिष्ट प्रोटीन को संश्लेषित करने के लिए प्रयुक्त कोड या ब्लूप्रिंट जीन्स में होता है।
- जीन्स भिन्न-भिन्न आकार (Size) के होते हैं। उनके आकार उन प्रोटीनों पर निर्भर होते हैं जिनका कोड उनमें होता है।
- प्रत्येक डी एन ए अणु एक लम्बा दोगुने कुण्डल वाला होता है और यह लाखों पायदानों वाली सीढी की तरह घुमावदार दिखाई देता है। सीढी के पायदान में चार प्रकार के अणुओं के जोड़े होते हैं जिन्हें आधार (न्यूक्लियोटाइड) कहते हैं।
- गुणसूत्र (chromosomes) वे ढाँचे हैं जो कोशिकाओं में होते हैं और जिसमें व्यक्ति के जीन्स रहते हैं।
- गुणसूत्र, कोशिका के नाभिक (nucleus) में होते हैं।
- एक गुणसूत्र में सैकड़ों से हजारों तक जीन्स होते है।
- हर सामान्य मानव कोशिका में 23 जोड़े गुणसूत्र या कुल 46 गुणसूत्र होते हैं।
- एक विशेषता कोई जीन द्वारा निश्चित विशेषता है तथा अक्सर एक से अधिक जीन द्वारा तय होती है।

- जैसे एकल कोशिका विभाजित होती है तो सभी जीन्स की नकल हो जाती है ताकि हर नई कोशिका में आनुवाशंकीय सामग्री का पूरा सैट जीनोम, हो जाए।
- मानव जीनोम में 20,687 प्रोटीन-कोडिंग जीन्स हैं।
- विभाजित न होने वाली कोशिका में, प्रत्येक गुणसूत्र में एक डी एन ए अनुकण होता है।
- उक्त जानकारी को इस प्रकार देखना चाहिए - जीन्स में डीएनए है। जीन्स, गुणसूत्रों पर हैं। जब सभी मानव गुणसूत्रों पर सभी जीन्स की 'मैपिंग' पर पहली बार विचार किया गया था तो इसे मानव जीनोम परियोजना कहा गया था जो जीन तथा गुणसूत्र का मिश्रण था।
- डीएनए सभी प्राणियों के लिए महत्वपूर्ण है: वंश गति के लिए, प्रोटीन हेतु कोडिंग के लिए तथा जीवन एवं इसकी प्रक्रियाओं के लिए आनुवांशिक अनुदेश के तौर पर। डीएनए में अवयवी-संस्थान या प्रत्येक कोशिका के विकास एवं प्रजनन तथा अन्ततः मृत्यु के लिए अनुदेश हैं।
- क्रियात्मक रूप में, डीएनए में प्रोटीन-एनकोडिंग सूचना होती है जबकि आरएनए, सूचना का उपयोग कोशिका को किसी विशेष प्रोटीन को संश्लेषित करने योग्य बनाने के लिए करता है।
- जीन चिकित्सा परिवर्तित डीएनए को हटाने और उसके स्थान पर यही अनुक्रम बनाने या गायब हुए डीएनए को जोड़ने को कहा जा सकता है।

विद्यार्थियों को ध्यान देना चाहिए कि उपरोक्त सूचना, जीन चिकित्सा पर आगे होने वाली परिचर्चाओं हेतु केवल न्यूनतम पृष्ठभूमि प्रस्तुत करती है। चूँकि जीन्स, डीएनए/आरएनए आदि सामान्य अध्ययन के महत्वपूर्ण विषय हैं, उन्हें इसमें एनसीईआरटी की मानक पाठ्य-सामग्री का उपयोग कर पूरी तैयारी कर लेनी चाहिए।

जीन्स तथा रोग (Genes and diseases)

कोषिकाओं में वर्तमान दोष सिस्टिक फाइब्रोसिस (Cystic Fibrosis) सिकल सैल एनिमिया (Sickle-cell anaemia) तथा हेमोफीलिया (hemophilia) जैसी वंशानुगत बीमारियाँ पैदा कर सकते हैं। यदि कोषिका में कुछ क्रोमोसोम्स (Cromosomes) गायब हैं तो डाऊन सिण्ड्रोम (Down Syndrome) जैसे रोग हो सकते हैं। सही जेनेटिक अनुक्रम में बदलाव से एथेरोसक्लेरोसिस (atheroselerosis) तथा कैंसर जैसी बीमारियाँ हो सकती हैं। जीन चिकित्सा गायब जीन्स का स्थान भर सकती है। लगाए गए जीन्स प्राकृतिक तौर पर पैदा होने वाले जीन्स हो सकते हैं जो अपेक्षित प्रभाव उत्पन्न करते हैं या ऐसे उत्पत्ति-मूलक इंजीनियर्ड (बनाए गए या altered) जीन्स हो सकते हैं।

वैज्ञानिक 1970 के वर्षों के आरम्भ से ही जीन के ढाँचे (बनावट) को बदलने की कोशिश ऐसी प्रक्रिया के माध्यम से कर रहे हैं जिसे जीन्स को गूँथकर जोड़ना (splicing) कहते हैं। इस प्रक्रिया में डी एन ए के एक टुकड़े को हटाया जाता है जिसमें अपेक्षित अनुवांशिकी अनुक्रम रहता है और उसे अन्य जीन के डी एन ए में डाल दिया जाता है। इस प्रकार प्राप्त उत्पाद के पुनः मिश्रित (recombinant) डी एन ए कहते हैं तथा प्रक्रिया को जेनेटिक इंजीनियरिंग कहते हैं।

जीन चिकित्सा रोग की चिकित्सा करने के लिए जीन्स को शरीर में प्रवेश कराया जाता है। यह उन जीन्स को ठीक करती है या बदल देती है जो दोषपूर्ण हैं या कोशिकाओं के रोगों को नियन्त्रित करने के कार्यों को करने में असमर्थ है। दैहिक जीन चिकित्सा में अलग-अलग रोगियों की चिकित्सा करने के लिए ऊतकों या कोशिकीय स्तर पर भौषिजिक जीन्स को प्रस्तुत किया। जर्म-लाइन जीन चिकित्सा उत्पादन-योग्य कोशिकाओं या संभवतः भ्रूणों में जीन्स का प्रवेश कराया जाता है ताकि बच्चों को माँ-बाप के दोष विरासत में न मिल पाएँ। जीन चिकित्सा का पहली बार प्रयोग सिस्टीक फाइब्रोसिस तथा हण्टिगंटन रोग की बीमारी (Cystic fibrosis and Huntington disease) की चिकित्सा के लिए किया गया था, और बाद में इसका इस्तेमाल कैंसर, गठिया और छूत से फैलने वाले रोगों की चिकित्सा में भी किया गया।

वायरल रोग-वाहक (Viral Vectors)

अधिकतर जीन चिकित्सा, दैहिक जीन चिकित्सा होती है जिसमें जीन्स को ऊतकों या कोशिकाओं में स्थापित किया जाता है जिससे प्राकृतिक से रूप से उत्पन्न होने वाला ऐसा प्रोटीन या पदार्थ बन सके जो किसी रोगी में कम है या उसमें ठीक काम नहीं कर रहा है। इस प्रकार स्थापित करने में या तो पूरा जीन या पुनः मिश्रित डी एन ए को कोशिका के केन्द्रक में पहुँचाने हेतु साधन की जरूरत होती है, जहाँ क्रोमोसोम्स तथा डी एन ए रहते हैं। वैज्ञानिक रोगवाहकों या वायरसों को आणविक डिलिवरी वाहनों के समान प्रयुक्त करते हैं। सबसे पहले वाले सामान्य परिवहन रोग-वाहक, वायरस थे। उन्हें इसलिए चुना गया था कि वे कोषिकाओं में प्राकृतिक संक्रमण प्रक्रिया से प्रवेश करते हैं। उनका मेजबान (host) से विशेष प्रकार का सम्बन्ध है जो विशिष्ट अवयवों में उनके विशेष प्रकार की कोशिकाओं तथा ऊतकों के उपनिवेशन में होता है। परिणामस्वरूप, खास कोशिकाओं तथा शरीर की जगहों के प्रति उनके आकर्षण के आधार पर रोग-वाहकों को चुना जाता है।

पहले रोगी के शरीर से कोशिकाएँ ली जाती हैं और सही जीन्स लिए वायरस या रोग-वाहक उनमें स्थापित किए जाते हैं। इसके बाद कोशिकाओं को पोषक कल्चर में रख दिया जाता है जहाँ वे बढ़ते हैं और दोहरे होते रहते हैं। एक बार जब पर्याप्त कोशिकाएँ इकट्ठी हो जाती हैं तो उन्हें शरीर में वापस लगा दिया जाता है, जो सामान्यतः खून के प्रवाह में इंजेक्शन लगाकर किया जाता है। सिद्धान्ततः, जब तक ये कोशिकाएँ जीवित रहती हैं, वे अपेक्षित चिकित्सा करती रहेंगी।

जीन चिकित्सा में समस्याएँ (Problems in Gene Therapy)

जीन चिकित्सा की संभावनाओं का दायरा बहुत व्यापक है। 4200 से अधिक रोग सीधे असामान्य जीन्स से उत्पन्न होते हैं और अन्य अनेक अंशतः व्यक्ति के अनुवांशिक रचना द्वारा प्रभावित होते हैं। लेकिन नीचे दी गई समस्याएँ जीन चिकित्सा का सामना करती हैं:

(*i*) वायरल रोग-वाहक सावधानीपूर्वक नियन्त्रित किए जाने चाहिए; अन्यथा उनसे रोगी को वायरल रोग हो सकता है।

(*ii*) रिट्रोवायरस (retroviruses) जैसे कुछ वायरस सामान्य कोशिकाओं में प्रवेश कर सकते हैं, प्राकृतिक जैवी प्रक्रियाओं के साथ छेड़-छाड़कर सकते हैं और संभवतः अन्य रोग उत्पन्न कर सकते हैं।

(*iii*) रोग-प्रतिरोध प्रणाली अन्य वायरल रोग-वाहकों, जैसे एडेनोवायरस (adenoviruses) को पहचानती है और उन्हें नष्ट करती है, तथा उनके चिकित्सकीय जीवन को कम करती है।

(*iv*) जीन एक्सप्रैशन को बनाए रखना कठिन है ताकि यह रोग-वाहक डिलीवरी के बाद ठीक से अपनी भूमिका निभा सके। परिणामस्वरूप, दीर्घकाल तक लाभ पाने के लिए कुछ चिकित्साओं को दोहराते रहने की जरूरत होगी।

(*v*) जीन का विनियमन बहुत कठिन है क्योंकि वे अन्य जीन्स को उलट-पुलट करने के लिए मिल कर काम करते हैं। उदाहरण के लिए कुछ जीन्स मिलकर कोशिका विभाजन को बढ़ा देते हैं और उनमें वृद्धि कर देते हैं। किन्तु यदि इनका विनियमन नहीं किया जाता तो प्रविष्ट जीन्स ट्यूमर बनने और कैंसर होने का कारण बन सकते हैं। वैज्ञानिकों को अभी यह पता नहीं है कि जीन से केवल जरूरत होने पर ही काम लेने की व्यवस्था कैसे की जाए। सुरक्षित व प्रभावी चिकित्सा के लिए एक विशिष्ट जीन को सक्रिय होना चाहिए, उदाहरण के लिए उस समय जब प्रोटीन या एन्जाइम के विशिष्ट स्तर कम हो जाते हैं और उनके स्थान पर नए को रखना चाहिए। यह सुनिश्चित करने के लिए कि यह पदार्थ की ओवर सप्लाई न करे तथा शरीर के नाजुक रासायनिक तंत्र को गड़बड़ न करे, जीन को भी जरूरत न रहने पर प्रस्तुत रहना चाहिए।

वंश कोशिका/स्टेम सैल (Stem cells)

जीन चिकित्सा में नैतिक मुद्दों पर विचार करने से पहले हमें वंश कोशिका का काम समझ लेना चाहिए। वंश कोशिका एक अनूठे प्रकार की कोशिका है जिसके गुण कमाल के हैं। यह अन्य कार्यरत कोशिकाओं, जैसे स्नायु कोशिकाओं या त्वचा कोशिकाओं में अंतर कर सकता है। यह स्वयं का नवीकरण कर सकता है तथा जैसा कहा गया है, अन्य कोशिकाएँ बना सकता है। तथपि, ज्यादातर वंश कोशिकाएँ विशेष अवयवों और ऊतकों में रहती हैं और सीमित प्रकार की कोशिकाओं का निर्माण करती हैं। इस प्रकार बोन मैरो (bone marrow) कोशिकाएँ केवल रक्त कोशिकाएँ ही बना सकती हैं। इन्हें व्यस्क वंश कोशिकाएँ कहा जाता है।

भ्रूणीय वंश कोशिकाएँ मोटे तौर पर अधिक शक्तिशाली होती हैं। वे कोशिका के अन्य किसी भाग का भी निर्माण कर सकती हैं रक्त, मस्तिष्क, आँतें, माँस-पेशियाँ, हड्डियाँ और त्वचा। इसलिए उन्हें बहु-प्रजननक्षम कहा जाता है। इन्हें भ्रूण से अलग किया जा सकता है और प्रयोगशाला में पैट्री प्लेटों में उगाया (पैदा किया) जा सकता है। वे कल्चर में लगातार उगते रह सकते है। भ्रूणीय वंश कोशिकाएँ इसके पैदा होने (बनने) के छः दिन बाद भ्रूण के भीतरी कोशिका पिण्ड की मज्जा से ली जाती हैं। डिश में कोशिका का उत्पत्ति-जनक संशोधन, गर्भाशय में अवयवी का संशोधन हो जाता है।

मानवीय भ्रूणीय वंश कोशिकाएँ 'इन विट्रो' फर्टिलाइजेशन क्लिनिकों से प्राप्त की जाती है। 1990 के वर्षों में इन विट्रो फर्टिलाइजेशन मानवीय उर्वरता के विभिन्न रूपों की चिकित्सा का रास्ता बन गया है। आई वी एफ (IVF) को अण्डोत्सर्ग के बाद स्त्री के अण्ड को लेकर किया जाता है। खासतौर से लगभग 10-12 लिए जाते हैं और नर वीर्य के साथ पैट्री प्लेटों में उर्वरित किए जाते हैं। भ्रूणों को इन्क्यूबेटर्स में कुछ समय के लिए बढ़ाया जाता है फिर गर्भाशय में रोपित कर दिया जाता है। सभी भ्रूणों को रोपित नहीं किया जाता। तीन से अधिक भ्रूणों का रोपण करना असुरक्षित होता है। अन्य भ्रूणों को नष्ट कर दिया जाता है। ये ही वे भ्रूण हैं जो भ्रूणीय कोशिकाओं के स्रोत हैं।

वंश कोशिका अनुसंधान में नैतिक मुद्दे (Moral Issues in Stem Cell Research)

वंश कोशिका अनुसंधान तथा गर्भपात से संबंधित कुछ नैतिक मुद्दों में समानता है। अनिवार्यतः ये उस समय पैदा होते हैं जब एक भ्रूण जीवन प्राप्त करता है और ये मानवीय जीवन की शुचिता से संबंधित होते हैं। हम इन पर पहले चर्चा कर चुके हैं। और भी, भ्रूणीय वंश कोशिका का प्रयोग, यदि क्लोनिंग के लिए भविष्य में इसके प्रयोग की अनुमति दे दी जाती है तो इससे वैसे ही नैतिक प्रश्न उठेंगे जैसे कि क्लोनिंग पर हुए थे और जिन पर हम पहले ही चर्चा कर चुके हैं। लेकिन मानव क्लोनिंग पर कठोर प्रतिबन्ध है। उत्पत्ति-मूलक ढंग से संशोधित भ्रूण का गर्भाशय में रोपण अनुमत नहीं है। जीन चिकित्सा भी सरकारों द्वारा कठोरता से नियन्त्रित हैं।

(*i*) यद्यपि जीन चिकित्सा रोगों के इलाज हेतु बहुत आशाभरी सोच है, इसके प्रयोग तथा इसकी शाखाओं के फैलने पर नैतिक चिन्ताएँ अक्सर जाहिर की जाती हैं। चूँकि अभी यह काफी सीखना बाकी है कि जीन्स वास्तव में कैसे काम करते हैं और उनका दीर्घावधि प्रभाव क्या होता है, मानवों पर इसकी चिकित्साओं का प्रयोग करना अज्ञात विनाशकारी परिणाम दे सकता है।

(*ii*) चूँकि अधिकांश नई चिकित्सा पद्धतियों वाले चिकित्सकीय परीक्षणों में अनेक औषधियों का प्रयोग किया जाता है, इन अध्ययनों के लिए रोगी भी ऐसे होते हैं जिन पर स्थापित चिकित्साएँ काम नहीं करतीं और ये अक्सर इतने बीमार होते हैं कि केवल नई चिकित्सा ही उनके लम्बे समय तक जीवित रहने की अन्तिम आशा होती है। उनका यह चुनाव हर तरफ से निराशा का परिणाम है और अव्यवहारिक आशा है।

(*iii*) जीन चिकित्सा की एक और सवालिया निशान वाली बात यह है कि वैज्ञानिक लोग मानव शिशुओं में ऐसे गुणों को उत्पत्ति-मूल से ही नियंत्रित करने के लिए जीन्स को साथ छेड़छाड़ कर सकते हैं जो स्वास्थ्य से संबंधित नहीं हों। उदाहरण के लिए, यदि ऐसा जीन पा लिया जाता है जो अजन्मे बच्चे में बौद्धिकता बढ़ा सकता है तो क्या समाज में हर कोई, गरीब और अमीर की इस प्रौद्योगिकी तक पहुँच होगी या यह इतनी खर्चीली होगी कि केवल धनाढ्य ही इसका खर्च उठा पाएँगे।

(*iv*) ह्यूमन जेनोमे (Human Genome) परियोजना, जो कि जीन चिकित्सा के भविष्य का अभिन्न अंग है, के सामाजिक परिणाम भी हैं। यदि व्यक्ति के अपने जीनिक कूट तय किए जा सकते हैं, तो ऐसी सूचना का प्रयोग लोगों के खिलाफ किया जा सकता है। बीमा कम्पनियाँ ऐसे लोगों से अधिक किस्त माँगेगी जिनकी रोगी होने की संभावना है। नियोक्ता दो संभावित कर्मचारियों के बीच भेद-भाव कर सकते हैं, एक जिसके जीन्स जिनोमे (Genome) 'स्वस्थ' है और दूसरा वह जो जीन की दृष्टि से असामान्य है।

उत्पत्ति-मूलकों में दोनों ही हैं, भारी संभावनाएँ भी हैं तथा आधुनिक जैव-भैषज से सम्बन्धित अति भयंकर भय भी हैं। जिसे मानवीय जीवन का 'ब्लू प्रिंट' माना जा सकता है, उसमें परिवर्तन करने की संभावना से 'भगवान बनने' जैसी बात पर प्रश्न उठ सकते हैं। जबकि कुछ लोगों को सभी बीमारियों के वास्तव में समाप्त कर दिए जाने की आशा है, अन्य लोग इससे डिज़ाइनर बच्चों की काली छायाएँ व अनाशयित विनाशी परिणाम देखते है।

भारतीय संदर्भ में वंश कोशिका मार्ग-निर्देश (Stem Cell Guidelines in the Indian Contex)

आई सी एम आर (ICMR) तथा जैव प्रौद्योगिकी विभाग (Department of Biotechnology) ने वंश कोशिका अनुसंधान के लिए मार्ग-निर्देश जारी किए हैं। मार्ग-निर्देशों के यथानुसार, *"अभी तक किसी भी दशा में वंश कोशिकाओं की सुरक्षा या रोगोपचारक क्षमता का कोई निश्चित प्रमाण नहीं है। दुर्भाग्यवश, कुछ क्लिनिक वालों ने परिपक्वता से पूर्व ही, अभी सिद्ध नहीं हुई वंश कोशिका चिकित्सा से ऐसे निस्सहाय मरीजों का शोषण शुरू कर दिया है। ऐसी धोखेबाजी तत्काल ही बंद हो जानी चाहिए। साथ ही, यह भी सुनिश्चित किया जाए कि वंश कोशिकाओं पर भली प्रकार वैज्ञानिक ढंग से डिजाइन किए गए और जिम्मेदाराना अनुसंधानों में कोई बाधा न आए।"*

मार्ग-निर्देश निजी अनुसंधानकर्ताओं, संस्थाओं, प्रायोजकों, निगरानी/ विनियामक समितियों तथा सभी प्रकार की मानवीय वंश कोशिकाओं व उनसे प्राप्त (व्युत्पादित) पर बेसिक तथा चिकित्सकीय अनुसंधान से संबंधित अन्यों पर भी लागू होते हैं। मार्ग-निर्देशों में वंश कोशिका अनुसंधान को तीन श्रेणियों में बाँटा गया है, अर्थात् अनुमति-प्राप्त, प्रतिबंधित तथा निषिद्ध। मानव वंश कोशिकाओं पर अनुसंधान करने वाली सभी संस्थाओं, अन्वेषकों, सरकारी तथा निजी, दोनों को आई सी-एस सी आर (IC-SCR) के माध्यम से एन ए सी-एस सी आर टी के साथ पंजीकरण कराना चाहिए। वंश कोशिका अनुसंधान में लगी सभी संस्थाओं को वंश कोशिका अनुसंधान के लिए एक संस्थागत समिति स्थापित करनी चाहिए। वंश कोशिका अनुसंधान तथा चिकित्सा के लिए एक राष्ट्रीय शीर्ष समिति (एन ए सी-एस सी आर टी) राष्ट्रीय स्तर पर गतिविधियों को मॉनीटर करेगी और उन पर नज़र रखेगी तथा वंश कोशिका अनुसंधान हेतु संस्थागत समिति (आई सी-एस सी आर) संस्था के स्तर पर यह कार्य करेगी। देखरेख करने वाली ये समितियाँ सुनिश्चित करेंगी कि वंश कोशिका अनुसंधान के क्षेत्र में सभी अनुसंधान योजनाओं की समीक्षा, मंजूरी तथा मॉनीटरिंग कठोरता से एवं प्रभावी ढंग से राष्ट्रीय मानकों के अनुसार की जाती है। मानवीय वंश कोशिकाओं का प्रयोग करने वाले अनुसंधान के लिए अनुमति-प्राप्त (permitted) अनुसंधान हेतु आई सी-एस सी आर से पूर्व अनुमोदन प्राप्त करना होगा तथा प्रतिबंधित अनुसंधान के लिए एन एसी-एस सी आर टी से अनुमति लेनी होगी।

मानव प्रयोग-वस्तु (subjects) पर अनुसंधान में ऊतक व कोशिकाएँ मानव भ्रूणों व गर्भों से ली जाती हैं, इनमें मानव अधिकारों, प्रतिष्ठा और मूलभूत स्वतंत्रता की रक्षा की जानी चाहिए। इसमें अनुसंधान, विश्लेषण तथा चिकित्सा के लिए लिए गए ऊतक और कोशिकाएँ शामिल हैं। मानव प्रयोग-वस्तु वाले सभी अनुसंधानों में उपकारिता, अ-दुष्करण, न्याय तथा स्वायत्तता का पालन किया जाना चाहिए।

जीन चिकित्सा की स्थिति पर मार्ग-निर्देश की निम्नलिखित टिप्पणी है :

"तदनुसार, रोगियों में वंश कोशिका का प्रयोग केवल अनुमोदित एवं मॉनीटर की गई चिकित्सकीय परख के प्रयोजन के भीतर ही, विज्ञान तथा औषधि को आगे बढ़ाने (प्रगति) के बढ़ाने के लिए किया जाना चाहिए न कि इसे चिकित्सा के तौर पर प्रस्तुत करने के लिए।"

सरोगेसी (Surrogacy)

सरोगेसी का अर्थ वह व्यवस्था है जिसमें कोई स्त्री एक आशयित (ज्यादातर बाँझ) जोड़े के लिए इस आशय से गर्भ धारण करती है और बच्चे को जन्म देती है कि जन्म के बाद वह उसे बच्चे को आशयित जोड़े को सौंप देगी। द सरोगेसी (विनियमन) बिल, परोपकारी व व्यवसायिक सरोगेसी के बीच अन्तर करता है। परोपकारी सरोगेसी में किसी प्रकार का पैसे का प्रोत्साहन सरोगेट माँ या उसके आश्रितों या प्रतिनिधियों को नहीं दिया जाता है। तथापि, ऐसी माँ को सरोगेसी पर हुए चिकित्सा-संबंधी खर्च और बीमा

कवर दिया जा सकता है। व्यवसायिक सरोगेसी में सरोगेसी सेवा या प्रक्रिया का पूरा या आंशिक व्यवसायीकरण होता है। व्यवसायीकरण में मानव भ्रूण या युग्मक की बिक्री या ख़रीद या सरोगेट माँ को या उसके आश्रितों या प्रतिनिधियों को नकद या उपहार रूप में प्रोत्साहन देकर सरोगेट माँ की सेवाओं की बिक्री या ख़रीद या व्यापार शामिल होता है। सरोगेट माँ पर किए गए चिकित्सा खर्च और बीमा खर्च को प्रोत्साहनों में शामिल नहीं किया जाता।

केन्द्रीय मंत्री मण्डल ने *'द असिस्टिड रिप्रोडक्टिव टैक्नालॉजी (रेगूलेशन) बिल, 2020'* (ए आर टी बिल) पारित कर दिया। इस ए आर टी बिल का प्रयोजन- *'सहायता वाली प्रजनन प्रौद्योगिकी क्लिनिकों तथा सहायता वाली प्रजनन प्रौद्योगिकी बैंकों का विनियमन व पर्यवेक्षण, सहायता वाली प्रजनन प्रौद्योगिकी सेवाओं का दुरुपयोग रोकने एवं सुरक्षित व नैतिक विधि को सुनिश्चित करना। साथ ही, अन्य सम्बन्धित प्रावधानों का निर्धारण करना।'* लोक सभा में ए आर टी बिल 20 सितम्बर, 2020 को प्रस्तुत किया गया था।

विभिन्न देशों में जोड़ों के लिए पिछले कुछ वर्षों में भारत सरोगेसी का केन्द्रक बनकर उभरा है। अनैतिक कार्यों, सरोगेट माँओं के शोषण, सरोगेसी से उत्पन्न बच्चों को लावारिस छोड़ देने तथा मानवीय भ्रूणों व युग्मकों के आयात की घटनाओं की सूचना मिली है। पिछले कुछ सालों से भारत में व्यवसायिक सरोगेसी की व्यापक निन्दा विभिन्न मुद्रण व इलैक्ट्रानिक मीडिया में नियमित रूप से प्रकाशित होती रहती है। भारतीय विधि आयोग ने अपनी 228 वीं रिपोर्ट में सिफारिश की है कि कानून लागू करके व्यवसायिक सरोगेसी को प्रतिबंधित किया जाना चाहिए। सरोगेसी को विनियमित करने हेतु कानून न होने के कारण सरोगेसी क्लिनिक इस व्यवस्था का दुरूपयोग कर रहे हैं जिससे अन्धाधुन्ध व्यवसायिक सरोगेसी व अनैतिक कार्य हो रहे हैं।

सहायता वाली प्रजनन प्रौद्योगिकी (Assisted Reproductive Technology)

बिल में एआरटी की जो परिभाषा दी गई है, उसमें वे सभी तकनीकें शामिल हैं जो वीर्य या युग्मक (अपरिपक्व अण्ड कोशिका) को मानव शरीर के बाहर हैण्डिल करके गर्भ धारण कराने और युग्गक या भ्रूण को महिला के प्रजनन तंत्र में स्थानान्तरित करने की हैं। ए आर टी सेवाओं के उदाहरणों में युग्मक (Gemete) (वीर्य या युग्मक-पुटी) दान देना, इन-विट्रो-संतानोत्पादन (अण्डाणु को प्रयोगशाला में जननक्षम बनाना) तथा सगर्भावस्था सरोगेसी (जिसमें बच्चा, सरोगेट माँ से जैविक दृष्टि से असमबद्ध है) शामिल है। ए आर टी सेवाएँ इनसे उपलब्ध होंगी: (i) ए आर टी क्लिनिक जहाँ ए आर टी से सम्बन्धित चिकित्सा और प्रक्रियाएँ उपलब्ध हैं, तथा (ii) ए आर टी बैंक, जो युग्मक स्टोर करते हैं और सप्लाई करते हैं।

राष्ट्रीय बोर्ड (The National Board)

ए आर टी अधिनियम के अन्तर्गत राष्ट्रीय बोर्ड की स्थापना की जाएगी जिसकी शक्तियाँ और कार्य निम्नलिखित होंगे:

(क) सहायता वाली प्रजनन प्रौद्योगिकी से सम्बन्धित नीति-गत मामलों में केन्द्रीय सरकार को परामर्श देना;

(ख) अधिनियम तथा उसके अन्तर्गत बने नियमों तथा विनियमों के कार्यान्वियन की समीक्षा करना और मॉनीटर करना एवं उनमें किन्हीं उपयुक्त परिवर्तनों की सिफारिश केन्द्रीय सरकार से करना;

(ग) क्लिनिकों में काम करने वाले व्यक्तियों के अनुपालन हेतु आचरण संहिता निर्धारित करना, भौतिक अवसंरचना, प्रयोगशाला एवं रोग-नैदानिक उपस्कर व क्लिनिकों एवं बैंकों द्वारा नियुक्त किए जाने वाली विशेषज्ञ जन-शक्ति के लिए न्यूनतम मानक तय करना;

(घ) इस अधिनियम के तहत गठित विभिन्न निकायों के निष्पादन पर नज़र रखना तथा उनके प्रभावी निष्पादन को सुनिश्चित करना;

(ड) राष्ट्रीय रजिस्ट्री के कार्य-चालन की देख-रेख तथा राज्य बोर्डों के साथ सम्पर्क; एवं

(च) इस अधिनियम के प्रावधानों के अनुसार आदेश पारित करना।

राज्य बोर्ड (The State Board)

ए आर टी अधिनियम के अन्तर्गत राज्य बोर्ड की शक्तियाँ तथा कार्य निम्नलिखित हैं:

- राष्ट्रीय बोर्ड द्वारा राज्य में क्लिनिक्स और बैंकों हेतु निर्धारित नीतियों व योजनाओं का पालन करना;
- राष्ट्रीय बोर्ड की सिफारिशों, नीतियों और विनियमों के आधार पर सहायता वाले प्रजनन हेतु नीतियों और मार्ग-निर्देशों को लागू करने एवं कार्यान्वित करने का समन्वयन करना।
- यथा-निर्धारित अन्य शक्तियों व कार्यों का प्रयोग करना।
- राष्ट्रीय बोर्ड द्वारा यथा निर्देशित निर्देश देना या आदेश पारित करना।

एआरटी क्लिनिकों व बैकों का विनियमन (Regulation of ART clinic's and banks)

बिल में प्रावधान है कि प्रत्येक एआरटी क्लिनिक तथा बैंक, 'नेशनल रजिस्टरी ऑफ बैंक्स एण्ड क्लिनिक्स ऑफ इण्डिया' में पंजीकृत होना चाहिए। ऐसी 'नेशनल रजिस्टरी' इस बिल के अन्तर्गत स्थापित की जाएगी। यह देश में सभी एआरटी क्लिनिकों एवं बैंकों के विवरणों सहित एक केन्द्रीय डाटा बेस रखेगा। पंजीकरण प्रक्रिया की सुविधा के लिए राज्य सरकारें पंजीकरण अधिकारियों की नियुक्ति करेंगी। क्लिनिक व बैंक तब ही पंजीकृत होंगे जब वे विशेषता वाली जन-शक्ति (कर्मचारी), भौतिक अवसंरचना और रोग-निदान सुविधाओं सम्बन्धी विशिष्ट मानकों का पालन करेंगे। पंजीकरण पाँच वर्षों के लिए वैध होगा और इसका आगे पाँच वर्षों के लिए नवीकरण किया जा सकेगा। पंजीकरण रद्द या निलम्बित कर दिया जाएगा यदि सम्बन्धित संस्था एआरटी अधिनियम के प्रावधानों का उल्लंघन करती है।

युग्मक के दान और सप्लाई हेतु शर्ते (Conditions for gamete donation and Supply)

केवल पंजीकृत एआरटी बैंक ही युग्मक के दानियों की स्क्रीनिंग करने, वीर्य एकत्र करने और भण्डार करने तथा युग्मक-पुटी दानियों की व्यवस्था करने के लिए प्राधिकृत होंगे। बैंक 21 से 55 वर्ष की आयु के पुरुषों से वीर्य प्राप्त कर सकते हैं तथा युग्मक-पुटियाँ वे 23 से 35 वर्ष की आयु की महिलाओं से ले सकते हैं। युग्मक-पुटी देने वाली महिला की कभी भी शादी हुई होगी और उसका अपना एक जीवित बच्चा (न्यूनतम आयु- 3 वर्ष) होगा। महिला अपने जीवन में केवल एक ही युग्मक-पुटी दान कर सकती है। बैंक, एकल दाता का युग्मक एक से अधिक कमिशनिंग जोड़े (सेवा प्राप्त करने वाला जोड़ा) को नहीं दे सकेगा। एआरटी प्रक्रिया केवल तब ही आरम्भ की जा सकती है जब एआरटी सेवा पाने वाले तथा दान-कर्ता, दोनों की लिखित सूचित सहमति प्राप्त कर ली जाती है। एआरटी सेवा चाहने वाली पार्टी को, युग्मक-पुटी दान-कर्ता के लिए बीमा (दान-कर्ता की किसी हानि, क्षति या मृत्यु के लिए) करा कर देना होगा। क्लिनिक को बच्चे के लिंग को पूर्व-निश्चित करने की मनाही है। बिल के अनुसार, भ्रूण रोपण से पहले अनुवंशीय रोग के लिए जाँच होनी भी जरुरी है।

एआरटी के माध्यम से पैदा हुए बच्चे के अधिकार (Rights of a child born through ART)

एआरटी के माध्यम से उत्पन्न बच्चे को कमिशनिंग जोड़े का जैविक बच्चों समझा जाएगा और उसे से सभी अधिकार तथा विशेषाधिकार प्राप्त होंगे जो कमिशनिंग जोड़े के प्राकृतिक बच्चे को मिलते हैं। इसके लिए दान-कर्ता का बच्चे पर कोई माता-पिता वाला अधिकार नहीं होगा।

अपराध और दण्ड (Offences and penalties)

बिल में अपराधों में निम्नलिखित शामिल होंगे:

(i) एआरटी के माध्यम से पैदा हुए बच्चे को त्यागना या उसका शोषण करना;

(ii) मानव भ्रूणों या युग्मकों को बेचना, ख़रीदना, व्यापार करना या आयात करना;

(iii) दान-कर्ता पाने के लिए बिचौलियों का प्रयोग करना;

(iv) कमिशनिंग जोड़े, महिला या युग्मक दान-कर्ता का किसी भी प्रकार से शोषण करना; तथा

(v) मानव भ्रुण को किसी नर या पशु में स्थानान्तरित करना।

इन अपराधों के लिए, पहले उल्लंघन पर पाँच से दस लाख रुपयों का जुर्माना लगेगा। बाद के उल्लंघनों पर आठ से बारह वर्षों के कारावास तथा दस से बीस लाख तक का जुर्मानों की सजा मिलेगी।

लिंग चयन वाले एआरटी के लिए विज्ञापन या ऑफर देने वाले क्लिनिक या बैंक को पाँच से दस वर्षों का कारावास तथा दस से 25 लाख रुपयों का जुर्माना या दोनों ही दण्ड स्वरुप मिलेंगे।

कोई भी न्यायालय, राष्ट्रीय या राज्य बोर्ड या बोर्डो द्वारा प्राधिकृत अधिकारी द्वारा की गई शिकायत के अलावा अपराधों का संज्ञान नहीं लेगा।

फाँसी की सजा/प्राण दण्ड (Capital Punishment)

परिचय (Introduction)

बहुत पहले 1868 में श्री गिलपिन (Mr. Gilpin) ने ब्रिटिश संसद में मृत्यु दण्ड को समाप्त करने के लिए बिल पेश किया। लिबरल (उदारवादी) दार्शनिक जे. एस. मिल ने इसे समाप्त करने का विरोध किया। मिल का कहना था कि समाप्ति के लिए बिल का पारित हो जाना एक 'घातक विजय' होगी तथा देश की सामान्य सोच में दुर्बलता, पौरूषहीनता प्रतिभासित करेगी। इमैनुअल कांट मृत्यु दण्ड के पक्ष में काफी कठोर रहे :

"दण्ड संबंधी कानून सुस्पष्ट आदेशसूचक है और धिक्कार है ऐसे व्यक्ति को जो उपयोगितावाद के सर्पीले गुणजलों में रेंग कर कुछ फायदा खोज लेता है जिससे वह स्वयं को न्याय के दण्ड से छुड़ा लेता है या उसके उचित उपाय से भी बचा लेता है ... क्योंकि यदि न्याय और सत्यता (सही होना) मरते हैं, तो मानव जीवन की दुनिया में कोई कीमत नहीं रह जाएगी। जिसने भी खून किया है। उसे मरना ही चाहिए।"

इन दो बड़े दार्शनिकों के कथनों को आरम्भ में दे देने का हमारा प्रयोजन इस धारणा को समाप्त करना है कि मृत्यु दण्ड को समाप्त करने का मामला स्पष्ट और सीधा-सीधा है। मृत्यु दण्ड के विरोधी घृणित नैतिक आत्म-संतुष्टि दिखाते हैं और मृत्यु दण्ड के समर्थकों को पुरानी जंगली परिपाटी के हिमायती, खून के प्यासे बर्बरों के रूप में चित्रित करते हैं। प्राण दण्ड के प्रति सोच संतुलित व गंभीर होनी चाहिए।

दण्ड की प्रकृति तथा परिभाषा (Nature and Definition of Punishment)

नैतिक दार्शनिक दण्ड को पाँच तत्वों से बना मानते हैं। एक दण्ड में

(*i*) कुछ पीड़ा या बुरा लगने वाला कुछ होना चाहिए;

(*ii*) वर्तमान कानून या नियमों के अंतर्गत लागू होना चाहिए;

(*iii*) उस व्यक्ति को दिया जाना चाहिए जिसे अपराध का दोषी ठहराया गया है;

(*iv*) दोषी के अतिरिक्त किसी अन्य व्यक्ति द्वारा दिया जाना चाहिए, तथा

(*v*) दण्ड किसी अधिकार प्राप्त प्राधिकरण द्वारा लगाया (दिया) जाना चाहिए। दण्ड के ये पहलु इतनी अच्छी तरह से जाने जाते हैं कि इन्हें खोल कर समझने की जरूरत नहीं। इन पाँच तत्वों को मिलाकर हम दण्ड की परिभाषा बना सकते हैं। दण्ड किसी अधिकार-प्राप्त प्राधिकारी द्वारा ऐसे व्यक्ति द्वारा ऐसे व्यक्ति को की गई हानि है जिसे किसी कानून या नियम को भंग करने का दोषी ठहराया गया है। यह परिभाषा दण्ड की कानूनी संकल्पना को समेट लेती है। अन्य प्रकार के दण्ड भी हो सकते हैं जैसे माँ-बाप के अनुशासन से या मठ के आदेश से संबंधित।

दण्ड के लक्ष्य (Goals of punishment)

हमें दण्ड के सिद्धान्तों पर संक्षेप में विचार करना जरूरी होगा क्योकि वे मृत्यु-दण्ड के पक्ष व विपक्ष के अनेक तर्कों के आधार हैं।

प्रतिकारक (Retribution)

'प्रतिकारक' (retribution) किसी गलत काम के लिए दिया गया दण्ड है। यह वह विचार है कि किसी अपराध के लिए सजा होनी चाहिए तथा अपराधी इसका पात्र है। परम्परागत सिद्धान्त-कार 'प्रतिकारक' को न्याय का सिद्धान्त या प्रतिकारक न्याय कहते हैं। इस विचार में, अपराधी को उसी प्रकार की हानि सहनी चाहिए जो उन्होंने दूसरों को पहुँचाई है।

प्रतिकारक न्याय का एक और पहलु है। किसी भी समाज में लोगों की आज़ादी पर प्रतिबन्ध लगाए जाते हैं। इस प्रकार कोई व्यक्ति किसी की कार नहीं चुरा सकता। यदि चोर को उपयुक्त सजा नहीं दी जाती है तो यह कानून का पालन करने वाले नागरिकों के साथ एक प्रकार का अन्याय होगा। अतः समाज द्वारा लागू किए कानूनों को तोड़ने वालों पर उचित तथा आनुपातिक दण्ड लगाए जाने अनिवार्य हैं।

निवारण (Prevention)

दण्ड के **निवारण सिद्धान्त** के अनुसार, अपराधियों को दण्ड दिया जाना चाहिए ताकि वे दोबारा अपराध न करें। यदि कोई डाकू लॉकअप में बंद हो तो वह जेल में बंद रहते हुए लूटमार नहीं कर पाएगा। दण्ड उसे सोचने पर विवश कर देगा कि चोरी करना कोई मुफ्त का या पीड़ा-रहित कार्य नहीं है।

भय दिखाकर रोकना (Deterrence)

भय दिखाकर रोकने के सिद्धान्त के अनुसार अपराधियों को दण्डित किया जाना चाहिए जिससे अन्य लोगों को अपराध करने से विमुख या हतोत्साहित किया जा सके। यह कानून तोड़ने वालों के लिए चेतावनी का काम करता है। इस प्रकार यह अपराध दर कम करने में सहायक होता है। और भी, प्रभावशाली होने के लिए दण्ड पर्याप्त कठोर होना चाहिए तथा सभी सम्बन्धितों को उसकी जानकारी होनी चाहिए। पकड़े गए और अभियोग लगे अपराधियों पर इसका अभ्यागमन (Visitation) निश्चित होना चाहिए।

सुधार (Reform)

सुधार का सिद्धान्त मानता है कि दण्ड अपराधियों को कानूनी संहिताओं का उल्लंघन करने की अपनी गलती महसूस करने के लिए प्रेरित करता है और उन्हें भविष्य में कानून का पालन करने की आदत डालने को कहता है। अपराधियों का सुधार और उनका पुनर्वास सामान्यतः साथ-साथ चलने चाहिए। लेकिन वे संकल्पनात्मक रूप से भिन्न-भिन्न हैं। सुधार अपराधी के मनोवृत्ति में परिवर्तन चाहता है और वह उसे समाज-विरोधी व्यवहार से दूर करना चाहता है। पुनर्वास एक अपराधी को समाज का उपयोगी तथा उत्पादक सदस्य बनने में सहायक बनाना चाहता है।

दण्ड के चारों सिद्धान्त आपस में विशिष्ट नहीं हैं। वे एक-दूसरे में घुल-मिल जाते हैं, और दण्डों को नैतिक दृष्टि से वैध बनाने के लिए उनके तत्वों को मिलाना पड़ेगा। हम देख सकते हैं कि दण्ड का निवारण वाले, भय दिखाकर रोकने वाले तथा प्रतिकारक वाले सिद्धान्त मृत्यु दण्ड को उचित ठहरा सकते हैं। इस पृष्ठभूमि के साथ हम मृत्यु दण्ड के समर्थन व विरोध में तर्कों पर विचार कर सकते हैं। अल्प-व्यक्त अभिव्यक्तियों का प्रयोग अक्सर दो प्रतिद्वन्दी स्थितियों के नेता (समर्थक) को बताने के लिए किया जाता है। जो लोग मृत्यु दण्ड को पुनः स्थापित करने या बनाए रखने का समर्थन करते हैं, उन्हें अवधारक (Retentionist) कहते हैं। उनका मानना है कि पूर्व-नियोजित या बेरहमी से किए गए कत्ल के लिए मृत्यु दण्ड उचित है। उन्मूलनवादी मानते हैं कि मृत्यु दण्ड को कभी भी नैतिक दृष्टि से उचित नहीं ठहराया जा सकता। अब हम इन विपरीत विचारों पर चर्चा करेंगे।

मृत्यु दण्ड के विपक्ष व पक्ष में तर्क (Arguments against and for death penalty)

निम्नलिखित विवरण पहले मृत्यु दण्ड के विरुद्ध तर्क देता है और बाद में इसके पक्ष में तर्क देता है।

(*i*) **विपक्ष में :** मृत्युदण्ड के विरुद्ध सर्वाधिक आम तर्क मानव जीवन की पवित्रता पर आधारित है। आलोचकों के अनुसार मृत्यु दण्ड कानूनी खून है। अपराधी द्वारा किए गए अपराध के कारण उसके जीवन के अन्तर्निहित मूल्य को नहीं छीना जा सकता। बिना पैरोल के हत्यारों को जेल में डाल कर लोगों को बचाया जा सकता है। कानूनी तकलीफ देने और अंग-भंग कर देने के समान मृत्यु दण्ड को भी काफी पहले समाप्त कर दिया जाना चाहिए था।

पक्ष में : मृत्यु दण्ड के हिमायती कहते हैं कि यह भ्रष्ट-चरित्र हत्यारों को दण्डित कर जीवन के मूल्य को प्रतिष्ठित करता है। इस प्रकार से, यह हत्या के शिकार व्यक्ति के जीवन के प्रति सम्मान प्रकट करना है। और भी, जीवन के मूल्य के आधार पर दिया गया तर्क झूठ है। यदि हम इस तर्क का विस्तार करें तब कानूनी जुर्मानों का अर्थ होगा सम्पत्ति के अधिकारों के प्रति सम्मान की कमी और कारावास तो स्वतन्त्रता के अधिकार को नकार देगा। पूर्व-नियोजित या बेरहमी से किया गया खून सबसे गंभीर अपराध है और जो इसे करते हैं, उन्हें अपने स्वयं के जीवन के लिए अधिकतम मूल्य देना होगा। और भी, मृत्यु दण्ड को, अमरिकी संविधान के शब्दों में कहें तो, 'हिंसक व असामान्य' दण्डों में शामिल नहीं किया जा सकता। कोई दण्ड इस प्रकार श्रेणीकृत किया जा सकता है या नहीं, यह बात समकालीन नैतिक मानकों पर निर्भर करती है, एवं इन मानकों के अनुसार, मृत्यु दण्ड न तो हिंसक है और न ही अजीब।

(*ii*) **विपक्ष में :** उन्मूलनवादियों का कहना है कि मृत्यु दण्ड वर्ग के प्रति पूर्वाग्रह के साथ लगाया जाता है। यह गरीब, अशिक्षित और अल्प संख्यकों पर लगाया जाता है। पहले, अमीरों व विशेष सुविधा सम्पन्नों की अपेक्षा गरीबों व शोषितों को फाँसी दी जाती है। दूसरे, मृत्यु दण्ड दिए जाने की अधिक संभावना है जब शिकार गरीब होने की बजाय अमीर है। (पहली बात के विपरीत)।

पक्ष में : प्रतिधारणवादियों (retentionists) का कहना है कि वस्तुतः यह आपत्ति मृत्यु दण्ड के खिलाफ नहीं है लेकिन इस समय न्याय-व्यवस्था द्वारा जिस प्रकार लागू की जा रही है, उसके विरुद्ध है। वर्ग के प्रति पूर्वग्रह की बात अन्य दण्डों पर भी लागू की जा सकती है, वास्तव में जैसा मार्क्सवादी करते हैं न्यायाधीशों के पूरे समूह पर लागू की जा सकती है। इसका उत्तर न्यायिक-प्रणाली के सुधार में है, न कि मृत्यु दण्ड को समाप्त करने में।

(*iii*) **विपक्ष में :** उन्मूलनवादी निर्दोष जिन्दगियों की हानि की जोखिम के आधार पर एक और बात उठाते हैं, यदि न्याय ठीक से नहीं किया गया हो तो। चूँकि मृत्युदण्ड वापस नहीं किया जा सकता (अ-निरस्तीकरणीय) अतः गलती से फाँसी देने की संभावनाएँ बहुत ही कम है। इससे उन्हें अपूर्णीय हानि होती है।

पक्ष में : प्रतिधारणवादी कहते हैं कि निर्दोष लोगों को फाँसी देने की संभावनाएँ बहुत ही कम हैं। न्यायाधीश दोषी के दोष के बारे में शक की जरा सी भी गुंजाइश को बिल्कुल नहीं छोड़ते। गहन न्यायिक जाँच के अतिरिक्त दोषी व्यक्ति संवैधानिक मुखियाओं के आगे दया याचिकाएँ देने के लिए स्वतन्त्र है। निर्दोष लोगों को सजा देने के अवसर डी एन ए जैसी नई खोजों से बहुत कम हो गए हैं।

(*iv*) **विपक्ष में :** आम समझ के विपरीत, आँकड़ों के आधार पर, मृत्यु दण्ड का कोई निवारक प्रभाव नहीं होता। ज्यादातर हत्याएँ अचानक उत्तेजित होने से पैदा अनियमित तीव्र इच्छा के कारण क्षण भर में हो जाती हैं। चूँकि हत्यारे अपराध करने से पहले कभी सोचते नहीं हैं, अतः मृत्यु दण्ड में निवारकता नहीं है।

पक्ष में : इस प्रकार के मामलों में आँकड़ों का साक्ष्य भरोसेमंद नहीं है। सामान्यतः अपराधी किसी अपराध में जोखिम का आकलन उसमें मिलने वाले दण्ड के पैमाने से करते हैं। यह तर्क की बात है कि मृत्यु दण्ड में सबसे अधिक जोखिम है और निवारक प्रभाव है।

(*v*) **विपक्ष में :** मृत्यु दण्ड खून के प्यासे के बदले वाली बात है। कानून उन खूनियों को यातना देने की इज़ाजत नहीं देता जो अपने शिकार को यातना देते थे; ना ही यह बलात्कारी का बलात्कार करने की अनुमति देता है। इस प्रकार दण्ड परिष्कृत व मानवीय हो गए हैं। अतः खून करने पर मृत्यु दण्ड नहीं मिलना चाहिए।

पक्ष में : इस विचार के उच्च मानवीय सोच के बावजूद, यह इस बात को देखने में असफल है कि मृत्यु दण्ड ही अकेला कुछ मामलों में न्याय में संतुलन बनाता है (न्याय के तराजू में संतुलन कायम करता है)। दण्ड का प्रयोजन न केवल निवारक या सुधारात्मक है अपितु प्रतिकारक भी है। अपराधों में, जैसे बेरहमी से क़त्ल में आनुपातिक न्याय किया जाना होता है और नैतिक प्रतिकार लेना होता है। समाज को अपने ऊपर किए गए जघन्य अपराधों के लिए अपना नैतिक रोष प्रकट करने का अधिकार व उसका कर्तव्य है।

(*vi*) **विपक्ष में :** मृत्यु दण्ड के विरुद्ध एक और तर्क है कि खूनी कैद में रहते हुए या पैरोल पर रहते हुए शायद ही कभी खून करते हैं। अत: उन्हें फाँसी चढ़ा देना कोई निवारक प्रयोजन सिद्ध नहीं करता।

पक्ष में : इसके उत्तर में प्रतिकारकवादी कहते हैं कि फाँसी दे देना खूनियों को और अधिक खून करने से रोकता है। यदि उन्हें जेल हो जाएगी तो वे अभी भी साथी कैदियों और जेल के गार्डों के लिए ख़तरा होंगे। वैसे भी, मृत्यु दंड के पक्ष में अन्य मज़बूत तर्क भी हैं।

(*vii*) **विपक्ष में :** दो अन्य तर्क हैं जिनका प्रयोग मृत्यु दण्ड पर परिचर्चा में कभी-कभी किया जाता है। एक यह है कि यह न्यायिक प्रणाली में समझौता-सा करवा देता है। चूँकि जज लोग मृत्यु दण्ड देने के इच्छुक नहीं होते हैं, वे पुलिस द्वारा प्रस्तुत किए गए ठोस सबूतों को भी कम आँक लेते हैं। अन्य प्राधिकरण भी अपराध को माफ करने के बहाने ढूँढ लेते हैं।

पक्ष में : प्रतिधारणावादी यह कहकर इस तर्क का खण्डन करते हैं कि समस्या मृत्यु दण्ड की नहीं है, लेकिन जिस तरह से जज लोग व अन्य लोग इसे हैण्डिल करते हैं, उसमें है। इसका इलाज मृत्यु दण्ड को समाप्त करने के स्थान पर प्रक्रियाओं को ठीक करना है।

(*viii*) **विपक्ष में :** अंत में, अमेरिकी अनुभव के आधार पर कहा जाता है कि मृत्यु दण्ड देना, आजन्म कारावासों से अधिक खर्चीला है। यह प्रति-असहजानुभूत तथ्य मृत्यु दण्ड के मामलों में लगने वाले समय तथा कानूनी खर्च का हिसाब लगाकर प्राप्त किया गया है।

पक्ष में : प्रतिधारणवादी तर्क कहते हैं कि मामला खर्च का नहीं है बल्कि न्याय के सिद्धान्तों का है।

भारतीय संदर्भ (Indian context)

भारतीय दण्ड संहिता में गंभीर अपराधों के लिए मृत्यु दण्ड निर्धारित है, जैसे हत्या, बलात्कार के फलस्वरूप हुई मृत्यु, राष्ट्र के विरुद्ध युद्ध करना। इसी प्रकार द आर्म्स एक्ट, द नारकोटिक ड्रग्स एण्ड साइक्रोटॉपिक सब्सटेंसिस एक्ट, द शैड्यूल्ड कास्ट एण्ड शैड्यूल्ड ट्राइब्स (प्रिवेंशन ऑफ एट्रोसिटीज) एक्ट, द कमीशन ऑफ सती (पिवेंशन) एक्ट द आर्मी, एयर फोर्स/नेवी एक्ट्स में गंभीर अपराधों के लिए फाँसी की सजा है।

भारतीय संविधान के अनुच्छेद 21 में सभी लोगों को जीवन एवं आज़ादी के मूलभूत अधिकारों की गारण्टी दी गई है। इसके अनुसार किसी भी व्यक्ति का जीवन या निजी आज़ादी कानून द्वारा स्थापित प्रक्रिया के अनुसार के सिवाय किसी और ढंग से नहीं छीनी जा सकती। केन्द्रीय सरकार लगातार मानती रही है कि यह मृत्यु दण्ड को, भय दिखाकर रोकने वाले के तौर पर, विशेष रूप से उनके लिए जो समाज के लिए ख़तरा हैं, बनाए रखेगी।

सर्वोच्च न्यायालय ने असाधारण मामलों (rarest of the rare) में प्राण-दण्ड की संवैधानिक वैधता का समर्थन किया है। इसने व्यवस्था दी है कि यदि कानून में प्राण-दण्ड का प्रावधान है और प्रक्रिया उचित, न्याय-संगत व युक्ति-संगत है तो प्राण-दण्ड संवैधानिक है। 'असाधारण मामलों' (rarest of the rare cases) से तात्पर्य यह है कि अदालत को मृत्यु दण्ड देते समय उसके लिए 'विशेष कारण' बताने होंगे। यह दण्ड तभी दिया जाना चाहिए जब आजीवन कारावास देने का विकल्प निर्विवाद रूप से प्रतिबंधित' (unquestionably foreclosed) है। अदालतों को यह पता लगाने के लिए कि मृत्यु दण्ड से कम कोई सजा देने से न्याय पूरा हो सकेगा या नहीं, अलग-अलग मामलों में वृद्धिकारक व न्यूनीकारक परिस्थितियों में संतुलन बनाना होगा। यह बात दो कारकों पर निर्भर करती है। पहली यह कि न्यायाधीश को यह देखना होगा कि अपराध के मामले में कुछ ऐसा असामान्य है जो आजन्म कारावास को अपर्याप्त बनाता है और मृत्यु दण्ड की जरूरत बताता है। दूसरी बात यह कि अपराध की परिस्थितियाँ ऐसी होनी चाहिए कि अपराधियों के पक्ष में न्यूनीकरण वाली परिस्थितियों को अधिकतम महत्त्व (भार) देने के बावजूद मृत्यु देने के सिवाय कोई विकल्प शेष न हो।

कुछ कानूनों में, दण्डों में अनिवार्य मृत्यु दण्ड शामिल हैं। सर्वोच्च न्यायालय ने व्यवस्था दी है कि ऐसा कानूनी मृत्यु दण्ड असंवैधानिक है। लेकिन कुछ कानूनों में कानूनन मृत्यु दण्ड अभी भी है और उनमें से कुछ सर्वोच्च न्यायालय के समक्ष विचाराधीन है।

पशुओं के अधिकार (Animal Rights)

परिचय (Introduction)

परम्परानुसार नैतिक दार्शनिक नैतिक मुद्दों पर जो चर्चा करते हैं, वह मानवीय सम्बन्धों के लिए ही होती है। व्यक्तियों के (मानवीय सम्मान के लिए) के नैतिक अधिकार हैं जिनका सम्मान अन्यों को करना चाहिए। इसके एवज में लोगों को भी अपने समान उत्तरदायित्वों का निर्वाह करना चाहिए जो उन्हें अन्यों के लिए करने चाहिए। दार्शनिकों ने वन-जीवों/पशुओं एवं प्रकृति को नैतिक प्रवचनों से बाहर रखा था। परम्परागत सोच के अनुसार नीति-शास्त्र या इसकी श्रेणियों की शब्दावली, गैर-मानवीय प्राणियों/वस्तुओं पर लागू नहीं होती। जैसा कि हम देखेंगे, यह विचार पश्चिमी धर्मों एवं दार्शनिक परम्पराओं से लिया गया है।

परम्परागत पश्चिमी विचार (Traditional Western View)

पशुओं के अधिकारों के प्रति यह सोच अंशत: जुडाओं-क्रिश्चन (Judaeo-Christian) विचारों पर आधारित है। इस विचार के समर्थन में, लेखक सामान्यत: जेनेसिस (Genesis) को उद्धृत करते हैं जो बाइबिल का वह भाग है जो ईश्वर के दुनिया बनाने से संबंधित है। इसमें मनुष्यों को प्रोत्साहित किया गया है *"धरती को भर देने व इसे वश में लाने के लिए; और मछलियों व समुद्र पर तथा हवा के पक्षियों पर और हर जीवित चीज पर, जो पृथ्वी पर चलती है, पर राज करने के लिए।"* आगे चलकर अन्य भाग में यह कहता है *"हर चलती हुई चीज जो जीवित है, तुम्हारा भोजन होगी; तथा जैसे कि मैंने तुम्हें हरे पौधे दिए हैं, मैने तुम्हें सब कुछ दिया है।"* इससे मनुष्य को अन्य जानवरों का शोषण करने का अबाध लाइसेंस दे दिया प्रतीत होता है। लेकिन इसे उपदेशकों, जैसे असीसी के सेंट फ्राँसिस (St. Francis of Assisi), जो अपने पशु प्रेम के लिए प्रसिद्ध थे, ने काफी हलका कर दिया। तथापि, बाइबिल के निषेधादेश ने पशुओं को मनुष्य के प्रयोग के लिए साधन के तौर पर मानने की प्रवृत्ति बढ़ा दी।

आरम्भिक दार्शनिक विचारों ने इस मनोवृत्ति को बल प्रदान किया। आधुनिक दर्शन के संस्थापक रेने डेस्कारटस (Rene Descartes) पशुओं को जैविक स्वचल (biological automata) माना है। उसका यह (गलत) विश्वास है कि मानवीय विवेक गैर-भौतिक मस्तिष्क में स्थित है; पशुओं में मस्तिष्क नहीं होता और इसीलिए उन्हें न पीड़ा होती है और न उनमें अनुभूतियाँ होती हैं। पशुओं को नैतिक विचारों के दायरे से बाहर रखने के लिए इमैनुअल काण्ट (Imanuael Kant) अन्य कारण देता है। जैसा कि हमने देखा, काण्ट जोर देता है कि मानवों को स्वयं को लक्ष्य समझना चाहिए, न कि अन्य किसी उद्देश्य की प्राप्ति का जरिया या साधन, चाहे ऐसा उद्देश्य कितना ही उदार-महान क्यों न हो। उसने मनुष्यों की इस नैतिक स्थिति के लिए उनकी तर्क करने या संकल्पनात्मक सोचने की योग्यता को आधार बनाया है। आधुनिक शब्दों में, मानव जीवन की शुचिता पैदा होती है क्योंकि आदमी के पास बुद्धि, तर्कणा-शक्ति और स्वायत्तता है। यह विचार स्वत: ही गैर-मानवीय पशुओं को, जिनमें ये गुण नहीं होते हैं, नैतिक विचारों से बाहर कर देता है। प्रसंगवश, काण्ट ने पशुओं के प्रति क्रूरता वाले व्यवहार का विरोध किया है क्योंकि यह मनुष्य को असभ्य व क्रूर बनाएगा।

इस विचार को व्यक्त करने का एक और तरीका यह है कि नैतिकता की संकल्पनाएँ केवल मानवीय समाज पर ही लागू होती हैं, तथा उन पर गैर-मानवीय संदर्भ लागू करना एक 'वर्गीय त्रुटि' (Category error) है। कार्ल कोहन (Carl cohan) के शब्दों में *''संकल्पनाओं को गलत लागू करने से त्रुटियाँ होती हैं और कभी-कभी ये बेवकूफी हो जाती है। यही बात अधिकारों के विषय में भी है यह कहना कि चूहों को अधिकार हैं, चूहों पर उस संकल्पना को आरोपित करना है जो मानवों पर लागू करने पर ही अच्छा अर्थ देती है, लेकिन वह चूहों के लिए प्रयुक्त किए जाने पर कोई अर्थ नहीं देती।"* इसी प्रकार, ओक पेड़ों की भावनाओं या साँपों की आपराधिकता के समर्थन में कोई तर्क नहीं दिया जा सकता।

सामाजिक विचारों की एक (प्रवाह) धारा, जिसे 'संकुचनशीलतावाद' (Contractarianism) कहते हैं, के अनुसार नैतिकता नितान्त रूप से मानवीय संस्था है। नैतिकता में आपसी समझ से व्यवहार के नियम होते हैं जिनका प्रयोजन सामाजिक प्रबन्धों का बाधा-रहित व सौहार्दपूर्ण परिचालन है। चूँकि नैतिकता एक संविदा के तौर पर मानी जाती है, यह केवल उन्हीं सदस्यों पर लागू होती है जिनकी इसमें भागीदारी है। सामाजिक संविदा (Social contract) का यह विचार एक कानूनी कथा है। यह देखने का रास्ता है कि किस प्रकार सामाजिक मानदण्ड वजूद में आए और क्यों उनका व्यापक पालन किया जाता है। इस विचार की एक समस्या यह है कि नैतिकता उन पर लागू नहीं होती है जो किसी भी अर्थ में इस काल्पनिक संविदा से बाहर हैं। इससे मानव समाजों में भी भेद-भाव पूर्ण व्यवहार उत्पन्न होंगे। किसी भी स्थिति में, यह पशुओं को स्वत: ही अपवर्जित करेगा जो विचारों में भी किसी संविदा के साझीदार नहीं हो सकते।

नई सोच (New Approach)

1970 के आरम्भिक वर्षों से पर्यावरण तथा पशु अधिकार विषयक मुद्दे दार्शनिकों व आम लोगों, दोनों में चर्चा के लोकप्रिय विषय हो गए। (हाल ही में हमारे देश में *'जल्लीकट्टू'* व पशुओं को लेकर खेले जाने वाले अन्य खेलों में जनता की रूचि के कारण पशुओं के अधिकारों पर परिचर्चा शुरू हो गई है।) सन् 1975 में, पीटर सिंगर (Peter singer) ने अपनी पुस्तक 'एनिमल लिबरेशन' (Animal Liberation) प्रकाशित की। इसका मूल संदेश है 'सभी पशु बराबर हैं।' इसका अर्थ यह है कि मानव भी (जैविकीय दृष्टि से) पशु ही हैं और उन्हें अन्य पशुओं के साथ बुरा व्यवहार या उनका दुरूपयोग नहीं करना चाहिए। सिंगर का कहना है कि मानव पशुओं पर प्रयोग की प्रक्रिया के दौरान दिए कष्ट एवं पीड़ाओं की पर्वाह किए बिना उन्हें मानवों के प्रयोग के साधन मानता है। वह पशुओं के किसी प्रकार के प्रयोग का विरोध करता है चाहे खाने के लिए हो, या वैज्ञानिक प्रयोगों के लिए या शिकार और-खेलों के लिए या फिर वस्तुओं के निर्माण के लिए।

इन विचारों से पशुओं के अधिकारों के पक्ष एवं विपक्ष में ढेर-से तर्क वितर्क होने लगे। कुछ विचारक पशुओं के साथ निर्दय या कठोर व्यवहार के समर्थक हैं। असहमतियाँ दो मुद्दों पर रहती हैं : मनुष्य को किस सीमा तक ऐसी गतिविधियों को छोड़ देना चाहिए जिनमें पशुओं पर क्रूरता होती है तथा क्या पशुओं के अधिकारों को किसी प्रकार अखण्डनीय ढंग से स्थापित किया जा सकता है।

पशु अधिकार का मामला (Case for animal rights-'Ethical Approach')

परम्परागत विपरीत धार्मिक एवं दार्शनिक विचारों के बावजूद अनेक लेखकों ने हाल ही के समय में पशुओं के अधिकारों की वकालत की है। अपनी स्थिति के समर्थन में वे नीति-शास्त्र के मतों व अधिकारों के सिद्धान्तों पर निर्भर रहते हैं। एक प्रकार से उपयोगितावाद पशुओं के अधिकारों का समर्थन कर सकता है। उपयोगितावादियों का कहना है कि नैतिक कर्ताओं को उपलब्ध संभव कार्रवाइयों में से उन्हें इसके लाभ तथा हानियों पर विचार करने के बाद ऐसी को चुनना चाहिए जो शुद्ध उपयोगिता को अधिकतम करने वाली हो। उपयोगितावादी मानदण्ड को लागू करते हुए, कार्रवाई से उत्पन्न लाभ तथा हानियाँ केवल मानव प्राणियों तक ही सीमित नहीं रखनी चाहिए अपितु पशुओं तक भी पहुँचा देनी चाहिए। उपयोगितावाद के संस्थापक बेंथम (Bentham) ने इस प्रश्न पर आधुनिक संवेदनाओं का पूर्वानुमान कर लिया था *"ऐसा दिन आ सकता है जब शेष पशु (प्राणी) जाति उन अधिकारों को प्राप्त कर लेगी जिन्हें उनसे केवल निरंकुश शासन ही छीन सकता है।"* उसने यह भी देख लिया था कि पशुओं के अधिकारों का उचित आधार क्या हो सकता है। *"प्रश्न यह नहीं है कि क्या वे तर्क कर सकते हैं? ना ही यह है कि क्या वे बात कर सकते है? लेकिन प्रश्न यह है कि क्या वे तक़लीफ झेल सकते हैं?*

तथापि, पशुओं के अधिकारों के बारे में कोई स्पष्ट निष्कर्ष नहीं पाया जा सकता। यद्यपि आदमी की क्रियाओं (कामों) से पशुओं को अनेक प्रकार से कष्ट होता है, कुछ खास प्रयोजनों के लिए पशुओं के प्रयोग पर सम्पूर्ण प्रतिबंध (रोक) लगाने से अस्वीकार्य परिणाम होते हैं। महत्त्वपूर्ण चिकित्सकीय खोजें जैसे पोलियो, डिप्थीरिया, हेपीटाइटिस, खसरे, रेबीज़, रूबैल्ला एवं टिटनस के लिए टीका पशुओं पर प्रयोग किए बिना कभी भी नहीं खोजे जा सकते थे। तीव्र वकालती, परिणामों की परवाह किए बगैर पशुओं पर औषधियों के प्रभावों की जाँच पर पूरी रोक लगाने की माँग करते हैं। पशुओं के अधिकारों पर आधारित इस विचार को अपनाने वाले बहुत ही-कम हैं।

अधिकार आधारित विचार (Right-Based View)

पशुओं को उसी प्रकार के अधिकारों का हक है जिनका आनन्द मनुष्य लेता है। जैसा कि हमने पहले देखा है, अनेक दार्शनिकों का कहना है कि अधिकारों की संकल्पना तब ही उचित लगती है जब यह मानव समुदाय के बीच है। मानव प्राणियों की अनोखे नैतिक स्थिति उनकी संकल्पनात्मक सोच, बोलने और स्वतन्त्र रूप से निर्णय लेने की क्षमताओं से बनी है। और भी, मनुष्य संवेदी, आत्म-बोधित, इच्छाएँ, आशाएँ एवं भविष्य की योजनाएँ रखने वाला है। पशुओं के विपरीत, वे भविष्य के बारे में सोच सकते हैं जिसमें आशाएँ और चिन्ताएँ, दोनों हैं। इस प्रकार मनुष्य में रूचियाँ (हित) हैं जबकि पशुओं में अपनी रूचि बनाने या दिखाने की योग्यता नहीं है। चूँकि पशुओं में ये मानवीय विशेषताएँ नहीं हैं, वे मानवीय नैतिक समुदाय के सदस्य नहीं माने जा सकते।

पशुओं के अधिकारों के समर्थक इस विचार को अनेक आधारों पर चुनौती देते हैं। पहले तो वे मानव-प्राणियों व पशुओं के बीच खींची सीमा रेखा के औचित्य पर प्रश्न करते हैं। उनका दावा है कि सम्बन्धित अन्तर तर्क नहीं अपितु सहने की क्षमता है। इस बात को और खोलकर इस प्रकार बताया जा सकता है कि कष्ट सहने की क्षमता और या/प्रसन्नता का आनन्द लेने की योग्यता। पशुओं में चेतनता व भावनाएँ होती हैं। वे डर, चिन्ता और हर्ष का अनुभव करते हैं। वे पीड़ा के प्रति संवेदनशील हैं। इस बात को दिखाने के पर्याप्त साक्ष्य हैं कि पशुओं को पीड़ा होती है। यद्यपि वे अपनी रूचियाँ विकसित नहीं कर सकते, मनुष्यों को ऐसी रूचियों को ध्यान में लेना चाहिए। अगर हम यह मानदण्ड अपनाते हैं तो हम देख सकते हैं कि पशु, जो मनुष्यों से कम नहीं है, अधिकार रखते हैं।

पशुओं के अधिकारों के समर्थक समूह मानवों को 'जातिवादी' (Speciesism) भी होने का आरोप लगाते हैं जिसका अर्थ है जाति की सदस्यता के आधार पर पद्धतिगत भेदभाव। मानव अपने 'होमो सेपियन्स' (homo sapiens) के सदस्य साथियों के पक्ष में पूर्वाग्रही हैं तथा अन्य जातियों के प्रति पक्षपातपूर्ण हैं। पशुओं के अधिकारों के हिमायती 'जातिवाद' (Sepciesism) को कामवाद (Sexism) के साथ स्त्रियों के प्रति पूर्वाग्रही - और रंगवाद - काले जैसे वर्णभेदी समूह को पसंद न करने को कोष्ठक में रखते हैं। ऐसा करने में वे बात को जरा ज्यादा ही दूर तक ले जाते हैं।

पशुओं के अधिकारों के कार्यकर्ता समर्थक मानवीय बुद्धिमत्ता और तर्कणा के आधार पर मानव की प्रतिष्ठा के मानदण्ड को लागू करने में असंगतता की ओर संकेत करते हैं। यदि यह मानदण्ड लागू किया जाता है तब बहुत अधिक पागल लोग और वनस्पतिक निष्क्रियता वाली स्थिति के लोग मानवीय अधिकारों के हकदार नहीं होंगे। उदाहरण के लिए उन पर चिकित्सकीय प्रयोग किए जा सकते हैं और यहाँ तक कि उनके कष्ट को समाप्त करने के लिए उन्हें मृत्यु को सौंपा जा सकता है। लेकिन ऐसा कोई काम अनुमत नहीं है तथा ऐसे लोगों के साथ मानवीय व्यवहार किया जाता है।

हमें इन तर्कों का मूल्यांकन किस प्रकार करना चाहिए? हमारा विचार है कि पशुओं के अधिकारों का मामला बुद्धिपरकता और दार्शनिकता की दृष्टि से लगातार कायम रहने योग्य नहीं है। कार्ल कोहन (Carl Cohan) को एक बार फिर से उद्धृत करते हैं *"अधिकार सार्वभौमिक रूप से मानवीय हैं; वे मानवीय संसार में, एक नैतिक क्षेत्र में उत्पन्न हुए हैं। मानवीय दुनिया में नैतिक निर्णय व्यापक हैं; यह तथ्य है कि शिशुओं व जरा-ग्रस्तों सहित सभी मानव प्राणी उस नैतिक समुदाय के सदस्य हैं यह सत्य नहीं है कि अकेले व्यक्ति के तौर पर उन्हें वे विशेष क्षमताएँ प्राप्त होती हैं या नहीं होती हैं जिनसे वे अधिकारों के मानव वाहक बनते हैं।"* अतः यदि पशुओं में कुछ विशेषताएँ और योग्यताएँ होती हैं तो इससे उन्हें मानवीय नैतिक समुदाय में अधिकार नहीं मिल जाते। तथापि, इस प्रश्न पर मानवीय सोच के साथ विचार करना, अधिकारों की संभावनओं की दृष्टि से विचार करने की अपेक्षा बेहतर है।

भविष्य की ओर (Way forward)

पशुओं पर खिलवाड़ और अनावश्यक क्रूरता रोकने तथा उनके साथ मानवीय व्यवहार सुनिश्चित करने के लिए अनेक कानून पारित किए जा चुके हैं। अतः हम उन मानवीय गतिविधियों का अध्ययन करेंगे जिनमें पशुओं का दुरूपयोग किया जाता है तथा उनके अनावश्यक कष्टों को कम करने के उपायों पर विचार करेंगे।

खाद्य-पदार्थ के तौर पर पशुओं का प्रयोग (Use of animals for food)

आदिम अवस्था में मानव मांस-भक्षी अर्थात मांस खाने वाले थे। गुफा में रहने वाले मानव खाने के लिए, वस्त्रों की व्यवस्था तथा आदिम औजार बनाने के लिए जंगली पशुओं का शिकार करते थे। बाद में मनुष्य ने गायों, सूअरों, भेड़ों एवं मुर्गियों जैसे पशुओं को घरेलु बनाना शुरू किया। पशुओं को खाने तथा मशीनी युग से पहले पॉवर के लिए पैदा किया और पाला जाता था।

पशुओं को 'मुक्त सीमा प्रणाली' से पोषित किया जाता था। उन्हें अपनी माँओं के साथ समूहों में मैदानों में खुला छोड़ दिया जाता था। हाँ, उन्हें मारा जाता था, पर तेजी से तथा अनावश्यक पीड़ा के बिना। लेकिन 'फैक्ट्री फार्मिंग' के साथ पशु पालन की पद्धतियाँ बदल गईं। पशुओं को अब अक्सर अंधियारे, तंग बाड़ों में ठूँस दिया जाता है जहाँ हिलने-डुलने के लिए बहुत कम जगह होती है एवं उन्हें रसायनों व हार्मोंस के इंजेक्शन देकर तेजी से बढ़ाया जाता है। अन्य भयानक क्रियाएँ उनके माँस को ग्राहकों के लिए स्वादिष्ट बनाने हेतु की जाती हैं। उदाहरण के लिए हिरण के बच्चे (जो बछड़े के माँस का स्त्रोत है) को प्यासा रखा जाता है तथा उसे तंग तहखानों में रखा जाता है ताकि बछड़े का माँस पीला दिखाई दे और नरम रहे।

यह तो साफ बात है कि दुनिया के रातों-रात शाकाहारी हो जाने की आशा करना व्यर्थ है। तथापि, दुनिया में अनेक लोग शाकाहारी भोजन अपना रहे हैं, या कम-से-कम माँस का उपभोग कम कर रहे हैं। अमेरिका में 'वेजान' (Vegan) समूह दूध जैसा पशु उत्पाद भी सेवन नहीं करता। पशुओं के प्रयोग की मध्यम स्थिति में माँस खाने को क्रमश: कम करना, पशुओं का पालन-पोषण मानवीय दशाओं में करना और उन्हें यथा संभव पीड़ा-रहित ढंग से मारना शामिल है।

पशुओं पर चिकित्सकीय परीक्षण (Medical Experimentation on animals)

इस बात के विशिष्ट आधार हैं जो बताते हैं कि स्तनपायी शारीरिक दर्द को उतनी ही तीव्रता से महसूस करते हैं जितना कि मनुष्य। फिर भी, पशुओं पर चिकित्सकीय परीक्षणों को बिल्कुल बंद कर देना असंभव हो सकता है। नई दवाओं का प्रयोग जीवित अवयव संस्थान पर किया जाना अनिवार्य है और पहले ही चरण में दवा की जाँच मानव वालन्टीयर्स पर नहीं की जा सकती। यदि पशुओं पर चिकित्सकीय परीक्षण करने छोड़ दिए जाते हैं तो ऐसा करना चिकित्सीय प्रगति और मानव के लिए विनाशक होगा। अत: पशुओं पर दवाओं के प्रयोग जारी रखने होंगे। लेकिन पशुओं पर चिकित्सकीय परीक्षणों के लिए कठोर मार्ग-निर्देशों का पालन करना होगा। पशुओं पर निराधार और व्यर्थ के परीक्षणों पर प्रतिबन्ध लगाया जाना चाहिए। पशुओं के अधिकारों की वकालत करने वाली पुस्तकों में पशुओं पर अक्सर खून भरे क्रूर परीक्षणों के वर्णन रहते हैं। जिन पशुओं पर परीक्षण किए जाते हैं, उनकी पीड़ा को न्यूनतम करने के लिए सुरक्षा-उपाय किए जाने अनिवार्य हैं।

शिकार/खेलों के लिए पशुओं की हत्या (Killing of animals for sport)

शिकार करना काफी समय तक शाही खेल रहा है। यह योद्धाओं का खेल माना जाता था। जो साहस को बढ़ावा देने वाला था। शिकार में मारे गए अनेक पशुओं का माँस खाया जाता था। शरीर के हिस्सों तथा खालों का उपयोग अनेक प्रयोजनों के लिए होता था। शिकार किए गए पशुओं के सिरों को ट्राफियों के तौर पर प्रदर्शित किया जाता था। लेकिन आधुनिक समय में ऐसी लगभग सभी गतिविधियों पर कानूनन रोक लग चुकी है। लेकिन अभी भी काफी हत्याएँ हो रही हैं और पशुओं के हिस्से (जैसे हाथी दाँत) सजावट के प्रयोजन हेतु प्रयोग किए जाते हैं और उनका प्रयोग पौरूष शक्ति बढ़ाने के झूठे विश्वासों के तहत किया जाता है। खेल के तौर पर शिकार को कठोरता से विनियमित किया जाना चाहिए; इसके लिए, केवल उन थोड़े-से पशुओं के शिकार की अनुमति दी जा सकती है जो तेजी से बढ़ते हैं।

खेलों में पशुओं के प्रयोग की स्थिति और भी जटिल है। यह मुद्दा 'जल्लीकट्टू' पर हाल के ही विवाद से सुर्खियों में आ गया। परम्परागत पशु क्रीड़ाओं के लोग और अधिक सूक्ष्म अन्तर वाला विचार ले सकते हैं। कुछ लोग मुर्गों का मुकाबला (आंध्र में) पसंद करते हैं जो काफी खूनी होता है। लेकिन अन्य खेल (उदाहरण के लिए बैलों या भैसों की दौड़) का लक्ष्य या इसका परिणाम पशु की मृत्यु नहीं होता है। इन खेलों की लम्बी विरासत ही ऐसे पर्याप्त सुरक्षा उपायों के साथ इनके लिए अनुमति दी जानी चाहिए जिन से पशु और मानव जीवन को ख़तरा न्यूनतम हो।

पशुओं के लिए दुनिया भर की सभी सहानुभूति के साथ कोई भी व्यक्ति पशु कार्यकर्ता-समूहों के पाखण्ड और चुनिंदा अवसरवादिता को महसूस किए बिना नहीं रह सकता। मामले को सीधे शब्दों में रखते हुए, ज्यादातर पशुओं को खाने के लिए मारा जाता है, न कि शिकार के लिए। लेकिन पशु कार्यकर्ता आमतौर पर परम्परागत खेलों, जैसे 'जल्लीकट्टू' पर हाय-तौबा मचाने लगते हैं असलियत यह है कि ऐसे खेलों में जितनी हिंसा होती है, वह खाने के लिए पशुओं को काटने की तुलना में नगण्य है। स्वयं-भू कार्यकर्ता 'गणेश विसर्जन', पतंगबाजी तथा दीवाली के पटाखों जैसे रिवाजों (परंम्पराओं) के मामलों में कूद पड़ते हैं लेकिन इसी प्रकार के अन्य मामलों में सावधानीपूर्वक चुप्पी साध लेते हैं। अब यह जैसा भी है, इन परम्परागत त्यौहारी अवसरों को कम ख़तरनाक बनाने के किसी भी काम/बात का स्वागत होगा।

आतंकवाद, सरकार की ओर से कार्रवाई तथा मानवाधिकार (Terrorism, State action and Human Rights)

परिचय (Introduction)

आतंक अपने अनेक रूपों में ऐसी गंभीर समस्या है जिसने अब पूरे विश्व को आक्रान्त कर रखा है। भारत भी लम्बे समय से आतंकवादियों के (साथ) जंजालों में उलझा हुआ है। हमें आतंकवाद को बल एवं हिंसा से अलग करने की जरूरत है जिनके साथ यह जुड़ा हुआ है। विवशता या अवपीड़न के तत्वों वाला बल उस समय ही स्वीकार्य होता है जब कोई न्यायाधीश किसी अपराधी को जेल की सजा सुनाता है। ऐसी हिंसा जिसमें बल तथा शारीरिक चोट होती है, वह व्यक्तिगत आत्म-रक्षा में या जब देश घुसपैठियों से लड़ता है, तब ही स्वीकार्य होगी। लेकिन कुछ लोग हिंसा का समर्थन राजनैतिक एवं सामाजिक उद्देश्यों को पाने के लिए करते हैं।

आतंकवाद के लिए सामान्य घृणा के रहते हुए, इससे कभी-कभी मिश्रित भावनाएँ पैदा होती हैं। आतंकवाद की हिमायत करना कुछ खेमों में फैशनेबल हो गया है अनेक नागरिक परेशान होते हैं जब वे जन सम्बोधनों और टीवी चैनलों में आतंकवाद के लिए खुले तौर पर या उस पर भीना परदा डाल कर किए गए समर्थन को देखते हैं।

ऐसी परिचर्चाओं में आतंकवाद की हिमायत उच्च नैतिकता, उदात्त भाव और साधारण जनता की पहुँच (समझ) से बाहर होने का आवरण ओढ़े रहता है। आतंकवाद की ऐसी हिमायतें बुद्धिवादी आज़ादी, विद्वत् विषयपरकता, व्यक्तिगत स्वतंत्रता व मानवाधिकारों के लिए चिन्ता के भेष में होती हैं। बचाव करने वाले ये लोग विरोधियों व उत्पीड़ितों के गणतांत्रिक अधिकारों का समर्थन करने का दावा करते हैं तथा दलितों (उत्पीड़ितों) के लिए दुनिया के विचारों का प्रतिनिधित्व करते हैं। इनके ये बचाव उन मुद्दों को धुँधला देते हैं और उन पर पर्दा डाल देते हैं जो आतंकवाद से पैदा हुए हैं। इससे भ्रांतियाँ पैदा होती हैं तथा आतंकवाद से लड़ने की इच्छा कमजोर हो जाती है। ऐसा लग सकता है कि हम फौजीयाना या मानवता-विरोधी आधार ले रहे हैं और लोकप्रिय राय के विरूद्ध जा रहे हैं। लेकिन हमारी मंशा केवल एक-तरफा विचार को ठीक करना है जो कि विद्यार्थीगण वर्तमान परिचर्चाओं से देख सकते हैं। यह विशेष रूप से महत्वपूर्ण है क्योंकि आतंकवाद का बचाव करने वाले अनेक लोग प्रतिष्ठित शिक्षा विद्, कमेण्टेटर्स (टिप्पणीकार) तथा गणमान्य व्यक्ति होते हैं।

हम आतंकवाद से सम्बन्धित मुद्दों पर नैतिक दर्शन-शास्त्र के परिप्रेक्ष्य में चर्चा करेंगे। हम इन बातों की जड़ों की भी खोज करेंगे जिन्हें हम आतंकवाद द्वारा प्रस्तुत चुनौतियों पर गलत परिप्रेक्ष्य मानते हैं।

आतंकवाद की परिभाषा (Definition of Terrorism)

आतंकवाद की परिभाषा अनेक प्रकार से की गई है। इसकी प्रमुख विशेषताएँ निम्नलिखित हैं :

- एक प्रकार की हिंसा जिसमें लोगों को हानि होती है और सम्पत्ति का नुकसान होता है।
- सामाजिक और राजनैतिक लक्ष्यों को पाने के लिए हिंसा का विशेष प्रयोग।
- लोगों में बड़ा भय, सनसनी और घबराहट पैदा करना।

- हिंसा के यथेच्छ या निरंकुश प्रयोग पर भरोसा
- बेकसूर लोगों या गैर-लड़कों को निशाना बनाना।

एक अन्य परिभाषा जो केलब कार (Caleb Carr) देता है। *"ऐसे युद्ध को दिया गया सामयिक नाम और युद्ध का आधुनिक क्रम-परिवर्तन (permutation) जो जानबूझ कर नागरिकों के विरुद्ध छेड़ा गया है और उसका उद्देश्य लोगों की उन नेताओं या नीतियों के समर्थन की इच्छा को नष्ट करना है जो ऐसी हिंसा के ऐजेण्टों को आपत्तिजनक लगते हों।"* यह नोट करने लायक बात है कि आतंकवाद युद्ध है और इसका लक्ष्य अपनी जीवन शैली में लोगों की इच्छा व विश्वास को कम करना है।

साधारण लोग सामान्यत: आतंकवाद की निन्दा करते हैं। यह मनोवृत्ति सामान्य बुद्धि का हिस्सा है लेकिन नैतिक सिद्धान्तों की आतंकवाद के प्रति कैसी मनोवृतियाँ होंगी? जैसा कि कल्पना की जा सकती है, वास्तव में कोई भी नैतिक सिद्धान्त आतंकवाद का समर्थन नहीं करता है। यह मददगार हो सकता है, जैसा कि हमने देखा है, आतंकवाद के लिए कभी-कभी बढ़िया स्पष्टीकरण व बचाव दिए जाते हैं।

आतंकवाद एवं नैतिक सिद्धान्त (Terrorism and moral theories)

परिणामवाद (Consequentialism)

परिणामवाद संभवत: कुछ आतंकवादी कार्यों को माफ कर सकता है यदि उनके लाभ या कल्याणकारी प्रभाव, उनके द्वारा किए गए नुकसान से बहुत अधिक हैं। लेकिन यह केवल सैद्धान्तिक संभावना है। आतंकवाद छोटे समूह के ऐजेण्डा को बड़ी जनसंख्या की कीमत पर आगे बढ़ाता है। इस के कारण प्रश्न चिह्न वाले लक्ष्यों के लिए लक्षित समूहों को भारी कीमत चुकानी पड़ती है। आतंकवाद की प्रतिक्रिया होती है और यह आतंकी के लक्ष्यों के लिए विरोध को कठोर बना देता है।

आतंकवादी समूह अक्सर न्याय के लिए या अन्याय को दूर करने के लिए लड़ने का दावा करते हैं। बहुत कम लोग आतंक के कारण के औचित्य की हिमायत करते हैं। अत: इस बात की सर्वाधिक संभावना है कि आतंकवादी कार्यों से होने वाला लाभ कभी भी उससे होने वाली हानियों से अधिक नहीं होगा।

परिणामवादी सिद्धान्त आतंकवादी साधनों की कुशलता व प्रभावशीलता पर भी प्रश्न उठाएगा। राजनैतिक उद्देश्यों की प्राप्ति हेतु अन्य साधन भी होते हैं जैसे शांति-पूर्ण असहयोग तथा सविनय अवज्ञा गणतन्त्र में अपने ऐजेण्डा को आगे बढ़ाने के लिए अन्य साधन अनुमत होते हैं और ये राजनैतिक नैतिकता के अनुरूप होते हैं।

परिणामवादी विचारक इस बात की ओर संकेत करते हैं कि एक स्थिति विशेष में जो न्याय किया या माना जाता है, अक्सर अस्पष्ट होता है। उदाहरण के लिए अरब-इज़राइल विवाद में, क्या एक पक्ष की शिकायतों को दूसरे पक्ष की तकलीफें बढ़ाए बिना दूर किया जा सकता है। यदि हम उपरोक्त विचारों को स्वीकार करें तो वास्तविक जीवन के कुछ आतंकवादी, परिणामवादियों द्वारा थोपी गई अपेक्षाओं के पैमानों पर पूरे उतर सकेंगे।

काण्टियन तथा प्राकृतिक नियम (मानव धर्म) की सोच (Kantian and natural law approaches)

दो अन्य नैतिक परम्पराएँ काण्टियन एवं प्राकृतिक नियम उस ऐच्छिक हिंसा का सीधा विरोध करती हैं जो आतंकवाद से पैदा होता है। वे मासूमों की हत्या पर अलोप्य (indefeasible) निषेध लगाते हैं। यहाँ पर अलोप्य (indefeasible) का तात्पर्य है कि मासूमों की हत्या किसी भी परिस्थिति चाहे कैसी भी हो, में कभी भी अनुमत नहीं है। कभी-कभी यह निषेध, 'मासूमों के न मारे जाने के अधिकार' या 'मासूमों को न मारना हमारा कर्त्तव्य है' में व्यक्त किया जाता है। इस प्रकार ये परम्पराएँ मॉल्स में, रेस्टोरेंट्स में या रेलवे प्लेट फॉर्मों पर मासूमों की हत्या की इज़ाज़त कभी नहीं देतीं। यह वैसे भी सामान्य बुद्धि के अनुरूप है।

आतंकवादी इसलिए पीड़ितों को मासूम बिल्कुल नहीं मानते। वे दावा कर सकते हैं कि उनका लक्ष्य वे राष्ट्रीय समूह हैं जो अन्याय और दमन की मंजूरी देते हैं और इस प्रकार दुष्कृत्य में लिप्त होते हैं। 'मासूम' शब्द सामान्यत: उस व्यक्ति के लिए प्रयोग

किया जाता है जो किसी प्रकार के नैतिक या कानूनी गलत काम का दोषी नहीं है। आतंकवादी गुट निर्दोष लोगों के प्रति दूरस्थ एवं कष्ट-कल्पित (farfetched) रचनात्मक उत्तरदायित्व जोड़ने के प्रति सम्मान रखते हैं उदाहरण के लिए, पैरिस कैफे में 1894 में बम फोड़ने के बाद एमिली हेनरी ने कहा- "कोई मासूम नहीं होता।" यह कथन अपराध को ढकने के लिए अंजीर का पत्ता ही तो है।

संकुचनवादियों के विचार (Contractarian view)

आतंकवाद के प्रति संकुचनवादियों की क्या प्रतिक्रिया होगी। यह परम्परा न्याय को सिद्धान्तों और प्रवृत्तियों की ऐसी प्रणाली मानती है जो लोगों के एक समूह को वहाँ तक बाँधे रखती है जहाँ तक वे आपसी सहमति से उस प्रणाली का पालन करते हैं। जॉन रावल्स (John Rawals) के कथन का प्रयोग करें तो न्याय एक प्रकार का 'आपसी लाभ के लिए सहकारी उपक्रम' है। इस विचार के अनुसार न्याय कुछ विशेष दशाओं में बाध्यकारी नहीं है, जैसा कि उदाहरण के लिए, अन्यों द्वारा सहकारी व्यवहार तथा प्रवृत्तियों का न होना। इस प्रकार आतंकवादी सामान्य (नैतिक) सिद्धान्तों व प्रवृतियों का उल्लंघन करते हुए स्वयं को न्याय प्रणाली से बाहर रखते हैं। मामले पर इस विचार से आतंकवादी कार्य आरम्भ से ही अनुचित तथा अरक्षणीय है और समाप्त किया जाना चाहिए (निंदनीय है)।

अब तक हमने देखा कि विभिन्न नैतिक सोचें आतंकवाद को किस तरह से देखती हैं। स्वाभाविक ही है कि ये सोचें जिन निष्कर्षों पर पहुँचती हैं, वे सामान्य बुद्धि के विचारों से मिलते-जुलते हैं। आतंकवादी भटके हुए हैं, ख़तरनाक कट्टरवादी हैं जो मानव जीवन या सामान्य शिष्टाचार का कोई सम्मान नहीं करते। फिर भी, कुछ लेखक आतंकवादियों के चारों ओर एक झूठा, क्रांतिकारी, रोमाण्टिक प्रभामण्डल आभामण्डल (a lache Guevara) बनाना चाहते हैं। प्रभावनीय, आदर्शवादी युवा पुरूषों एवं स्त्रियों को स्वयं को इस प्रवृति से बचाना चाहिए।

भारत में आतंकवाद एवं सरकार का जवाब (Terrorism in India and State responces)

भारत में आतंकवाद की उत्पत्ति और ध्येयों के अनेक भिन्न-भिन्न कारण हैं। इसका कोई भी रूप हो, आतंकवाद राज्य की वैधता तथा इसके करणत्वों (instrumentalities) पर सवाल उठाता है। यह सुरक्षा बलों और कानून एवं व्यवस्था मशीनरी को दमनकारी और अपना शत्रु मानता है। आतंकवादी सुरक्षा बलों को युद्ध जैसी कार्रवाइयों में उलझाते हैं। नक्सलवादी जिसे आर्थिक न्याय ऐजेण्डा मानते हैं, उसका प्रचार (समर्थन) करते हैं। जम्मू व कश्मीर का आतंकवाद बाहर से प्रायोजित है। उत्तर-पूर्व में यह स्थानीय-हस्तियों से जुड़ा है। हमने इन आन्दोलनों को एकल वाक्यों में स्पष्ट कर दिया है क्योंकि हमारा उद्देश्य केवल इनके द्वारा उत्पन्न किए गए नैतिक मुद्दों का खाका प्रस्तुत करना था।

हमारी आज़ादी के शुरू के वर्षों में, आतंकवादी और अलगाववादी आन्दोलनों को संभालने के सरकार के उपायों को लगभग सम्पूर्ण विश्व का समर्थन था। कभी-कभार उत्तर-पूर्व से सेना और/या अर्द्ध सैनिक बलों द्वारा अत्याचार की रिपोर्टें आती थीं। लेकिन धीरे-धीरे आतंकवादियों का मुकाबला करने के ढंग पर कुछ गुटों (समूहों) में बेचैनी (असंतोष) पैदा होने लगा। हमें इस बेचैनी की जड़ तथा उन समूहों (गुटों) पर विचार करना जरूरी है जो इसको संचालित करते हैं। जैसा कि हम देखेंगे, कुछ लोगों का मानना है कि आतंकवाद विरोधी कार्रवाई उदार, गणतांत्रिक, मानवीय तथा कानूनी मानदण्डों का उल्लंघन है। तथापि, चूँकि इन मानदण्डों व राष्ट्रीय सुरक्षा की अपेक्षाओं के बीच तनातनी रहती है, उनके बीच संतुलन स्थापित करना जरूरी है।

मुठभेड़ों के प्रशासनिक व कानूनी परिणाम (Administrative and Legal fallout of encounters)

सुरक्षाबलों ने आतंकवादियों के खिलाफ जो कार्रवाई की, उसके अनेक प्रकार के परिणाम हुए। निगरानी या जाँच के दौरान कोई आतंकवादी पकड़ा जा सकता है। उस पर गंभीर आरोप लगते हैं। तब वह निष्पक्ष मुकदमे, उचित कानूनी प्रक्रिया और साधारण अपराधी को उपलब्ध सभी सुरक्षा-उपायों का हकदार हो जाता है। अपराध सिद्ध करने के लिए साक्ष्य का स्तर उतना ही ऊँचा है जितना कि साधारण अपराध के लिए होता है। यह स्वभाविक ही है कि केवल थोड़े-से ही गवाह उसके विरूद्ध गवाही देकर अपने जीवन को संकट में डालना चाहेंगे।

आतंकवादियों को शत्रु के ऐजेण्टों के तौर पर नहीं माना जाता। यद्यपि केलब कार (Caleb Carr) के अनुसार आतंकवाद, युद्ध का एक प्रकार है, आतंकवादियों को (असममित ढंग से), अन्य अपराधियों के समान साधारण कानून के अंतर्गत रखा जाता है। कट्टर आतंकवादियों के विरुद्ध अमरीकी सुरक्षा मिशन अक्सर 'कोई कैदी नहीं होगा' (Take no prisoners) के सिद्धान्त पर आधारित होते हैं। प्रयोजन या तो ऐसे आतंकवादियों की साधारण मुकदमेबाजी से बचना या आतंकवादी को जीवित पकड़ने में निहित ख़तरे से बचना है।

अक्सर मुठभेड़ें सुरक्षा कर्मियों और आतंकवादियों के बीच होती है जिसमें दोनों ओर मृत्यु होती है। इन मुठभेड़ों में सैनिकों की जिन्दगियाँ बहुत ज्यादा संकट में होती हैं। उन्हें आतंकवादियों से मुकाबला करते हुए युद्ध के निर्धारित नियमों का पालन करना होता है। यदि आतंकवादी मारे जाते हैं तो उन पर मुकदमा नहीं चल सकता। लेकिन कई बार मारे गए आतंकवादियों के रिश्तेदार तथा कार्यकर्ता, कार्रवाई करने वाले लोगों के खिलाफ आपराधिक आरोप जैसे हत्या का आरोप लगा देते हैं। वर्तमान कानून कर्त्तव्य-पालन में किए गए कामों की संदोषता से सुरक्षा कर्मियों सहित सरकारी कर्मचारियों को आंशिक सुरक्षा प्रदान करते हैं। इस प्रकार सामान्य कानून द्वारा दी गई सुरक्षा अपर्याप्त है। सशस्त्र बल विशेष शक्ति अधिनियम (AFSPA) को अशांत क्षेत्रों में लागू किया जाता है। इस अधिनियम के प्रावधान अध्याय में दिए गए हैं।

आतंकवादियों की मृत्यु से मीडिया व कार्यकर्ता समुदाय में हाय-तौबा मच जाती है। मुठभेड़ों को अक्सर मानवाधिकारों का पाशवित दलन, सुरक्षा बलों को निर्मम हत्यारे तथा आतंकवादियों को मासूम, हानि न करने वाला या किसी उद्देश्य के लिए लड़ने वाला शहीद बताया जाता है। सैनिकों से कभी गलती हो जाती है और वे खेदजनक रूप से मासूमों को मार देते हैं। सेना को ऐसी चूकों से बचने की अपनी सर्वोत्तम कोशिश करनी चाहिए। लेकिन आलोचकों को भी स्वयं को सैनिकों की स्थिति में रखकर सोचना चाहिए। युद्ध की भाग और धुएँ में, उस समय की तेजी (या उत्तेजना) में जबकि मौत आपके सामने खड़ी है और आप पीछे घर पर छूटे अपने प्रियों को याद कर रहे हों, मृत्यु आपके सामने खड़ी हो ऐसे में सैनिक कुछ अधिक ही कर बैठते हैं। ऐसी स्थिति को संभालने के लिए बेहतर प्रशिक्षण और अनुभव ही उनकी प्रतिक्रियाओं को बेहतर कर सकते है।

लेकिन कई शुभ-चिन्तक लोग सैनिकों के गंभीर जोखिमों को अनदेखा कर देते हैं। उन्हें आत्म-रक्षा का अधिकार है, कठोर नैतिक संहिता में भी उन्हें यह अधिकार है। वे अपने हाथ पीछे बाँध कर नहीं लड़ सकते। वे वहाँ वास्तविक स्थिति का सामना करते हैं जिसका सार यही बताया जा सकता है कि "मारो या मारे जाओ" वे युद्ध में पके हुए आतंकवादियों का मुकाबला कर रहे हैं, जेबकतरों या सड़क पर लड़कियों के पीछे सीटी बजाते मजनुओं का नहीं। उन्हें तेजी से काम करना होता है और वे 'उचित बल की मात्रा' का हिसाब नहीं लगा पाते। ऐसी स्थिति में, सैनिकों को तब तक बन्दूक चलाते रहना पड़ता है जब तक कि दूसरा पक्ष शांत न हो जाए।

आजकल अनेक समर्थक कार्यकर्ता (Activist) और बुद्धिजीवी ए एफ एस पी ए की समाप्ति के लिए संघर्ष कर रहे हैं। लेकिन इसकी समाप्ति से सैनिकों को दोहरा खतरा हो जाएगा: सशस्त्र मुठभेड़ों में खतरा तथा मुकदमेबाजी व जेल। कठिन युद्धों को लड़ रहे सैनिकों से सुरक्षा को वापस ले लेना सब से ज्यादा अनुचित होगा। यह उन्हें निडर होकर काम करने से रोकेगा। कोई भी अनुशासित सैनिक इसे 'सरलता से नहीं लेगा' और आतंकवादियों की गतिविधियों को उनकी अपनी इच्छा से चलने देगा। तथापि, कानूनी सुरक्षा हटा ले लेने से उनका मनोबल निश्चित रूप से गिर जाएगा।

आतंकवाद के प्रति कोमल हृदय वाली प्रतिक्रियाएँ (Tender Hearted Reactions to terrorism)

ऐसा क्या है कि बुद्धिजीवी व भले समझे जाने वाले समझदार लोग आतंकवादियों के लिए अधिक कानूनी सुरक्षा-उपायों के पक्ष में बोल रहे हैं? ऐसा क्यों है कि वे आतंकवादियों से लड़ने वाले सैनिकों के लिए युद्ध के खतरों के अलावा कानूनी परेशानियों से लड़ाई भी बढ़ा देना चाहते हैं। विविध विचार-धाराएँ, सिद्धांत और विश्व-विचार एकत्र व संयुक्त रूप से इस सोच को पाल रहे हैं। इस पर गंभीरता से विचार करने की जरूरत है।

वर्तमान रायों से हमारे विचार एक सीमा तक भिन्न हैं। तथापि, हम चाहते हैं कि सेवा-रत व भावी सिविल सेवक इन मामलों में कठोर व वास्तविकता वाली सोच अपनाएँ। वे नरम दिल या 'आँखों में आँसू' वाली रूमानियत से भावनाओं में बहने वाले नहीं होने चाहिए। लेकिन इसका यह अर्थ नहीं है कि नागरिक स्वतन्त्रता या मानवीय मूल्यों को त्याग दें। यह मुद्दा गंभीर है क्योंकि इसमें बहुत कुछ दाँव पर लगा है- हमारे राष्ट्र का अस्तित्व दाँव पर लगा है।

मानवाधिकार (Human Rights)

मानव अधिकारों और नागरिक स्वतंत्रताओं को अबाध, काट-छाँट से मुक्त और अलंघनीय मानने की प्रवृत्ति हो चली है। यह अव्यवहारिक नैतिक या कानूनी चरमवाद है। अधिकार व स्वतंत्रताएँ, समान रूप से महत्वपूर्ण राष्ट्रीय उद्देश्यों के साथ संतुलित होनी चाहिए। तदनुसार, अदालतों ने सम्पत्ति के अधिकारों को कम कर दिया। विगत के अन्याय या पूर्वाग्रह के शिकार पीड़ित माने जाने वाले समूहों को आरक्षण तथा अन्य लाभ देने के लिए समानता के अधिकार को नरम (तरल) किया गया। इसी प्रकार का तर्क आतंकवाद से लड़ने के लिए नागरिक स्वतंत्रताओं पर उचित प्रतिबंध को अनुमत बनाएगा।

आतंकवादियों की नैतिक (स्थिति) प्रतिष्ठा (Moral Standing of Terrorists)

आतंकवादियों के साथ क्रूर व्यवहार का विरोध वैध है, यद्यपि किसी भी नैतिक मानदण्ड़ों के अनुसार आतंकवादी दण्डनीय है। फिर भी उनकी नैतिक प्रतिष्ठा या नैतिक स्थिति है। काण्टियनवाद (Kantianism) एवं प्राकृतिक नियम वाली नैतिकता के अनुसार, आतंकवादियों के मानवाधिकारों का सम्मान किया जाना है। मानव अधिकार वे अधिकार हैं जो हमें हमारी प्रकृति या मानवीयता के कारण प्राप्त हैं और हमें पूरी जिदंगी मिले रहते हैं। आतंकवादी अपनी नैतिक प्रतिष्ठा को खोए बिना ही गलत काम करता है। उसे यातना नहीं दी जानी चाहिए या काटा-पीटा जाना (अंग-भंग) चाहिए। यह बात उन आतंकवादियों पर लागू होती है जो पकड़ लिए जाते हैं और जिन पर अदालत में मुकदमा चलता है। तथापि, यदि उचित कानूनी प्रक्रिया के बाद उन्हें मृत्यु दण्ड दिया जाता है तो उसके लिए हो-हल्ला नहीं मचना चाहिए।

स्वतन्त्रता/सहिष्णुता के विरोधाभास (Paradox of Freedom/tolerance)

नागरिक स्वतंत्रताओं के उदार पैरोकार एक अन्य महत्वपूर्ण मुद्दे की अनदेखी करते हैं। यह बात कार्ल पॉपर (Karl Popper) ने अपनी पुस्तक 'ओपन सोसायटी एण्ड इट्स एनीमीज' (Open Society and its Enemies) में उठाई है। वह 'सहिष्णुता का विरोधाभास' (Paradox of Tolerance) तथा 'स्वतंत्रता का विरोधाभास (Paradox of freedom) की बात करता है। वह एक दुविधा को रेखांकित करता है जो उदार, मानवीय एवं गणतांत्रिक समाजों के समक्ष रहती है। इन समाजों का आधार सहिष्णुता और स्वतंत्रता के सिद्धांत हैं। लेकिन क्या इनका उन लोगों या समूहों तक भी विस्तार (लागू होना या माना जाना) हो सकता है जो ऐसे सिद्धांतों का विरोध करते हैं। पॉपर के अनुसार, यदि ऐसे समूहों को उन्मुक्त स्वतंत्रताएँ दे दी जाएँगी जो न तो स्वतत्रंताओं में विश्वास करते हैं या सहिष्णुता में, तो यह स्वतंत्र, खुले गणतांत्रिक समाजों के लिए कफ़न की कील होगी। कुछ लेखकों का सोचना है कि पश्चिमी यूरोप तो पहले से ही अपनी जीवनशैली के लिए ऐसे खतरे को झेल रहा है।

निष्पक्षता तथा आदान-प्रदान (Equity and Reciprocity)

इस परिचर्चा से निष्पक्षता व आदान-प्रदान के सिद्धांतों का भी सरोकार है। जैसा कि हमने पहले देखा, जॉन रावल्स (John Rawls) ने न्याय को आपसी लाभ के लिए सहकारी उपक्रम माना है। समाज के उन सभी सदस्यों को जो न्याय की प्रणाली को अपनाते हैं, इसके नियमों का पालन करना चाहिए। अन्यथा, अन्यायी होने के अलावा यह समाप्त हो जाएगा। यदि कोई व्यक्ति या समूह संवैधानिक व्यवस्था का पालन करने से मना करता है वे अब इसके लाभों की माँग नहीं कर सकेंगे। वे स्वत: ही ऐसे अधिकार त्याग देते हैं। ऐसे अधिकारों के पूरे लाभ उन्हें देने का अर्थ है कानून का पालन करने वाले अन्य नागरिकों के साथ अन्याय करना।

राष्ट्र की रक्षा करना (Protecting the Nation)

स्वाभाविक है कि सरकार की धोखाधड़ी के विरूद्ध कानून का पालन करने वाले नागरिकों को बचाने के लिए कोई भी व्यक्तिगत स्वतंत्रता की जरूरत से इंकार नहीं करेगा। तथापि, यह सिद्धांत सामान्य हालात में सामान्य रूप से काम कर रहे गणतंत्र में आदर्श रूप में काम करेगा। लेकिन जब साधारण जीवन का शांत जीवन-प्रवाह गड़बड़ा जाता है। एवं हथियारबंद समूह राज्य को चुनौती देते हुए बगावत पर उतर आते हैं तो व्यक्तिगत स्वतन्त्राओं पर प्रतिबंध अपरिहार्य हो जाता है। इतिहास गवाह है कि संस्थापित गणतांत्रिक राज्यों को भी युद्धों और इसी तरह के आपातकालों में निजी स्वतंत्रताओं को प्रतिबंधित करना पड़ा है। राज्य का पहला कर्तव्य राष्ट्र की एकजुटता को बचाना है तथा इसके लिए इसे सभी आवश्यक उपाय करने पड़ते हैं। यदि कोई राज्य अपने सशस्त्र शत्रु से हार जाता है तो कुछ भी नहीं बचता- संविधान भी नहीं, ना ही व्यवस्था, ना ही इसके नागरिक। यह किसी भय-प्रसारक के विचार नहीं हैं। सामयिक संसार ने अनेक-अनेक सरकारों (राज्यों) का विलोपन देखा है। इस समय भी अन्य अनेक देशों में पूरी अराजकता है और पूरी सिविल अव्यवस्था फैली हुई है।

संकल्पनाओं का दुरूपयोग (Misapplication of Concept)

लोग अक्सर 'श्रेणीगत त्रुटियाँ' (Category errors) कर देते हैं, अर्थात् एक सदंर्भ में लागू होने वाले सिद्धांतों को ऐसी परिस्थितियों पर लागू करना जहाँ उनको लागू नहीं किया जा सकता। वे सामान्य सिद्धांतों को व्यावहारिक जीवन में लागू करने में समुचित संतुलन की कमी का प्रदर्शन करते हैं। कार्यकर्ताओं (activists) की ऐसी गल्तियों को समझने में लुडविग विट्टजेन्स्टीन (Ludwig wittgenstein) के ये शब्द 'लेंग्वेज गेम्स' (Language Games) मदद करते हैं। कुछ दार्शनिक विचारों को समझाने के लिए विट्टजेन्स्टीन जीवन की विशिष्टताओं वाली परिस्थितियों का प्रयोग करता है। कोई भी भाषा अपने नियमों (या व्याकरण) से अनुशासित होती है।

जैसा कि होता है, नियमों को जीवन के एक क्षेत्र से दूसरे में सरलता से स्थानान्तरित नहीं किया जा सकता। अक्सर हम इस बात को मानने में असफल रहते हैं। उदाहरण के लिए, किसी विश्वविद्यालय में संगोष्ठी एक शैक्षिक खेल है। इसके नियमों को ज्यों-का-त्यों, माँ-बाप तथा बच्चों के बीच होने वाले घरेलु विवाद पर लागू नहीं किया जाता है। बलात्कार के आरोपी के पक्ष में मामलों की वकालत करना कानूनी खेल है। इसके नियम धार्मिक उपदेश देने में शायद ही लागू हो सकें। इसी प्रकार आतंकवादियों के साथ पुलिस की मुठभेड़ एक अलग प्रकार का खेल है जिसके नियम युद्ध से बनते हैं। इन खेलों में नैतिकता या दर्शन की रक्त रहित श्रेणियाँ सीमित उपयोग की होती हैं। (तथापि, युद्ध के उचित संचालन की कुछ परम्पराएँ लागू हो सकती हैं।) वह वाक्य-"इट इज ए डिफरेण्ट बॉल गेम" (It is a different ball game) जीवन की परिस्थितियों के बीच ऐसे अन्तरों को प्रस्तुत करता है। आतंकवाद व मानव-अधिकारों पर गर्मागर्म वाद-विवादों में इस तथ्य को अनदेखा कर दिया जाता है। युद्ध का मैदान कोई संगोष्ठी का हॉल नहीं है या कोई अदालत नहीं है।

गैर-सरकारी संगठनों की भूमिका (Role of NGOs)

आधुनिक संसार की एक चारित्रिक विशेषता मानव अधिकारों एवं संबंधित मुद्दों पर अनासक्त एवं विषय-परक परिचर्चा को रोकती है। आधुनिक समाज में गैर-सरकारी संगठनों व कार्यकर्ता (Acitivist) समूहों की संख्या चकरा देने वाली हो गई है। अमीर दानी लोग विशिष्ट ऐजेण्डा को पूरा करने के लिए एकल ध्येय जैसे महिलाओं के अधिकार, नागरिक स्वतन्त्रताएँ, पशुओं के अधिकार एवं अल्पसंख्यकों के अधिकार हेतु ऐजेन्यिाँ और एन जी ओ बना लेते हैं।

यद्यपि इस प्रकार के लक्ष्य स्वयं में अपवाद-रहित हैं, वे कई प्रकार की सहवर्ती समस्याएँ पैदा कर देते हैं। एक समस्या उनका एकल-ध्येयी, अभिभूतित, दबाव वाले लक्ष्य का होना है जिसमें अन्य सभी कुछ नहीं होता। ये समूह अप्रशम्य (कठोर) और तब तक संतुष्ट नहीं होने वाले होते हैं जब तक कि इनकी माँगों को ज्यों-की-त्यों पूरा नहीं कर दिया जाता। किसी भी बात में तथा हर बात में वे अपने प्रिय सिद्धान्तों का उल्लघंन देखते हैं। इस प्रक्रिया में उनकी हिमायत (वकालत) संयमन और परिप्रेक्ष्य खो देती है। उदाहरण के लिए, वे देश में नागरिक स्वतंत्रता के उल्लंघन पर गला फाड़-फाड़ कर चिल्लाएँगे जबकि उनके मूल कारणों

जैसे अक्सर शत्रु देशों द्वारा समर्थित असंतुष्ट सशस्त्र समूहों द्वारा फैलाई हिंसा पर चुप लगा जाते हैं। वे केवल एक मुवक्किल के लिए तैयार वकीलों की तरह व्यवहार करते हैं। गैर-सरकारी संगठनों का कभी-कभी राष्ट्र-राज्यों (Nation State) द्वारा दुरूपयोग भी किया जाता है, जैसे अपने ऐजेण्डा चलाने के लिए आड़ के घोड़ों की तरह या उन विदेशी राष्ट्रों में, उनकी राजनैतिक शुद्धता (पानी) में कीचड़ घोलना जिसके लिए वे विरोधी हैं।

एक और समस्या यह है कि ये समूह खुले में तथा गणतांत्रिक देशों में सर्वाधिक सक्रिय हैं। क्योंकि उन्हें एक कारोबार चलाना होता है, वे सर्वाधिक मेहमान-नवाज (दोस्ताना) स्थानों का चुनाव करते हैं। ये निश्चय ही भारत जैसे विभिन्नतापूर्ण राष्ट्र होते हैं। पुराने दिनों के विपरीत, इन निकायों को चलाने वाले लोग ना तो लोकोपकारी होते हैं और ना ही दानशील। वे 'व्यवसायिक' हैं जिन्हें मोटा वेतन मिलना है। वे हमेशा ऐसे स्थानों की तलाश में रहते हैं जहाँ वे 'पैसे के लिए धमाका' (bang for buck) ज्यादा-से-ज्यादा कर सकें।

इनमें से अनेक समूहों का यू एन तथा अन्य अन्तर्राष्ट्रीय ऐजेन्सियों के साथ 'टाई अप' होता है। अब हमें यू एन के प्रति समुचित आदर दिखाना होगा क्योंकि यह दूसरे विश्व युद्ध की विश्व व्यवस्था का एक स्तम्भ है। लेकिन यह अन्तर्राष्ट्रीय राजनयिक प्रणाली का हिस्सा भी है। यह अन्तर्राष्ट्रीय राजनैतिक शतरंज की बिसात है जिस पर राष्ट्रीय हित चालें तय करते हैं। इनके साथ ही नैतिक उच्चाशयता तथा मानव मूल्यों के लिए चिन्ता के भाव लगे रहते हैं। बिना बहुत अधिक सनकी हुए, ऐसे कामों और भावों को उपयुक्त श्रेष्ठता के साथ लेना पड़ता है। यह कम विडम्बना की बात नहीं है कि ऐसे भाव-दृश्य अक्सर उन राष्ट्रों से आते हैं जो सर्वाधिक तानाशाही वाला और निरंकुश शासन चला रहे हैं। चूँकि इन राष्ट्रों में से कुछ राष्ट्र सैनिक या आर्थिक दृष्टि से शक्तिशाली हैं, छोटे राष्ट्र एवं कार्यकर्ता (Activists) एवं विचारवान लोग (बुद्धिजीवी) भी राजनयिक चुप्पी बनाए रखते हैं। इस स्थिति के कारण मानवाधिकारों के उत्तोलन का प्रयोग कर राष्ट्रों को छाँट-छाँट कर निशाना बनाया जा रहा है।

पाठक अनुभव करते होंगे कि हम गैर-सरकारी संगठनों के प्रति कठोर हैं। इनके विरुद्ध कठोरता बरतने की हमारी कोई मंशा नहीं है। हमारी टिप्पणियाँ ज्यादातर कार्यकर्त्ता (Activist) एन जी ओ के विरूद्ध है। अन्य अनेक हैं जैसे- बिल गेट्स एवं मलीसा फाउण्डेशन तथा आगा खाँ फाउण्डेशन जो गरीब एवं तकलीफ झेल रही मानवता को 'गाढ़े में सहायता करने वाले' (Yeoman) की सेवा दे रहे हैं। हम ऐसे निकायों का बहुत सम्मान करते हैं।

मीडिया तथा विद्यापरिषद में चालू राय का रंग (Climate of current Opinion in media and academia)

मीडिया (Media)

मीडिया तथा समाज विज्ञान विद्वद्परिषद, दोनों में रायों की वर्तमान स्थिति आतंकवाद पर झूठे वृतान्त को हवा देती है। उनकी राय शासन विरोधी है अर्थात् वर्तमान राजनैतिक व्यवस्था के विरूद्ध है। मीडिया का राजनैतिक पक्ष आज की सरकारों के प्रति विद्रोही है। (अपवाद भी हैं। अमरीकी मुख्यधारा वाला मीडिया पूर्णतः ओबामा व हिलेरी के साथ संगत में था एवं ट्रंप के प्रति अति विद्रोही बना रहा।) मीडिया उस मुद्दे को लपकने को हमेशा तैयार रहता है जिस वे सरकार तथा इसकी ऐजेंसियों का बुरा काम समझते हैं। वे किसी भी उपलब्ध साधन से सरकार पर हमला करने को तत्पर रहते हैं चाहे उनसे राष्ट्रीय हित को हानि ही होती हो। हम सामान्य प्रवृत्ति की बात कर रहे हैं, सभी को एक रंग में देखने का हमारा कोई इरादा नहीं है।

पाठकों/दर्शकों व विज्ञापनों से आय के लिए मीडिया घरानों में गला काट प्रतियोगिता चल रही है। दर्शकों का ध्यान आकर्षित करने के लिए वे सनसनीवाद और अतिशयोक्ति का सहारा लेते हैं। एक बार फिर हमारी मंशा मीडिया के सभी लोगों को एक ही श्रेणी में रखने की नहीं हैं। उनमें से अनेक विद्वान हैं, प्रबुद्ध हैं तथा अनुबोधक भी नहीं हैं। लेकिन मीडिया के उपक्रम ऐसे चक्र में फँसे हुए हैं जिसे आधुनिक प्रौद्योगिकी एवं वाणिज्यिक संकर्षण पाने की जरूरत ने पैदा किया है। इस पृष्ठभूमि के साथ मीडिया, सुरक्षा बलों की मानव अधिकारों के कथित उल्लंघन तथा अन्य ऐसी कहानियों को बढ़ा-चढ़ा कर पेश करता है जिनमें दर्शकों की तत्काल रुचि जागृत हो जाती है।

नकारात्मक शैक्षिक प्रवाह (धाराएँ) (Negative Academic Currents)

आलोचनात्मक दृष्टिकोण (Critical outlook)

अनेक धाराएँ हमारे राष्ट्रीय मामलों के बारे में शैक्षिक टिप्पणी की नकारात्मकता में वृद्धि करती रहती हैं। अपनी प्रकृति के अनुसार शैक्षिक (बौद्धिक) गतिविधि का लक्ष्य वर्तमान रायों, रिवाजों और विश्व-दृष्टि पर सवाल करना होता है। जैसा हर्बर्ट मार्कस (Herbert Marcuse) ने टिप्पणी थी कि तर्क का कार्य नकारात्मक व आलोचनात्मक होता है। दार्शनिकों को सामाजिक आलोचक मानते हुए, कार्ल मार्क्स ने उनसे वर्तमान पब्लिक संस्थाओं व उपलब्ध विकल्पों को 'निर्मम आलोचना' के हवाले करने को कहा ''निर्मम आलोचना'' *" निर्मम दो अर्थों से: आलोचना को अपने स्वयं के निष्कर्षों से और ना ही जो शासन हो उससे टकराव से भयभीत होना चाहिए।* '' उन्हें इस बात पर निर्लिप्तता और पक्षपात-रहित ढंग से विचार करना चाहिए कि क्या राजनैतिक संस्थाएँ तथा रिवाज उचित हैं?

अनेक लेखक जैसे फौकॉल्ट (Foucault) का कहना है कि आधुनिक समाज की संस्थाएँ दमनकारी, पदानुक्रमिक और अमानवीकरणीय (अमानवीय बना देने वाली)हैं। अनेक नैतिक सिद्धांत-शास्त्री कहते हैं कि गहरे मतभेद व असंगतियाँ उदार गणतंत्रों की सतह के नीचे उबलती रहती हैं। लेकिन इन्हें हमसे प्रभावशाली ढंग से छुपाया जाता है क्योंकि हम सामाजिक चेतना के झूठे रूपों के लिए अनुकूलित हैं (पर निर्भर रहते हैं)। कार्ल मार्क्स को दोबारा उद्धृत करते हैं- *आलोचनात्मक विचारों में " विश्व को अपनी चेतना को साफ करने की योग्यता देना, स्वयं के बारे में इसके स्वप्न से इसे जगाना, इसके स्वयं के कार्यों के अर्थ स्पष्ट करना" शामिल* है। ऐसे परिदृश्यों में, यह तर्क करना सम्भव है कि उदार गणतन्त्र ऐसी पहेलियाँ हैं जो सामाजिक असमानताओं को छुपाती हैं तथा विद्रोही समूहों को दबाने के लिए सूक्ष्म (Sophisticated) साधनों का प्रयोग करती हैं।

अभिज्ञान समूह (Identity groups)

आधुनिक राजनैतिक विचारक अक्सर अपनी रचनाओं में बड़ी राज्य-व्यवस्था से पृथक विशिष्ट अभिज्ञान (पहचान) समूहों के विचार बिन्दुओं (दृष्टि कोणों) को अपनाते हैं। समूह अपने आप को अपनी नस्ल, धर्म तथा लिंग या अल्प-संख्यक वाली स्थिति से अभिज्ञात करते हैं। वे स्वयं को समाज के शिकार तथा इसके विशेषाधिकारों से महरूम के तौर पर मानते हैं। 'बहु संस्कृतिवाद' (Multiculturalism) वकालत करता है कि दबंग समूह सामाजिक तौर पर बहिष्कृतों व सीमांतकों को खुलेआम अपनाते हैं तथा सामाजिक विविधता का आनंद लेते हैं। अनेक सामाजिक विचारक इन समूहों के साथ सहानुभूति रखते हैं और उन्हें सामाजिक अन्याय के शिकार मानते हैं। इस प्रयास में विद्वान लोग उस ढंग का खुलासा कर देते हैं जिसमें वे कानून के शासन के निष्पक्ष पालक लगते हैं किन्तु वास्तव में वे अनेक अनजाने राजनैतिक ऐजेण्डा को छद्म रूप में चलाते हैं। इसी प्रकार नारीवादी 'लिंगित' (Gendered) रिवाजों को रेखांकित करते हैं जो पितृ-सत्तात्मक दमन का मौन रूप हैं।

इन विचारों को आतंकवादी गुटों के विरुद्ध शासन की कार्रवाइयों की चालू आलोचना में किस प्रकार जमाया जाता है। अनेक आतंकवादी समूह दमन के शिकार के तौर पर और समाज में हाशिए पर पहुँचाए गए के तौर पर चित्रित किए जाते हैं। उनका अलगाव राष्ट्र के हाथों उनके साथ किए गए बुरे व्यवहार का परिणाम है। कुछ लोगों के अनुसार उनका आतंकवाद सरकार के स्वेच्छाचारी कार्रवाइयों का उचित प्रत्युत्तर है। कोई मान सकता है कि कुछ आतंकवादी समूह (गुट) जैसे नक्सली तथा उत्तर-पूर्व में अन्य की शिकायतें औचित्य वाली हैं। इन शिकायतों को दूर करने एवं पिछली गलतियों को सुधारने के लिए प्रबुद्ध आर्थिक, सामाजिक तथा राजनैतिक नीतियों की जरूरत है। लेकिन कुछ आतंकवादी गुट अपनी मनोवृत्ति में नितान्त रूप से कठोर होते हैं और समझौते और समायोजन से एकदम मना कर देते हैं। इस दशा में, शासन के पास शांतिपूर्ण सोच प्रयोग करने के थोड़े-से विकल्प होते हैं। किसी भी अवस्था में, कोई भी सरकार स्वयं नहीं सुलझा सकती।

राष्ट्रवाद का अविवेकी भय (Irrational fear of Nationalism)

अक्सर हमारे सामने ऐसी स्थितियाँ आती हैं जिसमें विद्यार्थी (तथा कुछ अध्यापक) राष्ट्र-विरोधी भावनाओं का इजहार करते हैं। सौभाग्यवश विद्यार्थियों की प्रतिक्रिया थोड़ी अलग है, वह उतनी गहरी सोच वाली नहीं होती। लेकिन अध्यापकों की जो प्रतिक्रिया होती है, उसके लिए क्या स्पष्टीकरण दिया जा सकता है? उनकी प्रतिक्रिया उस आधुनिक प्रवृत्ति का हिस्सा है जिसमें राष्ट्रवाद को एक खतरा माना जाता हैं। आधुनिक विचारक वास्तविक राष्ट्रवाद को उद्धत राष्ट्रवाद के बराबर मानते हैं जिसमें अन्यों के अलावा रूडयार्ड किपलिंग (Rudyard Kipling) भी जुड़े हुए हैं। फासीवाद को बेलगाम राष्ट्रवाद का परिणाम माना जाता है। राष्ट्रवाद को भी डरावना मानते हैं क्योंकि यह विदेशियों के प्रति डर या नफरत पैदा करता है। अनेक लेखक गलती से आतंकवाद विरोधी कार्रवाइयों को राष्ट्रवादी भावनाओं के हिंसक दावे, शासन के अधिकार तथा उच्च वर्ग के प्राधान्य का हिंसक प्रदर्शन समझते हैं। लेकिन ऐसे विचार गलत हैं और इन्हें जनता का समर्थन नहीं है।

अनेक विद्वदजन शासन-विरोधी असंतुष्टों की आत्म-छवि बनाए रखते हैं। वे अन्य असंतुष्टों के साथ जुड़ जाते हैं चाहे वे हिंसा और आतंकवाद का रास्ता अपनाते हैं। कुछ स्व-घोषित बुद्धिजीवी स्वयं को राष्ट्र की सोच के रखवाले मानते हैं तथा इसे अप्राप्य एवं अव्यावहारिक नैतिक मानक बनाए रखने की कोशिश करते हैं। कुछ असंतुष्ट लोग ऐसे किसी भी गुट (वर्ग) में शामिल हो जाते हैं जो किसी भी ढंग से सरकार का विरोध करता है।

पिछले पैराग्राफों में हमने बताया कि क्यों कुछ प्रभावशाली लोग और वर्ग, व्यापक राष्ट्रीय भावनाओं से अलग हटकर विचार व्यक्त करते हैं। निष्कर्षत: हम आग्रह करेंगे कि उनको उचित सम्मान दिया जाना चाहिए जो हमारी सुरक्षा तथा आजादी के लिए युद्ध करते हैं। हम स्वयं को अभिव्यक्ति का स्वच्छन्द अधिकार नहीं दे सकते ना ही उच्च नैतिक नीरस बातें बोल कर अपनी चेतना को स्वच्छ कर सकते हैं। हमें आतंकवाद से लड़ने का नैतिक, मनोवैज्ञानिक तथा भावनात्मक बोझ केवल सैनिकों पर ही नहीं डाल देना चाहिए। यदि हम इन सभी सुविधाओं (विशेषाधिकारों) को बनाए रखते हैं तथा आशा करते हैं कि हमारे सैनिक (टेनिसन के शब्दों में) इस आदर्श वाक्य का पालन करते रहें- *"हमें तर्क नहीं करना है कि क्यों, लेकिन कर्म करना है और मरना है"* तो यह नैतिक रूप से दोहरा मापदण्ड अपनाना होगा।

भारतीय संदर्भ तथा ए एफ एस ए (Indian Context and AFSA)

ए एफ एस ए सैन्य अधिकारियों को 'अशांत' क्षेत्रों में निम्नलिखित शक्तियाँ प्रदान करता है:

- कानून तथा व्यवस्था खराब करने वालों के विरुद्ध समुचित चेतावनी दे कर, जनता में व्यवस्था बनाए रखने के लिए गोली चलाना या अन्य बल का प्रयोग करना, चाहे इससे मृत्यु ही क्यों न हो जाए।
- सशस्त्र हमले को करने के लिए हथियारों के जखीरों, छुपने के स्थानों, प्रबलित स्थलों/शरण-स्थलियों/ प्रशिक्षण कैम्पों को नष्ट करना।
- ऐसे किसी भी व्यक्ति को वारण्ट के बिना ही गिरफ्तार करना जिसने दण्डनीय अपराध किए हों या उसके द्वारा किए जाने का संदेह हो तथा उसकी गिरफ्तारी के लिए जरूरी बल का प्रयोग करना।
- गिरफ्तारियाँ करने या गलत ढंग से रोक लिए गये लोगों को छुड़ाने या हथियार, गोला-बारूद या विस्फोटकों को पकड़ने (जब्त करने) के लिए किसी परिसर में प्रवेश करना और तलाशी लेना।
- संदिग्धों या हथियारों को ले जा रहे किसी वाहन या जहाज को रोकना और उसकी तलाशी लेना।
- किसी भी गिरफ्तार व्यक्ति को, उसकी गिरफ्तारी की परिस्थितियों की रिपोर्ट के साथ जल्दी-से जल्दी नजदीकी पुलिस स्टेशन को सौंप देना चाहिए।
- सैन्य अधिकारियों को अपनी कार्यवाहियों के लिए कानूनी प्रतिरक्षा मिली हुई है। कानून के अन्तर्गत काम करते हुए किसी के भी विरुद्ध कोई मुकदमा चलाना, सूट या अन्य प्रकार की कानूनी कार्रवाई नहीं की जा सकती।
- न्यायपालिका सरकार के इस निर्णय की समीक्षा नहीं कर सकती कि कोई क्षेत्र (इलाका) अशांत क्यों है।
- केन्द्रीय सरकार की मंजूरी के बिना किसी भी व्यक्ति पर ए एफ एस ए के अन्तर्गत शुभ आशय से काम करने के लिए मुकदमा नहीं चलाया जा सकता।

8 जुलाई, 2016 को भारत के सर्वोच्च न्यायालय ने यह कहते हुए सशस्त्र सैन्य बलों को ए एफ एस पी ए के अन्तर्गत मुकदमा न चलाने की प्रतिरक्षा को समाप्त कर दिया- "यह बात कोई मायने नहीं रखती कि पीड़ित (शिकार) सामान्य नागरिक था या विद्रोही या आतंकवादी, ना ही इसका कोई अर्थ है कि आक्रमणकारी आम जन था या राज्य (सरकार) था। कानून दोनों के लिए समान हैं और दोनों पर समान रूप से लागू है। यह गणतन्त्र की तथा कानून के शासन एवं निजी स्वतंत्रताओं को बनाए रखने की जरूरत है।"

समलैंगिकता का सार-संक्षेप (Summary on Homosexuality)

- धार्मिक तथा सामाजिक रीति-रिवाज समलैंगिकता का विरोध करते हैं।
- इसे समाज का कलंक माना जाता है।
- पश्चिमी समाज में समलैंगिकता अब वर्जित कर्म नहीं है।
- समलैंगिकता के विरोधी मानते हैं कि वह अप्राकृतिक व विपथगामी है; प्रकृति के नियमों व दैवी आज्ञाओं का उल्लंघन है, यह विवाह और परिवार जैसे टिकाऊ सामाजिक जीवन के आधार को नष्ट कर देगी। यह मानव के अस्तित्व को खतरा है।
- समलैंगिकता के हिमायती तर्क देते हैं कि यह न तो अप्राकृतिक है और ना ही अनैतिक। तथा अमरीकी मनोवैज्ञानिक एसोसिएशन के अनुसार यह कोई मानसिक रोग नहीं है।
- और भी, प्रकृति के तथ्यों से नैतिक सिद्धांत निकालना अननुज्ञेय है।
- समलैंगिकता उन दो वयस्कों के बीच होती है जो इसके लिए सहमत होते हैं और जानते हैं कि उनके लिए अच्छा क्या है। इससे किसी को हानि नहीं होती।
- समलैंगिकों का काम-विषयक झुकाव भिन्न होने के कारण उनके प्रति मानवीय व्यवहार के उनके अधिकार में रूकावट नहीं डाल सकता।
- भारतीय दण्ड संहिता की धारा 377 में समलैंगिक काम-क्रिया के लिए आजीवन कारावास के दण्ड का प्रावधान है।
- विधि आयोग ने अपनी 172वीं रिपोर्ट में धारा 377 को समाप्त करने की सिफारिश की है।
- दिल्ली उच्च न्यायालय ने धारा 377 के अधिकांश को असंवैधानिक करार देते हुए रद्द कर दिया है।
- तथापि, सर्वोच्च न्यायालय ने घोषणा थी की धारा 377, जहाँ तक यह बालिगों द्वारा आपसी राजी से एकांत में की गई काम-क्रियाओं को अपराध ठहराती है, संविधान के अनुच्छेद 21,14 तथा 15 का उल्लंघन करती है। लेकिन इसने गैर-रजामंदी के तथा अवयस्कों के साथ समलैंगिक क्रियाओं को कवर करने वाली धारा 377 के प्रावधानों को बनाए रखा।
- सर्वोच्च न्यायालय ने यह भी सुझाव दिया कि संसद को धारा 377 में उपयुक्त संशोधन करना चाहिए।

गर्भपात पर :

- गर्भपात से तात्पर्य है अजन्मे प्राणी की समाप्ति (या गर्भ गिरना) जो किसी भी चरण (अवस्था) में हो सकता है।
- गर्भपात पर की जाने वाली चर्चा के विषय हैं माँ तथा भ्रूण दोनों के जीवन का मूल्य; तथा (ii) व्यक्तिगत स्वतंत्रता एवं अपने शरीरों पर स्त्रियों के अधिकार। इन चर्चाओं में भ्रूण के अधिकार, मानव जीवन की व्याख्या तथा जीवन की उत्पत्ति का बिन्दु शामिल है।

गर्भपात के विरुद्ध रेखा-चित्रक तर्क (Profile Arguments against abortion)

- मानव प्राणी का निर्माण तब ही शुरू हो जाता है जब नर वीर्य के क्रोमोसोम तथा मादा डिम्ब का मेल हो जाता है।
- इसका जीवन भी उतना ही परम पवित्र है जितना कि अन्य मानव जीव का। इसका जीवन का अधिकार नितान्त है अर्थात गर्भवती महिला के अधिकारों से ऊपर है।
- हमें हर चरणों (स्थितियों) में मानव जीवन के महत्व (मूल्य) को बनाए रखना चाहिए।

- गर्भपात की प्रक्रियाएँ स्त्री के शारीरिक और मनोवैज्ञानिक स्वास्थ्य के लिए जोखिम भरी हैं।
- गर्भपात के लिए विकल्प हैं।
- ज्यादातर धर्म गर्भपात का विरोध करते हैं।

गर्भपात के पक्ष में चयन के तर्क (Prochoice arguments in favour of abortion)

- पितृ-सत्तात्मक सोच के कारण गर्भपात के नियम कठोर बने।
- भ्रूण कोई 'व्यक्ति' नहीं है और इसीलिए ऐसा प्राणी नहीं है जिसके लिए मानव अधिकार लागू हों।
- मनोवैज्ञानिक मानवता या व्यक्तित्व की संकल्पना, न कि जैविक मानवता वास्तव में महत्व रखती है।
- यदि गर्भपात निषेध हो जाए तो स्त्रियाँ 'गली के पिछवाड़े' वाले गैर-कानूनी व खतरनाक गर्भपातों पर निर्भर करेंगी।
- भ्रूण में जन्म से होने वाले गंभीर दोषों या खतरनाक चिकित्सकीय दशाओं में गर्भपात कराने के सिवाय कोई विकल्प नहीं है।
- यह तर्क देना कि स्त्री को अपनी गर्भावस्था उस स्थिति तक बनाए रखनी चाहिए जब तक वह गोद देने के लिए या बच्चे को अनाथालय में रख देने योग्य नहीं हो जाती, मानने योग्य नहीं है।
- आधुनिक समय में गर्भपात बहुत सुरक्षित है और उससे कोई मानसिक कष्ट होने की संभावना नहीं है।
- गर्भ की चिकित्सकीय समाप्ति अधिनियम (MTP Act) उस व्यक्ति को विनिर्दिष्ट करता है जो गर्भपात कराने के लिए अर्हता-प्राप्त है और उन स्थानों को भी बताता है जहाँ गर्भपात कराया जा सकता है। इसमें विशेष परिस्थितियों में गर्भपात की अनुमति है।
- पी एन डी टी अधिनियम (PNDT Act) गर्भधारण से पहले और गर्भधारण के बाद लिंग के चयन का एवं लिंग चयन के लिए आधुनिक प्रौद्योगिकी के दुरुपयोग की मनाही करता है।

क्लोनिंग पर (On Cloning)

- एक क्लोन किसी अणु (Molecule), कोश, पौधे या पशु की हूबहू उत्पत्ति-मूलक नकल है।
- वैज्ञानिक एक वयस्क स्तनपायी से डी एन ए लेकर डोनर के खाली किए गए अण्ड में प्रतिष्ठित कर देते हैं। बिजली के धक्के से अण्ड को जम्प स्टार्ट करा कर वे ऐसा भ्रूण बना सकते हैं जो किराए पर ली गई कोख वाली माँ में स्थापित कर दिए जाने पर कोश देने वाले व्यक्ति का हमशकल जुड़वाँ बन जाएगा।
- डॉली नाम की घरेलू मादा भेड़, एक वयस्क दैहिक कोश से क्लोन की गई पहली स्तन-पायी थी।
- जहाँ तक मानवों का प्रश्न है, क्लोनिंग अनुमत नहीं है।

क्लोनिंग के पक्ष में तर्क (Arguments in favour of cloning)

- इससे यह समझने में मदद मिलेगी कि मानव किस प्रकार अपने चरित्र के गुण प्राप्त करता है।
- क्लोनिंग से रचनात्मक वैज्ञानिकों, कलाकारों व खिलाड़ी स्त्री-पुरुषों के क्लोन बना कर समाज का लाभ हो सकता है।
- क्लोनिंग व्यक्ति के जीवन को स्वस्थ और खुश कर सकता है।
- क्लोनिंग ऐसे गुण वाले बच्चे पैदा कर सकता है जो माता-पिता अपने बच्चों में चाहते हैं।
- क्लोनिंग जिन्दगियाँ बचाने में मददगार हो सकता है।
- यद्यपि पुर्नउत्पादन करने वाली क्लोनिंग गैर-कानूनी है, लेकिन ऊतकों को बदलने या शरीर के लिए या 'शरीर के लिए अवयवों' हेतु क्लोनिंग की बड़ी संभावनाएँ हैं।

क्लोनिंग के विरुद्ध तर्क (Arguments against cloning)

- क्लोनिंग क्लोन से जीव उत्पत्ति के अनुसार एक अप्रतिम व्यक्ति होने के अधिकार को छीन लेता है।
- एक क्लोन का भविष्य उसे पहले के जीवन की वापसी लगता है या पुनः चमकाए गए मॉडल के समान लगता है।
- क्लोन स्वयं को नकल (duplicate) या व्यक्तित्व-बिना फोटो कॉपी से अधिक कुछ नहीं मान सकता और यह भी कि वह जीवन के खुले क्षितिजों की संभावनाओं से वंचित है।
- सिद्धांत रूप में क्लोनिंग अहितकारी परिणाम देने वाला होता है जैसा कि उपन्यास 'ब्रेव न्यू वर्ल्ड' (Brave New World) में दिखाया गया है।
- मानव जीवों को अपने-आप में एक ध्येय माना जाता है उनके लिए साधन नहीं जो क्लोन करना चाहते हैं।
- इससे मानव-जीवों के बीच प्राकृतिक विविधता समाप्त हो जाएगी और मानकीकृत मानव रूप बनने लगेंगे।
- क्लोनिंग, प्रकृति पर हमारे परिप्रेक्ष्य को बदल देता है और महत्वपूर्ण मानव मूल्यों को कम कर देता है।
- एक तरह से आदमी अपने जैविक प्रतिभाओं के लिए जिम्मेदार बन जाता है।

जीन चिकित्सा (Gene Therapy)

- जीन्स में खराबियों से वंशगत (जन्म से ही) बीमारियाँ हो सकती हैं।
- जीन चिकित्सा गायब जीन का स्थान भर सकती है या दोष-पूर्ण जीन्स के स्थान पर काम चलाने वाले जीन्स लगा सकती है।
- संशोधित जीन्स को प्रवेश कराने के लिए वैज्ञानिक रोग-वाहकों या वायरसों को आणविक डिलीवरी वाहनों के समान प्रयुक्त करते हैं।
- 4200 से अधिक रोग सीधे असामान्य जीन्स से उत्पन्न होते हैं और अन्य अनेक अंशतः व्यक्ति के आनुवंशिक रचना द्वारा प्रभावित होते हैं।
- जीन चिकित्सा से संबंधित अनेक तकनीकी समस्याएँ हैं।

वंश कोशिकाएँ (Stem Cells)

- भ्रूणीय वंश कोशिकाएँ इसके बनने के छः दिन बाद भ्रूण के भीतरी कोशिका पिण्ड की मज्जा से ली जाती है। डिश में कोशिका का उत्पत्ति-जनक संशोधन गर्भाशय में अवयवी का संशोधन हो जाता है।
- मानवीय भ्रूणीय वंश कोशिकाएँ 'इन विट्रो' फर्टिलाइजेशन क्लिनिकों द्वारा फेंक दिए गए भ्रूणों से प्राप्त की जाती हैं।

नैतिक मुद्दे (Moral Issues)

- चूँकि जीन चिकित्सा अभी चिकित्सकीय जाँच के चरण में है, मानवों पर इसका प्रयोग करना भयानक अनजान परिणाम दे सकता है।
- इन अध्ययनों में भाग लेने वाले मरीज सामान्यतः ऐसे होते हैं जिन पर स्थापित चिकित्साएँ काम नहीं करतीं। उनके ये चुनाव हर तरफ से निराशा और अव्यवहारिक आशा के फल हैं।
- चरित्रहीन डॉक्टर लोग मानव शिशुओं में ऐसे गुणों को उत्पत्ति-भूल से ही नियंत्रित करने के लिए जीन्स के साथ छेड़-छाड़ कर सकते हैं जो स्वास्थ्य से संबंधित नहीं हैं।
- जीन चिकित्सा के सामाजिक प्रभाव-परिणाम भी होंगे क्योंकि जीन के कूट की जानकारी पसंद की नौकरी के चयन या पसंदीदा बीमा दरों तक पहुँचा सकती है।

सरोगेसी पर (On Surrogacy)

- सरोगेसी का अर्थ वह व्यवस्था है जिसमें कोई स्त्री एक आशयित (ज्यादातर बॉझ) जोड़े के लिए इस आशय से गर्भ धारण करती है और बच्चे को जन्म देती है कि जन्म के बाद वह उस बच्चे को आशयित जोड़े को सौंप देगी।
- विभिन्न देशों से जोड़ों के लिए भारत पिछले कुछ वर्षों में सरोगेसी का केन्द्रक बन कर उभरा है।
- अनैतिक कार्यों, सरोगेट माँओं के शोषण, सरोगेसी से उत्पन्न बच्चों को लावारिस छोड़ देने तथा मानवीय भ्रूणों व युग्मकों को आयात करने की घटनाओं की सूचना मिली है।
- सरोगेसी को विनियमित करने हेतु कानून न होने के कारण सरोगेसी क्लिनिक इस व्यवस्था का दुरुपयोग कर रहे हैं जिससे अन्धाधुन्ध व्यवसायिक सरोगेसी व अनैतिक कार्य हो रहे हैं।
- सरोगेसी बिल इन दुरुपयोगों को समाप्त करने के लिए है।
- बिल के प्रावधान संक्षेप में इस अध्याय के विवरणात्मक भाग में दिए गए हैं।

मृत्यु दण्ड पर (On Capital Punishment)

- दण्ड किसी अधिकार प्राप्त व्यक्ति द्वारा ऐसे व्यक्ति को की गई हानि है जिसे कानून या नियम को भंग करने का दोषी ठहराया गया है। अनेक लोग मृत्यु दण्ड को समाप्त करना चाहते हैं।
- दण्ड की चार विशेषताएँ हैं-प्रतिकारकता, निवारण, भय दिखा कर रोकना और सुधार।
- दण्ड के चारों सिद्धान्तों के उपरोक्त नाम भी हैं।

मृत्यु-दण्ड के विपक्ष तथा पक्ष में तर्क (Arguments Against and for death penalty)

- मृत्यु दण्ड जीवन की पवित्रता को नष्ट करता है। मृत्यु दण्ड के हिमायती कहते हैं कि यह भ्रष्ट-चरित्र हत्यारों को दण्डित कर जीवन के मूल्य को प्रतिष्ठित करते हैं।
- उन्मूलन वादियों का कहना है कि दण्ड, वर्ग के प्रति पूर्वाग्रह के साथ लगाया जाता है। प्रतिधारणावादियों का कहना है कि वस्तुत: यह आपत्ति मृत्यु दण्ड के खिलाफ नहीं है, लेकिन इस समय न्याय-व्यवस्था जैसे काम कर रही है, उसके खिलाफ है।
- उन्मूलनवादी निर्दोष जिंदगियों की हानि की जोखिम की बात उठाते हैं, यदि न्याय ठीक से नहीं किया गया हो। प्रतिधारणावादी मानते हैं कि निर्दोष लोगों को फाँसी देने की संभावनाएँ बहुत ही कम हैं।
- आँकड़ों के आधार पर मृत्युदण्ड का कोई निवारक प्रभाव नहीं होता। प्रत्युत्तर देने की बात यह है कि आँकड़ों का साक्ष्य इन मामलों में भरोसे लायक नहीं है।
- मृत्यु-दण्ड खून के प्यासे द्वारा बदला लिए जाने का एक रूप है। मृत्युदण्ड अकेला ही कुछ मामलों में न्याय के तराजू को संतुलित कर देता है।
- भारतीय दण्ड संहिता गंभीर अपराधों जैसे खून, बलात्कार, जिसके परिणामस्वरूप शिकार की मृत्यु हो जाती हो, राष्ट्र के विरुद्ध युद्ध शुरू करने के लिए मृत्यु दण्ड निर्धारित करता है।
- सर्वोच्च न्यायालय 'असाधारण मामलों' में मृत्यु दण्ड की संवैधानिक वैधता का समर्थन करता है। इसने व्यवस्था दी है कि यदि कानून में प्राण-दण्ड का प्रावधान है तथा यदि मुकदमे की कार्रवाई उचित, न्याय संगत व युक्ति-युक्त है तो प्राण-दण्ड संवैधानिक है।
- सर्वोच्च न्यायालय ने बताया है कि 'असाधारण मामलों' का पता कैसे लगाया जाए।

पशुओं के अधिकारों पर (On Animal Rights)

- जुडाओ-क्रिश्चन धार्मिक विचारों पर आधारित परम्परागत पश्चिमी विचार ने पशुओं को मनुष्य के प्रयोग के लिए साधन के तौर पर मानने की प्रवृत्ति को बढ़ावा दिया।
- आरम्भिक दार्शनिक विचारों ने इस मनोवृत्ति को बल प्रदान किया क्योंकि पशुओं में तर्क करने की योग्यता नहीं होती है।
- आधुनिक शब्दों में, मानव जीवन की शुचिता पैदा होती है क्योंकि आदमी के पास बुद्धि, तर्कणा-शक्ति और स्वायत्तता है। यह विचार स्वत: ही गैर-मानवीय पशुओं को, जिनमें ये गुण नहीं होते, नैतिक विचारों से बाहर कर देता है।
- संकुचनशीलतावाद इसी प्रकार के विचारों की ओर ले जाता है।
- सन 1975 में पीटर सिंगर ने अपनी पुस्तक (एनिमल लिबरेशन) प्रकाशित की। इसका मूल संदेश है- 'सभी पशु बराबर है'। इसका अर्थ यह है कि मानव भी (जैविकीय दृष्टि से) पशु ही है और उन्हें अन्य पशुओं के साथ बुरा व्यवहार या उनका दुरुपयोग नहीं करना चाहिए।
- पशुओं के अधिकारों के कार्यकर्ता-सर्मथकों का कहना है कि संबंधित अन्तर तर्क नहीं है अपितु यातना सहने की क्षमता है।
- यदि हम इस मानदण्ड को अपना लें तो हम देख सकते हैं कि पशु मानवों से कम नहीं हैं, उनके भी अधिकार हैं।
- पशुओं के अधिकारों के कार्यकर्ता-समर्थक मानवीय बुद्धि और तर्क-शक्ति के आधार पर मानवीय प्रतिष्ठा के मानदण्ड लागू करने में विसंगति की ओर ईशारा करते हैं। वे मानव पर जातिवादी होने का आरोप लगाते हैं।
- पशुओं के अधिकारों का मामला 'बुद्धिपरकता' और 'दार्शनिकता' की दृष्टि से लगातार कायम रहने योग्य नहीं है।
- लेकिन पशुओं के प्रति सोच मानवीय होनी चाहिए।
- पशुओं के प्रयोग की मध्यम स्थिति में माँस खाने को क्रमश: कम करना, पशुओं का पालन-पोषण मानवीय दशाओं में करना और उन्हें यथा संभव पीड़ा-रहित ढंग से मारना शामिल होगा।
- पशुओं पर चिकित्सकीय परीक्षणों के लिए कठोर मार्ग निर्देशों का पालन करना होगा।
- खेल के तौर पर शिकार को प्रतिबंधित किया जाना चाहिए। इसे थोड़े-से उन पशुओं के लिए अनुमत किया जा सकता है जो तेजी से बढ़ते हैं।
- त्यौहारों पर परम्परागत पशु क्रिड़ाओं की लम्बी परम्परा रही है।
- इनके लिए अनुमति पर्याप्त सुरक्षा उपायों के साथ दी जानी चाहिए जिससे पशु और मानव जीवन को खतरा न्यूनतम हो।

आतंकवाद, सरकार की ओर से कार्रवाई तथा मानवीय अधिकार (Terrorism, state action and Human rights)

- केलब कार (Caleb Cars) आतंकवाद की परिभाषा इस प्रकार देता हैं: ऐसे युद्ध को दिया गया सामयिक नाम और युद्ध का आधुनिक क्रम परिवर्तन जो जानबूझ कर नागरिकों के विरुद्ध छेड़ा गया है और उसका उद्देश्य लोगों की उन नेताओं या नीतियों के समर्थन की इच्छा को नष्ट करना है जो ऐसी हिंसा के ऐजेण्टों को आपत्ति-जनक लगते हैं।
- आतंकवाद युद्ध है और इसका लक्ष्य अपनी जीवन शैली में लोगों को इच्छा व विश्वास को कम करना है।
- परिणामवाद, काण्टियन तथा प्राकृतिक मानव धर्म जैसे नैतिक सिद्धांत की सोच व संकुचनवाद, आतंकवाद का विरोध करते हैं।
- हमारी आज़ादी के शुरू के वर्षों में आतंकवादी और अलगाववादी आन्दोलनों को संभालने के सरकार के उपायों को लगभग सम्पूर्ण विश्व का समर्थन प्राप्त था।
- कुछ लोगों का मानना है कि आतंकवाद-विरोधी कार्रवाई, उदार, गणतांत्रिक, मानवीय तथा कानूनी मानदण्डों का उल्लंघन है।

- इन मानदण्डों को राष्ट्रीय सुरक्षा की अपेक्षाओं के साथ संतुलित करना होगा।
- आतंकवाद के प्रति कोमल हृदय वाली प्रतिक्रियाओं एवं सुरक्षा की अपेक्षाओं के ऊपर उनके अधिकारों पर जोर देने से कार्रवाइयाँ कमजोर हो जाती हैं।
- आतंकवादी-विरोधी कार्रवाइयाँ सामान्यत: मुठभेड़ों तक ही सीमित हैं।
- यदि आतंकवादी पकड़े जाते हैं तो उनके ऊपर कानून के अनुसार मुकदमा चलेगा।
- जन परिचर्चा में तथा टी वी चर्चाओं में झुकाव (रुझान) आतंकवादी गुटों की ओर रहता है।
- इससे जनता के दिमाग में संदेह उत्पन्न हो सकते हैं।
- हमने विभिन्न सिद्धांतों, विचार-धाराओं तथा विश्व-दृष्टियों का पता लगाया है जो आतंकवादी कार्रवाईयों की समीक्षाओं को कवर करते हैं।
- जबकि मानव अधिकार और नागरिक स्वतंत्रताएँ महत्त्वपूर्ण हैं, आतंकवाद से लड़ने के लिए एक कठोर निश्चय वाली सोच अनिवार्य है।
- हमने विषय पर विस्तार से चर्चा की है क्योंकि विद्यार्थी-गण एक तरफा व अयुक्तियुक्त विचारों से प्रभावित हो सकते हैं।
- मुद्दा महत्वपूर्ण है क्योंकि इसका प्रभाव सुरक्षा ऐजेंन्सियों के मनोबल तथा राष्ट्रीय सुरक्षा पर होता है।

अभ्यास के लिए प्रश्न (Practice Questions)

(1) गर्भपात पर दो चरम स्थितियाँ क्या हैं? आपके विचार से मध्यम आधार क्या है? क्या आप सोचते हैं कि एम टी पी अधिनियम गर्भपात पर केन्द्रक स्थान लेता है?

(2) निम्नलिखितों के बीच अन्तर कीजिए:
जीवन, मानवीय जीवन, संभावित जीवन, वास्तविक जीवन।

(3) आप किन दशाओं में गर्भपात को नैतिक मानेंगे? आप इसे कब अनैतिक मानेंगे? क्यों?

(4) प्रसव-पूर्व लिंग निर्धारण जाँच को रोक लगाने का कानून पारित करने के स्थान पर सरकार को हानि (कमतर) करने वाली सामाजिक मनोवृत्तियों को बदलने पर ध्यान केन्द्रित करना चाहिए। क्या आप इस बात से सहमत हैं? इसके लिए कारण बताइए।

(5) क्या आप सोचते हैं कि समलैंगिकता अनैतिक व अप्राकृतिक है? स्पष्ट कीजिए।

(6) समलैंगिकता के परिवार व सामाजिक मूल्यों पर संभावित प्रभाव पर चर्चा कीजिए।

(7) भारत में समलैंगिकता पर वर्तमान कानूनी स्थिति की संक्षेप में रूप-रेखा दीजिए।

(8) हिन्दू पौराणिक कथाओं में ब्रह्मा विश्व का कर्त्ता (सृष्टि-कर्ता) है। मय रावण ब्रह्मा का मुकाबला करना चाहता था और प्रति सृष्टि या प्रति संरचना करना चाहता था। क्या आप सोचते हैं कि क्लोनिंग 'भगवान बनने' की इसी प्रकार की सोच को बताती है?

(9) जीन संबंधी प्रयोग तथा विकास किस सीमा तक अनुमत होने चाहिए? इस पर (i) उन प्रयोगों के संदर्भ में जो प्रयोगशाला में मानवीय जीवन बनाने से संबंधित होते हैं (ii) वंश कोशिका अनुसंधान तथा (iii) मानव क्लोनिंग के संदर्भ में चर्चा कीजिए।

(10) मानव क्लोनिंग के पक्ष तथा विपक्ष में तर्क कीजिए।

(11) संक्षेप में बताइए कि वंश कोशिका अनुसंधान भारत में किस प्रकार विनियमित है?

(12) अखबारों में कभी-कभी मारक रोगों की सुनिश्चित जीन चिकित्सा के बारे में विज्ञापन आते हैं। आपका कोई संबंधी ऐसी एक चिकित्सा कराना चाहता है। उसे आपका क्या परामर्श होगा? कारण बताइए।

(13) सरोगेसी क्या होती है? इसका दुरुपयोग कैसे हो सकता है? इसके दुरुपयोग को रोकने के लिए सरोगेसी बिल में क्या उपाय प्रस्तावित हैं?

(14) जॉन लोके (John Locke) ने लिखा कि खूनी- "उसने किसी पर जो अनुचित हिंसा व कत्ल किया है, वह सम्पूर्ण मानव जाति के विरुद्ध युद्ध की घोषणा की है अत: उसे शेर या चीते के समान नष्ट किया जाना चाहिए, वह उन जंगली पशुओं में से एक है जिसके साथ मनुष्य का कोई समाज या सुरक्षा नहीं हो सकती।" चर्चा कीजिए कि क्या और किस सीमा तक यह विचार आधुनिक समय में स्वीकार्य है।

(15) हत्या व अन्य जघण्य अपराधों पर चर्चा में कुछ प्रतिभागियों का दिल उनके शिकार लोगों की बजाय अपराध करने वालों के प्रति ज्यादा धड़कता है। इस मनोवृत्ति का कारण क्या हो सकता है?

(16) "कुछ तैराक डूब जाएँगे, इस कारण हम तैराकी को गैर-कानूनी करार नहीं दे सकते। इसी प्रकार हम सभी हत्यारों को फाँसी नहीं चढ़ा देते, यद्यपि इनमें से कुछ दोबारा खून कर देंगे। दोनों ही मामलों में, अपनी आजादी बचाने के लिए हम मासूमों के लिए कुछ खतरे को मान लेते हैं।"

क्या आप (बेदाऊ/Bedau) के इस रूपक से सहमत हैं? क्यों और क्यों नहीं?

(17) सर्वोच्च न्यायालय ने मृत्युदण्ड के बारे में क्या विचार व्यक्त किए? इस विचार के मद्देनजर न्यायालय मृत्यु दण्ड कब-कब दे सकते हैं?

(18) आतंकवाद को परिभाषित कीजिए। साधारण आपराधिक कानून या कठोर आतंक-विरोधी विधान के अधीन आतंकवादियों के प्रति व्यवहार के लाभ तथा हानि बताइए।

(19) अमरीका के सर्वोच्च न्यायालय के दो न्यायाधीशों, राबर्ट जैक्सन तथा आर्थर गोल्डबर्ग ने 9/11 के आतंकी हमले के बाद-नागरिक स्वतंत्रता के पक्ष में अपने सामने लगे याचिकाओं के ढेर को देख कर कहा- "संविधान कोई आत्म-हत्या का समझौता नहीं है।" आतंकवाद को संभालने में दुविधा के संदर्भ में आप इस कथन की क्या व्याख्या करेंगे?

(20) "हम सोच सकते हैं कि हम नागरिक अधिकार छीन कर आतंकवादियों एवं अन्य अपराधियों को केवल तकलीफ दे रहे हैं, लेकिन हम स्वयं को भी खतरे में डाल रहे हैं।" इस कथन का मूल्यांकन कीजिए।

(21) "और हम सभ्य राष्ट्र हैं जो जंगलियों से उलझे हुए हैं जो कोई नियम नहीं मानते, युद्ध के नियमों को भी नहीं, पहले वालों को उनके प्रति अपनी सावधानी हटा लेनी चाहिए, जहाँ उनका कोई प्रयोजन नहीं है तथा पहले हमले पर हर कार्रवाई या मुठभेड़ ऐसी खूनी और घातक होनी चाहिए जितनी संभव हो।" दार्शनिक डेविड ह्यूमे के इस विचार की समीक्षा कीजिए।

(22) कुछ बुद्धिजीवी मानते हैं कि सिनेमा थियेटरों में राष्ट्र गान बजाये जाने के संबंध में सर्वोच्च न्यायालय का निर्णय उद्धत-राष्ट्रवादी भावनाओं में सहायक है। आप इस निर्णय का बचाव कैसे करेंगे।

(23) डॉ. जॉनसन के कथन-"देशभक्ति एक बदमाश (दुर्जन) की आखिरी शरण-स्थली है" का विश्लेषण कीजिए।

(24) पशुओं के भी अधिकार हो सकते या नहीं, इस बात की जाँच कीजिए।

(25) मानव के प्रयोजनों के लिए पशुओं का प्रयोग किस तरह किया जाना चाहिए इसके लिए उचित विचार क्या हो सकता है? क्या आप सोचते हैं कि 'जल्ली कट्टू' जैसे पशुओं वाले खेल जारी रखे जाने चाहिए?

अध्याय
19

भावनात्मक समझ (Emotional Intelligence)

डाटा 'स्टार ट्रैकः द नैक्स्ट जेनरेशन' का एक पात्र है। वह बिना किसी प्रकार की मानवीय भावनाओं के सुपर स्मार्ट कम्प्यूटर से मिलता-जुलता है। डाटा अनुभव करना चाहता है, जानते हुए कि उसमें किसी बहुत जरूरी चीज का अभाव है। वह दोस्ती, ईमानदारी (स्वामीभक्ति) चाहता है; जैसा कि 'विजर्ड ऑफ ओज' में टिन मैन, उसमें दिल नहीं है। भावनाओं को जगाने वाली गीतात्मक समझ के न होने के बावजूद डाटा, तकनीकी गुणात्मकता के कारण संगीत बजा सकता है या कविता लिख सकता है लेकिन वह उसके आवेग को अनुभव नहीं कर सकता। डाटा के लालसा के प्रति उत्कंठित होने ही में शिक्षा यह है कि मानव हृदय के उच्च मूल्य- विश्वास, आशा, निष्ठा, प्रेम- संज्ञानात्मक (पूर्णतः बौद्धिक) विचारों से पूर्णतः गायब हैं। मनोवेगों से समृद्धः मस्तिष्क का एक मॉडल है जो उन्हें अलग बना देता है, वह निर्बल कर देने वाला है।

-डेनियल गोलेमैन (Daniel Goleman)

परिचय (Introduction)

'भावनात्मक समझ' वाली अभिव्यक्ति स्वयं में ही अन्तर-विरोधी प्रतीत हो सकती है। दर्शन के इतिहास में, 'क्षुधाओं (appetites), 'आवेगों' (Passions) तथा 'मनोवेगों' (emotions) का प्रयोग 'तर्क-बुद्धि', 'बुद्धि' (intellect) तथा 'समझ' (understanding) से विपरीत अर्थों में किया जाता है। वे मानते हैं कि मनोवेग, मनुष्य की बुद्धि को आच्छादित कर लेते हैं और उसे भटका देते हैं। उनके अनुसार, संतों के लिए भी, नैतिक प्रयास क्षणिक मनोवेगों व आवेगों को पैदा करने वाले, कभी समाप्त न होने वाली कोशिश है जो अक्सर, बौद्धिकता के नियंत्रण में, स्वार्थपूर्ण होती हैं। विचारों का यह दबाव, व्यावहारिक नैतिकता में एक स्थायी (सतत) विषय बना रहता है।

तथापि, दार्शनिकों ने यह भी माना है कि कल्याण के लिए मजबूत नैतिकता पर आधारित मजबूत चरित्र आवश्यक है। अन्यथा, कमजोर दिमाग व मान्यताओं वाले अच्छे (भले) लोग बुराई की ताकतों के दबाव में आ जाएंगे। आधुनिक विचारक और आगे बढ़े और उन्होंने अनेक स्वभावतः अच्छे मनोवेगों को खोजा। इस प्रकार, एक माँ अपने बच्चों के लिए स्नेह (प्यार), एक फौजी का नायकत्व तथा एक विद्वान की अपने व्यवसाय के लिए प्रतिबद्धता- ये सभी अंतर्भूत अच्छे मनोवेग हैं। ये मनोवेग अनायास हैं और उनके मूल में कोई अन्य उद्देश्य (मतलब) नहीं है।

अन्य मनोवेग भी, यद्यपि वे इतने उदार (अच्छे) नहीं भी हो सकते जितने कि पहले वाले हैं, रोजमर्रा के निजी जीवन में, सामाजिक सम्बंधों में, व्यापार प्रबंधन में तथा लोक प्रशासन में प्रभावी सिद्ध हो सकते हैं। इन व्यावहारिक प्रयोजनों के लिए हमें अपनी सामान्य भावनात्मक प्रतिक्रियाओं, दिमागी सोच या मानसिक स्वभाव (रचना) को बदलना होगा।

बौद्धिक योग्यताएँ (Intellectual Abilities)

बौद्धिक योग्यताओं पर अपनी चर्चा शुरू करने से पहले हम देख सकते हैं कि सरकारी कर्मचारियों को योग्यता के जिन सौदों की जरूरत है, उन्हें तीन विशिष्ट श्रेणियों में रखा जाता है, जो यद्यपि अभेद्य नहीं होती हैं। पहले सैट में बौद्धिक योग्यताएँ होती हैं। इनका उप-विभाजन गणितीय, तार्किक तथा मौखिक कुशलताओं में किया जा सकता है। गणितीय व तार्किक सूत्र (गुण) कमाबेश एक समान हैं। समस्याओं को हल करने,उनकी मात्रिक विमाओं को समझने एवं संरचित सोच के लिए वे अनिवार्य हैं। ये विशिष्ट योग्यताएँ ही होती हैं जो कम्प्यूटर प्रोग्रामर लोग, गणितज्ञ तथा सांख्यिकीविद् पाना चाहेंगे।

मौखिक कुशलता स्पष्ट रूप से एवं सुबोध रूप से बोलने व लिखने की योग्यता बताती है। ये मौखिक व लिखित सम्प्रेषण की कुशलताएँ हैं। साहित्यिक लेखक तथा आलोचक- जैसे टॉल्सतॉय, थॉमस हार्डी, टी. एस. इलियट तथा सैमअल जॉनसन में ये गुण प्रचुर से थे। शायद ही कोई इन लेखकों के स्तर का मुकाबला कर सकता है। तथापि, हम अपने विचारों को सरल ढंग से, सीधे-सीधे तथा स्पष्ट रूप से बिना आडम्बर और कृत्रिम सहारे के बिना व्यक्त करने की कोशिश कर सकते हैं। सरकारी कर्मचारियों के लिए ये कुशलताएँ बहुत जरूरी हैं क्योंकि सरकार के काम पत्रों व नोट्स के रूप में किए जाते हैं। और भी, सरकारी कर्मचारियों को आजकल विभिन्न विषयों पर कम्प्यूटर की सहायता लेते हुए मौखिक 'प्रस्तुतियाँ' (Presentation) देनी पड़ती हैं।

नैतिक गुण (Moral Qualities)

कुशलता के सैट के दूसरे प्रकार में नैतिक गुण होते है जो सरकारी कर्मचारियों के उपयुक्त हैं। ये सार-भूत सद्गुण हैं जो एक आदर्श सरकारी कर्मचारी की तैतिक सोच का भाग होने चाहिए। नीति-शास्त्र के कोड तथा आचरण के कोड ऐसे नैतिक व्यवहार का साकार रूप है/हाँ, यह बात जरूर है कि इसको कुशलताओं के स्थान पर नैतिकताएँ कहना अधिक उपयुक्त होगा।

भावनात्मक समझ (Emotional Intelligence)

सरकारी कर्मचारियों के संग्रह में शामिल तीसरी कुशलता 'भावनात्मक' समझ कही जा सकती है। ये शब्द अमरीकी विद्वानों द्वारा गढ़े गए थे। ये गुण हैं जो किसी अधिकारी के व्यक्तिगत व्यवहार को एवं लोगों के साथ उसके सरकारी कार्य के दौरान उसके व्यवहार को कार्यालय के भीतर और बाहर, दोनों जगह प्रभावित करते हैं। अनेक प्रबंधन सिद्धांतशास्त्री जोर देते हैं कि अधिकारियों की ये व्यक्तिगत व सामाजिक कुशलता, संगठन (कार्यालय) की प्रभावशीलता को बढ़ाने में योगदान देती है। अनुभववादी अनुसंधान वाले अध्ययनों से पता चला है कि प्रबंधन, व्यवसाय व प्रशासन में व्यक्ति की सफलता में उसकी शैक्षिक समझ से अधिक योगदान भावात्मक समझ देती है।

संक्षिप्त ऐतिहासिक पृष्ठभूमि (Brief Historical Background)

बौद्धिक स्तर (आईक्यू) (Intelligence Quotient)

'बौद्धिक स्तर' (आई क्यू) (Intelligence Quotient) एक परीक्षा में प्राप्त अंक हैं जो सामान्य आबादी की तुलना में व्यक्ति की संज्ञानात्मक योग्यता को मापता है। 'बौद्धिक स्तर' परीक्षा में 100 के औसत स्कोर के साथ एक मानकीकृत पैमाना है। निम्नलिखित सारणी मोटे तौर पर दिखाती है कि प्राप्तांक (स्कोर) किस प्रकार बुद्धि को प्रदर्शित करते हैं।

परीक्षा में स्कोर प्राप्त (अंक)	बौद्धिकता का स्तर
90-100	औसत या सामान्य
> 130	अपवाद रूप से उच्च
< 70	बहुत कम या बुद्धिहीन

जब बच्चों की परीक्षा ली जाती है तो उनकी आयु एवं पृष्ठभूमि को ध्यान में रखा जाता है। बौद्धिक स्तर में प्राप्त अंक स्थिर रह सकते हैं। बार-बार किए गए अभ्यास से प्राप्तांकों में कोई विशेष अन्तर नहीं आता।

बौद्धिक स्तर वाली परीक्षाएँ समस्याओं को हल करने एवं अवधारणाओं को समझने की सामान्य योग्यता नापने के लिए बनाई हुई होती हैं। इनमें तर्कणा योग्यता, समस्या समाधान योग्यता तथा चीजों (बातों) के बीच संबंधों को समझने की योग्यता एवं सूचना को निकालने और जमा कर रखने की योग्यता शामिल रहती है। बौद्धिक स्तर परीक्षाएँ सामान्य बौद्धिक योग्यता के विभिन्न पहलुओं को विविध कोणों से नापती हैं। इनमें सामान्यत: निम्नलिखित पर जोर रहता है

योग्यता (Ability)	मुख्य संघटक (Main Componants)
स्थानिक (Spatial)	आकारों की कल्पना करता है। बात बना लेता है।
गणितीय (Mathematical)	समस्याओं को हल करता है और बुद्धि का प्रयोग करता है। पूरा करता है
भाषा या भाषिक (Language or linguistie)	वाक्य या उन शब्दों को पहचान जाता है जिनमें वर्णों को हटा दिया गया हो या जिनके स्थान बदल दिए गए हों।
स्मृति (Memory)	दिखाए गए विजुअल्स को या बोली गई बातों को याद कर दोहरा देता है।

इन श्रेणियों में से प्रत्येक में पूछे जाने वाले प्रश्न एक विशिष्ट संज्ञानात्मक योग्यता को नापते हैं। कुछ मनोवैज्ञानिक मानते हैं कि प्रत्येक श्रेणी भी सामान्य बौद्धिक-योग्यता को प्रतिभासित करती है।

सौ से अधिक वर्षों तक, समझ का अर्थ बौद्धिक परीक्षाओं के प्राप्त अंक ही माने जाते रहे। उन्हें मानव बौद्धिकता (समझ) का पर्याप्त मापन माना जाता था। समझ का अर्थ बौद्धिक स्तर की परीक्षा द्वारा दिखाए गए के अनुसार संज्ञानात्मक कौशलों से लिया जाता था, जिन्हें एक अन्तर्जात अपरिवर्तनीय प्राकृतिक प्रतिभा माना जाता था। प्रकृति प्रदत्त होने के कारण, यह एक निश्चित गुण है, अध्ययन व परिश्रम से सूचना का अवशोषण (ग्रहण करना) बढ़ सकता है किन्तु इससे व्यक्ति की प्राकृत समझ पर कोई प्रभाव नहीं पड़ता (अन्तर नहीं आता)। अभ्यास ज्यादा-से-ज्यादा सूचना को पा और उसको काम में लेने की गति को बढ़ा सकता है।

स्टेनफोर्ड मनोवैज्ञानिक, लुइस टरमन (Lewis Terman) ने जिन बौद्धिक परीक्षाओं को विकसित किया था, उनका व्यापक प्रयोग विश्व-युद्ध-I के दौरान, सेना की भर्ती में किया गया। उन्होंने सोच का बौद्धिक स्तर का रास्ता बनाया। समझ (बुद्धि) को एकल आयामी या अखण्डित (monolithic) (क्वालिटी) के तौर पर माना गया था। अभी भी, प्रतिष्ठित या आइवी लीग (IVY League) अमरीकन विश्वविद्यालयों में प्रवेश का माध्यम शैक्षिक अभिवृत्ति परीक्षा भी बौद्धिक कुशलताओं की परीक्षा है। यही बात अन्य शैक्षिक परीक्षाओं जैसे जी आर ई तथा जी एम ए टी के लिए भी सत्य है।

समझ के सात प्रकार (Seven Varieties of Intelligence)

हारवर्ड विश्वविद्यालय में कार्यरत प्रसिद्ध शिक्षा मनोवैज्ञानिक, हावर्ड गार्डनर (Howard Gardner) ने समझ के मापन के लिए प्रयुक्त परंपरागत पद्धति पर एकल, एक-आयामी कुशलता तथा जीवन में सफलता की एकमात्र स्वर्ण कुँजी कहते हुए प्रश्न उठाए। उसने 'समझ' (Intelligence) के संघटकों में बहुबौद्धिकताओं की बात की और भावनात्मक गुणों को इसमें जोड़ा जिनसे व्यावसायिक जीवन में सफलता मिलती है। यह पहले की सोचों से आमूल परिवर्तन है जिनमें समझ को (गणितीय, तार्किक व भाषिक कुशलताएँ) शुद्धत: प्रमस्तिष्कीय (Cerebral) गुण समझा जाता था।

हावर्ड गार्डनर ने अपने विचार 'फ्रेम्स ऑफ माइण्ड' (Frames of Mind) में व्यक्त किए हैं। वह लिखता है कि जीवन में सफलता के लिए केवल एक प्रकार की समझ (Intelligence) अपर्याप्त है। वह सामान्यत: मानी जाने वाली बौद्धिक कुशलताओं सहित समझ के सात प्रकारों की पहचान करता है। हम उन्हें निम्नलिखित सारणी में दे रहे हैं-

समझ का प्रकार	सम्बंधित गतिविधि	महान कर्ता (Great Practitioners)
गणितीय/तर्कणा	संरचित समस्याओं को हल करना	न्यूटन, गौस, रसल, आइंस्टाइन, रमन
भाषिक	साहित्य	मिल्टन, जेम्स जायसे तथा गेटे, टैगोर
स्थानिक कल्पना	चित्रकला, वास्तुकला तथा कलात्मक डिजाइन	राफेल, माइकल ऐंजलो, लुइस, कारबिजीयर
काईनेस्थेटिक प्रतिभा-सम्पन्न (Kinaesthetic genius)	शारीरिक लोच व लालित्य जैसेकि शास्त्रीय नृत्य में या ओलंपिक जिमनास्टिक में होता है।	लरीसा लाटीनीना, अन्ना पावलोवा, बिरजू महाराज
संगीत	पूर्व तथा पश्चिम की शास्त्रीय संगीत की महान रचनाएँ	मोजार्त, बीथेवन, तानसेन, त्यागराज
अंतर्वैयक्तिक समझ	महान नेताओं की अंतर्वैयक्तिक कुशलताएँ	महात्मा गांधी, अब्राहम लिंकन
अन्त: वैर्यक्तिक समझ	मानवीय मानस में गहरी पैठ; अपने सच्ची भावनाओं के अनुसार स्वयं को ढालकर आंतरिक शांति को पाना	सिगमण्ड फ्रॉयड, अरविन्द, बुद्ध

भावनात्मक समझ (Emotional Intelligence)

हमने बहुत प्रसिद्ध लोगों के उदाहरण जानबूझकर दिए हैं जिससे उदाहरण सीधे प्रभावी हो सकें और विद्यार्थियों के मन में विषय की स्थायी छाप बन सके। ऐसे अनेक सामान्य लोग हैं जो इसी प्रकार की कुशलताओं को, मामूली गुरुओं से लेकर संघर्षशील किन्तु कर्तव्यनिष्ठ गृहणियों तक, अपने में शामिल कर लेते हैं। ध्यान देने की मुख्य बात यह है कि हावर्ड गार्डनर समझ की अवधारणा को किस तरह से विस्तार देता है। वह ऐसी प्रतिभाओं को योग्यताओं में जोड़ता है जो सांस्कृतिक गतिविधियों की ओर ले जाती हैं, जैसे साहित्य, कला, संगीत, चित्रकला तथा वास्तुशिल्पीय डिजाइन। वह खेल-कूदों व खेलों की योग्यताओं को भी जोड़ लेता है। अंत में, वह अंतर्वैयक्तिक कौशलों या सामाजिक कौशलों एवं अपने भीतर देखने तथा दूसरों की मानसिक भावनाओं को समझने से लोगों द्वारा प्राप्त अंत:दृष्टि को भी शामिल करता है। भावनात्मक समझ मुख्यत: 'निजी समझ' की बात करती है जो अन्य लोगों के साथ व्यवहार में एवं अपने जीवन को बुद्धिमता से व्यवस्थित करने में मदद करती है।

अब हम भावनात्मक समझ को समझाने के लिए प्रयुक्त संकल्पनाओं का खुलासा करेंगे। डेनिअल गोलमेन (Daniel Goleman) के अनुसार भावनात्मक समझ में "स्वयं को प्रेरित कर सकने तथा निराशा के रहते हुए भी बनी रहने आवेगों को नियंत्रित करने एवं पारितोषण में विलम्ब करने; अपने मन को विनियमित करने तथा व्यथा को सोचने की योग्यता को कुंद नहीं करने देने; समानुभूति करने और आशा करने की योग्यता" को शामिल बताता है। हम इन्हें सकारात्मक गुण (विशेषताएँ) मान सकते हैं जो हमें उन ध्येयों का तेजी से अनुसरण करने में मदद करते हैं जो अंतत: सफलता व प्रसन्नता (सुख) की ओर ले जाते हैं। समानुभूति के अलावा अन्य गुण व्यक्ति के स्वयं की ओर निदेशित हैं। और आगे बढ़ने से पहले, हम इन विचारों को सरल उदाहरणों द्वारा प्रस्तुत करेंगे।

मामले (Case Studies)

मामला-1 (Case-1)

शेखर अमरीका में मध्य स्तरीय प्रबन्धन स्कूल में बी बी ए प्रोग्राम कर रहा है। उसकी आकांक्षा सर्वोच्च 10 स्तरीय बिजनेस स्कूल से एम बी ए करने एवम् अन्तत: प्रबन्धन परामर्शन व्यवसाय में लगने का है। वह अन्तिम से पहले वाले सिमिस्टर में है और

अब तक उसके ग्रेड्स उसकी आशा के अनुरूप रहे हैं। वर्तमान सिमिस्टर में उसके पास दो विपणन कोर्स हैं तथा वह दोनों ही कोर्सों के प्रश्न–पत्रों में उसके अच्छे अंक नहीं आए हैं, विशेष बात यह रही कि उसे भारतीय मूल के एक प्रोफैसर ने विस्तार से टिप्पणियाँ दी हैं और पढ़ने के लिए सुझाई गई पुस्तकें आदि की सूची भी दी है।

शेखर को अगले टर्म के पेपरों की चिन्ता है। विषयों का चयन एवं पहले ही कर चुका है और अब उसे अनुसंधान करना और लिखना है। वह इस डर से पढ़ाई में अपना ध्यान नहीं लगा पा रहा है कि एम बी ए प्रोग्राम के लिए अपने चुने गए प्रबन्ध न द्वारा सुझाई गई ताजा पाठ्य–सामग्री पढ़ने की कोशिश करता, उसकी आँखों के सामने ग्रेजुएट स्कूल से आया 'अस्वीकृति पत्र' उसके दिमाग में घूम जाता।

प्रश्न (Question)

कल्पना कीजिए कि आप शेखर के घनिष्ठ मित्र हैं। आपके विचार से शेखर की समस्या क्या है? और आप उसे क्या सलाह देना चाहेंगे?

1. संभवतः मार्केटिंग वह विषय नहीं है जिसमें शेखर अच्छा हो सकता है। अगले सिमिस्टर में, उसे ऐसा कोई विषय नहीं लेना चाहिए।
2. अमरीका में भारतीय मूल के प्रोफेसर अपने आपको बहुत ऊँचा समझते हैं और एक अन्य देशीय वर्ग के हैं और शेखर को भारतीय मूल के प्रोफैसरों के साथ कोर्स करने से बचना चाहिए।
3. शेखर को पूरी तरह से वर्तमान सिमिस्टर पर ध्यान लगाना चाहिए, प्रोफेसरों से मिलने वाले सुझाव पर अमल करना चाहिए तथा ग्रेजूएट स्कूलों से हो सकने वाली अस्वीकृति की चिन्ता नहीं करनी चाहिए।
4. शेखर को जानना चाहिए कि ग्रेजूएट स्कूलों के सिलेक्ट सेट में जाए बिना भी वह जीवन में अच्छा कर सकता है।

परिचर्चा (Discussion)

प्रथम विकल्प जल्दी से निकाले गए निष्कर्ष को बताता है। शेखर बी बी ए प्रोग्राम के आखिरी चरण में हैं और पहले मार्केटिंग कोर्स कर चुका होगा। उस समय उसके ग्रेड्स अच्छे रहे। अतः विषय में उसकी प्रवृत्ति (अभिवृत्ति) की उसकी समस्या नहीं है। और भी, वर्तमान चिन्ता दोनों कोर्सों के एक टर्म पेपर से उत्पन्न हुई है। इस आरम्भिक हिचकी से कोई बड़ा अर्थ नहीं निकालना चाहिए।

दूसरा विकल्प स्पष्टतः गलत है क्योंकि यह प्रसिद्ध व्यक्तियों के वर्ग के अवैध सामान्यीकरण पर आधारित है। और भी, शेखर ने अन्य प्रोफैसर से भी अच्छा मूल्यांकन प्राप्त नहीं किया है जो निश्चित रूप से भारतीय मूल्य का नहीं है। शेखर को दूसरों में दुर्भावना ढूँढने की कोशिश नहीं करनी चाहिए अपितु अपने तैयार किए गए पेपर की असली कमजोरी पर विचार करना चाहिए। इस प्रकार दोष ढूँढना हमेशा ही आत्म–पराजय होती है।

विकल्प (3) उपयुक्त है। चिन्ता दो प्रकार से काम करती है। अच्छज्ञ काम करने की मामूली चिन्ता व्यक्ति को लक्षित कार्य को अच्छी तरह से करने के लिए सम्पूर्ण शारीरिक व मानसिक ऊर्जा लगाने के लिए प्रेरित करती है। चिन्ता की अत्यधिक मात्रा इतना हानिकारक प्रभाव डालती है कि यह असफलता का डर पैदा कर देती है और इस प्रकार व्यक्ति को लक्षित कार्य को बहुत अच्छे या व्यावस्थित ढंग से भी करने के लिए जरूरी एकाग्रता की शक्ति से वंचित कर देती है। शेखर पर स्पष्ट रूप से चिन्ता का आधिक्य सवार है जिस पर उसे नियंत्रण करना है।

शेखर की दूसरी समस्या यह है कि उसने असफलता तथा उसके परिणामों के बारे में सोचना शुरू कर दिया है। उसे अपने लक्ष्य को ध्यान में रखते हुए वर्तमान में रहना चाहिए। वर्तमान समय की मांग है कि वह आवश्यक पढ़ाई पर ध्यान दे तथा प्रोफैसरों की सलाह का अक्षरशः पालन करे। इस समय उसे ग्रेजुएट स्कूल में प्रवेश के बारे में चिन्ता नहीं करनी चाहिए।

विकल्प (4) जीवन के बारे में तथा इसकी अनन्त संभावनाओं के बारे में सही कथन है। लेकिन यह कथन नहीं बताता कि शेखर को क्या करना चाहिए तथा क्या नहीं करना चाहिए। अत: यह अनुपयुक्त विकल्प है।

मामला-2 (Case-2)

पवित्रन भारतीय अर्थव्यवस्था का अध्ययन कर रहा है। उसके अध्यापक ने उसे बताया है कि रुपये के गिरते हुए मूल्य पर प्रश्न या तो मेन (मुख्य परीक्षा) में या, यदि वह साक्षात्कार तक पहुँच जाता है तो वहाँ उससे पूछा जाएगा। पवित्रन सी ए डी, एफ आई आई सैल ऑफ, भारतीय रिजर्व बैंक द्वारा मुद्रा की सप्लाई में कमी किए जाने, सरकारी प्रतिभूतियों पर बढ़ती हुई आय, बैंकों के बढ़ते हुए घाटों तथा मौद्रिक अर्थव्यवस्था के अन्य रहस्यों से जूझ रहा था। वह उन सबकी अवधारणाओं को समझने और उनके बीच की कड़ियों को समझने की कोशिश कर रहा था जिनके बारे में उससे कहा गया था कि रुपये के मूल्य में गिरावट को स्पष्ट करती हैं। लेकिन उसका ध्यान बार-बार और अधिक आकर्षक दृश्य की ओर चला जाता था। पवित्रन दक्षिण भारतीय सिनेमा की रानी सुनीता का बड़ा फैन (प्रशंसक) है। वह उसकी हर फिल्म 'पहले दिन, पहला शो' के आधार पर देखता था। लेकिन इन दिनों उसे जबरदस्ती रुपये के घोर कष्टों की कथाओं को उच्च प्राथमिकता देनी पड़ रही थी। जब वह अपनी पढ़ाई के लिए बैठ रहा था तो उसके मित्र आरमुगम ने, जिसने सुनीता की 'त्रिची जंक्शन' देखी थी, उसे बताया कि इस फिल्म में उसका 'आइटम नम्बर', 'माइंड ब्लोइंग' था। पवित्रन की कल्पना में सुनीता के नृत्य की भंगिमाएँ तथा घुमरियाँ (gyrations), सी ए डी संख्याओं तथा बाँडों के उतार-चढाव से उत्पन्न चापों (Curves) के साथ-साथ घूमने लगी। वह सोचने लगा कि क्या अपने दिमाग से इस परेशान करने वाली बातों को निकालने के लिए फिल्म देखना या कम-से-कम उसका 'डांस नम्बर' देखना सर्वश्रेष्ठ उपाय होगा।

प्रश्न (Question)

मान लीजिए कि आप पवित्रन के बड़े भाई हैं जिसके साथ वह अन्तरंग विचार व चिन्ताएँ बाँटता है। इस समय पवित्रन को आपकी क्या राय होगी?

1. यह जानते हुए भी कि सुनीता का लहराता बदन पवित्रन को उसकी फिल्म देखने के बाद भी कई दिनों तक सम्मोहित रखता है, उसे सुनीता के बारे में सोचने से बचना चाहिए और आरमुगम को इस फिल्म और इसकी बातों पर चर्चा नहीं करने देना चाहिए।
2. यह एक समय का चित्त-विक्षेप है, पवित्रन फिल्म देख सकता है और उसे वहीं छोड़ सकता है।
3. पवित्रन को पढ़ाई में ध्यान लगाना चाहिए क्योंकि मुख्य परीक्षा पास में ही है और यह बहुत महत्त्वपूर्ण परीक्षा है।
4. (1) तथा (3), दोनों ही।

परिचर्चा (Discussion)

पवित्रन को मानसिक अवस्था में कोई अनोखी बात या विकृति नहीं है। अनेक युवा लोग (महिलाएँ भी) उन हीरो (हीरोइन) के प्रति आकर्षण का अनुभव करते हैं जो फिल्मों में लोकप्रिय हो जाते है। यदि यह कला या किसी नायिका या नायक द्वारा की गई भूमिका के लिए प्रशंसा है। लेकिन मुश्किल वहीं शुरू होती है जब कोई पर्दे पर की छवि से अस्वस्थ प्रेम करने लगता है। चूँकि पवित्रन की दशा ऐसी है और चूँकि मुख्य परीक्षा दूर नहीं है, उसके लिए यह अच्छा होगा कि वह चित्त-विक्षेप से बच सके। वह परीक्षा के बाद फिल्म देख सकता है, यदि सिनेमा हॉल में नहीं तो निश्चित रूप से टी वी स्क्रीन पर तो देख ही सकता है।

यह भी आवश्यक है कि उसे स्वयं के तत्काल आत्म-तुष्टिकरण के लोभ से स्वयं को बचाने का अभ्यास करना चाहिए। भावनात्मक दृष्टि से परिपक्व लोगों इच्छा की आत्म-तुष्टिकरण को टालने तथा वर्तमान चुनौतियों पर ध्यान देने की योग्यता होती है।

ऐसे चित्त-विक्षेप कभी-कभी छूतिया होते हैं। एक मित्र नायिका के बारे में चर्चा शुरू करता है या इस या उस नृत्य-दश्य के बारे में बात करता है, उसकी सैक्स अपील आदि के बारे में बात करता है तो हर कोई उस चर्चा में शामिल हो जाता है। व्यक्ति के लिए ऐसी सोहबत से, कम-से-कम परीक्षा निबटने तक, बिना बुरा माने या रूखा हुए अलग रहना भी अच्छा है।

अत: पहला विकल्प उपयुक्त है।

कोई यह सोच सकता है कि पवित्रन यदि 'त्रिची जंक्शन' पर केवल तीन घण्टे व्यतीत करता है तो यह कोई बड़ी हानि नहीं होगी। लेकिन मुद्दा यह नहीं है। मुद्दा यह है कि क्या पवित्रन अपनी प्राथमिकताओं को, अपने समक्ष काम को देखते हुए, ठीक कर सकता है? यह भी मुद्दा है कि क्या उसमें आत्म-तुष्टि जो भी कुछ उसकी औकात हो, को विलम्बित करने की भावनात्मक क्षमता है या नहीं,। आज यह 'त्रिचि जंक्शन' तथा सुनीता है, कल कुछ और हो सकता है। कठिन परीक्षा में विजयी होने के लिए उसे सही मिजाज या अभिवृत्ति पैदा करनी होगी। उस सोच-विचार से विकल्प (2) स्वीकार्य नहीं है।

तीसरा विकल्प (उत्तर) विशुद्ध तर्कसंगतता पर आधारित है। जोरदार मनोवेग या इच्छाएँ तर्क द्वारा संयमित की जानी चाहिए। तीसरे नम्बर पर दिए गए सुझाव का यह सार है। यह उचित है।

अत: (4) सही उत्तर है।

मामला-3 (Case-3)

अक्षय पाण्डे राज्य स्तरीय वन सेवा परीक्षा देने की तैयारी कर रहा है। उसकी ग्रेजूएशन में भौतिकी तथा रसायन की पृष्ठभूमि थी लेकिन अब इस परीक्षा के लिए उसे परिस्थितिकी (Ecology) में कुशल होना होगा। वह उस विधिक ढाँचे को समझने की जोरदार कोशिश कर रहा है जो जीव-मण्डल (Biosphere) आरक्षितों तथा राष्ट्रीय उद्यानों के प्रबन्धन को चलाता है और साथ ही अन्य समकालीन मुद्दों को भी समझने की कोशिश में लगा है। परीक्षा में अभी तीन महीनों का समय है, और उससे दो हफ्ते पहले उसकी माँ की कुछ तबीयत खराब हो गई जिसकी जाँच करने पर परामर्शी चिकित्सक ने यह सुनिश्चित करने के लिए कैट स्कैन करने की सलाह दी की वर्तमान तकलीफ किसी कैंसरस ग्रोथ के कारण तो नहीं है। परिवार में गृहस्थी चलाने वाली वह एकमात्र महिला है। अत: अक्षय अपनी पढ़ाई पर ध्यान नहीं दे पा रहा है और हमेशा यही सोचता रहता है कि क्या उसकी माँ को कैंसर है, और ऐसा है तो रोग प्रकट होने पर क्या परिणाम होगा। उसके मन में यह भाव रहने लगा है कि परीक्षा में इस बार तो सफलता की कोई आशा नहीं है।

प्रश्न (Question)

अक्षय की भावनात्मक समस्या के बारे में आपका क्या आकलन है?

1. उसकी भावनात्मक समस्या पर बात करने में कोई बुद्धिमानी नहीं है। उसकी आशंका समझी जा सकती है क्योंकि कैंसर है तो मारक रोग है और ज्यादातर अवसरों पर चिकित्सा-योग्य नहीं होता।
2. अक्षय को अभी यह मानने की जरूरत नहीं है कि उसकी माँ को कैंसर है। अगर ऐसा कुछ होना भी है तो चिन्ता करने से वह रूक नही पाएगा।
3. आशा छोड़ देना सबसे बुरी बात है जो प्रतियोगी परीक्षा के किसी प्रतियोगी को हो सकती है। आशा एक सशक्त प्रेरक है। आशा छोड़ देने से कोई भी असफलता को पक्का कर लेता है।
4. (2) तथा (3) दोनों।

परिचर्चा (Discussion)

यह सत्य भली प्रकार जाना जाता है कि कैंसर एक मारक रोग है। अत: कुछ चिन्ता बेकार बात या असम्बद्ध नहीं है। तथापि, यह चिन्ता नियन्त्रण से बाहर नहीं निकलनी चाहिए और अक्षय के दिमाग पर छा नहीं जानी चाहिए। इस समय बुरे-से-बुरे यही

हो सकता है कि ऐसा हो, लेकिन डायग्नोसिस तो अभी होना बाकी है। उसे यह नही मान लेना चाहिए कि ऐसा ही होगा और यह निश्चित है। सकारात्मक सोच के विशिष्ट कुरू, नॉरमन विन्सेन्ट पिएले (Norman Vincent Peale) प्रार्थना किया करते थे कि हे परमेश्वर, हमें उन परिस्थितियों में अन्तर करने की क्षमता दो जिसमें हमारे काम महत्त्वपूर्ण नहीं हों। हमें अपनी सम्पूर्ण ऊर्जा दशाओं के पहले सेट पर संकेन्द्रित करने और दूसरे को स्वीकार करने की जरूरत है किसी हल को ढूँढने से पहले शांति से स्वीकार कर लेना पहला जरूरी कदम है। इस समय कैंसर के बारे में चिन्ता करना डॉयग्नोसिस को बदल नहीं सकता, अतः संभावना पर ज्यादा नहीं सोचना चाहिए बल्कि यह कोशिश करनी चाहिए कि टैस्ट सही जगह से कराए जाएँ और सही चिकित्सकीय सलाह मिले। अतः विकल्प (1) सही नहीं है पर (2) उपयुक्त है।

विकल्प (3) में उठाया गया बिन्दु उपयुक्त है। पश्चिम में, विद्वानों ने ओलम्पिक विजेताओं एवं महान खिलाड़ी सितारों के मिजाज एवं व्यवहार के बारे में अनेक अध्ययन किए हैं। महान चैम्पियन इस बात में एक समान सोच वाले हैं कि वे अन्तिम सफलता के बारे में बड़ी ऊँची आशाएँ रखते हैं। इससे यह स्पष्ट हो जाता है कि कैसे महान खिलाड़ी लोग प्रतियोगी इवैण्ट में आरम्भिक असफलता के बाद अपने में वापस आकर जीत हासिल कर लेते हैं। वे असफलता का तत्काल विश्लेषण करते हैं और तत्काल समायोजन (फेरबदल/सुधार) कर लेते हैं और फिर नए जोश के साथ बिना आशा छोड़ नया चक्र शुरू करते हैं। अक्षय बिना ठोस कारण के आशा खो रहा है। उसे ऐसाा नहीं होने देना चाहिए। अतः विकल्प (3) एक वैध बिन्दु (बात) है।

इस प्रकार (4) सही विकल्प है।

गार्डनर का संक्षेप (Gardener's Summary)

इन दो उदाहरणों के बाद हम भावनात्मक समझ पर हॉवर्ड गार्डनर के विचारों के दो संक्षेपण दे रहे हैं-

अंतर्वैयक्तिक समझ, अन्य लोगों को समझने की योग्यता है; उन्हें क्या प्रेरित करता है, वे काम कैसे करते हैं, उनके साथ मिलकर कैसे किया जा सकता है। सफल व्यवसायी, राजनीतिज्ञ लोग, अध्यापक, सेल्सकर्मी तथा धार्मिक नेता सभी ऐसे संभावित व्यक्ति हैं जो उच्च अंतर्वैयक्तिक समझ रखते हैं। अंतर्वैयक्तिक समझ... एक सहसम्बंधित योग्यता है जो अंतस्थिति है। यह स्वयं के मॉडल को सही-सही व सच्चे रूप में बनाने एवं जीवन में उस मॉडल को प्रभावी ढंग से प्रयोग करने की क्षमता है।

दूसरे सूत्रीकरण में, हावर्ड गार्डनर कहता है कि अंतर्वैयक्तिक समझ के मूल में 'अन्य लोगों के मनों (moods) मिजाजों, प्रोत्साहनों तथा इच्छाओं (लालसाओं)' को पहचान लेने की क्षमता शामिल रहती है। अंतर्वैयक्तिक समझ में, आत्म-ज्ञान की कुंजी, में उसने 'व्यक्ति की स्वयं की भावनाओं तक पहुँच तथा उनमें अंतर करने की योग्यता तथा व्यवहार को निर्देशित करने के लिए उन से काम लेने" को शामिल कर लिया।

समझ के प्रति हावर्ड गार्डनर की सोच संज्ञानात्मक रही है। वह इस बात पर जोर देता है कि व्यक्ति को दूसरों के उद्देश्यों एवं काम की आदतों को समझना चाहिए ताकि उनके साथ रहना बेहतर ढंग से हो सके। उसका ध्यान आत्म-समझ पर केंद्रित है ताकि व्यक्ति उत्पादक (उद्देश्यपूर्ण) तथा सुखी जीवन बिता सके। यह सोच अंशतः व्यवहारवाद पर टिकी है जिसे सबसे पहले वाटसन (Watson) ने ही प्रवर्तित किया और जिसे 1960 के वर्षों में बी. एफ स्किनर (B.F Skinner) ने लोकप्रिय कर दिया। उनका मत था कि केवल उसी व्यवहार का वैज्ञानिक अध्ययन हो सकता है जिसे देखा जा सके। जैसाकि हम जानते हैं, विज्ञान उन मामलों से सरोकार रखता है जो दिखाई देने वाले, मापे जा सकने वाले तथा सत्यपित किए जा सकने वाले हों। मानवीय व्यवहार, जैसे शर्म से लाल हो जाना, का अध्ययन भौतिक विज्ञानी परिवर्तनों को देखकर, जैसे गालों के रंग का बदल जाना, किया जा सकता है। तथापि, हम लोगों के मन (दिमाग) में चल रही बातों और भावनाओं को नहीं पढ़ सकते। अतः व्यवहारवादियों ने मानसिक जीवन को विज्ञान के अध्ययन से गायब कर दिया। तथापि, हावर्ड गार्डनर ने उन्हें अपने अध्ययनों में शामिल किया है।

कुछ मनोवैज्ञानिकों जैसे थार्नडाइक (Thorndike) ने सामाजिक समझ की अवधारणा को माना है। वह सामाजिक समझ को, भावनात्मक समझ का पहलू मानता है। सामाजिक समझ दूसरों को समझने की तथा मानव सम्बंधों में बुद्धिमानी से काम

(व्यवहार) करने की योग्यता है। तथापि, 1960 के वर्षों में, मुख्यधारा के मनोवैज्ञानिक सामाजिक समझ की अवधारणा के प्रति संदेहवादी रहे हैं और इसे बेकार समझते थे। जैसाकि हमने देखा, गार्डनर के विचारों के उद्‌गम के बाद से हवा बिल्कुल बदल गई। जैसाकि हम देखेंगे, व्यापार के वातावरण (माहौल) में परिवर्तन से भावनात्मक समझ में भी परिवर्तन हुआ है।

भावनात्मक समझ का सिद्धांत (Emotional Intelligence Theory)

दो मनोवैज्ञानिकों, पीटर सालोवे (Peter Salovey) तथा जॉन मेयर (John Mayer) ने 1990 में भावनात्मक समझ का विस्तृत सिद्धान्त दिया। डेनियल गोलमैन (Daniel Golman) ने भी भावनात्मक समझ पर विस्तार से लिखा है। डेनियल गोलमैन ने भावनात्मक समझ की संकल्पना पाँच मुख्य पहलुओं के आधार पर की है–

» **आत्म-बोध (Self-awareness)**: यह हमें किसी निश्चित समय पर अपनी भावनाओं का ठीक-ठीक आकलन करने तथा हमारी प्राथमिकताओं के अनुसार निर्णय लेने की योग्यता है। आत्म-बोध में दूसरा पहलू हमारी क्षमताओं का वास्तविक आकलन करने तथा आत्म-विश्वास की पर्याप्त मात्रा प्राप्त करने का है।

» **आत्म विनियमन (Self-Regulation)**: इसका अर्थ मनोभावों पर नियंत्रण है ताकि वे हाथ में लिए हुए काम में मदद करें और रुकावट न बनें; इसका तात्पर्य प्रयोजन की ईमानदारी तथा तत्काल प्राप्त होने वाले सुखों (आनन्दों) के पारितोषण को विलंबित करना भी है; अंत में इसका अर्थ है कि व्यक्ति मनोवेगों के दबावों से तुरंत ही उबर जाता है।

» **प्रेरणा (Motivation)**: इसमें हम मार्गदर्शन के लिए और अपने दिल में संजोये हुए ध्येयों की ओर बढ़ाने के लिए अपनी प्रबलतम प्राथमिकताओं (पसंदों) पर निर्भर करते हैं; यह आत्म-सुधार के लिए हमारे वेगों को मजबूत करती है तथा बढ़ावा देती है, एवं यह हमें तब भी बने रहने योग्य बनाती है जबकि हम भारी संकट (विपरीत परिस्थितियों) में हों और संभावनाएँ धूमिल हैं।

» **समानुभूति (Empathy)**: इसमें यह जानने की योग्यता है कि दूसरे लोग क्या अनुभव कर रहे हैं; यह व्यक्ति को बातों (या वस्तुओं) को दूसरों के दृष्टिकोण से देखने की योग्यता देती है; यह लोगों के विभिन्न समूहों के साथ मेलजोल करने एवं स्वयं को उनके अनुकूल बनाने के लिए तत्परता को बताती है।

» **सामाजिक कुशलताएँ (Social Skills)**: इसमें सम्बंधों में मनोवेगों को संभालने की योग्यता; सामाजिक परिस्थितियों और नेटवर्क्स को सही-सही समझने; लोगों के साथ सहजता से व्यवहार करने; नेतृत्व करने और लोगों को तैयार करने (मनुहार) के लिए इस कुशलता का उपयोग करना; बातचीत करना तथा विवादों को निपटाना एवं सहकार व टीम कार्य को बढ़ावा देना शामिल है।

भावनात्मक समझ के उपरोक्त पहलू वास्तव में व्यक्ति के निजी, सामाजिक व कार्यालयी जीवन में बने रहते हैं। वे बच्चों, युवाओं व वृद्धों, सभी पर लागू होते हैं। भावनात्मक योग्यताओं तथा जीवन के विभिन्न सरोकारों में उनके प्रयोग के बारे में काफी साहित्य लिखा गया है। लेकिन हमारे प्रयोजन के लिए जरूरी बातों तथा उनके उपयोग, विशेष रूप से कार्य दशाओं पर विचार करना पर्याप्त होगा। हम ऐसे मामले प्रस्तुत करते हैं जो यह दिखाते हैं कि भावनात्मक समझ या योग्यता के पहलू कार्यदशाओं में उपयोग में आते हैं। इन्हें हल्के कौशल भी कहा जाता है। विद्यार्थियों को भावनात्मक समझ के पहलुओं का प्रयोग कर परिस्थितियों का विश्लेषण करने की प्रक्रिया सीखनी चाहिए।

व्यापारी पर्यावरण में बदलाव तथा भावनात्मक समझ (Changes in Business Environment and Emotional Intelligence)

हाल के वर्षों में, भावानात्मक समझ, प्रबंधन अध्ययनों में प्रमुख विषय बन गया है। इसका उद्‌भव सोच में एक भारी बदलाव है। पहले के प्रबंधकीय मॉडलों में, जो अनुक्रमिक प्रणालियों पर आधारित थे, वरिष्ठ अधिकारियों को ऊँची पीठिका पर रखा

जाता था। बॉस अपने मातहतों से दूरी बनाए रखता था। उसे डर था कि उनसे मेलजोल से अवमानना बढ़ेगी तथा अनुशासन कम हो जाएगा। मातहतों के मनोभावों को भाँपना दुष्क्रियात्मक माना जाता था। क्योंकि सामान्य संगठनात्मक लक्ष्य, निजी लक्ष्यों से भिन्न होते हैं, तथा व्यक्ति की प्रत्याशाओं आशाओं या जरूरतों को पूरा करने की कोशिश, किसी संगठन के उद्देश्यों की प्राप्ति में बाधा डालती है। कर्मचारियों की निजी भावनाओं का कोई महत्त्व नहीं होता। सर्वोच्च पदस्थ प्रबंधक 'दुखभरी कहानियाँ' सुनने के लिए तैयार नहीं थे।

आज हम भिन्न व्यापार संसार में रहते हैं। भूमण्डलीकरण एवं सूचना प्रौद्योगिकी ने कारोबार के कार्य पर्यावरण को आमूल बदल डाला है। इस बदलाव ने संगठनों के भीतर भावनात्मक पर्यावरण को भी बदल दिया है। कार्पोरेट प्रमुख भी अब 'छल योजना वाले, जंगली लड़ाके' स्टीरियो प्रकार के नहीं रहे हैं। वे अब दबंग होकर या अपने मातहतों पर हुक्म चलाकर काम नहीं करवा सकते (परिणाम प्राप्त नहीं कर सकते)। उनमें अंतर्वैयक्तिक कुशलताओं का सद्‌गुण होना चाहिए। वरिष्ठ प्रबंधकों को अपने मातहतों की भावनाओं को समझना चाहिए, उनके साथ सहकर्मियों के तौर पर व्यवहार किया जाना चाहिए। उन्हें मतभेदों के बढ़ने से बचना चाहिए तथा लोगों को संगठन के प्रवाह के साथ सहजता से बहने में सहायता करनी चाहिए।

किसी भी संगठन में, काम को मिल-जुल कर, टीम बनाकर किया जाता है। आजकल टीमों का गठन ज्ञान-सम्पन्न कर्मियों को लेकर किया जाता है जिनमें विशेषज्ञता वाली कुशलता होती है। इन स्थितियों में, प्रबंधकों को दूसरों द्वारा किए गए कार्यों का मूल्यांकन करना पड़ता है और उसमें सुधार के लिए रचनात्मक आलोचना करनी पड़ती है। यह प्रत्येक संगठन में, हर स्तर पर रोजमर्रा का काम है। लेकिन यहाँ प्रबंधकीय व्यवहार में सामान्य दुष्क्रियाएँ शामिल हो गई हैं। प्रबंधक यह विशिष्ट व स्पष्ट रूप से बताने में असफल रहते हैं कि मातहतों द्वारा किसी काम में किस प्रकार सुधार किया जा सकता है। वे सुधार का कोई मार्ग बताए बिना ही काम की सामान्य आलोचना करते हैं। तथा मातहतों पर व्यक्तिगत हमला कर देते हैं, जिसमें दुर्भावनापूर्ण टिप्पणियाँ होती हैं। ऐसे व्यवहार से मातहतों में भ्रांतियाँ पैदा होती है, रोष पैदा होता है तथा काम तथा प्रबंधक से बचने की प्रवृत्ति उत्पन्न होती है।

मामला-4 (Case-4)

अर्थशास्त्र व सांख्यिकी में स्नातक की सनद लेने के बाद रमन राव को पारिवारिक परिस्थितियों के कारण एक पत्रिका में उपसम्पादक की नौकरी करनी पड़ी। इस पत्रिका में राजनीति, सामाजिक घोटालों और फिल्मी सितारों पर सनसनीखेज कहानियाँ छपती हैं और बीच-बीच में समाज में व्याप्त आर्थिक दु:खों का भी उल्लेख होता रहता है। रमन राव ने अपने काम के लिए आवश्यक पृष्ठभूमि के तौर पर आर्थिक पत्रकारिता एवं भारतीय अर्थव्यवस्था की वर्तमान स्थिति पर पुस्तकों का गंभीरता से अध्ययन किया। वह कर्तव्यनिष्ठ था और आर्थिक मामलों संबंधी खबरों पर खूब मेहनत करता था। तेलुगू माध्यम से पढ़ा होने के कारण उसके लेखन में जो कुछ शैलीगत बातें आ रही थी, उनसे छुटकारा पाना उसके लिए मुश्किल हो रहा था। और भी, उसकी गणित की पृष्ठभूमि के कारण उसके लिए उलझी सामान्य बातों व भावावेगी आवेगों को संभालना मुश्किल था।

उसका बॉस, वेलायुधम ढीठ (brash), अन्वेषी समाचार वाली पृष्ठभूमि का था। वह रमन राव के तथ्यपरक लेखन का पनीली चाय या फीका सांभर कह कर उपहास करता था। वह रमन के साधारण खानदान (भूल) तथा ग्रामीण पृष्ठभूमि के लिए उस पर अक्सर कटाक्ष करता था रमन राव का कहना था कि आर्थिक खबरों में मनोभाव पैदा करना मुश्किल है। वेलायुधाम उसके लिखे मैटर को बिना 'पंच' और 'फिक' का कहकर रद्द कर देता था। उसका कहना था कि रमन राव का बार-बार तेलुगूपन (Telugish) जोरदार मजाक था। रमनराव बहुत दु:खी था और उसकी आर्थिक मजबूरी नहीं होती तो वह नौकरी छोड़ चुका होता। लेकिन उसके भाग्य ने पलटा खाया। पत्रिका के मालिक की भांजी वसंती लंदन स्कूल ऑफ इक्नॉमिक्स से ग्रेजूएशन कर वापस आ गई और पत्रिका की उप-संपादिका बन गई। उसने अपने मामा (uncle) से बात की और कहानियों का स्वर बदल गया। वह कड़क काम लेने वाली थी, अत: उसने कहानियों के झुकाव एवं मुख्य विषय-वस्तु के बारे में रमन राव को साफ-साफ बता दिया। उसने राव के लेखन में कुछ बदलाव तो किए, पर उससे सलाह करके उसने तथ्यों व आँकड़ों के साथ रमनराव द्वारा लिखे लेखों को पसंद किया।

प्रश्न (Question)

पढ़ी-लिखी वासन्ती की स्टाइल की तुलना में आप, रमन राव के सुपरवाइजर के तौर पर वेलायुधम में कौन-सी बौद्धिक कमी एवं भावनात्मक विकृति पाते हैं?

1. कोई कमी या विकृति दिखाई नहीं देती, वेलायुधम वही सप्लाई करने की कोशिश कर रहा है जो घटिया टेस्ट वाले (आम बोलचाल में कहने पर) भारतीय बाजार चाहते हैं।
2. वेलायुधम को इस तथ्य की कोई समझ नहीं है कि आर्थिक पत्रकारिता में, रईसों या फिल्मी सितारों के बारे में मसाला कहानियों वाली पोशाकें या साजो-सामान दिया जा सकता है।
3. एक सुपरवाइजर होने के नाते वह काम के स्थान वाले मार्ग-निर्देश देने में असफल हो रहा है। और भी, कारोबार या कार्यालयी वातावरण में किसी के परिवार की पृष्ठभूमि के बारे में द्विअर्थी (अस्पष्ट) उल्लेख करना असभ्यता और कुरूचिपूर्णता है।
4. (2) तथा (3) दोनों।

परिचर्चा (Discussion)

जहाँ तक विकल्प (1) की बात है, इस कथन में सार है कि हमारे पाठकों बड़े वर्ग की रूचि घटिया है और वे निरर्थक व रसीली कहानियों में रूचि रखते हैं। तथापि, अर्थशास्त्र तथा अर्थव्यवस्था का अध्ययन विश्लेषणात्मक विषय है। इन विषयों को वर्णन (कथन) की उसी शैली में नहीं रखा जा सकता जैसा कि गल्प बाजार के साथ होता है, सिवाय कुछ संदर्भों के जैसे वित्तीय धोखाधड़ी या घोटालों को जाँचना किन्तु यह आर्थिक विश्लेषण के समग्र विस्तार का एक छोटा-सा हिस्सा है। वेलायुधम मूल-विषय के इस अनिवार्य अन्तर को समझने में असफल हो रहा है: सामाजिक एवं आर्थिक पृष्ठभूमि की आर्थिक प्रतिबंधित सीमा में दखल दे रहा है। इस प्रकार का व्यवहार भेद-भाव वाला रंग ले सकता है और बुरी-से-बुरी दशा में मानवाधिकार की स्थिति भी प्राप्त है। इस प्रकार विकल्प (1) स्वीकार्य नहीं है।

पिछली चर्चा से आप सरलता से मान लेंगे कि विकल्प (2) तथा (3) में दिए गए विचार वैध हैं। यह वेलायुधम का कर्त्तव्य भी है कि वह रमन के प्रयासों को बाजार की अपेक्षाओं की संगत में मोड़े। आर्थिक पत्रकारिता में ऐसा करने की संभावना कम हो सकती है, लेकिन कुछ रास्ते तो हैं ही। उदाहरण के लिए, विषय पर रूचिकर एवं पठनीय कहानियाँ लिखी जा सकती हैं। कारोबार के ध्येय की ओर कर्मचारियों के प्रयासों की ओर करना एक महत्त्वपूर्ण उत्तरदायित्व है जिसमें वेलायुधम असफल रह रहे हैं।

अत: विकल्प (4) सही उत्तर है।

आलोचना की कला (Art of Criticism)

हैरी लेविनसन (Harry Levinson) का कहना है कि प्रबंधक के मातहत काम करने वाले कर्मचारियों की आलोचना निम्नलिखित ढंग से की जानी चाहिए।

विशिष्टता (Specifiy)

जैसाकि हमने पहले देखा, आलोचक को विशिष्ट होना चाहिए। उसे काम में कमी के क्षेत्र को इसकी कमी के पैटर्न को साकार करने वाले उदाहरण या घटनाएँ बतानी बताना चाहिए उसे उन क्षेत्रों को बताना चाहिए जहाँ पुन: प्रयास किए जाने हैं और बताना चाहिए कि उन्हें कैसे किया जाना है। उसे घुमाफिराकर कहने वाला या नरम नहीं होना चाहिए, बल्कि 'एक गधे को कहने वाला' होना चाहिए ताकि अन्य कर्मचारियों को सही संदेश जाए।

समस्याओं के हल बताना (Providing Solutions)

यदि संभव हो तो ग्रुप लीडर को हल भी देने चाहिए। यह आलोचकों का मुँह बंद करने का सामान्य उपाय है: यदि आप देखते हैं कि बात बिगड़ रही है तो बताएँ कि इन्हें ठीक कैसे किया जा सकता है। जब मातहतों की आलोचना उन्हें काम को ठीक करने का उपाय बताए बिना की जाती है तो वे कुंठित, निराश और हतोत्साहित हो जाते हैं। उन्हें पूरी तरह से बना-बनाया हल देने की जरूरत नहीं है; उन्हें अन्य संभावनाओं, विकल्पों या आगे बढ़ने के रास्तों के बारे में भी बताया जाना चाहिए। उन्हें कमी के क्षेत्र या गलतियों को सुधारने के ढंग बताए जा सकते हैं।

आमने-सामने की बातचीत (Face to Face Contact)

यद्यपि कई लोग लोगों को उनके सामने ही बोल देना पसंद करते हैं किन्तु कई लोग इस कष्टप्रद टकरावों से बचते हैं। लेकिन लोगों के मुँह पर ही उनकी आलोचना करना और प्रशंसा करना सर्वोत्तम रहता है। आलोचना या प्रशंसा के लंबे-लंबे नोट भेजना भी उतना प्रभावशाली नहीं होगा जितना कि आमने-सामने की बातचीत। इससे बातचीत (संवाद) बढ़ती है, आपस का फासला कम होता है तथा यह प्रबंधकों को अपनी जिम्मेदारियों का सीधे-सीधे सामना करने के लिए बाध्य कर देती है।

समानुभूति (Empathy)

जैसाकि हमने देखा, प्रबंधकों को आलोचना में दोष निकालने वाले या पेट-दर्द कर देने वाले (कष्टप्रद) नोट लिखने से बचना चाहिए। आलोचना समानुभूमि पर या दूसरे के दृष्टिकोण को समानुभूतिपूर्वक समझने पर आधारित होनी चाहिए। अन्यथा इस दुर्भावना पैदा होगी। डेनियल गोलमैन (Daniel Goleman) इसे विनाशक आलोचना कहता है जों 'सुधार के लिए रास्ता खोलने के स्थान पर, नाराजगी, कड़वाहट, आत्म-रक्षात्मक तथा पृथकत्व (अलगाव) की मनोभावात्मक प्रतिक्रिया को जन्म देती है।"

लेविन्सन (Levinson) उन व्यक्तियों को निम्नलिखित सलाह देता है जो आलोचना के शिकार होते हैं।

» इसे सुधार के साधनों के तौर पर देखें, निजी हमले के तौर पर नहीं।

» अपना बचाव करने की प्रवृत्ति छोड़ दें, कुछ दिन शांत रहें और बाद में फिर अपने प्रबंधक से दोबारा बात करें।

» आलोचना को, अपने आलोचकों के साथ काम करने के एक अवसर के तौर पर देखें।

ज्ञानवान कर्मचारी तथा कार्य दल (Knowledge Workers and Work Teams)

अब हम आधुनिक संगठनों की एक और विशेषता देखेंगे जो भावनात्मक समझ को अपने कार्य संचालन हेतु महत्त्वपूर्ण मानते हैं। भावनात्मक समझ किसी भी संगठन के सामूहिक बौद्धिक स्तर को बढ़ा देती है। कोई संगठन योग्यताओं, का समूहन होता है जिसमें विभिन्न विषय जैसे वित्त, विपणन, मात्रिक विश्लेषण और रचनात्मक डिजाइन होते हैं। सामूहिक बौद्धिक स्तर को अलग-अलग कर्मियों के बौद्धिक स्तरों का योग माना जा सकता है। प्रोफेसर एम जी के मेनन कहा करते थे कि अकेला भारतीयकर्मी अपने जापानी सहकर्मी की योग्यता के बराबर या अधिक योग्यताएँ रखता है लेकिन साथ काम करते हुए दो भारतीय, अपने जापानी सहकर्मियों से काफी कम उत्पादनशील हैं। यह एक समूह में एक साथ मिलकर काम करने में भावनात्मक समझ की महत्ता को दर्शाता है।

प्रबंधन सिद्धांतशास्त्रियों में वरिष्ठ सदस्य पीटर ड्रकर (Peter Drucker), ने 'नॉलेज वर्कर' (ज्ञानवान कर्मचारी) शब्द बनाया और भविष्यवाणी की कि जल्दी ही अमरीका का एक-तिहाई से अधिक कार्य बल 'नॉलेज वर्कर्स' का हो जाएगा। उसका कहना था कि उनकी उत्पादकता, सूचना में मूल्य का जोड़ना (बढ़ाना) है। 'नॉलेज वर्कर' वे हैं जो वित्त विश्लेषक, लेखक तथा कम्प्यूटर प्रोग्रामर होते हैं। उनका ज्ञान उच्च विशेषता का होता है और उनकी उत्पादकता उनके निजी कामों को एक टीम के काम में जोड़ देने पर निर्भर करती है। उदाहरण के लिए, उपन्यासकार प्रकाशक नहीं होते; ओर ना ही हार्डवेयर डिजाइनर, कम्प्यूटर पार्ट्स के विक्रेता होते हैं। ज्ञानयुक्त (Knowledge) कार्य में टीम, व्यक्ति के स्थान पर कार्य यूनिट के तौर पर आ जाती है।

परिणामस्वरूप, सौहार्द्रपूर्ण सामूहिक कार्य करने को बढ़ावा देने वाली कुशलताओं से युक्त भावनात्मक समझ बहुत महत्त्वपूर्ण हो गई है। अध्ययनों से पता चला है कि कार्य-टीम की कुशलता (क्षमता) उनके आंतरिक सामाजिक सौहार्द्र के साथ गहराई से सम्बंधित है। आइए, एक मामला देखते हैं कि किस प्रकार आपसी प्रतिबद्धिता तथा ईर्ष्या परियोजनाओं को पटरी से उतार सकते हैं।

मामला-5 (Case-5)

प्रजापति उस टीम में वित्त सदस्य है जिसे एक विदेशी लोकोपकारी निधि से सहायता पाने के लिए एक परियोजना तैयार करने का काम सौंपा गया है। परियोजना का लीडर मलिक एक अहम्वादी, अपने को सब कुछ समझने वाला आदमी है जो टीम के अन्य सदस्यों को तुच्छ समझता है। ऐसा प्रभाव जमा रखा है जैसे वह अकेला ही परियोजना चलाने वाला है और सामान्यत: लाइमलाइट में रहता है। वह विदेशी दानकर्ताओं से चर्चा या बातचीत करने के लिए टीम में किसी और को कभी विदेश नहीं जाने देता। मीठा बोलकर वह लोगों को प्रभावित कर लेता है। प्रजापति सी ए की परीक्षा में रैंक होल्डर था और उसे मलिक, का टीम के अन्य सदस्यों की उपेक्षा करना बुरा लगता था। उसका अक्सर मलिक से मतभेद रहता था। मलिक प्रजापति को बाइपास करके उसके मातहतों से परामर्श लेता था कि परियोजना को आकर्षक कैसे बनाया जाए। यथासमय निधि की मूल्यांकन टीम का दौरा तय हो गया। परियोजना की वित्तीय बातों को पढ़ते हुए प्रजापति ने देखा कि इसकी आर्थिक लाभकारिता की आधारभूत गणनाएँ दोषपूर्ण हैं। उसने महसूस किया कि मूल्यांकन टीम को जब गलती का पता चलेगा तो मलिक की क्या इज्जत रह जाएगी।

प्रश्न (Question)

बताए गए ऑफिस ड्रामे में आप कौन-सा दुष्क्रियात्मक व्यवहार देखते हैं? कम-से-कम तीन महत्त्वपूर्ण सुधार योग्य दुष्क्रियाएँ बताइए।

परिचर्चा (Discussion)

उनकी प्रबन्धकीय भूमिका हेतु मालिक तथा प्रजापति की निम्नलिखित शैली और या आचरण दुष्क्रियाएँ हैं।

1. मलिक का आत्म-सनकी आचरण समस्या मूलक है। स्पष्ट है कि उसे परियोजना तैयार करने और मूल्यांकन करने की जटिलताओं की वास्तविक मास्टरी नहीं है फिर भी वह दिखाना चाहता है कि इसमें अग्रणी है। इसे भी सहन किया जा सकता है लेकिन उसे किसी विशेषज्ञ को अपने पक्ष में रखना चाहिए ताकि गलतियों से बचा जा सके। इसमें भी वह असफल रहा है।
2. मलिक की दूसरी समस्या छल-योजना वाला व्यवहार है। वह परियोजना को उससे भी बेहतर दिखाना चाहता है जितनी वह वास्तव में अच्छी है। परियोजना को निष्कलंक (निर्दोष) बना देने का आम चलन है किन्तु ऐसा कोई बड़े नियमन के साथ कर सकता है। यदि ढेर सारी गलत अनुमान किए जाएँगे तथा आय बढ़ा-चढ़ा कर बताई जाएगी तो प्रशिक्षित मूल्यांकन कर्ता कमियों को देख पाएँगे तथा परियोजना के प्रस्तावक अपनी साख खो देंगे। तब कोई भी विदेशी दान-कर्ता सहायता देने के लिए उत्साह नहीं दिखाएगा। यह बात मलिक को समझ लेनी चाहिए तथा अधीनस्थ कर्मचारियों को परियोजना की ऊपरी सजावट के लिए आग्रह नहीं करना चाहिए।
3. प्रजापति को मलिक के साथ स्पष्ट रूप से व्यवहार करते हुए परियोजना के प्रस्ताव की त्रुटियों को बताना चाहिए था। मलिक ने उसकी बात सुनी होती या नहीं सुनी होती, हम नहीं जानते। उसे सीधे-सीधे त्रुटियाँ बता देनी चाहिए थी; उसका यह कार्य संगठन के हित में होता। बल्कि प्रजापति ने चाहा कि मलिक को शर्मिन्दगी उस समय उठानी पड़े जब प्रस्ताव अस्वीकृत होता है। यह सोच संगठन में सम्बद्ध कार्य शैली व टीम वर्क की भावना के विपरीत है। अन्त में प्रजापति को परियोजना की परिणामत: अस्वीकृति से कोई लाभ होने वाला नहीं होता। यह कुछ-कुछ अपने पैरों पर कुल्हाड़ी मारने जैसा ही है।

प्रबंधन के नए साधन (New Management Tools)

जैसाकि हमने पहले देखा है, आधुनिक संगठन अब आदेश देने से नहीं चल सकते। प्रबंधन को अब लोगों को आदेश देने के स्थान पर मनुहार पर अधिक भरोसा करना पड़ता है। इस परिस्थिति में, प्रभाव बढ़ाने तथा विचारों के संप्रेषण के लिए सामाजिक कौशलों का प्रयोग महत्त्वपूर्ण हो गया है। इस प्रयोजन के लिए निम्नलिखित महत्त्वपूर्ण हैं-

» प्रभाव: प्रभावी अनुनय के लिए उपयुक्त साधनों का प्रयोग

» सम्प्रेषण: संदेशों को विश्वासोत्पादक व स्पष्ट रूप से प्रस्तुत करना।

» टकराव (मतभेद) प्रबंधन: बात-चीत करना तथा विवादों को राजीनामे से सुलझना।

» नेतृत्व: जोश पैदा करना तथा मातहतों को निर्देश देना।

» परिवर्तन के लिए उत्प्रेरक बनना: परिवर्तनों का सूत्रपात करना, बनाए रखना तथा प्रबंध करना।

लोगों को प्रभावित करना (Influencing People)

प्रभावित करने का तात्पर्य है अपनी बात के लिए लोगों को अपना समर्थन देने को तैयार कर लेना। जिन लोगों ने अपने दिमाग के दरवाजे बंद कर लिए हैं या जिनके विचार नितांत रूप से कठोर हैं, उन्हें प्रभावित करना कठिन हो सकता है। कभी-कभी मतभेद ऐसे हो जाते हैं कि मेल होना संभव नहीं होता। तथापि, अनेक परिस्थितियों में ध्येय, लोगों को एक विचार के स्थान पर दूसरा (अन्य) विचार अपनाने के लिए तैयार (मनुहार) करना होता है। ऐसी स्थितियों में, व्यक्ति को तथ्यों व तर्कों को इस प्रकार से प्रस्तुत करना चाहिए जो सुनने वालों को अपील करे। मामले को उनके परिप्रेक्ष्य (सोच) से स्पष्ट करना होता है और यह बताना होता है कि उनको इसके क्या-क्या लाभ होंगे। अन्य विकल्पों को छोड़कर एक खास विचार की ही वकालत करने से लोगों को प्राय: भरोसा नहीं होता। लोगों को अप्रत्यक्ष रूप से प्रभावित किया जाना है। प्रभाव उत्पन्न करने के लिए सहकार बनाना और सहयोग पैदा करना जरूरी है। लोग नाटकीय ढंग से घटनाओं को प्रस्तुत करने एवं उदाहरण देने को ग्रहण कर लेते हैं।

मामला-6 (Case-6)

मनजीत से कम्पनी के नए उत्पादों के बारे में थोक विक्रेताओं को बताने के लिए कहा गया। संप्रेषण टीम ने उससे अपनी प्रस्तुति 20 मिनट तक और 20 स्लाइडों तक सीमित रखने के लिए कहा। उन्होंने यह भी कहा कि किसी भी स्लाइड में 5 पंक्तियों से अधिक नहीं होनी चाहिए। मनजीत ने उनकी सलाह पर ध्यान नहीं दिया। उसको लगता था कि इन बाधाओं के साथ कोई भी सूचनात्मक प्रस्तुति नहीं की जा सकती। संप्रेषण विभाग का प्रमुख बाहर गया हुआ था, उसके पास 50 स्लाइड थे, प्रत्येक में आँकड़े छोटे फॉण्ट (बारीक अक्षरों) में थे और ग्राफिक्स थे ही नहीं। वह हर स्लाइड के विवरण भी देता गया। थोक विक्रेतागण ऊबासियाँ लेते रहे। अनेक ने उससे इसे संक्षिप्त करने के लिए भी कहा और कहा कि वह उन्हें उत्पाद सम्बंधी ब्रोशर दे दे।

आप मनजीत की भावनात्मक योग्यता में क्या दोष देखते हैं? कम-से-कम तीन महत्त्वपूर्ण सरोकार बताइए।

परिचर्चा (Discussion)

1. मनजीत थोक-विक्रेताओं की रूचि, मिजाज और प्रेरकों का अन्दाज लगाने में असफल रहा। थोक विक्रेता थोड़े समय के लिए ही ध्यान दे सकते थे और एक ही सत्र में ढेर सारी जानकारी हजम करने में असमर्थ थे। वे बारीकियों में रूवि नहीं रखते थे इसलिए वे जम्भाइयाँ लेने लगे। मनजीत ने अपनी प्रस्तुति को श्रोताओं की रूचि तथा जरूरत के मुताबिक परिवर्तित (तैयार) नहीं किया।

2. उसकी प्रस्तुति में फोक्स की कमी थी। थोक विक्रेता मुख्यत: उत्पाद की विपणनता, उसके मूल्य और अपने कमीशन में रूचि लेते हैं। थोक-विक्रेताओं के इन केन्द्रिक सरोकारों पर बात होनी चाहिए थी। उत्पाद की प्रमुख विशेषताएँ बताई

जा सकती थीं किन्तु उन्हें सूचनाओं में सराबोर कर देना जरूरी नहीं था। जितनी अधिक सूचना दी जाती है उतनी ही फोक्स की हानि होती है।

3. मनजीत को सम्प्रेषण टीम की सलाह सुननी चाहिए थी उन्हें इस विषय में विशेषज्ञता हासिल है और वे जानते हैं कि एक प्रभावी प्रस्तुति कैसे तैयार की जाती है। अपने उत्साह में और अति आत्मविश्वास के कारण मनजीत ने उनकी सलाह पर ध्यान नहीं दिया और निष्प्रभावी प्रस्तुति प्रस्तुत कर दी।

सम्प्रेषण (Communicating)

सम्प्रेषण एक दोतरफा प्रक्रिया है। व्यक्ति को दूसरे के विचारों पर ध्यान देना चाहिए और ईमानदारी से सुनना चाहिए। व्यक्ति को अपने विचार स्पष्ट रूप से बिना दुराव-छिपाव के रखने चाहिए। अनेक स्थितियों में श्रोताओं के मूड (मन) को सामान्यत: उनके मौन व्यवहार से ठीक-ठीक भाँपना पड़ता है, तथा संदेश के लिए उपयुक्त शब्दों का प्रयोग करना पड़ता है। यदि कुछ कठिन प्रश्न किए जाते हैं, तो उनसे बचना नहीं चाहिए, बल्कि उनके उत्तर सीधे-सीधे व ईमानदारी से दिए जाने चाहिए। यह जरूरी है कि लोगों की बात सुनी जाए और यह समझा जाए कि वे कहना क्या चाह रहे हैं। जब दूसरे लोग बोल रहे हों तो आपको मानसिक रूप से 'स्विच ऑफ' नहीं रहना चाहिए। संप्रेषण का लक्ष्य आपसी समझ होना चाहिए। एकतरफा लंबे-चौड़े भाषणों का संप्रेषण की दृष्टि से कोई मूल्य नहीं होता। संप्रेषण में, दोनों ही पक्षों को उपलब्ध सूचना को एक-दूसरे के साथ बराबर बाँटना चाहिए।

मामला-7 (Case-7)

प्रोबीर एक जोरदार ढंग से चल रहे व्यापार के विपणन विभाग का क्षेत्रीय प्रबन्धक है। कारोबार बढ़ता रहा है और क्षेत्रीय विपणन कार्यालय ने हाल ही में काफी विशेषज्ञों की भर्ती की है। कम्पनी के कार्यकारी प्रमुखों को हर दो महीनों में एक बैठक में अपने कर्मचारियों से मिलना होता है। प्रोबीर इन बैठकों से घृणा करते हैं।

यह बात कार्यालय में सभी को मालूम थी। कर्मचारी गण छोटी-मोटी और उबाऊ शिकायत और तकलीफों की लम्बी सूची पेश करते थे। वे बार-बार वे ही बातें दोहराते रहते हैं और लम्बा-चौड़ा विवरण देते हैं। वे (कर्मचारी कठिनाइयों को जानते हुए भी अपनी शिकायतें किए जाते हैं। उन्हें दालान, बाथ-रूम्स (शौचालयों) और कैच के लिए और अधिक जगह चाहिए। प्रोबीर ने जगह कम होने की बात कही, फिर भी कर्मचारियों ने शिकायत करना जारी रखा। प्रोबीर ने पूरी बैठक में खुशनुमा मुँह बनाए रखने किन्तु बैठक में होने वाली बातों को न सुनने की आदत डाल ली थी। ये बैठकें उसके लिए थका देने वाला अनुष्ठान बन गई थीं।

प्रश्न (Question)

प्रोबीर को भद्रतापूर्वक निम्नलिखित करना चाहिए और क्यों?

परिचर्चा (Discussion)

1. चूँकि कारोबार बढ़ रहा था तथा और अधिक विशेषज्ञ कर्मचारी भर्ती किए गए हैं, प्रोबीर को शीघ्र ही, जैसे छ: महीनों में कार्यालय की सुविधाएँ बढ़ा देनी चाहिए थीं।
2. जब तक कार्यालय में विस्तार कर सुविधाएँ नहीं बढ़ा दी जातीं, उसे उसी पुराने विषय पर चर्चा पर विलम्बन माँगना या निदेशित करना चाहिए।
3. उसे बैठक में स्विच ऑफ नहीं कर देना चाहिए। ये बैठकें प्रयोजन को पूरा करती हैं। यदि वह उन बातों को अनेदखा करता है जो सभी कर्मचारियों को कहनी होती हैं तो अवप्रेरणा उदासीनता घर कर जाएगी।

प्रश्न, टीम की आवश्यकताओं एवं टीम के सदस्यों की सांसारिक समस्याओं को सुलझान में लीडर की भूमिका पर संकेन्द्रित है। इस मामले में समस्या के स्रोत की जड़ें संभवत: इस विश्वास में हैं कि क्षेत्रीय विपणन कार्य की सफलता

के कारण टीम के नए सदस्यों की भर्ती हो गई है और इसीलिए वर्तमान स्थान अपर्याप्त हो गया है। यह स्थिति ज्यादा देन नहीं चलनी चाहिए। यदि ऐसा है तो निश्चित रूप से असंतोष फैलेगा। उसे इस मूल समस्या से निजात पानी होगी। इसके लिए उसे ठोस कार्य-नीति बनानी और उस पर अनुवर्ती कार्रवाई करनी होगी। जब वह कार्य नीति को प्रकट करेगा तो टीम के सदस्य जान लेंगे कि समस्या के जल्दी ही हल हो जाने की आशा की जा सकती है और वे उस आदेश को मानने को तैयार हो जाएँगे।

बार-बार उन्हीं समस्याओं को सुनने से प्रोबीर को होने वाली बोरियत व असंतोष समझ में आता है। उसे पूर्व-सक्रिय होना चाहिए था और समस्या का अनुदान लगा लेना चाहिए था। तथापि, समस्या को सुलझान की जरूरत होती है। जब तक समस्याएँ हल नहीं कर दी जाएँगी, उसे प्रभावित कर्मचारी उन्हें बैठकों में उठाते रहते हैं। इसका मतलब है यथा-स्थिति बनी रहना। उसे इस चक्र को तोड़ना होगा। उसे कर्मचारियों की बातों पर ध्यान देना चाहिए। व्यक्ति की बात ध्यान से सुनना और तब उसकी समस्याओं का सुलझाना, उस व्यक्ति के प्रति आपकी सच्चाई का लक्षण है। कार्यालय में लीडरों को अपना यह गुण दिखाना चाहिए। अत: उसे ध्यान से तो सुनना ही होगा चाहे वह बैठक में शिकायतों या उनके विवरणों को कितना ही नापसंद ही क्यों न करता हो।

टकराव प्रबंधन (Conflict management)

टकराव प्रबंधन एक और कौशल है जिसकी प्रबंधकों को जरूरत है। यहाँ संघर्ष (Conflict) का अर्थ उन झगड़ों व विवादों से है जो संगठनों में अक्सर होते रहते हैं। वे अंतर्राष्ट्रीय या राजनीतिक टकराव नहीं होते हैं। ऐसे मुद्दों को संभालने के दो ही उपाय हैं कूटनीति व व्यवहार कुशलता। झगड़े सामान्यत: कठोर स्वभाव वालों तथा/या समस्यामूलक स्थितियों से पैदा होते हैं। लेखा-परीक्षक, पुलिस तथा मध्यस्थ (बीच में पड़ने वाले) अक्सर ऐसी स्थिति में पड़ जाते हैं।

टकराव के संभावित क्षेत्रों व विवाद के बिन्दुओं (बातों) को पहचान लेना उपयोगी रहता है। किसी संगठन में ऐसे क्षेत्र होते हैं जहाँ कार्य दो प्रभागों में एक-दूसरे में परस्पर टकराते रहते (Overlap) हैं। यदि काम रुचिकर है तो लोग इसे दूसरों से छीन लेना चाहेंगे। यह एक प्रकार का इलाके हेतु युद्ध है। यदि यह थका देने वाला है तो उसे दूसरों पर डालना चाहेंगे। लोगों का मन खराब हो जाता है और वे आपसी झगड़े करने लगते हैं। कुछ प्रबंधक एक-दूसरे के प्रति सहानुभूति नहीं रखते और गुट या समूह बन जाते हैं। किसी-न-किसी परिमाण तक ये समस्याएँ अधिकतर संगठनों में रहती है।

इन समस्याओं को सुलझाने का सर्वोत्तम उपाय, इन्हें बाहर लाना तथा मतभेदों को दूर करने के लिए सम्बंधित लोगों के बीच बातचीत का प्रबंध करना है। खुलकर और ईमानदारी से बहस करना ऐसे विवादों को हल करने का सरल उपाय है। हल ऐसे बनाने चाहिए जो विवाद के सभी पक्षों (दलों) को संतुष्ट करते हों। प्रबंधकों को ऐसे विवादों को कम करना चाहिए। इनसे आँखें फेर लेना या समस्याओं को टाल देना उन्हें पनपने का अवसर देना होगा।

मामला-8 (Case-8)

प्रिया तथा पिंकी वित्त विभाग में काम करती हैं। एक समय वे पक्की सहेलियाँ थीं। लेकिन एक छोटी-सी बात पर वे लड़ पड़ी और अलग-अलग हो गई। उनका सम्बन्ध विद्रोही-सा हो गया। अरूण उनका तत्काल सुपरवाइजर था। उसने झगड़ा मिटाने की (दोस्ती कराने की) कोशिश की पर असफल रहा। प्रिया तथा पिंकी ग्राहकों के सामने भी अपनी भावनाओं को छुपाती नहीं थी। चूंकि वे वित्त के दो महत्त्वपूर्ण क्षेत्रों में काम कर रही थी, उन्हें ग्राहकों के साथ होने वाली बैठकों से अलग नहीं रखा जा सकता था। अरुण ने अपने बॉस से बात की कि दोनों महिलाओं के बीच तलवारें खिंची होने की स्थिति से समस्याएँ हो रही हैं। उसके बॉस ने यह कह कर किनारा कर लिया कि वह स्त्रियों के झगड़ों में नहीं पड़ना चाहता।

प्रश्न (Question)

संगठनात्मक व्यवहार व भावनात्मक बौद्धिकता के दृष्टिकोण से अरूण के बॉस के आचरण में आप क्या कमियाँ पाते हैं?

परिचर्चा (Discussion)

पहली और महत्त्वपूर्ण बात यह है कि अरूण का बॉस (संक्षेप में एक्स) मुद्दे से बच रहा है। वह मुद्दे से बच नहीं सकता क्योंकि झगड़े के कारण संगठन लज्जित हो रहा है। जब संगठन में ग्राहक भिन्न व्यक्तियों से भिन्न प्रकार की तरंगे या अनुभूति पाते हैं उस संगठन में उनका विश्वास व भरोसा समाप्त हो जाता है। इसका परिणाम एक ही हो सकता है: बिजनेस में हानि। दोनों ही कर्मचारियों; प्रिया व पिंकी को इस संगठकीय अनिवार्यत के बारे में सख्ती से कहा जाना चाहिए। उन्हें जानना चाहिए कि भविष्य में ऐसा कोई भद्दा प्रदर्शन होने पर उन दोनों के खिलाफ अनुशासनात्मक कार्यवाही होगी।

दूसरी बात, एक्स को समस्या की जड़ में जाने के लिए गहरे उतरना होगा। ऐसे टकराव अनेक कारणों से उत्पन्न होते हैं। दोनों के काम तथा ड्यूटी का बँटवारा भी टकराव का कारण हो सकता है। बिल्कुल साथ वाले बॉस द्वारा एक कर्मचारी के लिए दिखाया गया पक्षपात एक अन्य कारण हो सकता है, इसी प्रकार के और भी हो सकते हैं। प्रिया, पिंकी, अरूण तथा अन्यों को विश्वास में लेकर बात करने से एक्स इस टकराव का वास्तविक कारण जान सकता है। कभी-कभी ऐसे टकरावों को मात्र संगठनात्मक उपायों जैसे लोगों के कामों को भली प्रकार निश्चित करना ताकि कोई कर्मचारी दूसरे के कार्य अधिकार क्षेत्र में कदम न रख पाए।

तीसरी बात, उसकी टिप्पणी घोर लैंगिक पूर्वाग्रह बताता है। उसकी भाषा से लगता है कि उसके यह मान लिया है कि महिलाएँ इसी प्रकार लड़ती है। यह एक अवैध सामान्यीकरण है। कभी-कभी पुरूष भी इसी प्रकार लड़ते हैं। प्रबन्धकों व कर्मचारियों को ऐसे पूर्वाग्रह को दिमाग से निकाल देना चाहिए और ऐसी भाषा के प्रयोग से बचना चाहिए।

नेतृत्व (Leadership)

संगठनों में नेतृत्व का अर्थ लोगों तथा समूहों को प्रेरणा देना व उनका मार्गदर्शन करना है। प्रधान लोगों (leaders) को संगठन के लिए एक साझा भविष्यदृष्टि तथा मिशन बनाना चाहिए। भविष्य-दृष्टि (अपेपवद) बनाते समय इन्हें भागीदारी का बोध-जगाने के लिए अन्यों को भी उसमें शामिल करना चाहिए। अन्यथा भविष्य-दृष्टि में लोगों की निष्ठा नहीं होगी। भविष्य-दृष्टि प्रयोजन का बोध देती है, जो मनुष्य के प्रयास का प्रेरक होता है। तो लोग काम नहीं करेंगे यदि निष्क्रियता या लक्ष्यहीनता की भावना है, भविष्यदृष्टि का शानदार (या महान) होना जरूरी नहीं है। छोटे संगठन व समूह अपनी भविष्यदृष्टि छोटी रख सकते हैं। लेकिन किसी प्रकार की भविष्य-दृष्टि व्यक्ति के प्रयासों को एक दिशा देती हैं।

नेतृत्व का नैसर्गिक अर्थ, काम करने में अग्रणी होने का अर्थ देता है। पत्रकार लोग अवसर राजनेताओं को नेतृत्व करने और स्थिति पर नियंत्रण रखने के लिए कहते हैं। संगठन में कोई व्यक्ति नेतृत्व के नाम पर स्वयं को दूसरों पर नहीं थोप सकता-ना ही दूसरे लोग ऐसे कार्यों का समर्थन करेंगे। नेतृत्व संगठन में व्यक्ति की केवल स्थिति की विशेषता ही नहीं है। संगठन में सर्वोच्च स्थान प्राप्त कर लेने मात्र से कोई नेता (प्रधान) नहीं बन जाता। व्यक्ति को विशेष रूप से कठिन परिस्थितियों में काम करके तथा गलत सिद्ध हुए निर्णयों के लिए उत्तरदायित्व लेकर नेतृत्व के गुणों का प्रदर्शन करना पड़ता है। कठिन समय में दूसरों पर जिम्मेदारी डालना उचित नहीं ठहराया जा सकता। राजनेताओं को मामलों को वोट लेने के अर्थों में नहीं, किन्तु सभी सम्बंधितों से सलाह लेने के बाद और सभी सम्बंधित तकनीकी सूचनाओं की जाँच कर लेने के बाद ही प्रजातांत्रिक ढंग से निपटाना चाहिए।

संगठनों में ज्यादातर पद कमोवेश मात्रा में नेतृत्व के होते हैं। सबसे नीचे स्थान के सिवाय सभी पदों पर सुपरविजन (निगाह रखना) का काम शामिल रहता है। स्वाभाविक तौर पर, नीचे के स्तर पर निर्णयन सरल होगा जिसमें केवल कुछ ही लोग होंगे। तथापि, प्रबंधकों को पहल करनी होगी तथा समस्याओं के समाधान के लिए अधिक क्रियाशील होना होगा। किसी भी स्तर पर नेताओं को पसंद करने, न करने की बात नहीं करनी है। उन्हें हरेक के काम का मूल्यांकन व्यक्तिनिष्ठता एवं व्यक्तिगत पसंद और नापसंद से बचते हुए सरकारी मानदण्ड से करना चाहिए, सभी मातहतों को उन तक पहुँचने की सुविधा होनी चाहिए और चाटुकारों के घेरे से बचना चाहिए।

नेताओं (प्रधानों) को परिवर्तन के लिए उत्प्रेरक के तौर पर व्यवहार करना चाहिए। यह बात अब और अधिक महत्त्वपूर्ण हो गई है जब अनेक नए कार्यक्रम एवं नीतियाँ मैदान में उतारी जा रही हैं। नई या नव्य कार्य-पद्धतियों को बदल दिया है, रूटीन तय कर दिए हैं। नई प्रक्रियाओं में कुछ हैं जिन्हें 'लर्निंग कर्व्स' (Learning Curves) कहते हैं, जिन्हें लोगों को पार करना पड़ता है। इस प्रक्रिया में सीखने, कोशिश करने व आदत डालने की जरूरत है। इस प्रकार किसी कार्यालय का कम्प्यूटरीकरण तनाव पैदा कर देता है। युवाओं के विपरीत, जिन्होंने कम्प्यूटर चलाना सीख लिया है, अधेड़ आयु के कर्मचारियों को यह प्रक्रिया तकलीफदेह लगती है। इससे संगठनों का परिवर्तन के प्रति जड़ता का पता चलता है। संगठन के प्रधानों के लिए यह बहुत बड़ी चुनौती है, विशेष रूप से तब, जबकि दुनिया और कार्यस्थलों में तेजी से बदलाव हो रहे हैं।

प्रधान लोग (नेता) बदलावों को निम्नलिखित तरीकों से संभाल सकते हैं

- » उन्हें बदलाव की जरूरत को मानना चाहिए तथा उसके रास्ते में आने वाली रुकावटों को दूर कर देना चाहिए।
- » उन्हें दूसरों को समझना होगा कि अब यथास्थिति बनाए रखना लाभकारी क्यों नहीं है।
- » उन्हें बदलावों को जारी रखने के लिए बोलने वाला तथा खुला होना चाहिए और बदलाव को आगे बढ़ाने के लिए ग्रुप (समूह) बना लेना चाहिए।
- » उन्हें अपने कार्य-संपादन में नए तरीकों को अपनाना चाहिए तथा दूसरों के लिए मिसाल कायम करनी चाहिए।

मामला-9 (Case-9)

विशम्भर, एक विकासशील और क्रियाशील (happening) राज्य में यातायात आयुक्त था। राजस्व की हानि तथा वाहन पंजीकरण केंद्रों व टोल केन्द्रों में अनियमितताओं के बारे में लेखा-परीक्षा की टिप्पणी पर कार्यवाही करते हुए सरकार ने कम्प्यूटर प्रणाली व सी सी टी वी कैमरे लगवा दिए हैं। राज्य के मुख्यालय में सही समय के साथ आँकड़ों व चित्र स्थानान्तरण के साथ नियंत्रण कक्ष स्थापित किया गया। सरकार के भीतर व बाहर के निहित स्वार्थ वालों ने नई प्रणाली का जोरदार विरोध किया। विशम्भर ने अपने कॉलेज के दिनों में अंग्रेजी साहित्य पढ़ा था। उसे कम्प्यूटरों का बिल्कुल ज्ञान नहीं था। उसने अपने निकटस्थ सहयोगियों में स्वीकार किया कि नई प्रणाली का उसे सिर-पैर कुछ नहीं पता। सौभाग्य से उसके साथ कुछ अधिकारी थे जो आई आई टी में पढ़े थे। उसने सारा मामला उन पर छोड़ दिया। जब कभी उससे नियंत्रण कक्ष के कार्यों को देखने के लिए कहा जाता, वह मजाक में कह देता कि ये नए विचार युवाओं के लिए हैं और बूढ़े कुत्ते को नए खेल सिखाना मुश्किल है।

प्रश्न (Question)

उत्तर के निम्नलिखित विकल्पों में से किसी एक को चुनिए और किसी उत्तर को चुनने या अस्वीकार करने के कारण बताइए।

1. विशम्बर अति प्रत्युक्त (Over delegating) है। तकनीकी जरूरतों को विशेषज्ञ व्यवसायियों द्वारा प्रबंधित किया जाना चाहिए, लेकिन उसे यह जानना चाहिए कि प्रबन्धन की सोच से, परियोजना से सम्बन्धित प्रत्येक महत्त्वपूर्ण कदम या निर्णय क्या और क्यों?
2. विशम्बर वाली उत्तरदायित्वपूर्ण स्थिति (पद) में तो लीडर का यह कर्तव्य है कि विभाग में चल रही बड़ी परियोजनाओं के प्रति उसका भावनात्मक लगाव हो। इस परख में भी वह असफल रहा है।
3. सरकार ने साहित्य की शैक्षिक पृष्ठभूमि वाले अधिकारी को परिवहन आयुक्त जैसी गहन तकनीकी कार्य में तैनात कर भारी गलती की है।
4. केवल (1) तथा (2)।

परिचर्चा (Discussion)

पहला विकल्प ठीक है, क्योंकि विशम्बर के व्यवहार से यह स्पष्ट है कि उसने इस परियोजना से हाथ खड़े कर देने की सोच अपना ली है। वरिष्ठ प्रबंधकों को भी समस्याओं एवं चुनौतियों से संघर्ष करते हुए 'अपने हाथ गन्दे' करने पड़ते हैं। इस प्रक्रिया

में शामिल नए विषय (कम-से-कम बेसिक स्तर पर) सीखना और नई कुशलताएँ प्राप्त करना शामिल हैं। प्रत्यक्षत: विशम्बर अपने विभाग में आई टी एप्लीकेशन के लिए वह सब करने का अनिच्छुक है।

स्वाभाविक है कि परियोजना महत्त्वपूर्ण है जिससे विभाग में काम में पारदर्शिता, भ्रष्टाचार में कमी आने और सरकार का राजस्व बढ़ने की आशा है। वह अपने विभाग में आई टी एप्लीकेशन में आने वाली समस्याओं के बारे में सोचने से नहीं बच सकता क्योंकि कुछ आई आई टी वाले कर्मचारी हैं जो उसके लिए काम कर रहे हैं। इस प्रकार की योजना के न केवल तकनीकी आयामों पर विचार होना चाहिए अपितु अन्य बातों पर भी जैसे फार्मेट या प्रणाली तथा विभाग से दलालों का उन्मूलन। ये मामले सामान्य प्रशासन से सम्बन्धित हैं तथा लोगों के साथ आई टी का व्यवहार इन्हीं बातों से मार्ग-निर्देशित होगा। विशम्बर यह बात नहीं समझ रहा है कि जिस आदमी की आँखें और कान खुले हैं तथा जो आम आदमी की जिन्दगी से परिचित है, अच्छे वैब आधारित मंच के विकास (स्थापना) में कितना अधिक योगदान (सहायता) दे सकता है। वह ऐसा योगदान तब ही कर सकता है जब वह समझता है कि प्रौद्योगिकी (टैक्नोलॉजी) काम करती है। इस प्रयोजन के लिए उसे डिजाइन या सॉफ्टवेयर कोड राइटर बनने की जरूरत नहीं है। अत: इस संदर्भ में उसकी अपने हाथ परे रखने की सोच उसके जिम्मेदार व्यक्ति होने से दूर की बात है।

पिछले दो पैराग्राफों में की चर्चा को देखते हुए विकल्प (2) भी सही है।

उत्तर का विकल्प (3) निश्चित रूप से गलत है। सरकार में वरिष्ठ कार्यकारियों की नियुक्ति में शैक्षिक पृष्ठीभूमि प्रमुख सोच-विचार नहीं होना चाहिए। हाँ, कुछ काम के क्षेत्रों में असाधारण उपलब्धि पर विचार किया जा सकता है और किया भी जाना चाहिए। ऐसा कोई सिद्धान्त नहीं है कि विश्वविद्यालय में साहित्य और उदार कला की पृष्ठभूमि वाला व्यक्ति ऐसे विभाग में नहीं रखा जा सकता जिसमें आई टी गहनता वाली परियोजना हो। ऐसे अनेक विशिष्ट सिविल सेवक रहे हैं जिन्होंने उन क्षेत्रों में अपवाद रूप में अच्छा काम किया है जिसका उसे पिछला अनुभव कुछ भी नहीं था। यह सब प्रेरणा तथा भावनात्मक लगाव पर निर्भर करता है। पृष्ठभूमि कभी भी प्रबन्धन या सिविल सेवा में ऐसी बाधा नहीं रही है जिसे पार न किया जा सके। अत: उत्तर विकल्प (3) सही नहीं है अत: (4) ही सही है।

गरीबों के लिए कार्यक्रम (Programmes for the Poor)

अब तक हमने देखा है कि नए ज्ञान-आधारित वैश्विक व्यापारिक पर्यावरण में संगठनात्मक कुशलता बढ़ाने के लिए भावनात्मक समझ किस प्रकार जरूरी है। तथापि, दूसरा पहलू भी है जो वंचित वर्गों हेतु कल्याण कार्यक्रमों को निधारित मार्ग-निर्देशों के अनुसार लागू करते हैं। किंतु केवल मशीनी कुशलता ही इन कार्यक्रमों के सफल कार्यान्वयन के लिए पर्याप्त नहीं है। इन कार्यक्रमों की सफलता सुनिश्चित करने के लिए उन्हें निजी प्रतिबद्धता दिखानी होगी। उन्हें इसके लिए जी-जान से प्रयास करने होंगे। अनुसूचित जाति, अनुसूचित जनजातियों, महिलाओं तथा बच्चों के लिए बनाए कार्यक्रम इसी श्रेणी में आते हैं।

इन कार्यक्रमों को बनाना और कार्यरूप देना मुश्किल है। अन्य क्षेत्रगत कार्यक्रमों के विपरीत इनमें पर्याप्त अवस्थापन ( ), प्रतिबद्धता तथा ज्ञान-सम्पन्न कर्मचारियों की कमी होती है तथा इनमें भावी-दर्शन कम होता है। इनमें चमक-दमक नहीं होती। सरकारी कर्मचारी इन कार्यक्रमों को कार्यान्वित करना, अवस्थापना या उद्योग वालों से कहीं अधिक कठिन पाते हैं। यह बात सभी सामाजिक व गरीबी उन्मूलन कार्यक्रमों के लिए सत्य है। ग्राहक समूह गरीब, निरक्षर और असंगठित है। उद्योगपतियों या परियोजना डेवेलपर्स के विपरीत उनके पास न तो पहल-शक्ति (Initiative) है और न प्रेरणा है। उनके करने से सरकारी कर्मचारियों को किसी भी प्रकार का लाभ नहीं मिल सकता। सरकारी कर्मचारी अक्सर उन्हें परेशान कर देने वाला बोझ समझते हैं और अन्य विभागों में अपने तबादले की कोशिश करते हैं। यही वह मौका है जहाँ नौजवान अधिकारियों को अपनी निजी असुविधाओं के बावजूद आदर्शवादिता और करुणा प्रदर्शित करनी चाहिए।

मामला-10 (Case-10)

सेनगुप्ता विशाखापत्तनम में उप-प्रखण्डीय अधिकारी के पद पर कार्य कर रहा है। उसने अपनी बचपन की मित्र पूर्णिमा चटर्जी से विवाह किया। पूर्णिमा ने कॉलेज में फाइन आर्ट्स पढ़ा। वे शहर के बाहरी इलाके में समुद्र तट के पास रहते हैं। पूर्णिमा एक

सांस्कृतिक मंच (Forum) को पाकर खुश थी जो सांस्कृतिक उत्सवों व संगीत कार्यक्रमों का नियमित रूप से आयोजन करता रहता था। वह सभी कार्यक्रमों में उपस्थित रहती थी। उस मंच के प्रबंधक पूर्णिमा द्वारा दिखाई गई रुचि से प्रसन्न थे और उसकी खूब खातिरदारी करते थे। इस बीच सरकार ने दूरदराज के पिछड़े आदिवासी इलाके में सेवा के लिए वालन्टियर माँग लिए। सेनगुप्ता तथा कुछ अन्यों ने वालन्टियर बनना स्वीकार किया और उनका तबादला हो गया। पूर्णिमा बहुत परेशान हुई कि उसे विशाखापत्तनम छोड़ना पड़ेगा। विशेष रूप से उसे सांस्कृतिक कार्यक्रमों को छोड़ना पड़ेगा। उसने इस गलती के लिए सेनगुप्ता की लानत मलामत की।

प्रश्न (Question)

अन्तरंग अन्तर्वैयक्तिक सम्बन्धों के दृष्टिकोण से उत्तरों के निम्नलिखित विकल्पों की जाँच कीजिए और कारण सहित बताइए कि आप किसी विकल्प को क्यों स्वीकार करते हैं या अस्वीकृत करते हैं। एक से अधिक भी विकल्प चुन सकते हैं।

1. पूर्णिमा सही है; एक जनजातीय क्षेत्र में तैनाती हेतु वालन्टीयर करने में कोई समझदारी नहीं है। चुनौतियों और कठिनाइयों का मुकाबिला करते हुए किए गए अच्छे काम की प्रशंसा करने में सरकारें बहुत पिछड़ी है। यह बात भली प्रकार जानते हुए कि पूर्णिमा को विशाखापतनम में रहना अच्छा लग रहा है तब ऐसी स्थिति में क्यों पड़ना चाहिए?
2. सेनगुप्ता के व्यक्तित्व में आदर्शवादिता का सूत्र है, और नहीं तो वह ऐसी तैनाती के लिए अपनी इच्छा क्यों जाहिर करता (चुनता)। सेनगुप्ता की बचपन की मित्र होने के नाते पूर्णिमा को यह बात समझनी चाहिए थी।
3. सेनगुप्ता स्वार्थी और कैरियरवादी है। वह अपनी पत्नी की दिक्कतों की सोचे बिना ही सरकार की नजरों में आने की-कोशिश कर रहा है।
4. पूर्णिमा की निराशा समझ में आती है, तथापि, वह जीवन का केवल आधा पक्ष ही देख रही है। इस प्रकार के कैरियर में ऐसी असुविधाएँ और समुदाय से सम्पर्क की हानि बहुत सामान्य बात है। इसे इस स्थिति को शालीनता से स्वीकारना चाहिए।

परिचर्चा (Discussion)

पहले विकल्प (1) में स्थिति को पूर्णिमा के परिप्रेक्ष्य में देखा गया है। यह कहता है कि चूँकि सरकारें अधिकारी की निष्ठा और योगदान की प्रशंसा करने में सामान्यत: बहुत समय लेती है, अत: सेनगुप्ता को ऐसा चयन करने में कोई समझदारी नहीं है। यदि वह स्वेच्छया सहमति नहीं देता तो वह अच्छा रहता।

मानव प्रेरणा का यह विचार ज्यादा-से-ज्यादा ऊपरी ही है। कैरियर संबंधी चयन वाणिज्यिक लेन देन का आइना नहीं हो सकती। कभी-कभी अधिकारीगण ऐसा चयन करते हैं जिसमें उसकी बुनियादी सोच तथा जीवन के प्रयोजन का भाव दिखाई देता है। क्या हम नहीं जानते कि ऐसे भी कुछ प्रसिद्ध व्यक्ति हैं जिन्होंने समुदाय की सेवा के लिए सिविल सेवाएँ छोड़ दी। उनमें कुछ को प्रयासों के लम्बे वर्षों के बाद नाम और प्रसिद्धी मिली। आत्म-ज्ञान (Self-actualisation) की संकल्पना ऐसी प्रेरणा को शीघ्र ग्रहण कर लेती है। सेनगुप्ता में संभवत: गरीब आदिवासी समुदाय की सेवा करने की वास्तविक इच्छा होगी और भली भाँति मालूम है कि उसका यह योगदान उसे विशेष मान्यता (पहचान) दे सकता है। इस प्रकार विकल्प (1) मानवीय प्रेरणा का वस्तुगत विचार व्यक्ति नहीं करता और इसलिए सही नहीं है।

सेनगुप्ता के इस कार्य से पता चलता है कि वह कम-से-कम कुछ समय के लिए जनजातीय क्षेत्र में काम करना चाहता है। ऐसे क्षेत्र शहरी सुविधाएँ तथा जैसा कि हम सामान्य भाषा में समझते हैं, उच्च वर्ग के साथ सामाजिक मेलजोल की सुविधा नहीं दे सकते। तथापि, वे अलाभ प्राप्त भारतीयों के एक समूह की भलाई करने की पूरी अच्छी संभावना तो देते ही हैं। इसमें संदेहनहीं कि सेनगुप्ता ने करने योग्य उद्देश्य का समर्थन किया है। उसके इस चयन में उसके व्यक्तित्व में आदर्शवाद का सूत्र देखा जा सकता है। यह भी सच है कि पूर्णिमा को उसे बेहतर ढंग से जानना चाहिए था और कुछ समय के लिए आदिवासी क्षेत्र में रहने के लिए तैयार रहना चाहिए था। इस प्रकार यह कथन सही है।

(3) इस कथन में कोई दम नहीं है कि सेनगुप्ता यह चुनाव करके सरकार का ध्यान आकर्षित करना चाहता है। सरकार

की याददाश्त एक अकेले अधिकारी की ऐसी गुणवत्ता को दर्ज करने के लिए बहुत अल्प-कालिक जानी जाती है। सरकार के लिए तो यह सब रूटीन मामला ही है। यदि किसी व्यक्ति ने अपनी पसंद नहीं दी होती तो वे अपने सर्वोत्तम निर्णयन से किसी अधिकारी को चुनकर उस जगह तैनात कर देते। अत: यह कथन गलत है।

(4) यह सच है कि पूर्णिमा को तथ्यों व उनके पारिवारिक जीवन का होलिस्टिक परिबोध होना चाहिए था। सरकारी कर्मचारी एक स्थान पर ज्यादा दिन नहीं टिकते सिवाय उस समय के जब वे वरिष्ठ हो जाते हैं और राजय और/या राष्ट्रीय राजधानी की ओर खिंचते हैं। फिर भी, उसे यह समझ लेना चाहिए था कि विशाखापत्तनम में उसका रहना ज्यादा समय का नहीं हो सकता। सरकारी अधिकारियों का तबादला करते हुए सरकार उनकी प्राथमिकताओं (पसंदों) पर ध्यान नहीं देती। यह ऐसे ही होता है और अधिकारी गण सिविल सेवा में आते ही यह बात जान लेते हैं।

वह जरा-सी आधा ही देखने वाली (Myopic) भी है। पढ़ी-लिखी होने के कारण उसे जान लेना चाहिए था कि जन-जातीय इलाकों में सांस्कृतिक गतिविधियों को जारी रखने के भिन्न प्रकारें होती हैं। समय तथा खुले दिमाग से वह एक या दो ऐसे रास्ते खोज लेती और उसमें अपनी प्रबल प्रेरणा व ऊर्जा उसमें लगा सकती थी। उसे निराशा को स्वयं पर हावी नहीं होने देना चाहिए था। अत: यह कथन भी सही है।

समानुभूति (Empathy)

अब हम समानुभूति पर चर्चा करेंगे जो भावनात्मक समझ का सर्वाधिक महत्त्वपूर्ण पहलू है। यह वह गुण है जो सरकारी कर्मचारियों को गरीबों, वंचितों एवं आबादी के कमजोर वर्गों की समस्याओं को समझने-सुलझाने की क्षमता (योग्यता) देता है। यह मानव परोपरकारवाद तथा दूसरों के लिए चिंता के मूल में रहता है। इसका पूरी तरह से अभाव आपराधिक मनोरोगी व्यवहारों जैसे हत्यारों, बलात्कारियों और बालकों को उत्पीड़न करने वाले जैसों को जन्म देता है।

आत्म-जागरूकता (बोध) समानुभूति के द्वार खोल देती है। यदि कोई व्यक्ति अपने मनोभावों को नहीं समझ सकता तो वह शायद ही जान पाए कि दूसरों के मनोभाव क्या हैं। दूसरों के मनोभावों को समझने की यह अयोग्यता भावनात्मक समझ की उल्लेखनीय असफलता है। इसका अर्थ यह है कि व्यक्ति मानव, होने की अनुभूति से वंचित रह जाता है। दूसरों के साथ मेल-जोल बनाने और साथी मानवों के प्रति चिंता अनुभव करने के भाव, दूसरों के मनोभावों से स्वयं को मिलाकर ही या समानुभूति के लिए क्षमता से ही पैदा हो सकते हैं। समानुभूति या अन्यों के मनोभावों को पढ़ने की योग्यता अनेक कार्यों के लिए बहुत महत्त्वपूर्ण हैं, चाहे यह माता-पिता बनना हो, शिक्षा देना, बात-चीत करना (सौदेबाजी) या सरकार की नीतियों के बारे में गाँव वालों को बताना है।

साथी मनुष्यों में गहन ध्यानपूर्ण रुचि, समानुभूति का चिह्न (लक्षण) है। इसका मतलब दूसरों के निजी जीवन के बारे में अपूर्ण जिज्ञासा या उनके बारे में अनुचित गपबाजी नहीं है। साथ ही, हमें दूसरों के प्रति उदासीन या उनके अस्तित्व व उनके कल्याण पर ध्यान न देने वाला भी नहीं होना चाहिए। लेकिन इसका अर्थ यह है कि हमें उनको देखना चाहिए (ध्यान देना चाहिए) तथा उनके मन (mood) एवं भावनाओं का अनुमान लगाना चाहिए। लोगों की मनोदशा शारीरिक हावभाव से पता चलती है जैसे चेहरे के भाव तथा सामान्य अंग-संचालन, इंगित तथा भंगिमाएँ। इन पर ध्यान देने से हम उनके साथ विभिन्न परिस्थितियों में बेहतर ढंग से बात कर सकते हैं। इसका प्रयोजन उनकी मनोभावुक कमजोरी का लाभ उठाना नहीं है बल्कि उनकी बेहतर ढंग से मदद करने का है।

समानुभूति, दूसरे का ध्यान रखने वाले हमारे व्यवहार का आधार है। जॉन डोन्ने (John Donne) की एक पंक्ति इस प्रकार है "यह जानने की कोशिश कभी न करो कि घण्टा किसके लिए बज रहा है, यह तुम्हारे लिए ही बज रहा है (Never send to know for whom the tolls; it tolls for thee." सरल शब्दों में, इसका अर्थ है कि हमें दूसरों की तकलीफों को अपनी समझना चाहिए। समानुभूति दूसरे के साथ एक अनुभव करने का भाव है; यह विद्वेष के विपरीत है। यह भाव व दूसरों के लिए चिंता, नैतिक दुविधाओं में विकसित हो जाती हैं। क्या 'एक्स' को अपने दफ्तर की परेशानी अपनी गर्भवती पत्नी के साथ बाँट लेनी चाहिए या उसे चिन्ता से दूर रखना चाहिए।

समानुभूति में हम दूसरों की पीड़ा से द्रवित हो जाते हैं। जब कोई राहगीर दुर्घटनाग्रस्त हो जाता है तो हम उसकी मदद के लिए दौड़ पड़ते हैं। समानुभूति हमें आचरण व न्याय के उच्च सिद्धांतों की ओर ले जाती है। इस परिस्थिति में, हम स्वयं को दूसरे के स्थान पर रख देते हैं और उसके दृष्टिकोण से (परिप्रेक्ष्य) चीजों को देखते हैं। किसी अपराध के लिए दण्ड का विचार इसी प्रकार पैदा होता है। हम स्वयं को पीड़ित (शिकार) के साथ एकाकार कर लेते हैं और उसके दृष्टिकोण से अनुभव करते हैं कि उसकी पीड़ा को अपराधी को किए गए दण्ड से कम-से-कम अंशतः तो कम किया जाना चाहिए।

समानुभूति किसी संगठन में अपेक्षित सामाजिक कुशलताओं को पैदा करने के लिए पहला कदम है। समानुभूति हमें दूसरों की भावनाओं तथा दृष्टिकोणों (परिप्रेक्ष्य) को जानने एवं उनके हितों का सक्रिय रूप से अनुसरण करने योग्य बनाती है। इस प्रक्रिया में हम दूसरों को समझने लगते हैं। हम उनकी जरूरतों को समझते हैं और उनकी सहायता करते हैं। कारोबार के संदर्भ में यह ग्राहक की जरूरतों का अनुमान लगाने, समझने और पूरा करने में बदल जाती है। जैसाकि हमने पहले देखा, सेवा की यह प्रवृत्ति (उन्मूलन), गरीबों तथा कमजोरों पर केंद्रित सामाजिक व आर्थिक विकास के कार्यक्रमों के लिए बहुत उपयोगी होगी।

प्रबंधकों को अपने साथ काम करने वालों का ध्यान रखना पड़ता है और उनके विकास की जरूरतों का पालन करना पड़ता है। इस काम को करने के लिए समानुभूति का होना अनिवार्य है। इस काम का एक भाग मातहतों के अच्छे काम को मान्यता देना और उन्हें उपयुक्त ढंग से पुरस्कृत करना है। दूसरा भाग संगठन में उनके विकास के मार्ग की पहचान करना और उन्हें उस पर चलने में सहायता देना है। अंत में, मातहतों को सलाह, प्रतिक्रिया के साथ एवं चुनौतीपूर्व कार्यों के लिए नियुक्ति (काम सौंपा जाना) द्वारा मदद (समर्थन) दी जानी चाहिए।

यद्यपि यह आश्चर्यजनक लग सकता है, पर समानुभूति से प्रबंधकों को संगठन में राजनीतिक गत्यात्मकता का अनुसरण करने में मदद मिलती है। संगठन के भीतर की राजनीति, राष्ट्रीय राजनीति का हिस्सा नहीं है। यह बताती है कि किस प्रकार वरिष्ठ प्रबंधकों की सम्मिलित शक्ति, संगठनात्मक निर्णयन को प्रभावित करती है। इसका एक अर्थ संगठन में प्रमुख सामाजिक नेटवर्क्स को तथा उनकी कार्य पद्धति को मान्यता देना भी हो सकता है। इस जागरूकता से उन ताकतों की समझ भी बढ़ेगी जो ग्राहकों, सह-व्यवसायियों तथा प्रतिस्पर्द्धियों के विचारों और कार्यों का निर्माण करती हैं। इससे संगठन के भीतर तथा बाहर की वास्तविक स्थिति को ठीक-ठीक जानने में मदद मिलेगी। ये अंतदृष्टियाँ कार्पोरेट नीतियों एवं कार्यक्रमों को बनाने एवं कार्यान्वित करने के लिए महत्त्वपूर्ण हैं।

निष्कर्ष (Conclusion)

एक अर्थ में हमने भावनात्मक समझ के जिन संघटकों की चर्चा की हैं, उन्हें विशेषताएँ कहा जा सकता है। यह ऐसा शब्द है जिसका प्रयोग नैतिक दार्शनिकों ने प्राचीन समय से किया है। एक लेखक ने विशेषता (Character) को मनोवैज्ञानिक पेशी (ताकत) माना है जिसकी जरूरत नैतिक आचरण के लिए होती है। हम डेनियल गोलमैन (Daniel Goleman) के निम्नलिखित गद्यांश के साथ अपनी बात समाप्त कर रहे हैं जो इस अध्याय का सार-संक्षेप हो सकता है। "चरित्र की आधारशिला आत्म-अनुशासन है; सद्‌गुणी जीवन, जैसाकि अरस्तू के समय से दार्शनिकों ने कहा है, आत्म-नियंत्रण पर टिका है। चरित्र का एक महत्त्वपूर्ण आधार स्वयं को प्रेरित करने एवं मार्ग-निर्देशित करने की योग्यता है, यह चाहे गृह कार्य करने में, किसी काम को पूरा करने में या सुबह जल्दी उठने में हो। और जैसाकि हमने देखा है, पारितोषण को /स्थगित करने एवं क्रिया करने की इच्छा को नियंत्रित करने और सारणीबद्ध करने की योग्यता एक बेसिक भावात्मक कुशलता है; वह जिसे पहले कभी इच्छा कहा जाता था।" ....व्यक्ति के आत्म-केंद्रित ध्यान तथा आवेगों को अलग रख देने के सामाजिक लाभ होते हैं। यह समानुभूति का, वास्तव में सुनने का तथा दूसरे व्यक्ति के परिप्रेक्ष्य के साथ तादात्म्य स्थापित करने का मार्ग खोल देता है। समानुभूति, जैसाकि हमने देखा है, दूसरों का ध्यान रखने, परोपकार और सहानुभूति की भावनाओं को उत्पन्न करती है।"

मामला-11 (Case-11)

रोहिणी एक विश्व स्तर पर प्रतिष्ठित कारपोरेशन की विपणन प्रमुख है। आज शाम कारपोरेशन के बोर्ड ने निर्णय किया कि उसे तीन वर्षों के लिए मुख्य कार्यकारी तथा कार्पोरेशन के बोर्ड के प्रेसिडेण्ट के तौर पर नियुक्त कर दिया जाए।

स्वाभाविक है कि उसे मिली पहचान और सम्मान के कारण वह अतीव प्रसन्न थी- यद्यपि उसे अमरीका आए हुए केवल 18 वर्ष हुए थे। अपने चैम्बर में बधाई देने आए वरिष्ठ साथियों के साथ खुशनुमा बातचीत करने के बाद उसे घर पहुँचने में देर हो गई थी। उसने जब कार को गैराज में पार्क किया, उसने अपनी शिक्षित माँ, मालती को बड़ी-सी बालकनी में उसकी प्रतीक्षा करते देखा। रोहिणी ने खुशी भरे स्वर में कहा, "माँ, में बहुत बड़ी खबर तुम्हारे साथ बाँटने वाली हूँ।" मालती का उत्तर एकदम से आया, "रोहिणी, घर में दूध नहीं है। कम-से-कम कल के लिए, तुम अभी जा कर कुछ पैकेट उठा क्यों नही लातीं?"

रोहिणी को जरा आश्चर्य हुआ क्योंकि उसके पति अश्वथ को काफी पहले घर पहुँच जाना चाहिए था। जब उसने पूछा कि अश्वथ ने ऐसा क्यों नहीं किया क्योंकि उसे तो पहले ही देर हो चुकी थी, मालती ने रूखेपन से कहा कि अश्वथ आज थक रहा है और आराम कर रहा है।

रोहिणी अमरीका में कारपोरेट सीढ़ी में पहले ही उच्च स्थिति में थी और वे एक विशिष्ट इलाके में रहते थे। इसलिए दूध लेने के लिए पास के शहर जाना पड़ता और उसे घर में 45 मिनट और लग गए। घर आ जाने पर उसने मालती को खबर सुनाई। तथापि, मालती ने शालीन स्वर में उससे कहा कि स्त्री को अपने पति, बच्चों और माँ-बाप की देखभाल करनी चाहिए और यह अपरिहार्य है। अत: अच्छा हो यदि रोहिणी अपना 'ताज' कार्यालय में ही छोड़ आया करे और अच्छी बेटी बनी रहे, जो वह है।

प्रश्न (Question)

भावनात्मक बौद्धिकता के दृष्टिकोण से निम्नलिखित कथनों में से प्रत्येक की समीक्षा कीजिए और कारण देते हुए बताइए कि आप कथन से सहमत हैं या सहमत नहीं हैं। एक से अधिक विकल्प भी हो सकते हैं।

1. रोहिणी को अपनी माँ से ऐसे व्यवहार की आशा नहीं थी। उसे आते ही दूध लाने के लिए कहने से पहले मालती को कम-से-कम उस अच्छी खबर के प्रति जिज्ञासा की शालीनता दिखानी चाहिए थी जिसके लिए रोहिणी ने कहा था।
2. मालती ठीक करती है। व्यक्ति का पहला कर्त्तव्य उसके परिवार के सदस्यों के प्रति होता है।
3. मालती ने घटिया भावनात्मक योग्यता का प्रदर्शन किया है। अच्छी खबर सुनने के बाद भी रोहिणी को बधाई देने की बजाय बुद्धिमान आदमी की तरह उसे उपदेश दे दिया।
4. सकारात्मक भावनाओं की बहुत थोड़ी अभिव्यक्ति एवं निष्पादन व कर्त्तव्य के प्रति अभिभूतित संकेन्द्रण के साथ, भारतीय माता-पिता को रोबोटिक क्वालिटी की जरूरत है। मालती इसी प्रकार की संस्कृति का शिकार है।

परिचर्चा (Discussion)

कथन (1) निश्चित रूप से वैध है। रोहिणी कार्यालय से देर से लौटी थी और उसने कहा था कि उसे अच्छी खबर सुनानी है। परिवार का कोई भी समझदार सदस्य जानना चाहेगा कि अच्छी खबर क्या है। यह व्यावहारिक भावनातमक बौद्धिकता है- सीधी और सरल। दूध लाना कोई ऐसा बड़ा मुद्दा नहीं है। बात तब समझ में आती यदि कोई गंभीर रूप से बीमार हो जाए और उसे हॉस्पिटल ले जाने की जरूरत है। तब वह कार्य प्राथमिकता में आगे आ जाता एवं अच्छी खबर सुनना रूक सकता था। स्थिति ऐसी नहीं थी।

दूसरे कथन का पहला भाग गलत है। हाँ, परिवार के सदस्यों के प्रति कर्तव्य प्राथमिकता है। लेकिन वह कर्तव्य बुद्धिपूर्ण प्रकार होनी चाहिए। जीवन के आनन्द को बकाया रखते हुए दूध खरीदने जैसी मामूली बात को कर्तव्य के स्तर तक नहीं उठा देना चाहिए और जीवन को मशीनी नहीं बना देना चाहिए।

तीसरा कथन सही है। मालती एक पढ़ी लिखी महिला है, खबर सुनने के बाद उसे परिणामों की प्रशंसा करना (मानना) चाहिए था। अमरीकी समाज में काँच की छतों (वाली सीमाओं) को तोड़ना एक महिला कार्यकारी के लिए कोई साधारण उपलब्धि नहीं है। उपलब्धि विशेष रूप से उल्लेखनीय है क्योंकि कार्यकारी एक अप्रवासी है और उस पर गैर-मुल्की होने का बोझ है। एक

बार बढ़त हो जाए तो उसे इस बात पर गर्व होना चाहिए कि उसकी बेटी ने यह असाधारण कार्य किया है, जिसके लिए उसे रोहिणी को खूब बधाई देनी चाहिए। कर्त्तव्यों के बारे में बात करने की कोई जरूरत नहीं थी- कार्यालय के 'ताज' की तो बिल्कुल नहीं। यह व्यंग्य तो बिल्कुल ही बेतुका था।

चौथे कथन में सार है। निष्पादन एवं कर्त्तव्य पर जोर देना ठीक है। इसके साथ ही सकारात्मक मनोभाव- समर्थन, दोस्ती, समानुभूति एवं उपलब्धि के लिए खुशी को बाँटना बराबर महत्त्वपूर्ण हैं। पैमाना बीच में संतुलित होना चाहिए, किसी एक ओर न झुके। भारतीय माँ-बाप के कर्त्तव्य पूर्वाग्रह-ग्रसित है और यह पूर्वाग्रह संभवत: मालती के व्यवहार में प्रगट हुआ होगा।

सार संक्षेप

- 'भावनात्मक समझ वाली अभिव्यक्ति' स्वयं में ही अंतर-विरोधी प्रतीत होती है।
- दार्शनिकों ने मानव के मानसिक जीवन के दोनों पक्षों- भावनात्मक तथा बौद्धिकता- के बीच तीव्र द्विभागीकरण देखा।
- सरकारी कर्मचारियों को योग्यता के जिन सैटों की जरूरत है, उन्हें तीन विशिष्ट श्रेणियों में रखा जाता है जो यद्यपि अभेद्य नहीं होती हैं।
- ये हैं बौद्धिक योग्यताएँ (गणितीय व मौखिक योग्यताएँ वाली), नैतिक गुण तथा भावनात्मक समझ।
- 'बौद्धिक स्तर' (आई क्यू) परीक्षा में प्राप्त अंक है जो सामान्य योग्यता आबादी की तुलना में व्यक्ति की संज्ञानात्मक योग्यता को मापता है।
- बौद्धिक स्तर वाली परीक्षाएँ समस्याओं को हल करने एवं अवधारणाओं के समझने की सामान्य नापने के लिए बनाई हुई होती है।
- इनमें तर्कणा योग्यता, समस्या-समाधान योग्यता तथा चीजों (बातों) के बीच सम्बंधों को समझने की योग्यता एवं सूचना को निकालने और जमा कर रखने की योग्यता शामिल रहती है।
- सौ से अधिक वर्षों तक समझ का अर्थ बौद्धिक परीक्षाओं के प्राप्त अंक ही माने जाते रहे। उन्हें मानव बौद्धिकता (समझ) का पर्याप्त मापन माना जाता था।
- समझ का अर्थ बौद्धिक स्तर परीक्षा द्वारा दिखाए गए अनुसार संज्ञानात्मक कौशलों से लिया जाता है जिन्हें एक अंतर्जात अपरिवर्तनीय प्राकृतिक प्रतिभा माना जाता था।
- हावर्ड गार्डनर (Howard Gardener) ने समझ के मापन के लिए प्रयुक्त परंपरागत पद्धति पर एकल, एक-आयामी कुशलता तथा जीवन में सफलता की एक मात्र स्वर्ण कुंजी कहते हुए प्रश्न उठाए हैं।
- हावर्ड गार्डनर सामान्यत: मानी जाने वाली बौद्धिक कुशलताओं सहित समझ के सात प्रकारों की पहचान करता है।
- ये कुशलताएँ हैं: गणितीय/तर्कणा, भाषिक, स्थानिक कल्पना, काइनेस्थेटिक (Kinaesthetic) प्रतिभा-सम्पन्न, संगीत, अंतर्वैयक्तिक समझ तथा अंत:वैयक्तिक-समझ।
- भावनात्मक समझ मुख्यत: 'निजी समझ' की बात करती है जो अन्य लोगों के साथ व्यवहार में एवं अपने जीवन को बुद्धिमत्ता से व्यवस्थित करने में मदद करती है।
- दो मनोवैज्ञानिकों, पीटर सॉल्वे (Peter Solve) तथा जॉन मेयर (John Mayar) ने 1990 में भावनात्मक समझ का विस्तृत सिद्धांत दिया।
- डेनियल गोलमैन (Daniel Goleman) ने भावनात्मक समझ की संकल्पना पाँच मुख्य पहलुओं के आधार पर की है: आत्म-बोध, आत्म-विनियमन, प्रेरणा, समानुभूति तथा सामाजिक कुशलताएँ।

- हाल ही के वर्षों में भावात्मक समझ, प्रबंधन अध्ययनों में प्रमुख विषय बन गया है। इसका उद्‌भव, सोच में एक भारी बदलाव है। यह कारोबार के कार्य पर्यावरण के आमूल बदलाव से उत्पन्न हुआ है।
- भूमण्डलीकरण एवं सूचना प्रौद्योगिकी की दोहरी शक्तियों ने कारोबार के कार्य पर्यावरण को आमूल परिवर्तित कर डाला है। इस बदलाव ने संगठनों के भीतर भावनात्मक पर्यावरण को भी बदल दिया है।
- प्रबंधक अब दबंग होकर या अपने मातहतों पर हुक्म चलाकर काम नहीं करवा सकते। उनमें अंतर्वैयक्तिक कुशलताओं का सद्‌गुण होना चाहिए।
- किसी भी संगठन में काम, मिल-जुल कर टीम बनाकर किया जाता है। आजकल टीमों का गठन ज्ञान-सम्पन्न कर्मियों को लेकर किया जाता है जिनमें विशेषज्ञता वाली कुशलता होती है। इन परिस्थितियों में, प्रबंधकों को सामाजिक कुशलतओं पर निर्भर रहना पड़ता है।
- काम की आलोचनात्मक समीक्षा किसी भी संगठन में सामान्य गतिविधि है।
- लेकिन मातहतों के काम की देखरेख करने में प्रबंधकीय व्यवहार में सामान्य दुष्क्रियाएँ शामिल हो जाती हैं।
- हैरी लेविन्सन (Harry Levinson) का कहना है कि मातहतों के द्वारा किए गए काम की आलोचना, विशिष्टता, समस्याओं का हल बताते हुए, आमने-सामने की बातचीत एवं समानुभूति के कारकों के आधार पर रचनात्मक ढंग से की जानी चाहिए।
- ज्ञानयुक्त काम के साथ, टीम एक कार्य-यूनिट के तौर पर व्यक्ति के स्थान पर आ जाती है। परिणामस्वरूप, सौहार्द्रपूर्ण सामूहिक कार्य करने को बढ़ावा देने वाली कुशलताओं से युक्त भावनात्मक समझ बहुत महत्त्वपूर्ण हो गई है।
- ऐसे संगठनों में अग्रलिखित कौशल महत्त्वपूर्ण हैं: प्रभाव, संप्रेषण, टकराव प्रबंधन, नेतृत्व, परिवर्तन के लिए उत्प्रेरक बनना।
- हमने इन कुशलताओं का सार वर्णन में दे दिया है। विद्यार्थी उसे देख सकते हैं।
- सरकारी कर्मचारियों को वंचित समूहों के लिए बनाए गए कल्याण कार्यक्रमों को लागू करने में निजी प्रतिबद्धता दिखाने की जरूरत है।
- समानुभूति, भावनात्मक समझ का मूलभूत पहलू है। यह वह गुण है जो सरकारी कर्मचारियों को गरीबों, वंचितों एवं आबादी के कमजोर वर्गों की समस्याओं को सुलझने-सुलझाने की क्षमता (योग्यता) देता है।
- समानुभूति या अन्यों के मनोभावों को पढ़ने की योग्यता अनेक कार्यों के लिए बहुत महत्त्वपूर्ण हैण चाहे यह माता-पिता बनना हो, शिक्षा देना, बातचीत करना (सौदेबाजी) या सरकारी की नीतियों के बारे में गाँव वालों को बताना हो।
- समानुभूति, अन्यों के बारे में सोचने वाले व्यवहार का मूल है।
- समानुभूति किसी संगठन में अपेक्षित सामाजिक कुशलताओं को उत्पन्न करने का पहला कदम है।

अभ्यास प्रश्न

1. 'भावनात्मक समझ' अभिव्यक्ति एक अंतर-विरोधी शब्द है" टिप्पणी कीजिए।
2. भावनात्मक समझ को स्पष्ट कीजिए।
3. भावनात्मक समझ के व्यापक संघटक कौन-से हैं?
4. बौद्धिक स्तर सोच तथा भावनात्मक समझ सोच में यथा प्रयुक्त 'समझ' की अवधारणाओं के बीच अंतर स्पष्ट कीजिए।
5. हावर्ड गार्डनर द्वारा भावनात्मक समझ में शामिल किए गए समझ के 7 प्रकार कौन-से हैं।

6. कुशलताओं के वे कौन-से सात सैट हैं जिनकी सरकारी कर्मचारियों को जरूरत है?
7. डेनियल गोलमैन ने भावनात्मक समझ के अपने सिद्धांत में जिन पाँच संघटकों को शामिल किया है, उनके बारे में संक्षेप में बताएँ।
8. सामाजिक कुशलताओं ने कार्यस्थल पर नया महत्त्व कैसे प्राप्त कर लिया है?
9. "भावनात्मक समझ में अनेक रुचिकर विचार हैं। तथापि, उनकी व्यावहारिक उपयोगिता थोड़ी सी ही है।" चर्चा कीजिए।
10. भावनात्मक समझ, भारत में सरकारी कर्मचारियों की सहायक किस प्रकार हो सकती है?
11. परिवार की दो ऐसी परिस्थितियों की संक्षेप में चर्चा कीजिए। जिसमें भावनात्मक समझ मददगार हो सकती है।
12. भावनात्मक समझ में समानुभूति की क्या भूमिका है?
13. 'दबाव आदमी को मूर्ख (मूढ़) बना देता है। आलोचनात्मक विश्लेषण कीजिए।
14. "नेतृत्व, प्रबलता नहीं है अपितु एक साझे ध्येय के लिए काम करने हेतु लोगों को तैयार करने की कला है" टिप्पणी कीजिए।
15. संक्षेप में स्पष्ट कीजिए कि उद्योग में ज्ञान-युक्त कर्मचारियों की पूर्व-प्रधानता ने भावनात्मक समझ के प्रयोग की जरूरत को बढ़ा दिया है।
16. एक संगठनात्मक नेता के मुख्य गुण कौन-से हैं?
17. समानुभूति किस प्रकार गरीबों व जरूरतमंदों हेतु कल्याण कार्यक्रमों को कार्यान्वित करने में सरकारी कर्मचारियों की मदद कर सकता है?
18. निम्नलिखित पर संक्षिप्त टिप्पणी लिखिए-
    - (i) अंत:वैयक्तिक समझ;
    - (ii) अंत:वैयक्तिक समझ;
    - (iii) प्रेरणा;
    - (iv) आत्म-बोध (जागरुकता);
    - (vi) आत्म-विनियमन;
    - (vi) समानुभूति
    - (vii) हल्के कौशल;
    - (viii) सामूहिक बौद्धिक स्तर;
    - (ix) ज्ञानयुक्त कर्मी;
    - (x) टकराव (विवाद) प्रबंधन;
    - (xi) सामाजिक कुशलताएँ
    - (xii) निजी कुशलताएँ;
    - (xiii) बौद्धिक स्तर; तथा
    - (xiv) कार्य दल

संदर्भ

- डेनियल गोलमैन- इमोशनल इण्टैलिजेन्स
- डेनियल गोलमैन- वर्किंग विद इमोशनल इण्टेलिजेन्स
- पीटर सालोवे (Peter Solovey) तथा जॉन डी मेयर: इमोशनल इण्टैलिजेन्स (लेख इण्टरनेट पर उपलब्ध हैं)

अध्याय 20

अंतर्राष्ट्रीय नैतिकता (International Morality)

परिचय (Introduction)

अंतर्राष्ट्रीय नैतिकता का अर्थ, राष्ट्रों के बीच संबंधों के नियमन हेतु नैतिकताओं या आचार संहिताओं से है। आज का संसार अनेक, स्वतंत्र क्षेत्रीय समुदायों में बँटा है। वे अंतर्राष्ट्रीय राजनीतिक व्यवस्था बनाते हैं, इन्हें कभी-कभी अंतर्राष्ट्रीय विधिक व्यवस्था कहते हैं। इस व्यवस्था की मूल विशेषता राष्ट्रों की 'प्रभुसत्तासम्पन्न समता' है। प्रभुसत्तासम्पन्न समता की वर्तमान अवधारणा मुख्यतः यूनाइटेड नेशन्स चार्टर से ली गई है।

प्रभुसत्ता–सम्पन्नता (Sovereignty)

'प्रभुसत्ता-सम्पन्नता' राजनीतिक सिद्धांत का शब्द है। यह एक राष्ट्र द्वारा, अपने राजनीतिक समुदाय के पिण्डीकरण (embodiment) के तौर पर प्राप्त सर्वोच्च प्राधिकार या शक्ति है। प्रभुसत्ता-सम्पन्नता लोगों की इच्छा को प्रस्तुत करती है जो सिद्धांत रूप से सर्वोच्च व निर्बाध है। यह सर्वोच्च राजनीतिक प्राधिकार है जिसका प्रयोग राष्ट्र द्वारा अपनी सीमा के भीतर किया जाता है। राष्ट्र इन शक्तियों का प्रयोग, अन्य राष्ट्रों के किसी प्रकार के प्रतिबंधों के बिना करते हैं। यह राजनीतिक स्वतंत्रता का अर्थ है।

इन अर्थों में राष्ट्र को, सरकार से अलग करके देखना होगा। सरकारें अस्थायी होती हैं और एक निर्दिष्ट अवधि के लिए शासन में रहती हैं; और गणतांत्रिक व्यवस्था में, चुनावों के बाद पुरानी के स्थान पर नई सरकार आ जाती है। तथापि, राष्ट्र स्थायी होता है वह तब तक जीवित रहता (बना रहता) है जब तक कि वह राजनीतिक समुदाय जीवित रहता है जिसका यह प्रतिनिधित्व करता है।

राजनीतिक सिद्धांत-शास्त्री प्रभुसत्ता-सम्पन्नता का सामान्यतः तीन संदर्भों में प्रयोग करते हैं। अंतर्राष्ट्रीय विधिक परिप्रेक्ष्य से यह पारस्परिक मान्यता के अर्थ देता है जो अंतर्राष्ट्रीय राजनीतिक व्यवस्था में राष्ट्र एक-दूसरे को देते हैं। राष्ट्र की घरेलू (Domestic) नीति के संदर्भ में, यह विधिक व संवैधानिक प्राधिकार के सर्वोच्च स्रोत का अर्थ देता है। अनुभाविक दृष्टि से (Empirically) इसका अर्थ गतिविधियों के विभिन्न क्षेत्रों पर एकपक्षीय नियंत्रण का प्रयोग तथा नीतियों को एकपक्षीय रूप से बनाने की प्रभावी क्षमता से है।

राष्ट्र तथा सरकार (Nation and State)

राजनीतिक सिद्धांत-शास्त्री 'राष्ट्र' (Nation) तथा 'सरकार'/(शासन (State) के बीच अंतर करते हैं। राष्ट्र एक समूह है जो स्वयं को 'लोग' की तरह सोचता है, सामान्यतः इसलिए कि उनमें कई बातें समान होती हैं। इनमें साझे वाली सीमा, इतिहास, संस्कृति,

भाषा, धर्म तथा जीवन-शैली शामिल होती है। सरकार प्रशासन का अर्थ जरा संकुचित होता है जो उन संवैधानिक प्रबंधों को बताता है जो यह तय करता है कि राष्ट्र को कैसे शासित किया जाए। या 'सरकार शासन' सरकार की उस मशीनरी को बताता है जो एक निश्चित सीमा क्षेत्र में जीवन की व्यवस्था करता है। इस प्रकार हम आस्ट्रियन शासन व आस्ट्रियन राष्ट्र लोगों, के बीच या थाइलैंड शासन तथा थाइलैंड (लोगों) राष्ट्र के बीच अंतर कर सकते हैं।

आधुनिक राष्ट्र, ज्यादातर राष्ट्र-राज्य हैं। राज्य प्राचीन काल से अस्तित्व में रहे हैं। तथापि, इतिहास में आधुनिक काल से पहले देश ज्यादातर साम्राज्य या राजतंत्र थे जो राष्ट्रवाद के बोध के स्थान पर शासक वंश के प्रति स्वामीभक्ति से एक-साथ बँधे थे। इतिहासकार राष्ट्रवाद का तो नहीं, राष्ट्र-राज्यों का उदय अठाहरवीं शताब्दी से मानते हैं। राष्ट्र-राज्यों के लिए पहले आंदोलन इटली तथा जर्मनी में हुए और बाद में विश्व के अन्य भागों में फैल गए। राजनीतिक विचारक 'राष्ट्र देश' और राज्य शब्दों के बीच अंतर करते हैं। एक राष्ट्र के बारे में बात करते हुए, जोर उस सामान्य परंपरा पर रहता है जिसमें देश के लोंग साझीदार होते हैं और जो उनके राष्ट्रीयता या राष्ट्रत्व के बोध का आधार बनते हैं।

कुछ लेखकों का तर्क है कि कुछ देश, जैसे अमरीका, आस्ट्रेलिया तथा कनाडा अनेक राष्ट्रों से बने हैं और वे 'बहुराष्ट्रीय' समाज हैं। वे समाज जिनमें बहुत अधिक अप्रवासन (immigration) हैं, बहु-राष्ट्रीय माने जाते हैं। बहु-राष्ट्रीय देशों में विभिन्न समूहों में गृह युद्ध (Civil War) होने की आशकाएं रहती हैं। यह बात हाल के वर्षों में केंद्रीय अफ्रीका के बारे में विशेष रूप से सत्य साबित हुई है जहाँ विभिन्न लोग सरकार का नियंत्रण पाने के लिए लड़ते रहते हैं या वर्तमान सरकार से सम्बंध विच्छेद कर लेते हैं। जैसाकि हम देखेंगे, यह प्रश्न हमें अंतर्राष्ट्रीय नैतिकता के मुद्दों तक ले जा सकता है। आम बोलचाल की भाषा में 'राष्ट्र' (Nation) तथा देश (Country) समानार्थक शब्दों की तरह प्रयोग किए जाते हैं। इस अध्याय में हम अदल-बदल कर तीन शब्दों का प्रयोग करेंगे-राष्ट्र (Nation), राज्य (State) तथा देश (Country) । तथापि, हमें याद रखना होगा कि राष्ट्र तथा राज्य (State) में अवधारणात्मक अंतर है।

राज्य की प्रकृति चाहे कैसी भी हो, इसका सामान्यत: अन्य राज्यों से सम्बंध रहते ही हैं; ये विदेशी सम्बंध या अंतर्राष्ट्रीय सम्बंध के नाम से जाने जाते हैं। एक देश के अन्य देशों से सम्बंध उसकी विदेश नीति से निश्चित होते हैं। विदेश नीति का देश की कूटनीति से निकट सम्बंध है। देश की विदेश नीति को इसकी घरेलू या आंतरिक नीति से अलग देखा जाता है। इस प्रकार, स्वास्थ्य या प्राथमिक शिक्षा के लिए देश की नीति, इसकी आंतरिक या घरेलू नीति का भाग है। लेकिन एक देश किसी दूसरे देश के साथ सैनिक व्यवस्था से जुड़ेगा या नहीं यह उसकी विदेश नीति के द्वारा तय किया जाएगा। तथापि, देश की घरेलू और विदेशी नीतियों के बीच अंतर-निर्भरता रहती हैं। इन प्रारंभिक बातों के बाद, हम अंतर्राष्ट्रीय नैतिकता से जुड़े मुख्य प्रश्नों पर चर्चा करेंगे।

अंतर्राष्ट्रीय नैतिकता (International Morality)

अंतर्राष्ट्रीय नैतिकता ऐसा विषय है जिस पर दार्शनिक, इतिहासकार तथा राजनीतिक विचारक प्राचीनकाल से चर्चा करते आए हैं। मानव का इतिहास रक्त-रंजित रहा है। इसमें युद्ध, आक्रमण, नरसंहार तथा लूटमार रहे हैं। युद्ध पाशविक तथा घृणित, अक्सर बर्बर हत्याओं के रहे हैं। वे मानव इतिहास के केंद्र में रहे हैं तथा पराजित देशों में जबरन सामाजिक परिवर्तन लाए हैं। उन्होंने ही प्राचीन काल के मानवीय व विचारशील विद्वानों को नैतिकता के बारे में सोचने के लिए विवश किया जिनहें आदर्श रूप से राष्ट्रों के बीच सम्बंधों को मार्ग-निर्देशित करना चाहिए।

एक विषय के तौर पर अंतर्राष्ट्रीय नैतिकता, अंतर्राष्ट्रीय सम्बंधों के क्षेत्र में आती है जो उन शक्तियों का अध्ययन है जो राष्ट्रों के एक-दूसरे के प्रति आचरण का निर्माण करती हैं। अंतर्राष्ट्रीय सम्बंधों का अध्ययन इतिहास या और अधिक सिद्धांत रूप में राजनीति शास्त्र के भाग के रूप में किया जा सकता है। अनेक लेखक अपने अध्ययनों में सैद्धांतिक व ऐतिहासिक सोचों को मिला देते हैं। नीति-शास्त्र के अनुशासन से प्राप्त पूरी जानकारी का प्रयोग अंतर्राष्ट्रीय नैतिकता के अध्ययन में किया जाता है।

अंतर्राष्ट्रीय सम्बंधों का अध्ययन तीन दृष्टिकोणों से किया जा सकता है। एक परिदृश्य में सादे तथ्यात्मक पहलुओं पर ध्यान रहता है।- राष्ट्र एक-दूसरे के साथ वास्तव में किस प्रकार व्यवहार करते हैं और उनके व्यवहार के पीछे प्रेरणाएँ क्या रहती हैं। दूसरे में, व्यक्ति राष्ट्रों के प्रति व्यवहार के प्रकारों का निर्धारण करने हेतु आदर्शक रूप से अंतर्राष्ट्रीय सम्बंधों का अध्ययन कर सकता है। अंत में, अंतर्राष्ट्रीय सम्बंधों का अध्ययन सरकारों को यह सलाह देने के लिए किया जा सकता है कि वे विदेशी संबंधों को किस प्रकार राष्ट्रीय हितों में सर्वोच्च ढंग से चला सकते हैं। हर प्रकार से नैतिक पहलु इन विभिन्न सोचों (विचारों) में शामिल हो जाते हैं। और इसके अतिरिक्त, इन सभी अध्ययनों में लेखकगण अनेक सिद्धांतों का प्रयोग करते हैं।

अध्याय में लिए गए विषय (Topics Covered)

इस अध्याय में हम निम्नलिखित विषयों पर चर्चा करेंगे-

» अंतर्राष्ट्रीय सम्बंधों के सिद्धांत एवं अंतर्राष्ट्रीय नैतिकता से उनका सम्बंध।

» अंतर्राष्ट्रीय नैतिकता के संघटक।

» युद्ध के संदर्भ में नैतिकता।

» कुछ प्रमुख अंतराष्ट्रीय समस्याओं के नैतिक पहलू।

» अंतर्राष्ट्रीय आर्थिक समस्याओं के नैतिक आयाम।

» भारत की विदेश-नीति के नैतिक आधार।

अंतर्राष्ट्रीय सम्बंधों के सिद्धांत (Theories of IR)

अंतर्राष्ट्रीय सम्बंधों के मुख्य सिद्धांत हैं: यथार्थवाद (realism), 'आदर्शवाद (idealism), उनके भिन्नक (Varities) तथा अन्य मतों से प्राप्त विचार-समूह। सर्वाधिक प्रमुख सिद्धांत है' यथार्थवाद तथा आदर्शवाद, इन दोनों का दीर्घ इतिहास है। नव-यथार्थवाद एवं नव-उदारवाद, बीसवीं शताब्दी में लोकप्रिय हो गए हैं। आधुनिकतावादेतर एवं नारी आंदोलन के सिद्धांतों ने भी अतर्राष्ट्रीय सम्बंधों के कुछ सिद्धांतों को प्रभावित किया है।

यथार्थवाद तथा आधुनिक परम्परा के आलोचक (Realism and Critique of the Moral Tradition)

यथार्थवाद एक प्राचीन सिद्धांत है: इसकी वंश परंपरा थूचिदिदेस (Thueydides), मैकियावेली (Machiavelli) तथा हॉब्स (Hobbes) तक पहुँचती है। थूचिदिदेस (460-411 बी. सी.) ने पेलोपोनेशियन युद्ध का इतिहास लिखा- एक युद्ध जो 431 से 404 बी. सी. तक एथेन्स तथा स्पार्टा ने लड़ा। थूचिदिदेस ने यथार्थवाद की सामान्य विषय-वस्तु को स्पर्श किया है। ऐथेन्स वाले आत्म-हित को नैतिकता से अधिक प्राथमिकता देने की पुष्टि करते हैं। उनका कहना है कि सही और गलत के विचार 'लोगों को बेहतर शक्ति द्वारा प्रदत्त विवर्धन से प्राप्त अवसरों से मुँह नहीं मोड़ने देते हैं।' 'द हिस्ट्री ऑफ येलोपोत्रेजिम वार' (The History of Peloponnesin War) में यथार्थवाद एवं आदर्शवाद के हिमायतियों के बीच हुए वार्तालाप दिए गए हैं। थूचिदिदेस दोनों में से किसी भी पक्ष का समर्थन बिना सावधानी के नहीं करता है। वह दोनों को ही- 'अंतर्राष्ट्रीय राजनीति पर निष्कपट (भोले) सपने देखने' तथा अन्य हानिकारक अतियों: अनियंत्रित व्यंग्य' के प्रति सावधान रहने की चेतावनी देता है। एक शासक को बाहरी शत्रुओं से होने वाले खतरों का वास्तविक आकलन करना चाहिए और रक्षा के उपाय करने चाहिए। उसे अन्य शासकों की सद्भावनाओं पर यूँ ही विश्वास नहीं कर लेना चाहिए। साथ ही, शासक को अच्छे व्यवहार का पालन करना चाहिए। उसे कमजोर राज्यों पर आक्रमण नहीं करना चाहिए और उन्हें अपने राज्य में नहीं मिला लेना चाहिए।

नैतिक परम्परा के आलोचक (Critique of the Moral Tradition)

आदर्शवाद, राजनीति में नैतिक दृष्टिकोण की या 'क्या होना चाहिए' की वकालत करता है। प्लेटो, अरस्तू और सिसेरो, ये सभी राजनीतिक आदर्शवादी थे, का मानना है कि कुछ सार्वभौमिक नैतिक मूल्य हैं जिन्हें राजनीतिक जीवन का आधार बनाया जा सकता

है। इस विचार का समर्थन ईसाइयत करती है। मैकियावैली (Machiavelli) के समय में राजनीतिक विचारकों का विश्वास था कि राज्यों के बीच सम्बंधों सहित राजनीति, सद्गुण-सम्पन्न होनी चाहिए और यह कि युद्ध भी नैतिक मानकों के अधीन होने चाहिए।

'द प्रिंस' में मैकियावेली (Machiavelli) कल्पना वाले के स्थान पर मामले के प्रभावशील सत्य को खोजता है। आधुनिक शब्दों में, शासकों को कठोर वास्तविकताओं (यथार्थों) का सामना करना पड़ता है और सपनों के पीछे भागने से बचना पड़ता है। वह लोगों व देशों, दोनों को सम्पन्न व सुदृढ़ (ताकतवर) बनाने के लिए व्यावहारिक आदेश बनाए हैं। मैकियावेलीवाद, राजनीतिक यथार्थवाद का अतिवादी प्रकार है। यह राजनीति में नैतिकता की प्रासंगिकता को नकारता है और कहता है कि विशिष्ट राजनीतिक लक्ष्यों को प्राप्त करने के लिए सभी साधन (नैतिक हों या अनैतिक) उचित हैं। यह उद्देश्य (raison detat) का सिद्धांत है जिसका अर्थ है कि शासकों को वही करना चाहिए जो राज्य (देश) के लिए अच्छा हो, नैतिक संकोच या मानदण्ड को नहीं।

उन्नीसवीं शताब्दी में हीगल तथा त्रातस्की (Hegal and Teritschke) ने मैकियावेली (Machiavelli) के यथार्थवाद को और आगे अतियों तक बढ़ा दिया एवं इसे अंतर्राष्ट्रीय सम्बंधों से जोड़ दिया। हीगल के इस कथन कि- 'राज्य के लिए अपने आप को बनाए रखने से बढ़कर कोई कर्तव्य नहीं है' से अन्य राज्यों की तुलना में अपने हितों और लाभों को बढ़ाने के लिए नैतिक मंजूरी मिल गई। त्रातस्की के लिए राज्य शक्ति था; इसे समकक्ष स्वतंत्र शक्तियों के सामने स्वयं को अपने अधिकार पर दृढ़ रहने वाला होना चाहिए तथा उसका सर्वोच्च कर्त्तव्य अपनी शक्ति को बनाए रखना होना चाहिए। राज्यों को अंतर्राष्ट्रीय करारों का पालन तब ही करना चाहिए जब ऐसा करना अनिवार्य हो। ये विचार, राजनीति के प्रति नैतिक सोच के विपरीत यथार्थ राजनीति या एक निर्दयी यथार्थवादी एवं अवसरवादी का भाग हैं। यथार्थ-राजनीति (Real Politik) एक राष्ट्रीय नीति है जिसका एकमात्र सिद्धांत-राष्ट्रीय हित को बढ़ाना है। परंपरागत नैतिकता को नकार दिया गया तथा शक्ति राजनीति (Power Politics) को 'उच्चतर' या नैतिकता के भिन्न प्रकार से जोड़ा गया।

आधुनिक यथार्थवादी विचारकों के अनुसार सम्मिलित नियम-निर्माण तथा लागू करने के प्राधिकरण के न होने के कारण अंतर्राष्ट्रीय क्षेत्र अनिवार्यत: एक स्वयं-सेवा (Self-help) प्रणाली है। प्रत्येक राज्य को अपने अस्तित्व को बनाए रखना है, अपने हितों को निश्चित करना है और शक्ति का अनुसरण करना है। अराजकता (जिसका यहाँ अर्थ ऐसे प्रभावी निकाय के न होने से है जो प्रभुसत्ता-सम्पन्न राष्ट्रों के आचरण को विनियमित कर सकता है) ऐसी स्थिति पैदा करती है जिसमें मुख्यत: शक्ति ही अंतर्राज्य संबंधों को शक्ल देती है।

यथार्थवादियों के लिए राज्यों (राष्ट्र) की दुनिया अराजकता वाली है तथा सुरक्षा, किसी भी राज्य का दमनकारी ध्येय है। इस प्रयोन के लिए राज्य अपनी शक्ति बढ़ाने की कोशिश करते हैं एवं संभावित हमलों को टालने के प्रयोजन के लिए शक्ति-संतुलन में लगे रहते हैं। युद्ध प्रतिस्पर्द्धी राष्ट्रों को सत्य दृष्टि से बलशाली होने से रोकने के लिए लड़े जाते हैं। यह शक्ति के संतुलन की प्रसिद्ध अवधारणा है।

यथार्थवादी, अंतर्राष्ट्रीय राजनीति में नैतिकता की प्रासंगिकता पर संदेह करते हैं। इससे सामान्यत: वे अग्रलिखित निष्कर्षों पर पहुँचते हैं: अंतर्राष्ट्रीय सम्बंधों में नैतिकता के लिए कोई स्थान नहीं है: नैतिकता एवं राष्ट्र के अंतर्राष्ट्रीय सम्बंधों को सफल रूप से चलाना परस्पर विरोधी है; राज्यों की नैतिकता, रिवाजों वाली नैतिकता से भिन्न है; तथा नैतिकता, यदि कोई है, तो केवल राज्यों के आचरण को सही ठहराने में सहायक है। यथार्थवाद का सिद्धांत घरेलू राजनीति पर भी लागू किया जा सकता है। घरेलू क्षेत्र में, यथार्थवाद राजनीति को सामान्यत: हितों के टकराव तथा शक्ति के लिए संघर्ष के तौर पर मानता है; तथा नैतिकीकरण के स्थान पर सामान्य समूहों एवं निजी हितों को मानने का प्रयास कर शांति चाहता है।

राजनीतिक विचारक, विवरणात्मक व आदेशात्मक (Presciptive) यथार्थवाद के बीच अंतर करते हैं। विवरणात्मक यथार्थवाद का मानना है कि वास्तविक दुनिया में राज्य नैतिकता से व्यवहार नहीं करते। या तो उनमें नैतिक प्रेरणा की कमी होती है या वे प्रतिस्पर्द्धी संघर्ष के कारण नैतिकता के साथ व्यवहार नहीं कर पाते हैं। अंतर्राज्यीय विवाद पर केंद्रित नैतिक बातचीत शून्य (Vacuous) है। राज्य नैतिक नहीं हो सकते यदि वे हिंसक अंतर्राष्ट्रीय क्षेत्र (अखाड़े) में बने रहना चाहते हैं और वे अपने नागरिकों की सेवा करना तथा रक्षा करना चाहते हैं। उनके प्रतिरक्षात्मक कार्यों एवं क्रूर पर्यावरण, जिसमें वे निर्वाह करते हैं, के रहते हुए नैतिकता तो राज्यों (राष्ट्रों) के राडार-स्क्रीन पर हो ही नहीं सकती।''

वर्णनात्मक तथा आदेशात्मक यथार्थवाद (Descriptiue Realism and Prescriptive Realism)

कुछ लेखक अत्यधिक यथार्थवाद का विरोध करते हैं तथा आग्रह करते हैं कि राज्य नैतिकताओं का मूल्य समझते हैं, यद्यपि वे अक्सर उनका उल्लंघन करते हों। इस विचार का समर्थन करने के लिए दो कारण दिए जाते हैं। लोग राज्य बनाते हैं और यह भी इच्छा करते हैं कि राज्य शालीनता से व्यवहार करे। यह समुदाय तथा न्याय के गहन बोध का एक भाग है। शक्ति का अनुसरण करने के अर्थों में राज्यों के व्यवहार की 'आवश्यकता' बढ़ा-चढ़ाकर बताई गई है तथा शब्दाडम्बारिक है; यह विदेश नीति के उन विकल्पों के तथ्यों की अनदेखी कर देती है जो अंतर्राष्ट्रीय क्षेत्र में राज्यों के पास होते हैं। सामान्य समय में राज्य 'करो या मरो' जैसे निराशाजनक संघर्षों में नहीं फँसते। शांत व तर्कपूर्ण वार्ताओं से अनेक अंतर्राष्ट्रीय समस्याएँ सुलझाई जा सकती हैं।

आदेशात्मक यथार्थवाद का कहना है कि राज्यों को अपने अंतर्राष्ट्रीय आचरण में विवेकशील होना चाहिए। राज्यों को सदाचार-निरपेक्ष होना चाहिए, उन्हें न तो कठोर नैतिक से या अनैतिक आचरण से बँधा होना चाहिए। विवेकशीलता का तकाजा है कि राज्य अंतर्राष्ट्रीय मामलों में चुस्त आत्म-सम्मान की नीति पर डटा रहे। एक चुस्त राज्य उस समय नैतिकता की अनदेखी कर देगा जब वह इस सोच में होगा कि अंतर्राष्ट्रीय मंच पर क्या किया जाए। यदि यह अधिक नैतिक है तो अन्य निर्दयी राज्य इसका शोषण करेंगे। सज्जन लोग सबसे पीछे रह जाते हैं)। एक 'आप से अधिक पवित्र' (holier than thou) सोच वाले राज्य भिन्न मूल्यों के साथ अन्य समुदायों को नाराज करेंगे। इस सोच को इस प्रकार संक्षिप्त किया जा सकता है: 'राष्ट्रीय हितों के संतुलित कलन (Sober Calculus) पर बने रहना एवं नैतिकता को इससे अलग रखना ही अच्छा है।'

आदर्शवाद (Idealism)

आदर्शवाद को ऐसी भावना बताया जा सकता है जो किसी व्यक्ति या समूह को, अपने आस-पास में व्याप्त मानकों की तुलना में उदात्त नैतिक मानक अपनाने के लिए प्रेरित करता है। अंतर्राष्ट्रीय सम्बंधों में आदर्शवाद को उन प्रचलनों में ढूँढा जा सकता है जो प्राचीन काल में शासकों के बीच सम्बंधों को अनुशासित करते थे। एक क्षेत्र जिसमें प्रचलन कार्य करता था- युद्ध का था। समय बीतने के साथ वे मानदण्ड बन गए जो युद्ध के आचरणों को युद्ध-बंदियों के साथ किए जाने वाले तथा हारे हुए आत्म-समर्पण करने वालों के साथ किए जाने वाले व्यवहार को विनियमित करते थे। चूँकि युद्धों का संचालन ऊँचे लोगों (Nobles) द्वारा किया जाता था जिनके अक्सर परिवार हुआ करते थे, अत: उनका रुझान दयाभाव वाला होता था। नैतिक विचारक युद्धों में अनियंत्रित क्रूरता की निंदा करते थे।

नैतिक सिद्धांतों के पालन के अर्थों में आदर्शवाद उन संधियों के लिए भी प्रासंगिक हो गया जिनसे युद्ध समाप्त हो जाते थे या दो शासकों के बीच करारनामे हो जाते थे। संधियों में सद्भावना के सिद्धांत, पारस्परिकता तथा शब्द एवं अर्थों में करारनामों का पालन शामिल है। अंतर्राष्ट्रीय करारनामों को मान देना तथा युद्धों को समझौतों का पालन करना नैतिक सिद्धांतों के मामले हो गए। किसी भी राष्ट्र को अनुचित लाभ लेने के लिए इनका उल्लंघन नहीं करना चाहिए।

इमैनुअल काँट (Immanuel Kant) उनमें से हैं जिन्होंने अंतर्राष्ट्रीय नैतिकताओं में आदर्शवाद की अनेक आधुनिक मूल-विषय का पूर्व-ज्ञान कर लिया था। काँट की निम्नलिखित टिप्पणियों से यह बात स्पष्ट हो जाती है:

- कोई भी देश, दूसरे देश के आंतरिक मामलों में जबरदस्ती हस्तक्षेप नहीं करेगा।
- देशों को सामन्ती मालिक तथा मातहतों (जागीरदारी) के सिद्धांतों के अनुसार बाँटना घातक होगा।
- युद्ध के दौरान कोई भी देश विरोध के ऐसे कार्यों की अनुमति नहीं देगा जिनसे बाद में होने वाली शांति में विश्वास, असंभव हो जाए।
- सरकारों को सेना तथा हथियारों पर खर्चों को कम करना चाहिए। स्थायी सेनाएँ समय के साथ उन्मूलित हो जाएँगी। (डॉ॰ हबील व्याचेसलेव दशीचेव द्वारा लिखित 'इम्मेनुअल काँट एण्ड इण्टरनेशनल रिलेशन्स ऑफ माडर्न टाइम्स')

दार्शनिकों द्वारा व्यक्त ऐसे मनोभावों का विरोध न करते हुए, यूरोपियन कूटनीति (राजनय) के चलनों में आदर्शवादी विचारों की ज्यादातर उपेक्षा की गई है। बड़ी ताकतें तो नंगी ताकतों की राजनीति करती हैं। प्रमुख यूरोपियन ताकतें यथा आस्ट्रिया, फ्रांस,

जर्मनी, रूस, और इंग्लैण्ड यूरोप में संतुलन बनाए रखने के जटिल खेल में लगे हैं। इरादा किसी भी राष्ट्र को प्रबल-प्रधान शक्ति न बनने देने का था। इस नीति के कारण बार-बार युद्ध हुए हैं।

हमें उन्नीसवीं शताब्दी के मोड़-तोड़ों की खोज करने की जरूरत नहीं है। लेकिन आदर्शवाद की यह कमी ही है जिसके कारण प्रथम विश्व युद्ध (1914-18) हुआ। युद्ध से भयानक हानि हुई तथा इसने पश्चिमी नैतिकता एवं सांस्कृतिक आदर्शों में विश्वास को तहस-नहस कर दिया। इसके कारण आदर्शवाद अमरीकी राष्ट्रपति वुडरो विल्सन के नेतृत्व में अंतर्राष्ट्रीय कूटनीति के आगे आ गया। जैसाकि हम देखेंगे दो विश्व युद्धों की अवधि के दौरान वुडरो विल्सन के प्रयासों के विफल हो जाने के बाद यथार्थवाद का पुनर्जन्म हुआ।

उदार अंतर्राष्ट्रीयवाद या आदर्श राज्यवाद (Liberal Internationalism)

1920 तथा 1030 के वर्षों के आदर्शवादी, उदार अंतर्राष्ट्रीयतावादी या आदर्श-राज्यवादी के तौर पर भी जाने जाते हैं। आदर्शवादियों के मुख्य विचार निम्नलिखित थे-

» शांति को सुनिश्चित करना तथा एक अन्य विश्व युद्ध से बचना।

» अंतर्राष्ट्रीय संगठनों द्वारा समर्पित अंतर्राष्ट्रीय कानून की प्रणाली बनाना।

» युद्धों को अपूर्ण सामाजिक दशाओं तथा राजनीतिक व्यवस्थाओं के परिणामों के तौर पर देखना, मानव की अहमवादी प्रकृति के परिणाम के तौर पर नहीं।

» ऐसे समान हितों पर ध्यान संकेन्द्रित करना जो मानवता को एक जुट कर सकें एवं राष्ट्रों (देशों) व लोगों के बीच टकराव कि किसी भी अपरिहार्यता को अस्वीकार कर दे।

» मानव बुद्धि-संगतता तथा नैतिकता को अपील करना।

आदर्शवादियों के प्रयासों के फलस्वरूप 1920 में लीग ऑफ नेशन्स की स्थापना हुई; तथा केलोग ब्रियाण्ड संधि 1928 में हुई जिसमें युद्ध को गैर-कानूनी एवं विवादों का शांतिपूर्ण निपटारे की व्यवस्था थी। अमरीकी राष्ट्रपति वुडरो विल्सन उस समय के प्रमुख आदर्शवादी थे। उन्होंने प्रथम विश्व-युद्ध के दौरान चौदह बिन्दुओं (Fourteen Points) का कार्यक्रम भी घोषित किया था।

लेकिन अंततः अमरीका ने लीग ऑफ नेशन्स की सदस्यता नहीं ली। जापान और जर्मनी ने इसे छोड़ दिया और यह दूसरे विश्व युद्ध का होना नहीं रोक सकी। इन घटनाओं ने विद्वान विचारकों एवं व्यावहारिक (कार्यरत) कूटनीतिज्ञों, दोनों के आदर्शवाद में विश्वास को तोड़ दिया। तथापि, दूसरे विश्व युद्ध के बाद 1945 में स्थापित यूनाइटेड नेशन्स (United nations), आदर्शवाद का ही परिणाम है। लेकिन उसके बाद अमरीका तथा रूस के बीच शीत युद्ध के कारण युद्ध की बाद की अवधि के आरंभिक वर्षों में राजनीतिक सोच में यथार्थवाद प्रभावशाली हो गया। इस समय के 'संस्थापित यथार्थवादियों में हैन्स मोरगनथाउ (Hans Morgenthan) तथा जॉर्ज केन्नान (George Kennen) शामिल थे। तथापि, पहले हम युद्ध की अवधि में आदर्शवाद के प्रति यथार्थवाद की प्रतिक्रिया पर विचार करेंगे।'

आदर्श–राज्यवादी आदर्शवाद को ई. एच. कार की चुनौती (E.H Carr's Challenge to utopian Idealism)

अपनी रचना 'द ट्वन्टी इयर्स क्राइसिस' (The Twenty Years Crises) में इ. एच. कार ने आदर्शवाद पर हमला किया है। वह आदर्शवाद के मुख्य गुणों को इस प्रकार बताता है: तर्क में आस्था, प्रगति में विश्वास, नैतिक ईमानदारी की भावना तथा हितों के सामंजस्य के आधार में विश्वास। कार; आदर्शवाद के नैतिक सार्वभौमिकरण तथा हितों के सामंजस्य के विश्वासों पर आपत्ति (विवाद) करता है।

» कार का कहना है कि नीतियों को जाँचने वाले मानक, परिस्थितियों तथा हितों के उत्पाद हैं। जिन्हें कोई राष्ट्र नैतिक सिद्धांत मानता है, वे हमेशा ही उसके हितों से तय होते हैं। अतः ये सिद्धांत सार्वभौमिक नहीं है। जैसाकि आदर्शवादियों का दावा है, नीतियाँ सार्वभौमिक मानदण्डों पर आधारित व हितबद्ध पक्षों के हितों से स्वतंत्र नहीं हैं।

» कार यह भी कहता है कि हित, सर्वोच्च मान लिए गए सिद्धांतों या सार्वभौमिक नैतिक मूल्यों का आधार होते हैं। न तो सार्वभौमिक मूल्य होते हैं न सार्वभौमिक हित। जो लोग सार्वभौमिक हितों की बात करते हैं, वास्तव में वे अपने स्वयं के हितों में काम करते हैं। उनका सोचना है कि जो उनके लिए सर्वोत्तम है, वह प्रत्येक के लिए सर्वोत्तम है। वे अपने हितों को व्यापक तौर पर सार्वभौमिक हितों के साथ देखते हैं।

» कार का कहना है कि हितों के सामंजस्य की आदर्शवादी अवधारणा में यह पहले ही मान लिया जाता है कि मानव बौद्धिक रूप से मान सकता है कि उनके कुछ हित समान हैं और इसलिए उनमें सहकार संभव है। कार, हितों के टकराव की सच्चाई (वास्तविकता) की ओर ध्यान दिलाता है। यह संसार विभिन्न व्यक्तियों तथा समूहों के विशिष्ट हितों के कारण बँटा हुआ है। ऐसे वातावरण में व्यवस्था शक्ति पर आधारित है, नैतिकता पर नहीं। और भी, नैतिकता स्वयं में ही शक्ति का उत्पाद है और उस विधि प्रणाली में स्थापित है जिसे अवपीड़क ताकतें लागू करती हैं। अंतर्राष्ट्रीय समूहों का प्रतिनिधित्व करने का दावा करने वाले दबंग राष्ट्र, अन्य देशों पर अंतर्राष्ट्रीय नैतिक मानदण्ड थोपते हैं।

» कार, शांति, सामाजिक न्याय, सम्पन्नता और अंतर्राष्ट्रीय व्यवस्था एवं इसी प्रकार के सार्वभौमिक मूल्यों पर विचार करता है जिनकी आदर्शवादी, यथा-स्थिति राष्ट्रों के तौर पर वकालत करते हैं। वे ताकतें जो यथास्थिति से संतुष्ट हैं, स्थापित व्यवस्था को उचित (न्याय संगत) मानते हैं और इसलिए शांति का उपदेश देते हैं। दूसरी ओर, असंतुष्ट ताकतें उन्हीं व्यवस्थाओं को अनुचित मानती हैं और इसलिए युद्ध की तैयारियाँ करती हैं। अतः शांति प्राप्त करने का मार्ग, यदि इसे सरलता से लागू नहीं किया जा सकता, तो असंतुष्ट ताकतों को संतुष्ट करना ही है।

तथापि, कार मानता है कि, "विशुद्ध यथार्थवाद से शक्ति के लिए नग्न संघर्ष के अलावा कुछ नहीं मिल सकता जो किसी भी प्रकार के अंतर्राष्ट्रीय समाज को असंभव बना देता है।" सुविधासम्पन्न व सुविधाहीन, दोनों ही प्रकार के अनेक मानवों में शांति, व्यवस्था, वैभव (सम्पन्नता) और न्याय के लिए गहरी इच्छा है। आदर्शवादी असफल रहते हैं यदि वे अपनी कोशिशों में शक्ति की वास्तविकता पर पर्याप्त ध्यान नहीं देते। किन्तु विशुद्ध यथार्थवाद की दुनिया में, जहाँ सभी मूल्य हितों से जुड़े हुए हैं, जीवन शक्ति के खेल के अलावा से अधिक कुछ नहीं रह जाता और यह असहनीय है।

हैंस मोरजेन्थाउ के यथार्थवादी सिद्धांत (Hans Morgenthau's Realist Principles)

हैंस जे. मोरजेनथाउ एक अन्य प्रसिद्ध लेखक है जिसने यथार्थवाद के आधार पर अंतर्राष्ट्रीय सम्बंधों के सिद्धांत बनाए। वह शक्ति के लिए अदम्य इच्छा, प्रधानता की इच्छा को टकराव के प्रमुख कारक के रूप में मानता है। वह अपनी पुस्तक 'पॉलिटिक्स अमंग नेशन्सः द स्ट्रगल फॉर पॉवर एण्ड पीस' (Politics among Nations: The Struggle for Power and Peace) में कहता है कि "अंतर्राष्ट्रीय राजनीति, सभी राजनीतियों के समान, शक्ति के लिए संघर्ष है।"

मोरजेन्थाउ यह दिखाने के लिए कि यथार्थवाद किस प्रकार अंतर्राष्ट्रीय सम्बंधों को आधार है, छः सिद्धांतों का प्रयोग करता है। पहला, यथार्थवाद अपरिवर्तित मानव प्रकृति के वस्तुनिष्ठ कानूनों पर आधारित है। वह यथार्थवाद को अंतर्राष्ट्रीय राजनीति के सिद्धांत में एवं राजनीति कला या विदेश नीति के साधन में स्वीकार करता है।

उसके यथार्थवाद के सिद्धांत में दूसरा- शक्ति की अवधारणा या 'शक्ति के तौर पर परिभाषित हित' की अवधारणा है; राजनीतिक नेता 'शक्ति को हित मानते हुए उसके बारे में सोचते एवं कार्य करते हैं'। यह अंतर्राष्ट्रीय राजनीति को बुद्धिपरक परिदृश्य प्रदान करता है। यह अलग-अलग राजनेताओं के उत्प्रेरकों, प्राथमिकताओं और बौद्धिक गुणों से विच्छिन्न वस्तुपरक विश्लेषण हेतु आधार का काम करता है।

तीसरे सिद्धांत में मोरजेन्थाउ बताता है कि शक्ति के तौर पर बताए गए हित, राजनीति के कार्य-चालन सिद्धांत हैं, यह समय एवं परिस्थितियों के आधार पर विभिन्न रूप धारण कर सकते हैं। राजनीतिक तथा सांस्कृतिक परिस्थितियाँ इसके तत्वों और उनके प्रयोग को तय करती हैं।

चौथा सिद्धांत यथार्थवाद तथा नैतिकता के बीच सम्बंध, विशेष रूप से टकराव के बारे में है। मोरजेन्थाउ का कहना है- "सार्वभौमिक नैतिक सिद्धांतों को अपने सामान्य सार्वभौमिक रूप में राज्यों के कार्यों पर लागू नहीं किया जा सकता, किन्तु उन्हें समय एवं स्थान की ठोस परिस्थितियों में से गुजारना (छानना) चाहिए।" ये सिद्धांत विवेकशील होने ही चाहिए: "विवेकशीलता के बिना कोई राजनीतिक नैतिकता नहीं हो सकती; अर्थात् नैतिक से लगने वाले कार्यों के राजनीतिक परिणामों के विचारों के बिना।"

पाँचवा सिद्धांत है कि राजनीतिक कार्य का मार्ग-दर्शन (चालन)विवेकशीलता द्वारा होना चाहिए, न कि व्यक्ति की अपनी नैतिकता या सैद्धांतिक श्रेष्ठता की धारणा से अपने स्वयं को मिला कर राज्य के सभी पात्रों को ऐसी राजनीतिक हस्तियों के तौर पर देखा जाना चाहिए जो शक्ति के अर्थों में परिभाषित अपने-अपने हितों को साधने में लगी है। जो राज्य अन्य राष्ट्रों को इस तरह से देखता है, वह सैद्धांतिक टकराव से बचेगा और ऐसी नीतियों को चला सकेगा जो अपने स्वयं के हितों को बचाते और बढ़ाते हुए अन्य राज्यों के हितों का उपयुक्ततः कारक होगी।

अंत में, मोरजेन्थाउ कहता है कि शक्ति या राष्ट्रीय हित, नैतिकता के अधीन नहीं हो सकते। तथापि, नैतिकता अभी भी राजनीति के लिए प्रासंगिक है। एक व्यक्ति जो और कुछ नहीं केवल 'राजनीतिक व्यक्ति था, एक पशु ही होगा क्योंकि वह नैतिक नियंत्रणों से पूर्णतः विहीन होगा। एक व्यक्ति जो और कुछ नहीं बल्कि 'नैतिक व्यक्ति' है, एक मूर्ख होगा क्योंकि वह पूर्णतः विवेकहीन होगा। "राजनीतिक कला में शक्ति तथा नैतिकता के सूक्ष्म संतुलन की जरूरत है।

संक्षिप्त रूप में, शक्ति या हित, राजनीति को अध्ययन के लिए स्वतंत्र क्षेत्र बना देते हैं। राज्य के बुद्धिपरक पात्र अपने राष्ट्रीय हितों का अनुसरण करते हैं। यह आधार-वाक्य अंतर्राष्ट्रीय राजनीति के बुद्धिपरक सिद्धांत का आधार हो सकता है। ऐसा सिद्धांत अलग-अलग राजनेताओं की नैतिकता, धार्मिक विश्वासों, प्रेरणाओं या सैद्धांतिक प्राथमिकताओं को अप्रासंगिक मानकर उनकी उपेक्षा करता है। इसका अर्थ है कि राज्यों को नैतिक जिहाद या सैद्धांतिक टकरावों से बचना चाहिए है और केवल अपने आपसी हितों की संतुष्टि के आधार पर समझौते की कोशिश करनी चाहिए। यही वह रास्ता (उपाय) है जिससे टकराव (विवादों) से बचा जा सकता है।

मोरजेन्थाउ के विचारों की आलोचना (Criticism of Morgenthanis Views)

मोरजेन्थाउ के यथार्थवाद की प्रायः निम्नलिखित आलोचना की जाती है-

1. यह मान लेना कि हर व्यक्ति शक्ति पाने की लगातार इच्छा से संचालित होता है, संदेहास्पद है। मानव (लोग) कभी कभी शक्ति की खोज में एकल विचार वाले होते हैं। वे विभिन्न ध्येयों व परिवार की परम्पराओं तथा शिक्षा से उनमें उत्पन्न विश्वासों से प्रभावित होते हैं।
2. मोरजेन्थाउ ने अपने सिद्धांत में एक आदर्शक (या नैतिक) सिद्धांत को जोड़ दिया। वह एक तर्कसंगत विदेश नीति को 'एक अच्छी विदेश नीति' होना मानता है। उसके लिए तर्कसंगतता, सभी वैकल्पिक नीतियों की लागतों व लाभों का हिसाब लगाने में तथा उसे चुनने में है जो राष्ट्रीय शक्ति को अधिकतम करता है। विदेश नीति की असफलता तब होती है जब राजनेता, जेखिमों को न्यूनतम एवं लाभों को अधिकतम करते हुए लक्षित तर्कसंगत मार्ग से भटक जाते हैं। उनके आलोचकों का कहना है कि यह मानवीय मामलों की वास्तविक स्थिति से बिल्कुल भिन्न सैद्धांतिकरण किया गया है। यह सच हो सकता है कि कभी-कभी राजनेता भी तर्कहीन व्यवहार करते हैं; किन्तु हम इस बात से इंकार नहीं कर सकते कि विदेश नीति अनिवार्यतः शांत, तर्कसंगत आकलन पर आधारित होनी चाहिए।
3. मोरजेन्थाउ की यथार्थवाद, की मूलभूत अवधारणा शक्ति अस्पष्ट (अनेकार्थक) है। यह राजनीति में या तो एक साधन (Means) या एक अंत हो सकता है। किन्तु यदि शक्ति केवल कुछ और ही पाने का साधन है तो यह अंतर्राष्ट्रीय

राजनीति की प्रकृति को उस तरह से स्पष्ट नहीं करती जैसे कि मोरजेन्थाउ दावा करता है। यह हमें राज्यों के कार्यों को, उनके राजनीतिक नेताओं की प्रेरणाओं व सैद्धांतिक प्राथमिकताओं से मुक्त होकर समझने नहीं देता। यह राजनीति को एक स्वायत्त क्षेत्र के तौर पर परिभाषित करने हेतु आधार नहीं बन सकता। मोरजेन्थाउ के यथार्थवाद के सिद्धांत इस प्रकार संदिग्ध हैं। व्यापक ऐतिहासिक एवं सांस्कृतिक संदर्भ के अंतर्राष्ट्रीय राजनीति का अध्ययन नहीं किया जा सकता।

नव-यथार्थवादः केन्नेथ वाल्ट्ज की अंतर्राष्ट्रीय प्रणाली (Neo-Realism: Kenneth Waltz's International System)

केन्नेथ एनः वाल्ट्ज ने अपनी पुस्तक 'थ्योरी ऑफ इण्टरनेशनल पॉलिटिक्स' (Theory of International Politics) में अंतर्राष्ट्रीय सम्बंधों में यथार्थवाद को पुनः परिभाषित किया। उनके यथार्थवाद के इस रूप को संरचनात्मक (Structural) यथार्थवाद या नव-यथार्थवाद कहते हैं। वाल्ट्ज ने मानव प्रकृति एवं शक्ति के लिए संघर्ष पर मोरजेन्थाउ के चिन्तन को त्याग दिया। उनका तर्क था कि राज्य अंतर्राष्ट्रीय प्रणाली में बने रहने के प्रयास उसी प्रकार करते हैं जिस प्रकार फर्म अर्थव्यवस्था में बने रहने का करती हैं। "अंतर्राष्ट्रीय दृष्टि से, राज्य के कार्यों के वातावरण, या उनकी प्रणालियों की संरचना, इस तथ्य द्वारा निश्चित होती है कि कुछ राज्य अल्प समय में प्राप्ति-योग्य लक्ष्यों पर बने रहने को प्राथमिकता देते हैं और वे उस लक्ष्य की प्राप्ति के लिए अपेक्षित कुशलता से कार्य करते हैं।"

वाल्ट्ज के अनुसार, संस्थापित यथार्थवादी और आदर्शवादी अलग-अलग राज्यों तथा आदर्शक, नैतिक तथा आर्थिक मुद्दों पर ध्यान संकेन्द्रित करने में एक जैसी गलती करते हैं। वे अंतर्राष्ट्रीय प्रणाली को अकेले रूप में, इसे उस सामाजिक राजनीतिक क्षेत्र से अलग कर नहीं देख पाते हैं जो इसे अस्पष्ट कर देता है। अंतर्राष्ट्रीय नीतियों के मुख्य निर्धारकों को इसे भटकाने वाली (district) पृष्ठभूमि के बिना देखने पर ही समझा जा सकता है।

वाल्ट्ज का नव-यथार्थवादी सिद्धांत एक सीमित प्रयोजन को ही पूरा करता है। इससे घरेलू या अंतर्राष्ट्रीय नीतियाँ बनाने में मदद नहीं मिलती। उसका सिद्धांत केवल यही स्पष्ट करने में मदद करता है कि राज्य भिन्न-भिन्न प्रकार की अपनी सरकारों तथा अनेकता वाली राजनैतिक वैचारिकियों के बावजूद एक ही प्रकार से व्यवहार क्यों करते हैं। उनकी आदर्शवादिताएँ भिन्न होती हैं और क्यों उनकी अंतरनिर्भरता के बढ़ते जाने के बावजूद अंतर्राष्ट्रीय सम्बंधों की समग्र स्थिति में कोई परिवर्तन की संभावना नहीं दिखती।

वाल्ट्ज बताता है कि राज्य, अंतर्राष्ट्रीय प्रणाली की संरचनाओं द्वारा उन पर लादे गए बंधनों के कारण लम्बे समय तक एक समान व्यवहार करते रहते हैं। तानाशाही या केंद्रीय प्राधिकरण का न होना अंतर्राष्ट्रीय प्रणाली का पद्धतिगत (Ordering) सिद्धांत है। अंतर्राष्ट्रीय प्रणाली की इकाइयाँ राज्य हैं। वाल्ट्ज गैर-राज्य पात्रों को अपेक्षाकृत महत्त्वपूर्ण नहीं मानता। चूंकि सभी राज्य अपना अस्तित्व बनाए रखना चाहते हैं तथा तानाशाही यह पहले ही मान लेती है कि प्रत्येक राज्य को अपना ध्यान स्वयं रखना है, तो उनके मध्य कोई सहकार-क्रियाविधि जैसे श्रम का बँटवारा (श्रम विभाजन) या कार्यगत भिन्नताएँ नहीं होती हैं। राष्ट्र इसी प्रकार के कार्य करते हैं किन्तु अपनी शक्तियों की भिन्नताओं के कारण भिन्न-भिन्न क्षमता वाले होते हैं।

परिणामस्वरूप, वाल्ट्ज शक्ति और राज्य की शक्ति को, संस्थापित यथार्थवादियों से भिन्न दृष्टि से देखता है। मोरजेन्थाउ का कहना है कि राज्य तर्कसंगतता से अपनी शक्ति को अधिकतम करना चाहते हैं। इसके विपरीत, वाल्ट्ज का मानना है कि प्रत्येक राज्य सुरक्षा चाहता है और इसलिए वह अंतर्राष्ट्रीय प्रणाली में शक्ति के वितरण पर ध्यान संकेंद्रित करेगा।

राज्यों के बीच शक्ति का वितरण जैसा भी हो, तानाशाही ही अंतर्राष्ट्रीय पद्धतिगत (Ordering) सिद्धांत बना रहता है। यह राज्यों को अपनी सहायता स्वयं करने की बात को अपनाने को विवश कर देता है। इस सम्बंध में, वाल्टज नव-उदारवादी विचारों को अस्वीकृत करने के दो कारण बताता है कि तानाशाही अंतर्राष्ट्रीय प्रणाली में भी अंतर-निर्भरता सहकार को जन्म देती है। इसका कारण असुरक्षा व असमान लाभ हैं। तानाशाही के संदर्भ में, प्रत्येक राज्य दूसरों की मंशाओं के बारे में अनिश्चित है। भय रहता है कि इसे सहकार से होने वाला संभावित लाभ, दूसरों को होने वाले से कम हो सकता है और इस प्रकार इस कारण दूसरों पर निर्भरता पैदा हो सकती है।" राज्य अपनी इच्छा से स्वयं को बढ़ी हुई निर्भरता की स्थितियों में नहीं डालते। अपनी सहायता स्वयं करने (Self- help) की प्रणाली में, सुरक्षा की सोच राजनीतिक हित को, आर्थिक लाभ के अधीन (ऊपर) कर देती है।"

नव उदारवाद (Neoliberalism)

उदार संस्थानवादी (नव उदारवादी विचारकों का दूसरा नाम) मानते हैं कि राज्य अंतर्राष्ट्रीय करारनामों, शासनों तथा ढाँचों (सरंचनाओं) जैसे शस्त्र नियंत्रण करारनामों (जैसे स्टार्ट I तथा स्टार्ट- II) तथा बहुपक्षीय आर्थिक संस्थाओं, जैसे विश्व व्यापार संगठन के निर्माण के माध्यम से, सुरक्षा पा सकते हैं। राज्य इन ढाँचों (सरंचनाओं) के माध्यम से, शांतिपूर्ण सहकार के मानदण्ड सीखकर तथा यथास्थिति बनाए रखने के द्वारा एक-दूसरे के साथ जुड़ सकते हैं। उदारवाद इमैनुअल काँट के काम के साथ सर्वाधिक सहबद्ध है जिसका कहना है कि शांति अंतर्राष्ट्रीय संस्थाओं एवं गणतंत्र के विस्तार के माध्यम से प्राप्त की जाती है।

यथार्थवादी, राज्यों को अंतर्राष्ट्रीय राजनीति में मुख्य खिलाड़ी तथा उनके सम्बंधों को अंतर्राष्ट्रीय मामलों का सार मानते हैं। तथापि, अमरीका तथा सोवियत रूस के बीच शीत युद्ध 1970 के वर्षों में घट गया तथा नए पात्र महत्त्वपूर्ण हो गए। ये हैं: अंतर्राष्ट्रीय एजेन्सियाँ, गैर-सरकारी संगठन तथा बहुराष्ट्रीय निगम। वास्तव में इन घटनाओं (घटनाचक्रों) से नवउदारवाद एवं बहुवाद के सिद्धांतों का जन्म हुआ। जटिल (मिश्रित) अंतर-निर्भरता, वैश्विक राजनीति की अवधारणा उभरती हुई स्थिति को वर्णित करने के लिए प्रयोग की जाती है। उनका तर्क है कि अंतर्राष्ट्रीय सम्बंधों में प्रगति हो सकती है तथा यह कि भविष्य को विगत की तरह दिखने की आवश्यकता नहीं है।

नव यथार्थवाद पर आपत्तियाँ (Objectives to Neorealism)

कुछ समय के लिए नवयथार्थवाद, यथार्थवाद की कीमत पर अंतर्राष्ट्रीय सम्बंधों में, प्रभावी हो गया। लेकिन बड़ी अंतर्राष्ट्रीय घटनाओं के कारण यह बहुत कमजोर हो गया। वाल्ट्ज के लिए, ऐसा प्रतीत होता है कि परमाणु युग में, दो महाशक्तियों- अमरीका तथा सोवियत संघ पर आधारित अंतर्राष्ट्रीय द्वि-ध्रुवीय प्रणाली न केवल स्थिर थी अपितु उसके बने रहने की भी संभावना थी। बर्लिन दीवार का गिरना और बाद में सोवियत संघ का विघटन इस मान्यता को झूठा ठहराता है। द्वि-ध्रुवीय विश्व का अंत, भूमण्डलीय से जुड़े अवसरों व चुनौतियों में प्रवेश कर गया है। अनेक आलोचक तर्क करने लगे कि संस्थापित यथार्थवाद की तरह नव-यथार्थवाद, विश्व राजनीति में आए बदलावों के लिए पर्याप्त कारण नहीं बन सकता।

मानव प्रकृति एवं नैतिकता के प्रश्न, अंतर्राष्ट्रीय (नव) यथार्थवादियों तथा (नव) उदारवादियों के बीच वाद-विवाद में से गायब हो गए। वे अब दो मुख्य मुद्दों पर चर्चा करते हैं। क्या राज्य अपनी अंतर्राष्ट्रीय नीतियों में, मुख्यत: अंतर्राष्ट्रीय प्रणाली की तानाशाही संरचना से प्रभावित है? या वे संस्थाओं, शिक्षा और सहकार के प्रति संवेदी अन्य कारकों से प्रभावित हैं? राबर्ट क्योहान्से (Robert Keohans) अपनी पुस्तक 'इण्टरनेशनल इन्स्टीट्यूशन्स एण्ड स्टेट पॉवर' (International Institutions and State Power) के प्रणाली स्तर सिद्धांत तथा अपनी इस सामान्य धारणा पर जोर देता है कि राज्य अपने ध्येयों का बुद्धिपरकता के साथ अनुसरण करने वाले ऐसे आत्म-हितैषी पात्र हैं। तथापि, गेम सिद्धांत का प्रयोग कर वह यह बता देता है कि राज्य, आर्थिक सहकारिता तथा अंतर्राष्ट्रीय संस्थाओं के माध्यम से अपने स्व-हित के प्रत्यक्ष-बोध (Perception) को व्यापक बना सकते हैं। अंतरनिर्भरता के पैटर्न इस प्रकार विश्व राजनीति को प्रभावित कर सकते हैं। क्योहोन (Keohoane) ऐसे प्रणालीगत सिद्धांतों की बात करता है जो राज्य की बातचीत (Interaction) तथा परिवर्तनों के साथ बेहतर ढंग से व्यवहार कर सके।

आधुनिकतावादेत्तर (Post modernism)

नव उदारवाद

हमने राजनैतिक अभिरूचि के अध्याय में नव उदारवाद के आर्थिक सिद्धान्तों पर चर्चा की थी। अन्तर-राष्ट्रीय नैतिकता और सम्बन्धों पर नव उदारवादी विचार, यथार्थवादियों एवं नव यथार्थवादियों की तुलना में अधिक सकारात्मक तथा रचनात्मक है। इन दो समूहों को अनुसार अन्तर-राष्ट्रीय क्षेत्र में राज्य-राष्ट्रों का व्यवहार पूर्णत: आत्म-केन्द्रित और उनसे सहकारी प्रयासों की आशा बहुत ही कम है। नव-उदारवादी दूसरी ओर, बहु पक्षीय संस्थाओं तथा कारखानों का अन्तर-राष्ट्रीय सहकारिता के रास्ते के प्रस्ताव के रूप में देखते हैं।

नारीवाद (Feminism)

नारीवाद यह धारणा है कि पुरुषों व स्त्रियों को समान अधिकार व अवसर होने चाहिए। यह महिलाओं के अधिकारों व हितों के समर्थन की संगठित गतिविधि है। इस आंदोलन की तीन लहरें आईं। पहली में, महिलाओं ने शिक्षा के पूरे अवसरों, बराबर वेतन एवं मत के अधिकार सहित पुरुषों के साथ पूरी कानूनी समानता की माँग की। 1950 के वर्षों में, कार्यस्थलों पर महिलाओं को सीमित भूमिका दिए जाने तथा महिलाओं को घरेलू कामों तक ही सीमित रखने की प्रवृत्ति को चुनौती देते हुए दूसरी लहर आई। नारीवाद की तीसरी लहर 20वीं शताब्दी में उठी तथा इसकी विशेषता मध्यम-वर्गीय श्वेत नारीवादियों को चुनौती देना तथा जाति, वंश, आर्थिक या शैक्षिक स्थितियों, शारीरिक रूप-रंग या योग्यता या लैंगिक उन्मुखीकरण की चिन्ता किए बिना ही सभी लोगों के लिए समान अधिकारों को समावेशित हुए नारीवाद के ध्येयों को व्यापक बनाना था।

अंतर्राष्ट्रीय नैतिकता के सिद्धांत: यू. एन. चार्टर (Tenets of International Morality: UN Charter)

उपरोक्त पृष्ठभूमि के साथ, अब हम अंतर्राष्ट्रीय नैतिकता के सिद्धांतों पर विचार कर सकते हैं। हमने आदर्शवाद पर चर्चा करते हुए अंतर्राष्ट्रीय नैतिकता के नियमों का सैट ऊपर दे दिया है। अंतराष्ट्रीय नैतिकताओं की किसी भी सूची में ये सामान्य नियम शामिल रहेंगे। तथापि, हम दो और सूत्रीकरणों पर विचार करेंगे। पहली सूची हम प्रसिद्ध उदारवादी विचारक, जॉन रावल्स (John Rawls) से लेंगे। दूसरी सूची यू. एन. चार्टर है जिसका जिक्र हमने अंतर्राष्ट्रीय कानूनी व्यवस्था में राज्यों की प्रभुसत्ता सम्पन्नता समानता की चर्चा करते हुए किया था।

आधुनिकतावादेत्तर (Post Modernism)

कुछ लेखकों का विश्वास है कि तीन वैचारिक मतों-आलोचनात्मक सिद्धान्त, आधुनिकतावादेत्तर तथा नारी वाद ने भी अन्तर-राष्ट्रीय सम्बन्धों की नैतिकता संबंधी विचारों को प्रभावित किया है। नारीवादी ऐजेण्डे तो अनेक यूएन मंचों पर अवसर बना लिए (आर्टिकुलेट) जाते हैं। लिंगीय समानता और न्याय के अनेक विषय पश्चिमी और अन्य देशों में स्वीकार किए गए हैं। ये राष्ट्र अन्य राष्ट्रों यथा यूएन संस्थाओं, नीतियों व कार्यक्रमों में नारीवादी ऐजेण्डे प्रचारित करने का प्रयास करते हैं। तथापि, यह कल्पना करना कठिन है कि आलोचनात्मक सिद्धान्त या कूटनीति चलनों (व्यवहार) में आधुनिकतावादेत्तर खाद जैसे सिद्धान्त क्या वास्तविक भूमिका अदा कर सकते हैं। हमने मार्क्सवाद में बीसवीं शताब्दी के विकास के संदर्भ में राजनैतिक अभिरुचियों वाले अध्याय में आलोचनात्मक सिद्धान्त पर संक्षेप में चर्चा की है। आलोचनात्मक सिद्धान्त अपने नाम के अनुसार, परम्परागत पश्चिमी समाजों तथा उनकी संस्कृति पर हमला है। इसका कहना है कि सरकार एवं प्रबल संस्थाएँ, यथा मीडिया, अकादमिया, अनुसंधाान ऐजेन्सियाँ और विचार-मण्डल, आधिपत्यिक विशिष्ट वर्ग के विचारों को प्रस्तुत करते हैं। इसके कारण बड़े समूह अपने खुद के राष्ट्र और समाज के विरोधी हो गए हैं। अत: इसके किसी राष्ट्र की कूटनीति या अन्तर-राष्ट्रीय अवस्थिति को प्रभावित करने की संभावना नहीं है।

आधुनिकतावादेत्तर एक आन्दोलन है जो पश्चिमी दर्शन में 20वीं शताब्दी के अन्त की ओर उभरा। यह बुद्धिपरक वैज्ञानिक दृष्टिकोण पर आधारित आधुनिक पश्चिमी दार्शनिक सिद्धान्तों से निसृत मूल्यों एवं विश्व-दृष्टि को अस्वीकार करता है। मानव तर्कणा में इसका विश्वास नहीं है और यह वस्तुगत ज्ञान विशेष रूप से समाज विज्ञानों की संभावना से इंकार करता है। आधुनिकतावादेत्तरवाद, समाज विज्ञान, कला तथा साहित्य के निष्कर्षों को एक व्यक्ति की व्यक्तिनिष्ठता पर आधारित मानता है। यह मुख्य धारा की सामाजिक मूल्यों एवं संस्थाओं को संदेहवादिता और शक से देखता है। यह मानता है कि समाज की प्रबल खण्डों की राजनैतिक व सामाजिक शक्ति, जो प्रत्यक्ष या गुप्त विचारधारा पर आधारित है, सामाजिक विज्ञानों एवं मानवविकियों को फैलाती हैं। यह संदेहास्पद है कि आधुनिकतावादेत्तर वाद अन्तर-राष्ट्रीय सम्बन्धों या नैतिकता को सार्थक ढंग से प्रभावित कर सकता है।

एक अर्थों में, यू एन चार्टर (1945 में सान फ्रांसिस्को में अपनाया गया) नैतिक सिद्धान्तों का सैट है जिसका अनुपालन अपने अन्तर-राष्ट्रीय व्यवहार में करने का वचन सदस्य राष्ट्र देते हैं। यह जरूरी है कि सनकी लोग कह सकते हैं कि यू एन चार्टर की भागीदारी वाले सदस्य राष्ट्र, उनको व्यवहार में लाए बिना ही नैतिक संकेत तथा सद्‌गुण-संकेतन कर रहे है। इस पर भी, यू एन चार्टर अपने सदस्य राष्ट्रों के औपचारिक वायदों का प्रतिनिधित्व करता है यू एन चार्टर के नैतिक विचार अपने भारी-भरकम, विधिवत और शब्दाडम्बरी भाषा के कारण अंशत: अस्पष्ट हैं। इसमें विविध मामले जैसे सामाजिक विकास आदि छुपे हुए हैं जिन पर अन्तर-राष्ट्रीय सम्बन्धों पर होने वाली महत्वपूर्ण परिचर्चाओं में बात नहीं होती। इसकी विषय-वस्तु में पद्धति तथा वायदों की अभिपुष्टि के मामले शामिल है। इन मुद्दों को छोड़ते हुए हम अन्तर-राष्ट्रीय नैतिकता की चार्टर के नीति-वचनों के सार को सरल शब्दों में दे रहे हैं।

अन्तर-राष्ट्रीय नैतिकता पर सीधे-सीधे प्रभाव डालने वाले हिस्सों (भाग) के तीन भाग है। प्रस्तावना (भूमिका), यू एन का प्रयोजन तथा वे सिद्धान्त जिनका पालन करने के लिए सदस्य-राष्ट्र सहमत हैं।

प्रस्तावना:

- प्रस्तावना उस महा मानवीय दुर्दशा की ओर संकेत करती है जो प्रथम व द्वितीय विश्व-युद्धों के कारण हुई तथा भावी पीढ़ियों को युद्ध के विनाश से बचाने के अपने निश्चय की पुष्टि करती है।
- यह (i) मूलभूत मानव अधिकारों, (ii) मानव की प्रतिष्ठा व मूल्य, (iii) पुरुषों और महिलाओं के समान अधिकारों तथा (iv) बड़े व छोटे राष्ट्रों के समान अधिकारों में विश्वास रखता है।
- यह ऐसी दशाएँ (शर्तें) स्थापित करना चाहता हैं जिसमें संधियों एवं अन्तर-राष्ट्रीय कानून के अन्य स्त्रोतों से उत्पन्न उत्तरदायित्वों के प्रति न्याय व प्रतिष्ठा बनाए रखी जा सके।
- यह और अधिक स्वतन्त्रता में सामाजिक प्रगति तथा जीवन के बेहतर स्तरों का संवर्द्धन चाहता है।

उपरोक्त उद्‌देश्यों की प्राप्ति के लिए सदस्यों ने अपने निर्णय की पुष्टि की हे कि

- वे सहनशीलता बरतेंगे तथा एक-दूसरे के साथ अच्छे पड़ोसियों की तरह शांति से रहेंगे।
- अन्तर-राष्ट्रीय शांति सुरक्षा और बनाए रखने के लिए अपनी शक्ति को एक करेंगे।
- ऐसे सिद्धांतों को स्वीकार कर तथा आवश्यक पद्वतियों को स्थापित कर यह सुनिश्चित करना कि समान हितों की अवस्था के सिवाय सशस्त्र सेनाओं का उपयोग नहीं किया जाएगा।
- सभी लोगों की आर्थिक व सामाजिक उन्नति को बढ़ाने के लिए अन्तर-राष्ट्रीय मशीनरी का उपयोग करेंगे।

प्रस्तावना में निर्धारित किए गए लक्ष्यों को प्राप्त करने के लिए चार्टर में निम्नलिखितों को जरुरत बताया गया है:

- शांति, सहनशीलता और अच्छे पड़ोसी वाले सम्बन्धों वाला वातावरण।
- सामूहिक या अन्तर-राष्ट्रीय सुरक्षा के लिए एक साथ कार्य करने की वचन बद्धता।
- सशस्त्र बलों के प्रयोग से बचने के लिए सिद्धान्तों व संस्थाओं को अपनाना।

यू एन के प्रयोजन (Purposes of the United Nations)

यू एन का मुख्य उद्‌देश्य अन्तर-राष्ट्रीय शांति और सुरक्षा बनाए रखना है। इन दो सहायक उद्‌देश्यों के आगे: शांति को खतरों से बचाव व उन्हें दूर करना; आक्रमणों या शांति-भंग के कार्यों का दमन करना। एक सहायक प्रयोजन ऐसे अन्तर-राष्ट्रीय विवादों या स्थितियों को शांतिपूर्ण ढंग से, तथा न्याय एवं अन्तर-राष्ट्रीय कानून के अनुसार तय करना जो शांति को भंग कर सकती हैं। जैसा कि हमने देखा है, यू एन ने स्वतन्त्र व प्रभुसत्तासम्पन्न शब्दों की एक नई अन्तर-राष्ट्रीय राजनैतिक व्यवस्था स्थापित की है। यह लोगों के समान अधिकार एवं आत्म-निर्णयन के सिद्धान्त के प्रति सम्मान के आधार पर राष्ट्रों के बीच मित्रतापूर्ण सम्बन्ध विकसित करना चाहता है। यह सार्वभौमिक शांति को मजबूत करने के लिए उपयुक्त उपाय करने के प्रति वचन-बद्ध है।

यह आर्थिक, सामाजिक, सांस्कृतिक या मानवीय विशेषता वाली अन्तर-राष्ट्रीय समस्याओं को सुलझाने के लिए अन्तर-राष्ट्रीय सहयोग की जरुरत पर बल देता है। यह मानव अधिकारों की प्रतिष्ठा को उच्च प्राथमिकता देता है। यह जाति, लिंग, भाषा या धर्म के आधार पर भेदभाव किए बिना सभी को मूलभूत अधिकार देने की दोरदार वकालत करता है।

यू एन सदस्यों द्वारा अपनाए गए आचरण के सिद्धान्त (Principles of Conduct Adopted by UN Members)

» सभी सदस्यों के लिए एक समान प्रभुसत्ता सम्पन्नता।

» सदस्यों द्वारा चार्टर के अनुसार लिए गए उत्तरदायित्वों को सद्भावना के साथ पूरा करना (ईमानदारी से पूरा करना)।

» सदस्यों द्वारा अपने अंतर्राष्ट्रीय विवादों को शांतिपूर्ण उपायों से हल करना ताकि अंतर्राष्ट्रीय शांति, सुरक्षा व न्याय को कोई खतरा न हो।

» सभी सदस्य किसी भी राज्य की सीमा सम्बंधी निष्ठता व राजनीतिक स्वतंत्रता के विरुद्ध बल के प्रयोग या खतरे से या यू. एन. के प्रयोजनों के असंगत किसी अन्य ढंग के प्रयोग से बचेंगे।

» वर्तमान चार्टर के अनुसरण में यूनाइटेड नेशन्स द्वारा की गई किसी भी कार्यवाही में हर प्रकार की सहायता देंगे और ऐसे किसी राज्य को सहायता देने से बचेंगे जिनके विरुद्ध यूनाइटेड नेशन्स बचाव या बल प्रयोग की कार्यवाही कर रहा है।

» यू. एन. द्वारा यह सुनिश्चित करते हुए कि जो राज्य यू. एन. के सदस्य नहीं है, वे उस सीमा तक इन सिद्धांतों के अनुसरण में कार्य करें जहाँ तक ऐसा करना अंतर्राष्ट्रीय शांति व सुरक्षा को बनाए रखने के लिए जरूरी है।

» सदस्यों के आंतरिक मामलों में यू. एन. की दखलंदाजी नहीं होगी ना ही सदस्यों को ऐसे मामलों को चार्टर के अंतर्गत तय करने के प्रस्तुत करने की जरूरत है।

उपरोक्त विवरण से यह स्पष्ट है कि यू. एन. चार्टर का ध्यान मुख्यत: विश्व शांति, राष्ट्रों के बीच मैत्री, विवादों का शांतिपूर्ण ढंग से निपटारा और अंतर्राष्ट्रीय सहकारिता पर है। इसके मूल-विषय आदर्शवाद से लिए गए हैं। अंतर्राष्ट्रीय सहकारिता (सहयोग) पर इसका जोर देना नव-यथार्थवाद की संगत में है। इस ढाँचे के भीतर अतिवादी यथार्थवाद के लिए कोई स्थान नहीं है। तथापि, राष्ट्र यू. एन. चार्टर को अपनाते हुए, अपने वास्तविक कूटनीतिक कार्यों में नरम (हल्के) यथार्थवादी सोच अपनाते हैं।

जॉन रॉल्स की अंतर्राष्ट्रीय नैतिकताओं की सूची (John Rawl's List of International Morals)

जॉन रॉल्स ने अपनी पुस्तक 'द लॉ ऑफ पीपल्स' (The Law of Peoples) में अंतर्राष्ट्रीय राजनीति की नैतिकता पर चर्चा की है। अंतर्राष्ट्रीय नैतिक मानदण्ड की उसकी सूची, अंतर्राष्ट्रीय राजनीतिक समुदाय में अच्छे रुतबे वाले सदस्य होने की योग्यता के लिए राज्यों को इन मानदण्डों (आचरण संहिता) का पालन करना होता है। संहिता न्यूनतावादी है या अंतर्राष्ट्रीय नैतिकता का निम्नतम सामान्य निर्देशक है।

जॉन रॉल्स ने जिस आचरण संहिता को प्रस्तुत किया है, उसकी रूपरेखा हम नीचे दे रहे हैं। जॉन रॉल्स राज्यों या राष्ट्रों की बात करते हुए 'लोग' (Peoples) शब्द का प्रयोग करता है। हमने इसके स्थान पर (निम्नलिखित सूची में) 'राज्य' (State) शब्द का प्रयोग किया है जो सामान्य प्रयोग से अधिक मेल खाता है-

1. राज्य स्वतंत्र हैं और उनकी स्वतंत्रता और स्वायत्तता का अन्य राज्यों को आदर करना चाहिए।
2. राज्यों को संधियों व वचनबद्धता का पालन करना चाहिए।
3. राज्य बराबर हैं और करारों के साझीदार हैं जो उन्हें एक साथ बाँधते हैं।
4. राज्यों को अहस्तक्षेप के कर्तव्य का पालन करना है।
5. राज्यों को अपनी रक्षा करने का अधिकार है लेकिन आत्म-रक्षा को छोड़कर अन्य कारणों से युद्ध भड़काने नहीं चाहिए।

6. राज्यों को मानव अधिकारों का पालन करना चाहिए।
7. युद्ध के आचरण के लिए राज्यों को कुछ विशेष प्रतिबंधों का पालन करना चाहिए।
8. राज्यों का यह कर्तव्य है कि वे ऐसी दशाओं में रह रहे अन्य लोगों की सहायता करें जो उन्हें उनके उचित या अच्छी सामाजिक अवस्था पाने से रोकती है।

हमें अंतर्राष्ट्रीय नैतिकताओं की पहले दी गई सूची के परिणामों पर संक्षेप में विचार करने की जरूरत है। जॉन रॉल्स की राज्यों के अंतर्राष्ट्रीय कार्यों को निर्देशित करने वाली संहिता में राज्यों का स्वतंत्रता का अधिकार तथा अपने घरेलू मामलों में दूसरों का दखल न देना शामिल है। संहिता में अन्य परंपरागत मानदण्ड भी शामिल हैं जो नीति की एक शर्त के तौर पर युद्ध को गैर कानूनी ठहराते हैं और जो यह निर्धारित करते हैं कि संधियाँ व करारों का पालन किया जाना चाहिए। तथापि, रॉल्स ने इस सदर्भ में जो मानव अधिकारों को निश्चित किया था, उनमें इसके साथ रहने (होने) वाले गणतांत्रिक शासन या स्वतंत्रता शामिल नहीं हैं। यह जरूर है कि जिस राज्य में उदारवाद होगा, वहाँ गणतंत्र व स्वतंत्रताएँ उसके मूलभूत मूल्य हैं। लेकिन रॉल्स यहाँ एक ऐसे अंतर्राष्ट्रीय ढाँचे (संरचना) को प्रस्तावित करना चाहता है जिसमें विभिन्न आंतरिक राजनीतिक क्षेत्रों (अर्थात् उदार व अनुदार) वाले राज्य शांति व सौहार्द्र के साथ रह सकें। इस ढाँचे (सरंचना) में उदार राज्य इस बात पर जोर नहीं देंगे कि सभी राज्यों में पूर्णत: विकसित उदारवाद होना चाहिए; तथा गैर उदारवादी क्षेत्र (शासन) उदारवाद के कुछ काम किए हुए (Wavered down) सिद्धांतों को अपना लेंगे।

गैर-उदारवादी राज्यों को अपनी नीतियों में दो मूलभूत सीमाओं को स्वीकार करना होगा। वे अपनी सीमा के क्षेत्रों को नहीं बढ़ाएँगे या युद्ध का प्रयोग अपनी नीति के साधन के तौर पर नहीं करेंगे। वे उन विधिक प्रणालियों को अपना लेंगे जो अपने नागरिकों के लिए कुछ नैतिक कर्तव्य निर्धारित करती है। रावल्स इस संदर्भ में उदार किंतु उचित समाजों की अवधारणा करता है। ऐसे गैर-उदारवादी समाज सामान्यत: कानून में लोगों की समानता तथा उदार अधिकारों- जैसे बोलने की आजादी की अनदेखी करते हैं। यदि सरकार के कार्यों से किसी व्यक्ति के हितों की हानि होती है, तो वे अपना दृष्टिकोण राजनीतिक प्रक्रिया में किसी अवस्था (स्तर) में प्रस्तुत कर सकते हैं। हाँ, यह संभव है कि उसके बाद उनके विचारों को दबा दिया जा सकता है। ऐसे गैर-उदारवादी राज्यों को उन्हें राष्ट्रों के सौहार्द्र में वैधता दे दी जाएगी। जो अपनी शक्तियों पर मूलभूत सीमाओं का पालन करते हैं।

जो राज्य न्यूनतम अपेक्षाओं को पूरा नहीं करते, उन्हें गैर-कानूनी राज्य करार दिया जाता है। रावल्स उनके अस्तित्व को एक दुर्भाग्यपूर्ण तथ्य मानता है। कोई भी ऐसे अनेक समकालीन उदाहरण सोच सकता है। लेकिन रावल्स ऐसे समाजों के उदाहरण देता है जो अपने दर्शन-शास्त्रीय या सांस्कृतिक विचारों के लागू होने पर कोई सीमा नहीं मानते और उन्हें लोगों पर लागू करते हैं। इस प्रयोजन के लिए वह इतिहास में विगत में चला जाता है। वह जो उदाहरण देता है वे (इतिहास की विशेष अवधियों में) स्पेन, फ्रांस तथा हैम्सबर्ग साम्राज्यों के हैं। रावल्स, राजनीतिक जीवन को संगठित करने के अन्य उपायों को सहन (स्वीकार) करने से इंकार कर देने के लिए ऐसे समाजों की निन्दा करता है। हम देख सकते हैं कि रावल्स समकालीन उदाहरण देने में हिचकिचाता है। रावल्स एक बहुत प्रतिष्ठित लेखक है, लेकिन उसके द्वारा समकालीन उदाहरणों के देने में संकोच करना एक बौद्धिक कूटनीति प्रतीत होती है।

रॉल्स के ढाँचे (संरचना) का अर्थ है कि राज्यों को वैचारिक जिहादों व विभिन्न शासनों वाले अन्य राष्ट्रों के साथ संघर्षों से बचना चाहिए। शीत युद्ध के वर्षों के दौरान उदार पश्चिमी गणतंत्र व सोवियत ब्लॉक एक वैचारिक संघर्ष में लगे थे जिससे विश्व को खतरा था। यू. एन. में अनेक राष्ट्र विभिन्न रंगों के एकतंत्र हैं जो नागरिक अधिकारों का सम्मान नहीं करते। लेकिन जब तक वे प्रशासन में शालीनता के न्यूनतम स्तर का भी पालन कर रहे हैं, तो दखलंदाजी न करने के मानदण्ड के अनुसार उन्हें अकेला छोड़ देना होगा।

रॉल्स यह भी लिखता है कि कुछ देशों को सर्वाधिक विपरीत परिस्थितियों जैसे दुर्भिक्ष और आर्थिक निर्बलता या गरीबी (Immiseration) का सामना करना पड़ता है। रावल्स कहता है कि सु-व्यवस्थित समाजों को इन देशों की मदद करनी चाहिए। सु-व्यवस्थित समाज उदार या गैर-उदार राज्य हो सकते हैं। वे उनके समूहित राजनीतिक जीवन को प्रभावी ढंग से व्यवस्थित कर

सकते हैं तथा न्यूनतम उचित राजनीतिक संस्थाओं एवं बाहरी देशों से नैतिक दृष्टि से स्वीकार्य सम्बंधों को बनाए रख सकते हैं। सु-व्यवस्थित समाजों को, अन्य समाजों को उसी प्रकार के शासन की स्थिति में पहुँचने में मदद करनी चाहिए। किन्तु रावल्स राष्ट्रों के बीच वितरणात्मक न्याय की वकालत नहीं करता। अपने धन-दौलत व साधनों को गरीब राष्ट्रों के बीच आर्थिक समानता बढ़ाने के लिए बाँट देने का कोई नैतिक उत्तरदायित्व नहीं है। रॉल्स के लिए अंतर्राष्ट्रीय समुदाय, सु-व्यवस्थित समाजों का एक सु-व्यवस्थित समाज है जिनमें प्रत्येक राज्य को अन्य राज्यों के शासन की विभिन्न पद्धतियों का आदर करना और सहन करना चाहिए।

न्यायोचित युद्ध सिद्धांत (Just War Theories)

जैसाकि हमने पहले देखा, स्वीकार की गई प्रथा के अनुसार युद्ध करना अंतर्राष्ट्रीय नैतिकता का एक महत्त्वपूर्ण पहलू है। युद्ध एवं शांति की नैतिकताओं विषयक तीन मुख्य विचारधाराएँ हैं- यथार्थवाद शांतिवाद; तथा न्यायोचित युद्ध सिद्धांत।

यथार्थवाद (Realism)

हम यथार्थवाद पर पहले ही चर्चा कर चुके हैं। युद्ध काल में राज्यों का मार्गदर्शन शक्ति व राष्ट्रीय सुरक्षा करते हैं; युद्धों में नैतिकता की बात करना बनावटी है। वैश्विक राजनीति के कठोर क्षेत्र में नैतिक-सिद्धांतों की कोई भूमिका नहीं होती। राष्ट्र सुरक्षा, दूसरों पर आधिपत्य तथा आर्थिक विकास में अपने महत्त्वपूर्ण हितों का अनुसरण नैतिक आदर्शों पर विचार किए बिना ही करते हैं।

शांतिवाद का मानना है कि नैतिकताएँ, सम्बंधित अंतर्राष्ट्रीय मामले हैं। शांतिवाद का आग्रह है कि युद्ध कभी भी नहीं किए जाने चाहिए। न्यायोचित युद्ध सिद्धान्त का मानना है कि कुछ युद्ध न्याय-संगत व अनुमत-योग्य हैं; शांतिवाद युद्ध को हमेशा ही मना करता है। शांतिवाद युद्ध को हमेशा गलत मानता है। क्योंकि हर समस्या का युद्ध से बेहतर हल हमेशा ही होता है।

न्याय-संगत युद्ध का सिद्धात (Just War Theory)

अरस्तू, सिसेरो तथा ऑगस्टीन को न्याय-संगत युद्ध सिद्धांत का जनक माना जाता है। ह्यूगो ग्रोटियस (Hugo Grotius) इस परम्परा का महान विचारक है। न्यायसंगत युद्ध परम्परा के अनेक सिद्धांत वर्तमान अंतरराष्ट्रीय कानून जैसे- 'द यूनाइटेड नेशन्स चार्टर' तथा 'हेग एण्ड जेनेवा कन्वैशन्स' में शामिल किए गए हैं जो सशस्त्र संघर्षों को शासित करते हैं।

न्याय-संगत (न्यायोचित) युद्ध सिद्धांत के तीन भाग हैं जिनके लैटिन नाम हैं। ये भाग हैं: 1) जस अड बेल्लम (Jus ad bellum) जो आरंभ में युद्ध का रास्ता अपनाने की न्यायसंगतता के बारे में है; 2) जस इन बेल्लो (Jus in Bello) जो युद्ध के दौरान आचरण के बारे में है; तथा 3) जस पोस्ट बेल्लम (Jus Post Bellum) जो शांति समझौतों के न्याय तथा युद्ध की समाप्ति के चरण के बारे में है।

जस एड बेल्लम (Jus AD Bellum)

न्याय-संगत युद्ध सिद्धांत मानता है कि युद्ध का मार्ग अपनाना केवल तब ही सही है यदि राज्य निम्नलिखित सभी छहों अपेक्षाओं को पूरा करता है-

- कोई राज्य सही कारण के लिए युद्ध शुरू कर सकता है। न्याय-संगत (उचित) कारणों में शामिल हैं: बाहरी आक्रमण से आत्मरक्षा; ऐसे आक्रमणों से दूसरों की रक्षा; हिंसक, आक्रमणकारी शासन से बेकसूरों की रक्षा; तथा ऐसे गलत काम के लिए दण्ड जो सुधार किए बिना रह गया है।
- न्याय-संगत युद्ध के लिए सही मंशा होनी चाहिए। गुप्त प्रयोजन जैसे भूमि पर कब्जा करना या शक्ति प्राप्त करना या बुद्धिपरक हीनतापूर्ण प्रयोजन, जैसे बदला लेना या धार्मिक (नीतिपरक) परिमार्जन नहीं होना चाहिए।
- विधिवत् प्राधिकृत अधिकारियों को युद्ध के लिए निर्णय उपयुक्त पद्धति से लेना चाहिए तथा जनता व शत्रु राज्य को सूचित करना चाहिए।

- युद्ध के विकल्प को तब ही चुनना चाहिए जब विवाद को हल करने के लिए शांति के सभी उपाय समाप्त हो गए हों।
- यदि सफलता की उचित संभावना है, तब ही युद्ध शुरु किया जाना चाहिए।
- युद्ध पर तब ही विचार करना चाहिए जब उससे प्राप्त होने वाले लाभ आनुपातिक एवं उसका खर्च लाभों के योग्य हो।

जस इन बेल्लो (Jus in Bello)

जस इन बेल्लो युद्ध में न्याय, युद्ध में सही आचरण की बात करता है। किसी विशिष्ट राज्य के उन सेना कमाण्डरों, अधिकारियों तथा सैनिकों पर जस इन बेल्लो मानदण्डों के पालन का उत्तरदायित्व है जो युद्ध की नीति बनाते और उसको कार्यान्वित करते हैं। मानदण्डों के किसी भंग के लिए उन्हें ही उत्तरदायी माना जाएगा। मानदण्डों को भंग करने के विरुद्ध अपराधों के लिए अभियोग या तो उन्हीं की राष्ट्रीय सैन्य न्यायप्रणाली या (रोम की 1998 की संधि के अंतर्गत) नए गठित अंतर्राष्ट्रीय आपराधिक न्यायालय द्वारा चलाया जाएगा।

जस इन बेल्लो के लिए अनेक नियम हैं-

- अन्तर-राष्ट्रीय कानून के अन्तर्गत प्रतिबंधित रासायनिक और जैविक हथियारों का प्रयोग नहीं किया जाना चाहिए। यद्यपि आणविक हथियारों के प्रयोग पर प्रतिबंध नहीं है, किन्तु इनका प्रयोग महा विनाशक होगा।
- केवल वैध सैन्य, राजनैतिक व औद्योगिक लक्ष्यों पर आक्रमण किया जाना चाहिए। नागरिकों को जानबूझकर निशाना नहीं बनाया जाना चाहिए।
- हथियारों का प्रयोग उतना ही हो, जितना लक्ष्यों को प्राप्त करने के लिए जरुरी हो। भारी नर संहार वाले हथियार लक्ष्यों के अनुपात में नहीं होते।
- युद्ध बंदियों के साथ जेनेवा संधि के अनुसार उचित व्यवहार करना चाहिए।
- बुरे अभियानों जैसे भारी संख्या में बलात्कार, नर-संहार और धार्मिक सफाई से नितान्त रूप से बचना चाहिए।
- किसी भी प्रकार का प्रतिशोध नहीं होना चाहिए।

जस पोस्ट बैल्लम (Jus Post Bellum)

जस पोस्ट बैल्लम युद्ध की समाप्ति के चरण की बात करता है। इसमें युद्ध को समाप्त करने के ढंग तथा युद्ध की स्थिति से बाधारहित ढंग से शांति की अवस्था में आना शामिल है। अंतर्राष्ट्रीय कानून इस क्षेत्र में ही दखल रखता है; तथापि, निम्नलिखित सिद्धांतों का उल्लेख किया जा सकता है-

- शांति के समझौते संतुलित व उचित होने चाहिए प्रतिशोध पूर्ण नहीं। ना ही बिना शर्त शस्त्र-समर्पण माँगना चाहिए या जबरन करना चाहिए।
- शांति समझौता ऐसा होना चाहिए जो युद्ध के कारण/गलतियों को सुधारे।
- पराजित देश के सभी समूह के साथ, किसी के भी लिए भी बिना प्रतिशोध सद् व्यवहार किया जाना चाहिए।
- युद्ध के निर्णयों से असम्बद्ध नागरिकों को दण्डित नहीं किया जाना चाहिए।
- जो लोग खुले तौर पर मानव अधिकारों का हनन तथा युद्ध अपराध करने वाले हैं, वे दण्डित किए जाने चाहिए।
- आक्रमण के शिकार देशों की वित्तीय हानियों की क्षतिपूर्ति की जान चाहिए। तथापि, पराजित देश पर बहुत अधिक भार नहीं डालना चाहिए।
- पराजित राष्ट्र में मानवीय राजनैतिक, प्रशासनिक और नैयायिक सुधार चालू किए जाने चाहिए।

शांतिवाद (Pacifism)

शांतिवाद, युद्ध का पूरी तरह से विरोध करता है। जबकि शांतिवादी सभी प्रकार की हत्याओं का विरोध करते हैं, वे विशेषरूप से उस नरसंहार से घृणा करते हैं जो प्राय: युद्ध के साथ होता है। वे इस प्रकार के और इस पैमाने पर नरसंहार के लिए आपत्ति करते हैं। शांतिवादियों का मानना है कि कोई भी नैतिक आधार युद्ध को उचित नहीं ठहरा सकता और यह सदा ही गलत है। अनेक विचारक युद्ध पर इस पूर्णत: आच्छादित प्रतिबन्ध का विरोध करते हैं।

शांतिवादी स्थिति की कई प्रकार से आलोचना की गई है जिसमें न्याय-संगत युद्ध के सिद्धांतवादियों द्वारा आलोचना भी शामिल है। कुछ आलोचक तर्क करते हैं कि शांतिवादी, अपनी नैतिक शुचिता को बनाए रखने के लिए स्वयं एवं अपने दश की रक्षा हेतु आवश्यक कठोर (हिंसक) उपायों से बचते हैं। शांतिवादी उस प्रकार का मुफ्त का सवार है जो नागरिकता के लाभों का आनंद लेते हुए उसके बोझ (उत्तरदायित्वों) में साझीदारी से इंकार करता है। कुछ का मत है कि शांतिवादी अपने राज्य के लिए समग्र सुरक्षा को एक आंतरिक खतरा है।

लेकिन यह आलोचना कठोर प्रतीत होती है। नैतिकता इस विश्वास पर आधारित है कि नैतिककर्ताओं को वह करना चाहिए जो वे अच्छा या उचित समझते हैं और जो उनके विचार से बुरा या अनुचित है, उससे बचना जरूरी है। यह विचार शांतिवादी की आलोचना को कमजोर कर देता है। और भी, इस विचार को बनाए रखना मुश्किल है कि शांतिवादी नैतिकता की दृष्टि से या आत्मिक दृष्टि से स्वार्थी हैं। अनेक शांतिवादियों ने युद्ध के समय में सामाजिक बहिष्कार व जेल की कैद भी सहे हैं। वास्तविक शांतिवादी संभवत: एक मानवीय संसार को बढ़ाने में अधिक रुचि रखते हैं, बनिस्पत अपनी स्वयं की नैतिक शुचिता को बनाए रखने के।

कुछ लेखक शांतिवाद के आदर्शवाद को आशावादिता के ऊपर मानते हैं और यह कि इसका अहिंसक विश्व की सोच एक खोखला सपना है। व्यावहारिक राजनेताओं तथा लोगों को युद्ध के बारे में एक कम अव्यावहारिक नैतिक व दृष्टिकोण अपनाना चाहिए। व्यक्ति को यह स्वीकार कर लेना चाहिए कि वास्तविक संसार में कभी-कभी युद्ध नैतिक दृष्टि से उचित होता है। नाजी, युद्ध के अलावा अन्य किसी तरह से हटाए नहीं जा सकते थे।

शांतिवाद की दूसरी आलोचना यह है कि अंतर्राष्ट्रीय आक्रमण का प्रभावी ढंग से प्रतिरोध करने में असफलता, आक्रमण को बढ़ाती है क्योंकि यह रक्षाहीन लोगों को बचाने में असफल होती है। शांतिवादियों का कहना है कि अंतर्राष्ट्रीय राजनीतिक तथा आर्थिक प्रतिबंधों के साथ अहिंसक नागरिक अवमानना के संगठित व प्रतिबद्ध आंदोलन से सशस्त्र हमले का प्रभावी रूप से प्रतिरोध किया जा सकता है। कोई भी घुसपैठिया जीते हुए राष्ट्र पर शासन नहीं कर सकता जब उसे ऐसे व्यवस्थित अलगाव, असहयोग तथा अहिंसक प्रतिरोध का सामना करना पड़े। कोई भी हमलावर फैक्ट्रियों, खेतों, स्टोरों में काम नहीं चला सकता या अवसंरचना को चला नहीं सकता।

इस संदर्भ में, सामान्य तौर पर दिए जाने वाले उदाहरण महात्मा गांधी द्वारा 1940 के बाद के वर्षों में ब्रिटिश शासन के खिलाफ आंदोलन तथा अफ्रीकन अमरीकनों की ओर से 1960 के वर्षों में मार्टिन लूथर किंग के नागरिक अधिकारों के संघर्ष के हैं। वाल्जर (Walzer) का कहना है कि प्रभावी अहिंसक प्रतिरोध उन लोगों की पाप-शंकाओं (Scruples) पर निर्भर है जिनके विरुद्ध यह किया जाता है। यह केवल इसलिए था कि ब्रिटिश व अमेरिकियों को कुछ पाप-शंका (अपराध बोध) थी और वे अहिंसक विरोधियों के निश्चयात्मक आदर्शवाद द्वारा द्रवित हो गए और उन्होंने उनकी माँगों को चुपचाप स्वीकार कर लिया। लेकिन आक्रमणकारी हमेशा ही इस प्रकार से नरम नहीं पड़ेंगे। उदाहरण के लिए तानाशाह हिटलर-अहिंसक प्रतिरोध को कमजोरी मान सकता है जिसे प्रतिशोध के साथ कुचल दिया जाना चाहिए।

इस प्रकार की नागरिक अवज्ञा, आक्रमणकर्ता के पाप-बोध पर निर्भर करती है और असफल हो जाती है यदि आक्रमणकारी पूर्णत: निर्दयी है। आक्रमणकर्ता स्थानीय आबादी को हटाकर अपने देश के लोगों को वहाँ बसा सकता है (चीन ने अंशत: ऐसा तिब्बत व सिकियांग में किया प्रतीत होता है) कुछ विशेष परिस्थितियों में ऐसे अनेक प्रकार के आक्रमणकारियों से लोगों के जीवन

व अधिकारों की रक्षा हेतु बल का प्रयोग जरूरी होगा। ऐसी दशाओं में, (जैसा वाल्जर कहता है) शांतिवाद से चिपके रहना 'आत्म-समर्पण का छद्‌म रूप' होगा।

नैतिक विचारकों ने इस बात पर- नीतिशास्त्रीय और परिणामवादी परिप्रेक्ष्यों तक- विस्तार से चर्चा की है कि शांतिवाद उचित है या नहीं। वास्तविक संसार में, एक राजनीतिक समुदाय के लिए उस आक्रामक घुसपैठ के प्रतिरोध के लिए उपलब्ध सर्वाधिक प्रभावी साधनों का उपयोग न करने देना ना तो उचित है और न सही है जो नागरिकों के जीवन और अधिकारों के लिए खतरा है। किसी राज्य के लिए चुपचाप खड़े रहना अनुचित है जबकि एक आक्रमणकारी, चाहे यह राज्य हो या कोई आतंकवादी, लोगों पर मुसीबतें ढाता है, हत्याएँ और अंगभंग करता है।

अवपीड़क शासन परिवर्तन (Coercive Regime Change)

अवपीड़क शासन परिवर्तन-जिसका मतलब है किसी राष्ट्र की सरकार का बाहरी सैन्य हस्तक्षेप से परिवर्तन, के बारे में काफी विवाद है। अफगानिस्तान, इराक, लीबिया, मिस्र की हाल की घटनाओं तथा सीरिया के गृह-युद्ध के विषय में यही प्रश्न उठता है। क्या अवपीड़क शासन परिवर्तन को कभी उचित ठहराया जा सकता है, या यह अनिवार्य रूप से साम्राज्यवाद का कार्य है। एक विचार है कि यू एन द्वारा आदेशित राष्ट्रों की प्रभुसत्ता की समानता, किसी राज्य के आंतरिक मामलों में बाहरी हस्तक्षेप को मना करती है।

मानव अधिकारों एवं गणतंत्र के हिमायती निम्नलिखित परिस्थितियों में अवपीड़क शासन परिवर्तन को उचित ठहराते हैं- (1) शासन परिवर्तन में परिणत होने वाला युद्ध न्याय-संगत होना चाहिए व उचित रीति से संचालित होना चाहिए; (2) जिस शासन को बदला जाना है,वह अवैध होना चाहिए; (3) पुनर्निमाण का उद्देश्य उचित न्याय-संगत शासन की स्थापना होना चाहिए; (4) युद्ध व परिवर्तन की प्रक्रिया के दौरान मानव अधिकारों का सम्मान किया जाना चाहिए।

संदेहवादी आग्रह करते हैं कि उन समाजों में उदार लोकतांत्रिक संस्थाओं को प्रत्यारोपित करना अक्सर असंभव होता है जो निष्ठापूर्वक सत्तावादी सामाजिक ढाँचों (संरचनाओं) में गहरे जमे होते हैं। लेकिन आशावादी लोग, अधिकारों का सम्मान करने वाले राज्यों हेतु अवपीड़क शासन परिवर्तन की ओर इशारा करते हैं जो कि 1945-55 के दौरान जर्मनी व जापान में वास्तव में हुआ था। अत: वह विचार न तो अवधारणात्मक है ना ही अनुभव जन्यता की दृष्टि से असंभव है। लेकिन यह बहुत कठिन है, और कुछ मामलों में भली प्रकार असंभव है।

अंतर्राष्ट्रीय नैतिकता के नए आयाम
(New Dimensions of International Morality)

हाल के वर्षों में, राजनीतिक विचारकों ने अंतर्राष्ट्रीय नैतिकता पर चर्चा का दायरा विस्तृत कर दिया है। सिद्धांत में परिवर्तनों तथा समकालीन घटनाओं ने इस प्रवृत्ति को बढ़ावा दिया है। अंतर्राष्ट्रीय नैतिकता के जो नए विषय चर्चा में आने लगे हैं, निम्नलिखित हैं-

- सम्पन्न देशों से साधनों का कम विकसित राष्ट्रों को स्थानांतरण।
- विकसित व कम विकसित देशों के बीच आर्थिक आदान-प्रदान (व्यापार, वाणिज्य तथा वित्त) में असमानता को समाप्त करना।
- अंतर्राष्ट्रीय एजेंसियों के कार्य निष्पादन में विकसित देशों को अधिक बोलने का अधिकार देना।
- अकाल व आर्थिक संकट की चपेट में आए देशों को मानवीय सहायता।
- उन राज्यों में हस्तक्षेप जहाँ उनके अपने लोगों पर कत्लेआम, मानव-जातीय नरसंहार या युद्ध हो रहा है।
- उन लोगों का प्राकृतिकरण Naturalisation जो एक देश में प्रवास कर जाते हैं और वहाँ बस जाते हैं।
- नैतिकताओं के प्रति एक राष्ट्रीय सोच के स्थान पर एक विश्वनागरिकता की सोच को अपनाना। हम इन प्रश्नों पर अध्याय के शेष भाग में चर्चा करेंगे।

अंतर्राष्ट्रीय आर्थिक इक्विटी: समान विकास को बढ़ावा देना
(International Economic Equity: Promoting Equitable Development)

यह संसार थोड़े से अमीर और बहुत से गरीब राष्ट्रों में बँटा है। विश्व इतिहास के साम्राज्यवादी चरण में गरीब राष्ट्र, अमीर राष्ट्रों के उपनिवेश थे। गरीब देशों की गरीबी ज्यादातर साम्राज्यवादी राष्ट्रों द्वारा किए जाने वाला उनका शोषण था। जबकि साम्राज्यवादी राष्ट्रों की आर्थिक प्रगति हो रही थी, गरीब देश वहीं के वहीं रहे (गतिरोधित)। अमीर व गरीब राष्ट्रों के बीच ऐतिहासिक असमान सम्बंध, अंतर्राष्ट्रीय आर्थिक प्रणाली में समा गए हैं और नए रूपों में बने रहते हैं।

अनेक अंतर्राष्ट्रीय आर्थिक सेवाएँ अमीर राष्ट्रों के आधिपत्य में है। ये राष्ट्र अंतर्राष्ट्रीय संस्थाओं जैसे आई एम एफ, विश्व बैंक, डब्ल्यू टी ओ की प्रबंधकीय संरचना पर आधिपत्य रखते हैं और उनकी नीतियों एवं प्रक्रियाओं को काफी प्रभावित करते हैं। आर्थिक क्षेत्र में अंतर्राष्ट्रीय नैतिकता का अर्थ यह है कि अमीर राष्ट्रों को गरीब राष्ट्रों की सहायता करनी चाहिए। ऐसी सहायता में रियायती आर्थिक सहायता, गरीबों के लाभ के लिए अंतर्राष्ट्रीय अर्थव्यवस्था में परिवर्तन तथा अंतर्राष्ट्रीय आर्थिक संस्थाओं में गरीब राष्ट्रों को और अधिक प्रतिनिधित्व देना शामिल हो सकता है। इनमें से अनेक प्रश्न अंतर्राष्ट्रीय संबंधों का भाग हो गए हैं। वे 'उत्तर दक्षिण वार्ता' की कार्यविधि में शामिल हैं जो आर्थिक मामलों में अमीर व गरीब राष्ट्रों के बीच बातचीत की ओर संकेत करते हैं।

उत्तर तथा दक्षिण के बीच विसंगतियाँ या अमीर तथा गरीब के बीच अंतर हाल के दशकों में दोगुना हो गया है। वर्तमान में, विश्व जनसंख्या के 20 प्रतिशत लोग, विश्व की दौलत के 80 प्रतिशत से अधिक का उपयोग करते हैं। 1980 के वर्षों में अनेक विकासशील देशों में, विशेष रूप से उप-सहारा अफ्रीका में, प्रति व्यक्ति आय कम हुई है। गरीबी, अकाल और बीमारियाँ फैलते रहे हैं। तीसरी दुनिया के देश इन समस्याओं का मुकाबला नहीं कर सकते हैं और वैश्विक अर्थव्यवस्था में उन्हें औद्योगिक उत्तर से सहायता की जरूरत है।

आर्थिक विकास में इन अर्थों में नैतिक संघटक है कि यह जीवन की गुणवत्ता को बढ़ा देता है। आदर्श रूप में, विकास लोगों को अपनी पूरी क्षमता को विकसित करने के लिए तथा उत्पादनशील व रचनात्मक जीवन जीने के उपयुक्त वातावरण को बढ़ावा देता है। यह मानवीय आत्म-बोध के नैतिक लक्ष्य को भी आधार देता है। इस लक्ष्य की पूर्व शर्त के तौर पर विकास से रोजगार पैदा होना चाहिए और इसे स्वास्थ्य, शिक्षा तथा स्वच्छता सहित सामाजिक सेवाएँ उपलब्ध करानी चाहिए। उनके विकास के प्रयासों में कमजोर राष्ट्रों को मदद देना अमीर राष्ट्रों का नैतिक कर्तव्य है।

दूसरे विश्व युद्ध के बाद, यह सामान्य मान्यता थी कि शांति के लिए राष्ट्रों के बीच आर्थिक एकता जरूरी है। बहु-पक्षीय संस्थाएँ, जैसे विश्व बैंक, और आई एम एफ उस समय अंतर्राष्ट्रीय सहकारिता व सहायता को बढ़ाने के लिए स्थापित की गई थीं। यही ढाँचा (संरचना) आज भी क्रियाशील है। आरंभ में, बहुपक्षीय संस्थाओं के दो लक्ष्य थे: युद्ध के बाद पुनर्निर्माण के लिए युद्ध में तहस-नहस देशों की मदद करना; तथा गरीब देशों में विकास को बढ़ावा देना। बाद में, अमीर राष्ट्रों ने गरीब देशों की मदद के लिए अपनी एजेन्सियाँ बना लीं। अनेक गैर-सरकारी संगठन भी गरीब राष्ट्रों की मदद के क्रियाशील पक्षधर थे।

गरीब राष्ट्रों की मदद करने का आदर्श तरीका अनुदानों के माध्यम से है जिनमें वापसी की कोई जिम्मेदारी नहीं होती। कम ब्याज दरों पर आसान ऋण लौटाने की लंबी अवधि इसके बाद आते हैं। अंतर्राष्ट्रीय सहायता या सरकारी विकास सहायता दाता राष्ट्रों द्वारा गरीब देशों को दिया गया अनुदान है। ऋणों के विपरीत, यह इसे पाने वालों पर कोई भार नहीं डालता।

विकसित देशों ने गरीब देशों की मदद के लिए कुछ वायदे किए हैं। 'द वर्ल्ड काउंसिल ऑफ चर्चिज' ने 1958 में अमीर देशों से अपनी राष्ट्रीय आय का एक प्रतिशत सहायता के तौर पर विकासशील देशों को देने के लिए कहा। बाद में 'द आर्गेनाइजेशन फॉर इकनॉमिक को-आपरेशन एण्ड डेवेलपमेण्ट (ओ ई सी डी) के डेवेलपमेण्ट एसिस्टेंस ग्रुप' ने इस सिफारिश का समर्थन किया। यू एन जनरल ऐसेम्बली ने 1970 में 0.7 प्रतिशत के लक्ष्य हेतु अनुमति दी। लेकिन बहुत कम अमीर देश इस लक्ष्य को पूरा कर रहे हैं।

शीत युद्ध के दौरान विदेशी सहायता (Foreign aid during the Cold War)

1950 के वर्षों से लेकर 1989 में बर्लिन की दीवार के गिरने तक पश्चिम व सोवियत संघ के बीच गहन शीत युद्ध रहा था। दोनों गुटों के बीच सम्बंधों में संदेह, गहरी शत्रुता व राजनीतिक प्रतिस्पर्द्धी थी। सहायता, विदेश नीति तथा भौगोलिक-राजनीतिक आकलनों में फँस कर रह गई। सोवियत रूस के विखण्डन के बाद पूर्वी यूरोप व केंद्रीय एशिया को, उनके बाजार अर्थव्यवस्था में परिवर्तित होने में मदद के लिए सहायता भी राजनीतिक विचारों से निर्देशित थी।

पश्चिमी राष्ट्रों ने भी गरीब व जरूरतमंद राष्ट्रों को खाद्य सहायता दी। किन्तु यह विशुद्ध लोकोपकार द्वारा प्रेरित नहीं थी, अपितु यह अंशतः उनकी घरेलु कृषि नीति का परिणाम थी। इन नीतियों के अंतर्गत वे कृषि के लिए आर्थिक सहायता देते थे जिससे (उत्पादन के) अधिशेष होने लगे। इन्हें विश्व के बाजारों में डाल दिया गया और खाद्य सहायता हेतु प्रयोग किया गया। इस प्रकार की समस्त प्रक्रिया से गरीब देशों में कृषि के विकास को पीछे कर दिया गया। अमीर देश अपने बाजारों को प्रतिस्पर्द्धी आयातों से बचाते रहे हैं। गरीब देशों को पश्चिम के बाजारों में पहुँचने से अनेक उपायों से रोका गया है। इन असमान संबंधों ने गरीब राष्ट्रों को हानि पहुँचाई है। विश्व व्यापार संगठन के तत्वधान में अमीर व गरीब देशों के बीच बातचीत के अनेक दौरों के बावजूद कृषि उत्पादन अभी भी पश्चिम में अधिक है।

1970 के वर्षों में सहायता को ढाँचागत समायोजन या सहायता प्राप्त करने वाले देश की सहायता की मैक्रोइकनामिक नीति से जोड़ दिया गया था। इस सोच का लक्ष्य भुगतान शेष के घाटों, वित्तीय घाटों तथा अधिक ऋणों वाले गंभीर मैक्रोइकनामिक असंतुलनों को झेल रहे गरीब देशों की सहायता करना था। सहायता का प्रयोग नव-उदार आर्थिक सुधारों को आगे बढ़ाने एवं निजी क्षेत्र का उत्साह बढ़ाने के लिए किया गया था। सहायता प्राप्त करने वाले देश को ऐसी शर्तों को स्वीकार करना पड़ता था। जो मैक्रोइकनामिक व व्यापार सुधारों को लागू करती थी तथा निजी (विशेष रूप से विरोधी) निवेशों को सुकर बनाती थी। दाता देशों ने संस्थागत सुधार, सामाजिक क्षेत्र में निवेश या सामाजिक संबद्धता पर साथ-साथ ध्यान दिए बिना ढाँचागत आर्थिक सुधारों पर बल दिया। ढाँचागत सुधार की नीतियों ने गरीब लोगों पर कठोर प्रभाव डाले। 1990 के बीच के वर्षों में जनता की राय बाजार आधारित ढाँचागत सुधारों के विरुद्ध हो गई।

गरीबी घटाना तथा हाल के विकास माडल्स (Poverty Reduction and Development Models)

1990 के अंत के वर्षों तक विकास के लक्ष्यों में गरीबी के उन्मूलन को इसके सभी पहलुओं के साथ अपनाया जाने लगा। पहले की सोच केवल आय बढ़ाने पर और गरीब लोगों के शोषण पर केंद्रित थी। नई सोच शिक्षा, स्वास्थ्य तथा गरीब लोगों की केवल आय बढ़ाने पर ही नहीं, गरीबों की अन्य क्षमताओं को सुधारने पर भी संकेंद्रित है। गरीब लोगों की सहायता केवल रोजगार और आय के अवसर पैदा करने से ही नहीं की जाती है, बल्कि शिक्षा, स्वास्थ्य तथा राजनीति एवं सामुदायिक निर्णयों में उनकी अधिक भागीदारी के मिश्रण से उन्हें सशक्त बनाने से भी की जाती है।

सहस्राब्दि के विकास के लक्ष्य (Millennium Development Goals)

वर्ष 2000 में अमीर तथा गरीब, दोनों देशों के प्रमुखों ने सहस्राब्दि के विकास के लक्ष्यों को पाने के लिए स्वयं को प्रतिबद्ध कर लिया। ये लक्ष्य इस प्रकार हैं-

- अत्यधिक गरीबी का उन्मूलन करना।
- सार्वभौमिक प्राथमिक शिक्षा के लक्ष्य को पाना।
- लैंगिक समानता को बढ़ाना व महिलाओं का सशक्तिकरण।
- शिशु-मृत्यु में कमी लाना।

» मातृत्व स्वास्थ्य में सुधार लाना।

» एचआईवी/एड्स, मलेरिया तथा अन्य रोगों का मुकाबला करना।

» पर्यावरणीय संरक्षा (बनाए रखना) को सुनिश्चित करना।

» विकास के लिए वैश्विक साझेदारी विकसित करना।

इस घोषणा के आधार पर, 2002 मोण्टेरे कान्फ्रेंस में विकास के लिए नई साझेदारी की स्थापना की गई। अमीर देशों ने गरीब देशों को सहायता बढ़ाने का वायदा किया लेकिन कोई भी पक्ष अपने वायदे को पूरा नहीं कर सका। सहायता की मात्रा में बढ़ोत्तरी हुई है, लेकिन ये निर्धारित लक्ष्यों से बहुत कम रहे हैं। अमीरों से गरीबों को विकास सहायता हेतु जरूरत के लिए जबरदस्त वकालत एवं विरोध के बीच बहस भी जारी है।

अकेले साधनों का स्थानांतरण विकासशील देशों को अपनी गरीबी को दूर करने में मदद नहीं कर सकता। अमीर देश, गरीब देशों की मदद के लिए अपनी व्यापार व अन्य नीतियों में सुधार कर सकते हैं। वे अपनी संरक्षणतावादी नीतियों में-विशेष रूप से कृषि तथा वस्त्र में-परिवर्तन कर सकते हैं और गरीब देशों के निर्यातों की बाजार तक पहुँच को सुनिश्चित कर सकते हैं। अमीर देशों में व्यापार, निवेश, प्रवासन, पर्यावरण तथा प्रौद्योगिकी नीतियों में परिवर्तनों से गरीब देश के लोगों को मदद मिलेगी। उदाहरण के लिए, विकसित देशों को विकासशील देशों से ज्ञान-सम्पन्न कर्मियों-इंजीनियरिंग, डॉक्टरों, नर्सों, प्रोग्रामरों, लेखाकारों और समकक्षों के लिए उदार प्रवेश (उचित वीजा पद्धतियों के माध्यम से) की अनुमति देनी चाहिए। उन्हें पर्यावरण को बचाने के उपाय करने के लिए उत्तरदायित्व वहन करना होगा। यह 'सामान्य किन्तु भिन्नात्मक उत्तरदायित्व' के तौर पर जाना जाता है। उन्हें गरीब देशों की मदद करनी होगी जो भारी बाहरी ऋण की समस्याओं में फँसे हुए हैं।

पिछले 50 वर्षों में की गई प्रगति के बावजूद गरीबी एक बड़ी चुनौती है। लगभग 1 बिलियन लोग अभी भी एक डालर प्रतिदिन पर गुजारा कर रहे हैं। विकास की सहायता एवं गरीबी को कम करने के लिए सहायता जरूरी है। सहायता की मात्रा व गुणवत्ता को बढ़ाना नैतिक, नीति-कौशलपूर्ण एवं आर्थिक सकारात्मक पहलें हैं।

भारत की विदेश नीति की नैतिक जड़ें
(Moral Roots of India's Foreign Policy)

यद्यपि यह जवाहरलाल नेहरू ही थे जिन्होंने भारत की विदेश नीति को रुप दिया, पर महात्मा गांधी की सोच व दर्शन ने इसे बहुत प्रभावित किया। भारत की विदेश नीति इसके स्वतंत्रता संघर्ष के गांधीवादी मूल्यों पर आधारित है। यह गाँधीवादी विचार ही थे जिन्होंने भारत की आजादी के आरंभिक दशकों में विदेश नीति का स्वर निश्चित किया।

ये निम्नलिखित थे-

» गुट निरपेक्षता या स्वतंत्र विदेश नीति का पालन करने तथा मैरिट के आधार पर विदेश नीति के मुद्दों को तय करना;

» उपनिवेशवाद, नस्लवाद तथा छूआछूत के विरुद्ध संघर्ष के लिए नैतिक राजनयिक तथा आर्थिक सहायता;

» अहिंसा तथा आणिवक निशस्त्रीरकण हेतु प्रयास; तथा

» अंतर्राष्ट्रीय शांति स्थापक के तौर पर भारत की भूमिका

अंतर्राष्ट्रीय समस्याओं के बारे में भारत की सोच (Stand) नैतिक स्पष्टता तथा साहस पर आधारित थी। अनेक राष्ट्रों ने इस सोच को पसंद किया। इसकी वजह से भारत को विकासशील देशों का नेतृत्व मिल गया। इससे भारत को विश्व के मामलों में अपनी वास्तविक आर्थिक व राजनीतिक ताकत की तुलना में कहीं अधिक प्रभावी होने की क्षमता दी। गाँधी जी के संदेश ने भारत के बारे में बाहरी लोगों की संकल्पना को बहुत अधिक प्रभावित किया। आरंभ से ही, अपनी विदेश नीति निर्धारित करते समय, भारत ने न केवल संकीर्ण राष्ट्रीय हितों का ध्यान रखा, अपितु इस बात पर भी ध्यान रखा कि इसकी नीति के प्रभाव समान स्थिति वाले एशियाई ओर अफ्रीकी देशों पर भी पड़ेंगे। भारत की विदेश नीति में इन अर्थों में आदर्शवाद का पुट है तथा इसमें, इसके उपनिवेशिक विगत के सहभागी राष्ट्रों के साथ एकजुटता की अभिव्यक्ति है।

भारतीय विदेश नीति के समर्थक व आलोचक, दोनों ही अनिवार्यत: पंचशील पर ध्यान केंद्रित करते हैं। यह भारतीय विदेश नीति में बहुत पहले की अवस्था से जुड़ा है। संभवत: नेहरू ने इसे नीति का मध्य बिंदु माना जो राजनयिकता के दोष-दर्शी (cynical) वातावरण में नैतिकता की मशाल लिए भी खड़ा है। जबकि कुछ लोग इसके आदर्शवाद के लिए इसकी प्रशंसा करते हैं, अन्य इसके यथार्थवाद के लिए काफी निंदा करते हैं।

पंचशील संधि (संस्कृत शब्द; पंच= पाँच, शील= गुण) को इस काल की राजनयिकता का उच्च 'वाटर मार्क' माना जाता है। पंचशील में राष्ट्रों के बीच शांतिपूर्ण सह-अस्तित्व या राज्यों के बीच शासकीय संबंधों के लिए पाँच सिद्धांत हैं। इनका पहला औपचारिक कूटीकरण संधि के रूप में उस समय हुआ था जब 1954 में चीन व भारत के बीच करारनामा हुआ। जिन पाँच सिद्धांतों का राज्यों को पालन करना है, वे निम्नलिखित हैं-

1. एक दूसरे की सीमांकित एकता व प्रभुसत्ता के प्रति आपसी सम्मान
2. आपसी अनाक्रमण (आक्रमण न करना)
3. एक-दूसरे के आंतरिक मामलों में आपसी अहस्तक्षेप
4. समानता व आपसी लाभ, तथा
5. शांति व सह-अस्तित्व

पंचशील इस आधार पर टिका है कि जो राज्य साम्राज्यवादी काल के बाद स्वतंत्र हो गए हैं, वे अंतर्राष्ट्रीय संबंधों में नई व अधिक सैद्धांतिक सोच विकसित करेंगे। नेहरू ने कहा था- "यदि ये सिद्धांत सभी देशों के आपसी संबंधों में शामिल हो जाते हैं तो निस्संदेह शायद ही कभी कोई विवाद हो और कोई युद्ध हो।" बाद में इन पाँच सिद्धांतों को संशोधित रूप में, बैण्डंग (Bandung) में 1955 में हुई एशियन-अफ्रीकन कांफ्रेन्स के दस सिद्धांतों में शामिल किया गया। ये पाँच सिद्धांत 1961 में बेल्ग्रेद में शुरू हुए गुट-निरपेक्ष आंदोलन का आधार बने थे।

पंचशील भारत के लिए एक दुखद कथा के समान रह गया। भारत तथा चीन के बीच सीमा विवाद का परिणाम 1962 का खुला युद्ध हुआ। पंचशील (अप्रैल, 1954) करारनामा 8 वर्षों तक के लिए निश्चित था। जब यह समाप्त हुआ तो इसके नवीकरण के प्रावधान को उठाया ही नहीं गया।

कुछ लेखक, पाँच सिद्धांतों के आलोचक रहे हैं। अंतर्राष्ट्रीय सम्बंधों के ब्रिटिश लेखक, पीटर लायन (Peter Lyon) के अनुसार "सामान्य तौर पर निष्पक्ष लोग और कभी-कभी नेहरू विशेष रूप से, इन सिद्धांतों को विश्व राजनीति के लिए विशेष देन मानते प्रतीत होते हैं, वे बिल्कुल भी मूल (Original) नहीं थे, दोहराने वाले थे तथा इस राजाज्ञा के आदी थे कि किसी राज्य की स्वतंत्रता का उल्लंघन नहीं किया जाना चाहिए।" पंचशील की कोई भी आलोचना किसी मृत घोड़े को चाबुक मारने जैसी प्रतीत हो सकती है। लेकिन इसकी निष्कपटता के भारी दबाव व आदर्शवाद की गलत धारणा के कारण कठोर वास्तविकताओं से सम्बंध न होने के कारण इसने भारत की विदेश नीति को रुग्ण बनाए रखा।

भारत की विदेश नीति में कठोर यथार्थवाद की कमी की हमें भारी कीमत चुकानी पड़ी है। "भारत ने अपनी गाँधी प्रेरित व नेहरू-निर्देशित विदेश नीति में जो गलतियाँ की हैं, उनमें से 1948 में कश्मीर के मुद्दे को यू. एन. में ले जाना, चीन के प्रति 'भाई-भाई' की नीति अपनाना तथा नेपाल को पूर्णत: भारतीय संरक्षा प्रणाली में शामिल कर लेने का खो दिया गया अवसर शामिल हैं।" कश्मीर के मामले को यू. एन. को भेजते हुए भारतीय नीतिकारों ने सामान्य समझ और अति-विश्वास का ही प्रदर्शन किया प्रतीत होता है। यू. एन. एक राजनीतिक निकाय है तथा कोई निष्पक्ष न्यायिक निकाय नहीं है। भारतीय नीतिकारों ने चीन के मुकाबले तिब्बत के स्वायत्त राज्य की स्थिति का समर्थन करने में असफल रहने की गंभीर गलती भी की। इन दो गलतियों के साथ भारत ने महत्त्वपूर्ण सौदेबाजी का अडंगा (Chip) हमेशा के लिए खो दिया जिसका प्रयोग इसने चीन के खिलाफ किया होता। संभवत: नेहरू को शांति के मसीहा एवं साम्राज्यवाद विरोधी धर्म योद्धा की अपनी छवि की अधिक चिंता थी न कि अपने पडौस में भौगोलिक महत्त्व के भारत के हितों की।

ये गलतियाँ अंशत: भारत के बाहय सम्बंधों में गाँधीवादी सिद्धांतों के गलत निर्देशित प्रयोगों के कारण हुई। एक और घटना है जहाँ महात्मा गाँधी ने भारत सरकार को महान नैतिक सिद्धांतों की वेदी पर राष्ट्रीय हितों की बलि चढ़ाने के लिए विवश किया। पाकिस्तान की कश्मीर पर चढ़ाई के बाद अनेक लोगों का आग्रह था कि भारत को 55 करोड़ रु० को नहीं छोड़ना चाहिए था जो उसे पाकिस्तान को देने थे। गाँधी जी के आमरण अनशन ने सरकार को यह राशि पाकिस्तान को देने पर विवश कर दिया। अंत में सरकार को राजी होना पड़ा। बात यह नहीं है कि भारत को अपने वायदे से मुकर जाना चाहिए था। बल्कि इसका प्रयोग पाकिस्तान से कुछ छूटें प्राप्त करने के साधन के तौर पर किया जा सकता था।

यह सोच पाकिस्तान के बारे में भारत की नीति को सालती (दुख देती रहती है)। यह भारत की विदेश नीति की स्थापना की अंत: उत्पन्न विशेषता बन गई है। अनेक प्रेक्षकों का कहना है कि बंगलादेश के युद्ध के बाद 1972 में हुए शिमला सम्मेलन में भी भारत ने यही नरमी दिखाई थी। भारत के पास उस समय 90,000 से अधिक पाकिस्तानी युद्धबंदी थे। उन्हें हमेशा के लिए भारत में नहीं रखा जा सकता, उनके बदले कुछ शर्तें मनवाई जा सकती थीं। आलोचकों की शिकायत है कि आतंकी हमले के भारतीय उत्तर न केवल हाथ मलने व अपनी छाती पीटने तक सीमित रह गए हैं। भारत को एक सभ्य और निष्प्रभावी- विदेश व स्वदेशी आतंकी समूहों को लिए आसान लक्ष्य माना जाता है। इन क्षेत्रों में गांधीवादी नैतिकता की बपौती ने लोगों व राष्ट्र के हितों का बुरा ही किया है।

दूसरा क्षेत्र जहाँ गाँधी की विचारधारा का सहनशीलता वाला प्रभाव भारत की विदेश नीति पर रहा है, पैलस्टाइन है। 11 नवम्बर, 1938 को 'हरिजन' में गांधी का संपादकीय एक बड़ा राजनीतिक कथन था जो आज तक पैलेस्टाइन पर भारत की नीति को निर्देशित कर रहा है। यहूदियों के लिए सहानुभूति के बावजूद, जो सदियों तक भेदभाव व अत्याचारों के शिकार रहे, गांधी जी पैलेस्टीनियों के अधिकारों के बारे में स्पष्ट थे। उनका कहना था। "मेरी सहानुभूति मुझे न्याय की अपेक्षाओं के प्रति अंधा नहीं बना देती। यहूदियों के लिए राष्ट्रीय निवास (घर) की गुहार मुझे अपील नहीं करती। वे दुनिया के अन्य लोगों की तरह उस देश को अपना निवास (घर) क्यों नहीं बना लेते जहाँ वे पैदा हुए हैं और जहाँ वे अपनी जीविका अर्जित करते है? पैलेस्टाइन अरबों का उसी प्रकार है जैसे इंग्लैंड अंग्रेज लोगों के लिए और फ्रांसीसियों के लिए फ्रांस है। यहूदियों को अरबों पर लादना गलत व अमानवीय है। निश्चित रूप से स्वाभिमानी अरबों को झुकाना, ताकि पैलेस्टाइन को अंशत य पूर्णत: उनके राष्ट्रीय निवास के लिए उन्हें सौंपा जा सके, मानवता के विरुद्ध अपराध होगा।"

हमें जटिल पैलेस्टाइन मुद्दे पर भारत की विदेश नीति के गुण-दोषों में झाँकने की जरूरत नहीं है। तथापि, महात्मा गांधी के प्रतिपादन में आश्चर्यजनक नैतिक असंगतता है। ऐसा प्रतीत होता है कि अंग्रेज, फ्रैंच तथा अरब निवास-भूमियों के हकदार हैं। लेकिन यहूदियों को यह कह दिया गया है कि वे वहीं हैं जहाँ ऐतिहासिक परिस्थितियों ने उन्हें लाकर छोड़ दिया है। संभवत: महात्मा गांधी के यहूदियों व पैलेस्टाइन विषयक विचार भी भारतीय स्वतंत्रता के महत्त्वपूर्ण आदेशों (imperatives) पर आधारित हैं। वे शायद मुस्लिमों के समाज की भावनाओं को अपील करने एवं राष्ट्रीय आंदोलन के लिए उनके समर्थन को जोड़ने की कोशिश कर रहे थे। पैलेस्टाइन पर भारतीय विदेश नीति, महात्मा गांधी के विचारों से ही निर्देशित नहीं होती है। अपितु मध्य-पूर्व में भारत के भौगोलिक आर्थिक हितों द्वारा भी निर्देशित होती है। भारत ने भी इजरायल को राष्ट्र के तौर पर मान्यता दी है। यह इजरायल से सैनिक सामान का बड़ा खरीदार भी है। इस प्रकार, भारत के विदेश नीतिकार निश्चित रूप से राष्ट्रीय हितों का ध्यान रखते हैं।

हमारा इरादा भारत की विदेश नीति का आकलन या आलोचना करना नहीं है। बल्कि यह तो उन खास नैतिक विचारों का स्मरण करना है जो इसके बनाने में प्रयुक्त हुए हैं। अंतर्राष्ट्रीय नैतिकता के अध्ययन में, इस बात की जाँच की जाती है कि क्या और किस प्रकार से नैतिकताएँ अंतर्राष्ट्रीय सम्बंधों को प्रभावित करती हैं। इसके विपरीत, विदेश नीति-निर्माण की प्रक्रिया इसका कार्यान्वयन तथा इसके प्रभावों का अध्ययन राजनायिक रिवाजों के सिद्धांत व इतिहास में किया जाता है। यह क्षेत्र हमारी चर्चा के दायरे से बाहर है। भारतीय विदेश नीति के परिणामों पर हमारी टिप्पणियाँ प्रासंगिक हैं और परिचर्चा को समाप्त करने के लिए हैं।

नैतिकताओं में विश्व बंधुत्व
(Cosmopolitanism in Moral)

उदारतावाद, नैतिक समतावाद में विश्वास करता है। जिसका सिद्धांत है कि मानवमात्र बराबर के नैतिक सम्मान (महत्त्व) के पात्र है। इस प्रकार नस्ल, नैतिकता लिंग, भाषा या धर्म का प्रयोग लोगों के बीच अंतर करने के लिए नहीं किया जा सकता। अब, परम्परागत रूप से उदारतावादियों ने भेदभावहीनता के सिद्धांत को केवल राष्ट्रीय सीमाओं के भीतर कर दिया है। कुछ उदारवादी विचारक मानते हैं कि समतावादी गारंटियाँ राष्ट्रीय सीमाओं या सीमा वाले राज्यों तक सीमित नहीं रहनी चाहिए। वे एक व्यक्ति की राष्ट्रीयता को जन्म की घटना जैसे उसकी नस्ल, लिंग या सामाजिक वर्ग मानते हैं। अत: प्रशासनिक न्याय देते समय भेद-भाव का यह आधार नहीं बनाया जा सकता। इससे राष्ट्रीय सीमाओं की नैतिक स्थिति की उलझन भरी समस्याएँ पैदा हो जाएँगी। अनेक मामलों में यह केवल गोपनीय सैद्धांतिक समस्या नहीं है। इसके निम्नलिखित परिणाम हैं-

» यह राष्ट्रों की राष्ट्रीय सीमाओं की वैधता को कमजोर करता है।

» यह नागरिकों व विदेशियों के बीच अंतर को मिटा देता है।

» यह उन अनेकों गैर-कानूनी विदेशियों या प्रवासियों को अधिकार दे देगा जो किसी देश में आ और बस गए हैं।

इस समय अमरीका गैर-कानूनी लैटिन अमरीकन आप्रवासियों के बारे में इन प्रश्नों से जूझ रहा है। डेमोक्रेटिक दल द्वारा प्रतिनिधित्व करने वाले उदारवादी इन आप्रवासियों को नागरिकता दिए जाने के पक्ष में हैं। रूढ़िवादी राय का प्रतिनिधित्व करने वाले रिपब्लिकन दल के लोग इस प्रस्ताव का विरोध करते हैं क्योंकि नागरिकता प्राप्त कर लेने के बाद आप्रवासी डेमोक्रेट्स का समर्थन करने वाला स्थायी समूह बन जाएँगे।

भारत में यह बहुत संवदेनशील मामला है। असम, पश्चिम बंगाल और उत्तरपूर्व में बांग्लादेश से लगातार तथा बे-रोकटोक आप्रवासन हो रहा है। यह दावा किया जाता है कि घुसपैठ कुछ राजनीतिक दलों की मिलीभगत से हो रही है। इस घुसपैंठ से असमिया लोगों को आंदोलन भी करना पड़ा। उत्तर-पूर्व में बार-बार हिंसा भड़कने के मुख्य कारणों में यह एक हैं। यह आप्रवासन स्थानीय लोगों की राजनीतिक स्थिति व जीवन शैली को कमजोर करने के लिए पर्याप्त बड़ा है। इस विषय में हमारी सीमित रुचि, नैतिक सिद्धांत के दृष्टिकोण से है। हम इन व्यावहारिक मुद्दों को केवल स्पर्श कर सकते हैं और जिन विद्यार्थियों की इनमें रूचि हो, वे इसमें आगे अध्ययन कर सकते हैं।

सैद्धांतिक कोण से इससे प्रश्न उत्पन्न होता है। क्या नैतिक समतावाद राष्ट्रीय सीमाओं तक सीमित रखा जा सकता है? इसे राष्ट्र के नागरिकों तक सीमित रखने के तीन कारण हैं-

(क) राष्ट्र के साथी लोगों के प्रति कर्तव्यों का प्रकार, अन्यों के स्वामित्व वालों से भिन्न होता है क्योंकि राष्ट्रीय समुदाय नैतिक निर्णय करने में प्रयुक्त भाषा तथा मूल्यों का स्रोत है।

(ख) राष्ट्र के साथी लोगों के लिए पष्टथक कर्तव्य पैदा होते हैं क्योंकि यह राष्ट्रीय समुदाय के कल्याण व संरक्षण के लिए जरूरी है।

(ग) मनुष्य अपने आप को एक विशेष समाज में स्थित पाता है, एक संस्कृति में साझीदार होता है और उसके भीतर रहने का निश्चय किए होता है। इस राष्ट्रीय या स्थानीय समुदाय को अपनी अलग पहचान बनाए रखने रखनी होती है। यह बात इसे अपनी सीमाओं को बाहरी लोगों के लिए बंद करने का अधिकार देती है। चाहे वे बाहरी लोग इसके अपने लोगों से अधिक जरूरतमंद हों। प्रवेश व निकास राष्ट्रीय स्वतंत्रता के मूल में है। वे आत्म-निर्धारण के अर्थ को स्थापित करते हैं। अन्यथा राष्ट्र होंगे ही नहीं। देशभक्ति, स्वामिभक्ति के सद्गुणों को दिखाने वाले वर्ग से सम्बंधित है; अन्य ऐसे सद्गुणों मे शामिल हैं: व्यक्ति के अपने परिवार तथा सम्बंधियों के प्रति प्रेम; मित्रता तथा पसंदीदा संस्थाओं के प्रति निष्ठा।

नैतिकताओं के मामले में देश-भक्ति का सार्वभौमवाद से टकराव है। अनेक टी. वी. एंकर तथा वार्ताकार देश-भक्ति का उपहास करते हैं और इसे कबीलावाद कहते हैं। आम लोगों को देश-भक्ति वाले सद्गुणों का प्रशिक्षण देने की कोई आवश्यकता नहीं है। वह तो उनमें रची-बसी है। हमें इस प्रश्न पर विचार करने की जरूरत है क्योंकि अनेक छदम बुद्धिवादी, लोगों को अपने राष्ट्र, धर्म, भाषा एवं संस्कृति को बर्बर संकीर्णता कहकर नकार कर साधारण लोगों का मनोबल भंग करते हैं।

मैकइनटायर (Machntyre) का कहना है कि नैतिक मानदण्डों तथा मूल्यों में साझेदारी के साथ एजेण्टों का फलता-फूलता समुदाय, किसी को नैतिक कर्ता (Moral agent) बने रहने के लिए पूर्व शर्त है; अत: देशभक्ति,-जिसका अर्थ अपने राष्ट्र को बनाए रखने एवं उसकी रक्षा करने के विशेष उत्तरदायित्व को वहन करना माना जाता है- नैतिकता की पूर्व-शर्त है। वह उल्लेख करता है कि जिन लक्ष्यों के रूप में नैतिकता मनुष्यों के लिए उचित ठहराई जाती है, समुदाय के साझा विवेक में उत्पन्न होते हैं। साझा नैतिक विवेक के समुदाय के बिना कोई भी अकेला नैतिक नायक बना नहीं रह सकता है। मैकइनटायर (Machntyre) कहता है- "हम एक नैतिक कर्ता के रूप में फल-फूल नहीं सकेंगे यदि हम साझा नैतिक विवेक के समुदाय से वंचित रखे जाते हैं। अत: नैतिकता तथा देशभक्ति की आदर्शक के विशिष्ट सूत्र के तौर पर सार्थक तुलना नहीं की जा सकती; देशभक्ति, नैतिक कार्य-सम्पादन की पूर्व-शर्त है।" वह और आगे यह भी कहता है कि राष्ट्रीय परियोजना के कुछ भागों को आलोचनात्मक जाँच से स्थायी तौर पर छूट प्राप्त मान लिया जाना चाहिए। यदि राष्ट्रीय समुदाय व्यवस्थित ढंग से अपने सच्चे इतिहास को नकारता है या (अनेक कारणों से) इसके स्थान पर नकली इतिहास को प्रतिस्थापित करता है या साझा इतिहास से प्राप्त राष्ट्रीय सम्बंधों के स्थान पर परस्पर आत्म-हित के सम्बंधों को रखने का प्रयास करता है तो यह विखण्डित हो जाएगा।

अन्य राष्ट्रों में दखलंदाजी (हस्तक्षेप)
(Intervention in other Nations)

अंतर्राष्ट्रीय नैतिकता का एक और पक्ष है जिस पर संक्षिप्त चर्चा जरूरी है इसके बारे में हमने पहले थोड़ा-सा जिक्र किया था। अंतर्राष्ट्रीय राजनीतिक व्यवस्था के मूलभूत मानदण्ड राष्ट्रों की प्रभुसत्ता स्वतंत्रता सम्पन्नता के प्रति आदर है। इसका मतलब यह है कि बाहरी ताकतों को राष्ट्र के आंतरिक मामलों में दखलंदाजी नहीं करनी चाहिए। ऐसे हस्तक्षेप को समर्थन मिल जाता है जब कुछ विशेष आपात स्थितियों में यू. एन. की सुरक्षा परिषद् हस्तक्षेप को प्राधिकृत कर देती है।

आपात स्थितियाँ अनेक कारणों से उत्पन्न हो जाती हैं। लेकिन हम दो महत्त्वपूर्ण परिस्थितियों पर विचार कर सकते हैं। एक आपात स्थिति पैदा हो सकती है जब कोई राज्य अपनी ही जनसंख्या का जाति-संहार करता है। सर्वाधिक कुख्यात उदाहरण हिटलर के निर्देशन में नाजियों द्वारा छ: मिलियन यहूदियों की हत्या करना है। दूसरा उदहारण पोलपॉट के अधीन कम्प्यूचिया में जाति संहार का है। जाति-संहार का मतलब है बड़ी संख्या में लोगों की हत्या।

एक और आपात काल 'मानव-जातीय सफाई' के कारण उत्पन्न हो सकता है। इसका अर्थ यह है कि विभिन्न जनसंख्याओं से बसे क्षेत्र में से किसी विशेष वर्ग को जबरन निकाल बाहर किया जाए। निकाले जाने के लक्षित वर्ग का चयन उसकी नस्ल, नैतिक मान्यता या धर्म के आधार पर किया जाता है। हाल का एक उदाहरण यूगोस्लाविया के राज्य के विघटन की अवस्था के दौरान का है। अपनी प्रधानता के क्षेत्र से सर्वो ने क्रोएट्स (Croats) को निकाल बाहर करने की कोशिश की; क्रोएटस ने यही काम सर्वो के साथ किया। समस्त प्रक्रिया के साथ युद्ध अपराध तथा मानव-जातीय सफाई के लिए प्रयुक्त अकथनीय अत्याचार हुए। नाटो ने (एन ए टी ओ) मानवीय आधारों पर जबरन हस्तक्षेप किया।

राज्य को अपने घरेलू विद्रोहियों से अपनी रक्षा करने का अधिकार है। अनेक देशों में अनेक प्रकार की आबादियाँ होती हैं। यह अनेकता नैतिकता, नस्ल, भाषा, धर्म या उसी क्षेत्र में सांप्रदायिक भिन्नताओं के कारण हो सकती है। जब किसी समुदाय के देश की आबादी बढ़ जाती और देश के किसी निश्चित भाग पर उसका कब्जा हो जाता है तो वह स्वतंत्रता की इच्छाएँ पालने लगता है। यह अलग होना चाह सकता है और बाहरी राज्यों से सप्लाई की गई सेना व सामग्री के साथ हिंसक संघर्ष शुरू कर सकता है। मध्य-पूर्व में वर्तमान संघर्ष इन्हीं कारणों से हुआ है। इसमें शिया व सुन्नियों, नरम-पंथियों व कट्टर इस्लामी समूहों एवं विरोधी जन-जातीय वर्गों के बीच झगड़े होते हैं। इनके विवरण हमारे लिए प्रासंगिक नहीं हैं।

यू. एन. चार्टर ऐसे पृथक्करण के आंदालनों को वैधता नहीं देता। यू. एन. ने आत्म-निर्धारण की परिभाषा अपनाई है जिसमें किसी राष्ट्र राज्य के भीतर अलगाववादी समूहों के किसी दावे को इसमें शामिल नहीं किया गया है। तथापि, राज्य को अपनी आबादी के विभिन्न समूहों को उचित व निष्पक्षता का व्यवहार देना चाहिए। कुछ राज्यों को अलगाववादी आंदोलनों को जीतने व कुचलने

के लिए सैन्य युद्धों में लगना पड़ता है। कई बार वे उस अंतर्राष्ट्रीय कानून का उल्लंघन कर देते हैं जो युद्ध को शासित करता हैं। हाल ही में, सीरिया में असद शासन ने विद्रोहियों के कब्जे वाले क्षेत्रों में उनके विरुद्ध रसायनिक हथियारों का उपयोग किया और नागरिकों की व्यापक हानि की। अमरीका ने इसे सीरिया की प्रभुसत्ता का उल्लंघन करते हुए सीरिया पर आक्रमण करने का पर्याप्त आधार माना। मामला तब समाप्त हुआ जब असद, यू. एन. की देखरेख में रासायनिक हथियारों के भण्डार को नष्ट करने के लिए राजी हो गया।

मानवीयता के आधार पर हस्तक्षेप के अलावा शक्तिशाली राष्ट्रों ने किसी राज्य में 'सत्ता परिवर्तन' भी किया है। 'सत्ता परिवर्तन' का अर्थ किसी राज्य की वर्तमान सरकार को हटाकर दूसरी ऐसी सरकार की स्थापना करना है जो व्यवहार के अंतर्राष्ट्रीय स्तर पर मान्यता प्राप्त मानदण्डों के कानूनों को मानती हो। इसके प्रसिद्ध उदाहरण वे शासन परिवर्तन हैं जो इराक, लीबिया और मिस्र में हुए हैं। इससे एक टेढ़ा प्रश्न पैदा होता है कि वे पूर्वदशाएँ कौन-सी हैं जिनके कारण सत्ता परिवर्तन जरूरी होता है और यह कौन तय करता है कि किसी विशेष मामले में पूर्व शर्तों को पूरा किया गया है या नहीं। इराक व मिस्र, दोनों में, अमरीका के नेतृत्व में पश्चिमी ताकतों ने इन नैतिक मुद्दों को तय किया।

बात समाप्त करने से पहले, हम दो मामलों पर चर्चा करना चाहेंगे। जिनमें भारत संलिप्त था। एक उस समय का भारत के हस्तक्षेप का है जब पाकिस्तान ने तब के पूर्वी पाकिस्तान में जनतांत्रिक आंदोलन को कुचलने के लिए हिंसक सैन्य बल का प्रयोग किया। मानव जीवनों के रूप में मानवीय व्यय के अलावा पाकिस्तान की बर्बरताओं ने 8 मिलियन शरणार्थियों को भारत में शरण लेने को विवश किया। हमारे इतिहास की उस नाजुक अवस्था में श्रीमती इंदिरा गांधी ने प्रशंसनीय दृढ़ता व साहस के साथ कार्यवाही की तथा राष्ट्रपति निक्सन व राज्य सचित, हेनरी किसिन्जर के दबावों का सामना किया। यह कार्यवाही, सातवें बेड़े के बंगाल की खाड़ी में प्रवेश के बावजूद पूरी की गई।

कोई भारत की उपर्युक्त निर्णायक प्रतिक्रिया की तुलना, श्रीलंका के तमिलों के नरसंहार के लिए अत्यधिक मंदी (ठण्डी) प्रतिक्रिया से किए बिना नहीं रह सकता। अनेक कारणों से यह नरसंहार का बड़ा काण्ड था। तथापि, स्केण्डेनेवियन राष्ट्रों विशेष रूप से नार्वे द्वारा मानवीय पहलू देखा गया। भारत यू. एन. में उन प्रस्तावों का समर्थन करने में अनिच्छुक रहा जो श्रीलंका में तमिलों के विरुद्ध मानव अधिकारों के उल्लंघन के बारे में थे। भारत ने यू. एन. में मानव अधिकारों के उल्लंघन के सर्वाधिक नए प्रस्ताव से दूरी बनाए रखी। हमारा उद्देश्य यह जतलाना नहीं है कि भारत को उसी प्रकार प्रतिक्रिया करनी चाहिए थी जैसी कि उसने तत्कालीन पूर्वी पाकिस्तान की घटनाओं में की थी। भारत को कम-से-कम नरसंहार को तो रोकना ही चाहिए था। यह संभव है कि इसमें भारत को सफलता नहीं मिलती। लेकिन बात यह है कि भारत के नीति-निर्धारक उस समय चुपचाप खड़े रहे जबकि श्रीलंका की सेना अपनी मारकाट में लगी रही।

हमें मामले की तह में जाने की जरूरत नहीं है। लेकिन इसके नैतिक पहलुओं का थोड़ा उल्लेख करना जरूरी है। नरसंहार में भारत की मौन-स्वीकृति की गहराई मापना कठिन है। कोई यह तर्क दे सकता है कि श्रीलंका के तमिल विदेशी लोग हैं और भारतीय नागरिक नहीं हैं। लेकिन तब बंगलादेश के लोग भी विदेशी थे। लेकिन चूँकि हमारी विदेश नीति गाँधीवादी परम्परा को बहुत मानती है, तो क्या हमें अपने समीपस्थ पड़ोसी में नरसंहार को रोकने की कोशिश नहीं करनी चाहिए थी?

एक और अद्भुत विशेष बात यह है कि किसी भी अवस्था में मीडिया में या राय स्थापित करने वालों में या राजनीतिक स्थापनाओं में कोई हंगामा नहीं मचा। ऐतिहासिक दृष्टि से, तमिलों का आप्रवासन हाल का है, हर अर्थ और प्रयोजन में वे अन्य भारतीयों के समान है। खेद है कि हमें निष्कर्ष निकालना पड़ता है कि समुदाय के पूर्ववर्ती सदस्यों के लिए साथ वालों की भावना एवं एकात्मता की भावना हममें मंद रही है। यही वह कारण है कि हम क्यों उस बात पर चर्चा करते हैं जो एक बहुत जर्जर हो चुका विषय माना जा सकता है- एकात्मकता की जरूरत जो राष्ट्रीय साथी वाली भावना से उत्पन्न हुई है। इस भावना के बिना, न तो राष्ट्र और ना ही उनके नागरिक बने रह सकते हैं।

सार संक्षेप

- अंतर्राष्ट्रीय नैतिकता का अर्थ, राष्ट्रों के बीच सम्बंधों के नियमन हेतु नैतिकताओं या आचार संहिताओं से है।
- 'प्रभुसत्ता सम्पन्नता' एक राष्ट्र द्वारा अपने राजनीतिक समुदाय के पिण्डीकरण (Embodiment) के तौर पर प्राप्त सर्वोच्च प्राधिकार या शक्ति है। प्रभुसत्ता लोगों की भावना को प्रस्तुत करती है जो सिद्धान्ततः नितान्त व निर्बाध है।
- राष्ट्र एक समूह है जो स्वयं को 'लोग' (People) सोचता है, सामान्यतः इसलिए कि उनमें कई बातें समान होती है। इनमें साझे वाली सीमा, इतिहास, संस्कृति, भाषा, धर्म तथा जीवन शैली शामिल होती है। सरकार (Nation) का अर्थ जरा संकुचित होता है जो उन संवैधानिक प्रबंधों को बताता है जो यह तय करता है कि राष्ट्र को कैसे शासित किया जाए।
- अंतर्राष्ट्रीय सम्बंधों के मुख्य सिद्धांत हैं: यथार्थवाद, आदर्शवाद, उनके भिन्नक तथा अन्य स्रोतों मतों से प्राप्त विचार समूह। नव-यथार्थवाद तथा नव-उदारवाद, ये दोनों ही बीसवीं शताब्दी में लोकप्रिय हो गए हैं।
- आदर्शवाद, राजनीति में नैतिक दृष्टिकोण या 'क्या होना चाहिए' की वकालत करता है।
- मेकियावेलीवाद राजनीतिक यथार्थवाद का अतिवादी प्रकार है। यह राजनीति में नैतिकता की प्रासंगिकता को नकारता है और कहता है कि विशिष्ट राजनीतिक लक्ष्यों को प्राप्त करने के लिए सभी साधन (नैतिक हों य अनैतिक) उचित हैं। यह उद्देश्य का सिद्धांत है जिसका अर्थ है कि शासकों को वही करना चाहिए जो राज्य के लिए अच्छा हो, नैतिक संकोच या मानदण्ड को नहीं।
- उन्नीसवीं शताब्दी में हीगल तथा त्रातस्की ने मैकियावेली यथार्थवाद को और आगे हित तक बढ़ दिया एवं इसे अंतर्राष्ट्रीय सम्बंधों से जोड़ दिया।
- यथार्थ-राजनीति एक राष्ट्रीय नीति है जिसका एकमात्र सिद्धांत, राष्ट्रहित को बढ़ाना है।
- यथार्थवादियों के लिए राज्यों की दुनिया अराजकता वाली है तथा सुरक्षा, किसी भी राज्य का दमनकारी ध्येय है। यथार्थवादी, अंतर्राष्ट्रीय राज़नीति में नैतिकता की प्रासंगिकता पर संदेह करते हैं।
- विवरणात्मक यथार्थवाद का मानना है कि वास्तविक दुनिया में राज्य नैतिकता से व्यवहार नहीं करते। या तो उनमें नैतिक प्रेरणा की कमी होती है या वे प्रतिस्पर्द्धी संघर्ष के कारण नैतिकता के साथ व्यवहार नहीं कर पाते।
- आदेशात्मक यथार्थवाद का कहना है कि राज्यों को अपने अंतर्राष्ट्रीय आचरण में विवेकशील होना चाहिए।
- इमैनुअल कॉण्ट उनमें से हैं जिन्होंने अंतर्राष्ट्रीय नैतिकताओं में आदर्शवाद की अनेक आधुनिक मूल-विषय का पूर्व-ज्ञान कर लिया था।
- 1920 तथा 1930 के वर्षों के आदर्शवादी, उदार अंतर्राष्ट्रीयतावादी या आदर्श-राज्यवादी के तौर पर भी जाने जाते हैं। वे शांति, अंतर्राष्ट्रीय कानून, राष्ट्रों के साझे हित मानव विचारशीलता तथा नैतिकता जैसे मूल्यों का समर्थन करते हैं।
- अपनी रचना "द ट्वण्टी इयर्स क्राइसिस" में ई. एच. कार ने आदर्शवाद पर हमला किया है।
- हैन्स मोरजेन्थाउ (Hans Morgenthau) एक और प्रसिद्ध लेखक है जिसने यथार्थवाद के आधार अंतर्राष्ट्रीय संबंधों के सिद्धांत बनाए। वह शक्ति के लिए अदम्य इच्छा, प्रधानता की इच्छा को टकराव के प्रमुख कारकों के रूप में मानता है।
- यह दिखाने के लिए कि यथार्थवाद किस प्रकार अंतर्राष्ट्रीय संबंधों को आधार देता है, मोरजेन्थाउ छः सिद्धांतों का प्रयोग करता है।
- केन्नेथ वाल्ट्ज, जिसने नव-यथार्थवाद को प्रस्तावित किया था, राष्ट्रों की अंतर्राष्ट्रीय व्यवस्था को एक प्रणाली मानता है। वह कहता है कि अंतर्राष्ट्रीय प्रणाली में राज्य बने रहने के प्रयास उसी प्रकार करते हैं जैसे कि फर्में स्वदेशी अर्थव्यवस्था में।
- वाल्ट्ज बताता है कि राज्य अंतर्राष्ट्रीय प्रणाली की संरचनाओं द्वारा उन पर लादे गए बंधनों के कारण लंबे समय तक एक समान व्यवहार करते रहते हैं।

- ⊙ उदार संस्थानवादी (नव-उदारवादी विचारकों का दूसरा नाम) मानते हैं कि राज्य अंतर्राष्ट्रीय करारनामों, शासनों तथा ढाँचों (संरचनाओं) जैसे शस्त्र-नियंत्रण करारनामों (जैसे स्टार्ट I तथा स्टार्ट II) तथा बहुपक्षीय आर्थिक संस्थाओं, जैसे विश्व व्यापार संगठन के निर्माण के माध्यम से सुरक्षा पा सकते हैं। राज्य इन ढाँचों (संरचनाओं) के माध्यम से शांतिपूर्ण सहकार के मानदण्ड सीखकर तथा यथास्थिति बनाए रखने के द्वारा एक-दूसरे से जुड़ सकते हैं।
- ⊙ कुछ समय के लिए नव-यथार्थवाद, यथार्थवाद की कीमत पर अंतर्राष्ट्रीय सम्बंधों में प्रभावी हो गया। लेकिन बड़ी अंतर्राष्ट्रीय घटनाओं के कारण, जैसे यू. एस. एस. आर. का विघटन से यह बहुत कमजोर हो गया।
- ⊙ आधुनिकतावादेतर तथा नारीवाद ने अंतर्राष्ट्रीय नैतिकता को कुछ सीमा तक प्रभावित किया है।
- ⊙ अंतर्राष्ट्रीय नैतिकता के सिद्धांत यू. एन. चार्टर में मिलते हैं। यू. एन. चार्टर में शामिल सिद्धांत, वर्तमान में स्वीकार की जाने वाली अंतर्राष्ट्रीय नैतिकता के मानदण्ड या सिद्धांत बनते हैं।
- ⊙ यू. एन. ने निर्धारित किया है कि इसके लक्ष्यों को प्राप्त करने के लिए सदस्यों को आचरण के निम्नलिखित नियम अपनाने चाहिए:
  - सभी सदस्यों के लिए प्रभुसत्ता सम्पन्नता।
  - वर्तमान चार्टर के अनुसार सदस्यों द्वारा ली गई जिम्मेदारियों को सच्चाई के साथ पूरा करना।
  - सदस्यों द्वारा अपने विवादों का निपटारा शांतिपूर्ण ढंग से इस प्रकार से किया जाना जिससे अंतर्राष्ट्रीय शांति न्याय व सुरक्षा को कोई खतरा न हो।
  - सदस्यों द्वारा किसी राज्य की सीमा की निष्ठता व राजनीतिक स्वतंत्रता के विरुद्ध, या यू. एन. के प्रयोजनों से असंगत किसी ढंग से खतरा पैदा करने या बल का प्रयोग करने से बचना।
  - वर्तमान चार्टर के अनुसरण में यू. एन. द्वारा की गई किसी भी कार्यवाही में हर प्रकार की सहायता देना तथा ऐसे किसी राज्य को सहायता देने से बचना जिनके विरुद्ध यू. एन. बचाव या बल प्रयोग की कार्यवाही कर रहा है।
  - यू. एन. द्वारा सुनिश्चित किया जाना कि जो देश यू एन के सदस्य नहीं हैं, वे उस सीमा तक इन सिद्धांतों के अनुसरण में कार्य करें जहाँ तक ऐसा करना अंतर्राष्ट्रीय शांति व सुरक्षा बनाए रखने के लिए जरूरी है।
  - सदस्यों के घरेलू मामलों में यू. एन. की दखलंदाजी नहीं होगी और ना ही उन्हें अपने विवादों को चार्टर के अंतर्गत निबटाने के लिए ऐसे मामलों को प्रस्तुत करने की आवश्यकता होगी।
- ⊙ जॉन रावल्स ने अपनी पुस्तक 'द लॉ ऑफ पीपुल्स' में अंतर्राष्ट्रीय राजनीति की नैतिकता पर चर्चा की है। अंतर्राष्ट्रीय नैतिक मानदण्ड की उसकी सूची, राजनीतिक उदारवादिता के उसके रूप पर आधारित है। राज्यों को अंतर्राष्ट्रीय राजनीतिक समुदाय में अच्छे रूतबे वाले सदस्य होने के लिए इन मानदण्डों (आचरण संहिता) का पालन करना होता है।
- ⊙ रावल्स यहाँ एक ऐसे अंतर्राष्ट्रीय ढाँचे को प्रस्तावित करता है जिसमें विभिन्न आंतरिक राजनीतिक क्षेत्रों (अर्थात् उदार व अनुदार) वाले राज्य शांति व सौहार्द्र के साथ रह सकें। इस ढाँचे (संरचना) में उदार राज्य इस बात पर जोर नहीं देंगे कि सभी राज्यों में पूर्णत: विकसित उदारवाद होना चाहिए; तथा गैर-उदारवादी क्षेत्र (शासन) उदारवाद के कुछ काम किए हुए सिद्धांतों को अपना लेंगे।
- ⊙ जो राज्य न्यूनतम अपेक्षाओं को पूरा नहीं करते, उन्हें गैर-कानूनी राज्य करार दिया जाता है। रावल्स उनके अस्तित्व को एक दुर्भाग्यपूर्ण तथ्य मानता है।
- ⊙ रावल्स के ढाँचे (संरचना) का अर्थ है कि राज्यों को वैचारिक जिहादों व विभिन्न शासनों वाले अन्य राष्ट्रों के साथ संघर्षों से बचना चाहिए।
- ⊙ रावल्स यह भी लिखता है कि कुछ देशों को सर्वाधिक विपरीत परिस्थितियों जैसे दुर्भिक्षा या आर्थिक निर्बलता का सामना करना पड़ता है। रावल्स कहता है कि सुव्यवस्थित समाजों को इन देशों की मदद करनी चाहिए।
- ⊙ युद्ध व शांति की नैतिकता पर तीन प्रमुख मत हैं- यथार्थवाद; शांतिवाद तथा न्याय-संगत युद्ध सिद्धांत।

- न्याय-संगत युद्ध का सिद्धांत तीन भागों में बँटा है जिनके लैटिन नाम इस प्रकार हैं।
  1. **जस अड बेल्लम (JUS ad Bellum):** जो युद्ध शुरू करने की न्याय संगतता के बारे में है।
  2. **जस इन बेल्लो (JUS in Bello):** यह युद्ध के दौरान आचरण के बारे में है।
  3. **जस पोस्ट बैल्लम (JUS Post Bellum):** जो शांति समझौतों के न्याय तथा युद्ध समाप्ति के चरण के बारे में है।
- शांतिवाद, युद्ध का पूरी तरह से विरोध करता है। जबकि शांतिवादी सभी प्रकार की हत्याओं का विरोध करते हैं, वे विशेष रूप से उस नरसंहार से घष्टणा करते हैं जो प्रायः युद्ध के साथ होता है। वे इस प्रकार के और इस पैमाने पर नर-संहार के लिए आपत्ति करते हैं। शांतिवादी मानते हैं कि कोई भी नैतिक आधार युद्ध को उचित नहीं ठहरा सकता तथा यह हमेशा ही गलत है।
- अवपीड़क शासन परिवर्तन- किसी राष्ट्र की सरकार का बाहरी सैन्य हस्तक्षेप से परिवर्तन- पर पर्याप्त विवाद है। इसमें प्रश्न उठता है-क्या अवपीड़क शासन परिवर्तन कभी उचित ठहराया जा सकता है, या वह अनिवार्यतः साम्राज्यवाद का कार्य है। एक विचार यह है कि यू. एन. द्वारा आदेशित राष्ट्रों की प्रभुसत्ता की समानता, किसी राज्य के आंतरिक मामलों में बाहरी हस्तक्षेप को मना करती है।
- अंतर्राष्ट्रीय नैतिकता के नए आयाम निम्नलिखित हैं-
  - (i) सम्पन्न देशों से साधनों का कम विकसित राष्ट्रों को स्थानांतरण
  - (ii) विकसित व कम विकसित देशों के बीच आर्थिक आदान-प्रदान (व्यापार, वाणिज्य तथा वित्त) में असमानता को समाप्त करना।
  - (iii) अंतर्राष्ट्रीय एजेन्सियों के कार्य-संपादन में विकसित देशों को अधिक बोलने का अधिकार देना।
  - (iv) अकाल व आर्थिक निर्बलता की चपेट में आए देशों को मानवीय सहायता
  - (v) उन राज्यों में हस्तक्षेप जहाँ उनके अपने लोगों पर कत्लेआम, मानव-जातीय सफाई या युद्ध हो रहा है।
  - (vi) उन लोगों का प्राकृतिकरण (Naturalization) जो एक देश में प्रवास कर जाते हैं और वहाँ बस जाते हैं।
  - (vii) नैतिकताओं के प्रति एक राष्ट्रीय सोच के स्थान पर एक विश्व नागरिकता की सोच को अपनाना।
- यद्यपि यह जवाहरलाल नेहरू ही थे जिन्होंने भारत की विदेश नीति को रुप दिया, पर महात्मा गाँधी की सोच व दर्शन ने इसे बहुत प्रभावित किया। भारत की विदेश नीति इसके स्वतंत्रता संघर्ष के गाँधीवादी मूल्यों पर आधारित है। यह गाँधीवादी विचार ही थे जिन्होंने भारत की आजादी के आरंभिक दशकों में विदेश नीति का स्वर निश्चित किया।
- अंतर्राष्ट्रीय समस्याओं के बारे में भारत की सोच (Stand) नैतिक स्पष्टता तथा साहस पर आधारित थी। अनेक राष्ट्रों ने इस सोच को पसंद किया। इसकी वजह से भारत को विकासशील देशों का नेतृत्व मिल गया। इससे भारत को विश्व को मामलों में अपनी वास्तविक आर्थिक व राजनीतिक ताकत की तुलना में कहीं अधिक प्रभावी होने की क्षमता दी।
- भारतीय विदेश नीति के समर्थक व आलोचक, दोनों ही अनिवार्यतः पंचशील पर ध्यान केंद्रित करते हैं। यह भारतीय विदेश नीति में बहुत पहले की अवस्था से जुड़ा है। संभवतः नेहरू ने इसे नीति का मध्य बिंदु माना जो राजनयिकता के दोष-दर्शी (Cynical) वातावरण में नैतिकता की मशाल लिए भी खड़ा है। जबकि कुछ लोग पंचशील के आदर्शवाद के लिए इसकी प्रशंसा करते हैं, अन्य अयथार्थवाद के लिए इसकी निंदा करते हैं।
- कुछ उदारवादी विचारक मानते हैं कि समतावादी गारण्टियाँ राष्ट्रीय सीमाओं या सीमा वाले राज्यों तक सीमित नहीं रहनी चाहिए। व्यक्ति की राष्ट्रीयता को जन्म की घटना जैसे उसकी नस्ल, लिंग या सामाजिक वर्ग मानते हैं। अतः प्रशासनिक न्याय देते समय भेदभाव का यह आधार नहीं बनाया जा सकता। इससे राष्ट्रीय सीमाओं की नैतिक स्थिति की उलझन भरी समस्याएँ पैदा हो जाएँगी।
- नैतिक समतावाद राष्ट्रीय सीमाओं तक सीमित नहीं रखा जाना चाहिए।
- भारत के विदेश-नीति निर्माताओं ने संकट के दौरान जोश के साथ काम किया जिसके परिणामस्वरूप बांगलादेश का जन्म हुआ। लेकिन श्रीलंका के तमिलों के लिए उनकी प्रतिक्रिया मंद रही।

अभ्यास प्रश्न

1. अंतर्राष्ट्रीय नैतिकता के मुख्य पहल या संघटक कौन-से है?
2. प्रभुसत्ता-सम्पन्नता क्या है? अंतर्राष्ट्रीय संबंधों में इसके महत्त्व को स्पष्ट कीजिए।
3. अंतर्राष्ट्रीय संबंधों के प्रसंग में आदर्शवाद के मुख्य सिद्धांतों को स्पष्ट कीजिए।
4. अंतर्राष्ट्रीय सम्बंधों में यथार्थवाद की अवधारणा पर संक्षेप में चर्चा कीजिए।
5. विवरणात्मक यथार्थवाद क्या है? निर्धारक यथार्थवाद क्या है? आप इन दोनों में किस प्रकार अंतर करेंगे?
6. 1920 तथा 1030 के वर्षों के यथार्थवादियों के अनुसार वे मुख्य सिद्धांत कौन-से हैं जो अंतर्राष्ट्रीय मामलों में राष्ट्रों के आचरण को निर्देशित करते हैं?
7. 1920 तथा 1930 के वर्षों के आदर्शवाद की ई. एच. कार की आलोचना की मुख्य बातें क्या हैं?
8. नव-यथार्थवाद के सिद्धांत की रूपरेखा बताइए।
9. अंतर्राष्ट्रीय सम्बंधों के बारे में नव-उदारवाद के मुख्य विचार बताइए।
10. यू. एन. चार्टर में दिए गए अंतर्राष्ट्रीय नैतिकता का सिद्धांत क्या है?
11. जॉन रावल्स के अनुसार अंतर्राष्ट्रीय राजनीति की नैतिकता के सिद्धांत बताइए।
12. युद्ध व शांति की नैतिकता पर तीन मुख्य मत कौन-से हैं?
13. वे सिद्धांत बताइए जिनका प्रयोग न्याय-संगत युद्ध सिद्धांत के अनुसार युद्ध की घोषणा में, युद्ध संचालन में तथा युद्ध की समाप्ति में किया जाना चाहिए।
14. शांतिवाद के गुण तथा दोष बताइए।
15. अंतर्राष्ट्रीय नैतिकता के नए आयाम कौन-से हैं?
16. अंतर्राष्ट्रीय नैतिकता के आर्थिक पहलुओं पर चर्चा कीजिए।
17. भारत की विदेश नीति में आदर्शवाद की भूमिका पर टिप्पणी कीजिए। इसमें यथार्थवादी सिद्धांतों द्वारा किस सीमा तक तथा किन कारणों से संशोधन किया गया है?
18. पंचशील के सिद्धांत बताइए तथा उन पर टिप्पणी कीजिए।
19. इस विचार पर चर्चा कीजिए कि एक राष्ट्र से दूसरे को बड़े पैमाने पर आप्रवासन के संदर्भ में नैतिक समतावाद, राष्ट्रीय सीमाओं तक सीमित रहना चाहिए।

संदर्भ

- डब्ल्यू. जूलियन कोरब- कारपोविज: पॉलिटिकल रियलिज्म इन इण्टरनेशनल रिलेशन्स; स्टेनफोर्ड एन्साइक्लोपीडिया ऑफ फिलासफी से लेख
- मिचैल ब्लैक, इण्टरनेशनल जस्टिस
- ओरेण्ड, ब्रिआन, वार (Orend, Brain, War)
- राजीव सीकरी, महात्मा गाँधी इन्फ्लूऐंस ऑन इण्डियाज फॉरेन पॉलिसी (वेवसाइट पर उपलब्ध)।

अध्याय 21

मामलों का अध्ययन (Case Studies)

परिचय (Introduction)

मामलों के अध्ययनों के हल के लिए युक्तियाँ (Strategy for solution of Case Studies)

इस पुस्तक का ध्यानपूर्वक अध्ययन करने वाले पाठक ने यह समझ लिया होगा कि नैतिक दृष्टि से सही निर्णय लेना अपने आप में एक चुनौती है। हाँ, इस बात से कोई इंकार नहीं है कि लोग जितने भी नैतिक निर्णय लेते हैं, उनमें से ज्यादातर सरल व सीधे-सादे होते हैं। वे सामान्य स्कूली पुस्तकों के कथनों पर आधारित होते हैं, जैसे-'हमेशा सत्य बोलो, 'पशुओं पर दया करो', 'अहिंसक बनो', तथा 'दूसरों के साथ दयालुता व सोच-विचार का व्यवहार करो'। यदि मानवीय नैतिकता विस्तृत बौद्धिक विश्लेषण पर आधारित होती तो सामान्य मानवीय शालीनता के लिए थोड़ा-सा स्थान ही बचेगा। लेकिन कुल मिलाकर मानव शालीनता से व्यवहार करते हैं। यद्यपि उन्हें नैतिकता की औपचारिक शिक्षा नहीं होती।

लेकिन कभी-कभी नैतिकता पंकिल हो जाती है। पुरुष तथा स्त्री ऐसी स्थिति का सामना करते हैं जिसमें नैतिक निर्णय न तो प्रत्यक्ष होते हैं और ना ही बिल्कुल स्पष्ट। उस समय नैतिक निर्णयन सरल कार्य नहीं रह जाता। अनेक प्रकार के सोच-विचारों का मूल्यांकन करना होता है और अक्सर मार्ग-निर्देशक सिद्धान्त पूरी तरह से एक-दूसरे से मेल नहीं खाते। जब लागू होने वाले मानक समान रूप से वैध होते हैं तो नैतिक कर्त्ता दुविधा में पड़ जाता है। जैसाकि हमने पहले चर्चा की है तब नैतिक कर्त्ता को वही करना पड़ता है जो उसे प्राथमिक कर्त्तव्य लगता है। यद्यपि नैतिक चर्चा के लिए नैतिक दुविधाएँ मनोरंजक क्षेत्र हैं, वे व्यक्ति के सरकारी, सामाजिक और निजी जीवन में सामान्य नहीं हैं। वे अपवादस्वरूप परिस्थितियों में उठ खड़े होते हैं।

अधिक सामान्य परिस्थिति यह है कि नैतिक कर्त्ता के नैतिक सिद्धान्त तथा जीवन के अन्य लक्ष्य टकरा जाते हैं। इसे इस प्रकार बताया जा सकता है कि यह व्यक्ति की नैतिकता तथा सांसारिक प्रगति के लिए या निजी लाभ के बीच टकराव है। इस प्रकार उद्देश्यों व सिद्धान्त के जिस विस्तृत सैट को नैतिक कर्त्ता अपने लिए चुनता है, उसमें आन्तरिक मेल नहीं होता है। परिणामस्वरूप, उसके नैतिक सिद्धान्त तथा सांसारिक उद्देश्य अक्सर विपरीत दिशाओं में खींचते हैं। व्यक्ति की नैतिक मजबूती की सबसे कठोर परीक्षा तब होती है जब वह उन सिद्धान्तों व उद्देश्यों के बीच पुनर्मिलान करता है जो कि जो उसके निजी लक्ष्य बताते है; जैसे सांसारिक आराम, धन-सम्पत्ति तथा शक्ति। हम यह नहीं कह रहे हैं कि ऐसे उद्देश्य प्राप्त करने योग्य नहीं हैं। तथापि, इन उद्देश्यों को प्राप्त करने के साधन नैतिक दृष्टि से बहुत महत्त्व रखते हैं-और नैतिक विकल्पों का यही भेद है।

उपरोक्त बातों (कारकों) तथा कुछ अन्यों, जिनका जिक्र हम नीचे कर रहे हैं, के कारण कार्य परिस्थितियों, विशेष तौर पर सिविल सेवा तथा कार्पोरेट प्रबन्धन में बातें अस्पष्ट या उलझनभरी हो सकती हैं। लोग स्वयं को परेशान कर देने वाली परिस्थितियों

से चारों ओर से घिरा पा सकते हैं। उन्हें अनेक आन्तरिक टकरावों को नियंत्रित करना, सुसंगत करना और संभालना पड़ता है। आधारभूत स्तर पर कर्मचारी अपनी आत्म-बोध की जरूरतों को पूरा करने एवं परिवार हेतु आर्थिक पर्याप्तता सुनिश्चित करने के लिए कैरियर की प्रगति चाहते हैं। यह वैध आशा है। दूसरी ओर, लालच को उठने देना एवं गलत कामों की कीमत पर तेजी से कैरियर की सीढ़ी पर चढ़ना, एक सदा बना रहने वाला प्रलोभन है।

अब तक हमने दो मुद्दों का उल्लेख किया है: एक तो नैतिक दुविधा के बारे में हैं और दूसरा आत्म-हित के लिए नैतिकता की बलि चढ़ाने की जोखिम का है। नैतिकता को न केवल स्वार्थी हितों के कारण अनदेखा किया जा सकता है अपितु अन्य कारणों से भी ऐसा किया जा सकता है। व्यक्ति को नैतिक सिद्धान्तों की पर्याप्त जानकारी नहीं भी हो सकती है। लेकिन ऐसा बहाना नहीं है जो सिविल सेवकों के लिए चल सके। उन्हें नैतिक प्रशिक्षण दिया जा सकता है और अपनी नैतिक संवदेनशीलता बढ़ाने के लिए प्रोत्साहित किया जा सकता है। कई बार तो अनुभवी सरकारी कर्मचारी भी किसी परिस्थिति के नैतिक आयामों को पहचानने में असफल रह जाते हैं। अत: कर्मचारियों को इस क्षेत्र में अपनी कुशलताएँ चमकानी पड़ेगी।

किसी परिस्थिति में, कर्मचारियों को ऐसे विकल्पों को तलाशना होगा जो निष्पक्ष कार्य, बराबरी एवं न्याय की जरूरतों (अपेक्षाओं) को पूरा कर सकें। पूर्वाग्रह, पक्षपात, दुर्भावना और अन्य दुर्गुण सक्रिय नहीं होने चाहिए। कर्मचारी केवल लोभ या शक्ति से ही प्रेरित नहीं होते। अक्सर वे सही रास्ते को कायरता के कारण छोड़ देते हैं। वे अपने निजी फायदे को देखते हैं और अपने राजनीतिक या प्रशासनिक बॉस से टकराना नहीं चाहते। वे दृढ़ धारणा का साहस नहीं दिखा पाते। कर्मचारी कई बार मनमानी करते हैं या अपनी स्थिति का दुरूपयोग करते हैं। वे आम लोगों द्वारा किए गए छोटे-छोटे उल्लंघनों के लिए भी अति-प्रतिक्रिया कर सकते हैं। वे मामलों को संभालने में संतुलन के भाव प्रदर्शित करने में असफल रह सकते हैं। वे गरीबों तथा कमजोरों की समस्याओं के प्रति संवेदनाहीन हो सकते हैं।

हमने ऊपर जो भी कुछ लिखा है, ऐसे मामलों का विषय (संदर्भ) हो सकता है जो परीक्षा में आ जाए। इन मामलों पर चर्चा के लिए एक व्यवस्थित सोच बहुत जरूरी है। पिछले अध्यायों में मामलों के अध्ययनों में आपने देखा होगा कि हमने किस प्रकार विभिन्न परिप्रेक्ष्यों में परिस्थिति का विश्लेषण किया। एक सीमा तक ऐसे विश्लेषण का ढाँचा बताना मुश्किल है जो सब जगह लागू हो सके, क्योंकि नैतिक मुद्दे अधिकतर मामलों के लिए विशिष्ट होते हैं। फिर भी हम ऐसे ढाँचे का खाका देने का प्रयास करेंगे जो आपको व्यवस्थित ढंग से सोचने और शीघ्रता से प्रतिक्रिया करने में मदद करेगा। हमें इस बात का मान है कि जो कदम हम उठा रहे हैं, अति सरलीकरण लग सकता है; हम ऐसा कठोर बौद्धिक मानकों के आधार पर नहीं कर रहे हैं, अपितु विशेष रूप से परीक्षा हॉल में व्यावहारिक ढंग से सोचने के साधन के तौर पर कर रहे हैं।

दो प्रकार के मामले

मामलों को दो बड़े वर्गों में बाँटा जा सकता है। पहले में वे मामले आते हैं जो उस व्यक्ति का सामना करते हैं जिसकी शक्ति वाली कोई स्थिति नहीं है या सरकारी बाध्यता नहीं है। यह हर उस व्यक्ति की परिस्थिति है जिसे एक दी गई परिस्थिति में किए जाने वाले कार्य का निर्णय करना है तथा परिस्थिति किसी कार्यालय या प्राधिकार की स्थिति से जुड़ी नहीं है। मामलों का अन्य प्रकार कार्यालय के परिवेश से पैदा होता है। यहाँ नैतिक निर्णय करने वाला मात्र व्यक्ति नहीं है (जिसे नीतिशास्त्र में नैतिक कर्त्ता कहा जाता है।) अपितु एक सरकारी कर्मचारी है जिस पर कर्त्तव्य का भार है। स्पष्टत: दूसरे प्रकार की परिस्थिति अधिक जटिल है क्योंकि व्यक्ति के नैतिक रूझान के अलावा कर्त्तव्य की पूर्ति भी की जाती है। व्यावसायिक कर्त्तव्य में, निजी नैतिक व्यवहार से अधिक (बातों) मामलों पर सोचना पड़ता है।

कार्य की नैतिक दुरूस्ती की जाँच (Test of Ethical Soundness of an Action)

सामाजिक परिस्थिति (Social Situation)

एक सामाजिक प्राणी होने के नाते आपको निर्णयों के किसी विकल्प का विश्लेषण करने के लिए निम्नलिखित कदम उठाने होंगे। पहले यह जाँचिए कि जिस निर्णय के लिए सलाह दी गई है या जो निर्णय आपके दिमाग में आ रहा है, क्या विधिक (वैध)

है। आपको यह जानने के लिए कोई विशेषज्ञ वकील होने की जरूरत नहीं है कि किस प्रकार के कार्य गैर-कानूनी हैं। आई पी सी के अन्तर्गत दण्डनीय अपराध सर्वविदित हैं- खून; अन्य लोगों को चोट पहुँचाना, बलात्कार, धोखाधड़ी, गबन और जालसाजी आदि इसी वर्ग में आते हैं। इस बात की संभावना नहीं है कि परीक्षाओं में कोई दिया गया विकल्प इनमें से कोई नहीं होगा। अन्य प्रकार के कानून भी हैं; नशाबन्दी, तस्करी, दहेज लेना, ड्रग्स का कारोबार करना और इसी प्रकार के मामलों से सम्बन्धित कानून हैं। इन विषयों की सामान्य जानकारी सबको रहती है और इन पर विस्तार से बताने की जरूरत नहीं है। प्रभुसत्ता के कानून को उस समाज के संदर्भ में नैतिक मंजूरी प्राप्त होती है। इसमें कोई संदेह नहीं कि एक देश में जो कानूनी नहीं है, वह कभी-कभी दूसरे देश में कानूनी हो सकता है। लेकिन आपको उस विशिष्ट परिस्थिति के संदर्भ में सोचना है जो देश-विशिष्ट है। जब तक कि आपको कानून की ही वैधता पर चर्चा करने के लिए न कहा गया हो, नियम सीधा-साधा है; देश के कानून का अनुसरण करो। इस प्रकार ऐसा कोई भी कार्य जो कानून का उल्लंघन (अतिक्रमण) सुझाता है या आशयित है, उस राज्य या स्थान के संदर्भ में अनैतिक है।

इस प्रकार, जर्मनी में किसी भी मौसम में एक मग बीयर का आनन्द लेना सामान्य है, गुजरात में गर्मी में भी कोई परमिट के बिना ऐसा नहीं कर सकता। गुजरात में प्रतिबन्ध केवल नैतिक नियमों के ही कारण नहीं है, अपितु यह गुजराती समाज में जनता की भलाई या अच्छाई की सोच के कारण है। क्या अच्छा है या बुरा है, इस धारणा के विस्तार से प्रतिबन्ध एक बाध्यकारी सिद्धान्त हो जाता है जो व्यक्ति पर तब तक लागू रहता है जब तक वह राज्य में है। चूँकि कानून अनिवार्य है, अत: इसकी वैधता पर प्रश्न उठाने में कोई व्यावहारिक बुद्धिमत्ता नहीं है। यद्यपि ऐसे प्रश्न शैक्षिक या बौद्धिक संदर्भों में पूर्णत: वैध होंगे।

इस प्रकार कानूनी पुष्टि के हो जाने के बाद अधिक जटिल क्षेत्र आता है, जहाँ मार्गदर्शी सिद्धान्त दो शक्तिशाली और सक्षम स्रोतों से आते हैं। पहला स्रोत निस्संदेह नैतिकता है और दूसरे में धर्म सहित सांस्कृतिक मानदण्डों की सभी विधियाँ शामिल हैं। इस पुस्तक को पढ़ते समय आप किसी कार्य की नैतिक दुरूस्ती को परखने के लिए विभिन्न सोचों या मार्ग-निर्देशों से परिचित हुए होंगे। दोहराने के लिए, ये परखे हैं-उपयोगितावाद, कर्त्तव्य-शास्त्र, सद्गुणी नैतिकता तथा सभी गहरे बैठे हुए सार्वभौमिक मूल्य जैसे- सत्यता, अनुकम्पा और अन्यों में समानुभूति। हमारी सामान्य सोच यह है कि यदि कोई कार्य नैतिकता के जंतर (Talisman) पर खरा उतरता है तो यह स्वीकार्य होना चाहिए। यह कार्य सांस्कृतिक मार्ग-निर्देश या मानदण्डों का पालन करता है या नहीं, यह विचार की गौण वस्तु है। अगर ऐसा है तो और बेहतर है, यदि ऐसा नहीं है तो नैतिक विचार बना रहेगा। संक्षेप में दो के टकराव के मामले में सांस्कृतिक मानदण्ड नैतिकता से हार जाते हैं।

हम एक सादा-सा उदाहरण देते हैं। हम जानते हैं कि हर समाज में दिवंगतों को आदर देने के लिए अन्तिम संस्कारों का रिवाज है। रीतियाँ अलग-अलग हैं, किन्तु आम बात यह है कि मित्रगण एवं निकट सम्बन्धी (अक्सर केवल पुरुष सदस्य ही) स्वर्गवासी के सांसारिक अवशेष के साथ शमशान भूमि में जाते हैं, क्रिया-कर्म की विधि कुछ भी हो सकती है। समाज में प्रतिष्ठित व्यक्ति किन्तु एक साधारण व्यापारी 'एक्स' का मामला देखिए। 'एक्स' के बुरे दिन चल रहे हैं और हाल ही में उसे व्यापार में भारी हानि हुई है। इसके ऊपर यह भी हुआ कि अभी उसकी पत्नी की मृत्यु हो गई। उसकी मुश्किलें और बढ़ाते हुए, उसकी विवाह-योग्य दो बेटियाँ हैं तथा बड़ी बेटी की शादी तय हो गई है और उसके लिए उसे सामाजिक व आर्थिक तौर पर तैयारी करनी है। 'एक्स' एक रूढिवादी बंगाली हिन्दू परिवार से है जहाँ रिवाज के अनुसार परिवार न केवल अन्तिम संस्कार करता है अपितु श्राद्ध (धार्मिक प्रार्थना व देवताओं को धर्म-क्रियात्मक चढ़ावा देना) भी करना होता है जिसमें कम-से-कम उन सभी को भोज देना होता है जिन्होंने दिवंगत को अन्तिम आदर दिया था। 'एक्स' दुविधा में है, यदि वह शानदार श्राद्ध व भोज पर पैसा खर्च करता है तो उसकी आर्थिक हालत और कमजोर हो जाएगी। तथापि, इस रिवाज को छोड़ देना आसान नहीं है क्योंकि सामाजिक परम्पराओं में पालन न करना लागू नहीं होता। यदि वह अनेक मित्रों तथा परिवार के सदस्यों को छोड़ देता है तो लोग उसकी पीठ पीछे बुराई करेंगे। दूसरी ओर, सामाजिक दबाव उसे बेटियों की शादी के लिए ऋण लेने के लिए विवश करेगा। अत: 'एक्स' दुविधा में है।

स्पष्टत: भोज को छोड़ देना और श्राद्ध कर्म को कम करना नैतिक दृष्टि से अनुमत है। वास्तव में, बेटी के लिए ऋण लेना बाद में उसकी व्यापार में धन लगाने की बैंक संबंधी योग्यता (पात्रता) को समाप्त कर देगा और इस प्रकार जीविका को जोखिम में डाल देगा। अत: नैतिक कार्य न्यूनतम स्तर पर श्राद्ध करना और भोज को छोड़ देना होगा। तथापि, उसे अच्छे दोस्तों व परिवार के सदस्यों के साथ ईमानदारी से बात करके समाज की समझ के मुद्दे को भी देखना चाहिए। यह आशा करनी चाहिए कि वे स्थिति को समझेंगे तथा सहानुभूति दर्शाएँगे।

अब हम ऐसी स्थिति में आ गए हैं जहाँ हम नैतिक कार्य की तार्किक पद्धति से परखों को वर्णित कर सकते हैं, जिसका प्रयोग आप अधिकतर परिस्थितियों में कर सकते हैं। पद्धति को स्वीकारने के लिए आप नीचे दिए गए फ्लो डॉयग्राम को देख सकते हैं।

कार्य की नैतिक दुरूस्ती की जाँच-सामाजिक परिस्थिति

(Test of Ethical Soundness of an Action- Social Situation)

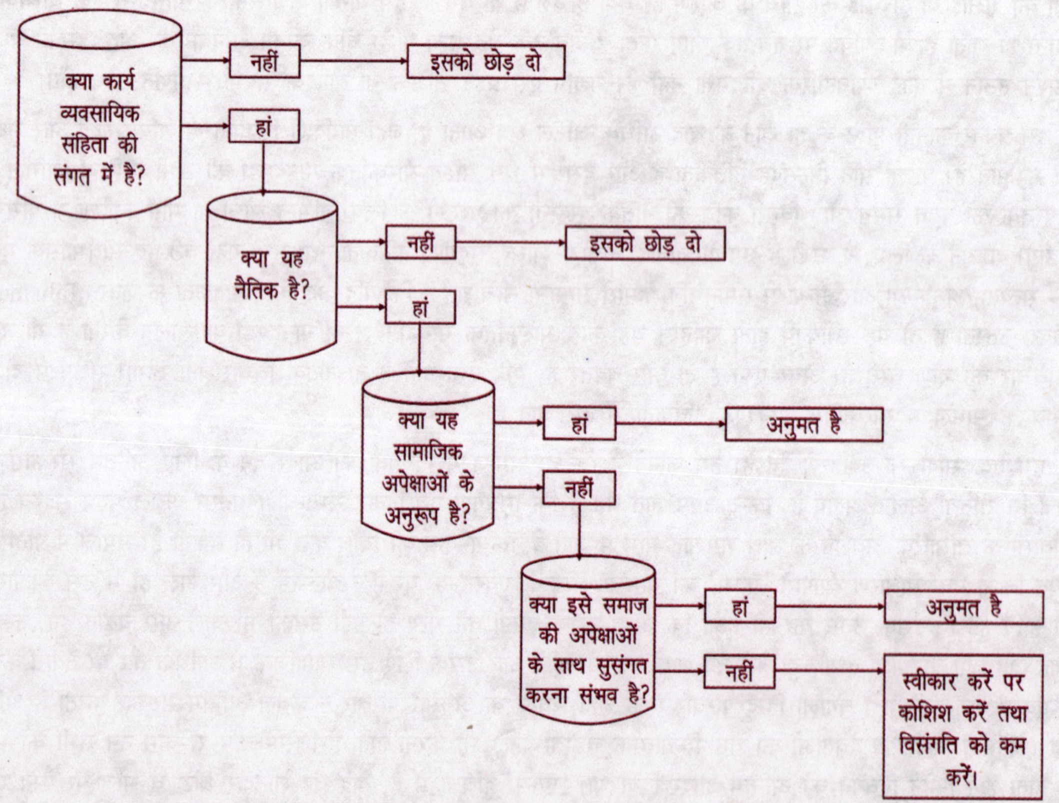

यह आरेख आपको प्रस्तावित कार्य को बेलनाकार परख कक्षों में क्रमश: परखों से गुजारने के लिए कहता है। प्रत्येक परख में एक सीधा सवाल है जो वहाँ लिखा हुआ है। प्रत्येक परख के बाद दो परिणाम हैं- 'हाँ' या 'नहीं'। आप सबसे ऊपर से शुरू करें और क्रमश: नीचे की ओर चलें। यदि पहली परख का उत्तर 'नहीं' है अर्थात् प्रस्तावित कार्य विधिक नहीं है, तो आपको सीधे-सीधे उस कार्य को छोड़ देना है। यदि परख का उत्तर 'हाँ' है तो आप नीचे दूसरी परख के लिए चलें और इसी प्रकार आगे बढ़ें। अन्त में आपको हमेशा ही उत्तर मिलेगा।

अब निबंध प्रकार की परीक्षा के बारे में, दो प्रकार की संभावनाएँ पैदा होती हैं। पहली, उत्तर का विकल्प स्याह-सफेद में दिया गया है और परीक्षा देने वाले के लिए कोई लचीलापन नहीं है। उस स्थिति में, नैतिक सिद्धान्तों एवं सांस्कृतिक रिवाज के बीच टकराव के मामले में, पहला विजयी होगा। हमें उसी आधार पर उत्तर को चुनना होगा। तथापि, यदि परीक्षा देने वाले को उत्तरों के विकल्प को चुनने या सुधारने का विकल्प है तो उसे वैसी कार्यवाही चुननी चाहिए जहाँ टकराव का विस्तार या तेजी कम हो जाती है। दिए गए उदाहरण के समान 'एक्स' को अपने परिवार व घनिष्ट मित्रों को पहले ही बता देना चाहिए कि उसे श्राद्ध काज को कम करने को क्यों विवश होना पड़ा है।

कार्य की नैतिक दुरूस्ती की जाँच (Test of Ethical Soundness of an Action)

व्यावसायिक परिस्थिति (Professional Situation)

अब हम परिस्थितियों की श्रेणी की बात करेंगे जहाँ निर्णय लेने वाले की स्थिति शक्ति रखने वाले की या दूसरों पर नियन्त्रण रखने वाले की है इसका यह अर्थ नहीं है कि जिन नैतिक कर्त्ताओं की हम सोच रहे हैं, वह अनिवार्यत: सिविल सेवक हैं या कारपोरेट मैनेजर हैं। वह डाक्टर या नर्स हो सकता है क्योंकि मरीजों के व्यवहार पर उनका कुछ प्रभाव होता है और नियंत्रण होता है। लागू होने वाली व्यवसायिक संहिता व्यवसाय एवं उस संस्थान की नीति पर निर्भर होती है जिसमें नैतिक कर्त्ता काम कर रहा है। भारत में सरकारी कर्मचारी के मामले में केन्द्रीय व राज्य, दोनों सरकारों द्वारा बनाई गई संहिताएँ हैं। संहिताओं की भावना एवं स्वर, चाहे उन्हें भारत सरकार ने बनाया हो या राज्य सरकार ने, समानांतर रूप से चलते हैं और इसी प्रकार से महत्त्वपूर्ण सिद्धान्त भी चलते हैं; उनमें अन्तर छोटे-मोटे कार्य चालन विवरणों का होता है। ये विवरण सिविल सेवा परीक्षा की दृष्टि से सम्बन्धित नहीं हैं।

इसी प्रकार कारपोरेट प्रबन्धक भी अपनी-अपनी कम्पनियों द्वारा निश्चित की गई संहिताओं का पालन करते हैं। ये संहिताएँ, यद्यपि एक कम्पनी से दूसरी कम्पनी की तुलना में भिन्न हो सकती हैं, एक समान मूल्य वाली होती हैं जैसे साहस, भरोसा, टीमवर्क, प्रतिबद्धता, सत्यनिष्ठा तथा इसी प्रकार के अन्य कम्पनी की संहिता संवेदी सूचना बाँटने पर विशेष बल दे सकती है ताकि वाणिज्यिक संभावनाओं वाली वह सूचना प्रतिस्पर्द्धा में न खो जाए। संहिता में यौन उत्पीड़न पर भी विस्तार से दिया हो सकता है। हम समझते हैं कि आप मूल बात को समझ गए होंगे तथा उन बातों को स्वीकारेंगे जो संहिता में आम तौर पर दी गई होती हैं।

हम मामलों के उस वर्ग का वर्णन करेंगे जहाँ निर्णय लेने वाले लोगों के पास व्यावसायिक स्थिति के कारण अन्यों पर कुछ प्रभाव, नियंत्रण या प्राधिकार होता है। अब हम देखेंगे कि एक व्यवसायी नैतिक कर्त्ता के मामले में परख किस प्रकार चलेगी। जैसा कि पिछले वाले में है, यहाँ भी पहली परख है कि क्या विचारित कार्य विधिक दृष्टि से अनुमत है। यदि उत्तर 'नहीं' है तो नैतिक कर्त्ता और आगे निर्धारित परख नहीं करेगा। यदि परख का परिणाम 'हाँ' है तो उसे आगे के चरणों में जाना होगा या क्रमवार अगली परखें करनी होंगी। आरेख को सरल रखने के लिए, हम ऐसे कार्य से शुरू कर रहे हैं जो कानूनी तौर पर अनुमत हैं।

अगली परख, जैसाकि नीचे दिखाया गया है, यह पता लगाने के लिए होगी कि प्रस्तावित कार्य व्यावसायिक संहिता की संगत में है। फ्लो आरेख इस अवस्था के बाद एक समान हो जाएगा। अन्य शब्दों में, जब प्रस्तावित कार्य विधिक होने के अतिरिक्त व्यावसायिक संहिता की संगत में है, परख का अगला प्रश्न होगा कि क्या कार्य नैतिक सोच-विचार के दृष्टिकोण से वैध है। अन्य शब्दों में, 'व्यावसायिक संहिता' के बाद अगली दो अवस्थाएँ, सामाजिक परिस्थिति वाली जैसी ही हैं।

कार्य की नैतिक दुरूस्ती की जाँच-व्यावसायिक परिस्थिति
(Test of Ethical Soundness of an Action- Professional Situation)

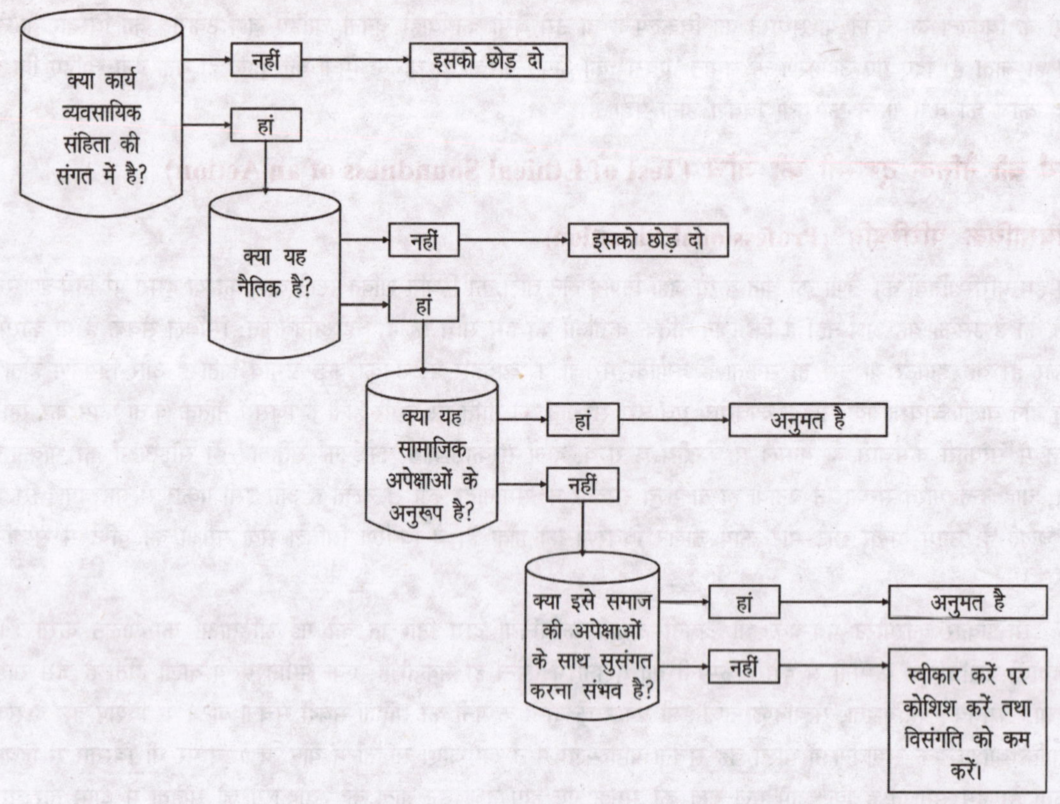

इस चर्चा को समाप्त करने से पहले हम यह उल्लेख करना चाहेंगे कि ऐसी परिस्थितियाँ होती हैं जब व्यावसायिक तहजीब तथा सांस्कृतिक/धार्मिक मानदण्डों के बीच टकराव हो सकता है। ऐसी परिस्थिति में व्यावसायिक संहिता प्रबल रहेगी। तथापि, एक कर्त्तव्य-निष्ठ व्यावसायी कभी-कभी चतुरता से इस परिस्थिति से पार हो जाते हैं जैसा कि नीचे दिए गए उदाहरण में दर्शाया गया है। इस पुस्तक में दिए गए ज्यादातर मामलों के समान यह उदाहरण भी वास्तविक जीवन की घटना को दर्शाता है।

जेनुल हक एक मध्य-स्तरीय आई ए एस अधिकारी है जो हिन्दुत्व की जोरदार लहर वाले राज्य में सर्वोत्कृष्ट प्रसिद्धी प्राप्त है। राजनीतिक राजधानी बनाने की लोकप्रिय (व्यापक) भावना को भुनाते हुए राज्य के मुख्यमंत्री हिन्दू त्यौहारों में प्रत्यक्ष या परोक्ष रूप से सरकार की भागीदारी रखता रहा है। उसने त्यौहारों की भी राष्ट्रीय तथा अन्तर्राष्ट्रीय स्तर पर प्रमुख सांस्कृतिक आयोजन के तौर पर मार्केटिंग कर दी है। एक खास त्यौहार में, धार्मिक प्रतीकात्मकता तथा प्रार्थना से युक्त पर्याप्त सांस्कृतिक संघटक रहे थे। राज्य के लोगों ने इन आयोजनों का खूब आनन्द लिया।

इस विशेष त्यौहार में, उद्घाटन समारोह के बाद, माँ भवानी के लिए एक प्रार्थना, जिसे 'आरती' कहते हैं होनी थी। आरती के दौरान, मंत्रियों, वरिष्ठ प्रशासनिक अधिकारियों सहित सारे दर्शक आदरपूर्वक, प्लेट में रखे दीपक को हाथ में ले खड़े हो जाते हैं और सांस्कृतिक किन्तु सादा-सा हस्त-संचालन करते हैं जिससे देवी की 'आरती' एक भव्य लोक आयोजन हो जाता है। इस आयोजन में सभी आई ए एस अधिकारियों, विधायकों, संसद सदस्यों और शहर के गणमान्य व्यक्तियों को आमंत्रित किया जाता है। इस वातावरण में जैनुल की स्थिति जरा पेचीदा हो जाती है क्योंकि उसका धर्म किसी चित्र या मूर्ति के सामने आरती करने

की इजाजत नहीं देता। साथ ही, लोक सेवा में सामान्य शिष्टाचार यह है कि जब मुख्यमंत्री और उसके मंत्रीमण्डल के सहयोगी तथा वरिष्ठ अधिकारीगण उपस्थित हों तो अधिकारी लोग अनुपस्थिति नहीं रहते।

हाँ, जैनुल इस आयोजन को टाल सकता है और उससे उसकी अनुपस्थिति के लिए स्पष्टीकरण नहीं माँगा जाएगा। ऐसी स्थिति में सेवा-नियम उसके पक्ष में है। तथापि, वह विपरीत दबावों को अपने अनोखे ढंग से हल कर सकता है। वह आयोजन में समय पर उपस्थित होगा और जब आरती शुरू होगी तो वह और उसकी पत्नी दूसरे लोगों के साथ आदर सहित खड़े हो जाएँगे किन्तु वास्तविक आरती नहीं करेंगे, असल में वे दीया लेंगे ही नही। इस बात पर कोई आश्चर्य नहीं कि वह अपने सरकारी साथियों तथा राजनीतिक बॉसिस, दोनों के बीच लोकप्रिय हैं।

मुझे आशा है कि हमने जिस व्यवहार-कौशल का वर्णन किया है, उसे आप भली भाँति समझ गए होंगे। अब आप आगे दिए गए उदाहरणों का आनन्द लीजिए।

मामले (Case Studies)

मामला- 1 (Case- 1)

बहन के विवाह के लिए उपहार (Gift for Sister's Marriage)

टी. एन. रेड्डी क्षणिक दुविधा में हैं। एक गरीब किन्तु श्रीकाकुलम जिले के संभान्त परिवार से होते हुए भी उन्होंने ओसमानिया विश्वविद्यालय से मनोविज्ञान में एम. एस. सी. शानदार ढंग से उत्तीर्ण की और स्नातकोत्तर के बाद आई ए एस में आ गए। वर्षों से उन्होंने अपनी कुशलता व सत्य-निष्ठा की धाक जमा रखी है।

आज सुबह उनके निवास पर उनसे कोई अमरचंद मिलने आया जो एक सफल भवन-निर्माता था। मि. रेड्डी की मुलाकात अमरचंद से नेत्रहीनों के लिए खोले गए स्कूल के उद्घाटन के अवसर पर हुई थी जिसका पूरा खर्च अमरचंद ने किया था। उद्घाटन समारोह में उसने श्री. रेड्डी से उनके घर पर मिलने की अनुमति माँगी थी ताकि वह सामाजिक दृष्टि से उपयोगी उन अन्य धर्मार्थ परियोजनाओं के बारे में बात कर सके जो वह बना रहा है और जिनके लिए वह धनराशि का प्रबंध कर रहा है।

आज सुबह अमरचंद ने अनेक परियोजनाओं के बारे में चर्चा की जिनके लिए उसकी कुल समग्र दान राशि 20 करोड़ रुपयों से कम नहीं होगी। यह सब बताते समय, अमरचंद ने रेड्डी को राज्य की राजधानी के बिजिनेस डिस्ट्रिक्ट के बीचों-बीच उसके 'एपिटोम' कमर्शियल कम्प्लैक्स के लिए समय पर अनुमति देने के लिए उसे खूब धन्यवाद दिया। जिसके लिए उसने कहा कि वही एक ऐसी परियोजना है जो उसके म्यूनिसिपल कमिश्नर से मिले बिना ही पारित हो गई। मुलाकात के अंत में, जब वह उठकर जाने को तैयार हुआ तो अमरचंद ने बताया कि उसे अगले महीने रेड्डी की बहन की होने वाली शादी की जानकारी है और उसने रेड्डी से छोटी-सी भेंट स्वीकार करने का अनुरोध किया। रेड्डी ने कहा-"इसे रहने दीजिए, धन्यवाद।" किन्तु अमरचंद जल्दी से अपनी खड़ी हुई कार की ओर गया और उसमें से जेवर का डिब्बा उठा लाया और हाथ जोड़कर जरा झुकते हुए उसने वह डिब्बा मेज पर रख दिया।

अपनी बहन की शादी के लिए रेड्डी को धन की चिन्ता थी क्योंकि वे अब तक पर्याप्त बचत नहीं कर पाए थे। उनके समुदाय में दहेज की बुराई अभी तक बनी हुई थी। अपनी प्रतिष्ठा के अनुसार, रेड्डी ने इसकी कभी आशा नहीं की थी तथा कुछ क्षणों के लिए वे दुविधा में पड़ गए कि इस स्थिति में क्या करें।

प्रश्न (Question)

उपरोक्त स्थिति में श्री रेड्डी को क्या करना चाहिए?

1. उन्हें अमरचंद को गाली देनी चाहिए, जेवर के डिब्बे को उस पर फैंक देना चाहिए और घर से चले जाने के लिए कहना चाहिए।

2. उन्हें अमरचंद को बैठने के लिए कहना चाहिए, दूसरे कमरे में जाकर भ्रष्टाचार निरोधन ब्यूरो (ए सी बी) को सूचित करना चाहिए और अमरचंद को गिरफ्तार करा देना चाहिए।
3. उन्हें उपहार रख लेना चाहिए और जब कभी भी हो सके, उसकी अमरचंद को लौटाने की कोशिश करनी चाहिए।
4. उन्हें अमरचंद को बताना चाहिए कि आचरण संहिताके अनुसार अधिकारीगण मँहगे उपहार नहीं ले सकते और तत्काल ही जेवरों का डिब्बा अमरचंद को लौटा देना चाहिए।

परिचर्चा (Discussion)

इस (तथा ऐसे अन्य मामलों) में की जाने वाली कार्यवाही बिल्कुल स्पष्ट है। श्री रेड्डी निर्धारित सरकारी सेवा आचरण संहिता के अन्तर्गत उपहार को स्वीकार नहीं कर सकते। चूँकि उनकी स्थिति बहुत स्पष्ट है, उन्हें सीधे-सीधे उपहार को अस्वीकार कर देना चाहिए। इसे ही 'ओपन एण्ड शट' केस कहा जाता है जिसमें कोई अस्पष्टता नहीं होती। इस प्रकृति के मामलों में कोई दूसरा विचार नहीं हो सकता। श्री रेड्डी के लिए कोई दुविधा नहीं है। अत: (4) सही उत्तर है।

अन्य विकल्पों को छोड़ देने के क्या कारण हैं? नं॰ (1) में श्री रेड्डी का व्यवहार बड़ा असभ्य होगा। वरिष्ठ अधिकारी होने के नाते उन्हें गरिमा व संतुलन के साथ काम करना चाहिए। यद्यपि अमरचंद का व्यवहार (मामूली-सा ढका उपहार भेंट कर जिसको उसने फेवर समझा) निंदनीय था, श्री रेड्डी को शांत व्यवहार करना चाहिए तथा असभ्य व्यवहार नहीं करना चाहिए।

जहाँ तक नं॰ (2) की बात है, ए सी बी को अमीरचंद के पीछे लगाने का श्री रेड्डी का अधिकार है। कुछ लोग कहेंगे कि अमरचंद अपराध का दोषी है तथा यह कि श्री रेड्डी को इसका संज्ञान लेते हुए ए सी बी को सतर्क कर देना चाहिए था। लेकिन सामान्य व्यवहार में यह काम जरा ज्यादा हो जाएगा। इसके अतिरिक्त अमरचंद अपना (गलत दिशा वाला) आभार दिखा रहा है। कोई विशिष्ट सौदा नहीं है जिसके लिए रिश्वत के तौर पर उपहार दिया जाए।

तीसरा विकल्प जरा टेढ़ा है। यह एक ऐसे कार्य को युक्ति-संगत बनाने का रास्ता है जो मूलत: अस्वीकार्य है। यद्यपि समय बीतने के साथ-साथ रुपयों के रूप में उपहार को लौटा देने की श्री रेड्डी की अच्छी मंशा हो सकती है, लेकिन हो सकता है कि वे इसे भूल जाएँ। वह नैतिक दृष्टि से फिसलन भरे रास्ते पर चल रहा होगा। इससे वे धीरे-धीरे और अधिक नैतिक दृष्टि से संदेहास्पद कार्यों में लग जाएँगे।

मामला-2 (Case-2)

खुश करने के लिए झूठ बोलना (Lying to please)

श्री राघवन को गुसलखाने में कुछ बड़ा सुखद आश्चर्य प्राप्त हुआ। उन्होने अपनी बेटी सुचित्रा को चिल्लाते हुए सुना- "अचान मैं घर आ गई।" श्री राघवन पिछले वर्ष दर्शनशास्त्र प्रोफेसर के अपने लम्बे कैरियर से सेवानिवृत्त हुए हैं और इस समय कोचीन में बस गए हैं।

उनका छोटा-सा परिवार है। पत्नी सुजाता, पुत्री सुचित्रा तथा पुत्र माधवन। पच्चीस वर्षीय माधवन इस समय अमरीका में काम कर रहा है। वह छुट्टियों में घर आया है। सुचित्रा दिल्ली में स्नातकोत्तर स्तर की पढ़ाई कर रही है और इस बात की कोई आशा नहीं थी कि सुचित्रा इस सुबह आ जाएगी और यही उनके लिए आश्चर्य था।

वास्तव में वे माधवन के एक मित्र के नाश्ते पर आने की आशा कर रहे थे। दो दिन पहले माधवन ने बताया था कि इन छुट्टियों में उसका एक मित्र आ सकता है। मा वन ने अपनी माँ को पहले ही बता दिया है कि उसका मित्र शाकाहारी है और वह अण्डे पसंद नहीं करता और उसे खास तरह की रसम व इडली पसंद है।

वह शुक्रवार ईद का दिन था, और एक साथ तीन दिनों की छुट्टियों का पहला लम्बा सप्ताहांत है। सुबह माधवन ड्राइवर के साथ फैमिली कार में अपने मित्र को लेने चला गया था और परिवार माधवन के मित्र का नाश्ते के लिए घर आने की प्रतीक्षा कर रहा था।

सामान्यत: जब पुत्री घर आती है तो राघवन हवाई जहाज के टिकट खरीदते हैं, क्योंकि वे उसका कार्यक्रम पहले से जानते हैं। इस बार सुचित्रा के लिए टिकट माधवन ने अपने पैसे से खरीदे थे। उसने अपने मित्र के काम से कोचीन आने की झूठी कहानी सुना दी थी। माधवन का कुल इरादा एक नाटकीय स्थिति पैदा कर परिवार को एक खुशनुमा सरप्राइज देने की थी।

प्रश्न (Question)

अपनी बहन को घर आने का मँहगा ट्रिप देने तथा माता-पिता को खुश कर देने वाला सरप्राइज देने के माधवन के इरादे की बात तो ठीक है, पर उसने झूठ का ताना-बाना बुना कि उसका विश्वविद्यालय का सहपाठी उसके घर आ रहा है। इसके इस मासूम झूठ पर श्री माधवन की क्या प्रतिक्रिया होगी?

1. उन्हें माधवन को अपनी नाराजगी दिखानी चाहिए और उसे कठोर दण्ड देना चाहिए।,
2. उन्हें पूरा प्रकरण महत्वहीन समझ कर भूल जाना चाहिए।
3. उन्हें माधवन से भविष्य में सभी प्रकार के झूठ छोड़ देने के लिए नरमाई के साथ कहना चाहिए, चाहे वे हानिरहित ही हों।
4. उन्हें माधवन को लम्बा भाषण देकर बताना चाहिए कि किस प्रकार दार्शनिकों ने सत्य बोलने के सद्‌गुण का विश्लेषण किया है।

परिचर्चा (Discussion)

उपरोक्त परिस्थिति में हमें चार पहलुओं को देखना होगा। मूल मुद्दा यह है कि माधवन ने परिवार के बीच खुशनुमा माहौल बनाने के लिए झूठ बोला। उसका झूठ पूर्णत: हानिरहित है तथा परिवार में खुशी बढ़ाने की मंशा वाला है। दूसरा मुद्दा भी है जिसमें माँ-बाप का अपने बच्चों का नैतिक मार्गदर्शन करने का कर्त्तव्य होता है, बेशक माधवन एक वयस्क है। तीसरा प्रश्न यह है कि क्या श्री राघवन को अपनी भावनाएँ व्यक्त करनी चाहिए और घटना पर अपनी प्रतिक्रिया दिखानी चाहिए। इसमें सम्प्रेषण की पद्धति तथा मानवीय मनोविज्ञान की जरूरत होगी। अन्त में, श्री राघवन को मामले के बारे में संतुलन की समझ का प्रदर्शन करना चाहिए। यदि हम इन सब मुद्दों पर विचार करें तो (3) के अनुसार कार्यवाही करना सही होगा।

मामले पर क्रोध करना और डाट-डपट करना स्पष्टत: अति-प्रतिक्रिया होगी। किसी भी दशा में कोई माँ-बाप ऐसे मामले में क्रोध नहीं करेंगे। निर्दोष सामान्य पारिवारिक जीवन में सच बोलने का सिद्धांत नितान्त उच्च स्तर तक नहीं बढ़ाया जाना चाहिए। इसके साथ ही, श्री राघवन को माधवन के झूठ की बिल्कुल ही अनदेखी नहीं कर देनी चाहिए। चाहे महत्त्वपूर्ण हो या मामूली मामला, झूठ से बचना ही चाहिए। चूँकि माधवन विदेशी भूमि पर है, उसे हर प्रकार के अनुचित आचरण से बचना चाहिए। सबसे अच्छा यह होगा यदि श्री राघवन आराम से अपने बेटे को छोटे एवं स्पष्टत: महत्त्वहीन मामलों में भी झूठ बोलने से बचने के लिए कहें। अन्त में, सत्य पर एक लम्बे दार्शनिक भाषण देने से कोई प्रयोजन सिद्ध नहीं होगा। यह साधारण पारिवारिक स्थिति में नैतिक सिद्धांतों को लागू करने का मामला है।

मामला-3 (Case-3)

शब्दों की शक्ति पर चिन्तन (Reflection on Power of Words)

बलबीर चण्डीगढ़ में अपने शोर मचाने वाले अनेक सहपाठियों के विपरीत सौम्य वक्ता और शांत प्रकृति का था। कुछ ही लोगों को विश्वास हो सकता था कि वह आई पी एस को अपना कैरियर बनाएगा। उसकी तैनाती इस समय तटीय जिले में जिला एसपी. के तौर पर है जहाँ चूना पत्थर की प्रचुरता है, वन-अभयारण्य है और बन्दरगाह की सुविधाएँ हैं। सीमावर्ती परिवहन तथा चूना पत्थर खदानों हेतु अच्छी अवस्थापना से इस तथा पड़ोसी जिले में औद्योगिकरण बढ़ गया है जिसकी प्रतिक्रिया स्वरूप पर्यावरणीय गतिविधियाँ भी खूब उत्पन्न हो गई हैं।

पिछले दस वर्षों में, स्कूल की पढ़ाई अधूरी छोड़ने वाले बलदेव पाटिल की चमत्कारिक प्रगति हुई है- जिसे जिले में सभी 'पाटिल बॉस' के नाम से जानते हैं। बलदेव बारहवीं कक्षा में दो बार असफल रहा और फिर वह जिले की पंचायत की राजनीति में कूद पड़ा। अपने चाचा वकील से पर्यावरण संबंधी कानूनों के मूल सिद्धान्त उसने शीघ्र ही सीख लिए खदानों तथा औद्योगिक यूनिटों में मामूली तकनीकी तथा पर्यावरणीय कानूनों के गंभीर उल्लंघनों को ढूँढ लेने (पकड़ने) में महारत (विशेषता) हासिल कर ली। आर टी आई को अपने लाभ के लिए खूब प्रयोग करते हुए, वह अधिकतर खदानों व उद्योगों के मालिकों को दोषी ठहराने में सक्षम होकर 'लाखों रुपए की मासिक किस्त' देने के लिए उन पर दबाव डालने लगा। कभी-कभी, जब इन यूनिटों ने उसकी शक्ति को चुनौती देने के लिए आवाज उठाई तो वह उन्हें विभिन्न अदालतों में खींचता और उनकी परियोजनाओं को रोक देता। लेकिन केवल अदालतें और कानून ही बलदेव के हथियार नहीं थे। पिछले दो सालों से उसने बाहुबल बढ़ा लिया है और वह वसूली के लिए खदान-मालिकों व सीमेंट उत्पादनों के विरुद्ध बाधा उत्पन्न करने वाले प्रदर्शनों का प्रयोग करने लगा है। वह अक्सर पुलिस व कार्यकारी मजिस्ट्रेटों से वाक्-युद्ध कर चुका है। एक बार तो उसने डी. एस. पी. को धमकी दे डाली थी कि उसका कैरियर खराब हो जाएगा यदि वह 'आम आदमी की कीमत पर शांति बनाए रखने' की कोशिश करेगा। 'आम आदमी' से उसका मतलब उसी के गुण्डों व सहयोगियों से था।

पाँच दिन पहले बलदेव ने पर्यावरण भंग करने के कुछ आरोपों के कारण एक खदान मालिक के विरुद्ध प्रदर्शन शुरू किया था। इन आरोपों की अदालत में सुनवाई हुई थी और ये सत्य सिद्ध नहीं हुए थे। बलदेव और उसके आदमियों ने इस खदान-मालिक के ट्रकों के आवागमन को बार-बार रोका था। प्रदर्शन के दो दिनों के बाद, जब खदानों का काम ठप्प हो गया तो पुलिस मुख्यालय ने बलबीर से यह सुनिश्चित करने के लिए कहा कि सड़क पर कोई अवरोध ना हो।

आज सुबह बलबीर ने अपने डिप्टी एस. पी. तथा पुलिस इन्सपेक्टरों की टीम को बताया था कि इस समस्या से कैसे निबटना है। उसने उनसे बलदेव को सबक सिखाने के लिए कहा क्योंकि वह सभी सीमाएँ पार कर चुका था। घटना स्थल पर पहुँचने पर पुलिस को सड़क बाधाओं को हटाने में कानून-व्यवस्था की गंभीर स्थिति का सामना करना पड़ा। बलदेव ने एक इन्सपेक्टर को थप्पड़ मार दिया जिसे देखकर एक पुलिस वाले ने बलदेव पर गोली चला दी। बलदेव को अभी हस्पताल में मृत घोषित किया गया है। पुलिस के गोली चलाने से कुछ और लोग घायल हुए हैं। क्षेत्र में तनाव है।

प्रश्न (Question)

पुलिस द्वारा फायरिंग करने की नौबत आने वाली स्थिति का मूल्यांकन कैसे किया जा सकता है?

1. डी. एस. पी. को पुलिस को निर्देश देते हुए 'उसे सबक सिखाओं' शब्दों का इस्तेमाल नहीं करना चाहिए था।
2. बलदेव असामाजिक व्यक्ति था और उसकी मृत्यु पर आँसू बहाने की कोई जरूरत नहीं है।
3. कानून तथा व्यवस्था की स्थितियों में ऐसी घटनाएँ हो जाती हैं।
4. सिपाही को उस समय बहुत क्रोध आया जब बलदेव ने पुलिस इन्स्पेक्टर को थप्पड़ मार दिया।

परिचर्चा (Discussion)

केन्द्रीय मुद्दा पुलिस द्वारा हिंसा को नियंत्रित करने व सड़क अवरोधकों को हटाने में बल के प्रयोग से सम्बंधित है। बल का प्रयोग एक सीमा तक उचित ठहराया जाता है, पर प्रयुक्त बल न्यूनतम होना चाहिए जो ईमानदारी से अवबोधित निश्चित रूप से होने वाली बुराई को प्रभावी रूप से समाप्त करने या उससे बचने के लिए पर्याप्त हो। यही वह सोच है जिससे बलदेव के तथा उसके समर्थकों के घटना-स्थल के आचरण का मूल्यांकन किया जाना चाहिए। क्या वे हथियारबंद थे और पुलिस पर हमला करने वाले थे? या मामला यह था कि उद्दण्ड बलदेव ने आत्म-नियंत्रण खोकर पुलिस अधिकारी को थप्पड़ मार दिया? किसी और बात के बिना भी उसका यह आचरण आपराधिक है और दण्डनीय है क्या लेकिन इससे बलदेव को मारने के लिए गोली चलाना उचित नहीं है।

उपरोक्त विश्लेषण के आधार पर, विकल्प (2) तथा (3) को रद्द करना पड़ेगा। यद्यपि बलदेव असामाजिक तत्व था, उसको कानूनी तरीकों से दण्डित किया जाना चाहिए। उसको दिया गया कोई भी दण्ड कानूनी होना चाहिए और अदालत के आदेश पर आधारित होना चाहिए। घटना की परिणति मृत्यु में हुई, यह दुर्भाग्यपूर्ण है। कानून तथा व्यवस्था की स्थितियों में ऐसी घटनाओं से बचना चाहिए।

यह सच है कि बलदेव का पुलिस इन्स्पेक्टर को थप्पड़ मारना एक भड़काने वाला काम था, लेकिन सिपाही की प्रतिक्रिया अति थी। उसे बलदेव पर गोली नहीं चलानी चाहिए थी, बल्कि उसे बलदेव को गिरफ्तार कर अन्य प्रकार से संभालना चाहिए था।

लेकिन क्या बलबीर का पुलिस वालों से 'सबक सिखाने के लिए कहना' उचित था? इस टिप्पणी को, बलबीर के समग्र व्यवहार पर विचार किए बिना अकेले ही रूप में जाँचना कठिन है। दिन-रात तरह-तरह के अपराधियों से परेशान पुलिस वाले अक्सर बहुत कड़ी व गन्दी भाषा का प्रयोग करते हैं। लेकिन वह तो जिला पुलिस संगठन का मुखिया है। कान्सटेबल तथा जिला पुलिस के प्रमुख द्वारा बोले गए कुछ शब्द एकसमान अर्थ नहीं रखेंगे। स्पष्ट कारण यह है कि नेता लोग जोरदार उत्प्रेरणा पैदा कर सकते हैं तथा अनुयायियों को ज्यादती वाले कामों के लिए उत्तेजित कर सकते हैं। अतः बलबीर को उन शब्दों के प्रयोग से बचना चाहिए था। उसके सामने सबक सिखाने का काम नहीं था; उसे पुलिस से सड़क की बाधा हटाने के लिए ही कहना चाहिए था।

मामला-4 (Case-4)

अन्तर-राज्य चैक-पोस्टों में भ्रष्टाचार की सफाई की योजना

(Clean- Sweep plan against Corruption in Interstate Check-Posts)

आई ए एस अधिकारी एस. के. अनन्तम की तैनाती परिवहन आयुक्त के तौर पर हुई थी। मंत्री सहित पूरा परिवहन विभाग भ्रष्टाचार में डूबे हैं। अनन्तम की तैनाती करते समय मुख्यमंत्री ने गोपनीय रूप से उनसे विभाग को स्वच्छ करने को कहा है। अनन्तम के सामने एक कठिन काम था। सभी जानते थे कि इस विभाग के मंत्री ने संवेदनशील कामों पर 'बुरे लोगों' को तैनात करवा दिया है जिसका एकमात्र उद्देश्य सुविधा-शुल्क कमाने को सरल बनाना है।

भ्रष्टाचार मुख्यतः चैक पोस्ट्स पर होता है। पड़ोसी राज्य को भारी वाहन जाते हैं जहाँ अनेक पोर्ट्स हैं। चैक-पोस्ट्स में बहुत पुरानी प्रणाली से काम होता है। यहाँ पार्किंग एरिया है जहाँ ड्राइवर पहले अपने ट्रकों को पार्क करते हैं। तब वे चालान जारी करने वाले अधिकारियों की खिड़की से लम्बी लाइन में खड़े रहकर 'चालान' (डिमाण्ड नोट) प्राप्त करते हैं। ड्राइवर को क्लर्क से चालान लेने के लिए पन्द्रह मिनट से एक घण्टे तक की प्रतीक्षा करनी पड़ती है। चालान की राशि के साथ ट्रक ड्राइवरों को ऐसी 'अतिरिक्त' राशि भी देनी पड़ती है जो चालान जारी करने वाले कर्मचारियों द्वारा कूट सांकेतिक भाषा में लिखी होती है।

यदि चैक पोस्ट के सुपरवाइजर को लदे माल की प्रकृति या भार के प्रति संदेह होता है तो वह ड्राइवर से तोलने की मशीन पर वजन की जाँच कराने के लिए कहेगा। यदि विवरण ड्राइवर की रिपोर्ट के आधार पर तैयार चालान से मेल नहीं खाता है तो उसे निरीक्षक के पास वापस आना पड़ता है और ऐसी पैनल्टी सहित कम दी गई राशि का भुगतान करता है जो कभी-कभी सामान्य शुल्क से 100 प्रतिशत तक ऊँची होती है। मैनुअल प्रणाली होने के कारण वाहनों को चैक पोस्ट्स पर काफी समय तक रुकना पड़ता है।

प्रश्न (Question)

अनन्तम के स्थान पर रहते हुए आप प्रणाली को सुधारने की कोशिश कैसे करेंगे?

1. चैक-पोस्ट्स पर औचक छापे मारेंगे, अनाधिकृत, बेहिसाबी धन जब्त कर लेंगे तथा चैक-पोस्ट के कर्मचारियों को दण्डित करेंगे। (कानूनी कार्यवाही करेंगे)।

2. ईमानदारी, कुशलता और कर्त्तव्य-निष्ठा का उच्च निजी उदाहरण प्रस्तुत करेंगे।
3. संदिग्ध गतिविधियों को जानने के लिए चैक-पोस्ट्स पर इन्फार्मस (भेदियों) की व्यवस्था करेंगे।
4. वाहनों को रोकने का समय न्यूनतम करते हुए कर संग्रहण को कम्प्यूटरीकृत कर तथा तौलने वाली मशीनों की संख्या बढ़ाकर एवं चैक-पोस्ट्स व परिवहन आयुक्त के कार्यालय के बीच कार्य समय के दौरान वीडियो लिंकेज स्थापित कर सम्पूर्ण स्वचालन की प्रणाली चालू करना।

परिचर्चा (Discussion)

भ्रष्टाचार की यह समस्या वर्तमान प्रणाली बदलकर हल की जानी है। इसके भीतर ही ऐसी विशेषताएँ हैं जिनसे रिश्वत लेने वालों और रिश्वत देने वालों के लिए अवसर और प्रोत्साहन पैदा होते हैं। ट्रक वाले टैक्स से बचना चाहते हैं और चैक पोस्ट्स से अपने वाहनों के निकलने की गति को तेज करना चाहते हैं। चूँकि प्रणाली मैनुअल है और अकुशल है, ट्रक वाले कुछ रिश्वत देकर कुछ फायदा ले लेते हैं। यदि प्रणाली को कम्प्यूटरीकरण एवं स्वचालन के माध्यम से तेज कर दिया जाता है तो प्रणाली के दोष समाप्त किए जा सकते हैं। इसके पश्चात् ट्रक वालों द्वारा रिश्वत देने की कोई वजह नहीं होगी। पकड़े जाने के डर से चैक-पोस्ट्स के कर्मचारी भी सतर्क रहेंगे।

पहला विकल्प गलत काम करने वालों को पकड़ने की कोशिश पर निर्भर है। इसका प्रभाव सीमित हो सकता है लेकिन इसे लगातार प्रयोग नहीं किया जा सकता। यह रोग के स्थान पर उसके लक्षणों पर ही वार करता है।

दूसरा विकल्प गलत सिद्धांतों पर टिका है। कभी-कभी, ईमानदार अधिकारी यह सोचने की भूल करते हैं कि स्वयं को भ्रष्ट बनने से रोककर और भ्रष्ट अधीनस्थों के साथ सख्ती बरतने से प्रणाली को सुधार सकता है। ऐसा इस सीधे-से कारण से नहीं हो सकता कि चैक-पोस्ट नेटवर्क वाले कार्यालयों में कर्मचारियों की ज्यादातर संख्या भ्रष्ट है और वे आपस में एक-दूसरे को बचाते हैं। ये कार्यालय एक कार्य-चालन पद्धति तय कर लेते हैं जिसमें बाहर से सब कुछ ठीक-ठाक लगता है तथा अफसरशाही के लिए एवं भ्रष्ट ग्राहकों के लिए (जो इस मामले में ट्रांसपोर्ट्स का समुदाय है) लेन-देन अच्छा होगा। उल्लेखनीय है कि दूसरी बात यह है कि बड़े पैमाने वाले एवं पद्धतिबद्ध भ्रष्टाचार के साथ छेड़खानी का परिवहन विभाग एवं रुचि रखने वाले राजनेताओं द्वारा प्राण-पण से विरोध किया जाएगा। अत: समस्या की प्रणालीगत जड़ को ठीक करने पर ध्यान देना चाहिए।

तीसरा विकल्प भी अपराध खोजी सोच पर आधारित है। तथाकथित भेदिए भी रैकैट में शामिल हो सकते हैं।

भ्रष्टाचार की जड़ इस सत्य में है कि वाहनों का कोई सार्वभौमिक तुलन नहीं है। इससे वजन कम बताने का अवसर मिलता है। चैक पोस्ट से गुजरने वाले वाहन की कोई मैमोरी नहीं है और इसलिए उनके आने-जाने का कोई अनुवर्तन संभव नहीं है।

अनन्तम को सरकार को चैक-पोस्ट के काम को स्वचालन के लिए तैयार करना होगा ताकि सारे वाहन बिना छूटे तुलें तथा उनके गन्तव्य स्पष्टत: अभिलेखित किए जाएँ। जब कम्प्यूटर सर्वर गलती करने वाले वाहनों पर नजर रखेगा तो आदतन धोखेबाजों का जल्दी ही पता लग जाएगा। पर्याप्त संख्या में गेट्स के साथ स्वचालित तौलने वाली मशीनों से समस्या हल हो जाएगी। हाँ, इसमें और अधिक निवेश करना होगा, किन्तु चोरी की भारी मात्रा को देखते हुए आगे के निवेश शीघ्र ही वापस प्राप्त हो जाएगा। अत: चौथा विकल्प ही सबसे व्यावहारिक हल है।

मामला-5 (Case-5)

वर्ल्ड-वॉइड बायलॉजिकल्स में शासन की असफलता
(Governance Failure in Worldwide Biologicals)

आज सुबह अनेक शुभचिन्तकों को वर्ल्डवाइड बायलॉजिकल्स के इण्डियन ऑपरेशन्स के सी. ई. ओ. के उच्च पद से कुशाग्र अय्यर के पतन की कहानी पढ़कर बुरा लगा। कुशाग्र अय्यर ने अपनी कम्पनी को फार्मेसी अनुसंधान के 'भारतीय पिछड़ेपन' से एक भारतीय बहु-राष्ट्रीय निगम (एम एन सी) की प्रतिष्ठा पाने वाली कम्पनी में बदल दिया था।

कुशाग्र का शैक्षिक कैरियर बहुत अच्छा रहा था। उसने हॉयर सैकेण्ड्री बोर्ड परीक्षा में सर्वोच्च स्थान प्राप्त किया, फिजिक्स तथा बॉयोलोजी के ओलम्पियाड में भारत का प्रतिनिधित्व किया। वह आई आई टी, चेन्नई और फिर आई आई एम, बैंगलोर में पढ़ा।

आई. आई. टी. में उसके व्यक्तित्व के विकास में एक विषम रुझान बढ़ गया। संक्षेप में कहें तो अपनी आयु की लड़कियों के लिए उसका रुझान इतना बेकाबू हो गया कि उसकी महिला मित्र मण्डली का दायरा आई आई टी से बाहर चला गया। कुछ अवसरों पर कुछ लड़कियों ने सार्वजनिक स्थलों पर अपने साथ दुर्व्यवहार किए जाने की शिकायत भी की थी। तथापि, इस इधर-उधर के बावजूद वह अपनी असाधारण तीव्र बुद्धि के कारण बायो टैक्नालॉजी क्लास में बी-टैक में सर्वोच्च तीन में शमिल रहा। एक-दो बार तो आई. आई. टी. की छाताओं ने आक्रामक व्यवहार के लिए उसके विरुद्ध शिकायत की थी किन्तु प्रोफेसरों का रवैया उनके लिए नरम रहा और मामला मिलजुलकर निपटा दिया गया।

आई आई एम में भी उसका व्यवहार कोई अलग नहीं था। तथापि, बिना किसी बड़ी घटना के वे विजय पताका फहराते हुए उत्तीर्ण हुआ तथा बाद में एक अमरीकी कम्पनी में नौकरी कर ली। आठ वर्षों के थोड़े समय में ही वह उन्नति कर वह उस बहु-राष्ट्रीय कम्पनी की 'फार्मूलेशन तथा डिस्कवरी' यूनिट के 'साइट हैड' हो गया। इन आठ सालों में वह अनेक युवा महिलाओं से मिलता रहा जिनमें से कुछ उसकी अविवाहित व जूनियर सहकर्मी थी। उसके अधिकारियों ने समय रहते उन्हें महिलाओं के साथ इश्कबाजी वाले सम्बन्धों और बार-बार साथी बदलने से होने वाले खतरों के प्रति सावधान किया था। लेकिन वे उसके योगदान के लिए उसे भाव देते थे। उसके विरुद्ध कोई गंभीर शिकायत नहीं थी और जो की भी, वे मिलजुलकर समाप्त कर दी गई थीं।

दसवें वर्ष में स्थिति नियंत्रण से बाहर हो गयी और साइट ऑफिस में काम करने वाली एक महिला ने अमरीकी अदालत में यौन-उत्पीड़न का केस दर्ज कर दिया। अदालत ने अय्यर को यौन-उत्पीड़न का दोषी पाया। अय्यर को कम्पनी की आचरण संहिता के अनुसार मातहत कर्मचारी के साथ ऐसे किसी सम्बन्ध की सूचना प्रबंधन को देनी थी लेकिन उसने ऐसा नहीं किया। कम्पनी ने कुशाग्र को ढेर-सी क्षतिपूर्ति राशि दी और उसे नौकरी छोड़ने के लिए कह दिया।

कुशाग्र भारत लौट आया और कुछ समय बाद वह वर्ल्डवाइड बॉयोलॉजिकल्स के इण्डियन ऑपरेशन्स के सी. ई. ओ. के पद पर नियुक्त किया। कम्पनी ने कुशाग्र के इस अवांछित व्यवहार को अनदेखा करते हुए उसे इस पद हेतु चुना। एक बार फिर उसने अपने नए काम में महान सफलता हासिल की। इस बीच, यद्यपि उसकी शादी हो चुकी थी और उसका परिवार था, उसकी पुरानी अश्लील व कामुक आदतें जारी रही। भारतीय कार्यों के सी. ई. ओ. के छः वर्षों के अपने कार्यकाल के बाद जब वह यूरोपीय महाद्वीप के 'चीफ ऑफ ऑपरेशन्स' चुने जाने के करीब था, एक स्कैण्डल फूट पड़ा। कम्पनी की एक विवाहित महिला कर्मचारी ने पुलिस स्टेशन में शिकायत दर्ज कराई कि कुशाग्र ने उसके साथ इश्कबाजी की है और शीघ्र पदोन्नति का वायदा किया है। उसने यह भेद भी खोला कि उसी कम्पनी में एक और महिला है जिसे इसी प्रकार से धोखा दिया गया था। उसने आरोप लगाया कि कम्पनी के एच. आर. प्रेसिडेंट यह बात जानते थे फिर भी उन्होंने शिकायतों को अनसुना कर दिया और उसके रुतबे को देखते हुए उसे ढील दी। परिणामस्वरूप कुशाग्र गिरफ्तार हुआ और बाद में जमानत पर रिहा हुआ।

प्रश्न (Question)

इस मामले में कौन-कौन से नैतिक मुद्दे लागू होते हैं?

1. क्या यह कहना सही होगा कि वर्ल्डवाइड बायोलॉजिकल्स में अभिशासन की असफलता थी?
2. क्या आई. आई. टी. के प्रोफेसरों को कुशाग्र को अनुशासित कर बेहतर काम किया था?
3. क्या हम उन महिला कर्मचारियों को भी उत्तरदायी ठहरा सकते हैं जिन्होंने कुशाग्र से सम्बन्ध स्थापित किया?
4. क्या अपने दुराचार के लिए कुशाग्र को ही पूर्णतः उत्तरदायी ठहराया जा सकता है?

परिचर्चा (Discussion)

1. वर्ल्डवाइड बायोलॉजिकल्स में अच्छे कार्पोरेट अभिशासन की कमी के बारे में कोई संदेह नहीं है। कुशाग्र को चुनते समय उन्हें उसके अश्लील किस्सों के बारे में जानकारी की। कम्पनी की नजर कार्यालय में सम्पूर्ण वातावरण बनाए

रखने के स्थान पर लाभ या बॉटम लाइन पर थी। यह कोई शॉप फ्लोर स्तर के मैनेजर को चुनना नहीं था, बल्कि भारतीय ऑपरेशन्स के सी. ई. ओ. को चुनना था। कुशाग्र के पहले के रिकार्ड जानते हुए उन्हें सावधान रहना चाहिए था और उस पर निगाह रखनी चाहिए थी। लेकिन कम्पनी स्पष्टत: यौन उत्पीड़न के मुद्दे पर असंवेदनशील रही।

2. कुछ दोष निश्चित रूप से आई. आई. टी. के अनुशासन अधिकारियों, को भी दिया जा सकता था। कुशाग्र उस समय प्रभाव ग्रहण करने योग्य आयु का था एवं कठोर वचन तथा अधिकारियों द्वारा गंभीर कार्यवाही आई आई टी से अल्पकालिक निष्कासन शायद काम कर जाते। लेकिन उन्होंने कुशाग्र के शैक्षिक प्रदर्शन को अपने निर्णयन पर हावी हो जाने दिया। उसके बुरे काम बेरोकटोक व बिना दण्ड के चलते रहे। जैसा कि बाइबल में कहावत है- "जो डण्डा नहीं उठाता वह अपने बेटे से घृणा करता है, किन्तु जो उसे प्यार करता है, उसे अनुशासित करने की बुद्धिमानी करता है।" इसका शब्दश: अर्थ निकालने की जरूरत नहीं है, और गलती करने वाले विद्यार्थी को दण्ड देने के विभिन्न ढंग हैं। यदि ऐसा दण्ड उसे तत्परता से दे दिया जाता तो बहुत बुद्धिमान होने के कारण कुशाग्र समझ जाता कि उसे अपने खेदजनक मनोवगों को किस प्रकार नियंत्रित करना है।

3. इस मामले में असमंजस की स्थिति में पड़ना सरल है। हम कॉलेज/विश्वविद्यालय की लड़कियों की मामूली भूलों को अनदेखा कर सकते हैं क्योंकि उनमें से किसी की हानि नहीं हुई। जहाँ तक अन्य महिलाओं की बात है, कोई यह कह सकता है कि 'रिलेशनशिप' बनाने के लिए दो सहमत वयस्कों की जरूरत होती है और वयस्क स्त्रियाँ किसी 'रिलेशनशिप' में अपनी खुली आँखों के साथ शामिल होती हैं। इस मामले में, कुछ अपने कैरियर को बढ़ाने के लिए नैतिकताओं की बलि देने के लिए तैयार हुई होंगी।

   लेकिन मुद्दा भिन्न है। ऑफिस की आचार संहिता वरिष्ठ प्रबन्धकों को ऐसे सम्बन्ध स्थापित करने से स्पष्ट रूप से रोकती है। अत: ऐसे सम्बन्धों से बचने का उत्तरदायित्व उनका होता है। लेकिन कुछ बड़ा मुद्दा भी है। ऐसी स्थितियों में वरिष्ठ प्रबन्धक भरोसे की स्थिति में हैं; वे कार्यस्थल पर महिला कर्मचारियों के अभिरक्षक हैं। इसके अतिरिक्त, जैसा कि नारीवादी लेखकों का कहना है, इस प्रकार की स्थितियाँ शक्ति वाले सम्बन्धों का एक हिस्सा है। महिला कर्मचारी अधीनस्थ स्थिति में होती हैं और विभिन्न कारणों से, अपने बॉसिज के बढ़ते हाथों को रोकना कठिन पाती है। यह वरिष्ठ अधिकारियों के लिए ही है कि वे कार्यालय की संहिता और सामान्य नैतिकता के अनुसार ऐसे आचरण से बचें। इन परिस्थितियों में महिलाएँ ही अनिवार्यत: शिकार होती हैं।

4. कुशाग्र स्पष्ट तौर पर गंभीर व आपराधिक अवचार का दोषी है। वह अपने कामुक भावावेगों को नियंत्रित करने में पूर्णत: असफल रहा है। इससे उसके नैतिक आत्म-नियंत्रण का पूर्ण अभाव लक्षित होता है। वह नैतिक कस्टोडियन (अभिरक्षक) की अपनी भूमिका (उसकी उच्च प्रबन्धकीय स्थिति के कारण उत्पन्न) को अनुभव करने में असफल रहा है। वह समान रैंक तथा पद के लोगों के साथ सम्बन्धों (Relationship) में नहीं था। वह भोली-भाली तथा पराक्षित महिलाओं का शोषण कर रहा था। यह बहाना स्वीकार नहीं किया जा सकता कि उसका व्यवहार दुर्दमनीय मनोवैज्ञानिक इच्छाओं का भाग था। यदि उसे ऐसे दबावों का रोग था तो वह जिम्मेदार पदों के लिए अनुपयुक्त था। कुशाग्र का अन्त दूसरे अन्य संबद्ध लोगों के जीवन के साथ अपने जीवने को नष्ट करने के साथ हुआ।

मामला-6 (Case-6)

असंतोष की सर्दियाँ (The Winter of Discontent)

जिस शहर में पी. के. पाल खाद्य तथा नागरिक पूर्ति नियंत्रक हैं, वहाँ सर्दियों का मौसम असंतोषयुक्त होता है। पाल का कार्यालय उन सभी जरूरी मदों का काम करता है। जो जन वितरण प्रणाली के तहत आती हैं। इस पद पर उनकी नियुक्ति पिछले वर्ष जुलाई में हुई थी। मीडिया की बुरी टिप्पणियों के अलावा उन्हें नाराज गृहणियों के प्रदर्शन को भी झेलना पड़ था जिसमें अक्सर खाना पकाने के बर्तन पीटे जाते थे। इस बार वे समस्या को समय रहते समाप्त करना चाहते थे।

उन्होंने आपूर्ति की स्थिति का ध्यान से अध्ययन किया। शहर में 9.71 लाख राशन कार्ड थे जिनमें 4.75 लाख कार्डधारियों के पास कनैक्शन नहीं थे। 4.96 लाख कार्डधारियों के पास गैस कनैक्शन थे। राशन कार्डधारकों को गैस सप्लाई के लिए 865 उचित दर की दुकानें (एफ पी एस) थीं। एस के ओ का वितरण केवल उचित दर की दुकानों के माध्यम से ही होता था। एल पी जी कनैक्शन वाले लोग आर्थिक दृष्टि से बेहतर क्षेत्र में संकेंद्रित हैं। इस प्रकार अप्रयुक्त किरोसिन, निम्नतर मध्यम वर्ग एवं गरीबी रेखा से नीचे के लोगों की जरूरतों को पूरा करने के लिए वितरण चैनल में बढ़ा दिया जा सकता था।

समस्या किरोसिन को अन्य प्रयोगों के लिए अवैध रूप से मोड़ देने की थी। आर्थिक सहायता प्राप्त मद होने के कारण औद्योगिक प्रयोक्ता एल. पी. जी. पाने का परमिट नहीं पा रहे थे। सरकार ने औद्योगिक व वाणिज्यिक प्रयोग के लिए एल पी जी की सप्लाई बढ़ाने को प्रोत्साहन नहीं दिया। रेस्टोरेण्ट्स एस के ओ नहीं खरीद सकते थे क्योंकि यह आर्थिक सहायता प्राप्त मद थी और इसकी सप्लाई कम थी। इन परिस्थितियों में रखने की छोटी दुकानों और रेस्टोरेण्ट्स ने कमी को पूरा करने के लिए किरोसिन खरीदने का प्रयास किया। शहर में ऑटो रिक्शा एवं नगर निगम की बसों को छोड़कर और किसी प्रयोजन के लिए सी एन जी की सप्लाई नहीं थी।

व्यवस्था के वास्तविक अपराधी शहर तथा इसके बाहर के क्षेत्र में पेट्रोल के सप्लायर थे। वे डीलर, विशेष रूप से बाहर के क्षेत्र वाले, पेट्रोल में मिलाने के लिए किए गए एस के ओ के मूल्य से बहुत अधिक था; अत: पेट्रोल में किरोसिन मिलाना फायदेमंद हैं।

एस के ओ की आपूर्ति अपेक्षाकृत कम थोक विक्रेताओं (केवल 42) द्वारा की जाती थी जो उचित दर दुकानों को सप्लाई हेतु लगभग 50 टैंकर लगाते थे। प्रसंगवश ए. के. ओ. के थोक व्यापारियों में से पन्द्रह, शहर और बाहरी क्षेत्रों में पेट्रोल और डीजल खुदरा बेचने का काम करते थे।

प्रश्न (Question)

उपरोक्त परिस्थितियों में ऐसी चार कार्रवाहियाँ बताइए जो पाल कर सकता है तथा इष्टतम प्रक्रिया क्या होंगी?

1. रेस्टोरेण्टों, पैट्रांल पम्पों तथा उचित दर दुकानों पर लगातार छापे मारें।
2. सरकार को इस आशय का प्रस्ताव दें कि उन 4.96 लाख लोगों को किरोसिन देना बंदकर दें जिनके पास गैस कनैक्शन हैं।
3. लाभभोगियों की बायोमीट्रिक पहचान के साथ प्रणाली का कम्प्यूरीकरण कर दें तथा उचित दर दुकानों को किरोसिन सप्लाई करने वाले थोक व्यापारियों के टैंकरों में जी पी एस लगवा दें।
4. प्रैस अभियान चलाएँ तथा डीलरों, थोक व्यापारियों एवं रेस्टोरेंटों से गरीबों के लिए बनाई गई प्रणाली का दुरुपयोग न करने की अपील करें।

परिचर्चा (Discussion)

पहले विकल्प से सीमित परिणाम मिलेंगे। यह एक व्यापक प्रशासनिक पद्धति है। जो समस्या के मूल को संभालने में असफल हुई है। समस्या सीधे-सीधे कालाबाजारी की है जो बड़े पैमाने पर हो रही है। कालाबाजारी तथा मिलावट हेतु प्रोत्साहन तो बना ही रहेगा क्योंकि सरकार पी डी एस वाले किरोसिन के दाम नहीं बढ़ा सकती। अत: यह जरूरी है कि इस रिसाव (चोर बाजारी) को रोकने के लिए प्रबंधकीय तथा तकनीकी साधनों पर विचार किया जाए।

दूसरे विकल्प से स्थिति में सुधरेगी। एल पी जी कनेक्शनधारियों को किरोसिन की सप्लाई रोक देने से पहले सावधानीपूर्वक सर्वे करना होगा। यद्यपि पाल सरकार से सिफारिश कर सकता है, किन्तु वह स्वयं अंतिम निर्णय नहीं ले सकता क्योंकि यह नीतिगत निर्णय है। यह बात पाल के अधिकार क्षेत्र से बाहर की है।

वर्तमान स्थिति में, मूलभूत परिवर्तन लाने के लिए पॉल को नीति कौशल के साथ सोचना चाहिए। यह बताया गया है कि अपेक्षाकृत कम संख्या में टैंकर थोक व्यापारियों से एफ पी एस को किरोसिन की डिलीवरी कर रहे हैं। ये टैंकर एफ पी एस को

माल डिलीवरी करने के स्थान पर कभी-कभी अत्यंत आर्थिक सहायता प्राप्त एस के ओ को पेट्रोल पम्पों में उतार देते होंगे। आधुनिक समय में, जी पी एस टैक्नोलॉजी इस समस्या को भली प्रकार हल कर सकती है। प्रत्येक सप्लायर के पास उन उचित दर दुकानों की सूची होती है, जिन्हें उसे एस के ओ सप्लाई करना चाहिए। अत: यदि टैंकर का रास्ता सरकारी आदेश द्वारा पहले से ही निश्चित होता है और अधिसूचित होता है तो केवल इतना ही काम बचता है कि टैंकर के रास्ते को मॉनीटर किया जाए कि वह गलत स्थानों पर तो नहीं जा रहा। सरकार थोक व्यापारिक सप्लाई की शर्त के तौर पर सरलता से आदेश पारित कर सकती है कि हर टैंकर में जी पी एस लगा होना चाहिए। तब एक या दो लोग ही टैंकरों की दिनभर की आवाजाही स्क्रीन पर देख सकते हैं और निश्चित कर सकते हैं कि वे सही रास्ते चलते हैं। ड्राइवरों के लिए उपस्थिति अनुदेश देने की भी जरूरत होगी। अन्यथा वे झूठे बहानों से गलत गन्तव्यों पर चले जाएँगे। यदि पेट्रोल पम्पों तथा अन्य उद्योगों के लिए रास्ता बदला जाना काफी कम हो जाता है तो स्थिति में बहुत सुधार हो जाएगा स्थिति में और सुधार हो जाएगा। क्योंकि बायोमीट्रिक पहचान से सुनिश्चित हो जाएगा कि यदि कोई भी व्यक्ति हकदारी के बिना सप्लाई नहीं पा सके। यह सर्वोत्तम हल है।

चौथे विकल्प में भावना अच्छी हो सकती है, किन्तु यह प्रभावी नहीं भी हो सकता है। बहुत शक्तिशाली हित हैं जो भ्रष्टाचार से काफी लाभ कमा रहे हैं। वे ऐसी अपील पर ध्यान नहीं देंगे। यह सोच अवास्तविक तथा निष्कपट होगी।

मामला-7 (Case-7)

एलबीएसएनएए के महानिदेशक की दुविधा (Dilemma of Director General, LBSNAA)

लाल बहादुर शास्त्री राष्ट्रीय प्रशासनिक अकादमी (LBSNAA) महानिदेशक को एक फाइल के संदर्भ में दुविधा हो रही है। निर्णय का संदर्भ निम्नलिखित प्रकार से उत्पन्न हुआ है।

एक सुबह, उस समय जब परिवीक्षु घुड़सवारी, पी.टी. या योग करते हैं, एक वृद्ध दम्पत्ति ने कोर्स निदेशक डा. त्रिपाठी का दरवाजा खटखटाया। दम्पत्ति अस्त-व्यस्त हालत में थे, उन्होंने काँपते हाथों से एक फैक्स संदेश आगे बढ़ा दिया जिसमें लिखा था: "प्रिय श्री......... हमें आपको यह बताते हुए अत्यन्त दुख हो रहा है कि आपका पुत्र रमेशचन्द्र, आई आर एस परिवीक्षु अब जीवित नहीं है। वह दुर्घटनावश घोड़े से गिर गए हैं और उन्हें सिर में चोट आई। उन्हें तुरन्त चिकित्सा दी गई और हास्पिटल ले जाया गया जहाँ कल शाम उन्होंने अपनी आखिरी साँस ली।"

–डॉ. त्रिपाठी (कोर्स निदेशक)

फैक्स पर देहरादून का नम्बर था। इस पर एलबीएसएनएए की मोहर नहीं लगी थी। फैक्स पढ़कर डॉ. त्रिपाठी को असीम धक्का लगा और आश्चर्य हुआ। रमेशचन्द्र बिल्कुल ठीक था और वे जानते थे कि किसी ने दम्पत्ति और उसके परिवार के साथ हिंसक मजाक किया है।

एल बी एस एन ए ए और डॉ. त्रिपाठी ने इस केस की जाँच सी आई डी को सौंपने में कोई विलम्ब नहीं किया। रमेशचन्द्र ने बताया कि उसके पिता के कार्यालय का फैक्स नम्बर केवल उसके पास की निजी फाइल से ही मिल सकता था, इसका और कोई जरिया नहीं था। स्वाभाविक ही था, ऐसे विवरण उन्हीं परिवीक्षुओं को मिल सकते थे जो उसके कमरे में अक्सर आते रहते थे। जिस नम्बर से फैक्स भेजा गया था, उसका पता लगाते हुए, सी आई डी को यह पता लगाने में कुछ ही दिन राकेश खुद टेलिफोन की दुकान में गया ओर उसने फैक्स भेजा है।

पूछे जाने पर राकेश ने अपराध स्वीकार कर लिया और दुख प्रकट किया। सामान्य रूप से उसका उद्देश्य अपने सह-परिवीक्षु के साथ कठोर मजाक करना था।

एल बी एस एन ए ए प्रशासन ने राकेश के इस आचरण को अपेक्षित गंभीरता से लिया तथा औपचारिक 'कारण बताओ नोटिस' का स्पष्टीकरण पाने के बाद उसके कठोर अवचार के लिए 'कठोर उपाय' (दण्ड) का प्रस्ताव किया। यही वह मामला है जिसमें महानिदेशक का ध्यान लगा हुआ है।

प्रश्न (Question)

महानिदेशक की स्थिति में आपने क्या निर्णय किया होता और क्यों?

1. महानिदेशक को सरकार से राकेश को सरसरी तौर पर सेवा से निकाल देने की सिफारिश करनी चाहिए।

2. महानिदेशक को मध्यम दण्ड की सिफारिश करनी चाहिए।
3. महानिदेशक को पूरे मामले को मजाक मान लेना चाहिए, यद्यपि यह निर्मम था, और यह राय देनी चाहिए कि किसी सरकारी नियम का उल्लंघन नहीं हुआ है।,
4. महानिदेशक को सिफारिश करनी चाहिए कि राकेश की मनोवैज्ञानिक जाँच होनी चाहिए कि यह एक बार यूँ ही हो गई घटना है या किसी गहरी खराबी का संकेत हैं।

प्रथम दृष्ठया (1) बहुत कठोर विकल्प लगता है चूँकि राकेश एक परिवीक्षु है, उसके काम को ऐसा तय करना कि उसे सीधे ही सेवा से निकाल दिया जाए, मुश्किल होगा; चाहे उसका काम कितना भी खेदजनक हो।

(3) पर प्रस्तावित कार्यवाही ठीक नहीं होगी क्योंकि राकेश का काम बिल्कुल असामान्य लगता है। उसने रमेशचन्द्र के बूढ़े माँ-बाप को अत्यधिक मानसिक कष्ट पहुँचाया। इसके अतिरिक्त, उसका यह काम ऐसी अभिवृत्ति को दिखाता है जो सरकारी अधिकारी के बिल्कुल अनुपयुक्त है। इस मामले में गहरी जाँच होनी चाहिए।

विकल्प (2) अस्वीकार्य है। इस बात पर विचार करना जरूरी है कि ऐसी क्या बात थी जिसने राकेश को इतना अनुचित ढंग से व्यवहार करने के लिए प्रेरित किया। राकेश के व्यक्तित्व की पूर्ण मनोवैज्ञानिक जाँच किए बिना कोई सिफारिश नहीं की जानी चाहिए।

क्रम सं॰ (4) पर सुझाई गई कार्यवाही सर्वाधिक उचित है। राकेश के व्यक्तित्व की संपूर्ण मनोवैज्ञानिक जाँच कराए बिना कोई आगे की कार्यवाही संभव नहीं है। क्या राकेश के व्यक्तित्व में सुस्पष्ट पैथोलॉजिकल सूत्र हैं? यदि ऐसा है तो क्या उनका ईलाज किया जा सकता है? क्या यह रोग दोबारा हो जाएगा या उचित परामर्श द्वारा राकेश स्वस्थ हो जाएगा? क्या उसे सरकारी पद का उत्तरदायित्व सौंपा जा सकता है? महानिदेशक को अपनी सिफारिश इन मुद्दों पर रिपोर्ट लेने के बाद करनी चाहिए।

मामला-8 (Case-8)

जिला मजिस्ट्रेट के लिए कठोर विकल्प (Hard Choice for the District Magistrate)

रामजी भाई रच्छ जयबहार जिले के अमनतीरथ के तालुका का अच्छा किसान है और एक मध्यम आकार के गाँव में रहता है। एक बार वह तालुका पंचायत का प्रधान चुना गया था। दो विवाहित पुत्रियों के अलावा रामजी भाई का एक 25 वर्षीय बेटा जीतूभाई भी था। परिवार का इकलौता पुत्र होने के नाते जीतू भाई को बहुत लाड़-प्यार से पाला गया जिससे वह बिगड़ गया। वह घमण्डी था, हमेशा अपनी चलाना चाहता था और छोटी-सी बात पर ही झगड़ पड़ता था। सत्रह वर्ष की आयु से उसे शराब पीने की आदत पड़ गई थी। गाँव के बड़े-बूढ़ों ने रामजी भाई को उसके बेटे के गलत कामों के बारे में कई बार अवगत कराया लेकिन रामजीभाई ने उनकी बात पर कोई ध्यान नहीं दिया।

21 वर्ष का होते-होते गाँव के लोगों ने दबी जुबान में कहना शुरू कर दिया कि धनजी भाई बरोट पर जीतूभाई ने गोली चलाई है। यद्यपि जीतूभाई को पाँच अन्य लोगों के साथ गिरफ्तार कर लिया गया था, लेकिन अफवाह यह रही कि घटना का अधिक भार दूसरे आदमी पर डाल दिया गया। कुछ वर्षों बाद, शाना भाई, साहूकार को भी संदिग्ध परिस्थितियों में गोली मार दी गई जिसके लिए भी अफवाह थी कि यह काम जीतू भाई ने किया है। गाँव में यह बात सबको पता थी कि जीतूभाई ने शाना भाई की सुन्दर बेटी पर बुरी नजर डाली थी और इसका शाना भाई ने जोरदार विरोध किया था। जीतूभाई पकड़ा गया किन्तु इस बार फिर गवाहों ने अपने बयान बदल लिए। अन्तिम मोड़ तब आया जब तीसरी हत्या हुई। इस बार कालाभाई, प्राइमरी टीचर को जीतूभाई ने भरी जनता के बीच सिर में गोली मारी थी। इस बार जीतूभाई के लिए बचने का कोई रास्ता नहीं था। उसे गिरफ्तार कर लिया गया तथा छूटने की अनेक कोशिशों के बावजूद वह जेल में ही रहा।

राज्य के मंत्रीमण्डल में जिले का प्रतिनिधित्व एक मंत्री द्वारा किया गया था जिसके चुनाव क्षेत्र में अमनतीरथ तालुक आता था। रामजी भाई लम्बे समय तक मंत्री का राजनैतिक सहयोगी रहा था जो कि उस समय सरकार में बहुत प्रभावशाली था। वर्तमान

जिला मजिस्ट्रेट, श्रीकांत जाना ने जिले में आने से पहले इस मंत्री के अधीन काम किया था। मंत्री खूब पढ़ा-लिखा गाँधीवादी रुझान वाला, केन्द्रीय राजनैतिक दल का था एवं किसी भी प्रकार के नैतिक दोष से मुक्त था। वास्वत में, उसी ने श्रीकांत की तैनाती जिला मजिस्ट्रेट के पद पर करने की सिफारिश की थी।

कल जिले के पाँच विधायक जिला मजिस्ट्रेट से मिले थे। वे जीतू भाई के लिए तीन महीने के पैरोल हेतु सरकार की मंजूरी की सिफारिश करते हुए संयुक्त आवेदन लेकर आए थे। जीतूभाई की माँ की मृत्यु तीन दिन पहले हुई थी और बीमार रामजी भाई को कृषि कार्यों के लिए उसकी मदद चाहिए थी।

बाद में, जिले से केबिनेट मंत्री ने जीतूभाई के पैरोल की सिफारिश करते हुए श्रीकांत को फोन किया। मंत्री ने यह नहीं कहा कि जीतूभाई निर्दोष है; उसका कहना केवल उन परिस्थितियों तक सीमित था जिनसे परिवार गुजर रहा है। मंत्री के अनुरोध ने श्रीकांत के लिए कुछ मुश्किल परिस्थिति पैदा कर दी है। यह मंत्री रोजमर्रा के प्रशासनिक कार्यों में बहुत कम बोलता है। उसके दौरों के दौरान प्राप्त आवेदन पर उसके गुण दोषों के आधार पर अधिकारियों के साथ चर्चा होती है और तब अधिकारी उस पर उचित निर्णय लेते हैं।

प्रश्न (Question)

श्रीकांत निम्नलिखित में से कौन-सा रास्ता अपनाएँगे और क्यों?

1. उन्हें अनुरोध को अस्वीकार कर देना चाहिए और सरकार को एक प्रतिकूल राय भेज देनी चाहिए।
2. उन्हें मंत्री को भी बता देना चाहिए कि मामले में उसकी दखलंदाजी अनपेक्षित है।
3. तीन महीने के पैरोल की सिफारिश कर देनी चाहिए।
4. उन्हें विभिन्न सावधानी वाली शर्तों के साथ 10 दिन की अल्पावधि के लिए पैरोल की सिफारिश कर देनी चाहिए।

परिचर्चा (Discussion)

1. सीधे-सीधे नामंजूर कर देना मंत्री को अच्छा नहीं लगेगा। इसके अतिरिक्त वह भला आदमी है और श्रीकांत के लिए काफी झुकाव वाला है। मंत्री के मन में अच्छे बने रहना श्रीकांत के लिए समझदारी होगी, यदि ऐसा करना स्वीकार्य हो और इसमें कोई गैर-कानूनी बात या अनौचित्य न हो। एक स्वीकार्य सीमा के भीतर प्रशासनिक कार्यवाही का व्यावहारिक होना जरूरी है। और भी, पश्चिमी कानून के नियम तथा हमारी परम्परा पर आधारित भारतीय कानून का लागू किया जाना नरम ही रहा है हम यह राय नहीं दे रहें हैं कि क्या अपेक्षित है; हम केवल यही बता रहे हैं कि हमारी संस्कृति नीति एवं न्यायशास्त्र को किस प्रकार आकार देती है। इन कारणों से पहला विकल्प अवांछित है।
2. यह रास्ता अनावश्यक रूप से नाराज कर देने वाला होगा। जनता के प्रतिनिधि होने के नाते मंत्रियों की प्रवृत्ति होती है कि वे अनेक प्रकार की सिफारिशें करें। सरकारी कर्मचारी मामले की जाँच कर अपने निर्णय ले सकते हैं, किन्तु मंत्री को अनावश्यक रूप से नाराज कहने की कोई जरूरत नहीं है।
3. यह विचार अनुचित है। यह तो सीधे-सीधे जीतू भाई के आवेदन को बिना जाँचे स्वीकार करना होगा।
4. जीतू भाई को मुक्त घूमने के लिए अनुमति नहीं दी जा सकती। पहली बात तो यह कि लोगों में गलत संदेश जाएगा कि राजनैतिक संबंधों वाले अपराधी विशेषाधिकार प्राप्त हैं। दूसरा सबसे बुरा यह कि वह अपने अपराध के गवाहों को तोड़ सकता है, जैसा कि वह पहले भी कर चुका है। यदि आई पी सी के अन्तर्गत चार्ज शीट अभी तक दाखिल नहीं की गई है तो वह जाँच को गुमराह कर सकता है। वह स्वर्गीय शाना भाई की पुत्री पर भी हमला कर सकता है जो अब और भी असुरक्षित हो गई होगी। ऐसी आशंकाओं से बचने के लिए डी. एस. पी.. व डी. एम. को सावधान रहना होगा। जीतू भाई हिन्दू है और माँ-बाप की मृत्यु के बाद कुछ रीतियाँ निभानी पड़ती हैं। डी एम केवल दस दिनों के पैरोल की सिफारिश की मंशा जता सकता है ताकि सामाजिक रीतियाँ निभाई जा सकें। इसमें संवदेनशीलता भी होगी

और मंत्री भी संतुष्ट हो जाएगा। उन्हें यह शर्त भी रख देनी चाहिए कि जीतू भाई के साथ पूरे समय दो हथियारबंद गार्ड रहेंगे ताकि वह भाग न सके। उन्हें डी. एस. पी. से सादे कपड़ों में पुलिसवालों का लगा देने के लिए भी कहना चाहिए ताकि जीतू भाई गवाहों से न मिल सके। इस प्रकार की व्यवस्था कर देने पर पैरोल के 10 दिन शांति से गुजर जाएँगे।

मामला-9 (Case-9)

बाढ़ सहायता की राजनीति- बड़े पैमाने पर रिश्वत प्राप्ति का अवसर (Politics of Flood Relief-Large Scale Rent Seeking Opportunity)

प्रकाश झा राज्य के सहायता आयुक्त हैं। गंभीर स्वभाव के कारण वे राज्य में सहायता के प्रशासन में हो रहे गलत कामों के बारे में चिन्तित हैं। एक विशेष स्थिति जो हर साल पैदा होती है, नीचे वर्णित की जा रही है।

अनेक बारहमासी नदियाँ राज्य में से गुजरती हैं। तथापि, राज्य का प्रशासन बहुत घटिया ढंग से चल रहा था; इसकी नदियों के ऊपरी कैचमैण्ट क्षेत्र (जलभराव क्षेत्र) जब भी भारी बारिश होती है तो इनमें बाढ़ आ जाती है। जीर्ण अवस्था वाले इलाकों की जल-निकास प्रणाली बुरी हालत में है। यदि ऊपरी कैचमैण्ट क्षेत्र तथा राज्य के ग्रामीण इलाकों में साथ-साथ बारिश हो जाए तो पानी नदी के रास्ते नहीं निकाला जा सकता। इससे ग्रामीण इलाकों में बाढ़ आ जाती है और पानी हफ्तों तक जमा रहता है जिससे बोई गई फसलें पानी में डूब जाती हैं।

दुष्ट लोगों ने ऐसे महाविनाश से लाभ कमाने का अनैतिक धंधा बना लिया है। जैसे ही बाढ़ की खबरें अखबारों में छपती हैं और टेलिविजन चैनलों में प्रसरित होती हैं, राज्य/केन्द्रीय मंत्री हैलिकॉप्टरों में बैठकर 'बाढ़ की स्थिति' का निरीक्षण करते हैं। प्रभावित जिलों में पटवारियों के कार्यालयों में बाढ़ राहत हेतु अनुरोधों की बाढ़ आ जाती है। यदि किसी गाँव का 10 प्रतिशत भू-भाग भी प्रभावित हुआ है तो इससे भी 95-99 प्रतिशत लोग बाढ़ राहत के लिए आवेदन दे देते हैं। केवल अपवाद रूप से कुछ ही ईमानदार लोग ही हैं जो झूठे दावे के लालच में नहीं पड़ते।

इन दिनों गरीबों के लिए सहानुभूति की लहर देशभर में बहुत जबरदस्त है तथा सहायता पैकेज में और अधिक मदें जोड़ उसे बढ़ाया जा रहा है, जैसे कठिन समय के लिए नकद सहायता, घरों की पुन: सज्जा के लिए खर्च, निवासों की मरम्मत का खर्च, फसल नष्ट होने की क्षतिपूर्ति और यहाँ तक कि भेड़ों, बकरियों और पशुओं के लिए भी क्षतिपूर्ति।

सर्वाधिक दयनीय स्थिति यह है कि हानियों का सर्वेक्षण केवल कागजों में किया जा रहा है। सर्वेक्षण दलों को वास्तविक सर्वेक्षण करने ही नहीं दिया जाता। पंचायत के कर्मचारी व गाँव के दबंग लोग आए हुए छोटे-से सर्वेक्षण दल को घेर लेते हैं और उन्हें वही सब लिखने के लिए दबाव डालते हैं, जो वे कहते हैं। बेचारे सर्वेक्षक के पास गाँव वालों द्वारा कहा गया झूठ लिखने के सिवाय कोई चारा नहीं होता। कुछ स्थानों पर तहसीलदारों ने समस्या को पहचान कर ढंग से सर्वेक्षण कराने की कोशिश की, लेकिन उन्हें तत्काल ही विधायकों तथा अन्य महत्त्वपूर्ण नेताओं द्वारा 'पीड़ित लोगों' की भावनाओं के विरुद्ध जाने से रोक दिया गया। यह कहा जाता है कि पंचायत नेता, जिनके माध्यम से सहायता का धन गुजरता है, दावे के झूठ की सीमा के अनुसार अपना हिस्सा लेते हैं।

ढेरों विधायकों के साथ बड़े राज्य होने के कारण मुख्यमंत्री बाढ़ के नाम पर हर वर्ष विशेष पैकेज लेने की कोशिश करता है तथा अक्सर केन्द्रीय सरकार कृपा कर देती है। सहायता राशि का उपयोग पूँजीगत परिसम्पत्तियों की मरम्मत एवं पुन:निर्माण के लिए भी किया जा सकता है। झा को अगले सप्ताह ऊपरी कैचमैण्ट में भारी वर्षा की अग्रिम सूचना मिली है और वे चिन्तित हैं कि जैसा चल रहा है वैसा ही काम चलने दें या भारी विरोध के होते हुए भी प्रशासन राहत कार्य में कुछ मूलभूत सुधार करें जिससे अर्थव्यवस्था में मदद होगी और जो गरीबों के लिए वास्तव में सहायता होगी।

प्रश्न (Question)

आप निम्नलिखित में से कौन-सा रास्ता प्रकाश झा को सुझाएँगे? इनके लाभों का मूल्यांकन कीजिए और सर्वाधिक वांछनीय कार्यवाही की सिफारिश कीजिए।

1. सर्वेक्षण टीमों के साथ सशस्त्र सहकर्मियों (रक्षार्थ साथ जाने वालों) का प्रबन्ध करना।
2. बाढ़ग्रस्त जिले में, अन्य जिलों के सर्वेक्षकों को लगाना।
3. यदि वे अवचार करते हैं तो पंचायत के सदस्यों के विरुद्ध कार्यवाही करना।
4. डूबे हुए इलाके का पता लगाने के लिए सैटलाइट से लिए गए चित्रों का प्रयोग करते हुए गाँव की सहायता के परिमाण (मात्रा) के दावे के भार की पुन: जाँच करना।

परिचर्चा (Discussion)

1. यह सोच समस्या को कानून एवं व्यवस्था की मानती है। यह सच है कि सर्वेक्षण हलों को सच्ची रिपोर्ट नहीं देने दी जाती। लेकिन पुलिस को उनके अन्य कामों से हटाना मुश्किल होगा। जैसी कि स्थिति है, पुलिस में कर्मचारियों की कमी है। प्रणाली में कमी का पता लगाना और प्रबन्धकीय व प्रौद्योगिकी आधारित हलों की तलाश करना वांछनीय है। अवचारों का भण्डाफोड़ करना जरूरी है ताकि लोग ऐसे उपायों का समर्थन करें।
2. अन्य जिलों से सर्वेक्षकों को लगाने से गाँव वालों के लिए उन्हें प्रभावित करना मुश्किल होगा। वे बाहरी व्यक्ति होंगे। तथापि, बाहरी सर्वेक्षक भी गाँव की भीड़ से बहुत दबाव का सामना करेंगे जो बाढ़ से लाभ उठाने पर आमादा हैं।
3. यह विकल्प समस्या को कानूनों के उल्लंघन के रूप में देखता है। प्रभावी होने के लिए अनेक मामले बनाने होंगे। लेकिन इस प्रक्रिया में प्रशासन पंचायती-कर्त्ताओं के साथ एक लम्बी, समय लगाने वाली कानूनी लड़ाइयों में फँस जाएगा। इससे और समस्याएँ पैदा होंगी क्योंकि प्रशासन को स्थानीय आत्म-शासन निकायों के साथ मिलकर काम करना होता है।
4. समस्या यह है कि लोगों को आंशिक या पूरी-पूरी क्षतिपूर्ति वास्तविक रूप में हुए नुकसान के आधार पर नहीं की जाती। स्थानीय राजनेताओं ने वास्तविक सर्वेक्षण की संभावना को समाप्त कर सूचना को ठप्प कर दिया है। हानि मुख्यत: क्षेत्रों के पानी में डूबे रहने, तेज बहावों द्वारा खेतों की मिट्टी बहा ले जाने और निचले इलाकों में पानी रुक जाने के कारण होती है। किन्तु इन दिनों कोई भी मानव एजेण्टों द्वारा किए गए सर्वे को बाईपास कर सकता है। यदि नेशनल रिमोट सेंसिंग एजेन्सी से सैटेलाइट चित्र लिए जाते हैं तो यह बहुत स्पष्ट रूप से देखा जा सकता है कि बाढ़ आने की स्थिति कैसे बनी और किसी गाँव में पानी क्यों रुका है। चित्र बाढ़ की स्थिति से पहले और बाद की हालात के लेने चाहिए। यह सच है कि चित्रों का अर्थ निकालने में गलती की थोड़ी गुंजाइश रखनी होगी क्योंकि चित्र स्थल का बहुत सूक्ष्म विवरण नहीं देंगे। इस प्रकार गलती के लिए उचित गुंजाइश छोड़ते हुए टैक्नोलॉजी का प्रयोग झूठे दावों को समाप्त करने के लिए किया जा सकता है। इस काम के लिए कर्मचारियों को सैटेलाइट से प्राप्त चित्रों को समझने का प्रशिक्षण भी दिया जाना चाहिए।

टैक्नोलॉजी की विश्वसनीयता को न मानने के लिए पंचायतें हाय-तौबा मचा सकती हैं। इसके लिए टैक्नोलॉजी की ताकत पंचायत के नेताओं को दिखानी चाहिए। लोगों को चेतावनी दी जा सकती है कि झूठे दावों पर कानूनी कार्यवाही हो सकती है (यद्यपि किसी पर भी होगी नहीं) राजनैतिक व्यवस्था को समझाया जा सकता है कि गलत कामों से बचाव से उत्पन्न बचतों का प्रयोग उत्पादक रूप में बाढ़ न्यूनीकरण कार्यों के लिए किया जा सकता है।

मामला-10 (Case-10)

खनन माफिया द्वारा लूट; जब पानी सर से ऊपर हो जाए

(Plunder by Mining Mafia; When enough is enough)

कल तक श्री एच. आर. खन्ना, आयुक्त, को एक हत्याकाण्ड पर तकलीफ हो रही थी जिसमें उनके सहायक निदेशक, भू-विज्ञानव खनन और उनके साथ एक रेंज फारेस्ट ऑफिसर, खनन माफिया द्वारा मार डाले गए थे। इस घटना के बाद मुख्यमंत्री ने उनसे

राज्य के 'एक्स' क्षेत्र में माफिया को नियंत्रित करने के लिए कहा था। उसने खन्ना को अन्य सरकारी विभागों से सहयोग का भी आश्वासन दिया था। खन्ना इस समस्या का राजनैतिक पहलू जानते थे; पिछले चुनावों में इस मुख्यमंत्री ने एक माफिया तथा गैंग के सहयोगियों को विधानसभा के टिकट दे दिए थे।

खनन माफिया ने अनेक अभयारण्यों में कहर ढाया था। जाति के आधार पर संगठित कुछ परिवार अपने जाति भाइयों के नेता बन गए। उन्होंने शुरू में क्षेत्र में चूना-पत्थर तथा बॉक्साइट की प्रचुर खानों के कारण स्थापित फैक्ट्रियों का शोषण किया गया। परिवहन, निर्माण तथा श्रमिकों की सप्लाई के कारोबार पर पूरा नियंत्रण प्राप्त कर लेने के बाद में ये परिवार अमीर हो गए और उनका प्रभाव समाज में गहराई तक प्रवेश कर गया। धीरे-धीरे वे बाहुबल और धन का प्रयोग कर राजनीति में संलग्न हो गए।

माफिया वालों ने महसूस किया कि वे राज्य के संसाधनों पर कब्जा कर तेजी से अमीर बन सकते हैं। सीमेंट फैक्ट्रियों और अन्य खदानों ने राज्य की राजधानी में जिला कलैक्टर से भू-विज्ञान एवं खान के आयुक्त से लाइसेंस लिया था। माफिया वालों ने उन क्षेत्रों पर कब्जा करना शुरू किया जिनके लिए अभी लाइसेंस नहीं दिए गए थे और खनन शुरू नहीं हुआ था। माफिया ने पहले तो सरकारी जमीनों पर कब्जा किया और फिर धीरे-धीरे आरक्षित वन-क्षेत्रों में घुसना शुरू किया।

इस अवस्था में, वन विभाग उनका विरोध करने लगा लेकिन उन्हें इसमें आंशिक सफलता ही मिली। विभाग के पास बीट गार्ड्स और रेंजरों की पर्याप्त संख्या नहीं थी जिससे सैंकड़ों ट्रकों एवं मिट्टी हटाने वाले उपस्करों को रोका जा सके, जो खनिजों को प्राप्त करने के लिए वनों को रौंदते रहते थे। इस बुराई को मिलकर नियंत्रित करने के लिए वन विभाग, भू-विज्ञान एवं खनन विभाग के साथ मिलकर काम करने को उत्सुक था। स्थानीय मजिस्ट्रेट तथा पुलिस भी साथ दे रहे थे।,

राज्य के खनिज संसाधनों का बड़ा भाग राज्य के कुछ भागों में संकेन्द्रित हैं, इनमें से एक क्षेत्र 'एक्स' में माफिया बहुत अधिक हैं। राज्य के खनिज संसाधनों की कोई सर्वेक्षित माल-सूची नहीं है। मोटे तौर पर संकेतक क्षेत्रों और उपलब्ध खनिजों के परिमाण पर कुछ अंदाज लगाए गए थे, किन्तु ठीक-ठाक सर्वे नहीं था तथा जारी किए गए महत्त्वपूर्ण लाइसेंसों के लिए सीमा चिन्ह भी नहीं थे। अत: अपराधी लोग भी एक या दो क्षेत्रों के लिए लाइसेंस ले लेते थे और आस-पास के इलाकों का दोहन करते रहते थे; क्योंकि क्षेत्र स्पष्ट चिन्हित नहीं था। विभाग के पास पर्याप्त सर्वेक्षक नहीं थे जो खानों का सर्वे पूरा कर सकें तथा चिन्हित करने का प्रबन्ध कर सकें।

'एक्स' क्षेत्र में स्थिति ऐसी है कि निशस्त्र सर्वेक्षक व निरीक्षक उस क्षेत्र में जाने से डरते हैं। संसाधनों की चोरी करने वाले अपराधियों के लिए कोई कठोर हतोत्साहन भी नहीं थे। माल से भरे हुए ट्रकों के पकड़े जाने पर विभाग द्वारा मामूली जुर्माना कर उन्हें छोड़ दिया जाता था। ऐसे नरम रुख का कारण उनके कर्मचारियों व माफिया के बीच मिलीभगत वाला भ्रष्टाचार हो सकता है। इस प्रकार बेईमानी से की गई कमाई का कुछ भाग बंदूकें, भली प्रकार सज्जित वाहन, माल हैण्डलिंग उपकरण तथा राजनेताओं को खरीदने में लगा दिया गया है। खन्ना व्यवस्थित ढंग से आगे बढ़ाना चाहते थे, यह जानते हुए कि निम्नलिखित कारणों से वे बहुत कमजोर स्थिति में हैं:

1. माफिया राजनैतिक तौर पर भली प्रकार संस्थापित हैं।
2. उनके पास भू-विज्ञान तथा खदान विभाग को दबाने योग्य बाहुबल है।
3. उनके पास भू-विज्ञान तथा खदान विभाग में घुसपैठ करने के लिए पैसे की ताकत है।
4. भू-विज्ञान तथा खदान विभाग में अपर्याप्त कर्मचारी हैं और वहाँ उपकरणों की कमी है।
5. यह चोरी का पता लगाने और सूचना पाने के लिए तकनीकी तौर पर सक्षम नहीं है।

प्रश्न (Question)

आयुक्त की स्थिति में रहते हुए आप क्या रणनीति अपनाते?

1. खनन माफिया के मुख्य नेताओं को मारने के लिए नकली मुठभेड़ का प्रबन्ध करने हेतु पुलिस अधिकारियों से अनौपचारिक अनुरोध करते।
2. उपलब्ध निरोधात्मक गिरफ्तारी कानून के अन्तर्गत माफिया नेताओं को गिरफ्तार करने के लिए कार्यवाही शुरू करते।
3. मुख्यमंत्री से कहते कि वे माफिया के नेताओं से लूटपाट खत्म करवाने के लिए अपने प्रभाव का प्रयोग करें।
4. कलैक्टर की अध्यक्षता में मजबूत अन्तर-विभागीय समन्वयन की व्यवस्था करते; सर्वे कर खनन पट्टों की सीमाएँ तय करते। वन क्षेत्रों में घुसपैठ (अतिक्रमण) को मॉनीटर करने के लिए सैटेलाइट चित्रों का प्रयोग करते; पट्टे पर काम करने वालों के वाहनों और उपस्करों में जी आई एस लगवा देते ताकि उनकी आवाजाही पर निगाह रखी जा सके तथा अनाधिकृत वाहनों का प्रवेश रोका जा सके।

परिचर्चा (Discussion)

पहला विकल्प नितान्त रूप से अस्वीकार्य है। यह कानून को अपने हाथ में लेने वाली बात होगी। किसी भी अधिकारी को ऐसा सुझाव देने का सोचना भी नहीं चाहिए जो स्थापित रूप से गैर-कानूनी या अनुचित हो। लोगों को मारना-नकली मुठभेड़ में दुर्दान्त दुष्ट अपराधियों तक को मार डालना-गैर-कानूनी है और उसका समर्थन नहीं किया जाना चाहिए।

कुछ कानून जैसे असामाजिक गतिविधि निवारण अधिनियम या संगठित अपराध रोकने के लिए बने कानून कुछ विशेष गतिविधियों में संलिप्त अपराधियों की गिरफ्तारी की अनुमति देते हैं। लेकिन ऐसे कानूनों के अन्तर्गत कार्यवाही करना मुश्किल है क्योंकि अदालतें व ट्रिब्यूनल्स मानव अधिकार के दृष्टिकोण से अपराधियों को व्यापक छूट दे देते हैं। अत: उत्तर के विकल्प (2) का प्रभाव सीमित ही होगा।

यह सोच निष्कपट तथा अनुचित है। यदि यह मान लेने का प्रबल कारण हो कि मुख्यमंत्री राजनैतिक तौर पर अवांछित तत्वों के निकट हैं, किसी भी अधिकारी को ऐसे मामले मुख्यमंत्री या अन्यों को नहीं भेजने चाहिए। ऐसे मामलों में कोई अधिकारी गवाही दे सकता है यदि उसे व्यक्तिगत रूप से जानकारी हो और सच्ची सूचना हो और उसे ऐसा करने के लिए सक्षम अदालतों या न्यायिक प्राधिकारी द्वारा कहा जाए। किसी भी हालत में, कोई भी मुख्यमंत्री यह स्वीकार नहीं करेगा कि माफिया और अन्य असामाजिक तत्वों पर उसका प्रभाव है।

उत्तर का उपयुक्त चयन अन्तिम सोच को माना जा सकता है। सर्वे कार्यों को बाहरी लोगों को दिया जा सकता है; महत्त्वपूर्ण खनन लाइसेंस वाले क्षेत्रों का सर्वेक्षण किया जा सकता है एवं इन सर्वेक्षित क्षेत्रों में चारदीवारी बनाई जा सकती है। प्रत्येक खदान वाले को ट्रकों की सूची देने के लिए कहा जा सकता है जिसमें उनका रजिस्ट्रेशन नम्बर (विवरण) तथा उनके द्वारा प्रयुक्त उपस्करों का विवरण हो। इन सूचियों का परिचालन किया जा सकता है ताकि अप्राधिकृत ट्रकों को सरलता से पहचाना जा सके। पकड़े गए ट्रकों को भारी जुर्माना देकर छोड़ा जाना चाहिए ताकि यह बात निवारक के तौर पर काम करे। आरक्षित वन पॉकेट्स में दोहन की स्थिति का पता लगाने के लिए सैटेलाइट टैक्नोलॉजी का प्रयोग किया जाना चाहिए। जब सैटेलाइट आधारित नक्शों में लाइसेंस-शुदा क्षेत्रों की सही मार्किंग हो जाएगी तो अवैध खनन पकड़ा जा सकेगा तथा औचक छापे मारे जा सकेंगे और कार्यवाही की जा सकेगी। वन तथा खनन विभाग के कर्मचारियों को सशस्त्र किया जाना चाहिए।

मामला-11 (Case-11)

कर्मचारी का निजी जीवन कब सरोकार का विषय बन जाता है

(Employee's personal life- When does it become a Matter of Concern)

चन्द्रकला नायर बोधपुर शहर की म्युनिसिपल कमिश्नर (आयुक्त) हैं। म्युनिसिपल कारपोरेशन में एक पार्थ चौधरी, जल पूर्ति सुविधा (सेवा) के इंजीनियर के रूप में रख-रखाव का काम करता है। चन्द्रकला को अपने मेल-बॉक्स में अभी-अभी एक शिकायत मिली है कि तीन दिन पहले पार्थ अपनी पत्नी व बच्चों के साथ शहर में अवकार रेस्टोरेंट में गया था। उस शाम रेस्टोरेंट

में जगह खाली नहीं थी लेकिन पार्थ ने अपने साथ आए अपने बेटे का जन्मदिन मनाने के लिए दो टेबलों की जगह माँगी। शिकायत? में लिखे हुए के अनुसार वहाँ उपस्थित मैनेजर ने उससे कुछ देर प्रतीक्षा करने के लिए कहा क्योंकि कोई टेबल खाली नहीं थी। पन्द्रह मिनट बाद पार्थ फिर मैनेजर कि पास गया और धमकाकर पूछने लगा कि वह टेबलों का प्रबन्ध क्यों नहीं कर रहा है। शिकायत के अनुसार मैनेजर ने उसे बताया कि किसी ग्राहक ने मेज खाली नहीं की है और उन्हें प्रतीक्षा करनी चाहिए। यह सुनकर वह नाराज हो गया और मैनेजर से कहने लगा कि वह ग्राहकों से जल्दी ही खाना समाप्त करने के लिए कहे और टेबल का प्रबन्ध करे। उसने यह भी कहा कि वह म्युनिसिपल्टी के सेनिटेंशन विभाग के अधिकारियों को जानता है और वह रस्टोरेंट का लाइसेंस रद्द करा सकता है। वह जोर-जोर से खूब बोला और अवकार के लोगों को निकम्मे जोकर कहा। इस बीच उसके मेहमान भी आ गए और उन्होंने उसे शान्त किया और उसे परिसर से बाहर ले गए। शिकायत में यह भी कहा गया था कि उस शाम वह जरा नशे में भी था। राज्य में नशा-बन्दी कानून नहीं है।

प्रश्न (Question)

यह पढ़कर चन्द्रकला के दिमाग में निम्नलिखित कार्यवाहियाँ विकल्प के तौर पर आई:

1. पार्थ को तत्काल निलम्बित कर दे तथा सरकारी कर्मचारी के लिए अनुपयुक्त व्यवहार के उसके आचरण हेतु अनुशासनात्मक जाँच शुरू करे।
2. म्युनिसिपल कारपोरेशन के एक अधिकारी की असलियत को अनौपचारिक रूप से पता लगाने के लिए कहे। यदि शिकायत मोटे तौर पर सत्य होती है तो आगे कार्यवाही करनी होगी।
3. शिकायत कर्ता से व्यक्तिगत रूप से मिलने की कोशिश करे और सच का पता लगाए।
4. शिकायत पर ध्यान ही न दें क्योंकि इस मामले में पार्थ के सरकारी कर्मचारी के तौर पर व्यवहार की बात नहीं है। आप चन्द्रकला को क्या परामर्श देंगे?

परिचर्चा (Discussion)

इस बात से कोई इंकार नहीं कि पार्थ का आचरण स्वीकार्य नहीं है। ऐसी बात नहीं थी कि टेबल खाली नहीं थीं और मैनेजर उसे टेबल दे नहीं रहा था। एक परिपक्व व्यक्ति होने के नाते उसे मालूम होना चाहिए कि मैनेजर से टेबल जल्दी खाली करवाने के लिए कहना निरर्थक है। इस समय टेबल पर बैठे ग्राहक बार-बार मिलने वाले बिजनेस के लिए महत्वपूर्ण हैं और मैनेजर के पास किसी से टेबल जल्दी छोड़ने के लिए कहने का कोई उचित कारण नहीं है। यह जीवन के सामान्य समझदारी की बात है। समझदारी या विवेक ऐसी अच्छी नैतिक विशेषता है जिसका अभ्यास (व्यवहार करना) कर लेना चाहिए।

पार्थ को कोई अधिकार नहीं था कि वह कोरपोरेशन के सेनिटरी विभाग के प्रभाव से लाइसेंस रद्द करा देगा। लाइसेंस इस प्रकार रद्द नहीं होते हैं जब तक कि लाइसेंस की किसी शर्त का उल्लंघन न किया गया हो। ऐसे किसी उल्लंघन की ओर इशारा भी नहीं किया गया है या हमें जानकारी नहीं है। इसके अलावा निजी बदला लेने के लिए सरकारी अधिकार को बीच में लाना उचित नहीं है। किसी भी समझदार अधिकारी को यह ज्ञान होना चाहिए और पार्थ को इस प्रकार सोचना भी नहीं चाहिए।

उपरोक्त के मद्देनजर, चन्द्रकला को चाहिए कि वह इस शिकायत को अनदेखा न करे। यद्यपि एक अर्थ में यह मामूली घटना है। सरकारी कर्मचारी होने से पार्थ को होटल के कर्मचारियों के साथ दुर्व्यवहार नहीं करना चाहिए था। ना ही उसको उन्हें सरकारी सम्बन्धों के प्रयोग करने की धमकी देनी चाहिए।

लेकिन उन्हें शिकायत-कर्ता से निजी तौर पर मिलने की कोई जरूरत नहीं है वे कारपोरेशन की प्रशासनिक प्रधान है, उन्हें अपने कार्यालय के किसी उचित स्तर के कर्मचारी को जाँच का काम सौंप देना चाहिए। घटना के तथ्यों का पता लगाने का साधारण काम नीचे के स्तर पर हो सकता है। मामले में कोई कार्रवाही शुरू करने से पहले सम्बन्धित तथ्यों की पुष्टि कर लेनी चाहिए।

सरकारी जीवन में ऐसी शिकायतें आना असामान्य नहीं हैं जिनमें ध्यान आकर्षित करने के लिए मामले को बढ़-चढ़ कर बताया गया है। किसी को नहीं मालूम कि शिकायत में दी गईं बातें बिल्कुल वही हैं जो हुई थी। यदि शिकायत में बात बढ़ा-चढ़ा कर लिखी गई हैं तो उस सीमा तक पार्थ की नैतिक सदोषता कम हो जाएगी। हम नैतिक सदोषता इसलिए कह रहे हैं कि दुर्व्यवहार पर कोई आपराधिक कानून लागू नहीं होता। अवकार के लोगों ने पुलिस में शिकायत भी दर्ज नहीं कराई है। अतः आयुक्त को जल्दी में कोई कदम, जैसा (1) में सुझाया गया है, नहीं उठाना चाहिए।

फिर भी, उन्हें मामले की तहकीकात करानी चाहिए ताकि सच्चाई का पता चल सके। उन्हें अभिलेख कार्यालय से पता लगाना चाहिए कि क्या पार्थ बुरे स्वभाव का और बेसब्र आदमी है। यदि पार्थ का रिकार्ड ऐसा है तो उसे औपचारिक चेतावनी देने की जरूरत है। यदि उसका ऐसा कोई रिकार्ड नहीं है और आरोप सच निकलते हैं तो उचित कार्यवाही यह होगी कि उसे भविष्य के लिए चेतावनी दी जाए। यह ऐसा मामला है जो निजी जीवन से निकला है और आयुक्त को इस निष्कर्ष पर एकदम से नहीं आ जाना चाहिए कि यह एक सरकारी कर्मचारी होने के अयोग्य होने का मामला है।

मामला-12 (Case-12)

गुमनाम आवेदन (An Anonymous application)

संयुक्ता नायर ने अपने कैरियर में जल्दी ही निजी सत्य-निष्ठा व कुशलता के लिए ख्याति प्राप्त कर ली थी। उन्होंने अनेक भ्रष्ट कारपोरेशनों को सही कर दिया था। अब वे एक सफल संगठन राज्य खनिज विकास कारपोरेशन (एस एम डी सी) की मुख्य सतर्कता अधिकारी हैं। तथापि, घोटालों के उजागर होने के साथ एस एम डी सी की प्रतिष्ठा मंद हो गई है। आज सुबह उन्हें एक पत्र प्राप्त हुआ जो इस प्रकार था।

आदरणीय मैडम, मैं आपको यह पत्र यह जानकर लिख रहा हूँ कि हमारे कारपोरेशन में भ्रष्टाचार से लड़ने का साहस व ईमानदारी आपमें है। मुझे यह बताते हुए खेद होता है कि एस एम डी सी में कुछ भ्रष्ट कर्मचारी हैं जो कारपोरेशन को लूट रहे हैं। उनमें से एक महेन्द्र डाश, महाप्रबंधक (ठेके/संविदा) है। वह संविदा की सौदे की कीमत के आधार पर अपना हिस्सा लिए बिना किसी भी महत्त्वपूर्ण संविदा पर हस्ताक्षर नहीं करता। ट्रांस्पोटरर्स उसके बहुत समय से ग्राहक हैं।

पिछले चार सालों में, जब से वह राज्य सिविल सेवा से प्रतिनियुक्ति पर इस कारपोरेशन में आया है, तब से उसने कारपोरेशन को खूब लूटा है। ढुलाई की सभी दरें बढ़ाई हुई हैं क्योंकि बढ़ी हुई दरों से उसका हिस्सा बढ़ जाता है। उसने राज्य की राजधानी में अनेक सम्पत्तियाँ खरीदी हैं और कम-से-कम दो सम्पत्तियाँ राष्ट्रीय राजनधानी क्षेत्र में भी हैं। जब वह इस सर्विस में आया था उसका परिवार साधारण स्तर का था। निम्नलिखित उन सम्पत्तियों की सूची है जिनका वह राज्य के शहरों में मालिक है-

1. एक्स वाई जैड विवरण
2. पी क्यू आर विवरण
3. एल एम एन विवरण
4. रा. रा. क्षेत्र की सम्पत्तिः एक सम्पत्ति का विवरण तथा एक संभावित सम्पत्ति स्वामित्व जिसके लिए केवल क्षेत्रफल दिया गया है।

वर्तमान बाजार भाव पर सम्पत्तियों का मूल्य आसानी से 10 करोड़ रुपयों से अधिक होगा। यह अधिकारी भ्रष्ट ही नहीं है, भ्रष्ट चरित्र वाला भी है। यद्यपि वह विवाहित है और उसका परिवार भी है, किन्तु वह ज्यादातर समय मनोहारी प्राण्डी, निवासी-(पता) के पास रहता है। मनोहारी एक तलाकशुदा स्त्री है और यह कहा जाता है कि महेन्द्र डाश के साथ उसके सम्बंध ही उस स्त्री के अपने पति से उसके तलाक का मूल कारण था। हाल ही में वे क्रिसमस की छुट्टियों में गोवा गए थे और ताज होटल में ठहरे थे।

मैं दिल से आशा करता हूँ कि आप इस मामले में उचित कार्यवाही करेंगी।

आपका गुमनाम आवेदकः प्रो. बोनो पब्लिको;

राज्य सरकार के अनुदेश हैं कि गुमनाम शिकायतों की जाँच तब ही की जानी चाहिए जब उनमें पड़ताल करने योग्य तथ्य हों। प्रसंगवश, संयुक्ता, महेन्द्र को तब से जानती हैं जब वे जिला परिषद की मुख्य कार्यकारी अधिकारी थीं और वह जिला मजिस्ट्रेट के कार्यालय में काम करता था। उस समय उन्होंने इसके खिलाफ कोई बुरी बात नहीं सुनी थी।।

प्रश्न (Question)

संयुक्ता निम्नलिखित कार्यवाहियों पर विचार कर रही हैं:

1. अर्जी को अनदेखा कर दे क्योंकि यह गुमनाम है।
2. भ्रष्टाचार निवारण ब्यूरो में अपने निजी सम्पर्कों का उपयोग कर डाश के चरित्र के बारे में पता करें और तब विचारें कि क्या किया जाए।
3. डाश को बुलाकर सीधे ही उससे पत्र के बारे में पूछें और उसका स्पष्टीकरण माँगें।
4. एस एम डी सी के अध्यक्ष से परामर्श करना तथा अर्जी में लगाए गए आरोपों की सत्यता की खुली जाँच के आदेश दें।

परिचर्चा (Discussion)

विकल्प (1) अनुपयुक्त चयन होगा। सरकारी अनुदेश हैं कि गुमनाम अर्जियों की भी जाँच की जानी चाहिए यदि उनमें जाँच योग्य विवरण हों। चूँकि अर्जी में सम्पत्ति का विशिष्ट विवरण दिया गया है, इसकी जाँच की जानी चाहिए।

विकल्प (2) भी इस लायक नहीं है कि इसका अनुसरण किया जाए। डाश से सम्बन्धित मामले यदि ए सी बी के पास पहुँचते हैं तो जो भी सूचना उनको प्राप्त होती है, वह अधिकारियों के प्रभावों पर आधारित होगी। मामले में जाँच का आदेश दिया जाए या नहीं, यह तय करते हुए प्रभावोत्पन्न विचारों पर निर्भर होना अनुचित होगा। प्रसंगवश, ऐसी सूचनाएँ वर्तमान आवेदन (अर्जी) की जाँच से सीधे तौर पर सरोकारी नहीं होगी। कानून में, प्रत्येक अलग अपराध, अलग कार्यवाही बन जाता है।

जहाँ तक विकल्प (3) का प्रश्न है, महेन्द्र से पूछताछ से कुछ हासिल नहीं होगा। वह निश्चित रूप से किसी भी आरोप को स्वीकार नहीं करेगा। बुरा यह होगा कि वह इतना सतर्क हो जाएगा कि जाँच लम्बी हो जाएगी। अक्सर यह होता है कि जब कोई अधिकारी पकड़े जाने का डर छोड़ देता है। तो वह सावधानी कम कर देता है, गलतियाँ करता है और अंत में पकड़ा जाता है। ऐसा अंत महेन्द्र की प्रतीक्षा कर रहा होगा। उसे सावधान या सतर्क नहीं किया जाना चाहिए।,

विकल्प (4) को अपनाना ठीक रहेगा। यह जाँच करना सरल है कि शहर में फलाँ-फलाँ सम्पत्ति किसी के नाम पंजीकृत है या नहीं। यह पता लगाना भी कठिन नहीं है कि सम्पत्ति बेनामी है या नहीं। महेन्द्र के विवाहेतर सम्बन्धों की जानकारी प्राप्त करना भी मुश्किल नहीं है। लेकिन इसे व्यक्तिगत मामला मानना होगा, यद्यपि कुछ लोग इसे नैतिक पतन मान सकते हैं।

संयुक्ता को पत्र की विषयवस्तु के बारे में एम डी को सूचित कर देना चाहिए और मामले में उनकी सलाह माँगनी चाहिए। ऐसा करना जन हित में जरूरी है। ताकि एम डी महेन्द्र द्वारा प्रस्तुत किए गए प्रस्तावों को भली प्रकार जाँच किए बिना अपनी सहमति न दें। सरकार में ऊँचे अधिकारियों के पास बहुत कार्यभार होता है और प्राय: वे अपने मातहतों पर विश्वास करते हैं। एम डी अपने महा प्रबन्धक (संविदा) के पद पर किए गए पिछले काम के अनुभव के आधार पर विश्लेषण कर सकते हैं कि कुछ कमी तो नहीं है। वे महाप्रबन्धक (संविदा) से प्राप्त होने वाले प्रस्तावों पर बेहतर जानकारी के साथ विचार कर सकेंगे।

मामला-13 (Case-13)

पर्यावरणीय उद्यमिता (Environmental Entrepreneurship)

कपिल और बसंत व्यापारी परिवार से थे। वे बचपन से ही बहुत कुशाग्र बुद्धि थे। दोनों ही भाइयों ने अमरीका से पर्यावरणीय अभियांत्रिकी में मास्टर्स की डिग्री प्राप्त की और इस समय वे दो अलग-अलग जगहों पर केन्द्रीय प्रदूषण नियंत्रण बोर्ड (सी पी सी बी) में उपनिदेशकों के पद पर काम कर रहे हैं। दोनों ही अपनी विशेषज्ञता व बेदाग सत्यनिष्ठा के लिए जाने जाते हैं।

हाल ही में दोनों भाई अपनी-अपनी पत्नियों की ओर से दबाव का सामना कर रहे थे जो चाहती थीं कि वे परिवार की आय बढ़ाएँ। वे अपनी जीवन-शैली की तुलना अपने व्यापारी रिश्तेदारों से कर रही थीं। बसंत ने कपिल को प्रस्ताव किया कि वे अलग-अलग कारोबारों, कार्पोरेट ग्राहकों तथा अनेक परामर्शी फर्मों को पर्यावरणीय प्रबन्धन के अनेक क्षेत्रों में मूल्यवान सेवा प्रदान कर सकते हैं। कपिल पहले संकोच कर रहा था किन्तु बसंत ने उसे आश्वस्त किया कि वे यह काम अपने कार्यालय से नहीं करेंगे बल्कि ज्यादातर समय घर पर ही लगाएँगे। बाद में, वे कुछ अच्छे व्यवसायियों को रख लेंगे जो उनके मार्ग-दर्शन में काम करेंगे। इन बेसिक नियमों के साथ व पर्यावरण के क्षेत्र में सेवाएँ देने के लिए 'वाका एन्विरोटैक' स्थापित करने की योजना बना रहे थे।

प्रश्न (Question)

वे निम्नलिखित विकल्पों पर विचार करते हैं:

1. वे इस फर्म को अपनी पत्नियों व सालों के नाम रजिस्टर कराएँगे और सुनिश्चित करेंगे कि कागजात में उनका नाम कहीं नहीं आए।
2. फर्म ऐसा कोई काम नहीं लेगी जिसमें उनके नियोक्ता संगठन सी.पी.सी.बी. के साथ काम पड़ता है।
3. वे साझेदारी में फर्म रजिस्टर कराएँगे जिसमें उनके कॉलेज के कुछ नजदीकी परामर्शी मित्र शामिल रहेंगे, जो दिल्ली से दूर किसी शहर जैसे पूणे या तिरूअनन्तपुरम में हो सकते हैं।
4. इस योजना का विचार छोड़ दें क्योंकि इसमें हितों का टकराव है, और वे सरकारी परेशानी में पड़ सकते हैं यदि फर्म के साथ उनका सम्बन्ध प्रकाश में आ जाता है।

परिचर्चा (Discussion)

हम सीधे-सीधे देख सकते हैं कि पूरा उपक्रम सरकारी आचरण से घूमकर निकल जाने के लिए लालच वाला और धूर्ततापूर्ण कोशिश है। भारत में सरकारी सेवा में विधिक कथन रहता है कि सरकारी कर्मचारी पूरे समय ही सरकार की सेवा में लगे माने जाते हैं। शारीरिक तौर पर सरकारी कर्मचारी कहीं भी हो सकता है लेकिन उसका एक ही व्यावसायिक कार्य है अपने विशिष्ट कर्तव्यों का पालन करना। इसी विधिक कथन के कारण ही सरकारी कर्मचारियों को किसी भी समय (टाइम-बेटाइम) काम पर बुलाया जा सकता है बशर्ते परिस्थितियों इसकी माँग करती हों। इसमें काम के घण्टों के बाद किए गए किसी प्रकार के काम हेतु पारिश्रमिक भी नहीं मिल सकता। इसमें संदेह नहीं कि उच्चाधिकारियों की पूर्व अनुमति से कोई कर्मचारी गैर-राजनीतिक प्रकृति की धर्मार्थ गतिविधियों में भाग ले सकता है। लेकिन वर्तमान काम में कोई (धार्मिक) दानवृतिक प्रयोजन नहीं है। यह सीधे-सीधे विशुद्ध बिजनेस हैं और इसकी अनुमति नहीं है। और भी, इस उपक्रम (कार्य) में हितों का टकराव है क्योंकि प्रदूषण से सम्बन्धित न होते हुए भी मुद्दे सी पी सी बी को भेजे जा सकते हैं।

ऊपर दी गई स्पष्ट स्थिति के परिप्रेक्ष्य में हम विकल्पों का मूल्यांकन कर सकते हैं।

1. विकल्प (1) में बेनामी फर्म या एक फ्रंट आर्गेनाइजेशन की स्थापना है। जो एक संदिग्ध पद्धति है। दोनों भाई गुप्त रूप से उस फर्म में काम करेंगे। यह उन पर बाध्यकर सरकारी आचार संहिता का उल्लंघन है। इसमें ईर्ष्यालु कर्मचारियों या व्हिसलब्लोअर्स द्वारा पोल खोल दिए जाने का जोखिम है।
2. विकल्प (2) में बातों को दबे-ढके रखने के लिए अतिरिक्त सावधानी रखी गई है। किन्तु सी.पी.सी.बी. का व्यापक अधिकार क्षेत्र है, जो देखने पर इसके अधिकार क्षेत्र से बाहर का प्रोजेक्ट लगता है, इसे भेजा जा सकता है। इससे दोनों भाई गंभीर शर्मिन्दगी की स्थिति में पड़ जाएँगे।
3. विकल्प (3) भी बातों को छुपाने का एक और रास्ता है। एक बार फिर समस्या है कि कोई यह अनुमान नहीं लगा सकता कि कब प्रयास निष्फल हो जाएँगे। साझीदारों के बीच सम्बन्ध कटु हो जाएँ; तब वे भाइयों को भेद खोल देने की धमकी दे सकते हैं। उपरोक्त तीनों विकल्प, सीधा एवं संकरा नैतिक मार्ग को छोड़ देने पर जोखिम को बताते हैं। इन मामलों में कोई सुरक्षा उपाय नहीं होंगे। बाइबिल चेतावनी देती है कि सतर्क उल्लंघनकर्ता ढूँढ निकाला जाएगा।

4. जैसा कि विकल्प (4) में कहा गया है, भाइयों के लिए सही सलाह यही होगी कि वे योजना को छोड़ दें। यह अज्ञात व अनियन्त्रणीय जोखिमों से भरी है। एक बार जब बात बाहर आ जाए, जो कि देर-सबेर बाहर आएगी ही, अन्वेषण ऐजेन्सियाँ उनके पीछे लग जाएँगी। उनका नाम खराब हो जाएगा। उन्हें अपनी-अपनी पत्नियों को समझा देना चाहिए कि इससे होने वाली कमाई इसकी जोखिमों से अधिक नहीं है। विकल्प के तौर पर, उन्हें अपनी नौकरियों से इस्तीफा दे देना चाहिए और कारोबार शुरू कर देना चाहिए। अत: विकल्प (4) सर्वोत्तम है।

मामला-14 (Case-14)

निर्णय की समस्या (Decision-making Conundrum)

भूपाल एक राज्य के ऊर्जा सचिव थे जिसमें अन्य अनेक राज्यों के समान बिजली की कमी थी। राज्य में पॉवर कट होते रहते थे और उनके लिए उपभोक्ताओं के विभिन्न समूहों द्वारा जोरदार व आवधिक विरोध-प्रदर्शन होते रहते थे। राज्य सरकार ने अगले पाँच वर्षों के भीतर विद्युत उत्पादन क्षमता बढ़ाने का उच्चाकांक्षा वाला कार्यक्रम शुरू किया था।

विद्युत परियोजनाएँ बड़े उद्यम हैं जिनमें भारी पूँजी लगती है। इनमें जटिल तकनीकी, वाणिज्यिक एवं वित्तीय समस्याओं को हल करना पड़ता है। विद्युत क्षेत्र को निजी कम्पनियों द्वारा खोल देने के साथ समस्या कई गुना हो गई है। निजी कम्पनियों द्वारा उत्पादित बिजली सामान्यत: सरकारी उपक्रमों जैसे राज्य बिजली बोर्डों द्वारा खरीदा जाता है। ऐसी खरीदें विद्युत खरीदा करारनामे के अधार पर की जाती हैं जो बीस साल से अधिक की अवधि तक चलने वाले होते हैं। निजी पार्टियाँ बीस वर्षों के प्रत्येक वर्ष के लिए बिजली बेचने की दरें कोट करती हैं। चूँकि बिजली बोर्डों को न्यूनतम बोली देने वाले के साथ करारनामा करना पड़ता है, विभिन्न वर्षों के लिए दी गई दरें, डिस्काउन्टिंग पद्धति के माध्यम से वर्तमान मूल्य का हिसाब लगा कर तुलनीय बनाई जाती हैं। बिजली बोर्डों को वे स्रोत देखने पड़ते हैं जिनमें निजी विद्युत उत्पादक कम्पनियाँ ईंधन, जैसे कोयला, गैस या लिगनाइट प्राप्त करती हैं।

अन्तिम बोलीदाता का चयन दो अवस्थाओं वाली प्रक्रिया से किया जाता है। पहली अवस्था में, विद्युत उत्पादन संयंत्र स्थापित करने के इच्छुक बोलीदाता अपने तकनीकी, वित्तीय संगठन कौशल एवं विद्युत उत्पादन संयंत्र लगाने और चलाने के ट्रैकरिकार्ड के आधार पर पूर्वअर्हित (प्रीक्वालिफाइड) किए जाते हैं। दूसरे चरण में बोलीदाता का चयन, उनके वित्तीय क्वोटेशनों के आधार पर पूर्वअर्हित फर्मों से किया जाता है। दोनों ही चरणों में, प्रक्रिया में विस्तृत कागजात व बड़े-बड़े आँकड़ों का अध्ययन किया जाता है। कामजात तैयार करने वाले कुछ खास पार्टियों का पक्षपात करने के लिए उनको विभिन्न प्रकार से तोड़-मरोड़ सकते हैं। ऐसी अफवाह है कि पूरी प्रक्रिया में बड़े पैमाने पर भ्रष्टाचार है। महा लेखा-परीक्षक अक्सर ही परियोजनाओं और परियोजनाओं के गलत चयन के कारण जनता को भारी नुकसान की अत्यन्त कटु आलोचना करते रहते हैं।

कोयलों की खदानों वाले दूर-दराज के जनजातीय इलाके में लगभग 2000 करोड़ की लागत से 600 मे. वा. का विद्युत संयंत्र लगाने के लिए वाणिज्यिक ऑफरों पर निर्णय लेने के प्रकट प्रयोजन से एक बैठक प्रस्तावित की गई है। यह बैठक मंत्री (अध्यक्ष), बिजली बोर्ड के अध्यक्ष, एक राजनैतिक नियुक्त व्यक्ति, मुख्य अभियन्ता (परियोजना) तथा ऊर्जा विभाग के सचिव के बीच होगी।

भूपाल वरिष्ठ अधिकारी है जो जल्दी ही राज्य प्रशासन में सर्वोच्च वर्ग में पदोन्नति की आशा कर रहा है। अनुभव से उसे पता है कि विद्युत-उत्पादन परियोजना के चयन का कोई भी निर्णय अनिवार्यत विवादों में फँस जाता है। उसने परियोजना के कागजात को ध्यान से पढ़ा। उसे लगा कि बिजली बोर्ड अनेक मानक शर्तों से विचलित हुआ है जो कि ऐसे कागजात में होने चाहिए। वह यह बात समझ सका कि एक खास बोलीदाता को लाभ देने के लिए चालाकी भरी एवं गुपचुप कोशिश की गई है। उसे संदेह है कि ये मंत्री के साथ मिल कर बोर्ड के अध्यक्ष तथा कर्मचारियों की कारगुजारी है। भूपाल सारे प्रस्ताव के प्रति सावधान था, इसलिए बिल्कुल नहीं कि उसकी पदोन्नति होने वाली थी।

प्रश्न (Question)

भूपाल सोच रहा था कि इस स्थिति में क्या करे। उसके दिमाग में निम्नलिखित विचार आए।

1. बीमारी की छुट्टी पर चला जाए तथा बैठक समाप्त हो जाने के बाद लौटे।
2. ऐसा दिखावा करे कि किसी अपरिहार्य कार्य में फँसा है और बैठक में उपस्थिति के लिए जूनियर अधिकारी को भेज दे।
3. मंत्री से निजी तौर पर मिले और उसे सावधान करे कि प्रस्ताव संदेहास्पद है और बड़ी बदनामी होगी।
4. बैठक में भाग ले, निविदाओं के विश्लेषण में दोषों को दिखाए और नए सिरे से विश्लेषण की माँग करे।

आप क्या सोचते हैं कि सही विकल्प कौन-सा है?

परिचर्चा (Discussion)

विकल्प (1) का अर्थ है कि भूपाल मामले से बचने की कोशिश कर रहा है। वह अपने उत्तरदायित्व को टाल रहा है। झूठी बीमारी पर छुट्टी पर चले जाना एक प्रकार से कामचोरी या काम को टालना है। एक वरिष्ठ अधिकारी से यह आशा नहीं की जा सकती। पलायन का रास्ता चुनने के स्थान पर उसे मामले का सीधा मुकाबला करना चाहिए।

विकल्प (2) भी स्वीकार्य नहीं है और एक प्रकार से तो यह (1) से भी बुरा है। भूपाल एक वरिष्ठ अधिकारी है और उसे अपने जूनियर अफसर को जोखिम में नहीं डालना चाहिए जिसे बोर्ड द्वारा प्रस्ताव को मंजूर कर लिए जाने पर पैदा होने वाली गंभीर समस्याओं की कोई जानकारी नहीं है। इसके अतिरिक्त जूनियर उस दबाव का मुकाबला नहीं कर पाएगा जो अन्य लोग बैठक में उस पर डालेंगे।

विकल्प (3) के सफल होने की संभावना नहीं है। अधिक संभावना है, कि मंत्री तो बोर्ड की राय के साथ रहेगा। वह कह सकता है कि वे केवल बोर्ड के प्रस्ताव का समर्थन कर रहे होंगे। जिससे आशा की जाती है कि वह अपना काम जानता है। वे प्रस्ताव के मुख्य प्रस्तोता नहीं हैं और काम गलत हो जाने पर बोर्ड को दोष दे सकते हैं। किसी भी तरह से वे कोई गलत काम नहीं कर रहे हैं। यह तर्क वैसे तो अवैध व अमान्य है क्योंकि निर्णय के सभी भागीदार उत्तरदायी हो जाएँगे।

विकल्प (4) सर्वाधिक उपयुक्त होगा। इस राय में भूपाल जन-हित में कार्यवाही करेगा। वह अपना काम ईमानदारी (स्वामीभक्ति) के साथ करेगा। एक बार यदि वह निविदा मूल्यांकन में कमी का खुलासा कर देता है और अपने विचार अभिलेखित कर देता है तो बोर्ड को प्रस्तावों को स्वीकार्य मानदण्डों के अनुसार पुनः तैयार करना पड़ेगा। सही पद्धति से विचलित होने के अवसर समाप्त हो जाएँगे। इस प्रक्रिया में उसे मंत्री की नाराजगी का सामना करना पड़ेगा। यह ऐसे क्रॉस के समान है जो उसे सरकारी कर्मचारी के कर्तव्य के नाते ढोना होगा।

मामला-15 (Case-15)

दुर्घटना का परिणाम (Aftermath of an Accident)

प्रकाशम एक उभरते हुए उद्योगपति भुजंगराव का ड्राइवर है। भुजंगराव राजनीति में भी भी दखल रखता है। हाल ही में, अपने फलते-फूलते व्यापार की आय से उसने लक्जरी ब्राण्ड की कार खरीदी है। वैसे तो प्रकाशम ही गाड़ी चलाता था, पर आज उसकी फैक्ट्री में बिजनेस टीम आने वाली थी और उसे देरी हो रही थी। अतः उसने गति बढ़ानी शुरू की। प्रकाशम ने उसे सावधान किया कि वह धीरे चलाए। यद्यपि वे हाईवे पर थे किन्तु उसके कुछ हिस्से गाँवों से लगे हुए थे। इन भागों में, लोगों की हाईवे पार करने या तेजी से आते ट्रैफिक की चिन्ता किए बिना इस पर आ जाने की प्रवृत्ति है। ज्यादातर ड्राइवर इन भागों पर गति धीमी कर देते हैं। भुजंगराव, प्रकाशम की चेतावनी को अनसुना कर तेजी से चलता रहा।

तब, अचानक ही, भुजंगराव की तरफ से एक मोटरसाइकिल हाईवे पर आ गई। उसने ब्रेक लगाई, पर चूँकि वाहन बहुत तेज चल रहा था, इससे मोटरसाइकिल को टक्कर मार दी और उसे गंभीर रूप से घायल कर दिया। भुजंगराव एकदम घबरा गया।

असावधान तेजी से वाहन चलाने वाल ड्राइवरों के प्रति जजों के वर्तमान कठोर रवैये को देखते हुए वह जानता था कि उसे कठोर दण्ड मिलेगा। जब वह प्रतीक्षा कर रहा था, किसी राहगीर के कॉल करने पर एक एम्बूलेंस आ गई घायल मोटरसाइकिल सवार को हास्पिटल ले गई। कुछ समय बाद, उसे जान कर चैन मिला कि दुर्घटना का शिकार यद्यपि गंभीर रूप से घायल है किन्तु खतरे से बाहर है।

प्रश्न (Question)

वह सोचने लगा कि इस स्थिति को किस सर्वोत्तम ढंग से संभाले, और तब उसके मन में निम्नलिखित विकल्प आए:

1. उसे यातायात पुलिस को रिश्वत देकर मोटरसाइकिल सवार को लापरवाही से गाड़ी चलाने का दोषी ठहराने का केस बनवा देना चाहिए और चूँकि वह हाइवे पर गाड़ी चला रहा था, अपने को निर्दोष ठहरवा लेना चाहिए।
2. उसने अपने जिन राजनीतिक दोस्तों को चन्दे दिए हैं, उनसे सम्पर्क करना चाहिए और मामल को अपने पक्ष में करा लेना चाहिए।
3. उसे प्रकाशम को लालच देकर इस बात को कहने के लिए तैयार कर लेना चाहिए कि कार वह चला रहा था। उसे पूरी वित्तीय सहायता का एवं भारी पैसा देने का ऑफर देना चाहिए।
4. उसे घायल मोटरसाइकिल सवार तथा उसके परिवार की मदद करनी चाहिए, अपना केस लड़ने के लिए अच्छा-सा वकील हायर करना चाहिए और सर्वात्तम की कामना करनी चाहिए।

परिचर्चा (Discussion)

पहला विकल्प तो सीधे ही अस्वीकृत किया जा सकता है। भुजंगराव एक और आपराधिक कार्य करके अपने पहले अपराध को और भारी बना लेगा। चाहे कार्यालय में हों या घर पर हों, निर्णय लेते समय गैरकानूनी या अनैतिक कार्यों को करने का नहीं सोचना चाहिए। वे सच्चे निर्णयन विकल्प नहीं होते हैं।

दूसरा विकल्प भी कार्य का अनुचित ढंग है। यह सरकारी कर्मचारियों पर अनुचित प्रभाव डालने के प्रयास का उदाहरण है। इसे प्रभाव बेचना (influence pedalling) कहते हैं तथा यह अस्वस्थ, यदि गैरकानूनी न भी हो, चलन है।

तीसरा विकल्प भी पूर्णत: गलत है। यह तो सीधे-सीधे एक निर्दोष व्यक्ति पर अपराध बाँध देना है। यह साक्ष्य के साथ छेड़-छाड़ करना है तथा केस को झूठा बनाना है जो अपने-आप में ही अपराध है। यदि प्रकाशम प्रलोभन में आ भी जाता है तो उसके लिए केस के फैसले के परिणाम को देखते हुए प्रकाशम यदि नर्वस हो जाता है तो वह अपना बयान बदल सकता है और सच बता सकता है। ये तीनों विकल्प समझदारी के विचार से भी (नैतिकता से उलट) असंतोषजनक हैं।

चौथा विकल्प सबसे अधिक उचित है। भुजंगराव अपने कार्य के विधिक परिणामों से बच नहीं सकता और उसे बचने की कोशिश भी नहीं करनी चाहिए। उसे कानून के भीतर रहते हुए ही काम करना चाहिए। उसे अपना सर्वोत्तम बचाव इन तथ्यों पर करना चाहिए कि उसे रास्ते का अधिकार था, वह अंधाधुंध गाड़ी नहीं चला रहा था और मोटरसाइकिल ट्रैफिक की परवाह किए बिना हाईवे पर आ गई। मोटरसाइकिल वाले की वित्तीय सहायता से उसे कुछ नेकनामी मिलेगी और मोटरसाइकिल वाला न्यायालय में उसके विरुद्ध कुछ नरम रुख अपनाएगा।

मामला-16 (Case-16)

सांस्कृतिक केन्द्र के लिए जमीन (Land for Cultural Centre)

शेषाचारी राजस्व विभाग में उस डेस्क पर उपसचिव के पद पर काम कर रहे हैं जहाँ विभिन्न प्रयोजनों के लिए सरकारी जमीन की मंजूरी संबंधी काम होते हैं। चूँकि भूमि बहुत कम व बहुत मँहगी हो गई है, ऐसे अनुदान बहुत सोच-विचार कर करने पड़ते हैं। सरकार ने लोक प्रयोजनों (जनता के लिए) के लिए अपनी जमीन देने की नीति बनाई है। यह नीति एक संकल्प के रूप

में है। सरकारी भूमि की मंजूरी जनता की शैक्षिक संस्थाओं, होस्टलों (छात्रावासों), धमार्थ संस्थाओं, सरकारी कार्यालयों एवं ग्रामीण अवसंरचन के लिए की जाती है।

एक दिन शहर के प्रमुख (सबसे मँहगे) स्थल पर प्रस्तावित सांस्कृतिक केन्द्र के लिए जमीन मंजूर करने का प्रस्ताव शेषाचारी की मेज पर आया। केन्द्र का प्रस्ताव राज्य के सांस्कृतिक विभाग द्वारा नहीं किया गया था, अपितु एक निजी समूह द्वारा किया गया था। जब शेषाचारी फाइल पढ़ रहे थे तभी राजस्व मंत्री के निजी सचिव का फोन आया जिसमें कहा गया कि केन्द्र की स्थापना चाहने वाला व्यक्ति सत्तासीन राजनीतिक व्यवस्था से निकट से जुड़ा हुआ है। निजी सचिव ने यह भी कहा कि इस प्रस्ताव को विभाग के निचले स्तर से पास कर दिया गया था तथा शेषाचारी को भी सकारात्मक ढंग से इसका सर्मथन कर देना चाहिए।

शेषाचारी ने देखा कि यह प्रस्ताव सरकार की नीति के तहत पारित नहीं हो सकता। निजी पार्टियों को भूमि ऐसे संस्थानों के लिए कुछ ही मामलों में दी सकती है जो समाज के कमजोर वर्गों के लिए शिक्षा, स्वास्थ्य तथा कौशल उन्नयन का काम करते हैं। नीचे के कर्मचारियों ने प्रस्ताव को मंजूर कर दिया था क्योंकि सरकारी नीति के संकल्प में एक अन्तिम वाक्य था कि मंजूरी 'अन्य ऐसे लोक (जन) प्रयोजनों के लिए दी जा सकती है जैसा कि सरकार निश्चय करे।' शेषाचारी को डर था कि राजनीतिक सम्बन्धों वाले निजी व्यक्ति को मूल्यांकन भूमि मंजूर कर देने से विवाद पैदा हो सकता है।

प्रश्न (Question)

उसे समझ नहीं आ रहा था कि प्रस्ताव का क्या करे, उसके सामने निम्नलिखित विकल्प आए

1. उसको प्रस्ताव का जी-जान से विरोध करना चाहिए और यदि सरकार इसे स्वीकृति दे भी देती है तो उसे आदेश जारी नहीं करने चाहिए।
2. उसे साफ-साफ बता देना चाहिए कि सांस्कृतिक केन्द्र वर्तमान नीति के तहत भूमि पाने का पात्र नहीं है और प्रस्ताव को अस्वीकार करना चाहिए।
3. चूँकि प्रस्ताव नीचे के स्तर से आया है और वह केवल सुपरवाइजरी अधिकारी है, वह प्रस्ताव पर हस्ताक्षर कर सकता है।
4. उसे फाइल पर प्रश्न और शंकाएं उठा देने चाहिए और साथ ही इस मामले में लोकायुक्त के लिए पत्र या आर टी आई आवेदन तैयार कर लेना चाहिए।

इनमें से आप किस कार्यवाही को सही मानेंगे और क्यों?

परिचर्चा (Discussion)

विकल्प (1) अति-प्रतिक्रिया बताता है। यदि शेषाचारी मानता है कि जमीन की मंजूरी नहीं दी जा सकती है, उसे वास्तविक, विधिक तथा नीति के आयामों को बताते हुए फाइल पर अपनी राय स्पष्ट रूप से लिख देनी चाहिए। इसके बाद उसे उन आदेशों को कार्यान्वित करना चाहिए जो सरकार पारित करना चाहती है।

विकल्प (2) सही कार्यवाही होगी। सचिवालयों में सरकारी कर्मचारियों की भूमिका सरकार को सलाह देने की है। अन्य शब्दों में, उन्हें प्रस्ताव का अध्ययन करना चाहिए और ऐसी कार्यवाही की सिफारिश करनी चाहिए जिसको तथ्यात्मकता, विधिक एवं उचितता के आधार पर उचित ठहराया जा सके और जो नीति के स्वीकार-योग्य ढाँचे में आती हों। यदि अधिकारीगण यह काम एक बार कर देंगे तो वे अपने कर्त्तव्य का पालन पर्याप्त रूप से कर रहे होंगे। इसके बाद उन्हें सरकार के आदेशों का पालन करना पड़ता है। वे सरकार के किसी गैर-कानूनी या अनुचित कार्य के लिए जवाबदेह नहीं होंगे।

विकल्प (3) स्वीकार करने योग्य नहीं है। फाइल पर किसी प्रस्ताव पर हस्ताक्षर करने का अर्थ है कि वह कर्मचारी उसे स्वीकार करता है। वह उस निर्णय के लिए उत्तरदायी हो जाता है। यदि बाद में निर्णय पर सवाल उठते हैं तो एकमात्र सुरक्षा यह दावा करना है कि उसे गुमराह किया गया है। लेकिन यह संभव तभी हो सकता है जब पहले के विश्लेषण में गलत कहा गया हो या उन ठोस तथ्यों को भूलवश छोड़ दिया गया हो जो निर्णय लेने के लिए महत्वपूर्ण थे। दूसरी सुरक्षा यह हो सकती है कि

सम्बन्धित विधिक प्रावधानों एवं नीति के मुद्दों को विश्लेषण से बाहर ही रखा गया हो। यह सुरक्षा कमी ही काम करती है क्योंकि यह माना जाता है कि अधिकारियों को सम्बन्धित कानूनों और नीतियों की जानकारी है। मामले का भली प्रकार विश्लेषण करवाना उनका काम है। उनका काम मात्र फाइलों पर हस्ताक्षर ही करने का नहीं है।

चौथा विकल्प शरारतपूर्ण है। जब फाइल में प्रश्न उठाए जाते हैं तो वह निचले स्तरों पर वापस चली जाती हैं और उन प्रश्नों के उत्तरों के साथ लौटती हैं। इससे निर्णय लेने में विलम्ब हो जाता है और यह काम में विलम्ब करने का कौशल बन जाता है। प्रस्ताव के विश्लेषण में छूट वास्तविक (असली) प्रश्न उठाए जा सकते हैं, लेकिन जानबूझ कर मामलों को विलम्बित करने का प्रयास नहीं किया जाना चाहिए। आर टी आई तथा अन्य रास्ते आम नागरिकों के लिए बनाए गए हैं तथा अधिकारियों को किसी भी तरह से निरोधा उद्देश्यों (collateral ends) के लिए इन प्रावधानों का दुरुपयोग नहीं करना चाहिए।

मामला-17 (Case-17)

वसुमति की उलझन (Vasumathi in a quandary)

वसुमति ने बी.कॉम (आनर्स) तथा लेखांकन तथा लेखा-परीक्षा पर विभिन्न कम्प्यूटर सर्टिफिकेट कोर्स किए। उसे खुशी हुई जब उसे लोक निर्माण विभाग में लेखा विभाग में ठेके (संविदा पर) पर काम का ऑफर मिला। उसे और अच्छी नौकरियाँ मिल सकती थीं किन्तु वह दक्षिण भारत में अपना गृह नगर छोड़ना नहीं चाहती थी।

उसका काम ऐसे बिलों की जाँच करना था जो परियोजनाओं का काम कर रहे ठेकेदारों द्वारा प्रस्तुत किए जाते थे। इस काम के अनेक संघटक थे, जैसे नीवों को खोदना, खोदी गई सामग्री को निश्चित स्थानों पर डालना, बन रही सड़कों के लिए मिट्टी या अन्य सामग्री फैलाना तथा नींव के काम के लिए कंक्रीट बिछाना। ठेकों में काम की मात्रा भौतिक मात्राओं में विनिर्दिष्ट थी जैसे मिट्टी फैलाने के लिए या डालने के लिए एम^3 या एम^2 का प्रयोग। भुगतान की दरें ऐसी भौतिक मात्राओं के लिए दी गई थी तथा ठेकेदार किए गए कामों के आधार पर दर दावे प्रस्तुत करते थे। वसुमति को यह सुनिश्चित करना होता था कि मात्राएँ, दरें और दावे, मंजूरशुदा ठेके के कागजात के अनुसार हैं। चूँकि वह लेखांकन साफ्टवेयर में माहिर थी, इसलिए वह अपना काम सरलता से कर सकती थी।

उसे खुले दफ्तर वाले अभिन्यास (ले ऑउट) में गलियारे में एक क्यूबिकल (बैठने का स्थल) दिया गया है। वसुमति अपने काम से काम रखती थी क्योंकि वह प्रतियोगी परीक्षा के लिए तैयारी कर रही थी। उसके द्वारा प्राप्त बिलों की जाँच करने के बाद वह अपनी परीक्षा की तैयारी करने लगती थी।

दूसरे महीने के मध्य में उसे एकदम नए प्रकार का अनुभव हुआ। एक सुसज्जित व्यक्ति आया और उसे एक लिफाफा दिया। उसे एक पत्र समझते हुए जब उसने लिफाफे को खोला तो उसने पाया कि उसमें 5000 रुपये थे। वह भौंचक रह गई और उसने यह राशि किसी और के लिए समझ कर लौटाने की कोशिश की। लेकिन उस आदमी ने उसे बताया कि यह एक सामान्य रूटीन भुगतान है जो ठेकेदार लोग गुडविल के तौर पर कर्मचारियों को देते हैं। उसने वसुमति को भरोसा दिलाया कि अन्यों को भी यह राशि दी गई है और इसे लेने में उसे संकोच नहीं करना चाहिए क्योंकि यह किसी भी तरह का अहसान नहीं है। वसुमति ने समझ लिया कि यह संस्थागत भ्रष्टाचार का एक भाग है।

प्रश्न (Question)

आप क्या सोचते हैं कि ऐसी स्थिति में उसे क्या करना चाहिए?

1. उसे खूब शोर-शराबा करना चाहिए ताकि रिश्वत देने वाला दोबारा उसके पास न आए।
2. उसे राशि को रख लेना चाहिए क्योंकि उसे इसके बदले कोई गलत काम नहीं करना होगा।
3. उसे पैसे लेने से इंकार कर देना चाहिए और कार्यालय के वरिष्ठ अधिकारी को इस घटना के बारे में बता देना चाहिए।
4. उसे पैसे लेने से इंकार कर देना चाहिए तथा रिश्वत देने वाले से कह देना चाहिए कि वह इसके पास कभी न आए।

परिचर्चा (Discussion)

वसुमति को हो-हल्ला नहीं मचाना चाहिए। इससे कोई प्रयोजन सिद्ध नहीं होगा। यदि कार्यालय में और लोग पैसा ले रहे हैं; तो उसके हो-हल्ला मचाने से वे इसके विरुद्ध हो जाएँगे। प्रसंगवश, रिश्वत देने वाला भी उसके ऊपर प्रत्यारोप लगा सकता है और उसे परेशानी में डाल सकता है।

दूसरा विकल्प तो मूलतः गलत है। भुगतान को स्वीकार करके, यद्यपि वह उसे माँग नहीं रही है, वह एक आपरधिक कार्य मे लिप्त हो जाएगी। वह भ्रष्टाचार निवारण अधिनियम का उल्लंघन कर रहीं होगी। अतः उसे दी गई राशि के भुगतान को लेने से दृढ़ता से इंकार कर देना चाहिए। उसकी ओर से किया गया प्रतिवाद उसे मुश्किल में डालने के लिए जरूरी नहीं है। वह भुगतान स्वीकार करने वाले अन्यों के समान ही दोषी होगी।

तीसरा विकल्प सबसे अधिक उचित कार्यवाही होगी। वह बिना चालाकी के, संगठन में चल रहे गैर-कानूनी काम के बारे में जान गई है। इन गैर-कानूनी हरकतों में लिप्त लोगों के विरुद्ध कार्यवाही करने की उसमें न तो शक्ति है और न प्राधिकार है। यह तो भली प्रकार सशक्तिकृत प्राधिकारी ही हैं जो आवश्यक प्रशासनिक और विधिक कार्यवाही कर सकते हैं। किन्तु चूँकि उसे गलत काम का संज्ञान हो गया है, उसे वरिष्ठ अधिकारियों को सूचित करना होगा तथा उपयुक्त कार्यवाही करने की बात उन पर छोड़ देनी चाहिए। वह इस मामले में अपनी भूमिका गोपनीय रखने का अनुरोध भी उनसे कर सकती है।

चौथा विकल्प एक सीमा तक ठीक है। लेकिन एक जिम्मेदार नागरिक व कार्यालय की कर्मचारी होने के नाते उसे मामले को सम्बन्धित वरिष्ठ अधिकारियों के ध्यान में लाना चाहिए।

मामला-18 (Case-18)

चुनावों के समय समस्याएँ (Problems at Election Time)

राज्य में चुनावों की घोषणा हो चुकी थी। चुनावों की आचार संहिता के अनुसार सभी बड़े निर्णय रोक दिए जाते हैं। इस स्थिति में, मुख्य सचिव, प्रकाश गोडबोले के सामने एक नाजुक समस्या आ खड़ी हुई जो राज्य के कुछ इलाकों में बारिश न होने के कारण पैदा हुई थी। किसानों को अपने पंप सैट्स चलाने के लिए अतिरिक्त बिजली दी जानी थी। पेय जल की सप्लाई की समस्या से निबटने के लिए भी बिजली की जरूरत थी। इस स्थिति से जनता में असंतोष पैदा हो गया और मुख्य मंत्री इस बात को जानते थे कि इससे पार्टी के चुनाव की संभावनाएँ प्रभावित होंगी। उसने गोडबोले से इस सम्बन्ध में कुछ करने के लिए कहा।

मामला जरा पेचीदा था। चूँकि राज्य की अपनी विद्युत उत्पादन क्षमता नहीं थी, बिजली ऊँची लागत पर खरीदनी पड़ती थी। और भी, राज्य के बिजली बोर्ड के पास पैसा नहीं था। बोर्ड को पैसा आकस्मिक निधि से भारी राशि निकाल कर ही दी जा सकती थी। वित्त विभाग ऐसी निकासी के लिए राजी नहीं होगा क्योंकि चुनावों की प्रक्रिया चल रही थी। बिजली की सप्लीई बड़ी मात्रा में खरीद का राज्य के प्रशासन द्वारा चुनाव झेल रही सरकार की सहायता माना जाएगा।

गोडबोले जानते थे कि बोर्ड को धन एक स्टेट इन्वेस्टमेण्ट कारपोरेशन (राज्य निवेश निगम) द्वारा अस्थायी ऋण के रूप में दिलाया जा सकता है। यह संयुक्त क्षेत्र की कम्पनी है जिसके 51 प्रतिशत शेयर निजी हैं और यह सामान्य सीएजी लेखापरीक्षा से बाहर है। इसके कार्य सरकारी लेन-देन के भाग नहीं हैं। विद्युत सचिव तथा बिजली बोर्ड बिजली खरीदने व किसानों को एवं जल पूर्ति बोर्ड को देने के लिए राजी हो गए यदि अस्थायी ऋण का प्रबन्ध हो जाता है। प्रसंगवश, गोडबोले की नियुक्ति मुख्य सचिव के तौर पर वर्तमान मंत्री द्वारा की गई थी। वे इससे मित्रतापूर्ण व्यवहार करते थे।

प्रश्न (Question)

गोडबोले कार्यवाही के निम्नलिखित विकल्पों पर विचार कर रहा है:

1. मंत्री से कह दे कि चल रही चुनाव प्रक्रिया के कारण वह कुछ नहीं कर सकता।

2. मंत्री को आवश्यक अनुमोदन के लिए चुनाव आयोग से अनुरोध करने की सलाह दे।
3. विद्युत बोर्ड के लिए अस्थायी ऋण का सबन्ध करे और राज्य के उन क्षेत्रों को बिजली की अतिरिक्त सप्लाई करे जो अपर्याप्त वर्षा के बुरे प्रभाव झेल रहे हैं।
4. आसान ऋण का प्रबन्ध करे तथा सारे राज्य में बड़े पैमाने पर बिजली उपलब्ध करा दे।

परिचर्चा (Discussion)

विकल्प (1) को अपनाने से गोडबोले सुरक्षित रहेगा। चूँकि वह कोई पहल नहीं कर रहा है और निर्णय को चुनाव पूरे हो जाने तक स्थगित कर रहा है, कोई राजनैतिक दल उस पर पक्षपात का दोष नहीं लगा सकेगा। चुनाव आयोग कोई मामला नहीं उठाएगा। यह सोच अनुचित है क्योंकि राज्य प्रशासन (एवं इसके शीर्ष मुख्य सचिव) लोगों की दिक्कतों को केवल इसीलिए अनदेखा नहीं कर सकते कि चुनाव प्रक्रिया चल रही है।

दूसरा विकल्प स्वीकार करने योग्य नहीं है क्योंकि मुख्य सचिव को मामले को चुनाव आयोग पर नहीं छोड़ देना चाहिए। स्वाभाविक रूप से उसकी सर्वोच्च पहली प्राथमिकता किसानों व लोगों की सहायता की कोशिश करना होगा। यह सलाह बेतुकी है क्योंकि मुख्य मंत्री स्थिति को भली भाँति जानता होगा और चाहता है कि मुख्य सचिव कुछ करे।

तीसरा विकल्प उचित है। इससे तुरन्त कार्यवाही हो सकती है तथा इसमें विस्तृत व समयखपाऊ वित्तीय जाँच से बचा जा सकता है। यह प्रभावित लोगों की वास्तविक जरूरत पर संकेन्द्रित है। कोई भी उचित ढंग से इस कार्यवाही पर आपत्ति नहीं कर सकता। कानून तथा औचित्य के दायरे में रहते हुए मुख्य सचिव, मुख्य मंत्री के आदेशों का यथासंभव कार्यान्वयन कर रहा होगा।

अन्तिम विकल्प अनुचित है। चूँकि चुनाव चल रहे हैं, लोगों को कोई अतिरिक्त सुविधा या लाभ नहीं दिए जाने चाहिए। यह लोगों को प्रलोभन देना तथा सरकार की छवि चमकाना होगा। रूटीन पॉवर कट्स के साथ बिजली की सामान्य सप्लाई जारी रखी जानी चाहिए। सामान्य वर्षा वाले इन इलाकों में बिजली की सप्लाई बढ़ाने से सम्बन्धित कोई भी निर्णय चुनी हुई सरकार के लिए छोड़ दिए जाने चाहिए जो चुनावों के बाद सत्ता में आएगी।

मामला-19 (Case-19)

ऑफिस में प्लेबॉयज (Playboys in Office)

सुजाता ने अपने कार्यालय में अभी हाल ही में कार्यभार संभाला है। वह काम समझने की कोशिश कर रही थी और सरकारी पद्धतियों की आदत डाल रही थी। उसका बॉस सुदर्शन अच्छा आदमी था। उसने उसे काम से परिचित कराने के लिए पृष्ठभूमि की सामग्री भी निकाल कर दी थी और उसे सावधान किया था कि वह महत्वपूर्ण मुद्दों पर सतर्क रहे जो समय-समय पर उठते रहते हैं। उसने उसे आश्वासन दिया है कि यदि वह काम संबंधी किसी समस्या को हल नहीं कर पाएगी तो वह उसकी मदद करेगा। सुजाता अपना काम धीरे-धीरे समझ रही थी।

जल्दी ही उसको पता चल गया कि कार्यालय में सब कुछ ठीक नहीं था। एक वरिष्ठ अधिकारी तथा उसके कुछ पसंदीदा कर्मचारियों को कार्यालय में महिला कमचारियों के साथ दुर्व्यवहार करने की आदत थी। ऐसी अफवाह थी कि पसंदीदा लोग वरिष्ठ अधिकारी के लीक से हटकर किए गए कामों में सहायता करते थे। यह भी माना जाता था कि उससे ऊपर के लोगों का संरक्षण प्राप्त है।

पसंदीदा लोग किसी महिला कर्मचारी को (कृपापूर्वक) शारीरिक रूप से तो परेशान नहीं करते थे, लेकिन वे उनके साथ बिना बुलाए या कहे गए बिना ही बातचीत करने लगते थे। वे महिलाओं को अपने साथ मँहगे होटलों में डिनर के लिए साथ चलने के लिए आमन्त्रित करते थे। वे इस बात की ओर भी संकेत करते थे कि समाज की यौन लोकाचार किस प्रकार बदल गए हैं और छद्मलज्जा अब समाप्त हो गई है। वे उनसे अनेक निजी प्रश्न पूछेंगे। वे अपनी बातों में रूमानी बातें जोड़ देंगे। कई बार वे गलियारे में महिलाओं का रास्ता रोक लेते थे।

उन्होंने ऐसी कोशिश एक-दो बार सुजाता के साथ भी की। उसने उन्हें काफी कठोरता से झिड़क दिया। वे कार्यालय में अपने प्रभाव एवं स्थिति का संकेत देकर चले गए और प्रभाव-बॉसिस के साथ अपनी निकटता भी व्यक्त कर गए। सुजाता यह मामला सुदर्शन को बताने में सकुचा रही थी। उसने इस पर अपनी महिला मित्रों से बात की। उन्होंने मुद्दे को टाल दिया और कहा कि ऐसी बातें तो कार्यालय में आम हैं, यह भी कि इन बॉसिस के पसंदीदा (मुँहलगे) लोगों का व्यवहार आपराधिक नहीं है और उनकी शिकायत से कोई प्रभावी परिणाम नहीं निकलेगा। इसके परिणामस्वरूप कार्यालय में दूसरों के साथ उनके सम्बन्ध खट्टे हो जाएँगे और उनके लिए भारी तनाव का कारण बनेंगे।

प्रश्न (Question)

उपरोक्त परिस्थिति में सुजाता को क्या करना चाहिए?

1. उसे इस स्थिति को कार्यालय की वातावरणीय प्रणाली का आवश्यक अंग समझ लेना चाहिए और हवा के रुख के अनुसार चलना चाहिए।
2. उसे यौन-उत्पीड़न की शिकायत सम्बन्धित वरिष्ठ अधिकारी से करनी चाहिए और त्वरित कार्यवाही पर जोर देना चाहिए।
3. उसे इन पसंदीदाओं के जमीर को अपील करना चाहिए और उनसे अपने सहकर्मी महिला कमचारियों को तंग न करने के लिए कहना चाहिए।
4. उसे मामले की शिकायत अपने चुनाव-क्षेत्र के एम एल ए से कर देनी चाहिए और उससे इस मामले को उच्चाधिकारियों के सामने लाने को कहना चाहिए।

परिचर्चा (Discussion)

पहला विकल्प निष्क्रियता है और पराजयवाद की गंध देता है। शिकारों (यौन उत्पीड़न के) की यही निष्क्रियता है जो इस प्रकार आगे बढ़ कर छेड़खानी करने वालों को बढ़ावा देती है। यदि उन्हें अपने अवचार के लिए जोरदार प्रतिक्रिया का डर नहीं होगा तो वे दुर्व्यवहार करते ही रहेंगे। दूसरों के अकारण किए गए दुर्व्यवहार की अपेक्षा में अपने अधिकार का उपयोग करना व्यक्ति के लिए जरूरी है। जब तक ऐसे दुर्व्यवहार का शिकार अपनी शिकायत बताता नहीं है, कार्यालय के अनुशासन के कस्टोडियन लोगों के पास कार्यवाही का कोई आधार नहीं होगा। उन्हें कार्यवाही न करने का बहाना मिल जाएगा।

दूसरा विकल्प उचित है। एक बार सुजाता शिकायत कर देती है तो कार्यवाही शुरू हो जाएगी। सम्बन्धित अधिकारी यौन-उत्पीड़न की शिकायत को अनदेखा करना पसंद नहीं करेंगे। वरिष्ठ अधिकारी व उसके पसंदीदा लोग सावधान हो जाएँगे। हो सकता है सर्वोच्च स्तर के अधिकारी कार्यालय में चल रही गड़बड़ी के प्रति अनभिज्ञ होंगे। वे सामान्यत कठोर कार्यवाही करेंगे क्योंकि वे महिला आयोग को जबाव देना या (यदि बात हाथ से निकल जाती है तो) कानूनी पचड़े में पड़ना नहीं चाहेंगे।

तीसरा विकल्प शायद ही सफल हो। जो लोग इस प्रकार का व्यवहार करते हैं, वे दूसरों के अधिकारों, भावनाओं और संवेदनशीलताओं के प्रति असंवेदनशील रहते हैं। यह एक असंकोची समाज-विरोधी व्यवहार का एक रूप है। यदि उनका लालन-पालन सही ढंग से हुआ होता तो उन्होंने इस प्रकार का व्यवहार नहीं किया होता।

चौथा विकल्प भी अनुचित है। विधिक सिद्धान्त के अनुसार अपकृत व्यक्ति को सबसे पहले उस पहले स्तर के अधिकारी से शिकायत का निवारण करवाना चाहिए जो ऐसे मामले के लिए प्राधिकृत है। स्वाभाविक है कि कार्यालय के सम्बन्धित अधिकारी ही होंगे जिन्हें यौन-उत्पीड़न की शिकायतों को सुनने का काम सौंपा गया है। यदि वे कार्यवाही करने में असफल रहते हैं तो सुजाता अन्य रास्ते तलाश सकती है।

मामला-20 (Case-20)

स्नेहा का दृढ़-धारणा का साहस (Sneha's Courage of Conviction)

स्नेहा पूर्वी भारत में मध्यम आकार वाले शहर से थी। सम्प्रेषण में कोर्स पूरा कर लेने पर उसे एक छोटी-सी एडवर्टाइजिंग एजेन्सी

में नौकरी मिल गई। किसी भी बड़े शहर में निवास पाना बड़ी समस्या है। सौभाग्य से एक वृद्ध दम्पत्ति ने उसे अपने साथ पेइंगगैस्ट के तौर पर रख लिया।

अपने साथ काम करने वाली कुछ लड़कियों के साथ स्नेहा की मित्रता हो गई और अपने अति व्यस्त कार्यक्रम से बचने वाले खाली (आराम के) घण्टों को बिताने के लिए वह कभी-कभी उनसे मिल जाती थी। वे लड़कियाँ काफी समय से महानगरों में रह रही थीं। आरम्भ में स्नेहा उनके व्यवहार से चकित होती रही जो छोटे शहर की लड़कियों के निषेधों व संकोच से मुक्त था। महानगरों में लड़कियों की गुमनामी और इससे मिली छूट ने उनकी आजादी की सोच को बढ़ा दिया था। उसने देखा कि लोग सामान्यत: एक-दूसरे को अनदेखा करते हैं और हर आदमी अपने तंग निजी संसार के दायरे में बंद रहता है।

धीरे-धीरे स्नेहा अपनी सहेलियों के साथ परेशानी अनुभव करने लगी। वे उसकी परम्परागत व पुरानी पृष्ठभूमि का कहकर, मजाक उड़ाती थीं। उसके माथे पर लगी बिन्दी से उन्हें मजा आता था। वे संकेत देती थीं कि उसे आधुनिक शैली के कपड़े पहनने चाहिए। स्नेहा को सचमुच में पेरशानी हुई जब उसे मालूम हुआ कि वे शराब पीती थीं और उनमें से कुछ ने तो ड्रग्स (नशीले पदार्थ) का भी अनुभव किया था। उसको असली झटका तो उस समय लगा जब उसे पता लगा कि लड़कियों में से दो तो बिना शादी किसी अपने पुरुष साथियों के साथ रह रहीं थीं।

अपनी नई सहेलियों के साथ मित्रता के खतरे को महसूस करते हुए उसने काम के अधिक दबाव के बहाने उनसे मिलना जुलना कम कर दिया। ज्यादातर लड़कियों ने तो उसे अकेला छोड़ दिया लेकिन एक ने उससे झगड़ा किया। उसने स्नेहा पर जानबूझकर उनसे कतराने का आरोप लगाया। उसने उसे समझाया कि उनके काम (नौकरी) अपरम्परागत और सर्जनात्मक हैं तथा अनायास कलात्मक भावनाओं की पूर्वकल्पित क्रीड़ा है। उसने यह भी बताया कि उनकी सर्जनात्मकता तब ही फल-फूल सकती है और मौलिक हो सकती है जब वे व्यवहार के परम्परागत रीतियों से छुटकारा पा लें। उसने और आगे यह भी कहा कि ऐसी नैतिकता तो वे बेड़ियाँ हैं जिन्हें पितृसत्तात्मक समाज स्त्रियों पर लादता है। बात समाप्त करते हुए उसने स्नेहा से अल्पमति का त्याग करने एवं महानगरों में कलाकार स्विंगर्स को जीवन-शैली अपनाने पर जो दिया।

प्रश्न (Question)

स्नेहा को अपनी सहेली की सलाह पर कैसे व्यवहार करना चाहिए?

1. स्नेहा को अपना व्यवहार अपनी सहेली द्वारा सुझाए गए ढंग से बदल लेना चाहिए।
2. स्नेहा को अपनी सहेली की सलाह पर ध्यान नहीं देना चाहिए।
3. स्नेहा को अपना सामान बाँध कर महानगर को छोड़ देना चाहिए।
4. स्नेहा को अपनी नौकरी बदल लेनी चाहिए और परम्परागत पत्रकारिता में चले जाना चाहिए।

परिचर्चा (Discussion)

पहला विकल्प छोड़ देना चाहिए। लड़कियाँ गुमराह हैं और प्रलोभनीय जाल में फँस गई हैं जो उन्हें बड़े शहरों में मिलते हैं। उसे अपनी सहेलियों के अवांछित प्रभावों से प्रभावित नहीं हो जाना चाहिए जिसे 'अभिजात प्रभाव' कहा जाता है। उनकी जो जीवन शैली होती है, उन्हें गंभीर संकट में डाल सकती है। वे समझते हैं कि ऐसा करना फैशनेबल होता है, यह उन्हें एकता के साथ एक समूह में बंद होने का अहसास देता है, लेकिन किसी को ऐसे मिथ्या मनोवैज्ञानिक सहारे पर भरोसा नहीं करना चाहिए।

दूसरा विकल्प सही है। मूलत: स्नेहा का व्यक्तित्व सम्पूर्ण है। उसके बारे में कृत्रिम कुछ भी नहीं है और उसमें शालीनता है और वह जानती है कि सही क्या है और गलत क्या है। अन्य लड़कियों ने शायद यह महसूस कर लिया है। वे परंपरागत आचार संहिताओं का पालन करने वाले की उपस्थिति में नैतिक परेशानी का भाव महसूस करती होंगी। उसे अपने विचारों की ओर बदल (मोड़) कर वे अपनी नैतिक असंगति के भाव के कम करती होंगी जो उनके अवचेतन में है। लेकिन स्नेहा को अपने मूल्यों के प्रति दृढ़ रहना है। ऐसे दबावों का दृढ़ता से सामना करने में अधिकांश में नैतिक होना जरूरी है। इतना जानता काफी नहीं है कि नैतिकता क्या है? इनका सतत पालन करना जरूरी है।

स्नेहा को महानगर छोड़ने की जरूरत नहीं है। उसकी समस्या शहर की नहीं है, अवांछनीय सहेलियों की है। ऐसी परिस्थितियों में, दूषित प्रभावों के स्रोत से दूरी बनाए रखना जरूरी है। हम महानगरों को बुरी जगह नहीं ठहरा सकते। यद्यपि बड़ी भीड़-भाड़ वाले शहरी इलाके अकेले व्यक्तियों के लिए समस्या पैदा करते तो हैं जो कठिन जीवन जीते हैं। जैसा कि अन्य किसी जगह भी हो सकता है, महानगरों में अच्छे लोग और समूह भी होते हैं।

स्नेहा को अपनी नौकरी बदलने की जरूरत नहीं है । व्यक्ति को अपनी नौकरी तब तक नहीं छोड़नी चाहिए जब तक कि यह न सुलझाई जाने लायक समस्याओं से भरी न हों या यह मनोवैज्ञानिक दृष्टि से बोझिल न हो जाए। ऐसे समय जब कि नौकरियाँ अपर्याप्त हैं, नौकरी छोड़ना समझदारी नहीं होगी। नौकरी तब ही छोड़नी चाहिए जब दूसरी कोई मिल जाए। हाँ, कोई नौकरी जब बिल्कुल ही असहनीय हो तो फिर कोई और विकल्प तो रहता ही नहीं है।

मामला-21 (Case-21)

योजनाबद्ध अधिक भुगतान से निबटना (Dealing with systematic Overpayments)

पिछड़े क्षेत्रों में उद्योगों की स्थापना के लिए आर्थिक-सहायता देने की राज्य सरकार की योजना है। यह आर्थिक-सहायता पात्र निश्चित निवेशों पर मुख्यत: भूमि एवं भौतिक उपकरण खरीदने के लिए दी जाती है। विवादों से बचने के लिए राज्य सरकार ने आर्थिक-सहायता पाने की हकदार मदों की विस्तृत सूची तैयार की है: इसने एक नकारात्मक सूची भी तैयार की है जिसमें स्पष्ट रूप से उन मदों को बताया गया जिनके लिए आर्थिक सहायता नहीं मिलती है जैसे गुडविल तथा पेटैण्ट्स। बड़ी परियोजनाओं के लिए आर्थिक सहायता का हिसाब लगाना मेहनत का काम है और तकलीफदेह है क्योंकि मशीनों की हजारों मदों को पात्रता के लिए चैक करना होता है। कर्मचारियों का उच्च स्तरीय दल है जो हर परियोजना की जाँच रिपोर्ट पाने के बाद आर्थिक-समस्याओं के दावों की जाँच करता है।

प्रमोद अभी हाल ही में उस प्रभाग में आया है जहाँ आर्थिक-सहायता के दावों की जाँच होती है। उसका काम उच्च स्तरीय अधिकारी दल के लिए तैयार रिपोर्ट की शुद्धता को सुनिश्चित करना था। प्रमोद ने देखा कि जाँच का काम हाथ से किया जा रहा है। उसने पाया कि एक ही तरह की मदों के लिए कुछ मामलों में आर्थिक-सहायताएँ अनुमत भी थी और निषेध भी थीं। उसने देखा कि कुल मिलाकर आर्थिक सहायता की राशि योजनाबद्ध ढंग से बढ़ाई जा रही है। उसे चिन्ता थी कि यदि अधिक भुगतान जारी रखे गए तो ये लेखा-परीक्षा में पकड़े जाने पर उसके लिए परेशानी का कारण बन सकते हैं। उसने महसूस किया कि अधिकतर प्रक्रिया, उन्हें छोड़कर जहाँ निर्णयात्मक मूल्यांकन करने की जरूरत होती है, कम्प्यूटरीकृत की जा सकती है। इससे अधिक भुगतानों की समस्या भी हल हो जाएगी।

प्रमोद कम्प्यूटरीकरण की योजना जल्दी से तैयार करने के लिए किसी एजेन्सी को काम सौंपना चाहता था। लेकिन उसके प्रस्ताव का कड़ा विरोध किया गया। प्रमोद के पास आई टी की डिग्री थी। उसने ऐसा कार्यक्रम कुछ सहयोग देने को तत्पर कर्मचारियों की सहायता से खुद तैयार करने का निश्चय किया। तब भी, कुछ लोग प्रस्तव को गिराने की कोशिश कर रहे थे। प्रमोद पशोपेश में था कि एक दिन एक कर्मचारी ने उसे बताया कि प्रस्तावों को योजनाबद्ध रूप से बढ़ी राशि का बनाया जा रहा था और बढ़ाई हुई राशियाँ, राजनीतिक सहित विभिन्न स्तरों पर बाँट ली जाती हैं। उसे बताया गया था कि इस प्रणाली को बदलना बहुत मुश्किल होगा।

प्रश्न (Question)

प्रमोद इस समस्या से उबरना चाहता था। उसने निम्नलिखित विकल्पों पर विचार किया। आपकी राय में इन में से कौन-सी उचित होगा?

1. उसे उच्च स्तरीय सरकारी दल के अध्यक्ष से मिलकर उसे किए गए अधिक भुगतानों की जानकारी देनी चाहिए और उसे बताना चाहिए कि अधिक शुद्धता एवं असंगतियों व अधिक भुगतानों से बचने को सुनिश्चित करने के लिए प्रणाली का कम्प्यूटरीकरण जरूरी है।
2. प्रेस को सारी बात लीक कर दें कि आर्थिक-सहायता के भुगतानों में बड़े पैमाने पर अनियमितताएं हो रही हैं।

3. जो गलत भुगतान पहले किए जा चुके हैं, उनके बारे में किसी ह्विसलब्लोअर को सूचना दे दे।
4. लेखा-परीक्षा वालों को चुपचाप सूचना दे दे और उनसे बढ़े हुए अवैध आर्थिक-सहायता के भुगतानों वाली फाइलों की जाँच के लिए कहे।

परिचर्चा (Discussion)

पहला विकल्प उपयुक्त है। जब कोई अनियमितता किसी अधिकारी की जानकारी में आती है तो उसे इसके बारे में अपने सुपरवाइजरी अधिकारी को तत्काल सूचित करना चाहिए। सरकारी संगठन (तथा अन्य अनेक) पदानुक्रमिक होते हैं; ऐसी प्रणालियों में संगठनात्मक अनुशासन का तकाजा होता है कि एक अधिकारी को समस्याओं के बारे में अपने सुपरवाइजर को बताना और उसके अनुदेश माँगने चाहिए। प्रमोद को यह नहीं मान लेना चाहिए कि उच्च स्तर वाली टीम गलत कामों में शामिल है। इस निष्कर्ष पर पहुँचने के लिए उसके पास वैध आधार होना चाहिए, कर्मचारियों की सुनी-सुनाई बातें नहीं। इस बात की पूरी संभावना है कि अध्यक्ष महोदय प्रमोद से सहमत हो जाएँगे और सुनिश्चित करेंगे कि भविष्य में कोई अधिक भुगतान न हों। वे पिछले समय में किए गए अधिक भुगतान की वसूली के भी आदेश दे सकते हैं।

दूसरा विकल्प अनुचित है। संगठन (सरकारी सहित) मीडिया से व्यवहार के लिए अधिकारियों को नामित करते हैं और मीडिया से व्यवहार की पद्धतियाँ बनाते हैं। प्रमोद को उस पद्धति को भंग नहीं करना चाहिए। और भी, उत्तर (1) की तरह इसमें भ्रामक आचरण है। उसके अनुसार काम करने पर प्रमोद निष्कपट ढंग से काम नहीं कर रहा होगा।

तीसरे विकल्प में वही दोष है जो दूसरे विकल्प में थे। यह जरूर है कि ह्विसलब्लाइंग को बढ़ावा दिया जा रहा है। लेकिन वर्तमान लेखक मानते हैं कि अधिकारियों को इसका सहारा केवल बहुत गंभीर परिस्थितियों में ही लेना चाहिए। अनिवार्यतः, यह एक दवा है जिसका प्रयोग तब ही करना चाहिए जब सम्पूर्ण संगठन या बड़े भाग बुरी तरह भ्रष्ट हों, ओर ईमानदार अधिकारियों को भी इनकी मर्जी के विरुद्ध इसमें खींच लिया जाता है।

चौथा विकल्प भी भ्रामक है। लेखा-परीक्षा एक स्वतन्त्र कार्य है। किसी संगठन को लेखा-परीक्षा को वे सभी कामजात व सूचना देनी पड़ती है जो वह माँगता है। लेकिन अधिकारियों को लेखा-परीक्षक को किसी भी प्रकार से प्रभावित नहीं करना चाहिए। उन्हें उन प्रश्नों का पूरी तरह से जवाब देना चाहिए जो लेखा-परीक्षा में पूछे जाते हैं। अधिकारियों को लेखा-परीक्षा का प्रयोग अन्य प्रयोजनों के लिए नहीं करना चाहिए चाहे ऐसा चाहा गया हो।

मामला-22 (Case-22)

बेमेल जोड़ी (Unsuitable match)

पुन्नूस्वामी मानसिक विक्षोभ की स्थिति में है। उनके पास मध्यम आकार का फार्म है और वे एक म्युनिसिपल शहर में अपनी पुत्री व दो युवा बेटों के साथ रहते हैं। वे आराम से जीवन यापन कर रहे हैं, उनके बच्चे डिग्री कॉलेजों में पढ़ रहे हैं। लेकिन कुछ समय पहले उनकी पत्नी ने उन्हें बताया कि उनकी बेटी सेल्वराज से प्रेम करती है। सेल्वराज को बिना शिक्षा या आय के एक लापरवाह नौजवान के तौर पर जाना जाता है। पुन्नूस्वामी उसके परिवार को कुछ-कुछ जानते थे। उसका परिवार जाति के पदानुक्रम में पुन्नूस्वामी की तुलना में काफी निम्न है वे जानते थे कि जाति की पंचायत इनकी शादी के प्रस्ताव पर नाराजगी जताएगी।

पुन्नूस्वामी अपनी बेटी का विवाह सेल्वराज से बिल्कुल करना नहीं चाहते थे। उन्होंने अपनी पत्नी से बेटी को समझाने के लिए कहा। लेकिन उनकी बेटी बात पर अड़ी रही। पुन्नूस्वामी ने अपनी बेटी को मनाने की कोशिश की वह अपने प्रस्ताव कोछोड़ दे। उन्होंने उससे कहा कि वे उसके लिए अपनी या अपने से ऊँची जाति में अच्छा वर ढूँढ़ देंगे। उन्होनें यह भी कहा कि सेल्वराज के पास कोई काम नहीं है और वह उसे किसी प्रकार का भौतिक सुख नहीं दे सकेगा।

उनकी बेटी ने उनकी सलाह को मानने से इन्कार कर दिया। उसने कहा कि वह अपना दिल सेल्वराज को दे चुकी है और वह बहुत अच्छा आदमी है। वह अपना काम शुरू करने वाला है और वह उसमें उसकी मदद करेगी। उसके प्रेम के विषय में आदर्शवादी बातें भी की।

प्रश्न (Question)

पुन्नूस्वामी सोच रहे थे कि इस स्थिति में क्या करें। उन्होंने निम्नलिखित विकल्प सोचे-

1. वे उसकी शादी जबरदस्ती अपनी जाति के व्यक्ति से कर दें।
2. वे अपने गाँव के घर में चले जाएँ और उसको गाँव से बाहर नहीं जाने दें।
3. वे उसे सेल्वराज के सफलतापूर्वक कारोबार जमा लेने तक रुकने को कह कर समय बढ़ा सकते हैं, उससे तब तक सेल्वराज से न मिलने का वायदा भी करा सकते हैं।
4. वे अपनी जाति समूह से गुण्ड़ों की सेवा ले सकते हैं जो सेल्वराज को बुरे परिणामों की धमकी दे सकते हैं यदि वह पुन्नूस्वामी की बेटी से मिलता रहेगा।

परिचर्चा (Discussion)

इस मामले में बताई गई स्थिति नाजुक तथा झगड़ेवाली है। युवा लड़कियाँ अक्सर आदर्शक, भावुक और अत्यन्त प्रभावनीय होती हैं। अनैतिक लोग उनका सरलता से फायदा उठाते हैं। वास्तव में, यही कारण है कि उन्हें इस बारे में सावधान किया जाए कि वे किससे मित्रता करें। जवान लड़कियों के माता-पिता को भी सावधान रहना चाहिए और यह सुनिश्चित करना चाहिए कि वे बुरी संगत में न पड़ें। मामले में दिए गए तथ्य बताते हैं कि पुन्नूस्वामी की बेटी बेवकूफ है। सेल्वराज पढ़ा-लिखा नहीं है, उसके पास काम भी नहीं है। उसका अपने काम करने का विचार थोथा है और उससे आर्थिक सुरक्षा होने की संभावना नहीं है।

जबरदस्ती शादी का विचार आगे नहीं बढ़ाना चाहिए। शादी ऐसा महत्वपूर्ण मामला है कि इसमें दबाव के लिए कोई स्थान नहीं होता। यह तो दो पक्षों (साथियों) की सम्बन्ध के लिए मुक्त अनिवार्य रूप से शादी कर देना अपराध हो सकता है और भविष्य में दुःख दे सकता है।

किसी व्यक्ति- यहाँ तक कि अपनी बेटी तक के- आने-जाने पर जबरदस्ती रोक लगाना एक अपराध है। इसका प्रतिबंधित व्यक्ति पर अवांछित प्रभाव होंगे। किसी भी पिता को अपनी पुत्री को ऐसी स्थिति में नहीं डालना चाहिए। इससे पिता एवं बेटी के बीच स्थायी दरार आ जाएगी। पूरी प्रक्रिया ही संदिग्ध वैधता की है।

इन परिस्थितियों में तीसरा विकल्प ही सर्वोत्तम लगता है। पुन्नूस्वामी को अपनी बेटी को यह बात समझाने में सफल होना चाहिए कि बिना नौकरी वाले किसी व्यक्ति से विवाह करने का विचार तो किसी लड़की के दिमाग में आ ही नहीं सकता। इससे उसकी जिन्दगी बर्बाद हो सकती है। उनकी बेटी इस तर्क को मान सकती है। वे उसे बता सकते हैं कि इससे उसके माँ-बाप को घोर मानसिक पीड़ा होगी। कुछ समय बाद, यदि सेल्वराज सफल होने में कामयाब नहीं होता है तो वह उसमें रुचि लेना छोड़ देगी। यदि पुन्नूस्वामी उसे सेल्वराज से न मिलने के लिए मना लेते हैं तो उसका (सेल्वराज के प्रति) आकर्षण समाप्त हो जाएगा। इस विकल्प में पुन्नूस्वामी ऐसा कुछ भी नहीं कर रहे हैं जो उन्हें पिता के तौर पर या कानून को मानने वाले नागरिक नहीं करना चाहिए। यदि भाग्य से सेल्वराज कोई नौकरी पा जाता है या अपने कारोबार में सफल हो जाता है तो पुन्नूस्वामी शादी के लिए राजी हो सकते हैं।

अन्तिम विकल्प स्पष्टतः गैर-कानूनी है। अपनी बेटी के खराब चुने जोड़े की समस्या के अतिरिक्त पुन्नूस्वामी कानून के अपराधी भी हो जाएँगे। यदि पुन्नूस्वामी पुलिस में शिकायत करते हैं, तो वे पुलिस के सवालों का सामना करेंगे। चूँकि असामाजिक लोग पुलिस को तत्काल ही बता देंगे कि वे पुन्नूस्वामी के निर्देशों के अनुसार काम कर रहे थे।

मामला-23 (Case-23)

जनता का मुद्दा और निजी नैतिकता (Public Stance and private morality)

विदुषी एक प्रमुख सामाजिक बुद्धिजीवी हैं। वह एक प्रसिद्ध विश्वविद्यालय में समाज-विज्ञान की प्रोफेसर थीं। वह कोई बहुत ऊँची शिक्षविद् नहीं थी। वह मार्क्सवादी प्रथा के नाम पर श्रमिकों, जनजातियों, अल्पसंख्यकों तथा दक्षित महिलाओं के लिए सक्रिय रूप से समर्थन करती थीं। दमित महिलाओं पर उसके शिक्षा-शास्त्र को पश्चिमी उदार विश्वविद्यालयों में प्रशंसा मिली थी।

राजनीतिक व्यवस्थाओं ने पाया कि उसके लेखन में उनके लोकप्रिय एजेण्डों के लिए कुछ सैद्धान्तिक समर्थन है। उसे उनकी पार्टी के वैचारिक समूह में शामिल होने की पेशकश की गई। विदुषी ने टी वी के कार्यक्रमों में लेख लिखकर पार्टी के कार्यक्रमों का समर्थन किया। एक बहस-भरे कार्यक्रम में विदुषी ने पब्लिक स्कूलों के घटिया स्तर को कण्डम किया और सुझाव दिया कि राजनीतिक, सामाजिक तथा शैक्षिक उच्च वर्ग को अपने बच्चों को सरकारी स्कूलों में भेजना चाहिए। उसका तर्क था कि ऐसा करने से सरकारों के स्तर ऊपर उठेंगे।

कुछ समय बाद, स्कूलों के खुलने के दिनों में, ऊँचे स्कूलों में प्रवेश के लिए प्रक्रिया पर गर्मागर्म बहस हुई। प्रभाव डालने के आरोप बड़े पैमाने पर लगाए गए कि किस प्रकार अमीरों व शक्तिशाली लोगों ने प्रतिष्ठित स्कूलों में अपने बच्चों का दाखिला कराया। ऐसी एक बहस में यह बात सामने आई कि विदुषी अपनी बेटी के लिए एक टॉप स्कूल में प्रवेश चाह रही थी। इसकी बड़ी आलोचना हुई कि विदुषी ढोंग करने की दोषी है और उसे अपनी बेटी को अपने घर के पास के सरकारी स्कूल में दाखिला कराना चाहिए।

प्रश्न (Question)

1. विदुषी को प्रतिष्ठित स्कूल से अपनी बेटी का प्रवेश प्रार्थना-पत्र वापस ले लेना चाहिए और उसे सरकारी स्कूल में दाखिल करा देना चाहिए।
2. विदुषी को टी वी के कार्यक्रमों में आना छोड़ देना चाहिए और इस मुद्दे को धीरे-धीरे समाप्त हो जाने देना चाहिए।
3. उसे अपनी बेटी को प्रतिष्ठित स्कूल में प्रवेश दिलाने की कोशिश करनी चाहिए।
4. उसे अपनी पार्टी के साथियों से अपने निर्णय को जोरदार ढंग से बचाव करने के लिए कहना चाहिए।

परिचर्चा (Discussion)

पहले विकल्प को कार्यान्वित करने की जरूरत नहीं है। यह ढोंग न सही पर विदुषी के व्यवहार में असंगतता के बारे में कोई संदेह नहीं है। लेकिन इसका यह मतलब नही है कि वह उन सिद्धान्तों को अपने निजी जीवन में अपनाए जिनकी वह अपनी शैक्षिक और राजनीतिक भूमिकाओं की वकालत करती है। इस मामले में उसे एक माँ की तरह व्यवहार करना होगा, एक पार्टी आदर्शवादी की तरह नहीं। उसे वही करना चाहिए जो वह अपनी बेटी के लिए सर्वश्रेष्ठ समझती है।

दूसरा विकल्प विदुषी को कुछ देर के लिए शर्मिन्दगी से बचा लेगा। कुछ समय बाद, कहानी समाचार बनने लायक नहीं रहेगी और बस भुला दी जाएगी। हर हाल में, अधिकांश लोग मानेंगे कि उसे अपनी बेटी का प्रवेश सर्वश्रेष्ठ संभव स्थान पर कराने का अधिकार है। उसे न्यूज चैनल पर आकर अपनी स्थिति का बचाव तार्किक व तथ्यात्मक आधारों पर करना चाहिए।

यह सही कार्यवाही होगी। हमने पहले विकल्प पर चर्चा करते हुए कुछ कारण बताए थे। इसके अलावा हमें किसी व्यक्ति के निजी व सार्वजनिक जीवन के बीच अन्तर को देखना चाहिए। वह सार्वजनिक रूप से घोषित सिद्धान्त व नीतियाँ अपनी बेटी पर नहीं थोप सकती। परिवार जब तक कि यह कानून या नीति का मामला न हो। यह जरूर है कि इस प्रकार के उदाहरण दिखाते हैं कि सार्वजनिक सिद्धान्तों का बखान करना सरल है किन्तु उन्हें निजी जीवन में व्यवहार में लाना मुश्किल है।

यह विकल्प इस मुद्दे से कोई सरोकार नहीं रखता। वास्तव में, यदि विदुषी ऐसा चाहे तो उसे अपनी स्थिति का बचाव खुद ही करना चाहिए।

मामला-24 (Case-24)

झूठा हलफनामा दाखिल करना (Filling a false affidavit)

अक्षय ने मंत्रीमण्डलीय समूह में हुई परिचर्चा में स्वयं को मुश्किल स्थिति में फँसा पाया। इस समूह का गठन ऐसी गंभीर अनियमितताओं को जाँचने के लिए किया गया था जो राज्य में आए बड़े तूफान के बाद (परिणामस्वरूप) बाँटने के लिए राहत

सामग्रियों की खरीद में बरती गई थी। राहत सामग्रियाँ उस समय नहीं पहुँची जब उनकी जरूरत थी। जिन नमूनों की गुणवत्ता की जाँच की गई, उनमें से अनेक नमूने विनिर्देशों पर खरे नहीं उतरे। इसके लिए आर्डर सहायता आयुक्त के अनुमोदन से आपात् खरीद पद्धतियों के अनुसार दिए गए थे। सम्बन्धित फाइल मंत्रीमण्डलीय मंत्री द्वारा भी देखी गई थी।

इस मामले को मीडिया में काफी उछाला गया और बदनामी हुई। विधान-सभा में शोर-शराबा हुआ और विपक्षी दल ने अनेक स्थगन करवाए। मुख्य मंत्री ने अपचारों के पूरे मामलों की जाँच का और दोषी पाए जाने वालों के खिलाफ कार्रवाही करने का वायदा किया। इस बीच इस मामले पर एक जन हित याचिका भी उच्च न्यायालय में फाइल कर दी गई।

अक्षय इस समूह की सहायता कर रहा था। खरीदों से सम्बन्धित फाइलों को ध्यान से पढ़ने पर उसने पाया कि कुछ मामलों में नीचे के अधिकारी खरीदी जाने वाली सामग्री के मानक स्पष्ट रूप से निर्दिष्ट नहीं कर पाए थे। उसने यह भी देखा कि अनेक मामलों में सम्बन्धित कर्मचारियों ने आवश्यक गुणवत्ता जाँच नहीं की। लोगों की तकलीफ और जरूरतों की तात्कालिकता को देखते हुए हर आदमी सहायता सामग्री पाने की जल्दी में था।

अक्षय ने ये बातें समूह को बताईं। उसने नीचे के कर्मचारियों को विनिर्देश ठीक-ठीक निर्धारित न करने के लिए तथा यथापेक्षित गुणवत्ता जाँच न करने के लिए उत्तरदायी ठहराया। तथापि, समूह इस सोच से सहमत नहीं था। वे उत्तरदायित्व सहायता आयुक्त पर डालना चाहते थे। वे यह भी चाहते थे कि अक्षय एक हलफनामा उच्च न्यायालय में दाखिल करे जिसमें सहायता आयुक्त को अपचारों के लिए दोषी बताया गया है। जब उसने कहा कि ऐसा करना कठिन होगा तो उन्होंने उससे इसे समूह का आदेश मान लागू करने के लिए कहा।

प्रश्न (Question)

इन परिस्थितियों में अक्षय को क्या करना चाहिए?

1. उसे सहायता आयुक्त को दोष देते हुए हलफनामा दे देना चाहिए।
2. उसे नम्रतापूर्वक ऐसा हलफनामा दाखिल करने से इंकार कर देना चाहिए।
3. उसे एक अस्पष्ट-सा हलफनामा देना चाहिए जिसमें सहायता आयुक्त की अप्रत्यक्ष जिम्मेदारी पर हल्के से इशारा किया गया है।
4. उसे सहायता आयुक्त को मामले की जानकारी देनी चाहिए ताकि वह समूह से बात करे।

परिचर्चा (Discussion)

पहला विकल्प गलत होगा। हलफनामा एक शपथ लेकर दिया गया बयान है जो तथ्यों की पुष्टि करता है। यदि यह सत्य नहीं है तो इसे देने वाले पर मिथ्या शपथ के लिए कानूनी कार्यवाही हो सकती है। कार्यालयी संदर्भों में, हलफनामें ज्यादातर उन तथ्यों पर आधारित होते हैं जो फाइलों में या बयानों में पाए जाते है और जिनका समर्थन सरकारी (कार्यालय के) अभिलेखों से किया जा सकता है। इस मामले में, सहायता आयुक्त ने खरीद समिति की सिफारिशों का समर्थन किया था (मान लिया था)। उसकी इसमें कोई सीधी भूमिका नही थी। ना ही उसकी दुर्भावना वाली हिस्सेदारी का कोई विवरण है। संकट के समय में वह मामलों में देरी नहीं कर सकता।

वह दूसरा विकल्प सही कार्यवाही होगी। कोई हलफनामा (शपथ पत्र) व्यक्ति की सीधी, निजी जानकारी पर एवं उपलब्ध अभिलेखों द्वारा प्रकट किए गए तथ्यों पर आधारित होना चाहिए। हलफनामा किसी के कुछ करने के लिए कहने के आधार पर दाखिल नहीं किया जा सकता। अत: इस मामले में अक्षय कानूनी तौर पर समूह के आदेश का पालन नहीं कर सकता है। गैर कानूनी होने के कारण यह उस पर बाध्यकर नहीं है। अत: उसे दी गई सलाह के अनुसार हलफनामा दाखिल करने से नम्रतापूर्वक इंकार कर देना चाहिए, यद्यपि इसमें बदमिजाजी पैदा हो सकती है।

ऊपर चर्चित कारणों से, तीसरा विकल्प अनुचित है। किसी भी तरह से, हलफनामे अस्पष्ट या हवाई बयान नहीं हो सकते।

चौथा विकल्प भी अनुपयुक्त है। अक्षय को अपनी सरकारी भूमिका अपने सर्वोत्तम निर्णयन के अनुसार निभानी चाहिए। सहायता कमिश्नर को सूचित करना समूह की बैठक की कार्यवाही का अनुचित सम्प्रेषण होगा।

मामला-25 (Case-25)

औद्योगिक प्लॉटों का अनियमित आबंटन (Irregular Industrial Plot allotments)

राज्य औद्योगिक विकास निगम औद्योगिक प्लॉटों के आबंटन का काम देखता हैं। एसआईडीसी निगम अधिगृहीत भूमि पर अवस्थापनाएँ जैसे सड़क, पानी की पूर्ति, जल निकासी, बिजली, कचरे का निपटान, परिवहन, पार्किंग लॉट, बैंक की शाखाएँ तथा इसी प्रकार की सुविधाएँ देकर औद्योगिक एस्टेट बनाता है। प्लॉटस की माँग इनकी पूर्ति से कहीं बहुत अधिक होती है जिससे भ्रष्टाचार का स्कोप बनता है। निगम का अध्यक्ष एक प्रभावशाली राजनेता है जो स्थिति का लाभ उठाना चाहता है। प्रबन्ध निदेशक ने भी इससे हाथ मिला लिया।

अपने मतलब को पूरा करने के लिए अन्त:स्थित स्व-विवेकी शक्तियों के साथ वे अपारदर्शी प्रणाली बना लेते हैं। बाहर से, प्लॉटों का आबंटन 'पहले आओ, पहले पाओ' आधार पर प्रतीत होता था। लेकिन आवेदन को प्राप्त करने की तारीख तथा समय को तत्काल रिकार्ड कर लेने की विशेष रूप से छेड़-छाड़ मुक्त कम्प्यूटर साफ्टवेयर जैसी कोई प्रणाली नहीं थी। अध्यक्ष ने अति उच्च पात्रता वाले या बहुत जरूरतमंद उद्यमियों की सहायता के बहाने स्व-विवेक या बिना बारी आबंटन की शक्ति ले ली थी। अपनी इच्छा से औद्योगिक प्लाटों के आबंटनों से अन्य साधनों से अध्यक्ष व प्रबंध निदेशक, दोनों ही धन कमाते थे। उन्होंने निदेशक मण्डल के कुछ सदस्यों द्वारा जनता नीलामी के माध्यम से प्लाट आबंटित करने की प्रणाली शुरू करने की कोशिशों का विरोध किया।

कुछ समय बात, कुछ ऐसे आवेदकों ने नकली आवेदकों को सरकार एवं सतर्कता आयोग को शिकायत भेजने के लिए उकसाया जिन्हें प्लॉट नहीं दिए गए थे। उन्होंने अन्य ढंग से भी दबाव डाला। सरकार को सारे मामले की जाँच शुरू करानी पड़ी।

जाँच से अनेक अनयिमितताओं का पता चला। प्लॉट गैर-उद्योगपतियों को आबंटित कर दिए गए हैं। बिना बारी वाले अनेक आबंटन प्रभावशाली लोगों को किए गए थे। अनेक प्लॉट अनुमत आकार से अधिक बड़े थे। आवेदनों की तारीख दिखाने के लिए कोई भरोसे योग्य अभिलेख नहीं था या आबंटन करने के लिए विश्वसनीय 'क्यू' प्रणाली नहीं थी। अनेक आबंटन निदेशक मण्डल से परामर्श किए बिना ही कर दिए गए थे। इसी बीच, संकेत मिलने पर भ्रष्टाचार निरोधक पुलिस ने अध्यक्ष प्रबंध निदेशक के घर पर छापे मारे और ढेर-सा नकद पैसा बरामद किया। उन्होंने उनके विरुद्ध भ्रष्टाचार निवारण अधिनियम के तहत केस दर्ज किया।

प्रश्न (Question)

इस मामले में भ्रष्टाचार को किस प्रकार का कहा जा सकता है? इससे कैसे निपटा जा सकता है?

1. यह अध्यक्ष के अत्यधिक लालच के कारण है।
2. भ्रष्टाचार को इस तथ्य से जोड़ा जा सकता है कि अध्यक्ष एक राजनेता है।
3. भ्रष्टाचार मूलत: प्रणालीगत कारणों से है तथा इसके लिए प्रणालीगत उपचार किए जाने चाहिए।
4. भ्रष्टाचार इसलिए संभव हो सका क्योंकि प्रबन्ध निदेशक भी इस खेल में शामिल हो गया।

परिचर्चा (Discussion)

1. पहला विकल्प तो सीधा-सादा उत्तर होगा। एक अर्थ में भ्रष्टाचार व्यक्ति के लालच और नैतिक शक्ति की कमी से पैदा हो सकता है। लेकिन भ्रष्टाचार के लिए प्रशासनिक वातावरण भी चाहिए जो कर्मचारियों को कार्यप्रणाली की कमजोरियों का फायदा उठाने के अवसर देता है।

2. दूसरा विकल्प जरा दूर की कौड़ी है। यह सभी राजनेताओं को एक जैसा बना देना और रंग देना है। यह समस्त वर्ग का स्टीरियोटाइपिंग है जिसमें इसके सदस्यों के बीच महत्वपूर्ण अन्तरों को अनदेखा किया गया है।

3. दुर्भाग्य से इस मामले में भ्रष्टाचार एस आई डी सी के सर्वोच्च स्तर से उत्पन्न हुआ है। इससे एक कहावत याद आती है कि 'सड़ी हुइ मछली से बदबू उसके सिर से आती है।' भ्रष्टाचार कपटपूर्ण प्रकृति का होता है क्योंकि रिश्वत देने वाला और रिश्वत लेने वाला, दोनों ही को वास्तविक उद्यमियों की हानि से लाभ हो रहा है। यहाँ भ्रष्टाचार का आर्थिक स्रोत औद्योगिक प्लॉटों की कमी में है। ऐसी कमियों वाली परिस्थितियों में, लोग वस्तुओं की सरकारी कीमत के ऊपर 'ऊपरी राशि' (on money) देने के लिए तैयार रहते हैं।

इस सम्बंध में, अर्थशास्त्री व राजनीतिक विचारकों ने दो प्रकार की अनियमितताओं की बात की है। 'लाभ पाने' वाले व्यवहार में राजनीतिक लोग वास्तविक औद्योगिक उपक्रमों को बढ़ाकर लाभ प्राप्त करते हैं, जैसाकि जापान, कोरिया और सिंगापुर के उदाहरण से देखा जा सकता है। यहाँ, यद्यपि उद्योगपतियों व राजनीतिक लोगों के बीच गुप्त सौदे या मित्रता (Cronyism) हो सकती है, किन्तु आर्थिक या औद्योगिक विकास भी है। अनियमितता का अन्य रूप 'रैण्ट सीकिंग' (रिश्वत वसूली) व्यवहार है। यहाँ उद्यमी तथा राजनीतिक लोग मिलकर उस अधिशेष (Surplus) (जिसे अर्थशास्त्र में (Rent) कहते हैं) को ले लेते हैं जो कमी वाले साधनों के सरकारी व बाजार मूल्यों के बीच का होता है। यदि राजनीतिक नेता अधिशेष चाहने का व्यवहार अपनाते हैं, जैसे कि भारत में है, तो औद्योगिक विकास को अनिवार्य रूप से हानि होगी।

निम्नलिखित उपाय अपनाए जा सकते हैं:

- सरकार को कमी वाले साधनों और अन्य साधनों को खुली प्रतिस्पर्द्धी बोलियों से या नीलामी द्वारा बेचना चाहिए।
- यदि अन्य कोई प्रक्रिया जैसे 'पहले आओ और पहले पाओ' अपनाई जाती है तो यह पारदर्शी एवं यह गलत कामों से बचाने के लिए पूरे, भरोसेयोग्य प्रलेखों से पुष्ट होना चाहिए।
- इन परिस्थितियों में कमी वाली वस्तुओं के उत्पादन व उपलब्धता बढ़ाने के लिए सप्लाई के क्षेत्र में हस्तक्षेप जैसे मैक्रोइकनामिक उपाय अपनाए जा सकते हैं।
- सामाजिक सरोकारों का पूरा ध्यान रखते हुए अर्थव्यवस्था को यथा-संभव अधिकतम सीमा तक अविनियमित किया जाना चाहिए। ताकि बाजार की ताकतें खुलकर काम कर सकें तथा अनावश्यक प्रशासनिक नियंत्रण हटाए जा सकें।
- प्रशासनिक प्रक्रियाएँ सरल होनीं चाहिए और वेबसाइट पर डाल दी जानी चाहिए। इस मामले में, औद्योगिक प्लाटों के लिए आवेदनों की तारीखवार प्राप्ति तथा निगम में उनकी प्रासैसिंग वेबसाइट पर डाल दी जानी चाहिए।

4. चौथा विकल्प आंशिक उत्तर है। प्रबन्ध निदेशक अध्यक्ष के लिए अवचारों में संलिप्त होना मुश्किल उत्पन्न कर सकता है। लेकिन समस्या की जड़ प्रणालीगत है।

अध्याय 22

सिद्धान्त सम्बन्धी प्रश्नों के उत्तर देना (Tackling Theory Questions)

सिद्धान्त से संबंधित प्रश्नों को हल करने के लिए संकेत (युक्तियाँ) (Tips for tackling theory questions)

सामान्य अध्ययन प्रश्न-पत्र IV का पैटर्न (Pattern of GS 4 question paper)

हम सामान्य अध्ययन प्रश्न-पत्र-IV के ढाँचे से बात शुरू कर रहे हैं। प्रतीत होता है कि अब इसने स्थायी फार्मेट ले लिया है।

- समय — 3 घण्टे
- अंक — 250
- भाग — 2 (ए तथा बी)
- प्रश्नों के प्रकार व संख्या :

  भाग ए : सिद्धान्त 8 प्रश्न
- भाग बी : मामलों का अध्ययन — (प्रश्न के उत्तर के 3-4 विकल्प होते हैं तथा परिक्षार्थी को उनका मूल्यांकन करना होता है या उससे संभावित विकल्प बनाने और चर्चा करने के लिए कहा जाता है।)
- उत्तरों की लम्बाई :

  भाग ए : लगभग 2000 शब्द (5 × 300 + 3 × 150)

  भाग बी : लगभग 1500 शब्द

विद्यार्थियों को यह सूचना आत्मसात कर लेनी चाहिए क्योंकि इससे परीक्षा की तैयारी करने का सही ढंग अपनाने में सहायता मिलती है।

विद्यार्थियों के उत्तरों में सामान्य कमियाँ (Common Errors in Student Answers)

प्रश्नों का उत्तर देते समय विद्यार्थी निम्नलिखित गलतियाँ करते हैं :

- वे प्रश्नों का उत्तर उन शब्दों में नहीं देते जिनमें प्रश्न किया गया है। वे प्रश्न के सामान्य क्षेत्र को कवर कर लेते हैं, लेकिन बिल्कुल सही-सही उसी बिन्दु पर ध्यान नहीं देते जो प्रश्न में निहित है या जो बात प्रश्न-पत्र बनाने वाले के दिमाग में है।

- विद्यार्थी प्रश्नों/उप-प्रश्नों के कुछ भागों को छोड़ देते हैं।
- उत्तर निर्धारित शब्द-सीमा से बहुत आगे बढ़ जाता है।
- उत्तर ठीक से नहीं बनाए गए और बिखरे-से होते हैं, विचारों को तर्कानुसार या क्रम से नहीं रखा गया होता है।
- भाषा अच्छी नहीं होती, लम्बी, शिथिल, मोटी-सी होती है और व्याकरण-सम्मत वाक्यों वाली नहीं होती।

इन गलतियों पर थोड़ा-सा स्पष्टीकरण जरूरी है। सरलता की दृष्टि से हम यू.पी.एस.सी. की परीक्षा के प्रश्न-पत्रों का उदाहरण देकर पहली तीन गलतियों पर चर्चा करेंगे।

उत्तरों का संबंधित होना (Relevance of answers)

उदाहरण-*I*

'भावनात्मक बुद्धिमानी' क्या है और यह लोगों में कैसे विकसित की जा सकती है? नैतिक निर्णय लेने में यह किस प्रकार व्यक्ति की सहायता करती है?

यहाँ परीक्षक आपसे 'भावनात्मक बुद्धिमानी' पर छोटा निबंध लिखने के लिए नहीं कर रहा है। उसकी सोच में भावनात्मक बुद्धिमानी के तीन पहलु हैं,

(क) इसकी परिभाषा;

(ख) इसे लोगों में कैसे पैदा किया जा सकता है, तथा

(ग) यह नैतिक निर्णय लेने में किस प्रकार मदद करती है।

इन तीन उप-प्रश्नों के उत्तर के लिए 150 शब्दों को बाँट लीजिए।

उदाहरण-*II*

निम्नलिखितों में अन्तर कीजिए :

(*i*) कानून तथा नैतिकता

(*ii*) नैतिक प्रबन्धन तथा नैतिकता का प्रबन्धन

(*iii*) भेदभाव तथा तरजीही व्यवहार

(*iv*) निजी नैतिकता व व्यवसायिक नैतिकता

प्रत्येक उप-प्रश्न में दो शब्द हैं, पूरे प्रश्न में आठ शब्द हैं। यहाँ परीक्षक आप से आठों शब्दों के लिए अलग-अलग लिखने के लिए नहीं कह रहा है। यदि आप इन शब्दों पर अलग-अलग लिखने लगेंगे तो उत्तर गलत होगा, क्यों कि आपसे ऐसा करने के लिए नहीं कहा गया है। प्रत्येक शब्द को जोड़े में संक्षेप में परिभाषित कीजिए और दिखाइए कि वे किस तरह से भिन्न हैं।

उदाहरण-*III*

सरकारी कर्मचारियों को 'हितों के टकराव' का सामना करना पड़ सकता है। आप 'हितों के टकराव' से क्या समझते हैं तथा सरकारी कर्मचारियों द्वारा निर्णय लेने में यह किस प्रकार व्यक्त होता है? यदि आप के सामने हितों के टकराव की स्थिति आ जाए तो आप उसे किस प्रकार सुलझाएँगे? उदाहरणों के साथ समझाइए।

प्रश्न के दायरे में चार पहलू आते हैं : हितों के टकराव की परिभाषा; यह बताना कि यह कैसे पैदा होता है, अधिकारियों को इसके प्रति क्या रवैया अपनाना चाहिए; तथा निदर्शी उदाहरण। आपके उत्तर में इन चारों मुद्दों की बात होनी चाहिए और अप्रासंगिक बातों में नहीं भटकना चाहिए।

संक्षेप में, विद्यार्थियों को प्रश्न का विश्लेषण कर इसके दायरे को समझना चाहिए। उनका उत्तर प्रश्न तथा उप-प्रश्नों से सरोकार वाला होना चाहिए; तथा प्रश्न के केन्द्र-बिंदु तथा जोर पर आधारित होना चाहिए।

उद्धरण तथा निर्देशक शब्द/वाक्य (Quotation and direction Words/Sentences)

अनेक सिद्धान्त प्रश्नों में उद्धरण होता है जिसके साथ प्रत्याशियों के लिए निर्देशक शब्द वाक्य होता है। इन निर्देशक शब्दो/वाक्यों पर विशेष ध्यान दीजिए जो आपको बताते हैं कि प्रश्न का केन्द्रीय मूल-विषय क्या होना चाहिए। कुछ उदाहरण देखिए:

- *'कारपोरेट सामाजिक उत्तरदायित्व कम्पनियों को और अधिक लाभकारी और कायम रहने वाला बनाता है।'* **इस कथन का विश्लेषण कीजिए।**
- *'शक्ति, शांति और सुरक्षा को अन्तर-राष्ट्रीय सम्बन्धों के स्तम्भ माना जाता है।'* **इस कथन पर प्रकाश डालिए।**
- *'आधुनिक समय में नैतिक मूल्यों के संकट की जड़ अच्छे जीवन की संकुचित अवधारणा है।'* **चर्चा कीजिए।**
- *'राष्ट्रीय धन-दौलत में वृद्धि का परिणाम इसके लाभों के समान वितरण नहीं है। इससे केवल बहुसंख्यों की कीमत पर छोटे अल्पसंख्यक वर्ग के लिए आधुनिकता और सम्पन्नता के कुछ अन्त:क्षेत्र बने है।'* **इस कथन का औचित्य सिद्ध कीजिए।**
- *'बिना समान रूप से साझा किए और व्यापक रूप से संस्थापित नैतिक मूल्यों तथा उत्तरदायित्वों के, न तो कानून, ना ही गणतंत्रीय सरकार, यहाँ तक कि बाजार अर्थव्यवस्था भी ठीक से काम करेगी।'* **इस कथन से आप क्या समझते हैं? समकालीन समय के लिए इसे उदाहरण सहित स्पष्ट कीजिए।**

हमने उद्धरणों या वाक्यों को तिरछे अक्षरों में दिया है तथा निर्देशक शब्द या वाक्य को 'बोल्ड' अक्षरों में दिए हैं। 'विश्लेषण' से तात्पर्य है आपके उत्तर में कथन के तर्क या तर्क-परकता को स्पष्ट किया जाना चाहिए या इसके विभिन्न पहलुओं को विनिर्दिष्ट किया जाना चाहिए। 'प्रकाश डालिए' बताता है कि उत्तर में कथन को सविस्तार प्रतिपादित किया जाना चाहिए या इसकी विषय-वस्तु को विस्तार दिया हुआ होना चाहिए। 'चर्चा कीजिए' से तात्पर्य है कि उत्तर में, मुद्दे के दोनों पक्षों को लिया जाना चाहिए या उसके सभी पहलुओं पर बात होनी चाहिए। 'औचित्य सिद्ध करने' से मतलब यह है कि अपने उत्तर में कथन के समर्थन में तर्क या तथ्य दीजिए। उदाहरण के लिए इसमें कथन का खण्डन नहीं करना चाहिए। 'इस कथन से आप क्या समझते हैं' का अर्थ है कि विद्यार्थी को यह दिखाते हुए कथन को विस्तार देना चाहिए कि वह उनसे क्या बात (संदेश) कहता है।

संक्षेप में बात है कि विद्यार्थियों को उद्धरण या कथन पर निर्देशक शब्द या वाक्य के प्रकाश में ही टिप्पणी करनी चाहिए। उन्हें निर्देशक शब्द या वाक्य से असम्बद्ध वर्णनात्मक विवरण ही देने से बचना चाहिए। विद्यार्थियों को अध्याय में आगे इन प्रश्नों के हमारे द्वारा दिए गए उत्तरों को ध्यान-पूर्वक देखना चाहिए।

प्रश्न के सभी भागों को कवर करना (covering all parts of a question)

विद्यार्थियों के उत्तर में दूसरी आम गलती अपर्याप्त कवरेज है। हमारा मतलब यह है कि वे प्रश्न के कुछ भागों को भूल जाते हैं। वे उन उप-प्रश्नों को नहीं छोड़ जाते होंगे जिसका (क) या (ख) जैसा क्रम बना हुआ है। कुछ प्रश्न इस क्रम के अलावा छोटे-छोटे भागों में बँटे होते हैं। इन छोटे-छोटे भागों का भी उत्तर दिया जाना चाहिए।

हम बात को समझने के लिए पिछले उदाहरणों में से एक का प्रयोग कर सकते हैं। इस प्रकार उदाहरण-III में प्रश्न तीन भागों का प्रतीत होता है। लेकिन यह उदाहरण भी माँग रहा है। विद्यार्थियों को सभी तीनों भागों के बारे में लिखना होगा तथा उत्तरों में उदाहरण भी देने होंगे। यदि आप कोई भाग भूलवश छोड़ देते हैं तो वे अंक खो देंगे। वे तय कर सकते हैं कि 150 शब्दों की सीमा को (तीन) भागों में कैसे बाँटा जाए।

निर्धारित शब्द-सीमा का पालन करना (Sticking to prescribed word limits)

जहाँ तक शब्दों की सीमा की बात है, यही एकमात्र महत्वपूर्ण बिन्दु है जिस पर यू.पी.एस.सी. विद्यार्थियों को बताता है कि उत्तर कैसे देने हैं। हम 2014 वाले प्रश्न-पत्र से उद्धृत कर रहे हैं :

जहाँ कहीं भी बताया गया हो, प्रश्नों में शब्दों की सीमा का पालन किया जाना चाहिए। प्रश्नों के उत्तर वाक्यांश में प्रत्येक के लिए विनिर्दिष्ट शब्दों की **सीमा से अधिक में न दें।** उत्तर की विषय-वस्तु, उसकी लम्बाई से अधिक महत्वपूर्ण है।

सामान्यत: (ए) तथा (बी) के दो भागों वाले प्रत्येक सिद्धान्त प्रश्न (प्रश्न-पत्र के भाग-ए में होता है) का उत्तर 150 शब्दों में ही दिया जाना है। यदि (ए) या (बी) के भाग हैं, तो शब्दों को इन भागों में बाँटना होगा। शब्दों की सही सीमा क्या है? यह निर्धारित शब्द सीमा से 5% से 7% प्रतिशत तक बढ़ (या घट) सकती है।

क्या होता है जब विद्यार्थी लिखते हैं? (What happens when students write?)

रद्दी ढाँचे (बनावट) और बुरे-से शब्दों में लिखे उत्तरों से बचने के तरीकों पर चर्चा करने से पहले हमें ऐसी गलतियों की जड़ को समझना चाहिए। उनका कारण ढूढ़ने पर ठीक पढ़ाई न करना तथा पढ़ाई के गलत ढंग की बात सामने आती है। विद्यार्थी फालतू पढ़ते हैं। वे अपने दिमाग में विचारों को स्पष्ट भाषा में समझने व जमाने में असफल रहते हैं। ज्यादातर विषयों पर उनके धुँधले व अस्पष्ट विचार होते हैं जो अक्सर सरोकार रहित (बे सिर पैर के), नगण्य और दोहराए गए होते हैं। वे उनके दिमाग में बिखरे हुए, लम्बे व व्याकरण की दृष्टि से गलत वाक्यों में घूमते रहते हैं। विद्यार्थी ऐसे विचारों को अनगढ़ रूप में, जैसा कि वे उन्हें आते हैं, उत्तरों के तौर पर लिख देते हैं। इस प्रकार वे असंगत, उलझे हुए उत्तर लिख देते हैं।

समस्या का समाधान कैसे किया जाए? (How to tackle the problem?)

ऐसी मुश्किलों को दो चरणों में सुलझाया जाना चाहिए। पहला तो यह कि विद्यार्थियों को उत्तर देने की सही तकनीकों की आदत डालने के लिए परीक्षा से पहले लगातार अभ्यास करना चाहिए। दूसरा यह कि विद्यार्थियों को प्रश्नों के उत्तर परीक्षकों की अपेक्षाओं के यथा संभव नज़दीक देने चाहिए। हमें मिले (उपलब्ध) छोटे-से स्थान में पढ़ाई के कौशल और पढ़ाई के ढंगों की पर्याप्त कवरेज संभव नहीं है। लेकिन इस अध्याय में दी गईं युक्तियाँ सहायक सिद्ध होंगी।

जैसा कि विद्यार्थियों ने परीक्षाओं के अपने अनुभव से निश्चित रूप से सीख लिया होगा कि ऐसे पारिभाषिक शब्द या संकल्पनाओं को तलाशने के लिए परीक्षा-हाल में अपना सिर खुजलाने का कोई लाभ नहीं है। इससे पता चलता है कि व्यक्ति की तैयारी अपर्याप्त है। विद्यार्थियों को इन परिभाषिक शब्दों को रेडीमेड, याद किए गए वाक्यों में याद रखना चाहिए और शीघ्रता से उत्तर लिखने मे उसका प्रयोग करना चाहिए। यदि प्रश्न किसी संकल्पना, परिभाषा, सिद्धान्त (वाद) या प्रशासनिक सिद्धान्त के बारे में है, तो विद्यार्थी-गण को इसका उत्तर स्पष्ट रूप से याद की गई सामग्री से देने योग्य होना चाहिए। उन्हें ऐसे बेसिक शब्द व सिद्धान्त मानक वाक्यों (वाक्यांशों) में याद आ जाने योग्य होना चाहिए। यह जानकारी उनकी ऊँगलियों पर होनी चाहिए। उपयुक्त शब्दों के साथ मुख्य विचार (मत) उनके दिमाग में होने चाहिए। ऐसा करने पर विद्यार्थियों को अभिव्यक्ति के लिए संघर्ष नहीं करना पड़ेगा। उनके विचार प्रस्तुति-योग्य रूप में तैयार होंगे।

क्या हम आपको रटने का सुझाव दे रहे हैं? इसका उत्तर अंशत: 'हाँ' में है, लेकिन यह समझदारी के साथ तथा महत्त्वपूर्ण पारिभाषिक शब्दों व विचारों तक ही सीमित होना चाहिए। चूँकि उनका प्रयोग उत्तर लिखने में बार-बार होता है, इससे मेहनत बचेगी तथा उन्हें उत्तर लिखने के लिए हर बार नया ढंग नहीं सोचते रहना पड़ेगा।

प्रायोगिक (प्रयोग-आधारित) प्रश्नों का अलग ढंग से उत्तर देना होगा। ऐसे प्रश्नों का उत्तर देने में भी याद किए हुए वाक्यांश (वाक्य) चुनकर प्रयोग किए जा सकते हैं। लेकिन इन प्रश्नों के उत्तर वैसे आपके अपने शब्दों में होने चाहिए। इस मामले में विद्यार्थी-गण अभ्यास के द्वारा जरूरी अन्तर्ज्ञान प्राप्त कर सकते हैं।

बात समाप्त करते हुए–

- **अपने दिमाग में विचारों को अस्पष्ट न रहने दें। उनको स्पष्ट व निश्चित शब्दों में दिमाग में जमा लें।**
- **उपयुक्त शब्दों के साथ बेसिक पारिभाषिक शब्दावली, संकल्पनाओं, परिभाषाओं, सिद्धान्तों एवं मुख्य विचारों का भण्डार अपने दिमाग में रखिए।**

प्रश्नों का विश्लेषण करना (Analysing questions)

विद्यार्थियों को परीक्षा में प्रश्नों का शीघ्रता से विश्लेषण करना चाहिए। यह प्रतिक्रियात्मक या स्व-चालित प्रक्रिया होनी चाहिए। तैयारी वाले चरण में, विद्यार्थियों को इस प्रक्रिया की मास्टरी कर लेनी चाहिए। विश्लेषण में निम्नलिखितों को देखना होता है–

(*i*) प्रश्न में वास्तव में पूछा क्या गया है?

(*ii*) प्रश्न से संबंधित कौन-से विचार मेरे पास हैं?

(*iii*) उन्हें क्रमवार लगाने के लिए सबसे अधिक बुद्धिपरक ढंग कौन-सा है?

(*iv*) मैं उन्हें प्रभावी वाक्यों में कैसे अभिव्यक्त कर सकता हूँ?

विश्लेषण में क्या-क्या होता है, यह देखने के लिए हम 2014 के यू.पी.एस.सी. के प्रश्न-पत्र का उदाहरण देखते हैं :

जन जीवन में 'ईमानदारी' से आप क्या समझते हैं? वर्तमान समय में इसका पालन करने में क्या कठिनाइयाँ हैं? इन कठिनाइयों को कैसे दूर किया जा सकता है? (अंक : 10, 150 शब्द)

(*i*) 'ईमानदारी' को परिभाषित करें;

(*ii*) अब इसका प्रयोग करने में अधिकारियों द्वारा अनुभव की गई कठिनाइयों का उल्लेख करें; तथा

(*iii*) ऐसी कठिनाइयों को हल करने के उपाय बताएँ।

जैसा कि इस उदाहरण में दिया गया है, यदि प्रश्न के तीन भाग हैं तो विद्यार्थियों को प्रत्येक भाग के लिए 4-7 विचारों को याद करना होगा, उन्हें एक क्रम में लगाना होगा तथा उत्तर लिखना होगा। यदि प्रश्न के दो भाग हैं तो प्रत्येक भाग के लिए 6-9 विचार होंगे। अन्त में, यदि प्रश्न को केवल एक ही भाग है तो उसके लिए उत्तर में 15-18 विचार होंगे। ये संख्याएँ उदाहरण-स्वरूप हैं, वास्तविक संख्या प्रश्न से प्रश्न के लिए भिन्न होगी।

उत्तर लिखने का अभ्यास करना (Practising Answer Writing)

अगला कदम विचारों को तर्क-संगत क्रम में लगाना है। विद्यार्थियों को सुनिश्चित करना होगा कि विचार विशिष्ट और अलग होने चाहिए और दोहराए हुए नहीं होने चाहिए। एक भाग के लिए 4-7 विचारों को तय करने के बाद उन्हें क्रम से लगाया जा सकता है। वे सबसे महत्त्वपूर्ण बिन्दु (बात) से शुरू करना चाहिए।

अन्त में, विद्यार्थियों को उत्तर लिखते रहना चाहिए। तैयारी के चरण में उन्हें निम्नलिखित के अनुसार प्रत्येक भाग के उत्तर लिखने का अभ्यास करना चाहिए :

- पहले विचार को सोचें।
- मेरे दिमाग में क्या वाक्य है-जो इस विचार को व्यक्त करता है।
- क्या यह स्पष्ट है या अस्पष्ट? यदि यह अस्पष्ट है तो इसे नीक्ष्ण/पैना कीजिए।
- यह लम्बा है या छोटा है? यदि यह लम्बा है तो इसे छोटा करें, यह अपनी भाषा सुधारने का सरलतम रास्ता है।
- यह व्याकरण-सम्मत है या व्याकरण-सम्मत नहीं है? यदि यह व्याकरण-सम्मत नहीं है तो इसे सुधारिए।
- उत्तर में अन्य सभी विचारों के लिए इसी प्रकार की प्रक्रिया अपनाइए।
- सभी वाक्यों को दोबारा पढ़िए और जहाँ आपको जरूरी लगे, वहाँ सुधार कीजिए।
- तब अन्तिम मसौदे को उत्तर के तौर पर लिख डालिए।
- तब दूसरे भाग पर ध्यान दीजिए और उपरोक्त विधि का प्रयोग करते हुए उसका उत्तर दीजिए।
- तीसरे भाग के लिए इसी पद्धति/प्रक्रिया का प्रयोग कीजिए।
- आरम्भ में, उत्तर की लम्बाई मोटे तौर पर आँकिए (पंक्तियों की संख्या, प्रति लाइन में लगभग शब्द)
- अन्त में, पूरे उत्तर के शब्द गिनिए।
- गैर-ज़रूरी विचारों को छोड़कर या उदाहरणों को छोड़कर शब्दों की संख्या कम कर उत्तर की छँटाई कीजिए।

स्पष्ट है कि उपरोक्त कदमों से विद्यार्थियों को उत्तर लिखने और इनमें सुधार करने में मदद मिलेगी। उत्तरों की विषय-वस्तु व भाषा सुधरेगी। लगातार अभ्यास से, विद्यार्थी सीख सकेंगे कि उत्तरों को परिष्कृत कैसे किया जाता है। यह एक आदत बन जाएगी और उनके परीक्षा के उत्तरों को सुधारेगी।

उपरोक्त विधि से पढ़ाई करना और अभ्यास करना परीक्षाओं में सहायक सिद्ध होगा। विद्यार्थी प्रश्नों का विश्लेषण करेंगे और प्रासंगिक व प्रभावी उत्तर लिखेंगे। उन्हें प्रश्नों को ठीक से संभालने का अभ्यास हो जाएगा। उनके दिमाग में विचार स्पष्ट होंगे और वे उनका बेझिझक प्रयोग कर सकेंगे।

परीक्षा में उत्तर देना (Answering in the Examination)

तथापि, (क) पिछले खण्ड में सुझाए गए ढंग से अभ्यास करने तथा (ख) परीक्षा भवन में वास्तव में परीक्षा देने में जमीन-आसमान का अंतर है। वास्तविक परीक्षाओं में अनेक विद्यार्थी तनाव-ग्रस्त व चिन्तित (आशंकित) हो जाते हैं। समय का दबाव बहुत होता है। 14-15 प्रश्नों ओर उनके भागों के लिए सोचने की प्रक्रिया तथा उत्तर लिखना मन को थका देने वाला होता है।

अब इन समस्याओं से कैसे निबटा जाए? आम समझ, परीक्षा से पहले गहनता से अभ्यास करने की है। विद्यार्थियों को पाठ्यक्रम की सामग्री में विशेषज्ञता प्राप्त करने तथा उत्तर लिखने के लिए उपरोक्त तकनीकों का पालन करना होगा। उनको वास्तविक परीक्षा से पहले, जितना ज्यादा-से-ज्यादा हो सकें, उनकों नकली (मॉक) परीक्षाओं में प्रश्नों के उत्तर देने चाहिए।

ये परीक्षाएँ उन्हीं दशाओं (अवस्थाओं) में होनी चाहिए जो वास्तविक परीक्षा वाली होती हैं। इन परीक्षण परीक्षाओं से विद्यार्थियों को परीक्षा की अवस्था एवं परिवेश की आदत हो जाएगी। ये जरुर है कि उनको मॉक परीक्षा के प्रश्न-पत्रों को पहले से ही नहीं देख लेना चाहिए ताकि वे अचम्भे वाला अनुभव कर सकें जैसा कि असली परीक्षा में होता है। मॉक परीक्षा के सर्वोत्तम परिणाम हो सकते हैं यदि उनके लिए पाठ्यक्रम का अधिकांश भाग पूरा कर लिया जाए तथा पिछली रूप-रेखा के साथ उत्तर लिखने का अभ्यास कर लिया गया हो। ऐसा करके विद्यार्थियों को उन सभी समस्याओं का अच्छा ज्ञान हो जाएगा जो वे परीक्षा में अनुभव करेंगे। विद्यार्थी उन समस्याओं को दूर करने के लिए काम (प्रयास) कर सकते हैं।

विद्यार्थी अपनी परीक्षाओं में कुछ आम कठिनाईयों का सामना कर सकते हैं। प्रश्न के उत्तरों के लिए निर्धारित शब्द-सीमा से बाहर चले जाना बहुत सहज है। यह बड़ी अकुशलता होगी यदि 250 शब्दों की सीमा के बदले आप उत्तर में 380 शब्द लिख देते हैं। यदि उत्तर की शब्द-सीमा से सहनीय सीमा तक (जरा-सा अधिक) हो जाए तो परीक्षक कठोर नहीं ही होगा। किन्तु अपने लिखने के अभ्यास के दौरान विद्यार्थियों को 30 शब्दों से लेकर 250 शब्दों तक की विभिन्न लम्बाई के उत्तर लिखने के अभ्यास करना चाहिए। इससे उनको उनको इस बात का मोटा-मोटा अन्दाज हो जाएगा कि उनका उत्तर कितना लम्बा हो रहा है।

लिखने की स्वाभाविक शैली अपनाना (Adopting a Simple Writing Style)

सामान्यतः हम शाब्दिक अभिव्यक्तियों और वाक्य-शैलियों का प्रयोग करना पसंद करते हैं। ऐसी शाब्दिक अभिव्यक्तियों के बारे में जानकर तथा उनमें काट-छाँट करने के ढंगों को जानकर विद्यार्थी बेहतर लिख सकते हैं। ईमानदारी से एवं नियमित अभ्यास से इस कमजोरी को दूर किया जा सकता है। कुछ सरल नियम यहाँ दिए जा रहे हैं:

- कर्मवाच्य के स्थान पर कर्तवाच्य का प्रयोग करें।
- विचारों की अभिव्यक्ति सीधे-सीधे करें, अप्रत्यक्ष या घुमाफिरा कर बात कहने वाली अभिव्यक्तियों का प्रयोग न करें।
- जहाँ कहीं भी संभव हो, खण्ड-वाक्यों को वाक्यों एवं वाक्यों को शब्दों से बदल दें।
- अपने विचारों को सरल बनावट वाले छोटे वाक्यों में व्यक्त करना सीखें।
- भद्दे या कुण्डलित (उलझे हुए) वाक्य लिखने से बचें।
- विशेषणों और अनाप-शनाप शब्दों के प्रयोग से बचें।
- दोहराए गए शब्दों अभिव्यक्तियों और विचारों को काट दें।
- अन्य शब्दों और वाक्यों को बदलने वाले शब्दों का प्रयोग सीमित रूप में करें।
- वाक्यों को मुख्यतः कर्ता-क्रिया रूप में लिखें जिससे संशोधकों और योजकों के प्रयोग का काफी कम रखा जा सकता है।
- एक वाक्य में (जहाँ तक संभव हो) एक ही विचार व्यक्त करें।

उत्तर लिखने का अभ्यास करते समय इन नियमों का पालन सरलता से किया जा सकता है। जैसा कि पहले कहा गया है, उत्तरों का पहला मसौदा, उपरोक्त नियमों का पालन करते हुए दोबारा लिखना होगा। इस प्रकार विद्यार्थी अपने उत्तरों की आलोचनात्मक दृष्टि से जाँच कर सकते हैं। ऐसी जाँच उत्तर की विषय-वस्तु और सही-सही बनावट (ढाँचे) की भी की जानी चाहिए।

स्वत: सिद्ध है कि उपरोक्त पद्धतियाँ परीक्षा की तैयारी वाले चरण में प्रयोग के लिए है परीक्षा में नहीं। ऐसे दोहराने का वहाँ कोई समय नहीं होगा। विद्यार्थियों को प्रश्न के केन्द्र-बिन्दु को तेजी से निश्चित करना होगा, विचारों को मन ही मन याद कर समूहित करना होगा और लिखना शुरु करना होगा। अधिक-से-अधिक वे मुख्य बातों को बहुत संक्षेप में लिख सकते हैं और उनके संभावित क्रम को नोट कर सकते हैं। सर्वोत्तम बात तो यह होगी कि वे उन बिन्दुओं को भारी (स्पष्ट) त्रुटियों से बचते हुए, सरल व्याकरण-सम्मत वाक्यों में लिख लें। बातों पर विचार करने और भाषा को सुधारने के लिए कोई समय नहीं होगा।

विद्यार्थियों को परीक्षा में कीचड़ में फँसे जैसी हालत में नहीं होना चाहिए।

प्रश्नों के उत्तर समय के भीतर दिए जाने हैं। अन्य प्रश्नों की हानि कर कुछ प्रश्नों पर बहुत अधिक समय व्यय नहीं किया जा सकता। इसमें प्राप्त अतिरिक्त अंक, अन्यों में खोए गए अंकों से बहुत कम ही होंगे। एक प्रसिद्ध कहावत है कि सर्वोत्तम, अच्छे का शत्रु है। परीक्षाओं में उत्तर लिखने के संदर्भ में इसका विशेष संबंध है।